Heinz Gollwitzer
LUDWIG I. VON BAYERN

Heinz Gollwitzer

LUDWIG I. VON BAYERN
KÖNIGTUM IM VORMÄRZ

*

EINE POLITISCHE BIOGRAPHIE

Süddeutscher Verlag

Umschlaggestaltung: Design Team, München
unter Verwendung eines Porträts König Ludwigs I.
von Heinrich Vogel nach Joseph Stieler
(Bayer. Verwaltung der staatl. Schlösser, Gärten und Seen).
Auf dem Frontispiz zeitgenössisches Foto nach einer anonymen Zeichnung,
im Sterbejahr 1868 in Nizza angefertigt
(GHA München, veröffentlicht mit Genehmigung
S. K. H. Herzog Albrechts von Bayern).

ISBN 3-7991-6287-9

© Süddeutscher Verlag GmbH, München 1986
Alle Rechte vorbehalten. Printed in Germany.
Satz: Typodata GmbH, München.
Druck und Bindearbeit: May & Co., Darmstadt.

INHALT

VORWORT 11

BUCH I: *Erbprinz – Kurprinz – Kronprinz*

I STAATENWELT UND DYNASTISCHE POLITIK IM 19. JAHRHUNDERT . . 17

   1. Der Staat als Fürstenwerk und Fürstenschicksal . . . 17
   2. Von der europäischen Fürstenfamilie zur Staaten-
      gesellschaft 20
   3. Fortbestand des dynastischen Familienkartells . . . 22

II DIE FRANZÖSISCHE REVOLUTION UND DIE EUROPÄISCHEN
    MONARCHIEN 30

   1. 1789: Weltgeschichtliche Zäsur 30
   2. Aufgeklärter Absolutismus als Wegbereiter der
      Revolution 32
   3. Monarchie und Republik 35
   4. Fürstlicher Widerstand und fürstliche
      Kompromisse 36
   5. Monarchie und nationales Prinzip 39

III ZWEIBRÜCKEN: KLEINFÜRSTLICHE WELT UND GROSSE POLITIK . . . 44

   1. Dynastischer Glanz und territoriale Zersplitterung . 44
   2. Ungewisse Anwartschaft 48
   3. Herzog Max Joseph von Pfalz-Zweibrücken 54

IV GEBURT EINES NEUEN STAATES 61

   1. Kurbayern zwischen Österreich und Frankreich
      1799–1805 61
   2. Staatsorganisation 67
   3. Staat und Kirche 73
   4. Staat und Gesellschaft 77

V ERZIEHUNG UND BILDUNGSGANG EINES THRONFOLGERS 84

   1. Elternhaus – Hofmeister – Hauslehrer 84
   2. Auf den Universitäten Landshut und Göttingen . . 95
   3. Erste Italienreise 99
   4. Bildungshorizont der Kronprinzenzeit 103

VI VASALL UND FRONDEUR 120
   1. Vor der Begegnung mit Napoleon 120
   2. Staats- und Familienallianz mit Bonaparte 124
   3. Der Kronprinz am Hof der Tuilerien 127
   4. Von einem Feldzug zum andern 133
   5. Generalgouverneur des Inn- und Salzachkreises . . 148
   6. Ausgang der napoleonischen Vasallität 153
   7. Bayerischer Staatspatriotismus und deutsches
      Nationalbewußtsein zu Beginn des
      19. Jahrhunderts 156

VII VOM RHEINBUND ZUM DEUTSCHEN BUND 162
   1. Confédération Rhénane 162
   2. 1814: Ereignisse und Reflexionen 165
   3. Auf dem Wiener Kongreß und in Paris 173
   4. Territorialfragen 181
   5. Im Deutschen Bund 189

VIII THRONFOLGERPROBLEME 196
   1. Generationsunterschiede – Eine Kronprinzen-
      partei? 196
   2. Sturz eines Ministers oder eines Systems? 201

IX KONSTITUTIONALIST UND WÄCHTER DER VERFASSUNG 213
   1. Die Konstitution von 1818 und ihre Vorgeschichte . 213
   2. Verteidiger des konstitutionellen Bayern 222

X VORBEREITUNG AUF DAS HERRSCHERAMT 229
   1. Staatspolitik 229
   2. Kirchenpolitik 236
   3. Hauspolitik 242

XI VERSUCH EINES PSYCHOGRAMMS 248

BUCH II: *Königtum*

I SOUVERÄN UND BUNDESFÜRST 265
   (Außenpolitik 1825–1834)
   1. Monarch und Auswärtiger Dienst 265
   2. Herrscher eines Mittelstaates 275
   3. Die deutschen Großmächte und Süddeutschland . . 281

4. Der »Rote Faden« 287
5. Deutscher Bund: Defensive nach außen 298
6. Deutscher Bund: Defensive nach innen 303
7. Regionale Zollvereine und Deutscher Zollverein . . 309

II HAUS UND HOF 314
1. Dynastie und Staat 314
2. Die königliche Familie 316
3. Die Welt des Hofes 328

III MONARCH – ADEL – BÜROKRATIE 335
1. Königtum und Aristokratie 335
2. Monarchische Herrschaft und bürokratisches
   System 342

IV MONARCHIE UND »PROVINZIALGEIST« 349
1. Stämme und Geschichtslandschaften 349
2. Altbayern 352
3. Franken 355
4. Pfalz 359
5. Staatsräson und regionaler Anspruch 361

V DAS ERSTE JAHRFÜNFT 365
1. Regierungskunst: Synthese oder Balance? 365
2. Neuer Kurs 370
3. Der Landtag 1827/28 382

VI REGIERUNGSSTIL EINES AUTOKRATEN 391

VII EIN »GUTER WIRT« 404
1. Sanierung des Staatshaushalts 404
2. Die Kehrseite 416

VIII KEIN SOLDATENKÖNIG 421
1. Vater und Sohn 421
2. König und Armeeführung 423
3. Das Heer als Sparobjekt 426
4. Festungen 432
5. Bundespflichten und strategische Optionen 435
6. Des Königs Stiefkinder 440

IX ÜBERGANG ZUR DEFENSIVE 443
   1. Julirevolution 1830 443
   2. Der »längste und schlechteste Landtag« 448
   3. Beseitigung der Ministeropposition 454

X »VORBEUGEN HEISST DAS GROSSE WORT« 459
   1. Opposition und Reaktion 459
   2. »Pazifizierung« 461
   3. Justizterror oder: die Stunde Hoermanns 465

XI HELLAS 472
   1. Philhellenismus 472
   2. Wittelsbachische Sekundogenitur und bayerische
      Regentschaft 474
   3. Mißgeschicke 484

XII DER KÖNIG UND DER STANDESHERR 494
   1. Weihrauch für den Monarchen 494
   2. Bayerisches »Juste Milieu«? 498
   3. »Ehre, wem Ehre gebührt«? 502
   4. Der Budget-Landtag 1837 506

XIII DER LANDESHERR UND SEINE KIRCHE 513
   1. »Religion als das Wichtigste« 513
   2. Der Münchner und der Römische Hof 515
   3. Staatskirchentum und Konfessionalisierung . . . 518
   4. Klösterrestauration 523
   5. Parteiungen und Krisen 528

XIV BILDUNGSPOLITIK 537
   1. Leitmotive 537
   2. »Teutsche Schulen« 539
   3. Gymnasien 545
   4. Universitäten und Akademie 549

XV SCHUTZHERR DER KATHOLISCHEN SACHE 561
   1. Politischer Katholizismus in Bayern 561
   2. Der Maximilianeische Gedanke 565

3. Weltkatholizismus, nicht Ultramontanismus 567
4. Die Kölner Wirren 571
5. Fragmente einer europäisch-katholischen Politik . . 577

XVI »DIE PROTESTANTEN RUHEN NIE« 583
1. Bayerische Bikonfessionalität 583
2. Kirchlicher und politischer Protestantismus 587
3. Die Beschwerden der Protestanten 592

XVII »DER ERSTE STAATSMANN BAYERNS« 605
1. Aufstieg eines »Roturiers« 605
2. Ideologe und Praktiker: Katholische Restauration
    der Gesellschaft 608
3. Abel und Wallerstein 613
4. Von Landtag zu Landtag 620

XVIII ZWISCHEN WIEN UND BERLIN 634
    (Außenpolitik 1834–1848)
1. Deutscher Bund und europäische Politik 634
2. Der preußisch-österreichische Dualismus 640
3. Nationale Prestige- und Kulturpolitik 646

XIX KANALBAU UND EISENBAHNEN 654
1. Der ökonomische Faktor 654
2. Kanalbau 657
3. Eisenbahnen 662

XX EIN TRAUERSPIEL 668
1. Abels Rücktritt und seine Vorgeschichte 668
2. Auf fatalem Kurs 679

XXI DAS LETZTE REGIERUNGSJAHR 689
1. Systemwechsel? 689
2. »Ministerium der Morgenröte« 695
3. Ministerium Wallerstein-Berks 702

XXII THRONVERZICHT 706

BUCH III: *Epilog*

I »VOM THRONE HERABGESTIEGEN« 723
   1. »Politisch tot« 723
   2. Die griechische Kalamität 732
   3. 1866 736
   4. Das Ende 741

II KUNSTKÖNIGTUM UND MÄZENATISCHE POLITIK 745
   1. Zwei Reiche in einer Hand 745
   2. Motivationen 749
   3. Politik und Kunst: Ludovizianische Analogien ... 753
   4. Der König und »seine« Künstler 758
   5. Historischer Ort eines Mäzens 762

III KÖNIGTUM IM VORMÄRZ 766
   1. Dynastische Dimension der Politik 766
   2. Politische Bilanz des ludovizianischen Königtums .. 776

ANHANG

ANMERKUNGEN 785

ABKÜRZUNGEN 910

VERZEICHNIS DER BENÜTZTEN ARCHIVE UND SAMMLUNGEN 912

QUELLEN- UND LITERATURVERZEICHNIS 914

  A AKTENEDITIONEN, VERORDNUNGENSAMMLUNGEN, BRIEFWECHSEL,
    AUTOBIOGRAPHIEN, ERINNERUNGEN, ZEITGENÖSSISCHE
    PUBLIZISTIK IN AUSWAHL 914

  B AUSWAHLBIBLIOGRAPHIE 918

REGISTER 931

VORWORT

Im Sommer 1982 trat der Süddeutsche Verlag mit dem Vorschlag an mich heran, zum 200. Geburtstag König Ludwigs I. von Bayern 1986 eine politische Biographie des Monarchen zu schreiben. Wer nur einigermaßen über den Umfang des einschlägigen ungedruckten Materials sowie der bereits veröffentlichten Editionen und Forschungen im Bilde ist, wird Verständnis dafür haben, daß in so kurzer Zeit – sollte das Buch 1986 erscheinen, mußte das Manuskript 1985 abgeschlossen sein – nicht ein Werk entstehen konnte, das, Optimum einer Biographie, im Spiegel einer Lebensbeschreibung das Bild einer ganzen Epoche nachzuzeichnen vermöchte. Die Arbeit kann weder eine Geschichte der auswärtigen Politik Bayerns im Vormärz noch der Staatsverwaltung des Landes noch des gesellschaftlichen Prozesses auf seinem Territorium ersetzen. Was versucht wurde, war die Darstellung eines Regentendaseins und einer Phase des deutschen und europäischen Königtums. Der Gedanke an eine problemorientierte Biographie auf der Grundlage der bisherigen Forschung tauchte auf, wurde aber wieder fallengelassen. Die Freude des Historikers am Umgang mit Quellen und die Gelegenheit, bisher unbekanntes Material zu erschließen, gaben den Anstoß, mich an eine, soweit es Ludwig I. betrifft, primär auf Archivalien beruhende Lebensbeschreibung zu wagen. Es versteht sich von selbst, daß die Archivarbeit unausgesetzt von der Befragung und Nutzung der gesamten bisherigen wissenschaftlichen Publikationen über Ludwig I. begleitet war, deren Autoren dieses Buch ausnahmslos Dank schuldet.

Eine wissenschaftliche Biographie kann nur kritisch angelegt sein. Kritik wird im folgenden jedoch nicht im Sinne der sogenannten Kritischen Theorie und ihrer ausschließlich emanzipatorisch verstandenen Kriterien betrieben. Meine Auffassung ist, daß der Geschichtsprozeß fortwährend ein gewisses Gleichgewicht der einander widerstrebenden Kräfte sucht und daß unter diesem Gesichtspunkt den konservativen wie den progressiven Tendenzen prinzipiell gleiche historische Wertigkeit zukommt. Diese Einsicht hindert nicht daran, nüchtern festzustellen, was sich während der von der Biographie behandelten Epoche im Niedergang befand und unwiderruflich überholt wurde. Sie verbietet jedoch, sich der Vergangenheit gegenüber aufs hohe Roß zu setzen. Gewiß weiß man im nachhinein vieles besser als die in einer früheren Situation unmittelbar Betroffenen, aber die Vorstellung, über ein für allemal gültige politische Maßstäbe zu verfügen, führt menschlich und wissenschaftlich in eine Sackgasse. Die Bedeutung Ludwigs I. für die bayerische Landesgeschichte ist so offenkundig, daß es unter diesem Gesichtspunkt keiner Begründung bedarf, wenn man es unternimmt, eine neue Biographie des Königs vorzulegen. Das Vorhandensein schlechthin gültiger Ergebnisse der gelehrten Arbeit Michael Doeberls und Max Spindlers sowie anderer Historiker machte einen neuen biographischen Anlauf keineswegs überflüssig, und zwar in dreierlei Hinsicht:

1. Es ist im großen Umfang gelungen, bisher fast unerschlossenes Material auszuwerten. Unter anderem konnte der Biographie erstmalig die unvergleichlich reichhaltige Quelle der Tagebücher Ludwigs I. kontinuierlich zugrunde gelegt werden, die von der frühen Jugend bis wenige Monate vor dem Tod den Ablauf dieses Monarchenlebens bis ins Detail festhalten.
2. In erheblicher Anzahl sind in den letzten Jahrzehnten vorzügliche Monographien über Persönlichkeiten und Sachverhalte der ludovizianischen Epoche erschienen. Ihre Ergebnisse einzuarbeiten, mußte versucht werden.
3. Die Wissenschaft verzeichnet fortwährenden Zugewinn an Erkenntnis (ohne freilich ältere Einsichten durchweg bewahren zu können). Soweit ich glaubte, neue Gesichtspunkte über Ludwig I. und die Monarchie im Vormärz wahrgenommen zu haben, ging ich daran, sie in die Biographie einzubringen.

Ludwigs Rolle in der deutschen und allgemeinen europäischen Geschichte zu überschätzen, liegt mir fern. Die Tatsache, daß im Deutschen Bund kein konsequenterer und hartnäckigerer Versuch als derjenige Ludwigs I. unternommen wurde, im Sinne des sogenannten monarchischen Prinzips (verstanden als Verfassungsdoktrin und politisches Programm) zu herrschen *und* zu regieren, würde immerhin allein eine Monographie lohnen.

Die historische geht über die politikgeschichtliche Bedeutung Ludwigs I. weit hinaus. Mehr noch als das politische begründet sein Kunst-Königtum Ludwigs Originalität und geschichtlichen Rang. In einem Kapitel dieses Buches werden Aspekte des ludovizianischen Kunst-Königtums, insbesondere die Strukturverwandtschaft zwischen dem politischen und dem mäzenatischen Handeln des Königs untersucht. Im übrigen blieb es bei der Beschränkung auf politische Geschichte.

Zum Technischen: Zitate werden in modernisierter Rechtschreibung und Zeichensetzung wiedergegeben. Allerdings mit einer Ausnahme: Die Schreibung »teutsch« ist für Ludwig I. so kennzeichnend, daß ich mich nicht entschließen konnte, sie aufzugeben. Alle anderen orthographischen Eigentümlichkeiten habe ich der leichteren Lesbarkeit geopfert. Desgleichen wurden offensichtliche Schreibfehler in den archivalischen Vorlagen verbessert. Einer Darstellung müssen mehr Freiheiten erlaubt sein als einer Edition. Soweit Signate des Königs nicht dem originalen Aktenbestand, sondern der in der Kommission für bayerische Landesgeschichte bei der Bayerischen Akademie der Wissenschaften befindlichen Spindlerschen Signatensammlung entnommen wurden, habe ich ausschließlich nach dieser zitiert. Schriftgut, das in wissenschaftlichen Editionen gedruckt vorliegt, wurde nicht mehr mit dem Original verglichen.

Mein Dank gilt in erster Linie dem Hause Wittelsbach, das mir in großzügigster Weise die Erlaubnis zur uneingeschränkten Benützung eines Quellenbestandes von ungewöhnlicher Dimension gewährte. Die Hilfsbereitschaft des Herrn Präsidenten der Verwaltung des Herzogs von Bayern, Graf Rupert Strachwitz, möchte ich hervorheben. Zu Dank verbunden fühle ich mich sämtlichen Damen und Herren der von mir in Anspruch genommenen Archiv- und Bibliotheksverwaltungen der Bundesrepublik Deutschland und Österreichs sowie der Kommission für Bayerische Landesgeschichte bei der Bayr. Akademie der Wissenschaften, die mir ausnahmslos Entgegenkommen bewiesen haben. Herrn Oberstudiendirektor Dr. K. Dickopf, der mir in seinem Besitz befindliche Teile des Nachlasses G. L. von Maurers zur Verfügung gestellt hat, sowie Herrn Kollegen Walter Ziegler, Würzburg, der mich in sein Manuskript »Ludwig I. und Behr« (U. Wagner, Hg., Wilhelm Joseph Behr etc., Würzburg 1985) und Frau Archivrätin Dr. Sylvia Krauß, die mich in ihre damals noch ungedruckte Dissertation »Die diplomatischen Beziehungen zwischen Bayern und Frankreich 1814/15–1840« Einblick nehmen ließ, sei ebenso gedankt wie Herrn Dr. Jochen-Christoph Kaiser und Herrn Franz-Werner Kersting, Münster, für das Mitlesen der Korrekturen und Frau Mechtild Otto für die Hilfe bei der Erstellung des Registers. Nicht aufzuzählen vermag ich im einzelnen die nicht wenigen mir behilflichen Gesprächspartner und Ratgeber, deren Freundlichkeit unvergessen bleibt. Am meisten Dank schulde ich meiner Frau.

München, im Frühjahr 1986   Heinz Gollwitzer

BUCH I

*

Erbprinz – Kurprinz – Kronprinz

I.
STAATENWELT UND DYNASTISCHE POLITIK IM 19. JAHRHUNDERT

1. Der Staat als Fürstenwerk und Fürstenschicksal

Denkt man über die Beziehungen eines Herrscherlebens des 19. Jahrhunderts zu den ausschlaggebenden Faktoren seiner Zeit nach, so tritt als vorrangige Größe der moderne Staat in den Gesichtskreis. Die Politik Ludwigs I. von Bayern, die wir im folgenden beschreiben, fällt in eine Zeit, in der die Emanzipation des Staates vom Fürsten längst in Gang gekommen war und kein Zweifel mehr bestehen konnte, wer aus diesem Prozeß als Gewinner hervorgehen würde. Wie war es dazu gekommen?

Bei der Beantwortung dieser Frage gehen wir in das Zeitalter zurück, in dem der spätere Bayernkönig das Licht der Welt erblickte, in die Epoche des fürstlichen Absolutismus[1]. Wir schikken voraus, daß sich die Machtkonzentration beim Fürsten und das auf komplizierte Weise damit verbundene Zustandekommen einer den Fürsten am Ende absorbierenden Staatssouveränität nicht in ganz Europa gleichförmig abgespielt haben. Die parlamentarische und ständische Beschränkung der Monarchie in England und einzelnen deutschen Territorien, das Fortbestehen teils vorwiegend aristokratischer, teils demokratischer republikanischer Gemeinwesen in den Niederlanden, der Eidgenossenschaft und den Reichsstädten sorgten für Alternativen zum Staat des absoluten Fürstentums, der im Kontinentaleuropa des 18. Jahrhunderts die politische Szene ganz überwiegend beherrschte. In ihm findet man Legislative, Exekutive und richterliche Gewalt – im Prinzip – in der Hand *eines* Herrschers. Um das Übergewicht und schließlich die Alleinherrschaft *einer* Herrscherfamilie herzustellen, mußte nicht nur in langwierigen Auseinandersetzungen das Mitspracherecht der Stände zurückgedrängt oder beseitigt, sondern auch das aus privatrechtlich-patrimonialen Anschauungen hervorgegangene, für die Macht der fürstlichen Häuser verhängnisvolle Erbteilungsprinzip überwunden werden – auch dies ein über Jahrhunderte sich hinziehender Vorgang. Mit der Einführung der Primogeniturordnungen sowie anderer Erbfolgeregelungen und »pragmatischer Sanktionen«, verbunden mit dem Unteilbarkeitsgrundsatz, wurde die absolute Fürstenherrschaft auf eine (relativ) dauerhafte Grundlage gestellt. Dem ist allerdings hinzuzufügen, daß, wie das bayerische Beispiel des 18. Jahrhunderts zeigt, die Auffassung der Fürsten sich bilden konnte, die von ihnen beherrschten Ländermassen trügen den Charakter eines Familienfideikommisses[2], das, wenn es das Interesse der Dynastie erfordere, gegebenenfalls an andere Häuser abgetreten und mit vorteilhafterem Besitz vertauscht werden könne. In solchen Fällen erwiesen sich ständische Gremien als ein Gegengewicht, abgesehen von auswärtigen Potentaten, die Absichten eines tauschwilligen Hauses zu vereiteln wußten. Viele Staaten auch noch des absolutistischen Zeitalters bildeten ein Agglomerat sehr verschiedenartig strukturierter, häufig auch räumlich nicht zusammenhängender Gebiete, die durch Erbgänge, Belehnungen, Kriegsgewinne in eine Hand übergegangen waren. Es zählte zu den Leistungen des Fürstentums, daß es durch den Aufbau einer militärischen und bürokratischen Macht, eines »stehenden« und eines »sitzenden« Heeres, die ausschließlich den Weisungen des Landesherrn zu gehorchen hatten, sowie durch eine wachsende Zahl administrativer Maßnahmen die disparaten Besitzungen in eine Staatseinheit zusammenzuzwingen vermochte. Nachdem so der Staat als Wehr- und Verwaltungseinheit kraft fürstlicher Bemühungen zustandegekommen war, ergab sich die Notwendigkeit, ihn auch als Rechtseinheit zu konstituieren. In dieser Hinsicht haben die Kodifikationswerke des absolutistischen Zeitalters einen weiteren Schritt getan, um das Staatsganze zu zementieren. Mit Recht ist, bezogen bereits auf die Reformationszeit, bemerkt worden, daß die »zunehmende Identifizierung der Fürsten mit dem werdenden Staat« eine »verstärkte Heraushebung dieses Standes« bedeutete[3]. Der absolute Fürst war es, der den Weg von der Fürsorge für Haus und Familie zum Prinzip der Staatssouveränität und Staatsräson eingeschlagen hat. Wir sprechen vom Fürsten als Instanz und nicht als Person. Wie unzulänglich diese sein konnte, ist bekannt, ebenso, daß die fürstlich-absolutistische Tendenz häufig mehr durch begabte Staatsmänner als durch die Dynastie vorangetrieben wurde.

Nicht jeder Fürst besaß die Fähigkeiten, sein System zu überblicken und in der Hand zu behalten. Ineffizienz an der Spitze führte in der Regel dazu, daß sich der Apparat selbständig machte, daß fürstliche »Diener« sich zu Staatsdienern wandelten und – häufig mit gutem Grund – sich für die wahren Sachwalter des Staatsinteresses hielten. Nicht weniger fiel ins Gewicht, daß sich der fortgeschrittenste Teil der Bevölkerung mehr und mehr mit dem vom Fürstentum geschaffenen Staat identifizierte, dem

Herrscher gegenüber jedoch unter Umständen auf kritische Distanz ging und für das Staatsvolk Mitbestimmung und schließlich Alleinbestimmung in den Staatsgeschäften forderte. Mit anderen Worten: seit dem ausgehenden 18. Jahrhundert machte sich das Verlangen nach einem Verfassungsstaat, der die absolute Monarchie ablösen sollte, laut vernehmbar. Der Durchbruch zu dem neuen System erfolgte in Europa durch die Französische Revolution, von deren Folgen für die europäischen Monarchien im nächsten Abschnitt die Rede ist. Es hat, vom Ausbruch der Revolution an gerechnet, in Preußen und Österreich über ein halbes Jahrhundert und anderswo noch länger gedauert, bis der Verfassungsstaat zugestanden werden mußte. Auf die Dauer verhindern ließ er sich in West- und Mitteleuropa nirgends. Der Verfassungsstaat hat die Monarchie zunächst bestehen lassen, aber er hat sie durchweg um ihre politische Priorität gebracht. Dem Monarchen hat man Funktionen im Staate zugewiesen. Vom tragenden Grund des Staates wandelte sich die Monarchie zur »Regierungsform« oder »Staatsform«. Noch hat sich bis zur Stunde eine Anzahl von Monarchien in Europa erhalten, mit deren Existenz die Mehrheit der betroffenen Bevölkerungen einverstanden ist. Durch parlamentarische Beschlüsse oder Plebiszite könnten allerdings auch diese Monarchien in ihren Befugnissen weiter eingeschränkt oder aufgehoben werden – Endstationen einer Entwicklung, die von den Fürsten selbst in Gang gesetzt wurde, als sie den modernen Staat ins Leben riefen. Insofern sprechen wir vom Staat als Fürstenwerk und Fürstenschicksal.

Die Emanzipation des Staates vom Fürsten beziehungsweise die Überordnung des Staates über die Dynastie ist schon vor der Französischen Revolution ins Blickfeld der Beteiligten getreten. Wenn Friedrich der Große im »Anti-Machiavell« und im Testament von 1752 sowie an zahlreichen anderen Stellen einen schon im Altertum bekannten Topos aufgriff und sein Amt als das eines ersten Dieners des Staates auslegte[4], hat er, vermutlich ohne letzte Konsequenzen vorauszusehen, dem Staat einen Vorrang vor Dynastie und Monarchie zugebilligt. Im Spiegel der gelehrten Literatur zeigt sich ebenfalls, daß man sich schon lange vor 1789 zunehmend mehr mit dem Staat als der Monarchie beschäftigte, obschon man deren Existenz noch in der Regel voraussetzte. Man überprüfe den einschlägigen Band des Zedlerschen Universallexikons von 1744 und vergegenwärtige sich, wie zahlreich die dort mit »Staat« zusammengesetzten Komposita vertreten sind[5]. Machiavelli schrieb noch ein Buch vom Fürsten als politische Handlungslehre; die späteren führenden Theoretiker haben sich um den Fürsten hauptsächlich als Staatssouverän gekümmert, kaum mehr um die Dynastie. Hegel, primär am »vernünftigen Zustande eines Staatslebens« interessiert, hat in seiner »Philosophie des Rechts« zwar die »fürstliche Gewalt« behandelt[6], jedoch nicht entfernt mehr daran gedacht, Königtum und Dynastie in ihrem weitläufigen Bezugsgeflecht zu analysieren. Schließlich hat die Monarchie der vom modernen Staat in Anspruch genommenen Rationalität vorgearbeitet, indem sie auf die religiöse Legitimation ihres Systems, das Gottesgnadentum, zwar nicht verzichtete, aber es zugunsten naturrechtlicher Herrschaftsbegründung zurückdrängte[7]. Entsakralisierung und, breiter ausgreifend, Säkularisierung, zählen zu den Wesenszügen des Absolutismus in Gebieten aller Konfessionen, mit Vorsprung allerdings des protestantischen Fürstentums.

2. Von der europäischen Fürstenfamilie zur Staatengesellschaft

Der Verstaatlichung dynastischer Herrschaft als einem innenpolitischen Vorgang lief auf dem Feld der Außenpolitik der Übergang Europas von einem System fürstlicher Häuser zu einem System untereinander nicht minder rivalisierender Staaten parallel. Jeder, der sich mit dem militanten Zustand des »corps politique de l'Europe« im absolutistischen Zeitalter beschäftigt, gelangt zu der Ansicht, daß das Bewegungsprinzip dieses Systems das »Gesetz des Machtprestiges, der Machtexpansion und der Durchsetzungswille der Dynastien gewesen ist«[8]. Manchen der fürstlichen Akteure auf der Bühne ihrer Zeit mochte es so scheinen, als seien Macht, Ruhm und Glanz, Ruf und Ansehen ihrer Häuser am ehesten mittels kriegerischer Auseinandersetzungen und Ländergewinn zu erreichen. Die Motive wie die Vorwände fürstlicher Kriegführung waren mannigfach. Je mehr sich die fürstlichen Häuser und Herrschaften konsolidiert und legitimiert hatten, trat *ein* Anlaß in den Vordergrund: Verschiedenheit der Standpunkte, die sich bei der Thronfolge einstellen konnte und oft genug eingestellt hat und die zu zahlreichen Erbfolgekriegen des Zeitalters führte. So sehr es materiell um Machtfragen ging, ist es doch von erheblicher Bedeutung, daß rechtsförmiger Familienstreit als Formalprinzip eines personalistischen und dynastischen Systems der Außenpolitik das

Gepräge gab. Neben den ungezählten kriegerischen Auseinandersetzungen fürstlicher Häuser berichtet uns die Geschichte von nicht minder häufigen Einungen, Haus- und Staatsverträgen, pragmatischen Sanktionen und Familienpakten der Dynastien, von Heiraten als Friedensinstrument und Besiegelung von Allianzen.

Bei Kriegen und Bündnissen haben die Fürsten in der Regel ihre ganze Macht ins Spiel gebracht und mitunter aufs Spiel gesetzt. Dies bedeutete, daß gelegentlich die Gesamtheit ihrer Untertanen von den außenpolitischen Aktionen noch unmittelbarer und heftiger in Mitleidenschaft gezogen wurde als durch Maßnahmen im Inneren. Vielleicht ist dies einer der Gründe, daß sich der Staatsbegriff als Sammelbegriff für die Herrscher *und* ihre Völker in der *Außenpolitik* schon des fürstlich-absolutistischen Zeitalters so allgemein durchgesetzt hat. Man stellte Europa schon im 17. Jahrhundert als *Staaten*system dar; gleichzeitig entwickelte sich die langlebige Gattung der Staatengeschichtsschreibung. Beim Versuch, diese europäische Staatenwelt zu rationalisieren und sie als Gleichgewichtssystem zu interpretieren, war anfänglich wohl noch viel vom Gleichgewicht zwischen den *Häusern* Frankreich und Österreich die Rede. Es fällt jedoch auf, daß man die Dynastien nicht mit ihren Herkunftsnamen einführte, sondern sie mit »ihren« Staaten identifizierte, ja »Haus« und »Staat« mehr oder weniger als quid pro quo im Sprachgebrauch verwendete: Haus Brandenburg, Haus Österreich, Haus Bayern, Haus Sachsen und weit weniger Haus Hohenzollern, Haus Habsburg, Haus Wittelsbach, Haus Wettin. Dies bedeutete nicht, daß die spezifisch dynastische Herkunftsbezeichnung verschwunden wäre. Man hat sie jedoch, und zwar hauptsächlich, auf die dynastische Sphäre begrenzt. Soweit ein Fortleben in der politischen Sprache zu verzeichnen ist, verdankt sie es dem Historismus des 19./20. Jahrhunderts. Sehr früh hat dann auf dem Gebiet der internationalen Beziehungen der »Staat« sprachlich und begrifflich die Alleinherrschaft übernommen. Die politische Kunstlehre der »Balance«, der ein beträchtliches Maß an Realität zugrunde lag, sagte den Zeitgenossen der Aufklärung in besonderem Maße zu, wenn es darum ging, ein Daseinsgesetz Europas als einer Staatenfamilie oder Staatengesellschaft zu begründen[9]. Mehr beschreibender Art als die Gleichgewichtsdoktrin und mehr am Friedenszustand der Staatenwelt orientiert war die Wendung »europäisches Konzert«, obschon in diesem Konzert faktisch die Mißtöne überwogen, ganz zu schweigen von der Vorstellung einer konzertierten Aktion, die als gemeinsames Vorhaben aller kaum je zustande kam.

Es läßt sich also auch auf diesem Feld ein Prozeß verfolgen, in dem sich der Schwerpunkt des Geschehens von den Fürsten auf die Staatenwelt verlagerte und jene im Laufe der Zeit eliminiert werden konnten. Daß damit eine qualitative oder moralische Verbesserung der auswärtigen Verhältnisse Hand in Hand gegangen wäre, kann man gewiß nicht behaupten. Die Erfahrung lehrte bald, daß es sich bei einer von nichtfürstlichen Beauftragten der Volkssouveränität betriebenen Staatenpolitik nach wie vor um Machtfragen handelte und es nicht weniger aggressiv und bösartig zuging als vorher.

Zur Zeit unseres »Helden« war es freilich noch lange nicht so, daß die Monarchen vom außen- und innenpolitischen Entscheidungsprozeß weitgehend zurückgedrängt worden wären. Es ging, aufs Ganze gesehen, abwärts mit ihrer Macht, aber nur sehr langsam und mit Einschaltung zahlreicher retardierender Phasen. Eine der Absichten dieses Buches ist es, zu zeigen, daß die Geschichte nicht als »Gänsemarsch« (Pinder) voneinander säuberlich zu trennender und leicht zu unterscheidender Epochen verläuft. Vielmehr ist ein Mit- und Übereinander verschiedener Schichten, eine »Gleichzeitigkeit des Ungleichzeitigen« festzustellen. In diesem Zusammenhang ist in einem Zeitalter der Überwältigung der Monarchie durch die Staatssouveränität das Augenmerk auf die dynastische und monarchische Kontinuität zu richten, allerdings unter sorgfältiger Beobachtung der Veränderungen, denen sie unterlag.

3. Fortbestand des dynastischen Familienkartells

Napoleon I., vielen Monarchen seiner Zeit als Sohn der Revolution und Usurpator verhaßt und durch sein Umgehen mit europäischen Thronen tatsächlich eine Gefahr für alle Dynastien, hat diesen andererseits durch seine Hinwendung zur Erbmonarchie Tribut gezollt. Als Herrscher unter Herrschern sah er sich offenbar erst voll bestätigt, nachdem er in die älteste und vornehmste Dynastie der Christenheit eingeheiratet hatte. Schon zuvor ging er daran, sein Haus durch Eheallianzen mit anderen regierenden Familien zu stabilisieren. Er gründete neue Monarchien: das Staatswesen der Niederlande, später kurzfristig Batavische Republik, erhielt Napoleons Bruder Ludwig als Königreich, und es blieb nach 1814, wenn auch unter einer anderen Dynastie, als solches bestehen. Heute noch sitzt der Nachkomme eines seiner Marschälle auf dem schwedischen Königsthron. Auch die Familie seines Stiefsohnes Eugène Beauharnais, das Haus Leuchtenberg, fand sich in der nächsten Generation – mit gewissen Einschränkungen allerdings – in den Kreis der regierenden Familien integriert. Ein halbes Jahrhundert nach Napoleon I. hat Napoleon III. wiederholt den (vergeblichen) Versuch unternommen, sich durch eine Eheallianz mit älteren europäischen Familien zu legitimieren.

Nach dem Sturz Napoleons I. proklamierten die Sieger das Prinzip der monarchistischen Legitimität, deren Schutz sich auch die großen Profiteure aus der Zeit des napoleonischen Rheinbundes erfreuten. Der stark ideologisch geprägte Legitimismus der nachnapoleonischen Zeit behielt stillschweigend die durch den Korsen zuwege gebrachte Bereinigung der mitteleuropäischen Landkarte bei, soweit sie die kleinen und kleinsten dynastischen Gewalten beseitigt hatte. Allerdings verstand man sich in der deutschen Bundesakte, wie schon vorher in der Rheinbundakte von 1806, zu einer bevorzugten Behandlung der dynastischen Opfer der Mediatisierung[10].

Aus dem Geist der Restaurationsepoche erhob sich das Monarchenbündnis der Heiligen Allianz[11], ein vom Zarenhof ausgegangenes ideologisches Experiment in der Form einer persönlichen Herrscherallianz des russischen und des österreichischen Kaisers sowie des Königs von Preußen. Die leitenden Staatsmänner haben das Unternehmen nicht sehr ernst genommen und es bald »umfunktioniert«. Aber auch das den tatsächlichen Machtverhältnissen entsprechende System der europäischen Pentarchie, in das ältere Gleichgewichtstraditionen eingegangen waren, bekannte sich ausdrücklich zum Prinzip der Legitimität. Seine leitenden Köpfe und seine Wortführer konnten sich ein anderes als ein monarchisches Europa nicht vorstellen. Daneben erhielten sich ältere Formen dynastischer Politik. Die Bürgerkriege in Spanien und Portugal spielten sich im Zusammenhang mit Thronstreitigkeiten ab. Der durch die Revolution von 1830 in Frankreich bewirkte Systemwechsel wurde durch einen Dynastiewechsel unterstrichen. Die sogenannten »Spanischen Heiraten« zwischen den Häusern Orléans und den spanischen Bourbonen 1847[12], die einen schweren Konflikt zwischen London und Paris provozierten, schienen den Bourbonischen Familienpakt von 1761 zwischen den in Frankreich, Spanien, Neapel und Parma regierenden Linien, ein bereits in der Staatenpolitik des 18. Jahrhunderts fast anachronistisch wirkendes Beispiel einer Familienallianz, wieder zum Leben zu erwecken. Dynastische Probleme bildeten einen Teilaspekt der schleswig-holsteinischen Frage von 1846 bis 1864 und des deutsch-französischen Krieges 1870/71. Auch im 19. Jahrhundert kam es vor, daß sich Dynastien in mehrere Linien verzweigten und gleichzeitig oder auch nacheinander in verschiedenen Staaten regierten. Das Bestreben der Herrscherhäuser, Sekundo- und Tertiogenituren zu begründen, war noch nicht zur Ruhe gekommen. Als hervorstechende Erfolgsdynastie des 19. Jahrhunderts bewies sich in dieser Hinsicht das Haus Coburg. In allen diesen Fällen blieb über die Staatsgrenzen und Staatsinteressen hinweg das Bewußtsein der Familienzugehörigkeit mit manchen sich daraus ergebenden praktischen Konsequenzen erhalten.

Höfische Solidarität dokumentierte sich außenpolitisch noch in der zweiten Hälfte des 19. Jahrhunderts, als König Wilhelm I. von Württemberg, gestützt auf seine engen verwandtschaftlichen Beziehungen zu den regierenden Häusern in St. Petersburg und Paris, 1856/57 eine Vermittlung zwischen Rußland und Frankreich in Angriff nehmen konnte[13]. Und durch Interventionen eines mächtigen Hofes konnten 1866 die von einem siegreichen Preußen diktierten Friedensbestimmungen beeinflußt werden[14]. Als für die Verhältnisse des 19. Jahrhunderts relativ modernes Vertragswerk durfte das Dreikaiserbündnis zwischen dem Zaren Alexander II., Kaiser Franz Joseph von Österreich und Kaiser Wilhelm I. von 1873 gelten, ein Werk der Staatsmänner, das sich jedoch zusätzlich zu seiner außenpolitischen Bedeutung gleich dem deutsch-österreichischen Bündnis von 1879 und dem Dreibund von 1882 als Veranstaltung zum Schutz der monarchischen Staatsform interpretierte und bewies, daß die Repräsentanten der regierenden Häuser außenpolitisch noch als Leitfiguren in Erscheinung treten konnten. Tatsächlich redeten sie in den internationalen Beziehungen bis zum 1. Weltkrieg und vereinzelt darüber hinaus mit, und es wäre abwegig, sie ausschließlich als Sprachrohre ihrer Kanzler, Außenminister und Diplomaten agieren sehen zu wollen. Zu einem guten Teil trugen die zahlreichen Herrscherreisen, Monarchenbesuche und »Entrevuen« des 19./20. Jahrhunderts noch unmittelbar und konkret außenpolitische Züge. Familienpolitische Zusammenkünfte im engeren Sinne oder politische Höflichkeitsbesuche traten hinzu. Auch die vermeintlich sehr junge Einrichtung der Goodwill-Tour läßt sich als Monarchenaufgabe damals bereits nachweisen. Es ist zu unterscheiden zwischen Funktionen, denen sich die Monarchen unterzogen und die auch zum Aufgabenkreis republikanischer Staatsoberhäupter zählen, und Eigentümlichkeiten eines monarchischen Systems, die mit dessen europäischem Familiencharakter zusammenhingen. Symptome einer überstaatlichen Solidarität der Herrscherhäuser bildeten unter anderem die in großem Umfang erfolgenden Ernennungen fremder Souveräne und ihrer (auch weiblichen) Familienangehörigen zu Chefs von Regimentern eines anderen Staates, verbunden mit dem Recht zum Tragen der Uniform der betreffenden Einheiten.

Wie sehr man in dem von uns zu behandelnden Zeitraum noch die internationalen Beziehungen und die Dynastien miteinander verquickte, geht auch daraus hervor, daß fremde Diplomaten nicht nur beim Herrscher eines Landes akkreditiert sein mußten, sondern der diplomatische Sprachgebrauch nur Gesandte am Hofe von St. James, am Hofe der Tuilerien usf. kannte und man innerhalb des diplomatischen Korps einer Residenz die Vertreter der protestantischen und der katholischen Höfe unterschied. Noch nach der Gründung des deutschen Reiches von 1871 verblieb den Dynastien der deutschen Königreiche als Reservat- und dynastisches Ehrenrecht das Recht auf diplomatische Beziehungen zu fremden Höfen, und es florierte innerhalb des deutschen Bundesstaates ein inter-höfisches Gesandtschaftswesen, das nicht nur als Produkt der Courtoisie und betonter Aufrechterhaltung des allgemeinen monarchischen Prestiges verstanden werden muß, sondern je nach der besonderen politischen Bedeutung der auf solche Weise beehrten Dynastien und Staaten sehr viel weiter gehende politische Aufgaben zu erfüllen hatte. Die deutschen Gesandtschaften am Berliner Hof wie die preußischen Gesandtschaften an den Höfen der Bundesstaaten darf man auch zwischen 1871 und 1918 zu diplomatischen Posten von Wichtigkeit rechnen[15]. Daß man in mehreren Hauptstädten die Aufgabenbereiche eines Hausministeriums und des Ministeriums der Auswärtigen Angelegenheiten in *einer* Behörde zusammenfaßte, entsprach nicht nur praktischen Erwägungen, sondern war auch symptomatisch für die grundsätzliche Verbindung des Souveräns mit der auswärtigen Gewalt.

Schon aus dem bisher Gesagten dürfte hervorgegangen sein, wie eng die Beziehungen von Höfen und Staaten, von haus- und staatspolitischen Varianten der auswärtigen Angelegenheiten gewesen sind. In mancher Hinsicht läßt sich behaupten, daß die europäische Staatenwelt des 19. Jahrhunderts, die beinahe in eine Monarchie zurückverwandelte französische Republik von 1870 ausgenommen, bis zum Ersten Weltkrieg sich selbst noch als einen Verein von Monarchien verstand, unbeschadet der Tatsache – wir wiederholen es –, daß sich die Staaten in ihrer auswärtigen Politik von den Hausinteressen der Dynastien emanzipiert hatten und eine von der internationalen dynastischen Solidarität im allgemeinen unabhängige Politik der Allianzen und Ententen betrieben[16]. In einer Welt der »Leviathane« hatte sich ein älteres System erhalten, weitaus schwächer als das Staatenkonzert, aber noch nicht bedeutungslos, beide ineinander verzahnt.

Die Vergrößerung oder Machterweiterung oder die Erlangung der vollen Souveränität eines Staates spiegelte sich noch des öfteren in Standeserhöhungen seines Monarchen, so die Erhebung des Kurfürstentums Hannover zum Königreich 1815. Als die südosteuropäischen Staaten die letzten staatsrechtlichen Bindungen an die Pforte abgestreift hatten, schwangen sich ihre Herrscher vom Fürstenstand in den Königsrang auf: Serbien, Rumänien, Bulgarien. Die Ausrufung des Königs von Preußen, Präsident des Norddeutschen Bundes, zum deutschen Kaiser 1871 kam, staatsrechtlich gesehen, als Vertrag der deutschen Bundesfürsten und der drei Freien Städte zustande. Wie das Beispiel Österreichs zeigte, war der Zusammenschluß sehr verschiedener Nationen und Nationalitäten zu *einem* Staatswesen unter einem gemeinsamen Herrscherhaus als fester Klammer dieser Bestandteile noch möglich. Man hat nicht zu Unrecht die habsburgische Monarchie, auch in ihrer nach dem Ausgleich mit Ungarn 1867 gefundenen Konstruktion, als einen »Hausstaat« bezeichnet. Innenpolitisch völlig oder weitgehend selbständige Staaten ließen sich noch bis in das 20. Jahrhundert, wenn auch mit Schwierigkeiten, durch Personalunion unter einem Herrscherhaus zusammenhalten: Schweden und Norwegen, Rußland und Finnland. Wenn sämtliche zwischen 1815 und 1914 in Europa neu entstandenen Staaten, Belgien, Griechenland, Serbien, Rumänien, Italien, das Deutsche Reich, Bulgarien, Albanien, Norwegen sich als Monarchien etablierten, spricht dies dafür, daß man allgemein die Monarchie als substantielles Zubehör der Staatlichkeit auffaßte. Mehrere unverwirklicht gebliebene Projekte neuer Staatsbildungen, wie die eines Königreichs Thüringen unter einem Coburger oder eines Königreichs Lombardei unter einem Habsburger, beschäftigten ihre Urheber stets gleichzeitig als Chance europäischer Dynastien[17]. Noch die projektierten Staatsgründungen der Mittelmächte im Ersten Weltkrieg wären im Fall ihrer dauerhaften Verwirklichung ausnahmslos in monarchischer Form zustande gekommen[18]. Die Kreierung neuer Kronen ging keineswegs nur mittels eines Oktrois der maßgebenden europäischen Mächte vor sich. Soviel man sieht, entsprach sie vor dem Ersten Weltkrieg dem mehrheitlichen Wunsch der beteiligten Bevölkerungen. Man war noch im 19. Jahrhundert weithin der Überzeugung, daß die Erbmonarchie die relativ gesichertste Staatsform sei. Die kurzlebige Republik in Griechenland 1826/30 und die republikanischen Tendenzen de Potters in Belgien konnten sich nicht durchsetzen. Nur am Rande sei vermerkt, daß auch in der lateinamerikanischen Staatenwelt die Errichtung von Monarchien, ganz abgesehen von der Existenz eines brasilianischen Kaiserreichs bis 1889, mehrfach zur Diskussion stand, und zwar nicht nur in Mexico, wo zwei Versuche dieser Art unternommen wurden.

Schon ein flüchtiger Blick auf das Europa des 19. Jahrhunderts beweist, daß ein Familienkartell regierender Häuser die ranghöchsten Positionen monopolisiert hatte, die freilich nicht mehr identisch waren mit den Spitzenpositionen der Macht. Der Zusammenhalt dieses Systems beruhte auf der durch Hausgesetze institutionalisierten Praxis, nur untereinander zu heiraten: Konnubium als Gerüst einer europäisch-dynastischen Solidarität. Eine des öfteren durchlöcherte, aber im großen und ganzen als solche funktionierende Trennwand zogen durch dieses politische Verwandtschaftssystem, wie bei der übrigen Bevölkerung, die Konfessionen. Im allgemeinen heirateten die katholischen und die evangelischen Häuser jeweils unter sich. Bei evangelischen Dynastien fanden häufig Eheverbindungen mit dem russisch-orthodoxen Zarenhaus statt, und generell läßt sich sagen, daß die protestantische Seite in Fragen des konfessionellen »Nachgebens« bei Eheschließungen eine geringere Prinzipienfestigkeit an den Tag legte als die katholische. So oder so, eheliche Verbindungen zwischen den regierenden Familien – bezeichnenderweise häufig Ehebündnisse genannt – bildeten in allen Monarchien eine Haupt- und Staatsaktion.

Cum grano salis ließe sich also von einem »monarchischen Prinzip« auch hinsichtlich der internationalen Beziehungen in Europa sprechen. Nach dem herkömmlichen Sprachgebrauch wird der Terminus »monarchisches Prinzip« nur auf die Verfassungsgeschichte angewendet und besagt, daß man sich trotz (freiwillig zugestandener) einschränkender Kompetenzen den

Monarchen mit der Fülle der Staatsgewalt ausgestattet dachte. Wie eng unter diesen Vorzeichen sich die Verbindung von Dynastie und Staat darstellte, geht unter anderem daraus hervor, daß die Thronfolger wie andere Agnaten nicht nur bei Erlaß oder Änderung von Hausgesetzen, sondern auch bei Einführung oder Änderung von Verfassungen gefragt sein wollten. König Ernst August von Hannover hat 1837 bei der Aufhebung des Staatsgrundgesetzes immerhin zum Vorwand genommen, daß er vor seiner Thronbesteigung seine Zustimmung nicht erteilt hatte. Er hatte schon vor seinem Regierungsantritt wiederholt erklärt, daß er sich durch das Staatsgrundgesetz nicht gebunden fühle. Über die zentrale Bedeutung des monarchischen Prinzips für die innen- und verfassungspolitischen Auffassungen Ludwigs I. ist noch zu reden. In einem zwar nicht mehr verfassungstheoretischen, wohl aber politisch verallgemeinernden Sinn bestand auch dort noch ein monarchisches Prinzip, wo eine weitergehende Konstitutionalisierung und schließlich Parlamentarisierung und Demokratisierung des Staates der monarchischen Prärogative bis zum Ersten Weltkrieg und über ihn hinaus einen gewissen Anteil an den Bereichen der gesetzgebenden, der vollziehenden und der rechtsprechenden Gewalt gewährten. Besonders ausgedehnt verblieben lange noch die Befugnisse der Monarchen in den Angelegenheiten der bewaffneten Macht. Im Zeichen von »Thron und Altar« stärkten der Summepiskopat über die evangelischen Landeskirchen und erhebliche Befugnisse innerhalb der katholischen Kirche kraft Konkordat oder Herkommen die Position des Herrschers. Der bis 1905 währende Absolutismus der zaristischen Herrschaft und der Cäsarismus Napoleons III. bis zur Parlamentarisierung des französischen Kaiserreichs 1869 bleiben hier außer Betracht. Verfassungen und ihr Wandel sind das Ergebnis gesellschaftlicher Prozesse. Ein Blick auf die gesellschaftlich-politische Geschichte des 19. Jahrhunderts (bis zum Jahr 1914) zeigt, wie lange sich trotz der für das Ancien régime verlorenen Entscheidungsschlacht in der Französischen Revolution die Tradition des monarchischen Obrigkeitsstaates und eines sogenannten Feudalismus in einer sich wandelnden Welt zu behaupten vermochten und welche vorteilhaften Kompromisse die alten mit den neuen Kräften einzugehen in der Lage waren. Noch bis zum Ersten Weltkrieg galten die Höfe als die Spitze der gesellschaftlichen Pyramide, und die Hofrangordnungen blieben in jedem Land ihres Geltungsbereiches zwar nicht schlechterdings normgebend, aber überaus einflußreich.

Angesichts schematischer Geschichtsdarstellungen, die aus didaktischen Gründen notwendigerweise mit dem Ende des 18. Jahrhunderts die staatsbürgerliche wie die industriekapitalistische Umwandlung von Politik und Gesellschaft zu sehr vereinfachen, ist es in den Prolegomena einer Königsbiographie angebracht, das vorstehende Tatsachengeflecht auszubreiten. Der Historiker muß das eine tun und darf das andere nicht lassen. Das heißt, er soll der pluralistischen Struktur eines jeden Zeitalters ihr Recht werden lassen, andererseits jedoch zwischen traditionellen und zukunftsweisenden Tendenzen sichten. Er hat deutlich zu machen, welchen Faktoren das Übergewicht zukam und wohin die Reise ging. In dieser Sicht hatten das Königtum Ludwigs I., sein Regierungsstil und sein politisches System keine Zukunftschancen. Das ganze politische Leben des Monarchen spielte sich im Schatten der Französischen Revolution ab. Er ahnte das, wollte es jedoch nicht wahr haben. Aber dies ist nur eine unter mehreren Perspektiven seiner Biographie.

II.
DIE FRANZÖSISCHE REVOLUTION UND DIE EUROPÄISCHEN MONARCHIEN

1. 1789: Weltgeschichtliche Zäsur

Das Verhältnis zur Staatenwelt ist nur einer der Aspekte, unter denen die Monarchie zu betrachten ist. Um das Phänomen voll zu begreifen, muß man auch seinen Ort in den gesellschaftlichen Bewegungen seiner Zeit bestimmen, und diese gipfelten während der Kindheit Ludwigs I. im Ereignis der Französischen Revolution[19]. Vordergründig gesehen, handelte es sich um eine Staatsumwälzung, der binnen weniger Jahre König Ludwig XVI. und schon zuvor das Prinzip der absoluten Monarchie zum Opfer gefallen waren. In ihrer Anfangsphase überschlug sich die Revolution und entartete vorübergehend zu einem Terrorsystem. Zur Argumentation der Revolutionsgegner zählte bis ins 20. Jahrhundert, die jakobinische Revolutionsperiode als pars pro toto zu nehmen und das Geschehen in Frankreich primär auf Terror festzulegen. Eine unzulängliche Perspektive!

Wenn die Revolution die öffentliche Meinung des Erdteils, ja der Welt in Atem hielt, wenn sie seit 1792 aus einem französischen Nationalereignis in jakobinischen Imperialismus umschlug und die Revolutionsheere ihre heimischen Errungenschaften über Europa auszubreiten suchten, so lag dem das richtige Bewußtsein zugrunde, daß sich 1789 ein neues und übernationales gesellschaftlich-politisches System durchgesetzt hatte, das mit missionarischem Anspruch auftrat. Es ging um den Übergang von der ständischen Gliederung der Gesellschaft *und* des Staates zu einer staatsbürgerlich egalitären Gesellschaft und dem ihr entsprechenden Staatswesen – ein Prozeß, der sich allerdings mehr als hundert Jahre hinzog. Geburts- und Berufs*stände* sind nicht etwa seit 1789 verschwunden, aber man hat sie damals mit nachhaltigem Erfolg als politische Norm negiert und ihnen den Grundsatz der staatsbürgerlichen Gleichheit entgegengesetzt. Die bis dahin bestehende Trennung in privilegierte (Adel und Geistlichkeit) und nichtprivilegierte Stände erstreckte sich nicht nur auf das gesellschaftliche Prestige, sondern – was noch viel gravierender war – auf die staatlich gesicherte Rechtsordnung, auf Unterschiede im Besitz-, Straf- und Prozeßrecht zumal. Die Kirchen vertraten mit dem Evangelium Christi zwar ein den Ungleichheitssystemen zuwiderlaufendes Prinzip, hatten sich aber faktisch der ständischen Gesellschaftsordnung angepaßt und durften alles in allem als Stützen von Staat und Gesellschaft des Ancien régime gelten. Dies umso mehr, als Episkopat und Klerus korporativ selbst zu den Privilegierten zählten, ja, dem Range nach, den ersten Stand im Staate repräsentierten. Wenn die Bewegung von 1789 zur Rechtsgleichheit führte, so handelte es sich um eine in ihrer Bedeutung kaum zu überschätzende Umwälzung in der Sozialgeschichte. Selbstverständlich waren politische und gesellschaftliche Unterschiede damit nicht beseitigt. Man hat sie jedoch auf einen anderen Fuß gestellt. Gesellschaftliche Differenzierung als solche ist ein notwendiger, unaufhebbarer Vorgang. Was wechselt, sind ihre Kriterien. Und dieser Wechsel, soweit durch die Französische Revolution bewirkt, bestand in zunehmendem Überwiegen der Gesichtspunkte von Besitz und Einkommen über diejenigen der Herkunft und der ständischen Zugehörigkeit. So gesehen, ist die Französische Revolution als Übergang von einer gesellschaftlichen »Formation« zu einer anderen zu interpretieren, die sich den durch die industrielle Revolution veränderten Produktionsverhältnissen adäquater erwies, im übrigen jedoch (verglichen mit der Feudalperiode) neue Übel hervorrief und hinsichtlich einer humanen Lösung der gesellschaftlichen Probleme noch viele Wünsche offenließ.

Über die Große Revolution ist noch unter anderen und weiter ausgreifenden Gesichtspunkten zu urteilen. Ihre schlechthin überzeugende Legitimation lag im sittlichen Kosmos begründet, in der Geschichte der Anläufe zur Erweiterung und Festigung der Menschenwürde. Nicht, daß dies die Exzesse der Revolution entschuldigen würde! Aber durch die Proklamation der Menschen- und Bürgerrechte, der eine lange Vorgeschichte in Europa und Nordamerika vorausgeht, wurde in einer menschheitsgeschichtlich unverzichtbaren Weise ein Markstein gesetzt, hinter den zurückzugehen einen Rückfall bedeutet. Errungenschaften wie diejenigen der Französischen Revolution sind indessen nie ein für allemal gesichert. Sie müssen stets gegen ihre Feinde und – mindestens ebenso sehr – gegen ihre Doktrinäre und die Fanatiker unter ihren Anhängern verteidigt werden. Auch gelingen Durchbrüche von der Art der Jahre 1789/92 in der Regel nicht auf Anhieb. Maßlosigkeiten einer historischen Anfangseuphorie und spätere Rückschläge sind unvermeidlich. Nach dem Revolutionsjahrzehnt 1789/99 folgte fürs erste in Frankreich die Diktatur Napoleons I. Seither hat sich die antidemokratische Grundüberzeugung festgesetzt, daß Revolutionen zur Anarchie führen müssen, die nur durch die Herrschaft des Säbels oder eine andere Tyrannis gebändigt werden könne. Man übersieht vielfach, daß Napoleon zahlreiche Ergebnisse der Revolution bewahrt und erst stabilisiert hat. Nach dem Sturz Bonapartes war noch ein volles Jahrhundert erforderlich, um die revolutionär-evolutionäre Entfaltung der Ideen von 1789 zu gewährleisten. Ihre Gefährdungen im 20. Jahrhundert sind bekannt.

2. Aufgeklärter Absolutismus als Wegbereiter der Revolution

Im Hinblick auf die Monarchie interessiert die Genesis der Revolution nicht minder als die Art und Weise, wie diese sich Schritt für Schritt durchsetzte. Da wir es im folgenden im wesentlichen mit Kontinentaleuropa zu tun haben, klammern wir aus der Vorgeschichte der Demokratie ihre angelsächsisch-protestantischen, nonkonformistischen Ursprünge aus, desgleichen jene weltweiten Dimensionen, die man mit dem historischen Terminus »Revolution der westlichen Zivilisation« oder »Atlantische Revolution«[20] erfassen will. Wir konzentrieren uns auf die (ungewollte) Vorbereitung der Revolution auf dem europäischen Kontinent, an der die Monarchen maßgebenden Anteil genommen haben. Wenn die Französische Revolution die Privilegierung des Adels und der Geistlichkeit beseitigte, so erfolgte diese Maßnahme nicht wie ein Blitz aus heiterem Himmel, sondern als letzte Konsequenz eines Aushöhlungsvorgangs, dem diese Stände unter kräftiger Mitwirkung der Monarchie seit langem ausgesetzt waren. Der Aufstieg der absolutistischen Monarchie ist gekennzeichnet durch eine Zurückdrängung des ständischen Elements. Dazu bedurfte es langer und heftiger Auseinandersetzungen. Die Fürsten mußten sich, während das Offizierskorps vorerst eine Domäne des Adels blieb, für ihre Zwecke eines mehrheitlich nichtadeligen Beamtenapparats bedienen: Die Verwaltung der Staatswesen und nicht selten ihre politische Leitung befanden sich schon vor 1789 in den Händen der »roture«, einer bürgerlichen Bürokratie. Weniger Kaufmannschaft und Unternehmertum als der gebildete Mittelstand, auf Universitäten ausgebildete Angehörige der niederen Geistlichkeit, des Beamtentums und der freien Berufe machten sich mehr und mehr als Konkurrenten des Adels bemerkbar. Von jeher war die Mehrheit der Studenten nichtadeliger Herkunft. Bildung als Prestige- und Qualifikationsfaktor machte sich so überwältigend geltend, daß auch vielen Söhnen des Adels nichts anderes übrig blieb, als die Universitäten zu besuchen, wenn sie in der Berufskonkurrenz mithalten wollten. Schon im Spätmittelalter kam die Tendenz auf, einen Doktor einem Ritter als gleichrangig zu achten, und in der Folge erwies sich, aufs Ganze gesehen, Bildung als *das* Emanzipationsvehikel. Sie war es noch mehr als Geld und Reichtum, deren Rolle bei der Durchbrechung von Standesschranken von jeher zu beobachten war und gewiß nicht unterschätzt werden soll. Die Fürsten haben von der Förderung des Elementarschulwesens bis zur Stiftung von Universitäten das Ihre getan, um der Bildung als Karriere- und Erfolgsprinzip zum Sieg zu verhelfen. Gebildete, Intellektuelle haben schließlich weit mehr als Industrielle und Handelsleute in der Französischen Revolution und den ihr verwandten gleichzeitigen oder folgenden Bewegungen in Europa den Ton angegeben. Sie haben, voran ein bürgerlicher Prälat, Abbé Sieyès[21], erst die Vorstellung des ziffern- und bedeutungsmäßig überwältigenden Dritten Standes geweckt und im Kampf gegen die Privilegierten das staatsbürgerliche Egalitätsprinzip formuliert. Dies geschah in der Konsequenz längst bestehender naturrechtlich-aufgeklärter Überzeugungen. Schon 1733 hat ein deutscher Professor bescheidene Reformen mit der Begründung vorgeschlagen: »Wir sind ja alle von einer razza und kommen alle her von dem Noah«[22]. Abbau des Feudalismus, verstanden als Vorherrschaft privilegierter Stände, war eine conditio sine qua non des modernen Staates, wie ihn das absolutistische Königtum vorbereitete.

Im einzelnen sahen die Vorgänge von einem Staat zum anderen in Europa, von einem deutschen Territorium zum anderen sehr verschieden aus. Die unmittelbar höfische Sphäre blieb von dieser Entwicklung ausgenommen, sie rekrutierte sich personell bis in das 20. Jahrhundert ausschließlich aus dem Adel. Auch war die Position der Aristokratie so stark, daß bis 1789 und noch lange danach mehr oder minder nur Kompromisse hinsichtlich der Machtverteilung im Staate geschlossen werden konnten. In Frankreich kam unmittelbar vor der Revolution sogar kurzfristig noch ein System der Adelsreaktion zur Herrschaft[23]. Friedrich der Große verband den systematischen Ausbau seines »Maschinenstaates«[24] mit einer entschiedenen Begünstigung des Adels, allerdings auf der Grundlage seiner Inpflichtnahme durch den Staat. Noch das Allgemeine Preußische Landrecht von 1794 hat dem Adel den ersten Platz im Staate gesichert[25], aber eben nicht als einem Stande eigenen Rechts, sondern als einer ganz auf die Staatsbedürfnisse orientierten und für den Staatsdienst vorgesehenen Klasse. So weit nun auch die Wirklichkeit der absolutistischen Monarchie vom Gleichheitsprinzip der Französischen Revolution noch entfernt war und so sehr die Machtverteilung zwischen Regierung und Adel noch auf Kompromissen beruhte – die sozialgeschichtliche Generallinie im Sinne einer Destruktion des Privilegienwesens lag fest. Dies gilt nicht nur für den Adel, sondern auch für die Geistlichkeit, und zwar in katholischen Ländern nicht minder als in protestantischen. Man wünschte, daß Klerus oder Geistlichkeit als besondere Klasse der Staatsdienerschaft ihre religiösen und erzieherischen Funktionen ausübten. Die Kirchengeschichte der Neuzeit besteht zu einem nicht geringen Teil aus den weithin erfolgreichen Bemühungen gerade katholischer Monarchen, den Einfluß Roms auf die Diözesen ihrer Länder, der die kirchliche Unabhängigkeit vom Staat noch am meisten aufrechterhalten hatte, soweit wie möglich einzuschränken und stattdessen ein Staats- oder Landeskirchentum einzurichten. Damit verband sich seit der Reformationszeit die Tendenz der Fürsten und Staaten (beider Konfessionen), geistliche Staaten, aber auch die bestehenden Klöster und Stifte zu säkularisieren. Auch in dieser Hinsicht zogen die französischen Revolutionäre und die deutsche Fürstenwelt an einem Strang: 1790 Nationalisierung der Kirchengüter durch die Revolution, 1803 Reichsdeputationshauptschluß, der die Entschädigung der Reichsfürsten durch ehemals reichsunmittelbare geistliche Herrschaften wie durch landsässige Klöster für ihre bis dahin erlittenen Verluste regelte.

Säkularisation heißt nicht nur Aufhebung kirchlicher Herrschaft und kirchlichen Besitzes. Der Begriff geht über seine engere juristische Bedeutung weit hinaus und will den gesamten Komplex der Verweltlichung des Denkens und Handelns abdecken. Er wird dadurch zum Zentrum der Aufklärung, die in der Französischen Revolution ihren größten politischen und gesellschaftlichen Triumph feierte, aber schon zuvor die Fürsten und alle Welt ergriffen hatte. Die Revolution sah sich nicht mit antiaufklärerischen Monarchen, sondern mit Repräsentanten des aufgeklärten Absolutismus konfrontiert. Der sogenannte Zeitgeist ist eine so mächtige Potenz, daß er Menschen aus den verschiedensten gesellschaftlichen und politischen Lagern in seinen Bann zieht. Nicht nur Liberalismus und Demokratie beriefen sich auf die Aufklärung, auch antirevolutionärer Konservatismus stützte sich an der Wende des 18. zum 19. Jahrhundert und noch lange danach auf sie. Sie galt nicht nur als Losungswort der weltlichen Intelligenz, sondern hatte sich auch der Geistlichkeit beider Konfessionen auf breiter Front bemächtigt. Katholische und protestantische Aufklärung nehmen einen beträchtlichen Platz in der Kirchengeschichte des Zeitalters ein. Zur Aufklärung bekannten sich also nicht nur die Wortführer der Revolution, nicht nur der Erste Konsul und spätere Kaiser Napoleon. Auch die Opfer der Revolution waren Söhne der Aufklärung. Gewiß kannte das Aufklärungszeitalter von Anfang an ein Pendant des Irrationalismus und der Gefühlskultur, des religiösen Subjektivismus und Pietismus. Gewiß gab es im Laufe schon des 18. Jahrhunderts nicht nur Konterrevolutionäre, sondern auch Gegenaufklärer, Feinde der Aufklärung. Aber man muß, um klar zu sehen, stets die »vorwaltenden Tendenzen« im Auge behalten und in einer politischen Biographie zuerst fragen, wo der geistige Schwerpunkt einer Epoche lag. Und hier kann, auf das endende 18. Jahrhundert bezogen, die Antwort nur lauten: in der Aufklärung. Die Monarchen zumal lassen sich fast durchweg, von St. Petersburg bis Lissabon, der Aufklärung zurechnen, da ja das von ihnen vertretene Prinzip des (nach damaligen Begriffen) modernen Staates unabdingbar mit aufgeklärten Standpunkten verbunden war.

3. Monarchie und Republik

Die Beseitigung der Monarchie, die Hinrichtung Ludwigs XVI. und der jakobinische Terror förderten zwangsläufig an den europäischen Höfen das Nachdenken darüber, ob denn die Leitsätze der Aufklärung in letzter Konsequenz nicht etwa eine tödliche Gefahr für das Königtum und die fürstliche Welt beinhalteten. Im Zeichen der Aufklärung hatten die Fürsten eine Art von Erziehungsdiktatur über eine für unmündig angesehene Bevölkerung ausgeübt. Die Herrschaft mit den Untertanen zu teilen oder gar an sie abzutreten, war ihnen kaum in den Sinn gekommen, sehr begrenzte Formen der Mitwirkung dazu Befähigter und Berufener ausgenommen. Die *Staats*souveränität, die man selbst personifizierte, hatte man akzeptiert, aber die Revolution ging weiter und verwirklichte die Grundsätze der *Volks*souveränität, die der Monarchie aus Zweckmäßigkeitsgründen noch Funktionen zubilligen mochte, aber sie auch abschaffen konnte und der volonté générale auf jeden Fall den ersten Platz im Staatsleben einräumte. Völlig ohne Verständnis stand die Revolution dem Geblüts- und Erblichkeitsprinzip gegenüber, das seit unvordenklichen Zeiten die gesellschaftliche Zivilisation Europas bestimmt und in den meisten Berufen vorgeherrscht hatte. Das rationalistisch-bürgerliche Leistungsdenken hatte vorwiegend die Unzulänglichkeiten und Zufälligkeiten sowie die für die Entfaltung der Volksfreiheit abträglichen Seiten der Monarchie im Auge. Es setzte auf die *Wahl* des jeweils Tüchtigsten. Optimistisch, wie man von der menschlichen Natur dachte, setzte man auf die Fähigkeit der Mehrheit, diesen Tüchtigsten ausfindig zu machen. Wahlmonarchien hatte es zwar gegeben, aber sie blieben, abgesehen vom römisch-deutschen Kaisertum, die ganze europäische Geschichte hindurch Randerscheinungen. Fast durchweg interpretierten sich die Dynastien als ein Familienverband, als genealogisches Erbsystem regierender Häuser, und als deren Repräsentanten sahen sich die Monarchen dem Vernichtungswillen des revolutionären Radikalismus ausgeliefert. Es überrascht daher keineswegs, wenn ein vordergründiges politisches Denken die seit 1789 sich bekämpfenden Prinzipien auf den Nenner »Republik gegen Monarchie« brachte und darin den Weltdualismus des Zeitalters schlechthin sehen wollte. Schon unter Napoleon stellte sich heraus, daß sich viele Forderungen der Revolution auch unter einer Monarchie verwirklichen ließen, und der weitere Gang der Geschichte bewies, daß es weniger um die Staatsform als um deren Inhalt, um die Gesellschaftsordnung und die entsprechenden Staatsverfassungen ging. Unabhängig davon, wie die Ideologie der Zeitgenossen Licht und Finsternis ihrer Epoche voneinander schied, fragen wir im folgenden, wie die Höfe auf eine ihnen so feindliche Größe wie die Französische Revolution reagierten.

4. Fürstlicher Widerstand und fürstliche Kompromisse

Goethe hatte den Extremfall eines kapitulierenden Königtums vor Augen, wenn er schrieb: »Die Königin von Frankreich entzieht sich der Etikette. Diese Sinnesart geht immer weiter, bis der König von Frankreich sich selbst für einen Mißbrauch hält«[26]. Auf eine verächtliche Spielart gekrönter Häupter zielte er, wenn er noch in seinem letzten Lebensjahr in den »Zahmen Xenien« reimte (und es sich damit freilich etwas leicht machte und die Zwangslage nicht berücksichtigte, in der sich diese Herrscher befanden):»Warum denn wie mit einem Besen / wird so ein König hinausgekehrt, / wären's Könige gewesen, / sie stünden noch alle unversehrt«[27]. Ein Wort an die Adresse der Verunsicherten und Schwächlinge! Aber auf wen traf es in der konkreten Situation der Revolutionsjahre zu? Zur Gänze nicht einmal auf Ludwig XVI., der gewiß zu den schwachen Vertretern des monarchischen Systems zählte. Eine verständliche, wenn auch problematische Reaktion auf die revolutionären Ereignisse bestand bei zahlreichen Monarchen darin, daß sie den bisherigen Reformkurs bremsten, wie Kaiser Joseph II. in seinen Hauslanden, ihre Staatspolitik gegen Feudalismus und Klerikalismus einschränkten und sich stattdessen mit allen Vorkämpfern und Nutznießern des Ancien régime zusammentaten, den französischen Emigranten als den Erzfeinden der Jakobiner Aufnahme und Unterstützung gewährten, Adelsloyalität und disziplinierende Funktionen der Kirche wieder groß schrieben, im Militär primär die Garantie ihrer Sicherheit zu finden hofften und nach Möglichkeiten einer gemeinsamen europäischen Defensive gegen den sanculottischen Imperialismus Ausschau hielten. Die Pillnitzer Erklärung Kaiser Leopolds II. und König Friedrich Wilhelms II. gegen Frankreich vom August 1791 und das an die Pariser Machthaber gerichtete Manifest des Herzogs von Braunschweig vom folgenden Jahre zählen zu den penetrant-polemischen Dokumenten eines in die Defensive geratenen Monarchenvereins, der die Vorgänge in Frankreich in apokalyptischer Perspektive sah und wohl sehen mußte und nun bemüht war, eine auch ideologische Gegenposition aufzubauen. Dies war nicht so leicht, da man bisher durch den gemeinsamen Nenner der Aufklärung mit der progressiven Bewegung verbunden war. Man verfiel schließlich unter anderem auf das für die Masse der Bevölkerung wenig attraktive Prinzip des Legitimismus, das gegen die Revolution und die usurpatorische Monarchie Napoleons I. gleichzeitig gerichtet war.

Ansätze zu einer Doktrin des Legitimismus finden sich in der europäischen Staatslehre und Publizistik seit dem 17. Jahrhundert nicht wenige[28]; um den Legitimismus zu bejahen und ernst zu nehmen, mußte man intellektuell hinter die Aufklärung zurückgehen. Im weiteren Verlauf des 19. Jahrhunderts boten sich den Höfen von der anachronistisch-patrimonialen Restaurationsideologie Hallers[29] über die romantisch-organische Staatslehre Adam Heinrich Müllers[30] und die christlich-germanischen Konstruktionen des Gerlach-Kreises[31] bis zur christlichen Staatslehre eines Friedrich-Julius Stahl[32], von der reaktionären Staatsphilosophie eines de Maistre und de Bonald[33] bis zur christlichen Rechtfertigung der Diktatur durch Donoso Cortes[34] – die Aufzählung ist keineswegs erschöpfend – zahlreiche theoretischpublizistische Allianzen an. Vereinzelt haben Herrscher mit intellektuellen Neigungen wie Friedrich Wilhelm IV. davon Gebrauch gemacht. Er und Nikolaus I. von Rußland sind öffentlich als Verteidiger des Legitimismus und des Gottesgnadentums hervorgetreten. Der schwedische König Oskar I., dessen Dynastie eines gewissen Maßes von legitimistischer Nachhilfe bedurfte, hat um die Mitte des 19. Jahrhunderts im großen Saal des Schlosses Drottningholm sämtliche Monarchen Europas (einschließlich des Papstes und des Sultans) lebensgroß darstellen lassen und gezeigt, worauf für ihn das europäische Staatensystem beruhte. Mehr oder minder huldigten fast alle Mitglieder der regierenden Häuser innerlich dem Legitimitätsprinzip, aber dies hieß nicht, daß ihre Herrschafts- und Regierungspraxis lückenlos darauf festgelegt geblieben wäre. In der Mehrzahl begnügten sich die Monarchen mit einer eisernen Ration ihnen zusagender Anschauungen, suchten aber im übrigen mit den Schwierigkeiten ihrer Zeit als Pragmatiker zurechtzukommen. Mit programmatischen Äußerungen der Öffentlichkeit gegenüber hielten sie sich zurück.

Durchweg endete die Auseinandersetzung der Monarchie mit der Revolution, hier früher, dort später, mit Kompromissen. Erleichtert hat diesen Prozueß, daß es schon lange vor 1789 das Vorbild der eingeschränkten Monarchie Großbritanniens gab und die seit Locke und Montesquieu entwickelte Gewaltenteilungslehre ein Modell lieferte, anhand dessen die Verfassungspraxis in Monarchien arbeiten konnte. Die erste französische Verfassung von 1790 ließ das Königtum noch bestehen, nötigte es aber zu Zugeständnissen, die den europäischen Monarchen des ausgehenden 18. Jahrhunderts bedrohlich vorkommen mußten. Was im ersten Drittel des 19. Jahrhunderts an Verfassungen folgte, Konstitutionen nach dem Vorbild der französischen Charte von 1814 und auf der Grundlage des monarchischen Prinzips, sicherte den Monarchen noch den Löwenanteil der Herrschaftsausübung. Seit der Jahrhundertmitte setzte sich eine dem Staatsbürger erheblich mehr Rechte einräumende Richtung des Verfassungswesens durch; auch im System des sogenannten »deutschen Konstitutionalismus«. Doch vermochte auch diese Variante dem von der Französischen Revolution ausgelösten unwiderstehlichen Demokratisierungsprozeß nicht Genüge zu tun. In gleitenden Übergängen entwickelte sich aus dem konstitutionellen das parlamentarische System, dem sich die regierenden Häuser überall dort, wo in der westlichen Welt heute noch Monarchien übriggeblieben sind, ausnahmslos gebeugt haben. Die Vorgänge, die in diesem Zusammenhang zu erörtern sind, liegen jenseits der ludovizianischen Ära.

5. Monarchie und nationales Prinzip

Ludwig I. hat sich für seine Person schon dem Übergang von der strengen zu einer bescheideneren Fassung des monarchischen Prinzips verweigert und damit deutlich gemacht, auf welcher verfassungspolitischen Ebene der Kompromiß mit der Französischen Revolution für ihn aufhörte. Er hatte jedoch erheblichen Anteil an einer anderen Folgeerscheinung der Revolution, die für die Monarchie gleichermaßen Gefahren und Chancen enthielt, dem ganz Europa durchdringenden Nationalbewußtsein[35]. Da Nationalismus heute ganz überwiegend »rechts« verortet wird und die Ursprünge dieser Bewegung nicht allgemein als präsent vorausgesetzt werden können, ist hier etwas auszuholen. Der englische Staatstheoretiker Robert Filmer, ein Legitimist, klagte in seinem Buch »Patriarcha« (1680) darüber, daß sich eine modische und gefährliche Tendenz ausbreite, den Begriff des Patrioten von dem des Royalismus zu trennen, und die Vorstellung erwecke, man könne trotz Hochverrats am König ein guter Patriot sein[36]. Filmer ging es noch darum, die Loyalität gegenüber einem Herrscher und die Treue gegenüber einer patria, einem Vaterland, nicht auseinanderfallen zu lassen. Es ist einer der Beweise für die Zurückdrängung des Royalismus durch den Staatsgedanken, daß längst vor 1789 »Patriot« und »Patriotismus« zu politischen Schlüsselworten des 18. Jahrhunderts wurden, daß »Patriotische Gesellschaften« in ganz Europa aus dem Boden schossen und ein englischer Konservativer die Regeneration der Monarchie schließlich in der Figur eines »Patriot King« (1738) suchte[37]. Weit mehr als verfassungs- oder klassenpolitische Formulierungen wurden dann »Patriotismus« und »Nation« zu den Leitbegriffen der Französischen Revolution. Der Nationalismus des 19. Jahrhunderts hat noch andere Wurzeln als die Französische Revolution; insbesondere die Abschüttelung fremder Oberherrschaft (Napoleons über Deutschland, Österreichs über Oberitalien und Ungarn, des Osmanenreiches über südosteuropäische Völker) sowie den schon im 18. Jahrhundert entwickelten an gleicher Sprache, Herkunft und Kultur orientierten Gedanken der Volksintegrität. Die Nation als Trägerin der Volkssouveränität, als selbständige und alleinbestimmende Größe, als politischer Höchstwert – dieser Vorstellungskomplex ging jedoch aus der Französischen Revolution hervor. Einige ihrer Theoretiker haben die Nation mit dem Dritten Stand identifiziert. Tatsächlich ist der Spielraum von Nation und Nationalismus jedoch von jeher weit über den eines Antibegriffs zu den privilegierten Ständen, weit über soziale Interessenwahrung und gesellschaftlich-politische Geltung hinausgegangen. Der Idee und der Realität der Nation lagen die Einswerdung von Gesellschaft und Staat und nicht minder die sehr konkreten Gegebenheiten einer Traditions- und vor allem einer politischen Schicksalsgemeinschaft zugrunde. Keine Rede davon, daß der Nationalgedanke, der selbstverständlich mißbraucht werden konnte und mißbraucht wurde, nur zur Vernebelung des Klassenkampfes dienen sollte. Die Nation war in nicht geringerem Maße ein Wirklichkeitsfaktor als die gesellschaftlichen Spannungen, ganz abgesehen davon, daß auch der gesellschaftliche Prozeß eben nicht nur aus Konflikten, sondern auch aus Kooperation besteht.

Bei der Mehrheit der politisch Denkenden hatte spätestens seit 1789 die Nation die Priorität vor der Monarchie erlangt. Ländertausch (»Länderschacher«) zugunsten gekrönter Häupter geriet in Verruf. Volksfremde Souveräne wurden nur mehr unwillig ertragen. Als nicht genügend französisierte »Österreicherin« war die Königin Marie-Antoinette den französischen Patrioten suspekt. Wenn man, was des öfteren geschah, fremde europäische Prinzen in neugegründeten Staaten als Herrscher installierte, war ihre umgehende Nationalisierung das erste Erfordernis. Nichts anderes durfte und sollte fortan für sie mehr gelten als griechisches, belgisches, rumänisches, bulgarisches National- und Staatsinteresse. Monarchische Personalunionen zwischen zwei Staaten verschiedener Nationalität hat man je länger je weniger hingenommen. Monarchen, die mehrere Nationalitäten in *einem* Staatswesen zu regieren hatten, taten sich nach der Französischen Revolution zunehmend schwerer. Auf die Dauer ist es ihnen selten gelungen, das Prinzip der Staatsnation dem der Volksnation überzuordnen. Häufig sahen sich Monarchen wider bessere Einsicht und wider ererbte Rücksichtnahmen als die Gefangenen ihrer Nationen und deren außenpolitischer Leidenschaften. Am Ende haben sie sich jedoch ausnahmslos mit ihren

Nationen auch aus Überzeugung identifiziert, nicht zuletzt in der Erkenntnis, daß in der Übereinstimmung mit dem Volkswillen die stärkste Garantie für die Existenz ihrer Throne beschlossen lag. So bot das nationale Syndrom Chancen für die Monarchie. Wenn es Königen gelang, sich ein Renommee als überzeugende Repräsentanten ihrer Nation zu verschaffen, wenn das volkstümliche Bedürfnis nach Anschaulichkeit im Monarchen die Nation personifizierte, wenn die Nation in der Einrichtung der Monarchie ihrer Identität gewisser werden konnte, dann hatte das Königtum in der Tat einen vielversprechenden Ansatz gefunden, um in einer durch die Französische Revolution veränderten Gesellschaft und Staatenwelt fortzubestehen. Auf dieser Basis erfreuen sich mehrere Monarchien heute noch einer (relativ) gesicherten Existenz.

Der bedeutendste publizistische Gegner der Französischen Revolution, der Brite Edmund Burke[38], hat an der Wende vom 18. zum 19. Jahrhundert den Monarchen ein Stichwort gegeben, vermittels dessen sie eine ihnen zusagende und zuträgliche Interpretation des Nationalbegriffs an die Hand bekamen: die Idee der historischen Nation, der Nation als Traditionsgemeinschaft, als Verband aller Ordnung sichernden Institutionen und ihres alten Herkommens. Von diesem konservativen Nationalgedanken hat die monarchische Selbstdarstellung und die Ideologie des monarchischen Prinzips als Programm der Volkserziehung und der Indoktrination, gerade unter dem Königtum Ludwigs I., zu einem guten Teil gelebt und so die regenerativen Qualitäten der nationalen Bewegung für sich nutzbar zu machen verstanden. Dies gilt für die innere wie für die äußere Politik. Tatsächlich hat der Nationalismus das europäische Konzert verwandelt und verjüngt, wenn auch keineswegs im Sinne einer Harmonisierung des Ganzen. Die an sich internationalen Bewegungen des Konservativismus, Liberalismus und der Demokratie wurden paradoxerweise durch den europäischen Nationalismus auf eine neue Basis gestellt. In seinem klassischen Aufsatz »Die großen Mächte« hat Leopold von Ranke 1833 über die Nationalismen seiner Zeit geschrieben: »Sie haben die Bedeutung der moralischen Kraft der Nationalität für den Staat endlich einmal wieder zur Anschauung in das allgemeine Bewußtsein gebracht. Was wäre aus unseren Staaten geworden, hätten sie nicht neues Leben aus dem nationalen Prinzip, auf das sie gegründet waren, empfangen? Es wird sich keiner überreden, er könne ohne dasselbe bestehen«[39].

Daß man sich in einer Abwehrposition befand, wußten die Monarchen. Man sprach und träumte von Restauration, handelte auch in diesem Sinne. Im Munde der vormärzlichen Regime hatte das Wort Restauration allerdings noch nicht den pejorativen Beigeschmack, den es später allgemein annahm, vielmehr den Sinn von Regeneration. Man verkannte auch nicht, daß man das System des Ancien régime nicht unverändert wiederherstellen konnte. Als rettender Ausweg aus den Konflikten der Zeit erschien es, wenn die Monarchie und die in Bewegung geratene Gesellschaft sich auf dem Boden der vaterländischen Gemeinsamkeit, der nationalen Zusammengehörigkeit begegneten. Man kultivierte den Gedanken eines Königtums über den Parteien und der Verbundenheit von Fürst und Volk, und zwar sehr betont der Masse des Volkes, des niederen Volks, des Landvolks zumal, das in der Vendée sich beispielhaft für das Königtum der Bourbonen erhoben hatte. Über 100 Jahre hatten die bayerischen Bauern, die 1705 gegen die österreichische Besatzung aufgestanden waren, dem Kurhaus Bayern als Tabu gegolten. Man sprach nicht von ihnen. Während der Regierungszeit Ludwigs I. begann man den Mythos der Schlachten von Sendling und Aidenbach zu pflegen und die Bauern als die Treuesten unter den Getreuen eines vertriebenen Fürstenhauses zu feiern.

Pflege der (tatsächlichen oder vermeintlichen) Volksloyalität und Hinwendung zum nationalen Gedanken bot allerdings noch keine hinreichende Garantie für die Höfe und fand sich in Bayern wie anderswo überdies mit mancherlei neuen Problemen belastet. Wenn man sich auf die (spät erfolgte) Teilnahme an der deutschen Erhebung gegen den »welschen« Napoleon einiges zugute tat, konnte man damit nicht die Erinnerung beseitigen, daß das Haus Wittelsbach seine Königswürde und der Staat Bayern seinen Gebietsumfang dem Zusammenwirken mit dem »Korsen« verdankten, ein zwar gewiß nicht für den Historiker von heute, wohl aber für eine bis in das 20. Jahrhundert hinein herrschende Mentalität belastender Umstand. Ferner waren Angehörige nichtbayerischer Gebiete in großer Anzahl an den bayerischen Staat gefallen. Der Monarchie stellte sich die Aufgabe, sie in ihr neues Königreich, den jungen bayerischen Staat des 19. Jahrhunderts, zu integrieren. Dies ist alles in allem gut gelungen, aber als konkurrierende Größe zum bayerischen trat gleichzeitig ein deutsches Nationalgefühl hervor, und beide ließen sich spätestens seit Napoleons Sturz schwerlich mehr gegeneinander ausspielen. Ludwig I. war seit seinen Jugendtagen ein glühender deutscher Patriot und zeitlebens bemüht, bayerischen Staatspatriotismus und ein stark historisch geprägtes deutsches Nationalbewußtsein zu harmonisieren. Was sollte indessen geschehen, wenn bayerische und deutsche Interessen aneinandergerieten, wenn die deutsche öffentliche Meinung außerhalb Bayerns in den großen, mittleren und kleineren Dynastien Hindernisse ihrer Einheit erblickte oder gar auf den republikanischen Nationalismus der Französischen Revolution zurückkam? Um zu der gesellschafts- und verfassungspolitischen Bewegung zurückzukehren, die von der Französischen Revolution ausgelöst worden war: Wie sollte sich die Monarchie behaupten, wenn die bayerische Staatsnation mit der herrscherlichen Gewaltenfülle des monarchischen Prinzips und mit den problematischen Behelfen der Restaurationspolitik nicht mehr zufriedenzustellen und nicht mehr regierbar war? Am Ende zeigte sich, daß man mit Nationalbewußtsein allein und ohne Veränderung des gesellschaftlich-politischen status quo die Throne nicht halten konnte.

III.
ZWEIBRÜCKEN: KLEINFÜRSTLICHE WELT UND GROSSE POLITIK

1. Dynastischer Glanz und territoriale Zersplitterung

Das Haus Bayern, seit 1648 im Besitz zweier weltlicher Kurhüte, zählte zu den ältesten, vornehmsten und angesehensten Dynastien unter den regierenden Familien Europas. Zwei Kaiser des römischen Reiches deutscher Nation und ein deutscher König waren aus ihm hervorgegangen: Ludwig der Bayer (1314–1347), Karl Albrecht (1742–1745) und Ruprecht von der Pfalz (1400–1410). 1440–1448 hatte der Wittelsbacher Christoph III. über alle skandinavischen Reiche regiert, 1620 war der Pfälzer Kurfürst Friedrich zum König von Böhmen gewählt worden, 1654–1718 stellte das Haus Pfalz-Zweibrücken dem Königreich Schweden hintereinander drei bedeutende Herrscher. Unter den nicht verwirklichten Ansätzen zur Erlangung königlicher Würden sind am bekanntesten die durch das Testament Karls II. von Spanien dem Erbprinzen Joseph Clemens von Bayern eröffnete Aussicht der Thronfolge in Spanien und die Erwägungen, dem Kurfürsten Karl Theodor im Austausch gegen Bayern zu einem niederländischen oder burgundischen Königreich zu verhelfen. Zahlreich waren die geistlichen Fürstentümer in wittelsbachischer Hand!

Diesem glanzvollen Gemälde fehlten indessen die Schatten nicht. Eine Anzahl vielversprechender territorialer Positionen konnte nicht lange gehalten werden, darunter die Markgrafschaft Brandenburg (1324–1373) und die Grafschaft Holland (1349–1433). Vor 1799 war es nie gelungen, sämtliche Lande des Hauses in einer Hand zusammenzufassen, und über Jahrhunderte hinweg hatte die Fertilität der Familie wie die anderer deutscher Fürstenhäuser zu einer außerordentlichen Besitzersplitterung geführt, beim pfälzischen Ast noch mehr als bei den altbayerischen Linien. Die Errichtung von Nebenlinien durch das pfälzische Haus begründete Klein- und Kleinstterritorien in der Oberpfalz und auf linksrheinischem Gebiet. Macht und Einkünfte dieser pfälzischen Seitenlinien standen in einem grotesken Mißverhältnis zu ihren Ansprüchen auf standesgemäße Lebensführung und Entfaltung fürstlichen Glanzes. Ihre Ambitionen beruhten allerdings nicht schlechthin auf Selbstüberschätzung, vielmehr nötigte sie ihre raison d'être, das System fürstlicher Herrschaft, dazu. Nicht nur ihre Zugehörigkeit zum Reichsfürstenstand, sondern auch zum Gesamthaus der Wittelsbacher, die durch Familienverträge und Hausunionen fortwährend bekräftigt wurde, stand und fiel für die Erstgeborenen mit der Ausübung von Regierungspflichten und der Entfaltung fürstlicher Würde. Auch die Nachgeborenen hatten sich den in den Familienstatuten und Hausgesetzen festgelegten Restriktionen hinsichtlich standesgemäßer Ehen zu fügen, wenn sie im Falle des kinderlosen Verscheidens der Chefs einer ihrer Linien erbberechtigt bleiben wollten. Anwartschaften auf Nachfolge regierender Fürsten, Erbschaften, standesgemäße Ehepolitik und Versorgung darf man als die Zentralbegriffe jenes fürstlichen Familienkartells bezeichnen, das Deutschland unter sich aufgeteilt hatte. Auf dem Erbwege konnten nun allerdings auch über Miniaturterritorien gebietende Serenissimi über Nacht zu Herrschern europäischer Staaten aufsteigen, wie dies beispielsweise 1654 mit der Erhebung der Linie Pfalz-Zweibrücken-Kleeburg auf den schwedischen Königsthron geschehen war. Die Eheverbindungen zwischen den mächtigsten europäischen Herrschern und solchen minder- oder mindestmächtiger deutscher Territorien konnten diese zudem nicht nur in ein Erb-, sondern auch ein Schutzverhältnis einbeziehen und damit ihre politische Existenz stabilisieren. So verblieb kraft eines Gebluts- und Erbprinzips der deutsch-kleinfürstlichen Welt ein europäischer Horizont, wenn auch nur in Ausnahmefällen der Aufstieg von einer prekären, meist schuldenüberbürdeten Territorialfürstlichkeit minimaler Dimension auf die Throne der größeren deutschen Staatswesen oder außerdeutscher Staaten gelungen ist.

Zu den kleinsten unter den Regierenden nicht nur des pfälzisch-wittelsbachischen Hauses, sondern des gesamten Reichsfürstenstandes rechnete man die Pfalzgrafen von Birkenfeld am Hunsrück und Bischweiler im Unterelsaß. Nach dem Prinzip der dynastischen Zellteilung spaltete sich selbst diese Dynastie in zwei Linien. In merkwürdiger Parallele zu der dort herrschenden agrarischen Besitzzersplitterung hat im deutschen Südwesten auch die territoriale Zersplitterung einen Höhepunkt erreicht. 1733 gelangte die ältere Birkenfelder Linie in den Besitz des Herzogtums Pfalz-Zweibrücken[40]. Der jüngere Zweig Zweibrücken-Birkenfeld-Gelnhausen besaß als sogenannte Paragiallinie eine Art Unterlandesherrschaft unter der Oberhoheit des älteren Hauses. Um die geringe Bedeutung des Ländchens richtig einzuschätzen, muß man sich nicht nur die Zahlen der Quadratkilometer und der Einwohner sowie die Höhe der Einkünfte, sondern auch die Tatsache vor Augen halten, daß es sich um kein geschlossenes Gebiet, sondern um ein Konglomerat dislozierter Herrschaften und Besitzungen handelte. Ein gewisser Ausgleich ergab sich aus der Nachbarschaft zu Frankreich, dessen Krone Kleinfürsten des deutschen Westens bei Aufrechterhaltung ihrer reichsfürstlichen Stellung auf dem Weg über eine mit viel Glanz kaschierte faktische, mitunter auch rechtsförmige Vasallität einen größeren Spielraum innerhalb ihrer Interessenssphäre eröffnete. Pensionen, Subsidienverträge, Zahlungen und Zuwendungen anderer Art, militärische Dienstverhältnisse und höfische, manchmal auch persönlich-private Beziehungen zum Hause Bourbon bildeten das Netz, das Paris über diese Dynastien ausgeworfen hatte. Frankreich hatte auf solche Weise die Westflanke des Reiches aufgeweicht, während die Kleinfürsten eine (Schein-)Position einnehmen konnten, die die Einkünfte ihrer Länder finanziell niemals zu decken vermocht hätten. Noch mehr als die Funktionen im Rahmen französischer Politik hob das Haus Zweibrücken die Einbindung in den wittelsbachischen Familienverband, deren Vorteile die Dynastie allerdings erst seit ihrer Konversion zum Katholizismus voll auszuschöpfen in der Lage war. Das System der Familienverträge ermöglichte es der Zweibrücker Linie schließlich, aufgrund einer für fürstliche Aufsteiger selten günstigen Konstellation am Ende des 18. Jahrhunderts das gesamte kurpfalz-bayerische Erbe zu übernehmen, zum Kurfürstentum und 1806 zum Königtum aufzusteigen. Kraft des hauspolitischen Systems rückte so ein Duodezhof in den Mittelpunkt des politischen Interesses, und zwar nicht erst beim Antritt der Nachfolge in Bayern, sondern schon Jahrzehnte vorher.

Beide Linien des Hauses Zweibrücken-Birkenfeld gehörten seit dem 16. Jahrhundert dem lutherischen Bekenntnis an. Generationen hindurch galten die Birkenfelder wie ihre Vorgänger im Zweibrücker Herzogtum aus anderen pfälzischen Linien als besonders engagierte Lutheraner. Im Laufe des 18. Jahrhunderts hatte die Aufklärung den Gesichtspunkt der Bekenntniszugehörigkeit unter protestantischen Fürsten zurücktreten lassen, abgesehen davon, daß macht- und hauspolitische Interessen schon früher mehrmals zu Konversionen geführt hatten[41]. Für die folgenden Überlegungen bleiben allenfalls vorhandene persönlich-religiöse Überzeugungen der konvertierenden Fürstlichkeiten ausgeklammert. Als sich Pfalzgraf Friedrich (der Großvater Ludwigs I.), zweitgeborener Sohn des damals bereits verstorbenen Christian III. von Pfalz-Zweibrücken (spätestens) 1745 zum Übertritt in die römisch-katholische Kirche entschloß, war das Aussterben weder der ludovizianischen Linie in Bayern noch des Hauses Kurpfalz (aus der sulzbachischen Linie) vorauszusehen. Es war aber nicht auszuschließen, und die Hausgesetze sowohl der in München wie der in Mannheim residierenden Linie, desgleichen die Hausunion von 1724 erlaubten nur katholischen Mitgliedern des Gesamthauses die Nachfolge. Im Zusammenhang seiner Eheverbindung mit der sulzbachischen Prinzessin Franziska Dorothea konvertierte Pfalzgraf Friedrich Michael[42]. Erst seine Konversion ließ ihn in den engsten Kreis der Erbberechtigten in Kurpfalz-Bayern eintreten. Während das altbayerische Kurfürstentum geschlossen katholisch geblieben war, war die Pfalz konfessionell gemischt. Dies hatte aber auf die hausgesetzlichen Bestimmungen keinen Einfluß; das Übergewicht der Dynastie über das Land war auch in diesem Fall eindeutig. Zehn Jahre nach dem Übertritt des Pfalzgrafen Friedrich tat sein regierender Bruder, der als Regent überdurchschnittliche Herzog Christian IV., von der Marquise de Pompadour beeinflußt, den gleichen Schritt. Dieser Fürst, Repräsentant der Aufklärung, Freund Diderots und der Pariser Enzyklopädisten, hat mit kaum zu überbietender Unverblümtheit die Motive für seinen Übertritt zum Besten gegeben[43]. 1769 folgte der jüngere Sproß der Linie Birkenfeld-Gelnhausen, Pfalzgraf Wilhelm, dem Beispiel seiner Vettern aus der regierenden Linie. Abgesehen von seinem Vater, Pfalzgraf Johann († 1780), und dem älteren unverheirateten Bruder Karl, einem Generalmajor in österreichischen Diensten († 1789), waren somit sämtliche Mitglieder des Hauses Wittelsbach Angehörige der römisch-katholischen Kirche geworden.

Niemand bestreitet, daß die internationalen Beziehungen seit dem Ende des konfessionellen Zeitalters ausschließlich der Staatsräson folgten und über die Konfessionsgrenzen hinweggingen. In Vergessenheit ist heute jedoch geraten, daß man – kennzeichnend für das Fortbestehen älterer Strukturen – noch im 18. und in Ausläufern sogar im 19. Jahrhundert mit den Begriffen der protestantischen beziehungsweise katholischen Mächte oder Höfe operierte[44]. Reichspolitisch institutionalisiert fand man das Gegenüber beider Konfessionen in den Einrichtungen des Collegium Catholicorum und Collegium Evangelicorum am Regensburger Reichstag. Noch am Ausgang des Römischen Reiches deutscher Nation haben sich zwischen diesen Gremien Kontroversen abgespielt, die bestehende, freilich politisch nicht mehr erstrangige Spannungen im Reich spiegelten[45]. Die preußisch-britischen wie die preußisch-oranischen und ähnliche Verbindungen beweisen, daß die konfessionelle Note auch im europäischen Konzert noch nicht verklungen war. Konnubium innerhalb der gleichen Konfession blieb unter den europäischen Fürstenhäusern die Regel. Vielleicht läßt sich sagen, daß es neben dem politischen Balancesystem die kaum je formulierte Vorstellung eines konfessionellen Gleichgewichts im Reich und in Europa gab, und Konversionen in regierenden Familien, insbesondere solche ihrer Häupter, hat man als Störung dieses Gleichgewichts empfunden. Für den Fall der Konversion des Hauses Zweibrücken traf dies nur deswegen nicht zu, weil einerseits man den pfalzbayerischen Block ohnehin als katholische Domäne anzusehen sich gewöhnt hatte, und noch mehr deswegen, weil andererseits im Laufe des 18. Jahrhunderts das katholische Haus Zweibrücken für die preußische Politik gewonnen wurde.

2. Ungewisse Anwartschaft

Herzog Christian IV. von Zweibrücken hatte, als er konvertierte, die Nachfolge in Mannheim und München möglicherweise noch zu seinen Lebzeiten erwartet. Für seine Person stand sie ihm reichs- und hausrechtlich gesehen ohne Zweifel zu, nicht jedoch für seine Nachkommen. Der Fürst war mit der Tänzerin Marie Camasse, die er zur Gräfin Forbach hatte erheben lassen, verheiratet, und seine Kinder galten infolgedessen als nicht ebenbürtig[46]. Damit drehte sich das Nachfolgekarussell zu seinem Bruder, dem Pfalzgrafen Friedrich Michael, einem Kriegsmann, der in mehrerer Herren Militärdiensten gestanden und es zum Reichsfeldmarschall gebracht hatte. Bevor seine Ehe mit der Sulzbacherin Maria Franziska Dorothea zerbrach, hatte er mit ihr zwei Söhne und eine Tochter gezeugt. Von diesen Söhnen trat der ältere, Karl II. August, 1775 die Nachfolge in Zweibrücken an.

Sein Onkel, Christian IV., hatte sich als vorzüglicher Landesvater bewährt[47]. Zwar hat auch er im fürstlichen Stil des Ancien régime, als prachtliebender Weltmann und Frauenheld, als Jäger und Schlösserbauer aus dem Vollen gelebt. Er ließ jedoch, obschon ihn seine Regentenpflichten nicht derart in Anspruch nahmen, daß er nicht lange Zeit des Jahres in Paris hätte zubringen können, das Wohl seiner Untertanen nicht aus dem Auge, und alles in allem darf man ihn wohl den bedeutendsten der Zweibrücker Herzöge nennen. Die Ära des aufgeklärten Absolutismus sah auf deutschen und europäischen Thronen noch Gestalten, nach denen man die Epoche nicht so hätte nennen können, Despoten und Verschwender. Zu ihnen zählte Christians IV. Neffe und Nachfolger, Herzog Karl II. August[48]. Der heranwachsende junge Fürst, begabt, aber jeder Zügelung und Beeinflussung unzugänglich, hatte in der Familie wie im Kreise ihrer Ratgeber Erwägungen ausgelöst, ob man seine Nachfolgeschaft riskieren dürfe. Man dachte mitunter an Entmündigung. Gleichwohl bekam er das Herzogtum in die Hand. Als Mensch, der ein aufwendiges, selbstsüchtiges Privatleben führte und sich in der für Zweibrücker Verhältnisse megalomanen Anlage von Schloß und Park Karlsberg bei Homburg darzustellen suchte, nahm er eine anscheinend mehr und mehr sich abzeichnende kurfürstliche Zukunft schon als Duodezfürst vorweg[49]. Vorübergehend war man am preußischen Hof und anderswo sogar mit dem Plan umgegangen, ihm nach dem Tod Josephs II. das Kaisertum zuzuwenden[50]. Die enormen Schulden, die der Herzog vornehmlich bei Frankreich hatte, wären aus Landesmitteln des Kleinstaates nicht abzutragen gewesen. An Rückzahlung ließ sich, wenn überhaupt, nur denken, wenn das pfalzbayerische Erbe an Zweibrücken fiel. Die höfische Mißwirtschaft, deren Finanzierung zunächst getrennt von der nicht schlechten Landesverwaltung manipuliert wurde – eine »Geißel seiner Untertanen« war der Landesherr nicht[51] –, schlug am Ende doch auf das Herzogtum durch[52]. Während der Herzog in Geldsachen betrügerischen Beamten in die Falle ging, hatte er das Glück, in dem Geheimen Rat Johann Christian Freiherrn von Hofenfels einen der Dynastie aufrichtig ergebenen und befähigten Ratgeber zu finden[53]. Auf Hofenfels' Anleitung ging es vor allem zurück, daß der wankelmütige und unzuverlässige Herzog in den höchst gefährlichen Verwicklungen der pfalzbayerischen Erbschaft den für seine Dynastie richtigen Weg einschlug. Denn bis zuletzt konnte das Haus Zweibrücken nicht völlig sicher sein, daß ihm das »große Los« der Nachfolge in Mannheim und München zufallen würde.

Durch Hausverträge von 1766, 1771 und 1774 hatten Max III. Joseph, Kurfürst von Bayern und Karl Theodor, Kurfürst der Pfalz, vereinbart, daß der Überlebende von beiden die Nachfolge des anderen in seinem Kurfürstentum antreten sollte[54]. Es zeigte sich jedoch umgehend, daß Objekte von der Größe der beiden Kurfürstentümer nicht ohne weiteres nur aufgrund familienrechtlicher Regelungen vererbt werden konnten. Weniger das Entgegenstehen reichslehenrechtlicher Bestimmungen als die Interessenpolitik der beiden deutschen Großmächte forderte gebieterisch Berücksichtigung. Schon Jahre vor dem Aussterben der bayrischen Linie – Kurfürst Max III. Joseph verschied am 30. Dezember 1777 – kam es an den Höfen von Wien, Berlin und Mannheim zu diplomatischen Aktivitäten in der Erbfolgefrage[55]. Wien sah den Zeitpunkt heranrücken, der dem Kaiser die Erweiterung seines Staatsgebiets auf Kosten Bayerns ermöglichen konnte. Sieht man von dem ebenfalls erwogenen Gedanken ab, ganz Bayern als Reichslehen einzuziehen, kann man summarisch zwischen einer kleinen und einer großen Lösung unterscheiden, über die man am Kaiserhof diskutierte. Jene zielte auf eine entschädigungslose Verkleinerung des wittelsbachischen Erbes durch österreichische Inbesitznahme niederbayerischer, oberpfälzischer und anderer Gebietsteile des Kurstaates, diese lief auf eine völlige Einverleibung Bayerns hinaus, allerdings gegen Tausch mit anderen, den Habsburgern gehörigen Ländern, vorzüglich Teilen der Niederlande. Die große Lösung, die seit dem Frieden von Baden 1714 wiederholt in den Überlegungen österreichischer Staatsmänner auftauchte, schien umso aussichtsreicher, als Kurfürst Karl Theodor selbst einen Tausch Bayerns gegen die reicheren und einträglicheren Niederlande anstrebte. Der Familienvertrag von 1771 hatte einen Tausch, der dem Hause Wittelsbach Vorteile einbringen würde, ausdrücklich vorgesehen. Allerdings bestand Karl Theodor stets darauf, die gesamten Niederlande gegen ganz Bayern einschließlich der Oberpfalz, Neuburgs und Sulzbachs zu erlangen. In Wien wollte man sich nicht darauf einlassen. Karl Theodor schwebte die Bewahrung seines pfälzisch-niederrheinischen Besitzes und die Vereinigung dieses Komplexes mit den Niederlanden vor, eine neue territoriale Konstellation, die die Erhöhung seiner Lande zu einem Königreich gerechtfertigt hätte. Am 3. Januar 1778 wurde in Wien von dem kurpfälzischen Gesandten von Ritter eine später von Karl Theodor ratifizierte Konvention abgeschlossen, die Österreichs Ansprüche auf das Straubinger Land, auf die Grafschaft Mindelheim und die böhmischen Lehen in der Oberpfalz anerkannte. Für den Wittelsbacher bedeutete die Wiener Vereinbarung nur eine Übergangslösung zwischen dem bestehenden Zustand und dem von ihm beabsichtigten Tauschgeschäft, das aber nie zustande kam. Daß sich Österreich alsbald in eine prekäre Situation manövrierte und den Gewinn vom 3. Januar 1778 nicht halten konnte, lag nicht zuletzt an der Rücksichtslosigkeit und Unbesonnenheit Kaiser Josephs II., der Truppen in Bayern hatte einmarschieren lassen und seinen Vertragspartner brutalisierte. Einen Fehler hatte aber auch der leitende österreichische Staatsmann Kaunitz begangen, weil er glaubte, seine Ziele ohne vorhergehende Verständigung mit Preußen erreichen zu können. Vor 1778 hätte man wahrscheinlich gegen Anerkennung der preußischen Nachfolge in Ansbach und Bayreuth in der bayerischen Angelegenheit ein Einverständnis mit Berlin erzielen können. Voreilig war schließlich, daß Karl Theodor hatte versichern lassen, er werde für die Zustimmung seines Zweibrücker Neffen zu der Wiener Vereinbarung von 1778 Sorge tragen. Durch einen Familienvertrag hatten sich der Kurfürst und Herzog Karl II. August verpflichtet, keinen Vertrag ohne Beitritt des anderen abzuschließen; diese Bestimmung war durch die Wiener Konvention verletzt. Alsbald stellte sich heraus, daß die Zustimmung des Zweibrücker Fürsten wichtiger war, als man in Mannheim und Wien vermutet hatte. Seine Weigerung, der Konvention beizutreten, lieferte Mächtigeren den erwünschten Vorwand, Österreich politisch und moralisch in die Enge zu treiben.

Der Zweibrücker Herzog hatte, wie es scheint, gegen einen Tausch nach der Konzeption Karl Theodors an sich nichts einzuwenden. Als jedoch sein wichtigster Ratgeber, Freiherr von Hofenfels, erkannte, welches Spiel in Wien getrieben wurde und wie man das Haus Wittelsbach zu übervorteilen sich anschickte, weigerte er sich, die ihm von seinem Herzog befohlene Unterschrift unter die Konvention zu setzen. Er wußte in der Folge seinen Herrn für die freilich auch recht riskante Politik des Widerstands gegen die Abmachungen zwischen dem Wiener und dem Mannheimer Hof zu gewinnen.

In Bayern selbst hatten in Jahrhunderten gemeinsame geschichtliche Erfahrungen einen Staatspatriotismus entstehen lassen, dem an der Aufrechterhaltung des Landes sehr gelegen war und der kein Mittel unversucht ließ, die bevorstehende Einverleibung in Österreich zu verhindern. Die im ständischen Ausschuß repräsentierten Kräfte setzten sich mit allem Nachdruck für die Unabhängigkeit Bayerns ein. An der Herzogin Maria Anna, einer geborenen Sulzbacher Prinzessin, fanden die bayerischen Patrioten eine sehr kooperative Alliierte von einigem

Einfluß. Die Gegenwirkung aus dem Lande hätte allerdings ebenso wenig ausrichten können wie ein auf sich allein gestellter Zweibrücker Hof. Es trat jedoch das aus den Vorverhandlungen ausgeschaltete Preußen auf den Plan, begünstigt durch die ihm aufgrund der in Wien gemachten Fehler zugefallenen Rolle eines Wahrers der Reichsverfassung und des Gleichgewichts. In enger Zusammenarbeit mit Zweibrücken brachte Friedrich der Große die Pläne der Hofburg zu Fall. Der Preußenkönig rückte 1778 in Böhmen ein und eröffnete den fast unblutigen sogenannten Bayerischen Erbfolgekrieg. Durch Vermittlung Frankreichs und Rußlands kam 1779 der für die nächsten Jahrzehnte wichtige Friede von Teschen zustande, der Rußland als Garanten des Westfälischen Friedens einführte. Österreich erhielt, um sein Gesicht wahren zu können, das Innviertel, im übrigen hat man Bayern im alten Umfang wiederhergestellt beziehungsweise bestätigt. Es blieb bei der Vereinigung von Pfalz und Bayern, einer auch für Frankreich ansprechenden Lösung.

Das bayerische Projekt war zu verlockend, als daß es Joseph II. endgültig hätte fallen lassen mögen. Als er es 1784 nach jahrelangen Vorbereitungen neuerdings in ein akutes Stadium überleitete, hatte sich die europäische Konstellation zu seinen Gunsten gewandelt. Der Kaiser hatte Rußland auf seine Seite gebracht. Von Preußen war wohl Kompromißbereitschaft nicht mehr zu erwarten, aber es glückte ungewöhnlich lange, Berlin die Wiederaufnahme des Geschäfts zu verheimlichen. Über eine Stillhaltepolitik Frankreichs machte man sich in Wien allerdings, wie es scheint, zu sanguinische Vorstellungen. Karl Theodor, inzwischen in dem ungeliebten München residierend, war weiterhin grundsätzlich zu einem Tausch bereit. Und was besonders schwer wog, Karl August, in seiner Finanzmisere beinahe versinkend, hatte sich vorübergehend dem Einfluß von Hofenfels entzogen und war darauf und daran, gegen finanzielle Zuwendungen die Partei zu wechseln und sich den österreichischen Wünschen zu fügen. Der Geiz Josephs II., der, während Frankreich durch überaus großzügige Finanzhilfe seine Stellung in Zweibrücken festigte[56], Karl August zu wenig bot, ganz abgesehen von weiteren Fehlern, die der Kaiser im Laufe der Transaktion von 1784 machte, und Ungeschicklichkeiten, die möglicherweise auf das Konto des im Interesse Josephs II. als Unterhändler tätigen russischen Gesandten Graf Woronzoff gingen, vor allem aber die überlegene Diplomatie und Menschenbehandlung des nach längerer Ausschaltung wieder in den Vordergrund tretenden Freiherrn von Hofenfels ließen es auch 1784/85 nicht zu einem Tausch kommen. Friedrich der Große, der die Stellung Preußens im Reich und als europäische Macht durch ein Gelingen des österreichischen Plans gefährdet sah, mit seiner neuen Aktion jedoch auch noch Absichten anderer Art auf dem Feld der europäischen Politik verband[57], konterte 1785 mit Gründung des deutschen Fürstenbundes, der Joseph II. in die Schranken wies. Die bayerische Patriotenpartei engagierte sich nach wie vor für die Unabhängigkeit ihres Staatswesens.

Auch nach dem Tod Josephs II. mochte die Wiener Diplomatie von dem Projekt so leicht nicht lassen. Als sich Preußen und Österreich im Kampf gegen die jakobinische Revolution zusammengefunden hatten, im übrigen aber ihre alte Interessenpolitik in Europa fortsetzten, ging man den Gegenstand auf andere Weise an. Man versuchte nachzuholen, was man zur Zeit Friedrichs versäumt hatte, und bemühte sich, das Einverständnis Preußens zu dem Vorhaben zu gewinnen. Vorübergehend hatten sich Kaiser Franz und König Friedrich Wilhelm II. in Mainz im Juli 1792 dahingehend geeinigt, daß Preußen gegen Zugeständnisse in Polen dem bayerisch-belgischen Tauschplan zustimmen sollte[58]. Der preußische König zog sich jedoch 1793 von der Vereinbarung wieder zurück, auch Österreich ließ wegen des Widerstands Englands das Vorhaben – wieder einmal bis auf weiteres – fallen, und Karl Theodor, der selbst nach dem Scheitern des Geschäfts von 1784 sich hinter dem Rücken seiner Minister nach wie vor mit einschlägigen Plänen getragen hatte[59], war angesichts der ungewissen Schicksale der linksrheinischen Gebiete seit der Französischen Revolution kaum mehr geneigt, den Gedanken noch weiter zu verfolgen. Man muß überdies in Betracht ziehen, daß der Plan in Wien nicht in einhelliger Weise betrieben wurde. Die Meinungen über das »Daß« und das »Wie« gingen weit auseinander. Als Kurfürst Karl Theodor am 16. Februar 1799 starb, war der zweite Koalitionskrieg gegen Frankreich im Gange, und österreichische Truppen standen im Lande. Der österreichische Gesandte, Graf Seilern, hielt sich in München auf und scheint einen unterschriftsreifen Tauschplan zur Hand gehabt zu haben, um die Zustimmung des vielleicht noch einmal zur Handlungsfähigkeit zurückkehrenden Kurfürsten zu erreichen.[60]. Man ließ Seilern jedoch nicht vor; ein fait accompli ohne jede rechtliche Grundlage zu schaffen, wollte man in Wien vermeiden. So ließ sich die fast bis zur letzten Minute ungewisse Erbfolge des Hauses Zweibrücken in München verwirklichen.

Kein Zweifel, daß ein Vollzug des Tauschobjekts die europäische Geschichte verändert und den künftigen Mittelstaat Bayern vielleicht gar nicht erst hätte zustande kommen lassen.

3. Herzog Max Joseph von Pfalz-Zweibrücken

1784 hatte Karl II. August seinen einzigen Sohn, Herzog Karl, durch den Tod verloren. Weitere Nachkommenschaft aus der zerrütteten Ehe des Landesherrn war nicht mehr zu erwarten. Mit dem Gesundheitszustand Karl Augusts stand es überdies nicht zum besten. So richteten sich die Blicke auf seinen um zehn Jahre jüngeren Bruder, Max Joseph (1756–1825), der sich ein Jahr nach dem Tod des Erbprinzen zu einer standesgemäßen Ehe bequemte.

Der Pfalzgraf und Herzog Max Joseph, im Gegensatz zu seinem regierenden Bruder ein gutmütiger und umgänglicher Mensch von noblem Naturell, verfügte über keine überdurchschnittlichen intellektuellen Gaben, wohl aber über eine gewisse Schläue und Anpassungsfähigkeit. Überdies hatte ihn die Natur mit viel Charme ausgestattet. Er zählte zu denjenigen, denen man nicht lange böse sein kann. An die Nachsicht seiner Familie und seiner Umgebung stellte er einige Ansprüche. In jüngeren Jahren äußerst leichtsinnig und als Schuldenmacher beinahe mit seinem Bruder wetteifernd, blieb er sein Leben hindurch bequem, entschlußscheu, sehr beeinflußbar und dementsprechend unzuverlässig. Leicht setzten Gemütsbewegungen seine Tränendrüsen in Funktion, heftigere Aufregungen führten häufig zu Erbrechen und Gallenanfällen. Niemandem wäre es eingefallen, dem Nachgeborenen in seiner Kindheit und Jugend eine Königswürde zu prophezeien, die ihm in seinem 50. Lebensjahr ein blindes Fatum zuteil werden ließ. Wiederholt hat er später betont, er sei nicht für eine große Stellung geboren. Eine Phäakenexistenz war es, wonach er sich zeitlebens sehnte, und Ehrgeiz großen Stils blieb ihm im Grunde fremd. Aber wenn ihm schon das politische Schicksal eine Rolle aufnötigte, fand er sich mit ihr ab und versuchte, ihr auf keineswegs ungeschickte Art gerecht zu werden. Seine Beurteilung der Zeitläufe erfolgte stets unter nüchtern-pragmatischen, gänzlich undoktrinären Gesichtspunkten und berücksichtigte vorzüglich die menschlich-allzu menschlichen Motive der Handelnden. Jedenfalls besaß der Fürst gesunden Menschenverstand und einen nicht zu unterschätzenden politischen Instinkt. Nie wollte er mit dem Kopf durch die Wand.

Mehr als Chancen zu nützen und sich zu behaupten, kam ihm nicht in den Sinn. Sein angeborenes Verständnis für die banalen Seiten des menschlichen Lebens und des politischen Geschäfts erleichterte ihm seine schwierige Aufgabe. Mit Trotz oder gar Heroismus hätte er seine Familie und sein Land aufs Spiel gesetzt. Alles in allem waren ihm für eine Persönlichkeit, die sich, ihre Dynastie und ihren Staat durch sehr bewegte Zeiten hindurchzulavieren hatte, vorteilhafte Gaben in die Wiege gelegt worden. Seine späteren Untertanen fuhren nicht schlecht mit ihm, und seine Beliebtheit erklärt sich wohl nicht nur aus seinem jovialen Auftreten. Daß er sich einem überlegenen Kopf wie Montgelas lange Zeit unterordnete, spricht jedenfalls für ihn und seine realistische Selbsteinschätzung. Man könnte sich allerdings vorstellen, daß er an andere Ratgeber als Montgelas und Wrede geraten wäre. Daß dem nicht so war, zählt zu den vielen freundlichen Fügungen seines Lebens. Nimmt man seinen Lebenslauf als Ganzes, so hatte er, um es vulgär auszudrücken, »unverschämt viel Glück«. Glück haben heißt freilich noch nicht glücklich sein.

Gleich anderen Reichsfürsten des deutschen Westens besaßen die Zweibrücker elsässische Herrschaften unter der Lehensoberhoheit der französischen Krone. Dazu zählte die aus acht Ämtern bestehende Grafschaft Rappoldstein, für die sich in einem Vertrag vom 29. März 1778 Karl II. August zwar Condominium und Mitbesitz ausbedungen, deren Regierung und Einkünfte er jedoch seinem jüngeren Bruder zugestanden hatte. Die französische Regierung machte den im Elsaß und in Lothringen regierenden kleinen Reichsfürsten ihre Abhängigkeit nicht drückend. Im Gegenteil, man hat die in Betracht kommende Gruppe von Landesherren, die, kulturell auch im letzten Drittel des 18. Jahrhunderts noch vorwiegend an Paris orientiert, der französischen Einflußnahme auf die Reichspolitik als wertvolles Potential diente, mit Aufmerksamkeit und Höflichkeit behandelt. Dem Glanz des französischen Königtums konnte es nur förderlich sein, wenn Häupter oder andere Angehörige solcher Familien sich längere Zeit in Versailles oder Paris aufhielten oder französische Kriegsdienste nahmen. Als eine für beide Teile nützliche Bindung war es anzusehen, daß Pfalzgraf Max Joseph als 14jähriger das Patent als Oberst eines der vornehmsten französischen Fremdenregimenter »Royal Alsace« (mit deutscher Kommandosprache) erhielt und als noch nicht ganz 20jähriger als Kommandeur Verwendung fand. Die standesgemäße Beschäftigung als Regimentskommandeur verschaffte Max Joseph im Laufe der

Jahre ein erhebliches Maß an soldatischem Sachverstand, ließ ihm aber auch genügend Zeit für die seinem Alter angemessenen Vergnügungen und Abenteuer. Die pfalzgräflichen Amouren nahmen freilich einen sehr kostspieligen und auch in hauspolitischer Hinsicht bedenklichen Charakter an, da es vorübergehend nicht ausgeschlossen schien, daß Max Joseph eine unstandesgemäße Ehe eingehen würde. Die Verwandtschaft hatte allen Anlaß, sich um eine baldige, in ihren Augen seriöse Verehelichung des jungen Mannes zu bemühen, und dies nach dem Tod des Erbprinzen Karl 1784 umso nachhaltiger. Es bestanden enge verwandtschaftliche Beziehungen zum landgräflichen Hof in Darmstadt, namentlich zu der 1784 verstorbenen »Großen Landgräfin« Karoline, Schwester Christians IV. Nachdem mehrere andere Eheprojekte nicht zur Ausführung gelangt waren, ist es allem Anschein nach der in französischen Dienst übergetretene, ehemalige Mainzische Minister Karl Friedrich Freiherr von Groschlag gewesen, ein am Darmstädter Hof sehr einflußreicher Diplomat, der die Heirat des Pfalzgrafen mit der hessischen Prinzessin Auguste Wilhelmine zustande brachte, Tochter des nachgeborenen hessischen Prinzen Georg Wilhelm und seiner Gemahlin Luise, einer geborenen Gräfin von Leiningen-Dagsburg[61]. Aus dieser Ehe des Herzogs und Regimentskommandeurs in französischen Diensten ging am 25. August 1786 der spätere Ludwig I. als Erstgeborener hervor. Pate des Knaben war Ludwig XVI., König von Frankreich. Im Jahr seiner Eheschließung hatte Max Joseph von Ludwig XVI. ein Darlehen von fast 950000 Louisdors und in den beiden folgenden Jahren von weiteren 80000 Louisdors erhalten, Summen, die gleich anderen Gunstbeweisen der Festigung der französisch-zweibrückischen und der künftigen französisch-bayerischen Freundschaft dienen sollten[62]. Der französische Hof war indessen nicht der einzige Kreditgeber des geldbedürftigen Fürsten, der sich fortwährend von üblen Gesellen zu unnötigen Ausgaben verleiten ließ. Die Kreditoren hätten sich vermutlich zugeknöpfter verhalten, hätten sie nicht auf gewinnbringende Geschäfte mit dem designierten Kurfürsten von Pfalz-Bayern spekuliert.

Max Joseph hatte im Laufe des Jahres 1789 mit den anfänglich noch glimpflich verlaufenen Auswirkungen der Pariser Revolution in Straßburg und in seiner Grafschaft Rappoldstein erste unliebsame Bekanntschaft gemacht. Im November 1789 setzte sich Max Joseph nach Darmstadt ab, nachdem er schon im Sommer seine Familie unter fluchtartigen Umständen in Sicherheit gebracht hatte, anschließend jedoch nach Straßburg zum Dienst zurückgekehrt war. Widerwillig genug genehmigte ihm Kurfürst Karl Theodor schließlich die Niederlassung in Mannheim, mit der er jedoch keinerlei politische oder militärische Funktion verknüpfen durfte. Die elsässischen Besitzungen des Hauses konnten bald als verloren gelten; man klammerte sich an die Möglichkeit von Entschädigungen. Der wechselvolle Verlauf des ersten Koalitionskrieges gegen Frankreich (1792/97) zwang Max Joseph und seine Familie, Mannheim zu verlassen und sich zunächst in Rohrbach bei Heidelberg und später in Ansbach niederzulassen, das zu dem seit 1795 neutralen Preußen gehörte. Landflüchtig traf Anfang 1793 der regierende Bruder Karl August in Mannheim ein, während Karlsberg gleich den meisten anderen seiner Schlösser in Flammen aufging.

Max Joseph hatte sein politisches Verhalten so einzurichten, daß er die pfalzbayerische Anwartschaft des Hauses Zweibrücken nicht gefährdete. Zu den damit verbundenen leidigen Obliegenheiten zählte die Aufrechterhaltung eines halbwegs erträglichen Verhältnisses zu dem Münchner Hof des Kurfürsten Karl Theodor. Zwischen ihm und Zweibrücken herrschte tiefe Antipathie. Karl Theodor kam schlecht darüber hinweg, daß ihm lebensfähige eheliche Nachkommenschaft versagt geblieben war und er mit der Beerbung durch die Zweibrücker zu rechnen hatte. Gleichwohl blieb man aus familienpolitischen Gründen aneinander gefesselt. Als die Kurfürstin 1794 starb, hoffte Karl Theodor, den Zweibrückern noch einen Strich durch die Rechnung machen zu können. Der 70jährige vermählte sich 1795 mit der 17jährigen vitalen Erzherzogin Marie Leopoldine von Österreich-Este. Es kam, wie zu erwarten war, und der österreichische Gesandte in München mußte nach Wien berichten: »Es geht im Ehebette nicht ganz gut«[63]. Die ungleichen Ehegatten verband bald nur mehr ihre gegenseitige Abneigung. Beinahe eine Groteske mit politischen Konsequenzen entwickelte sich daraus, daß Max Joseph bei seinem ersten Besuch in München nach Erwerb der Würde eines regierenden Herzogs von Zweibrücken (1795) und die junge Kurfürstin sich auf Anhieb ganz vorzüglich verstanden.[64] In der lebenslustigen jungen Frau fand er eine Verbündete, die ihm die Nachfolge im Kurfürstentum gönnte und nicht daran dachte, sich als Instrument österreichischer Politik in Bayern gebrauchen zu lassen.

Inzwischen hatten sich in Frankreich und Europa Ereignisse zugetragen, von denen viele annehmen mochten, daß sie durch

Einführung einer neuen Staats- und Gesellschaftsordnung die zentralen Themen der fürstlichen Welt überflüssig machen würden. Aber am Ende zeigte es sich, daß die Sterbestunde des alten Systems noch nicht geschlagen hatte.

Noch bevor Preußen 1795 im Frieden von Basel und Österreich 1797 im Frieden von Campo Formio das Reichsgebiet links des Rheins an Frankreich abtraten, starb am 1. April 1795 Herzog Karl August; Max Joseph folgte ihm als exilierter letzter Landesherr Zweibrückens in dieser Würde nach. Der bayerische Magnet veranlaßte die in Max Josephs Dienste übertretenden Räte seines Vorgängers, sich der Sache ihres neuen Herrn mit großem Eifer zu widmen: unter ihnen vor allem der Abbé Peter de Salabert, ein Lothringer und politisch die schwächste Figur unter allen Räten, der Diplomat Anton Freiherr von Cetto, im Mannesstamm italienischer Abkunft, Hubert Freiherr von Pfeffel, der der fränkischen Reichsritterschaft entstammende Karl Ernst von Gravenreuth, mütterlicherseits französischer Herkunft, der als Page am Zweibrücker Hof aufgewachsen war und nach Studien in Göttingen die diplomatische Laufbahn einschlug, und der von Vaterseite einem savoyischen Geschlecht angehörige, mütterlicherseits bayerische Maximilian de Garnerin, Freiherr von Montgelas, seit 1777 als Jurist in bayerischen Diensten, als Mitglied des Illuminatenordens in München in Ungnade und seit 1787 Rat am Zweibrücker Hof[65]. Montgelas überragte als staatsmännische Persönlichkeit und scharfsinniger politischer Kopf damals schon seine Kollegen bei weitem. Dabei hing es an einem Faden, ob er am Zweibrücker Hof bleiben durfte. Herzog Karl August hat ihn bald nach Inanspruchnahme seiner Dienste – aus welchen Gründen, ist nicht völlig geklärt – von jeder wichtigen Funktion ferngehalten und jahrelang zu einem Schattendasein verdammt, in dem ihn auch Max Joseph nach seinem Regierungsantritt noch längere Zeit festhielt. Schließlich führte eine für Montgelas wie für Bayern glückliche Konstellation dazu, daß ihn Max Joseph zu seinem maßgeblichen Ratgeber erhob. Als solcher ist er in die Geschichte eingegangen, und ihm verdankte das Königreich Bayern seine gut funktionierende Staatsordnung. Schon im Ansbacher und Mannheimer Exil hat er planmäßig die Neuordnung Bayerns vorbereitet.

Was ihre Gesinnung betraf, handelte es sich bei den Räten Max Josephs durchweg um Männer, die im Sinne der Aufklärung dachten und handelten und entschlossen waren, eine Modernisierung Bayerns durchzuführen, falls man dort an die Macht gelangen sollte.

Drei Jahre bevor Max Joseph seinen Einzug in München hielt, verlor er seine erste Frau, die ihm 1795 noch einen zweiten Sohn, Karl Theodor, geboren hatte. Vier Kinder überlebten die Mutter. 1797 kam die zweite Ehe des Herzogs mit der badischen Prinzessin Karoline Friederike Wilhelmine (1776–1841) zustande, aus der acht Kinder hervorgingen; sechs Töchter überlebten. Man hat nicht zu Unrecht bemerkt, daß für Max Josephs zweite Frau ihre Zugehörigkeit zum badischen Haus die gesellschaftlichen und politischen Prioritäten setzte. Ihr Halt und ihre Orientierungsperson blieb ihre Mutter, Markgräfin Amalie (gestorben 1831), eine starke Persönlichkeit, die bei der Versorgung ihrer Töchter mit Ehrgeiz und Geschick vorging. Wenn sie sich für den Bewerber Max Joseph entschied, dürfte ihre Überzeugung, es mit dem künftigen Inhaber der pfalzbayerischen Kurwürde zu tun zu haben, den Ausschlag gegeben haben. Als Ende 1797 der Rastatter Kongreß zusammentrat, der dem Frieden von Campo Formio einen Reichsfrieden mit Frankreich folgen lassen und die Fragen der Entschädigung linksrheinischer deutscher Fürsten sowie italienischer Sekundo- und Tertiogenituren des Hauses Österreichs regeln sollte, mußten die Zweibrükker darum bangen, daß Frankreich und Österreich sich auf Kosten bayerischen Gebiets einigen könnten. Diese Gefahr schwand, als noch während des Kongresses Wien, London und St. Petersburg eine zweite antifranzösische Koalition eingingen und Kampfhandlungen zunächst in Italien, später auch in Mitteleuropa einsetzten. Karl Theodor sah sich zum Anschluß an Österreich genötigt. Er starb 1799 als Alliierter des Wiener Hofes.

Karl August, Max Joseph und ihre Ratgeber hatten nichts unterlassen, um die Machtübernahme in München vorzubereiten. Max Joseph verstand es, sich bei allen Patrioten, nicht zuletzt beim Magistrat der Landeshauptstadt München und bei der hauptstädtischen Bevölkerung, noch vor dem Regierungswechsel Popularität zu verschaffen. Ein Teil der Minister (Karl Theodors) hatte sich lange vor dem Tod des Kurfürsten für Max Joseph entschieden; in dem Legationsrat und zweibrückischen Residenten am Münchner Hof, Johann Nepomuk Käser, Montgelas aus gemeinsamer Illuminatenzeit her befreundet, verfügte Zweibrücken seit 1786 über einen geeigneten Sachwalter und Berichterstatter. Mit ihm wirkten die Vertreter Frankreichs und

Preußens zusammen, und am Regensburger Reichstag besaß man in dem preußischen Gesandten Grafen Johann Eustach von Goertz-Schlitz einen zuverlässigen und fähigen Gönner. Zwei Persönlichkeiten lassen sich nicht übersehen, wenn man der reibungslosen Erbfolge in München 1799 nachgeht. Als Beauftragter seines Vetters hat Pfalzgraf Wilhelm von Zweibrücken-Birkenfeld, der beste Kopf unter den Zweibrücker Fürsten in seiner Generation[66], an Ort und Stelle in der Residenz sehr überlegt und entschlossen agiert und die Situation schlechterdings gemeistert. Vielleicht noch mehr fiel das Verhalten der Kurfürstin beziehungsweise Kurfürstinwitwe, Marie Leopoldine, ins Gewicht. Es wird behauptet, sie habe sich damals zwar schwanger gefühlt, aber durch die wahrheitsgemäße Verneinung der Frage, ob sie von Karl Theodor ein Kind erwarte, die Linie Zweibrücken aus einer großen Verlegenheit befreit[67]. Beglaubigt ist, daß sie es war, die dem Grafen Seilern den Zutritt zum sterbenden Kurfürsten verwehrte[68]. Fest steht schließlich, daß sie sich noch vor dem Tod ihres Mannes eindeutig auf die Seite Max Josephs gestellt hat, und daß ihr sowohl dieser wie auch Ludwig I. bei mehreren Gelegenheiten ihre Dankbarkeit bezeugten.

Karl Theodor, sein System und seine »Mannheimer« hat man in München gehaßt. Zu der in der Hauptstadt regierenden Clique zählten im übrigen nicht nur Männer aus der Pfalz und vom Niederrhein, sondern auch Altbayern. Der Jubel der Münchner beim Einzug des neuen Kurfürsten am 23. Februar 1799 war groß. Dem Lande und seinem Landesherrn standen jedoch noch schwere Jahre bevor.

Der ehemalige Herzog von Zweibrücken und seine Familie waren 1799 endgültig aus der fürstlichen Kleinwelt herausgetreten. Konstellationen der großen Politik und Zufällen der Überlebens- und Todesschicksale im Hause Wittelsbach hatte Max Joseph es zu verdanken, daß er sein Erbe antreten konnte. Pfalz-Bayern war zu groß, als daß man es ohne Billigung der wichtigsten Reichsstände und der europäischen Pentarchie hätte annektieren oder auflösen dürfen. Über den Widerspruch des Landes selbst und seiner Patrioten hätte man sich wahrscheinlich eher hinweggesetzt. Schließlich schützten die ungeschriebenen Gesetze des Kartells der Europa regierenden Häuser noch einen legitimen Erbgang. Die Revolution und ihr Sohn, Napoleon, haben den ersten tiefgreifenden Einbruch in dieses Rückversicherungssystem erzielt.

IV.
GEBURT EINES NEUEN STAATES

Eine politische Biographie Ludwigs I. verlangt nicht nur den Rückgriff auf seine kleinfürstliche Herkunftswelt. Wichtiger noch ist die Beschäftigung mit dem Aufbau des Staatswesens, das er 1825 als König übernahm. Die Organisation des Königreichs war damals von anderen längst festgelegt. Es blieb auch, sehr entgegen Ludwigs Wünschen, bei dem Gebietsumfang, den Bayern unter Max I. Joseph gewonnen hatte. Ludwig war wohl in der Lage, diesen oder jenen politischen Kurs im Rahmen der gegebenen Staatsordnung einzuschlagen. Was aber Verwaltung, Gesetzgebung und Rechtsprechung und die Staatsverfassung insgesamt mit der Verfassungsurkunde als ihrer Magna Charta betraf, blieben die Strukturen des Staates fest gefügt und ließen dem zweiten Bayernkönig keine andere Wahl, als sich ihnen anzupassen.

1. Kurbayern
zwischen Österreich und Frankreich 1799–1805

Der Neubau Bayerns mußte den Wechselfällen einer kriegerischen Epoche abgetrotzt werden. Bevor wir auf die Grundzüge der von Montgelas und seinen Mitarbeitern geschaffenen Neuordnung eingehen, ist ein Überblick über Kurbayerns Schicksale bis zu seinem Anschluß an Napoleon unumgänglich[69].

Als der neue Kurfürst Max IV. Joseph 1799 in München einzog, stand eine große österreichische Armee im Lande, und er durfte froh sein, wenn er unter solchen Umständen einen gewissen politischen Spielraum behaupten konnte. Auch nach Beseitigung der proösterreichischen Clique um Karl Theodor war es ausgeschlossen, die Außenpolitik des Vorgängers von einem Tag auf den anderen zu ändern. Auf österreichischen Druck hin mußte im März 1799 der französische Vertreter in München, d'Alquier, die Hauptstadt verlassen. Max Joseph hielt ihm bei der Abschiedsaudienz in seiner unverblümten Art vor Augen, wie machtlos er sei, und klagte über das österreichische Regiment im Lande. Im April des gleichen Jahres sah sich Bayern gezwungen, ein Militärbündnis mit Österreich einzugehen. Ziel des Kurfürsten und Montgelas' war, möglichst bald zur Neutralität zurückzukehren, die den Wünschen und dem Naturell des Landesvaters und auch der Wohlfahrt Bayerns am meisten entsprochen hätte.

Auf wen konnte sich Bayern verlassen, wenn es sich der österreichischen Übermacht erwehren wollte?

Trotz der Enttäuschungen, die man seit Beginn der 1790er Jahre mit Preußen hatte erfahren müssen, ließ sich der Kurfürst so leicht nicht von seiner Sympathie für Berlin abbringen. Warum sollte sich die für beide Seiten vorteilhafte preußisch-zweibrückische Kooperation nicht unter veränderten Umständen fortsetzen lassen? Aber weder die Verwandtschaft mit dem Hause Hohenzollern noch das Zusammenwirken mit wohlgesinnten preußischen Diplomaten wie Graf Goertz und de Heymann zählten gegenüber dem Kurs, den die Männer der preußischen Außenpolitik steuerten. Man hat diesen in der späteren Geschichtsschreibung Unentschlossenheit und Mangel an Initiative vorgeworfen, ganz abgesehen von den deutschnational motivierten Schmähungen, die sie nicht treffen konnten, weil sie von völlig anderen Gesichtspunkten ausgingen. Es fragt sich indessen, vom Standpunkt der preußischen Staatsräson gesehen, ob sich zu diesem Zeitpunkt ein stärkeres Engagement für die Sache Bayerns überhaupt empfahl. Die Situation war nicht mehr diejenige zur Zeit des Fürstenbundes. Es lag nicht nur an der Unschlüssigkeit und Unaufrichtigkeit der preußischen Politik, wenn die Treffen des Kurfürsten mit dem preußischen Hof in Ansbach im Juni 1803 für Bayern völlig enttäuschend verliefen[70]. Max Joseph ist schließlich von seinen preußischen Neigungen ganz abgekommen.

Die Auswahl war nicht groß, wenn man sich nach weiterem Beistand umsah: nach Preußen kam nur mehr Rußland in Frage, das seit dem Frieden von Teschen 1778 seine Stellung im europäischen Konzert durch Garantie der Reichsverfassung gestärkt hatte. Bevor man mit dem Zaren Paul als Nothelfer ins Benehmen trat, mußte allerdings eine innenpolitisch durchaus vernünftige Maßnahme rückgängig gemacht werden, die den höchsten Zorn des Autokraten ausgelöst hatte: die Auflösung der bayerischen Zunge des Malteserordens, einer im wesentlichen zur Versorgung der unehelichen Kinder Karl Theodors erfolgten skandalösen Neugründung. Man hatte dieses Drohnen-Institut beseitigt, ohne sich vorher mit dem Zaren als Großmeister des Malteserordens in Verbindung zu setzen; die sofortige Ausweisung des bayerischen Gesandten war die Folge. Seit April 1799 liefen Geheimverhandlungen mit Rußland, die zum russisch-bayerischen Vertrag von Gatschina am 1. Oktober 1799 führten[71]. In der Malteser-Angelegenheit mußte man vor dem russischen Despoten ohne Wenn und Aber kapitulieren[72]. Die militärischen Verpflichtungen, die Bayern Rußland gegenüber einging, gewährten dem Land den Status einer nur defensiv kriegführenden Macht. Ein Subsidienvertrag mit Großbritannien kam im folgenden Jahr zustande, doch die mit englischen Mitteln aufgestellte Truppe war nicht mehr in der Lage, für die Verteidigung Bayerns viel zu leisten. In die Biographie des Kurprinzen und noch des Kronprinzen Ludwig fiel, daß man den Vertrag von Gatschina mit einem Ehevertrag verknüpfte, dessen Vorgeschichte über zwei Jahre zurückreichte, der Verbindung Ludwigs mit der Großfürstin Katharina, Tochter des Zaren Paul. Der Zarewitsch Alexander (seit 1801 Alexander I.) war mit einer Schwester der Kurfürstin Karoline verheiratet. Die Verbindung von Staatsvertrag und Ehevertrag war ein charakteristisches Dokument von Politik im Stil des Ancien régime, von Verquikkung fürstlicher Familienpolitik mit den auswärtigen Beziehungen der Staaten. Die Verwandtschaft mit einem der mächtigsten regierenden Häuser sollte den bayerischen Absichten gemäß dem Schutz des bedrohten Staatswesens dienen. Auch unter Pauls Nachfolgern haben noch mehrere deutsche Fürstenhäuser und Staaten von der Protektion durch ihre russische Verwandtschaft Nutzen gezogen. Die Gefahr, daß sich die Großen über die Köpfe ihrer kleinen Klientel hinweg verständigten, bestand gleichwohl fort. Gegen politischen Richtungswechsel in St. Petersburg war man nicht gefeit.

Während man sich zu Beginn des neuen Jahrhunderts bemühte, militärisch mit einem blauen Auge davonzukommen, Paris nicht zu sehr zu reizen, aber auf jeden Fall – widerwillig genug – in den Aktionskreis der Zweiten Koalition verstrickt blieb, nahmen die Kriegsereignisse ihren Gang, abermals zugunsten Frankreichs. Im Sommer 1800 drang eine französische Armee unter Moreau in Bayern ein. Der Kurfürst, erst ein Jahr in München, mußte wiederholt, wenn nicht als Mitglied, so doch als »Kollaborateur« der Zweiten Koalition aus der Landeshauptstadt fliehen. Das Elend des vorangegangenen Jahrzehnts, das Max Joseph zum landflüchtigen Fürsten gemacht hatte, setzte sich fort. Erst nachdem Moreau seinen entscheidenden Sieg über österreichische *und* bayerische Truppen bei Hohenlinden am 3. Dezember 1800 errungen und der Friede von Lunéville (9. 2. 1801) das Verhältnis zwischen dem Frankreich Napoleon Bonapartes und dem Habsburger Reich provisorisch geregelt hatte, konnte der Kurfürst im März 1801 in seine Hauptstadt zurückkehren. Hauptthema der folgenden Jahre bildete das Entschädigungsgeschäft für die linksrheinischen Verluste des Hauses Wittelsbach. Auf wen sich stützen, wenn es einen möglichst hohen Gewinn abwerfen sollte?

Es bedurfte, um nun für über ein Jahrzehnt eine Neuorientierung der bayerischen Außenpolitik einzuleiten, nicht erst einer gezielten Indiskretion Frankreichs: aus Paris sickerte durch, daß Österreich in Lunéville neuerdings versucht hatte, Frankreichs Einverständnis für eine vollständige oder teilweise Annexion Bayerns herbeizuführen. Der Revolutionsstaat hatte sich im eben zu Ende gegangenen Krieg als eine militärisch überlegene Macht präsentiert. Unter dem Konsulat Bonapartes befand man sich auf dem Weg, vom gesellschafts- und verfassungspolitischen Radikalismus der Revolution entschieden abzurücken. Hinsichtlich der deutschen Politik setzte sich in Frankreich gegen eine Tendenz der konsequenten Protektion der Kleinstaaterei eine andere durch, die kraftvolle, durchaus lebensfähige Mittelstaaten ins Leben zu rufen, an Frankreich zu binden und insbesondere gegen Österreich auszuspielen suchte. In diesem Sinn erfuhr Bayern seit 1801 erhebliche Begünstigungen. Wenn in der Folge Frankreich und Rußland als offizielle Vermittlungsmächte bei der Reichsdeputation in Regensburg fungierten, die das Entschädigungsgeschäft im Reich zustandebringen sollte, so hat von beiden der französische Staat ein derartiges Übergewicht erlangt, daß es für Bayern überhaupt nur einen vernünftigen Weg gab: den Anschluß an Paris zu suchen. Die Entscheidungen, die zwischen 1801 und 1805 in München fielen, waren nicht von Sympathie oder Doktrin diktiert, sondern allein von der Staatsräson.

Einer Apologie bedarf die bayerische Politik von damals heute längst nicht mehr. Die kleindeutschen Historiker waren die Repräsentanten einer »kritischen Theorie« im Stil des 19. Jahrhunderts. Das zentrale Kriterium ihrer Kritik bildete die Idee eines preußisch geführten deutschen Nationalstaats; was ihr den Weg ebnete, war gut, was ihr im Wege stand, schlecht. Die Zwangsläufigkeit der damaligen Situation, das Fehlen einer praktikablen Alternative, die Denkweise der Regierenden wie der Bevölkerung, die mit der französischen Politik Bayerns verbundenen Erfolge und positiven Möglichkeiten – all dies nötigte schlechterdings, auch wenn es die Doktrinäre der kleindeutschen Schule nur wenig interessierte, zu einer profranzösischen Politik, deren Zweckmäßigkeit sich mit den Jahren 1812/13 allerdings in ihr Gegenteil verkehrte. Angesichts der bevorstehenden Katastrophe des Korsen, der seine Stellung im letzten Jahrfünft seiner Herrschaft mehr und mehr selbst ruinierte, ließ es sich im bayerischen Staatsinteresse nicht umgehen, wieder auf das andere Pferd zu setzen. Gesichtspunkte »deutscher Politik«, vor 1812/13 für Bayerns Regierende irrelevant, traten erst im weiteren Verlauf des 19. Jahrhunderts in den Vordergrund. Das Nichtzustandekommen einer europäischen Stellung Bayerns, seine Mitgliedschaft mit (im Gegensatz zu Österreich und Preußen) sämtlichen Gebietsteilen im Deutschen Bund und der die öffentliche Meinung, auch Bayerns, zunehmend beeinflussende deutsche Nationalgedanke – Ludwigs I. Biographie legt davon Zeugnis ab – wiesen das Land seit 1815 den Weg einer ausschließlich deutschen Politik.

Mit dem Friedens- und Freundschaftsvertrag vom 24. August 1801 begann, vorerst noch ohne feste Bindung, die französische Orientierung des von Österreichs Forderungen bedrängten Bayern. Mit der Hilfe Frankreichs gelangte Bayern zwischen 1803 und 1805 zu einem ersten großen Schub von Gebietsvergrößerungen. Paris verzichtete überdies auf die Beitreibung einer gewaltigen Schuld, die seit der Erbauung des Riesenschlosses Karlsberg durch Karl II. August mit französischem Geld aufgelaufen war.

Als sich 1805 die Dritte Koalition gegen Napoleon zusammenfand, lag es – wenn schon nicht zwingend – in der Konsequenz der seit 1801 betriebenen Politik, daß sich Bayern auf die Seite des französischen Kaisertums schlug. Offizieller französischer Gesprächspartner des Landesherrn und Montgelas' in München war der aus Baden gebürtige Gesandte Otto, ein sehr geschickter Diplomat, der es verstand, das Vertrauen der kurfürstlichen Familie und des leitenden Ministers zu erwerben; der österreichische Gesandte war nicht in der Lage, mit seinem Kollegen zu konkurrieren. Reibungslos vollzog sich der Übergang vom freundschaftlichen Partnerverhältnis zur Allianz nicht. Dies ging weniger auf die Werbungen Österreichs zurück, das seinerseits mit Gebietserweiterungen und auch mit der Königswürde für Max Joseph lockte, als auf die verständliche Angst des Kurfürsten und Montgelas', die sich der Risiken im Falle einer Niederlage Napoleons sehr bewußt waren. Max Joseph wäre mit der Sicherung des ihm 1803 zugewachsenen Besitzstandes vollauf zufrieden gewesen. Montgelas hat gelegentlich geklagt, daß man einen Menschen, der nicht zum Heros geschaffen sei, auch nicht dazu machen könne. Aber er selbst zählte ebenfalls ganz und gar nicht zu den Heroen. Er zögerte und finassierte, und es ist sein Konkurrent, der eher zu verwegenen Entschlüssen und hohem Einsatz neigende Gesandte in Wien und Salzburg, Freiherr von Gravenreuth, gewesen, der den Kurfürsten und seinen leitenden Minister mit sich riß[73]. Gleichzeitig betrieb man Österreich gegenüber eine sehr geschickte Hinhalte- und Verschleierungstaktik. Max Joseph hatte einen Bogenhauser Vertrag vom 25. August 1805[74] am 28. 9. in Würzburg ratifiziert und sich damit bedingungslos auf die französische Seite gestellt.

Kurz vor der Unterzeichnung des Vertrages erreichte den Kurfürsten ein Brief seines auf der Heimreise von einem Italienaufenthalt in Bern befindlichen Sohnes Ludwig vom 24. September 1805: »Ich bitte Sie nur, unter keinen Umständen mit den Franzosen zu gehen; nicht die Waffen mit ihnen zu vereinen, nicht gemeinsame Sache zu machen mit der Ungerechtigkeit dieser Nation, die alles Recht mit Füßen tritt. Glauben Sie nicht, daß ich ein Österreicher bin, nein, ich bin es sicherlich nicht, aber ich bin deutsch und ein Feind des Unrechts. Sie werden es mir nicht übelnehmen, daß ich mein Herz darin mehr sprechen lasse. Ich verabscheue, was die Österreicher gegen Sie unternommen haben, aber ich hoffe, daß ihre gerechte Sache gegen Frankreich den Sieg erringen wird[75].« Der damals 19jährige betrieb moralische Prinzipienpolitik. Offensichtlich als gutes Beispiel für den Kurfürsten und seine Staatsmänner war es gedacht, wenn er darauf aufmerksam machte, daß die Schweizer soeben gegen den Wunsch Napoleons einen neuen Generalissimus gewählt hatten. Äußerungen eines Jugendlichen, hinter deren Rigorismus zwar starke Emotionen, aber keine auch nur annähernd ausreichende Lebenserfahrung standen! Der Kurfürst, durchdrungen von der Bedeutung der eben vollzogenen Entscheidung, hielt es für so wichtig, den Thronerben zu informieren und für seine Lösung einzunehmen, daß er seinen Spitzendiplomaten Gravenreuth zu diesem entsandte und ihm ein einen Tag nach dem Würzburger Vertrag verfaßtes Schreiben mitgab, in dem er seine Zwangslage schilderte und seinen Schritt rechtfertigte. Max Josephs Mitteilungen waren, wie bei ihm häufig, nicht frei von Larmoyanz und Selbstmitleid. Andererseits beweisen sie, daß er in Fragen der Machtpolitik alle Eventualitäten abwog und sehr nüchtern urteilen konnte[76]. Es berührt sympathisch, daß er die Verantwortung ganz auf sich nahm: »Ich bin es allein, der es gewollt hat. Kein Minister, nicht einmal Montgelas, hat es mir geraten. Ich schwöre es Euch bei meinem Gotte.« Vermutlich wollte der Kurfürst bei seinem Sohn den Eindruck vermeiden, er habe nur dem Drängen Montgelas' nachgegeben, und deutlich machen, daß er mit seiner ganzen Autorität hinter dem Vertrage stehe. Die Antwort, die Gravenreuth von dem inzwischen nach Lausanne gereisten Kronprinzen mitbrachte, kennzeichnet dessen Hartnäckigkeit, aber auch die Tatsache, daß er als Taktiker einige Fortschritte gemacht hatte[77]. Ludwig mißbilligte auf das schärfste die »ebenso törichte wie infame Art, wie Österreich gegen Sie gehandelt hat«. Er gab sich von der Gerechtigkeit der Sache seines Vaters ganz überzeugt, billigte aber das Zusammengehen mit den Franzosen mit keinem Wort. Ja, er warf abschließend die Frage auf, ob man nicht doch mit Hilfe Preußens oder Rußlands noch eine Vermittlung zwischen Bayern und Österreich herbeiführen könne. Davon war nun allerdings nicht mehr die Rede.

Max Joseph hatte mit seiner Entscheidung Glück. Nach der Kapitulation einer österreichischen Armee unter General Mack in Ulm (Oktober 1805) und Frankreichs Sieg von Austerlitz (2. 12. 1805) gingen Bayern und Württemberg aus den Verträgen von Brünn (10. 12. 1805) und dem Frieden von Preßburg (26. 12. 1805)[78] neuerdings erheblich vergrößert und als souveräne Staaten hervor. Das Heilige Römische Reich erlosch im kommenden Jahr, und die rheinbündische Ära begann. Und was schon längst im Gespräch und schließlich in Brünn vertraglich vorgesehen war, ließ sich nun verwirklichen: am 1. Januar 1806 verkündete der Reichsherold auf den Straßen Münchens, daß der Landesherr die Königswürde angenommen habe.

2. Staatsorganisation

Um die Schwierigkeiten einer Reform Bayerns in der napoleonischen Ära zu verstehen, muß man sich nicht nur das ungewisse Kriegsgeschehen samt dem Blutzoll und den wirtschaftlichen Belastungen des Landes vor Augen halten, sondern auch den vielfach wechselnden Gebietsbestand[79]. Zwischen 1803 und 1816 stellte sich Bayern in unterschiedlichen »Fassungen« (Adalbert Prinz von Bayern) dar. Unter anderem gelangte, um hier nur die Wechselfälle und nicht die bleibenden Erwerbungen der Epoche aufzuzählen, das ehemalige Hochstift Würzburg 1803 an Bayern, 1804/14 stand es als selbständiges Großherzogtum unter dem Hause Toscana, 1815 übernahm Bayern wiederum die Herrschaft. 1805 fielen Tirol, Vorarlberg sowie die Bistümer Brixen und Trient an Bayern, 1810 mußten jedoch Süd- und Osttirol abgetreten werden. Die Entschädigungslande Salzburg, das Inn- und ein Teil des Hausruckviertels gingen 1816 neuerdings verloren. Für seinen Landgewinn hatte Bayern zum Teil sehr hohe finanzielle Leistungen zu erbringen, von den enormen Bestechungssummen für die maßgebenden Organe Napoleons ganz zu schweigen. Nach dem Übergang zu den Alliierten sah sich Bayern genötigt, auf fast alle ehemals österreichischen Besitzungen zu verzichten. Dafür gewann es Würzburg und Aschaffenburg, fuldaische und hessische Ämter sowie den aus 43 ehemals reichsfürstlichen Herrschaften neugebildeten Rheinkreis.

Per saldo waren das Haus Wittelsbach und der bayerische Staat mit einem sehr stattlichen Gewinn aus dem napoleonischen Zeitalter hervorgegangen. Rechnet man aus Gründen der Vereinfachung die Pfalz als *eine* territoriale Größe, so hat man zwischen 1803 und 1815 insgesamt 35 Herrschaften zu Bayern geschlagen. Als wichtigste Neuerwerbungen ragen daraus die Fürstentümer Ansbach und Bayreuth sowie die früheren nicht wittelsbachischen Teile der Pfalz hervor, das Fürstentum Aschaffenburg, die Hochstifte Würzburg, Bamberg, Eichstätt, Augsburg, Freising, Regensburg und Passau, die Reichsstädte Augsburg, Nürnberg und Regensburg. Dazu kamen zahlreiche reichsunmittelbare Abteien, Kleinfürstentümer (einschließlich der auf der Fürstenbank des alten Reichstags vertretenen Grafschaften), mehrere kleine Reichsstädte und reichsritterschaftliche Gebiete.

Alle diese Erwerbungen hat man nicht etwa in eine Fortsetzung des ehemaligen bayerischen Kurstaates integriert, sondern in ein neues, den Namen Bayern tragendes Königreich, in dem Altbayern auf nicht weniger Sonderrechte zu verzichten hatte als die anderen Bestandteile des Staates. Der Zusammenschluß so vieler Territorien unterschiedlichster Struktur hätte früher oder später eine Vereinheitlichung erzwungen, wenn sie nicht ohnehin in der Absicht der Staatsschöpfer gelegen hätte. Zugunsten der Omnipotenz und Omnikompetenz des neuen Staates beseitigte man die ständische Selbstverwaltung des ehemaligen bayerischen Kurfürstentums, Neuburgs und Tirols sowie durch das zentralistische Gemeindeedikt von 1808 vorübergehend (bis 1818) im wesentlichen die Selbstverwaltung der Städte und Märkte. An weiteren radikalen Veränderungen der Regierungs- und Verwaltungsüberlieferungen fehlte es nicht: symptomatisch hierfür war die Preisgabe aller historischen Bezeichnungen für die neugebildeten Kreise.

Im Rahmen eines ganz auf Thron und Regierung konzentrierten Staatssystems folgte eine zeitgemäße Neuschöpfung der anderen[80]. Es begann – im Rahmen einer Fürstenbiographie ein wichtiger Punkt! – mit einer Veränderung der Rechtsstellung von Krone und Dynastie[81]. Mit Einverständnis des Landesherrn kam es mittels der Domanial-Fideikommiß-Pragmatik vom 20. Oktober 1804[82] zu einer Trennung zwischen dem Besitz der Dynastie und dem Staatseigentum. Die Konstitution von 1808 führte zu einer erstmaligen Selbstbeschränkung des Königs hinsichtlich seiner Herrscher- und Regierungsrechte. Die Verfassung von 1818 bestätigte die Einbringung des Hausvermögens in das Staatsvermögen. Schon zuvor hatte Montgelas die Unumschränktheit fürstlicher Macht so sehr beschnitten, daß man »sein« Bayern als einen Übergang vom aufgeklärten Absolutismus des 18. zu den Lösungen des 19. Jahrhunderts bezeichnen kann.

Zur Beratung der Reformen hat man einen Staatsrat und eine Geheime Staatskonferenz ins Leben gerufen, die 1808 im Staatsrat aufging. Die Regierungsgeschäfte oblagen einem zunächst »geheimes Ministerialdepartement« genannten Gesamtministerium, das sich aus anfänglich vier, schließlich fünf Fachministerien zusammensetzte. Eine Modernisierung der Zentralbehörden bedeutete es, daß man in den Ministerien das Direktorialprinzip mit alleiniger Entscheidungsgewalt des Ministers durchsetzte. Unter den Ministerien standen als Mittelbehörden die Landesdirektionen, später Generalkommissariate, schließlich Kreisregierungen genannt. Auf der oberen und mittleren Ebene des Staatsapparats hat man Administration und Jurisdiktion getrennt. Hauptsächlich aus finanziellen Gründen unterblieb dies bei den Unterbehörden, den Landgerichten (bis 1862). Eine Beamtenreform auf der Grundlage der Montgelas'schen Denkschriften aus der Zeit vor 1799 ermöglichte das zunehmend bessere Funktionieren des neuen Staatssystems. Die Staatsdienerpragmatik von 1805 begründete die Rechtssicherheit der Bürokratie, gewährleistete die Besoldung der Beamten und die Versorgung ihrer Angehörigen beziehungsweise Hinterbliebenen und hob andererseits ihr Niveau durch Regelung der Vorbildung, der Examina, Qualifikationen und Visitationen. Gleich der Verwaltungsreform kam eine durchgreifende Rechtsreform der Bevölkerung zugute. 1813 erschien das von Feuerbach erarbeitete bayerische Strafgesetzbuch. Schon vorher hatte das Edikt über die Gerichtsverfassung (1808) die Unabhängigkeit der Richter, den Rechtszug in drei Instanzen und kollegiale Beratungen festgelegt. In Angriff genommen, aber nicht abgeschlossen wurden ein bürgerliches und ein Handelsgesetzbuch sowie eine neue Prozeßordnung. Die Tortur hat man 1808 gesetzlich abgeschafft.

Dem erst 1816 zu Bayern geschlagenen Rheinkreis beließ man die Errungenschaften aus der Zeit der Französischen Revolution und der napoleonischen Ära. Daraus ergab sich ein gewisser Dualismus in der bayerischen Staatspolitik. Es fehlte nicht an Versuchen, die Sonderstellung der Pfalz zu beseitigen, andererseits bemühte sich eine Gruppe von Bürokraten, den bayerischen Gesamtstaat nach dem Pfälzer Modell umzuwandeln und so das Reformwerk weiterzutreiben.

Noch vor der Konstitution von 1808 sah man eine weitgehende Rechtsgleichheit der Bevölkerung verwirklicht; allerdings wurden wichtige Adelsprivilegien aufrechterhalten. Gewissens- und Glaubensfreiheit waren hergestellt. 1808/09 ging man über das Toleranzprinzip hinaus und führte die Gleichberechtigung der christlichen Bekenntnisse ein. Bayern wurde ein paritätischer Staat. Das Judenedikt von 1813 verbesserte die Situation der Israeliten, ohne ihnen volle Rechtsgleichheit zu gewähren. Die Zensur hat man zunächst aufgehoben, doch erzwang die faktische Oberherrschaft Napoleons ihre Wiedereinführung. Allgemeine Wehrpflicht, eine der wichtigsten Errungenschaften auf dem Gebiet staatsbürgerlicher Gleichheit, wurde 1805 verkündet; Ausnahmen waren jedoch noch lange Zeit zugelassen. Eine Reorganisation der Armee machte diese zu einem weitaus brauchbareren Instrument als sie es vordem gewesen war. Montgelas tendierte zur Einführung der Gewerbefreiheit, die sich jedoch während seiner Amtsführung nicht verwirklichen ließ. Die Ersetzung des Zunftzwangs durch staatliche Konzession erwies sich als keine glückliche Maßnahme. Seine freihändlerischen Auffassungen, die Montgelas anfänglich durchzusetzen suchte, mußte er, gezwungen, Bayern der napoleonischen Kontinentalsperre unterzuordnen, einem konträren System zum Opfer bringen. Das Prinzip der Staatseinheit erzwang die Beseitigung der Binnenzölle und die Vereinheitlichung von Münze, Maß und Gewichten. Im Steuer- und Verkehrswesen wurden Verbesserungen erzielt. Die Anläufe zur Sanierung der Staatsfinanzen mußten in einer Kriegsära steckenbleiben. Der Schuldenstand vergrößerte sich fortwährend. Erst unter Ludwig I., und zwar primär aufgrund seiner Initiative, konsolidierten sich die Verhältnisse auf diesem Gebiet in jeder Hinsicht und auf beeindruckende Weise. Daß ein so sehr von den Überzeugungen der Aufklärung durchdrungenes System wie die neubayerische Staatsgründung darauf ausging, die Volksbildung auf ein höheres Niveau zu heben und sie tunlichst zu säkularisieren, lag nahe. Tüchtigen Schulmännern gab man Gelegenheit, ihre Reformideen zu verwirklichen. Der Aufbau eines modernen, weltlichen Volksschul- und Gymnasialwesens wurde kräftig vorangetrieben, der Lehrstand in allen seinen Sektionen gefördert; man richtete staatliche Lehrerbildungsanstalten ein. Besondere Aufmerksamkeit wandte man den Berufungen an die von Ingolstadt nach Landshut verlegte Universität zu, ebenso der neuorganisierten bayerischen Akademie der Wissenschaften in München sowie den Bibliotheken, Archiven und wissenschaftlichen Sammlungen.

Die Notwendigkeit, die Reformen staatsrechtlich zusammenzufassen und die alte ständische Vertretung durch eine neue Form der Repräsentation zu ersetzen, noch mehr wohl das Bestreben, den Ausbau einer rheinbündischen Verfassung zu unterlaufen, führte zum Erlaß der Konstitution von 1808. Montgelas hatte sie seit 1799 ins Auge gefaßt, doch ihre volle Verwirklichung schob er während seiner Amtszeit vor sich her und verwies, um sich zu rechtfertigen, auf die ungünstigen Zeitläufe. Unverwirklicht blieben so die problematischen Bestimmungen der Konstitution über Nationalrepräsentation, Kreisversammlungen und Kreisdeputationen. Auf die modernisierenden Züge auch dieser komplizierten Konstruktionen hat man hingewiesen[83]. Im ganzen konnten jedoch Repräsentativkörperschaften mit so eingeschränkten Befugnissen, wie sie die Konstitution von 1808 vorsah, das letzte Wort angesichts einer sich bald geltendmachenden Verfassungsbewegung nicht sein[84]. Erst die Verfassung von 1818 löste die Fragen der politischen Beteiligung der Bevölkerung auf den Zeitumständen entsprechendere Weise.

Als Schöpfer des neuen Bayern ist Montgelas in die Geschichte eingegangen. Er hat es verstanden, sich mit einer Anzahl hochbefähigter und von ihrer Sache begeisterter Mitarbeiter zu umgeben. »Wo haben Sie«, schrieb 1805 der Rechtsgelehrte Feuerbach an den Philosophen Jacobi, »an der Spitze der Geschäfte so viele einsichtsvolle und rechtschaffene, nur das Beste und es mit Eifer wollende Männer beisammen, wie hier; wo vier Geheime Räte wie Zentner, Branca, Stichaner und Schenk? – Mit diesen müssen wir uns vereinigen und es erringen, daß ein Gemeinsames werde«[84a]. Abgesehen von seinen Ministerkollegen, darunter dem vorzüglichen Finanzminister Freiherrn von Hompesch, verdienen Montgelas' Geheime Referendäre und Generalkommissare Hervorhebung, Männer teils altbayerischer und fränkischer, teils rheinischer Herkunft, manche aus der Minister- und Beamtenschaft Karl Theodors in München, andere aus der kurpfälzischen Verwaltung übernommen. Ein professorales, aber mit praktischer Begabung ausgestattetes Element spielte unter den Reformern eine Rolle. Dieser Gruppe ist der wohl wichtigste innenpolitische Helfer von Montgelas, Georg Friedrich Freiherr von Zentner, Sohn eines bäuerlichen Gastwirts, zuzuordnen. Montgelas selbst hatte als Staatsrechtler und Staatskirchenrechtler Gelehrtenniveau[85].

Geignete Maßstäbe für eine Beurteilung des Reformwerks liefert nicht nur der Vergleich mit den bayerischen Zuständen vorher, sondern auch mit den etwa gleichzeitigen Veränderungen in den deutschen Staaten, insbesondere bei den süddeutschen Nachbarn Bayerns[86]. An der Unumgänglichkeit der von Montgelas eingeschlagenen Generallinie kann kein Zweifel bestehen. Der Minister und seine Mitarbeiter haben im Lauf von eineinhalb Jahrzehnten ein neues und durchaus effektives Staatswesen geschaffen, das sich unter den Gesichtspunkten der Modernität des beginnenden 19. Jahrhunderts in Deutschland und Europa sehen lassen konnte, sich lange behauptete und von dem der Staat in mancher Hinsicht heute noch zehrt. Es handelte sich um eine »Revolution von oben«, wie man häufig gesagt hat und schon zur Zeit von Montgelas sagte.

Für denjenigen, der die Reformen Montgelas' vor dem Hintergrund der Französischen Revolution würdigt, steht fest: es mußte damals eine Antwort auf die Tatsache gefunden werden, daß ausschlaggebende Gruppen der Bevölkerung politisch reifer geworden waren und zumindest auf staatsbürgerlicher und rechtlicher Gleichheit bestanden. Unter diesem Gesichtspunkt haben alle damaligen Reformer sich die Grundgedanken der Großen Revolution angeeignet, und sie mußten es tun, wenn sie und die von ihnen geleiteten Staaten nicht auf der Strecke bleiben wollten. Montgelas schlug bei seinem Vorgehen einen Mittelweg zwischen Jakobinismus und Reaktion ein. Mit zunehmenden Erfahrungen wurde er pragmatischer und skeptischer, aber seine Grundgedanken gab er nicht auf. Wie jedes politische System hatte auch dasjenige Montgelas' seine spezifischen Schwächen und Fehler. Wenn der Staatsmann überhaupt etwas zuwege bringen wollte, konnte es nicht ohne Einseitigkeiten und Härten abgehen. Ein Mehr an Verstehen und Konzilianz hätte wohl den Elan des Handelns geschwächt. Als Quintessenz der Leistungen Montgelas' läßt sich feststellen, daß die Integration der Gesamtbevölkerung in das Gehäuse des neuen Staates erfolgreich vor allem durch die Maßnahmen der Staatsverwaltung zustande kam. Die Realitäten des Alltags schweißen die Menschen zusammen: Wo man Recht nimmt, Leistungen erbringt, wo erzogen, ausgebildet und verwaltet wird, wo man beim Militär dient – da gehört man hin. Und gemeinsame politische Schicksale und Erfahrungen sorgen dafür, daß diese Zusammengehörigkeit erprobt und gefestigt wird.

3. Staat und Kirche

Bis zum bayerischen Religionsedikt von 1809 befand sich der Katholizismus noch in der Stellung einer Staatsreligion Altbayerns. Diese Position war jedoch seit dem Regierungsantritt Max Josephs planmäßig abgebaut worden. Nachdem Maßnahmen zur Einführung des Toleranzprinzips vorhergegangen waren, dokumentierte sich der konfessionell paritätische Staat im Edikt von 1809[87]. Bis ins 19. Jahrhundert hielten die Staaten Europas aus Gründen ihrer Geschlossenheit und Tradition noch am Prinzip einer herrschenden Staatskonfession fest. Wer als Zeitgenosse des 20. Jahrhunderts Einblick in die Wichtigkeit ideologischer Systeme für die Staatspolitik gewonnen hat, wird sich einen Vers auf die Beweggründe damaliger Staatsführungen machen. Die mit Gleichberechtigung nicht identische Toleranz bildete die äußerste Konzession. Angesichts der siegreich vordringenden Aufklärung, aber auch der zunehmenden Mobilität der Bevölkerung und nicht zuletzt des in der napoleonischen Zeit erfolgenden Zusammenschlusses heterokonfessioneller Gebiete ließ sich die bekenntnismäßige Geschlossenheit der Staaten nicht mehr aufrecht erhalten. Die Überwindung des hergebrachten konfessionellen Charakters der Staaten ging indessen nicht glatt vonstatten. Traditionen auf diesem Gebiet haben sich von jeher als besonders tiefsitzend und zäh erwiesen. Wie man am preußischen Hof noch des 19. Jahrhunderts Preußen nach wie vor als einen protestantischen Staat ansah, so hat auch Ludwig I. bei aller Verfassungstreue und zahlreichen protestantischen Verbindungen sein Königreich als einen katholischen Staat betrachtet.

Es ging nicht nur darum, die konfessionelle Parität im ganzen Lande einzuführen. Im Verhältnis zwischen Staat und Kirche stand seit langem die Frage der Säkularisation an, das heißt die

Verweltlichung reichsunmittelbarer Erzstifte, Hochstifte (einschließlich der Besitzungen der Domkapitel) und Abteien durch Annexion ihres Gebietes und die Aufhebung »landsässiger« Klöster zugunsten des Fiskus[88]. Das Problem der Säkularisation war seit der Reformation nicht mehr zur Ruhe gekommen. Damals konnten sich die »altgläubigen« Fürsten an den Aufhebungen von Stiftern und Klöstern noch nicht beteiligen. Konfessionsgeschichtlich bemerkenswert ist, daß seit dem 18. Jahrhundert die Säkularisation auch von den meisten katholischen Landesherren in Betracht gezogen und weithin in Angriff genommen wurde. Kein Halten war mehr, als die Französische Revolution das Signal zur Aufhebung der Kirchengüter gegeben hatte und der Verlust linksrheinischer Gebiete seit dem Ersten Koalitionskrieg die Entschädigungsfrage aufwarf, die man – selbstverständlich – auf dem Rücken der geistlichen als der machtpolitisch schwächsten Glieder des Reiches löste. Der Deputationshauptschluß von 1803 legitimierte die allgemeine Säkularisation reichsrechtlich. Drei Faktoren vereinigten sich, um den Untergang der Reichskirche herbeizuführen: der stets rege territoriale Appetit der Fürsten, der aufklärerische Antiklerikalismus und die gesellschaftspolitische Bewegung des Antifeudalismus, der der geistliche Feudalismus noch früher und vollständiger erlag als der weltliche[89].

Die Forschung der letzten Jahrzehnte hat zahlreiche durch die Säkularisation aufgeworfene Fragen behandelt: den Gewinn des Staates, die Gruppe der Profiteure und das ihnen zugute kommende Ausmaß der wirtschaftlichen Umschichtung, die kulturellen Verluste, die das Land erlitten hat. Hier ist nicht der Ort, darauf näher einzugehen, doch sei ein Punkt hervorgehoben, der nur gelegentlich in der Diskussion auftaucht, aber für die politische Geschichte von erheblicher Bedeutung ist: die Reichskirche krankte daran, daß sie eine Versorgungsanstalt des deutschen Adels war. »Spitäler des deutschen Adels« hat man Stifter völlig unbefangen und ohne Zynismus schon Ende des 15. Jahrhunderts genannt. Das 19. Jahrhundert kennt noch hervorragende, in der Tradition ihrer Familien stehende Adelige als geistliche Führergestalten des deutschen Katholizismus. Im ganzen erschien die geistliche Laufbahn der Aristokratie jedoch nicht mehr sehr verlockend. Dies machte die Bahn frei für tüchtige Leute aus kleinen und kleinsten Verhältnissen, die nunmehr zu den höchsten geistlichen Würden gelangen konnten. Gewiß waren die Erzbischöfe und Bischöfe Bayerns unter Max Joseph noch fast ausschließlich adelig, aber nachdem das Adelsmonopol für Bischofsstühle und Domkapitelspfründen beseitigt war, änderte sich die Situation rasch, und unter Ludwig I. hatte sich der personelle Bestand des Episkopats schon mehrheitlich zugunsten Nichtadeliger verändert. Die gesellschaftliche Demokratisierung von Klerus und Episkopat bildete eine der Voraussetzungen für die Regeneration des deutschen Katholizismus im 19. Jahrhundert.

Der evangelischen Geistlichkeit fiel es ihrer anderen standespolitischen Struktur zufolge leichter, in den neuen Staat hineinzuwachsen als dem Klerus. Aufgrund ihrer durch Familienstand und Bildungsgang, aber auch kirchenrechtlich bedingten weitaus geringeren Exklusivität bildete sie in mancher Hinsicht eher eine (allerdings besonders verfaßte) bürgerlich-akademische Gruppe als eine geistliche Korporation. Hinsichtlich des allgemeinen Geisteslebens hat das evangelische Pfarrhaus, wie im übrigen Deutschland, so auch in Bayern, Hervorragendes geleistet und viele Früchte getragen. Sozialgeschichtlich war es einer der wichtigsten Ursprungsorte der intellektuellen Prominenz. Politisches Vertrauen auf ihre Pfarrer konnte bei der protestantischen Bevölkerung vorhanden sein, doch spielte dieser Gesichtspunkt innerhalb des Protestantismus nur eine geringe Rolle. Als politische Potenz konnte es die evangelische Geistlichkeit im ganzen mit dem Klerus niemals aufnehmen.

Montgelas hatte zusammen mit Zentner neben der Säkularisation als wichtigster Komponente der Entschädigungsfrage eine Anzahl von Maßnahmen vorbereitet, die zu einem Teil der kirchlichen Verwaltung und Ordnung zugute kamen, teils jedoch – und diesen Aspekt sah der erneuerte Katholizismus des 19. Jahrhunderts ausschließlich – die Kirche in noch stärkerem Maße als zuvor unter staatliche Hoheit zwingen, sie in einen Sektor des Staatsapparates verwandeln sollten[90]. Dies führte schon zur Amtszeit von Montgelas zu erheblichem Widerspruch und ließ sich auf Dauer nicht aufrecht erhalten. Der Weg zu einer zunehmend perfektionierten Staatskirchenhoheit war in Bayern längst vor Montgelas eingeschlagen worden. Konzessionen des Heiligen Stuhles hatten die Durchsetzung staatskirchlicher Praxis erleichtert[91]. Im Sinne einer inzwischen schon ziemlich alten Tradition schwebte dem System Montgelas' eine vom Landesherrn und dem Ministerium abhängige domestizierte Landeskirche vor. Bei der protestantischen Kirche verstand sich dergleichen zu diesem Zeitpunkt von selbst. Der katholischen Kirche gegenüber ließ sich vieles erreichen, aber sie aus ihrem überstaatlichen Verband völlig herauszulösen, war nicht möglich, und man beabsichtigte dies auch nicht. Die infolge der Entstehung des Königreichs erforderliche kirchliche Neuordnung konnte nur im Einvernehmen mit dem Heiligen Stuhl geschehen.

Im Rahmen einer Monarchenbiographie ist es nicht ohne Belang zu erwähnen, daß der Hof durch Errichtung eines Erzbistums in München den Glanz des Königtums und seiner Residenzstadt vermehrt sehen wollte. Im Mittelpunkt stand für den König, seine Staatsmänner und ihre geistlichen Gegenspieler und Mitspieler freilich Gewichtigeres: kirchliche Ernennungsrechte der Krone, neue Zirkumskription der Erzdiözesen und Diözesen, Dotation der Bistümer, Priesterausbildung, Verhältnis von Kirche und Unterrichtswesen, Einfluß der Kirche auf das öffentliche Leben, Fragen der Klösterrestauration – Gegenstände, deren Regelung man durch ein Konkordat erhoffte. Nach einer turbulenten Übergangszeit hat das Konkordat die Stellung der katholischen Kirche im ganzen gefestigt und es ihr ermöglicht, sich im Rahmen des Staates als gesellschaftliche Größe sui generis und als politischen Machtfaktor zur Geltung zu bringen.

Angehörige der unter die Räder gekommenen Ordensgeistlichkeit, aber auch Weltgeistliche und viele Menschen aus der katholischen bäuerlichen und kleinbürgerlichen Bevölkerung, deren Mentalität und soziale Kultur auf das engste mit der Kirche verquickt war, – gerade auf dem Gebiete der Wallfahrten, der religiösen Volksschauspiele, der volkstümlichen Andachtsformen schritt die bayerische Regierung zunächst mit brutaler Verbotspolitik ein – ertrugen die Kirchenpolitik des neuen Staates nur mit großem Widerwillen. Manche Tiroler hielten die Bayern schon nicht mehr für Katholiken[92], und der Bischof von Augsburg, um auch einen Repräsentanten der alten Reichskirche zu Worte kommen zu lassen, schrieb an seine Nichte, eine sächsische Prinzessin: »... unsere Heilige Religion wird in Bayern wirklich verfolgt, während man dort den ›Lutheranisme‹ und den ›Indifferentisme‹ offen begünstigt«[93]. Noch unter dem Regime Montgelas' fanden sich Säkularisationsgeschädigte, Männer der kirchlichen Reaktion unter Karl Theodor und antiaufklärerische, vom christlich-romantischen Zeitgeist erfüllte, teilweise auch kurialistisch-ultramontane Theologen zu einer kirchenpolitisch oppositionellen Gruppe zusammen. Stets handelte es sich dabei nicht nur um die Kirche als Anstalt, sondern auch um den Katholizismus als soziales und politisches, von Geistlichen und Laien getragenes Phänomen.

4. Staat und Gesellschaft

Bayern, wie es im zweiten Jahrzehnt des 19. Jahrhunderts seine fünfte »Fassung« gefunden hatte, zählte 1818 3 707 966 Einwohner[94]. Zu Beginn des 19. Jahrhunderts betrug der agrarische Anteil an der Gesamtbevölkerung vier Fünftel. Hinsichtlich der Besitzstruktur herrschte der mittelgroße bäuerliche Familienbetrieb vor. Gutsbetriebe über 100 Hektar machten nicht mehr als ein Prozent des landwirtschaftlichen Besitzstandes aus. Die ländliche Sozialstruktur wies ein zahlenmäßig beträchtliches Dorfproletariat von Tagelöhnern und Dienstboten auf. Eine weitere Eigentümlichkeit der Zeit bildete damals allenthalben das ländliche Kleingewerbe, von dem sich im Landesdurchschnitt etwa jede vierte Familie vorwiegend oder zusätzlich nährte. Der agrarische Charakter von Wirtschaft und Gesellschaft verstärkte sich noch durch den Umstand, daß in Bayern wie im übrigen Deutschland die Bewohnerschaft von Märkten und Kleinstädten zu einem großen Teil aus Ackerbürgern bestand. Auf dem (rechtsrheinischen) Lande blieb es bis 1848 im wesentlichen beim System des grundherrlichen Obereigentums. In erster Linie daraus resultierte das politische Übergewicht der adeligen Grundherrschaft.

Geht man vom Primärsektor des bayerischen Wirtschaftslebens zu Anfang des 19. Jahrhunderts zum sekundären und tertiären über, so begegnet man den für die Zeit vor der industriellen Revolution charakteristischen Zuständen. Im Gewerbe herrschte noch das Handwerk vor. Das Verlagssystem spielte in diesem Rahmen eine bedeutende Rolle. Nur ausnahmsweise leiteten Berg-, Hütten- und Hammerwerke sowie Manufakturen (vor allem Tabak-, Waffen-, Kattun- und Porzellanmanufakturen) zu Großbetrieben über. So blieben große Baumwollspinnereien, die Maschinenfabrik König und Bauer in Obernzell bei Würzburg und die Lobenhöfersche Tuchfabrik in Wörth bei Nürnberg bis zum Anschluß Bayerns an den Zollverein vereinzelte Erscheinungen. In den ersten Jahrzehnten des 19. Jahrhunderts läßt sich weder von einer als Block im Wirtschaftsleben auftretenden Großindustrie, noch von einer ansehnlichen (Fabrik-) Arbeiterklasse sprechen. Im Warenhandel stand Nürnberg unbestreitbar an der Spitze; in weitem Abstand folgten Augsburg, Regensburg, München, Lindau, Würzburg und Hof. Als Geldplatz kam Augsburg die erste Stelle zu, doch rückte ihm München zunehmend näher.

Als Besitzer von Bergwerken, vor allem des einträglichen Salzabbaus, der seit Jahrhunderten zu den wichtigsten Einkünften des Staates zählte, wirtschaftete das Königreich auf eigene Rechnung. Den durch die Säkularisation angefallenen reichen Besitz hat der Staat nicht zur Mehrung seiner eigenen Betriebe genützt, sondern an Private veräußert. Sich als Unternehmer zu betätigen, lag dem Montgelas'schen Staat ebenso fern wie der Gedanke, organisierend in die Wirtschaft einzugreifen. Wie dem System Montgelas' politisch die Staatssouveränität als ein Fürstenwillkür bindendes und ständisches Privilegienwesen abbauendes Prinzip vorschwebte, so auf dem Gebiet von Wirtschaft und Gesellschaft die liberale Vorstellung eines »fessellosen Ganges« vermeintlich »natürlicher« gesellschaftlicher Prozesse: Befreiung der Person, des Bodens und jeder menschlichen Aktivität mit dem Fernziel eines wohlhabenden und reiferen Staatsbürgertums. Die Maßnahmen zu diesem Zweck sollten schrittweise erfolgen. Zur Überzeugung von der Richtigkeit der eigenen Grundsätze gesellte sich die Furcht vor einer revolutionären Explosion, wie sie in Frankreich stattgefunden hatte und in Bayern nicht für gänzlich ausgeschlossen gehalten wurde. Die Regierung hat die letzten Reste von Leibeigenschaft aufgehoben und – wichtiger – die Grundentlastung vorsichtig eingeleitet, indem sie Möglichkeiten eröffnete, die Grundbarkeit und sämtliche ständigen und nichtständigen Abgaben und Dienste abzulösen. Für einen – allerdings recht kleinen – Teil der bäuerlichen Güter und Grundstücke hat schon die Regierung Montgelas den Übergang in freies Eigentum bewirkt. Eine neue Gewerbegesetzgebung schränkte den Zunftzwang ein. Verglichen mit den Errungenschaften des Jahres 1848 für die bäuerliche Bevölkerung und denen der liberalen Gesetzgebung der 6oer Jahre für Gewerbe, Industrie und Handel nahmen sich die Schritte des Systems Montgelas in eine neue sozioökonomische Richtung bescheiden aus. Sozialpolitische Eingriffe zugunsten der Tagelöhner, des Gesindes und jener Gruppen, aus denen sich allmählich ein Arbeiterstand entwickeln sollte, fehlten noch vollständig, waren aber damals auch noch von keiner Seite zu erwarten. Nicht nur grundsätzlich, sondern auch aus Geldmangel hat der Staat auf vielen Gebieten sich auf Jahrzehnte mehr auf Anregungen beschränkt, als daß er selbst interveniert hätte. Reformen in der Landwirtschaft wie im Gewerbe standen mächtige Interessen gegenüber, über die sich auch Montgelas und seine Bürokratie nicht hinwegsetzen konnten. Immerhin – ein Anfang zur Hebung der Lage der überwiegenden Mehrheit der Bevölkerung, der Bauern und der Gewerbetreibenden, war gemacht. Und die Initiative dazu war von der Regierung ausgegangen. Die Bauern selbst hatten keine Sprecher, und die Repräsentanten, die ihre Angelegenheiten hätten in die Hand nehmen können, die im Landtag seit 1819 als Angehörige der Klasse der Grundbesitzer ohne Gerichtsbarkeit dominierenden Wirte, Posthalter und Brauer, verfolgten keine reformerischen Ziele. Auch die Gewerbetreibenden wünschten großenteils keinerlei Neuerungen. Gewiß erfolgten die Veränderungen zugunsten der landwirtschaftlichen Bevölkerung unter dem Druck der Furcht vor revolutionären Ausbrüchen, aber auf anderen Gebieten eilten die Reformen der Bürokratie den Wünschen und Überzeugungen der betroffenen Bevölkerungsteile voraus.

Aus dem bisher Gesagten dürfte hervorgehen, daß ein Großbürgertum auf industrieller, händlerischer und bankgewerblicher Basis zwar vorhanden, aber infolge der dürftigen ökonomischen Verhältnisse nicht zahlreich genug war, um außerhalb seines engeren fachlichen und beruflichen Umkreises führend und politisch entscheidenden Einfluß nehmend in Erscheinung treten zu können. Es kam hinzu, daß die Nobilitierungspraxis des Hofes den erfolgreichsten und finanzkräftigsten Repräsentanten des Wirtschaftslebens, darunter auch den Chefs ursprünglich jüdischer Bankhäuser, gern zum Eintritt in den Adelsstand verhalf. Damit hat man sie auf eine etwas künstliche, aber nicht unwirksame Weise dem gesellschaftlichen Ancien régime zugeordnet, obwohl sie, solange sie dynamisch blieben und ihre ökonomischen Funktionen weiterhin wahrnahmen, tatsächlich zu den Spitzen der modernen bürgerlich-kapitalistischen Welt zählten.

Bei der Intelligenz, dem Bildungsbürgertum, hat man zwischen einer Mehrzahl der beamteten Akademiker und den Angehörigen freier Berufe zu unterscheiden. Zu jenen zählten die zahlreichen Juristen im Staatsdienst und die (anfänglich noch nicht sehr häufigen) weltlichen Philologen im höheren Schuldienst sowie die gesamte Professorenschaft der Universitäten. Selbst Anwälte, die man heute als typische Angehörige der freien Berufe ansieht, fanden sich noch in den Staatsapparat einbezogen und hatten beispielsweise, wenn sie für den Landtag kandidierten, um Beurlaubung durch den Monarchen nachzusuchen, die mehrfach verweigert worden ist. Manche akademisch gebildete Beamte haben im Parlament wie in der öffentlichen Meinung des Landes eine erhebliche Rolle gespielt, und zwar nicht nur als Wortführer des Loyalismus, sondern auch der Opposition. Aber ihre Beamteneigenschaft zog ihnen verhältnismäßig enge Grenzen. Beim Übergang von einem noch geduldeten Liberalismus zu demokratischen Anschauungen gerieten sie beruflich in ernsthafte Gefahr. So blieben in der Politik als freiberufliche Exponenten der Intelligenz nur Ärzte, Künstler, Schriftsteller und Journalisten übrig. Bei Ärzten und Künstlern verbot sich eine politische Führungsrolle aus Gründen ihrer Berufsbedingungen in der Regel von selbst. Angesichts des nicht sehr breiten Lesepublikums für Bücher, Zeitschriften, Zeitungen hatten Literaten und Journalisten vielfach mit großen Existenzsorgen zu kämpfen. Überdies machten ihnen beamtete Männer der Feder, vom Staat häufig begünstigt, Konkurrenz. Wer die Presse lenkte oder ihr diente, verfügte schon damals über oft namhaften Einfluß auf die öffentliche Meinung, aber das Übergewicht des Staatsapparats, ausgeübt durch Zensur und andere Praktiken, blieb bis auf weiteres erdrückend.

Von den beiden immer noch privilegierten historischen Führungsgruppen zählte die Geistlichkeit, nicht zuletzt infolge ihres unmittelbaren Kontaktes mit der Masse der Bevölkerung, als politischer Faktor. Der Staat hatte ihren Spielraum eingeschränkt. Aber nach wie vor vermochte sie viel zu bewegen und zu bewirken. Nicht wenige Angehörige der Geistlichkeit beider Konfessionen fühlten sich gerade in der ihnen vom neuen System zugedachten staatlich-gesellschaftlichen Rolle als »kgl. Pfarrer« recht wohl. Die Geistlichkeit beider Bekenntnisse verstand es, publizistisch für ihre Sache und ihre Meinung, richtiger gesagt, ihre Meinungen, einzutreten, denn eine einheitliche Linie vertraten weder die katholische noch die protestantische Geistlichkeit. Die Verfassung von 1818 sorgte für eine unmittelbare Vertretung von Klerus und evangelischer Geistlichkeit im Landtag. Daß Geistliche beider Konfessionen auch nach Veränderung des Wahlgesetzes 1848 häufig im Landtag anzutreffen waren, ist ein sicherer Beweis für die Fortdauer ihrer Zugehörigkeit zu einer Führungsschicht im Lande.

Die andere historisch-privilegierte Gruppe, der Adel, büßte unter dem Druck der Zeitverhältnisse und der bayerischen Reformpolitik viel von seiner bisherigen gesellschaftlichen und politischen Stellung ein, doch ließ sich ein so mächtiges Potential wie die Aristokratie weder gesellschaftlich noch politisch über Nacht aus dem Sattel heben. Ihre Mitwirkung am neuen Staat blieb vorerst unentbehrlich. Dem Adel verblieb auch in dem von Montgelas und seinen Mitarbeitern geschaffenen Königreich noch auf längere Zeit eine faktische und teilweise auch rechtlich gesicherte Privilegierung. Wir sprechen hier vom begüterten, in der Regel älteren Adel, nicht von den briefadeligen Familien, denen es jedoch nicht selten gelang, in Besitzstand und Lebensführung sich dem alten Adel zu assimilieren und ihm durch Konnubium zu verbinden. Durch die Mediatisierung mehrerer fürstlicher und gräflicher Familien hatte Bayern einen Hochadel, die sogenannten Standesherren, hinzugewonnen, dessen Übergang in die neue Ordnung sich nicht reibungslos vollzog. Die Mehrzahl der mediatisierten Familien hatte bis tief in das 19. Jahrhundert hinein noch eine Unterlandesherrschaft inne, die landsässigen Hofmarksbesitzer befanden sich bis 1848 noch im Genuß einer allerdings im Auftrage des Staates und nach dessen Vorschriften auszuübenden Patrimonialgerichtsbarkeit und der niederen Polizeigewalt. Häupter grundherrlicher Familien des hohen und des niederen Adels übten das Kirchenpatronat aus. Höhere Chargen im Hofdienst hat man ausnahmslos dem Adel vorbehalten[95]. Im Reichsrat der Krone Bayerns schuf die Verfassung von 1818 ein legislatives Organ, das den Standesherren und den Repräsentanten der ältesten, angesehensten und reichsten Familien der bayerischen Gentry erbliche Sitze gewährte und damit ihren politischen Einfluß sicherte. Auch die Bestimmung, daß ein Teil der Landtagsabgeordneten den Gutsbesitzern mit Gerichtsbarkeit zu entnehmen sei, kam ausschließlich dem Adel zugute. Ökonomisch gesehen, lag die Wahrnehmung der agrarischen Belange in Adelshand. Sozialpolitisch verteidigte die Aristokratie die überkommene Grundherrschaft gegen die Tendenzen der Bauernbefreiung.

Soweit man die Ablösung als unvermeidlich ansah, suchte man sie wenigstens den eigenen Interessen in möglichst lukrativer Weise dienlich zu machen. Verwandtschaftliche und gesellschaftliche Beziehungen des Adels untereinander ermöglichten nach wie vor eine sehr wirksame berufliche Protektion. Die Aristokratie blieb vorerst gesellschaftlich (im engeren Sinn des Wortes) noch tonangebend.

Nobilitierung und Erwerb von Gutsbesitz galten noch als Maximum gesellschaftlichen Erfolges. Das Adelsedikt von 1818 machte die Zugehörigkeit zur Aristokratie von staatlicher Anerkennung und Konzession abhängig, ein, wie man hervorgehoben hat, geradezu revolutionärer Akt[96]. Durch Einführung der

Adelsmatrikel 1808 war ein »gesamtstaatlicher« (Zorn) bayerischer Adel geschaffen worden[97].

Fazit: Als noch kräftiges Relikt des Feudalismus war die Aristokratie in eine sozial defensive Stellung gerückt und wurde von den meisten Progressiven beargwöhnt, obschon eine Minderheit des Adels selbst mehr oder weniger »liberalisierte«. Der historische Adel übte als solcher noch Macht aus, aber er war verunsichert und uneins. Der Wind blies ihm ins Gesicht.

Es zählt, wie bereits erwähnt, zu den Leistungen des Fürstentums, daß es im Lauf der Neuzeit zwei neue Berufsstände, »Staatsstände«, von außerordentlicher gesellschaftlicher Bedeutung ins Leben gerufen hat: das unmittelbar an die Krone gebundene Offizierskorps und den am Staat ausgerichteten Beamtenstand, der ursprünglich die Kronrechte, mehr und mehr jedoch das staatliche Gesamtinteresse, wie es die aufgeklärt-moderne Welt verstand, gegen Adel und Klerus durchsetzen sollte und auch weitgehend durchgesetzt hat.

Während Friedrich der Große die Offiziersstellen bei den damals wichtigsten Waffengattungen dem Adel seines Landes reserviert hatte, versperrte man in Bayern Bürgerlichen den Aufstieg in der Armee nicht. Gelangten sie in Spitzenstellungen, erfolgte ohnehin meistens die Nobilitierung. Das gesellschaftliche Prestige des Offiziersberufs in Bayern war niedriger als in Preußen. Gradmesser hierfür war unter anderem die Hofrangordnung, die den Offiziersstand nicht so begünstigte, wie dies am Hofe der Hohenzollern der Fall war.

Die politische Führungsgruppe Bayerns in der Übergangsepoche von Ancien régime zum konstitutionellen System und noch lange danach, die Bürokratie[98], hatte sich schon im vorrevolutionären Zeitalter als mächtiges Korps etabliert. Wie überall im kontinentalen Europa interpretierte sie sich als Klasse der Staatsdiener schlechthin, die der Idee nach das Staatsinteresse als Gemeinwohl über alles stellte. Montgelas ist es gelungen, den Beamtenstand durch Reformen, vor allem durch die Staatsdienerpragmatik von 1805, auf ein hohes Niveau zu heben. Unbestritten sind die Leistungen der Beamtenelite. Noch vor dem Durchbruch der industriellen Revolution hat sie die Grundlagen für den modernen Staat geschaffen. Sie war sich ihrer Bedeutung und ihrer Stellung sehr bewußt. Daß die durch ganz ungewöhnliche Aufgaben erzeugte Hochspannung einer Bürokratie über mehrere Jahrzehnte anhält, würde freilich allen Erfahrungen zuwiderlaufen. Auch gesellschaftlich-berufliche Gruppen haben ihre Gezeiten, und kreative Phasen wechseln mit stagnierenden ab. Im Vorstehenden ging es nur um den Beamtenstand der Montgelas-Zeit. Ihm ist das Zustandekommen eines wohlfunktionierenden Systems zu bescheinigen, ausgewogen im Verhältnis seiner fortschrittlichen und traditionellen Elemente, ausbau- und entwicklungsfähig, wie sich im Verlauf der Geschichte des 19./20. Jahrhunderts gezeigt hat.

V.
ERZIEHUNG UND BILDUNGSGANG EINES THRONFOLGERS

1. Elternhaus – Hofmeister – Hauslehrer

Es ist vielleicht weniger das Bewußtsein seiner historischen Bedeutung als das bis zur Manie gehende Bedürfnis gewesen, alles festzuhalten und aufzuzeichnen, das Ludwig veranlaßte, noch vor seiner Thronbesteigung sogar seiner ehemaligen Kinderfrau den Auftrag zu erteilen, ihre Erinnerungen an seine Kindheitsgeschichte zu Papier zu bringen[99]. Aus eigener Initiative hatte schon Ludwigs Religionslehrer, Joseph Anton Sambuga, einen »Entwurf der Geschichte der religiösen Erziehung des Erbprinzen Ludwig von Zweibrücken« niedergeschrieben[100]. Dazu kommen umfangreiche autobiographische Aufzeichnungen des Monarchen; seine bis 1867 geführten Tagebücher reichen bis in sein 16. Lebensjahr zurück[101]. So sind wir über Kindheit und Jugend König Ludwigs recht gut unterrichtet. Was bis zum Ende des 19. Jahrhunderts darüber bekannt geworden war, hat schon in dem Band »Geschichte der Erziehung der pfälzischen Wittelsbacher« der Monumenta Germaniae Paedagogica seinen Niederschlag gefunden[102].

Welches Erbgut von welcher Seite der König in sich trug, könnte nur in Form von Vermutungen ohne jede wissenschaftliche Evidenz erörtert werden. Darüber hat man sich früher, vergleichbar vermeintlichen Feststellungen über Nationalcharakter, häufig etwas vorschnell geäußert und überdies den Mannesstamm bei der Urteilsbildung in unzulässiger Weise bevorzugt. Eine ernsthafte erbbiologische Analyse müßte die Häuser Brabant, Leiningen-Dagsburg, Nassau-Saarbrücken ebenso berücksichtigen wie die Dynastie Zweibrücken.

Über Ludwigs Mutter, Herzogin Auguste Wilhelmine, gewinnt man Aufschlüsse aufgrund ihres Briefwechsels mit ihrem Manne, mit ihrem verehrten Mentor, dem Darmstädter Pfarrer und Hofprediger Lichthammer, sowie der Hofdame Gräfin Oeynhausen[103]. Die Briefe vermitteln das Bild einer warmherzigen und liebenswerten, intelligenten, in ihrem Urteil selbständigen, gewissenhaften und tapferen Persönlichkeit. Seinen Sinn für »Wirtschaftlichkeit« führte Ludwig selbst auf seine Mutter und seine Großmutter mütterlicherseits zurück, die herzhafte, tüchtige und realistische Prinzessin Luise. Mit Sicherheit darf man annehmen, daß Ludwig als Kind von seiten Auguste Wilhelmines alles an Liebe und Zärtlichkeit erfahren hat, was eine Mutter ihrem Sohn zuzuwenden pflegt, und daß der Knabe sehr an seiner Mutter hing. Als Max Joseph nach dem 1796 erfolgten Tod seiner ersten Frau die badische Prinzessin Karoline heimführte, blieben Schwierigkeiten zwischen Stiefmutter und Stiefkindern nicht aus. Karoline neigte mehr ihren eigenen Kindern zu, obschon sie es an pflichtgemäßer Sorge für diejenigen aus der ersten Ehe ihres Mannes nicht fehlen ließ. Sie trug schwer daran, daß von ihren beiden Söhnen einer tot auf die Welt kam, der andere schon nach etwas über zweijähriger Lebenszeit starb. Aus nicht wenigen Zeugnissen geht hervor, daß Karoline einerseits, Ludwig und Auguste andererseits, lebenslang gegenseitige Vorbehalte nicht zurückdrängen konnten. Als längst Erwachsene bemerkte Ludwigs Schwester Auguste in ihrem Tagebuch, daß Karoline immer eine gewisse Kälte um sich verbreite[104]. Sie sprach von Max Joseph in der Regel als ihrem Vater, von Karoline häufig nur als der Königin; ähnlich Ludwig. Ludwig konstatierte noch 1819, daß ihr »badischer Hausvorteil« über das bayerische Interesse ginge[105].

Max Joseph, der Vater, hat kein besonderes pädagogisches Geschick entwickelt und sich gewiß auch nie bemüht, in Erziehungsfragen zu lernen. Nicht, als ob Max Joseph bei aller Nachlässigkeit und Sorglosigkeit auch auf diesem Gebiet nicht gelegentlich recht vernünftige Erziehungsmaßnahmen getroffen und nicht stets das Wohl seiner Kinder im Auge behalten hätte. Es blieb ihm jedoch nicht verborgen, daß sich Ludwig nach Gesinnung und Wesensart geradezu als ein Anti-Max Joseph entpuppte. So war das Verhältnis zwischen dem Vater und dem älteren der beiden Söhne nicht wenigen Belastungen ausgesetzt. Später versuchte Ludwig I. die Dinge auf folgenden Nenner zu bringen: »Mir war's als schrecklich, vor ihm zu erscheinen, der mich einschüchterte, blieb es mein Leben lang ihm gegenüber. Wir waren in zu vielem das Gegenteil voneinander.« Und später: »Erst kurz vor seinem Tode bekam mein Vater eine gute Meinung von mir, hatte vor, sich an mich zu schließen. Wie bereits erwähnt, abgeschreckt hat mich mein Vater, gewaltige Furcht eingeflößt, von Vertrauenhaben, von Herzausschütten kein Gedanke in mir, der sehr empfindlich ..., den es große Überwindung kostete (von) ihm etwas zu begehren ...«[106]. Auch hatte sich bei Ludwig der Eindruck festgesetzt, daß bei den drei ältesten Geschwistern, ihm und den Schwestern Auguste und Charlotte[107], ein strengerer Ton geherrscht habe als bei seinem wesentlich jüngeren Bruder Karl und den jüngeren Halbgeschwistern aus der zweiten Ehe des Vaters. Daß man mit ihm besonders streng verfuhr, mag wohl sein, zumal der Thronerbe seine schwierigen Seiten hatte. Die jüngere Schwester sagte dem 32jährigen, man habe sich von Jugend auf »die unselige Mühe genommen, ihm [Max Joseph, d. Vf.] alles haarklein zu erzählen, was einen Schatten auf Dich werfen könnte«[108]. Auch in späteren Jahren sah Max Joseph an seinem Sohn weniger dessen überdurchschnittliche Gaben als seine Verstiegenheiten, seine Unreife, Heftigkeit, Voreiligkeit, seinen Mangel an politischer Anpassungsfähigkeit. Daß er dem Sohn diese Schwächen vorhielt, war sein gutes Recht als Vater.

Erstaunlich früh zeigten sich tiefgehende politische Diskrepanzen zwischen Vater und Sohn. Schon den Zehnjährigen haben die Diplomaten Gravenreuth und Cetto bei Max Joseph wegen seiner antifranzösischen Gesinnung verklagt. Von dem noch nicht 15jährigen Ludwig meldete der österreichische Gesandte, Graf Seilern, nach Wien: »Es ist furchtbar, wie dieser junge Prinz ganz verschiedene Grundsätze von seinem Vater hat, der ihn kaltsinnig behandelt«[109]. »Grundsätze« pflegt für dieses Alter ein hochgegriffenes Wort zu sein. Aus dem Kontext des Berichts geht jedoch hervor, daß es dem Diplomaten mit seiner Wortwahl voller Ernst war. Tatsächlich hatten sich grundsätzliche Meinungsverschiedenheiten zwischen Vater und Sohn schon früh herausgeschält.

Bis zu seinem siebenten Lebensjahr hat man Ludwig ausschließlich weiblicher Erziehung anvertraut. Seiner Mutter stand die Witwe Luise des Arztes und Hofrats Weyland, geb. Aulber, gut lutherische Tochter eines hessischen Beamten, eine Elsässerin, als Kinderfrau zur Seite, der wiederum eine Kindsmagd an die Hand ging. Die mütterliche und zärtliche Hofrätin verstand es gut, mit ihrem Schützling umzugehen, und dieser blieb ihr lebenslang zugetan[110]. Seine Schwerhörigkeit und sein Sprachfehler brachten es mit sich, daß er ziemlich spät zu sprechen begann. Vor dem zehnten Lebensjahr ließ sein Lerneifer zu wünschen übrig; seine intellektuellen Gaben hat man zunächst ungünstig beurteilt. Er beschäftigte sich am liebsten allein und baute eine Phantasiewelt auf. Im elften Lebensjahr aber wachte er auf und machte rasche Fortschritte.

Seit 1793 hatte man ihn einem Hofmeister unterstellt. Max Joseph war von seinem Onkel, Christian IV., seinerzeit in die

Hand eines von seiner Aufgabe begeisterten Erziehers, des bretonischen Edelmanns und Offiziers Agathon Keralio, gegeben worden, eines Mannes, der den jungen Napoleon Bonaparte materiell unterstützt und gefördert hatte und der in Jean Jacques Rousseaus »Emile« eine pädagogische Offenbarung gefunden zu haben glaubte. Zunächst hatte Keralio sich als Hofmeister an Max Josephs älterem Bruder versucht, doch war ein Erziehungserfolg gänzlich ausgeblieben. Unverdrossen wiederholte er seine Bemühungen bei Max Joseph, den er alsbald »seinen Emile« nannte. Max Joseph begnügte sich bei seinem ältesten Sohne mit einem offensichtlich durchschnittlicheren und durchaus konservativen Mann als Erzieher. Joseph Franz Anton (v.) Kirschbaum[111], als 35jähriger zum Hofmeister Ludwigs berufen, war Sohn eines Rechtslehrers an der Heidelberger Universität und Advokaten am Reichskammergericht. Da ihm sein Vater keine pfälzische Beamtenstelle kaufen konnte, war er nach seinem Studium in Heidelberg und Göttingen nach Frankreich gegangen und hatte es dort zum Lehrer des Völkerrechts (oder nur des »deutschen Staatsrechts«?) an den Kriegsschulen zu Vendôme und später in Paris gebracht. Als Gegner der Revolution kehrte er nach Heidelberg zurück. In seinem neuen Amt gelangte Kirschbaum zur Nobilitierung (1804) und zum Rang eines Geheimen Rates. Nach der Aufgabe seiner Obliegenheiten brachte man ihn als Landesdirektionsrat in München unter. Einen Mißgriff, wie er an Fürstenhöfen in dieser Hinsicht nicht selten vorkam, hatte man mit seiner Wahl nicht gerade gemacht, aber eine Sternstunde für den Erbprinzen kann man die Bestallung des Hofmeisters auch nicht nennen. Es handelte sich bei Kirschbaum um einen verantwortungsbewußten, aber sicher keinen inspirierenden Lehrmeister. Bei dem 16stündigen Bombardement Mannheims durch die Franzosen am 23./24. Dezember 1794 hat er durch beherztes Verhalten Ludwig wohl das Leben gerettet[112]. Ludwig hat den pädagogischen Eifer Kirschbaums stets anerkannt, aber gleichzeitig betont, daß dieser sein Herz nie zu gewinnen verstanden habe. Aus der Rückschau seiner Autobiographie schildert der König Kirschbaum als eitlen, jähzornigen, streitsüchtigen und kleinlichen Pedanten. Ungeachtet seiner kritischen Einstellung hat Ludwig aber den Hofmeister, der ein Alter von 90 Jahren erreichte, lebenslang sehr nobel und achtungsvoll behandelt.

Seit der Übersiedlung der kurfürstlichen Familie nach München stand Kirschbaum an der Spitze des damals errichteten

Hofstaats des Kurprinzen und übernahm einen erheblichen Teil des Unterrichts und der Erziehung Ludwigs und seiner Geschwister. Ob er anderen Fachlehrern als eine Art Studien-Direktor übergeordnet war, ist nicht ersichtlich. In Mannheim sprang während einer Erkrankung Kirschbaums als Geschichtslehrer eine dubiose Figur am Hofe ein, der ehemalige Zweibrücker Pagenhofmeister und Regierungsrat Johann Ludwig Christian R(h)einwald, Geheimsekretär und schließlich Geheimer Rat, der sich auch an Max Josephs Münchner Hof zu behaupten vermochte. Das Französische nahm unter den Unterrichtsgegenständen Ludwigs, wie an der Wende vom 18. zum 19. Jahrhundert für einen Fürstensohn unerläßlich, einen hervorragenden Platz ein. Ludwig behauptete später, Kirschbaum habe es nur geläufig, aber nicht gut gesprochen. Mit großer Vorsicht wählte man von französischen Autoren deren »unschädlichste« beziehungsweise moralisch harmloseste Schöpfungen aus: Fénelons idealen Prinzenspiegel »Aventures de Telemaque«, Auszüge aus Destouches, La Fontaine, Voltaire's »Henriade«. Deutscher Lesestoff wurde unter anderem Gellerts Fabeln und Gedichten, Pfeffels, Overbecks, Gleims, Göckingks, Goez', Opitz', Gryphius' und Logaus Werken entnommen. Das Lernen der Gedichte scheint man weniger um ihres Inhalts willen denn als Gedächtnisübung betrieben zu haben. Im Lateinischen hatte der Schüler Ludwig nur unzureichende Fortschritte zu verzeichnen. Seinem Zögling zu einer Begegnung mit der großen zeitgenössischen oder vergangenen Literatur zu verhelfen, dürfte der hausbackene Kirschbaum nicht in der Lage gewesen sein. Mit Goethe und Schiller hat sich der Kurprinz seit seiner Universitätszeit aus eigener Initiative bekannt gemacht. Kirschbaum besaß zwar später eine Gemäldesammlung, doch hinterläßt er gleich anderen Erziehern Ludwigs einen durchaus amusischen Eindruck. Über Ludwigs Lernerfolge im Mathematik- und Musikunterricht besagt die Überlieferung nichts; bewegend klagte er später, daß man ihn trotz fehlender Begabung viel zu lange mit Zeichnen geplagt habe.

Kirschbaums besondere Aufmerksamkeit galt dem Bemühen, ungeeignete Eindrücke und Erfahrungen von seinem Schüler fernzuhalten. Aber auch Prinzen lassen sich nicht unter Glas aufziehen. Der Prohibitivkurs des Hofmeisters vermochte nicht zu verhindern, daß der junge Ludwig mit den Zerstreuungen des Hoflebens in Berührung kam. Theateraufführungen sind Ludwig aus früher Knabenzeit lebenslang in Erinnerung geblieben.

Mannheim erlebte in den 8oer und 9oer Jahren des 18. Jahrhunderts die Blütezeit seines Nationaltheaters unter der Intendanz von Wolf Heribert Freiherr von Dalberg und des berühmten August Wilhelm Iffland, der im pfalzgräflichen Haus aus- und einging und eine dortige Bedienstete heiratete[113]. Auch während des Krieges nahmen der Theaterbetrieb und höfische Lustbarkeiten ihren Fortgang. Glucks Oper »Iphigenie auf Tauris« und Shakespeares »Julius Cäsar« (später wegen der revolutionären Szenen vom Spielplan abgesetzt) hat Ludwig als seine ersten Theatererlebnisse festgehalten. Eine drollig anmutende Episode bildete die Schwärmerei des Siebenjährigen für die zehn Jahre ältere Sängerin und Schauspielerin Karoline Jagemann, später als Frau von Heygendorf die Lebensgefährtin des Großherzogs Karl August von Weimar und schließlich durch Jahre Brieffreundin und gelegentlich Besucherin Ludwigs I.[114]. Max Josephs Kinder kamen nicht nur mit Verwandten, der Hofgesellschaft, der Beamtenschaft und den Hauslehrern in Berührung, sondern auch mit »Komödianten«, wie man damals noch zu sagen pflegte, und anderen Künstlern, mit Soldaten und Bediensteten. Für Abwechslung war schon durch die zahlreichen Umzüge und fluchtartigen Ortsveränderungen gesorgt, zu denen die Familie Max Josephs gezwungen war und denen der junge Ludwig offenbar nur eine unterhaltsame und abenteuerliche Seite abgewann.

Max Joseph hatte für die Welt der Etikette und des Zeremoniells wenig übrig, wenn er sich auch nicht völlig davon dispensierte und gegen Verletzungen seiner Herrscherwürde sehr empfindlich sein konnte. Zwanglosigkeit und legerer Lebensgenuß waren sein Element. Mit der Schicklichkeit nahm er es nicht sehr genau. Er hatte seine Freude an Herrenwitzen, an derben Geschichten und Formulierungen. In seiner Unbekümmertheit machte es ihm nichts aus, auch vor dem kleinen Ludwig, zu dessen Respektspersonen der Geheimsekretär hätte zählen sollen, R(h)einwald als »dicke Sau« zu apostrophieren[115], ein Epitheton, das in der Umgebung des Herzogs für den problematischen Mann üblich war. Als Pendant zu der sozialen Kunstwelt der Etikette und des Zeremoniells hatte sich an den Höfen häufig ein gutes Stück Grobianismus erhalten[116]. Insbesondere in der Zeit zwischen dem Tod seiner ersten Frau und der Heirat mit Karoline von Baden scheint es an der frauenlosen Tafel Max Josephs mit Würfelspiel und lockeren Reden manchmal rüde zugegangen zu sein. Der hohe Herr mischte sich gerne unter das Volk und erfreute sein Gemüt an den farbigen Erzählungen, die dort im Umlauf waren und die man ihm nicht vorenthielt. Das war nicht nur in der pfälzischen Heimat so. Auch in München gewann der Landesvater alsbald Kontakte dieser Art. Er besuchte samstags häufig die Münchner Schranne und amüsierte sich dort in Unterhaltungen mit den Marktfrauen und einem gemischten Publikum beiderlei Geschlechts. Rheinwald erzählte dem kleinen Ludwig mit Vorliebe Gespenstergeschichten. Auf Veranlassung von Vater Max Joseph ging man daran, dem 10jährigen durch Roßkuren die Gespensterfurcht auszutreiben und ihm Mutproben abzuverlangen.

Den Brüdern Karl August und Max Joseph hatte ihr Oheim, Christian IV. von Pfalz-Zweibrücken, den lothringischen Abbé Peter Salabert als Religionslehrer besorgt. Zeitgenossen haben von dem gebildeten, eleganten und der Aufklärung zugetanen Priester das Bild einer höfischen Rokokofigur entworfen, und Ludwig bezeichnete ihn später als »irreligiösen, liederlichen Abbé«[117]; geistliche Eigenschaften hat ihm keiner nachgerühmt. Der mit der Abtei Tholey gut, zu gut ausgestattete Prinzenerzieher strebte nach Höherem als einer Schulmeisterrolle, als die er sein Amt auffassen mochte. Tatsächlich stieg er zum Minister am Zweibrücker Hof empor – ein schlimmer Mißgriff. Obschon Salabert als Staatsmann versagt hatte, hielt er sich bis zu seinem Lebensende in der Gunst Max Josephs.

Ganz anders der Religionslehrer Ludwigs, der in einer pfälzischen Ortschaft geborene, aber von beiden Eltern aus der Gegend von Como stammende[118] Pfarrer Joseph Anton Sambuga[119], dessen Berufung auf Empfehlung seines alten Bekannten Kirschbaum[120] noch von der evangelischen Mutter des Erbprinzen in die Wege geleitet worden war. Sambuga trat 1797 sein Amt an. Der Religionslehrer nahm seine Aufgabe, nach der er sich nicht gedrängt hatte, sehr ernst. Er dachte nicht daran, sie als Sprungbrett zu nutzen. Man darf Sambuga, zumindest bis zur Übersiedlung der Familie Max Josephs nach München 1799, als Vertreter der gemäßigten katholischen Aufklärung ansehen; einen Zeloten hätte der Herzog gewiß nicht an den Hof geholt beziehungsweise dort behalten. Der kirchlich-gläubige Priester wies der Vernunft auch in religiösen Dingen eine Rolle zu, aber die Offenbarung, an der er nicht rütteln ließ, blieb für ihn der Ratio übergeordnet, und die Absorption der Religion durch die Ethik billigte er nicht. Von Rom hat er sich wenig für eine Besserung der kirchlichen Zustände versprochen und seine

Hoffnung eher auf den wohlmeinenden Absolutismus und den Staat gesetzt. Mit anderen Worten: Sambuga war – zunächst – ein Josefiner. In einer Rede auf Kaiser Joseph II. bekannte er sich uneingeschränkt zu diesem als einem Wohltäter der Menschheit. Die Säkularisation der Kirchengüter und der Orden billigte er damals und auch noch im Alter durchaus, jedenfalls die Einschränkung des Ordenswesens und seine Reform durch den Staat. In München schwenkte er auf eine weniger theologisch als kirchenpolitisch zunehmend konservative Linie ein. Er zählte schließlich zu den entschiedenen Befürwortern der kirchlichen Restauration im Sinne des 19. Jahrhunderts und zu den Anhängern der Gesellschaft Jesu.

Sambuga hatte sich, bevor er sein Amt antrat, keine Illusionen über das Treiben an den Höfen und über das gemacht, was ihm bevorstehen mochte. Als er sich bei Max Joseph vorstellte, zeigte ihm der Herzog, unbekümmert wie er war, Büsten von Voltaire, Diderot, D'Alembert und Rousseau aus dem Nachlaß seines Bruders. Der neue Religionslehrer fand diese Art von ideologischer Kunstpflege bedenklich, gab seinem Auftraggeber sein Mißfallen zu erkennen und brachte seine Entrüstung zu Papier: »Die Bilder von Männern, die das Unglück eines Weltteils auf ihrer Waagschale haben, die durch ihre Grundsätze die Menschheit verwüstet haben, sollten nicht in den Wohnungen der Fürsten stehen ... Es ist die unerwartetste Erscheinung, daß noch itzt, wo es entschieden ist, daß diese Männer die Revolution und den Fürstenmord herbeiphilosophierten, ihre Bilder in den Palästen noch geduldet werden können ...«[121]. Noch mehr beunruhigten den prüden Geistlichen die sinnlichen Fresken im Mannheimer Schloß. Was diese Dinge betraf, blieb Sambuga lebenslang verklemmt. Er brachte es fertig, noch die Bestellung einer Venusstatue durch den 25jährigen verheirateten Kronprinzen zum Anlaß einer seitenlangen Moralpauke zu machen oder sich über das Dekolleté von Ludwigs mit Eugen Beauharnais verheirateter Schwester Auguste zu entsetzen[122]. Man kann sich vorstellen, wie er mit seinem Schüler sexuelle Fragen behandelt hat.

Bei dem elfjährigen Ludwig stieß Sambuga auf Ansichten, denen er auf das entschiedenste entgegentreten mußte. Mit der ihm eigenen Offenheit erklärte der Erbprinz seinem Religionslehrer, daß er von Geistlichen, Beichte und Gottesdienstbesuch nichts halte. Zur Begründung seines Antiklerikalismus erwähnte er, Heinrich VII. sei bei der Kommunion vergiftet worden. Als seine Schwester Auguste Ludwig gegenüber ihrer Freude über ihre bevorstehende erste Beichte Ausdruck gab, sagte er zu ihr: »Geh' sei doch nicht so abergläubisch!« Kirschbaum konnte solche Ansichten nicht vermittelt haben, eher wohl Rheinwald, dessen Geschichtsunterricht auch der König Ludwig noch als vorzüglich bezeichnete. Man hatte Ludwig dezidiert aufklärerische Lektüre in die Hand gegeben, die Sambuga alsbald konfiszierte. Der Priester vertraute seinem Tagebuch wiederholt kritische Bemerkungen über die höfische Atmosphäre und seine Umgebung, namentlich über deren geringe Disposition für religiöses Leben, an: »Es muß weit gekommen sein, wenn man sich an einem Hofe öffentlich zu sagen versteht: ein Fürst darf keine Religion haben! Eine abscheuliche Zweideutigkeit! Aber sie kam aus dem Munde eines Hofherrn, deren Beruf es ist, zweideutig zu reden und zweideutig zu sein ...« Oder: »Je mehr ich den Hof kennenlerne, desto mehr scheint sich mir die Hoffnung einer gesunden Erde im Dunkel der Zukunft zu verlieren. Deine Aussaat ist auf diesem dürren Erdreich vergeblich, sagte ich mir ... Für Religion und Gottseligkeit fand ich hie fast gar kein Leben.« Sambuga ließ Ludwig und Auguste nicht mehr mit den Erwachsenen speisen, weil er fürchtete, sie könnten zu früh manches erfahren, was für sie noch nicht geeignet war. Auch wünschte er, daß sie das Tischgebet sprächen, »wenn auch die große Welt sich dieser frommen Pflicht und alten Sitte schämt...«.

Sambuga war kein brillanter Kopf. Was wir schriftlich von ihm besitzen, ist ohne Originalität oder höheren Rang. Aber er überzeugte als sittliche Persönlichkeit durch die Festigkeit seines Charakters, durch seine selbstlose Geduld und Beharrlichkeit. Er wußte, was er wollte, und verstand es trotz unleugbarer Einseitigkeiten, als fähiger Erzieher zu seinem Ziel zu gelangen. Durch großen Ernst, Geradlinigkeit, Aufrichtigkeit und Selbstdisziplin beeindruckte er allmählich auch den widerstrebenden Ludwig, so daß sich ein herzliches Vertrauensverhältnis zwischen dem Schüler und seinem Religionslehrer einstellte. Was Kirschbaum nie gelang, brachte Sambuga zuwege: er übte einen auch beim erwachsenen Ludwig noch feststellbaren und von diesem wiederholt bezeugten prägenden Einfluß aus, und zwar in zentralen Bereichen. Einmal pflanzte er ihm eine lebenslang vorhaltende Hochachtung vor der Religion als Persönlichkeitsmitte wie als unerläßlicher und wohltätiger gesellschaftlicher Macht ein. Für Ludwigs nie aufgegebene gewissenhafte Erfüllung der von der römisch-katholischen Kirche dem Gläubigen vorgeschriebenen religiösen Pflichten hat Sambuga den Grund gelegt. Damit verband sich, gleichfalls vom Religionslehrer herrührend, das unbedingte Festhalten an der Priorität der römisch-katholischen Kirche vor allen anderen christlichen Religionsgemeinschaften. Die mit dem Religionsunterricht verknüpfte ethische Unterweisung sollte der Vorbereitung auf das Herrscheramt dienen. Der Fragen über die Herrscherpflichten hat sich Sambuga vermutlich mehr angenommen als Kirschbaum. Sambuga, an sich politikfremd, hatte die Welt des Spätabsolutismus vor Augen und dachte nicht über ihre Grenzen hinaus; Konstitutionen oder demokratische Ideen lagen ihm meilenfern. Als bestmögliche Lösung schwebte ihm die Regierung der Staaten durch im Herrscherberuf aufgehende, sittlich hochstehende Fürsten vor. Er tat alles, um Ludwig in diesem Sinn zu erziehen und ihm so »ein richtiges und lebhaftes Standesgefühl« beizubringen. Gerechtigkeit, Selbstverleugnung und kritische Selbständigkeit machten in Sambugas Augen den guten Herrscher aus. Nichtkirchliche Humanitarier haben als Fürstenerzieher im Dienste des aufgeklärten Absolutismus ähnliche Ideale zu verwirklichen gesucht. Sambuga hat wie sie den Fürsten als ersten Diener des Staates betrachtet. Einen Unterschied für die Ausübung der Herrscherpflichten machte es indessen doch aus, wenn der geistliche Mentor seinem Schüler den aufgeklärten Absolutismus in der Fassung eines christlichen Patriarchalismus vermittelte. Nicht nur, daß seine Staatstheorie theologisch bestimmt war, auch in der Regierungspraxis stand für Sambuga die gegenseitige Durchdringung von Staat und Religion im Vordergrund. Für Familiensinn und Gesetzestreue als Fundamente des staatlichen Zusammenlebens sah er nur in der Religion eine verläßliche Garantie; Vaterlandsliebe allein schien ihm nicht zu genügen.

Unangefochten übte Sambuga seine Tätigkeit nie aus. Einmal zählten Intrigen auch am Hofe Max Josephs zur Hauptbeschäftigung der Höflinge. Zum anderen hatte er es mit grundsätzlich antiklerikalen Widersachern zu tun. Die am Hofe Max Josephs und an der bayerischen Staatsspitze noch nach der Französischen Revolution herrschende Gesinnung beweist, wie unzulänglich es ist, Überzeugungen und Mentalitäten ausschließlich an die Klassenlage zu binden. Gewiß mußte die Aufklärung in ihrer gesellschaftlichen Konsequenz auf Emanzipation hinauslaufen, aber als geistige Bewegung war sie eben nicht auf die bürgerliche Intelligenz beschränkt, sondern hatte sich unter den privilegierten Ständen ebenfalls durchgesetzt. Der antirevolutionäre Sambuga hatte allerdings früh erkannt, wie sehr Revolution und Aufklärung zusammenhingen. Daß seine Ansichten auf die Kinder Max Josephs, Ludwig voran, übergingen, hatte weitreichende Folgen. Im übrigen war sein Einfluß bei Hofe gering, und es bildete schon eine Ausnahme, daß es ihm noch 1811 gelang, die Erlaubnis zur Wiederaufführung des verbotenen Passionsspiels von Oberammergau zu erwirken[123]. Dies geschah vermutlich zum Mißvergnügen von Montgelas, dem Sambugas enge Freundschaft mit dem 1811 bis 1817 aus der Hauptstadt verbannten streitbarsten Antiaufklärer Münchens, dem Pfarrer an der Heiliggeistkirche, Joseph Klein, ebenso wenig entging, wie des Religionslehrers und seiner geistlichen Freunde Abneigung gegen des Ministers Kirchen- und Bildungspolitik. Montgelas setzte schon 1803 durch, daß Sambuga seinen Zögling nicht auf die Universitäten Landshut und Göttingen begleiten durfte[124], und hatte stets ein wachsames Auge auf den Geistlichen. Die Verbindung zwischen dem Kronprinzen und Sambuga, der sich weiterhin als Erzieher, Mahner und Berater des Thronfolgers fühlte, hielt indessen bis zum Tode Sambugas an. Nicht lange vor Sambugas Ende drohte Montgelas dem offenbar nur noch von der evangelischen Königin Karoline gestützten Erzieher die Entfernung vom Hofe an. Beim König war er ohnehin schon seit längerem nicht mehr in Gunst. Als der Kronprinz 1815 vom Tode Sambugas erfuhr, veranlaßte er, daß der verwitweten Schwester Sambugas eine monatliche Unterstützung zugewiesen wurde, und er tat die später verwirklichte Absicht kund, Sambuga auf dem Friedhof des Winthirkirchleins in Neuhausen (jetzt Stadtteil Münchens) ein Denkmal zu errichten.

Die Hervorhebung der Rolle von Hofmeistern und Erziehern[125] sowie der Ludwig zuteil gewordenen intellektuellen, moralischen und religiösen Unterweisung soll nicht darüber hinwegsehen lassen, daß der Erb- und Kurprinz die Standeserziehung aller Söhne fürstlicher Häuser und des Adels insgesamt genoß. Man hat ihm Reiten, Fechten, Schießen und Jagen, Tanzen und die gehobenen höfischen Umgangsformen beigebracht. Dies nahm in seiner Ausbildung einen erheblichen Raum ein. Je älter Ludwig wurde, umso häufiger durfte er auch am höfischen Zeitvertreib teilnehmen: Besuch von Theater und Konzerten, Bällen, sogenannten Akademien[126], Jagdvergnügen, Schlitten- und Schlittschuhpartien. Dazu kamen Verwandtenbesuche, höfische Festlichkeiten, militärische Schaustellungen. Mochten manche Angehörige der Hofgesellschaft dergleichen nur als Kurzweil auffassen – auch der höfische Unterhaltungsbetrieb hatte seine eigenen erzieherischen und bildenden Qualitäten. Für (nach Meinung der Hofmeister zu viel) Abwechslung war jedenfalls gesorgt; auch der Umgang mit Spielkameraden wurde nicht aus dem Auge gelassen.

Als perfekten Kavalier darf man sich den auf der Schwelle zu den Universitäts- und Reisejahren stehenden Prinzen allerdings keineswegs vorstellen; er ist es auch später nie geworden. Der ihm wohlwollende österreichische Gesandte, Graf Stadion, hat 1809 über das linkische Auftreten Ludwigs und seinen Mangel an feiner höfischer Erziehung berichtet[127]. Die Schwester Charlotte entschuldigte als Kaiserin von Österreich ihren Bruder bei dem ihm offenbar nicht gewogenen Zaren Alexander, der Kronprinz habe keine gute Erziehung genossen[128]. Ob beide nicht eine unüberwindliche Unausgeglichenheit den Erziehern in die Schuhe geschoben haben?

2. Auf den Universitäten Landshut und Göttingen

Der Universitätsaufenthalt bedeutete für den Kurprinzen, wie für alle Söhne regierender Häuser, damals nicht das gleiche wie für den mehrere Jahre an einer Hochschule verweilenden, ein Berufsziel anstrebenden Studenten. Die durch Examina zu erweisende Qualifikation des jungen Akademikers kam bei Ludwig nicht in Betracht, und der Besuch zweier Almae Matres nahm bei ihm weit kürzere Zeit in Anspruch als im Normalfall einer Universitätsausbildung. Es handelte sich mehr oder minder um ein Kennenlernen auch dieser Institution und darum, bei dieser Gelegenheit einige Kenntnisse zu erwerben. Dem akademischen Unterricht wurde bei der Gesamtausbildung des Kurprinzen keine zentrale Rolle zugewiesen. Schon 1800, als sich die Familie Max Josephs wieder einmal auf der Flucht, diesmal in Bayreuth, befand, schlug der Hofmeister Kirschbaum vor, den noch nicht ganz 14jährigen auf die Universität Erlangen zu schicken, stieß aber beim Kurfürsten aus guten Gründen auf Ablehnung.

1801 war die alte bayerische Landesuniversität von Ingolstadt nach Landshut verlegt worden. Eine Neugründung in München lehnte Max Joseph zunächst ab. Man hat unterstellt, daß die Verlegung der Universität Ingolstadt nach Landshut den Zweck verfolgt habe, dem alten unerwünschten Genius loci der ehemaligen Jesuitenuniversität durch Ortsveränderung vollends den Garaus zu machen. Wahrscheinlich waren prosaischere Gesichts-

95

punkte im Spiel, etwa Überlegungen, Ingolstadt zu einer Landesfestung auszubauen[129]. Dieses Vorhaben vertrug sich schlecht mit dem Charakter einer Universitätsstadt. Landshut spiegelte alsbald die geistige Situation Bayerns zu Jahrhundertbeginn[130]: Militante Aufklärung, deutscher Idealismus, der Katholizismus Sailers und seiner Schule sowie romantische Strömungen bekämpften sich dort, verquickten sich aber auch gelegentlich. Bemerkenswert ist der altbayerisch-süddeutsche Anteil an der Landshuter Aufklärung und der von Montgelas nach Bayern aus dem übrigen Deutschland Berufenen an der romantischen beziehungsweise antiaufklärerischen Richtung. Die in sich kontroverse Geistesverfassung der bayerischen Neugründung ist mit diesen Hinweisen nur andeutungsweise skizziert. Persönliche, durchaus unideologische Gelehrtenstreitigkeiten, Unzulänglichkeiten der Universitätsorganisation und studentische Gruppenbildungen und Auseinandersetzungen sorgten zusätzlich für Abwechslung im akademischen Leben Landshuts.

Der Besuch hoher Schulen durch Fürstensöhne besaß um 1800 schon alte Tradition. Die Regel bildete er noch keineswegs. Wenn im Laufe des 19. Jahrhunderts Universitätsaufenthalte von Prinzen erheblich häufiger wurden, so mag man darin eine Verbeugung vor dem intellektualisierenden Zeitgeist sehen. Modernität bestand nicht zuletzt darin, daß man der Bildung und ihren gesellschaftlichen Institutionen als einer die Öffentlichkeit zunehmend beeinflussenden Macht höhere Tribute als früher entrichtete. Auf derselben Linie lag, daß der Kurprinz seit 1801 der historischen Klasse der Akademie der Wissenschaften als frequentierendes Mitglied angehörte. Schließlich konnte der Landesherr, dem Wunsch des Ministers entsprechend, seine Sympathie für die Montgelas'sche Bildungspolitik im allgemeinen und die Landshuter Universität im besonderen demonstrieren, wenn er seinen Sohn dorthin zum Studium schickte. Wie kompliziert die geistige Situation in Landshut war, begriff Max Joseph sicher nicht, und Ludwig war noch zu jung und unerfahren, um sie zu durchschauen. Lebenslang um Vereinfachung bemüht, hätte er dies auch später nicht vollständig vermocht.

Es bestand keine große Gefahr, daß Ludwig in Landshut über ideologische oder gar politische Fallstricke hätte stolpern können. Man dachte nicht daran, den künftigen Monarchen schon »in die Freiheit« oder »ins Leben« zu entlassen. Er verblieb auch in Landshut unter der Aufsicht seines ungeliebten Mentors Kirschbaum und hatte, wie er später selbst bemerkte, nur wenige

Kontakte mit anderen Studenten[131]. Seine Landshuter Studentenzeit war das Gegenteil von »freier Burschenherrlichkeit«. Andererseits mußte er hin und wieder bereits damals kleinere repräsentative Aufgaben erfüllen[132]. Kirschbaum wählte die Vorlesungen aus, die Ludwig zu besuchen hatte[133], und diese wurden vor dem hochgeborenen Studenten als Privatissima gehalten – für die in Betracht kommenden Professoren eine erwünschte lukrative Nebentätigkeit. Der Hofmeister unterwies Ludwig zusätzlich in Völkerrecht. Daß das Studium ernst genommen wurde, beweisen die Kolleghefte Ludwigs. Er hat in Landshut Moralphilosophie, Geschichte, Rechtswissenschaft (insbesondere Staatsrecht), Nationalökonomie, Mathematik und Naturkunde belegt. Manche der ihm zuteil gewordenen Privatissima hat der König später kritisch beurteilt. Zwei Professoren, mit denen er Umgang pflog, hob er bei gleicher Gelegenheit hervor: den weltmännischen Juristen Nikolaus Thaddäus Gönner, der als Rechtsschöpfer und Rechtspolitiker dem jungen bayerischen Staate wertvolle Dienste leistete und dessen menschlich-problematische Seiten sich dem Jüngling Ludwig gewiß noch nicht eröffneten, und den Theologen Johann Michael Sailer[134], bei dem er dreimal wöchentlich »Moral des Regenten in christlichen Maximen« sowie »Grundlehren der Religion« hörte und der von allen Priestern, die seine Wege kreuzten, einschließlich Sambuga, auf ihn den stärksten Eindruck hinterließ und lebenslang seine kirchliche Richtung bestimmen sollte. Sailer hatte seitens der kurialistischen Richtung des Katholizismus Kritik und Nachstellungen hinzunehmen, andererseits erkannte Montgelas, der ihn überwachen ließ, daß seinem aufklärerischen System in Sailer ein ebenso potenter wie schwer faßbarer Gegner erstanden war. In Ludwigs Augen galt Sailer wegen seiner Milde und der gemütvollen Art seiner Religiosität als der vorbildliche Gottesmann schlechthin. Unzählige Male hat er ihn später den Repräsentanten anderer katholischer Tendenzen als *das* Vorbild hingestellt. Umgekehrt hat Ludwig bei Sambuga wie bei Sailer große Erwartungen geweckt: Beide nahmen an, es könne durch spätere Regententätigkeit Ludwigs ein Wandel in den Schicksalen der katholischen Kirche Bayerns herbeigeführt werden. Sambuga gestand Ludwig 1804 und 1805, er kenne keine andere menschliche Hoffnung als ihn[135], und Sailer meinte einem Freund gegenüber schon 1803: »Unser Kurprinz erregt hier so große Hoffnungen als Liebe«[136]. Mochte dies zum damaligen Zeitpunkt noch sehr allgemein zu verstehen sein, so ließ der Menschenkenner den Prinzen seither doch nicht mehr aus dem Auge[137]. Seine Bekundung der Anhänglichkeit ließ deutlich erkennen, in welcher Hinsicht er Ludwig als ein providentielles Werkzeug ansah. Ludwigs Landshuter Studien währten ganze drei Monate (Anfang Mai bis Ende Juli 1803). August bis Oktober 1803 hielt er sich wieder am Münchner Hofe auf.

Ab Oktober ließ man den Kurprinzen, wieder unter Kirschbaums Leitung, seine Studien an der Universität Göttingen fortsetzen[138]. Auf dem Weg zur Georgia Augusta wurde unter anderem in Frankfurt am Main und in Wetzlar Station gemacht, wo Ludwig den letzten Reichskammerrichter und späteren bayerischen Minister, Graf Reigersberg, kennenlernte[139]. Göttingen war, als Ludwig dort studierte, die berühmteste und vornehmste Universität Deutschlands. Viel adelige Jugend studierte dort. Charakteristisch für das Standesdenken der Zeit war, daß man für die Immatrikulation von Prinzen und Grafen ein eigenes Album angelegt hatte; der Eintrag Ludwigs stand auf einem besonderen Blatt. Abgesehen von der Immatrikulation trat Ludwig in Landshut wie in Göttingen unter gräflichem Namen auf. Anders als die geistig aus sehr heterogenen Bestandteilen zusammengesetzte Landshuter Hochschule erwies sich die Universität Göttingen zu Jahrhundertbeginn als geschlossenere und gereiftere Bildungsstätte im Geist der deutschen Spätaufklärung[140]. Ludwig fühlte und spürte wohl, daß in Göttingen ein anderer Geist wehte als in Landshut.

Wie die Skripten Ludwigs zeigen, hat er auch in Göttingen eine nicht geringe Anzahl Fächer »absolviert«. Von den akademischen Zelebritäten Göttingens hat der Historiker und Publizist (heute würde man sagen Politologe) August Ludwig von Schlözer, ein temperamentvoller, als Herausgeber der »Staatsanzeigen« und anderer Periodika in ganz Deutschland genannter und die öffentliche Meinung des Reiches beeinflussender Mann den Prinzen, der ihn als »gewaltigen Aufklärer« charakterisierte, mit einer Vorlesung über »Regierungswissenschaft« beeindruckt[141]. Gefesselt haben Ludwig offensichtlich, aufs Ganze seiner Bildungswelt gesehen freilich nur vorübergehend, die Ausführungen des Naturforschers und Anthropologen Johann Friedrich Blumenbach. Die Kollegs des Professors Beckmann über Technologie und Handlungswissenschaften gaben, sei es auf des Prinzen oder auf Kirschbaums Initiative, Anlaß zu »praktischen Übungen« in Form eines Journals und Hauptbuchs für das Jahr 1804. Hinsichtlich der Geselligkeit hat man in Göttingen die

Zügel etwas, aber auch nur etwas gelockert. Jedenfalls fanden in der kurprinzlichen Wohnung fröhliche Feste statt, und auch außer Haus nahm Ludwig gerne an Veranstaltungen junger Leute teil. Auf Universitäten werden häufig Freundschaften fürs Leben geschlossen. Zwei lebenslangen Freunden, man darf sagen, den engsten Freunden Ludwigs, begegnet man als Göttinger Studiengenossen: dem Katholiken Graf Karl Seinsheim, bereits in München mit Ludwig bekannt und in Landshut Kommilitone des Kurprinzen, und dem Protestanten Freiherr Heinrich von der Tann, dem es Ludwig noch als König hoch anrechnete, daß er ihm damals den Rat gab, sich möglichst bald von seinem Hofmeister Kirschbaum zu befreien. Mit Abschluß des Wintersemesters 1803/04 war auch die Göttinger Episode zu Ende. Von einem normalen Studium konnte keine Rede sein. Alles in allem hat der Prinz jedoch in Landshut wie in Göttingen seinen Gesichtskreis erweitert. Tagebuchartige Notizen des Prinzen sind schon aus der Zeit vor den Universitätsbesuchen erhalten. Auch in Göttingen hat er als gewissenhafter und manchmal pedantisch genauer Registrator seines Lebens alle ihn betreffenden oder interessierenden Ereignisse zu Papier gebracht. Im wesentlichen blieb es noch bei der Aufzählung von Fakten. Selbstbeobachtung und grundsätzliche Reflexionen fehlen.

3. Erste Italienreise

Den letzten Schliff für weltmännisches Auftreten sollten junge Standespersonen und Söhne regierender Häuser zumal auf der großen Kavalierstour, auch »Tour de l'Europe« genannt, erhalten, einer Verbindung von sight-seeing, Wissensvermittlung, Quasistudium, Besuchen an Höfen und Bekanntwerden mit berühmten Persönlichkeiten. Im Zeichen der fortschreitenden Intellektualisierung der Kultur lag der Akzent bei der ersten Italienfahrt Ludwigs auf Bildung. Schon früher hatte man es an Führungen und Besichtigungen für Ludwig nicht fehlen lassen. Während des Aufenthalts der kurfürstlichen Familie in Amberg und Bayreuth veranstaltete man Ausflüge nach bekannten Orten und Plätzen der weiteren Umgebung, und nach Semesterschluß in Göttingen wurden Ferienreisen nach Hannover, den Hansestädten und in den Harz unternommen. Dies alles aber litt keinen Vergleich mit einer mehrmonatigen Reise nach Italien, dem »irdischen Paradies«, wie der Kurprinz das Land in jugendlichem Überschwang nannte[142]. Daß es nach Italien ging, verdankte

Ludwig Kirschbaum; der Kurprinz hatte eine Englandreise gewünscht. Montgelas befürwortete das Unternehmen lebhaft, allerdings mit Hintergedanken: Er wünschte Ludwig als möglichen Störfaktor aus der Münchner Szene vorübergehend ausgeschaltet. So brach denn Ludwig am 12. November 1804, zu seinem Leidwesen wiederum von Hofmeister Kirschbaum begleitet, nach dem Süden auf. Was die ästhetisch-kulturelle Seite der Italienreise betraf, hatte er sich gut vorbereitet auf den Weg gemacht.

Erste Station der Reise bildete ein langer Aufenthalt in Venedig, den man wohlweislich *vor* den Wochen des berühmten, in der Geschichte des Lebensgenusses deutscher Fürsten seit Jahrhunderten renommierten Karnevals angesetzt hatte. Der Kurprinz gab sich mit der starken Aufnahmefähigkeit eines 18jährigen den Eindrücken und Stimmungen der Stadt hin. Es blieb nicht bei der Rezeption historischer Bauten und Kunstschätze; auch die zeitgenössische Kunst kam zu ihrem Recht. Der bekannteste Vertreter des italienischen Klassizismus unter den Bildhauern, Antonio Canova, hatte eben damals eine Ausstellung in Venedig. Vor einer Statue der Hebe aus des Meisters Hand glaubte der Prinz der Offenbarung der Kunst erst teilhaftig geworden zu sein. Ein folgender Aufenthalt in Rom währte nur wenige Tage. Es ging weiter nach Neapel, wo man den damals noch fest auf die die Großfürstin Katharina betreffende Vereinbarung zählenden Kurprinzen bei Hofe vergeblich als Schwiegersohn zu gewinnen hoffte. Von Neapel begab man sich nach Rom zurück, wo der Karneval eben zu Ende ging. Dort hat man besichtigt, was jeder Bildungstourist in der Heiligen Stadt zu besichtigen pflegt. Ludwig besuchte aber auch das Atelier Bertel Thorwaldsens, der eben durch eine Jason-Statue und eine Gruppe »Amor und Psyche« Berühmtheit erlangt hatte, und es begann eine Jahrzehnte dauernde Verbindung mit dem Künstler. Schon seit einiger Zeit hatten die Bilder der damals bereits betagten deutschrömischen Malerin Angelika Kauffmann den Kurprinzen in ihren Bann gezogen. In Rom suchte er sie auf. Beider Umgang beschränkte sich nicht nur darauf, daß er ihr saß. Angelika Kauffmann verstand es vorzüglich, ihm ihre Ansichten über Malerei nahezubringen. Auf sie wie auf andere deutsche Künstler in Rom ist wohl die Anregung zu Erwerbungen und künftiger Galeriegründung in München zurückzuführen.

In der Gesellschaft deutscher Künstler der Heiligen Stadt fühlte sich Ludwig ausnehmend wohl. Der Grund für die freudige Aufnahme des hohen Gastes war hauptsächlich wohl darin zu suchen, daß die Künstler in ihm den potentiellen Käufer und späteren Förderer witterten. Seine Kauf- und Sammellust trat schon damals zutage, und er gab für diese Zwecke mehr Geld aus, als ihm augenblicklich zur Verfügung stand. Eine glückliche Fügung war es, daß Ludwig mit dem in Italien weilenden Galerieinspektor Georg von Dillis zusammentraf, der ihm seit Kindheitstagen bekannt war. Ludwig verstand sich trefflich mit ihm und gewann in ihm auf Jahrzehnte einen hervorragenden Berater.

Der 18jährige auf Reisen hatte noch andere Gedanken im Kopf als die an seine ästhetische und intellektuelle Fortbildung. Sehr natürlicherweise hatten die Frauen begonnen, den jungen Mann zu beschäftigen, und wenn sich die Bildungsreise durch eine éducation sentimentale hätte bereichern lassen, wäre ihm dies willkommen gewesen. Sein hoher gesellschaftlicher und künftiger politischer Rang kam ihm bei Annäherung an das weibliche Geschlecht zustatten. Seine Eigenliebe ließ ihn jedoch eher an andere Ursachen denken. Die durchweg »besseren« Schichten angehörigen Damen, für die er damals entflammte, haben mit Sicherheit den Anfänger als solchen durchschaut und sich über sein etwas komisches Gebaren belustigt. Noch blieben die Bemühungen des jugendlichen Adepten diesseits der Grenzen des Platonischen. Kirschbaum hörte aus einigen unreifen Sprüchen des Möchtegerns mehr heraus als ihnen tatsächlich zu entnehmen war.

Das Verhältnis zwischen Ludwig und seinem Hofmeister war eine Quelle der Mißhelligkeiten für beide und ließ die erste Italienreise reichlich unharmonisch verlaufen. Der nach Hausgesetz Volljährige huldigte üppigen Vorstellungen nunmehr erlangter uneingeschränkter Selbständigkeit. Sein Vater und Kirschbaum machten jedoch keinerlei Miene, die bisherige Gängelung aufzugeben. Schon in Göttingen war es zu erheblichen Auseinandersetzungen mit dem Mentor gekommen. Kirschbaum meinte es auf seine Weise gut und trug schwer an der ihm obliegenden Verantwortung. Andererseits verstand er es nicht, den Übergang vom Hofmeister eines Knaben zum Vertrauten und Berater eines heranwachsenden jungen Mannes zu finden. In unaufhörlichen Klagebriefen nach München berichtete er nicht nur haarklein, sondern auch übertreibend von zahlreichen Extravaganzen Ludwigs, die ihm Besorgnis einflößten. Da war von verlorenen Frauen und drohendem Ruin von Gesundheit und gutem Ruf die Rede, auch der in »so gar nicht fürstlicher«

Art sich abspielende Verkehr mit deutschen Künstlern in der römischen Osteria des spanischen Weinhändlers Don Raffaele wurde dem Vater in mißgünstiger Weise dargestellt. Die deutschen Künstler in Rom waren zwar meistens fröhliche jüngere Leute, sicher oft überschwenglich, aber in der Regel arbeitsam und solid, alles andere als eine Bohème und noch sehr viel mehr von der deutsch-handwerklichen Tradition geprägt als von einer späteren hochgestochenen Auffassung des Künstlerberufs. Jedenfalls kein Vergleich mit den Playboys und Roués der »bande joyeuse«, mit der sich Vater Max Joseph als 20jähriger in Paris herumgetrieben hatte. Bei den Ausgaben für künstlerische Zwecke, die Kirschbaum als zu hoch monierte, handelte es sich um kalkulierte finanzielle Grenzüberschreitungen. Im Gegensatz zu seinem teils aus Gutmütigkeit, teils aus Rechenfaulheit verschwenderischen Vater rechnete Ludwig damals bereits scharf und handelte auch Preise herunter. Trotz Überziehung seines Kredits zeigte sich schon der künftige Sparmeister seines Staates.

Von München erreichten Ludwig aufgrund der unaufhörlichen Beschwerden Kirschbaums barsche monita paterna und Drohungen, ihn aus Italien zurückzurufen. Schließlich kam es in Tagliacozzo zu einer so unschönen Auseinandersetzung zwischen dem ungestümen Kurprinzen und dem nicht minder aufbrausenden Kirschbaum, daß Ludwig, unterstützt von dem getreuen Reisebegleiter Graf Karl Seinsheim, in seinen Vater drang, den Hofmeister abzulösen und durch den General Graf Reuß zu ersetzen. Max Joseph gab nach. Bei der Verabschiedung suchte Ludwig Kirschbaum zu versöhnen, der jedoch die plötzliche Beendigung seines Hofmeisteramtes sehr schwer nahm und seinem Zögling in einem Abschiedsbrief nochmals vor Augen führte, welch bitteres Brot der Hofmeisterberuf zwölf Jahre hindurch für ihn gewesen sei. Der Kurprinz notierte nach Kirschbaums Rückberufung: »Meines Lebens glücklichster Tag in Italien, nachdem mein Hofmeister entfernt«[143].

Der Generationskonflikt mit dem Vater schwelte noch zwei Jahrzehnte, der mit dem Hofmeister war ausgestanden und zugunsten des Prinzen entschieden. Irgendwann mußte er sich ja emanzipieren, und ohne Wunden auf beiden Seiten zu hinterlassen, ist dergleichen selten möglich. Auch der verehrte Sambuga, der Ludwig während der Italienreise wie während des Parisaufenthaltes von 1806 und noch Jahre danach mit moralischen Ermahnungen überschüttete und über die Affäre mit Kirschbaum in Wehklagen ausbrach (»der gute und verdienstvolle

Mann ... ach! an den Höfen ist kein Segen«), schien dem Aufbegehrenden damals des Guten etwas zu viel zu tun. Der Prinz bedeutete ihm, er setzte zu wenig Vertrauen in ihn[144]. Ludwig hat den Widerstand gegen Kirschbaum als Stählung seines Charakters interpretiert. Im übrigen legte er Wert auf eine formelle Aussöhnung. 1827 ernannte er den Ex-Hofmeister zum Staatsrat im a. o. Dienst[145]. 1843, anläßlich der 50. Wiederkehr des Tages, an welchem Kirschbaum sein Erzieheramt angetreten hatte, ehrte er ihn durch einen Besuch der gesamten in München anwesenden königlichen Familie[146]. Wiederholt hat er ihn eingeladen und ihm Besuche abgestattet.

Nach der reinigenden Krise spielte sich der letzte Teil der Italienreise in ungetrübter Weise ab; freilich war er zunehmend von den politischen Ereignissen überschattet. Nach Abschluß des römischen Aufenthalts begab sich die Reisegesellschaft noch an die oberitalienischen Seen und kehrte im September 1805 über den Großen St. Bernhard, Genf, Lausanne und Straßburg nach München zurück.

4. Bildungshorizont der Kronprinzenzeit

Ludwig in seinem Bemühen um Ausbildung gelangte zur Selbstbildung, er setzte die Bildungsbemühungen anderer in selbständige Aktivitäten um und hat sich sein ganzes Leben um Erweiterung seiner Bildung bemüht. Der folgende Überblick greift der Geschichtserzählung weit vor; er umfaßt die gesamte Kronprinzenperiode. Sie hat Ludwig ungewöhnliche, von ihm kraftvoll genützte Bildungsmöglichkeiten eröffnet. Beim Regierungswechsel zählte Ludwig 39 Jahre. In diesem Alter hat man in der Regel längst über die Richtung entschieden, in der der Prozeß intellektueller und musischer Selbstverwirklichung verlaufen soll. Bei aller späteren Vermehrung und Vertiefung seines Bildungsguts hat Ludwig im ganzen schon als Kronprinz die Leitmotive seiner Bildung komponiert, aber auch die Grenzen gezogen, die er nie mehr überschreiten sollte. Beispielsweise gab es während seiner Königszeit, ganz abgesehen von der politischen Abneigung, die ihn gegen diese Strömungen erfüllte, zur Geisteswelt der Jungdeutschen oder des Realismus keinen Zugang mehr. Vorwegzunehmen ist, daß Ludwig zeitlebens religiös-sittliche Bildung der intellektuellen und ästhetischen – theoretisch – übergeordnet hat. Das Neue Testament und die Nachfolge Christi des Thomas a Kempis hat er stets mit sich geführt; zeitweise auch die von Sambuga und später von Sailer auf seinen Wunsch verfaßten Gebetstexte. Zu bezweifeln ist, ob er der ihm von Sambuga und anderen empfohlenen theologisch-homiletischen Literatur Aufmerksamkeit geschenkt hat. Tatsächlich überwog in seinem geistigen Haushalt die weltliche Bildung.

Ludwigs Naturell ging ganz auf das Anschauliche und Konkrete. Abstraktion war seine Sache nicht. Mit Philosophie und, bei aller Frömmigkeit, mit Theologie hatte er (abgesehen von seinen letzten Lebensjahren) nichts im Sinn. Von Schelling hörte er *einen* Vortrag, der ihm rhetorisch und inhaltlich imponierte. Gelesen hat er aus seiner Feder aller Wahrscheinlichkeit nach nichts. Anläßlich der wissenschaftlichen Beschäftigung seiner Freundin Marchesa Marianna Florenzi mit Schelling kam es zu einer Notiz Ludwigs: »Mit philosophischen Werken gebe ich mich nicht ab; der Letzte, den man liest, hat Recht, pflegte ich zu sagen ...«[147]. Franz von Baader, der andere in München wirkende Philosoph von Rang, der in seinen Gesichtskreis trat und dessen Schriften er teils vom Autor, teils von anderen zugeschickt erhielt, war ihm mit Sicherheit zu spekulativ und tiefsinnig, mit einem Wort: »zu hoch«. Überdies war Ludwig politisch und kirchenpolitisch zu verständig und zu erfahren, um sich von den großartigen, aber realitätsfernen Tagträumen des »törichten Welt-Weisen«[148], wie ihn Boisserée nannte, beeindrucken zu lassen. Mit anderen Philosophen kreuzten sich seine Wege ohnehin nicht häufig[149]. Mit der sogenannten Deutschen Bewegung[150] als philosophischem Komplex kam Ludwig nur mittelbar über Goethe, Schiller und Johannes von Müller sowie einigen ihrer zweitrangigen Repräsentanten in Berührung. Publizistik von staatsphilosophischem Rang findet sich in seiner Bibliothek, aber studiert hat er sie kaum. Dagegen hat er Arndt und Jahn eifrig gelesen, mit viel Zustimmung, aber nicht ohne Kritik[151]. Vielleicht geht sein lebenslanges Bestreben, Fremdwörter durch deutsche Ausdrücke zu ersetzen, auf diese Lektüre zurück. Die Herausgeber der Briefe und Aufzeichnungen Bunsens haben die Schwerpunkte in Ludwigs Bildungswelt erfaßt, wenn sie von Unterhaltungen zwischen dem gelehrten Diplomaten und dem Thronerben berichten und zu verstehen geben, daß sich beide im Grunde fremd blieben, da Bunsen »Kunst und Poesie sehr viel, aber Wissenschaft und Philosophie noch mehr galten«[152]. Ludwigs Bedürfnis nach Anschaulichkeit und Gemütserhebung führte ihn in den Kosmos der Kunst, der Literatur und Geschichte. Soweit es sich bei diesem Kosmos um eine Bücherwelt handelte, geben die Tagebücher zuverlässige Auskunft über die Lektüre des Kronprinzen und Königs.

Über die in Schloß Nymphenburg verwahrten Restbestände der Hofbibliothek gibt ein »Verzeichnis der Bücher, so sich in den fünf Schränken der Bibliothèque seiner Durchlaucht des Herrn Kurprinzen befinden 30. April 1803« Auskunft[153]. Es handelte sich bei der »Bibliothèque« um eine nach den damaligen Begriffen erstklassig ausgestattete Bücherei mit Schwerpunkten in schöner Literatur und Geschichte, die als solche jedoch noch keine Rückschlüsse auf die tatsächliche Nutzung ihrer Schätze durch den Thronerben erlaubt. Die Literatur des klassischen Altertums findet sich dort größerenteils in französischen Übersetzungen. Der aus wesentlich späterer Zeit stammende Gesamtkatalog zeigt, was teils auf des Königs Initiative, teils ohne sie von 1803 bis in die 60er Jahre des 19. Jahrhunderts hinzugekommen ist. Zu Lebzeiten überließ der König zahlreiche Veröffentlichungen, für die er keine Verwendung hatte, der (heutigen) Bayerischen Staatsbibliothek, in der sie als »Donatio Ludovici« zugänglich sind. Nach dem Tod des Königs wurde ein weiterer umfangreicher Bestand an die Staatsbibliothek als Legat abgegeben.

Das Verhältnis des jugendlichen wie des erwachsenen Wittelsbachers zur Literatur wirft die Frage nach seinen eigenen sprachlichen Fähigkeiten auf. Sie wurden durch Schwerhörigkeit und schwere Zunge beeinträchtigt. Da man sich jedoch seit seiner Kinderzeit große Mühe gegeben hatte, diese Behinderungen zu überwinden, gelang es ihm immerhin, den sprachlichen Kontakt mit seinen Mitmenschen, wenn auch mit Mühe, aufrechtzuerhalten. Dem Schauspiel und musikalischen Darbietungen der verschiedensten Art vermochte er offensichtlich einigermaßen zu folgen. Ludwig war an Sprache interessiert, und er war sprachbegabt im Sinn der raschen gedächtnismäßigen Aneignung des Wortbestandes und der Grammatik fremder Sprachen. Seine Aussprache, ausgenommen das seit der Kindheit perfekt erlernte Französisch, ließ dagegen sehr zu wünschen übrig – vermutlich aus Gründen der Behinderung seines Gehörs. Deutsch dürfte er mit der Diktion des Pfälzers gesprochen haben. Phonetisch bedingte Schreibfehler in Niederschriften Ludwigs und seiner Schwester Auguste erhärten diese Vermutung[154]. Wie sollte sein Hochdeutsch anders gefärbt gewesen sein, da auch nach 1799 in seiner unmittelbaren Umgebung am Münchner Hof das pfälzische Element noch überwog? Für Dialekte, für das Bayerische zumal, hatte er Sinn. Als sich Napoleon 1806 auf dem Münchner

Dultplatz mit bayerischen Händlern unterhalten wollte und der des Deutschen, aber nicht des Bayerischen mächtige Großstallmeister, General Caulaincourt, als Dolmetscher versagte, sprang mit Erfolg Ludwig ein. Philologisch liebevoll griff Ludwig hin und wieder fränkische (lange Aufenthalte in Würzburg, Aschaffenburg, Brückenau!) oder bayerische Dialektausdrücke auf. Die heute ausgestorbene bayerische Wendung, es solle dies oder jenes ohne »Verschmach« geschehen, gefiel ihm besonders. Häufig traute er sich sprachlich zuviel zu und wurde dann hinter seinem Rücken ausgelacht. Dies scheint insbesondere auf dem Wiener Kongreß hinsichtlich seiner Aussprache des Englischen und seines noch unglücklicheren Versuchs der Fall gewesen zu sein, sich im Wiener Dialekt auszudrücken.

Dem Fehlen von Konzilianz in seinem Charakterbild entsprach der Mangel an Eleganz, Glätte, Leichtigkeit in seinem sprachlichen Ausdrucksvermögen. Hart, eckig, ungelenk liest sich in der Regel, was er geschrieben hat. Noch in Göttingen trieb Ludwig Übungen im deutschen Stil unter Anleitung Kirschbaums, der ihm auch französische Diktate zur Nachschrift vorlas. Diese Bemühungen erwiesen sich nicht als so nachhaltig, daß sie die bald erkennbare – häufig persiflierte – zahlreicher Partizipien sich bedienende, stilistisch oft monströse Schreibweise Ludwigs hätten verhindern können[155]. Von Lakonismus, »Breviloquenz und Lapidarstil«[156] als Sprecheigentümlichkeiten von Herrschern oder anderen in befehlshabiger Position befindlichen Menschen liest man des öfteren. Sie mag beim einen auf Sprechfaulheit, beim anderen – das trifft ohne Zweifel auf Ludwig zu – auf das Bestreben eines Menschen von äußerster Aktivität, der mit seiner Zeit rechnete, zurückgehen, möglichst viel in möglichst kurzen Formulierungen unterzubringen. Ludwig tat in dieser Hinsicht des Guten entschieden zuviel. Daß seine Ausdrucksweise auf Kosten der Verständlichkeit ging, also das Gegenteil dessen erreichte, was bezweckt war, hat er wohl nie erfaßt.

Im Lateinischen und Griechischen holte Ludwig aus eigenem Antrieb mit Hilfe des Professors und späteren Direktors der Hofbibliothek, Lichtenthaler, nach, was als Schulfach nicht oder nur unzulänglich hatte untergebracht werden können[157]. Der Historiker Johannes von Müller ermunterte ihn, sein Latein zu vervollkommnen. Der Arzt Ringseis berichtet, daß Homer auf der Italienreise 1817/18 des Kronprinzen »stiller Begleiter« gewesen sei[158], und die Tagebücher geben Auskunft über die ständige Beschäftigung Ludwigs mit Herodot, Plutarch und

anderen griechischen Autoren. 1807 nahm sich der Kronprinz einen Sprachlehrer für Italienisch und Spanisch. 1808/09 ließ er sich von dem nach München berufenen Akademiker Christian Jacobs Vorlesungen »Über Heimat, Geschichte, Literatur und Kunst der Hellenen« halten. Es war damals üblich, gesonderte Vorlesungen vor Prinzen und Standespersonen zu veranstalten, die dem Studentenalter schon entwachsen waren – Adam Heinrich Müllers »Elemente der Staatskunst« oder Friedrich Schlegels Vorlesungen »Über die neuere Geschichte« sind auf diese Weise entstanden – oder ihnen sonst mit Privatissima an die Hand zu gehen.
Was Ludwigs Verhältnis zur neueren Schönen Literatur betrifft, kann man sich den Juristen Kirschbaum, nach allem, was man von ihm weiß, kaum als aufmunternden Interpreten vorstellen. Bühnenaufführungen brachten dem Prinzen die Literatur wohl näher. Aus dem Pariser Halbjahr 1806 sind, allerdings ohne jede wertende Stellungnahme, Aufzeichnungen über seine Theaterbesuche erhalten, denen zufolge er beträchtliche Teile des klassischen französischen Repertoires kennengelernt hat. Für Gedichte war der Prinz schon früh empfänglich. Die Begeisterung für Schiller und die Verehrung für Goethe, beides vielleicht ein ganz selbständiger Akt, setzten wohl noch vor der Göttinger Zeit ein. Seine Gedichte bezeugen früh seinen Enthusiasmus für die großen Weimarer. Shakespeare hat er auf der Bühne kennengelernt.
Sambuga hätte den schon erwachsenen Kronprinzen noch gerne ausschließlich auf katholische Literatur festgelegt. Aber dieser war von der Klassik Weimars so überwältigt, daß sie Zeit seines Lebens seinen literarischen Geschmack bestimmte und den Vorrang vor allen anderen Richtungen behauptete. Daß er zur ersten Generation der vom Geist von Weimar Ergriffenen zählte und somit – mittelbar freilich, da es ihm ausschließlich um Literatur ging – an der Spitze derjenigen stand, die der idealistischen deutschen Bildungsreligion den Weg nach Bayern öffneten, dürfte Ludwig selbst als Angelegenheit öffentlichen Interesses noch kaum erfaßt haben. Gewiß hätten Schiller und Goethe Bayern auch ohne König Ludwig im 19. Jahrhundert erobert. Aber daß der Thronfolger sich auf die Seite Weimars schlug, hat die Integration Bayerns in die deutsche Bildungsnation auf jeden Fall vorangetrieben.
Der literarische Geschmack Ludwigs mochte sich mit sehr unterschiedlichen Gattungen befreunden, hinsichtlich der litera-

turgeschichtlichen Epochen bevorzugte er Autoren, die in seinen jüngeren Jahren gängig waren. Dies verdeutlichen seine Hochschätzung Jean Pauls, Graf August Platens und seine Vorliebe für den Lyriker Friedrich Matthisson, den Dichter der Freiheitskriege Theodor Körner, den Poeta doctus Friedrich Rückert. Später kamen Justinus Kerner und Joseph Christian Freiherr von Zedlitz, Dichter der »Totenkränze« und der »Nächtlichen Heerschau« hinzu. Mit dem »höfischen Biedermeier«[159], das ihm in München bei Eduard von Schenk und Michael Beer (Meyerbeers Bruder) begegnete, scheint er nicht unzufrieden gewesen zu sein. Dagegen hat er offenbar weder für die großen katholischen Romantiker wie Eichendorff und Clemens Brentano noch für die »nazarenische Literatur«[160] noch für das »geistliche Biedermeier«[161] besondere Sympathien entwickelt. Nur so viel über seinen Umgang mit der deutschen, zeitgenössischen Dichtung! Ein Abriß über sein Leben mit der Literatur gewinnt aber erst die rechten Konturen, wenn man seine Vertrautheit mit der ausländischen Weltliteratur von Cervantes und Goldoni über Boileau und Molière bis zu Byron und Manzoni würdigt.

Daß es Ludwig wagte, mit eigenen unzulänglichen Dichtungen an die Öffentlichkeit zu treten, stieß auch bei sehr wohlmeinenden Zeitgenossen auf Kritik. Wieviel er als Poet der feilenden Zuarbeit und Nachhilfe Eduard von Schenks verdankte, ist seit der Edition des Briefwechsels beider bekannt. Mit Recht hat man auf den Qualitätsabfall der Dichtungen des Königs nach Schenks Tod hingewiesen. Selbst wenn der vermeintliche Dichter als solcher sich weniger Blößen gegeben hätte, hätte er als König sich nicht auf das Glatteis literarischer Öffentlichkeit begeben dürfen. Es war unbesonnen, den Gegnern des Königtums auf solche Weise Angriffsflächen zu bieten. Nicht jeder äußerte sich über die Tatsache, daß Ludwig dichtete – schon während der Kronprinzenzeit hat er seine Poesie vor anderen nicht etwa ängstlich verwahrt – so verständnisvoll wie Bettina von Arnim[162]. Über den Inhalt der bei Cotta erschienenen Sammlungen haben die Zeitgenossen sehr verschieden geurteilt. Görres' ausführliche positive Rezension in der »Eos« ist längst vergessen, dagegen ist Heines Hohn in »Deutschland. Ein Wintermärchen« und in »Atta Troll« den literarisch Gebildeten bekannt, allerdings auch die sehr persönlichen Motive dieser Attacken. An weiteren, manchmal recht witzigen Parodien auch von anderer Seite hat es nicht gefehlt[163]. Ein unabhängiger, dem König wohlgesinnter, aber ihn gelegentlich mit scharfer Kritik nicht verschonender

Leser der Gedichte wie Sulpiz Boisserée notierte 1829: »Abends Gedichte des Königs – eine höchst merkwürdige, ja bedeutende Erscheinung – wahrhaft poetischer Sinn und Gemüt des Königs«[164]. Rumigny, französischer Gesandter am Münchner Hof, empfand das öffentliche Hervortreten des Poeten auf dem Throne, wie mancher andere, geradezu sensationell. Er meinte: »Il s' y est peint tout entier.« Man müsse anerkennen, »que ce n' est pas là un homme ordinaire«[165]. Biographisch und psychologisch erweisen sich Ludwigs Gedichte als ergiebige Quelle.

Es zählt zu den positiven Ergebnissen sozialgeschichtlicher Schulung der Geisteswissenschaften, daß die Germanistik unserer Tage sich nicht mehr darauf beschränkt, die Mängel der von Ludwig betriebenen Poesie aufzuspießen und den Kronprinzen und König als den literarischen Dilettanten, der er gewesen ist, zu registrieren, sondern auch die politisch-gesellschaftlichen Dimensionen königlichen Poetentums auslotet[166]. Abwegig wäre es freilich, in das Veröffentlichungsabenteuer Ludwigs die Absicht eines Tributs an das Prinzip der Publizität hineinzulegen. Welches andere Motiv als Selbstüberschätzung und Autoreneitelkeit sollte zur Publikation geführt haben? Der Innenminister Fürst Wallerstein behauptete im vertrauten Gespräch, der König sei nach der Herausgabe der Gedichte »wegen dem Mangel an Beifall« mißgestimmt gewesen[167].

Der etwa um das 17. Lebensjahr einsetzende eruptive Rezeptionsdrang Ludwigs trieb ihn mehr noch als der Literatur der Historie in die Arme. Im Gegensatz zu seiner Beschäftigung mit Literatur hat man jedoch seine Studien und Versuche auf geschichtlichem Gebiet bisher noch keiner speziellen Untersuchungen für wert gehalten, obwohl das Buch »Walhall-Genossen«, die dazugehörigen Vorarbeiten und weitere Anläufe, auch historisch Selbständiges zu leisten, vorliegen. Wiederholt kreisten Bemühungen, wahrscheinlich von Johannes von Müllers Aufsatz »De la gloire de Frédéric« angeregt, um eine Darstellung »Friederichs des Einzigen«[168]. Der Geschichtsunterricht Ludwigs war anhand des trockenen »Abrisses der Universalhistorie« Johann Christoph Gatterers und später, trotz des proösterreichischen Standpunkts, über die Lektüre von Michael Ignaz Schmidts »Geschichte der Deutschen« (1778) erfolgt.

Was Ludwig literarisch Goethe und Schiller bedeuteten, ist ihm in der Historie durch die (auch persönliche) Begegnung mit dem politisch umstrittenen Schweizer Johannes von Müller zuteil geworden: ein großes Bildungserlebnis[169]. Müller zählte zu den

Männern des Frühhistorismus, aber keineswegs zu den Zunftgenossen der philologisch-kritischen Geschichtsschreibung. Den jungen Prinzen haben der Schwung der erzählerischen Prosa Müllers, sein moralisches Pathos, die ungemein anschauliche Verbindung von universaler Spannweite und zeitgeschichtlicher Bezugnahme, die freiheitlich-vaterländische Rhetorik für den Historiker der Goethezeit eingenommen, den man während der ersten Hälfte des 19. Jahrhunderts fast allgemein für den bedeutendsten deutschen Geschichtsschreiber angesehen hat. Ludwig, der über den Schweizer Historiker auch den Zugang zum Mittelalter fand, hat Müller große Dankbarkeit und Verehrung bekundet: er ließ ihm ein Denkmal in Kassel errichten, erwarb sein Grabmal in Kassel und ließ es pflegen[170], er plante die Überführung der Gebeine des Geschichtsschreibers auf bayerischen Boden. Die Auszüge aus ungedruckten Briefen Müllers, die ihm von der Tann übermittelte, nahm er als Kostbarkeit in Empfang.

Die Zahl der Geschichtswerke, die Ludwig – offensichtlich gründlich – gelesen hat, ist beträchtlich. Unter ihnen befinden sich die wichtigsten antiken Autoren, von den führenden Ausländern des 18. Jahrhunderts Gibbon und von deutschen Geschichtsschreibern Möser, Zschokke, Luden, Ranke. Um Rankes »Römische Päpste« lesen zu können, hat Ludwig als Monarch Dispens vom Erzbischof von München-Freising eingeholt[171]. Luden, den Müller-Schüler, dessen Konzeption einer Geschichte des deutschen Volkes Ludwig ungemein zusagte, hat er gefördert[172]. Der Briefwechsel zwischen dem Monarchen und dem Jenaer Historiker und Publizisten ist jedoch für die Wissenschaftsgeschichte des Faches Geschichte nicht sonderlich ergiebig. Auf sein Geschichtswissen tat sich Ludwig einiges zugute. Er hat später auch politische Entscheidungen, beispielsweise die Nichtzulassung der Jesuiten in Bayern, unter Berufung auf seine Geschichtskenntnis begründet.

Fragt man sich nach dem Geschichtsbild des Wittelsbachers, mag man sich in erster Linie an seine jahrzehntelangen Bemühungen um die rechte Auswahl der Büsten für die Walhalla, aber auch an seine Anordnungen hinsichtlich der Historiengemälde in der Münchner Residenz und unter den Münchner Hofgartenarkaden halten. Seiner fürstlichen Stellung angemessen, ergriff ihn dynastische und persönlichkeitsorientierte »Heldengeschichte«, seine zeitgenössisch-nationale Gesinnung führte ihn zu den Schicksalen der Völker. Johannes von Müller hatte über den »Untergang der Freiheit der alten Völker« geschrieben, und

Friedrich von Schiller hatte das »Ringen um Freiheit und Herrschaft« als »der Menschheit große Gegenstände« gerühmt. Der Verlust der germanischen oder deutschen Unabhängigkeit, der Kampf gegen Unterdrückung, deutsche Größe und deutscher Ruhm bildeten in diesem Sinne bevorzugte Themen des königlichen Geschichtsliebhabers. Aus kirchlichen, aber noch mehr nationalen Gründen sah er die Reformation ohne Zweifel für ein Unglück an. Daß die deutsche Geschichtswissenschaft ganz überwiegend von Protestanten betrieben wurde, konnte Ludwig nicht entgehen. Er sehnte sich nach einer deutsch-katholischen, dem österreichischen und bayerischen Bereich verständnisvoller zugewandten Historiographie.

Daß Joseph von Görres dieser Aufgabe nicht gewachsen war, hat Ludwig sicher erfaßt, wenn er auch, für seine Person noch in vorwissenschaftlicher Geschichtsbetrachtung aufgehend, die fachlichen Mängel des rheinischen Publizisten nicht als die gravierendsten empfunden hat. Ludwigs historiographische Hoffnung war der Mann, den er den »größten deutschen katholischen Geschichtsschreiber« nannte und in dem er sich so gründlich täuschte: Joseph Freiherr von Hormayr[173]. Hormayr wußte über Geschichte viel, aber, weit mehr ein journalistisches als ein wissenschaftliches Talent, entzog er sich den ihm gestellten geschichtsschreiberischen Aufgaben. Wäre er später auf die Welt gekommen, er hätte alle Voraussetzungen für eine seiner Begabung gemäße Karriere als Propagandist, Pressechef oder Informationsmanager erfüllt. Was man zu seiner Zeit von einem wissenschaftlichen Historiker bereits erwartete, hätte er zwar methodisch und technisch bewältigen können, aber es fehlte ihm, der mit seinen Kenntnissen bedenkenlos manipulierte und sich auch als Fälscher betätigte[174], schlechterdings alles, was das Ethos des Gelehrten ausmacht. Es lag nicht nur an dem, daß Ludwig I. die moralischen Defekte dieses Mannes zunächst nicht erkannte und später noch lange über sie hinwegsah! Wenn er von dem skrupellosen Schmeichler und Intriganten eingenebelt werden konnte, so auch deswegen, weil Hormayr wie kein Zweiter begriff, worauf es Ludwig in historisch-politischer Hinsicht ankam. Er wünschte sich eine monumentale Geschichtsschreibung und erträumte sich einen Johannes von Müller redivivus, der *die* große Historie des neuen Königreichs Bayern schwungvoll in Szene setzen würde. Und noch eine andere Hoffnung bewegte ihn: der Mann, der sich als antibonapartistischer Widerstandskämpfer in Tirol bewährt hatte, der dem nationalen Gedanken aus der österreichisch-bayerischen Perspektive huldigte, der (im soziokulturellen Sinn) katholisch, aber heftig antijesuitisch eingestellt war, sollte die ideologisch-kulturpolitische Synthese auf dem Weg über die Historiographie zuwege bringen, nach der es Ludwig verlangte und die systematisch zu formulieren nicht des Königs Sache war. Bei aller Hochachtung, die er einem Luden, einem Friedrich von Raumer, einem Ranke entgegenbrachte – ganz zu befriedigen vermochten sie den Katholiken und Süddeutschen Ludwig nicht.

Ludwig war als Kronprinz Hormayr in Wien begegnet[175]. In voller Übereinstimmung sprach man über Verfassungen und Nationalrepräsentation. Hormayr charakterisierte nach dem Sturz Montgelas' dessen System als »Unglaube, Illuminatism« und »verfeinerten Sansculotism«. Er trat für Annäherung zwischen Österreich und Bayern ganz im Sinne des Kronprinzen ein[176] und verschoß seine Pfeile gegen den Anti-Austriazismus von Aretin und Genossen. Hormayr tat das Äußerste, um Ludwigs Walhalla-Pläne zu fördern und ihn bei seiner Suche nach historischen Persönlichkeiten zu unterstützen, die dort verewigt werden sollten. Der Mann, dem »sogenannte Weltbürgerlichkeit ... von jeher ein Greuel« gewesen war[177], entfaltete Anfang 1825 vor Ludwig ein historiographisches Programm »in dreifacher Richtung«, das mit psychologischem Scharfsinn dem Thronfolger in seiner damaligen Mentalität auf den Leib geschrieben war und von diesem schlechterdings als Formel alles dessen aufgenommen werden mußte, was ihm – unklar – vorschwebte: »die Nemesis oder Religiosität der Geschichte, die uns überall auf Mäßigung und Ordnung zurückführt, die Nationalität als Gegengift des Indifferentism und Kosmopolitism und Bindemittel zwischen Dynastie und Volk, endlich die verständige Vermittlung der Historie mit redender und bildender Kunst, in Lied und Gemälde, im Standbild und auf der Bühne, als wodurch die Geschichte erst in Leben übergeht, fromme und treue Begeisterung weckt und ein werdendes Samenkorn echt vaterländischer Gesinnungen und ruhmwürdiger Taten und Opfer wird«[178]. Kein Zeitgenosse verstand es auf eine Ludwig unmittelbar zugängliche und überzeugende Weise dessen Verhältnis zur Bildungswelt so zu interpretieren wie Hormayr. Man glaubt bereits den Text des Deutschlandliedes von Hoffmann von Fallersleben vorweggenommen, wenn man bei Hormayr 1821 liest: »Der Augenblick Ihrer Thronbesteigung wird einst vom Eisack bis zum Belt, wo deutsche Zunge tönt, als eine heilige Feier in die Herzen dringen ...«[179].

Wie die »Bestückung« der Walhalla beweist, gingen in Ludwigs Geschichtsbild die Begriffe deutsch und germanisch wie bei vielen seiner Zeitgenossen ineinander über. Bis zu entlegenen Gestalten wie Hengist und Horsa und den Königen Egbert und Alfred griff er zurück, um die Schar der Walhallgenossen zu formieren. Aus späteren Zeiten hat er Schweizer, Baltendeutsche und Niederländer in die Walhalla aufgenommen. Auf die politische Aktualität übertragen, ergab sich aus Ludwigs Geschichtsbild ein eindeutiges Bekenntnis zu großdeutschen Lösungen, nicht jedoch zu pangermanischen Träumereien, wie sie das 19. Jahrhundert ebenfalls hervorbrachte. In seiner Antipathie gegen Frankreich konnte er sich zu sehr aggressiven Formulierungen veranlaßt sehen, nie hat er jedoch Germanität gegen Romanität ausgespielt. Im Gegenteil! Er lebte und webte in einer deutsch-italienischen Kultursynthese, und in Overbecks Bild »Italia und Germania«, das in seinen Besitz überging, mochte er symbolisiert finden, was ihn als Kulturideal bewegte.

Kunst, nicht Wissenschaft, »redende und bildende Kunst«, um mit Hormayr zu sprechen, hatte Gemüt und Phantasie des Kronprinzen gefangengenommen. Am Ende dieses Buches soll versucht werden, die mäzenatische Leistung Ludwigs I. im Rahmen einer politischen Biographie zu würdigen. Im folgenden ist also nur vom Bildungshorizont der Kronprinzenzeit die Rede. Der Erb- und Kurprinz war in den Schlössern, in denen er sich seit seiner Kindheit aufhielt, mit Kunstwerken der verschiedensten Qualität aufgewachsen. Er hatte in jungen Jahren die Schatzkammer der Münchner Residenz, Galerien, Kupferstichsammlungen und Ausstellungen[180], er hatte das Städelsche Institut in Frankfurt/Main kennengelernt[181], das eine und andere Atelier besucht. Für Münzen und Antiken hat er sich früh interessiert[182]. Kunstgeschichte und Altertumskunde sagten ihm zu. Die Voraussetzungen für Begegnungen mit Kunst waren also günstig, doch vor der Italienreise 1804/05 fehlen Anzeichen eines nachhaltigeren Erlebnisses. Erst der Aufenthalt im Süden führte zum Ausbruch einer Kunstbegeisterung, die ihn sein Leben lang nicht mehr losgelassen hat. Was er in italienischen Kunstsammlungen zu sehen bekam, überwältigte ihn. Den Schwerpunkt bildeten Werke der Bildhauerei. Persönlich lernte er die zeitgenössischen Meister des Klassizismus, Canova und Thorwaldsen, kennen, die seinen Enthusiasmus entfachten. Bald wandte sich sein Interesse auch den Antiken zu, ein Gebiet, auf dem er es zur hohen Kennerschaft brachte. Wenn die Münchner Glyptothek zur

Lebenszeit Ludwigs von Fälschungen verschont blieb, verdankte sie dies nicht zuletzt dessen Qualitätssinn[183]. Ludwig hatte das große Glück, 1808 in dem damals schon mit vierjährigen römischen Erfahrungen ausgestatteten Würzburger Bildhauer Johann Martin Wagner einen hervorragenden Berater und überaus findigen Kunstagenten zu gewinnen[184]. Neben Wagner dienten dem Thronfolger noch andere Experten und Agenten. Daß Ludwig unter den auch in geschäftlichen Fragen erfahrenen Kunstkennern Talente an sich zu binden verstand, war nicht nur Glück, sondern auch sein Verdienst und eine seiner Gaben. Nur kurz dauerte die ergebnisreiche Verbindung zwischen dem Kronprinzen und dem schon 1817 verstorbenen Nürnberger Archäologen, Architekten und Griechenlandreisenden Carl Haller von Hallerstein[185]. Auf die Entdeckung Hallers und die Bemühungen Wagners geht die Erwerbung der Äginetengruppe durch den Kronprinzen zurück. Von den zahlreichen Erwerbungen des Kronprinzen bildet die des Barberinischen Fauns eines der spannendsten Kapitel in der Geschichte fürstlicher Sammlerleidenschaft[186].

Der Maler und spätere Zentralgaleriedirektor Johann Georg von Dillis hat mit gediegenem Kunstverstand nachgeholfen, den Geschmack und die ästhetische Intelligenz des Prinzen auch auf dem Gebiet der Malerei zu entwickeln, und ihm bei seinen Erwerbungen unschätzbare Dienste geleistet. Seine Bilderkäufe tätigte Ludwig anfangs hauptsächlich aus dem Bereich der italienischen Renaissance. Fehlgriffe, wie sie jedem Anfänger unterlaufen, blieben auch ihm nicht erspart; aber bald wuchsen Sicherheit und Entschiedenheit. Die von Angelika Kauffmann hergestellte Verbindung mit in Rom lebenden deutschen Künstlern hat Ludwig auf seiner zweiten Italienreise 1817/18 noch erheblich ausgebaut. Das Abschiedsfest, das die deutschen Künstler dem nach Bayern zurückgerufenen Thronfolger 1818 in der Villa Schultheiß gaben, gewann den Rang eines kulturgeschichtlichen Ereignisses[187]. Im Umgang mit den deutschen Malern zu Rom hatte sich das Spektrum seines Kunstsinns erweitert. Der Kronprinz fand den Weg zum Mittelalter, insbesondere zu den »altdeutschen« Meistern und gleichzeitig zu der Kunstübung ihrer Anhänger in Rom, der Nazarener, und zwar für sein ganzes Leben. Was in der ästhetischen Biographie des Kronprinzen auf dem Gebiet der Bildhauerei die Begegnung mit Canova und Thorwaldsen, bedeutete in der Malerei die Bekanntschaft mit Peter von Cornelius, dessen monumentale Historiengemälde

Ludwig anfänglich als Höhepunkt zeitgenössischen deutschen Kunstschaffens erschienen. Auch ein Barthold Georg Niebuhr hat in Cornelius den Goethe der Malerei gesehen, und es verdroß den damaligen preußischen Gesandten am Heiligen Stuhl nicht wenig, daß es Ludwig gelang, den gefeierten Mann auf längere Zeit Preußen abspenstig zu machen und nach München zu holen.[188]. Auch andere römische Künstlerbekanntschaften des Kronprinzen wirkten nach Ludwigs Regierungsantritt in München, an der Spitze Julius Schnorr von Carolsfeld, Repräsentant des von Ludwig nachdrücklich protegierten romantischen Historismus.

Gab es zu Beginn des 19. Jahrhunderts, um den Kronprinzen auch in den Bann der Baukunst zu schlagen, eine Alternative zum Klassizismus? Wenn Ludwig in jungen Jahren Triest die schönste ihm bekannte *moderne* Stadt nannte[189], so läßt sich daraus über seinen architektonischen Geschmack wie seine Auffassung von Stadtanlagen einiges entnehmen. Paris und seine Bauten haben großen Eindruck auf ihn gemacht. Nach dem Sturz Napoleons hat er sich so weit überwunden, ihm als Bauherrn höchsten Respekt zu bezeugen. Klenze nennt in einer seiner Aufzeichnungen den klassizistischen Architekten Karl von Fischer Ludwigs »erste architektonische Liebschaft«[190]. Haller von Hallerstein lieferte großartige Entwürfe, vor allem für den Bau der Walhalla, kam jedoch nie in die Lage, sein Talent in der Praxis zu erproben. Klenze, prinzipiell ein Bekenner der absoluten und alleinseligmachenden Offenbarung architektonischer Kunst in der griechischen Klassik, als Praktiker jedoch – gewiß mit Übergewicht des Klassizismus – dem historischen Pluralismus zugetan, trat dem Kronprinzen während des zweiten Pariser Aufenthalts näher und verstand es, Fischer aus der Gunst des Thronfolgers zu verdrängen. Für den ersten Bau, den der Kronprinz in München errichtete, die Glyptothek, hatten Fischer und Klenze Entwürfe eingereicht. Durch die Bevorzugung Klenzes entschied sich die Rivalität der beiden Architekten. Auf die Dauer blieb das Verhältnis Klenzes zu Ludwig I. nicht ungetrübt. Ein Rivale erwuchs Klenze schon während Ludwigs Kronprinzenzeit in Friedrich von Gärtner[191], seit 1819 als Professor an der Akademie und als Oberbaurat Nachfolger Fischers, ein Baumeister, der später im Gegenzug zu dem bis dahin herrschenden Architekturtrend das Münchner Terrain durch einen italianisierenden Rundbogenstil bereicherte. Schon als Kronprinz hatte sich Ludwig vom Klassizisten zum Protektor des Architekturhistorismus gewandelt.

»Kunstliebend« oder »kunstbegeistert« lauteten die beständigen Epitheta ornantia des Kronprinzen[192]. Als Kunstkenner, als Mäzen, als Käufer und Sammler hatte er sich längst vor seiner Thronbesteigung einen Namen gemacht; die Summen, die der sonst übersparsame Thronerbe für Kunstkäufe ausgab, waren sehr hoch[193]. Dazu kam sein Wirken als Kunstpolitiker, sei es, daß er Talente für Bayern zu gewinnen suchte, daß er die Rückgabe von den Franzosen nach Paris entführter Kunstwerke an ihre ursprünglichen Eigentümer betrieb und zum Teil erreichte[194], sei es, daß er durch Begünstigung oder Zurücksetzung einzelner Persönlichkeiten Richtungen förderte oder schädigte. Max I. Joseph, dem große Ambitionen in der Welt der Kunst fremd geblieben sind, hat seinem Erstgeborenen weitgehenden Einfluß auf diesem Gebiet eingeräumt.

Ohne jede Übertreibung darf man den Kronprinzen einen der gebildetsten Fürsten seiner Zeit nennen. Aber wie suchte er sich in der gemeinhin als Übergang von der Aufklärung zur Romantik oder, auf die späte Romantik bezogen, als »Biedermeier« beschriebenen Bildungslandschaft einzurichten und zwischen rivalisierenden Strömungen zu behaupten? Platen suchte Ludwig in einer Ode auf seine Thronbesteigung noch ausschließlich für den Klassizismus in Anspruch zu nehmen: »Und nicht vergeblich sogst Du mit Emsigkeit / das tiefste Mark altgriechischer Bildung ein / wofür als für's Vollkommene, schlüge / solch ein erhabenes Herz wie Deines?«[195] Der in Bildungsfragen bei Ludwig einflußreiche, auf streng katholischem Standpunkt stehende Mediziner Ringseis berichtet, wie der Thronfolger, »obwohl christlich und national gesinnt ... doch in schöngeistiger Beziehung eine vorwiegend hellenisierende Bildung erhalten« habe[196]. Ähnlich habe es mit Seinsheim und Dillis gestanden. Desgleichen habe Martin Wagner, »unser bayerischer Kunstkommissar ... aus Paris die neueste französisch-antikisierende Bildung nach Rom mitgebracht«; er habe sich nicht genug über die »sogenannte Christen- und Deutschtümelei« ärgern können. In Rom sei jedoch bei Ludwig eine Wende eingetreten. Und mit Genugtuung vermerkte Ringseis, wie Klenze, »eingefleischter Hellenist«, Anlaß gehabt habe, sich über eine »ihm ganz unerwartete Wendung« des Kronprinzen zugunsten des Mittelalters zu empören. Kein Wunder, daß Ringseis mit seiner Neigung zum Mittelalter wie zur vaterländisch-christlichen Vergangenheit diesen Männern als böser Geist des Kronprinzen galt. Der temperamentvolle Arzt hat ohne Zweifel in, wie er selbst sagt, »eifriger

Verfechtung« seines »Kunstglaubens« an der »Bekehrung« des Kronprinzen gearbeitet, stand aber auf der Italienfahrt 1817/18 in dieser Hinsicht zunächst allein. Seine Ausführungen wären Theorie geblieben, hätte der Kronprinz nicht auf Sizilien die byzantinische Kunst, vor allem beim Besuch der Capella Palatina in Palermo, »entdeckt« und dann, in einer zweiten Phase, sich zu Rom von dem Schaffen der nazarenischen, christlich-deutschen Malerschule ergreifen lassen: »Als nun in Rom ein Cornelius, ein Overbeck, ein Veit und so viele andere hochbedeutende Männer ihren Geist und ihren Gesinnungsernst in die Waagschale warfen, da war es ein leichtes, den Kronprinzen zu gewinnen, nicht zum *Aufgeben* der bisherigen Ideale, aber zur *Erweiterung* des noch *einseitig* Aufgefaßten und Ausgebildeten.«

Die Bemerkung erscheint nicht überflüssig, daß man zum Zeitpunkt der Reise die altdeutsch-nazarenische Richtung keineswegs als identisch mit Restauration und Reaktion angesehen hat. Im Gegenteil: in Österreich und anderswo galt damals Klassizismus als offiziell und konservativ, »altdeutsch« zu malen hingegen als verdächtig[197]. Was sich, vordergründig gesehen, nur als ein Richtungskampf auf dem Gebiet der Kunst abspielte, ist auf die gesamte deutsche Bildungsszene und die Kulturideologie dieser Jahre zu übertragen: Rivalität einer antikisch-humanistischen mit einer patriotisch-romantischen, christlich-historischen »Partei«. Kein Zufall, daß es in der Umgebung des Kronprinzen alsbald zu Reibungen zwischen dem aus ideologischen Gründen altdeutsch gewandeteten Dichter Friedrich Rückert und Klenze kam, der die »Geharnischten Sonette« des schwäbischen Poeten grenzenlos komisch fand. Ringseis hat die geistesgeschichtliche Bedeutung der Auseinandersetzungen um den Kronprinzen so hoch eingeschätzt, daß er sie, allerdings seinen Standpunkt hervorkehrend, in einem ausführlichen Aufsatz dem deutschen Publikum mitgeteilt hat[198]. Er hätte Ludwig gerne zum uneingeschränkten Konvertiten für seine Sache gemacht. Aber abgesehen davon, daß dieser nicht verbrennen wollte, was er gestern noch angebetet hatte, hielt er auf seine Unabhängigkeit und suchte eher zwischen »Nazarenern« und »Capitolinern«, zwischen »Hellenisten« und »Nürrenbergern« zu vermitteln[199]. In späteren Jahren bemühte sich Ludwig auf anderem Feld um eine Versöhnung zwischen Klenze und Gärtner.

Optimisten, deren es im Lager der kulturphilosophischen Denker und Publizisten nicht wenige gab, sahen in dem »Sowohl-als-auch« des Kronprinzen die Bürgschaft für eine kommende großartige Synthese, sei es daß Hormayr von einer künftigen Vereinigung von Religion, Geschichte und Kunst schwadronierte[200], sei es, daß Ringseis die »schöne Zeit zu nahen« schien, »wo Kunst, Kirche und Staat sich wieder erkennen« und er die »Morgenröte eines kommenden Kunstzeitalters in Deutschland« erblickte[201]. Zu solchen Synthesen, einer der meist erhofften Utopien des 19. Jahrhunderts, ist es nie gekommen. Es blieb beim Pluralismus und einem zentrifugalen Prozeß, und schon vom Kronprinzen wie vom König Ludwig ist zu sagen, daß er an diesem bildungs- und kulturgeschichtlichen Vorgang teilgenommen und anscheinend nie an ihm gelitten hat. Mit einer Synthese, an der sich Gestalten von höherem intellektuellen Rang im 19. Jahrhundert vergeblich versucht haben, wäre er überfordert gewesen. Er hat es gar nicht darauf angelegt. Überaus aufnahmefähig, neugierig und von unersättlichem Erlebnishunger umgetrieben, eilte er, vergleichbar seinem weit ausgreifenden Kult erlesener Frauenschönheit, auch im Kosmos der literarischen, historischen und ästhetischen Bildung von einer ihn erhebenden und Glück verheißenden Begegnung zur anderen. Bei aller Neigung zur Schwärmerei war Ludwig als Kronprinz und später überdies zu nüchtern, um die Welt der Kunst zur Kunstreligion zu sublimieren.

Seine politische und gesellschaftliche Stellung nötigte Ludwig nicht zur fachlichen Verengung, zum Gelehrtentum. Als Kronprinz und als König durfte er sich Dilettantismus im positiven, im besten Sinn des Wortes mit überaus produktiven Irrtümern erlauben, einen Dilettantismus, der ihm ein Kunstkönigtum von einer im 19. Jahrhundert von keinem anderen Monarchen übertroffenen Kreativität ermöglichte. Im Umgang mit Künstlern und Männern der Bildung – sein Vater hatte solchen Verkehr nie gesucht – wird schon beim Kronprinzen einer der Züge offenbar, der die höchst eigenwillige Herrschernatur charakterisiert. Im Gegensatz zu dem unaufhörlich auf seine Belehrung bedachten und die praktische Nutzbarkeit der Gelehrsamkeit überschätzenden Sohn Maximilian, der hoffen mochte, nach gründlichem Studium entgegengesetzter Expertisen schließlich den richtigen Mittelweg ausfindig zu machen, wußte Ludwig von vornherein, was er wollte, und nur für bestimmte, fest umrissene Zwecke wie die Ausstattung der Walhalla oder später die bayerische Geschichtspflege einschließlich der Einrichtung der Ruhmeshalle oder die Reform des Unterrichtswesens wünschte er Rat und Unterweisung durch die Fachleute. Auf herrische Weise entschied er, wie von dem Wissen und den Standpunkten der Gutachter Gebrauch zu machen sei. Bestätigungen dessen, was er ohnehin im Sinne hatte, vernahm er sehr viel lieber als Kritik an seinen Vorhaben.

VI.
VASALL UND FRONDEUR
1. Vor der Begegnung mit Napoleon

Von allen Kapiteln der politischen Biographie Ludwigs I. ist keines so ausführlich erörtert und dokumentiert wie das seiner Beziehungen zu Napoleon. Von Karl Theodor von Heigel über Michael Doeberl zu Götz Freiherr von Pölnitz, Max Spindler und Adalbert Prinz von Bayern haben die bayerischen Historiker sich um diesen Abschnitt aus einem auch später noch sehr bewegten Leben die größte Mühe gegeben. Der dramatische Gehalt der Periode verlockte zur Darstellung, aber der hauptsächliche Grund für die intensive Beschäftigung mit dem Kronprinzen als frondierendem Vasallen dürfte bis tief in unser Jahrhundert hinein in einem anderen Sachverhalt zu suchen sein. Der starke Einfluß der deutsch-nationalen Tendenz, dem sich auch ausgesprochen staatspatriotisch-bayerische Historiker des 19./20. Jahrhunderts nicht entzogen, ließ sie die Entstehung des bayerischen Königreichs als einer napoleonisch-rheinbündischen Gründung wie eine Verlegenheit empfinden. Heute sieht man den Stellenwert des Ereignisses anders, und man macht weder König Max Joseph noch Montgelas einen Vorwurf daraus, daß sie eine einmalige, wenn auch riskante Gelegenheit wahrgenommen haben. Frühere Geschichtsschreiber sahen jedoch, auch wenn sie die Chance der Bildung eines Mittelstaates und das Fehlen einer Alternative zu den Entscheidungen von damals voll zu würdigen wußten, sich zu einer gewissen Apologetik gegenüber denjenigen veranlaßt, die eine Krone aus den Händen des französischen Imperators als nationalen Makel betrachteten. Apologetischen Bedürfnissen kam nun wie ein deus ex machina der deutschgesinnte Kronprinz zur Hilfe. Vor dem dunklen Hintergrund einer Nation in ihrer »tiefsten Erniedrigung« ließ man die Gestalt Ludwigs erstrahlen, die deutschen Nationalstolz und bayerisches Staatsbewußtsein in sich vereinte. Als 1871 ein vorläufiger Ausgleich zwischen Einzelstaaten und kleindeutschem Nationalstaat erfolgte, hat nicht nur die nationalliberale, sondern auch eine rechts von ihr stehende konservative Landesgeschichtsschreibung den deutschen Charakter der Politik Ludwigs I. seit seiner Kronprinzenzeit mit Nachdruck hervorgehoben. Nur so viel zur wissenschaftsgeschichtlichen Seite des Themas[202]! Unabhängig von den Motiven der Historiker bleibt ihr Verdienst einer gründlichen Aufarbeitung des Gegenstandes.

Bevor Ludwig dem Kaiser der Franzosen begegnete und so unmittelbar mit einem militärisch-politischen Phänomen zu tun bekam, hatte er schon zweimal – allerdings auf völlig passive Weise – eine politische Rolle gespielt. Das erstemal, als man den 15jährigen anläßlich des Vertrags von Gatschina 1801 mit der Großfürstin Katharina verlobte. Er hat offensichtlich sofort begriffen, welcher dynastische Glanz durch die Verbindung mit einer Kaisertochter auf das kurfürstliche Haus der Wittelsbacher fallen konnte, und er dürfte auch schon reif genug gewesen sein zu erfassen, was Bayern, wechselnd den übermächtigen Österreichern oder Franzosen ausgeliefert, durch Rückhalt an der östlichen Großmacht[203] politisch allenfalls zu erhoffen hatte. Eine Familienallianz mit dem Hause Romanow wäre der Dynastie und dem Staate Bayern im Laufe des 19. Jahrhunderts vielleicht mehrmals zugute gekommen. Ludwig hat als Kronprinz, solange es nur ging, an dem Verlöbnis von Gatschina festgehalten. Zu Gesicht hat er die von anderen für ihn Auserwählte, die als Königin von Württemberg schon 1819 starb, vor dem Wiener Kongreß nicht bekommen.

Das zweite Mal dekretierte man ihm politische Bedeutung zu, als Vater Max Joseph den 17½jährigen vorzeitig volljährig erklären ließ. Für den Fall des Todes Max Josephs hätte man ihm damit eine Thronbesteigung ohne vorhergehende vormundschaftliche Regentschaft ermöglicht. Des Kurfürsten Beweggründe lagen gewiß nicht darin, daß er seinen Erstgeborenen als besonders reif und schon regierungsfähig angesehen hätte. Vielmehr befand sich Max Joseph damals in keiner guten gesundheitlichen Verfassung. Er trug sich mit Todesgedanken. Nun war die Frage einer Vormundschaft zwar schon durch den Ansbacher Hausvertrag geregelt, und zwar in der Weise, daß der Kurfürst seiner Frau, deren politischen Gesinnungen man nicht ohne Grund mißtraute, die Zügel zugunsten des Haupts der Linie Birkenfeld-Gelnhausen, Herzog Wilhelm, aus den Händen nahm. Inzwischen hatte sich jedoch Max Joseph mit seinem Schwager überworfen, und er suchte daher die Möglichkeit einer vormundschaftlichen Regierung durch diesen wieder zu beseitigen. Herzog Wilhelm hätte einen gemäßigteren Kurs der Reformpolitik Montgelas', die er im Prinzip billigte, gewünscht und sah sich daraufhin durch den Minister politisch an die Wand gedrückt[204]. Das Zerwürfnis mit Max Joseph rührte aber viel weniger daher als von Ansprüchen Herzog Wilhelms auf eine Paragialherrschaft innerhalb der wittelsbachischen Besitzungen, die man ihm schließlich 1804/05 zugestand. Unter bayerischer Oberhoheit übernahm er damals die Regierung der rechtsrheinischen Teile des Herzogtums Berg mit Sitz in Düsseldorf[205]. Max Joseph wandte sich – auch als Kurfürst war der Landesherr Bayerns kein Souverän, sondern ein deutscher Reichsfürst und hatte daher noch am Vorabend des Erlöschens des Heiligen Reiches in gewissen politischen Fragen die Einwilligung des Kaisers einzuholen – an den Wiener Hof und erreichte die Erlaubnis, seinen Ältesten vorzeitig volljährig erklären zu lassen. Die Nachfolge Ludwigs trat erst nach mehr als 20 Jahren ein, aber der vorzeitig mündig erklärte Kurprinz hatte seitdem immerhin seine Unterschrift unter familienrechtliche Bestimmungen des Kurhauses zu setzen.

Gerüchte, die der Rechtslehrer und Rechtsschöpfer Anselm Feuerbach über den Kurprinzen notierte und seinem (Feuerbachs) Vater mitteilte, lassen darauf schließen, daß der Kurprinz auch anderen als den offiziellen Einflüssen ausgesetzt war. Manche wollten wissen, er stehe an der Spitze einer »verfolgenden Obskurantenpartei«[206]. Wir begnügen uns hier mit dem Hinweis, daß der Thronfolger schon vor 1805/06 über ein unabänderliches Feindbild verfügte: die französische Nation. Max Joseph haßte zwar die Jakobiner, aber Frankreich und die Franzosen liebte er. Anders die Mutter, Auguste Wilhelmine; sie identifizierte mehr oder minder die Franzosen mit den Jakobinern, und in diesen sah sie eine Mörderbande, die die mit dem Zweibrücker Herzogspaar eng befreundete Königsfamilie umgebracht, das Haus Zweibrücken von seinem angestammten Besitztum vertrieben und seine unstete Flüchtlingsexistenz verschuldet hatte. Daß die Stiefmutter Ludwigs ebenfalls kaiserlich und antifranzösisch gesinnt war, wissen wir, doch sind von ihr kaum nennenswerte Einwirkungen auf Ludwig ausgegangen. Die Nachrichten über die Zerstörung der pfalzgräflichen Schlösser im linksrheinischen Land, die Bombardierungen Mannheims, das erzwungene Exil – all dies prägte sich dem lebhaften Gemüt Ludwigs unauslöschlich ein. Seine Gedichte, soweit sie Kindheitserinnerungen galten, verfehlten nicht, die Schrecken der Französischen Revolution und ihres militärischen Ausgreifens zu beschwören. Von dem 12jährigen hat Sambuga temperamentvolle Äußerungen gegen die Franzosen und den wiederholten Wunsch aufgezeichnet, es möge durch einen neuen Krieg das linke Rheinufer zurückgewonnen werden[207]. Der Priester suchte den Prinzen zu mäßigen und wies ihn darauf hin, daß nur ein gerechter Krieg erlaubt sein könne. Aber es wird Ludwig kaum entgangen sein, daß auch sein Erzieher die Franzosen für ein Volk hielt, das sich durch die Revolution vor Gott und der Geschichte schuldig gemacht habe. Aus der Göttinger Studienzeit ist uns eine Stilübung des Kurprinzen erhalten, die als Stellungnahme eines hannöverschen Ministers angesichts der drohenden Besetzung des welfischen Kurstaats durch die Franzosen abgefaßt war. Sie glüht von Haß gegen Frankreich[208]. »Emporkömmling« nannte der in Venedig befindliche Kurprinz Napoleon, als die Nachricht von dessen Krönung zu Paris eintraf, und es empörte Ludwig nicht wenig, daß Bonaparte bei dieser Gelegeneit dem Papst die Krone aus der Hand nahm und sich und seiner Gemahlin aufsetzte. Die Frage, ob sich Ludwig von den nach Landshut und München berufenen auswärtigen Gelehrten, deren patriotische Gesinnung bekannt war[209], politisch inspirieren ließ, ist wohl zu verneinen. Die Berührungen mit ihnen waren vor 1806 spärlich; auch dürften sich diese Männer im Gespräch mit Ludwig vorsichtig verhalten haben. Angesichts der sehr persönlichen Motive, die den Franzosenhaß des Prinzen nährten, bedurfte es kaum einer professoralen Bestärkung seiner Gesinnung. Das Fluidum des Zeitgeistes, für das junge Männer ein Sensorium besitzen, verbreitete sich ohne wesentliches Zutun der Gelehrten. »Das Nationale« lag für die Angehörigen der Generation Ludwigs »in der Luft«[210]. Viele der mit Ludwig etwa Gleichaltrigen, darunter ehemalige Studierende von Landshut, wie der Mediziner Ringseis oder der später vom Kronprinzen geförderte[211] Philologe Johann Andreas Schmeller, dachten und fühlten wie der Thronerbe. Von einer Anzahl deutscher Prinzen der napoleonischen Zeit wird die gleiche antifranzösische Gesinnung berichtet[212]. Kurfürst Ferdinand von Salzburg, bei dem Ludwig auf der ersten Italienreise einige Zeit verbrachte, urteilte über den 17jährigen: »Er ist ganz offenherzig und, wie mir scheint, nicht mit den jetzigen Gesinnungen seines Hofes einverstanden«[213].

Für den Franzosenfeind Ludwig, dem schon als Heranwachsendem klar war, daß man vom Reich als solchem keine Hilfe erwarten könne, schien es nur eine Alternative zu geben: das Haus Österreich. So stand es um die politische Gesinnung des Kurprinzen, als Max Joseph und seine Staatsmänner – schwer genug – den Entschluß faßten, sich auf die Seite Frankreichs zu schlagen. In welch unterschiedlicher Beleuchtung Kurfürst und Kurprinz diesen Schritt sahen, wird aus dem Briefwechsel beider vom September/Oktober 1805 ersichtlich[214].

2. Staats- und Familienallianz mit Bonaparte

Als König war Max Joseph in den Kreis der Souveräne eingetreten, aber seine tatsächliche Bewegungsfreiheit hatte sich gegenüber früher erheblich vermindert. Als Kurfürst sah er sich 1804/05 von zwei Kaisern umworben, und er besaß die Möglichkeit der Wahl. Ohne Zweifel wählte er richtig, aber das Würzburger Bündnis mit dem Korsen legte ihn und seine Politik auf lange Jahre fest, ja es fesselte ihn.

Die Anwesenheit Napoleons im Dezember 1805/Januar 1806 in München machte deutlich, auf wen die Schöpfung einer bayerischen Königswürde zurückging und von wem sie abhing. Der Besuch des Kaisers in der bayerischen Landeshauptstadt bedeutete weit mehr als einen Akt der Courtoisie, vollzogen von einem Verbündeten. Es ging um die Grundlegung eines neuen politisch-militärischen Systems unter der Kontrolle eines der Oberherren Europas, der manchen bereits als Kaiser des Abendlandes, als neuer Karl der Große erschien. Verglichen mit den geringfügigen reichsverfassungsrechtlichen Verpflichtungen, die Max Joseph als Kurfürst dem römischen Kaiser gegenüber oblagen, sah sich der bayerische König nunmehr in einen goldenen Käfig gesperrt. Er konnte in der großen Politik keinen nennenswerten Schritt ohne Abstimmung mit Paris tun, sah sich als Truppenlieferant für die Unternehmungen Bonapartes gestellungspflichtig gemacht und hatte zum Unterhalt der im Land stehenden französischen Einheiten in großem Umfang beizutragen. Bei den anstehenden wichtigen territorialen Veränderungen befand er sich nicht in der Lage, von gleich zu gleich zu verhandeln, sondern mußte sich, wie schon 1802/03, auf Bestechungen der führenden Männer des napoleonischen Regimes und auf eine Bittstellerrolle beim Kaiser verlegen. Eine weitere Einschränkung der Souveränität drohte durch Einbindung in das neue Gebilde des Rheinbundes[215]. Die drückenden Symptome des neuen außenpolitischen Systems machten sich bald genug bemerkbar, aber zu Beginn des Jahres 1806 beherrschten der Glanz dynastischer Standeserhöhung und der damit verbundene höfische Pomp sowie die luxurierenden Ambitionen eines jungen Königreichs die öffentliche Meinung Bayerns, vielleicht auch nur Altbayerns[216]. Man setzte auf den Kaiser der Franzosen. Militärische Erfolge Napoleons hat man in den folgenden Jahren, teils auf Anordnung des Rheinbund-Protektors Napoleon, teils »freiwillig«, auch wenn bayerische Truppen daran keinen

oder nur bescheidenen Anteil genommen hatten, in München mit einem Te Deum gefeiert[217]. Wie auch diese Konstellation sich bald wieder veränderte, wird zu berichten sein. Zuvor geht es uns um einen anderen Aspekt der bayerisch-französischen Allianz.
Napoleon war ein Sohn der Revolution. Ohne sie hätte sein glanzvoller und wohlverdienter militärischer Aufstieg kaum stattgefunden. Bekanntlich hat er seiner Karriere durch politische Kontaktpflege mit maßgebenden Männern des Jakobinerregimes Vorschub geleistet. Zu seiner historischen Leistung zählt, daß er Errungenschaften der Revolution für sein Land und darüber hinaus konsolidierte: die Grundrechte, staatsbürgerliche Gleichheit, das plebiszitäre Prinzip. Der gleiche Napoleon hat die Erbmonarchie in Frankreich wieder eingeführt, er hat die alte Aristokratie wieder zugelassen und neben einem neuen Verdienstadel einen neuen begüterten Erbadel ins Leben gerufen. Er hat den katholischen Kultus wiederhergestellt. Seine revolutionär-konservative Ambivalenz zeigte sich auch in der Außenpolitik. Er hat Staaten vernichtet und andere neu errichtet, die Landkarte radikal verändert, Dynastien abgesetzt und verjagt, die einen gedemütigt, die anderen erhöht. Gleichzeitig lag ihm daran, sich und sein Haus vom Makel der Usurpation zu lösen und in den Verein der legitimen regierenden Familien des Kontinents einzuführen. 1809 sah sich das am Boden liegende Haus Habsburg genötigt, sich durch Verheiratung der Erzherzogin Maria Luise mit Napoleon Schonung zu erkaufen und eine Atempause zu verschaffen. Für den homo novus auf Frankreichs Thron wog es schwer, daß eine Eheallianz zwischen der angesehensten Dynastie Europas und dem Haus Bonaparte zustande kam.

Die Politik der Legitimierung seiner Familie durch Ehebündnisse hatte Napoleon schon früher begonnen, und das Haus Wittelsbach mußte ihm als erste deutsche Dynastie in dieser Hinsicht zu Willen sein[218]. Objekt der politischen Transaktion war Ludwigs älteste Schwester Auguste. Schon wenige Tage nach der Kaiserkrönung Napoleons hat der österreichische Gesandte in München, Graf Buol, eine kommende Ehescheidung Napoleons, seine Vermählung mit der »ältesten Kurprinzess« und die Erhebung des Kurfürstentums zum Königtum in Erwägung gezogen[219]. Solche Überlegungen blieben vorerst Spekulation. Auch ist die Frage, ob dem Kaiser der Franzosen die Ehe mit einem kurfürstlichen beziehungsweise neugebackenen königlichen Hause als ausreichend erschienen wäre. Einstweilen herrschte in München ein lebhaftes Kommen und Gehen von Bewerbern um die 1804 16jährig gewordene Prinzessin. Montgelas sprach Gravenreuth gegenüber ironisch von »Kunden«, die sich einstellten, und mokierte sich über Vater Max Joseph, der »sich noch immer im Glauben an die Familie« wiege. Der Minister dachte freilich nur in staatlichen Kategorien. Wenn Max Joseph demgegenüber an den Gesichtspunkten fürstlicher Familienpolitik orientiert blieb, befand er sich damals noch nicht außerhalb der politischen Realität. Eine Verlobung Augustes mit dem Erbprinzen Georg von Mecklenburg-Strelitz ging wieder auseinander. Stattdessen schien sich, von der Kurfürstin Karoline, die lebenslang mehr badisch als bayerisch dachte, begünstigt, eine Verbindung mit dem Erbprinzen Karl von Baden anzubahnen. Inzwischen hatte Napoleon Auguste schon 1804 für seinen Stiefsohn Eugen Beauharnais vorgemerkt, und dies war am bayerischen Hof bald darauf bekannt geworden. 1805 hat man über die Beauharnais-Ehe zwischen München und Paris verhandelt, im November 1805 fand eine Aussprache zwischen Napoleon und Max Joseph statt. Karoline dürfte es einige Überwindung gekostet haben, den Mann, der in ihren Augen der Mörder des von ihr einst geliebten Duc d'Enghien blieb[220], als Schwiegervater ihrer Stieftochter zu akzeptieren. Schon die Wendung der bayerischen Politik zugunsten Frankreichs im Herbst 1805 zu Würzburg hatte zu heftigen Szenen zwischen Max Joseph und seiner Frau geführt. Die Familienverbindungen des Hauses Baden mit dem russischen und dem schwedischen Hof bestärkten die Königin in ihrer alteuropäisch-legitimistischen Gesinnung gegen den Usurpator. Die enge Bindung zwischen Bayern und Frankreich und die Tatsache, daß am badischen Hof eine französische Lösung für den Erbprinzen bevorzugt wurde, entschieden für die Verbindung Augustes mit Eugen Beauharnais, eine Ehe, die unerwarteterweise glücklich geworden ist. In unserem Zusammenhang interessiert nur der politische Charakter dieser Verbindung. Wenig später hat man Stephanie Beauharnais, eine Cousine Eugen Beauharnais', mit dem Erbprinzen Karl von Baden vermählt, in den Augen seiner Schwester Karoline, der bayerischen Königin, eine »schauderhafte Heirat«. 1808 folgte noch eine zweite französisch-bayerische »Eheallianz«: Napoleons Marschall Ludwig Alexander Berthier, Fürst von Wagram und Herzog von Neufchâtel, heiratete Marie Elisabeth, die Tochter Herzog Wilhelms in Bayern. Es kam zwischen dem Hause Bonaparte und seiner Verwandtschaft noch zu einer Anzahl weiterer Verbindungen mit deutschen Fürstenhäusern, von denen die Ehe des Königs von Westfalen, Jérôme, mit Friedrich von Württembergs Tochter Katharina die wichtigste gewesen ist[221]. Bei längerem Bestehen der Dynastie Bonaparte hätten sich die Ehen zwischen den französischen und deutschen regierenden Häusern wohl noch vermehrt. Napoleons maßlose Politik hat schließlich auch die stabilisierenden Möglichkeiten, die diesem System innewohnten, zunichte gemacht. Nicht das Haus Bonaparte, wohl aber die Dynastien Bernadotte und Beauharnais haben Aufnahme in den Verein der europäischen Regentenfamilien gefunden[222].

Kronprinz Ludwig mußte die Verbindung seines Hauses mit der Familie Bonaparte mit Ingrimm geschehen lassen. Sein Vater beauftragte ihn, Auguste einen Brief zu überbringen, der der Prinzessin kaum mehr eine Wahl ließ. Schon zuvor hatte Gravenreuth aus Schönbrunn an den Kronprinzen geschrieben und ihm seinen Mitarbeiter von Mieg geschickt, um Ludwig zu veranlassen, alles zu tun, die Zustimmung seiner Schwester zu erreichen und so die Existenz des Königreiches Bayern weiter zu festigen[223]. Der Kronprinz fügte sich der Staatsräson.

3. Der Kronprinz am Hof der Tuilerien

Schon vor dem Würzburger Vertrag 1805 sah sich der Kurprinz mehr und mehr genötigt, der französischen Politik seines Hauses Rechnung zu tragen. Das Gewicht der väterlichen Autorität, aber auch selbstverständliche Loyalität ließen ihm keine Alternative. Unvorstellbar, daß er in der Öffentlichkeit gegen seinen Vater opponiert hätte! Gleichzeitig ließ er unter seinen Vertrauten und dem Vater selbst gegenüber an seiner Gesinnung jedoch keinen Zweifel. Sei es, daß er als Schwerhöriger die Hörfähigkeit anderer Menschen nicht richtig einschätzte, sei es, daß ihm die Unzuverlässigkeit mancher Gesprächspartner einen Streich spielte – seine politischen Auffassungen blieben nicht verborgen.

Während der ersten Italienreise des Sohnes wies ihn Max Joseph, verbunden mit Ermahnungen, daß ein Fürst fähig sein müsse, sich zu verstellen, an, der Krönung Napoleons zum König von Italien am 28. Mai 1805 in Mailand beizuwohnen[224]. Dieser Aufforderung vermochte sich der Kurprinz noch zu entziehen, nicht mehr jedoch der väterlichen, auf Montgelas Drängen bewirkten Anordnung, im August dem Vizekönig Eugen Beauharnais in Mailand seine Aufwartung zu machen. Die Position

Bayerns, das von Napoleon umworben wurde, war damals noch stärker als nach der Kursfestlegung im November. Infolgedessen hatte Eugen Beauharnais Order, dem Kurprinzen möglichst liebenswürdig zu begegnen und ihn durch glänzende militärische Schaustellungen zu beeindrucken. Eugen, stets korrekt, erstattete darüber eine nüchterne Vollzugsmeldung in Paris, verbunden mit von Sympathie und Antipathie gleich weit entfernter Charakteristik seines Gastes. Dieser hat sich während der Mailänder Tage offensichtlich keinerlei politische Blöße gegeben. Seine Briefe nach Hause und seine Gedichte beweisen jedoch, daß er nicht zu gewinnen war. Max Joseph und Montgelas waren gewiß froh, den Gesinnungspolitiker während der entscheidenden Wochen in Würzburg in der Ferne zu wissen. Bevor Ludwig nach München heimkehrte, hatte er, wiederum auf väterliches Geheiß, in Bern noch den dortigen Vertreter Frankreichs und in Straßburg die Kaiserin Josephine zu besuchen.

Im November 1805 kam es in Linz an der Donau zur ersten Begegnung des Kaisers mit Max Joseph und seinem Sohn. Montgelas berichtet in seinen Memoiren, er habe dem Kurfürsten vorgeschlagen, sich zu dem Linzer Treffen von Ludwig begleiten zu lassen,»um den Prinzen mit dem politischen System, das die Staatsregierung angenommen hatte, zu versöhnen und den Eindruck der hervorragendsten Persönlichkeit des Zeitalters auf ihn zu erproben«[225]. Napoleon gab sich im Gespräch freundlich, höflich und umgänglich. Ludwig wurde Zeuge, wie der österreichische General Graf Gyulai Napoleon im Auftrage seines Kaisers bat, nicht in Wien einzumarschieren. Napoleon hat auf Ludwig damals Eindruck gemacht, und dies sollte sich noch einige Male wiederholen, ohne indessen eine »Bekehrung« des jungen Mannes herbeizuführen. Max Joseph berichtete nach dem Linzer Treffen übertreibend seiner Schwiegermutter: »Louis ist von Linz fou de Napoléon zurückgekommen«[226]. Am 5. Dezember 1805 teilte Napoleon Max Joseph den Sieg bei Austerlitz mit und fügte hinzu, er habe in einem Gespräch mit Kaiser Franz den Eindruck gewonnen, dieser wolle sich mit ihm arrangieren. Man werde zunächst einen Waffenstillstand schließen, und er hoffe in Wien Beweise des Interesses liefern zu können, das er dem Kurfürsten und seinem Hause entgegenbringe[227].

Am 1. Januar 1806 war aus dem Kurprinzen Ludwig ein Kronprinz geworden. Ohne Zweifel hätte Ludwig seines Vaters und seine Standeserhöhung lieber aus den Händen Wiens entgegengenommen. Im übrigen bereitete ihm die unter dem Gestirn

Napoleons vollzogene Erhebung Bayerns zum Königreich weniger Skrupel als mancher seiner deutsch-nationalen Verehrer in späterer Zeit annehmen mochte. Die Macht seines Hauses und der Kult seiner Familie standen auch für ihn allemal voran. Er paßte sich der Situation an und suchte sie, ein charakteristischer Zug seines politischen Stils auch später, zu seinen Gunsten zu nutzen. Allerdings zeigte sich bei seinem Vorgehen noch die ganze Unerfahrenheit des jungen Mannes. Er wünschte, in München einen Wechsel in der Leitung der Ministerien herbeizuführen und seinen damaligen Favoriten, Freiherrn von Gravenreuth, an die Stelle des ihm unsympathischen Montgelas zu setzen. Auch wenn Gravenreuth es ableugnete, gingen seine eigenen Pläne gewiß auf das gleiche Ziel aus[228]. Daß er sein Vorhaben bei seinem Vater auf keinen Fall durchsetzen würde, wußte Ludwig. Nun war jedoch der Mann in seinen Gesichtskreis getreten, dessen Wünsche offenbar am bayerischen Hof als Befehle galten. Er verfiel auf die Idee, Napoleon für seine Zwecke zu gewinnen[229]. Der Kaiser dachte jedoch nicht daran, den eben gewonnenen Alliierten Max Joseph durch Einmischung in dessen Regierungssphäre vor den Kopf zu stoßen und wies Ludwig auf freundliche Weise zurück. Napoleon bemühte sich in den ersten Tagen des Königreichs Bayern und anläßlich der Vermählung Eugen Beauharnais' sehr um die Familie seines Bundesgenossen. Er faßte es wohl als besondere Freundlichkeit und Herablassung auf, daß er Ludwig den Säbel, den er bei Austerlitz getragen hatte (»mitsamt dem noch schmutzigen Koppel«, wie Ludwig bemerkte), und eine eigenhändige Faustskizze des Schlachtverlaufs schenkte[230]. Der Kronprinz durfte nach außen hin nur erfreut reagieren, als ihn Kaiser Napoleon nach Paris einlud. Der Plan war während des Aufenthalts des französischen Hofes in München besprochen worden. Max Joseph und Montgelas erhofften sich von dem Aufenthalt des Kronprinzen in Paris eine Festigung der französisch-bayerischen Allianz.

Bei der halbjährigen Aufnahme des ältesten Sohnes und präsumptiven Nachfolgers eines verbündeten Souveräns am Hofe der Tuilerien handelte es sich um mehr als einen bloßen Akt der Courtoisie[231]. Möglich, daß Napoleon selbst sich einiges von dem politischen Anschauungsunterricht, der dem Prinzen in Paris zuteil werden sollte und auch zuteil wurde, versprach, als er ihn zu sich holte[232]. Am 26. Januar 1806 war der Kronprinz von München aufgebrochen, begleitet von hochgestellten Militärs, die offensichtlich der hohen Stellung des Thronfolgers Rechnung tragen sollten, im späteren Leben Ludwigs allerdings keine nennenswerte Rolle mehr spielten. Seine Reise in die französische Hauptstadt unterbrach Ludwig durch einen ausgedehnten Besuch Mannheims, wo er sich von der Einwohnerschaft feiern ließ. Er genoß solche Szenen und legte ihnen, auch später noch, zu großen Wert bei. Sein Vater tadelte ihn wegen des Affronts gegen das Haus Baden, den der zu lange Aufenthalt bedeutete. In einem weiteren Schreiben an Talleyrand baute Max Joseph vor, um unvorsichtigen Äußerungen seines Sohnes nicht ein Gewicht zuteil werden zu lassen, das ihnen nicht zukomme[233].

Napoleon hat Ludwig, der am 10. Februar 1806 in Paris ankam, im Schoße seiner Familie aufgenommen. Fast sieben Monate wohnte der Kronprinz in den Tuilerien, speiste jeden Samstag mit dem Kaiser und seinen Angehörigen, wurde zu vielen offiziellen Veranstaltungen eingeladen und nahm – mit Widerwillen – an Jagden und Paraden teil. Er wurde mit Bonaparte nie intim, aber er lernte ihn intim kennen, eine Persönlichkeit von gänzlich anderem Zuschnitt und sozialem Hintergrund als die zeitgenössischen deutschen Fürsten es waren. Der Kronprinz erlebte einen Mann, an dem er Züge liebenswürdiger und unbefangener Menschlichkeit neben Taktlosigkeit, Brutalität und Zynismus studieren konnte. Verblüffende Offenherzigkeit wechselte beim Kaiser mit Verstellung, die allerdings Ludwig gegenüber auch Schonung sein konnte; der Kronprinz war unaufhörlich genötigt, sich zu verstellen. Spannungen innerhalb der kaiserlichen Familie entgingen ihm nicht. Wie schon in Linz und München, so geriet Ludwig in Paris mitunter in den Bann der weltgeschichtlichen Persönlichkeit seines Gastgebers. Die Arbeitsintensität des Kaisers, seine Art und Weise, Regentenpflichten wahrzunehmen, seine Verhandlungen im Staatsrat, denen er beiwohnen durfte, haben den Kronprinzen erheblich beeindruckt. Die Singularität des Feldherrn Napoleon hat er sowieso nie bezweifelt. In diesem Sinn nahm er auch 19 Jahre später in der von ihm als König einberufenen Militärkommission von 1825 Bezug auf Meinungen Napoleons. In einer Aufzeichnung Ludwigs heißt es, daß es der Kaiser manchmal verstehe, ihn für sich zu begeistern; allerdings nur für Augenblicke[234].

In äußerste Aufregung versetzte es Sambuga, als er in München das Gerücht vernahm, der Kronprinz solle in die Freimaurer-Loge aufgenommen werden[235]. Max Joseph war (selbstverständlich) Maurer. Der Kronprinz konnte seinen Religionslehrer beruhigen[236]. Er ist auch später der Loge nicht beigetreten.

Während sich einige wenige treue Seelen in München um den in Paris weilenden Kronprinzen ihre Gedanken machten, hat umgekehrt Ludwig Tag für Tag an Bayern und seine Hauptstadt und an die dortigen politischen Verhältnisse gedacht und sich genau unterrichten lassen.

Bei allen Verpflichtungen gegenüber dem Gastgeber blieb Ludwig in Paris reichlich Zeit, privaten Neigungen nachzugehen und insbesondere auf dem Weg zur Kunstkennerschaft voranzuschreiten. Es wäre erstaunlich, wenn die in der französischen Hauptstadt vorhandenen, zum Teil als Kriegsbeute dorthin verschleppten Kunstwerke und das gigantische Bauschaffen der napoleonischen Ära[237] den Kronprinzen nicht fasziniert hätten. Paris war damals ein Mekka auch der Künstler und Architekten. Selbst, wenn er es nicht ausdrücklich selbst bestätigt hätte, ließe es sich bei nicht wenigen der vom Kronprinzen ausgeführten oder nicht ausgeführten Pläne mit Händen greifen, daß sie auf Pariser Anregungen zurückgingen. 33mal besuchte er das Musée Napoléon und die dort zusammengetragenen Schätze. Mit Feuereifer nahm er wahr, was ihm Paris an Anregungen künstlerischer und allgemein kultureller Art bot.

Politisch hielt der Kronprinz mit seinem Vater engen Kontakt. Als offizieller Berater und Gesprächspartner standen ihm der bayerische Gesandte von Cetto und der in besonderer Mission vorübergehend in Paris weilende Gravenreuth zur Verfügung. Ob er die ganz ungewöhnlichen Möglichkeiten der Information, die sich ihm in Paris erschlossen, ausreichend nutzte, steht dahin; er war noch sehr jung. Ludwigs Schreiben aus Paris lassen erkennen, daß er die neu kreierte Königswürde seines Hauses und die Existenz des vergrößerten bayerischen Staatswesens damals keineswegs für gewährleistet ansah. Nicht zuletzt, um seinen politischen Spielraum etwas zu erweitern, klammerte er sich trotzig an die Verlobung mit der Großfürstin Katharina, eine Verbindung, die das noch unsichere Königsprestige des Hauses Wittelsbach seiner Meinung nach sehr zu heben geeignet war und von der er sich auch machtpolitisch einen gewissen Rückhalt, ja ein Gegengewicht zur Botmäßigkeit gegenüber Frankreich erhoffte. Fürstenehen betrachtete der Kronprinz gleich seinem kaiserlichen Gastgeber, dem er sich ausgeliefert sah, als Haupt- und Staatsaktionen. Ob Napoleon 1806 selbst an eine Ehe mit Katharina gedacht hat, weiß man nicht. Eine Heirat des Kronprinzen mit Katharina war ihm auf keinen Fall erwünscht, weil eine Eheallianz zwischen St. Petersburg und München das Gewicht der bayerischen Krone mehr erhöht hätte, als ihm lieb sein konnte. Während er es Ludwig gegenüber wegen »seiner Russin« nicht an Anspielungen fehlen ließ, suchte dieser von sich aus das Eheprojekt in ziemlich gewagter Weise voranzutreiben. Kirschbaum, der sich nach wie vor mit dem politischen Schicksal seines Zöglings identifizierte und vielleicht auch wieder zu Einfluß zu gelangen trachtete, hatte dem Kronprinzen Anfang Oktober 1805 geschrieben, er möge an Kaiser Alexander von Rußland brieflich herantreten und sich für die inzwischen erfolgte bayerische Parteinahme für Frankreich gewissermaßen damit entschuldigen, daß er keinen Einfluß auf die Staatsgeschäfte nehmen könne, aber auf der eingegangenen Verbindung mit der Großfürstin bestehen. Damals ließ Ludwig den Vorschlag auf sich beruhen. Rund ein halbes Jahr später wandte er sich in der gleichen Sache an einen kompetenteren Mann, den Berufsdiplomaten Geheimrat von Käser, der ihm einen in der Substanz gleichen Rat wie Kirschbaum erteilte und sogar den Entwurf eines Briefes an den Zaren lieferte. Ludwig schrieb den Brief, der äußerst unvorsichtige Bekundungen seiner politischen Gesinnung enthielt; mit im Komplott war der bayerische Gesandte in St. Petersburg, von Posch. Durch eine unglückselige Verkettung von Umständen gelangte das Schreiben in die Hände von Montgelas und Max Joseph, der sich nicht wenig darüber ärgerte, derart hintergangen worden zu sein[238]. Käser und Posch stürzten über diese Angelegenheit[239], und Ludwig bekam von seinem Vater bittere Worte zu hören. Alles im wörtlichen Sinne verlorene Liebesmüh! Napoleon ließ im November 1806 König Max Joseph über Gravenreuth wissen, daß er entschieden gegen eine russische oder österreichische Ehe des Kronprinzen sei. Er schlug eine Verbindung mit einer sächsischen oder mit irgendeiner anderen deutschen Prinzessin vor, die einem nicht gegen Frankreich eingestellten Hof entstamme[240].

Anfang September 1806 brach der Kronprinz zu einer Reise nach Spanien auf, besuchte jedoch zuerst seine Schwester in Mailand. Der lange Pariser Aufenthalt hatte den vom Kaiser und von Montgelas beabsichtigten Zweck nicht erreicht. Ludwigs gesamte Pariser Korrespondenz beweist: er blieb nach wie vor anti-französisch, anti-napoleonisch, pro-österreichisch. Erstaunlich war es nicht, daß sich infolgedessen auch bei Napoleon eine ungünstige Meinung von dem bayerischen Thronfolger festsetzte. Der Kaiser wird es richtig gedeutet haben, wenn Ludwig in Paris demonstrativ häufigen Umgang mit deutschen Prinzen und

Grafen suchte[241]. Montgelas kommentierte das Ergebnis des Pariser Aufenthalts: »Gewiß ist, daß er [der Kronprinz, d. Vf.] aus Frankreich mit erhöhter Abneigung gegen dessen Regierung zurückkehrte und daß sich die Meinung des Kaisers über ihn nicht günstig gestaltete«[242].

Bevor der Kronprinz seine Neugier auf Spanien hätte befriedigen und eine vom Vater ihm aufgetragene Heiratsmission für die Schwester Charlotte hätte ausführen können, war es zu einem Krieg Frankreichs mit Rußland und Preußen gekommen. Noch aus Mailand hatte Ludwig seinen Vater beschworen, keinen einzigen Mann seiner Armee außerhalb Bayerns einzusetzen, falls es zum Krieg mit Rußland kommen sollte[243]. Man beachtete in München diesen Wunsch nicht, konnte ihn nicht beachten. Seit Kriegsausbruch befehligte Marschall Berthier, mit dem Max Joseph ein herzliches Verhältnis verband, die verbündeten bayerischen Truppen in Stärke von drei Divisionen. Ludwig hatte es nicht eilig, ein Kommando zu übernehmen. Napoleon bemerkte in der gleichen Unterredung mit Gravenreuth, in der er seine Direktiven wegen der Heirat des Kronprinzen erteilte, sehr mißfällig dessen Fernbleiben vom Kriegslager und fragte, ob das Haus Bayern etwa des Regierens müde sei[244]. Max Joseph rief daraufhin seinen Sohn schleunigst zurück und wies ihn an, sich in Berlin Napoleon zur Verfügung zu stellen[245]. Ludwig gehorchte augenblicklich. Um Napoleon zu besänftigen, verbürgte sich Max Joseph als Vater und König, Ludwig werde nie eine russische oder österreichische oder eine mit diesen Häusern in Beziehung stehende Prinzessin heiraten.

4. Von einem Feldzug zum andern

Bis in den Ersten Weltkrieg hinein ist es üblich gewesen, Thronfolger deutscher Staaten an die Spitze von Heeresgruppen oder Armeen zu stellen. Jedermann wußte, daß diese Fürstlichkeiten in der Regel nicht die militärischen Entscheidungen trafen, obschon im Falle des Erfolges viel Glanz auf sie fiel. Der Brauch, Prinzen ein hohes Kommando zu übergeben, entsprach uralter Tradition aus Zeiten, da der Volkskönig auch als Heereskönig seines Amtes waltete. Das Verfahren unterstrich die Stellung des regierenden Fürsten als obersten Kriegsherrn und delegierte von diesem nur mehr in Ausnahmefällen ausgeübte Funktionen (Friedrich der Große, Karl XII. von Schweden) immerhin auf Familienangehörige. In einer Zeit der Verunsicherung der

Monarchie legte man auf die militärische Präsenz jüngerer Mitglieder der Dynastie umso größeren Wert.

Die erste und zweite Division der bayerischen Armee waren 1806 bis Schlesien vorgedrungen, von wo die zweite Division, zu deren nomineller Führung der Kronprinz bestimmt war, 1807 nach Polen verlegt wurde[246]. Der Kronprinz hatte Napoleon erst Anfang März in Warschau erreicht. Talleyrand, der Ludwig stets mißtraute, hielt es für besser, den bayerischen Thronfolger im kaiserlichen Hauptquartier und dort unter Kontrolle zu behalten. Er suchte seine Absicht durch Intrigen zu erreichen, aber schließlich gelang es dem von seinem Vater zum Generalleutnant beförderten Kronprinzen, wie vorgesehen, das »Oberkommando über die in Polen stehenden bayerischen Truppen« zu übernehmen. Man gab ihm den General Wrede bei, dessen Führung er sich unterzuordnen hatte. Sein Quartier schlug er in Pultusk auf, wo der von einer Krankheit genesene Wrede am 4./5. April eintraf. Nachdem nach Ablauf eines Waffenstillstandes die zweite Division am 14. Mai 1807 den Narew überschritten hatte, kam es zu Feindberührung. Ludwig, dem es an physischem Mut nie gebrach, erhielt seine Feuertaufe. Der jenseits des Narew errichtete Brückenkopf konnte in hartnäckigen Gefechten gehalten und ausgebaut werden[247]. Die Entscheidung des Feldzugs, ohne bayerische Hilfe herbeigeführt, fiel bei Friedland. Für den Fall, daß er den Soldatentod finden sollte, machte Ludwig am Vorabend des Übergangs über den Narew sein Testament, das an seinen Bruder Karl als nächsten Thronerben gerichtet war.

Ludwigs »im Felde« verbrachte Zeit bis Juli 1807 war nur zum geringeren Teil von militärischen Operationen ausgefüllt. Während der Kronprinz als Truppenführer die Entscheidungen erfahrenerer Militärs überlassen mußte, zeigte sich auf einem anderen Gebiet, dem der Kriegsfinanzierung, eine ursprüngliche und starke Begabung des 21jährigen. Seine Korrespondenz mit dem Finanzminister, Freiherrn von Hompesch[248], der ihn auch in seine zivilen Finanzreformpläne einweihte, zeigt ihn in diesen Fragen überaus interessiert und von raschester Auffassungsgabe. Im Verhältnis des Kronprinzen zu Hompesch schien sich die Sternstunde einer Männerfreundschaft anzukündigen. Es freute Ludwig sehr, daß Hompesch Erwartungen auf ihn setzte, und er bemühte sich eifrig, diese nicht nur zu erfüllen, sondern womöglich noch zu übertreffen. Er erreichte bei Napoleon nicht nur, daß den bayerischen Offizieren die gleichen Gratifikationen ausbezahlt wurden wie den französischen[249], sondern daß auch die vollständige Finanzierung der bayerischen Armee, soweit sie im Felde stand, über die französische Kriegskasse lief – ein stolzer Erfolg: »Obgleich ich Oberbefehlshaber der bayerischen Truppen in Polen bin«, schrieb Ludwig am 8. April 1807 dem Minister, »so bleibe ich Kronprinz, betrachte mich in dieser Eigenschaft immer zuerst, und wenn mein Hiersein nicht allein den Truppen, sondern auch dem Lande Nutzen stiftet, wenn ich dadurch Ihrer weisen Leitung der Finanzen behilflich bin, ist mir die größte, die reinste Freude«. Was Ludwig in seiner Stellung an Fürsorge für Offiziere und Mannschaft nur immer tun konnte, hat er getan[250]. Sobald ihm seine Dienstgeschäfte dazu Zeit ließen, trat er mit Hompesch in briefliche Unterhaltungen über eines seiner Lieblingsthemen ein, Reorganisation und Einsparungen in der Staatsverwaltung. Er fand sich mit dem Minister auf einer Linie, ja, er suchte die gemäßigten Vorschläge des Ministers noch zu überbieten. Zu den damals erörterten Gegenständen, mit deren teilweiser Realisierung er fast 20 Jahre warten mußte, zählte die Kostenminderung der Hofstäbe, Personalabbau in der Administration und deren zweckmäßigeres und billigeres Funktionieren, Bestreitung der Pensionen der Beamtenschaft durch diese selbst – Hompesch hatte nur an die Beiträge der »Zivilisten« zu ihren Pensionen gedacht. Die Vertretung neuer Gebietsansprüche Bayerns ließ sich der Thronerbe besonders angelegen sein.

Zu den Friedensverhandlungen in Tilsit wurde Ludwig von Napoleon befohlen. Die inzwischen erfolgte Annäherung zwischen Frankreich und Rußland nützte der Kronprinz, um bei Napoleon und Zar Alexander wegen des von ihm immer noch nicht aufgegebenen Heiratsplanes mit der Großfürstin Katharina neuerdings vorstellig zu werden. Napoleon legte sich nicht fest, Zar Alexander, der sich dem Kronprinzen sonst freundlich zeigte, verlegte sich auf Ausflüchte[251].

In den Briefen Ludwigs nach München figurierte Napoleon als politischer Satan. Sein Vater mahnte unentwegt zur Vorsicht: »Ich will Dein Gefühl gegen N nicht erwähnen, denke was Du willst; nur bitte ich, nicht zu vergessen, daß dieser Mann allein uns vergrößert hat und daß er es noch tun wird und daß er bei dem Frieden uns viel Schaden, aber auch viel Nutzen verschaffen kann. Wir müssen trachten, einst selbständig zu werden. Ich bitte Dich also auf den Knien, nie das geringste von Deiner Abneigung merken zu lassen, sonst ist alles verloren«[252].

Im März 1807 war ein später oft in der Geschichtsschreibung

und der vaterländischen Literatur zitiertes Gedicht Ludwigs »An die Teutschen« entstanden: »Auf Ihr Teutschen! Auf und sprengt die Ketten / Die ein Korse Euch hat angelegt / Eure Freiheit könnet Ihr noch retten / Teutsche Kraft, sie ruhet unbewegt«[253]. Gleichfalls 1807 faßte der Kronprinz den Plan, einen Ruhmestempel mit Büsten berühmter Deutscher zu errichten[254]. Von dem Geschichtsschreiber Johannes von Müller, dem er 1807 in Berlin begegnet war und der allerdings schon im Vorjahr seinen Frieden mit Napoleon gemacht hatte, stammte der Vorschlag, dem Tempel den germanischen Namen Walhalla zu geben[255]; unter dieser Bezeichnung lief das Unternehmen fortan. Bis in sein letztes Lebensjahr hat Müller seinen Verehrer Ludwig bestärkt, an dem Walhalla-Projekt, diesem »großen Gedanken ... diesen Trost und Mut einflößenden Gedanken«[256] festzuhalten, und ihm geeignete Persönlichkeiten vorgeschlagen: »Die Nation hatte nie ein größeres Bedürfnis«, meinte Müller 1808 »ihr Selbst nicht zu vergessen und in der Ordnung der Zeiten mit Würde zu erscheinen«[257]. Für den Kronprinzen sparte er nicht mit Lob: »Es ist eigenen Lorbeers würdig, das Gefühl der Nationalkraft nicht untergehen zu lassen ...«. Für jedermann als Politikum erkennbar, sollte ein deutsches Nationaldenkmal den Widerspruch gegen die französische Fremdherrschaft vorerst auf dem Gebiet der Kunst und der historischen Bildung manifestieren. Energisch zupackend, wie er war, überließ sich der Kronprinz nicht Träumen über die zukünftige Vollendung seines Lieblingsgedankens, sondern tat umgehend erste Schritte der Vorbereitung. Er bestellte Büsten von Rudolf von Habsburg, Maria Theresia und Erzherzog Karl und verdeutlichte damit seine Stellung als Frondeur gegen Napoleon. Schon bei einem Zwischenaufenthalt in Berlin hatte er den Bildhauer Johann Gottfried Schadow aufgesucht und eine Statue Friedrichs des Großen (»Friedrichs des Einzigen«, wie er ihn nannte) in Auftrag gegeben. Nach dem Frieden von Tilsit hielt er sich mit Dillis, den er zu sich gerufen hatte, längere Zeit wiederum in Berlin auf und setzte sich mit dortigen Bildhauern ins Benehmen. Dabei fielen Äußerungen von solchem Freimut, daß man die Zurückhaltung Napoleons bewundern muß, der aller Wahrscheinlichkeit nach über vieles unterrichtet wurde. In München sah man der Rückkehr des Kronprinzen mit gemischten Gefühlen entgegen. Graf Stadion bemerkte: »Im übrigen weiß man, daß der Prinz dem Herrn von Montgelas unbequem ist, und man glaubt nicht, daß man ihn lange hier zu sehen wünscht.«[258]

Es dauerte nur etwas über eineinhalb Jahre nach den Friedensschlüssen von Tilsit, und Mars beherrschte wieder die Szene. Von einer Umorientierung der offiziellen bayerischen Politik konnte noch lange nicht die Rede sein, aber die Hochstimmung, die in Altbayern zu Beginn des Jahres 1806 geherrscht hatte, war schon für immer verflogen. Der Einsatz bayerischer Truppen für dem Königreich völlig fremde Pläne Napoleons, die Übergriffe der im Lande stehenden französischen Einheiten und die enormen Kosten, die deren Unterhalt verschlang, hatten die öffentliche Meinung ernüchtert. Österreichische Agenten schürten die Mißstimmung[259]. Erst recht war in den neu gewonnenen Landesteilen, in Franken und vor allem in Tirol, die sich mit der Zugehörigkeit zu Bayern noch keineswegs abgefunden hatten, die Stimmung anti-französisch und zum Teil anti-bayerisch. Ein Nürnberger Buchhändler, Johann Philipp Palm, war es, der die Broschüre »Deutschland in seiner tiefsten Erniedrigung« verfaßte und deswegen von einem französischen Kriegsgericht zu Braunau zum Tode verurteilt und hingerichtet wurde. Die Empörung über diesen Übergriff gegen einen Untertan des Königs von Bayern war groß. Max Joseph wagte nicht zu protestieren. Er und seine Minister konnten bis zum Fall Napoleons nie völlig sicher sein, daß der »Protektor« eines Tages nicht auch gegen sie gewalttätig vorgehen würde. Jedenfalls ließ dieser es nicht an Äußerungen fehlen, die den Vasallen die kaiserliche Omnipotenz vor Augen führen und sie in der Furcht des Herrn halten sollten. Schon während der Vermählungsfeierlichkeit der Prinzessin Auguste mit Eugen Beauharnais hatte der Kaiser zu Max Joseph gesagt:»Wenn Sie in diesem Kriege nicht zu mir gehalten hätten, so wäre jetzt der Prinz Murat an Ihrer Stelle König von Bayern«[260]. Es sind noch verletzendere Äußerungen von Seiten des französischen Kaisers gefallen[261], aber Max Joseph duckte sich. Er sah die Verhältnisse völlig realistisch. Seine Haltung ließe sich mit den Worten eines späteren Dichters umschreiben:»Die fremden Eroberer kommen und gehen, wir gehorchen, aber wir bleiben stehen.«

Daß dem jungen Kronprinzen Selbstverleugnung schwerer fiel als dem Vater, ist nicht erstaunlich. Man sah es daher gerne, wenn der ungestüme Thronfolger sich unpolitischen Neigungen hingab, und noch lieber, wenn er sich fern der Landeshauptstadt aufhielt. Ludwig ließ nichts aus, was seinem Alter angemessen war und seinen Liebhabereien entsprach. Er betätigte sich als Kunstsammler, er las schöngeistige Lektüre und vertiefte sich in historische Werke, er versuchte sich gleich ungezählten anderen seines Alters literarisch und schrieb ein Schauspiel »Otto«, dessen Unzulänglichkeit ihm allmählich aufging, er hatte ein Verhältnis mit einer Schauspielerin. Im Sommer 1808 unternahm er – ein damals und schon seit langem modisches Vergnügen – eine fast sechswöchige Fußwanderung durch die Schweiz[262], ein, was den prinzlichen Wanderer betraf, nicht ganz so unpolitischer Ausflug, als es scheinen mochte. Das 18. und frühe 19. Jahrhundert kennen eine ganz Europa ergreifende »Schweizerbegeisterung«[263]. Schillers »Wilhelm Tell« ist der bekannteste literarische Reflex dieser Bewegung, und der Kronprinz war nur einer unter zahlreichen und zum Teil sehr namhaften Touristen, die sich von den Naturschönheiten des Landes und der als »unverfälscht« geltenden Art seiner Bewohner faszinieren ließen. Rousseauische Inspirationen allgemeiner Art verbanden sich bei den Schweizerreisen mit politischer Freiheitsschwärmerei, die ohnehin eine Grundstimmung im Gemüt des Kronprinzen ausmachte. Schon als 12jährigen hatte ihn der Kampf der Schweizer gegen Frankreich so erregt, daß er zu den Eidgenossen aufzubrechen gedachte. Ludwig versäumte auf seiner Tour nicht, die berühmtesten Stätten der eidgenössischen politischen Sagenwelt aufzusuchen. Bei einem Basler Bildhauer bestellte er Büsten berühmter Schweizer für die Walhalla. Johannes von Müller gab in einem Brief seiner Freude darüber Ausdruck, daß Ludwig »unser gutes Vaterland« so enthusiastisch liebe[264].

Zahlreiche Fürstensöhne bequemerer und schwächerer Natur als der bayerische Thronfolger wären in seiner Lage vielleicht ausschließlich in einem Leben der Zerstreuungen aufgegangen. Dergleichen war bei einer so aktiven und zielstrebigen, auch starrsinnig zähen Natur wie Ludwig nicht zu befürchten. Gewiß, an Ablenkung fehlte es auch ihm nicht. Das Tagebuch der Jahre 1807 und 1808 berichtet viel über Jagden, die er als Begleiter seines Vaters mitzumachen hatte, und andere höfische Vergnügungen. Etwas aus dem Rahmen üblicher Kurzweil bei Hofe fiel, daß Max Joseph seinen Sohn auf die Münchner Schranne mitnahm, wo es deftig zuging. Die dort anwesenden Bauern und Bürger kannten den Kronprinzen noch nicht, und Max Joseph, der sich unter ihnen außerordentlich wohl fühlte, stellte ihnen den Sohn gewissermaßen vor. Ludwig hielt allerlei Beobachtungen fest und zog das Resümee des Schrannen-Besuchs: »Der Baier liebt, ja er verlangt, um das volle Maß seiner Liebe zu geben, daß leutselig der Fürst sei«[265]. Inmitten einer Szene, die andere lediglich belustigt oder gelangweilt hätte, dachte er über das Verhältnis eines Bayernfürsten zu seinem Volke nach. So häufig und so ausgiebig er sich Erholung und Lebensgenuß gönnte – nie verlor er den roten Faden seiner politischen Bestimmung aus dem Auge.

Die erste namhafte politische Pflichtübung, der sich der Kronprinz nach seiner Rückkehr nach München unterziehen mußte, war seine Anwesenheit bei einem Gespräch zwischen Napoleon und Max Joseph sowie Montgelas im November/Dezember 1807 zu Mailand mit vorausgehender Teilnahme an den Empfangsfeierlichkeiten für den Kaiser in Venedig. Der Thronfolger hatte bei der Zusammenkunft nur einer Präsenzpflicht zum höheren Ruhm des »Protektors« zu genügen, der ihn freundlich behandelte[266]. Im Vordergrund der politischen Unterredungen, von denen er ausgeschlossen blieb, stand der Rheinbund, aber auch Ehepläne kamen zur Sprache. Für die Abhängigkeit des bayerischen Königs war es bezeichnend, daß er sich politische Schritte ersten Ranges, wie Eheschließungen in seiner Familie oder Ernennungen auf militärische Spitzenposten, nur im Einvernehmen mit dem französischen Kaiser zu arrangieren getraute.

Auf dem Erfurter Monarchenkongreß 1808 war Ludwig nicht zugegen. Dort standen nicht nur Gegenstände des Rheinbunds, sondern größere europäische Fragen zur Debatte, bis hin zu einer »Zweiteilung der Welt«, sprich Europas, zwischen Frankreich und Rußland. Nach der Tagung reiste Napoleon auf den spanischen Kriegsschauplatz ab. Die Gestellung bayerischer Truppen ließ sich umgehen.

Es scheint, daß im Laufe des Jahres 1808 Ludwigs Abneigung gegen Napoleon die Züge einer Phobie angenommen hat, die ihm manches in zu greller Beleuchtung erscheinen ließ. So sah er in der Heirat der Großfürstin Katharina mit Herzog Georg von Oldenburg, die Dinge ganz schief beurteilend, einen Streich, den ihm Napoleon gespielt habe. Vielleicht kam ihm nachträglich auch zu Bewußtsein, wie gefährlich ihm in der Schweiz und in München getane Äußerungen werden konnten. Der Gedanke, eine Frau durch Napoleon oktroyiert zu bekommen, verfolgte ihn und nicht minder die Überlegung, was er tun und wo er sich um Zuflucht umsehen könne, falls er sich dem Ansinnen des Kaisers widersetze. In solcher Stimmung unternahm er einige gewagte Schritte, die wohl vorher im Kreise der Adjutanten, auf die er sich unbedingt verlassen durfte und die deswegen von Montgelas mit Argwohn beobachtet wurden, erörtert worden waren. Im September 1808 offenbarte sich Ludwig anläßlich einer Audienz, die er dem zur Kriegspartei zählenden österreichischen Gesandten Grafen Stadion gab, in einem Maße, das diesem keinen Zweifel an der anti-napoleonischen und pro-österreichischen Haltung Ludwigs lassen konnte[267]. Im Winter 1808/09 trank Ludwig in einer Gesellschaft Stadions ein Pereat auf Napoleon. Der Kronprinz stieß mit der anwesenden Bettina von Arnim so heftig an, daß der Fuß seines Glases zerschellte[268]. Und als er Anfang Januar 1809 in München zufällig auf den Fürsten Paul Esterházy traf, vertraute er sich diesem, der 1805 sein Reisegefährte gewesen war, in freimütigster Weise an und stellte sogar, von Esterházy bestärkt, seine tätige Parteinahme für Österreich in Aussicht, falls dies die Situation nur einigermaßen erlauben würde. Er machte den Gesprächspartner allerdings darauf aufmerksam, daß von einer pro-österreichischen Stimmung in Bayern nach wie vor nicht die Rede sein könne. Esterházy hat diese Unterredung umgehend dem Gesandten Graf Stadion mitgeteilt[269].

Der Krieg zwischen Österreich und Napoleon im Jahre 1809 stand vor der Tür[270]. Möglicherweise steigerte sich Ludwig in die Traumrolle eines im Krieg die Wende herbeiführenden Helden einer deutschen Bewegung gegen Napoleon hinein. Er erstrebte das Oberkommando über die bayerischen Truppen, doch Napoleon dachte nicht daran, ein solches Risiko einzugehen[271]. Napoleons und Montgelas' Wunsch, der Kronprinz möge sich im Hauptquartier des Kaisers aufhalten, verstand sich Ludwig hartnäckig zu entziehen. Schließlich konnte Max Joseph das Einverständnis des Kaisers erreichen, seinem Sohn das Kommando über eine der drei für den Krieg bestimmten Divisionen Bayerns zu übertragen. Damit sah sich der Kronprinz dem Oberbefehl des Marschalls Lefèbvre, Herzog von Danzig, unterstellt. Bevor der Thronfolger ins Feld zog, kam es bei dem Gesandten Stadion zu einer mit Handschlag bekräftigten Zusage, unter bestimmten Voraussetzungen auf die österreichische Seite überzutreten. Diese Voraussetzungen trafen nicht ein, und so blieb dem Kronprinzen der Konflikt zwischen der Loyalität gegenüber seinem Vater und seinen politischen Überzeugungen erspart. Er hätte wahrscheinlich vorher den Versuch gemacht, Max Joseph für sich zu gewinnen. Aber wenn sich dieser verweigert hätte? Ein Yorck war Ludwig nicht. Einen im Felde gegen den regierenden Vater meuternden Thronfolger hat es unter den deutschen Fürsten niemals gegeben. Die seelische Disposition des Kronprinzen machte es unwahrscheinlich, daß er sich zu einem Abfall hätte aufraffen können. Bevor er ins Feld ging, verfaßte Ludwig neuerdings ein Testament (7. 4. 1809)[272]. Darin bat er unter anderem seinen Vater, der für dergleichen nicht das geringste übrig hatte, im Englischen Garten zu München ein »Denkmal für große Deutsche« zu errichten, in dem hundert Büsten aufgestellt und die übrigen Namen wenigstens auf Tafeln verewigt werden sollten.

Der Kronprinz, militärisch geleitet von General Raglovich als Stabschef, übernahm in dem Krieg mit Österreich 1809 das Kommando der ersten Division. Am 20. April traf er bei Abensberg mit Napoleon zusammen, der sich mit einer schwungvollen Ansprache an die bayerischen Truppen wandte und sie zu begeistern vermochte. Bei den folgenden auf bayerischem Boden stattfindenden erfolgreichen Gefechten und Schlachten gegen die Österreicher benahm sich der Kronprinz als Soldat mit Bravour; vorübergehend geriet er wieder in den Bann des französischen Schlachtengottes. Jenseits der Grenzen Bayerns ließ Napoleon der Division des Kronprinzen nur zweitrangige militärische Aufgaben zukommen. Er mag Gründe gehabt haben, dem Thronfolger militärischen Ruhm vorzuenthalten. Während Napoleon die Österreicher über den Inn zurückwarf und den Vormarsch auf Wien antrat, erreichten Nachrichten vom Tiroler Aufstand das Hauptquartier[273]. Die »Rebellen«, von Erzherzog Johann und dem Freiherrn von Hormayr aufgeputscht, militärisch von dem biederen Sandwirt Andreas Hofer geführt, operierten so erfolgreich, daß man bereits München gefährdet glaubte. Durch Vorstellungen bei Napoleon hat man erreicht, daß der Kronprinz mit seiner Division zunächst nach München kommandiert wurde. Dort kam es zu einer Begegnung zwischen Vater und Sohn, die kühl verlief; möglicherweise war Max Joseph auf den Jubel, der seinen an der Spitze der Truppen reitenden Sohn umbrauste, eifersüchtig. Ludwig begab sich von München nach Salzburg und auf den Tiroler Kriegsschauplatz. Währenddessen zog Napoleon in Wien ein (13. 5.), das er auch nach dem Rückschlag durch die Schlacht von Aspern und Esling zu behaupten vermochte. Bemerkenswert, daß einer der Adjutanten Ludwigs, Graf Albert Pappenheim, während der Schlacht von Aspern »ganz in der Nähe von Napoleon« ein Gedicht »Gefühle am Abend des ersten Tages der Schlacht von Aspern und Esling« verfaßte, das ganz in der Art des Kronprinzen darauf hoffte, daß Grimm und Strafe Gottes den Tyrannen ereilen möchten²⁷⁴. Die Schlacht von Wagram am 5./6. Juli entschied den Feldzug endgültig zugunsten des französischen Kaisers und führte einen Systemwechsel in Österreich herbei. Ludwig, zusammen mit Wrede nach Linz beordert, konnte nicht umhin, Napoleon mehrmals brieflich und schließlich in Schloß Schönbrunn persönlich zu beglückwünschen. In dem Brief zur Einnahme Wiens sprach Ludwig von Österreich als einem »perfiden Staat«²⁷⁵. Auf dem Entwurf zu einem der Briefe steht von seiner Hand zu lesen: »Ich wiederhole es, nach den Briefen, die ich an Napoleon schreibe, muß meine Denkungsart nie beurteilt werden. Ludwig Kronprinz«²⁷⁶. Wie zahlreiche andere deutsche Fürsten hat auch Kronprinz Ludwig mehrere erniedrigende und unterwürfige Schreiben an Napoleon gerichtet. Erzählungen des vom Kronprinzen verletzten Prinzen Emil von Hessen, seines Vetters, über unwürdiges Verhalten Ludwigs gegenüber Napoleon in Schönbrunn sind mit Vorsicht aufzunehmen²⁷⁷. In seiner Stellung konnte der Thronfolger gar nicht umhin, Äußerungen zu tun, wie sie überliefert sind.

Mit der Niederlage Österreichs 1809 verband man an der Staatsspitze Bayerns weitgehende territoriale Spekulationen. Ihr Niederschlag findet sich in einem Brief des Finanzministers Johann Wilhelm Freiherr von Hompesch, der kurz vor seinem Tod die Stellung eines ebenso verständnisvollen wie überlegenen Mentors des Kronprinzen zu gewinnen schien²⁷⁸.

In den August 1809 fällt ein Unternehmen des Kronprinzen, mit dem er sich und seine Gesinnung wieder einmal völlig demaskierte und über das zu seinem Glück die österreichische Seite vollständige Diskretion wahrte. Während die Verhandlungen zwischen Napoleon und dem habsburgischen Hof noch liefen, erschien in Wien bei dem Hofrat Hoppé, einem engen Mitarbeiter Metternichs, im Auftrag des Kronprinzen Graf Lodron, zu diesem Zeitpunkt bayerischer Generalkommissär und von Ludwig anscheinend aus eigener Machtvollkommenheit mit der Eigenschaft eines Gesandten und bevollmächtigten Ministers ausgestattet, und begehrte für den Thronfolger die Hand der Erzherzogin Marie Luise, die bald darauf mit Napoleon vermählt wurde²⁷⁹. Der Alleingang, den Ludwig 1806 unternommen hatte, um sich die Großfürstin Katharina zu sichern, wiederholte sich in noch krasserer Weise. Er hatte offensichtlich aus dem Fiasko drei Jahre zuvor nichts gelernt und setzte neuerdings die berufliche Existenz eines willfährigen Beamten aufs Spiel. Ludwig ließ bei dieser Gelegenheit sein Bedauern zum Ausdruck bringen, daß ihm die Kriegsereignisse nicht erlaubt hätten, seine Gesinnungen zu manifestieren und sich der guten Sache nützlich zu erweisen. Er hoffe, daß ihm dazu jetzt doch noch Gelegenheit gegeben werde, »ohne sich seinem Vater gegenüber zu offen zu kompromittieren«. Er sei entschlossen, niemals eine Angehörige der »neuen französischen Dynastie« zu heiraten. Tag für Tag werde ihm das französische Joch unerträglicher. So sprach der Sohn und Nachfolger eines Alliierten Napoleons. Aber damit nicht genug! Er unterbreitete bei dieser Gelegenheit dem österreichischen Hof eine Idee, die er sich selbst wohl als Meisterstück politischer Erfindungsgabe anrechnete. Tirol und Salzburg waren durch Friedensverträge an Bayern gefallen und integrierende Bestandteile der Bayerischen Monarchie geworden. Ludwig verlangte beide als Apanage für den Fall einer Vermählung mit Marie Luise. Sein Anliegen werde es sein, Tirol seine alte Verfassung zurückzugeben und das Land so patriarchalisch zu regieren, wie dies Österreich getan habe. In verschiedener Hinsicht könnten dann die beiden Länder weiterhin als Teile der österreichischen Monarchie betrachtet werden. Schließlich würde er, wenn er sich als Mitglied der kaiserlichen Familie ansehen dürfe, seine diesbezüglichen Pflichten erfüllen und beständig darauf hinarbeiten, den französischen Einfluß in München zu neutralisieren. Wie immer sich der Kronprinz die Zukunft Tirols und Salzburgs vorgestellt haben mag, der Grundgedanke war, Bayern ihren Besitz auch durch das Haus Habsburg verbürgen zu lassen. Lodron fügte seinen Mitteilungen, scheinbar von sich aus, noch hinzu, daß auch König Max der französischen Herrschaft müde sei, aber daß seine Schwäche allein ihn daran hindere, auch nur den geringsten Versuch zu wagen, sich diesem Druck zu entziehen. Hingegen sei Montgelas im Hinblick auf die Interessen Österreichs günstiger zu beurteilen. Metternich beantragte bei Kaiser Franz in kurzen, sehr entschiedenen Sätzen eine Zurückweisung des Vorhabens[280].

Der Kronprinz kehrte nach dem Schönbrunner Aufenthalt bei Napoleon nicht unmittelbar an die Tiroler Front zurück, sondern begab sich mit väterlicher Genehmigung zunächst nach Preßburg und Triest. Die Tiroler hatten, mißtrauisch gegenüber den Nachrichten von einem Friedensschluß Österreichs, das ihnen nun nicht mehr zur Seite stehen konnte, ihren Kampf gegen Franzosen und Bayern fortgesetzt. Soweit der Kronprinz seine Stimme überhaupt zu Gehör bringen konnte, hatte er seit 1809 für eine freundliche und milde Behandlung der Tiroler plädiert. In einem der letzten Briefe an Hompesch hieß es, er tue alles, was in seinen Kräften stehe, um gute Stimmung der Tiroler für Bayern zu erzeugen. »Mit Geistlichen, Bürgern und Bauern sprach ich, frage, erkundige, starke Abgaben hätten sie zu entrichten gehabt, doch darüber wollten sie nichts sagen, hätte man nur ihre kirchlichen Einrichtungen und Gebräuche gelassen, wenn der König sie ihnen wiedergibt – allgemeiner Wunsch – kann er sich sehr beliebt machen. Können Sie glauben, daß man in diesem Lande strenger auf solche Verboteausführung hielt als in Altbayern?«[281] Der Schweiz-Enthusiast besaß Verständnis und Sympathie für einen Stamm von der Art der Tiroler, deren freiheitlicher Konservativismus und kirchlicher Traditionalismus ihm zusagte. Hompesch gegenüber verteidigte er den religiösen Freiheitssinn dieses Volkes: »Heilig muß dem Mensch etwas sein, Recht muß ihm gelten; er verliert sonst sich selbst«[282]. In dem Briefwechsel des jungen Mannes mit dem älteren ging es um Grundfragen des Verhältnisses von notwendiger Assimilation neu erworbener Gebiete und möglicher oder vielmehr wünschenswerter Toleranz gegenüber ihrer Eigenständigkeit. Wie später bei den Griechen, so hat sich Ludwig schon im Fall der Tiroler für tunlichste Schonung ihrer politisch-kirchlichen Traditionen eingesetzt. Er verband seine Ausführungen mit Überlegungen über das rechte Verhältnis von Fortschritt und Bewahrung und mit Ausfällen gegen das System Montgelas: »Ist Minister Montgelas belehret durch Tirol?« Zu den Fürsprecherinnen der Tiroler, die bei Ludwig Gehör fanden, zählte während ihres Münchner Aufenthalts Bettina von Arnim. In einem ihrer Briefe an Goethe heißt es, im Kronprinzen walte »das Naturrecht vor, dann wird er die Tiroler nicht mißhandeln lassen«[283]. Der Kronprinz habe ihr seine Kokarde als Ehrenpfand zum Zeichen übergeben, daß er hinsichtlich der Tiroler bestrebt sein werde, »jeder Ungerechtigkeit, jeder Grausamkeit zu steuern«[284]. Später konnte sie Goethe berichten: »Vom Kronprinzen weiß ich Gutes; er hat mit den Gefangenen, die man hart behandelte und hungern ließ, zu Mittag gegessen. Die Kartoffeln waren gezählt, er teilte treulich mit ihnen; seitdem werden sie gut behandelt, und er hat ein scharfes Auge darauf ...«[285].

Mindestens ebenso wie der nationalromantische Grundzug seiner Politik fiel für den Kronprinzen freilich ins Gewicht, daß er die Tiroler für Bayern auch innerlich zu gewinnen wünschte. Seine Abneigung gegen Napoleons willkürliche Territorialveränderungen fand da ihre Grenze, wo diese Bayern zugute kamen. In allen Situationen ein Optimum für Bayern herauszuholen, blieb seine politische Maxime. Aber gerade unter diesem Gesichtspunkt erkannte er ganz richtig, daß Zutrauen zur bayerischen Herrschaft nicht zu erwarten war, solange eine Art von Besatzungsregime herrschte und man die Tiroler mit subalternem Aufklärungsdespotismus in das neubayerische System zu pressen versuchte. Die Loyalität, richtiger gesagt, der Opportunismus der städtischen Bevölkerung von Innsbruck und Salzburg und eines erheblichen Teils des Adels täuschte den Kronprinzen nicht über die wahre Stimmung auf dem Lande hinweg.

Die Operationen der Franzosen und ihrer bayerischen Alliierten in Tirol erfolgten weiterhin unter dem Oberbefehl des Marschalls Lefèbvre, der sich anfänglich über die bayerischen Verbündeten, ihre Führung und nicht zuletzt über das militärische Verhalten des Kronprinzen anerkennend äußerte[286]. Wie in Koalitionskriegen häufig, änderte sich dies, als Schwierigkeiten eintraten und nun selbstverständlich die Franzosen die Schuld auf die Bayern schoben und umgekehrt. Es bedurfte immerhin dreier französisch-bayerischer Offensiven, bis die Tiroler niedergekämpft waren, und im Verlauf der Kriegshandlungen kam es zu schweren Zusammenstößen zwischen dem französischen Marschall und bayerischen Offizieren. Als der Thronfolger von seinen Exkursionen in der österreichischen Monarchie zurückgekehrt war, gerieten auch er und Lefèbvre aneinander. In dieser Angelegenheit, die Napoleon unterbreitet wurde, nahm Max Joseph energischer als es sonst seine Art war, für den Sohn und für seine Bayern Partei. Der verärgerte Kaiser, der allerdings das diplomatische Ungeschick Lefèbvres einsah, reagierte in einem kritischen, jedoch maßvollen Schreiben an Wrede auf das Benehmen des Kronprinzen[287]. Mündlich soll er sich viel heftiger geäußert haben. Anscheinend war davon die Rede, daß er das Recht habe, den Kronprinzen wegen Insubordination erschießen zu lassen[288]. Ernst war das nicht gemeint.

Ob Napoleon Ludwig als gefährlich eingeschätzt hat? Ganz sicher ist, daß er sich über ihn mehrmals ärgerte. Max Joseph meinte, Ludwig und seine Gesinnung seien daran schuld, daß Napoleon Bayern nicht größer gemacht hat[289]. Möglich ist es, daß Napoleon tatsächlich daran gedacht hat, Ludwig von der Thronfolge in München auszuschließen[290]. Montgelas läßt die Ernsthaftigkeit der Drohungen Napoleons offen, wenn er in seinen »Denkwürdigkeiten« meint, der Kronprinz habe Napoleon die Absicht unterstellt, »ihn der Thronfolge zu berauben und dieselbe seinem Bruder Karl zuzuwenden«[291]. Wenn der Haß Ludwigs auf Napoleon noch einer Steigerung fähig war, dann aufgrund seiner Furcht vor solchen Absichten. Bezeugt ist, daß Anhänger Napoleons in Bayern von Ludwig ganz offen sagten: »Der kommt nicht auf den Thron«[292].

Widerwillig begab sich der Kronprinz im November 1809 noch einmal in Gefechtsberührung mit den aufständischen Tirolern und geriet bei den Kampfhandlungen um den Berg Isel in Lebensgefahr. Andreas Hofer hatte noch kurz vorher daran gedacht, seine Unterwerfung durch eine persönliche Unterredung mit dem bayerischen Kronprinzen einzuleiten, ließ sich dann jedoch zur Fortsetzung der Kampfhandlungen bewegen. Im weiteren Verlauf des Monats erlaubte sein französischer Vorgesetzter, General Drouet, Nachfolger des immerhin abberufenen[293] Lefèbvre, dem Kronprinzen, nach München zurückzukehren. Ludwig bemerkte dazu seinem Vater brieflich, er wolle sich nicht an einem Volkskrieg wie in der Vendée beteiligen. Der Aufstand der katholisch-royalistischen Bevölkerung der Vendée gegen die Französische Revolution und die Erhebung der Tiroler gegen eine Fremdherrschaft standen in seiner Vorstellung auf der gleichen Stufe. Welchen Anlaß hatte ein Königssohn, solche Leute zu bekämpfen? Max Joseph bat schließlich Napoleon um Erlaubnis, den Sohn, der auch gesundheitliche Gründe vorschützte, in München behalten zu dürfen.

Szenenwechsel! Von unliebsamen militärischen Aufgaben entbunden, wandte sich der Kronprinz, nach München zurückgekehrt, der familiär-dynastischen Angelegenheit seiner Eheschließung zu, die auch nach dem Scheitern der russischen und der österreichischen Ambitionen ein politischer Akt blieb. Vielleicht noch intensiver als er dürften seit längerem weibliche Mitglieder deutscher Fürstenhäuser, einer ihrer Hauptbeschäftigungen nachgehend, die Suche nach einer geeigneten Kronprinzessin betrieben haben. Man weiß darüber nicht viel, aber von ungefähr kann es kaum geschehen sein, daß Max Joseph seinen Sohn auf die Prinzessin Therese von Sachsen-Hildburghausen aufmerksam machte, die über die Häuser Hessen-Darmstadt und Mecklenburg-Strelitz mit der Familie des bayerischen Königs verwandt war. Verglichen mit den großartigen Projekten von früher könnte es als eine Rückwendung zur kleinfürstlichen Welt erscheinen, aus der Max Joseph hervorgegangen war, wenn man sich nunmehr mit der Tochter einer der zahlreichen ernestinischen Linien des Hauses Wettin begnügte. Der Vater Thereses, ein schwerhöriger, bescheidener und scheuer, aber keineswegs unkluger Fürst, gebot nur über ein kleines Herzogtum und verfügte über keine großen Einkünfte. Die Diskrepanz zwischen St. Petersburg und Wien einerseits und Hildburghausen andererseits scheint Ludwig nicht irritiert zu haben. Für seinen Vater zählte wohl, daß mit der Hildburghauser Lösung dem öfters gemachten Vorschlag Napoleons, der Kronprinz solle sich mit einer sächsischen Prinzessin vermählen, entsprochen wurde. Der Kaiser hatte allerdings an eine der Töchter des sächsischen Königshauses gedacht, für die jedoch Ludwig keinerlei Neigung empfand. Gegen die Hildburghauser Lösung hatte Napoleon, da sie politisch belanglos war, nichts einzuwenden. Als sich Ludwig als Freier in Hildburghausen einfand, ist der Schwiegervater kaum in Erscheinung getreten. Die Repräsentation der Familie lag ganz bei der Mutter, Herzogin Charlotte, ältester Schwester der Königin Luise von Preußen. Ludwig konnte sich, obschon man ihm äußerlich ganz die Freiheit der Wahl überlassen hatte, nicht im unklaren darüber gewesen sein, daß er verheiratet wurde. Er besaß jedoch die Gabe, sich in geeignete Stimmungen zu versetzen und diese in Briefen und Gedichten noch zu steigern, Stimmungen, die gegebenenfalls die fehlende Spontaneität der Beziehungen überbrückten. So mochte er vor sich selbst und seiner Umgebung zwar nicht gerade als leidenschaftlich Verliebter, wohl aber als leidlich glücklicher Hochzeiter erscheinen. Seinem Wunsch, Therese möge die Konfession wechseln, kam die kleine Prinzessin allerdings nicht nach; sie blieb bis zu ihrem Lebensende Lutheranerin. Zahlreiche Tagebuchaufzeichnungen Ludwigs lassen erkennen, wie hartnäckig er auf eine Konversion Thereses hinarbeitete und wie sehr es ihn ärgerte, von seiner Schwiegermutter überspielt worden zu sein. Die Angst, Napoleon könne ihn zu einer französischen Ehe nötigen, ließ ihn nachgeben. Auch späteren Versuchen Ludwigs, eine Konversion seiner Frau doch noch zu bewirken, war kein Erfolg beschieden. Entschiedener Gegner eines Übertritts der Kronprinzessin war König Max Joseph, der eine Gefährdung der geplanten Ehe zwischen dem preußischen Thronfolger und Ludwigs Halbschwester Elisabeth sowie eine Beeinträchtigung des Verhältnisses der Konfessionen befürchtete. Wie früher und später wiederholt, hat der König, um einen Konflikt zu vermeiden, Wrede als Vermittler eingeschaltet[294].

Vor dem Tag der Hochzeit hatte Ludwig noch die Honneurs für die durchreisende Braut Napoleons, die Kaisertochter Marie

Luise, zu machen. Die Verehelichung Ludwigs mit Therese fand am 12. Oktober 1810 in München statt. Bei der Trauung in der Schloßkapelle kränkte es Ludwig, daß der französische Gesandte den ersten Platz einnahm. Ein großes Volksfest, das auf der bald danach so benannten Theresienwiese mit Pferderennen und anderen Vergnügungen stattfand, bildete die populäre Ergänzung zu den zahlreichen höfischen Festivitäten.

Bald darauf hat man den Beschluß gefaßt, das Fest auf der Theresienwiese zu wiederholen. Bis zum heutigen Tag zählt es als Münchner Oktoberfest zu den bekanntesten Veranstaltungen folkloristischen Zuschnitts auf deutschem Boden. Während der integrationsbedürftigen Anfänge des bayerischen Königreichs erfüllte das Fest sogar die Funktion einer Art von inoffiziellem bayerischen Nationalfest. Daß man es seit 1811 mit einem Landwirtschaftsfest verband, entsprach dem Gewicht des agrarischen Sektors in der bayerischen Volkswirtschaft und konnte die Beliebtheit der Veranstaltung nur steigern. Sieben Jahre später, 1818, hat der König des benachbarten Württemberg das ebenfalls berühmt gewordene Cannstatter Volksfest als Landwirtschaftsfest ins Leben gerufen.

5. Generalgouverneur des Inn- und Salzachkreises

Einem verheirateten Thronfolger standen eigener Haushalt und eigene Residenz zu. Vielfach war es in europäischen Fürstenfamilien üblich, dem Thronerben einen Sitz außerhalb der Hauptstadt zuzuweisen, teils um die natürlichen Generationsspannungen zu entschärfen und frondierende Tendenzen des kommenden Mannes abzuschwächen, teils um die Verbundenheit der Provinz mit der Dynastie zu festigen. Beide Gesichtspunkte wurden berücksichtigt, als König Max I. Joseph seinen Sohn mit Dekret vom 14. Oktober 1810 zum Generalgouverneur des Inn- und Salzachkreises ernannte und dem jungen Ehepaar winters Innsbruck, sommers Salzburg als Residenzen unter Anweisung einer Rente von 225 000 Gulden jährlich bestimmte[295]. Gleichzeitig stellte man den Kronprinzen als General-Kommandanten an die Spitze der in Tirol verbliebenen bayerischen Einheiten. Die Innsbrucker Bevölkerung hat dem jungen Paar im Oktober 1810 einen sehr freundlichen Empfang bereitet[296], aber die Mentalität dieser Stadt ließ sich nicht mit derjenigen Tirols identifizieren. Mehr als Innsbruck hat den Bewunderer schöner Landschaft die

Stadt Salzburg in ihren Bann gezogen. Die Salzburger, denen er wieder einen Hof verschafft hatte, scheinen ihm ebenfalls zugetan gewesen zu sein. Bei den späteren Bemühungen, Salzburg für Bayern zu erhalten, spielte beim Kronprinzen persönliches, romantisches Engagement unverkennbar eine Rolle.

Ludwig an Hompesch: »Ich wünsche innigst schonendes Betragen ... Man plage doch nimmer mit endlosen Verboten das Volk«[297]. Und 14 Tage später an den Vater: »Tirol Ihnen anhänglich zu machen, ist mein Bestreben, wieviel mächtiger sind Sie, haben Sie das kräftige Volk in dieser Naturfestung für sich«[298]. Mit diesen Sätzen ist das Tiroler Programm des Kronprinzen auf einen Nenner gebracht. Es erschien ihm nach wie vor dem Aufstand unerläßlich, die Traditionen der Bevölkerung zu schonen und sie dadurch allmählich mit der bayerischen Herrschaft zu versöhnen. Während Max Joseph in den Tirolern nur Rebellen sah, achtete sie der Kronprinz als Freiheitskämpfer. Ludwig war es, der eine Sammlung im ganzen Königreich Bayern für die abgebrannten Bewohner von Schwaz, Zirl, Seefeld und Scharnitz vorschlug. Es dürfte sich im Lande herumgesprochen haben, welche Gesinnung beim Kronprinzen vorherrschte, auch wenn sie wenig gegenüber der alltäglichen Realität von Regierung und Verwaltung bedeutete, die sich, dem zentralistischen französisch-bayerischen Administrationsstil entsprechend, völlig nach den Münchner Anweisungen richteten. Der Kronprinz, der das Recht hatte, Vorschläge nach München zu übermitteln und die für Salzburg und Tirol bestimmten Vorlagen durchzusehen, sprach gelegentlich von der »Nullität« seines Amtes[299]. Tatsächlich war das Gewicht seiner Stellung höher. Er hatte sich in kurzer Zeit und in erstaunlichem Maß in die Finanz- und Verwaltungsverhältnisse von Tirol und Salzburg eingearbeitet und wäre der Letzte gewesen, seine Beschlagenheit nicht zur Geltung bringen zu wollen. Die Aufzeichnungen Ludwigs aus seiner Zeit als Generalgouverneur und die gesamten Unterlagen seiner Tätigkeit sind erhalten und gewähren Einblick in das Tagwerk eines geborenen Regenten[300]. Man entnimmt aus ihnen, daß der Kronprinz von einer wahren Leidenschaft für Administration und speziell für Finanzfragen erfüllt war. Schwerpunkte seiner späteren Aktivitäten als König zeichneten sich ab.

Als es in Steuerfragen zwischen dem Generalkommissär des Innkreises, Freiherrn von Lerchenfeld, dem späteren Minister und Gesandten und zwischen 1817 und 1825 Vertrauensmann des Kronprinzen, und dem Finanzdepartement in München zu einer Auseinandersetzung kam, schaltete sich der Statthalter mit ebensoviel Sachkenntnis wie Zähigkeit ein und erreichte bei Montgelas, daß die Entscheidung weitgehend im Sinne Lerchenfelds fiel[301]. Montgelas, der dem Kronprinzen in kleineren Personalfragen, Apanageangelegenheiten und selbst hinsichtlich seiner kostspieligen Sammlerwünsche entgegenkam, konnte nicht umhin, die Sachkunde des jungen Generalgouverneurs anzuerkennen. Auch als politische Potenz ließ sich der Thronfolger nicht umgehen. In der Korrespondenz zwischen Generalgouverneur und Minister ging es unter anderem um allgemeinere Fragen der Wirtschaft und der strategischen Bedeutung Tirols. Besonders lebhaft diskutierte man die teils von Frankreich, teils von Bayern ausgehenden Anstöße, den Gebietsbestand des Königreichs neuerdings zu verändern. Bei anstehenden territorialen Transaktionen mußte Tirol eines der Amputationsobjekte werden. 1810 sah man sich in der Tat genötigt, Südtirol bis zum Brenner an das Königreich Italien abzutreten. Der Kronprinz war im Briefwechsel mit Montgelas um kein Argument verlegen, wenn er die Erhaltung des gesamten tirolischen Besitzstandes für Bayern verteidigte oder die Abtretungen möglichst gering zu halten suchte. Aber was vermochten seine Überlegungen gegen ein Machtwort aus Paris! Mißverständlich ist es, wenn man dem Kronprinzen damals eine »Politik der Südexpansion« zuschreibt[302]. Gewiß hatte Napoleon gesagt, erst Tirol habe Bayern zum Königreich gemacht. Es hätte auch andere Vergrößerungsmöglichkeiten gegeben, um diesen Zweck zu erreichen. Der Kronprinz hat kaum daran gedacht, »geopolitisch« zu vertiefen, was durch Willkürakte Bayern zugefallen war. Er richtete sich in dem neu erworbenen Gebiet nach bestem Vermögen ein und hätte es anderswo ebenso getan. Die Pfalz hatte Ludwig trotz der Inbesitznahme Salzburgs und Tirols durch Bayern nicht vergessen. Aber an eine Alternative Pfalz oder Salzburg dachte er damals schwerlich. Eher machte er sich Sorgen, wie sich der tirolisch-salzburgische Besitz erhalten ließe, wenn sich die Waage wieder Österreich zuneigen würde[303]. Vorausgesetzt, der Hauptzweck, Bayerns Plus an Land und Leuten, war erreicht, vermochte sich Ludwig damals sehr elastisch neuen Situationen anzupassen.

Die Aufenthalte in Salzburg und Innsbruck erfuhren gelegentliche Unterbrechungen durch Reisen nach München. König Max Joseph wünschte, daß sein ältestes Enkelkind aus Ludwigs Ehe in München zur Welt käme, und mit der Niederkunft der Kronprinzessin, die am 28. November 1811 als erstes Kind einen Sohn, den späteren Maximilian II., gebar, verband sich eine monatelange Anwesenheit des Kronprinzenpaares in der bayerischen Hauptstadt. Besuche des Königspaares in Salzburg fanden 1811 und 1812 statt. Gewiß wurden bei dieser Gelegenheit zwischen Vater und Sohn die Chancen der Kriegführenden und die künftige politische Entwicklung durchgesprochen. Auch andere Besucher mit politischem Profil fanden sich in Salzburg ein, so Prinz Leopold von Coburg, später erster König Belgiens und eine einflußreiche Persönlichkeit der europäischen Politik[304], sowie der General Graf Wrede, der von seiner nahen Besitzung Mondsee herüberkam und zunehmend Wert auf Verbindung mit dem Kronprinzen legte[305]. Obschon das Statthalteramt dem Kronprinzen Zeit genug ließ, seinen künstlerischen und literarischen Neigungen nachzugehen, zu lesen und zu dichten, geriet ihm die Politik nie aus dem Blickfeld. Begierig nahm er auf, was ihm an politischen Informationen zukam, am begierigsten, was Napoleon abträglich war, angefangen von dem fortdauernden Volkskrieg in Spanien bis zu den 1811 auftretenden Spannungen mit Rußland, über die ihn aus Paris Wrede informierte[306]. Gleichzeitig stellte er kritische Überlegungen zur bayerischen Innenpolitik an. Er fühlte, daß Herrschen und Regieren seine Sache war, dachte unaufhörlich an seine künftige Regentenrolle und hielt denjenigen für seinen Todfeind, der ihm den Weg zum Königtum versperren wollte. Unermüdlich suchte er sich über die Staatsfinanzen zu unterrichten. Nach Hompeschs Tod gewann er in dem Geheimen Staatsreferendär Heinrich von Schenk und in dem Unternehmer und Politiker Joseph von Utzschneider, der ihn speziell über bayerisches Staatsschuldenwesen und die Arbeitsweise der Staatsschuldentilgungskommission unterrichtete[307], kompetente Lehrmeister. In den Jahren 1807/13 prägten sich Ludwig für sein Leben die Grundsätze seiner staatswirtschaftlichen Überzeugungen ein.

Zur aktuellen Situation in Europa nahm der Kronprinz teils in Briefen an den Vater, teils in Aufzeichnungen Stellung. Wieweit sich seine politische Phantasie dabei vorwagte, enthüllt eine Tagebuchnotiz vom 8. November 1810: »Meinen Vater vom Throne zu stürzen wäre schlecht! Mein Ziel liegt höher. Zum Wohle Europas, zur Befreiung ist es möglich, daß ich momentan die Zügel in die Hand nehme zu des heiligen Zweckes Erfüllung, aber wahrhaft mein Wille ist es nicht, sie zu behalten. Sie dem Vater freiwillig zurückzugeben, das mein Entschluß ...«[308]. Ob sich Ludwig zu solchen Schritten hätte entschließen können, mag nicht minder fraglich erscheinen als die Realisierung der Abfallsgedanken vom Jahre 1809. Jedenfalls hielt er weiterhin seine österreichischen Kontakte aufrecht, obschon sein Vater Österreich mehr fürchtete als Frankreich. Graf Rechberg, der bayerische Gesandte in Wien, hat den Kronprinzen nicht im unklaren darüber gelassen, daß man in Wien nach wie vor Absichten auf Bayern hege. Aber solche Befürchtungen schob Ludwig von sich. Er sah nur Frankreich als Feind und ließ sich in dieser Auffassung von manchen Korrespondenten und Besuchern bestärken, so von dem elsässischen Grafen Frohberg-Montjoi oder dem Staatsmann Hans Christoph Freiherr von Gagern, der ihn 1812 für Tirol begeistert fand und seinerseits dem Kronprinzen von Deutschlands gesunkener Größe und heroischer Zukunft, von Bayerns deutscher Verpflichtung sprach[309]. Ludwigs Vetter, Christian Freiherr von Zweybrücken d. J., der 1810/11 mehrere Monate in Paris verbrachte, warnte Ludwig nach seiner Rückkehr, er möge sich vorsehen: bei Napoleon sei er wenig beliebt[310]. Wahrscheinlich noch mehr als der Widerwille gegen den Zwingherrn Deutschlands hat Ludwig die Angst vor der Vereitlung seiner Thronfolge durch Napoleon gegen den Kaiser der Franzosen aufgebracht. Sie veranlaßte ihn, wie Jahre zuvor mit Stadion, mit dem seit 1811 akkreditierten neuen österreichischen Gesandten, Johann Freiherr von Wessenberg, Verbindung aufzunehmen, seine Besorgnisse vor ihm auszubreiten und ihm sogar gewisse Anerbietungen hinsichtlich künftiger Rückgabe der ehemals österreichischen Besitzungen Bayerns zu machen[311]. Unter anderem informierte Ludwig den Diplomaten, er wisse durch Privatnachrichten aus Paris, daß Napoleon mit dem Plan umgehe, die Nachfolge in Bayern auf den Prinzen Eugen Beauharnais zu übertragen. Wessenberg suchte den Thronfolger zu beschwichtigen und mahnte zur Vorsicht. In Berichten nach Wien verwies er auf Ludwigs mildes Regiment in Innsbruck. Bemerkenswert ist Wessenbergs Versicherung, »daß die unter der bayerischen Bürokratie herrschende Partei gerne die Hand dazu bieten und mit Vergnügen jede Gelegenheit ergreifen würde, um die Ausschließung des Kronprinzen Ludwig von der Thronfolge herbeizuführen«[312].

6. Ausgang der napoleonischen Vasallität

Wenn Ludwig vor Beginn des Feldzuges 1812 neuerdings darauf drang, keine bayerischen Truppen zu stellen oder sie nur auf Nebenkriegsschauplätzen zu verwenden[313], unterschätzte er wieder einmal die Zwangslage, in der sich sein Land nach wie vor befand. Bayern mußte für den russischen Opfergang 33000 Mann zur Verfügung stellen. Auf die Präsenz des Kronprinzen legte Napoleon keinen Wert mehr. Dies kam den Wünschen Ludwigs entgegen.

Auch nach der russischen Katastrophe ließ sich die Situation für die Staatslenker Bayerns nicht von einem Tag zum anderen verändern, jedoch gewann der Thronfolger, dem der Gang der Dinge recht gegeben hatte, an Gewicht. Der französische Gesandte in München bezeichnete ihn als das moralische Haupt der Opposition. Montgelas sah sich veranlaßt, sich öfters als früher mit ihm ins Benehmen zu setzen.

Gewiß hätte auch Max Joseph die volle Unabhängigkeit seines Staates vorgezogen, aber er hatte sich nun einmal an das bayerische Subordinationsverhältnis zu Frankreich gewöhnt und wäre, ganz abgesehen von seinen schlechten Erfahrungen mit Österreich, um seiner Ruhe und Bequemlichkeit willen am liebsten – vorerst – dabei geblieben. So war denn das ganze Jahr 1813 erfüllt von einem Ringen der vorsichtig beharrenden Kräfte mit dem König und Montgelas an der Spitze und einer unorganisierten »Bewegungs«-Partei[314], die außer dem Kronprinzen kaum eine Persönlichkeit von Gewicht aufzuweisen hatte. Ludwig arbeitete zunächst noch auf Neutralität hin. Er tat dies in einer äußerst drängenden, an Panikmacherei grenzenden Weise[315].

Die nüchtern-realistische Seite Ludwigs schlug durch, wenn er mit solchen Gedanken Überlegungen über den künftigen definitiven Gebietsbestand Bayerns verband. Montgelas hatte recht, wenn er im Auftrag des Monarchen schrieb, schon eine Neutralität, die man als zu wenig weder in St. Petersburg noch in Berlin wünsche, würde in Paris als völliger Abfall betrachtet[316]. Andererseits glaubte Montgelas selbst schon längst nicht mehr an Napoleons Glück. Am 12. Mai 1813 gelang es dem Staatsmann, dem König den Entschluß, sich Österreich anzuschließen, abzuringen. Schon am 14. machte der Monarch, wahrscheinlich durch den in München erschienenen Eugen Beauharnais umgestimmt, einen Rückzieher und berief sich auf den Erfolg seines bisherigen Taktierens. Montgelas suchte auch diesen Schritt Max Josephs, der im Grunde genommen froh war, als bald darauf Napoleon wieder Siege an seine Fahnen heftete, dem Thronfolger gegenüber zu rechtfertigen. Vor diesem Hintergrund gewannen die Briefe des Kronprinzen an den Vater und an Montgelas an Leidenschaftlichkeit[317] und diejenigen Max Josephs an den Sohn an Schärfe. Der König ärgerte sich damals über Ludwig so sehr, daß er ihm schlicht jede Äußerung über Politik verbot[318]. Eine Unterredung mit Montgelas zu Salzburg am 24. Juli 1813 verlief unbefriedigend, obschon der Minister, um den Thronerben etwas zu beruhigen, geheime Verhandlungen mit Österreich zusagte. Vorher hatte sich der Minister beim König wieder einmal über den Adjutanten Graf Albert Pappenheim und den Professor Johann Michael Sailer beklagt, die den Kronprinzen in einer der offiziellen bayerischen Politik abträglichen Weise beeinflussen würden[319]. Der Erfolg Napoleons bei Dresden am 26./27. August schien das alte System noch einmal zu konsolidieren. Schwester Auguste, ganz im Fahrwasser ihres Mannes und der französischen Sache, schrieb Ludwig: »Die unglaublich großen Siege des Kaisers machen mich hoffen, daß wir bald den Frieden bekommen werden. Gestehe doch, lieber Bruder, daß Bayern und Sachsen recht hatten, dem Kaiser treu zu bleiben. Du siehst, was aus Preußen geworden ist.«[320] Und Max Joseph, sichtlich erleichtert, konnte nicht umhin, sich selbst für sein vorsichtiges Beharren dickes Lob zu spenden[321].

Wenige Wochen später hatte sich das Blatt neuerdings gewendet. Napoleons militärische Situation verschlechterte sich im September derart, daß der König sich allmählich bereit fand, auf die Seite Österreichs zu treten. Im vollen Einverständnis mit Montgelas beauftragte er Wrede, mit Österreich zu verhandeln. Im Gegensatz zum Kronprinzen, der längst die uneingeschränkte Option für die Alliierten wünschte, hatte Max Joseph vorerst nur Neutralität im Sinn. Wrede machte ihm klar, daß es an der Zeit war, weitergehende Schritte zu tun. Am 8. Oktober 1813 vereinbarte Wrede zu Ried in Oberösterreich mit Unterhändlern des Habsburgerstaates die Auflösung des Rheinbundes und den Übertritt Bayerns zu den Alliierten[322]. Die Unabhängigkeit des wittelsbachischen Königreichs schien hergestellt. Am 28. Oktober wandte sich Max Joseph in einer Proklamation an die bayerische Nation; von Deutschen zu sprechen, vermied er stets. Der Rieder Vertrag hatte auch eine innenpolitische Seite. Seit Jahren waren Montgelas und Wrede nicht gut aufeinander zu sprechen[323]. Ludwig mißtraute auch Wrede vor 1813 sehr[324], der gleich Montgelas eine zurückhaltende, erst allmählich von Napoleon sich abwendende Politik der Neutralität und schließlich des Anschlusses an die Alliierten betrieben hat. Erst nach Ried und Hanau kam es zu einer Koalition zwischen dem Kronprinzen und Wrede, die ihren Höhepunkt beim Sturz Montgelas' 1817 erreichte. Wrede hat allerdings nie bestritten, daß ihm Montgelas behilflich war, den König für die Entscheidung von Ried zu gewinnen.

Bayern fand noch vor der Völkerschlacht von Leipzig, freilich nur wenige Tage vorher, den Absprung, und dies verbesserte seine Situation sehr. Der Kronprinz jubelte über die Wendung der Dinge. Die Stimmung der Öffentlichkeit hatte sich größtenteils längst gegen Napoleon gerichtet. Aber der König sah die Lage pessimistisch. Noch am 7. Oktober informierte er den Kronprinzen über die Rieder Konvention[325]. Sein Kommentar hätte nicht skeptischer und nüchterner ausfallen können. Nach einer schonungslosen Situationsanalyse zog er das Fazit: »Bei all dem werden wir nur unsere Unabhängigkeit von Frankreich gewinnen, um unter das Joch von Österreich zurückzukehren; denn der von ihm begehrten militärischen Linie gemäß können wir ohne seine Erlaubnis keinen Schnaufer tun. Wenn es nur bei dem bleibt!«

Der Frondeur Ludwig durfte nun endgültig seine Maske fallen lassen, mit der er ohnehin keinen hatte täuschen können, und er tat es in der ihm eigenen überschwenglichen Weise. Längst hatte ihn die öffentliche Meinung auf seine Rolle als geheimes Oberhaupt aller Feinde Napoleons in Bayern festgelegt. Döllinger erzählte später in etwas pathetischer Weise: »Es gehörte zu den frühesten Erinnerungen meines Knabenalters, daß damals in Franken und wohl auch anderwärts neben dem Freiherrn vom Stein der Name des Kronprinzen von Bayern genannt wurde, dessen freimütig deutscher Sinn wie ein Licht in der Finsternis schien. Es ward uns Knaben als eine tröstliche Tatsache von unseren Vätern erzählt, daß dieser Prinz doch gewagt habe, dem Weltgebieter gegenüber, vor welchem alles sich zitternd beugte, seinen eigenen Willen zu behaupten«[326]. Der zunächst in einer Hochstimmung befindliche Kronprinz sollte bald gewahr werden, daß die Lösung eines Problems im erwünschten Sinne stets neue gebiert und daß, wer politisch handelt, nie Gelegenheit findet, die Hände ein für allemal befriedigt in den Schoß zu legen.

7. Bayerischer Staatspatriotismus und deutsches Nationalbewußtsein zu Beginn des 19. Jahrhunderts

Kronprinz Ludwig verband in sich eine handfeste bayerische Staatsräson mit schwärmerischem deutschen Nationalbewußtsein. Er befand sich in der glücklichen Lage, keinerlei Diskrepanz zwischen beidem zu empfinden; ja, er brachte es zur Meisterschaft, dieses mit jenem zu harmonisieren[327]. Aufgabe einer wissenschaftlichen Biographie ist es, die politischen Optionen einer Persönlichkeit nicht nur aus deren Mentalität und individuellem Interesse abzuleiten, sondern auch als Reflex allgemeiner Tendenzen zu analysieren.

Das Kurfürstentum Bayern, drittgrößtes Territorium des Reiches, war nicht stark genug, zur Großmacht aufzusteigen, wohl aber stattlich genug, das Bewußtsein einer selbständigen Staatlichkeit zu entwickeln. Kleinere deutsche Gemeinwesen haben unter dynastischem Vorzeichen zwar auch eine historisch-politische Eigenständigkeit hervorgebracht, die jedoch wegen der stärkeren Eingebundenheit in das Reich nicht mit moderner Staatlichkeit zu verwechseln ist. Bayerns Beziehungen zum Reich, staatsrechtlich vorhanden, konnten sich bei der Bevölkerung kaum emotional verankern. Man identifizierte das Reich mit dem habsburgischen Kaisertum, und das Haus Österreich galt als der Landesfeind schlechthin. Österreich und Brandenburg-Preußen hatten sich ein vom Reich distanzierendes Staatsbewußtsein angeeignet. Bayern war der dritte Fall dieser Art.

Bayerischer Staatspatriotismus des 18. Jahrhunderts lebte nicht von den Begriffen Stammeseigentümlichkeit oder Volkstum[328]. Vielmehr ging er vom historischen und vom aktuellen politischen Schicksal des Landes aus. Als ethisches Phänomen kultivierte er die Grundsätze eudämonistischer, progressiver, aufgeklärter Gesellschafts- und Staatsphilosophie. An sich weltbürgerliche Ideale galt es im Rahmen bayerischer Staatlichkeit zu verwirklichen. Einen Gegensatz zwischen allgemein gültigen, kosmopolitisch sanktionierten und der Landes- oder Volksnatur vermeintlich angemesseneren Verhaltensweisen und Überzeugungen kannte man nicht. Wer jene für Bayern verwirklichte, galt als Patriot. Darüber darf man jedoch, wir wiederholen es, nicht das Bewußtsein einer mehr als tausendjährigen Zusammengehörigkeit übersehen. Die bayerischen Patrioten waren stolz auf ihre Geschichte, und sie wünschten, sie selbst zu bleiben. Sie hatten ihre Staatsidentität gefunden.

Man hat mit Recht darauf hingewiesen, daß sich unter der Regierung Karl Theodors erstmals in der bayerischen Geschichte der Staatspatriotismus vom Herrscher löste, ja, gegen ihn operierte[329]. Doch ist dieser Vorgang nicht dahingehend mißzuverstehen, als hätte es sich um eine mehrheitlich republikanische Strömung gehandelt[330]. Man wandte sich nur gegen einen, und zwar den letzten Sproß einer Dynastie. Umso begieriger war man auf die Herrschaftsübernahme durch den nächstberechtigten Anwärter. Fürst und Staat, Dynastie und Staatspatriotismus gehörten für das Denken der deutschen politischen Spätaufklärung noch zusammen. Ein Staatspatriotismus solcher Art, getragen von einer stammesmäßig und konfessionell homogenen Bevölkerung, bestimmte das öffentliche Leben des Kurfürstentums bis zum Beginn der Regierung Max Josephs. In die Neuschöpfung des Königreichs Bayern wurde die spezifisch altbayerische Staatstradition eingebracht. Für die von oben betriebene Integration reichte diese freilich nicht aus. Gänzlich neue Aufgaben stellten sich. Es galt, aus zahlreichen territorialen Bestandteilen sehr verschiedener geschichtlicher Prägung und heterogenen Bekenntnissen eine neue bayerische Staatsnation ins Leben zu rufen, eine Synthese zwischen Altbayern und Neubayern zu finden. Kein deutscher Staat ist ohne Staatspatriotismus ausgekommen. Eine Komplikation ergab sich indessen dadurch, daß die Staatspatriotismen in eine gewisse Konkurrenz zu dem immer mehr erstarkenden deutschen Nationalbewußtsein traten[331].

Kronprinz Ludwig hätte gegen den Nachweis einer schon frühmittelalterlichen bayerischen Königswürde seines Hauses, um den sich damals manche Gelehrte bemühten, gewiß nichts einzuwenden gehabt, viel jedoch hatte er gegen eine bayerische Staatsidee, die nur als Subsystem einer französisch-napoleonischen Europaideologie ins Leben treten konnte. Zwischen ihm und der unter Montgelas prosperierenden Gruppe eines frankophilen Bajuvarismus (Johann Christoph Freiherr von Aretin!) gab es keine Gemeinsamkeit. Daß sein Haus Napoleon das Königtum verdankte, überging er mit beredtem Schweigen. Als geistig beweglicher Angehöriger einer jüngeren Generation hatte er Impulse eines freiheitlichen deutschen Nationalismus aufgenommen[332], der nicht mit Reichspatriotismus zu verwechseln ist. Bis zum 20. Lebensjahr Ludwigs blieb das Reich eine, wenn auch moribunde Realität. In den Äußerungen des Kronprinzen und Königs über das alte Reich findet man wenig Devotion, dagegen noch und noch Kritik. Für ihn standen die Schwächen der alten Reichsverfassung im Vordergrund.

Was den Kronprinzen ergriffen hatte, war eine neue, die zu ihrer Zeit modernste, zunächst vorwiegend im gebildeten Mittelstand sich durchsetzende Strömung: Nationalbewußtsein als Lebensäußerung fortschreitender Integration aller derjenigen, die sich ohne Illoyalität gegenüber ihrem engeren »Vaterland« (wie man damals auch kleinste Herrschaften nannte) einem größeren Ganzen auch politisch verbunden fühlten. Mit der Unterscheidung von Kulturnation und Staatsnation ist dieses neue Phänomen noch nicht geklärt. Als zusammengehörige Kulturnation empfanden sich die Gebildeten deutscher Zunge ohnehin seit langem. Eine Staatsnation bildeten sie zwar noch nicht, wohl aber formte sich die Vorstellung einer politischen Nation. Daß am Zustandekommen dieser politischen Nation in Deutschland eine Säkularisierung pietistischer Vorstellungen beteiligt war, dürfte erwiesen sein[333]. Der frühe deutsche Nationalismus stand überdies in einem anregenden Wechselverhältnis zur sogenannten Deutschen Bewegung, den mit Möser und Herder anhebenden literarisch-wissenschaftlichen Bemühungen, deutsche Volksintegrität auf Sprache, Geschichte und eigentümliche Gesittung zu begründen. Wäre es ausschließlich darum gegangen, hätte der deutsche Nationalismus ein Kulturnationalismus bleiben können. Es kam jedoch im Zeichen der Französischen Revolution eine vorwiegend politische Zielrichtung hinzu. Dem Nationalismus der kulturellen Volksintegrität verband sich ein Nationalismus der Volkssouveränität, verstanden als gesellschaftliche Emanzipationsbewegung des Dritten Standes, der sich die verfassungspolitischen Sicherungen seiner Gleichberechtigung zu verschaffen suchte. Die in der Französischen Revolution gipfelnde Emanzipationsbewegung konnte sich auf deutschem Boden nicht voll durchsetzen, doch kam man ihr mittels einer »Revolution von oben« auf dem Wege unerläßlicher Reformen ein gutes Stück entgegen. Mit anderen Worten: in Deutschland fand kein Sieg der Revolution, sondern ein Kompromiß zwischen dem »Establishment« und den nach vorn und oben drängenden bürgerlichen Kräften statt, bei dem das deutsche Ancien régime noch sehr vorteilhaft abschnitt.

Ein weiterer Zug des politischen Nationalismus zeigte sich in dem Streben nach Unabhängigkeit von volksfremder Unterdrückung, wie man es aus den Nationalitätenkämpfen gegen russische, österreichische, dänische, britische Oberherrschaft kennt. Vor dem Ende des 18. Jahrhunderts hatten die Deutschen kaum Anlaß, in dieser Hinsicht aktiv zu werden, aber die Unterjochung durch Napoleon und die Befreiung von seiner Herrschaft empfanden sie umso mehr als ein nationales Urerlebnis. Um Bonaparte und seine Armeen aus Deutschland zu vertreiben, wirkten – allerdings unterschiedlich motiviert – Fürsten und Völker zusammen. Während sich in der Französischen Revolution jakobinische Nationalisten und gesellschaftliches Ancien régime in zwei unversöhnlichen Lagern gegenübergestanden hatten, konnten im Kampfe um nationale Unabhängigkeit Deutschlands Völker und Regierungen zusammenwirken – ein Weg zur konservativen Adaption des Nationalismus. Die Tatsache bleibt jedoch bestehen, daß Jakobinismus und Nationalismus politisch gemeinsame Wurzeln hatten. König Max Josephs Instinkt führte ihn nicht ganz in die Irre, wenn er auch in den deutschen Nationalisten Jakobiner sah, obschon er sich die Dinge zu einfach zurechtlegte und sie im Fall des Freiherrn vom Stein schlechterdings schief sah. Wie die Aufklärung, der fast alle Regierenden im 18. Jahrhundert anhingen, sich in der Französischen Revolution, ihrem großen politischen Triumph, als Existenzgefährdung des Ancien régime erwies, so konnte eines Tages auch ein radikal und zentralistisch gewordener Nationalismus die bestehenden Staatsgebilde zerstören. Bis in das 20. Jahrhundert gelang auf deutschem Boden eine Balance zwischen deutschem Nationalismus und deutscher Sonderstaatlichkeit. Erst im Nationalsozialismus kam ein jakobinisch-totalitärer, extrem zentralistischer Nationalismus zum vollen Durchbruch[334].

Ludwig war ein Sohn auch der Romantik und des Historismus, dieser nicht als geschichtstheoretische, sondern als kulturgeschichtliche Bewegung verstanden[335]. Sein Vater wußte mit einem romantisch-historischen Nationalismus, der sich an Heimat, Tradition, Sprache, Volkstum orientierte, aus generationsbedingten Gründen nichts anzufangen. Der Sohn hingegen hörte die Signale einer neuen Zeit. So sah er im Gegensatz zu Max Joseph in den Tiroler Aufständischen Männer einer Vendée, die für »Glaube und Heimat« kämpfte[336]. Max Joseph und Montgelas kannten nur Staaten und deren Souveränität, für Ludwig setzte sich das deutsche Volk nicht nur aus Staaten, sondern auch aus Stämmen zusammen. Unkompliziert war das Vorhaben nicht, das Gleichgewicht zu finden zwischen einem bayerischen Staatspatriotismus und der Aufrechterhaltung eines sogenannten Stammesbewußtseins innerhalb Bayerns sowie zwischen einem deutschen Nationalbewußtsein und der Loyalität gegenüber einer erst zu bildenden bayerischen Staatsnation. Aber

Ludwig traute es sich zu. Er diente fast problemlos zwei Vaterländern, einem deutschen und einem bayerischen, er baute eine Walhalla für die Deutschen und eine Ruhmeshalle für die Bayern, denen überdies mit dem Oktoberfest »das schönste Nationalfest Europas«[337] beschert werden sollte. Während seiner Regierungszeit brauchten ihn die Diskrepanzen zwischen einzelstaatlicher Souveränität und deutschem Nationalismus noch nicht sehr zu beunruhigen, obwohl der sein System bedrohende Linksradikalismus als *national*demokratische Bewegung auftreten konnte. Seit 1848 zeigte sich, wie gefährdet seine Konzeption war, wie leicht bayerische und deutsche Staatlichkeit auf Konfliktkurs geraten konnten. Er hat jedoch weder als Kronprinz noch als König die aus dem geschichtlichen Prozeß sich ergebenden Schwierigkeiten durchschaut.

Als der Kronprinz während der napoleonischen Ära Anlehnung an Österreich suchte, konnte man der bayerischen Öffentlichkeit eine solche Politik schwerlich unter dem Kennzeichen »pro-österreichisch« nahebringen. Besser hörte es sich an, wenn man als gemeinsamen Nenner zwischen Wien und München das deutsche Vaterland beschwor. Damit soll gewiß nicht gesagt sein, daß die gesamtdeutsche Parole Ludwigs nur ein quid pro quo oder ein Vorwand für allianz- oder gesellschaftspolitische Hintergedanken anderer Art gewesen sei. An der Aufrichtigkeit von Ludwigs deutscher Gesinnung kann kein Zweifel bestehen. Sein Begriff von »Teutschheit« war allerdings nicht identisch mit Tendenzen, wie sie das deutsche Nationalbewußtsein seit der zweiten Hälfte des 19. Jahrhunderts zunehmend prägten. Obwohl sich gelegentlich »franzosenfresserische« Züge zeigten, blieb sein Nationalismus den Leitbegriffen eines Katholiken untergeordnet. Widersprüche zwischen christlich-humanen, menschheitlich-naturrechtlichen Grundsätzen und dem Nationalgedanken bedrängten ihn nicht. Er verstand sich noch auf Balance nicht nur zwischen bayerischer Souveränität und deutscher Nationalität, sondern auch zwischen vaterländischer Gesinnung und alteuropäisch-dynastischen Überzeugungen. Vom Standpunkt seines Vaters und Montgelas' war Ludwigs deutscher Patriotismus gefährlich modern und revolutionär, von Treitschke her gesehen unzureichend und altmodisch. Daß sich Ludwigs Vorstellungen von deutscher Einigkeit auf der politischen Grundlage des Deutschen Bundes hätten historisch bewähren können, soll gewiß nicht behauptet werden. Die Realitäten der Machtpolitik wiesen in eine andere Richtung. Hier geht es nur um den Nachweis, daß des Königs »Teutschheit« als eine in ihrer Substanz mit dem Geist der Goethezeit und einem Christentum des 19. Jahrhunderts noch zu vereinbarende Gesinnung anzusehen ist.

VII.
VOM RHEINBUND ZUM DEUTSCHEN BUND

1. Confédération Rhénane

Die Abhängigkeit des pfalz-bayerischen Doppel-Kurstaates vom Reich war eine leichte Bürde, die überdies Chancen wie die Ausübung des Reichsvikariats bereithielt. Montgelas' und Max Josephs Wünsche kreisten gleichwohl um die volle Staatssouveränität in außen- und innenpolitischer Hinsicht. Formal hatte man dieses Ziel mit der Auflösung des Heiligen Römischen Reiches Deutscher Nation erreicht, tatsächlich war man jedoch als Mitglied der Confédération Rhénane weiter davon entfernt denn je[338]. Napoleon hatte, als er 1805 um Bayern warb, dem Souveränitätsstreben der Staatsspitze scheinbar alle nur erdenklichen Konzessionen gemacht. Aber kaum hatte sich die Situation zu seinen Gunsten gefestigt, als seine Absichten zutage traten. Er erstrebte eine Konföderation aus den Staaten des nicht-österreichischen und nicht-preußischen Deutschland, die sich im Sinne seiner europäischen Pläne manipulieren ließe. Am 27. Januar 1806 schrieb Napoleon seinem Bruder Joseph, er wünsche das Königreich Neapel in seine Familie einzubeziehen, »so daß es genauso wie Italien, die Schweiz, Holland und die drei deutschen Königreiche zu meinen Föderativstaaten oder in Wahrheit zum französischen Kaiserreich gehören wird«[339]. So stellte sich der Mann, auf den es in erster Linie ankam, die neue Konstellation vor. Hatten schon die Allianzen mit Frankreich den betreffenden »Partnern« erhebliche Verpflichtungen auferlegt, so drohten durch die Eingliederung in den Rheinbund neue Gefahren.

Die Proklamation des Rheinbunds[340] führte am 6. August 1806 das Ende des Heiligen Römischen Reiches Deutscher Nation herbei und schuf eine Konföderation, der mit Ausnahme der beiden deutschen Großmächte die meisten deutschen Staaten einschließlich der napoleonischen Neugründungen, des Königreichs Westfalen und der Herzogtümer Berg und Frankfurt, angehörten. Für Optimisten konnte es den Anschein haben, als ob ein modernes »reindeutsches« Ersatzreich an die Stelle des alten getreten wäre. Hoffnungen solcher Art trugen wohl den letzten Reichserzkanzler und Mainzer Kurfürst-Erzbischof, Karl Theodor Freiherr von Dalberg, der, inzwischen Bischof von Regensburg und Konstanz und seit 1810 Großherzog von Frankfurt, als Fürst-Primas eine Geschäftsführerrolle im Rheinbund antrat, sowie Staatsmänner in seinen Diensten und eine Anzahl von namhaften Publizisten. Bei aller Willfährigkeit gegenüber dem Kaiser der Franzosen ließ sich der Anteil reichspatriotischer Traditionen und wohl auch von Erinnerungen an den Fürstenbund Friedrichs d. Gr. in der Politik Dalbergs, der schon 1787 mit Reformplänen zur Reichsgesetzgebung hervorgetreten war, nicht übersehen.

Für den Protektor des Rheinbunds, Napoleon, dem laut Statut der Konföderation die Ernennung des Fürst-Primas oblag, bildete die staatenbündische Neuschöpfung ein politisch-militärisches Instrument mit dem Zweck, Österreich als kaiserliche Führungsmacht des Reiches aus dem Sattel zu heben und sich ein großes Vasallen-System als Manövriermasse zu schaffen. Die Rheinbundakte kann nur als französisches Diktat und Begründung der französischen Hegemonie in Deutschland verstanden werden. Mit besonderer Sorgfalt legte sie daher die von Paris in Anspruch zu nehmenden Leistungen fest. Die wichtigsten außenpolitischen Entscheidungen der Rheinbundstaaten waren in die Hand des Protektors übergegangen. Aus der Vertragsklausel, die dem Protektor die Ergreifung aller zur gemeinsamen Sicherheit notwendigen Maßnahmen zubilligte, ließen sich sogar Eingriffe in die inneren Angelegenheiten der Bundesmitglieder ableiten, wie die Erschießung des Buchhändlers Palm auf bayerischem Boden[341] zeigte. Napoleon hätte freilich von seiner Machtfülle ohne Zweifel auch dann Gebrauch gemacht, wenn rechtliche Voraussetzungen nicht existiert hätten[342].

In Württemberg und Bayern hatte man diesen Gang der Dinge und schlimmste Einbußen am höchsten Gut des Staates, wie Montgelas es sah, der Souveränität, vorausgesehen. Nur mit großem Widerwillen trat man in das rheinbündische System ein. Die Bestimmungen der Rheinbundakte, unter ihnen die Einrichtung eines Bundestages in Frankfurt mit je einem Kollegium der Könige und der Fürsten, nahmen sich lästig genug aus. Die Bundesakte sah schließlich ein vom Fürst-Primas auszuarbeitendes Fundamentalstatut vor, das die Rechte der Bundesversammlung im einzelnen festlegen sollte. Dalberg und seine Mitarbeiter, begierig auf volle Institutionalisierung des neuen Systems, bemühten sich, ihren Auftrag zu erfüllen. Ganz anders die übrigen Rheinbund-Mitglieder, Württemberg und Bayern voran! Man bediente sich aller Finessen des Unterlaufens, des passiven Widerstandes, des »Temporisierens«, um die bestehenden

Bestimmungen über den Bundestag erst gar nicht in Kraft treten zu lassen und das Zustandekommen des Fundamentalstatuts zu verhindern. Dem Wunsch nach gleichförmigen Verfassungen für die Rheinbundstaaten suchte man mittels der (nicht realisierten) Konstitution von 1808 in München zuvorzukommen[343]. Das Verfahren hatte Erfolg, vermutlich hauptsächlich deswegen, weil dem Kaiser wegen seiner Kriegspolitik kaum Zeit blieb, sich auf Fragen des Ausbaus der Rheinbundverfassung zu konzentrieren. Da er seine deutschen Alliierten zur Kriegführung benötigte, wäre es unklug gewesen, sie gleichzeitig durch einen Oktroi zu verprellen. Möglicherweise hatte der Protektor die Verwirklichung seiner Absichten nicht auf die Zeit »nach einem allgemeinen Frieden« verschoben, sondern überhaupt beiseitegelegt. Vielleicht hat er in Erwägung gezogen, ob nicht eine verfassungsmäßige Konsolidierung des Rheinbundes zu einem Staatenbund mit Selbstbewußtsein und politischer Willensbildung ihm am Ende gefährlich werden könnte. Die Geschichte des deutschen Reiches kennt schon im 17. Jahrhundert Ansätze zur Bildung einer »Dritten Partei« im Reich, das heißt einer politischen Formation *zwischen* den Häusern Habsburg und Bourbon[344]. Napoleon wußte von diesen Vorgängen schwerlich, aber sein politischer Instinkt mag ihm gesagt haben, daß dergleichen auch und gerade unter den Verhältnissen des 19. Jahrhunderts nicht auszuschließen sei[345].

Die Kontinentalsperre, der sich sämtliche Alliierten Napoleons unterwerfen mußten, wie das Experiment des Rheinbundes zeitigten langfristige Folgen. Diese beschränkten sich nicht darauf, daß der Rheinbund eine Brückenfunktion zwischen dem alten Reich und dem Deutschen Bund einnahm, auch nicht auf Festigung der süddeutschen Monarchien beziehungsweise der diese Monarchien überdauernden Staatsgebilde. Der Ausbau moderner Staatlichkeit der Mitglieder des Rheinbundes hatte auch seine innen- und verfassungspolitische, seine gesellschafts- und rechtspolitische Seite. Mehrere Rheinbundstaaten übernahmen den Code Napoléon, in anderen hat man seine Rezeption ins Auge gefaßt, in Bayern ließ man ihn in dem 1816 erworbenen pfälzischen Gebiet bestehen. Napoleon hielt mit gutem Grund seine Gesetzgebung für das wirkungsvollste »Propagandainstrument zum Zweck moralischer Eroberungen«[346]. 1807 hoffte er in einem Schreiben an König Jérôme, kein Volk würde mehr unter alte Willkürherrschaft zurückkehren wollen, »wenn es einmal die Wohltaten einer weisen und liberalen Verwaltung gekostet hat.

Die Völker Deutschlands, Frankreichs, Italiens, Spaniens verlangen die staatsbürgerliche Gleichheit und liberale Ideen«[347]. Man kann nicht behaupten, daß nur durch den Rheinbund die Errungenschaften der Französischen Revolution auf Mitteleuropa übertragen werden konnten. Die deutschen »Revolutionen von oben« in Preußen und Österreich hatten auf ihre Weise das Unumgängliche in Angriff genommen. Doch ist die innere Modernisierung Deutschlands auf der Basis der Grundsätze der großen bürgerlichen Revolution durch die rheinbündischen Reformen bedeutend gefördert worden[348].

Montgelas' Staatsklugheit behielt recht, wenn er 1806 den Rheinbund als eine nur »temporäre Allianz« bezeichnete[349]. Den Sturz Napoleons konnte dieses System nicht überstehen. Den Abfall von Frankreich signalisierte man völkerrechtlich durch Austritt aus der Konföderation. Für einen historischen Augenblick schien Ende 1813 die volle Souveränität zurückgewonnen. Die Bewahrung dieser Souveränität und die Abwendung der Gefahr, daß Bayern zu einer »Préfecture Française«[350] erniedrigt werde, war vom ersten bis zum letzten Tag der Rheinbundzugehörigkeit das unausgesetzte Bestreben des leitenden Staatsmanns Graf Montgelas.

2. 1814: Ereignisse und Reflexionen

An den Verhandlungen, die zum Eintritt Bayerns in den Rheinbund führten, war der noch nicht 20jährige Ludwig völlig unbeteiligt geblieben. Auch nach der Wende von 1813 dachten weder der König noch sein Minister daran, dem Kronprinzen vor aller Welt recht zu geben und ihm einen stärkeren Einfluß einzuräumen. Andererseits konnte man den tatendurstigen jungen Mann, der die Mitte der zwanziger Jahre überschritten hatte, nicht mehr nur auf Informationen beschränken. Mehr und mehr beanspruchte er die Rolle eines Mitspielers. Gleichzeitig brannte er darauf, an die Front zu gehen und Napoleon mit der Waffe zu bekämpfen. Er trug sich mit militärischen Ambitionen, deren Realisierung er kaum gewachsen gewesen wäre. Seine ihm gegenüber stets skeptische Stiefmutter schrieb nach Karlsruhe: »Er wollte mit aller Gewalt den Krieg machen. Sein Vater hat alle möglichen Einwände vorgebracht, um ihn davon abzubringen. Man sagt nämlich, daß er vom Militär nichts versteht und mit seinem Eigensinn und in der Überzeugung, alles zu können, schöne Konfusionen angerichtet hätte ...«[351] Ludwigs Vorschlag, unter Wrede zu dienen, lehnte sein Vater als (vorgeblich) mit der Würde des Thronfolgers unvereinbar ab und verbot ihm jeden Kriegsdienst an der Front[352]. Der Kronprinz vermochte dieses Argument nicht einzusehen, nachdem er selbst früher unter dem Oberbefehl französischer Generäle gefochten hatte. Aber Max Joseph blieb fest, und Montgelas, den der Kronprinz um Vermittlung angegangen hatte, konnte nur über den Mißerfolg seiner Bemühungen berichten[353]. Es ist nicht anzunehmen, daß sich der Minister in der Unterstützung der Wünsche des Thronfolgers überanstrengt hat. Man sah jedoch ein, daß man den Unbequemen beschäftigen müsse, und ernannte ihn zum Kommandanten der »Landesbewaffnung«, das heißt der Reserve einschließlich freiwilliger Einheiten in der Heimat[354]. Zur Unterstützung und wohl auch zur Beaufsichtigung gab man ihm den General Raglovich bei, der ihm schon in Salzburg und Innsbruck zur Seite gestanden hatte. Bevor sich der Kronprinz seiner neuen Aufgabe widmete, schien die Verwundung Wredes in der Schlacht von Hanau ihm nochmals eine Chance des Fronteinsatzes zu eröffnen. Mit dem Hinweis, daß seine vertretungsweise Betrauung mit dem Oberbefehl der einzige sichere Weg sei, eine Unterstellung der Bayern unter Österreich zu verhindern, suchte Ludwig den König für eine solche Regelung zu gewinnen. Der mit der Überreichung eines diesbezüglichen Schreibens beauftragte Adjutant, Anton Freiherr von Gumppenberg, hatte sich in Ludwigs Auftrag vorher mit Montgelas ins Benehmen zu setzen, und dies verschaffte dem Minister die Möglichkeit, unter dem Schein einer Befürwortung zur Vereitelung des Vorhabens beizutragen[355].

Es blieb also bei dem Auftrag, die Landesbewaffnung auszubauen und kriegstüchtig zu machen, auf den sich der Kronprinz, obschon er ihn als für sich nur zweitrangig erachten mochte, gleichwohl mit Feuereifer stürzte. Während der preußische Gesandte das Engagement des auf Betätigung im öffentlichen Leben begierigen Thronfolgers rühmte[356], bemerkte die Königin Karoline nüchtern, Louis habe »einen ganz verdrehten Kopf mit seinem Kommando und spricht nur davon ...«[357] Zur militärischen Erprobung der in der Landesbewaffnung zusammengefaßten Einheiten durch den Ernstfall kam es nicht. Man hatte für die Begeisterung eines Teils der bayerischen Bevölkerung, insbesondere ihrer gehobenen Schichten[358], ein Ventil geschaffen, hatte den nationalen Enthusiasmus aufgefangen und abgefangen. Ludwig kam erstmals landesweit mit Kreisen und Persönlichkeiten (etwa dem für seine Regierungszeit so wichtigen Fürsten Ludwig von Öttingen-Wallerstein) in Berührung, die für patriotischen Aufschwung ansprechbar waren. Ein selbstverfaßter, leidenschaftlicher, im Stil unverwechselbarer Aufruf Ludwigs, den er gelegentlich selbst verlas, ließ seinem Vater und Montgelas die Haare sträuben. Beide wünschten sich für alle Fälle eine Hintertür offen zu halten und die Situation nicht durch verbale Kraftakte zu verschärfen. Der ängstliche König fürchtete Napoleon immer noch sehr. Am liebsten wäre ihm und Montgelas ein friedlicher Ausgleich der Alliierten mit Napoleon gewesen. Und nicht nur ihnen: Bis Ende Februar 1814 waren die in Frankreich kriegführenden Verbündeten bereit, Napoleon den Besitz Frankreichs innerhalb der Grenzen von 1792 zuzugestehen. Nur am Kaiser der Franzosen lag es, daß man sich zu einer definitiven militärischen Abrechnung mit ihm entschließen mußte. Ludwig beurteilte Napoleon richtiger als die Staatsoberhäupter und meisten Diplomaten der Alliierten. Und überdies besaß er Sinn für das Agitatorische, für die Beeinflussung der öffentlichen Meinung[359].

Schon im Dezember 1813 war Ludwig aus eigener Initiative an Kaiser Franz herangetreten und hatte ihn gewarnt, mit Napoleon Frieden zu schließen: »Wie ist es möglich zu vermuten, daß Kaiser Napoleon, wenn sein Heer wiederhergestellt, wozu es weniger Jahre bedarf, nicht auch trachten wird, seinen Kriegsruhm gleichfalls wiederherzustellen und von neuem die schönen Provinzen zu erobern, deren er Österreich beraubt hat ...?« Er, Ludwig, sei Ohrenzeuge gewesen, als der Kaiser erklärte: »Il n'y a plus d'Autriche«, und er kenne seinen Charakter, weil er oftmals mit ihm Umgang gehabt habe. Napoleon werde die Völker nicht in Ruhe lassen: »Solange Kaiser Napoleon in Frankreich Herrscher ist, wird er nach Weltherrschaft streben. Französische Intrigen sind furchtbarer als das französische Schwert; werden bei später wieder ausbrechendem Kampfe alle Fürsten von Eintracht noch beseelt sein, der nun die Völker belebende hohe Sinn fortbestehen?«[360]. Im Februar 1814 wandte er sich neuerdings an den Habsburger mit der Bitte zu bewirken, »daß Frankreich über keine Deutschen mehr herrsche, daß das alte deutsche Elsaß, welches durch höchstdero Vorfahren verlorengegangen, unter Eurer kaiserlichen und königlichen Majestät wieder erworben werde, daß Teutschland seine natürlichen Grenzen wiedererlange: das wasgauische Gebirge und der alte Rhein nicht mehr entehrt werde, indem französisches Gebiet ihn berühre. Jetzt oder nie mehr geschieht dieses«[361]. Verbleibe Frankreich im Besitz des Elsaß, bedrohe es Deutschland durch seinen starken Einfluß auf die Schweiz. Jederzeit sei es imstande, über Schwaben und Bayern nach Österreich vorzudringen. Französische Werbungen in der Schweiz, die Ludwig dem Deutschen Bund einzugliedern wünschte, sollten untersagt werden.

Es blieb dies nicht der einzige Mahnbrief Ludwigs an Kaiser Franz, dem er großartigere Perspektiven zutraute als angebracht war. Ludwig ist nicht als Einzelgänger für die Rückgewinnung des Elsaß eingetreten, was die territoriale Neuordnung Süddeutschlands auf ganz veränderte Grundlagen gestellt hätte. Auch Preußen und Württemberg setzten sich für dieses Ziel ein, desgleichen einzelne Repräsentanten der öffentlichen Meinung[362]. Montgelas hat sich hingegen entschieden widersetzt. Er wie Metternich betrachteten ein starkes Frankreich als unerläßlichen Bestandteil des europäischen Gleichgewichts. Ludwig argumentierte anders: Auch eine andere französische Regierung als die Napoleons könnte in Versuchung geraten, in die Fußstapfen Ludwigs XIV. zu treten. Um dies zu verhindern und aus patriotischen Erwägungen möge der Kaiser dem deutschen Volk einige Hunderttausend seiner Brüder wiedergeben.

Über dem deutsch-patriotischen Impuls vergaß der Thronfolger die bayerische Staatsräson nicht. In emphatischer Weise suchte er Kaiser Franz das bayerische Verlangen nach der Pfalz nahezubringen: »Was Eurer Majestät die Tiroler sind, das sind mir die Pfälzer, beide sind unerschütterlich treu gegen ihre angestammten Fürsten. Nahe sechs Jahrhunderte beherrschten meine Ahnen die Pfalz in ununterbrochener Folge; da bin ich erzogen, da sog ich Deutschheit ein, mich liebten die Bewohner und auch ferner blieb mir die Liebe der Pfälzer. Daß die Pfalz uns werde und auch Salzburg nicht verloren gehe, ist mein eifriger Wunsch ... Je mehr Bayern an dem Rhein vergrößert wird, desto mehr müssen auch die Nachfolger mit Österreich gegen französische Angriffe vereinigt bleiben«[363]. Der etwas ungelenke letzte Satz sollte anscheinend eine dauernde österreichisch-bayerische Allianz umschreiben. Schließlich vermochte der Thronfolger einen romantischen Einfall nicht zu unterdrücken, für den der Habsburger und seine Berater schon gar nichts übrig hatten: Kaiser Franz möge den Deutschen Orden wiederherstellen, dem man Teile des wieder deutsch gewordenen linksrheinischen Gebiets einräumen und mit dem man dem Adel die Gelegenheit verschaffen könnte, sich einen Fürstenhut zu verdienen. Gleichzeitig mit den aussichtslosen Bemühungen um Kaiser Franz versuchte der Kronprinz Montgelas dafür zu gewinnen, sich stärker für linksrheinische Kompensationen Bayerns einzusetzen. Doch der realistisch denkende Staatsmann wünschte an dieses Problem erst heranzugehen, wenn man genötigt sei, Salzburg herauszugeben.

Daß der Erste Pariser Friede 1814 Napoleon ein selbständiges Fürstentum Elba sicherte, erfüllte Ludwig mit Unbehagen. Er hat wiederholt davor gewarnt, der Kaiser könne aus Elba zurückkehren, und ganz Frankreich werde ihm zu Füßen liegen[364]. Nachdem die militärische und politische Lage in Frankreich zugunsten der Alliierten bereinigt war, erlaubte Max Joseph seinem Sohn, sich nach Paris zu begeben. Ende April 1814 traf er in der französischen Hauptstadt ein. Wie hatte sich die Situation geändert, seit er acht Jahre zuvor als Vasall am Hofe Napoleons weilen mußte! Seine Briefe beweisen, welche Genugtuung ihn erfüllte, daß seine politischen Auffassungen sich bewährt zu haben schienen, obschon von seinen Verdiensten und Einsichten niemand so recht etwas wissen wollte. Es war schon viel, daß ihm Kaiser Franz ob seines Engagements für die »gute Sache« einige nichtssagende Komplimente machte. In der ersten Maihälfte kam es in Paris zu Begegnungen zwischen dem Kronprinzen und dem Freiherrn vom Stein, der Ludwig veranlaßte, seine Gedanken über eine deutsche Bundesverfassung zu Papier zu bringen. Binnen zweier Tage hatte dieser am 16. Mai seinen Entwurf abgeschlossen[365].

Im übrigen verhielt sich der Kronprinz in Paris und bei einem englischen Aufenthalt vom 30. Mai bis 7. Juli 1814 wie stets auf Reisen. Er beobachtete unausgesetzt Land und Leute und ließ sich mitunter zu vorschnellen Verallgemeinerungen verleiten. Mit einer Neugierde und Erlebnis- und Lebensgier sondergleichen suchte er alles Sehenswerte und Merkwürdige kennenzulernen, verlor jedoch dabei nie seine politischen Absichten aus dem Auge. Auf deutschen Boden zurückgekehrt, besuchte er in Frankfurt am Main neuerdings den Freiherrn vom Stein, damals Chef der Zivilverwaltung für die von den Alliierten eroberten Gebiete, dem er sich unvorsichtig anvertraute. Max Joseph und Montgelas wußten, wie feindselig Stein der Sache Bayerns gesonnen war[366]. Sie unterstellten ihm aber noch weitergehende, geradezu revolutionäre Absichten und befürchteten daher von dem Zusammensein Ludwigs mit Stein das Schlimmste.

Die politischen Verhandlungen mit den Alliierten hatte Max Joseph seit Frühjahr 1814 dem Führer der bayerischen Truppen,

Wrede, anvertraut, den er nach der Schlacht von Bar-sur-Aube zum Marschall ernannte und am 3. Juni in den Fürstenstand erhob. Der Kronprinz versuchte in nicht wenigen Schreiben, Wrede auf die Politik einzuschwören, die er in den Briefen an Franz I. gleichzeitig verfocht[367]. Wrede dachte jedoch in anderen Kategorien, und noch mehr fiel ins Gewicht, daß er die Aussichtslosigkeit der Ziele Ludwigs erkannte.

Der Feldherr, dessen diplomatische Qualitäten umstritten sind, suchte das Äußerste für seinen Auftraggeber herauszuholen, aber seine Position, richtiger gesagt, die seines Herrn und Bayerns, war nicht stark. Gewiß hatte Bayern als erster Rheinbundstaat noch vor der Schlacht von Leipzig den Übergang zu den Alliierten vollzogen, und Wrede hatte durch Drohungen erreicht, daß sich Württemberg, Baden und Hessen-Darmstadt den Verbündeten anschlossen. Ferner hatte die bayerische Armee an der Niederwerfung Frankreichs 1814 einen nicht unbeträchtlichen Anteil. Aber dies alles wurde durch die Interessen der Großmächte in den Hintergrund gedrängt und zählte schon im Laufe der Verhandlungen der ersten Jahreshälfte 1814 im Rate der Großen nicht mehr viel. Würde es gelingen, die Zusagen aus dem Rieder Vertrag (volle Territorialentschädigung für Abtretungen und künftige territoriale Geschlossenheit des Königreichs) eingelöst zu erhalten? Eine Mitunterzeichnung des Ersten Pariser Friedens vom 30. Mai 1814 seitens Bayerns wurde durch Preußen verhindert[368]. Ein Geheimabkommen zwischen Metternich und Wrede am 3. Juni 1814 zu Paris brachte zwar noch keine endgültige Lösung, nahm sich aber für Bayern vorteilhaft genug aus[369]. Es stellte dem Königreich als Entschädigungen die Stadt und Festung Mainz, die Grafschaft Hanau, die Städte Frankfurt und Wetzlar mit ihren Gebieten sowie die alte Rheinpfalz einschließlich der badischen Pfalz in Aussicht. Überdies versprach Österreich seine guten Dienste bei Württemberg, Baden, Hessen, Darmstadt und Nassau, damit diese Staaten in die zu zweckmäßiger Verbindung der bayerischen Besitzungen untereinander notwendigen Abtretungen und Tauschhandlungen einwilligten.

Die Neuordnung Europas und insbesondere Deutschlands sollte ihre endgültige Regelung erst auf dem Wiener Kongreß finden, zu dem man aus München wiederum den Marschall Wrede als Bevollmächtigten entsandte, einen tüchtigen Militär sowie schlauen, aber nicht überdurchschnittlichen, unermüdlich zwischen Max Joseph und Ludwig vermittelnden, nüchternen

Politiker[370]. Der Soldat mit gesundem Menschenverstand wußte das Zutrauen Max Josephs zu gewinnen und zu erhalten und sogar – was weitaus schwieriger war – sich trotz längerer Trübungen ihres Verhältnisses in der Gunst auch Ludwigs I. zu behaupten. Finanzielle Schwierigkeiten nötigten ihn zur Anpassung. Ein staatsmännisches Werk, das sich mit dem Montgelas' vergleichen ließe, vermochte er nicht zu vollbringen. Einst Günstling Napoleons, hatte der Mann des Vertrags von Ried und Mitstreiter der Verbündeten 1813/14 noch eine bewegte politische Laufbahn vor sich. Historisch überzeichnet wäre es, ließe man auf die Ära Montgelas eine Ära Wrede folgen.

Bevor Wrede nach Wien ging, gab ihm der Kronprinz in Salzburg am 13. September eine Denkschrift »Gedanken über Deutschlands Einrichtung« mit, in der er seine – vorläufigen – Auffassungen über die bestmögliche Ordnung der deutschen Verhältnisse dargelegt hatte[371]. Sie ist identisch mit dem vom Kronprinzen auf Steins Aufforderung im Mai 1814 verfaßten Entwurf. Im Verlauf des Kongresses schrieb Ludwig neuerdings ein Exposé »Beiträge zur teutschen Bundesverfassung«, dessen Grundzüge sich nicht von seiner früheren Denkschrift an Wrede unterscheiden[372]. Unter Zugrundelegung des Textes vom 21. Dezember 1814 nehmen wir einen Blick auf die bundesverfassungspolitischen Stellungnahmen des Kronprinzen vorweg, weil ihre Konzeption schon in die Monate vor dem Wiener Kongreß fällt und Auskunft über den Reifegrad von Ludwigs politischem Denken im Jahre 1814 gibt. Weder Max Joseph noch Wrede haben sich mit Ludwigs Entwürfen ernsthaft beschäftigt. Und wer unter den maßgeblichen Männern in München und Wien hätte schon Zeit gefunden, sich mit solchen »Privatarbeiten« abzugeben? Man muß ihrem Verfasser zugestehen, daß sich in ihnen, von kleinen Sonderbarkeiten abgesehen, kein utopischer oder schlechterdings nicht realisierbarer Artikel findet. Schon die Präambel stimmt auf pragmatisches Verfahren ein. In der Folge ist weder vom Kaisertum noch vom Reich die Rede. »Teutscher Bund, nicht Reich«, war Ludwigs Formel. Nur innerhalb eines deutschen Bundes ließe sich die auch von ihm als Kleinod angesehene bayerische Souveränität bewahren. Besonderen Wert legte der Kronprinz auf eine Nationalisierung des Bundes in dem Sinn, daß dieser nur ihm ausdrücklich inkorporierte Staaten, nicht aber außerhalb liegende oder auch Kolonien als Besitz deutscher Fürsten zu gewährleisten habe. Auch sollten Mitgliedern des Deutschen Bundes Erbverträge mit fremden

Familien nicht gestattet sein, und über die bereits bestehenden Verhältnisse hinaus künftig kein Glied einer deutschen Dynastie gleichzeitig ein Bundesland und ein fremdes Land beherrschen. Ausnahmen wollte er nur dann zugestanden wissen, wenn die zwei Zweige einer Dynastie, die im Deutschen Bund und im Ausland regierten, gegenseitig auf Erbverträge verzichteten. Kein Land des Bundes dürfe von der Bundesversammlung abgetreten werden, ohne daß der Besitzer Entschädigung erhalte.

Vernünftige Vorschläge machte der Kronprinz für künftige militärische und finanzielle Bundeshilfe. Neutralität eines oder mehrerer Staaten im Bundesbereich dürfe nicht erlaubt sein und müsse vielmehr als Hochverrat angesehen werden. Genaue Bestimmungen sah er für den Kriegsfall vor. Die Bundesversammlung sollte über Krieg, Frieden, Bündnisse, militärische Operationen im Frieden, Anlage und Erweiterungen von Bundesfestungen entscheiden; die Ernennung eines Oberbefehlshabers im Kriegsfalle und »die ganze obere Kriegsleitung« wollte er in die Hände Österreichs legen. Abschluß von Handels- und anderen Verträgen erklärte er zur Bundessache. Der Bund könne den Bau von mehrere Länder durchschneidenden Kanälen anordnen; die Kosten sollten auf die Bundesmitglieder verteilt werden. Zu den Aufgaben des Bundes rechnete er schließlich die Gewährleistung der Landesverfassungen gegen Eingriffe der Obrigkeiten oder der Untertanen. Über Streitigkeiten der Bundesmitglieder untereinander müsse ein Bundestag entscheiden, doch hätten sie das Recht, Schiedsrichter zu wählen. Wenn man dem König der Niederlande den Erwerb Belgiens gestatte, müsse er mit Holland *und* Belgien dem Deutschen Bund beitreten – ein Lieblingsgedanke Ludwigs, der auch die Schweizer Kantone am Bund beteiligt sehen wollte. Als ausschreibendes Bundesglied bezeichnete er Österreich, und als ständige Mitglieder der Bundesversammlung dachte er sich nur Abgeordnete Österreichs, Preußens, Bayerns, Hannovers, Württembergs, Sachsens und der Niederlande. Dazu sollten jährlich von allen Fürsten und Freien Städten Vertreter gewählt werden. Ursprünglich verwendete er für »Bundesversammlung« auch die Ausdrücke »Bundesdirektorium«, »Ausschuß«, »Bundesrat«. Weder Kammergericht noch Reichshofrat wollte er wiedereingeführt sehen, wohl aber eine dritte Instanz für jeden Bürger in seinem Staate. Für den Fall, daß ein Staat zu klein sei, um eine dritte Instanz zu unterhalten, seien Regelungen zu treffen, die solche Staaten zusammenfaßten. Außer den von ihm ausdrücklich vorgesehenen Fällen wünschte er die Majorisierung von Bundesmitgliedern durch Abstimmung zu vermeiden. Die Lage der Mediatisierten sollte »um vieles verbessert« werden, und dem Adel wollte er das Recht bewahren, im ganzen Bund nach freier Wahl zu dienen.

So stellte sich der Kronprinz den Ausgleich zwischen nationalen Erfordernissen und der Wahrung einzelstaatlicher Souveränität vor. Wie sehr ihm am politischen Schicksal der Mittelstaaten lag, zeigte eine im älteren Entwurf enthaltene, dann aber wieder gestrichene Bestimmung: »Damit Österreich und Preußen kein zu großes Übergewicht bekommen, dürfen Ungarn, Siebenbürgen und desgleichen die italienischen und polnischen Besitzungen, Ost- und Westpreußen nicht in Anschlag gebracht werden.«

3. Auf dem Wiener Kongreß und in Paris

König Max Joseph hatte 1814 geargwöhnt, sein Nachfolger gehöre dem Tugendbund an, einer radikal-reformerischen nationalistischen, für die preußische Führung Deutschlands arbeitenden Vereinigung, deren Bedeutung von den Zeitgenossen ähnlich übertrieben wurde wie früher die der Illuminaten in Bayern. Erst Ludwigs Versicherung, daß er kein Mitglied sei, und Wredes Vermittlung verschafften ihm die Erlaubnis seines Vaters, sich auf den Wiener Kongreß zu begeben. Der Kongreß zählt zu den besterforschten Ereignissen aus der Geschichte der napoleonischen Ära[373]. In dieser Biographie kann es sich nur darum handeln, die glanzvolle Zusammenkunft vorwiegend unter den Gesichtspunkten eines ihrer fürstlichen Teilnehmer, des bayerischen Kronprinzen, zu analysieren.

Nicht die Fürsten, sondern ihre Staatsmänner trugen die Hauptlast der Verhandlungen, doch handelte es sich bei den anwesenden regierenden Häuptern, wenn auch in ungleichem Maße, um urteilsfähige Männer, die wußten, worum es ging, und die sich am Entscheidungsprozeß beteiligten. Richtig ist freilich, daß die Gekrönten und ihre Angehörigen, soweit in Wien zugegen, aus Erleichterung über die Niederwerfung Napoleons ein großes Wiedersehensfest zelebrierten, das sich mitunter in ausgelassenen Formen abspielte. Kultur- und sittengeschichtliche Darstellungen des Kongresses sowie eine reichhaltige Memoirenliteratur unterschiedlichen Wertes haben überliefert, was in dieser Hinsicht an Bemerkenswertem vorgefallen ist. Man fühlte sich en famille, aber Verwandtschaft kennt neben dem Bedürfnis der Solidarisierung auch den Hang zur Übervorteilung, und dieser sollte alsbald zum Vorschein kommen.

Man läßt mit dem Wiener Kongreß das Zeitalter der Restauration beginnen. Die einsichtigeren Teilnehmer, so sehr sich manche von ihnen nach dem Ancien régime sehnen mochten, übersahen nicht, daß von einer vollen Wiederherstellung früherer Zustände keine Rede sein konnte. Die große Zäsur des Jahres 1789 ließ sich nicht mehr rückgängig machen, wichtige Veränderungen, durch Napoleon auf der Landkarte und im Staatenkonzert bewirkt, blieben bestehen, die Völker ließen sich nicht mehr in Unmündigkeit halten, Verfassungen wurden in nicht wenigen Fällen zugestanden, und der Nationalismus des Jahrhunderts breitete sich über ganz Europa aus.

Wie präsentierte sich Bayern auf dem Kongreß? Max Joseph hatte bei den von Bayern mitgetragenen Entscheidungen das letzte Wort, die Geschäfte bei den Unterhandlungen führte sein Marschall Wrede[374], unterstützt von dem bayerischen Gesandten in Wien, Graf Aloys Rechberg, und dem Legationsrat von Koch (nach einer Adoption Freiherr von Gise) als »faiseur und souffleur«[375]. Montgelas war, angeblich auch deswegen, weil ihm die Veranstaltung als verfrüht erschien, nicht zum Erscheinen in Wien zu bewegen. Stärker fiel vielleicht ins Gewicht, daß er die Zusammenkunft mit anderen Staatsmännern der Alliierten im November 1813 zu Frankfurt am Main anscheinend in schlechter Erinnerung hatte; einem Eklat mit Stein wollte er aus dem Wege gehen[376]. Schwerlich hätten ihn von einem Erscheinen in Wien Einwirkungen des Kronprinzen abgehalten, der im Juli 1814 anläßlich seines Besuchs bei Stein in Frankfurt am Main großsprecherisch angekündigt hatte, er wolle Montgelas' Auftreten auf dem Kongreß verhindern[377]. In seinen Erinnerungen hat sich Montgelas, der sich 1814 für seine Konzeption bayerischer Außenpolitik vom Wiener Kongreß wohl wenig versprach, sein Wegbleiben als Fehler angerechnet. Die Rolle, die Wrede statt seiner auf dem Kongreß spielte, wird kontrovers beurteilt[378]. Der gewiß nicht als objektiv anzusehende Montgelas hat dem Konkurrenten ein überaus unkluges Verfahren vorgeworfen. Man konnte zumindest nicht behaupten, daß der Marschall gegen Montgelas' Instruktionen verstoßen hätte. Auf jeden Fall hat der leitende Minister durch sein Wegbleiben Terrain an Wrede preisgegeben.

Die Erwartungen und Wünsche, die Bayern auf dem Kongreß

zur Geltung zu bringen suchte, waren für die Zukunft des Königreiches gewiß von erstrangiger Bedeutung. Verglichen mit den schwierigen Fragen europäischer Neuordnung im Zeichen rivalisierender Bestrebungen der Großmächte bestätigten sie jedoch die europäische Zweitrangigkeit des Staates der Wittelsbacher. Als hauptsächlicher Konfliktstoff sollten sich in Wien die sächsische und die polnische Frage erweisen. Sie führten zu einer gefährlichen Konfrontation zwischen zwei Mächtegruppen, Österreich, England und Frankreich auf der einen, Preußen und Rußland auf der anderen Seite. Diesem Konflikt gegenüber hielten sich die Aufregungen, die Bayerns Wünsche verursachten, bei den Nichtbayern in Grenzen. Doch ließen sich sämtliche Fragen der Neuordnung und Gebietsverteilung schon deswegen nicht voneinander trennen, weil jedes Stück »Entschädigungsland«, jeder territoriale Zugewinn den Spielraum sämtlicher anderer Konkurrenten schmälerte. Wrede nahm es freilich als positiv, »daß die bayerische und preußische Sache miteinander ausgemacht werden«, da Österreich Bayern fallen ließe, wenn es nicht mehr auf das Königreich angewiesen wäre[379]. Tatsächlich kam Bayern bei diesem »Junktim« am Ende schlechter weg als ursprünglich vorgesehen. Preußen wünschte, sich ganz Sachsen einzuverleiben und den sächsischen König am Rhein zu entschädigen. Max Joseph, der Kronprinz und Wrede widersetzten sich diesem Vorhaben auf das nachdrücklichste. Der König fühlte sich als Verwandter der Wettiner zum Widerstand verpflichtet; er empfand, wie die meisten anderen deutschen Fürsten, monarchisch-legitimistische Solidarität mit dem König von Sachsen, und schließlich fürchtete er das durch eine Eingliederung Sachsens in Preußen zu gewärtigende Übergewicht des Hohenzollernstaates. Der Kronprinz sprach sich ebenfalls für die Erhaltung Sachsens aus, jedoch mit charakteristisch unterschiedlichen Motiven, wie er später in seinem Tagebuch vermerkte[380]. Daß sich Bayern der österreichisch-französisch-englischen Tripelallianz vom 3. Januar 1815 eingliederte, die entschlossen war, Preußen wegen Sachsen militärisch anzugreifen, ließen Rußland und Preußen das Königreich der Wittelsbacher bald entgelten[381]. Stein beklagte es, daß sich Bayern gegen Preußen gestellt und so in eine »falsche Position« hineinmanövriert habe. In einer Denkschrift für russische Staatsmänner hob er hervor, daß nicht nur der König und Wrede antipreußische Tendenzen verfolgten, sondern auch der Kronprinz, dieser allerdings »avec des phrases alambiquées de patriotisme germanique«[382].

Wir sind dem Gang des Kongresses vorausgeeilt. Der Kronprinz hatte sich, wie seine Eltern, Ende September 1814 in Wien eingefunden. Dem König lag daran, den Thronerben tunlichst aus den politischen Geschäften herauszuhalten. Gleich den anderen Thronfolgern und Prinzen, die sich auf dem Kongreß befanden, war es Ludwig nicht möglich, dort eine nennenswerte politische Rolle zu spielen[383]. Er hat als Teilnehmer eines geschichtlichen Ereignisses wohl wertvolle Erfahrungen gesammelt, aber im ganzen zählten die Wiener Monate vielleicht mehr für seine private als für seine politische Biographie: Besichtigungen, Festlichkeiten, gesellschaftliches Engagement der verschiedensten Art, Theater, ausgiebige Befriedigung seiner Kunstinteressen, ein Beinahe-Duell mit dem Kronprinzen von Württemberg[384], Amouren.

Ludwig war als homo religiosus ansprechbar für kirchenpolitische Fragen, die auf dem Wiener Kongreß zur Diskussion standen. Vorkämpfer einer integralistischen Erneuerung des deutschen Katholizismus haben ihn für ihre Sache zu gewinnen gesucht[385]. 1814/15 blühten in Wien zwei der wichtigsten Zirkel der katholischen Restauration, der Schlegel-Hofbauer- und der Széchényi-Kreis, personell eng verflochten und bis zu einem gewissen Grad durch den später heiliggesprochenen Pater Klemens Maria Hofbauer beherrscht. Ludwigs Reisebekanntschaft auf der Schweizer Tour, der Dichter Zacharias Werner, seit 1814 Priester, hatte die Bekanntschaft des Kronprinzen mit dem Sailer-Gegner Pater Hofbauer vermittelt, der dem Thronfolger in Wien als Beichtvater diente und auch später gelegentlich in Verbindung zu ihm trat[386]. Es hat allerdings nicht den Anschein, daß die kirchenpolitisch entschieden kurialistische Tendenz der Wiener katholischen Erneuerungskreise auf Ludwig Eindruck gemacht hat. So sehr ihm Pater Hofbauer als geistliche Persönlichkeit imponierte, war es kein Zufall, daß er Sailer nicht aus der Gunst des Kronprinzen verdrängen konnte.

Wie stand es mit dem politischen Umgang Ludwigs als stellungnehmender Beobachter und diskutierender Randfigur auf dem Kongreß? Soweit er Informationen aus erster Hand wünschte, hielt er sich ausweislich der Tagebücher an Marschall Wrede, mit dem er auch fortwährend über politische Fragen konferierte und der sich ihm gegenüber loyal verhielt. Über einen anderen beständigen politischen Gesprächspartner verfügte Ludwig nicht. Mit Graf Aloys Rechberg, seinem Außenminister-Kandidaten, kam es nur zu gelegentlichem Gedankenaustausch. Berührungen mit dem Gastgeber des Kongresses, Kaiser Franz, wie mit allen anderen in Wien eingetroffenen Fürstlichkeiten, ebenso mit ihren Staatsmännern von Metternich und Wessenberg über Stein und Hardenberg zu Rasumowskij, Lord Castlereagh und dem Herzog von Wellington blieben politisch ergebnislos. Von Talleyrand hielt sich Ludwig meist zurück. Eine gewisse Verdichtung des Dialogs scheint sich im Gespräch mit dem Erbprinzen Georg von Mecklenburg-Strelitz, seinem Vetter, dem Herzog von Coburg, mit Kongreßbevollmächtigten wie dem Grafen Ernst zu Münster oder dem Freiherrn Hans Christoph von Gagern ergeben zu haben, vielleicht auch bei seinen zahlreichen Aufenthalten in der britischen Gesandtschaft[387].

Unter keinem günstigen Stern stand in Wien das Verhältnis Ludwigs zu einem Staatsmann, dem er hohe Verehrung zollte, dem Freiherrn vom Stein. Ernst Moritz Arndt hat aufgezeichnet, welche Gedanken über eine Regeneration Deutschlands der Kronprinz anläßlich seines Besuches bei Stein in Frankfurt im Juli 1814 vorgetragen hat, und auch nicht vergessen, charakteristische Details über das Auftreten Ludwigs hinzuzufügen[388]. Stein hatte bewußt eine Indiskretion begangen, als er ihm von dem vertrauensseligen Thronfolger gemachte Eröffnungen, die die Kurpfalz und Mannheim betrafen, an den badischen Hof gelangen ließ[389]. Der Bayernfeind Stein, der das Königreich Bayern als ein Malheur für die deutsche Sache und als rheinbündisches, von Napoleon kreiertes »Sultanat« ansah, mochte hoffen, daß Baden die Pfalz nicht herauszugeben brauche, und Bayern andererseits Erwerbungen aus der napoleonischen Zeit zurückerstatten müsse. Er hätte Bayern gerne auf einen geringeren Gebiets- und Bevölkerungsstand zurückgeschraubt. Obwohl Ludwig und Stein nach wie vor die deutsch-vaterländische Grundstimmung einte, gefährdete der antibayerische Standpunkt des Staatsmanns ihr gegenseitiges Verhältnis. Vollends als »unteutsch« kritisierte der Kronprinz Steins vorübergehende Befürwortung eines deutschen Nord- und eines Südbundes unter jeweils preußischer und österreichischer Hegemonie[390]. Der Plan hätte die Selbständigkeit Bayerns stark beschnitten. Andere Hintergedanken Steins hat der Kronprinz schwerlich durchschaut. Seit der Auflösung des Rheinbundes und der Niederwerfung Napoleons waren ihre Gemeinsamkeiten weitgehend erschöpft. Die Abneigung beider gegen Montgelas erwies sich für einen Kontakt auf Dauer nicht stark genug. Wegen einer etwas unfreundlichen Stelle im »Rheinischen Merkur«[391], die auf

Arndt zurückging, kam es zwischen Ludwig, der Stein als Urheber vermutete, und diesem am 30. Januar 1815 zu einer Auseinandersetzung[392], die jedoch behoben wurde. Stein gab auf dem Kongreß Ludwig zu verstehen, daß er für ihn wenig Zeit habe[393]. In einem späteren Brief an Stein bemerkte Ludwig: »... die paar Worte, welche man zueinander in großen Gesellschaften redet, bringen nicht näher und eine babylonische Sprachverwirrung war ja der Wiener Kongreß, er ließ mich *dem* fremd, mit dem mein Sinn doch so verwandt ist«[394]. Der Kontakt zwischen beiden Männern blieb erhalten, obschon Max Joseph, der in Stein einen der gefährlichsten Zeitgenossen sah, dies nur mit Widerwillen hinnahm. Ludwig ließ sich in seiner Hochschätzung Steins nicht beirren. Sein Platz in Ludwigs Walhalla blieb Stein sicher, und auf Wunsch des Kronprinzen hat er später diesem seine Autobiographie[395] eingereicht, Grundlage für eine Ausarbeitung in den »Walhalla-Genossen«.

Noch bevor Napoleon 1815 sein »Kaisertum der hundert Tage« antrat, hatte sich auf dem Kongreß die Gefahr eines Krieges der Alliierten untereinander verzogen. Man war in den wichtigsten europäischen Fragen, einschließlich der Gebietsverteilung in Deutschland und der Bundesverfassung, zu tragfähigen Kompromissen gelangt, deren endgültiger Abschluß allerdings noch mühseliger diplomatischer Feinarbeit und einiger Nachhilfe mittels politischen Druckes bedurfte. An anderer Stelle ist zu berichten, wie sich der Kronprinz auf dem Kongreß und später in der zu Wien noch nicht erledigten bayerischen Entschädigungsfrage engagierte, desgleichen von seinen Umtrieben gegen Montgelas und Eugen Beauharnais. So sehr Ludwig diese Angelegenheiten beschäftigten, eine nüchterne Bilanz seines Wiener Aufenthaltes kann nur bestätigen, daß er sich dort erst in der Vorhalle zu selbständiger Politik befand.

Die Tagebücher, die sein Leben in der Kaiserstadt minutiös aufzeichnen, beweisen, daß er sich in dem munteren Treiben des Kongresses recht wohl fühlte. Sein Adjutant, Freiherr Anton von Gumppenberg, der ihm herzlich zugetan war, und, wie alle, die Ludwig intim kannten, seine »edlen Eigenschaften« hervorhob, jedoch oft Anlaß hatte, sich über seinen Herrn zu ärgern und dann Vertrauten gegenüber schonungslos über ihn herzog, sah das Auftreten des Kronprinzen in Wien, je länger je mehr, mit kritischen Augen. In Briefen an seine Braut liest man: »Der Prinz könnte aber auch fort, wenn er wollte, er hat gar nichts zu sagen noch zu tun hier, und ich glaube sogar, der König wäre herzlich froh, wenn er ging; aber da ist er taub und blind. Er bildt sich ein, alles ging schief, wenn er weg ist und ist eitel genug, sich für recht nötig hier zu halten, und glaubt, je länger er da bleibt, je beliebter macht er sich. Das ist aber nicht wahr... Nun meint er gar, alle Weiber und Hürchen hier seien in ihn verliebt und reißen sich um ihn ... Da möcht einen der Schlag treffen wegen solch eselhafter Lumpereien von Frau und Kind entfernt zu bleiben, sich nicht einmal hinsehen. Er gesteht es ja ganz klar und deutlich, er kann sich von dem lustigen Leben nicht trennen«[396].

Die Rückkehr Napoleons nach Frankreich beendete den Wiener Aufenthalt Ludwigs. Bayern zog mit den anderen Alliierten neuerdings zu Felde, Ludwig brach nach einer schweren Auseinandersetzung mit dem Vater, deren Einzelheiten nicht ersichtlich sind[397], und einem Zwischenaufenthalt in Salzburg zur Truppe auf, obgleich er noch nicht wußte, ob, wo und wie man ihn dort verwenden würde. Zum drittenmal verfaßte er ein Testament[398]. Für den Fall seines Todes schrieb er einen Brief, der König Max Joseph zu übergeben sei, und einen anderen, den der Sohn Max am Tage seiner Großjährigkeit öffnen sollte. In dem Schreiben an den Vater versicherte er ehrenwörtlich, nie Mitglied einer geheimen Gesellschaft, auch nicht des Tugendbunds, gewesen zu sein – ein Verdacht, der offenbar beim Empfänger des Schreibens immer noch nicht ganz ausgeräumt war. Er riet, Montgelas zu entlassen, da er die Regierung des Vaters im In- und Ausland heillos kompromittiere. Er bestimmte, an der Stelle begraben zu werden, wo er im Kampfe gefallen sei, vorausgesetzt, dies wäre auf deutscher Erde. Während seines Aufenthalts in Mannheim im Mai/Juni 1815 genoß er wieder einmal den freundlichen Empfang durch die Bevölkerung und erfuhr von der Geburt seines zweiten Sohnes. Inzwischen hatte sich die endgültige Niederlage Napoleons angebahnt, an der diesmal die in der Pfalz stehenden bayerischen Truppen nicht unmittelbar beteiligt waren. Infolgedessen entfiel auch jede militärische Verwendung des Kronprinzen. Die Schlacht von Waterloo am 18. Juni 1815 machte dem Versuch Napoleons, noch einmal die Macht zu erringen, ein Ende.

Ein dritter Pariser Aufenthalt Ludwigs (12. VII.–27. X. 1815) ähnelte dem von 1814. Wieder wandte sich Ludwig vergebens an Kaiser Franz mit der Bitte, keine deutschsprachigen Gebiete mehr bei Frankreich zu belassen – für den Herrscher Österreichs wie für Max Joseph und Montgelas eine irrelevante Vorstellung. Rechberg hatte die Instruktion erhalten, keine oder doch nur geringfügige Abtretungen von Frankreich zu fordern. Ludwigs Bestreben, Lösungen auf Kosten Frankreichs zu suchen, lief also der Münchner offiziellen Politik zuwider und wurde daher von Montgelas noch in den Memoiren scharf kritisiert[399], zumal Rußland davon erfuhr und es von dort Frankreich zur Kenntnis gebracht wurde. Montgelas bemerkte mit gutem Grund, ein diesbezüglicher Brief Ludwigs hätte keineswegs dazu beigetragen, »unser Ansehen zu erhöhen oder das Wohlwollen zu gewinnen, dessen wir uns von allen Seiten hätten versichern sollen«. Ludwig sah nur den Verrat Metternichs, als er hörte, daß sein Schreiben in die Hände Ludwigs XVIII. gefallen war. Noch Jahrzehnte später – wiederholt kam er in seinen Tagebüchern auf diesen Vorgang zurück – packte ihn die Wut, wenn er sich der wahrscheinlich gezielten Indiskretion erinnerte. Während die Interventionen des Kronprinzen bei den Alliierten zugunsten einer Abtretung des Elsaß und womöglich noch weiterer Gebiete von Frankreich im Sande verliefen, verbuchte er auf einem Nebenschauplatz der diplomatischen Aktivitäten einen Erfolg: er vermochte dazu beizutragen, bei der Rückgabe von Napoleon in ganz Europa geraubter Kunstschätze nicht nur für Bayern, sondern auch für Rom und Venedig das Bestmögliche herauszuschlagen und bei dieser Gelegenheit auch noch vorteilhafte Neuerwerbungen zu machen[400]. Dabei erwies sich der Architekt Leo von Klenze als überaus geschickter Helfer, der damals in Paris das Vertrauen des Kronprinzen gewann und im Dienste Bayerns eine große Stellung erlangen sollte.

Am gleichen Tag, an dem Ludwig XVIII. nach Paris zurückkehrte, richtete der Kronprinz an Wrede ein Schreiben, das seine Vorstellungen von einem mit Frankreich abzuschließenden optimalen Friedensvertrag enthielt, aber auch bescheidenere Lösungen vorsah, falls sich das Maximalprogramm nicht sollte durchsetzen lassen[401]. Frankreich hätte, wenn es nach dem Kronprinzen gegangen wäre, Elsaß und Deutsch-Lothringen an den Deutschen Bund, das Norddepartement an die Niederlande, Diedenhofen an Luxemburg abtreten müssen. Aus dem französisch sprechenden Lothringen samt den ehemaligen Bistümern Metz, Toul und Verdun sollte ein eigener Staat gebildet werden. Ferner forderte er die Erstattung aller geraubten Kunstwerke und wissenschaftlichen Gegenstände, die Wiederherstellung der Hamburger Bank und die Rückgabe der eroberten Fahnen sowie eine Kriegsentschädigung von 500 Millionen Franken. Ludwig meinte, die deutschen Völker möchten es ihren Fürsten verübeln, wenn sie sich diesmal wieder zu nachgiebig zeigten, und die Franzosen würden sich nur ins Fäustchen lachen: »Nicht wieder mit Frankreich wie gleicher mit gleichem handeln, sondern *gleich* den rechten Ton anstimmen als gegen einen durch uns zum zweitenmal zu Besitz und Thron gelangten König, der ohne uns nie dazu gekommen, dem begreiflich zu machen, daß er nichts vom eigentlichen Frankreich, nur von Eroberungen herausgibt... Nicht zur Verzweiflung werden die Franzosen gebracht, aber man habe auch keine höhere Meinung von ihnen als sie verdienen, dieses, bester Fürst, machen Sie recht begreiflich, und wie wenig darum von Frankreich zu erwarten sei, dem Erbfeind Deutschlands und Englands, selbst wenn die Bourbonen blieben, woran aber noch sehr zu zweifeln, kehrte auch Buonaparte nicht wieder, was doch sehr wahrscheinlich...«

Den vom bayerischen Kronprinzen vorgesehenen Umfang der Gebietsabtretungen wie die Höhe der von ihm ausgedachten Kriegskostenentschädigung hat Wrede den Alliierten, zu deren Verhandlungsgremium er nicht gehörte, ohne Zweifel gar nicht zur Kenntnis gebracht. Die maßgebenden Monarchen und Staatsmänner der Alliierten wünschten auch 1815 Frankreich als handlungsfähigen Partner im europäischen Konzert. Es lag ihnen an der Festigung des Bourbonenkönigtums. Schon die Abtretung des Elsaß sahen sie als zu starke Belastung für die restaurierte Monarchie an, der man aus wohlerwogenen Gründen nicht eine zu hohe Hypothek auferlegen wollte. Ein pazifiziertes Frankreich erschien ihnen wichtiger als ein verkleinertes. Ludwig hingegen erinnerte sich nur der bitteren Erfahrungen einer Fremdherrschaft, deren Profit er für Bayern freilich nicht verschmäht hatte, und dachte bereits in den Begriffen eines im 19. Jahrhundert zunehmend mächtigeren Nationalbewußtseins. Die Alliierten hielten an den Grundsätzen aus dem vergangenen Jahrhundert ererbter europäischer Staatskunst fest. Der Zweite Pariser Frieden (20. 11. 1815) konnte, auch wenn die Bedrohung durch Napoleon endgültig beseitigt war, den Kronprinzen nicht befriedigen.

4. Territorialfragen

Daß der österreichische Staat auf alles Anspruch erhob, was er während der napoleonischen Periode an die Königreiche Bayern und Italien sowie an das illyrische Staatswesen verloren hatte, konnte nicht überraschen. Bayern hatte also Tirol, Salzburg sowie das Inn- und Hausruckviertel abzutreten. Als Entschädigung sah man das reiche Großherzogtum Würzburg und das Fürstentum Aschaffenburg vor, eine angesichts der ohnehin in Gang gekommenen Erweiterung Bayerns nach Norden und Westen sinnvolle Ergänzung seines Gebietsbestandes. Damit war man jedoch in München nicht zufrieden; dies schon aus dem Grund, weil man 1813 in Ried den vollen Ersatz für aufzugebendes Gebiet zugesagt erhalten hatte und mit Würzburg und Aschaffenburg allein dieser Anspruch noch nicht erfüllt war. So richtete man den Blick auf die Pfalz. Dies mußte Spannungen mit Baden, das 1803 die rechtsrheinische Pfalz in Besitz genommen hatte, und seinen Beschützern heraufbeschwören. Mancher Bayer war auf den Erwerb der Pfalz nicht unbedingt erpicht[402]. König Max Joseph selbst zeigte zum Mißvergnügen des Kronprinzen auf dem Wiener Kongreß Neigung, auf den »Überrhein« zu verzichten[403]. Der Thronfolger mit seinem lebenslang vertretenen »I stay here on my bond«-Prinzip wollte von solcher Resignation nichts wissen. Verglichen mit seinem Vater und dessen Ratgebern erweckte er in Territorialfragen zu München, Wien und Karlsruhe den Eindruck eines Maximalisten. Dagegen ist einzuwenden, daß er nicht ins Blaue hinein Forderungen aufstellte, sondern sich durchweg auf Zusagen stützen konnte. Es läßt sich nicht bestreiten, daß man von österreichischer Seite Hoffnungen erweckt, ja Versprechungen gemacht hatte, an die sich Ludwig verständlicherweise klammerte. Metternich hat rückblickend zugegeben, daß das Gefühl »gekränkten Rechts« bei Ludwig »nicht ganz ohne Grund« sei[404]. Des Staatskanzlers Entschuldigung lautete damals: alle in Betracht kommenden Regelungen seien »zur Disposition« der vier Großmächte gestellt worden. So habe die Verwirklichung der Zusagen an Preußen, Rußland und England gelegen, die sich jedoch teils lau, teils üblen Willens gezeigt hätten. Schließlich habe Österreich geglaubt, sich der Haltung der Mehrheit der Mächte auf dem Aachener Kongreß 1818 beugen zu müssen, der die Zusagen an Bayern endgültig illusorisch machte. Max Joseph und Montgelas haben die Dinge allerdings von vornherein skeptischer und richtiger gesehen als Ludwig und sich nicht so große Hoffnungen gemacht wie der noch unerfahrene Kronprinz.

Mit der Abtretung Tirols sowie des Inn- und Hausruckviertels fand sich auch Ludwig ab, nicht so mit einer Rückgabe Salzburgs, zumindest nicht der Stadt. Schon im Sommer 1814 suchte er den König, reichlich naiv, mit der Schilderung der Schönheit Salzburgs zu bewegen, die Stadt auf keinen Fall preiszugeben: »Ah, mon cher Père, comme Saltzbourg me parut de nouveau si beau, si ravissant, quel chef d'oeuvre!«[405]. Max Joseph erinnerte den Sohn nüchtern an frühere Äußerungen, daß es besser wäre, Österreich *alles* zurückzugeben, um das beiderseitige Verhältnis für immer zu bereinigen[406]. Der Kronprinz beschwor ihn gleichwohl, es auf den Erwerb Salzburgs *und* der Rheinpfalz anzulegen[407]. Seine Briefe machen wahrscheinlich, daß er aus ästhetischer Verliebtheit in eine Stadt, für deren Behauptung er allenfalls noch ökonomische und strategische Argumente anzuführen vermochte, glaubte, die große Politik in Bewegung setzen zu dürfen. Ludwig hat es auch sonst verstanden, persönliche Liebhabereien und Motive in erhabenes Gewand einzukleiden und mit mehr oder weniger stichhaltigen Argumenten zu rationalisieren, an deren Solidität er vermutlich selbst geglaubt hat. Als Nebenmotiv seines Insistierens auf Salzburg mag man allenfalls unterstellen, daß Bayern im Falle eines Mißlingens umso stattlicher im Westen entschädigt werden sollte[408].

Die deutsche Geschichtsschreibung des 19. und noch des 20. Jahrhunderts hat die territorialen Transaktionen auf dem Wiener Kongreß mit dem Verdikt »Länderschacher« abgetan. Geht man von der Mentalität der damals Regierenden aus, wird man einräumen, daß nach ihrer Meinung eine nicht wiederkehrende Gelegenheit gekommen schien, ihre Macht zu stabilisieren und Arrondierungen ihres Staatsgebietes vorzunehmen, auf deren Erfolg sich die Politik ihrer Staaten auf Generationen hinaus gründen konnte. Wer 1814/15 bei dem zähen Feilschen nicht mitgehalten hätte, wäre unter die Räder geraten. Die Staatsräson zwang zum »Länderschacher«.

Österreich hat die Rückgabe Salzburgs in monatelangen, von dem Feldmarschall-Leutnant Freiherr von Wacquant geführten Verhandlungen, die zu einem Münchner Vertrag vom 14. April 1816 führten[409], erzwungen. Als weitaus komplizierter und langwieriger erwies sich das pfälzische Problem. Bayern stützte sich, was seine Absichten auf pfälzisches Gebiet rechts und links des Rheins und in Verbindung damit die »Kontiguität« zwischen dem Kernland und seinen westlichen Besitzungen betraf, auf den Rieder Vertrag vom 8. Oktober 1813 und das geheime Ausführungsabkommen vom 3. Juni 1814. Am 23. April 1815 kam es zu einem allerdings nie ratifizierten Vertrag, demzufolge Bayern gegen Abtretung des gesamten österreichischen Besitzes zu den fränkischen auch noch badische, württembergische und hessische Gebiete erhalten sollte. Und in einem Geheimartikel verbürgten sich die Großmächte zur »Reversion« der badischen Pfalz im Falle des Ausbleibens männlicher Nachkommenschaft aus der regierenden badischen Dynastie[410]. Mit einem Aussterben der regierenden Linie war unter Umständen zu rechnen. Aber hätten sich die Anwärter aus der für die Nachfolge vorgesehenen Linie Baden-Hochberg und ihre Protektoren mit einer Abtretung abgefunden? Hätten Württemberg und Hessen-Darmstadt zugunsten Bayerns kapituliert? Daß Baden den mit seiner Dynastie verschwägerten Zaren hinter sich wußte und bald in Preußen einen weiteren potenten Beschützer fand, machte das Großherzogtum fast unangreifbar.

Der Widerstand Bayerns gegen die Bundesverfassungswünsche Österreichs und sein allzu langes Beharren auf Salzburg hatten zu einem Kurswechsel der österreichischen Politik und einem Geheimvertrag zwischen Wien und Berlin vom 10. Juni 1815 geführt, der Bayerns territoriales Machtstreben begrenzen sollte. Mit der großen Lösung Hanau-Mainz-Frankfurt am Main-gesamte Pfalz war es nun vorbei. Immerhin haben auch noch eine spätere Abmachung der vier Großmächte[411] und ein Geheimartikel des Münchner Vertrags vom 14. April 1816[412] Bayern das Heimfallrecht auf die rechtsrheinische Pfalz im Fall des Aussterbens der Linie des regierenden Großherzogs zugestanden.

Auf dem linken Rheinufer war es im Juli 1814 aufgrund einer Vereinbarung der Alliierten zu Paris vom 30. Mai 1814 und der erwähnten Geheimabmachung zwischen Österreich und Bayern vom 3. Juni 1814 zu einer Übergangslösung gekommen. Man hat das von den Franzosen abgetretene Land zwischen Rhein, Mosel und Queich (ohne Mainz) einer gemischten »k. österreichischen und k. bayerischen gemeinschaftlichen Landesadministration« unterstellt und mit bayerischen und österreichischen Truppen besetzt[413]. Das zu verwaltende Gebiet wurde in einen österreichischen und einen bayerischen Abschnitt geteilt, dieser unter der Leitung des bewährten altbayerischen Beamten Ritter von Zwackh-Holzhausen, eines früheren Illuminaten und Vertrauten von Montgelas. Spätestens seit Frühjahr 1814 stand der Kronprinz in Verbindung mit linksrheinischen Persönlichkeiten, die einem Anschluß ihrer Heimat an Bayern zuneigten[414]. Wrede und der Kronprinz zogen in den territorialen Fragen im großen und ganzen am gleichen Strang, wenn auch Wrede viel vorsichtiger agierte. Nachdem die Entscheidung für die Rückgabe Salzburgs an Österreich gefallen war, hat man in dem besetzten linksrheinischen Gebiet aus ehemals kurpfälzischem, aber auch zahlreichen anderen Territorien eine Neuschöpfung herausgelöst und dem bayerischen Königreich als Rheinkreis (auch Rheinbayern und später Pfalz genannt) zugeschlagen.

König Max Joseph erklärte am 24. Januar 1816 sein Einverständnis mit dieser Lösung, sandte aber gleichzeitig den Kronprinzen und Graf Rechberg zum österreichischen Kaiser nach Mailand[415]. Dort sollten in erster Linie weitere territoriale Abtretungen zugunsten Bayerns erreicht werden, um den Zusammenhang des bayerischen Kernlandes mit der Pfalz herzustellen. Vermutlich war noch eine weitere Absicht im Spiel: dadurch, daß man den Kronprinzen unmittelbar mit diplomatischer Verantwortung betraute, sollte der von ihm andernfalls zu erwartenden Kritik der Boden entzogen werden. Der Empfang durch Kaiser Franz war nicht sehr freundlich, und zähe Verhandlungen zwischen Metternich und Rechberg folgten. Der Kronprinz machte, nach allem, was man von den Mailänder Besprechungen weiß, seine Sache nicht schlecht, aber viel ließ sich, nachdem die Entscheidung in der Hauptsache gefallen war, nicht mehr herausholen. Im Mittelpunkt der Unterhandlungen stand schließlich die von Bayern gewünschte Abtretung des Main-Tauber-Kreises von Baden. Österreich anerkannte den Anspruch Bayerns im Prinzip und versprach, sich für die Übergabe des Kreises bei den Großmächten zu verwenden. Der Pferdefuß: es machte die Transaktion von der Zustimmung der drei Mächte *und* Badens abhängig. Um die Erwerbung des Main-Tauber-Kreises als einen sehr bescheidenen Wunsch Bayerns glaubhaft zu machen, hatte Ludwig von nur 100000 Gulden Einkünften gesprochen (tatsächlich sollten sie sich auf 300000 fl. beziffern). Kaiser Franz nahm ihn darauf beim Wort und sagte eine jährliche Zahlung von 100000 fl. so lange zu, bis dem König die territoriale Entschädigung zuteil geworden sei. Diese sogenannte »Kontiguitätsentschädigung« hat Bayern dann über ein Jahrhundert bezogen[416].

Kurz vor Montgelas' Sturz war von Metternich im Einvernehmen mit dem bayerischen Staatsmann ein Plan ausgehandelt worden, dem Max Joseph und der Kronprinz zustimmten: Bayern sollte nach dem Aussterben der alten Zähringer Linie in Karlsruhe den Main-Tauber-Kreis gegen Abtretungen vom Gebiet der bayerischen Pfalz erhalten[417]. Der Kronprinz hat es sich indessen sehr bald wieder anders überlegt. Er bestand weiterhin auf der Verwirklichung der Kontiguität in der Weise, daß der Neckar-Kreis oder zumindest Heidelberg und Mannheim – sein alter Traum – mit Umland an Bayern fallen sollten[418].

Wir greifen an dieser Stelle den Geschehnissen vor und verfolgen den Fortgang des bayerisch-badischen Konflikts bis zur Regierungsübernahme Ludwigs. Es zeigte sich, daß noch im 19. Jahrhundert das Ineinandergreifen von dynastischer Hauspolitik und Staatspolitik viel bedeutete. Das Pariser Protokoll vom 3. November 1815 und die Artikel des Münchner Vertrags vom 14. April 1816, die auf das Aussterben der regierenden Zähringer Linie abgestellt hatten, blieben nicht geheim. Das A und O der badischen Politik bestand nun darin, den Gefahren für die bevorstehende Thronfolge der Linie Baden-Hochberg tunlichst vorzubeugen, zunächst durch hausgesetzlich-verfassungspolitische Maßnahmen[419]. Wäre Baden nur auf sich allein gestellt geblieben, hätten ihm vermutlich weder Hausgesetz noch Verfassung über seine Verlegenheiten hinweggeholfen. Den Ausschlag gab, daß die Großmächte und wohl alle anderen deutschen Staaten eine noch weitergehende Vergrößerung Bayerns nicht wünschten[420] und unter dem Einfluß des mit dem Zähringer Hause verwandten russischen Hofes zur Aufrechterhaltung des badischen Besitzstandes neigten. So kam es auf dem Kongreß der Großmächte zu Aachen 1818, zu dem man zwar Baden, nicht aber Bayern zuließ, zu Beschlüssen, die Bayern zwangen, sich in das Unvermeidliche zu schicken. Ein Frankfurter Generalrezeß vom 20. Juli 1819 setzte dann das Pünktchen auf das I.

Wer sich damit selbstverständlich nicht zufrieden gab, war Kronprinz Ludwig. Max Joseph, dessen Ruhebedürfnis bei seinen Entscheidungen keine geringe Rolle spielte, äußerte in einem Brief an seinen Schwager, den todkranken badischen Großherzog Karl: »Wenn ich zu entscheiden wagte, würde ich sofort auf diesen Anspruch [Bayerns auf die badische Pfalz, d. Vf.] verzichten, aber mein Nachfolger würde nicht zustimmen«[421]. Offenbar hat es wiederholt wegen der badischen Frage familiäre Auseinandersetzungen im Hause Wittelsbach gegeben. Der lebenserfahrene, waghalsigen Aktionen durchaus abgeneigte König war vollauf damit zufrieden, daß er durch so viele heikle und bedrohliche Situationen gut durchgekommen war. Wohl die Quintessenz seiner politischen Auffassungen![422] Königin Karoline fühlte sich zeitlebens als Exponentin des badischen Hauses in München[423]. Nur der Kronprinz verfocht in der badischen Frage mit dem ihm eigenen Temperament eine offensive Politik. Unmittelbar nach dem Sturz Montgelas' suchte er den neuen Außenminister, Graf Rechberg, auf seine pfälzischen und noch weitergehenden Pläne festzulegen[424]. Als Großherzog Karl, wie es schien, auf den Tod darniederlag, leistete sich Ludwig 1818 den Mißgriff, seinen Adjutanten, Graf Albert Pappenheim, erheblich zu früh nach Baden-Baden zu senden, um als erster über den Tod des Zähringers verständigt zu werden[425]. Die Schreiben des Grafen an den Kronprinzen verraten alles andere als einen Sendling mit diplomatischer Begabung[426]. Der losgelassene Militär übermittelte dem Kronprinzen abenteuerliche Ratschläge und zog sich durch seine anscheinend auf eigene Faust unternommenen Ausflüge in die Geheimdiplomatie den äußersten Unwillen aller Beteiligten zu, ausgenommen des Kronprinzen, der ihn loyal deckte. Ludwig hat aus der Rückschau seinen Fehler verteidigt[427]. Anscheinend beabsichtigte er, unmittelbar nach dem Tod des Großherzogs einer bayerischen Aktion auf dem Aachener Kongreß Vorschub zu leisten. Königin Karoline, bei ihrem Bruder in Rastatt weilend, schrieb sofort an ihren Mann, daß die »Sendung« Pappenheims »den schlechtesten Eindruck gemacht« habe. Viele zeitgenössische Stimmen bestätigen dieses Urteil. Ludwigs Schwester Auguste hielt die unerquicklichen familiären Folgen in ihrem Tagebuch fest: »Mein Vater war darüber empört, und ohne meine Schwester, die die Sache einzurenken versuchte, hätte er deren Bruder sofort nach Würzburg zurückgeschickt. Trotzdem gab es eine fürchterliche Szene zwischen beiden, und mein Vater sagte ihm zum erstenmal alles, was er gegen ihn habe, und rechnete ihm alle Kümmernisse vor, die er ihm bereitet habe. Unglücklicherweise machte das auf meinen Bruder keinen großen Eindruck. Er wälzte alles auf die Königin ab. Er ist so blind gegen sich selbst, daß er das Eigenartige seines Verhaltens gar nicht fühlt. Bedauerlicherweise scheint er etwas verschroben zu sein; denn er sagt, daß er meinen Vater liebe, und trotzdem kritisiert er alles, was er tut, und arbeitet unter der Hand gegen die Absichten des Königs, und das in einem Maße, daß man meinen möchte, er sei der Souverän des Landes ...«[428]

Vor dem Aachener Kongreß hatte Ludwig seine Schwester Karoline Auguste, Kaiserin von Österreich, bestürmt, sich an den Zaren zu wenden, um ihn in der pfälzischen Frage zugunsten Bayerns umzustimmen. Sie tat es, wenn auch sicher sehr ungern. Weihnachten 1818 berichtete sie ihrem Bruder von dem gänzlichen Mißerfolg ihrer Bemühungen[429]. Zar Alexander hätte überdies zu erkennen gegeben, daß er auf den Kronprinzen nicht gut zu sprechen sei und unverblümt erklärt, Bayern habe zu hoch hinaus gewollt. Ferner ließ sie ihren Bruder wissen, Kaiser Alexander wie Metternich wünschten, Wrede, dessen Verdiensten und militärischen Talenten sie Gerechtigkeit widerfahren ließen, möchte nicht in diplomatischen Angelegenheiten gebraucht werden.

Friedrich von Gentz hatte unmittelbar nach dem Aachener Kongreß in München eine Unterredung mit dem Kronprinzen, die er Metternich anschaulich schilderte: »Der Kronprinz, der mich zwei Stunden lang bis auf den Tod gemartert hat, seufzt und schreit zwar entsetzlich; er, aber nur er, wähnt auch noch in manchen Augenblicken, daß doch wohl alles Geschehene wieder aufgehoben werden könnte; gleich nachher verzweifelt er wieder, klagt bald das Schicksal an, bald die Monarchen, bald wieder die Minister; hat aber durchaus keine klare Ansicht von irgendeiner zu ergreifenden Maßnahme«[430].

Im März 1819 hat der Kronprinz Rechberg massiv unter Druck gesetzt, um zu erreichen, daß man auf der abschließenden Frankfurter Territorialkonferenz eine Verwahrung zu Protokoll gebe[431]. Tatsächlich hat der Minister den Gesandten von Pfeffel angewiesen, so zu verfahren, doch weigerte sich die Konferenz, den bayerischen Protest in ihr Protokoll aufzunehmen; Metternich zeigte sich über den Kronprinzen sehr verärgert[432]. Bayern blieb nichts anderes übrig, als sich zu fügen, doch stellte es sich im Prinzip auf den Boden des Münchner Vertrags von 1816.

In seinem unwiderstehlichen Bedürfnis, Sachverhalte schriftlich zu fixieren und sich dadurch, auch im Hinblick auf eigene Entschlüsse, größere Klarheit zu verschaffen, hat der Kronprinz Juli 1823 unter dem Titel »Das österreichische politische Benehmen seit zehn Jahren schon während dem Befreiungskampf und nachher« eine Art Sündenregister des übermächtigen Nachbarstaates angefertigt. Jahr für Jahr zählte er vom »unteutschen« Verhalten des Kaisers Franz 1813/14 über Österreichs Intervention in Italien bis zu eidbrüchigem Vorgehen in Ungarn 1823 auf, was er sich von der Seele schreiben mußte und was er für den Fall, daß er als Souverän mit Österreich zu verhandeln hätte, stets im Gedächtnis behalten wollte. Er schloß mit den Worten: »Nicht Grundsätze, nicht Recht, sein *Nutzen* bestimmt Österreichs Entschließungen; so soll es aber nicht sein«[433]. Auch er hatte seit dem Wiener Kongreß gelernt, »über Österreichs Undank« zu staunen. Wenn es wahr ist, was Bismarck den bayerischen Ministerpräsidenten von der Pfordten im Sommer 1866 wissen ließ, hätte Österreich noch damals in die Abtretung Österreichisch-Schlesiens an Preußen eingewilligt, hätte es dafür bayerisches Gebiet bis zum Inn erhalten[434]. Daß Metternich noch am ehesten für

Bayern eingetreten war, das er unter Umständen als Partner gegen Preußen benötigte, scheint Ludwig entgangen zu sein. Seine Mißstimmung richtete sich während des Kongresses und noch lange Jahre danach ganz persönlich gegen den leitenden Staatsmann Österreichs.

5. Im Deutschen Bund

Nachdem Wrede auf die Nachricht von der Landung Napoleons in Frankreich Wien verlassen hatte, übernahm der Gesandte Graf Rechberg die Vertretung der bayerischen Sache auf dem Kongreß. Rechberg erkannte, daß man in der Angelegenheit des Deutschen Bundes um Zugeständnisse nicht herumkomme, wollte man sich nicht völlig isolieren. Aber es handelte sich eben nur um Konzessionen, nicht um eine grundsätzliche Neuorientierung. Rechberg ist es sogar gelungen, das von Wrede bereits hingenommene Bundesschiedsgericht zu Fall zu bringen[435]. Am 8. Juni 1815 unterzeichnete er in Wien die Bundesakte[436]. Sein Abschlußbericht vom 11. Juni 1815 beweist, daß dies ohne ausdrückliche Ermächtigung aus München geschah. Rechberg machte sich anscheinend nur mehr wenig Hoffnungen auf weitere Gebietserwerbungen Bayerns; er war vielmehr der Meinung, man müsse sich bemühen, das Erworbene zu erhalten, und als Mittel zum Zweck erschien ihm der Deutsche Bund. Am 5. November 1816 fand die Eröffnung des Bundestages in Frankfurt am Main statt. Rechberg vertrat seinen Staat als erster Bundestagsgesandter.

Lustloser als die bayerische Staatsspitze hat sich wohl keine Führungséquipe eines anderen deutschen Staates in den Bund begeben. Johann Adam Freiherr von Aretin, einer ihrer führenden Köpfe, brachte die Auffassung der bayerischen Regierung in einem Gutachten vom 15. Februar 1815 auf folgende Formel: »Der Deutsche Bund ... bietet keine Vorteile und keine Garantien, die sich nicht durch selbstgewählte Allianzen ebenso und besser erreichen ließen«[437]. Und Zentner meinte: »Bayern ist der einzige deutsche Staat, der neben Österreich und Preußen eine europäische Macht werden kann. Man muß sich daher den Weg dazu freihalten.« Wenig später berichtete der preußische Gesandte von äußerster Indifferenz Montgelas' gegenüber dem Deutschen Bund[438]. Nach dem Frieden, fand dieser, habe der Deutsche Bund keinen Zweck mehr. Die deutschen Staaten könnten nebeneinander existieren wie die italienischen. Was Montgelas fürchtete, war eine Vorherrschaft Österreichs oder Preußens auf dem Weg über den Bund. Vorübergehend hatte Montgelas im Frühjahr 1813 einen von den deutschen Großmächten unabhängigen Bund der Mittelstaaten erwogen; er ließ jedoch den Gedanken einer vollständig unabhängigen Stellung zwischen den europäischen Mächten wieder fallen[439]. Der leitende bayerische Staatsmann sah es für das einzig Richtige an, inmitten ideologisierter Wunschvorstellungen, sei es legitimistischer Solidarität, sei es deutsch-nationaler Einheit, kühlen Kopf zu bewahren und für ein souveränes Bayern nach den bewährten Grundsätzen der Staatsräson und der Machtpolitik das Erreichbare möglich zu machen.

Der Bremer Staatsmann Smidt verglich während des Wiener Kongresses die politische Tendenz Bayerns mit dem Bestreben Preußens in der Mitte des 18. Jahrhunderts: »... um sich zu emanzipieren, aus einem deutschen Staate zu einem europäischen fortzuschreiten«[440]. Keiner der in Betracht kommenden bayerischen Staatsmänner hat freilich eine europäische Großmachtstellung angestrebt. Wohl aber schwebte ihnen die Erreichung der Position einer europäischen Macht zweiten Ranges vor, etwa Spanien, Neapel, Schweden oder den Niederlanden vergleichbar, mit verhältnismäßig freier Beweglichkeit ausgestattet, die man als Mitglied des Deutschen Bundes zu verlieren befürchtete. Graf Rechberg, 1817 Montgelas' Nachfolger als bayerischer Außenminister, hat die erwünschte europäische Stellung Bayerns 1823 folgendermaßen umschrieben: »Ein Staat von mittlerer Größe und politischer Bedeutung, ist Bayern zwar nicht imstande, für sich alleinstehend eine Rolle in den europäischen Angelegenheiten zu spielen, allein schon mächtig und bedeutend genug, um jeder der großen Mächte des Weltteils als Verbündeter willkommen zu sein ...«[441].

Keiner der eben genannten Staatsmänner hat, in ausschließlich etatistischen Vorstellungen befangen, auch nur annähernd begriffen, welche Bedeutung der nationale Gedanke als Faktor in der öffentlichen Meinung des 19. Jahrhunderts zu gewinnen im Begriffe stand. Der einzige Mann an der Staatsspitze Bayerns, der, bei allem Festhalten an der bayerischen Selbständigkeit, dafür Verständnis besaß, war der Kronprinz, Leser der Schriften Arndts und Jahns. Darin lag, wir wiederholen es, auf die Anfangsjahrzehnte des 19. Jahrhunderts bezogen, seine »Modernität«.

Dachte man nur etatistisch, mußte man über kurz oder lang auch Frankreich wieder ins Spiel bringen, das manchem bayerischen Staatsmann nach den Niederlagen des Kaiserreichs von 1814 und 1815 weniger bedrohlich erschien als die beiden deutschen Großmächte, aber umso erwünschter als einziges noch in Betracht zu ziehendes europäisches Gegengewicht gegen sie, nachdem weder Rußland noch England Neigung verrieten, sich für Bayern zu engagieren. Wir sprechen hier nicht von Repräsentanten der unentwegt französischen Partei im Jahre 1814, wie dem Generaladjutanten Christian Freiherr von Zweybrücken, dem Oberststallmeister Karl Ludwig von Keßling und beider Verwandten, dem Gesandten Anton Freiherrn von Cetto[442], die am Hof Einfluß besaßen, aber von der »großen Politik« doch mehr oder minder ferngehalten wurden, sondern von den »Machern« der bayerischen Außenpolitik. Montgelas hätte es für absurd gehalten, sich einer Kooperation mit Frankreich aus national-ideologischen Gründen ein für allemal zu verschließen. Johann Adam Freiherr von Aretin schlug sogar vor, Frankreich in den Deutschen Bund aufzunehmen[443]. Er begründete diesen Gedanken mit dem französischen Besitz von Elsaß und Lothringen, tatsächlich ging es ihm wohl um die Etablierung eines Gleichgewichtssystems im Bund, bei dem Bayern besser wegkommen sollte als unter der Vorherrschaft Österreichs und Preußens. Gesandtenberichte vom Münchner Hof aus den Jahren 1816 und 1817 erörterten die Möglichkeit einer zukünftigen Allianz Bayerns mit Frankreich[444]. Kurzfristig trat dieser Gedanke überraschenderweise sogar unter der Regierung Ludwigs I. noch einmal hervor[445]. Die inzwischen eingetretene politische Konstellation hat Bayern eine Koalition mit Frankreich nicht mehr erlaubt. Ungeachtet der Bemühungen einzelner französischer Gesandter in München hat auch die Regierung in Paris nie mehr auf längere Zeit an einer Anknüpfung mit Bayern gearbeitet. In den Anfängen des bourbonischen Restaurationskönigtums starrte man vor allem auf die in München weilenden Bonapartisten und auf Eugen Beauharnais im besonderen. Vor ihnen hegte man weit übertriebene Befürchtungen.

Zentner ging noch nach Montgelas' Sturz mit dem Gedanken um, Bayern solle, um seine Souveränität zu retten, den Bund verlassen, andererseits der drohenden Isolierung durch eine vorbildliche Verfassung zuvorkommen. Zu den in München bevorzugten Verfahren zählte schließlich, den weiteren Ausbau des Bundes tunlichst zu verhindern. Indem man sich zum scheinbaren Sachwalter der in Wien als Minimalkonsens formulierten Bundesakte aufwarf, suchte man möglichst viel von der eigenen Souveränität zu bewahren und deren Gefährdung durch eine Erweiterung der Bundeszuständigkeit zu vermeiden. Diese ausschließlich negative, beinahe auf Obstruktion hinauslaufende Praxis mußte Bayern isolieren. Es gab indessen noch Überlegungen anderer Art, die Bayerns Position innerhalb des Bundes heben und ihm am Ende zur Stellung einer dritten deutschen Macht verhelfen sollten.

Bayerns Bundesverhältnis führte notwendigerweise zur Auseinandersetzung mit dem vielschichtigen Komplex der Trias[446]. Man versteht darunter eine Mächtegruppierung zwischen Österreich und Preußen als dritten ins Gewicht fallenden Faktor im Rahmen des Deutschen Bundes. Bayern, unter den mittleren das stärkste Staatswesen, mußte bei einer solchen Kombination eine Führungsrolle zufallen. Der Jurist Anselm Feuerbach hat 1817 Betrachtungen angestellt, wie sie schon seit Jahren auch andere Staatsmänner und Publizisten Bayerns beschäftigt haben. Auf die Frage nach der Sicherheit Bayerns gegen Preußen und Österreich legte er sich als Antwort zurecht: »Für sich selbst, bloß auf seine Einzelkräfte gestützt, kann sich Bayern ein für allemal nicht behaupten. Der Gedanke, als eine europäische Macht bestehen zu wollen, findet beim flüchtigen Blick auf die Landkarte seine Widerlegung. Nur in Verbindung mit anderen Staaten, durch Allianzen oder Bundesvereine, kann Bayern seine Selbständigkeit behaupten. Nur als Haupt oder als Glied eines Bundes kann dasselbe würdig, groß und einflußreich bestehen. Aber wo hat Bayern seine Verbündeten zu suchen? Es sind nur zwei Hauptfälle möglich, entweder: I. Bayern schließt sich einem anderen *selbstmächtigen* Staat an, verbindet sich mit einer europäischen Macht, oder II. Bayern verbindet sich mit anderen *deutschen Staaten zweiten und dritten Rangs* und wird (was alsdann sein natürlicher Beruf ist) selbst das Haupt eines Bundesvereins«[447]. Drei Varianten einer Trias mußte man in München ins Auge fassen. Johann Christoph Freiherr von Aretin vertrat als Publizist in der »Alemannia« den Zusammenschluß der konstitutionellen Staaten unter Bayerns Führung. Den primär ideologisch-verfassungspolitischen standen machtpolitische Konstruktionen gegenüber, konnten sich mit ihnen aber auch verquicken; so der Plan eines süddeutschen Staatenbundes, wie ihn Johann Adam Freiherr von Aretin vertrat und ebenfalls publizistisch in der kurzlebigen »Zeitschrift für Bayern« an den Mann zu bringen suchte. Drittens bot sich ein Zusammenschluß aller »reindeutschen« mittleren und kleineren Staaten an. Seine Verwirklichung hätte unter nationalen Vorzeichen und ohne (unmittelbare) Anlehnung an Frankreich eine Neuauflage des Rheinbundes bedeutet, auch wenn man es wohlweislich vermied, die Bezeichnung in den Mund zu nehmen[448]. Die Idee eines reindeutschen Bundes ohne Österreich und Preußen hatte bei bayerischen Staatsmännern schon früher Anklang gefunden, doch war man realistisch genug, sich von Bemühungen dieser Art nicht viel zu versprechen.

Schon Heinrich von Treitschke hat auf die Fehlerquellen der Trias-Konstruktionen hingewiesen. Auch wenn wir von der Regeneration des deutschen Nationalbewußtseins, die Treitschke von einer Trias nicht erwartete, absehen, kann man die Trias kaum als erfolgversprechende Alternative zum deutschen Dualismus innerhalb des Bundes einschätzen. Der Widerstand Österreichs, das sich von einer trialistischen Lösung als Vormacht in Mitteleuropa bedroht sah, einer Stellung, die es nicht unmittelbar, sondern mittelbar durch den Bund auszuüben gedachte, und die Eifersucht der in Betracht kommenden deutschen Mittelstaaten untereinander, die a priori österreichische Orientierung Sachsens und die Distanz Hannovers waren die hauptsächlichen Gründe für das Nichtzustandekommen einer Trias. Es hat in Bayern nicht an einzelnen Sympathien für einen trialistischen Kurs gefehlt (Lerchenfeld, Johann Adam und Johann Christoph Aretin). Aufs Ganze gesehen ist die deutsche Politik Bayerns im Gegensatz zur württembergischen unter Wilhelm I. im Vormärz jedoch nie trialistisch orientiert gewesen. Montgelas wollte weder von einer gesamtdeutschen Trias noch von einem süddeutschen Zusammenschluß etwas wissen. Er hat bereits das durch Wrede aus Wien am 26. März 1815 übermittelte württembergische Projekt eines Separatbundes zur Sicherung der Souveränität strikt abgelehnt[449]. Wenn Metternich vorübergehend – vor 1815 – geneigt war, den süddeutschen Staaten eine Vereinigung zuzugestehen, selbstverständlich, um sie gegen Preußen ausspielen zu können[450], so verband sich für den Leiter der bayerischen Politik damit kein Anreiz, auf solche Projekte einzugehen. Der Kronprinz zeigte niemals Interesse an Trias-Projekten. Als König hat er 1830/31 den Vorschlag süddeutscher Neutralität in Erwägung gezogen, nicht aber die Trias-Konzeption. Als Thronfolger wie als Herrscher kannte er immer nur das eine Ziel der Rückgewinnung der rechtsrheinischen Pfalz. Erst nach Ludwigs Rücktritt konnten in Bayern Trias-Pläne neuerdings auf höchster Ebene erörtert werden[451].

Wollte man von der Trias nichts wissen, mußte man sich wohl oder übel Österreich und seiner Bundespolitik annähern. Das Verhältnis zu Preußen war seit dem Wiener Kongreß und infolge der nachhaltigen Unterstützung Badens durch die norddeutsche Vormacht zu sehr getrübt. Allerdings mußte man in München damals und später wiederholt die Erfahrung machen, daß sich Wien und Berlin mitunter über den Kopf Bayerns hinweg verständigten.

Eine zügige und programmatische deutsche Politik hat Bayern in unserem Berichtszeitraum schließlich überhaupt nicht betrieben. Montgelas sah keinen Anlaß zu einer pointierten Bundespolitik des bayerischen Staates; an eine deutsche Aufgabe Bayerns glaubte er ohnehin nicht. Man reagierte also nur und verhielt sich alles in allem pragmatisch und lavierend. Oberster Gesichtspunkt blieb, die bayerische Souveränität zu bewahren, auch wenn man der Sicherung der bestehenden politischen und gesellschaftlichen Ordnung durch den Bund Sympathie entgegenbrachte und von entsprechenden Maßnahmen zu profitieren gedachte. Militärische Fragen standen vor 1830 noch nicht im Vordergrund der Bundespolitik.

Im Gegensatz zu den Staatsmännern seines Vaters hat der Kronprinz den nationalen Aufgaben des Bundes großes Interesse entgegengebracht. Aber auch er konnte als bayerischer Thronerbe und im Sinne der Verfassung von 1818 gar nicht anders, als der Verteidigung der bayerischen Selbständigkeit Priorität zuzuerkennen. War man so gesonnen, hatte man Anlaß, vor dem Deutschen Bund auf der Hut zu sein. Metternichs Politik lief sehr bald darauf hinaus, den mittleren und kleineren Staaten Deutschlands auf dem Umweg über den Bund Zügel anzulegen. Aus den Bundesverfassungsentwürfen des Kronprinzen ist uns bekannt, wie sehr ihm daran lag, Österreich und Preußen im Bunde nicht übermächtig werden zu lassen. Im Prinzip bejahte der Thronfolger ein effektives, mit wichtigen Zuständigkeiten ausgestattetes deutsches Föderativsystem aufrichtiger als die Staatsmänner seines Vaters.

Was ihn von Metternich wie von den leitenden Persönlichkeiten der bayerischen Außenpolitik gleichermaßen unterschied, war sein Bestreben, den Deutschen Bund mit nationalem Bewußtsein zu erfüllen und der Föderation als Zusammenfassung aller Deutsch sprechenden Menschen auf dem Kontinent (einschließlich Niederländer, Flamen und Schweizer) die größtmögliche Ausdehnung zu verschaffen. Dies teils um der Sache selbst willen, teils weil eine Vergrößerung des Bundes den Spielraum der Mittleren und Kleineren gegen Österreich und Preußen erweiterte.

VIII.
THRONFOLGERPROBLEME

1. Generationsunterschiede – Eine Kronprinzenpartei?

Als 1815 die Epoche einer friedlichen Konsolidierung der im Krieg entstandenen bayerischen Monarchie begann, hatte der Kronprinz bereits Begegnungen mit den einflußreichsten Männern seiner Zeit zu verzeichnen. Er hatte Erfahrungen im französischen und im bayerischen Staatsrat wie als Gouverneur von Salzburg und Tirol gesammelt, hohe militärische Kommandos, wenn auch nicht in voller militärischer Kompetenz, wahrgenommen und als Teilnehmer des Wiener Kongresses hinter die Kulissen der hohen Politik geblickt. Sein nach Tätigkeit verlangendes Temperament ließ es ihn nur schwer ertragen, daß bayerische Staatskunst unter anderem auch darin bestand, ihn von Entscheidungen fernzuhalten, ihn abzulenken, zu überspielen und notfalls durch seinen Vater zurückweisen zu lassen. Falls es um hausgesetzliche Bestimmungen ging, etwa in der Frage der Beziehungen der Familie Beauharnais zum Königshaus, war die Zustimmung des erwachsenen Thronfolgers erforderlich, und gerade im Fall seines Schwagers zeigte Ludwig, daß er diese gegen den Willen des regierenden Familienoberhaupts zu verweigern im Stande war. Die Übertragung einer politischen Mission, wie die Sendung zu Kaiser Franz nach Mailand 1816, blieb ein Ausnahmefall. Ebenso kam es nur selten vor, daß der Kronprinz bei Konflikten an der Staatsspitze als Vermittler fungierte[452]. Indessen nahm er nicht nur seinen moralischen Anspruch auf gründliche Information mit Nachdruck wahr. Es gab seit dem Wiener Kongreß nur wenige Gegenstände der bayerischen Politik, zu denen er nicht Stellung genommen hätte. Wiederholt brachte er politische Entwürfe zu Papier. Als Mann der Tat wünschte er seine Ansichten zu verwirklichen. Er hatte sich jedoch während des Jahrzehnts vom Abschluß des Wiener Kongresses bis zu seiner Thronbesteigung in Geduld zu fassen. Man muß ihm das Zeugnis ausstellen, daß er die Wartezeit bis zur Regierungsübernahme aufs äußerste nützte, um sich auf sein hohes Amt vorzubereiten. Folgenreich war, daß der König und seine Minister, da sie an Kunst und Bauwesen wenig interessiert waren und den Kronprinzen gerne auf »unschädliche« Gebiete ablenkten, diesem seit 1812 in solchen Angelegenheiten die Vorhand überließen[453]. Sie konnten nicht ahnen, daß sie damit den Weg für eine im zeitgenössischen Europa beispiellose bauherrliche und mäzenatische Leistung frei machten, in der man mehr als im Politischen die historische Originalität Ludwigs zu sehen hat.

Max Joseph, »Geber der Verfassung«, blieb im Grunde der Welt des fürstlichen Absolutismus verhaftet, Ludwig versprach sich von der Konstitution eine freisinnige Entwicklung der bayerischen Staatsnation. Der Monarch hielt deutsche Patrioten für Jakobiner, der Thronfolger, aufrichtig »teutsch« gesinnt, wußte zwischen Anhängern der Französischen Revolution und Männern wie Stein, Arndt und Jahn zu unterscheiden. Der König, wohl nie religiös ergriffen und jedem »Mystizismus« abhold, betrachtete die Kirche als eine nützliche und unumgängliche Staatseinrichtung, sein Erbe, mit sehr viel lebhafterem religiösen Gefühl ausgestattet, verehrte die Kirche als göttliche Stiftung und war durchaus bereit, daraus politische Folgerungen zu ziehen. Der Vater, zunehmend ruhebedürftig, wurde unbeschadet seiner unbekümmerten Gesprächigkeit mit den Jahren immer vorsichtiger. Ludwig leistete sich lebenslang manche Taktlosigkeiten und Unbesonnenheiten. Obschon er sich um Selbstkontrolle bemühte, kam es doch wieder und wieder vor, daß ihn sein ungestümes Naturell überwältigte. All dies Grund genug für Spannungen zwischen dem nach der Aufgabe Salzburgs in Würzburg residierenden Kronprinzen und dem Münchner Hof. Als Höhepunkte des Verdrusses zwischen Vater und Sohn darf man während der napoleonischen Zeit den Alleingang des Kronprinzen in Sachen seiner projektierten russischen Ehe und seine politische Ungeduld im Jahre 1813 ansehen. Nach 1815 haben seine Stellungnahme in den Angelegenheiten der Familie Beauharnais, sein problematisches Verhalten vor dem Tod des Großherzogs von Baden und die Hoffnungen auf eine Wunderheilung seiner Schwerhörigkeit durch den Prinzen Alexander Hohenlohe[454] den Zorn seines Vaters in besonderem Maße entfacht. Ludwigs Schwester Karoline Auguste riet ihrem Bruder, es seiner Frau zu überlassen, ihrem Schwiegervater eine bessere Meinung über ihn beizubringen[455].

Bis zu einer Zerreißprobe wie im Fall der Konflikte zwischen König Friedrich von Württemberg und seinem Sohn Wilhelm haben diese Mißhelligkeiten indessen nie geführt. Max Joseph war nicht der Mann, ein für alle Male zu brechen. In Bayern einte Vater und Sohn, daß sie das Haus Wittelsbach und seinen Staat über alle anderen Gesichtspunkte stellten. Max Joseph, leicht aufgebracht, empfindlich, eigensinnig und nicht ohne Eifersucht auf den Sohn, machte seinem Zorn gerne in drastischen Formulierungen Luft, aber am Ende zeigte er sich stets zur Versöhnung bereit, und Vater und Sohn fanden auf den Boden des Aufeinanderangewiesenseins zurück. Daß der König zu Indolenz neigte, Standpunkte und Meinungen, über die er durchaus verfügte, als Nichtdoktrinär par excellence selten bis zum Letzten unnachgiebig verfocht, vor allem aber seine Güte und Noblesse erleichterten die Situation des Kronprinzen.

Die Geschichte zahlreicher Monarchien kennt die Bildung einer Fronde um den Thronerben[456], die sich dem aufgehenden Gestirn zuwendet, nicht nur aus Opportunismus, oft auch aus generationsspezifischen Gründen, den Kurs des alten regierenden Herren für verfehlt hält und auf bessere Zeiten für die Entfaltung ihrer Vorstellungen und ihres Ehrgeizes nach einem Thronwechsel hofft. Hat sich auch in Bayern ein Kreis von Mißvergnügten, von Strebern oder auch Gesinnungspolitikern um den Kronprinzen geschart? Die Adjutanten des Thronfolgers haben sich ausnahmslos durch Loyalität ihm gegenüber hervorgetan. Montgelas beobachtete sie daher mit Argusaugen. Ihr Alter – sie waren durchweg jünger als der Kronprinz – und ihre Stellung begrenzten jedoch von vornherein ihre politischen Möglichkeiten. Auch hat keiner von ihnen ungewöhnliche politische Ambitionen an den Tag gelegt. Von dem mißglückten Ausflug des Grafen Albert Pappenheim in die Politik war bereits die Rede. Einfluß auf den Kronprinzen hat man dem als Generaladjutant König Max Josephs tätigen älteren Bruder Alberts, Karl Theodor Graf zu Pappenheim wohl zu Recht nachgesagt[457]. Zum Kreis um den Kronprinzen zählte der Kammerherr Graf Carl Rechberg, später Oberstkämmerer und schließlich Oberthofmeister des Königs Ludwig. Auch er teilte die anti-napoleonischen Überzeugungen des Thronerben, stand ihm aber hauptsächlich als Kunstliebhaber und Kunstkenner nahe[458]. Das gleiche gilt für den Grafen Erwein von Schönborn, den man bereits auf dem Wiener Kongreß in der Umgebung des Kronprinzen findet und der gleich diesem Kunstsinn mit freiheitlich-konstitutionellen Bestrebungen zu verbinden wußte[459]. Ein anderer junger Standesherr, Ludwig Fürst zu Öttingen-Wallerstein[460], war durch seinen Enthusiasmus bei der Aufstellung der freiwilligen Landesbewaffnung 1814 sowie durch seine Tätigkeit im Reichsrat 1822 in den Gesichtskreis des Thronfolgers getreten, doch erst nach der Regierungsübernahme 1825 kam es zu einem intensiveren

Gedankenaustausch und zu engster Zusammenarbeit. Der Adjutant Anton Freiherr von Gumppenberg (»Tonerl«) brachte es zum Hofmarschall und schließlich zum Kriegsminister, blieb aber auch in diesen Positionen eine eher unpolitische Figur[461]. Zwei lebenslange Vertraute und Freunde von unwandelbarer Loyalität fand Ludwig in dem Grafen Karl Seinsheim (»Karlchen« oder wegen seiner Vorliebe für Süßigkeiten »Carlo dolce«)[462] und dem Freiherrn Heinrich von der Tann[463]. Seinsheim ist unter der Regierung Ludwigs I. zum Regierungspräsidenten, Staatsrat und Finanzminister aufgestiegen. Im Landtag trat er als Sprecher eines betont katholischen Konservatismus hervor. So gern ihn Ludwig mochte, als politischen Ratgeber hat er ihn nur ab und zu in Anspruch genommen. Der König scheint erkannt zu haben, daß der liebenswürdige und allseits beliebte Aristokrat im Grunde kein Politiker von Geblüt gewesen ist. Zum »Geschäftsführer« einer frondierenden Kronprinzenpartei hätte ihm das Talent gefehlt.

Ein politischer Kopf war dagegen ohne Zweifel der fränkische Protestant von der Tann, ein Mann von kompliziertem Naturell, der allerdings eine namhaftere Rolle erst nach 1825 spielte. Der Reichsritter hatte Scheu davor, sich aus der politischen Kulisse auf die Bühne zu begeben. Er leistete dem König als Ratgeber und Spezialist für delikate Missionen, deren er sich mit Fingerspitzengefühl zu entledigen wußte, unschätzbare Dienste. Ein hohes Staatsamt hätte er jederzeit haben, Regierungspräsident und Staatsrat werden können, doch wußte er sich dem stets zu entziehen. Als Abgeordneter vermied er, mit Hinweis auf fehlende Rednergabe, Auftritte im Plenum der Zweiten Kammer, doch war sein Einfluß auf Kammermitglieder, namentlich auf Standes- und Konfessionsgenossen, beträchtlich. Kammerherr und allseits respektierter Freund Ludwigs zu sein, genügte dem seine Unabhängigkeit entschieden wahrenden Edelmann[464]. Man sollte sich von der Tann allerdings nicht zu ausschließlich als uneigennützigen Ritter ohne Furcht und Tadel vorstellen. Um seine ihm über alles ans Herz gewachsene inoffizielle Position, die geradezu im physischen Sinn sein Lebenselixier bildete, zu erhalten, griff er auch zu fragwürdigen Methoden. Seine Briefe werfen des öfteren ein bedenkliches Licht auf seinen Charakter. Nichts unterließ er, um das auch bei Ludwig vorhandene Bedürfnis nach Erheiterung im harten Geschäft der Politik, auf Kosten anderer, durch Klatsch und Persiflage zu befriedigen. Noch in einem Alter, in dem dergleichen etwas peinlich berührt, verfiel von der Tann gerne in einen burschikos-frivolen Ton, auf den der König zwar nicht in gleicher Weise erwiderte[465], den er aber als amüsant empfunden zu haben scheint. Politisch stand von der Tann Ludwig als undoktrinärer Konservativer, als Pragmatiker und Mann des Common sense zur Seite. Bis zur grauen Eminenz hat er es nicht gebracht, aber er galt unter politisch Kundigen als Vertrauensmann Ludwigs. Diese Rolle hat er sehr genossen. Die Gunst des Königs zu verlieren, erschien ihm als das schlimmste aller Verhängnisse. Nie bestand er auf eigener Meinung, wenn er wahrnahm, daß Ludwigs Sinn in entgegengesetzter Richtung ging. Auch wenn er ursprünglich geneigt war, anders zu urteilen, paßte er sich raschestens der Auffassung des königlichen Freundes an und bestärkte ihn darin ziemlich bedenkenlos. Außer dem König war er kaum jemandem anderen ein zuverlässiger Freund. Nebenbuhlern und Widersachern konnte er sehr gefährlich werden, insbesondere dadurch, daß er sie lächerlich machte. Wiederholt haben sich im Sprachgebrauch des Königs Formulierungen festgesetzt, die von Tann stammten.

Wie stand es mit dem Verhältnis des Thronfolgers zu den in Amt und Würden befindlichen »Prominenten«? Als der Gesandte und Generalkommissär Freiherr von Gravenreuth seinem Gegner Montgelas unterlag und die Gunst König Max Josephs verlor, scheint sich auch der Kronprinz von ihm zurückgezogen zu haben. Das hoffnungsvolle Verhältnis zu dem Finanzminister Johann Wilhelm Freiherr von Hompesch wurde durch dessen frühen Tod 1809 beendet[466]. Ludwig hatte großes Vertrauen zu ihm gefaßt und gedachte seiner häufig noch in späteren Jahren. Wenn der von Ludwig geschätzte Generalkommissär des Untermainkreises, Freiherr von Asbeck, politischen Einfluß auf den Thronerben genommen hat, dann sicher in liberalem Sinn. Eindeutig auf gouvernemental gezügeltem Freisinn basierte das Verhältnis zu dem liberalen Herder-Verehrer Max Emanuel Freiherr von Lerchenfeld, der dem Kronprinzen als Generalkommissär des Innkreises seit 1810 und später als Hofkommissär in Würzburg nahegekommen war. Lerchenfeld verstand es, die Überleitung des Großherzogtums Würzburg in eine bayerische Provinz behutsam und geschickt durchzuführen. 1817 bis 1825 gehörte er als Finanzminister der Staatsspitze an. Er saß als Vertrauensmann und Sprachrohr des Kronprinzen im Ministerium, ein zeitweise isolierter Exponent der progressiven Richtung[467]. Ohne die Loyalität gegenüber dem König zu verletzen, hielt er Ludwig auf dem laufenden und leistete ihm gute

Dienste. Aber seine politische Selbständigkeit kollidierte schließlich mit dem Eigenwillen des Kronprinzen, bei dem als Finanzkapazität in den letzten Jahren vor dem Thronwechsel der wohl tatsächlich begabtere Armansperg ihn auszustechen begann. Loyal zu Vater und Sohn verhielt sich Wrede, dem sehr daran lag, mit beiden gut auszukommen. Soweit es gegen Montgelas ging, schlug sich der Marschall auf die Seite des Kronprinzen. Das heißt jedoch nicht, daß Wrede unbedingt ein Parteigänger Ludwigs gewesen wäre. Wrede durfte als selbständige Figur in der bayerischen Politik gelten. Er hat dem Kronprinzen wohl ebenso genützt, wie es umgekehrt der Fall war. Unter dem Königtum Ludwigs mußte auch Wrede manches Tief seiner Beziehungen zur Krone durchwandern.

Auf dem keineswegs unpolitischen, aber nicht primär politischen kirchlichen Boden konnte man, freilich mit vielen Vorbehalten und mehr im übertragenen Sinn, von einer Kronprinzenpartei sprechen, da Sailer und seine Schule von vornherein auf den Kronprinzen eingeschworen waren. Dazu müßte man außer den zahlreichen in Betracht kommenden Geistlichen einzelne der Sailerschen Richtung zugetane Laien rechnen, an der Spitze den Mediziner Ringseis, Mittelsmann zwischen Sailer und dem Kronprinzen und einflußreichen Berater in hochschulpolitischen Fragen.

Alle bisher genannten Namen tauchen im Umkreis des Kronprinzen als politische Individualitäten auf, nie untereinander und im Zusammenhang agierend oder konspirierend. Es läßt sich das Fazit ziehen, daß eine Kronprinzenfronde als Hofpartei oder Partei in der Regierungssphäre nicht existierte. Auch war das Verhältnis zu seinem Vater, mit dem er stets in Kontakt blieb, nicht so beschaffen, daß der Thronfolger eine systematische Opposition hätte aufbauen wollen oder können. Er mußte anerkennen, daß sich der Vater seinerseits um Entgegenkommen bemühte. Die Schwester Karoline Auguste in Wien wurde nicht müde, ihren Bruder zu Mäßigung und Zurückhaltung zu bewegen[468]. Soweit der Thronfolger opponierte, tat er es auf eigene Faust und Verantwortung.

2. Sturz eines Ministers oder eines Systems?

Ludwig ist als Kronprinz wie als König wiederholt auf seine Gegnerschaft zu Montgelas zu sprechen gekommen und hat sich mit Stolz dazu bekannt, eine ausschlaggebende Rolle beim Sturz des Staatsmanns gespielt zu haben. Seine Motive hat er meist auf den Nenner des »unteutschen« Systems gebracht, das der leitende Staatsmann begründet und das Bayern zwangsläufig an die Seite Napoleons geführt habe. Nach dem Sturz Bonapartes sei der belastete Minister eine Verlegenheit für Bayern geworden. Mehr noch: er habe sich einer »teutschen« Umorientierung des Staates im Innern und nach außen widersetzt.

Die Vermutung, der Vorwurf »unteutschen« Verhaltens beziehe sich primär auf des Grafen Obstruktion gegen eine bundesfreundlichere Politik Bayerns[469], trifft schwerlich zu. »Unteutsch« war im Sprachgebrauch des Kronprinzen ein Sammelbegriff für alles, was ihm nicht zusagte: unbedenkliches Paktieren mit Frankreich, Ablehnung einer Schwächung Frankreichs durch Abtrennung des Elsaß und anderer Gebiete, aufklärerisch-unkirchliche Gesinnung, Abneigung gegen geschichtlich geheiligte Überlieferung, mangelnde Rechtlichkeit. Man wird freilich den Eindruck nicht los, daß es sich bei den Vorwürfen, die Ludwig gegen Montgelas erhob, auch um die Rationalisierung einer tiefgehenden irrationalen Antipathie handelte, in die er sich, wie in anderen Fällen, so monomanisch hineingesteigert hatte, daß ein Ausgleich nicht mehr möglich war. Ludwig bedurfte, um in Fahrt zu kommen, eines Feindes. Sein Vater, an dem er in vieler Hinsicht doch sehr hing und gegen den anzutreten er auch zu große Hemmungen empfand, kam als Gegenstand seiner Aggressionen nicht in Betracht. Bei dem raffinierten Montgelas, den er hinter allem vermutete, was ihm mißlang oder seinen Widerwillen erregte, entfielen familiäre Rücksichten. Wahrscheinlich bildete er sich ein, bei seinem Vater gewonnenes Spiel und in der bayerischen Politik das Prä zu haben, wenn es erst einmal gelungen wäre, den Verhaßten loszuwerden.

Erbittert mag den Kronprinzen haben, daß Montgelas Eugen Beauharnais begünstigte und die Neigung Max Josephs zu ihm bestärkte. In Diplomatenkreisen vermutete man, daß Montgelas' Hintergedanke dabei war, ein auch militärisches Gegengewicht zu Wrede beim König zu schaffen[470]. Daß der Königin das Ehepaar Montgelas, vor allem die hochfahrende Gräfin Ernestine, geborene Arco, unsympathisch war, hätte die Stellung des Ministers noch nicht zu gefährden brauchen. Gegen das Treiben der Gräfin sah man jedoch mehr und mehr auch den König aufgebracht; späteren, allerdings nicht zu gewichtig zu nehmenden Äußerungen des Monarchen zufolge, trug diese sogar die Hauptschuld am Fall des Ministers. Daß Montgelas Bayern an

Frankreich ausgeliefert habe, hat selbst der Kronprinz nicht behauptet; er hat vielmehr anerkannt, der Staatsmann habe im Fahrwasser Napoleons das Beste für seinen Staat herausholen wollen. Wie Ludwig in seinen Aufzeichnungen »Mündliche Überlieferungen« festhielt, haben ihm glaubwürdige Zeugen versichert, daß Montgelas seit 1810 mit einer Katastrophe des napoleonischen Systems gerechnet hat.

Keine nennenswerte Rolle dürfte der später von Ludwig nicht mehr aufrechterhaltene Vorwurf gespielt haben, der Minister trage die Hauptschuld an der Säkularisation. Mehr sprach des Ministers Finanzgebaren beim Kronprinzen gegen ihn, ein Teil seines Geschäftsbereichs, gegen dessen Führung in der Tat erhebliche Einwände vorzubringen waren. Finanzielle Manipulationen mit Lotterieanlehenslosen 1816 beispielsweise, Maßnahmen, hinter denen möglicherweise die Gräfin Montgelas stand und denen zwei Münchner Bankiers zum Opfer fielen, hatten den Charakter eines öffentlichen Skandals angenommen. Der Kronprinz forderte nach Montgelas' Entlassung eine Entschädigung der Bankiers, doch Lerchenfeld wußte ihm diesen Gedanken auszureden[471]. Die Beschwerden gegen die Finanzwirtschaft Montgelas' gingen freilich weit über diesen Fall hinaus. Sie verbanden sich mit Unzufriedenheit über seine schlaffe Amtsführung im allgemeinen, die den führenden Bürokraten des Staates zunehmend unerträglich erschien. Von jeher war es Montgelas' Art gewesen, sich auf die ihn vorzüglich interessierenden Gegenstände zu konzentrieren und viele andere Geschäfte schleifen zu lassen. Eine Verschwörung der Spitzenbeamten gegen ihn bildete eine der Komponenten, aus denen sich die Haupt- und Staatsaktion zusammensetzte, der der Staatsmann zum Opfer fiel.

Es trifft sicher zu, daß Montgelas für die geschichtliche Berechtigung und Zukunftsbedeutung der nationalen Bewegung jeder Sinn fehlte, während der Thronfolger, um eine Generation jünger als der Minister, in dieser Hinsicht das Gespür für das Kommende besaß. Andererseits wollte der Kronprinz keineswegs auf die Vorteile verzichten, die ihm die Politik Montgelas', der alles andere als ein Günstling Napoleons gewesen ist, verschafft hatte. Wenn Ludwig für die Tatsache, daß er als Bundesgenosse Napoleons ins Feld ziehen mußte, übermächtige Umstände in Anspruch nahm, durften auch Max Joseph und Montgelas auf eine Zwangslage verweisen. In seinen »Denkwürdigkeiten« hat Montgelas dem Thronfolger vorgehalten, er habe seinerzeit nicht zwischen einem »durch besondere Umstände und Interessen veranlaßten Bündnis« und »vollständiger Hingebung« unterscheiden können[472].

Schon den Knaben Ludwig hatte man in Mannheim und Ansbach vor dem in Ungnade befindlichen Illuminaten und des Jakobinismus Verdächtigen gewarnt. Als Montgelas zum Minister aufgestiegen war, verkehrte der Kronprinz im Hause Montgelas[473] und hat sich Jahre hindurch mit ihm über anstehende Fragen der bayerischen Politik sachlich ausgesprochen. Götz Freiherr von Pölnitz hat den Briefwechsel zwischen Thronfolger und Minister analysiert und festgestellt, daß auf weite Strecken hin Gemeinsamkeit der Anschauungen und durchweg die Wahrnehmung bayerischer Staatsräson als oberstes Ziel beider dominierten[474]. Erst im Jahre 1813 lasse der Briefwechsel einen Bruch erkennen, der nicht mehr zu kitten war[475]. Montgelas hat den Kronprinzen oft ausführlich informiert, und dieser hat mehrfach die Fürsprache oder anderes Entgegenkommen des Ministers in Anspruch genommen. In der Regel ist Montgelas großzügig auf Wünsche Ludwigs eingegangen[476]. Andererseits hat Pölnitz bestätigt, daß von Freundschaft auch in der Zeit scheinbar guten Einvernehmens niemals die Rede sein konnte. Wir müssen noch einen Schritt weitergehen und dem hinzufügen: das Auskommen zwischen Montgelas und Ludwig geschah seitens des Kronprinzen stets unter Vorbehalt, war taktisch gemeint und faute de mieux zweckmäßig im Sinne der bestmöglichen Nutzung einer unabänderlichen Situation. In diesem Zusammenhang tritt, weit mehr noch als bei der erzwungenen Verstellung Napoleon gegenüber, eine charakterliche Ambivalenz des Kronprinzen zutage. Er galt als unvorsichtig offen, gerade heraus, ehrlich. Das war er auch, und vermutlich handelt es sich bei dieser Eigenschaft um seine Grundstruktur. Aber damals und später zeigten sich auch ganz andere Züge einer vielschichtigen Natur: raffinierte Berechnung und jahrelanges Verbergen von Absichten, die er niemals aufzugeben sich vorgenommen hatte.

Der ungeschickte Versuch des 19jährigen, Montgelas mit Hilfe Napoleons durch Gravenreuth zu ersetzen, wurde bereits erwähnt. 1809 schien Ludwig nach Hompeschs Tod eine Veränderung der Position Montgelas' geboten. Anfang 1810 kommentierte er die auffällige Distanzierung Montgelas' von Frankreich mit den Worten: »Fürchtet er vielleicht, ... einst bei mir seine Gewalt einzubüßen?«[477]. Noch im gleichen Jahr strebten Gravenreuth und Johann Adam von Aretin neuerdings eine Entmachtung Montgelas' an: man solle ihn, wenn es nicht anders gehe, zum Schein zum Premierminister erheben, Gravenreuth zum Außenminister, Wrede zum Kriegsminister und Asbeck zum Finanzminister ernennen[478]. Anfang 1812 hat Ludwig einen ähnlichen Plan politischer Feinde Montgelas' allerdings selbst verworfen. 1813 lag es weit mehr an Max Joseph als an Montgelas, daß man noch über Monate hinweg im Rheinbund und an der Seite Napoleons verblieb, während sich andererseits damals Ludwigs Parteinahme für Österreich radikalisierte. Es war kein glücklicher Gedanke des Ministers, nunmehr mit einem Anflug von Nötigung dem Kronprinzen Polizeimaterial zu übersenden, das zwei seiner Vertrauten, den Professor Sailer und den Adjutanten Graf Albert Pappenheim, zu belasten schien. Die Vorwürfe gegen Sailer waren schlechterdings hanebüchen.

In den folgenden Jahren spielte sich die Zusammenarbeit zwischen Wrede und dem Kronprinzen mit der Spitze gegen Montgelas ein. Nach den »Herzensergießungen« gegen Montgelas bei dem Freiherrn vom Stein im Juli 1814 in Frankfurt am Main beteiligte sich Ludwig auf dem Wiener Kongreß an den von Metternich ausgehenden Intrigen gegen den leitenden Staatsmann Bayerns. Der Staatskanzler suchte Montgelas über Wrede aus dem Sattel zu heben, aber dieser empfahl eine Intervention des Kaisers Franz bei Max Joseph, die auch erfolgte[479]. Der Kronprinz äußerte wiederholt, wenn »montgelasische Kreaturen« Minister würden, wäre es besser, keine Veränderungen vorzunehmen. Auf Wredes Frage nach neuen Männern schlug er Graf Rechberg (Äußeres), Graf Karl Preysing (Finanzen) und Freiherrn von Asbeck (Inneres) vor. Ein Vorschlag Wredes, Montgelas zum Obersthofmeister zu ernennen, stieß bei Ludwig auf Ablehnung. Am 23. Januar 1815 glaubte Wrede, der König habe sich gegen Montgelas entschieden. Aber bald darauf hatte es den Anschein, daß sich Max Joseph nur entschließen könne, ihm das Finanzministerium zu nehmen. Ludwig setzte den Hebel weiter bei Österreich an und bot über Freiherrn von Wessenberg Kaiser Franz die Opferung Montgelas' als Äquivalent für die Erfüllung bayerischer Territorialwünsche: »Nur dann, wenn er nicht mehr Minister, stehe ich dafür, der König dester fest bei Österreich bliebe.« In einem persönlichen Gespräch suchte Ludwig Kaiser Franz abermals gegen Montgelas zu mobilisieren: Er möge auf Max Joseph einwirken, und dies müsse in Wien geschehen; »wenn der König wieder in München, dann wäre Montgelas nicht von seiner Stelle zu bringen und der König wäre wie in einem Zauberkreis«. Max Joseph kam anscheinend noch im Verlauf des Kongresses zu dem Entschluß, vorerst nichts gegen Montgelas zu unternehmen. Weitere Tagebucheintragungen Ludwigs 1815/16 bezeugen trotz gelegentlicher Anerkennung von Leistungen Montgelas' durchgehende Kritik an der Außen- und Innenpolitik des Ministers und den Wunsch, diesen loszuwerden[480]. Es fand sich jedoch bis zur Jahreswende 1816/17 keine günstige Gelegenheit, den Sturz des Ministers zu betreiben. Wrede schwankte, obwohl er seit 1815 als Sachwalter der Armee in einen Dauerkonflikt mit Montgelas wegen dessen Abrüstungspolitik geraten war. Daß er selbst Montgelas nicht ersetzen konnte, wußte er genau. Er wünschte sich zwar ausschlaggebenden Einfluß beim König zu verschaffen, doch der täglichen Arbeit der Regierungsgeschäfte wäre er nicht gewachsen gewesen. Wen an die Stelle von Montgelas setzen? Es fehlte eine überzeugende Alternative. Der Kronprinz und Wrede verhehlten sich dies nicht.

Den Sturz Montgelas' am 2. Februar 1817 hat man früher gelegentlich als das Werk der Wiener Politik dargestellt: Metternich und Angehörige des habsburgischen Hauses hätten den in der österreichischen Hauptstadt mit seiner Familie (den schwererkrankten Kronprinzen ausgenommen) und Wrede anläßlich der Vermählungsfeierlichkeiten seiner Tochter vom 22. Dezember 1816 bis 31. Januar 1817 sich aufhaltenden König Max Joseph überredet, Montgelas fallenzulassen. Wrede, früher als der König nach München zurückgekehrt, und der Kronprinz hätten dann dem Wiener Komplott in die Hand gearbeitet und der Kabale endgültig zum Erfolg verholfen. Belege für einen Sinneswandel Max Josephs noch in Wien blieb man jedoch schuldig. Allenfalls ließe sich ein Satz aus einem Brief Wredes aus Wien an den Freiherrn Karl Ernst von Gravenreuth anführen: »Der König nimmt sich vor, bei seiner Rückkehr nach München Veränderungen im großen vorzunehmen, und man muß sehen, ob und wie er sich entscheiden wird«[481] Diese Veränderungen konnten auch in einer Montgelas schonenden Form erfolgen. Für eine Initiative Wiens beim Sturz Montgelas' fehlen vollends die Beweise. Es läßt sich im Gegenteil erhärten, daß seit Anfang 1816 sich ein gutes Verhältnis zwischen Metternich und Montgelas angebahnt hatte[482]. Die Vermählung der Prinzessin Charlotte (Karoline Auguste) mit Kaiser Franz sah König Max als Erfolg Montgelas' an, der mehr und mehr eine Politik der Annäherung an Österreich betrieb. Zwar war seit 1816 eine Krise am Bundestag ausgebrochen, in deren Mittelpunkt Bayern stand, aber Metternich erwartete sich von einer persönlichen Aussprache mit Montgelas die Bereinigung des Konflikts. Schon die von München aus erfolgten Aktivitäten des seit der ersten Januarhälfte nach einer Erkrankung wieder im Amt befindlichen Montgelas erreichten eine Klärung der Lage im Bundestag zugunsten Bayerns.

Daß Metternich von den Vorgängen, die in München zu Montgelas' Sturz führten, unangenehm überrascht war, beweist der Inhalt des Billetts, das er einem Bericht an den Kaiser beifügte: »Dieser Gewaltstreich ist sicher durch Sukzesse über den König gewonnen worden, welche Fürst Wrede und der Kronprinz auf den ersten Moment nach der Ankunft des Königs vorbereitet hatten, denn ich glaube bestimmt versichern zu können, daß der König von hier mit ganz verschiedenen Absichten abging. Für die Geschäfte ist hierin kein Gewinn«[483]. Metternichs Mißfallen wird durch Äußerungen des ihm eng verbundenen Diplomaten Johann Philipp Freiherr von Wessenberg bekräftigt, der seit der Kriegszeit am Münchner Hof als Gesandter beglaubigt, offiziell dort noch als Vertreter des Kaiserhauses galt, obschon er längst in anderen Missionen verwendet wurde. Er zeigte seit 1817 keine Lust mehr, auf seinen Münchner Posten zurückzukehren: »Er wünsche nicht ... in einem Lande leben zu müssen, in welchem es genüge, daß der Kronprinz sich krank melde, um den verdientesten Minister aus seiner Stellung zu vertreiben«[484]. Gleich Metternich hat Wessenberg auch später den Kronprinzen, namentlich im Zusammenhang mit der badisch-pfälzischen Sache, auf das heftigste kritisiert und der bayerischen Regierung vorgeworfen, sich von Ludwig gängeln zu lassen: »Unmöglich ist es, einer Regierung wie der bayerischen sich nützlich zu machen. Niemals ließ man, sei es in dem absolutistischen oder in dem Repräsentativsystem, es zu, daß der Thronerbe das Recht besitze, sich den Anschauungen des Monarchen und seines Ministeriums zu widersetzen«[485].

Somit würde sich der Kreis der Verschwörer auf den Kronprinzen (mit Umgebung) und Wrede verengen, wüßte man nicht, daß hinter beiden der größte Teil der hohen Ministerialbürokratie, die Referendäre und Generalsekretäre gestanden haben, darunter Zentner, Hartmann, Krenner, Ringel, Kobell[486]. Wrede verfügte über enge Kontakte zu Zentner; beide bereiteten den Sturz Montgelas' vor[487]. Mit Wredes Hilfe hatte überdies Montgelas' alter Gegenspieler Gravenreuth 1816 nach langjähriger

Ungnade sein Verhältnis zum König bereinigen können[488]. Er lieferte dem Marschall umgehend Material gegen Montgelas[489]. Seine Rückkehr in den engeren Kreis an der Staatsspitze konnte Gravenreuth freilich nicht mehr ermöglichen; er hatte zu lange im Abseits gestanden und war von anderen überrundet worden. Aber es war kein Zufall, daß er unmittelbar nach Montgelas' Entlassung in den Staatsrat berufen und 1825 mit der erblichen Reichsratswürde geehrt wurde. Im gleichen Jahr erfolgte seine Erhebung in den Grafenstand. Hochgestellte Männer wie Graf Aloys Rechberg und Johann Adam Freiherr von Aretin, die sich nicht an der Intrige von 1817 beteiligten, steckten doch voller Kritik an Montgelas' Geschäftsführung. Was Zentner betraf, so trug er an der für Bayern fatalen Zuspitzung der Lage in Frankfurt mehr Schuld als Montgelas selbst. Die bayerische Beamtenaristokratie mochte tatsächlich befürchten, daß Montgelas' zunehmende Apathie und Trägheit den Staatsapparat zu paralysieren drohe. So verhängnisvoll die Mißstimmung im Ministerium sich auch für Montgelas auswirkte, im Mittelpunkt der Kabale standen der Kronprinz und Wrede, und von beiden war nach eigenem Eingeständnis der Thronfolger der entschiedenere und treibendere Teil. Ludwig hat später notiert: »Nicht trieb Wrede mich, ich trieb ihn, daß er auf meinen Vater wirke, damit Montgelas von seiner Stelle entfernt werde und, – ich wiederhole, nicht er mich, wenn auch der teutsche Wrede des unteutschen Montgelas' Gegner war. Wrede äußerte mir, es wäre seiner Natur zuwider, den Sturz anderer zu bewirken ...«[490].

Es kam alles darauf an, nach der Rückkehr des Königs, der sich für den Mittag des 2. Februar bei Montgelas zu Besuch angesagt hatte, dem Minister zuvorzukommen. Montgelas hätte vermutlich den König davon überzeugt, daß die gegen ihn erhobenen außenpolitischen Vorwürfe bereits überholt waren. Noch gefährlicher erschienen den Verschwörern wohl die Absichten Montgelas' auf ein Staatskanzleramt, das ihn entlastet, aber seinen Einfluß nicht gebrochen hätte. So wandte man denn Überrumpelungstaktik an. Noch bevor der König Montgelas einen Besuch hatte abstatten können, erschien Wrede, begleitet von dem sehr einflußreichen Generalsekretär des Außenministeriums, von Ringel, beim König und hielt unter Zuhilfenahme von Aktenstücken eine fulminante Anklagerede gegen Montgelas, seine Fehlgriffe, seine Versäumnisse, seine Unfähigkeit, drei Ministerien zu leiten. Mit der wirkungsvollen Pointe »eine halbe Million guter Bayern flehen zur Zeit, daß ihre Klagen zu Ohren des

Königs kommen«[491] schloß Wrede und überreichte dem König einen Brief des Kronprinzen vom 23. Januar 1817[492]. »Wo Minister Montgelas«, hieß es darin, »den großen Einfluß hatte, da war keine ganze Vereinigung zwischen Vater und Sohn, kein Vertrauen in die Regierung möglich«. Daß die Untertanen weniger unzufrieden seien als früher, hänge nur damit zusammen, daß man »von dem durch Minister Montgelas ausgeführten, kein Recht achtenden illuminatischen Umwälzungs- und Zerstörungssystem zum Teil zurückgekommen« sei. Ludwig gab zu, daß Montgelas, wären »Herz und Fleiß dem Verstande nur ähnlich«, der »beste Minister« sein könnte. Geschickt auf empfindliche Seiten des Souveräns berechnet, sprach er davon, wie Montgelas sich ein »Geschäft daraus mache, das Ansehen der Krone herabzusetzen«. Montgelas' Fehler als Finanzminister seien noch das kleinste Übel, verglichen mit seinem Bestreben, »die Liebe gegen Gott und Fürst« zu beseitigen. Der Kronprinz bekannte, daß er noch mehr als Tugendbund und Jesuitismus den Illuminatismus verabscheue, und entwarf ein Bild Montgelas' als des Drahtziehers einer illuminatischen »Verschwörung«. Personell wiederholte er Vorschläge, die er schon auf dem Wiener Kongreß Wrede unterbreitet hatte.

Von dem Hinweis auf die Finanzen abgesehen, wenig Konkretes und viel Persönliches, aber gerade durch die persönliche Note aufschlußreich für die Motive der kronprinzlichen Gegnerschaft gegen den Minister! Ludwig hatte Angst vor seinem Vater. Es war richtig, wenn er später seiner Schwester nach Wien schrieb, daß er ohne die vorhergehende Krankheit nicht den Mut gefunden hätte, ein solches Schriftstück abzufassen. Max Joseph wiederum fürchtete tatsächlich, seinen Sohn zu verlieren. Der Vorstoß hatte, von seinen Urhebern her gesehen, genau zur rechten Stunde stattgefunden, den König in genau der Disposition angetroffen, die man benötigte. Er war erschüttert, weinte und kapitulierte, ohne den Versuch zu machen, das Für und Wider abzuwägen, ohne Montgelas Gelegenheit zu einer Stellungnahme zu geben. Statt des Besuches Max Josephs traf bei Montgelas die Nachricht seiner Entlassung ein. Noch im Anschluß an die Unterredung mit Wrede bestimmte der König unter Beihilfe Ringels die neuen Minister. Anschließend begab er sich zu seinem Sohn. Beide sanken sich in die Arme, und es sah so aus, als ob alles Trennende zwischen ihnen beseitigt sei – eine holde Täuschung!

Der Schlag, zu dem man so erfolgreich gegen Montgelas ausgeholt hatte, traf einen Mann, der ohne Zweifel den Höhepunkt seiner Leistungsfähigkeit überschritten hatte. Er lebte noch über zwanzig Jahre und fand sich häufig als Gast bei König Max Joseph ein; nicht so seine Frau, der man aus guten Gründen bei Hofe Hausverbot erteilt hatte. Montgelas fungierte seit 1819 als Reichsrat der Krone Bayern, und Ludwig ernannte ihn 1827 zum II. Präsidenten der Ersten Kammer Bayerns. Man könnte sich Montgelas in fast jedem kontinentaleuropäischen Staat seiner Zeit als leitenden Staatsmann vorstellen. Hätte der Unwille gegen ihn am exilierten Zweibrücker Hof weiter angehalten, er hätte sich wohl einen anderen Herrn gesucht und ihm seine exzellenten Dienste zur Verfügung gestellt. Ein für Bayern glückliches Geschick ließ es nicht dazu kommen. Mit Bayern identifizierte er sich dann auch voll und ganz. Nach einer Unterredung mit Montgelas Anfang 1825 notierte der Kronprinz: »Bayerisch, nicht teutsch gesinnt, ist derselbe geblieben ...«[493]. Montgelas wurde zum größten aller bayerischen Patrioten in dem Sinne, daß er ein neues, modernes Bayern schuf. Mit dem traditionellen Bayern, mit der Bavaria Sancta, mit den volkstümlichen Bestandteilen des Staates hatte er nichts im Sinn. Im Grunde baute er an einem idealen souveränen Staat, einem Aufklärungsstaat, wie er auch anderswo in Europa sich hätte verwirklichen lassen. So, wie er ihn konzipierte, ließ er sich aber auch tatsächlich konstruieren. Montgelas verblieb stets im Bereich des Konkreten. Er hat getan, was unerläßlich und unumgänglich war, wenn Bayern als lebensfähiges Staatswesen sich in der Welt des 19. Jahrhunderts behaupten sollte.

Keiner der von Max Joseph am 2. Februar 1817 neuernannten Minister ragte über das Mittelmaß hinaus. Als bester juristischer und (mit Einschränkungen) politischer Kopf des gesamten Ministeriums und zudem als unermüdlicher Arbeiter durfte der 1823 in ein Ministeramt aufgestiegene, zunächst noch als Staatsrat und Generaldirektor des Ministeriums des Innern tätige Freiherr Friedrich von Zentner gelten[494]. Die vom König neu eingeführte Methode, die Minister durch Generaldirektoren kontrollieren zu lassen, bewährte sich nicht. Unmittelbar traten keine großen Veränderungen ein. Montgelas hatte bereits auf ein Konkordat hingearbeitet und auch mit einer Verfassung hatte er sich, wenn nicht angefreundet, so doch abgefunden. Vom staatskirchlichen Standpunkt gesehen, wäre ein von ihm abgeschlossenes Konkordat wahrscheinlich günstiger ausgefallen. Außen- und bundespolitisch war von seiner Flexibilität ein Abrücken von dem bisherigen Verfahren zu erwarten; es wurde sogar noch von ihm eingeleitet. Die an Montgelas' Stelle getretenenen Männer dachten, abgesehen von dem jüngeren, moderneren und liberaleren Finanzminister Freiherr von Lerchenfeld, prinzipiell noch ganz in den Vorstellungen der Ära Montgelas. Sie stammten aus der Welt des aufgeklärten Absolutismus, sahen in der bayerischen Staatssouveränität ihr Idol und regierten nach dem Prinzip der bürokratischen Staatsomnipotenz im Inneren. Kirchenpolitisch verharrten sie, entgegen den Hoffnungen, die einige katholische Kreise auf sie gesetzt hatten, auf dem staatskirchlichen Standpunkt. Einer libertas ecclesiae im Sinn des 19. Jahrhunderts standen sie fern. Wenn man sich die Geburtsdaten der Mehrzahl der 1817 in den Vordergrund getretenen Männer vergegenwärtigt, Rechberg, Thürheim, Zentner, Reigersberg, läßt sich von keinem Generationswechsel sprechen.

Personenwechsel bedeutet noch keinen Systemwechsel. Der Kronprinz als einziger sprach vom Fall eines »unteutschen« Systems. Einzuräumen ist, daß Montgelas' Entlassung den Weg zu Konkordat und Verfassung erleichtert hat, die eine neue Epoche der Staatsgeschichte Bayerns eröffneten. Daß der Kronprinz im Gegensatz zu seinen Erwartungen auch fortan nicht das Sagen hatte, mußte er noch im Laufe des Jahres 1817 zur Kenntnis nehmen. Er hatte wohl politischen Terraingewinn zu verzeichnen, doch hielt sich dieser in Grenzen. Beobachter wie Wessenberg haben die Rolle des Thronfolgers in der bayerischen Politik übertrieben. Über gelegentliche Eingriffe in den Staatsapparat gelangte dieser nicht hinaus. Gewiß war der Kronprinz der Repräsentant einer neuen Generation. Aber seine Stunde hatte 1817 noch nicht geschlagen. Dies war auch nicht zu bedauern, da er noch viel dazuzulernen hatte. Für die Unbesonnenheit des 30jährigen spricht ein Brief, den er unmittelbar nach Montgelas' Sturz an den neuen Außenminister Graf Aloys Rechberg richtete und in dem er diesem mit dürren Worten zu erkennen gab, was er von ihm erwartete: »Dringen Sie ewig darauf, den Teil der Pfalz mit Mannheim und Heidelberg wiederzubekommen, lieber als den Main-Tauber-Kreis. Am besten aber wäre beides zu erhalten ...«[495]. Und nicht nur das! Knapp ein halbes Jahr später ging Ludwig noch mehr aus sich heraus: »Bayern soll trachten, daß es auf gerechtem, erlaubtem Wege Württemberg und Baden einstens erlangen kann ...«. Rechberg dürfte sich sein Teil gedacht haben. An seiner Interpretation der Ereignisse vom 2. Februar 1817 hielt Ludwig, trotz seiner Anerkennung der Noblesse und Loyalität Montgelas'[496], unverbrüchlich fest. Nach dem Tod des Staatsmanns 1838 hat er jede rühmende Erwähnung in der Kammer der Reichsräte von 1840 verhindert [497]. Die offizielle, auf den König zugeschnittene Geschichtslegende sollte nicht angetastet werden. Bei der Hervorhebung seiner Verdienste um den Sturz des Ministers ließ Ludwig die Mitwirkung anderer Faktoren in den Hintergrund treten. Er war maßgebend beteiligt, aber auf sich allein gestellt, hätte er das Spiel vermutlich nicht gewonnen.

Bayern trat nach dem Sturz Montgelas' in das Zeitalter eines Konstitutionalismus nach dem monarchischen Prinzip ein. Die Periode von 1817 bis 1825 nur als Überleitung zur ludovizianischen Ära und diese selbst nur als Übergang zu einem moderneren Konstitutionalismus aufzufassen, würde dem Charakter dieser Epochen nicht gerecht. Jede Zeit steht für sich und bildet gleichzeitig die Brücke zwischen der vorhergehenden und der nachfolgenden[498].

IX.
KONSTITUTIONALIST UND WÄCHTER DER VERFASSUNG

1. Die Konstitution von 1818 und ihre Vorgeschichte

Seit Ausbruch der »Atlantischen Revolution« ist der Ruf nach einer Verfassung nirgends mehr in Europa verstummt, und mit Ausnahme Rußlands hat sich der Verfassungsstaat als wichtigste politische Errungenschaft des bürgerlichen Zeitalters allenthalben in Europa durchgesetzt. Auch Napoleon I., gewiß nicht gesonnen, an seiner Alleinherrschaft rütteln zu lassen, hielt es für nützlich, sein Kaiserreich und andere von ihm abhängige Staaten konstitutionell zu organisieren. Kronprinz Ludwig sprach 1812 im Hinblick auf die napoleonisch-rheinbündischen Verfassungen von »Scheinkonstitutionalismus« des 19. Jahrhunderts. Seine Absicht sei es seit Jahren, »Baiern eine Reichsverfassung der englischen ähnlich zu geben«[499].

In Bayern hatte eine Verfassungsbewegung schon unter Karl Theodor eingesetzt[500]. F. Zimmermann hat für die Jahre 1797–1804 allein in Altbayern rund 60 Flugschriften ermittelt, die sich mit einem Verfassungsneubau beschäftigten. Von einem publizistischen Niederschlag solchen Ausmaßes läßt sich auf die Lebhaftigkeit schließen, mit der man im Kreise derjenigen, die auf ein fortgeschrittenes politisches Bewußtsein Anspruch erheben durften, die Verfassungsprobleme diskutiert hat. Im allgemeinen knüpfte man an den seit dem 17. Jahrhundert statt einer Vollversammlung agierenden ständischen Ausschuß an, der zwar alle Mängel einer Interessenvertretung privilegierter Gruppen aufwies, sich jedoch gleichwohl große Verdienste um das Land erworben hatte. Die Übernahme des Schuldenwerks durch den Ausschuß seit der Regierung Max' III. Joseph erwies sich als der (relativ) erfolgreichste Ansatz zu einer Regelung des Dauerproblems der finanziellen Sanierung. Was die Staatseinheit Bayerns betraf, bildete der Ausschuß schlechterdings *die* Institution, die den Staatsgedanken gegen den in Familienfideikommißvorstellungen denkenden und mit Tauschplänen umgehenden Karl Theodor verteidigte. Schon im Spätmittelalter haben die Stände gegenüber der Teilungspolitik des Fürstenhauses die Zusammengehörigkeit der wittelsbachischen Lande repräsentiert. Von den ständischen Einrichtungen ging die Schrift des Juristen und Publizisten Johann Christoph Freiherr von Aretin »Ein neuer

Landtag. Die wichtigste Angelegenheit für Bayern« (1799) aus. Der Verfasser, ein vielseitiger Polemiker, später einer der entschiedensten Konstitutionalisten Bayerns, ließ keinen Zweifel, daß er über die Landschaftsverfassung hinauszugelangen wünschte. Er befürwortete »die Verbesserung der landständischen Repräsentation, welche schon von mehreren Patrioten vorgeschlagen worden ist und bei Gelegenheit des nächsten Landtags geschehen kann«, und mahnte, sich nicht »dem großen konstitutionellen Mittel zur Verbesserung des gemeinen Landeswohles« zu widersetzen[501]. Hinter der Verfassungspublizistik stand zwar keine Volksbewegung von unwiderstehlicher Kraft, aber von den Erörterungen innerhalb der politischen Intelligenz war das Konstitutionsproblem nicht mehr fernzuhalten. Ein evolutionärer Übergang vom ständischen Ausschuß zu einer modernen Konstitution fand indessen nicht statt. Bevor man die sogenannte Verfassung von 1808 ins Leben rief, hat man zunächst einmal alle ständischen Einrichtungen im bayerischen Königreich beseitigt. Der Auffassung von Eberhard Weis, »daß die Landschaft am Ende des 18. Jahrhunderts der Fortbildung zum modernen Verfassungsstaat nicht fähig war und daß die Verfassungen von 1818/19 auch nach der Intention ihrer Schöpfer etwas völlig anderes waren«, ist durchaus zuzustimmen[502].

Wenn sich König und Minister in Bayern 1808 zur Ausarbeitung einer Verfassung nach dem Muster der Konstitution des Königreichs Westfalen entschlossen, gaben sie weder einem Druck von unten noch eigenen Stimmungen nach. Der Grund für die damalige Initiative war hauptsächlich in der Befürchtung zu suchen, daß Napoleon an eine Vereinheitlichung der Rheinbundstaaten mittels einer Gesamtverfassung oder allgemein verbindlicher konstitutioneller Normen denke. Vom Anlaß der (nicht realisierten) Konstitution von 1808 ist ihr objektiver Stellenwert im Prozeß der modernen bayerischen Staatsbildung zu unterscheiden. Sie bedeutete »einen vorläufigen Abschluß des Reformwerks Montgelas'«[503] und forderte wegen ihrer Mängel gleichzeitig zu einem Weiterschreiten auf. Das Gegenteil eines Vertrags zwischen Fürst und Volk, wies sie alle Kennzeichen eines Produkts aus dem Kreise der Spitzenbürokratie auf. Sie gewährte zwar Grundrechte für jedermann, hinsichtlich der Mitwirkung der Bevölkerung am Staatsleben fielen ihre Bestimmungen jedoch äußerst kärglich aus.

Daß der noch nicht 22jährige Kronprinz weder durch Kenntnisse und Erfahrungen noch durch sein persönliches Gewicht berufen sein konnte, an dem Konstitutionswerk mitzuwirken, bedarf keiner Erörterung. Andererseits ist, wie wir ihn inzwischen kennengelernt haben, mit Sicherheit anzunehmen, daß er sich für die Bemühungen um eine Verfassung damals schon sehr interessierte und sich ihrer Bedeutung bewußt war. F. Zimmermann hat im Nachlaß Montgelas' die Abschrift eines anonymen, zwischen 1806 und 1808 zu datierenden »Projet de Constitution« entdeckt und, gestützt auf »innere Kritik«, vermutet, daß es sich bei dem Urheber um den Kronprinzen handeln dürfte[504]. Zimmermanns Schlußfolgerungen haben viel für sich. Inhaltlich fällt das »Projet« erheblich aus dem Rahmen der bei den Vätern der Konstitution von 1808 herrschenden Vorstellungen. Der Autor geht von der allgemeinen Situation in Europa aus und konstatiert als wichtigen Faktor der deutschen öffentlichen Meinung das Vorhandensein und die Zunahme eines »patriotisme germanique«. Frankreich bezeichnet er als Objekt des Hasses Europas; ein Staat, der sich in solchem Maße wie Bayern an Frankreich gebunden habe, sei daher in eine gefährliche Isolierung geraten. Dieser Umstand könne nicht durch Diplomatie beseitigt werden, vielmehr müsse Bayern versuchen, durch eine »weise Innenpolitik« den Respekt der anderen Staaten zurückzugewinnen. Die Zeichen der Zeit sprächen für Einführung von Verfassungen. Bayern könne im Gegensatz zu den Militärstaaten Preußen und Österreich auf der Bahn zum Verfassungsstaat voranschreiten. Insofern der Verfasser Adel und Geistlichkeit im Staatsleben verankern wollte, berief er sich auf das britische Vorbild. In erster Linie lag ihm jedoch daran, die Stellung des Monarchen zu festigen. Die Minister figurierten als Mitglieder eines vom König durch Berufung auch anderer Persönlichkeiten zu erweiternden »Oberdirektoriums«, dessen Obliegenheit, Gesetzentwürfe vorzubereiten, die Alleinherrschaft eines Ministers bereits eingeschränkt hätte. Noch mehr erwartete sich der Verfasser in dieser Hinsicht von der Schaffung einer königlichen »Staatspfalz« (Cour du Palais), eines Gremiums, das in seiner Zusammensetzung dem späteren »Reichsrat der Krone Bayern« ähnelte und dem die ständige Beratung des Souveräns, Oberaufsicht und Garantie der Rechtsordnung, Registrierung der Familiengesetze, der Staatsverträge mit fremden Mächten und der Finanzgesetze zugedacht war. Auch eine Kammer der Abgeordneten war vorgesehen, deren Zuständigkeit sich jedoch auf das Finanz- und Budgetwesen beschränkte; ihre Beschlüsse sollten die Mitglieder als »ehrfurchtsvolle Petitionen« an den König herantragen. Bayern sollte in Gaue, größer als die alten Landgerichte und kleiner als die späteren Regierungsbezirke, eingeteilt werden. Die an der Spitze dieser Verwaltungseinheiten stehenden Gaugrafen und je ein Grundbesitzer aus dem Gau stellte sich der Verfasser als den einen Teil der »Chambre des représentants« vor, den anderen wollte er durch Städtevertreter gebildet sehen. Die Alleinherrschaft des monarchischen Prinzips und das Überwiegen einer vom König abhängigen Bürokratie in allen vom »Projet« vorgesehenen Institutionen ist offensichtlich.

Das nur terminologisch altertümelnde und deutschtümelnde »Projet« blieb nicht das einzige verfassungspolitische Votum des Kronprinzen. Während seines Englandaufenthalts 1814 beschäftigte er sich mit dem Entwurf einer bayerischen Konstitution, und bei Wredes Besuch am 13. November 1814 in Salzburg war unter anderem auch von einer Verfassung für Bayern die Rede. Man befürchtete in München bei den bevorstehenden Wiener Beratungen sowohl einer gesamtdeutsch oktroyierten Wiederberufung von Landständen wie einer Bundesverfassung beitreten und damit wesentliche Souveränitätsrechte opfern zu müssen. Um zu verhindern, was man im Rheinbund hatte vermeiden können, schien eine bayerische Verfassung der geeignete Weg zu sein. Der allgemeine Verfassungstrend in der öffentlichen Meinung Europas kam hinzu, um es mit einem neuerlichen konstitutionellen Anlauf zu versuchen. Wrede hat diese Lösung, als er nach Wien ging, von Anfang an als Mittel zum Zweck erwogen.

Begeisterte Verfassungsfreunde waren es in der Mehrheit nicht, die sich in der durch königliches Reskript vom 17. September 1814 einberufenen und vom 20. Oktober 1814 bis zum 26. Januar 1815 tagenden, von dem Ritter von Lang in einer berühmt gewordenen Schilderung ironisierten[505] Kommission zur Ausarbeitung einer Verfassung zusammengefunden hatten[506]. Ludwig ließ Ende Oktober einige seiner Verfassungswünsche an Lerchenfeld gelangen[507]. Zur konstitutionell gesinnten Minderheit zählten Max Emanuel Freiherr von Lerchenfeld und die von Hause aus bürgerlichen Räte Zentner, Effner, Krenner und Lang. Bezeichnenderweise motivierte die Minorität ihre Anträge wiederholt mit dem Argument, man müsse einem Sieg Badens in der öffentlichen Meinung, der den bayerischen Entschädigungsansprüchen zuwiderlaufen könnte, zuvorkommen. Als Anselm Feuerbach 1814 eine Schrift »Über deutsche Freiheit und Vertretung deutscher Völker durch Landstände« veröffentlichte, die von dem Gedanken ausging, daß die nun errungene völkerrechtliche Freiheit durch eine staatsbürgerliche ergänzt werden solle, erreichte Montgelas, der der Kommission nicht angehörte, die Entfernung des Rechtsgelehrten aus München[508]. Das erste Ergebnis der Kommissionsarbeit, über das der Justizminister Graf Reigersberg am 14. Februar 1815 dem König Bericht erstattete, lief allem zuwider, was sich die Verfassungsfreunde in Bayern und Deutschland wünschten.

Dem Kronprinzen, der noch in Wien weilte, ging am 1. März 1815 über Wrede die Aufforderung seines Vaters zu, sich zu dem Entwurf zu äußern. Auf ihn war es zurückzuführen, daß Max Joseph das Produkt der Kommission an diese zur weiteren Überarbeitung zurückverwies[509]. Das Promemoria des Thronfolgers vom 9. März 1815[510], das den Verfassungsentwurf der Kommission Punkt für Punkt überprüfte und kritisierte, beweist, daß es damals an der Staatsspitze Bayerns keine konstitutionsfreundlichere Persönlichkeit als den Kronprinzen gab. Er betonte, er wisse genau, daß sein Eintreten für die Beschränkungen der Kronrechte ihm selbst einst schwere Hindernisse in den Weg legen könnte. Trotzdem bestand er auf einem weitgehenden Recht der Stände, Steuern, Gesetze und Kreditaufnahme zu bewilligen. Was ihn wohl mindestens im gleichen Maße wie seine freisinnigen Neigungen von damals zu dieser Stellungnahme bewog, dürften die Finanzlage Bayerns und sein Bestreben gewesen sein, das »Staatswirtschafts-Vertrauen« wiederherzustellen. Das Initiativrecht der Kammern und Sicherheiten gegen Verfassungsverletzungen fanden in Ludwig einen entschiedenen Befürworter. Hinsichtlich der Zusammensetzung der Kammer der Abgeordneten ging er weit über den Münchner Kommissionsentwurf hinaus. Jedem Untertan, der ein Steuersimplum von 7 Gulden 30 Kreuzer zahle, wollte er das Wahlrecht zugesprochen wissen. Allerdings wünschte er, daß nicht zu viele unwissende Bauern in der Kammer säßen. Daß er damals auch Beamte, Geistliche, Advokaten und amtlich angestellte Ärzte aus der Kammer ausgeschlossen sehen wollte, blieb ein vorübergehender Rigorismus zugunsten, wenn man so will, einer unabhängigen Gesellschaft gegenüber dem Staatsapparat. Die im Entwurf vorgesehene Beschränkung der Zugänglichkeit von Zivil- und Militärämtern auf geborene Bayern änderte er ab: »Jeder Christ seiende Teutsche« solle dazu befähigt sein. Gewissensfreiheit und Pressefreiheit forderte er in ausgedehnterem Umfang als die Kommission: »Möchte die Pressefreiheit auf ähnliche Weise wie in Großbritannien bestehen; der hieraus entstehende Nachteil würde durch den Nutzen weit übertroffen«. Unmißverständlich sprach er sich gegen die Übertragung der gesamten Gerichtsbarkeit erster Instanz auf dem Lande in die Hände des Adels beziehungsweise der Städte aus. Schließlich behielt sich der Kronprinz vor, nach seiner Rückkehr »seine schon fertig seienden Landesbewaffnung betreffenden Vorschläge darzulegen, als von solcher Anstalt, auf welcher Bayerns Sicherheit beruht«. Das Memorandum endete mit den Worten: »Sei Bayerns Verfassung [die], die dem Volke am meisten Rechte gibt; umso größer nur wird die Anhänglichkeit an den Thron, desto fester wird er sich gründen auf Liebe und Einsicht. Man erwarte aber nicht anfangs den Nutzen, welcher sich ergibt, wo solche Verfassung schon Jahrhunderte wirkt. Ungeschicklichkeit wird es im Beginn geben, überflüssige Anstände auch in der Folge. Was auf Erden ist vollkommen? Aber das Gute wird vergleichlos mehr sein. Wenn einmal seine Verfassung mit dem Bayer verwebt sein wird und die Jugend sie gleichsam mit der Muttermilch eingesogen wird haben, dann erst wird ihre Wirkung herrlich sich zeigen. Lange Zeit braucht es, bis die Eiche erwachse, dann ist sie aber auch tief gewurzelt, wankt im Sturme nicht«.

Dem Verfassungsprogramm des Kronprinzen lag ein neuer Staatsbegriff zugrunde. Nicht nur, daß die Stände künftig bei »jeder unmittelbaren wie mittelbaren Auflage, desgleichen jeder Veräußerung, wenngleich sie nur Vertauschung von Stiftungsgütern«[511], gefragt werden sollten! Die staatsnationale Einheit des Königreichs Bayern konnte, so die Meinung des Thronfolgers, nur durch die Teilhabe des Volkes an den Staatsgeschäften gesichert werden.

Der Gang der politischen Ereignisse war damals dem Zustandekommen einer neuen bayerischen Konstitution nicht günstig. Montgelas hielt eine Verfassung für verfrüht und sperrte sich gegen die Fortsetzung der Beratungen. Allenfalls wollte er sich auf Provinzialstände einlassen, die eine Gesamtverfassung hätten beraten können. Beim Sturz des Ministers hat die Verfassungsfrage offensichtlich keine ausschlaggebende Rolle gespielt. Notizen aus dem Jahr 1816 ist zu entnehmen, daß den Kronprinzen in Würzburg Verfassungsfragen weiterhin beschäftigten[512]. Im Mittelpunkt stand für Ludwig damals wie 1815 freilich stets die Krone als Träger der letzten Entscheidungen. Schon die »Bemerkungen« vom 9. März 1815 hatten die Fragen des Hausrechts, der Thronfolge und der königlichen Prärogative besonders sorgfältig behandelt.

Daß im Laufe des Jahres 1817 die bayerische Verfassungsfrage neuerdings aufgerollt wurde, hat man gelegentlich auf das Konkordat von 1817 zurückgeführt. In Regierungskreisen sah man durch seine Unterzeichnung wesentliche Souveränitätsrechte gefährdet. Nach Auffassung insbesondere Zentners sollte eine Verfassung dazu dienen, einer drohenden Beeinträchtigung der bayerischen Staatssouveränität zuvorzukommen. Aber diese Absicht war nur eine unter anderen und sicher nicht die für die Proklamation der Verfassung ausschlaggebende. Auslösend erscheinen heute Vorgänge der Bundespolitik. Unmittelbar nach Eröffnung des Deutschen Bundestages waren Verhandlungen betreffend Artikel XIII der Bundesakte in Gang gekommen[513]. Als die Forderungen der deutschen Kleinstaaten nach authentischer Interpretation dieses Artikels durch den Bundestag an der Jahreswende 1817/18 einen Oktroi in der Verfassungsfrage befürchten ließen und Metternich zur gleichen Zeit mit einem bayerischerseits durchaus unerwünschten bundesnormativen Verfassungsmodell hervortrat, entschloß man sich in München zum Handeln. Ein Reskript Max Josephs vom 10. Mai 1817, das die Bildung eines neuen Verfassungsausschusses vorsah, hat die ernsthafte Vorbereitung einer Konstitution noch nicht bewirken können. Erst die Ende 1817 eingetretene Situation, Motive, die ein Rundschreiben des Innenministers Graf Thürheim in einer Zirkularnote vom 16. Dezember 1817 zusammenfaßte[514], und ein neues Reskript Max Josephs vom 16. Februar 1818 brachten die Dinge endgültig in Fluß.

Zu Beginn der Ausschußverhandlungen wurde das in mehreren Punkten ergänzte Wiener Memorandum des Kronprinzen verlesen. Von dieser Bezugnahme abgesehen, hat der Thronfolger an der Verfassung nicht unmittelbar mitgewirkt[515]. Die Konstitution war hauptsächlich das Werk Zentners. Ludwig kam das Geschäft der Verfassungsunterzeichnung äußerst ungelegen, da es seinen Italienaufenthalt vorzeitig beendete. Aber er konnte und wollte den Akt nicht hinausschieben[516]. Sein politischer Einfluß in München war seit Sommer 1817 ohnehin sehr zurückgegangen[517]. In dem Schreiben, in dem Lerchenfeld den Thronfolger aufforderte, aus Anlaß des bevorstehenden Abschlusses der Verfassungsarbeiten und der Verkündung der Konstitution aus Italien zurückzukehren[518], wurde nachdrücklich darauf hingewiesen, daß man die »trefflichen Bemerkungen Eurer kgl. Hoheit reif erwogen und geeignet berücksichtiget« habe. Man hoffe, die Kommission werde ihre Tätigkeit bis Ende April beenden, »wo es dann höchst wesentlich ist, die Ansichten Eurer kgl. Hoheit in Bälde erhalten und Ihnen die allenfalls noch nötigen Erläuterungen auf der Stelle vorlegen zu können«. Lerchenfeld, als Finanzminister sehr an Kooperation mit künftigen Kammern interessiert, rechnete mit der Einberufung der ersten Ständeversammlung schon zum Winter 1818. Zwei für den Kronprinzen wichtige Bemerkungen des Staatsmanns verdienen Hervorhebung. Einmal nannte er den Befehl des Königs, die Verfassung beschleunigt zum Abschluß zu bringen, »ein in vieler Beziehung höchst erfreuliches Ereignis, und es ist daher wahrhaft zu wünschen, daß diese glückliche Stimmung um so mehr benützt werden möge, als Eurer kgl. Hoheit selbst bekannt ist, welche Besorgnis seine Majestät noch im vorigen Jahr gegen eine ständisch-repräsentative Verfassung hegten, und wie leicht diese selbst durch äußere Ereignisse wieder zurückkehren könnte«. Dem fügte er hinzu: »Daß die Verfassung um so günstigeren Eindruck findet, wenn sie in Bayern als die erste unter den größeren Staaten Deutschlands erscheint, daß es in jeder Beziehung höchst wünschenswert sei, daß die Verfassung Bayerns früher zustandekomme, ehe im Königreich Württemberg neue Versuche geschehen und neue Umtriebe erfolgen, wird Eurer kgl. Hoheit tiefer Einsicht nicht entgehen.«

Aus einem späteren Brief des Kronprinzen geht hervor[519], daß zwischen seinem Eintreffen in München und der Eidesleistung auf die Verfassung noch eine Besprechung stattfand, in der man ihn hastig und oberflächlich unterrichtete. Man habe so sehr unter Zeitdruck gestanden, daß er nicht voll darüber im Bilde gewesen sei, auf was er alsbald seinen Eid abgelegt habe. Ludwig hob später wiederholt seine Nichtbeteiligung am Zustandekommen der Verfassung von 1818 hervor. »Ich habe«, schrieb er 1834 an Metternich, »die bayerische Verfassung nicht gegeben, noch hatte ich Anteil an der Beratung darüber (befand mich abwesend in Italien)«[520]. Dies traf zu, gleichwohl wirkte es sich aus, daß das verfassungspolitische Engagement des Kronprinzen bekannt war. Ob mittelbar oder unmittelbar beteiligt, blieb der konstitutionell gesinnte Thronfolger durch das Gewicht seiner Stellung und seiner Persönlichkeit eine treibende Kraft hinter allen einschlägigen Bemühungen.

Die bayerische Konstitution von 1818 zählte zur Garnitur der vormärzlichen Verfassungen gemäß dem monarchischen Prinzip, dem Kernstück des sogenannten deutschen Konstitutionalismus[521]. Die Verfassungssystematiker haben sich gründlich mit der Beziehung der bayerischen Verfassung zu der für ihren Typus als vorbildlich geltenden französischen Charte von 1814 beschäftigt, die verwandten und die eigenständigen Züge voneinander abgehoben[522]. Der König galt als Geber der Verfassung, die weder faktisch durch einen Vertrag zwischen Fürst und Volk zustandegekommen noch theoretisch so konzipiert war. Aus freien Stücken hatte sich der Monarch einer Anzahl von Rechten entäußert. Die Grundrechte der Bayern wurden durch die Konstitution gesichert. Den beiden Kammern war Mitwirkung bei der Gesetzgebung, vor allem bei den zentralen finanziellen Fragen der Steuerausschreibung, der Kreditaufnahme und des Budgets zugestanden. Um die Einflußnahme der Krone auch auf die Kammern zu gewährleisten, waren zahlreiche Bestimmungen in die Verfassung eingebaut. Das Zweikammersystem fand sich in der bayerischen Verfassung wie in mehreren anderen vormärzlichen Konstitutionen. Die Erste Kammer (Kammer der Reichsräte oder Reichsrat), mehrheitlich eine Standesherren- und Adelskammer – der Krone oblag die Ernennung nur eines Teils der Mitglieder –, vertrat die Interessen des großen gebundenen Grundbesitzes. Gewiß ging es ihr um Wahrung des konservativen Prinzips, aber dies bedeutete noch nicht, daß sie sich grundsätzlich regierungsloyal verhielt. Die Regierung konnte, wie es 1827/28 geschah, nach freisinnigen Prinzipien handeln und dadurch in Konflikt mit der Ersten Kammer geraten. Und selbst bei einer konservativen Regierung bestand die Möglichkeit, daß sich der Feudalkonservativismus des Reichsrats und der Regierungskonservativismus nicht deckten. An der Zweiten Kammer (Kammer der Abgeordneten) fällt der noch stark ständische Charakter auf. Verfassungsgeschichtlich gesehen handelte es sich in der Tat um ein Übergangssystem von Ständeversammlung zum modernen repräsentativen Parlament. Man sprach bis 1848 in Bayern nicht zu unrecht noch von den »Ständen des Reichs«, und Minister, die über Vorgänge in der Zweiten Kammer an den Monarchen berichteten, taten dies unter der Rubrik »Ständische Verhältnisse«.

Am 26. Mai 1818 verkündeten Glockengeläut und Kanonendonner die Gewährung des neuen Grundgesetzes. Die kontroverse Publizistik aus Anlaß des Ereignisses hat E. Franz analysiert[523]. Die freudige Stimmung in der Bevölkerung überwog. Denkmäler zeigen König Max Joseph mit der als Magna Charta Bavariae bezeichneten Verfassung[524]. Der Kronprinz war nicht vollständig zufrieden; ihm schien die Konstitution nicht weit genug zu gehen, nicht liberal genug zu sein[525]. Aber im ganzen erfüllte auch ihn das Gefühl der Genugtuung. Wie hoch er die neue Errungenschaft einschätzte, beweist der für ihn charakteristische Gedanke, einen großartigen »ständischen Palast« bauen zu lassen, als dessen Architekten er Klenze vorsah[526]. Die Vordringlichkeit anderer Pläne, Geldknappheit und vor allem das zunehmende Mißvergnügen über die Stände ließen es zur Ausführung auch unter dem *König* Ludwig nicht kommen.

2. Verteidiger des konstitutionellen Bayern

Zwischen 1815 und 1819 erlebte die vormärzliche deutsche Verfassungsbewegung einen ersten Höhepunkt und das Zustandekommen einer beträchtlichen Anzahl von Konstitutionen, darunter der bayerischen im Jahre 1818. Nun fand sich allerdings in jedem konstitutionell gewordenen Staat auch eine mehr oder minder einflußreiche verfassungsfeindliche Partei. In Preußen und Österreich kam bis 1848 unter absolutistischem und feudalem Einfluß überhaupt keine allgemeine Verfassung zustande. Metternich legte, nachdem er 1817/18 noch mit Verfassungsplänen, allerdings sehr bescheidenen Zuschnitts, umgegangen war[527], seiner deutschen und europäischen Politik das Prinzip landständisch-provinzialständischer Verfassungen zugrunde, das faktisch auf Antikonstitutionalismus hinauslief. Dies bedeutete jedoch nicht, daß der führende Staatsmann im Bunde Verfassungen, die nach seiner Ansicht zu viele Konzessionen machten, aber inzwischen eingeführt waren, hätte unbesehen rückgängig machen wollen. Vollzogenen Tatsachen gegenüber übte er sich in Vorsicht. Mit allen Mitteln, über die er verfügte, suchte er sich jedoch bei den Vorarbeiten zu den süddeutschen Verfassungen einzuschalten. Publizistisch ließ er durch seinen Chefpropagandisten, man möchte beinahe sagen Chefideologen, Friedrich von Gentz, das ständische gegen das konstitutionelle Prinzip ausspielen. Metternich konnte das Zustandekommen eines süddeutschen Konstitutionalismus nicht verhindern, aber er förderte alle Kräfte in den Einzelstaaten, die er als Gewicht gegen eine Fortentwicklung des Verfassungswesens einschätzte. Was sich in den Bundesstaaten nicht unmittelbar erreichen ließ, sollte über Bundesgesetzgebung und Bundesbeschlüsse zuwegegebracht werden. In seinen Anfängen ließ sich der Bundestag allerdings noch nicht willfährig für die Metternichsche Politik gebrauchen – uneingeschränkt war dies nie der Fall –, und daher zog es der Staatskanzler vor, mittels Ministerkonferenzen, die er nach Österreich einberief, seinen Willen in den Bundesstaaten durchzusetzen. Seine erste und keineswegs letzte große Offensive gegen die progressiv-parlamentarische, von ihm stets als revolutionär abqualifizierte Bewegung in Deutschland führte zu den Karlsbader Beschlüssen vom August 1819.

Am 4. Februar 1819 war der erste bayerische Landtag zusammengetreten. Da die Abgeordneten ihren Auftrag sehr ernst nahmen, blieben Konflikte mit der Regierung nicht aus. Höhepunkte der Auseinandersetzungen zwischen König und Regierung auf der einen und der Ständeversammlung auf der anderen Seite bildeten die Forderungen der liberalen Opposition nach Vereidigung des Heeres auf die Verfassung und Reduzierung des Militärbudgets. Diese hat der Landtag durchgesetzt, jene nicht. Ludwig befürwortete im Prinzip die Wünsche der Zweiten Kammer nach Einsparungen am Militäretat und nach Landräten (Kreisversammlungen nach Pfälzer Vorbild), sah sich dabei jedoch zu mancherlei Taktieren genötigt. Vorübergehend kam es zu Verstimmungen zwischen ihm und seinem Vater und auch Wrede. Der Monarch, der seinen Sohn in Verdacht hatte, er könnte mit Hilfe der Abgeordneten auf eine Reduzierung der Armee hinarbeiten, und einzelne seiner Ratgeber gingen mit dem Gedanken einer Auflösung oder Vertagung des Landtags um, Rechberg erwog sogar die Rücknahme der Konstitution. Der König schwankte. Konstitutionalist aus Überzeugung ist er nie gewesen, und es fehlte nicht an Verfassungsfeinden bei Hofe. Gelang es, dem Monarchen die Überzeugung beizubringen, daß eine Revolutionierung Bayerns beabsichtigt sei, ließ er sich womöglich für Maßnahmen gewinnen, die er als existenzsichernd für den Staat und den Thron ansah. Allerdings hat man weder aus der österreichischen noch aus der preußischen Hauptstadt den Münchner Antikonstitutionalisten im Sinne eines Staatsstreichs zugeredet. Der Feldmarschall, Lerchenfeld, Reigersberg, Triva, der Generaldirektor von Zentner und der Generalsekretär des Staatsrats von Kobell wünschten die Aufrechterhaltung der Verfassung und auch keine Auflösung des Landtags.

In dieser Situation erwies sich der Kronprinz als standhafter und einflußreicher Verfassungsfreund. Zunächst gab er ein gutes Beispiel durch Wahrnehmung seiner Rechte und Pflichten als Mitglied des Reichsrates seit dem ersten Zusammentritt dieses Gremiums 1819. Es ist vielfach bezeugt, daß er während der

Verhandlungen, denen er allerdings nicht bis zu ihrem Ende beiwohnte, sich als Verteidiger der Konstitution und aller ihrer liberalen Errungenschaften hervortat[528]. Zu denjenigen, die den Thronerben unterstützten, zählte Eugen Beauharnais[529], der in dieser Frage keinerlei Ressentiments gegen seinen Schwager aufkommen ließ. Lerchenfeld brachte nach Abschluß der ersten Ständeversammlung dem Kronprinzen seinen Dank für die Dienste zum Ausdruck, die er der konstitutionellen Sache geleistet hatte[530]. Von Interesse ist, daß die eines freiheitlichen Sonderstatus sich erfreuende Pfalz aufgrund des Verhaltens des Kronprinzen im Landtage in ihm ihren Protektor sah: »Das Land«, schrieb als Sprecher des Regierungsbezirks der Generalkommissär von Stichaner, »erkennt in den wohlwollenden Gesinnungen Eurer kgl. Hoheit, welche sich stets und insonderheit bei der letzten Ständeversammlung so kräftig ausgesprochen haben, immer die größte Stütze seiner inneren Einrichtungen und seiner eigentümlichen Verfassung. Eure kgl. Hoheit möge auch immer sein Schutzgeist bleiben«[531]. Das Tagebuch des Kronprinzen hält seine Überlegungen wie seine Unterredungen mit Abgeordneten des Untermainkreises, namentlich mit dem Würzburger Bürgermeister Behr, fest. Diese und andere Aufzeichnungen bestätigen, daß der Thronfolger im Gegensatz zum Hof und der »Rechbergschen Partei« (der Minister, seine Brüder Anton und Carl, Graf Thürheim, Graf Carl Arco, Graf Clemens Leyden) Bayern die Rolle konstitutioneller Vorbildlichkeit für den Deutschen Bund zudachte[532] und unter diesem Gesichtspunkt auch ein Entgegenkommen gegenüber den Ständen in finanzieller Hinsicht befürwortete. »Das größte Übel ist der Bruch«, schrieb er in sein Tagebuch und an den Marschall Wrede[533]. Auch während seiner Abwesenheit in Würzburg und Bad Brückenau hörte Ludwig nicht auf, sich für die Landtagsverhandlungen zu interessieren und antikonstitutionelle Tendenzen zu bekämpfen.

Nach Landtagsschluß drohten seitens der von Metternich zusammengerufenen Karlsbader Ministerkonferenz zehn deutscher Regierungen neue Gefahren für Verfassung und Souveränität Bayerns. Durch Erkundigungen, die Rechberg in Wien und Berlin im Einverständnis mit dem König hatte einziehen lassen, ebnete er Metternich den Weg[534]. Erst recht geschah dies gelegentlich Münchner Vorbesprechungen zwischen Metternich, Rechberg und Wrede am 18. Juli 1819. Von Lerchenfeld unterrichtet, durchschaute Ludwig schon im Vorbereitungsstadium und während des Verlaufs der Konferenzen, was gespielt wurde. Mit gutem Grund befürchtete er von Rechberg zu weit gehende Konzessionen. Er ging den Minister frontal an und warnte ihn: Wenn er, Ludwig, einmal Bayerns Krone tragen sollte, würde er Beschränkungen seiner Rechte, auf die man sich derzeit einzulassen scheine, auf keinen Fall anerkennen[535]. Vierzehn Tage später wandte er sich beschwörend an seinen Vater: »Sie haben aus edlem freiem Antriebe Bayern das wohltätige Geschenk einer Verfassung für alle Zeiten gegeben und wir haben sie beschworen, daß eine Verletzung derselben als ein Eidbruch geschehe: keiner Ihrer Minister wie keiner Ihrer Untertanen darf sie verletzen, wodurch er meineidig würde, und keiner also darf raten, daß gestattet werde, von Ihren Untertanen einen vor das Mainzer Tribunal ziehen zu lassen, denn es wäre ein Bruch unserer Verfassung, vermöge welcher niemand seinem ordentlichen Richter entzogen, noch ein Gesetz ohne Zustimmung der Stände gegeben werden darf, folglich auch nicht in betreff der Presse«[536]. Von Lerchenfeld nach München gerufen, entfaltete Ludwig dort vom 12. bis 22. Oktober 1819 eine lebhafte Tätigkeit, um der Verfassungspartei an der Staatsspitze den Rücken zu stärken[537]. Rechberg, dem man Überschreitung seiner Instruktion vorwarf, verteidigte sich, er habe in Karlsbad weit Schlimmeres verhütet. Der infolge seiner Erfahrungen mit dem ersten bayerischen Landtag vor kurzem verfassungspolitisch noch sehr restriktiv gesonnene Wrede lavierte, wie so häufig, schlug sich jedoch mehr auf die Seite des Kronprinzen als des kommenden Mannes. Ohne Wrede (und vielleicht auch den von Ludwig auf Kobells Rat hin bearbeiteten Ringel) wäre es wohl nicht gelungen, den König im Sinne Ludwigs zu beeinflussen. Lerchenfeld meinte, beim König wirke das Wort Souveränität mehr als der Eid. Man muß es weitgehend der Wachsamkeit des Thronerben zuschreiben, daß Bayern die Karlsbader Beschlüsse nur unter dem Zusatz, soweit sie der bayerischen Verfassung nicht zuwiderliefen – die Formulierung stammte von Lerchenfeld –, annahm und so seine Handlungsfreiheit und Souveränität wahrte. Feuerbach äußerte sich begeistert über die Art und Weise der Publikation der Beschlüsse in Bayern[538]. Zwei Jahre, nachdem Rechberg als Kandidat des Kronprinzen sein Amt angetreten hatte, waren die Beziehungen zwischen dem Thronfolger und dem Außenminister auf einem Tiefpunkt angelangt, von dem sie sich nicht mehr erheben sollten. Daß Rechberg nach der Thronbesteigung Ludwigs als erster Minister seine Entlassung erhalten würde, galt bald als sicher. Als sich die bayerische

Regierung zu Vorbehalten gegenüber den Karlsbader Beschlüssen aufgerafft hatte, fand sich der später von Ludwig unnachsichtig verfolgte Hofrat Behr, damals Prorektor der Universität Würzburg, bei ihm ein und fragte ihn, ob nicht »von hiesiger Universität und anderen Körperschaften Adressen an S. M. zu schicken wären, die ihre Freude über dessen für die Erhaltung der Verfassung getane Erklärungen ausdrückten«[539]. Der Kronprinz holte Lerchenfelds Meinung ein; dieser widerriet.

Anschließend an die Karlsbader Vorgänge kam es zu einer neuen Bewährungsprobe für die bayerische Souveränität und ihr Palladium, die Verfassung. In den Wiener Ministerkonferenzen vom 25. November 1819 bis 24. Mai 1820 wurde der Rahmenvertrag der Bundesakte von 1815 durch die am 8. Juli 1820 zu Frankfurt einstimmig als Bundesgrundgesetz angenommene sogenannte Wiener Schlußakte ausgefüllt. Schon im Oktober 1819 galt es für ausgemacht, daß Rechberg Bayern nicht in Wien vertreten würde. Ludwig wandte sich gegen eine Sendung Rechbergs, der indessen schon von sich aus zugunsten Zentners verzichtet hatte. Außerhalb Bayerns war man der Ansicht, daß der Kronprinz, Wrede und Reigersberg eine Sendung Zentners nach Wien durchgesetzt hatten[540]. Mißtrauisch verfolgte Ludwig den Gang der Konferenzen, doch hatte er bald Gelegenheit, sich eines Besseren zu überzeugen. Dank der Staatskunst Zentners wurde in der Wiener Schlußakte ein für das Königreich positives Ergebnis erzielt. Es gelang dem Staatsmann sogar, die Achtung und das Vertrauen Metternichs zu gewinnen[541]. Schon Januar 1820 drückte der Kronprinz Zentner wiederholt in überschwenglichen Worten seinen Dank aus[542]. Bayerns Souveränität *und* seine Bundeszugehörigkeit hatten sich auf lange Zeit stabilisiert.

Europäische Vorgänge der zwanziger Jahre veranlaßten Metternich, der den Kronprinzen für einen gefährlichen Verfechter »turbulenter liberaler Grundsätze« hielt und gelegentlich an seiner Zurechnungsfähigkeit Zweifel äußerte, seine Anstrengungen zu verdoppeln, um in den deutschen Verfassungsstaaten eine restriktive Politik durchzusetzen. Lerchenfeld maß der Anwesenheit des Kronprinzen in Bayern als einem Gegengewicht zu Metternich und der »Rechbergschen Partei« so großen Wert bei, daß er 1822 den Thronfolger dringend bat, seine geplante Italienreise zu verschieben und im Lande zu bleiben[543]. Ludwig kam der Aufforderung nach. Als ihm bei Schluß des Landtages von 1822 die Aufgabe zufiel, den Abschied zu verlesen, benützte er die Gelegenheit, seine Anhänglichkeit an die

Verfassung zu unterstreichen. Auf einer deutschen Ministerzusammenkunft in Salzburg Oktober 1822, am Vorabend des Kongresses von Verona, erwies sich wieder einmal, daß Wredes Verfassungsfreundlichkeit nicht so kompromißlos wie diejenige des Kronprinzen und Lerchenfelds war. Ein Aufenthalt Metternichs in München vom 31. Dezember 1822 bis 2. Januar 1823 bewirkte zwar für Lerchenfeld und seinen Mitstreiter, den noch jungen Ministerialrat Rudhart, eine spürbare Verschlechterung ihrer politischen Position, konnte aber an dem Gleichgewicht der konstitutionellen und antikonstitutionellen Kräfte im ganzen nicht allzu viel ändern. Der Kronprinz umschrieb seinen Standpunkt deutlich: er wünsche keine über die bisherige Handhabung der Zensur hinausgehenden Beschränkungen und keine Aufhebung der Öffentlichkeit bei Sitzungen der Zweiten Kammer. Die Erneuerung der Bundestagsbeschlüsse von 1819 im Jahre 1824 konnte an der Behauptung der von Bayern eingehaltenen Linie nichts ändern. Man leistete bei der Beschlußfassung zwar ausschlaggebende Hilfestellung – die Vereinbarungen in Frankfurt erfolgten auf der Grundlage eines Zentnerschen Memorandums –, aber am Ende hieß es, man wolle »wie bisher zu der Handhabung der beschlossenen Maßnahme beitragen«. »Wie bisher«, das bedeutete, man gab die die Verfassung sichernde Verfahrensweise der bayerischen Politik nicht auf. Ohne den Kronprinzen hätte die Verfassungspolitik Bayerns wahrscheinlich eine andere Richtung eingeschlagen.

Auch auf den Landtagen 1822 und 1825 bewies Ludwig, wie unverändert er zur Verfassung stand. Er vereitelte bei Max Joseph 1825 die Ernennung des Grafen Bassenheim, in dem er einen »Konstitutionsmörder« sah, zum II. Präsidenten der Ersten Kammer[544]. Bei Landtagsschluß berief er das Direktorium der Zweiten Kammer und aus jedem Kreis einen Abgeordneten zu sich, um der Kammer für die gute Gesinnung zu danken, die sie während des Landtags bewahrt habe[545].

Einem Teil der bayerischen Staatsführung ging es bei der Abwehr der Bestrebungen Metternichs nur oder hauptsächlich um die Aufrechterhaltung der bayerischen Souveränität. Von dem Kronprinzen wird man behaupten dürfen, daß ihm gleichermaßen die Konstitution als solche am Herzen lag. Als er Ringseis und Sailer beauftragte, einen Erzieher für seine Kinder ausfindig zu machen, betonte er, daß er einen Mann von religiöser, aber auch »volksrechtlicher« Einstellung wünsche[546]. Von der Verfassung erwartete er einen Fortschritt staatsbürgerlicher

Gesinnung im ganzen Lande und nicht zuletzt und mit gutem Grund die Integration von Alt- und Neubayern in das junge Königreich. Die liberalen Sympathien des Kronprinzen erstreckten sich auf die ganze europäische Verfassungsbewegung. In seinem bereits erwähnten »Sündenregister« Österreichs von 1823 nahm er eindeutig für die südeuropäische Verfassungsbewegung und gegen Österreichs Intervention Partei. Im Juli 1820 hatte Max Joseph Gentz gefragt, ob der Kronprinz von Neapel unmittelbaren Anteil an der dortigen Verschwörung genommen habe. Gentz verneinte, etwas davon gehört zu haben. Darauf Max Joseph: »Ich glaube es ganz sicher, und das schon darum, weil mein Herr Sohn, der, wie Sie wissen, auch die liberalen Grundsätze liebt, mir gar so viel Gutes über ihn gesagt hat«[547]. Einen sicheren Gradmesser für Ludwigs Engagement an einem Ereignis oder zugunsten von Institutionen bildete sein Entschluß, ihnen eine künstlerische Weihe zuteil werden zu lassen. In diesem Sinne nahm er lebhaften Anteil an der Errichtung der Konstitutionssäule im Schloßpark zu Gaibach durch den Grafen Schönborn[548]. Von dem Gedanken der Errichtung eines »ständischen Palastes« war bereits die Rede.

X.
VORBEREITUNG AUF DAS HERRSCHERAMT

1. Staatspolitik

Ludwig wußte, daß sein Vater Temperament und Gedankengängen des Sohnes mißtraute. Er verhielt sich daher in allen Fragen, in denen er Max Joseph zu gewinnen wünschte, sehr vorsichtig und geradezu ängstlich[549]. In den Briefen an den Vater entwikkelte er ein gerütteltes Maß an Diplomatie. Es mußte sich schon um Angelegenheiten handeln, die für ihn schlechterdings Priorität besaßen, wenn er den Versuch wagte, seinen Vater umzustimmen. Nicht nur bei Hofe, auch im ultrakonservativen Lager und in einzelnen Ministerien war man froh, Ludwig auf Distanz in Würzburg und Brückenau oder auf Reisen nach dem Süden zu wissen. Die Abwesenheit von der Hauptstadt schwächte seine Stellung. Gelegentliche Mißgriffe hat man weidlich gegen ihn ausgebeutet. Wie bei seiner Stellung unvermeidlich, wurden in der Öffentlichkeit, die sich mit ihm beschäftigte, manche unwahren Gerüchte und Verdächtigungen gegen ihn ausgestreut. Ludwig interessierte sehr, wie die Leute über ihn dachten. Seinen Griechischlehrer, den späteren Direktor der Hof- und Staatsbibliothek, Lichtenthaler, forderte er auf, ihm offen zu berichten, »wie die öffentliche Meinung und in Ansehung meiner ist«[550]. Mitunter fragte er auch andere Leute, beispielsweise Ringseis, was sie täten, wenn sie König wären[551]. Die nicht wenigen Erkrankungen Ludwigs ließen die Meinung aufkommen, er werde seine Thronbesteigung nicht erleben. Andererseits konnte man sich dem Eindruck seiner starken Persönlichkeit nicht entziehen, und man riskierte es nicht so leicht, ihn zu brüskieren. Eine Rückberufung Montgelas' auf den Posten des Außenministers oder seine Ernennung zum Gesandten in Paris war hin und wieder im Gespräch[552], aber man wagte offenbar nicht, einen Schritt zu tun, der einer Herausforderung des Kronprinzen gleichgekommen wäre. Wie seine allgemein bekannte Stellungnahme gegen Montgelas, so verschaffte ihm auch sein Ruf als Hort der Verfassung eine Position, die von jedem, der langfristig kalkulierte, berücksichtigt werden mußte. Ludwigs Interventionen und Drohungen bildeten ein ernst zu nehmendes Politikum, das mehr oder weniger seine Wirkung tat. Während des Landtags von 1825 drohte er bei der Beratung von das Bevölkerungs- und Gewerbewesen betreffenden Vorlagen im Reichsrate, er werde sich die Opponenten notieren und »es ihnen einstens gedenken«[553]. Um seine Zwecke zu erreichen, hat er sich nie gescheut, hohen Staatsdienern seine Ungnade anzudrohen. Daß man den Wünschen des Thronfolgers in untergeordneten Fragen, etwa seiner Fürsprache, dem Dichter Graf Platen eine Urlaubsverlängerung zu gewähren[554], oder der sachlich nicht vordringlich erscheinenden Beförderung des kronprinzlichen Freundes Graf Seinsheim[555] und seiner Versetzung nach München, entgegenkam, war ein Gebot der Klugheit der zuständigen Behörden, dessen Befolgung zur Verbesserung der Atmosphäre beitragen konnte.

Die Entscheidung in den wichtigen Personalfragen lag beim König, doch hat sich Ludwig in sehr zahlreichen Fällen eingeschaltet[556]. Er zeigte sich erfreut über Zentners Berufung zum Justizminister 1823, machte Vorschläge für Ernennung zum lebenslänglichen Reichsrat und erreichte, daß der zurückgetretene Justizminister von Reigersberg, den er zur liberalen Gruppe im Ministerium rechnete, Sitz und Stimme im Ministerrat behielt. Eine Berufung des verdienstvollen, aber in seinen Augen wegen enger Verbindung mit Montgelas und illuminatischer Vergangenheit belasteten ersten Regierungspräsidenten des Rheinkreises, Franz Xaver von Zwackh, in den Staatsrat, wußte er zu verhindern; schon gar nicht wünschte er Zwackh als Pfalzreferenten im Staatsrat. Vergeblich widersetzte er sich einer Ernennung des franzosenfreundlichen Hubert von Pfeffel zum Gesandten am Bundestag 1824[557]. Mit dem Regierungsantritt Ludwigs endete Pfeffels Frankfurter Tätigkeit. Als man mit dem Gedanken umging, Ludwigs Bruder Karl zum Kriegsminister zu ernennen, erklärte er sich nicht nur dagegen, sondern machte darauf aufmerksam, daß der Prinz, falls er, Ludwig, auf den Thron gelange, diese Stellung nicht behalten werde[558]. Wenn Personalentscheidungen von erstem Rang, wie die Ernennung des Fürsten Wrede zum Reichskanzler, also zum Über-Minister, oder des Freiherrn Johann Adam von Aretin zum Außenminister, nicht zustande kamen, so wohl auch deswegen, weil der Thronfolger sich ganz offenkundig querlegte. Personalfragen beschäftigten diesen also unaufhörlich. Unter den diesbezüglichen Notizen finden sich auch recht unausgereifte Gedanken, etwa das Vorhaben, den Flügeladjutanten Graf Albert Pappenheim als Gesandten nach Berlin zu schicken. Später überlegte er meistens sorgsamer.

Die Würzburger Umgebung blieb nicht ohne Einfluß auf den Thronfolger. Sie bestand außer fränkischem Adel, seinen Adjutanten und Offizieren der Würzburger Garnison vor allem aus dem Generalkommissär Freiherr von Asbeck, mehrmals Ministerkandidat des Kronprinzen, und dem Regierungsdirektor Arnold von Mieg, der später Minister und Bundestagsgesandter wurde. Asbeck wie Mieg zählten zur liberalen hohen Bürokratie. Während der Würzburger Zeit ist Ludwig auch eine Persönlichkeit anderer Gesinnung, der Landrichter von Karlstadt, Bernhard Grandaur, der spätere einflußreiche Kabinettssekretär und Staatsrat, begegnet und hat es verstanden, die Wertschätzung des Thronfolgers zu gewinnen. Dem Würzburger Bürgermeister Behr gegenüber sagte der österreichische Gesandte Ludwig 1822 eine Vorliebe nach, doch meldete Trauttmansdorff zwei Jahre später, daß der Thronfolger nun Vorbehalte gegenüber Behr geltend mache[559]. Der Kronprinz verkehrte jedoch weiter mit ihm. Die Atmosphäre in Würzburg, nicht zuletzt an der Universität und bei der Stadtverwaltung, war außerordentlich liberal[560], und es gibt keinerlei Anzeichen, daß dies dem Thronfolger unangenehm gewesen wäre. Im Gegenteil! Das Auftreten des Kronprinzen in Rom (zusammen mit Friedrich Rückert) in altdeutschem Rock und mit Schnurrbart deutete man nicht nur als deutschtümelnde, sondern auch als liberale Demonstration[561].

Die gesellschaftliche Beanspruchung des Kronprinzenpaares war erheblich: Besuche und Gegenbesuche, Reisen, Empfänge, Festivitäten, Jagden und andere repräsentative Verpflichtungen. Unter den Reisen stechen die Italienaufenthalte des Kronprinzen 1817/18 und 1820/21 sowie 1824 hervor. Die Konvolute mit »Briefen ausgezeichneter Männer« im Nachlaß[562] sprechen für die geistige Regsamkeit und die weitgespannten Interessen des Empfängers. Wie später während seiner Regierung, füllten Beschäftigung mit Kunst und Sammeln von Kunstgegenständen, insbesondere seine Bauvorhaben, einen erheblichen Teil der Zeit Ludwigs. Sein Einkommen reichte ihm für seine Kauf- und Baupläne bei weitem nicht aus. 1810 war ihm einschließlich des Nadelgelds für seine Frau in Höhe von 12 000 Gulden eine Rente von 225 000 Gulden ausgesetzt worden, von der 172 000 Gulden auf die Hofhaltung und 53 000 Gulden auf seine privaten Dispositionen entfielen[563]. Wenn er später seinem Sohn Max vorhielt, daß er mit einer für seine Verhältnisse sehr dürftigen, nie erhöhten Summe habe auskommen müssen, unterließ er zu erwähnen, daß er sich unter anderem ein hohes Darlehen aus der Defensionskasse zu verschaffen wußte, das er allerdings bis 1829/30 vollständig zurückbezahlt hat.

Der Kronprinz hatte schon als Generalgouverneur des Inn- und Salzachkreises bewiesen, wie rasch und intensiv er sich in Verwaltungs-, insbesondere Finanz- und Steuerangelegenheiten einzuarbeiten vermochte. Die hauptsächlich in Würzburg und Aschaffenburg verbrachte Zeit der Vorbereitung auf das Herrscheramt vermittelt den gleichen Eindruck. Systematischer und sorgfältiger konnte man die Zeit bis zur Thronbesteigung kaum nutzen, als es Ludwig tat. Er verschaffte sich alle ihm zugänglichen Unterlagen und Informationen, prägte sie seinem sehr guten Gedächtnis ein, durchdachte sie und bildete sich Meinungen, die er nach seinem Regierungsantritt 1825 in die Tat umzusetzen sich bemühte. Der österreichische Gesandte berichtete bald nach Ludwigs Thronbesteigung, daß der neue Herrscher eine Menge tabellarischer Verzeichnisse und zahlreiche Projekte aus Würzburg mitgebracht habe[564]. Im Kabinett des Kronprinzen häuften sich, teils von ihm angefordert, teils unverlangt übermittelt, Gutachten über Gutachten, die er gewissenhaft studierte. Wir erwähnen nur einige wenige davon als Beispiele: Utzschneiders Bericht über das bayerische Staatsschuldenwesen und die bayerische Staatsschuldentilgungskommission[565], ein Projekt des Münchner Kaufmanns Dall'Armi über eine private Magazinierungsanstalt[566], ein sehr positiv gehaltenes Manuskript des Würzburger Bürgermeisters Behr über Gewerbefreiheit, Denkschriften über Salinenwesen, Post, die Teuerung von 1816, über Deutschlands Handelsverhältnisse, den Biersatz, den Zustand des Handwerks, der Vorschlag einer jährlichen Buchhandelsmesse in Nürnberg (1821), ein Entwurf betr. die Errichtung einer Nationalbank. Diesem Material beigefügt finden sich noch und noch Merkzettel und Notizen, deren Frageform verrät, daß Ludwig daran lag, über zahlreiche Gegenstände, Soziales, Finanzielles und Wirtschaftliches zumal, mit Fachleuten Rücksprache zu nehmen und sich ein Urteil zu bilden. Seine Auffassungen legte Ludwig in Denkschriften nieder; mit seinen Verbesserungsvorschlägen auf verschiedensten Gebieten erzielte er im allgemeinen jedoch nur bescheidene Erfolge. Während er im Staatsrat weniger in Erscheinung trat, nützte er die ihm gesetzlich zustehende Mitgliedschaft im Reichsrat. Schon damals fehlte seinem Engagement die Achtung vor gegnerischen Überzeugungen. Die »gute Sache« sah er nur durch sich und diejenigen vertreten, die bedingungslos auf seiner Seite standen.

Unter den Gegenständen, die sich der Thronfolger mit geradezu wissenschaftlicher Gründlichkeit vornahm, stand an erster Stelle die Finanzlage des Staates und mit ihr zusammenhängend die ihm unumgänglich erscheinende Reorganisation der Staatsverwaltung[567]. Als König hat sich Ludwig I. als Sparmeister des bayerischen Staates einen Namen gemacht. Schon als Kronprinz sann er unablässig darüber nach, wie und wo man Ausgaben kürzen könne, und er hat darin, wie seine Vorschläge beweisen, eine gewisse Virtuosität entwickelt. Einen Stein des Anstoßes erblickte er in der bayerischen Staatsdienerpragmatik von 1805, die einzuschränken er entschlossen war. Fragen der Beziehung von Standes- und Dienstgehalt, der Pensionen, der Besoldung gerade der höheren Bürokratie beschäftigten ihn fortwährend. Bereits 1812 zeichnete er auf: Gespräch über die Finanzen des bayerischen Staates mit Geheimrat von Schenk[568]. Schenk hat auf diesem Gebiet als Mentor offenbar den 1809 verstorbenen Hompesch ersetzt. Viel später erst entdeckte der Kronprinz in Armansperg seinen Finanzfachmann par excellence. Daß der Hof unter seinem Vater dem Staate nicht mit gutem Beispiel voranging, nahm sich der Kronprinz zu Herzen. Der Dichter Graf August Platen bemerkt in seinen Tagebüchern über den Kronprinzen unter anderem: »Sein ganzes Streben geht dahin, sich zu einem großen und verdienstvollen Regenten zu bilden. Nichts darf ihm fremd bleiben; von allem verlangt er genaue Wissenschaft; das Größte wie das Geringste interessiert ihn«[569].

Mehr als man es bei einer Persönlichkeit, der die Passion für das Militärische gänzlich abging, erwarten mochte, befaßte sich der Thronfolger mit seinen künftigen Obliegenheiten der Armee gegenüber[570]. Bewaffnungs-, Montur- und Uniformfragen, Löhnung der Mannschaften, Befehlskompetenzen und Organisation, nicht zuletzt die Standorte der Einheiten spielten in seinen Überlegungen eine beträchtliche Rolle. Ludwigs Interesse am Festungswesen trat schon in der Kronprinzenzeit hervor. Er hatte genug militärische Erfahrungen gesammelt, um mitreden zu können, und der ständige Gedankenaustausch mit Generälen und Offizieren, seinen Adjutanten zumal, kam ihm bei der Vertiefung in das militärische Fach zustatten. In erster Linie freilich, und dies mußte unweigerlich Spannungen mit Wrede und anderen führenden Persönlichkeiten der bayerischen Armee hervorrufen, betrachtete er das Heer schon vor der Thronbesteigung als Objekt seiner Sparstrategie. Die Frage, wie man den Heeresetat, insbesondere durch Herabsetzung der Friedenspräsenz, reduzieren könnte, ließ ihn nicht los. Es scheint, daß er zu Beginn des Landtags 1825 mehrere Abgeordnete aufgewiegelt hat, gegen den Militärhaushalt in der eingebrachten Höhe zu stimmen. Allerdings hat der Kronprinz im Laufe der Ständeversammlung aus taktischen Überlegungen, namentlich im Hinblick auf das Verhältnis zum Vater, seine Position gegen seine Überzeugung geändert. Die auf ihn sich berufenden Abgeordneten sahen sich im Stich gelassen.

Hervorhebung verdient unter den Gegenständen des kronprinzlichen Interesses der vielschichtige Komplex Pfalz, und zwar nicht nur hinsichtlich des Gewinns der Kurpfalz, sondern auch des Verhältnisses von »Haupt- und Nebenstaat«[571], von rechtsrheinischem Bayern und linksrheinischem Rheinkreis. Ludwig lag viel an einer haltbaren Integration des linksrheinischen Gebiets in das Königreich. Wie er 1810 bis 1814 für äußerste Schonung der politischen und kirchlichen Eigentümlichkeiten Tirols eingetreten war, um dessen Zugehörigkeit zu Bayern zu festigen, so betätigte er sich nunmehr als Fürsprecher der staatsrechtlichen, von König Max Joseph den Pfälzern garantierten Besonderheiten, die sie aus der französischen Ära ihres Landes übernommen hatten. So wenig er nichtdeutsche Ursprünge von Institutionen schätzte, so sehr fühlte er sich von gemäßigt liberalen Einrichtungen angezogen; infolgedessen durften die Pfälzer bei der Bewahrung ihrer Sonderrolle im bayerischen Staatswesen auf ihn zählen. Und noch mehr: es stellte sich die Frage, wie auf der Grundlage der Verfassung von 1818 das Staatsleben Bayerns auszubauen sei. Die »pfälzische Schule« der bayerischen Bürokratie wünschte eine politische Belebung des rechtsrheinischen Bayern durch Übertragung der linksrheinischen Institutionen, und der Kronprinz stand dieser Tendenz nahe.

Wenn er sich über Bildungspolitik Gedanken machte, hat er vielfach den Arzt Ringseis als Gesprächspartner herangezogen[572]. Ringseis hielt mit seinen eigenen Meinungen nicht hinter dem Berg, empfahl dem Thronfolger aber auch Schleiermachers »Gelegentliche Gedanken über Universitäten im deutschen Sinne« (Berlin 1808) und vermittelte den Verkehr mit dem Mediziner Röschlaub in Landshut. Hauptsächlich ging es in den mündlichen und brieflichen Unterredungen zwischen Ludwig und seinem Vertrauensmann um Universitäten und Akademie. Bei dieser Gelegenheit erfolgten personalpolitische Weichenstellungen für später. Als 1820 die Verlegung der Landshuter Universität nach München von der Regierung erwogen wurde, hat der Kronprinz Niebuhr um ein Gutachten über zweckmäßige Einrichtung der Hochschule gebeten, das auch erstattet wurde[573]. Ringseis hat sich während der Kronprinzenzeit auch zu allgemein politischen Fragen geäußert. Der temperamentvolle Oberpfälzer, das Gegenteil eines Liebedieners, hat damals aus voller Überzeugung den Enthusiasmus des Thronfolgers für das Verfassungswesen und seine Abneigung gegen reaktionäre Politik in Bayern, im Bunde und in Europa geteilt. Während der Karlsbader Konferenzen wünschte er die Anwesenheit Ludwigs in München zwecks Abwehr bedrohlicher Strömungen. Zur gleichen Zeit erblickte der bayerische Patriot den Ruhm seines Vaterlandes in einer für ganz Deutschland vorbildlichen Verfassungspolitik: »Wie bedeutend muß Bayern werden, wenn es unerschütterlich an seine Verfassung hält«[574]! Ringseis fürchtete die Konkurrenz des württembergischen Königs auf diesem Gebiet nicht; man merke in Deutschland, daß ihn nur persönlicher Ehrgeiz treibe, daß es »unter und über dem Brustbein nicht warm ist«[575]. Anfang Oktober 1819 hieß es in einem Brief Ringseis': »Jedermann fühlt, was Bayern in diesem Zeitpunkte für eine wichtige Rolle einnehmen könnte, wenn es in Karlsbad mit Festigkeit erklärte, es wolle nie und nimmer lassen von seiner Verfassung. Die Herzen von neun Zehntteilen der Deutschen wären enthusiastisch ihm zugefallen und durch die Kraft der öffentlichen Meinung wäre es stärker geworden als Österreich und Preußen, wohl unüberwindlich ... Ich möchte blutige Tränen weinen, daß diese Gelegenheit für Bayern versäumt ist«[576].

Der zwar freiheitlichen, aber in der Substanz katholisch-nationalen Vorstellungswelt des Kronprinzen zufolge durften diejenigen wenig Hoffnung auf ihn setzen, die ihn für internationale geheime Verbindungen zu gewinnen suchten. Entgegen den Kassandra-Rufen Sambugas ist es in Paris 1806 offensichtlich nicht einmal zu einem Versuch gekommen, ihn unter die Freimaurer aufzunehmen. Im Frühjahr 1819 versuchte der Philosoph Franz von Baader den Thronfolger zum Eintritt in die Loge zu bewegen[577]. Welche Hintergedanken Baader, der sicher eine christlich-konservative Spielart der Maurerei vertrat, mit seinem Schreiben verfolgte, wissen wir nicht. Seine Bemühungen blieben erfolglos, ebenso das Zutun von Lola Montez 1847, Ludwig für die Maurerei zu gewinnen[578].

2. Kirchenpolitik

Die Regelung des Verhältnisses zwischen katholischer Kirche und Staat in dem neuen Königreich war angesichts einer zu über zwei Dritteln katholischen Bevölkerung unerläßlich[579]. Daß, wie Michael Doeberl annahm[580], erst der Sturz Montgelas' den Weg zum Konkordat frei gemacht habe, trifft in dieser Zuspitzung nicht zu. Seit 1814 hatte man zwischen München und Rom die 1806/07 begonnenen Verhandlungen wieder aufgenommen. Man muß bei der Einstellung Montgelas' zu Verfassung und Konkordat stets im Auge behalten, daß Bayern vor 1816 gebietsmäßig noch nicht zu einer vollständigen Konsolidierung gelangt war. Daß es bis zur Unterzeichnung des Konkordats zu einem zähen Ringen zwischen dem Standpunkt der Kurie und dem auf seine Souveränität und möglichste Behauptung von Kronrechten erpichten bayerischen Staat kommen würde, hat man allgemein erwartet. Tatsächlich ließ Montgelas jedoch, wie es scheint, auch hinsichtlich der Konkordatsverhandlungen die Zügel schleifen; die Initiative lag bei anderen. Für die kirchlichen Anliegen schien der Sturz Montgelas' die Aussichten zu verbessern. In diesem Sinne schrieb der Vertreter Bayerns am Heiligen Stuhl, Bischof Häffelin, an den Kronprinzen: »Der Wechsel im Ministerium kann den Konkordatsabschluß nur erleichtern. Die Gefühle und Prinzipien der Herren Grafen Rechberg und Thürheim zugunsten der Religion und der kirchlichen Disziplin sind zu gut bekannt, als daß man sich von ihnen nicht die glücklichsten Wirkungen erhoffen sollte«[581]. Häffelin[582], typisches Produkt einer höfisch-geistlichen Karriere aus dem Ancien régime und ehemaliger Illuminat, hat nun allerdings mehr die Interessen der Kurie als die seines Auftraggebers vertreten; wahrscheinlich haben seine (1818 in Erfüllung gegangenen) Hoffnungen auf Erhebung zum Kardinal sein Verhalten mitbestimmt. Er hat bei der Unterzeichnung des Konkordats in Rom nach einhelliger Meinung der bayerischen Minister seine Vollmachten überschritten, doch wollte man ihn, um die Dinge überhaupt zu einem Abschluß zu bringen, nicht desavouieren. In dem Grafen Thürheim, seit 2. Februar 1817 bayerischer Innenminister, fand Häffelin einen »kongenialen« Partner. Rechberg behauptete, bei seinem Eintreffen in München sei die Sache schon zu weit fortgeschritten gewesen, als daß er noch hätte bremsen können. Nur Rechberg und Thürheim waren in die Verhandlungen eingeweiht. Lerchenfeld hätte sich mit Sicherheit widersetzt.

Nimmt man für den Konkordatsinhalt als Beurteilungsmaßstab den damals seitens der bayerischen Regierung betriebenen Kult der Staatssouveränität und den von allen Regierenden geteilten staatskirchlichen Standpunkt sowie deren oft hervorgehobenen Widerwillen gegen »ultramontanische Grundsätze«, so muß man zwar von Erfüllung mancher lang gehegten bayerischen Wünsche sprechen, darf aber auch sehr weitgehende Zugeständnisse des bayerischen Staates nicht übersehen. Der Passauer Domherr und bayerische Legationsrat Graf Xavier Rechberg, Bruder des Außenministers, kirchenpolitisch offensichtlich ein Anhänger Wessenbergs, den man, um einige gravierende Punkte zu korrigieren, Häffelin als Unterhändler beigegeben hatte, berichtete am 2. Januar 1818 an den Kronprinzen, der sich auf der Reise von Rom nach Neapel befand: »Man kann sich nicht verhehlen, daß der Abschluß des bayerischen Konkordats im ganzen genommen in Deutschland sowohl als in dem hiesigen diplomatischen Körper und dem zahlreichen Publikum von Fremden eine ebenso ungünstige Sensation erregt als er bei dem päpstlichen Hofe den lautesten Jubel veranlaßte. Die protestantischen Höfe können ihre Bestürzung hierüber nicht verbergen, da in Hinsicht ihrer katholischen Untertanen eine Norm begründet wurde, von welcher der römische Hof nicht abgehen wird, während sie hingegen die Vorrechte nicht ansprechen können, welche dem katholischen Souverän von Bayern eingeräumt sind. In Wien scheint diese Konvention nach Briefen, die ich von dort erhielt, ebenfalls mißbilligt zu werden«[583]. Die Art und Weise, wie man seitens der Minister, ausgenommen den opponierenden Lerchenfeld, den hochwichtigen Gegenstand behandelt hat – Max Joseph selbst war beim ersten Lesen indigniert, aber weder in der Lage noch willens, das Vertragswerk einer kritischen Prüfung zu unterziehen und die möglichen Komplikationen zu berechnen –, macht den Eindruck der Zerfahrenheit. Was soll man sagen, wenn einer der Hauptbeteiligten, Graf Aloys Rechberg, in einem Gutachten über den Abschluß des Konkordats am 7. August 1817 folgendes eingesteht: »Der Unterzeichnende muß innigst bedauern, daß vorliegende Beratung über das abzuschließende Konkordat in einem Zeitpunkt erhoben wurde, wo die Unterhandlung teils durch Übereilung oder einseitige Ansichten des Gesandten, teils durch frühere Bewilligungen zur Reife gebracht und man in die bedenkliche Alternative versetzt ist, entweder durch unbedingte Genehmigung die wichtigsten Regierungsrechte zu opfern und mit dem öffentlichen Tadel die gerechten

Vorwürfe der übrigen deutschen Höfe sich zuzuziehen, oder, gegenüber des konsequenten und festen Hofes, schon eingegangene Zusagen zurückzunehmen und die Beschuldigung eines inkonsequenten, planlosen Benehmens auf sich zu laden«[584].

In der Öffentlichkeit fanden heftige Diskussionen um das Konkordat statt, der kirchliche Protestantismus zeigte sich besorgt, der Liberalismus empört[585]. Mit Ausnahme des Ministers Graf Rechberg und Häffelins distanzierten sich alle Beteiligten, und einer schob die Schuld auf den anderen. Aber wie aus dem Dilemma herauskommen? Xavier Rechberg deutete in seinem Brief an den Kronprinzen den von der Regierung einzuschlagenden Weg an: »Die Menge beurteilt sie [die Konkordatsbestimmungen, d. Vf.] nur nach dem Buchstaben, ohne einzusehen, daß der Vorbehalt aller landesherrlichen Rechte in Kirchensachen (ohne ausdrücklich ausgesprochen zu sein) unsere Regierung, wenn sie fest und konsequent handelt, allen nachteiligen Einflüssen der römischen Kurie entziehen wird, wie dieses der Fall seit des Kurfürsten Maximilian I. Zeit in Bayern war«[586]. Das Konkordat wurde in einigen Punkten noch abgeändert und am 24. Oktober 1817 vom König ratifiziert. Veröffentlicht hat man es indessen erst als Anhang eines Religionsedikts, das als Zweite Beilage der Verfassung vom 26. Mai 1818 die paritätischen und staatskirchenrechtlichen Bestimmungen des Religionsedikts von 1809 erneuerte. Das Verfahren macht deutlich, daß das Konkordat der Verfassung und dem Religionsedikt untergeordnet bleiben sollte. Die Widersprüche zwischen Konkordat und Religionsedikt waren eklatant. Sie schufen eine latente und manchmal auch zutage tretende Konfliktsituation zwischen Staat und Kirche in Bayern, die auch durch die Tegernseer Erklärung König Max Josephs vom 15. September 1821 nicht beseitigt werden konnte.

Häffelin, den der Kronprinz bis dahin hauptsächlich als brauchbaren (und kostenlosen) Kunstagenten in Rom in Anspruch genommen hatte, unterrichtete ihn seit 1817 über den Gang der Konkordatsverhandlungen und rühmte nach deren Abschluß die Vorteile, die es dem König von Bayern verschaffe. Ludwig war an Bayerns Staatsspitze damals wohl der einzige, der das Konkordat nicht nur als politisch-juristische Regelung des Verhältnisses von Staat und Kirche, sondern noch mehr als Voraussetzung für eine in Gang zu setzende religiöse Erneuerung des öffentlichen Lebens aufgefaßt hat. Gelegentlich wollte man wissen, auch der Kronprinz sei mit dem Konkordat unzufrieden. In einem Brief an Rechberg vom Jahre 1818 bemerkte er: »Mehr Rechte hätte sich die Krone erhalten, wenn sie in jedem einzelnen Fall von dem päpstlichen Stuhl eine Bulle sich würde haben erteilen lassen«[587]. Andererseits vertrat er die Meinung, wenn man schon ein Konkordat erlangen wollte, wäre ein besseres schwerlich und unter einem anderen Papste schon gar nicht zu erlangen gewesen. Der für ihn im Vordergrund stehende ideelle Wert des Konkordats mag ihn, den genauen Rechner, damals auch darüber haben hinwegsehen lassen, daß der Artikel über die Dotation durch fundi stabiles sich gar nicht erfüllen ließ, wie Ludwig zwölf Jahre später ausdrücklich feststellte[588].

Während der Kronprinz an den Konkordatsverhandlungen selbst keinerlei Anteil genommen hatte, sah er sich veranlaßt, nach der Ratifikation wiederholt einzugreifen, und zwar in zweifacher Hinsicht. Einmal bekämpfte er die Verschleppung des Konkordatsvollzugs, zum anderen beunruhigte ihn – nachträglich – der Widerspruch zwischen Konkordat und Religionsedikt. Nicht von ungefähr wandten sich an der Ausführung der Konkordatsbestimmungen brennend interessierte hohe Geistliche mit Vorliebe an den Kronprinzen, um seinen Eifer für die Restauration der kirchlichen Verhältnisse wach zu halten. Der nachmalige Dompropst und Weihbischof von München-Freising, Franz Ignaz von Streber, dem Kronprinzen als Vorstand des königlichen Münzkabinetts vertraut und auch in kirchlichen Angelegenheiten hin und wieder sein Korrespondent, richtete Anfang 1818 an ihn die Bitte, er möge sich des Konkordatsvollzugs annehmen und in Rom verbleiben, »bis die Hauptsache vollendet und unerschütterlich fest gegründet ist«[589]. Ganz anders der antiklerikale Finanzminister Freiherr von Lerchenfeld, der darüber klagte, wie dilettantisch die zuständigen Minister mit der Angelegenheit des Konkordats umgingen, und als Leiter des Finanzressorts die Frage aufwarf, wie man die Dotation der Bistümer bewältigen solle. Für noch schlimmer als die auf ihn zukommenden finanziellen Anstrengungen sah er die Preisgabe alter Staatsrechte an[590]. Der Kronprinz bestand jedoch auch dem sonst geschätzten Lerchenfeld gegenüber, der den Bruch mit Rom nicht gescheut hätte, unbedingt darauf, daß man Treu und Glauben halten müsse[591]. Wiederholt und nicht ohne Erfolg insistierte er bei seinem Vater, um die Ausführung des Konkordats voranzubringen. Max Joseph sagte Häffelin zu, den Kronprinzen genauestens über den Gang der Dinge zu unterrichten[592]. In der Person des Kanonikus Helfferich, den er zur

Unterstützung Häffelins nach Rom entsandte, hat sich der König, was das staatskirchliche Interesse Bayerns betraf, allerdings vergriffen. In der zum Zweck des Konkordatsvollzugs 1819 gebildeten Kommission saß Seinsheim als Vertrauensmann des Kronprinzen[593]. Er war jedoch nicht effizient genug und für die hohe Bürokratie noch zu jung, um das Tempo des Gremiums im Sinne des Kronprinzen beschleunigen zu können. Päpste und Kardinalstaatssekretäre wußten die Fürsprache des Kronprinzen nach Gebühr zu schätzen und behandelten ihn bei seinen Aufenthalten in Rom mit ausgesuchter Freundlichkeit[594]. In Preußen sah man im Thronfolger den Wortführer der Kurie in Bayern[595].

In einer Besprechung, an der der Kronprinz teilnahm, hat man noch vor Promulgation der Verfassung das Verhältnis von Konkordat und Religionsedikt erörtert. Schon vorher hatte der Kronprinz Lerchenfeld geschrieben, »daß, bevor die Staatsverfassung ausgesprochen, Staatsgesetz das Konkordat werde, wünsche ich dringend, damit nicht gleich anfangs der König kompromittiert werde«[596]. Und was die erwähnte Besprechung betraf, so erklärte Ludwig bald darauf: »Das werden die bei Verlesung des Religionsedikts zugegen gewesenen Herrn noch wissen, wie ich mich entschieden geäußert habe, daß man nichts, was dem Konkordat entgegen wäre, festsetze, sich keine einseitige Auslegung desselben erlaube, weil es dasselbe untersagt«[597]. Man hat den Kronprinzen jedoch überfahren. Erst die anfängliche Weigerung der Mehrheit des Episkopats, angesichts des Widerspruchs zwischen Konkordat und Religionsedikt den Eid auf die Verfassung zu leisten, brachte ihm anscheinend voll zu Bewußtsein, welches Dilemma inzwischen entstanden war. Innerlich stand Ludwig auf seiten des Episkopats und er beklagte sich bei Lerchenfeld und Rechberg mit bitteren Worten über das Vorgehen der Minister: »Wie soll [ich] mein Urteil über die, wie ich vermute, vom Ministerium des Inneren geschehenen Antworten frei äußern? So sage ich, daß ich *nie etwas Rabulistischeres gelesen* habe. Was soll von teutscher Treue gedacht werden, wenn wir einen Vertrag machen, einige Wochen darauf dem Versprochenen Entgegengesetztes beschließen?« Es half jedoch nichts: Ludwig I. mußte als Kronprinz wie als regierender König mit dem Widerspruch zwischen Konkordat und Religionsedikt auskommen.

Die Bemühungen um das Konkordat und seinen Vollzug bildeten nur einen Ausschnitt der kronprinzlichen Beiträge zur Kirchenpolitik. In kirchlich-personalpolitischer Hinsicht ist es charakteristisch, wen der König und wen der Kronprinz als künftige Bischöfe »ihrer« Landeskirche favorisierten. Max Joseph ließ die Konkordatsverhandlungen mit Druck auf die Kurie verbinden, um den Freiherrn von Fraunberg auf einen Bischofsstuhl (er wurde zunächst Bischof von Augsburg und später Erzbischof von Bamberg) zu befördern, eines der ausführenden Organe der Montgelas'schen Kirchenpolitik, gegen den die Kurie ein Sündenregister von 150 Klagepunkten gesammelt hatte[598]. Als Erzbischof von München-Freising und damit als ersten geistlichen Würdenträger seines Königreiches, der überdies die Krönung vornehmen sollte, hatte sich Max Joseph den ihm verwandten letzten Kurfürsten und Erzbischof von Trier, Klemens Wenzeslaus, einen sächsischen Prinzen, gewünscht. Da dieser vorher starb, begünstigte er den langjährigen großherzoglich würzburgischen Gesandten am Münchner Hof und geschätzten Genossen am Spieltisch wie bei der Jagd, Lothar Anselm Freiherr von Gebsattel, der als Erzbischof von München durchaus wußte, was er seinem Amte schuldig war[599].

Der Kronprinz hatte sich als geistlichen Vertrauensmann den Professor Sailer[600] erwählt, der, mehrmals Kandidat für preußische Erzbischofsstühle, in Rom wegen angeblicher Laxheit auf dem Gebiet der Lehre nicht gut angeschrieben war. Sailer besaß in dem (später heilig gesprochenen) Pater Klemens M. Hofbauer einen nicht zu unterschätzenden Gegner, der ihn in Rom denunzierte. Mit der ihm eigenen Zähigkeit half der Kronprinz die gegen Sailers Berufung aufgetürmten Hindernisse überwinden und ihn schließlich als Koadjutor cum jure successionis in Regensburg durchsetzen. Von Sailer ging erstmals der Vorschlag einer institutionellen Neuorganisation der bayerischen Kirchen- und Bildungspolitik aus[601], den der Kronprinz aufgriff und als König in Form des Obersten Kirchen- und Schulrats verwirklichte.

Es gab nur wenige Gegenstände der späteren kirchlichen Restaurationspolitik Ludwigs I., die nicht mit Sailer und dem als Mittelsmann zu ihm fungierenden Mediziner Ringseis schon in der Kronprinzenzeit erörtert worden wären. In die kirchliche Personalpolitik griff der Thronfolger nachdrücklich zugunsten der Sailerschen Richtung ein. Wiederholt bat er Sailer um Vorschlag von Geistlichen, die zu höheren kirchlichen Würden berufen werden könnten. Der spätere Bischof Schwäbl, ein Sailerschüler, verdankte seine Ernennung zum Mitglied des Münchner Metropolitankapitels dem Kronprinzen[602]. Der Philosoph Franz von Baader, der ihn bestürmte, für eine Reform katholischer

Religiosität und ein bayerisch-katholisches Kaisertum zu wirken, konnte Ludwig nicht beeindrucken. Des Kronprinzen Sinn für das Konkrete und Machbare sträubte sich gegen das Utopische in Baaders Entwürfen[603]. Menschlich begreiflich ist, daß die Sehnsucht nach Minderung seiner Schwerhörigkeit Ludwig sich dem problematischen »Wundertäter« Fürst Alexander Hohenlohe, den er anscheinend seit 1817 kannte, zuwenden ließ[604], ein Schritt, der eine Episode blieb. Der Umgang des Kronprinzen mit den Weihbischöfen Zirkel in Würzburg und Streber in München vermochte die Bedeutung seiner Freundschaft mit Sailer nie auch nur annähernd zu erreichen.

Im Mai 1825 berichtete der österreichische Gesandte über ein Gespräch mit dem Nuntius, der es allein dem Kronprinzen zuschrieb, daß die Regierung den katholischen Angelegenheiten wieder größere Sorgfalt widme. Er belegte seine Behauptung mit dem Rückgang des Einflusses von Niethammer, Egid Kobell und Mieg im Innenministerium, mit der »Absonderung« der Universität Erlangen von den Universitäten Würzburg und Landshut sowie Weisungen an die Regimentskommandeure, die katholischen Mannschaften am Sonntag zu regelmäßigem Kirchenbesuch anzuhalten: »Auf diesem Weg wirkt die Regierung, von dem Kronprinzen angeeifert, darauf hin, den so lange verfolgten Katholizismus in Bayern allmählich wieder lebendiger aufblühen zu machen ...«[605].

3. Hauspolitik

Es ist eine der Absichten dieses Buches, Ludwig I. dem Leser auch als Haupt einer Dynastie, nicht nur eines Staates nahezubringen. Ein Herrscher des 19. Jahrhunderts, als Staatsoberhaupt bereits eingeschränkt, waltete über Haus und Hof noch patriarchalisch. Soweit hausgesetzliche Bestimmungen zu erlassen waren, bedurfte es allerdings der Zustimmung der erwachsenen Agnaten; daraus ergab sich eine Mit- und Einwirkungsmöglichkeit für den Kronprinzen. Zu Auseinandersetzungen führte die Frage der Etablierung des Schwiegersohns Max Josephs, des Prinzen Eugen Beauharnais, in Bayern[606]. Der Napoleonide, vormals Vizekönig Italiens, hatte es verstanden, das Wohlwollen der Alliierten, insbesondere des Zaren, zu erwerben. Seine standesgemäße Existenz war sozusagen europäisch garantiert. Für seine großen Besitzungen in Italien hatte er Entschädigungen vom Königreich Neapel zu erwarten. Seit Frühjahr 1814 bildete die Frage der Versorgung Eugens einen der Gegenstände hoher

Politik. Ludwig lag das Wohl seiner Schwester gewiß am Herzen, andererseits wollte er seinen Schwager nicht auf deutschem Boden und schon gar nicht in Bayern untergebracht sehen. Max Joseph schätzte seinen Schwiegersohn ungemein. Auch zum Prinzen Karl unterhielt Beauharnais ein sehr gutes Verhältnis. Der König wäre vielleicht nicht abgeneigt gewesen, Eugens Familie gleich der herzoglichen Linie dem Hause Wittelsbach zu inkorporieren und sie damit eines fernen Tages möglicherweise in Bayern sukzessionsfähig zu machen. Dagegen erhob sich nun der Widerspruch des Kronprinzen, verständlicherweise unterstützt durch die herzogliche Linie. In seiner »teutschen« Gesinnung empfand es Ludwig als unerträglich, das Haus Wittelsbach um eine französische Seitenlinie zu vermehren. Während der Rheinbund-Ära hatte es nie Mißhelligkeiten zwischen dem Kronprinzen und dem Vizekönig gegeben. Im Gegenteil! Eugen Beauharnais hat sich ihm gegenüber stets korrekt benommen und – wahrscheinlich auf Zureden seiner Frau, der Prinzessin Auguste, – in kritischen Situationen ein gutes Wort für den Schwager bei Napoleon eingelegt. Aber angesichts der »Gefahr« einer partiellen »Französisierung« des bayerischen Hofes zählte das einwandfreie Verhalten Beauharnais' für Ludwig nicht mehr. Der Kronprinz, Erzfeind Napoleons, wünschte dessen Stiefsohn auf keinen Fall als wenn auch nur entfernt nachfolgeberechtigtes Hausmitglied. Selbst Überlegungen, Beauharnais eine erstrangige Kronwürdenträger-(Kronbeamten-)stellung zukommen zu lassen oder ihn mit einem hohen Kommando in der Armee zu versehen, mußten an der Ablehnung des Kronprinzen scheitern. Auf dem Wiener Kongreß, wo sich Ludwig äußerlich seinem Schwager gegenüber liebenswürdig gab, beschäftigte den Kronprinzen die Angelegenheit Beauharnais wiederholt[607]. Ludwig erklärte sich Metternich gegenüber entschieden gegen eine Niederlassung des ehemaligen Vizekönigs in Bayern; er schlug vor, ihm eine kleine Souveränität in Italien zuzuweisen. Später sprach Wrede von einem Aufenthalt in Rom, während der Kronprinz, als er einsah, daß man Beauharnais nicht in Italien werde unterbringen können oder wollen, für einen Wohnsitz in der Schweiz plädierte, der jedoch mit keinerlei politischer Einflußnahme verbunden sein sollte. Als Echo seines Herrn vermerkte der biedere Gumppenberg: »Prinz Eugen möchte freilich auch etwas fischen, kriegt aber hoffentlich nichts.« Acht Tage später klang es schon skeptischer: »Ich fürchte, wir bekommen ihn [Eugen Beauharnais, d. Vf.] auf die Schüssel, mein Herr spreizt sich freilich mit Händen und Füßen dagegen, aber der Vater und der andere Sohn sind sehr dafür. Die Ungerechtigkeit leuchtet in die Augen; wir haben ohnehin schon zuviel von der Rasse im Lande«[608].

1816 berichtete der österreichische Geschäftsträger, Eugen setze kein besonderes Vertrauen in die bayerische Großmut und hoffe auf eine Gewährleistung seines Etablissements durch die vier Großmächte; »vorzüglich bange scheint ihm vor dem Kronprinzen zu sein«[609]. Daß sich die Schwester Eugen Beauharnais' 1816 für Bayern als Wohnort entschied und mit ihren Söhnen, darunter der spätere Napoleon III., nach Augsburg zog, hat das Mißtrauen Ludwigs sicher nur vermehrt. Vorbeugend erklärte er Anfang 1817: »Niemals können die Kinder eines Beauharnais bayerische Prinzen und Prinzessinnen werden«[610].

Die Anwesenheit Beauharnais' in München führte überdies zu einer gewissen Belastung der Beziehungen zwischen Bayern und dem bourbonischen Frankreich. Die Bewegung des internationalen Bonapartismus blickte auf den Napoleoniden als eine – vermeintliche – politische Führergestalt, und es hielten sich in München – manche in Kontakt mit dem Hause Beauharnais stehend – nicht wenige bonapartistische Refugiés auf, von denen einige zur unmittelbaren Umgebung des ehemaligen Vizekönigs zählten. Der Pariser Hof, voller Angst vor dem Bonapartismus, drang auf die Ausweisung der Refugiés, eine Forderung, die den Beifall des Kronprinzen und Wredes fand. Das Mißtrauen des französischen Außenministeriums und der französischen Gesandtschaft in München, die das Treiben um den Prinzen und sein Verhalten genauestens zu beobachten hatte, war übertrieben. Vorsichtiger und zurückhaltender als Eugen Beauharnais konnte man kaum auftreten, und im Laufe der Zeit mußten dies selbst seine Gegner anerkennen.

Durch Edikt vom 15. November 1818 fand man die Lösung, der Familie Beauharnais unter dem Titel eines Herzogs von Leuchtenberg und Fürsten von Eichstätt den Rang einer ersten standesherrlichen Familie Bayerns zuzuerkennen. Was Eichstätt betraf, handelte es sich nicht um ein Titularfürstentum, sondern um eine »Unterlandesherrschaft« analog den den Mediatisierten verbliebenen Regierungsrechten. Umgehend hat das neugeschaffene Haus Leuchtenberg in Eichstätt einen kleinen Hof und Behörden installiert; nahe München residierte man auf Schloß Ismaning, und inmitten der Stadt ließ der Herzog das (inzwischen wiederhergestellte) Palais Leuchtenberg errichten. Ungeklärt blieben vorerst noch einige Ehrenvorrechte des Herzogs, und über Rangfragen, die erst mühsam geregelt werden mußten, gerieten bei der Münchner Fronleichnamsprozession von 1818 der Kronprinz und Eugen Beauharnais aneinander.

Wenige Tage später kam es bei der Eidesleistung auf die Verfassung zu einem Eklat. König Max Joseph war geneigt, den Herzog als Familienmitglied an dem Staatsakt teilnehmen zu lassen und ließ beim Aufbruch zu der Zeremonie den Prinzen Karl scheinbar von ungefähr fragen: »Aber der Herzog von Leuchtenberg ist wohl nicht da?« Darauf aufbrausend Ludwig: »Und was soll er hier? Er ist nicht Prinz vom Hause, nicht Minister, nicht Großwürdenträger des Reichs, nicht Staatsrat und nicht Präsident eines Tribunals, mithin hat er unter keiner Eigenschaft bei der heutigen Eidesleistung zu erscheinen. Wenn einst die Stände konstituiert worden und den Eid leisten werden, dann kommt die Reihe auch an ihn«[611]. Der Herzog wandte sich beschwerdeführend an den König und an Rechberg, der vermitteln wollte, aber bei dem Kronprinzen böse ankam. Ludwig reiste von München ab, ohne das Edikt betreffend die Familie Leuchtenberg genehmigt zu haben. Der Herzog stellte nun den Bau seines Palastes an der Münchner Ludwigstraße ein. Zahlreiche Arbeiter schienen mit einem Schlag brotlos zu werden, und in der Stadt kam eine erhebliche Unruhe auf. Auf dem Höhepunkt dieser Zwistigkeiten erhielt der Kronprinz von seiner Schwester Auguste einen Brief, der ihm die Vorgänge bei ihrer Vermählung mit Eugen Beauharnais ins Gedächtnis zurückrufen sollte und bei dieser Gelegenheit ihre geschichtliche Rolle, allerdings sehr überzogen, darstellte: »Denn ganz Europa weiß, daß durch meine Vermählung mit dem Vizekönig von Italien Bayern zum Königreich und sehr vergrößert wurde und daß es nicht meine Schuld ist, daß Österreich genommen, was der Kaiser gegeben hatte. Wer kam zu mir, um mich zu bitten, mich für Bayern, für Dein und Deiner Kinder Glück aufzuopfern? Du warst es, Bruder! Und Du weißt, daß ich, mich ganz vergessend, meine Einwilligung gab, ohne zu wissen, ob Glück oder Unglück meiner warteten ... Man schämte sich nicht, Eugen zum Schwager zu haben, solange er in Italien war, aber jetzt, wo wir unglücklich sind, will man uns in den Staub werfen«[612]. Auguste hielt ihrem Bruder vor, Eugen Beauharnais hätte, wenn er dies wollte, die Krone Bayerns zugesprochen erhalten können. Er habe darauf aus moralischen Gründen verzichtet. Der Kronprinz antwortete ziemlich kühl, berief sich darauf, daß er nur im Auftrag seines

Vaters der Schwester zugeredet habe, in die Ehe mit Eugen Beauharnais einzuwilligen, und belehrte sie, daß es Bayerns Verbindung mit Napoleon, nicht ihr »Opfer« gewesen sei, das zur Erlangung der Königswürde geführt habe[613]. Auf eine Anzahl von Punkten des schwesterlichen Briefes ging er überhaupt nicht ein. Die Mißhelligkeiten des Kronprinzen mit Schwager und Schwester hat man schließlich, wieder einmal mit Hilfe Wredes, beigelegt. Aber eifersüchtig wachte Ludwig stets darüber, daß das Haus Leuchtenberg die ihm gezogenen Grenzen nicht überschreite. Als die älteste Tochter des Herzogspaares Gemahlin des Thronfolgers von Schweden wurde und Max Joseph als Großvater den Ehevertrag mitunterzeichnete, nahm der Kronprinz den Vorgang zum Anlaß, zu verstehen zu geben, daß, wie aus dem Verhalten des Königs vielleicht entnommen werden möchte, von der Eigenschaft der schwedischen Kronprinzessin als *bayerischer* Prinzessin keine Rede sein könne[614].

Hatte der Kronprinz seine Mittlerdienste bei Augustes Eheschließung tatsächlich nur aufgrund väterlicher Aufforderung geleistet, so entfaltete er bei späteren Heiraten wittelsbachischer Töchter eine durchaus selbständige Initiative. Anders als Auguste war die Schwester Charlotte, gewissermaßen die Heilige in der Familie, 1818 tatsächlich ein Opfer der Politik geworden, als man sie mit dem Kronprinzen Wilhelm von Württemberg vermählte. Schon auf dem Wiener Kongreß bereitete Ludwig umsichtig die Ehescheidung Charlottes vor[615], zu der 1816 die Zustimmung Roms erfolgte. Von württembergischer Seite war man damit ohnehin einverstanden. Der Kronprinz machte sich umgehend ans Werk, um eine neue Ehe mit dem Großherzog Ferdinand von Toskana (vormals Großherzog von Würzburg), Bruder des Kaisers Franz von Österreich, zustande zu bringen. Seine Bemühungen, die während des Mailänder Aufenthalts im Januar 1816 zu Absprachen mit dem Großherzog führten, hielt er vor seinen Eltern geheim, denen mit Montgelas' Hilfe inzwischen eine noch ansehnlichere Lösung gelungen war. Charlotte, die nach ihrer Scheidung den Namen Karoline Auguste angenommen hatte, wurde noch 1816 von dem verwitweten Kaiser Franz als dessen vierte Gemahlin heimgeführt. Ludwig stellte sich umgehend auf die neue Situation ein[616], deren Vorteile ihm nicht entgingen, und er versuchte alsbald, die ganz unpolitische Frau für seine Absichten auf die rechtsrheinische Pfalz einzuspannen. Sie tat es widerwillig genug, blieb aber, wie vorauszusehen, erfolglos. Dagegen gelang es ihr durch eine Art von sanft-unschuldiger

Überrumpelung, dem Heiligen Vater die Genehmigung zur Ausfuhr des von Ludwig erworbenen Barberinischen Fauns abzulisten. Charlotte war in die Rolle einer Vertrauten und Lieblingsschwester Ludwigs eingerückt, die früher Auguste innehatte. Bei dieser saß der Stachel tief, den die Zwistigkeiten des Kronprinzen mit ihrem Manne zurückgelassen hatten. Auch in späteren Jahren hatte sie, deren Familie Ludwig als König weiter sehr auf Distanz hielt, noch des öfteren Anlaß, sich über ihren Bruder zu beklagen. Überaus aktiv verhielt sich der Kronprinz bei der Vorbereitung der Verehelichung seiner Halbschwester Elisabeth mit dem preußischen Kronprinzen Friedrich Wilhelm. Da der mit der Fühlungnahme beauftragte Generaladjutant seines Vaters, Graf Karl Theodor Pappenheim, als Werber gleichzeitig die Pfalzfrage zur Sprache brachte, ist zu vermuten, daß auch bei dieser Eheschließung, abgesehen vom Hausprestige, das sich durch Verbindung mit den beiden führenden Dynastien im Bunde hob, der Hintergedanke einer Kursänderung der badischen Politik Preußens eine Rolle spielte[617]. Diese Hoffnung erwies sich ebenfalls als trügerisch. Vergeblich blieben während der Kronprinzenzeit auch die Bemühungen Ludwigs um das Zustandekommen einer Zivilliste für das bayerische Herrscherhaus[618].

Die höfische Komponente königlicher Macht war von der Regelung der Rangfragen und der Organisation des Hofstaates nicht zu trennen. In dieser Hinsicht liegen aus der Kronprinzenzeit Überlegungen und vorbereitende Projekte vor. Während der Italienreise des Jahres 1824 brachte Ludwig Entwürfe über eine künftige Rangordnung am Münchner Hof und die nach seiner Thronbesteigung einzuschlagende Praxis der Ernennung und Verwendung von Kammerjunkern und Kammerherrn zu Papier[619].

Zieht man ein politisches Fazit der Kronprinzenzeit, so läßt sich von regulärer Mitregierung des Ungeduldigen zwar nicht sprechen, aber er hatte sich zur Geltung gebracht und in einer ganzen Anzahl von Fällen seine Zwecke erreicht. Übergehen konnte man ihn je länger je weniger. Er bekam wertvolle Informationen über Vorgänge innerhalb und außerhalb Bayerns in die Hand. Als es 1825 zum Thronwechsel kam, hatte der Kronprinz ein umfangreiches Reformprogramm vorliegen und zu dessen Verwirklichung geeignete Staatsdiener ausersehen. Er machte sich unverzüglich ans Werk.

XI.
VERSUCH EINES PSYCHOGRAMMS

Bevor wir uns mit den Jahren des Königtums befassen, halten wir inne und fragen, wie der Mensch beschaffen war, der fast 23 Jahre lang an der Spitze Bayerns stand und einer Epoche des Landes seinen sehr persönlichen Stempel aufgedrückt hat. Wir nehmen vorweg, daß man das viel beobachtete und reichstens dokumentierte Leben Ludwigs I. ebensowenig auf den Nenner einiger vorherrschender Charakterzüge bringen wie auf einige griffige Formeln aus der Historikersprache festlegen kann.

Der Verfasser hat weder Medizin noch Psychologie studiert und ist sich der unvermeidlichen Mängel seines Vorgehens bewußt, wenn er sich bei der folgenden Charakterstudie nur auf den gesunden Menschenverstand stützt. Betreibt nicht jeder schon in seiner Alltagsexistenz fortwährend Studien an seinen Mitmenschen, sammelt nicht jeder im Laufe seines Daseins unaufhörlich Erfahrungen über die Gattung homo sapiens, Erfahrungen, die ihn – auch ohne wissenschaftliche Vertiefung – erst instandsetzen, mit seiner menschlichen Umwelt zurecht zu kommen? Der Historiker als politischer Biograph kann sich von diesem Geschäft nicht dispensieren. Er hat es mit einem Menschen von Fleisch und Blut zu tun, dessen Eigentümlichkeiten, Vorzüge und Schwächen so sehr mit seinem öffentlichen Tun und Lassen verwoben waren, daß sie nicht außer Acht gelassen werden dürfen.

Die beinahe unzähligen Beobachtungen und Aussagen, die wir über den Monarchen besitzen, sind höchst unterschiedlich, je nachdem, ob ihre Urheber von Wohl- oder Übelwollen geleitet waren, sich mit flüchtigen Impressionen begnügten oder aus reicher Erfahrung schöpften, den Gegenstand ihrer Wahrnehmungen vorgefaßten Meinungen unterordneten oder sich um Gerechtigkeit und Differenzierung bemühten, Menschenkenntnis besaßen oder nicht. Noch umfangreicher als die Feststellungen anderer sind die Selbstzeugnisse Ludwigs. Von ihnen bieten sich die Gedichte als eine autobiographische Quelle seines Innenlebens an. Doch muß man sich hüten, dieses vorwiegend aus seinen poetischen Aufschwüngen zu rekonstruieren, so sehr Ludwigs Bemühen zu schätzen ist, gegen Misere und Routine des Alltags stets ein Gegenbild aufzurichten. Am verläßlichsten, rückhaltlos offen hat sich der Monarch in seinen Tagebüchern dokumentiert. Diese 249 Bände nebst ergänzenden Notizen, Aufzeichnungen und Denkschriften, die mit dem 17. Lebensjahr beginnen und bis in die letzten Monate seines Lebens reichen, bilden eine unvergleichliche Quelle, niemals überarbeitet, geschweige denn nachträglich frisiert, völlig aus der Situation entstanden. Dazu treten der unter anderen Kriterien zu analysierende Briefwechsel Ludwigs und der Niederschlag seiner Tätigkeit als herrschender *und* regierender Monarch, das Signatenwerk, ebenfalls von ungeheurem Umfang. Diesen Reichtum voll auszuschöpfen, übersteigt die Kräfte eines Einzelnen. Daß uns die reiche Überlieferung erlaubt, von Spekulationen weitgehend Abstand zu nehmen, heißt nicht, daß wir dem König stets ins Herz sehen können, daß nicht Fragen offen und Ungereimtheiten unausgeräumt blieben.

Ein Psychogramm kommt nicht ohne Anleihen aus einem Physiogramm aus. Kaum ein Zeitgenosse hat bestritten, daß das Äußere Ludwigs I. wenig einnehmend gewesen ist[620]. Der »Schönheitstrunkene« war selbst alles andere als ein Adonis. Der milde Johannes von Müller spricht von seinen »körperlichen Unvollkommenheiten«[621]. Allgemein wird er als Mann von mittlerer Größe geschildert, das Gesicht durch eine scharf hervorstechende Nase markiert und durch Blatternnarben entstellt. Der Ludwig abgeneigte Friedrich von Gentz berichtet 1818 über die Unterbrechung eines interessanten Gesprächs durch den Kronprinzen von Bayern und seinen Bruder Karl: »... Letzterer hübscher als je, ersterer noch etwas scheußlicher als sonst«[622]. Seine Gestalt wird bald als regelmäßig, bald als schlecht proportioniert beschrieben[623]. Luise von Kobell hob den »gescheiten Ausdruck« seines Gesichts hervor und sah in den grau-blauen Augen »etwas Umfassendes, Wahres«. Die überlieferten Bildnisse sind fast durchweg geschönt, wie es von Hofmalern, wenn sie nicht Goya hießen, auch nicht anders zu erwarten war. Als der Wahrheit am nächsten kommend hat man die im Münchner Stadtmuseum befindliche Lithographie Adolf Wolfs aus dem Jahre 1830 und das in der Neuen Pinakothek aufbewahrte Bildnis Wilhelm Kaulbachs von 1845 bezeichnet. Sie wären zu ergänzen durch eine Anzahl von Fotografien der Altersjahre. Wie körperliche Verfassung, Sympathien und Antipathien oft ineinander verkettet sind und Lebenswege besonnen oder verdüstern können, mag man den Bemerkungen des französischen Gesandten vom Jahre 1818 entnehmen, die man vor allem zwischen den Zeilen lesen muß. Es heißt dort, die Mitglieder der königlichen

Familie Bayerns zählten zu den schönsten Menschen Europas, doch bilde die Persönlichkeit des Kronprinzen einen Kontrast zu ihnen, und es sei ihm, der mit äußeren Gaben der Natur stiefmütterlich behandelt worden sei, nicht möglich gewesen, der Eigenliebe seiner Eltern zu schmeicheln[624].

Oft war der König von Unpäßlichkeiten und Krankheiten heimgesucht. Zwei Lungenentzündungen nahmen einen gefährlichen Verlauf. »Fiebrige Erkältungen« (vermutlich Grippe) und Störungen seines empfindlichen Magens hatte er oft auszustehen. Häufig plagten ihn Migräne, Ausschläge, Furunkel und Flechten. Eine lange Erkrankung, die ihn 1854/55 in Darmstadt überfiel, läßt sich anhand der überlieferten Symptome nicht eindeutig festlegen[625]. Ludwig hatte ausgezeichnete Ärzte zur Hand, und die ihm zuteil gewordene Pflege war für damalige Verhältnisse optimal. Daß er jährlich ausgiebige Aufenthalte in Bad Brückenau und Berchtesgaden einschaltete und sich bei seinen Italienreisen meist gründlich erholte, kam ihm gesundheitlich sehr zustatten, nicht minder seine einfache und geregelte Lebensweise. Er blieb bis zuletzt rüstig und geistig präsent, erreichte ein Alter von 82 Jahren und strafte alle diejenigen Lügen, die ihn an der angeblich von der Mutter ererbten »schwachen Brust« frühzeitig dahinsiechen sahen und mit seinem Königtum nicht mehr rechneten[626]. Der Arzt Ringseis stellte die »schwache Brust« überhaupt in Abrede. Die Diagnosen dieses Mediziners sind auch aus dem Grunde lesenswert, weil sie als Ursache zahlreicher körperlicher Verstimmungen und Leiden Ludwigs häufig seelisch-nervliche Belastungen bezeichnen[627].

Was der König als »damnosa hereditas« anscheinend tatsächlich von der Mutter überkommen hatte, waren hochgradige Schwerhörigkeit[628] und sprachliche Behinderung, von den Zeitgenossen bald als schwere Zunge, bald als Stottern bezeichnet. Beobachter aus der Zeit des Wiener Kongresses sprechen von einem äußerst unangenehmen Organ. Mündliche Unterhaltung mit ihm war durchaus möglich, aber erschwert: Er »bekam nicht alles mit«. Das gleiche dürfte bei seinen Besuchen von Theater und Konzert der Fall gewesen sein[629]. Er zeigte sich jedoch der Musik durchaus zugetan und hat häufig Klavier gespielt. Die Harthörigkeit ließ in den Kinderjahren den irrigen Eindruck geistiger Zurückgebliebenheit entstehen. Ludwig litt zeitlebens schwer an seinen Behinderungen. Als Kronprinz ließ er sich deswegen, wie erwähnt, mit dem anfechtbaren Fürsten Alexander Hohenlohe, damals Domherr in Bamberg, ein[630]. Trotz des

Mißerfolgs der Gebetskur blieb der König Hohenlohe gewogen. Er scheint 15 Jahre später mit dem Gedanken umgegangen zu sein, Hohenlohe zum Bischof von Würzburg zu ernennen, und der Minister von Abel mußte alle seine Beredsamkeit und seine Personalkenntnisse aus der Zeit seiner Tätigkeit als Bamberger Stadtkommissär aufbieten, um diesen Plan zu vereiteln[631].

Mit der Schwerhörigkeit hing das oft bemerkte überlaute Sprechen zusammen und wohl noch einiges mehr, so vielleicht sein Mangel an Geschmeidigkeit, seine abrupten Bewegungen, sein exzessives Gestikulieren, das auf einer im Goethehaus zu Weimar aufbewahrten, aus Anlaß des Geburtstagsbesuches Ludwigs bei Goethe 1827 entstandenen Karikatur bildlich festgehalten ist[632]. Die bei Überwindung seiner Sprech- und Gehörbehinderung aufzuwendende Energie mochte mit im Spiele sein, daß seine Äußerungen formal und inhaltlich durch ihre Heftigkeit und Wiederholungen auffielen. Sehr fein ist Bettina von Arnim auf diese Dinge eingegangen: »... Sein ganzes Wesen scheint zwar mehr nach Freiheit zu ringen als mit ihr geboren zu sein; seine Stimme, seine Sprache und Gebärden haben etwas Angestrengtes, wie ein Mensch, der sich mit großem Aufwand an Kräften an glatten Felswänden hinaufhalf, eine zitternde Bewegung in den noch nicht geruhten Gliedern hat. Und wer weiß, wie seine Kinderjahre, seine Neigungen gedrängt oder durch Widerspruch gereizt wurden, ich seh' ihm an, daß er manches überwinden mußte, und auch, daß sich Großes aus ihm entwickeln kann...«[633]. Möglicherweise gingen außer der »Eckigkeit« seines Auftretens auch eine gewisse Starrheit und Verbohrtheit sowie die oft beklagten Takt- und Formlosigkeiten[634] und fehlender Sinn für Nuancen auf manchen, keineswegs allen Gebieten auf die Schwerhörigkeit zurück. Was die Absonderlichkeiten seiner Sprache betraf, ist zu berücksichtigen, daß ihm der Dialog nicht die Korrekturen und Hilfen verschaffte wie dem normal Hörenden. Wie beim Sprechen, so ergab sich auch bei dem früh auf seine Innenwelt Angewiesenen im Denken und Handeln mehr als bei anderen die Gefahr, sich zu verrennen und in selbsterfundene Zwänge einzusperren. »Das ist ein wunderlicher Heiliger«[635], sagten dann die Leute, wenn sie dieser Züge gewahr wurden. Schließlich lastete auf dem König der Fluch der meisten Schwerhörigen – ihr Mißtrauen. Fluch insofern, als es das Leben vergällt. Ansonsten ist Mißtrauen für einen Herrscher nicht die schlechteste Eigenschaft. Wie nicht anders zu erwarten, argwöhnte mancher, Ludwig bediene sich seiner Schwerhörigkeit in finassierender Weise. Der österreichische Generalfeldzeugmeister von Heß sprach von Ludwigs »System, nicht zu hören, was er nicht hören will, wozu ihm sein schwaches Gehör den natürlichsten Vorwand bietet ...«[636].

Zu den körperlichen Ursachen für die innere Einsamkeit des Königs kam, daß er als Achtjähriger seine Mutter verlor, zu seinem Vater nur von Zeit zu Zeit ein zutrauliches Verhältnis gewonnen hat und seine Beziehung zur Stiefmutter stets kühl blieb. Wer sich ihm tatsächlich liebevoll zuwandte, die leibliche Mutter, die Kinderfrau Weyland[637], die Landgräfin (später Großherzogin) Luise (seine Tante), nahm in seiner Erinnerung einen unverlierbaren Platz ein. Beim Tod der hessischen Tante ordnete er an, das Kondolenzschreiben »wärmer« als üblich aufzusetzen, weil sie nicht nur seine leibliche Tante gewesen sei, sondern ihn auch »vorzüglich lieb gehabt hat«[638].

Zu den hervorstechenden Wesenszügen Ludwigs zählte das Bedürfnis, Mitmenschen eine Freude zu machen, rührende Besorgtheit, Gefallen daran, als »Schutzgott aller Liebenden« (v. d. Tann) aufzutreten, das heißt Ehen zu stiften oder ihr Zustandekommen zu erleichtern. Sein Temperament führte ihn allerdings auch zu völlig entgegengesetzten Anwandlungen. Er suchte diese zu bekämpfen; keineswegs immer mit Erfolg. Das unablässige Bemühen, ihm lieben Menschen Gutes zu tun, äußerte sich manchmal auf drollig-naive oder auch etwas gewalttätige Weise[639]. Wie zartfühlend und nobel er sein konnte, geht aus zahlreichen Zeugnissen hervor[640]. Nicht selten hat er Großzügigkeit und Wohltaten Personen zukommen lassen, die darauf schwerlich Anspruch erheben durften[641].

Man konnte als Heranwachsender inmitten höfischen Betriebs und als König bei einem ungewöhnlich ausgedehnten Umgang mit Menschen recht einsam bleiben. Mit Ludwigs Sehnsucht, beliebt und anerkannt zu werden, hing wohl zusammen, daß er dem Irrtum so vieler Monarchen verfiel, leicht hervorzurufenden Volksjubel bei Besichtigungsreisen oder festlichen Anlässen (Münchner Oktoberfest!) für bare Münze und als Beweis der Zuneigung seiner Untertanen zu nehmen.

Ludwig besaß ein äußerst aktives erotisches Temperament. Er selbst unterschied zwischen Verliebtheiten und Leidenschaften[642]. Mehrmals wurde er von hoher, verzehrender Leidenschaft für Frauen ergriffen, Leidenschaft, die ihn beglückte, aber auch bis zur Persönlichkeitsgefährdung hinriß und ihm äußersten Schmerz bereiten konnte. Zeitgenossen haben sich längst vor dem Lola-Skandal, vom diplomatischen Korps am Hofe bis zur Masse der hauptstädtischen Bevölkerung, ausgiebig mit der erotischen Seite der Lebensführung des Kronprinzen und des Königs beschäftigt, und zwar, wie nicht anders zu erwarten, meist in einseitig-eindeutiger Weise.«... sévère de principes, avec des mœurs plus que relâchées« schildert der französische Gesandte 1818 den Thronerben[643]. In einer anonymen Charakteristik (wahrscheinlich aus Hormayrs Feder) vom Jahre 1840 hieß es differenzierter: »In der Liebe: Schwanken zwischen Platonismus und Materialismus, zwischen Romantik und Genußsucht«[644]. Auch diese Formulierung wurde dem Sachverhalt nur annähernd gerecht, da sie die vulkanische Dimension seiner Liebesleidenschaft nicht erfaßte. Der Untertitel zu Cortis Ludwig-Biographie »Ein Ringen um Schönheit, Freiheit und Liebe« entspricht gewiß nicht mehr dem heutigen (und wahrscheinlich auch schon früheren) literarischen Geschmack. Aber der Sache nach trifft er, worum es ging. Er trifft auch das Niveau des königlichen Erotikers, dessen Erfahrungen sich freilich nicht verharmlosend in Schönheitskult umdeuten lassen.

Ludwig selbst blieb unter dem Niveau seiner Erotik, wenn er sich des öfteren mit der Notwendigkeit zu rechtfertigen suchte, sein poetisches Gemüt durch Anregungen erotischer Art in »Schwung« halten zu müssen. Außer acht gelassen wurde mit dieser vermeintlichen Sublimierung die Leidenskomponente seiner Leidenschaft, und zwar in dreifacher Hinsicht. Einmal blieb die Belastung seiner Ehe nicht aus. Ludwig hatte durchaus Sinn für Familie und Häuslichkeit. Er erwies sich stets als aufmerksamer Gatte und als liebender, besorgter Vater. Daß die Königin für den Herrscher und den Kunstenthusiasten eine inspirierende Partnerin hätte abgeben sollen, wäre zuviel verlangt gewesen. Therese hat der regierenden Linie des Hauses Wittelsbach die Nachkommenschaft geboren, die seinen Bestand sicherte. Was die erotische Freizügigkeit Ludwigs betraf, so führte sie – selbstverständlich – zu ehelichen Spannungen, aber alles in allem hätte der König kaum eine taktvollere und zurückhaltendere, eine nachsichtigere und leidensfähigere Frau finden können. Der König hat bekannt, daß er erst mit zunehmenden Jahren und wachsender menschlicher Reife seine Frau inniger geliebt habe. Um so mehr litt er unter dem von ihm verursachten Dilemma. In den Gedichten an seine Frau schwingt ein Unterton mit, der sich wie das Bedürfnis nach Verzeihung anhört. Zum anderen befand er sich mit seinem christlichen Gewissen, mit den

Grundsätzen der ihm zuteil gewordenen Erziehung und den herrschenden sittlichen Auffassungen in Konflikt. Sein Sündenbewußtsein war sehr ausgeprägt. Wer seine Skrupulosität in Staatsgeschäften und anderen öffentlichen Bereichen kennt, mag ermessen, wie ihm diese Eigenschaft in der Intimsphäre zu schaffen machte. Der Arzt Ringseis hat ihm während der Kronprinzenzeit wegen seines Verhältnisses zu der Marchesa Florenzi in bewegten Worten »geistigen Ehebruch« vorgeworfen, und Ludwig hat die Ermahnungen des »Ritters ohne Furcht und Tadel« anscheinend ohne Empörung aufgenommen[645]. Schließlich trafen ihn die mit seinen Verstrickungen unvermeidlich verbundenen Enttäuschungen schwer. Und noch einer Gefährdung konnten seine mitmenschlichen Beziehungen nicht entgehen. Er wollte in seiner Treue und Gewissenhaftigkeit auch Liebe und Freundschaft lebenslang festhalten, und so verurteilte er sich mit der ihm eigenen Willensstärke zu jahrzehntelangen Konservierungsversuchen. Aber auch er mußte erleben, daß sich Spontaneität nicht konservieren läßt. Man beobachtet, wie aus einer Art von Pflichtgefühl verbissen fortgesetzte Beziehungen aus Herzlichkeit und Unmittelbarkeit mehr und mehr in Konvention umschlugen. Er wollte es jedoch schlechterdings nicht wahr haben, daß räumliche Trennung oder Auseinanderstreben der Lebensbahnen zu einem Erkalten ursprünglich starker emotionaler Beziehungen führen müssen.

Wer sich in spießiger Weise über das Liebesleben Ludwigs amüsiert, hat nicht begriffen, welche Tiefendimensionen der König in dieser Sphäre erreichte und durch welche Leiden und Erniedrigungen den Erotiker sein Weg geführt hat.

Dem Liebenden und Dankbaren hafteten andererseits Züge an, die manchen Beobachter in ihm den despotischsten aller deutschen Fürsten sehen ließen. Der österreichische Gesandte Graf Spiegel, der Metternich versicherte, er stimme mit dem Fürsten Staatskanzler völlig in der Beurteilung Ludwigs überein, den König in manchem aber in noch bedenklicherem Licht sah, zog gerade die Herzensgüte des Monarchen in Zweifel[646]. Angesichts der scharfen persönlichen Angriffe der rheinbayerischen Presse auf Ludwig I. machte Spiegel die für einen hochkonservativen Diplomaten des Vormärz bemerkenswerte Feststellung, das Betrübliche sei, daß »das Bild in seinen wesentlichen Zügen nur zu treu und wahrhaftig« sei[647]. Kein Zweifel, daß es sich bei Ludwig um einen geborenen Autokraten handelte. Ein wohlwollender und feiner Beobachter wie Boisserée meinte: »Es ist eine gewaltsame, zwingende Eigenart in diesem Herrn«[648]. Ludwigs Rechtssinn bewahrte ihn zwar davor, seiner leicht erzürnbaren Natur freien Lauf zu lassen, aber es war gut, daß ihm zusätzlich durch Verfassung und Staatsdienerpragmatik Grenzen gezogen waren.

Ein autokratisches System, wie es der König 23 Jahre hindurch aufrecht erhielt, ließ sich überhaupt nur mit Pflichtgefühl und eisernem Willen, Härte und Konsequenz behaupten, zumal, wenn es den Vorstellungen des Monarchen von Zucht und Ordnung sowie von ausgeglichenem Staatshaushalt entsprechen sollte. Die Übertreibungen und Mißgriffe, die ihm im Verfolg dieser Absichten reichlich unterliefen, gingen, abgesehen von seiner Starrköpfigkeit und Heftigkeit, möglicherweise auch auf das Konto eines Menschen, der um hoher Zwecke willen sein weiches und der Rührung sehr zugängliches Naturell mit aller Gewalt zu bezwingen hatte. Ergreifende Schicksale oder hochsinniges Verhalten rührten ihn oft zu Tränen. Über Grausamkeiten der Türken gegen die Griechen oder über den »scheußlichen Sklavenhandel« empörte er sich aufs äußerste. Auf Enttäuschungen, die nicht ausbleiben konnten und die er oft genug sich selber statt anderen hätte zurechnen müssen, reagierte der überempfindliche Egozentriker überaus jähzornig. Ein Menschenverächter oder Zyniker ist er aber nie geworden.

Er, der beglückte Gesichter gerne um sich sah[649], konnte nicht jedem seiner Untertanen Liebe zuwenden. Was er seiner Meinung nach jedermann zukommen ließ, war Gerechtigkeit. »Gerecht und beharrlich« lautete sein Wahlspruch. Politisch-juristisch war sein Gerechtigkeitsbegriff an der Verfassung und den Gesetzen normiert. Tausendfach ist belegt, daß er sich auf das gewissenhafteste an das gesetzte Recht gehalten und noch und noch auf die Bestimmungen der Verfassung berufen hat. Auf einem anderen Blatt steht, daß dies je länger je mehr contre cœur geschah und er einer restriktiven Auslegung der Konstitution, soweit sie seinem Gewissen mit dem von ihm geschworenen Eid noch vereinbar erschien, zuneigte. Auch als er während der bösartigen Reaktionsphase der dreißiger Jahre seinen Herrscherberuf als Strafamt interpretierte, ließ er an einem Minimum von Humanität und Rechtlichkeit, wie er sie auffaßte, nicht rütteln. Auf die Erhaltung der Gesundheit seiner Untertanen war er sehr bedacht, insbesondere auf das Wohlergehen der Schuljugend[650]. Zeitlebens hat er aufmerksam die sanitären und gesundheitlichen Verhältnisse in den Strafanstalten beobachtet[651]. Seine nicht uneigennützige Sorge um die Gesundheit der Mitarbeiter und Beamten, deren Arbeitskraft er rücksichtslos auspreßte, äußerte sich mitunter in komisch-pedantischer Weise. Wenn einem Staatsdiener besonders betrübende oder auch erfreuliche Mitteilungen von allerhöchster Stelle zu übermitteln waren, traf er regelmäßig Anweisungen, diese dem Betreffenden entweder nach und nach oder erst in gehörigem Abstand von der Mahlzeit – »ja nicht während der Verdauung«[652] – beizubringen. Wenn er sich zu (in der Regel sparsamen) Milderungen von Bestrafungen oder Haftbedingungen verstand und doch die persönliche Erbitterung gegen den Verurteilten, in die er sich hineingesteigert hatte oder hineinsteigern hatte lassen, noch nicht abgeklungen war, berief er sich gleichwohl auf seine »Christenpflicht«.

»Christenpflicht« – dies wirft die Frage nach der Religiosität des Königs auf. Seine Tagebücher geben über seine Frömmigkeit und nicht zuletzt sein beständiges Gebetsleben Auskunft. Religion blieb für Ludwig zeitlebens »das Höchste«, da sie ihm zur Vervollkommnung der menschlichen Individualität wie zur Aufrechterhaltung einer gesitteten Gesellschaft unerläßlich erschien[653]. In der Erfüllung kirchlicher Pflichten kannte er, wie auch sonst, keine Nachlässigkeit. Besuch der Messe und Gang zur Beichte sind aus seinem Leben nicht wegzudenken. Nicht nur um Rankes »Römische Päpste« ohne Gewissensskrupel lesen zu können, auch später noch holte er die Erlaubnis des Erzbischofs von München-Freising für ähnliche Fälle ein[654]. Wenn er sich in politischen Fragen hinsichtlich des Verfassungseides unsicher fühlte, ließ er theologische Gutachten einholen[655]. Religiös-sittliche Motivation lag den scharfen Maßnahmen zugrunde, die er – allerdings nicht mit letzter Konsequenz – während seiner ganzen Regierung gegen das Duell-Unwesen ergriff. Bei der ausgedehnten Wohltätigkeit, die er betrieb, kam zu den unmittelbar religiösen Antrieben die Herrschertradition hinzu, die seit Jahrhunderten nicht nur Sorge um den Glanz und Ruhm des Hauses trug, sondern auch »milte« verlangte[656]. Wiederholt bezeichnete sich der König als »guten Katholiken«, und alles, was damit zusammenhing, nahm er sehr ernst. Seine Gewissenskultur – dies kann kaum nachdrücklich genug betont werden – bildete das Zentrum seiner Persönlichkeit. Daß er öfters gegen die Forderungen seines Gewissens verstieß, ändert an dieser Tatsache nichts. Zwischen Frömmigkeit und Sittlichkeit, Religion und Moral zu differenzieren, lag dem König fern. Es ging ihm nicht nur um persönliche Vervollkommnung und »Rettung«, sondern auch um die anderer.

Zu dem Minister Eduard von Schenck sagte Ludwig 1828, »die drei höchsten Genüsse«, die er kenne, seien »Lieben, Leben, geistiges Erzeugen«[657]. Lebenslust hat ihn kaum je im Stich gelassen. Er hätte allerdings hinzufügen müssen, daß die Lust am Herrschen und Regieren ihn nicht minder beflügle. Sein psychisches Wohlbefinden knüpfte der König an das Vorhandensein von »Lebensschwung«. »Schwung« zählte zu seinen Lieblingswörtern. Lolas Zauber erklärte er damit, daß sie ihn in Schwung versetze. Als sie München hatte verlassen müssen, notierte er: »Lolita ist weg, habe keine Elastizität mehr, mein Lebensschwung ist dahin«[658]. An Dynamik und Energie sucht Ludwig unter den zeitgenössischen Fürsten Deutschlands seinesgleichen. Schon die Formen seines Auftretens verrieten das bewegte Innere, das explosive Naturell. Gegenüber seinem Sohn Otto bemerkte er: »... und ich 48 Jahre alter Mann besitze mehr innere Jugend als die meisten heutigen Jünglinge«[659]. Jähzorn machte ihm zu schaffen. »Da brauste ich auf«, oder »Da fuhr ich hoch«, oder »In Zorn brach ich aus, was mich bald reuete«[660] – wie oft liest man Bemerkungen dieser Art in den Tagebüchern! Freudige Gemütsbewegungen ließen ihn herumspringen und tanzen[661], gute Stimmung äußerte sich in Ausgelassenheit mit viel Neckereien und Schabernack[662], böse Nachrichten veranlaßten ihn, wie ein homerischer Held zu wehklagen und die tatsächlichen oder vermeintlichen Urheber seines Leides mit Vorwürfen zu überschütten[663]. Er verwendete mitunter Kraftausdrücke und hatte gleich seinem Vater, wenn auch in geringerem Maße als dieser, Freude am Derben und Deftigen[664]. Schon der geplagte Hofmeister Kirschbaum hatte dem Heranwachsenden vergebens »Dezenz, Dezenz« gepredigt. Auch der erwachsene Kronprinz und König brachte es in dieser Hinsicht nicht weit. Trotz seines »Königsgefühls« und des ausgeprägten Bewußtseins der Herrscherwürde war sein Auftreten oft wenig königlich. Gelassener Lebensgenuß konnte die Sache eines solchen Menschen nicht sein. Vielmehr sah er sich von einem unstillbaren Erlebnishunger umgetrieben, und man hat den Eindruck, daß die tatsächliche Lebensfreude weit dahinter zurückblieb. Ungeduld, Unruhe, Hast kennzeichnen den Mann, der anscheinend stets fürchtete, etwas zu versäumen oder zu kurz zu kommen. Es war schwierig, mit Ludwig auszukommen, obwohl er es, wie alle seinesgleichen, immer »gut meinte«. »Maß zu halten«, notierte Boisserée, »scheint nun einmal dem Herren nicht gegeben«[665].

Man stellt sich Angehörige des Fürstenstandes im allgemeinen vor als elegant gekleidet, vorzügliche Reiter, passionierte Nimrode, nicht nur mit militärischen Aufgaben beschäftigt, sondern auch von soldatischen Neigungen erfüllt. Ludwig gab auf Eleganz der Kleidung wenig. Pferdeliebhaberei überließ er, der leidenschaftliche Spaziergänger, anderen, und man schildert ihn als einen nur mäßigen Reiter. Der Jagd, die sich aus gesellschaftlichen Gründen nicht umgehen ließ, oblag er häufig, und er hat mit pedantischer Genauigkeit die Strecke sowie seinen Anteil daran in den Tagebüchern festgehalten. Leidenschaftlicher Jäger ist er jedoch nie gewesen[666]. Er nützte die Jagd oft für politische Gespräche und kürzte seine Teilnahme nach Möglichkeit ab. Kriegsleute beklagten, von ihrem Standpunkt aus zu Recht, daß dem König jeder militärische Geist fehle[667]. Nie fand man den Einzelgänger in den als Treffpunkte der mondänen Welt unter seinen Standesgenossen so beliebten, berühmten Badeorten. Bad Brückenau, wo er sich vorzugsweise aufhielt, gehörte nicht dazu. Besuchen durch Verwandte konnte er sich nicht entziehen, aber selbst entfaltete er in dieser Hinsicht eine nur begrenzte Initiative. Seine Italienfahrten wie die Griechenlandreise von 1835/36 und schließlich der seltsame Algier-Aufenthalt 1863/64 erhoben sich jedoch über das Durchschnittsniveau des damaligen fürstlichen Tourismus.

Seine Begeisterungsfähigkeit wahrte sich der König bis ins hohe Alter. Man fand ihn in der vordersten Reihe der Philhellenen, er betätigte sich als Schirmherr der deutschen Katholiken, er unternahm alles nur Erdenkliche, um die Einigkeit der deutschen Nation zu stärken und ihr Selbstbewußtsein zu heben. In diesen Rahmen fallen Vorhaben, die zwar nicht frei bleiben von Zügen des Manischen und des Verschrobenen, mehr jedoch für ihren Ursprung aus hochgemuten Impulsen zeugen. Wir erinnern an seinen Denkmalskult. Wahrscheinlich hätten sich manche seiner hochsinnigen Eingebungen ohne seine bis zur Verstiegenheit gehende Konzentration gar nicht ausführen lassen. Daß der schwierige und kantige Charakter des Königs Übelwollenden breite Angriffsflächen bot, war unvermeidlich. Monarchen unterliegen einem Verhaltenskanon und müssen Erwartungsnormen entsprechen. Ludwig fiel jedoch aus dem Rahmen des Konventionellen. Eine bösartige Umwelt präsentierte ihm die Rechnung für die Willkür seiner Selbstverwirklichung und seine Bizarrerien, indem sie ihn als komische und unzurechnungsfähige Figur hinstellte. Schwächen eines Monarchen zählen in der öffentlichen Meinung doppelt und dreifach. Wären wir nur durch Metternichs vertrauliche Äußerungen über Ludwig unterrichtet[668], wir müßten den König als einen überdrehten und konfusen Repräsentanten seines Standes abschreiben.

Innerhalb einer politischen Biographie muß man im Psychogramm des Königs seinem Selbstwertgefühl und der eifersüchtigen Wahrung seiner Stellung einen zentralen Platz zuweisen. »Man soll sich nicht selbst in niedrigere Klasse setzen«, verfügte er 1832 in einer Protokollfrage, ein Wort, das man als Leitmotiv auch vor seine politischen Handlungen stellen könnte[669]. Bedrückende Angst, an Prestige einzubüßen und sein Gesicht zu verlieren, saß ihm lebenslang im Nacken. Wenn er befürchtete, daß jemand seinen Ruhm verdunkle, konnte er sehr unangenehm, kleinlich und gehässig werden. Klenze, der seine Erfahrungen mit ihm hatte, klagte 1842 über die »Eifersucht des Königs, daß nur er als derjenige erscheine, der alles getan und gemacht«[670].

Sein Königswort sollte unabänderlich, sollte heilig sein. Um sich nicht vorzeitig festzulegen, operierte er daher unaufhörlich mit Klauseln und Vorbehalten, die ihm gegebenenfalls einen Ausweg oder Rückzug ermöglichen könnten. Hatte er aber einmal etwas beschlossen oder versprochen, so anerkannte er nur selten höhere Notwendigkeiten, mit denen er ein Abrücken oder Aufgeben hätte rechtfertigen dürfen. Der Fetischismus, den er mit seinen Versprechungen trieb, führte ihn im Falle der Zusagen, die er in schwachen Stunden Lola Montez gemacht hatte, in eine katastrophale Situation. Wie an seinen Versprechungen, wollte er auch an seinen Prinzipien nicht rütteln lassen. Als Taktiker vielseitig, erfinderisch, manchmal raffiniert, biß er sich bei Grundsatzfragen in einer Weise fest, die es ihm und seinen Mitarbeitern verzweifelt schwer machte, aus so heraufbeschworenen kritischen Lagen herauszufinden. Daß er als Prinzipienreiter mancherlei Unfälle erlitt, ist nur die eine, die negative Seite seiner Grundsatzfestigkeit. Die positive bestand darin, daß ohne Festhalten an Überzeugungen und Entschlüssen politisch nichts zustandekommt. Ludwig wußte, was er wollte, und er hatte die Energie und die Fähigkeit, sich durchzusetzen.

Um sich politisch zu behaupten, genügt es aber nicht, sich von Zeit zu Zeit bei Haupt- und Staatsaktionen zur Geltung zu bringen. Solidität der Macht wird erst durch zähe Alltagsarbeit erreicht. In ihr ließ sich der König von niemandem übertreffen. Nie hat er Knochenarbeit gescheut. Oft hat er sich überarbeitet.

Ein Bauer, der dem Philosophen Franz von Baader gegenüber das schlechte Aussehen des Königs bemerkte, führte dies darauf zurück, »daß dieser Herr gar zu wütend aufs Regieren« sei[671]. Züge des Schulmeisters und des Bürokraten, die sich bei ihm sehr ausgeprägt finden, Ordnungsfanatismus, Ökonomie der Zeiteinteilung, äußerste Pedanterie erleichterten ihm die Regierungsarbeit. Wer die Aktenarbeit des Monarchen nachvollzieht, meint zunächst, der bayerische Oberbürokrat habe sich in tausend Einzelheiten und Quisquilien zersplittert und verzettelt. Es fehlt in der umfangreichen Literatur über Ludwig I. nicht an Beispielen dafür, welch entlegenen und ausgefallenen Gegenständen der König seine Aufmerksamkeit zuwandte. Dringt man aber weiter vor, erkennt man, daß sich auch die kleinsten Mosaiksteinchen sinnvoll in das Ganze seiner Konzeptionen fügten. Er stand stets über einer Subalternität, die im Besonderen das Allgemeine nicht mehr zu erkennen vermag.

Zeitgenossen und Spätere haben sich über die Widersprüche Ludwigs ausgelassen[672]. Eine Herrscherpersönlichkeit ist so wenig wie andere Menschen ein »ausgeklügelt Buch«. Auch bei Ludwig tritt der »Mensch mit seinem Widerspruch« zutage, in kleinen wie in großen Dingen. Noblesse, Zartgefühl und Rücksichtslosigkeit, Pedanterie und hochgemute Großzügigkeit, naive Gutgläubigkeit und übertriebenes Mißtrauen, das Bedürfnis zu idealisieren und zu sublimieren und handfester Realitätssinn, verbunden mit Geschäfts- und Erwerbsgeist, Exzentrizität einschließlich Schrullen und Marotten und Nüchternheit bis zur Banalität, unbefangene »Natürlichkeit« und (in jüngeren Jahren) Affektiertheit, Einsicht einerseits, Unbelehrbarkeit und Verirrungen andererseits stoßen in seinem Charakter hart aufeinander. Keiner, der ihn näher kannte, bezweifelte, daß man es mit einem äußerst unausgeglichenen Menschen zu tun habe. Wie oft schlug langjähriger vertrauter Umgang in rabiate Abneigung um! Er nahm, wenn er Undankbarkeit vermutete, keinen Anstand, Wohltaten den Empfängern auf verletzende Weise noch und noch vorzuhalten. Wie die meisten Menschen, die leicht verletzen, war er für seine Person ungemein empfindlich und nachtragend. Unaufhörlich hat man auf Diskrepanz zwischen seiner Sparsamkeit, seinem Geiz, seiner nicht nur auf finanziellem Gebiet hervortretenden unköniglichen Art zu feilschen und zu markten und der Großzügigkeit hingewiesen, mit der er Geld für seine kulturellen Projekte ausgab. Ähnliche Widersprüche hat man bei seinem Onkel Karl August festgestellt[673], allerdings mit dem Unterschied, daß dieser nur auf eine verschwenderische Hofrepräsentation bedacht war, die er durch abenteuerliches Schuldenmachen finanzierte. Bei Ludwig I. ging es um kulturelle Schöpfungen, die heute noch zu einem nicht geringen Teil die Attraktivität und Qualität der Landeshauptstadt und anderer Orte Bayerns ausmachen. Daß es dem Monarchen gelungen ist, die Verwirklichung der meisten seiner Pläne mit der Stabilisierung des Staatshaushalts zu verbinden, war eine ganz ungewöhnliche Leistung. Um dies zu erreichen, mußte freilich grausam gespart werden.

Manche dem König als Widersprüche unterstellte Verhaltensweisen nähern sich für den gelassenen Betrachter eher der Synthese. Zusammen gehörten für ihn teutscher Patriotismus und die strenge Wahrung der bayerischen Souveränität, Maßnahmen seiner freisinnigen Periode und die gleichzeitige Regeneration des kirchlichen Lebens, die Betätigung dynastischen Selbstbewußtseins und der Dienst an einem, seiner Anlage nach das Königtum in den Hintergrund drängenden Staat. Dies näher auszuführen ist Aufgabe der folgenden Abschnitte. Im vorstehenden konnte es nur um eine Persönlichkeitsskizze gehen, die sich um das Verständnis eines ungewöhnlichen Menschen bemühte. Und ungewöhnlich war dieses Dasein gewiß: voller Einfälle, tatenreich, enthusiastisch, ins Weite und Große ausgreifend und gleichzeitig penibel, rechnerisch, auf Plusmacherei ausgehend, realistisch. Zur bürokratischen Seite seines Wesens gehörte Ludwigs Registrierwut. Er mußte alles aufheben, festhalten, schriftlich fixieren, also bewahren, und andererseits sich durch Niederschreiben und Beschriften befreien. Ob dies hauptsächlich in dem Gefühl seines historischen Ranges geschah, in dessen Licht schlechterdings nichts bedeutungslos erschien, bleibt offen. Wahrscheinlicher ist, daß der König bei seinem Tun psychischen Zwängen unterlag. So oder so: das Quellenmaterial, das »dies merkwürdige, vielbewegliche Individuum auf dem Throne[674]« (Goethe) hinterlassen hat, ist auf solche Weise derartig angeschwollen, daß der Historiker zwischen Entzücken über den Reichtum der Überlieferung und Schauder vor ihrem kaum zu bewältigenden Umfang hin- und hergerissen wird.

BUCH II

*

Königtum

I.
SOUVERÄN UND BUNDESFÜRST
(Außenpolitik 1825–1834)

1. Monarch und Auswärtiger Dienst

Maximilian I. Joseph verschied in der Nacht vom 12. auf den 13. Oktober 1825 eines leichten Todes. Lebenslang ein Sohn des Glücks, der trotz großer Erfolge bescheiden und selbstkritisch geblieben war, war ihm auch noch Sterbeglück beschieden. Die Alltagsmühen der Staatsgeschäfte hatte dieser Monarch größerenteils anderen überlassen. Bei den zahlreichen weittragenden Entscheidungen, die er zu treffen hatte, war er, so leichtsinnig er in seinem Privatleben sein konnte, schwer von Entschluß. Sein persönlicher Anteil an den Geschicken Bayerns unter seiner Regierung ist nicht zu unterschätzen. Schon die Tatsache, daß er sich zwei Jahrzehnte dem überlegenen Montgelas anvertraute und ihn hielt, ist ihm hoch anzurechnen. Soweit persönliche Faktoren historisch zählen, bestand Max Josephs Verdienst nicht zuletzt in gekonnter Anpassung. Erlaubt man sich das Gedankenspiel, 1805 Ludwig I. anstatt seines Vaters regieren zu lassen, spricht nicht wenig dafür, daß der ganz anders geartete Sohn auf die österreichische Seite getreten, Napoleon unterlegen und gezwungen worden wäre, sein Land zu verlassen, das der Eroberer vielleicht unter eine Dynastie Murat gestellt hätte. In welchem Zustand hätte ein 1814 zurückgekehrter Ludwig Bayern vorgefunden? Ob er eine bayerische Position auch nur so hätte ausspielen können, wie dies dem Vater und dessen Staatsmännern 1813/15 gelungen ist, bleibt offen, hat jedoch wenig Wahrscheinlichkeit für sich. Hypothetische Überlegungen braucht der Historiker keineswegs von der Hand zu weisen. Im Gegenteil! Sie sind ein nützlicher Bestandteil seiner Reflexionen und lassen im Falle Max Josephs erkennen, was es mit Alternativen zu der letztlich von ihm zu verantwortenden Politik auf sich hatte.

Ludwig I. erhielt die Nachricht vom Tod seines Vaters am 15. Oktober in Bad Brückenau. Die Zeit ungeduldiger Vorbereitung auf die Thronbesteigung war vorüber. Am 18. Oktober traf er in München ein und leistete am 19. Oktober den Eid auf die Verfassung. Damit übernahm der 39jährige die Regierung. Der neue Herrscher hatte von seiner Kindheit bis in das 29. Lebensjahr in Kriegszeiten gelebt. Auch später traute er dem Frieden nie ganz und wunderte sich, daß er schon so viele Jahre ohne Krieg hatte regieren dürfen. Die Max Joseph noch vergönnten zehn Friedensjahre setzten sich unter Ludwig in einer 23jährigen Friedensära fort. Schon die Tatsache, daß Kriege ausblieben und Bayerns außenpolitischer Stellenwert erheblichen Begrenzungen unterlag, mindestens ebenso jedoch des Königs persönliche Neigungen, machten ihn zu einem überwiegend »inneren König«. Gleichwohl ist es, wenn wir ihn auf dem Weg seiner Königsherrschaft begleiten, unumgänglich, sein Königtum in den deutsch-europäischen außenpolitischen Rahmen seiner Zeit zu stellen. Ob Krieg oder Frieden – die internationalen Beziehungen schaffen die Voraussetzungen für den Gang der Dinge im Inneren eines Landes.

Ludwig I. nahm nicht nur nach seinem Selbstverständnis, sondern de facto die innen- *und* außenpolitischen Belange Bayerns in seine Hand. Mit welchem Apparat hatte er es im auswärtigen Dienst zu tun? Der erste Minister, den er ablöste, war der Außenminister Graf Aloys Rechberg, der durch seine (nicht von Anfang an vorhandene) pro-österreichische Haltung, seine reaktionäre Einstellung und infolge mancher Konflikte aus der Kronprinzenzeit Ludwigs dem neuen König nicht mehr genehm war. Ludwig hielt ihn überdies für einen Ausbund von Unfähigkeit, warf ihm Jahre nach seiner Entlassung ungerechtfertigterweise vor, er habe »an des Vaterlandes Erniedrigung« gearbeitet[1] und sprach von den »Rechbergischen Heldenstreichen«[2]. Hormayr bestärkte den König in der Auffassung, das Außenministerium sei seit Montgelas' Sturz »immer tiefer gesunken«[3]. Der österreichische Abenteurer wollte sich selbst in den Vordergrund spielen, und Ludwig fiel auf dieses Manöver herein. Als er Armansperg später, im August 1828, mit dem Außenministerium betraute, kündigte er dem darüber keineswegs erfreuten Minister an, er habe die Absicht, Hormayr als Ministerialrat ins auswärtige Ressort zu rufen: »Die vielseitigen Kenntnisse dieses Mannes, dessen ausgebreitete Bekanntschaft mit den Verhältnissen aller europäischen Höfe werden Ihrem umfassenden Geiste den Stoff darbieten, um der bayerischen Diplomatie diejenige Wichtigkeit zu verschaffen, welche dieselbe zum Besten meines Reiches nötig hat«[4]. Rechbergs Ersetzung durch den bisherigen Minister des Inneren, Graf Thürheim, der über keine nennenswerten außenpolitischen Erfahrungen verfügte und dem König durch seine Indolenz bald auf die Nerven ging, erwies sich als Mißgriff[5]. 1827 trat an seine Stelle als Verweser[6] des Außenministeriums einer der besten Köpfe der bayerischen Bürokratie

Friedrich Freiherr von Zentner. Er kam aus der Universitäts- und Ministerialsphäre und hatte sich um die Gründung des modernen Bayern als Schöpfer der Verfassung von 1818 große Verdienste erworben. Auch auf diplomatischem Feld hatte er sich mit Bravour geschlagen. Der in vielen Sätteln gerechte Staatsmann entledigte sich seines Auftrags mit Geschick. Dem Monarchen war Zentner freilich zu alt und zu vorsichtig.

Der dritte Amtsinhaber (1828–1831), Joseph Ludwig Graf Armansperg, als Reorganisator des Finanzwesens ein Staatsmann von überdurchschnittlichen Fähigkeiten, hatte zugunsten des Dichterfreundes und Gesinnungsgenossen des Königs, Eduard von Schenk, das Innenministerium abgeben müssen, leitete aber nach wie vor das Finanzministerium. Ludwig traute der Arbeitskraft Armanspergs die Bewältigung zweier Ministerien zu und gedachte durch diese Kombination überdies zu sparen. Armansperg hatte sich vor seinem Amtsantritt von Berufs wegen nur wenig auf dem Felde der Diplomatie umgetan, beherrschte das Metier jedoch rasch. Anfänglich im vollen Einvernehmen mit dem König, setzte der Minister drei Schwerpunkte der bayerischen Außenpolitik[7]. In Süddeutschland arbeitete er auf eine bayerisch-württembergisch-badische Verbindung hin, von der er allerdings nur eine engere Kooperation mit Württemberg verwirklichen konnte. Der württembergische Gesandte am bayerischen Hof, Freiherr von Schmitz-Grollenburg, Armansperg auch in seiner konstitutionellen Gesinnung verbunden, war sein treuester Partner. Ohne Zweifel schwebte Armansperg eine bayerische Suprematie in Süddeutschland vor, die ihm wichtiger erschien als eine Lösung der badisch-pfälzischen Territorialfrage. Der Handelsvertrag und Zollverein mit Württemberg war nicht zuletzt Armanspergs Werk. Die süddeutschen Pläne sollten in Anlehnung an Preußen verwirklicht werden. Damit ist bereits gesagt, daß Armansperg einen dezidiert anti-österreichischen Kurs im Bunde steuerte. Die pro-preußische Politik, die zum Zollverein führte, war ursprünglich wohl nur als Gewinnung der preußischen Zustimmung für die süddeutschen Pläne Armanspergs gedacht, wuchs aber alsbald in eine andere Dimension hinein.

In der europäischen Politik steuerte Armansperg auf den Spuren Zentners ein Einverständnis mit Frankreich an; wahrscheinlich noch erheblich mehr als ein Einverständnis. Es ist nicht klar, in welchem Umfang und wie lange er bei diesen Bemühungen Rückendeckung durch den König besaß. Armansperg blieb bei seinem Kurs, und er blieb es auch nach der Juli-Revolution

1830, von der er keine Gefahr für den Bund befürchtete. Als im Gefolge dieses Ereignisses ein Krieg der konservativen Mächte mit Frankreich drohte, neigte Armansperg unverkennbar zu einer süddeutschen Neutralität, wie sie der König von Württemberg im Herbst 1830 vorschlug. Ludwig wünschte eine bewaffnete Neutralität unter Preußens Schutz; 1831 wies er ein französisches Allianzangebot von sich. Die Wende, die in der Regierungsgeschichte Ludwigs I. mit der Juli-Revolution eingetreten war, ließ ihn neuerdings eine Annäherung an Österreich suchen, zu dem er sich seit seinem Regierungsantritt recht kühl verhalten hatte. Ein besseres Verhältnis mit dem Kaiserstaat war allerdings nur über die Preisgabe Armanspergs als Außenminister zu erreichen. Diese fiel Ludwig umso leichter, als der Minister sich auch in der Innenpolitik nicht bereit gezeigt hatte, dem König vorbehaltlos zu Willen zu sein. Ludwig bezeichnete es schließlich als schweren Fehler, sich vor dem Amtsantritt Armanspergs dessen außenpolitischer Loyalität nicht genauestens versichert zu haben und konnte es kaum mehr erwarten[8], bis er einen günstigen Zeitpunkt gefunden hatte, um den ihm viel zu selbständigen Staatsmann entlassen zu können. In der letzten Phase seiner Amtstätigkeit als Außenminister wurde Armansperg vom König fortwährend übergangen und seine Wirksamkeit rücksichtslos paralysiert. Kein Außenminister vor und nach ihm hatte es so wie Armansperg gewagt, dem König zu trotzen und auf seinem eigenen Kurs zu beharren. Dies mußte zum Konflikt mit einem Monarchen führen, der nach den Worten des französischen Gesandten nur »premiers commis« unter sich sehen wollte[9].

Am 1. Januar 1832 trat unter Ludwig zum erstenmal ein Berufsdiplomat an die Spitze des Auswärtigen: August Freiherr von Gise, den der Monarch schon im Jahr zuvor auf seine neue Verwendung vorbereitet hatte. Gise, Ludwig seit dem Wiener Kongreß bekannt, hatte sich dem König offenbar durch geschickte Behandlung der griechischen Thronfrage als Gesandter am Zarenhof empfohlen. Überdies galt er seit der Zeit, da er als Legationsrat bei den Entschädigungsverhandlungen verwendet wurde, als vorzüglicher Kenner der badisch-pfälzischen Materie. Als erster protestantischer Minister Bayerns diente er Ludwig wiederholt als Aushängeschild und Renommierprotestant[10]. Der Minister beherrschte nicht nur die diplomatisch-höfische Routine vollkommen, er erwies sich auch in seinen Ratschlägen stets als nüchterner, einsichtiger und gemäßigter Mann[11]. Mit einer 14jährigen Ministertätigkeit konnte er unter allen seinen Kollegen auf die längste Amtszeit unter Ludwig I. zurückblicken. Aber um welchen Preis! Da er an seinem Sessel klebte, verzichtete er auf fast jede Initiative, unterwarf sich überängstlich dem Willen des Königs und reagierte überempfindlich auf alles, was ihm seitens seiner Kollegen oder anderer Mächtiger als Eingriff in seine Kompetenz oder Gefährdung seiner Position erschien. Die am Münchner Hof akkreditierten Gesandten klagten über seine Unzugänglichkeit, Unaufrichtigkeit und Unergiebigkeit im diplomatischen Gespräch. In seinem Rechenschaftsbericht vom August 1846 faßte er seine Tätigkeit mit den Worten zusammen, er sei stets bemüht gewesen, »die allerhöchsten Interessen zu fördern und zu der glorreichen Regierungsepoche [Ludwigs I., d. Vf.] die tatsächlichen Belege zu liefern«. Nachdem Ludwig I. lange Zeit große Stücke auf diesen für seinen Regierungsstil idealen Mann gehalten hatte, trübte sich das Verhältnis in den 40er Jahren. Mit der nicht näher begründeten Behauptung, der Minister habe sein, Ludwigs, Vertrauen seit Jahren untergraben, schickte er ihn im Juni 1846 in den Ruhestand[12].

Graf Otto Bray-Steinburg, der als bester Nachwuchsmann der bayerischen Diplomatie galt, 1848/49 unter Max II. wiederum das Ressort des Auswärtigen übernahm und 1870/71 als Außenminister und Vorsitzender des Ministerrates in einer kritischen Phase der bayerischen Geschichte maßgebend am Entscheidungsprozeß beteiligt sein sollte, folgte Gise, sah sich jedoch nach noch nicht einjähriger Amtszeit in den Sturz des Ministeriums Abel verwickelt und nahm bis zum Ende der Regierung Ludwigs I. wiederum den Petersburger Gesandtschaftsposten ein. Nicht einmal drei Vierteljahre kam Ludwig I. mit Georg Ludwig von Maurer als Außenminister aus, dem politischen Professor und Repräsentanten der Ära der liberalen »Morgenröte« des Jahres 1847, der als Mitglied des Regentschaftsrates in Griechenland einige Erfahrungen in internationaler Politik gesammelt hatte. In der Endphase seiner Regierung holte der durch den Lola-Skandal kompromittierte König, der Mühe hatte, überhaupt noch ministerielle Mitarbeiter zu finden, den 1837 gestürzten Minister Fürst Ludwig zu Öttingen-Wallerstein an die Spitze des Außenministeriums, überwarf sich jedoch kurz vor seiner Abdankung auch mit diesem. Wenige Tage vor seinem Rücktritt ernannte er noch den Karrierediplomaten Graf Klemens Waldkirch, über den er sich kurz zuvor geradezu wegwerfend geäußert hatte, zum Ministerverweser des Auswärtigen.

Der häufige Ministerwechsel spiegelt nicht so sehr, wie man meinen möchte, außenpolitischen Kurswechsel als die reizbare Gemütsverfassung des Monarchen. Man konnte ihm nicht leicht genug tun und zog sich, wenn sich der Mißtrauische enttäuscht fühlte oder gar Illoyalität argwöhnte, ehe man sich's versah, seine Ungnade zu. Die fremden Gesandten am Münchner Hof machten aus ihrer Einsicht keinen Hehl, daß es nichts Schwierigeres gebe, als Minister des Königs in Bayern zu sein. Nicht nur die Leiter der Außenpolitik, auch die Mitglieder des bayerischen diplomatischen Korps lebten in der »Furcht des Herrn«. Zur Zeit Ludwigs I. läßt sich bei dieser Gruppe von Staatsdienern eine schmale, überwiegend aus Berufsdiplomaten bestehende Spitzengarnitur und eine größere Anzahl von dii minores unterscheiden. Jene, repräsentiert durch die Grafen Bray Vater und Sohn, Max Lerchenfeld, Willibald Rechberg, Luxburg, Jenison-Walworth sowie die Freiherren Pfeffel, Cetto und Lerchenfeld (dieser kein Karrierediplomat), fast durchweg Männer aus der Ära Max Josephs, hatten die einträglichsten Posten, die Gesandtschaften in St. Petersburg, Wien, Berlin, Paris, London und am Bundestag, mehr oder minder monopolisiert. Ihre Zugehörigkeit zur bayerischen Creme ihres Berufsstandes mußte nicht bedeuten, daß sie allesamt Überdurchschnittliches leisteten. Bray d. Ä. genoß wohl hohes Ansehen und war gelegentlich (trotz unzureichender Deutschkenntnisse) als Ministerkandidat im Gespräch, auf seinem Wiener Posten verfiel er jedoch in eine Willfährigkeit gegenüber Metternich, die mit seiner Stellung kaum mehr vereinbar war[13] und allenfalls noch durch das Verhalten seines Vorgängers, des Freiherrn (später Graf) Eduard von Stainlein, übertroffen wurde, dessen Aufstieg auf eine personelle Fehlentscheidung des Grafen Rechberg zurückging und über dessen Unzulänglichkeit sich jedermann einig war[14]. Mit den Leistungen Cettos d. J. in London und Wien zeigte sich der König, der ihm Gleichgültigkeit vorwarf[15], unzufrieden, und Jenison irritierte ihn wegen ständiger Klagen und Sonderwünsche[16]. Angehörige der zweiten und dritten Garnitur[17] hatten meist eine überlange Dienstzeit als Legationssekretäre, Geschäftsträger, Ministerresidenten zurückgelegt, bis sie (an meist nicht erstrangigen Höfen) den Posten eines Gesandten und bevollmächtigten Ministers erreichten. Nur unter ungewöhnlichen Umständen gelang diesen Diplomaten – kurzfristig – der Sprung nach oben, so dem Grafen Waldkirch 1848 für einige Wochen an die Spitze des Auswärtigen oder dem Ministerresidenten von Gasser, der drei Vierteljahre 1847/48 Bayern in Frankfurt am Main vertrat. Ludwig I. sah dem gesamten diplomatischen Personal scharf auf die Finger; mit Mißfallensbekundungen und Rügen war er rasch bei der Hand, auch mit (oft ungerechtfertigten) Drohungen. Als es 1847 um die Transferierung des Erzbischofs Graf Reisach als Kurienkardinal nach Rom ging, wies Ludwig das Außenministerium an, dem bayerischen Gesandten Graf Spaur »zu drohen«, wenn Reisachs Entfernung von Rom nicht bewirkt würde, »seine aus Rom leicht folgen könnte«[18].

Es kennzeichnet die außenpolitische Situation Bayerns, daß Rußland und England es für überflüssig ansahen, diplomatische Talente höheren Ranges nach München zu entsenden. Selbst Österreich, Preußen und Frankreich ließen sich viele Jahre durch Diplomaten vertreten, die nicht über das Mittelmaß ihres Berufes hinausragten. Von den Gesandten Österreichs stach Graf Senfft-Pilsach als entschiedener Parteimann eines politischen Katholizismus von den meisten seiner (auch österreichischen) Kollegen ab. Mit den Grafen Dönhoff und Bernstorff stellte Preußen, mit dem Grafen Rumigny und dem Baron Bourgoing Frankreich erstrangige Kräfte auf die diplomatische Bühne der bayerischen Hauptstadt. Nur kurze Zeit amtierte als sächsischer Geschäftsträger Graf Friedrich Ferdinand von Beust, der es von den am Hofe Ludwigs I. akkreditierten Diplomaten am weitesten, nämlich zum sächsischen Ministerpräsidenten und später österreichischen Reichskanzler, gebracht hat. Der Heilige Stuhl ließ sich einige Jahre durch einen hervorragenden Kirchendiplomaten und Kirchenpolitiker, den Prälaten Viale Prelà, am Münchner Hof vertreten, einen Geistlichen, der anschließend in Wien einen noch weiteren Wirkungskreis fand. Bei einem Zuviel an Aktivität liefen fremde Diplomaten Gefahr, mit dem König in Konflikt zu geraten. Den engstens mit dem Innenminister Abel verbundenen österreichischen Gesandten Graf Senfft erklärte Ludwig, indem er eine Ungeschicklichkeit des Diplomaten zum Vorwand nahm, nach dem Rücktritt des bayerischen Staatsmanns zur persona ingrata. Auf elegantere Weise entledigte er sich des preußischen Gesandten Graf Dönhoff, der sich tatsächlich zum Exponenten, wenn nicht zum Haupt einer protestantischen Oppositionspartei in Bayern aufgeworfen hatte; im Gespräch mit dem Schwager Friedrich Wilhelm IV. wurde die Abberufung des Diplomaten aus München beschlossen, der alsbald zum Gesandten am Bundestag avancierte. Anläßlich einer kirchenpolitischen Krise, auf die noch einzugehen ist, drohte der Monarch, wenn der Nuntius seine Wünsche in Rom nicht durchsetze, werde er seine Gunst verlieren[19]. In diesem Fall ließ sich der König wieder besänftigen.

Die Schwächen der bayerischen Diplomatie hatten mehrere Ursachen. Die Zufälligkeit der Aufnahme in den auswärtigen Dienst, die Verschiedenheit der Herkunft und das Fehlen einer gemeinsamen Ausbildung ließen keinen Korpsgeist unter ihren Angehörigen aufkommen. Der Monarch selbst wünschte keinen Korpsgeist, nur persönliche »Anhänglichkeit«. Gise hatte wohl die Einrichtung einer diplomatischen Pflanzschule vorgeschlagen[20], aber dem König erschien dieses Unternehmen wohl zu kostspielig, abgesehen davon, daß er der Ausbildung jüngerer Leute durch erfahrene Praktiker den Vorzug gab. Eine Einrichtung wie die Maximilianeums-Stiftung seines Sohnes wäre unter Ludwig nicht entstanden. Das Außenministerium ließ sich nur im technischen Sinn als Zentralbehörde bezeichnen; die Direktiven gingen vom König aus. Einzelne Diplomaten kultivierten österreichische, preußische oder französische Sympathien. Um größere »Schulen« oder Richtungen entstehen zu lassen, war der auswärtige Dienst des Landes eine zu kleine Behörde.

Beeinträchtigt wurde die Geschlossenheit und Wirksamkeit der bayerischen Außenpolitik nicht zuletzt dadurch, daß Ludwig I. Gesandtschaftsposten als Verbannungs- und zugleich Versorgungsplätze für solche Persönlichkeiten ansah, die sich bei ihm mißliebig gemacht hatten oder aus anderem Grunde aus München entfernt werden sollten. Den Finanzminister Freiherr von Lerchenfeld, dem der König an sich gewogen war, der ihm jedoch als Minister zu eigenwillig auftrat, hat er unmittelbar nach seiner Thronbesteigung in den auswärtigen Dienst versetzt, in dem er, von einem neuerlichen kurzen Intermezzo als Finanzminister 1833/34 abgesehen, bis zu seinem Tode auf Posten ersten Ranges verblieb[21]. Ähnlich sah sich ein hervorragender, von Ludwig sehr geschätzter Kopf der bayerischen Verwaltung, Arnold von Mieg, wegen einer Instruktionsüberschreitung bei den Zollvereinsverhandlungen, wahrscheinlich aber auch wegen seiner Spannungen mit dem Innenminister Fürst zu Öttingen-Wallerstein 1833 als Verweser des Finanzministeriums seiner Geschäfte enthoben und bis zu seinem Tod als Bundestagsgesandter nach Frankfurt versetzt. Der Inhaber mehrerer Portefeuilles, Graf Armansperg, sollte nach seiner Verabschiedung als Außen- und Finanzminister als Gesandter nach London gehen. Doch hat man ihn stattdessen 1832 an die Spitze der griechischen

Regentschaft gestellt. Nach seiner Rückkehr aus Athen bemühte sich der König, dem der Gedanke unerträglich war, daß ein Staatsdiener 12 000 Gulden jährlich fürs Nichtstun beziehe, ihn auf den locus classicus bayerischer Diplomatenverbannungen, den Gesandtschaftsposten am Turiner Hof, zu entsenden. Sein Vorhaben scheiterte jedoch an der geschickten Obstruktion des erfahrenen Staatsmanns. Ganz ähnlich wußte der gestürzte Innenminister Fürst Wallerstein seine geplante Entsendung nach Athen oder Turin beziehungsweise Turin und Bern als für eine Persönlichkeit seines Formats nicht angesehen und bezahlt genug mit raffinierten Ausflüchten jahrelang zu umgehen, bis er 1846, als seinem Rang entsprechend, den Posten eines Missionschefs in Paris annahm. Er fand dort als weiteren Verbannten den Legationssekretär August von Wendland vor, der auf seinen Rat hin im auswärtigen Dienst untergebracht worden war, nachdem der König ihn in der Umgebung des Kronprinzen nicht mehr dulden wollte[22]. Wendland hat es nach dem Thronwechsel 1848 zum langjährigen Gesandten in Paris und Madrid gebracht. Der 1847 entlassene Innenminister von Abel, zunächst für den Brüsseler Hof bestimmt, übernahm noch im gleichen Jahr ohne Widerrede die Turiner Gesandtschaft. Vorher war er es gewesen, der sich jahrelang bemühte, seinen als »Exportartikel« bezeichneten Widersacher Wallerstein mit Hilfe des Monarchen auf den Turiner Posten zu hieven. Der Mann der »Morgenröte«, Georg Ludwig von Maurer, sollte nach seinem Sturz, rund drei Vierteljahre nach Abels Abgang, ebenfalls nach Brüssel gehen, weigerte sich aber. Warum eine solche Personalpolitik dem auswärtigen Dienst im allgemeinen nicht zustatten kam, braucht nicht erläutert zu werden.

Studiert man den Schriftverkehr des Königs mit dem Außenministerium, stellt man fest, daß er die einschlägigen Gegenstände mit gleicher Detailkenntnis, penibler Genauigkeit, Scharfsinn und Umsicht, allerdings auch mit gleicher kontinuierlicher Drohgebärde und gleichem Mißtrauen zu behandeln pflegte wie die Angelegenheiten der inneren Verwaltung. Als sein eigener Außenminister hielt Ludwig I. seine Gesandten, ob Karrierediplomaten oder nicht, an sehr kurzem Zügel und ließ ihnen für Eigeninitiativen nur geringen Spielraum. Zahlreiche Unterhaltungen und offizielle Gespräche des Königs mit den fremden Gesandten am Münchner Hof sind uns bis in die wörtlichen Einzelheiten überliefert. Er hat sich bei dieser Gelegenheit kaum je eine Blöße gegeben und sich geradezu als Routinier in diesem

Genre der politischen Konversation bewährt. Die Tatsache, daß ausschließlich er die Akzente der Gesprächsführung zu setzen hatte, erleichterte seine Aufgabe; aber verglichen mit seinem Vater, der das gleiche Privileg besaß, sich jedoch einem sorglosen Plaudern überließ, bewies er sich als ein vorzüglicher Taktiker, der sein Temperament im Umgang mit Diplomaten zu zügeln verstand. Den Verkehr mit der professionellen Diplomatie ergänzte der König durch unmittelbaren Austausch mit deutschen Staatsoberhäuptern. Nachdem er in der Kronprinzenzeit auf diesem Gebiet einige Unbesonnenheiten begangen hatte, zeigte er als König durchaus Sinn für die Realitäten der Außenpolitik. Bei manchen seiner Schritte auf dem Feld der auswärtigen Beziehungen, die man gewöhnlich als Äußerungen seiner Unberechenbarkeit und Sprunghaftigkeit ansieht, ist zu überlegen, ob es sich nicht vielmehr um schnelles Reagieren auf Veränderungen der Außenpolitik handelte, die sich vielfach in rascher Folge einstellten. Gewiß haben fremde Gesandte, wenn sie ihr Ziel nicht erreichten oder sich mit dem König nicht mehr auskannten, ihn als konfus, ohne jede Konsequenz, nur von Augenblickseingebungen abhängig hingestellt[23]. Aber der Schein trog. Als Taktiker hatte der Monarch stets mehrere Eisen im Feuer, wartete gerne mögliche Entwicklungen ab und balancierte, wenn die Konstellation eindeutige Stellungnahmen nicht zuließ. Seine nur wenigen und meist unkomplizierten Ziele hat er darüber nie aus dem Auge verloren. Man lebte in der Regierungszeit Ludwigs I. noch im Zeitalter der klassischen Diplomatie, und der König bediente sich der in ihr entwickelten Techniken. Wenn es sich empfahl, setzte er jedoch für außenpolitische Zwecke auch Nichtdiplomaten (mit unterschiedlichem Erfolg) ein: Cotta in Stuttgart und Berlin, Maurer in Karlsruhe, von der Tann in Kassel, Wallerstein in Paris und London, Wrede in St. Petersburg. Für die Bearbeitung der öffentlichen Meinung als Vorbereitung außenpolitischer Aktionen hatte er durchaus Verständnis. Das wahre Handikap seiner Außenpolitik bestand in der begrenzten Aktionsfähigkeit eines Mittelstaates, der überdies in den Föderativorganismus des Deutschen Bundes eingebaut und so in seinem Handeln zusätzlich beeinträchtigt war. Die Weichen waren seit 1814/15 gestellt. Ludwig vermochte sich in dieser Konstellation zu behaupten; Besseres war in der Außenpolitik kaum herauszuholen.

2. Herrscher eines Mittelstaates

Eine unermeßliche Literatur beschäftigt sich mit dem großen Machtstaat und dem System der Großstaaten. Nicht von ungefähr war es ein Schweizer, Werner Kägi, der seine Aufmerksamkeit als Historiker und Staatswissenschaftler dem Kleinstaat zugewendet hat[24]. Als erster, wie es scheint, hat Theodor Schieder, nicht zufällig ein Historiker bayerischer Abkunft, das Thema des Mittelstaates aufgegriffen[25].

Den Zeitgenossen Ludwigs I. war der Begriff des Mittelstaates durchaus geläufig. Montgelas schrieb 1793: »Das Beispiel Polens ist erschreckend... Es ist nötig, daß die Mittelstaaten zu sich selbst kommen und sich daran gewöhnen, durch Mut, Geist und Sparsamkeit ihr Schicksal in die eigenen Hände zu nehmen; andernfalls werden sie von den großen Fischen verschlungen«[26]. Ohne den Ausdruck Mittelstaat zu verwenden, hat Ludwig als Kronprinz versucht, die Stellung der jungen deutschen Königreiche im europäischen Vergleich zu bestimmen: »Preußen hat es nach eines Jahrhunderts Verlauf erreicht, daß Österreich es wirklich als seinesgleichen ansieht... Nicht also mit Bayern, wo alles noch so neu und dessen Vergrößerung als seinen allenfallsigen Vorhaben künftig hinderlich das immer auf die Zukunft spekulierende Preußen betrachtet. Weder Österreich noch Preußen mögen Bayern seiner Lage wegen im Raum europäischer Mächte, obgleich es gleiche Bedeutendheit mit Schweden, Dänemark, Portugal, Neapel, Sardinien hat, größer noch zum Teil. Wenn Bayern klug verfährt und nicht unglücklich ist, wird es sich auch geben mit der Zeit«[27]. In solchen holprig formulierten Reflexionen äußerte sich eine realistische Beurteilung der bayerischen Situation im Deutschen Bund wie im europäischen Konzert. Ludwig verkannte nicht, daß man zwar das Alter der Dynastie Wittelsbach respektierte, das junge Königreich Bayern im Kreise der etablierten Mächte jedoch für einen Parvenustaat ansah. Aber das war seine geringste Sorge. Ernster zu nehmen war die Mißgunst der beiden Großmächte im Bunde gegenüber einem Staate, der nicht übergangen werden und der der Berliner wie der Wiener Politik lästig fallen konnte. Die Ortsbestimmung Bayerns im Rahmen der europäischen Mittelstaaten durch Ludwig spricht für sachliche Selbsteinschätzung. Er gab das Stichwort »Lage im Raum der europäischen Mächte«. Die von ihm aufgezählten Staaten erfreuten sich ausnahmslos einer Randlage in Europa. Nicht so Bayern, das sich bald, nachdem die Aufzeichnungen des Kronprinzen zu Papier gebracht waren, in den Deutschen Bund eingeordnet sah. Der Souverän Bayerns war gleichzeitig deutscher Bundesfürst, und zwar nur der drittmächtigste unter »Seinesgleichen« und das mit weitem Abstand hinter Österreich und Preußen. Den Gedanken mancher bayerischer Staatsmänner seiner Zeit, daß Bayern eine europäische Macht (wenn auch nicht Großmacht) sei oder wieder werden könne, bezeichnete Ludwig als »lächerlich«. Er hoffte anscheinend, daß nach dem Erwerb der rechtsrheinischen Pfalz, den er allerdings sehr energisch ansteuerte, für Bayern eine Zeit außenpolitischer Windstille anbrechen könnte. In der Sparkommission, die er unmittelbar nach seinem Regierungsantritt einrichtete, hat er von dem »in der Zukunft nicht sehr beschäftigten Ministerium des Hauses und des Äußeren«[28] gesprochen. Es zählte zu den unbegründeten Ängsten Metternichs, Bayern könnte von den Träumen einer europäischen Machtstellung, denen es in der napoleonischen Zeit nachhing, nicht lassen wollen.

Die Tagebücher des Königs beweisen, daß ihm in vagen Umrissen manchmal ein Europa der Nationen vorschwebte. Er wünschte nicht nur die Zusammenfassung aller deutsch Sprechenden in einem großen Bunde, sondern auch ein selbständiges Polen und ein selbständiges lombardo-venezianisches Königreich[29], doch war er weit davon entfernt, diese Vorstellung konsequent zu einem System auszubauen. Die monarchische Legitimität wollte er nicht antasten lassen, und die Konzeption eines geeinten Königreichs Italien hat er nicht vertreten. Und was er Frankreich gegenüber erwog, machte, wie gleich zu erörtern, seinen Nationalitätsstandpunkt vollends hinfällig. Doch lassen wir vorerst seine Gedankenspiele beseite! In der Realität hatte es Ludwig nicht mit dem Europa der Nationen, sondern dem der Staaten zu tun.

Die Chancen, aber auch die Gefahren für einen Staat wie Bayern stiegen, wenn die Mächtigen in der europäischen Pentarchie oder im Bunde in Konflikt gerieten. Den Auseinandersetzungen zwischen Napoleon und seinen Gegnern verdankte das Kurfürstentum seinen Aufstieg zum Königreich. Fanden sich aber die Großen zusammen, um einen Frieden zu schließen, sah sich der Mittelstaat Bayern von gleichberechtigter Mitsprache ausgeschlossen. Eine im Geist der Heiligen Allianz oder unter anderen Gesichtspunkten geeinte europäische Pentarchie nötigte Bayern, sich dem Spruch der Großmächte in Fragen von allgemein europäischem Interesse zu unterwerfen. Das mußte die bayerische Politik im Hinblick auf ihre pfälzischen Ambitionen anläßlich des Kongresses von Aachen 1818 und des Frankfurter Rezesses von 1819 erfahren. Wesentliche Veränderungen der Landkarte Europas ließen sich nicht mehr ohne Zustimmung der Garanten der Wiener Verträge bewerkstelligen. Wenn im Deutschen Bunde Wien und Berlin zusammenhielten, hatte München wenig zu melden.

Das Experiment der Heiligen Allianz fand in den Überlegungen des Königs nur sehr geringen Reflex. Gewiß galt ihm monarchische *Legitimität* als internationales Prinzip, aber sie ist in seinem Denken nicht mit *Legitimismus* als einer Ideologie rechter »Ultras« zu verwechseln, die er strikt ablehnte. Wiederholt äußerte er, seine Farben seien die deutschen, nicht die weiße[30]. Als sich seit der Juli-Revolution 1830 die Konturen einer westeuropäisch-liberalen Mächtekonstellation gegen die konservativen Staaten der ursprünglichen Heiligen Allianz in Mittel- und Osteuropa abzeichneten, war erneut für Konfliktstoff gesorgt. Ein Konflikt hätte Spielraum für Bayerns Außenpolitik schaffen können. Da es Metternich und Louis Philippe verstanden, die Gefahr eines Ost-Westkonflikts zu bannen, beruhigte sich die Situation wieder.

Wenn nach 1815 noch eine nichtideologische Außenpolitik im Stil des 18. Jahrhunderts möglich gewesen wäre, hätte sich für Bayern eine Parteinahme für Frankreich angeboten, und mit dieser Großmacht im Rücken hätte es in Deutschland anders auftreten können, als es tatsächlich der Fall war. Idealtypisch lassen sich im politischen München des ludovizianischen Vormärz drei frankophile Gruppen unterscheiden, die aber den Außenstehenden mitunter als *eine* »französische Partei« erscheinen mochten. Auch nach der Thronbesteigung Ludwigs hielten sich in der hohen Bürokratie, der Diplomatie und der Generalität Männer, die positive Erinnerungen an die Rheinbundära untereinander verbanden und die ihr bayerisches Staatsbewußtsein gerade dadurch zu bewahren glaubten, daß sie dem Königreich auch eine französische Option offenhalten wollten. Eine zweite, numerisch sehr kleine Gruppe hielt es mit dem Frankreich der restaurierten Bourbonen-Monarchie, eigentlich nur eine »Coterie«, verwandtschaftlich mit dem Reaktionsminister Fürst Polignac verbunden, der sich nach seiner Haftentlassung in Bayern niederließ. Aus älteren Franzosenfreunden der Rheinbundzeit und jüngeren Persönlichkeiten setzte sich eine dritte Richtung zusammen, die eher auf das Bürgerkönigtum zählte und ausnahmslos liberalen Vorstellungen huldigte. Zu den Sympathisanten der Juli-Monarchie gehörten teils insgeheim, teils offen Zentner, Armansperg und der Generalsekretär des Staatsrats Egid von Kobell und ihre Anhängerschaft, anscheinend auch die Bankiers Eichthal und Kerstorf. Außer dem französischen leistete der württembergische Gesandte Freiherr von Schmitz-Grollenburg diesem Kreis Schützenhilfe, desgleichen der einflußreiche Verleger, Unternehmer und Politiker Johann Friedrich Freiherr von Cotta, der mit Thiers befreundet und an *dem* Blatt der Juli-Monarchie, dem »Constitutionnel«, beteiligt war[31]. Wenn ihn der König in der Außenpolitik hätte mitsprechen lassen, wäre Fürst Wallerstein nach seiner politischen Mentalität der ideale Repräsentant einer Kooperation zwischen Bayern und dem Bürgerkönigtum gewesen[32]. Sein Auftreten in Paris anläßlich seiner Mission in der griechischen Sache 1843/44 und seine kurze Gesandtentätigkeit in der französischen Hauptstadt 1846/47 lassen in dieser Hinsicht Chancen erkennen, die Ludwig jedoch bewußt ausschlug und denen die Februar-Revolution 1848 ohnehin ein Ende bereitet hätte. Unmittelbar bei Hofe betätigte sich als Fürsprecherin der Juli-Monarchie die farbige Gestalt der Kurfürstin-Witwe Marie Leopoldine, deren »auswärtige« Aktivitäten sich jedoch zwangsläufig nur in der dynastisch-familiären Sphäre abspielen konnten[33]. Nur zu gern hätte sie eine Verbindung zwischen dem Kronprinzen Max und dem Hause Orleans herbeigeführt, stieß aber dabei auf den entrüsteten Widerspruch König Ludwigs[34], der zwar ihren politischen Verstand, nicht aber ihre Alleingänge schätzte.

Was große Staatsgeschäfte betrifft, hatte es Ludwig in der bayerisch-badischen wie der griechischen Angelegenheit zunächst noch mit der restaurierten Bourbonen-Monarchie zu tun. Beide Komplexe werden in speziellem Zusammenhang behandelt. Das gleiche gilt für die bayerisch-russischen Beziehungen wegen der Ansprüche Ludwigs auf die Pfalz und der russischen Rolle als Schutzmacht Griechenlands sowie für das Verhältnis zwischen München und London, ebenfalls im Hinblick auf das hellenische Königtum Ottos.

Ludwig sah die Bourbonen-Monarchie unter allen Erscheinungsformen des Staates Frankreich noch als das geringste Übel an, hielt es jedoch für durchaus möglich, daß auch das Restaurationskönigtum in die Fußstapfen Ludwigs XIV. treten würde. Wenn er sich mit dem französischen Staatsmann Herzog von Dalberg, einem Repräsentanten des Frankreich der Restauration, offenbar gut verstand, so galten seine Sympathien eher dem alten Pfälzer Bekannten als dem Vertrauensmann des französischen Hofes. Weil er sich wegen der Thronerhebung seines Sohnes Otto dem französischen Reaktionsminister Fürst Polignac verpflichtet glaubte, setzte er sich für dessen vorzeitige Entlassung aus der Haft ein. Politisch wollte er mit dem Gestürzten nicht viel zu tun haben, und die »Polignac'schen Streiche«[35] hat er scharf verurteilt.

Wenn er Zentner und Armansperg 1827/29 Frankreich gegenüber einen weiteren Spielraum gab, als es sonst seine Art war, muß man in Betracht ziehen, daß die Hintergedanken des Monarchen auf die rechtsrheinische Pfalz und mehr und mehr auch auf Griechenland gerichtet waren. Armansperg wünschte gleich Montgelas, gleichgültig, ob es sich um das bourbonische oder das orleanistische Frankreich handelte, die französische Karte auszuspielen, wann immer er es für zweckmäßig ansah. Seit 1830 verstärkte sich seine pro-französische Tendenz sogar noch, da er der Juli-Monarchie liberale Sympathien entgegenbrachte. Vor der Juli-Revolution war 1828/29 nicht nur Armanspergs, sondern auch Ludwigs Zungenschlag gegenüber Frankreich so entgegenkommend geworden, daß nicht nur der leicht euphorischen Stimmungen verfallende Graf Rumigny, sondern auch das Pariser Außenministerium es für erwiesen ansahen, daß der König im Februar 1828 Frankreich eine Allianz in Aussicht gestellt habe[36]. Bereits 1829 hätte man, obschon Armansperg noch im April kommerzielle und politische Angebote übermittelte, erkennen können, daß der König dergleichen nicht beabsichtigte. Seit der Juli-Revolution war es mit einer Kooperation zwischen München und Paris endgültig vorbei, wenn auch Armansperg dies offenbar nicht wahrhaben wollte. Ludwig setzte Armansperg jedoch bald lahm. Als er schließlich 1831 den Minister darauf aufmerksam machte, daß sie sich bald trennen müßten, begründete er seinen Schritt mit dem Mißtrauen europäischer Mächte gegen sein (Armanspergs) pro-französisches Verhalten[37].

Einen Angriff seitens des neuerdings revolutionierten Frankreich hielt Ludwig gleich den anderen europäischen Fürsten und Staatsmännern 1830 für möglich, zuzeiten für wahrscheinlich. Ein Bürgerkrieg in Frankreich wäre ihm an sich erwünscht gewesen, weil sich der große Nachbarstaat damit selbst außenpolitisch außer Gefecht gesetzt hätte. Als er durch Stafette über die in Paris ausgebrochene »Insurrektion« Kenntnis erhielt, notierte er: »Diese Nachricht durchfuhr mich. Mir stellte sich Umwälzung in Frankreich, Krieg zwischen ihm und Deutschland dar. Frieden brauche ich, Revolution und Krieg nie. Ans linke Rheinufer dachte ich«[38]. Einige Wochen später brach das schon seit längerem gegen Armansperg bestehende Mißtrauen durch: »Auf ihn gebe ich acht, ob er nicht in neufranzösischem Sinn. Es ist nicht ausgemacht, daß er fest im Ministerium des Äußeren sitzt«[39]. Einen Angriff des Deutschen Bundes auf Frankreich hat der Monarch zwar stets und auf das strikteste abgelehnt, aber er gab sich weitläufigen Reflexionen hin, wie man, falls Frankreich einen Krieg provozieren sollte, eine bessere Lösung als 1814/15 herbeiführen könne, und er griff dabei auf manche seiner damaligen Vorschläge zurück[40]: Er wünschte sich seine Geburtsstadt Straßburg als Freie Stadt des Deutschen Bundes, das übrige Elsaß sollte an Baden fallen und dieses dafür den Neckar- und den Main-Tauberkreis an Bayern, den Seekreis an Württemberg abtreten. Dem König der Niederlande wollte er alles zuerkannt wissen, was Ludwig XIV. einst im Norden erobert hatte. Dafür sollte dieser Luxemburg, Limburg, vielleicht auch Lüttich an Preußen abtreten. Lothringen, dessen deutschen Teil er Preußen zudachte, sowie Metz, Toul und Verdun sah er für einen Erzherzog als Großherzogtum Lothringen-Bar vor. Dem Hause Habsburg wünschte er überdies die drei päpstlichen Legationen in Italien zugesprochen. Zusätzlich zu Mainz, Luxemburg und Landau sollten Straßburg und Metz als deutsche Bundesfestungen ausgebaut werden. Um die Drohungen aus dem Westen ein für allemal zu beseitigen, ging er mit dem Gedanken um, Frankreich in mehrere Staaten aufzuteilen. Vorübergehend kam ihm sogar der ungeheuerliche Gedanke, Paris als Symbol der französischen Einheit zu zerstören. Von Anfang an sah er jedoch als Alternative die Erklärung der französischen Hauptstadt zu einer Freien Stadt vor, und später schien ihm dies im Gegensatz zu Wrede, der den Krieg herbeisehnte und unverblümt erklärte, daß Paris verbrannt werden müsse[41], als der bessere Weg. Andererseits wünschte er, daß Frankreich Algier behalte. So sah für ihn die ideale Lösung der westeuropäischen Verhältnisse aus. Überlegungen dieser Art ziehen sich durch die Jahre 1830/31 hin. Kriegslustig im Sinne Wredes war der Monarch sicher nicht, aber wenn er darüber nachdachte, wie ein günstig verlaufender Krieg ihm (seiner Meinung nach) alles verschaffen könnte, was ihm am Herzen lag, schien ihm eine militärische Lösung anstehender Probleme doch recht verlockend. Charakteristisch für seine seelische Verfassung ist eine Tagebucheintragung vom

21. Mai 1831: »Ich wünsche Krieg als einziges Mittel, die Pfalz wieder meinem Hause, Elsaß für Deutschland wieder zu erobern, aber nicht beitragen, daß er stattfinde, will ich, rein mein Gewissen haben«[42]. Rechnungen ohne den Wirt!

Die Beantwortung der Frage, wie Frankreich damals sein Verhältnis zu Bayern und Süddeutschland eingeschätzt hat, ist eine Aufgabe aus dem Gebiet der internationalen Beziehungen im Vormärz und kann im Rahmen einer Königsbiographie nicht ausreichend untergebracht werden[43]. Man darf Ludwigs antifranzösische Linie nicht ausschließlich aus seiner Frankophobie ableiten. Objektive Gegebenheiten wogen mindestens ebenso schwer. Der Deutsche Bund und der Zollverein haben die deutsche Integration des bayerischen Staatswesens in solchem Maße gefestigt, daß ein Ausbruch aus dem Bundessystem zunehmend schwieriger wurde. In Fragen von geringerer Bedeutung konnte man es sich in München leisten, gegen die österreichisch-preußische Vorherrschaft im Bunde zu opponieren, aber gegen eine bleibende und entschiedene französische Orientierung Bayerns hätte man in Wien und Berlin wohl Gegenmaßnahmen ergriffen, denen der Staat Ludwigs I. auf die Dauer nicht hätte widerstehen können. Der König wollte sich seinen Bundesverpflichtungen im Kriegsfall nicht entziehen, er hätte es aber auch kaum gekonnt.

Man darf nicht übersehen, daß auf der Wende der zwanziger/dreißiger Jahre die bayerisch-französischen den bayerisch-preußischen Handelsvertragsverhandlungen parallel liefen. Mehrere Eisen im Feuer zu haben, war stets Ludwigs Bestreben. Durch Ausspielen der beiden Partner konnte man Bedingungen verbessern, Preise in die Höhe treiben.

3. Die deutschen Großmächte und Süddeutschland

Der europäische Souverän sah sich also im wesentlichen auf seine Stellung als deutscher Bundesfürst verwiesen. In der Bundespolitik und damit für die bayerische Außenpolitik zählten in erster Linie Österreich und Preußen, und zwar jenes zur Zeit Ludwigs I. noch mehr als dieses, weil es aufgrund der kontinuierlichen Leitung durch Metternich Geschlossenheit seines Systems und Prinzipienfestigkeit mit politischer Stärke zu verbinden schien. Abgesehen von seinen großen Fähigkeiten und seiner tatsächlich erworbenen Autorität haben die Kabinette der damaligen Zeit das olympische Gehabe des österreichischen Staatskanzlers und seine Schulmeisterei sowie seine oft vergröbernden Analysen (eher zur »moralischen« als zur politischen Situation des Kontinents) wohl mehr beeindruckt, als man es heute annehmen möchte. Allerdings gab es auch Ausnahmen unter den deutschen Staatsmännern, so den Freiherrn von Zentner, der sich auf den Wiener Konferenzen den Beifall Metternichs zu erwerben gewußt hatte, aber 1828 dem König schrieb: »Österreich ist ohngeachtet seiner großen physischen Kräfte in einem gelähmten Zustande und ohne Einfluß. Es hat das Vertrauen bei allen Regierungen verloren; es handelt ohne Energie und will erhalten, was auf bloßer Täuschung ohne feste Grundlage gebaut war«[44]. Ähnlich dachte Armansperg.

Ludwig I. war Metternich nicht gewogen. Die Abneigung beruhte auf Gegenseitigkeit. Metternich nahm dem König seine quasiliberale Innenpolitik wie seine Parteinahme für die Griechen außerordentlich übel. Daß die vom König überwachte Politik Zentners und noch weit mehr Armanspergs dem Ballhausplatz zuwiderlief, ließ sich nicht übersehen. Metternich hat den Bayernkönig mißverstanden und unterschätzt, genauer gesagt, er hat sich nie die Mühe gegeben, ihn zu verstehen. Ludwig hütete sich freilich, dem mächtigen Staatskanzler in der Bundespolitik mehr entgegenzutreten, als es für Wahrung der bayerischen Selbständigkeit und Aufrechterhaltung der Verfassungsbestimmungen unbedingt erforderlich war. Und an Schmeicheleien für Metternich ließ er es nicht fehlen[45]. Wenn der König hinsichtlich seiner Bundespflichten Rücksichtnahme der Großmächte wünschte, wenn er in der badisch-pfälzischen Sache vorankommen wollte, wenn er später Hilfe für das wittelsbachische Königtum in Griechenland benötigte – er kam nicht um Metternich herum, blieb auf dessen guten Willen angewiesen. Er konnte es sich nicht erlauben, den Staatskanzler zurechtzuweisen, wenn dieser, oft genug, in die innere Politik Bayerns unmittelbar oder mittelbar hineinzuregieren sich anschickte.

Ins Gewicht fiel, daß sich in der Nähe des Thrones eine proösterreichische Partei zu Gehör zu bringen verstand. Bis 1838 wirkte als deren Exponent der Marschall Wrede[46], der schon wegen der Schuldenlast auf seinen österreichischen Besitzungen gut tat, es mit Wien nicht zu verderben[47]. Standespolitisch-ideologische Motive standen hinter den österreichischen Sympathien des größeren Teils der bayerischen Aristokratie. Das Habsburger Reich erschien dem Adel als Hort vielleicht weniger des Spätabsolutismus als des Spätfeudalismus. Selbstverständlich favorisierte der konservative politische Katholizismus Abelscher Prägung einen pro-österreichischen Kurs. Gise vermochte dagegen nur unter der Hand zu opponieren. Während der sogenannten Ära Abel trat im Regierungslager niemand mehr entschieden gegen einen nach Wien orientierten Kurs auf, während vorher Armansperg und – durch seine amtliche Stellung als *Innen*minister wie durch seine österreichische Verwandtschaft allerdings in Schranken gehalten – Wallerstein ein Gegengewicht gegen Metternichs Einfluß in Bayern gebildet hatten. Nur in einer an sich geringfügigen Angelegenheit, der Metternich unverhältnismäßige Bedeutung zumaß, erlaubte sich Ludwig, ihn einiges entgelten zu lassen: Er hielt während seiner ganzen Regierungszeit seine Hand über einen Mann, der dies nicht verdiente: Joseph Freiherr von Hormayr. Der Erzfeind Metternichs, der den König mit giftigen Analysen über die Situation im großen Nachbarstaat belieferte[48] und anscheinend Dokumente besaß, deren Veröffentlichung Metternich zu scheuen Ursache hatte, nahm die Aufmerksamkeit der österreichischen Gesandten in München auf Metternichs Geheiß hin in geradezu exzessivem Umfang in Anspruch. Jedenfalls war es mit Metternichs erhabener Gelassenheit augenblicklich vorbei, wenn es um Hormayrs Person und Umtriebe ging.

Wie mit der Dynastie Habsburg war das Haus Wittelsbach auch mit der Familie der Hohenzollern verschwägert – ein Umstand, der, wenn auch in einem Europa, das sich noch als monarchischer Staatenverein verstand, nicht ohne Belang, in den zentralen außenpolitischen Fragen nicht mehr entscheidend war. Preußens auswärtige und Bundespolitik war damals schwächer und disparater als diejenige Österreichs. Tatsächlich handelte es sich jedoch bei Preußen um das kraftvollere Staatswesen, wie seine Erfolge nach der Jahrhundertmitte beweisen sollten. Der scharfsinnige Zentner verglich in seinem oben erwähnten Bericht vom Mai 1828 Österreich und Preußen und stellte diesem die bei weitem günstigere Prognose[49]. Es spricht für Ludwigs Einsicht in die Verhältnisse, daß er sich in Handels- und Zollangelegenheiten (gegen die Quertreibereien Metternichs) wie in Bundesmilitärfragen an das norddeutsche Staatswesen anlehnte. Obwohl es Metternich gelungen war, Preußen über weite Strecken zur Kooperation mit Österreich zu bewegen, ließ sich der zunehmende Dualismus der beiden deutschen Großmächte schon zur Zeit Ludwigs I. nicht mehr übersehen. Der Ertrag der für die bayerische Landesgeschichte so wertvollen Chroustschen Edition der Gesandtschaftsberichte vom Münchner Hof besteht unter anderem auch darin, daß sie ein Bild von der auf bayerischem Boden ausgetragenen Konkurrenz der beiden Großen vermittelt, die zum Zweikampf um die Vorherrschaft angetreten waren. Dieser Kampf blieb zur Regierungszeit Ludwigs I. noch unentschieden. Hauptsächlich diesem Sachverhalt war die relative Bewegungsfreiheit Bayerns als größter Mittelstaat im Deutschen Bund zu verdanken.

Es klang für deutsche Ohren im 19. Jahrhundert gut, wenn man den König von Bayern den mächtigsten Fürsten der »rein deutschen Staaten« nannte[50], im Gegensatz zu Preußen, das eine nicht unerhebliche polnische Minderheit besaß, und zur Habsburger Monarchie mit ihrem Übergewicht nichtdeutscher Bevölkerung. Außen- und bundespolitisch ließ sich jedoch mit dieser Qualifikation nicht viel anfangen[51]. Nüchtern war es, von Bayern als dem stärksten Mittelstaat im Bunde oder als der stärksten süddeutschen Macht zu sprechen. Allgemein deutsche und spezifisch süddeutsche Vorstellungen hat man auch in den viel erörterten Komplex der Trias[52] eingebracht, die, wie erwähnt, nie zur Realisierung gelangte. Sehr bald hat die Trias-Bewegung nicht nur ihren Schwerpunkt in Süddeutschland gefunden, sondern sich mehr oder minder auf Süddeutschland beschränkt. Die trialistische Initiative ging auf diplomatischer Ebene von König Wilhelm I. von Württemberg und seinem Staatsmann Freiherr von Wangenheim aus, den der Druck Österreichs, Preußens und Rußlands 1823 nötigte, als Bundestagsgesandter zurückzutreten und sich aus dem öffentlichen Leben zurückzuziehen. Wangenheim verfügte im bayerischen Regierungslager über einige Sympathisanten, und vor der Thronbesteigung Ludwigs findet man in München immerhin Ansätze einer trialistischen Politik.

Konnten die Staaten des Dritten Deutschland auf der Grundlage der Gleichberechtigung aller Partner tatsächlich zu größerer Unabhängigkeit und stärkerem Einfluß gelangen? Wer sollte führen? Wenn man einem Ausschuß die Leitung der Geschäfte anvertraute, wie sollte sich dieser zusammensetzen? War die Hegemonie eines Mittelstaates in einem solchen Bündnis für die anderen Beteiligten dem bestehenden österreichisch-preußischen Dualismus vorzuziehen? War das Verhältnis der Dynastien und der Staatsindividualitäten untereinander so geartet, daß es für eine Trias optimistisch stimmen konnte? Ein Plus für eine trialistische Lösung leitete man daraus ab, daß es sich bei den in Anspruch genommenen Staaten um Verfassungsstaaten handelte. Daraus konnte sich Sympathie der gesamtdeutschen öffentlichen Meinung, ja ein moralischer Vorrang gegenüber Wien und Berlin ergeben. Der Begriff Verfassungsstaaten tauchte häufig in den Erörterungen Metternichs auf; bei ihm freilich in pejorativem Sinn. In Metternich besaßen die Trias-Anhänger einen geschworenen Gegner. Er hat mit Erfolg unablässig gegen die Gefahr intrigiert, die der Position Österreichs im Bunde von einer Trias drohte. Und wenn es gegen die Trias oder einen Südbund ging, fand Metternich entschiedene Parteigänger auch am Münchner und am Karlsruher Hof. Preußen schwankte, aber alles in allem hatten die Anhänger der Trias von Berlin kaum etwas zu erwarten.

Schon beim Kronprinzen Ludwig hatten Trias- oder Südbundpläne keinen Anklang gefunden. Auch als Verbindungsglied zwischen seiner Begeisterung für umfassende deutsche Nationalpolitik und seiner Betonung bayerischer Selbständigkeit vermochte er solche Konzepte nicht unterzubringen. Als er auf den Thron gelangte, war die Zeit eines enthusiastischen Trialismus ohnehin schon abgelaufen. Die bayerischen Ansprüche auf die badische Pfalz und das kühle Verhältnis des Monarchen zu Württemberg hätten Südbundpläne erschwert, selbst wenn Ludwig entsprechende Neigungen verspürt hätte.

Die Initiativen für eine Politik in Süddeutschland mit dem Ziel einer wirtschaftlich-politischen Blockbildung ergriff nach dem Scheitern der Aktivitäten Wangenheims[53] und anderer Anläufe neuerdings König Wilhelm I. von Württemberg. Er ging nunmehr bescheidener vor, als es vordem das von ihm inspirierte »Manuskript aus Süddeutschland«[54] vorgesehen hatte, knüpfte an die seit 1820 in Gang gekommenen süd- und mitteldeutschen Handels- und Zollvereinsbestrebungen an und trat 1825 an Bayern mit der Aufforderung heran, zwischen beiden Mittelstaaten einen Zollverein ins Leben zu rufen. Ludwig I. ging vorsichtig darauf ein und ließ verhandeln; er erkannte, wie günstig sich ein solcher Vertrag auf Bayern auswirken konnte. Nachdrücklicher als ihr Monarch haben – unter führender Mitwirkung Cottas – Thürheim, Zentner und insbesondere Armansperg auf ein Zusammenwirken zwischen München, Stuttgart und Karlsruhe hingearbeitet[55]. Am 18. Januar 1828 kam der bayerisch-württembergische Zollverein unter Dach und Fach, auf den noch zurückzukommen ist. Hier sei nur vorweggenommen, daß die ökonomisch-fiskalischen Vereinbarungen von 1828 eine politische Seite hatten und man in München den von Bayern und Württemberg gegründeten Verein noch weiter auszudehnen beabsichtigte. Wenn der König überhaupt eine süddeutsche Solidarität in Erwägung gezogen hat, so erreichte seine Außenpolitik 1828 die größte Affinität zu einem Südbund. Die Phase (relativer) Aufgeschlossenheit für süddeutsche Lösungen lief der ebenfalls nur mit Vorbehalten so zu bezeichnenden Annäherung an Frankreich 1827/28 parallel.

Nach der Juli-Revolution traten in den gegenseitigen Beziehungen der süddeutschen Staaten vorübergehend militärische Gesichtspunkte in den Vordergrund. Die Verwirklichung einer süddeutschen Neutralität hing davon ab, ob es gelang, ein süddeutsches Heer aufzustellen. Ludwig war Realist genug, um zu erkennen, daß jene wie dieses nur in Kooperation mit einer Großmacht möglich war. Bis zu welchem Grad auch immer die württembergische Kabinettspolitik und bayerische Staatsmänner mit einer süddeutschen Neutralität auf der Grundlage französischen Wohlwollens umgegangen sein mögen, für den König kam ausschließlich die Anlehnung der Süddeutschen an Preußen in Frage. Er nahm, ganz abgesehen von seiner deutschpatriotischen Überzeugung, die ihm zugewiesene Rolle eines deutschen Bundesfürsten wahr und wußte, daß als unabhängiger europäischer Souverän zu handeln unter den gegebenen Umständen eine Fiktion gewesen wäre.

Man muß in der Außenpolitik des Königs zwischen Experimentieren und Gewährenlassen einerseits und zielbewußtem Engagement andererseits unterscheiden. Engagiert hat er sich für die Integrität des Deutschen Bundes, dem er zudem Gebietsausdehnung gewünscht hätte, für den Zollverein (zunächst den süddeutschen, später den preußisch-deutschen), für die Errichtung und Erhaltung der wittelsbachischen Sekundogenitur in Griechenland und am meisten für die Rückgewinnung der rechtsrheinischen Pfalz. Überlegungen, die eine engere süddeutsche Zusammenarbeit bezweckten, hat er nie von vornherein abgelehnt, aber er hielt sie stets unterhalb der Schwelle zu Trias- und Südbundvorstellungen. Bevor die badisch-pfälzische Frage entschieden war, kamen für ihn ohnehin nur bayerisch-württembergische Vereinbarungen in Betracht. Erst nach Ludwigs Rücktritt lebte der Triasgedanke, neuerdings von einer süddeutschen zu einer gesamtdeutschen Konzeption erweitert[56], wieder auf, um abermals zu scheitern. Inzwischen hatten sich auch Preußen und Österreich dem Prinzip des Verfassungsstaates anbequemt, der deutsche Zollverein hatte kleinere Zusammenschlüsse dieser Art illusorisch gemacht, und das Übergewicht handlungsfähiger

Großmächte gegenüber einer wenig homogenen, schwer oder gar nicht auf einheitliche Linie zu bringenden Mittelstaatengruppe war nicht geringer geworden als während der Regierungszeit Ludwigs I.

4. Der »Rote Faden«

Nachdem er die Nachricht vom Tode seines Vaters erhalten hatte, trug Ludwig in sein Tagebuch ein: »Mein erster Gedanke Gebäudeaufrichtung, der Pfalz (die rechtsrheinische Kurpfalz) Zurückerwerb...«[57]. Noch 1838 nannte Ludwig das Vorhaben, Mannheim und Heidelberg zurückzugewinnen, den »durch mein Leben gehenden Gedanken«[58] und nach seiner Abdankung bezeichnete er das mit dem Gebietserwerb zusammenhängende Kontiguitätsproblem als den »roten Faden..., welcher sich durch meine ganze Regierung gezogen hat«[59]. Die Mitlebenden des ausgehenden 20. Jahrhunderts kann dieser Gegenstand schwerlich interessieren, aber es darf ihn nicht umgehen, wer ernsthaft in das Leben Ludwigs einzudringen versucht. Nicht das, was heute (und morgen vielleicht schon nicht mehr) anspricht, sondern das, was einem Herrscher des Vormärz wichtig war, steht in dieser Biographie zur Diskussion. Und für die Beurteilung des Königs als politischer Persönlichkeit besagt es nicht wenig, erkennt man an seinem Vorhaben exemplarisch, wieviel Energie, Leidenschaft und Erfindungsgabe er für ein Unternehmen aufzuwenden vermochte, das schon manche Zeitgenossen als eine fixe Idee bezeichneten[60].

Es handelte sich um einen territorialen Streitfall in den Dimensionen mittelstaatlicher Politik, der jedoch infolge der Insistenz des Königs jahrelang die Kabinette auch der europäischen Großmächte beschäftigte. Mißmutig stellte Metternich 1837 im nachhinein und mit Bezugnahme auf eine Variante des Komplexes fest: »Einige Jahre hindurch hat die Sponheimer Frage wirklich das Vorrecht genossen, die Kabinette Europas in einem ihren inneren Wert weit übersteigenden Maße zu beschäftigen.« Ironisch äußerte er sich ebenda über den »klar hervortretenden Vergrößerungssinn« Ludwigs[61]. Der König hat demgegenüber zutreffend beteuert, daß es ihm nicht primär um Gebietserweiterung ging. Als seine Prioritäten bezeichnete er die Kontiguität Bayerns und den Wiedergewinn alten Hausbesitzes: »Denn nicht nach Vergrößerung«, schrieb er 1829 Armansperg, »geht meine hauptsächliche Richtung in der Betreibung der Sponheimischen

Erbfolge, sondern daß sie als Mittel diene, den Zusammenhang meines Königreichs herzustellen, einen Teil der Pfalz zurückzubringen; seitdem vor 27 Jahren dasselbe mein Haus verloren, geht mein Sehnen darnach«[62]. Einem Staatsmann wie Metternich, der die Vorgänge ganz Europas zu beobachten hatte und in allen mitzusprechen wünschte, mußte der bayerisch-badische Konflikt gewiß lästig fallen, und es ist verständlich, daß er dessen Bedeutung herunterzuspielen versuchte. Tatsächlich hätte die Verwirklichung der Kontinguität im Deutschen Bund einen »geopolitischen« Effekt erzielt. Durch Abriegelung Württembergs und Badens von den nördlichen Nachbarn und mittelbar von Preußen sowie Herstellung des Gebietszusammenhanges der im Osten befindlichen Hauptmasse seines Landes mit Rheinbayern hätte das Königreich vielleicht ein solches Übergewicht in Süddeutschland erlangt, daß dort eine bayerische Hegemonie die Folge gewesen wäre. Die Geschichte kennt mehrere Beispiele fehlender Kontinguität in einem Staatsverband. Geopolitische Gesetze im Sinn eines zwangsläufigen Zusammenschlusses getrennter Staatsbestandteile – die preußische Lösung von 1866! – lassen sich daraus nicht ableiten. Es ist eine Frage der Macht und des »Glücks« im Sinne günstiger Konstellationen, ob ein solches Zusammenwachsen gelingt. Häufiger haben sich isolierte Teilstücke eines Staates verselbständigt oder wurden von anderen Mächten absorbiert. Wie dem auch sei – hypothetisch läßt sich unter den Gesichtspunkten bayerischer Staatsräson mancherlei für den außenpolitischen Zentralgedanken Ludwigs anführen. Die Frage war nur, wie es mit der Realisierbarkeit seiner Pläne stand.

Wir wissen, wie sich der Kronprinz persönlich und als künftiges Staatsoberhaupt durch die Entscheidungen von Aachen und Frankfurt 1818/19 verletzt, wie er sich insbesondere von Metternich, dessen Angebot des Main-Tauber-Kreises viel für sich hatte, hintergangen und verraten fühlte. Wrede 1831: Metternich wisse, warum der König gegen den Wiener Hof »seit dem Aachener Kongreß und seit Anfang seiner Regierung bis zu den Juli-Tagen des Jahres 1830 mißtrauisch – ich möchte sagen – ohnversöhnlich war«[63]. Die Mächte hatten indessen nun einmal Tatsachen geschaffen, deren Revision, nicht erst vom heutigen Standpunkt aus gesehen, fast aussichtslos erschien. Baden hätte mit Abtretung von Heidelberg und Mannheim eine Selbstverstümmelung begangen, die es, gerade noch ein Mittelstaat, beinahe in den Status des markgräflichen Kleinstaates von einst und in seine vorrheinbündische Vergangenheit zurückversetzt hätte. Weder das Regentenhaus noch die Kammern Badens hätten sich je auf eine solche Lösung eingelassen, solange sie die Großmächte, Rußland und Preußen voran, auf ihrer Seite wußten. Der russische und der preußische Gesandte am Karlsruher Hof galten mit Recht als die entschiedensten Gegner der bayerischen, richtiger der königlichen Wünsche. Bei ihren Auftraggebern wirkte auf russischer Seite das dynastisch-verwandtschaftliche Engagement noch tief in die Regierungszeit Ludwigs I. hinein nach, und Preußen durchschaute die Möglichkeiten, die sich aus einer Erwerbung der rechtsrheinischen Pfalz durch Bayern und der Herstellung der Kontiguität ergeben hätten. Der Gedanke, Baden zum süddeutschen Brückenkopf Preußens auszubauen, lag der Berliner Außenpolitik nicht fern. Frankreich war aus wirtschaftlichen, aber auch politischen und militärischen Gründen an einem Fortbestand Badens in seiner rheinbündischen Gestalt mehr interessiert als an einem verstärkten Bayern. Was schließlich alle Großmächte gegen Bayern zusammenführte, war ihre verständliche Unlust, die 1818/19 mühsam zustande gebrachte Regelung der territorialen Verhältnisse wieder rückgängig machen zu müssen. Was konnte ihnen Bayern für einen so bedenklichen Schritt als Äquivalent bieten?

Ludwigs Außenminister erkannten die Sachlage. Thürheim gab in Wien zu verstehen, daß er die falschen Ambitionen seines Herrn nicht teile[64]. Er kam über seine Inaktivität in der badisch-pfälzischen Angelegenheit zu Fall[65]. Zentner, obschon vom guten Recht Bayerns überzeugt, betrieb dem König gegenüber eine Ausweich- und Verzögerungsstrategie. Armansperg äußerte sich zum französischen Gesandten, der von »cette misérable discussion« sprach, in einer Weise, die diesen veranlaßte, den bayerischen Minister als einen Staatsmann mit gesundem Menschenverstand und Einsicht zu bezeichnen, der gerne aus der Sache herauskommen möchte und dessen schwierigste Aufgabe, wie er oft erklärt habe, darin bestehe, seinem König beizubringen, die Dinge im Interesse seines Hauses und Staates ruhiger und realistischer zu betrachten[66].

Vom ernsthaften Willen einer Bevölkerungsmajorität in Mannheim und Heidelberg, sich dem Staatswesen der Wittelsbacher zuzuwenden, konnte keine Rede sein. Der Jubel der Mannheimer bei den Aufenthalten des Kronprinzen 1806 und 1814, Bittschriften einiger Angehöriger der gehobenen Kreise dieser Stadt oder die von dem Fürsten Karl Friedrich Löwenstein organisierten Ovationen seiner Mediat-Untertanen aus badischem Gebiet anläßlich einer Durchreise des Königs 1826[67] erwiesen sich als Seifenblasen. Ludwigs Kunsthandelsfreund und Mannheimer Vertrauensmann, der Kaufmann Artaria, ließ dem König keinen Zweifel daran, daß sich die Bewohner der ehemaligen Kurpfalz rasch an ihre neue Landesherrschaft gewöhnt hatten[68]. Der König, der andernfalls sehr gerne mit der vox populi operiert hätte, wechselte seine Argumente, beharrte jedoch auf seinem Standpunkt. Im rechtsrheinischen Bayern erfreute sich der bayerisch-badische Handel keiner Popularität. Der nüchterne Thürheim nannte die Pfalz ein Land, »welches jeder Bayer nicht anders als mit gleichgültigen Augen betrachten kann«[69].

Ludwigs zähe Willenskraft ermöglichte ihm zwar, manches zu erreichen, was sonst nicht durchzusetzen gewesen wäre, aber sie trieb auch des öfteren in eine Sackgasse, aus der herauszufinden seinen geplagten Ministern und sonstigen Mitarbeitern unsägliche Mühe verursachte. Eigensinn und die Furcht, sein Gesicht zu verlieren, ließen ihn zu lange auf verlorenem Posten aushalten. Dynastischer Historismus und Pfalz-Nostalgie stachelten ihn auf, und romantische Landschaftsbegeisterung schwang, wie schon im Falle Salzburgs, so auch bei der Pfalz bei seinen Unternehmungen durchaus mit. Aus den Gedichten Ludwigs, die pfälzische Kindheitserinnerungen zum Gegenstand haben, spricht starke Emotion. Thürheim traf das Richtige, wenn er in einem Gespräch mit dem österreichischen Geschäftsträger behauptete, er könne sich die Leidenschaftlichkeit seines Herrn nur damit erklären, »daß seine Majestät die Rheinpfalz als sein Stammland liebe und daß deren freundliche Lage und schöne Natur ihn besonders anspreche...«[70]. Vielleicht unterzog sich der Monarch politischen Belastungstests auch als einer Art von Charakter- und Mutprobe. Er verknüpfte sein Prestige und sein Selbstwertgefühl mit dem Erfolg oder Mißerfolg seiner Bestrebungen. Der ganze Komplex wurde so zur »Ehrensache«. Metternich ließ er über Wrede wissen, »daß der Gegenstand seiner Ansprüche auf die Rheinpfalz mit ihm schlafen gehe und aufstehe«[71]. Noch zu Beginn der dreißiger Jahre stellte der König ausführliche Überlegungen an, was nach Erwerb von Mannheim und Heidelberg dort alles zu geschehen habe. Es kamen ihm Kunstwerke in den Sinn, mit denen er Mannheim auszuschmücken gedachte, und es beschäftigte ihn, welche Truppenteile nach Mannheim zu versetzen seien[72]. Einige Männer im Staatsdienst suchten den König in seiner Pfalz-Politik zu bestärken. Noch Ende 1831 schrieb der

Gesandte Graf Luxburg, der es besser hätte wissen müssen: »Wäre ich Ihr Generalkommissär in Speyer und dabei Gesandter in Karlsruhe, um die Pfalz links und rechts inspizieren zu können, würde ich meine ganze Existenz daran setzen, diesen großen Plan vorzubereiten und durchzusetzen ...«[73].

Im Rahmen seiner Illusionen trieb Ludwig, was die Wahl der Mittel betraf, eine verhältnismäßig realistische und erfinderische Politik. Er ging die Frage der Reversibilität der Pfalz nicht frontal an, sondern beschritt unter Ausnützung der sogenannten Sponheimer Frage, die man dem Staub der Archive entrissen hatte und die er nun den europäischen Kabinetten als neues Problem auftischte, Umwege, um zu seinem Ziel zu gelangen. Die Grafschaft Sponheim war seit dem Beinheimer Vertrag von 1425 unter die Herrschaft der Wittelsbacher und der Zähringer geraten. Beim Aussterben der einen Familie sollte sie dem Vertrag zufolge vollständig an die andere fallen. Sponheim war inzwischen an Frankreich, später an Preußen übergegangen. Da der zähringische Anteil an Sponheim durch den Reichsdeputationshauptschluß 1803 mehr als kompensiert worden war, der bayerische jedoch nicht, forderte Bayern einen territorialen Ausgleich und nach dem Tod des letzten Zähringers noch weitergehende Entschädigungen als Surrogat. Man muß sich wundern, was der König 400 Jahre nach Abschluß des Beinheimer Vertrages auf dieser Grundlage noch in Bewegung zu setzen vermochte, und daß es zeitweise so aussah, als ob dem König zwar nicht im Hinblick auf das Fernziel rechtsrheinische Pfalz, wohl aber mittels der Surrogatverhandlungen für Sponheim noch ein, wenn auch sehr bescheidener Erfolg hätte beschieden sein können. Die Direktiven Ludwigs an Minister und Diplomaten gingen dahin, die Fragen Sponheim und Reversibilität der Pfalz streng getrennt zu behandeln. In den europäischen Staatskanzleien fiel es nicht leicht, beides auseinanderzuhalten. Tatsächlich dachte der Monarch nur daran, durch die Erfüllung der Sponheimer Surrogatansprüche am Ende doch noch in den Besitz der rechtsrheinischen Pfalz zu gelangen: »Nicht Sponheim, die Pfalz, dahin richtet sich mein Streben ...«[74]. Im internen Schriftverkehr mit den zuständigen hohen Staatsdienern, gelegentlich auch im brieflichen Austausch mit Metternich, der erst im September 1826 bei einem Besuch Wredes in Mondsee von den bayerischen Ansprüchen auf Sponheim erfahren hatte[75], machte Ludwig daraus kein Hehl.

Komplizierte nun die Doppelbödigkeit der pfälzisch-sponheimischen Strategie die Situation zur Genüge, so sorgten Überschneidungen der bayerischen Ansprüche mit anderen Vorgängen, den Handelsvertrags- und Zollvereinsverhandlungen, den bayerisch-französischen Beziehungen, den Südbundplänen und selbst der Ehepolitik des bayerischen Hofes für zusätzliche Verwirrung. Der Zufall wollte es, daß in die Phase der aktivsten Bemühungen Ludwigs auch noch die weltbekannte Kaspar-Hauser-Affäre fiel. Der König hat zwar daran gedacht, aber den Versuch unterlassen, sie in seinem Sinne auszuschlachten[76]. Er interessierte sich jedoch auf das angelegentlichste für das Schicksal des rätselhaften Unbekannten[77]. Es gibt Anzeichen dafür, daß er an die weit verbreitete Version glaubte, es handle sich bei dem in Nürnberg aufgetauchten und später in Ansbach lebenden und versorgten jungen Mann um den aus dem Weg geräumten Erbprinzen der älteren badischen Linie. Wallerstein und Gise haben als Minister dem König dies als ihre Überzeugung bekannt, ebenso die Königin Therese, und der Monarch hat nicht widersprochen[78]. Auf die Entdeckung des Mörders Kaspar Hausers setzte Ludwig 1833 10000 Gulden aus[79].

Kurze Zeit beschäftigte Ludwig der Gedanke, den Knoten nach dem Vorbild Friedrichs des Großen vom Jahre 1740 mit dem Schwerte zu durchhauen. Ein Konzept aus seiner Feder vom 16. Februar 1828 unter der Überschrift »Entwurf des von Bayern zu beobachtenden Benehmens, wenn der jetzige Großherzog von Baden stürbe, ohne daß zwischen beiden Höfen in Betreff Sponheims eine Übereinkunft getroffen wurde«[80] sah vor, der bayerische Gesandte in Karlsruhe habe in diesem Fall sofort eine »Verwahrung der Rechte seines Hofes sowohl in Ansehung der Sponheimer Erbfolge als des Heimfalls der badischen Pfalz zu überreichen und Karlsruhe zu verlassen«. Ludwig fuhr fort: »Ein Korps Bayern hat sich gleich in Bewegung zu setzen, ins Badische einzurücken (wo? das müssen die Umstände bestimmen), zwei Kreise zu besetzen ... Kein Schuß darf bayerischerseits geschehen, außer wenn Badener angreifen und da nicht mehr als notwendig, um Bayerns Ehre zu retten. Sollten an Orten des zu besetzenden Landes badische Truppen liegen, so würden sie zur Räumung aufzufordern sein. Sollten sie sich jedoch widern – aller Wahrscheinlichkeit nicht – so der Ort mit solcher Übermacht zu umzingeln, daß sie nichts anfangen können.« Gleichzeitig wäre ein Manifest an alle Höfe und eine besondere Note an Österreich zu erlassen, die Bayerns Vorgehen erklären und rechtfertigen sollte. Österreich wünschte Ludwig um Vermittlung zu bitten: »Ohne einen Einmarsch gelangt Bayern nicht zu seinem Recht. ... Wenn aber einmal der energische Schritt bayerischerseits erfolgt ist, dann wird Fürst Metternich, der keinen Krieg will, beizulegen suchen und daß solches, ohne daß Bayern Zugeständnisse geschehen, nicht möglich sei, dürfte derselbe wohl fühlen, nebst den anderen Rücksichten wird jene auf die Kaiserin wirken – auf sie zählt Bayerns König im entscheidenden Augenblick. Auch die anderen Mächte werden, um den Hochbergs ein etwas größeres Gebiet zu verschaffen, Bayerns tätlichen Ernst sehend, es auf keinen Krieg ankommen lassen.« Ludwig schloß mit den Worten: »Dann erst, wenn die Sache wegen Sponheim im reinen, wenn sie beendet, soll jene wegen der Pfalz vorgenommen werden, welche viel schwieriger ist, jedoch durch die aus ersterem bekommenen Mittel erleichtert werden dürfte.« Welche Fülle von fragwürdigen Spekulationen! Am 2. April 1828 machte er auf das gleiche Blatt eine Eintragung, die beweist, daß ihm inzwischen – unter Einwirkung Zentners? – Zweifel an der Richtigkeit seines Plans gekommen waren: »Aber vor allem ist genau zu prüfen, ob so handeln gerecht, nicht pflichtwidrig wäre«[81].

Nicht nur ein bayerisches Eingreifen bei Gelegenheit eines Thronwechsels in Karlsruhe schwebte dem König vor. Sobald Kriegsgefahr mit Frankreich in Europa auftauchte, beschäftigte Ludwig neben anderen Überlegungen stets der Gedanke, ob nicht ein neuer Waffengang mit dem Nachbarn im Westen die sponheimische *und* die pfälzische Frage zu seinen Gunsten lösen könnte. »... Was ich jetzt nicht durch die Feder bekomme«, schrieb er 1830 Armansperg, »wird das Schwert hier erwerben; denn Krieg wird's geben mit Frankreich früher oder später«[82]. Mehr als sein demonstratives patriotisches Engagement dürfte ihn also auch in diesem Fall das wittelsbachische Haus- und bayerische Staatsinteresse bestimmt haben.

Von Anfang an war für Ludwig ausgemacht, daß sich Bayern in der badisch-pfälzischen Sache nicht an den Bundestag wenden sollte. Von dort erwartete er auf keinen Fall Unterstützung seiner Absichten. Ein zweiter »Aachener Machtspruch« in der Sponheimer Frage wäre ihm sehr unwillkommen gewesen[83]. Ludwig setzte auf Einzelverhandlungen mit anderen Höfen. Ununterbrochen ließ er nach einer Phase der Zurückhaltung, während der der badische Gesandte in München fortwährend vor den Plänen des bayerischen Königs warnte, mit Baden verhandeln. Teils geschah dies auf offiziellem Weg, teils mittels Geheimdiplomatie. Ein Versuch, den Großherzog Ludwig persönlich zu bestechen, wurde zurückgewiesen[84], und der Umgang mit dunklen Ehrenmännern, die versprachen, Bayern wichtige, Baden belastende Papiere zu beschaffen, kostete Geld und brachte nichts ein. Die badische Diplomatie zeigte sich, nach wie vor von Rußland und Preußen unterstützt, der bayerischen gewachsen, und Ludwigs Versuch, das Großherzogtum mit Unterstützung Württembergs oder Preußens oder beider unter Druck zu setzen, führte nicht zum Ziel.

Wredes Sendung nach St. Petersburg im Jahre 1826 hatte noch die Pfalzfrage zum Gegenstand und war mit der Bitte verbunden, dem Frankfurter Rezeß von 1819 die Anerkennung zu versagen[85]. Wie zu erwarten, stieß der Marschall auf taube Ohren. Man verwies ihn auf Verhandlungen mit Österreich. Ludwig kam dieser Aufforderung nach, beschränkte sich aber seitdem zweckmäßigerweise allein auf die Sponheimer Angelegenheit. Metternich war bemüht, dem ihm lästigen Bayernkönig hinsichtlich eines Surrogats für Sponheim zu einem kleinen Prestigeerfolg zu verhelfen, der dem Staatskanzler dafür ein für allemal »das wandelnde Gespenst« (Metternich) vom Halse schaffen und die Dankbarkeit seines Nachbarn gewährleisten sollte. Er kam aber nicht voran und verspürte auch keine Neigung, sich wegen Ludwig in gewagte Unternehmungen zu stürzen. Einflußreiche Wiener Politiker wie Gentz blieben stets anti-bayerisch eingestellt[86]. Die Berufung des österreich-feindlichen Armansperg zum Außenminister 1828 sowie Bayerns damals vorübergehend pro-französische und dann zunehmend pro-preußische Politik konnten nicht dazu dienen, Metternichs Bereitwilligkeit zu intensivieren. Württemberg, mit dem seit 1827 Verhandlungen wegen eines Handelsvereins liefen, vermochte in dieser Sache nur im begrenzten Maße Beistand zu leisten. Erst am 31. Oktober 1829 erging zur Sponheimer Frage eine offizielle Erklärung Österreichs, die keine Seite befriedigte.

Da Metternichs Hilfe in München äußerst zweifelhaft erschien und Preußen sich, insbesondere 1827/28, erklärtermaßen auf die badische Seite gestellt hatte, tat Ludwig einen Schritt, der angesichts seiner bis dahin und bald darauf wieder betätigten französenfeindlichen Gesinnung in Erstaunen setzen muß: Er wandte sich seit Ende 1827 mit ziemlich weitgehenden Beteuerungen seiner »Bekehrung« einem Zusammenwirken mit Frankreich zu, allerdings ohne je verbindliche Zusagen zu machen[87]. Noch im Dezember 1825 hatte der König in einem Schreiben, mit dem

Graf Bray d. Ä. die Thronbesteigung Ludwigs in Paris notifizieren sollte, eine Stelle gestrichen, in der von den alten Beziehungen zwischen Frankreich und Bayern die Rede war, und angeordnet, sie durch eine »schöne Phrase, wie sie die Franzosen lieben«, zu ersetzen. Er bemerkte dazu: »Quant aux alliances particulières avec la maison de Bourbon la Bavière en a ceuilli les fruits deux fois dans le XVIII siècle«[88].

Die Annäherung an Frankreich war von Zentner vorbereitet und wurde von Armansperg eifrig fortgeführt, doch nie in der Weise, daß man Paris gegenüber des Guten zuviel getan hätte. Stets behielt man die preußische Alternative im Auge, und es spricht viel dafür, daß man Preußen und Frankreich gegeneinander ausspielen und so bei einem mit Paris oder Berlin zu erzielenden (zunächst handelspolitischen) Abkommen zu günstigeren Resultaten gelangen wollte. Die Erweiterung des bayerisch-württembergischen Zollvereins zu einem süddeutschen System mit Anlehnung an Frankreich hat man in München anscheinend in Betracht gezogen. Wäre es nach den Vorstellungen des Gesandten Graf Rumigny gegangen, sollte dieses ökonomische System umgehend zu einer politischen Allianz zwischen Paris und München ausgebaut werden. Dies lag jedoch kaum in der Absicht König Ludwigs. Tagebucheintragungen vom Herbst 1828 lassen zwar eine verwunderte Genugtuung erkennen, »daß Frankreich ... für mich sein muß«, betonen aber gleichzeitig: »Bündnis habe ich keines mit Frankreich«[89].

Als er kurz zuvor das Begehren Rumignys ablehnte, er möchte unter dem Bild der Schlacht von Arcis sur Aube keine Inschrift anbringen lassen, die den Schlachtort kenntlich mache, bemerkte er: »Obgleich wegen Sponheim Frankreich mir wichtig.« Sponheim und damit die Rückgewinnung der rechtsrheinischen Pfalz für das Haus Wittelsbach war der Grund für sein Entgegenkommen an Frankreich 1827/29. Ludwigs prinzipielle Einstellung zu Frankreich wurde durch seine taktisch gemeinte Annäherung nicht berührt. Lapidar steht im Tagebuch im November 1828: »Daß Frankreich von Deutschland nichts erwerbe, das liegt mir nach der Selbsterhaltung am meisten nahe«[90]. Man muß sich überlegen, was es bedeutet, daß den seitenlangen Expektorationen des französischen Gesandten Rumigny im Jahre 1829 über eine bayerisch-französische Allianz im königlichen Tagebuch dieses Jahres eine einzige Bemerkung gegenübersteht: »Wenn ich in der Sponheimschen Sache ohne Frankreich meinen Zweck erreiche, ist es mir lieber, demselben dann nicht dafür zu danken habend«[91]. Das war und blieb seine eigentliche Meinung. Frankreich wiederum konnte und wollte in der pfälzischen Sache keinen Alleingang unter den Großmächten riskieren[92]. Noch bevor die Deklaration des französischen Außenministeriums vom 2. Juli 1829 – eine englische folgte ihr – die Hoffnungen Ludwigs auf eine Begünstigung seiner territorialen Wünsche durch Frankreich zunichte machte, hatte der strategisch starre, taktisch aber höchst elastische Bayernkönig schon wieder andere Hoffnungen geschöpft und einen neuen Helfer anvisiert: Preußen. Allerdings hat man von München aus bis zum Abschluß des Handelsvertrags zwischen dem bayerisch-württembergischen und dem preußisch-hessischen Verein und darüber hinaus noch ständig mit Frankreich verhandelt, Paris einen Handelsvertrag angeboten und zu verstehen gegeben, daß man in der badischen Sache lieber durch Frankreich als durch Preußen vermitteln ließe. Ludwig konnte nicht erwarten, daß Berlin seinen bisher pro-badischen Kurs prinzipiell revidieren würde. Es war schon viel, daß sich Preußen (zusammen mit Württemberg) dazu bewegen ließ, ausschließlich in der Sponheimer Frage eine von Ludwig persönlich erbetene Vermittlung zu übernehmen, die man im preußischen Außenministerium als Gefälligkeit für Bayerns Bereitwilligkeit ansah, einer größeren, allgemein deutschen Zolleinigung unter preußischer Führung zuzustimmen, und die niemals mehr bedeuten konnte, als Ludwig I. behilflich zu sein, sein Gesicht zu wahren. Hoffnungen auf eine Gewinnung von Mannheim und Heidelberg konnten selbst aus den besten Ergebnissen der zähen Verhandlungen zwischen Berlin, Stuttgart, München und Karlsruhe nicht mehr abgeleitet werden. Noch als Gise am 1. Januar 1832 sein Amt als Außenminister antrat, war es seine Absicht, »Bayerns Stellung zu den großen Mächten, namentlich zu Rußland, so zu regeln, daß sie Dienste mit Gegendiensten zu erwidern hätten und in der Frage, welche Eure kgl. Majestät als die wichtigste bezeichnet hatten, nämlich hinsichtlich der Erwerbung der Rheinpfalz, die frühere Opposition aufgeben und den bayerischen Interessen förderlich werden mußten«[93]. »Nach wenigen Jahren«, heißt es in dem gleichen Schriftstück bald darauf, »mußte jedoch die Überzeugung in ihm lebendig werden, daß die Vorbedingnisse zur systematischen Durchführung einer solchen hohen Politik, welcher alle anderen Rücksichten unterzuordnen gewesen wären, nicht gegeben waren«.

Nach dem Regierungsantritt des ersten Großherzogs aus der Linie Baden-Hochberg hatte es den Anschein, als ob sehr begrenzter Gebietsaustausch zu einem minimalen Gewinn Bayerns hätte führen können. Es handelte sich am Ende nur mehr um eine Grenzregulierung am Main, die Bayern 5000 Seelen Überschuß eingebracht hätte. Ob die Zustimmung von Landesherr und Regierung Badens ohne Hintergedanken erfolgte, ist zweifelhaft. Man wußte in Karlsruhe, daß auch die Stände Badens ihr Einverständnis erklären mußten, und darauf war kaum zu hoffen. Die badischen Kammern verweigerten am 5. November 1831 kategorisch ihre Einwilligung zu einem auch nur ganz geringfügigen Ländertausch als einer Politik, die in früheren Zeiten möglich gewesen sei, im 19. Jahrhundert jedoch den politischen Grundüberzeugungen einer vom Recht auf Selbstbestimmung durchdrungenen Bevölkerung zuwiderlaufe und ihr nicht zugemutet werden könne. Erst diese Erklärung veranlaßte Ludwig I., die badisch-pfälzische Sache nicht mehr als vordringlich zu betreiben. Vergessen hat er sie nicht und verwinden konnte er sie nie.

Unfreundliche Äußerungen gegen seine Widersacher und verärgerte Bemerkungen über Baden als Schoßkind der Großmächte konnte sich Ludwig auch nach seinem Rückzug nicht versagen. Er erwog noch in den dreißiger Jahren eine badische Ehe des Kronprinzen, um zu seinem Ziel zu gelangen[94], und wenn er sich von einer russischen Ehe Maximilians mit Sicherheit die Verwirklichung seiner territorialen Wünsche hätte versprechen dürfen, hätte er es für selbstverständlich gehalten, daß der Thronfolger allein aus diesem Grund ihm zu Gefallen gewesen wäre[95]. 1839 wünschte der König eine Äußerung Gises, wie ein im Orient ausbrechender Krieg zu benützen sei »zur Wiedererwerbung eines Teils, Mannheim und Heidelberg enthaltend, des nun badischen Teils der Pfalz«[96]. Tagebucheintragungen zufolge hat der König in den Silvesternächten wiederholt der nunmehr badischen Pfalz gedacht. Während sein Sohn und dessen Minister seit März 1848 mit Problemen ganz anderer Art beschäftigt waren, setzte Ludwig ihnen unaufhörlich zu, aus dem von Bayern im Zusammenhang der badischen Revolution vorübergehend militärisch besetzten Mannheim nicht mehr herauszugehen[97]. Noch 1849, während des badischen Aufstandes, äußerte sich der bayerische Minister von der Pfordten ganz im Sinne Ludwigs zum preußischen Gesandten, die badische »Wurst« müsse von der Landkarte verschwinden[98], und er suchte in Wien den Fürsten Schwarzenberg für eine solche Lösung zu gewinnen. Aber das preußisch-badische Zusammenwirken wiederholte sich um die Jahrhundertmitte und machte, falls Österreich tatsächlich an eine pro-bayerische Lösung gedacht haben sollte, diese neuerdings gegenstandslos[99]. Noch inmitten der Niederlage von 1866, wie bei zahlreichen vorhergehenden Anlässen, stellte Ludwig Überlegungen an, wie man zum Erwerb der rechtsrheinischen Pfalz gelangen könne[100].

5. Deutscher Bund: Defensive nach außen

Ludwig I. war über den europäischen Stellenwert Bayerns zu realistischeren Ansichten gelangt, als sie bei dem einen oder anderen Staatsmann aus der Montgelas-Schule noch vorherrschen mochten[101]. Abgesehen von seinem (noch zu erörternden) Engagement für den wittelsbachischen Thron in Griechenland blieb für ihn der Deutsche Bund im wesentlichen das Feld der auswärtigen Politik. Dies hieß nicht, daß der König nicht versucht hätte, die europäischen Großmächte für seine Zwecke zu interessieren oder einzuspannen, wie sein Verhalten in der badisch-pfälzischen Frage bewiesen hat.

Schon die Bundespolitik als solche war kompliziert genug. Das Verhältnis der beiden deutschen Großmächte zueinander stellte sich wechselweise und oft sogar gleichzeitig als Kooperation *und* Konkurrenz dar. Das dritte Deutschland sah sich bald zwischen Wien und Berlin zu einem Balanceakt, bald beiden gegenüber zur Abwehr genötigt. Was Metternich betraf, hatte Ludwig allen Grund, vor den Finten und Winkelzügen des Hof- und Staatskanzlers auf der Hut zu sein. Insbesondere war Mißtrauen am Platze gegenüber den fortwährenden Versuchen Metternichs, Bayern und die anderen rein deutschen Staaten auf dem Umweg über die Bundesorganisation zu domestizieren. Ludwig ließ es angesichts solcher Absichten gewiß nicht an Wachsamkeit fehlen, hatte es aber bei bundespolitischen Schritten nicht minder mit Preußen und den anderen deutschen Mittelstaaten, namentlich mit dem sehr aktiven und eigenwilligen König von Württemberg zu tun, wenn Beschlüsse von Belang zustande kommen sollten.

Nachdem das Bestreben konstitutionell gesinnter Staatsmänner gescheitert war, den Bund zu einem Vehikel ihrer Pläne zu machen, kann man in der Bundespolitik des Vormärz im wesentlichen Maßnahmen zum Schutz Deutschlands gegen Gefährdung von außen und Versuche einer inneren Konsolidierung im Geist der Restauration unterscheiden.

Verteidigung des Bundes nach außen stellte die Bundestreue der Mitglieder auf die Probe. Kriegsgefahr drohte ausschließlich vom Westen als Folgeerscheinung der Französischen Revolution 1830 und der europäischen Krise von 1840. Auch die französische Februarrevolution 1848 nahm sich vorübergehend wie der Auftakt zu einem neuen Waffengang aus. Die belgische und luxemburgische Frage der 1830er Jahre haben durch ihre Verquickung mit den Interessen Frankreichs und des Deutschen Bundes Schatten auf den vormärzlichen Friedenszustand Europas geworfen. Schließlich zeichnete sich noch vor 1848 das schleswig-holsteinische Problem ab. Als im Gefolge der Pariser Juli-Revolution 1830 ein »moralisch-politischer« Krieg, wie Metternich einen ideologischen Konflikt zu nennen pflegte[102], den Bund in Mitleidenschaft zu ziehen drohte, ist Ludwig neuerdings auf seine patriotische Sprache aus der Zeit der Befreiungskriege zurückgekommen und hat sie seitdem bis zu seinem Tode nicht mehr aufgegeben. Der Monarch legte Wert darauf, seinen gekrönten Genossen als Vorbild deutscher Gesinnung voranzuleuchten, zählte bei jeder Gelegenheit fremden Gesandten seine vaterländischen Verdienste auf und pflegte seine Gesprächspartner, freilich ohne sie damit sehr zu beeindrucken, daran zu erinnern, daß sich Bayern noch vor der Leipziger Völkerschlacht von der Sache Napoleons abgewandt habe. Demonstrative Anknüpfungen an die Tradition der Jahre 1814/15 ließ er sich angelegen sein. Daß er ein Gedicht von 1814 auf den bayerischen Schützenmarsch 1831 mehrfach vertonen und aufführen ließ, führte zu empfindlichen Reaktionen auf französischer Seite[103]. Im Bund stieß seine ständige Betonung bayerischer Kriegsbereitschaft auf Skepsis.

Sollte es ernst werden, versprach sich Ludwig von der militärischen Effizienz Preußens das meiste. Und nicht nur das! Preußens Vorschläge zur Aufstellung des Bundesheeres im Kriegsfall und seine strategische Konzeption für Verteidigung des Bundes gegen einen französischen Angreifer kamen ursprünglich den Wünschen der süddeutschen Staaten weit mehr entgegen als diejenigen Österreichs[104]. Mochte Wilhelm I. von Württemberg seine Ansichten *militärisch* kompetenter darlegen, die *politischen* Einwände gegen die von Österreich ausgehende Strategie einer anfänglich weitgehenden Preisgabe Süddeutschlands konnte man kaum wirkungsvoller zusammenfassen als Ludwig es getan hat[105]. Welche Hintergedanken er im Kriegsfalle hinsichtlich Badens und der Pfalz hegte, wissen wir. Mit Sicherheit ist freilich anzunehmen, daß er einem ungewissen und noch dazu kostspieligen Krieg trotz vorgeblicher Kriegsbereitschaft den Frieden vorzog. Bayerns preußische Orientierung wurde von Wien systematisch bekämpft. Dort besaß Metternich in dem bayerischen Gesandten Graf Bray d. Ä. einen ergebenen Parteigänger. Armansperg beklagte sich über dessen Willfährigkeit beim König[106]. Daß sich Bray im Oktober 1830 verleiten ließ, im Auftrag Metternichs ein Handschreiben des Hof- und Staatskanzlers (ohne Zustimmung des Königs oder des Außenministers) nach Bayern zu überbringen, schwächte seine Position in München erheblich[107].

Der bayerische König mußte sich sehr in acht nehmen, um nicht von der österreichischen Militärpolitik überfahren zu werden und so im Zeichen der Verteidigung des gemeinsamen Vaterlandes einzubüßen, was er in Friedenszeiten mühsam hatte behaupten können. Österreichs anfängliches Bestreben 1830/31, das VII. und VIII. Bundesarmeekorps zu seiner Disposition zu halten, stieß bei Ludwig auf erbitterten Widerstand. Daß Österreich gleichzeitig bei Wrede *und* dem König von Württemberg Hoffnungen auf ein Oberkommando über das VII. und VIII. Armeekorps weckte, konnte Ludwig nicht entgehen. Metternich kaschierte sein Spiel mit Appellen an die bayerische Bundesloyalität: »Bayern ist nur independent, wenn es deutsch ist. Wie es mit den entgegengesetzten Independenzen steht, hat die Geschichte der letzten Dekaden bewiesen«[108].

Selbstlos war in diesen Jahren das Verhalten Preußens so wenig wie das österreichische, aber Ludwig hatte seine Gründe, sich in der Krise eher Preußen anzuschließen. Das Tauziehen zwischen Berlin und Wien, das hinter der Fassade gemeinsamer Bundestreue stattfand und über die Mission des Generals Rühle zu den süddeutschen Höfen eine für Preußen günstige Wendung zu nehmen schien, übertrug sich auf die Parteiungen in der bayerischen Landeshauptstadt, wo Prinz Karl und Wrede entschieden die Sache Österreichs vertraten, während Armansperg und Zentner für süddeutsche Neutralität plädierten[109], die der König nur unter Anlehnung an Preußen gewünscht hätte. »Von einer bloß süddeutschen Neutralität will ich nichts wissen; es soll im Jahre 1831 nicht das Gegenstück der norddeutschen Demarkationslinie vom Jahr 1796 gemacht werden«, ließ er Armansperg wissen, fügte aber hinzu: »Mit Preußen Neutralität allerdings das beste«[110]. Rumigny hatte zu Beginn des Jahres 1831 schon auf die »reine« süddeutsche Neutralität gehofft, als der König auf ein

Schreiben Armanspergs hin diesem bedeutete, erst müsse die Sponheimer Frage geregelt sein[111]. Der französische Gesandte war über seinen Mißerfolg enttäuscht und erbittert. Der König ging wieder einmal seinen eigenen Weg. Einerseits neigte er zu Rühles Vorschlag bewaffneter Neutralität Süddeutschlands mit Anlehnung an Preußen, andererseits kam er Metternich durch weitgehende Ausschaltung Armanspergs im Laufe des Jahres 1831 entgegen. Die österreichischen und russischen Argumente gegen Armansperg griff er hauptsächlich deswegen auf, weil sie ihm erwünschten Vorwand für eine längst geplante Ministerialveränderung lieferten.

Ludwig hielt seine Rüstungsmaßnahmen und Mobilisierungsvorbereitungen auf Sparflamme. Kaum zeigten sich Anzeichen von Entspannung der internationalen Situation, erkundigte er sich, ob die Nachbarn nicht schon wieder abrüsteten, um unverzüglich mit den »kostspieligen Armierungen«[112] innehalten zu können.

Nach einer bundes*politischen* Kurskorrektur Preußens zugunsten einer Kooperation mit Wien erwiesen Berliner Militärkonferenzen im Laufe des Jahres 1832, daß es auch *militärisch* bereit war, Kompromisse mit Österreich einzugehen. 1840 wiederholten sich während der europäischen Spannungen wegen der orientalischen Krise die Vorgänge von 1830 bis in die Einzelheiten.

Sehr entschieden hat der König in einer Bundesangelegenheit, der Teilung Luxemburgs, Stellung genommen; sein Insistieren hätte leicht zu gefährlichen Verwicklungen führen können. Den luxemburgischen Wirren war die Verselbständigung Belgiens vorhergegangen. Kurze Zeit sah es so aus, als ob ein Herzog von Leuchtenberg auf den neuen belgischen Thron berufen würde, eine Lösung, die dem bayerischen König vermutlich unsympathisch gewesen wäre. Die belgische Revolution breitete sich über das Herzogtum Luxemburg aus, einen zum Deutschen Bund gehörenden, mit dem Königreich der Niederlande in Personalunion verbundenen Staat. Die Stadt Luxemburg war deutsche Bundesfestung[113]. Als am 15. Oktober 1830 der niederländische Gesandte in Frankfurt um Beistand für seinen König gegen die Luxemburger Unruhen ersuchte, wäre der Bund zur Hilfeleistung verpflichtet gewesen. Aus Angst vor einem französischen Angriff zugunsten Belgiens suchte man sich jedoch militärischen Maßnahmen zu entziehen. Als Ausweg bot sich eine Behandlung der Angelegenheit durch die zur Lösung des niederländischbelgischen Konfliktes einberufene Londoner Fünfmächtekonferenz an. Zunächst bestimmte diese, daß Luxemburg von Belgien unabhängig und weiterhin ein Teil des Deutschen Bundes bleiben müsse. Damit war der Schwarze Peter an den Bund zurückgereicht, der sich jedoch – unter bedenklichen Begleiterscheinungen – nur zu einer Verstärkung der Festungsbesatzung von Luxemburg und der Aufstellung (nicht dem Einsatz) eines Bundesinterventionskorps aufraffen konnte.

In einer zweiten Phase schlug die Londoner Konferenz eine Gebietsteilung Luxemburgs vor, derzufolge der wallonische Teil des Großherzogtums an Belgien fallen sollte. Dafür wurde dem König der Niederlande eine Gebietsentschädigung in der Provinz Limburg zugebilligt. Zum Zweck einer Sanktionierung des Teilungsplanes war die Zustimmung des deutschen Bundestages erforderlich. Preußen und Österreich hätten die Dinge am liebsten unter Aufopferung von Bundesgebiet bereinigt, aber die Mehrheit der deutschen Staaten unter Führung Bayerns schloß sich ihnen nicht an. In zahlreichen Weisungen erklärte Ludwig I., daß der Bund sich zu einem solchen Handel unter keinen Umständen herbeilassen dürfe. Auf seine Einwilligung, selbst wenn er einziger Opponent bleiben sollte, könne man unter keinen Umständen zählen: »Es ist Gesandter von Mieg zu bedeuten, daß, für welch ein großes Glück ich auch den Frieden ansehe, ich ihn doch durch Entehrung für zu teuer erkauft hielte, und Entehrung des Teutschen Bundes wäre Verkleinerung seines Gebietes ohne Schwertschlag; welches Beispiel, welche Aufmunterung für Frankreich!«[114] Noch sechs Jahre später erklärte Ludwig dem Außenminister von Gise: »Mit dem Teutschen Bund soll nicht Schinduderchens gespielt werden als wie in dessen letzter Zeit mit dem Römischen Reich Deutscher Nation«[115]. Im gleichen Jahr 1839 fand man die Lösung, daß nicht nur der östliche Teil Luxemburgs beim Bund verbleibe, sondern der König der Niederlande auch mit dem gesamten ihm zugesprochenen Herzogtum Limburg in den Bund eintrete, nachdem der Herzog von Nassau als nächstberechtigter Agnat gegen Geldentschädigung auf seine Rechte an Westluxemburg Verzicht geleistet hatte. Die Bevölkerung von Limburg entsprach ziffernmäßig annähernd derjenigen Westluxemburgs, so daß sich die Beharrlichkeit Ludwigs für den Bund ausgezahlt hat. Trotz der Nachgiebigkeit der beiden deutschen Großmächte kam der Bund dank Bayern und anderer deutscher Staaten verhältnismäßig unbeschadet durch die Luxemburger Krise.

6. Deutscher Bund: Defensive nach innen

Metternich und die mit ihm verbündeten Mächte der Beharrung im Bunde haben zu Beginn der dreißiger Jahre nicht das Abklingen der Kriegsgefahr abgewartet, bis sie sich entschlossen, die Abwehr des Bundes gegen die national-demokratische Bewegung im Inneren zu mobilisieren. Die Tumulte und Erhebungen, die im Anschluß an die Juli-Revolution Sommer und Herbst 1830 in einer größeren Anzahl deutscher Staaten stattgefunden hatten, legten ihnen nahe, Schritte zur Verteidigung des monarchischen Prinzips zu ergreifen. Ludwig I. war prinzipiell mit allem einverstanden, was der Erhaltung der überkommenen Gesellschaftsordnung und ihres politischen Systems dienen konnte. Aber die von Wien gesteuerten Maßnahmen des Bundes bezweckten noch etwas anderes, nämlich die Disziplinierung der deutschen Mittel- und Kleinstaaten. Dieser zu entgehen, erschien dem König Bayerns nicht minder wichtig als die Pazifizierung Deutschlands im Sinne der Restauration. Unter solchen Gesichtspunkten muß man bereits den Kurs des Kronprinzen während der Karlsbader Konferenzen sehen, und in den kritischen Jahren 1830 bis 1834 stand der König vor der gleichen Aufgabe. Die Situation war für ihn keineswegs einfach. Eine Anzahl deutscher Regierungen hatte Metternich von vorneherein auf seiner Seite, anderswo gab es immerhin eine österreichische Partei. In den Mittelstaaten konnten sich die Regierungen bei ihren Selbständigkeitsbestrebungen immerhin auf das Staatsbewußtsein maßgebender Kreise stützen. Der französische Gesandte am Münchner Hof glaubte schon vor 1830 beobachten zu können, daß dem Widerstand von König und Regierung gegen österreichische Gängelung der bayerische Nationalstolz zur Seite stehe.

Die systembedrohenden Vorgänge vom Sommer und Herbst veranlaßten den Bundestag am 21. Oktober 1830, einen Beschluß über »Maßregeln zur Wiederherstellung und Erhaltung der Ruhe in Deutschland«[116] zu fassen, der die Bestimmungen des Artikels XXVI der Wiener Schlußakte durch Einrichtung einer direkten Nachbarschaftsintervention ergänzte. Die wesentliche Neuerung gegenüber der Wiener Schlußakte bestand darin, daß die Hilfeleistung nicht im freien Ermessen der angerufenen benachbarten Regierungen stand. Diese hatten mit der Intervention vielmehr einer Bundespflicht zu genügen, von der sie sich nur bei Vorliegen genau umschriebener Weigerungsgründe dispensieren durften. Obwohl kein Bundesbeschluß vorhergehen mußte, erhielt eine auf Staatsregierungen delegierte Nachbarschaftsintervention den Charakter einer Bundesexekution.

Dem Beschluß vom 21. Oktober 1830 folgten 1831 weitere Maßnahmen gegen Universitäten, Presse und freie Diskussion in den Parlamenten. Ein Bundesbeschluß vom 10. November 1831 brachte den bundesstaatlichen Regierungen ihre Verpflichtung zur Befolgung des Bundespressegesetzes in Erinnerung. Österreich und Preußen gelang es, Bayern und Baden zu einer scharfen pressepolizeilichen Praxis zu nötigen. Der Bundestag verbot am 2. März 1832 die in Hanau erscheinenden »Neuen Zeitschwingen« sowie die in der bayerischen Pfalz verlegten Zeitungen »Westbote« (Herausgeber Siebenpfeiffer) und »Deutsche Tribüne« (Herausgeber Wirth) für ganz Deutschland und belegte ihre Redakteure mit fünfjährigem Berufsverbot. Ludwig beugte sich allen diesen Maßnahmen, die ihm an sich nicht unwillkommen waren, aber als Bundeseingriff nicht erwünscht sein konnten. Er tat es nach Abhaltung eines Ministerrats, in dem Fürst Wallerstein vergeblich in Vorschlag brachte, den Bund um einstweilige Zurücknahme des Beschlusses betreffend die rheinbayerische Presse zu bitten, bis er, Wallerstein, die Wirkungen der bisherigen Maßnahmen Bayerns absehen könne. Wallerstein fand bei dem bayerischen Bundestagsgesandten Mieg Unterstützung und zögerte mit der Übermittlung selbst der Zensurinstruktion. Schließlich zwang ihn Ludwig unter verletzender Zurechtweisung zu mehr Aktivität[117]. Den bayerischen Wünschen, die Beruhigung der Bevölkerung selbst in die Hand zu nehmen, entgegnete Österreich wiederholt, das sicherste Mittel zur Beruhigung sei der feste Anschluß an den Bund[118]. Wallerstein suchte, auch im Gespräch mit österreichischen Diplomaten, fortwährend abzuwiegeln. Aber sein Erzfeind Wrede äußerte zu dem österreichischen Gesandten Fürst Schönburg-Hartenstein: »Glauben Sie ihm kein Wort, denn das ist der größte Lügner in Europa«[119]. Die von dem nassauischen Minister von Marschall geführte Kampagne am Bundestag, Staaten mit repräsentativer Verfassung (Bayern, Württemberg, Baden, Hessen-Darmstadt, Hessen-Kassel) eine Revision ihrer Konstitutionen aufzuerlegen, stieß allerdings auf den entschlossenen Widerstand der Betroffenen; auch Preußen schloß sich Marschalls Initiative nicht an.

Die bundespolitische Situation Bayerns verschlimmerte sich durch das Hambacher Fest vom 27. Mai 1832, das auf bayerischem Boden stattgefunden hatte und Metternich eine erwünschte Gelegenheit gab, mit erhobenem Zeigefinger darauf hinzuweisen, wohin eine grundverkehrte Politik Ludwigs geführt habe. Die Maßnahmen, die Bayern zur Bereinigung der Situation in der Pfalz und in Franken ergriff, entsprangen nur zur Hälfte der Notwendigkeit des ludovizianischen Systems, sich zu behaupten. Zum anderen Teil galt es, die Nötigung durch den Bund, die man fürchtete, abzuwehren. In einer gegen die Zweibrücker Zeitung gerichteten Zensuranweisung wurde vom König mit dürren Worten gesagt, was man vermeiden wollte: eine in dem Blatt erschienene Bekanntmachung verwickle »Bayern in die unangenehmsten Verhältnisse nach außen, namentlich gegen den Bundestag...«[120].

Schon vor dem Hambacher Fest stand Bayern unter permanentem Druck Wiens, eine schärfere Gangart gegen seine Presse einzuschlagen. In einem unter Vorsitz des Königs zusammengetretenen Ministerrat verlas Gise am 31. März 1832 eine Note des österreichischen Gesandten Spiegel und ein Schreiben Metternichs, mit denen man Bayern zu verstehen gab, es hätte sich den Bundesbeschluß vom 2. März, der über den Kopf des Königs und seiner Minister hinweg die beiden führenden radikalen Pfälzer Blätter verbot, ersparen können, wenn die bayerische Instruktion betreffend Handhabung der verfassungsmäßigen Zensur früher erschienen wäre. Dem König wurde vorgeworfen, den Zwecken des Bundes entgegenzuwirken. Die Antwort des Monarchen und seiner höchsten Ratgeber, Wrede an der Spitze, fiel kleinlaut aus. Man beeilte sich, den Bundesbeschlüssen zu willfahren und versuchte nur auf sehr vorsichtige Art, sich einen Freiraum für eigenes Handeln zu bewahren[121].

Nach dem Hambacher Fest blieb München angesichts der drohenden Haltung Wiens und Berlins nichts anderes übrig, als in die sechs Artikel des Bundestags vom 28. Juni und sein Maßregelgesetz vom 5. Juli 1832 einzuwilligen[122]. Der Monarch brachte, nachdem er schon acht Tage zuvor entschlossen gewesen war, die Veröffentlichung der sechs Artikel zu befehlen[123], am 9. August dazu folgende Überlegungen zu Papier: »Es dürfte am rätlichsten sein, die bewußten sechs Artikel nur mit dem Anhange bekannt zu machen, daß von Seite Bayerns nicht für ihre Annahme gestimmt worden wäre, wenn sie Verfassungswidriges enthielten. Sollte für zweckmäßig erachtet werden, ganz hinzuzufügen dasjenige, was bei der Abstimmung Freiherr von Lerchenfeld alles hätte sagen sollen seiner Instruktion gemäß, so ist mir ein Entwurf zu schicken, wie diese Bekanntmachung zu lauten hätte. Ja zu vermeiden, sich in eine Erörterung von Thesen einzulassen oder solche zu veranlassen. Nicht weniger, sich den Anschein zu geben, als hätte die Staatsregierung Angst (wofür auch? Das Heer, das Landvolk hat der König für sich, nur Gewissenhaftigkeit kann ihn hindern, dareinzuschlagen, daß er's nicht tut, darüber verwundern sich selbst ... Bauern, sagend, etliche hundert Schreier für ihr Leben eingesperrt und es ist Ruhe). Vermieden muß werden Störung des guten Verhältnisses mit Österreich und Preußen und selbst der Anschein, als wäre vermindert die Einigkeit zwischen Deutschlands Fürsten; ohne sie ist keine Rettung. Obiger Anhang ist hinlänglich, schädlich hingegen, überflüssig (schon darin zu entnehmen) würde erklärt werden, nur insoweit es die Verfassung gestattet, diesem Bundesbeschlusse Folge zu geben. Stillschweigend läge in diesen Worten, daß die Staatsregierung Unvereinbares mit derselben darin sieht. Die Guten würden an der Festigkeit der Regierung wieder irre und die Schlechten ermutigt«[124]. Doch erst am 17. Oktober 1832 konnte sich der König tatsächlich entschließen, die sechs Artikel in Kraft zu setzen. Zuvor hatte er – ein weiteres Motiv für seine Zurückhaltung – sämtliche Minister nach ihrer Meinung gefragt, »ob die Bekanntmachung der Bundesbeschlüsse vom 28. Juni den nächsten Landtag verderben würde«. Abgesehen von Wallerstein, der mit geradezu abenteuerlichen Winkelzügen und Manövern die Publikation verhindern wollte – er wünschte mit dem Landtag 1834 sein Bravourstück zu liefern und fühlte sich durch die sechs Artikel in diesem Vorhaben gefährdet –, beruhigte man den Herrscher[125]. Vergeblich beschwor ihn ein Appell aus der Pfalz, dem Bundestag und den beiden deutschen Großmächten eine Absage zu erteilen. Die Publikation der sechs Artikel erfolgte mit dem Zusatz, sie würden die bayerische Verfassung nicht verändern, die Zuständigkeit der beiden Kammern nicht schmälern und das ständische Steuerbewilligungsrecht nicht beeinträchtigen. Bei der Ausführung der sechs Artikel ließ man sich Vorsicht angelegen sein. Der von Ludwig als Kommissar zur Frankfurter Bundeszentralbehörde entsandte Appellationsgerichtsdirektor von Heinrichen erhielt eine Instruktion, in der versichert wurde, daß die Behörde »auf polizeiliche Zwecke sich beschränke und nicht in die Funktion eines Richteramtes greife«[126].

Als der gescheiterte Frankfurter Wachensturm des Jahres 1833 zu einer langjährigen Besetzung der Freien Stadt durch österreichische und preußische Truppen führte, glaubte König Ludwig, aus einer angeblichen Unsicherheit der Situation am Sitz des Bundestages politisches Kapital schlagen zu können, obschon die Großmächte die Situation alsbald völlig in den Griff bekommen hatten. Man trug sich in München mit dem Gedanken, wegen der Frankfurter Vorfälle eine eigene bayerische Zentraluntersuchungskommission mit dem berüchtigten Juristen Hörmann an der Spitze einzurichten[127]. Erwiesen ist ein noch weitergehender Plan des Königs: Er schlug Metternich vor, den Bundestag nach Regensburg zu verlegen[128]. Die Erinnerung an den Regensburger Reichstag spielte bei diesem Vorhaben wohl eine Rolle, aber inzwischen war Regensburg keine Reichsstadt mehr, sondern eine Provinzstadt des Königreichs Bayern. Ludwig mag die Vorstellung angeregt haben, im Falle einer Verlegung dieses Gremiums von Frankfurt am Main nach Regensburg als Garant der Bundessicherheit und Schirmherr des Bundestages an Prestige und bundespolitischer Bedeutung zu gewinnen. Metternich bekannte zwar in seinem Antwortschreiben, daß er auf dem Wiener Kongreß vergeblich gegen eine Unterbringung des Bundestages in Frankfurt gearbeitet habe. Inzwischen sei die Wahl Frankfurts jedoch nicht mehr rückgängig zu machen. Es ist schwerlich anzunehmen, daß auch nur einer der anderen deutschen Staaten den Ortswechsel des Bundestages nach Regensburg begrüßt hätte.

Metternich ließ es mit den Bundesbeschlüssen von 1832 noch nicht genug sein und bemühte sich um eine weitere Konsolidierung seines Systems. Zu diesem Zweck nahm er sich seit 1833 neue Ministerbesprechungen in Wien vor, die er sorgfältig vorbereitete, unter anderem durch politische Gespräche anläßlich eines Familientreffens der Herrscherhäuser Österreichs und Bayerns in Linz Oktober 1833. In München sah man den Wiener Konferenzen mit gemischten Gefühlen entgegen, da man weitere Einbußen an Souveränität fürchtete. Im Ministerium versuchte Wallerstein, den König gegen Metternichs neue Pläne einzunehmen, in Frankfurt bezeichnete von Mieg die Wiener Konferenzen als ein schreiendes Unrecht gegen die Repräsentanten der deutschen Höfe am Bundestag[129]. Auf den Wiener Konferenzen 1834 vertrat anfänglich Gise den bayerischen König, später Mieg. Die Vorschläge Metternichs und der ihm anhängenden deutschen Minister gingen sehr weit[130]. In München spielten sich, wie schon 1832, hinter den Kulissen heftige Auseinandersetzungen ab. Es kam den dortigen Gegnern Metternichs zugute, daß parallel zu den Wiener Verhandlungen eine bayerische Ständeversammlung stattfand, die den zahmsten und entgegenkommendsten Verlauf nahm, der je auf einem bayerischen Landtag zur Zeit Ludwigs I. zu beobachten war. Die für den König glänzenden Ergebnisse der Landtagsverhandlungen stärkten wiederum die Position Wallersteins, auf dessen raffinierte Bemühungen sie zurückzuführen waren, und der, listenreich wie stets, eine Position gegen die Wiener Konferenzen aufbaute. Wrede führte die neuerliche Widerspenstigkeit des Königs Metternich gegenüber darauf zurück, »daß der König, dem nichts mehr als die Bewilligung einer permanenten, oder doch wenigstens lebenslänglichen Zivilliste am Herzen lieget und mit diesem Gedanken aufsteht und sich niederleget, nunmehr bei der augenblicklichen guten Stimmung der Zweiten Kammer glaubt, der in Wien bezwecket werdenden Beschlüssen und Bestimmungen entbehren zu können und von dem Wunsch einiger gefügiger Mitglieder jener Kammer, eine Beschlußfassung in Wien entfernt zu halten, sich hinreißen lasset«[131]. Ludwig fand nun wieder stärkere Worte gegen Metternich. Zehn Jahre später äußerte er sich im Rückblick auf die Wiener Konferenzen: »Die Sprache, welche ich bei den Wiener Konferenzen, während der Landtag 1834 war, in der geheimen Ministerratssitzung geführt, hätte die Opposition hören dürfen«[132].

Gise hatte zu Anfang der Wiener Konferenzen eine engere Verbindung der konstitutionellen Staaten innerhalb des Deutschen Bundes angeregt und zu diesem Zweck sogar ein Statut entworfen[133]. Er verfiel auf den Gedanken, dieses unter den Umständen von 1834 aussichtslose Vorhaben historisch an den Landsberger Bund von 1556 anzuknüpfen, ein absurder Einfall, der anscheinend auf den gelehrten Ministerialrat v. Fink zurückging[134]. Als Gise Metternich sein Projekt einschließlich der Bezugnahme auf den Landsberger Bund entwickelte, verlor er bei diesem sehr an Kredit, und Wrede hat wohl vergeblich versucht, dem österreichischen Staatskanzler eine bessere Meinung über den bayerischen Außenminister beizubringen[135]. Nachdem Mieg Gise in Wien als bayerischer Unterhändler ersetzt hatte[136], lagen die Geschäfte des Königreichs in besseren Händen. Miegs Verhandlungsgeschick gelang es, für Bayern günstigere Lösungen herauszuschlagen. Unter anderem wandte sich Bayern erfolgreich gegen ein Bundesgericht und gegen die Aufstellung des Grundsatzes, daß Bundesrecht dem Landesrecht vorangehe[137]. Noch Anfang Juni 1834 empörten sich die Großen und ihre Anhänger in Wien, als eine Stellungnahme Ludwigs zu dem bereits früher angenommenen Artikel über ein Spruchgericht »die allerschlimmsten Vermutungen erreget, indem man sogar eine Einwirkung der Quadrupel-Allianz[138] und eine Tendenz, den Kongreß zu sprengen, darin erblicken wollte«[139]. Gise hat Ende Juni 1834 in einer Darlegung der »politischen Gründe zur Genehmigung des Schlußprotokolls der Ministerkonferenz zu Wien« die Ausgangssituation in Wien folgendermaßen beschrieben: »Bald nach Eröffnung der Konferenzen bewährte sich, was der ehrerbietigst Unterzeichnete schon früher befürchtete, daß es mit diesem Zusammentritte eigentlich gegen Bayern abgesehen war, welches mit dem Netze der Bundes-Gewalt mehr und mehr umstrickt werden sollte. Dahin zielten alle jene Projekte, welche von allen Seiten, selbst von konstitutionellen Regierungen, zusammenströmten. Selbst jene konstitutionellen Regierungen, welche früher ausdrücklich ihren Beistand zugesichert hatten, blieben zaghaft zurücke.« Nachdem er anschließend den bayerischen Bevollmächtigten, d. h. sich selbst und Mieg, wegen ihrer Standhaftigkeit hohes Lob spendete, zog er den Schluß, daß man in Wien doch sehr viel erreicht habe und empfahl, unterstützt von seinen Kollegen, Wrede an der Spitze[140], allerdings nicht von Wallerstein, die in Wien beschlossenen 60 Artikel anzunehmen. So geschah es. Den 60 Artikeln[141], die der Bundestag im Laufe des Jahres 1834 zum Teil zu Bundesgesetzen erhob und die bis 1843 geheim gehalten werden konnten, folgten noch weitere Maßnahmen zum Schutz der Bundesverfassung und des restaurativen Systems, doch bildeten die Wiener Beschlüsse einen Höhepunkt der Konsolidierungspolitik im Sinne Metternichs. Daher wurden sie vom Verfasser als Zäsur in der Darstellung der Außenpolitik Ludwigs I. gewählt. Bayerns Widerstand in Wien wirkte objektiv der Reaktion entgegen, subjektiv ging es jedoch in München im wesentlichen um die Abwehr der Bedrohung der politischen Selbständigkeit des Landes. Dem Monarchen, seinen Ministern und Ratgebern war es gelungen, einen Spielraum für die bayerische Bundespolitik zu bewahren, doch hatte der König als Bundesfürst, aufs Ganze gesehen, Abstriche von seiner Souveränität hinzunehmen.

7. Regionale Zollvereine und Deutscher Zollverein

Das Zustandekommen des Deutschen Zollvereins hat die Geschichtswissenschaft seit dem 19. Jahrhundert intensiv erforscht. Nach dem Zweiten Weltkrieg sah sie sich veranlaßt, neue Fragen zu stellen[142]. Vorher hat man das Geschehen vorwiegend unter deutsch-nationalen Gesichtspunkten studiert, und man konnte sich, soweit der Bayernkönig daran beteiligt war, auf zahlreiche Äußerungen Ludwigs berufen, der diesen Aspekt der Zolleinigung stets stark herausstrich. Wohl lag dem König das patriotische Motiv sehr am Herzen. Aber an erster Stelle haben ihn Hoffnungen auf zunehmende Prosperität seines Staates bewogen, sich der Zollvereinsbewegung anzuschließen, und zwar fiskalische Überlegungen wohl noch vor ökonomischen, obschon beides sich voneinander nicht trennen ließ. Jedenfalls setzte er stets staats- vor privatwirtschaftliche Prioritäten. Für die Vermutung, der Zollverein sei eine unumgängliche Konzession der deutschen Fürsten und Regierungen an den Mittelstand gewesen, um weitere Forderungen nach deutscher Einheit und freiheitlicheren Verfassungen abzublocken, scheint zu sprechen, daß Ludwig es in den kritischen Jahren 1832/33 eilig hatte, den Zollverein zu verwirklichen. Er sagte ausdrücklich: »Der Zollverein hebt begründete Beschwerden des Volkes«[143]. Zur Zeit des Abschlusses des Zollvereins war freilich von einem Drängen des bayerischen Mittelstandes nach *politischer* deutscher Einheit nur wenig zu spüren. Wünsche, die man an den König »von unten« herantrug, erschöpften sich im Ökonomischen. Auf einem anderen Blatt stand, daß der Zollverein, einmal abgeschlossen, politisches Eigengewicht gewann. Schon während der Vorgeschichte des Vereins erwies sich, daß sich mit den wirtschaftlichen und fiskalischen stets mannigfach politische Gesichtspunkte verbanden.

Fast jedes Engagement König Ludwigs läßt sich in seinen Anfängen in die Kronprinzenzeit zurückverfolgen. Es wäre auch erstaunlich gewesen, wenn der Thronfolger von den vielfältigen Bemühungen um Beseitigung der innerdeutschen Zollgrenzen nicht berührt worden wäre. Als dem Kronprinzen 1819 der Nationalökonom und Verkehrspolitiker Friedrich List vorgestellt wurde, äußerte er, die kommerzielle Einheit Deutschlands sei eine Idee, mit der er sich schon seit längerem beschäftige[144]. 1820 forderte er Zentner auf, bei Gelegenheit der Wiener Konferenzen auf einen »gemeinsamen Mautverband« zu drängen[145]. Der Kronprinz stand hinter einer diesbezüglich weitgehenden Instruktion für Zentner vom 12. November 1819[146], sah jedoch voraus, daß die »Idee in ihrer Allgemeinheit an den Verhältnissen europäischer Mächte in und zu dem Deutschen Bunde scheitern« könnte; für diesen Fall erwog man Besprechungen mit den »übrigen süddeutschen sowie den angrenzenden norddeutschen

Staaten«. Die Darmstädter Konferenzen 1820–1823, deren Fehlschlag nicht zuletzt auf bayerisches Souveränitätsdenken und den antitrialistischen Standpunkt des Außenministers Graf Rechberg zurückging[147], und die Stuttgarter Zusammenkunft von 1825 ließen schon durch Teilnehmerschaft und Wahl des Tagungsortes erkennen, daß man in Süddeutschland vorerst nur an sich selbst, d. h. an eine Verbindung der süddeutschen Staaten dachte. Nach Ludwigs Thronbesteigung ging die Verwaltung, entgegen allen Erwartungen und obschon die ministeriellen Berater des Königs, Armansperg voran, eindeutig freihändlerische Auffassungen verfochten, zu einem strengeren Prohibitivsystem denn je über. Protektionistische hohe Beamte des Zollwesens schienen den König für sich gewonnen zu haben. Schwer zu sagen, ob der Monarch tatsächlich dem Einfluß solcher Experten erlag oder ob er den Fortgang der inzwischen unterbrochenen Verhandlungen mit Stuttgart durch Ausübung wirtschaftlichen Druckes erzwingen wollte.

Ein Briefwechsel zwischen den Königen von Württemberg und Bayern im Dezember 1826 brachte die Verhandlungen zwischen München und Stuttgart wieder in Gang. Von Anfang an nahm man in München und Stuttgart eine Zolleinigung auch mit Hessen-Darmstadt, Hessen-Kassel und Nassau in Aussicht. Im Falle des Gelingens hätte man die beim Zustandekommen eines nur bayerisch-württembergischen Vereins noch nicht einbegriffene Rheinpfalz in die Zolleinigung einbeziehen und den Druck auf das isolierte Baden, das Ludwig gerade damals seinen Wünschen gefügig zu machen hoffte, verschärfen können. Hinsichtlich einer Aufnahme Badens in den süddeutschen Verein wollte der Monarch freie Hand behalten. Ludwig ließ mit großem Nachdruck mit beiden Hessen und mit Nassau über einen Beitritt zu dem am 18. Januar 1828 ins Leben gerufenen württembergisch-bayrischen Verein verhandeln. Da der König über die Zustände am Kasseler Hof wohl unterrichtet war, erwog er eine Bestechung der beim Kurfürsten alles vermögenden Gräfin Reichenbach und beauftragte den für diskrete Missionen vorzüglich geeigneten von der Tann, das Terrain zu sondieren[148]. Es handelte sich bei dem Vorhaben der Ausweitung des bayerisch-württembergischen Vereins um eine ausschließlich auf Süd- und Mitteldeutschland begrenzte Aktion, die gegen konkurrierende Bestrebungen Preußens gerichtet war. Jedenfalls stand für den König noch Anfang 1828 der Gedanke einer Süd- *und* Norddeutschland umfassenden Zolleinigung in weiter Ferne. Ludwig trug keine Bedenken, in Paris vor den Bestrebungen Preußens in Darmstadt und seiner süddeutschen Politik insgesamt warnen zu lassen. Er empfand es als eine schlimme Niederlage seiner Politik, als es Preußen gelang, die beiden süddeutschen Königreiche am Darmstädter Hof auszustechen und einen Zollverein mit Hessen-Darmstadt abzuschließen (14. 2. 1828)[149].

Österreich, vorerst nicht in der Lage, seine inneren Zollverhältnisse nach preußischem Vorbild zu bereinigen und als Konkurrent innerhalb eines deutschen Zollvereins aufzutreten, enthielt sich positiver Aktivitäten. Metternich suchte stattdessen Preußen Steine in den Weg zu legen. Er stand als Einbläser der sächsischen und kurhessischen Politik hinter dem Zustandekommen der dubiosen und kurzlebigen Gründung des mitteldeutschen Handelsvereins, der aus Kurhessen, Sachsen und den Ernestinischen Herzogtümern bestand, sich zwischen den preußisch-hessischen und den württembergisch-bayerischen Verein schob und der Begünstigung durch Frankreich erfreute[150].

Noch Ende Juni 1828 gab sich Ludwig der Illusion hin, er könnte mit Metternichs Hilfe Hessen-Kassel in den bayerisch-württembergischen Verein ziehen. Zentner belehrte ihn über die Aussichtslosigkeit des Unterfangens. Nachdem König Wilhelm I. diese Einsicht schon beim preußisch-hessischen Abschluß gekommen war, erschloß sich Ludwig im Sommer 1828 dem Gedanken einer Vereinigung des preußisch-hessischen mit dem bayerisch-württembergischen Zollverein. Damit entsprach er einer auf die Dauer unaufhaltsamen Tendenz in Deutschland und fand zu einer für seinen Staat fiskalisch und ökonomisch ungemein vorteilhaften Lösung. Beschleunigt hat seinen Entschluß die Hoffnung, Berlin werde die Bereitwilligkeit, sich einem preußisch geführten Zollverein anzuschließen, durch Unterstützung seiner Forderungen an Baden honorieren. Armanspergs Vorschlag, zunächst auf einen Beitritt Badens zum bayerisch-württembergischen Verein hinzuarbeiten (und damit das badische Problem auf eine andere Ebene zu verlagern und so den toten Punkt zu überwinden[151]), hatte der König abgelehnt.

Noch vor Eröffnung der offiziellen Kontakte mit Berlin bediente sich Ludwig des einflußreichen Verlegers Cotta, um mit den zuständigen preußischen Staatsmännern ins Gespräch zu kommen[152]. Die Verhandlungen, die bei Armansperg, Gise, dem Finanzminister Mieg, dem bayerischen Gesandten in Berlin, Graf Luxburg, und den Fachleuten in guten Händen lagen, führten im Mai 1829 zum Abschluß eines Handelsvertrages mit Preußen.

1831 gelang es, den mitteldeutschen Handelsverein zu sprengen, und am 1. Januar 1834 konnte der Deutsche Zollverein ins Leben treten. Vor der Unterzeichnung des schwierigen Vertragswerks ging von München noch eine pro-österreichische Initiative aus, von der der König wohl nicht alle Einzelheiten erfahren hat. Fürst Wallerstein, seit 1832 Innenminister, lebenslang reichspatriotisch und großdeutsch gesinnt und überzeugt, daß einem Zollverein unter Führung Berlins die politische Hegemonie Preußens folgen müsse, versuchte teils offen durch Gründung einer interministeriellen Kommission betreffend die Zoll- und Handelsverhältnisse mit Österreich, teils über einen hochgestellten Verwandten, den Grafen Moritz Dietrichstein, Metternich für einen Beitritt zum Zollverein zu gewinnen, um so ein Gegengewicht zu Preußen zu schaffen[153]. Der Hof- und Staatskanzler sah jedoch keine Möglichkeiten einer *konstruktiven* Aktion gegen Preußen[154].

Der Erfolg des Zollvereins übertraf die Erwartungen, so daß man in Bayern bald auf diese Einrichtung nicht mehr verzichten wollte. Zwei Jahre nach dem vorläufigen Zustandekommen des Einigungswerks sprach sich ein Bericht des Finanzministers von Wirschinger geradezu enthusiastisch über die durch den Zollverein eröffneten Aussichten aus[155]. Noch begeisterter zeigte sich schon vorher der König. Er hatte Grund, anläßlich des Zustandekommens des Vereins einen Geschichtskonventionstaler prägen zu lassen. In seinen Unterhaltungen mit dem preußischen Gesandten zählte es fortan zu den Topoi, seine Treue zu dem Zollverein hervorzuheben[156]. Und wie kein anderer Zeitgenosse hat er in ungezählten Äußerungen die Bedeutung des Vereins für die nationale Integration hervorgehoben: »Das wahre Palladium Teutschlands« nannte er ihn[157].

II.
HAUS UND HOF

1. Dynastie und Staat

Des Königs Thronrede vor dem Landtag am 6. Dezember 1845 enthielt folgende Sätze: »Gott hat mein Haus gesegnet, hat mich dreifachen Großvater werden lassen. Auch meine Enkel, hoffe ich, werden die Liebe erben, die mich für mein Volk durchdringt...«[158]. Die gewünschte Verbindung der königlichen Familie mit dem Staatsvolk, der Schicksale des Hauses mit denen des Landes wird in dieser Kundgebung an das Verfassungsorgan Volksvertretung deutlich. In die gleiche Richtung weist, daß das offizielle Hof- und Staatshandbuch des Königreichs mit einer Genealogie des Herrscherhauses eingeleitet wurde.

Ludwig I. war nicht nur Herrscher über das Land Bayern, sondern auch Haupt einer Dynastie und Chef seines Hauses, das im konstitutionellen Staat durch Verfassung und Gesetze eine öffentlich-rechtliche Funktion erhalten hatte[159]. Eine ausschließlich auf den Staat konzentrierte Geschichtsschreibung hat die dynastische Hausposition vernachlässigt. Außenpolitische Gesichtspunkte dynastischer Familienpolitik noch im 19. Jahrhundert wurden bereits erörtert. Es ist unumgänglich, sich auch über die innenpolitische Funktion eines königlichen Hauses klar zu werden, nicht nur über die von der Verfassung dem Herrscher nach dem monarchischen Prinzip gewährleistete Prärogative.

Bevor das Haus Zweibrücken sich in Bayern in einer den Verhältnissen des 19. Jahrhunderts angemessenen Weise etablieren konnte, mußte die bisher ausschließlich patrimoniale Tradition der Dynastie überwunden und das Verhältnis von Haus und Staat auf eine neue Grundlage gestellt werden. Dies zuwege gebracht zu haben, war eines der Verdienste des Grafen Montgelas. Als für die Verankerung des landesfürstlichen Hauses im Staat grundlegende Urkunden sind noch vor der Konstitution von 1808 und der Verfassung von 1818 die Domanial-Fideikommiß-Pragmatik vom 20. Oktober 1804 und die fast gleichzeitige Schulden-Pragmatik des Kurhauses Pfalz-Bayern anzusehen[160]. Diese gingen zwar noch von einer fideikommissarischen Auffassung des wittelsbachischen Gesamtgebietsbestandes aus, andererseits führten sie den Staat als Zentralbegriff ein. Man ersetzte den Begriff des landesfürstlichen Hausfideikommisses durch den des Haus- und Staatsfideikommisses, zählte auf, was zu dieser »einzigen, unteilbaren und unveräußerlichen Fideikommißmasse« gehöre und bestimmte, daß alle diese Gegenstände »im Falle einer Sonderung der Staats- und Privatverlassenschaft in das Inventarium der Allodien nicht gebracht werden« könnten. Das Veräußerungsverbot wurde mit besonderem Nachdruck auf Rechte der Landeshoheit bezogen. Es war von »Staats- und Kammergütern«, »Staats- und Kammergefällen« die Rede. In der Schulden-Pragmatik verpflichteten sich der Kurfürst und seine Erben und Nachfolger, »keine Kapitalien unter irgendeinem Vorwand künftig aufzunehmen als für dringende Landesbedürfnisse und zum wahren Nutzen unseres Landes«; die Urkunde wurde nicht nur als unwiderruflich verbindliches Familiengesetz, sondern auch als Landesgesetz bezeichnet.

Die bayerische Verfassung von 1818 und bereits die Konstitution von 1808 haben das monarchische Prinzip zum leitenden Regierungsgrundsatz erhoben, andererseits den König und sein Haus als Organe in das Staatswesen eingebaut. Das Schibboleth der Staatssouveränität bildete für die Verfassung den allem anderen übergeordneten Begriff. Ihr Titel II regelte die Befugnisse des Monarchen, die Thronfolge und die Reichsverwesung. Sorgfältig war darauf geachtet, daß Bayern, falls es nach Aussterben des Mannesstammes des Hauses Wittelsbach einer anderen Dynastie anheimfallen würde, unabhängig bleiben müsse. Titel III sagte über das Staatsgut in Anlehnung an die Urkunden von 1804: »Der ganze Umfang des Königreichs Bayern bildet eine einzige unteilbare, unveräußerliche Gesamtmasse aus sämtlichen Bestandteilen an Landen, Leuten, Herrschaften, Gütern, Regalien und Renten mit allem Zubehör.« Damit hatte der Monarch den größten Teil seines bisherigen Vermögens in den Staat eingebracht; allerdings auch seine Schulden. Auf dem ersten bayerischen Landtag bemerkte der Abgeordnete Utzschneider: »Kein fürstliches Haus in Deutschland war reicher an eigenen Stammgütern als das Haus Wittelsbach. Diese sind nun mit dem Staate verschmolzen, und die regierende Familie, wie zahlreich sie sein und werden möge, hat kein Eigentum mehr.« Er war nicht der einzige, der damals die »vorbehaltlose Gleichsetzung von Hausgut, Domänen und Staatsgut«[161] betrieb. Schließlich haben sich Theorien durchgesetzt, die zwischen reinem Staatsgut und reinem Privatvermögen der Fürsten ein »an die Regierungsfolge gebundenes Hausvermögen« als dritte Größe einführten, an der sie Staat *und* fürstliches Haus beteiligt sein ließen[162]. Was die Schulden betraf, so forderte beispielsweise

Frankreich noch im Sommer 1818 ein Darlehen Ludwigs XVI. an Herzog Max Joseph aus dem Jahre 1785 von 945 018 Louisdors und ein zweites Darlehen an den gleichen Fürsten aus den Jahren 1785/87 in Höhe von 80 000 Louisdors zurück. Soweit Rückzahlung erfolgte, geschah dies auf Kosten des bayerischen Staates[163]. Nach der Entthronung des Hauses Wittelsbach 1918 hat die Frage des Verhältnisses von Staatsgut und Hausgut zu weitläufigen Kontroversen geführt.

Der Verankerung der Dynastie im neuen Staate diente besonders, daß die Verfassung den volljährigen männlichen Mitgliedern des königlichen Hauses (ausgenommen selbstverständlich der König selbst) einen lebenslangen Platz in der Kammer der Reichsräte zuwies, eine wichtige, aber für den Familienfrieden der Dynastie nicht unbedingt zuträgliche Bestimmung.

Hinsichtlich der »übrigen Verhältnisse der Mitglieder des königlichen Hauses« verwies die Verfassung auf die Bestimmungen des Familiengesetzes[164]. Die Bezugnahme der Verfassung auf das Hausgesetz und die Tatsache, daß Änderungen des Hausgesetzes und die Familie betreffender Gesetze im Regierungsblatt publiziert wurden, beweist nochmals, in welchem Maße hier eine Familie in den Staat eingebaut war.

Das Herrscherhaus ist stets gleichzeitig unter den Gesichtspunkten seiner Eigenschaft als familienhaftes Organ des bayerischen Staates und seiner Zugehörigkeit zu den regierenden Familien Europas, speziell des Deutschen Bundes, zu betrachten. Zur Zeit Ludwigs I. galt das Familienstatut vom 5. August 1819, dem während der Epoche des bayerischen Königtums die Hausgesetze von 1808 und 1816 vorhergegangen waren[165]. Hausgesetze realisierten das Privileg der Autonomie, das heißt sie ermöglichten, in Familien- und Güterangelegenheiten rechtsverbindliche Verfügungen zu treffen. Die Rechte des Monarchen als Chef des Hauses und pater familias traten zu der königlichen Prärogative hinzu. Allerdings handelte es sich auch innerhalb der hausgesetzlichen Sphäre um keine unbeschränkte Gewalt des Königs. Bei Änderungen der Gesetze war die Zustimmung der männlichen Mitglieder des Hauses erforderlich[166].

2. Die königliche Familie

Zum königlichen Haus zählten während der Regierung Ludwigs das regierende Herrscherpaar, die Stiefmutter des Königs, Königin-Witwe Karoline, die Kinder Ludwigs und Thereses, der

Bruder Karl und die Schwestern des Monarchen, die Kurfürstin-Witwe Marie Leopoldine und des Königs Tante, die Herzogin-Witwe Marie Amalie von Zweibrücken sowie das gesamte herzogliche Haus »in Bayern«. Von der Familie des Herzogs von Leuchtenberg (Eugen Beauharnais † 1824) gehörte nur die verwitwete Herzogin, Ludwigs Schwester Auguste, der der Titel Königliche Hoheit zustand, zum Hause. Während seiner ganzen Regierungszeit hat Ludwig mit Argusaugen darüber gewacht, daß dem Hause Leuchtenberg nicht mehr an Ehrenvorzügen zugebilligt werde, als die Verfassung ihm gewährleistete. Und dies, obwohl die Familie Leuchtenberg im Verein der europäischen Monarchen durch eine kluge Heiratspolitik Karriere zu machen schien[167]. Nicht zum Hause, aber zur Familie zählte der mit seinen Angehörigen am Hofe lebende und wohlgelittene Bruder der Königin, Herzog Eduard von Sachsen-Altenburg, der in der bayerischen Armee als General Dienst tat.

Zu den Ambitionen des Hauses Löwenstein-Wertheim, das aus einer Verbindung des Kurfürsten und Pfalzgrafen Friedrich des Siegreichen mit einer Augsburger Bürgerstochter hervorgegangen war, zählte es damals, als voll anerkannter und erbberechtigter dritter Zweig in das Gesamthaus Wittelsbach aufgenommen zu werden. Erbprinz Konstantin verfaßte eine Broschüre, in der er zum Mißfallen des Königs solche Ansprüche vertrat, die niemals anerkannt wurden[168].

Mitunter fand man am Hofe auch Persönlichkeiten, die aus morganatischen Ehen oder anderen Verbindungen der pfälzischen Wittelsbacher hervorgegangen waren, so den Flügeladjutanten und späteren Generaladjutanten und Kapitän der Hartschiergarde, Christian Freiherr von Zweibrücken, einen Enkel Christians IV. von Pfalz-Zweibrücken und seiner Frau, der Gräfin Forbach, oder den Adjutanten Freiherr von Schönfeld, später Graf Otting, der aus einem Verhältnis des Pfalzgrafen Friedrich Michael, des Großvaters Ludwigs I., mit der Tänzerin Luise Chaveau stammte[169].

Es geht uns um die politische Dimension des »Hauses«. Von den beiden Königinnen[170] hatte die Königin-Witwe Karoline zu Lebzeiten ihres Mannes einen pro-österreichischen, anti-napoleonischen Standpunkt eingenommen. Wie bereits erwähnt, bildete ihre Zugehörigkeit zum badischen Haus weit mehr als die zum bayerischen den Mittelpunkt ihrer höfisch-hauspolitischen Überlegungen. Mit ihrem – ohnehin begrenzten – Einfluß war es nach der Thronbesteigung Ludwigs I. endgültig vorbei. Ludwigs

Gemahlin Therese war politisch desinteressiert. Ein Politikum bildete, daß die Gemahlinnen der drei ersten wittelsbachischen Könige evangelischen Bekenntnisses waren. Für die Anfänge der protestantischen Gemeinde Münchens bedeutete es viel, daß der Königin Karoline ein evangelischer Kabinettsprediger zugestanden wurde. In den Eheabredungen zwischen dem Kronprinzen Ludwig und seiner Braut war bestimmt, daß einige oder mehrere Personen im Hofstaat der Kronprinzessin protestantischer Konfession sein konnten. Es hat zwar auch nicht eine der evangelischen Königinnen bei den gelegentlichen konfessionellen Spannungen im Lande eine Rolle gespielt, aber für die Protestanten des Königreichs mochte es eine gewisse Beruhigung und Gewährleistung ihres Vertrauens in das regierende Haus ausmachen, daß ihre Herrscher bis einschließlich Max II. sich ihre Frauen aus protestantischen Dynastien geholt hatten. Ludwigs Wunsch, daß seine Gattin konvertiere, blieb unerfüllt.

Die Erziehung und Ausbildung seiner Kinder, insbesondere der Söhne, überwachte Ludwig genau[171]. Geistliche standen als Erzieher der Prinzen und Prinzessinnen im Vordergrund. Ultramontane Priester hielt der König von seinen Kindern fern. Beim Kronprinzen dürften die Geschichtsvorträge Hormayrs die antiultramontane Einstellung noch verstärkt haben.

Hatte Ludwig als Kronprinz für politischen Ärger seines Vaters reichlich gesorgt, so mußte wiederum er bei dem Kronprinzen Maximilian erleben, daß dieser auf seine Weise versuchte, wider den Stachel zu löcken und seine Selbständigkeit zu demonstrieren. In Erinnerung an die innere Fremdheit zwischen ihm und seinem Vater Max I. Joseph hat Ludwig um das Herz seines Sohnes geradezu gerungen. In vieler Hinsicht kam er Maximilian großzügiger entgegen, als es sonst seine Art war. In seiner Selbstkritik von 1845 machte sich der König schwere Vorwürfe wegen zu weitgehender Nachgiebigkeit gegenüber dem Thronfolger. Daß Ludwig als Vater und Erzieher Mißgriffe widerfuhren, ist bei seinem Temperament nicht verwunderlich, aber man darf auch nicht übersehen, daß es sich bei Max um einen sehr schwierigen, kapriziösen, unzufriedenen, unsicheren Charakter handelte, überdies um einen von schweren Depressionen heimgesuchten Mann.

Die familiären Mißhelligkeiten zwischen dem Heranwachsenden und seinen Eltern[172] braucht man nicht zu dramatisieren, aber es läßt sich nicht übersehen, daß sie allmählich in politischen Widerspruch übergingen. Seinem Vater bereitete dies schwere

Sorge: »Doch was ihm als Sohn mangelt, wollte ich gerne verschweigen, wenn ich nur über dem Thronfolger beruhigt sein könnte«[173]. Bildungserlebnisse während der Studienaufenthalte in Göttingen und Berlin, noch mehr der Einfluß liberaler Berater und letztlich der zu allen Zeiten ins Gewicht fallende Generationsunterschied führten den Kronprinzen auf eine Bahn, deren Divergenz zur väterlichen Politik in den dreißiger Jahren zutage trat, freilich auf eine sehr viel weniger entschiedene und überzeugende Weise als seinerzeit der Kronprinz Ludwig seine Gegenposition zu Montgelas und der politischen Linie zwischen 1817 und 1825 zu artikulieren vermochte. Wallerstein tat das Äußerste, um zu vermitteln. Nach einer Aussprache mit dem Kronprinzen 1835, die der Fürst pathetisch schilderte (der Kronprinz befand sich »in einem herzzerreißenden Zustand und Tränen entrollten seinen Augen«), suchte er den König davon abzubringen, dem Thronfolger seinen Sekretär Wendland »durch ein Machtgebot« zu entreißen. Nur nach außen hin ließ sich der König zu einer konzilianteren Lösung herbei[174]. Während der Ära Abel erreichten die Spannungen zwischen Vater und Sohn ihren Höhepunkt. Abel vertrat den Standpunkt des königlichen Vaters kompromißlos und handelte sich dafür auf Jahre die Abneigung des Thronfolgers ein. Ludwig versäumte es, dem Thronfolger einen passenden Wirkungskreis zu eröffnen. Während sich der in Würzburg residierende Kronprinz Ludwig in ständigem Kontakt mit dem pulsierenden öffentlichen Leben Frankens befunden hatte, stand Max als Burgherr von Hohenschwangau wie auf seinen zahlreichen Reisen, wider Willen, aber seiner Natur vielleicht doch gemäß, im politischen Abseits. Politisches Interesse war dem Thronfolger nicht abzusprechen, doch traten noch bei dem Mittdreißiger sehr unreife Einfälle auf, die seinen Vater erschreckten[175]. An Wissensdurst und Bildungshunger konnte er es mit seinem Vater aufnehmen. Er war in mancher Beziehung gedankenreicher und nachdenklicher[176], auf jeden Fall bildungsgläubiger als dieser. Daß er sein Thronanwärterdasein vertändelt habe, läßt sich nicht behaupten. Aber es fehlte ihm ganz des Vaters Tendenz zum Angewandten, Praktischen, Konkreten, Ludwigs Tatmenschentum und Energie. Wie bei Ludwig I. so ist auch bei einer Beurteilung Max II. die physische Konstitution in Anschlag zu bringen. Es handelte sich bei Ludwigs Nachfolger um einen gesundheitlich angeschlagenen, seit seinem 24. Lebensjahr leidenden Menschen[177]. Er lag nicht gleich seinem Vater unaufhörlich sprungbereit auf der Lauer, um die Nachfolge anzutreten. Max' Verhalten während seiner Kronprinzenzeit hinterläßt den — angesichts der bedrohlichen Übermacht und Heftigkeit des Vaters freilich verständlichen — Eindruck von Ängstlichkeit, Larmoyanz, Beflissenheit und Aufsässigkeit.

Mit dem Zeitpunkt ihrer Volljährigkeit traten die königlichen Prinzen in den Staatsrat und den Reichsrat ein. Da im Staatsrat in der Regel nur juristische Kapazitäten das Wort führten, bot sich für die Prinzen, die sich ihnen an Sachkunde, Lebens- und Geschäftserfahrung uneinholbar überlegenen Mitgliedern konfrontiert sahen, wenig Entfaltungsmöglichkeit. Immerhin kam es selbst im Staatsrat gelegentlich zu oppositionellen Einwendungen der Königssöhne, so zur Kritik des Kronprinzen und des Prinzen Luitpold an der Konfessionspolitik des Königs und Abels in der damals berühmt gewordenen Staatsratssitzung vom 26. Februar 1845[178]. Da es mit der Geheimhaltung schlecht stand, verbreiteten sich alsbald ungemein übertreibende Berichte über die Vorgänge auf dieser Sitzung, die schon so, wie sie stattgefunden hatten, einen Mann wie Abel deprimierten. Der Minister versäumte es im Gegenzug nicht, dem König gelegentlich einen Ausspruch Metternichs aufzutischen: »Bayerns Krankheit sind seine Prinzen«[179]. Während der Staatsrat der Entscheidung des Königs nicht vorgreifen konnte – es wurde zwar abgestimmt, aber nur, um ein genaues Bild über die Meinungen zu gewinnen –, kam der Abstimmung im Reichsrat legislativer Charakter zu, und wenigstens ihrer Tendenz nach durfte man den Kronprinzen, seinen Bruder Luitpold, Herzog Maximilian in Bayern und Ludwigs Bruder, Prinz Karl, 1837 bis 1847 zur Opposition rechnen. Wie erwähnt, hatte Ludwig aufgrund des von ihm geschworenen Verfassungseides Skrupel, das Verhalten seiner Familienangehörigen im Reichsrat zu beeinflussen[180]. Er gab Max zu verstehen, daß er von ihm nicht schlechterdings ein Verhalten als »Jaherr« in der I. Kammer erwarte, doch möge er es vermeiden, als Mitglied der »kompakten Opposition« aufzutreten[181]. Am meisten schätzte er es allerdings, wenn der Kronprinz das parlamentarische Feld durch Antritt einer Auslandsreise räumte.

Während seiner Ministerzeit oblag es dem Fürsten Wallerstein, den Kronprinzen in die politisch-administrativen Geschäfte einzuführen. Der ungemein liebenswürdige und kommunikative Staatsmann, dessen problematische Seiten der Kronprinz lange nicht durchschaute, behielt auch nach seinem Sturz 1837 das Vertrauen Maximilians, dessen Umgebung sich vor dem Thronwechsel hauptsächlich aus liberalen Persönlichkeiten zusammensetzte. Entfernt wurden daraus auf Ludwigs Befehl der Jurist Wendland, der zur Entschädigung in den diplomatischen Dienst übernommen wurde, und der aus der Ranke-Schule hervorgegangene Historiker Dönniges, der nach 1848 ebenfalls in der bayerischen Diplomatie unterkam und eine zeitlang dem *König* Maximilian als sehr einflußreicher Ratgeber diente. Im Fall Dönniges oblag es Abel, dem darauf sehr unwillig reagierenden Thronfolger zu erklären, welch schlechten Eindruck es machen müsse, wenn er sich mit »ausländischen« Vertrauten umgebe. Es fehlte nun freilich auch an bayerisch-katholischen, allerdings ebenfalls liberalen Gelehrten nicht, die sich von Maximilian fördern ließen und sein Ohr hatten, wie der Historiker Söltl oder der Orientalist Jakob Philipp Fallmerayer, ein Tiroler Freigeist; der Protestant Thiersch wurde seit 1838 ständig von Maximilian in Anspruch genommen. Die Zusammenkünfte des sogenannten »Kleinen Staatsrats« (Fallmerayer) in Hohenschwangau beobachtete Ludwig mit äußerstem Mißtrauen. Ein wahrer Aufschrei entrang sich dem Kronprinzen, als 1841 Schelling die bayerische Hauptstadt verließ und nach Berlin ging[182]. Abels Versuch, den ehemaligen Minister und späteren Regierungspräsidenten der Oberpfalz, Eduard von Schenk, als Staatsrat nach München zu holen und ihn gleichzeitig (kostenlos) als ständigen literarisch-wissenschaftlichen Berater des Kronprinzen zu etablieren, scheiterte an dessen entschiedenem Widerspruch[183]. Auch Schenk, dessen Verhältnis zum Kronprinzen sich ohne feste Bindung schließlich günstig entwickelte, war von diesem Gedanken wenig angetan. Über fünf Schreiben, mit denen der Kronprinz bei Abel eine Bewerbung Dönniges' um eine staatswissenschaftliche Professur in Erlangen unterstützte, gingen Monarch und Minister brüsk hinweg. Der Gefahr, daß sich der Kronprinz den aus Bamberg gebürtigen katholischen Professor Zöpfl als Berater zulegte, beugte Abel beim König durch den Hinweis vor, der Gelehrte sei »ein Erzliberaler und Demagog«[184]. Daß sich zwischen dem protestantischen Rechtsprofessor von der Pfordten, dem späteren Ministerpräsidenten, und Max ein vertrauliches Verhältnis anzubahnen begann, scheint der Hauptgrund für die Entfernung des Juristen vom Lehramt gewesen zu sein[185]. Von Abels Hand sind umfangreiche Aufzeichnungen über Aussprachen zwischen ihm und dem Kronprinzen überliefert, der über den Minister teils Maßnahmen des Königs gegen seine Umgebung rückgängig zu machen suchte, teils nach sinnvoller Betätigung, etwa als Protektor des Landwirtschaftlichen Vereins, verlangte und zu diesem Zweck um Fürsprache beim Monarchen bat[186]. Ludwig I. und Abel durchschauten, daß hinter dieser Absicht des Thronfolgers Fürst Wallerstein stand, der, zeitlebens ungewöhnlich einfallsreich, offenbar die Möglichkeiten eines (sehr frühen) Falles von Verbandspolitik in der bayerischen Öffentlichkeit ausloten wollte. Ebenso negativ verlief ein Gespräch zwischen Kronprinz und Minister am Vorabend des Landtags 1846. Damals stellte der Thronfolger die Frage, »ob zu hoffen sei, daß von Seite der Regierung Gesetzentwürfe über die Fixation der Zehnten, Laudemien und Frohnden den Ständen des Reiches würden vorgelegt werden«. Abel bemühte sich, Maximilian beizubringen, »wie es denn doch nicht wohl anzuraten sein möchte, daß Seine Kgl. Hoheit gegenüber den in Mitte liegenden allerhöchsten Beschlüssen als Urheber eines solchen Antrages in der Kammer aufträte«. Abels Stellungnahme zur Sache selbst und zur Rechtfertigung der vom König und der Regierung eingenommenen Haltung vermochten den Thronfolger allerdings nicht zu überzeugen[187]. Gleichwohl wurde Abel später ein geschätzter Berater des *Königs* Maximilian, während Wallerstein wegen seiner oppositionellen Haltung bei diesem bald nichts mehr zu melden hatte. Ludwigs große Sorge war, seine konservativ-katholische Politik könnte unter Max in ihr Gegenteil verkehrt werden. Die Vorstellung, Maximilians Kinder könnten durch diesen und seine preußische Gattin Marie nicht gut katholisch erzogen werden, plagte ihn derart, daß er seinem Tagebuch den Wunsch anvertraute, nur Luitpold möchte Söhne bekommen, während er Max nur Töchter vergönnte[188].

Bei der Eheschließung hat Ludwig dem Kronprinzen, abgesehen von dem Verdikt über französische Prinzessinnen, freie Hand gelassen; daß Maximilian eine protestantische Prinzessin, Marie von Preußen, heimführte, konnte der selbst mit einer Prinzessin aus evangelischem Haus verheiratete Vater, der freilich eine Erzherzogin für seinen Sohn bei weitem vorgezogen hätte, kaum beanstanden. Es wäre dem Zaren Nikolaus I. offenbar erwünscht gewesen, eine seiner Töchter mit dem bayerischen Thronfolger zu verheiraten. Ludwig und sein Sohn befürchteten jedoch, in eine Art höfischer Abhängigkeit von dem unvergleichlich potenteren Zarenhaus zu geraten[189]. Auch schienen beiden die Bedürfnisse und Gewohnheiten einer russischen Großfürstin mit dem Budget einer bayerischen Kronprinzessin nicht leicht in Einklang zu bringen zu sein. Jedenfalls hat man gründlich über den zu erwartenden oder auch nicht zu erwartenden politischen

Nutzen der meisten Eheschließungen nachgedacht. Gise, langjähriger Gesandter in St. Petersburg, riet nachdrücklichst zu der russischen Ehe[190]. Hätte der Zar Zusicherungen hinsichtlich der badischen Pfalz gemacht, es hätte keinen überzeugteren Fürsprecher einer russischen Ehe des Thronfolgers gegeben als Ludwig.

Der Zweitgeborene, Prinz Otto, war seit 1832 mit der Würde eines Königs von Griechenland bekleidet. In seinem Fall waren alle diejenigen Fragen zu regeln, die bei der Begründung einer Sekundogenitur auftauchten, vom Fortbezug einer bayerischen Apanage bis zur Nachfolge anderer bayerischer Prinzen auf dem griechischen Thron im (tatsächlich eingetretenen) Fall der Kinderlosigkeit Ottos. Die Thronfolge der Prinzen Luitpold oder Adalbert hätte konfessionspolitisch sehr schwierige Fragen aufgeworfen, die jedoch nach der Entfernung der Dynastie Wittelsbach aus Griechenland 1862 gegenstandslos wurden. Luitpolds kritische Bemerkungen im Staatsrat im Februar 1845 blieben während der Regierung seines Vaters sein einziger nennenswerter Beitrag zur bayerischen Politik. Der Jüngste, Prinz Adalbert, trat vor der Abdankung seines Vaters noch nicht hervor.

Im wörtlichen Sinn als Haupt- und Staatsaktionen der Hauspolitik spielten sich die Verehelichungen der Söhne und Töchter des Königspaares ab. Daß sie in sämtlichen Gesandtschaftsberichten aus München einen unverhältnismäßig großen Raum einnahmen, hing weitgehend mit der höfischen Atmosphäre zusammen, in der sich die Diplomaten zu bewegen hatten, auch mit der Neugier ihrer heimischen Souveräne auf intime und familiäre Vorkommnisse bei einer verwandten oder jedenfalls zum exklusiven Kreis der europäischen regierenden Häuser gehörenden Dynastie. Der politische Ertrag der meisten Heiraten hielt sich jedoch in engen Grenzen. Louis Philippes Angebot einer Ehe seiner Tochter Klementine mit dem Kronprinzen Maximilian nannte Ludwig »verlockend, aber mich nicht verlockt habend«[191]. Seinem Sohn Otto hatte er schon vorher erklärt, daß er einer französischen Ehe auf keinen Fall zustimmen würde. Die spanischen und italienischen Bourbonen bezog er jedoch in sein Verdikt nicht ein. Nach den vorhergegangenen Ehen der Schwestern Auguste und Charlotte (Karolina Augusta) heirateten Ludwigs Halbschwestern in das österreichische Kaiserhaus, das preußische und das sächsische Königshaus, und Ludovika Wilhelmine hat man mit dem Herzog Max in Bayern vermählt. Von Ludwigs Töchtern ehelichte die älteste, Mathilde, den nah verwandten evangelischen Erbgroßherzog (später Großherzog) Ludwig von

Hessen, Adelgunde den Herzog Franz I. von Modena und Hildegard den Erzherzog Albrecht von Österreich. Prinzessin Alexandra blieb unvermählt. Weder die spätere preußische Königin Elisabeth noch die österreichische Kaiserin Karolina Augusta sahen sich in der Lage, bei ihren Gatten oder deren Staatsmännern zugunsten Bayerns zu wirken, fühlten sich in solchen Fragen wohl auch überfordert. Der Versuch, über die Damen Einfluß zu nehmen, war von Ludwig immerhin unternommen worden. Viel versprach er sich für Bayern für den Fall, daß der österreichische Kaiser Ferdinand durch seinen Bruder Franz Karl abgelöst würde. Von dessen Frau, Ludwigs sehr aktiver Halbschwester Sophie, erhoffte sich der Bayernkönig eine in seinem Sinn günstige Beeinflussung der Staatsgeschäfte.[191a] So gering der politische Nutzen blieb, den Glanz der Dynastie hat die ludovizianische Ehepolitik gewahrt und gemehrt. Als ein mit den führenden deutschen Dynastien Habsburg und Hohenzollern gleichzeitig verschwägertes Geschlecht hatte es sein hauspolitisches Prestige gesichert.

Schwarzes Schaf der Familie war der mit Ludwig I. gleichaltrige Herzog Pius in Bayern, der kriminellen Neigungen nicht widerstehen konnte und in geistiger Zerrüttung verkam[192]. Vielleicht noch mehr Verdruß bereitete dem Hause Wittelsbach ein naher Verwandter, der Schuldenmacher Prinz Georg Wilhelm von Hessen-Darmstadt, Onkel Ludwigs I.[193].

Zweimal morganatisch verheiratet war Ludwigs jüngerer Bruder, Prinz Karl. Der Prinz befand sich seit 1841 in einer materiell sehr günstigen Lage. Er bezog nicht nur eine Apanage von 100 000 fl. (Höchstsatz) und Nebeneinkünfte, die auf diese nicht angerechnet wurden, wie die Johanniter-Ordens-Großprioratspension (jährlich 21 180 fl.) und die Gagen seiner militärischen Chargen. Von seiner Stiefmutter, die ihm schon bei der Einrichtung des Pavillon Royal (heute Prinz Karl-Palais) finanziell kräftig unter die Arme gegriffen hatte[194], erbte er nach ihrem Tod das Schloß Tegernsee samt allem Zubehör. Schließlich verfügte er als »Fiduciar« über den satzungsgemäß dem Zweitgeborenen des Hauses zufallenden herzoglich clementinisch-marianischen Fideikommiß, der unter anderem aus großen böhmischen Gütern bestand[195]. Es bedurfte allerdings erst eines Prozesses des Prinzen gegen seinen Bruder, um sich diesen enormen Komplex auf dem Weg eines Vergleichs zu sichern[196]. Gemäß den Statuten sollten 4,5 Millionen fl. aus dem clementinischen Familienfideikommißkapital zum Ankauf »inländischer« Güter verwendet

werden[197]. Der Prinz widerstrebte dieser Bestimmung, während
der Monarch, stets mit Strenge auf die Einhaltung letztwilliger
Verfügungen und Stiftungen bedacht, auf die Verwirklichung
der Vorschrift drängte. Dies war nicht der einzige Grund für
Meinungsverschiedenheiten zwischen beiden Brüdern, zwischen
denen es fortwährend knisterte. Mit dem Verhältnis von regierenden Monarchen und Kronprinzen haben sich die Historiker
ausgiebig beschäftigt, weniger mit dem zwischen den Staats- und
Familienoberhäuptern und ihren nachgeborenen Brüdern,
obschon auch diese Beziehungen, wie die Beispiele eines Prinzen
Heinrich von Preußen im 18. Jahrhundert und im 19. Jahrhundert des Prinzen Wilhelm von Preußen (später Kaiser Wilhelm I.), zahlreicher Erzherzöge und in den Mittelstaaten eines
Prinzen Paul von Württemberg und Karl von Bayern zeigen, von
politischem Interesse waren. In jungen Jahren, als Kronprinz
Ludwig noch »liberalisierte«, spielte Prinz Karl, Liebling seines
Vaters und diesem weit näher stehend als der Erstgeborene, den
Hochtory und den »Militärprinzen« schlechthin[198]. Allerdings
blieb ihm die Marschallswürde, nach der er strebte, zunächst
versagt, weil diese sich bereits in den Händen des dem Prinzen
an militärischer Erfahrung weit überlegenen Fürsten Wrede
befand. Anfang der 1820er Jahre ging man mit dem abwegigen
Gedanken um, dem Prinzen »ersatzweise« das Amt des Kriegsministers zu übertragen. Kronprinz Ludwig legte sich quer. Er
beurteilte völlig richtig die politischen und fachlichen, staats- und
hausrechtlichen Schwierigkeiten, die eine derart ungewöhnliche
Betrauung eines Prinzen mit einem Ministeramt mit sich bringen
mußte. Erst drei Jahre nach Wredes Tod erlangte der Prinz im
Zeichen der europäischen Krise 1840/41 die Marschallswürde.
Der König wünschte jedoch nicht, daß der Prinz in Presseberichten als Marschall aufgeführt werde[199]. Nur von »Prinz Karl von
Bayern« sollte die Rede sein. Bei Nennung fürstlicher Personen
regierender Häuser sei es, so Ludwig, nicht üblich, die Titel der
von ihnen bekleideten Stellen aufzuführen. In den 1830er Jahren führte Prinz Karl eine scharfe Sprache gegen Frankreich.
Während der sogenannten Ära Abel schloß sich der unter dem
Einfluß des von ihm finanziell unterstützten Wallerstein stehende Prinz der reichsrätlichen Opposition gegen den Innenminister an. Als fundiert kann man die politischen Anschauungen
von Ludwigs Bruder kaum bezeichnen. Der König hatte so
Unrecht nicht, wenn er ein gewisses Ressentiment gegen den
Älteren als das regierende Haupt der Dynastie und den Wider-

spruchsgeist Karls als die tatsächlichen Motive seiner Haltung ansah. Daß der sehr empfindliche Karl sich (cum grano salis) nach »rechts« bewegte, wenn Ludwig freiheitlichen Auffassungen huldigte, und während der Reaktionsperiode nach »links« rückte, läßt entsprechende Schlüsse zu. Ludwig ließ dem Bruder sein »Benehmen« (einer der Lieblingsausdrücke des Königs) des öfteren entgelten, beispielsweise dadurch, daß er ihm das begehrte Kommando über das Nürnberger »Lager«[200] von 1840 nicht übertrug. 1866 versah Prinz Karl glücklos die Funktion eines Oberbefehlshabers des VII. und VIII. Bundesarmeekorps. Vor und nach dem Tod seines regierenden Bruders ist der Prinz mit je einer anonymen Publikation hervorgetreten, die, zwischen den Zeilen gelesen, einiges über sein Verhältnis zu Ludwig I. aussagen[201]. Ein Bruch zwischen beiden Brüdern konnte vermieden werden. Es gab auch Phasen des Einvernehmens, und in den kritischsten Situationen der Regierung Ludwigs I. stand Prinz Karl loyal zum Haupt des Hauses.

Ludwig I. war der ungleich bedeutendere und tiefer angelegte der beiden Brüder, Karl, schön, tapfer und ritterlich, der mit Abstand beliebtere. Der König hatte überdies Anlaß, auf die erotischen Erfolge des Jüngeren eifersüchtig zu sein. Viele Frauen »flogen« auf den »beau prince de Bavière«. Platonische Verhältnisse lagen dem Jüngeren meilenfern. Bei ihm ging alles viel »natürlicher« zu, während der »große Bruder« mit Poesie und dem Gewicht seiner Stellung nachhelfen mußte und sich vermutlich gleichwohl weniger als der unproblematische Prinz Karl sicher sein durfte, daß seine Gefühle erwidert wurden. Politisch zog mit Prinz Karl am gleichen Strang Herzog Maximilian in Bayern, dessen hauptsächliche Interessen jedoch nicht auf politischem oder militärischem Gebiet lagen.

Durch politische und geschäftliche Intelligenz ragte unter den weiblichen Mitgliedern des Hauses des Königs »liebe Großmuhme«, die Kurfürstin-Witwe Marie Leopoldine, verehelichte Gräfin Arco, heraus, von der Ludwig nach ihrem Tod bemerkte: »... mit der wie mit keiner ihres Geschlechts ich gerne Politik betreffende Gespräche hatte«[202]. Um dem Haupt der Dynastie nach dem Munde zu reden, war die geborene Erzherzogin viel zu unabhängig. Männerbekanntschaften und geschäftliche Transaktionen nahmen ihr Interesse allerdings noch mehr als die Politik in Anspruch. Zusammen mit der Fürstin Mathilde Therese von Thurn und Taxis[203] und der Gräfin Ernestine Montgelas[204] bildete die mit beiden befreundete Kurfürstin-Witwe ein nicht nur in sittengeschichtlicher Hinsicht, sondern auch als frühes Beispiel von Frauenemanzipation in höchstgestellten Kreisen bemerkenswertes Trio. Erwerbssinn, Unternehmungsgeist, Spekulationstalent und die Gabe rationeller Verwaltung ihres Besitzes machten Marie Leopoldine damals zu einem Unikum unter ihresgleichen. Die Gesandtschaftsberichte nahmen sich ihrer und ihrer Affären besonders »liebevoll« an. Von Geldgier verleitet, bewegte sich die hochgestellte Dame gelegentlich nicht nur außerhalb der guten Sitten, sondern auch der Legalität. Nichts für Politik hatte offensichtlich die verwitwete Herzogin Marie Amalie von Zweibrücken übrig, aber die »Schulden der höchstseligen Frau Herzogin-Witwe« wurden nach ihrem Tod zu einem Politikum. Es blieb des juristisch raffinierten Abel (bewältigte) Aufgabe, den bayerischen Landtag zur Bezahlung dieser Summe zu überreden[205].

Ludwig war ein strenges und gerechtes, vor allem jedoch ein liebevolles und fürsorgliches Familienoberhaupt. Auch bei solchen Angehörigen des Hauses, über die er sich des öfteren ärgern mußte, wachte er, schon aus wohlverstandenem Interesse der Gesamtdynastie, darüber, daß man ihre fürstliche Würde in der Öffentlichkeit respektierte. Sein großes Finanztalent stellte er nicht nur in den Dienst seiner Kunstbestrebungen sowie seiner kirchlich-caritativen Maßnahmen, sondern auch der Sicherung der nächsten Angehörigen. Nie verlor er den Überblick über seine Einnahmen und Ausgaben und über seinen Vermögensstand. Aufgrund der fast vollständigen Einbringung der kurfürstlichen Habe in das Staatsvermögen 1804 verfügte Ludwig bei seinem Regierungsantritt nur über ein vergleichsweise geringes eigenes Vermögen. Es gelang ihm gleichwohl, ein beträchtliches Privatvermögen anzulegen, das 1841 bereits über 2 Millionen fl. betrug und das er fortwährend sorgfältig mehrte. Während der Thronfolger durch die bayerische und König Otto durch die griechische Zivilliste versorgt waren, gedachte Ludwig für die Söhne Luitpold und Adalbert je einen Fideikommiß von 2 Millionen fl. zu errichten. Da der König 1849 das bis dahin nicht zurückbezahlte Darlehen an Griechenland ersetzen mußte, ließ sich diese Absicht nicht verwirklichen. Es blieb bei der Errichtung nur *eines* Fideikommisses, zu dessen Nutznießer der König 1866 den Prinzen Luitpold bestimmte. Luitpold hatte aus dessen Betrag seinem Bruder Adalbert jährlich 40000 fl. zu entrichten. Darüber hinaus verblieben noch beträchtliche Kapitalien und andere Vermögensgegenstände, die der König in seinem Testament als Legate und zu anderen Zwecken den verschiedensten Empfängern vermachte. Die Errichtung von Sekundo- oder auch Tertiogenituren sollte dem Glanz und Ruhm des Hauses dienen, doch wurde dabei nicht minder die finanzielle Entlastung der Familie in Betracht gezogen.

Mitunter liefen in München abenteuerliche Angebote zur Übernahme neu zu errichtender Königskronen durch Prinzen des Hauses ein[206]. Ludwig selbst träumte Anfang 1848 noch von einer Trennung Siziliens von Neapel; die sizilianische Krone dachte er dem Prinzen Adalbert zu[207]. Ein auf seine Art grandioses Dokument der Hausgeschichte ist das Testament vom 21. Mai 1841, das Ludwig bis 1866 wiederholt durch Kodizille ergänzte und auch in der Substanz veränderte[208]. Als Prototyp des dynastischen pater familias und Mehrer des Hausvermögens tritt Ludwig in diesen Urkunden voll in Erscheinung.

3. Die Welt des Hofes

Die Spitze der gesellschaftlichen Pyramide bildete der königliche Hof. Wer bei Hof zugelassen war, wer »Hoffähigkeit« erlangt hatte, zählte zur Creme der Gesellschaft. Die Hofrangordnung[209], die bei Hoffestlichkeiten, aber auch bei vielen anderen Gelegenheiten, etwa der Fronleichnamsprozession, einzuhalten war, diente nicht allein als ein für die Verhältnisse am Hofe gültiges Reglement. Sie wirkte sich auch auf das gesellschaftliche Selbstverständnis der Oberschicht im ganzen Lande aus. Hofrangordnungen geben Aufschluß über das Sozialprestige der Höher- und Höchstgestellten. Erbitterte Kämpfe um die Plazierung auf der Hofrangliste wurden zwischen einzelnen Gruppen ausgefochten. Der Vergleich zwischen den an verschiedenen Höfen geltenden Rangordnungen erlaubt Einblicke in gesellschaftliche Unterschiede, die in der Regel auch politisch zu Buche schlugen.

Den Mitgliedern der königlichen Familie zunächst rangierten in der bayerischen Hofrangordnung als vornehmste Würdenträger die Kronbeamten, Inhaber der als Thronlehen qualifizierten Hofehrenämter, deren zeremonielle Funktionen nur bei außerordentlichen Anlässen in Betracht kamen. Kronämter galten als unerläßliche Ausstattung und Decorum einer Monarchie; die Aufgaben der »Großbeamten der Krone« sind nicht mit denen der hauptberuflichen Hofbeamten zu verwechseln. Ludwigs grundsätzliche Geneigtheit, das Ansehen des Adels zu heben, fand 1841 Ausdruck in seinen Überlegungen, die durchweg eingegangenen oder abgeschafften, im Besitz adeliger Familien befindlichen Erbhofämter (Provinzialhofämter) in den verschiedenen Landesteilen wieder zum Leben zu erwecken, doch mochte er wohl die Schwierigkeit und Künstlichkeit des Verfahrens einsehen und kam wieder davon ab[210]. Häufig verlieh der Monarch, ausschließlich an adelige Personen, die Würden eines Kammerjunkers und königlichen Kämmerers. Aufrechterhalten als glanzvolles Traditionselement blieben die beiden bayerischen Hausorden St. Georg und St. Hubertus mit sehr begrenzter Mitgliederzahl und caritativen Aufgaben. Ihre Ordensfeste zählten zu den vornehmsten Gelegenheiten höfischer Prunkentfaltung. Um einem tatsächlich unabweisbaren Bedürfnis nachzukommen, stiftete Ludwig, wie schon sein Vater, neue Orden für einen sehr ausgedehnten Personenkreis[211].

Vom Hof als Regulator von Rangverhältnissen und Bezugspunkt von Würden und Ehrenämtern ist zu unterscheiden der Hof als wichtiger und umfangreicher sozialer Organismus, dessen ökonomische und kulturelle Funktionen zwar nicht ausschließlich, aber in besonderem Maße der Haupt- und Residenzstadt zugute kamen. Die deutsche Geschichte kennt Beispiele, daß die Wegverlegung einer Residenz den Niedergang des betreffenden Ortes zur Folge hatte. Für die Münchner Geschäftswelt bedeutete der Hof mit seinen Hunderten von Beamten und Bediensteten eine Einkommensquelle ersten Ranges. Die Verleihung des Titels eines Hoflieferanten galt bei Produzenten und Händlern als Gipfel ihres Ansehens und sicherte ihren wirtschaftlichen Erfolg. Allerdings war der Anteil der Münchner Gewerbetreibenden und Kaufleute an Dienstleistungen für den Hof und seiner Belieferung insofern begrenzt, als dieser zum Teil Selbstversorgung betrieb. Verteilt auf verschiedene Hofstäbe führt das Hof- und Staatshandbuch auf: Hofapotheke, Hofpfisterei, Hofküche und Hofkellerei, Hofkonditorei, ein Hofmang- und Leibwaschgebäude, ein Hofhühnerhaus, zahlreiche Einrichtungen für das Hofbauwesen und eine Hoffischerei. Selbstversorgungseinrichtungen fanden sich nicht nur in der Haupt- und Residenzstadt, sondern auch bei anderen Schlössern im Lande. An ältere Zeiten, in denen Hof- und Staatsverwaltung noch nicht getrennt waren, erinnerte es, daß die beiden potentesten Privatbankiers des Landes, die Freiherrn von Eichthal und von Hirsch, den Titel eines Hofbankiers trugen. Tatsächlich waren die betreffenden Häuser längst über die

Wahrnehmung von finanziellen *Hof*angelegenheiten hinausgewachsen und wurden in finanziellen *Staats*geschäften, vor allem Anleihen, zu Rat und Mitwirkung herangezogen, ganz abgesehen von ihrer Betätigung im staatsunabhängigen Wirtschaftsleben.

Den König umgab ein Hofstaat, der unter anderem General- und Flügeladjutanten, das Kabinettssekretariat, das Hofsekretariat sowie die Leibärzte einschloß. Auch jedes andere erwachsene männliche und weibliche Mitglied des königlichen Hauses sah sich mit einem eigenen Hofstaat ausgestattet. An der Spitze der Hofverwaltung, die sich in Hofstäbe und Hofintendanzen gliederte, stand der Obersthofmeister. Die Kompetenzen der Hofstäbe wechselten im Laufe des 19. Jahrhunderts. Ludwig ließ die eine und andere Hofstelle jahrelang unbesetzt, etwa die Ämter des Obersthofmarschalls oder des Oberststallmeisters, und ließ sie durch weniger hohe Chargen verwalten. Eine Anzahl sehr wichtiger Hofstellen wie das Kabinettssekretariat, die Kabinettskasse, auch der Hofkirchensprengel unterstanden, qua Hofstaat, dem Oberthofmeisterstab unmittelbar. Beim Hofmarschallamt ressortierten die für die Versorgung des Hofes geschaffenen Einrichtungen. Der Oberstkämmerer war zuständig für das Zeremonialwesen, die Angelegenheiten der Kammerherren und der Hofbeamten; dem Oberststallmeisterstab unterstanden nicht nur Marstall, Gestüte, Fourage und Magazine, sondern auch die erst von Ludwig eingerichtete Hofkasse und die Pagerie. Als Hofbehörden fungierten Hofmusikintendanz, Hoftheaterintendanz, Hofjagdintendanz, Hofgartenintendanz und Hofbauintendanz. Die Einführung der lebenslänglichen Zivilliste benützte Ludwig, die bis dahin pragmatischen Rechte der meisten »Hofdiener« zu beseitigen[212]. Seit 1837 ließ er nur mehr die Verleihung pragmatischer Rechte an einzelne »Hofdiener« durch den Hausminister ausfertigen, während er alle anderen Hofdekrete von den zuständigen Hofstellen ausgehen ließ. Im Sinne einer »Emanzipation« des Hofes vom Staat wies er Gise darauf hin, daß er Minister des Hauses und des Äußeren, aber nicht des Hofes sei.

Einen nicht unbeträchtlichen Teil der Aufmerksamkeit des Königs nahm das damals als höfisches Institut betriebene und verstandene Theater in Anspruch. Nicht nur, daß er es sehr häufig besuchte! Über die Darbietungen von Sängerinnen, Schauspielern und Tänzerinnen war er mit apodiktischen Urteilen, wie auch sonst, rasch bei der Hand. Daß er sich für einige Angehörige des weiblichen Theaterpersonals auch außerhalb ihrer künstlerischen Leistungen interessierte, war stadtbekannt. Dergleichen wird auch von zahlreichen anderen Fürstlichkeiten in ganz Europa berichtet. Ludwigs Vergnügen an der Bühne wurde indessen durch seine administrativen Bemühungen um dieses Institut zumindest aufgewogen. Der Hoftheater- und der Hofmusikintendant erlebten ihren König gleich den Ministern als einen nicht nur herrschenden, sondern auch regierenden Herrn, dessen »Detaileinmischung« oft extreme Formen annahm. Veranstaltungsprogramme, Gagen, sämtliche Personalfragen – nichts, was seiner systematischen Aufmerksamkeit und unablässigen Kontrolle entgangen wäre. Nicht ganz klar ist, ob er die meisten Libretti und die Texte oft minderwertiger Unterhaltungsstücke, die an seinem Theater zur Aufführung gelangten, aus Pflichtgefühl und Zuständigkeitsperfektionismus las oder deswegen, um seinem mangelhaften Gehör bei der Rezeption des Bühnengeschehens nachzuhelfen. Das Theater zählte zu denjenigen Anstalten, die der König als Experimentierfeld seines Sparsinns bevorzugte. Sein Ideal wäre das exquisite und gleichzeitig für die Verwaltung billigste Theater gewesen. Dies ließ sich jedoch nicht verwirklichen, und um den Betrieb nicht zu sehr zu verteuern, nahm er gelegentlich auch mit nicht erstklassigen Kräften vorlieb.

Unter Karl Theodor hatte der Hofstaat an Zahl die Zivildienerschaft in der Landeshauptstadt noch übertroffen. Damit war es unter der Dynastie Zweibrücken vorbei; aber noch während der ganzen monarchischen Ära bildete der Hof einen ungemein ins Gewicht fallenden Bestandteil des öffentlichen Lebens. Hofdienste galten ungezählten Menschen als außerordentlich erstrebenswert. Infolgedessen konnte man bei der Anstellung bei Hofe eine scharfe Auslese vornehmen. Wer als Lakai eintreten wollte, mußte nicht nur beim Militär gedient haben, sondern dort auch mit der Note »ausgezeichnet« entlassen worden sein[213].

Am Hofe wurde nicht weniger intrigiert als anderswo. Für interne Auseinandersetzungen dort, meist sehr persönlichen Charakters und ohne politischen Hintergrund, existieren mancherlei Belege[214]. Nur durch klare Regelung der Kompetenzen und stabile Rangordnung konnte der Kampf aller gegen alle (bei Hofe) vermieden werden. Der König hat beides ernst genommen und den damit verbundenen Erfordernissen durch eine Anzahl neuer Reglements Rechnung getragen. 1840/41 kam – Gegenstand jahrelanger intensivster Überlegungen und Auseinandersetzungen – eine neue Rangordnung zustande[215]. Fortwährend mußten noch zusätzliche Lösungen für Fragen gefunden werden, wie »Rang der Palastdamen, Schlüsseldamen und Oberhofmeisterinnen der Prinzessinnen des königlichen Hauses«[216] oder die Stellung von Ehrenwachtposten nicht nur für den Chef der herzoglichen Linie, sondern auch für dessen Enkel[217]. Zu den ersten Erlassen nach der Thronbesteigung Ludwigs zählte ein Reglement betreffend Geschäftsführung und Geschäftsformen der königlichen Hofhaltung[218].

Das Ministerium des Königlichen Hauses und des Auswärtigen (man beachte die Reihenfolge dieser Bezeichnungen) war nicht übergeordnete Dienststelle für die Hofstäbe und Intendanzen, sondern hatte alle Rechtsakte, die das königliche Haus und einzelne, die den Hof betrafen, zu bewerkstelligen und neben den staatlichen die spezifisch höfischen Beziehungen zu fremden Mächten zu pflegen. Dazu zählten nicht nur Rangfragen, Ordensverleihungen und Notifikationen, sondern auch Gutachten über die politische Zweckmäßigkeit von Eheverbindungen.

Die finanzielle Grundlage des gesamten Hofwesens bildete die Zivilliste, deren System erst unter Ludwig I. definitiv geregelt wurde. Im Vorfeld der Bemühungen um ihre Fixierung hatten ein Zusatzgesetz zur Verfassung vom 9. März 1828 betreffend Staatsgut und weitere gesetzliche Bestimmungen von 1831 genauer bezeichnet, was in den Sammlungen als Privateigentum des Monarchen anzusehen sei[219]. Auf der Basis des Finanzgesetzes vom 28. Dezember 1831 kam es durch Landtagsbeschluß zu dem »Grundgesetz des Reiches über die Dotation der Krone«[220] vom 1. Juli 1834, dessen Zustandekommen Ludwig mit Befriedigung erfüllte. Die in monatlichen Raten aus der Zentralstaatskasse zu entrichtende Summe wurde für ständig auf 2 350 000 fl. im Jahr festgesetzt; sie konnte ohne Zustimmung der Stände nicht erhöht und ohne Bewilligung des Königs nicht gemindert werden. Artikel VII des Gesetzes gab die Handhabe, die Stände um Bewilligung der Kosten für einen Palastbau für den Kronprinzen und seine Familie zu ersuchen. Auf dem Landtag 1840 wurde zu diesem Zweck die Summe von 1 Million fl. gewährt; in den folgenden Jahren hat man mit diesem Geld das (heute nicht mehr bestehende) Wittelsbacher-Palais erbaut. Über die Verwendung der Einkünfte aus der Zivilliste war der Monarch keine Rechenschaft schuldig. Sein Privatvermögen legte Ludwig in Beteiligungen an, unter anderem bei der Bayerischen Hypotheken- und Wechselbank[221], der Griechischen Nationalbank und der Ludwig-Donau-Main-Kanal-Aktiengesellschaft. Das Heiratsgut der Schwiegertöchter hat man in inländischen Staatspapieren gesichert[222]. Umsichtiger als Ludwig konnte man kaum am materiellen Wohl seiner Familie arbeiten. Als er seinem Sohn Otto bei dessen Regierungsantritt in Griechenland seine Regentenerfahrungen zur Verfügung stellte, bedachte er nicht zuletzt die Ausstattung der zu gründenden Familie: »...Gleichfalls wäre sehr viel als Krongut vorzubehalten; dies muß sehr beträchtlich werden, denn hoffentlich wirst Du mit zahlreichen Kindern gesegnet, und für sie ist *gleich anfangs* zu sorgen«[223].

Daß die höchsten Hofchargen unter Ludwig I. erheblichen politischen Einfluß ausgeübt haben, ist unwahrscheinlich. Einige diskrete Missionen, die ihnen der König auftrug, sind nachweisbar, mehr nicht. Daß sich im täglichen Umgang mit dem König und im Gespräch mit ihm auch Gelegenheit zu politischen Äußerungen ergab, ist anzunehmen. Es ist kaum vorstellbar, daß eine Persönlichkeit wie der Generaladjutant Prinz Konstantin Löwenstein, der allerdings nicht als Hofbeamter oder Hofwürdenträger, sondern als militärischer Repräsentant galt, sich politischer Bemerkungen hätte enthalten müssen. Im ganzen dürfte es jedoch für ausgemacht gelten, daß die Politik im Lande zwischen dem König und seinen Ministern betrieben wurde. Als Schaltstelle zwischen dem Monarchen und den Ministern diente das Kabinettssekretariat. Aus der Verwaltungsgeschichte mehrerer Monarchien ist bekannt, daß die Chefs der Kabinettssekretariate gelegentlich der Tendenz frönten, ihr Amt zu einem Überministerium auszubauen. Es sei an den Kampf des Freiherrn vom Stein gegen die Kabinettssekretäre seines Königs erinnert! Der Kabinettssekretär Grandaur hat gewiß Einfluß ausgeübt, sein Vorgänger Martin und sein Nachfolger Schilcher wohl weniger.

Daß sich der König nicht nur im Staate, sondern auch im eigenen Hause und bei Hofe als strenger Sparmeister betätigte, versteht sich von selbst. Lukrative Nebeneinkünfte, die unter Max Joseph beispielsweise das Personal der Hofkellerei sich zu verschaffen gewußt hatte, wurden von seinem Nachfolger mit Erfolg unterbunden. Nach glaubhafter Haustradition sah der Monarch sogar in der Hofküche höchstselbst nach dem Rechten[224]. Bei aller persönlichen Anspruchslosigkeit und Frugalität wußte Ludwig genau einzuschätzen, was höfische Repräsentation in einem monarchischen Staat bedeutete und erforderte. Darüber hinaus mochte ihm der seiner unbegrenzten Verfügung unterworfene Hof als Gegengewicht zu der (für ihn) limitierten Staatssphäre erscheinen. Die zentrale Bedeutung des Hofes lag in

Ludwigs Augen wohl darin, daß dieser die königliche Existenz seines Hauses erst ermöglichte und darstellte. Das Haus Wittelsbach, untrennbar verbunden mit dem monarchischen Herrscheramt über Bayern, bildete den Mittelpunkt seiner politischen Vorstellungswelt.

Bis auf Restbestände hat man im Lauf der Zeit alle Funktionen der Staatsverwaltung aus dem Hofwesen eliminiert. Der Hof behielt jedoch eine Kompetenz, für die es in der monarchischen Ära eine Staatsinstitution noch nicht gab, nämlich die Repräsentanz des Staates und der Nation nach außen und innen, nicht etwa nur der Dynastie. Unter Ludwig I. und noch lange nach ihm rechnete man demzufolge Kultur (und Kunst zumal) noch in erster Linie zu dem Felde, auf dem ein Hof sich und die Nation zu repräsentieren hatte. Der Staat zählte Kirchen- und Bildungspolitik bereits zu seinen wichtigsten Aufgaben, aber Anteil an der Kulturpolitik im engeren Sinne haben Staat und Gemeinden im 19. Jahrhundert erst allmählich genommen. Ein erheblicher Teil der Bevölkerung hielt die Repräsentation durch den Hof für eine Aufgabe von erstrangiger Bedeutung, und nur ein Apparat vom Umfang der neuzeitlichen Höfe erschien in angemessener Weise geeignet, mit Würde und Glanz zu repräsentieren.

III.
MONARCH – ADEL – BÜROKRATIE

1. Königtum und Aristokratie

Drei Personengruppen machten vor anderen den Umgang des Königs aus, sieht man von der Familie, dem Hofstaat und Ludwigs weiblichem Bekanntenkreis ab: Adel, Bürokratie und Künstlerschaft. Die Künstler bleiben im folgenden ausgeklammert, da primär die politischen Führungsgruppen ins Auge zu fassen sind. Über die Generalität und das Offizierskorps, die als politisches Instrument unter Ludwig I. erheblich hinter der Bürokratie zurücktraten, sowie über die Geistlichkeit, die der König, als eine Sondergruppe allerdings, mehr oder minder der Staatsdienerschaft zurechnete, wird noch zu reden sein. Die ökonomisch führenden Kreise und die Angehörigen der freien Berufe gelangten über die Abgeordnetenkammer und die Landräte sowie über die Selbstverwaltung der Gemeinden zu politischer Partizipation, die sich jedoch im bescheidenen Rahmen vormärzlicher Verhältnisse hielt. Kontakte des Königs zur Elite des Wirtschaftsbürgertums fanden statt; intensiv waren sie nicht.

Als nach wie vor besonderen Stand anerkannte die bayerische Verfassung den Adel und regelte seine Verhältnisse in ihren Beilagen IV und V: »Edikt die staatsrechtlichen Verhältnisse der vormals reichsständischen Fürsten, Grafen und Herren betreffend«, sowie »Edikt über den Adel im Königreich Bayern«. Beilage IV betraf die sogenannten Mediatisierten, deren Vorrechte durch die Bundesakte garantiert waren, Beilage V die ehemalige Reichsritterschaft und den gesamten von jeher landsässigen Adel Bayerns[225]. Staatsrechtlich und sozialgeschichtlich nahmen den ersten Platz die fürstlichen und gräflichen Familien des hohen Adels ein, die Gruppe der Standesherren, Angehörige ehemals landesherrlicher Geschlechter[226]. Sie hatten bereits in Artikel 27 der Rheinbundakte Berücksichtigung gefunden, und der Artikel XIV der Bundesakte sicherte ihnen, abgesehen von der hoch eingeschätzten Ebenbürtigkeit mit den regierenden Familien, noch eine erhebliche Anzahl von Privilegien. Sie übten bis 1848 und zum Teil noch länger eine Unterlandesherrschaft innerhalb des Königreichs aus. Den meisten ihrer Familien, richtiger gesagt deren Häuptern, ermöglichte ein umfangreicher Besitz standesgemäßes Auftreten und politischen Einfluß. Die erbliche Mitgliedschaft aller standesherrlichen Familien im Reichsrat verschaffte ihnen eine starke Position in der bayerischen Landespolitik. Sie sahen sich in der Lage, dem König und seiner Regierung auf parlamentarischem Felde erhebliche Schwierigkeiten zu bereiten und haben von dieser Möglichkeit unter Ludwig I. auch wiederholt Gebrauch gemacht.

Unter allen in Bayern ansässigen standesherrlichen Häusern nahm die Familie Thurn und Taxis, was Reichtum und Einfluß betraf, mit Abstand den ersten Platz ein. Gleichwohl erboste es Ludwig über die Maßen, als nach dem Tod Schenks 1841 der junge Fürst Maximilian Thurn und Taxis Einfluß auf die Besetzung der Regensburger Regierungspräsidentenstelle zu nehmen begehrte[227]. Abel wiegelte ab, stellte dem König vor Augen, was das Haus Taxis für Regensburg und Bayern wirtschaftlich bedeute (»mit den anderen Standesherren gar nicht zu vergleichen«), bewog den Monarchen zur Ernennung Friedrich Freiherr von ZuRheins, eines Mannes, der sich mit Sicherheit der Zustimmung des Regensburger »Hofes« zu erfreuen hatte, und sorgte damit für die Etablierung eines seiner grimmigsten Gegner aus der Beamtenhierarchie.

Den Verlust der Landeshoheit kompensierte die erst mittels der Bundesakte definitiv geschaffene neue Hochadelsklasse durch Betonung ihrer verbliebenen Rechte. Eines ihrer begabtesten Mitglieder, Fürst Ludwig zu Öttingen-Wallerstein, bemerkte dazu: »Die Standesherren... bilden eine ziemlich fest verbundene, in dem Ebenbürtigkeitsbegriffe sich künstlich nahegebrachte Assoziation. Das Wort ›Standesangelegenheit‹ übt eine große Macht über die Gemüter der Einzelnen, und selbst die Liberalsten sind nicht gleichgültig, wo es sich um persönliche Ehrenvorzüge handelt«[228]. Soweit diese Ehrenvorzüge in Betracht kamen, war Ludwig nicht abgeneigt, den Mediatisierten, etwa durch Einräumung des Titels »Erlaucht« für die Häupter der vormals reichsgräflichen Familien, entgegenzukommen (1842). Aus reiner Großmut erfolgte die Regelung dieser seit 1828 laufenden Angelegenheit allerdings nicht. Der König betätigte in der Regel ein für ihn vorteilhaftes do-ut-des-Prinzip. Hinter dem Gnadenakt stand der Wunsch, auf dem kommenden Landtag 1843 eine gute Stimmung in der I. Kammer zu erzeugen. Abel dankte dem König für seine Maßnahme und sprach die Hoffnung aus, es werde sich die Majorität der Betroffenen in der I. Kammer so verhalten, wie es ihr Interesse in einem Lande vorzeichne, »dessen Herrscher wie kein anderer jedes Recht und namentlich das der Mediatisierten gewissenhaft schirmt und wahrt und in Aufrechterhaltung des konservativen Prinzips allen Fürsten als Muster voranleuchtet. Mit diesem Prinzip ist der Fortbestand des Adels in seiner historischen und politischen Bedeutsamkeit untrennbar verkettet, und es zwingt dasjenige, was in Württemberg, in Baden und in anderen deutschen Staaten teils schon geschehen ist, teils noch täglich geschieht, den Mediatisierten wie dem vormals reichsritterschaftlichen und dem landständischen Adel die Anerkennung ab, daß nur in Bayern ihre Lage eine befriedigende ist«[229].

Reichsunmittelbar, aber nicht zum hohen Adel gehörig war zu Zeiten des alten Reichs die Reichsritterschaft, von der zwar nicht in Altbayern, jedoch in Franken und in geringerem Umfang in Schwaben ein ansehnlicher Personenkreis sich noch als Korporation empfand. Einzelne ihrer Repräsentanten wie von der Tann und Rotenhan sind aus der Innenpolitik des ludovizianischen Bayern nicht wegzudenken.

Gleich der ehemaligen Reichsritterschaft zählten zum niederen Adel die ziemlich zahlreichen auf Grundbesitz sich stützenden landsässigen Edelleute, großenteils dem Freiherrnstand und in einer Spitzengruppe dem gräflichen Stand zugehörig. Von den angesehensten landsässigen Familien seien hier die Seinsheim, Arco und Preysing genannt. Zum Grundadel trat als weitere Gruppe ein außerordentlich verbreiteter Verdienst- und Leistungsadel, Schwert- und Beamtenadel, vielfach nur Personaladel, großenteils jedoch in den erblichen Adelsstand übergegangen. Teils hatte diese in der Regel nicht mit erheblichem Grundbesitz ausgestattete Kategorie den Adel durch Zahlungen erworben, teils war er ihr (ebenfalls gegen hohe Gebühren) im Zusammenhang mit Ordensverleihungen oder sonst als Auszeichnung für hervorragende Wirksamkeit zuteil geworden. Die exzessive Nobilitierungspraxis nicht nur in Bayern, sondern auch in den meisten anderen deutschen Staaten schädigte Ansehen und Bedeutung des Adels sehr. Man hat daher, insbesondere in der ersten Hälfte des 19. Jahrhunderts und nicht zuletzt in Bayern, viele Überlegungen zu einer Adelsreform angestellt, aber die bereits etablierten Interessen und Traditionen der verschiedenen Adelsgruppen verhinderten jeden Reformansatz, der dem Adelsinstitut insgesamt zugute gekommen wäre, und es blieb bis zum Jahre 1918 fast alles beim alten.

Die Französische Revolution hatte es sich zum Ruhm angerechnet, den Feudalismus und die Existenz privilegierter Stände beseitigt zu haben. Aber der Erbe der Revolution, Napoleon, begründete unter Beibehaltung ihrer Errungenschaften nicht nur einen neuen Verdienstadel, den der Ehrenlegion, sondern auch einen neuen grundbesitzenden, mit Majoraten versehenen Besitzadel, der ihm für den Glanz des kaiserlichen Hofes unentbehrlich erschien[230]. In Bayern wie auf dem gesamten deutschen Gebiet hatte eine »Revolution von oben« stattgefunden, durch die, sozialgeschichtlich gesehen, ein Kompromiß zwischen dem Ancien régime und dem Dritten Stand herbeigeführt worden war. Die Aristokratie hatte gewiß einen erheblichen Teil ihrer Vorrechte eingebüßt. Die bayerischen Reformer vertraten im Prinzip ausnahmslos den Gedanken der staatsbürgerlichen Egalité. Sie hatten die Steuerprivilegien des Adels beseitigt, mit einigen Ausnahmen die Gleichheit vor dem Recht hergestellt und – vorerst eher in der Theorie – den gleichen Zugang zu allen Berufen eröffnet. Die Mobilisierung des Bodens sorgte für erhebliche Besitzveränderungen zugunsten nichtadeliger Käufer. Gleichwohl vermochten sich hoher und niederer Adel, begünstigt durch manche regierende Fürsten und einflußreiche Standesgenossen in hohen Staatsämtern durchweg sehr stattliche Rückzugspositionen zu bewahren. In der Geheimen Staatskonferenz und den Verfassungskommissionen Max I. Josephs beispielsweise hielt sich eine altbayerisch-adelige Gruppe, die das Äußerste tat, um diejenigen Vorrechte ihres Standes zu behaupten, die ihr für unabdingbar galten. Gleich dem allgemeinen preußischen Landrecht von 1794, das einen Markstein auf dem Weg zum modernen Staat bildete, aber am Adel als eigenem Stand, als einer »Staatsklasse«, festhielt, wurde die Aristokratie als solche in den bayerischen Staatsgrundgesetzen neuerdings gesichert und befestigt.

Was neben einzelnen Ehrenvorzügen, die man dem Adel im übrigen nicht mehr allein vorbehalten hatte, wie Siegelmäßigkeit, privilegierter Gerichtsstand und Eintritt der Söhne in die Armee als Kadetten, den Kern der Bevorrechtung ausmachte, war bei der grundbesitzenden Aristokratie der Fortbestand des Obereigentums an Grund und Boden, der Grundherrschaft, und der mit Polizeirechten verbundenen adeligen Patrimonialgerichtsbarkeit (Hofmarkengerichtsbarkeit). Nicht zufällig ordnete im Anschluß an die Beilage V der Verfassung die Beilage VI die gutsherrlichen Rechte und insbesondere die gutsherrliche Gerichtsbarkeit, von der bereits im Titel V § 4 Nr. 1 der Verfassungsurkunde die Rede war. In der Ausübung seiner grundherrschaftlichen Rechte ging ein Teil des bayerischen Adels mit Härte vor. Zur Grundherrschaft traten noch gewichtige politisch-gesellschaftliche Vorteile hinzu: Erstens ausschließliche Reservierung höfischer Würden und Funktionen, an Monopolisierung grenzende Verwendung des Adels in der Diplomatie, mitunter seine Begünstigung im Zivil- und Militärdienst. Zweitens die Zusammensetzung des Reichsrats, die diesen überwiegend zu einer Kammer des großen, alten Grundbesitzes und zu einem Adelsparlament der Standesherren und der reichsten und angesehensten unter den landsässigen und ehemals reichsritterschaftlichen Familien machte. Drittens die ständische Komponente in der Zusammensetzung der II. Kammer, die die Klasse der Gutsbesitzer mit Gerichtsbarkeit, das heißt ausschließlich adelige Grundbesitzer, als verfassungsmäßig geschützten Sektor in die parlamentarische Vertretung des Landes einbaute. Schließlich stand dem Adel allein die Befugnis zur Errichtung von Familienfideikommissen zu[231]. Eine eigene Behörde, das Heroldsamt im Ministerium des Königlichen Hauses und der Auswärtigen Angelegenheiten, wachte über der formellen Ordnung des bayerischen Adelssystems und übte dadurch auch Staatskontrolle über eine gesellschaftliche Gruppe aus.

Ludwig I. war im Familienkreis regierender Dynastien und in ganz überwiegend adeliger Umgebung aufgewachsen. Das königliche Haus zählte nicht zum Adel, aber Monarchie und Adelswelt gehörten für Ludwig zusammen. Daß der Hof, wie überall in Europa, eine Domäne des Adels blieb, war für ihn selbstverständlich; kaum vorstellbar, daß sich die Leitung der Hofstäbe in anderen als adeligen Händen befunden hätte. Für Kammerjunkerstellen und Kammerherren wurde, wie anderswo, Ahnenprobe verlangt. Das Institut der Pagerie war dem Adel vorbehalten, ebenso die höfischen Ritterorden. Als der Minister Freiherr von Zentner 1831 Bedenken gegen den Kurs Ludwigs auf dem Landtag äußerte, ließ ihm dieser durch Wrede vorhalten, daß er ihm als erstem nichtadelig Geborenen in Bayern den Hubertusorden verliehen habe[232]. Sich an fremden Höfen durch Nichtadelige vertreten zu lassen, kam Ludwig nicht in den Sinn, umgekehrt erwartete er das gleiche. Bevor der päpstliche Hof den Prälaten Viale Prelà als Nuntius nach München entsandte, fragte er an, ob sich der König nicht daran stoße, daß dieser sonst als ausgezeichnet gerühmte Mann nichtadeliger Herkunft sei[233].

Der König legte Wert darauf, auch dem Adel zum Bewußtsein

zu bringen, wer Herr im Staate war, und seinem Naturell entsprechend ließ er es dabei an Schroffheiten nicht fehlen. Übergeordnete Staatsnotwendigkeiten und soziale Gerechtigkeit, wie sie sich ihm darstellte, hat er in der Regel zu wahren gesucht. Sehr zurückhaltend verhielt er sich bei Anträgen adeliger Grundbesitzer auf Austausch von Grund- und Gerichtsholden: »Vertauschung königlicher und Grundholden ohne beträchtlichen Nutzen mag ich nicht. Diese Grundholden laufen Gefahr, es übler zu bekommen«[234]. Im Staatsdienst galt für den König überwiegend fachliche Tüchtigkeit, doch hat er die kleine Minderheit adeliger höherer Beamter, die sich im Dienst besonders auszeichneten, bereitwilliger als ihre Kollegen bürgerlicher Abkunft gefördert. Bei unteren militärischen Chargen, insbesondere bei Junkern, bevorzugte er das adelige Element mit der Begründung, der Adel habe es schwerer, in anderen Berufen sein Fortkommen zu finden als die Bürgerlichen[235].

Im Grundsätzlichen ist Ludwig als Adelsfreund anzusehen. Sein romantischer Traditionalismus wie sein fortwährendes Bestreben, die konservativen Elemente im Staat und in der Gesellschaft zu stärken, führten ihn auf diesen Standpunkt. Dem Adel zuliebe hat er seit den dreißiger Jahren die Grundablösung blockiert; Zwangsablösung hat er von Anfang an abgelehnt. Bei der Güterabwägung zwischen Emanzipation und höherer Prosperität der Landwirtschaft einerseits und Aufrechterhaltung eines systemstabilisierenden Standes andererseits entschied er sich für diese. Noch nach seiner Abdankung sprach er sich gegen die nicht mehr zu umgehende Grundablösung aus[236]. So viel Verdruß ihm der Adel in der I. Kammer bereitet hatte und so sehr er sich durch den Adel während der Lola-Krise verletzt fühlte, er konnte nicht anders, als am Adelsinstitut als einer privilegierten Einrichtung festhalten. Den Standesherren war bereits der Entwurf des Kronprinzen für eine Bundesverfassung 1814 entgegengekommen[237]. Ein nicht ganz gutes Gewissen wegen der nicht von ihm zu verantwortenden, aber den Fürsten insgesamt zugute gekommenen Mediatisierung machte ihm zu schaffen[238]. Daß er die Vorrechte des Adels gewahrt hat, wurde dem König nach seiner Abdankung von einem Standesherrn rückhaltlos bestätigt[239].

Gründliche Gedanken machte sich Ludwig, dem das System der britischen Aristokratie als Vorbild galt, über Adelsreform[240]. Vermutlich hat er, ohne es einzugestehen, an entsprechende Überlegungen Montgelas' angeknüpft. Aber auch er sah sich außer Stande, die bestehende Adelsordnung rückgängig zu machen. Wenig Aufmerksamkeit haben die Sozialhistoriker der Tatsache gewidmet, daß bis 1918 das Nobilitierungsprinzip ein offizielles Medium für Veränderungen und Aufstieg innerhalb der bestehenden Gesellschaftsordnung bildete. Durch Leistung konnte jeder zur Nobilitierung gelangen; mit der Verleihung bestimmter Orden war ohnehin der persönliche Adel verbunden. Aufstieg in noch höhere Adelsränge war nicht ausgeschlossen. Der erste Soldat des Königreichs, Feldmarschall Wrede, war noch bürgerlich geboren und brachte es bis zum Fürsten. Dem längst in den Freiherrnstand eingetretenen Staatsmann Friedrich Zentner, Sohn eines bäuerlichen Wirts, bot der König die Erhebung in den Grafenstand an, die aber abgelehnt wurde[241]. Von der Oberschicht der Bürokratie, des Militärs, der Wirtschaft, der Wissenschaft und Kunst, auch der Geistlichkeit, wurde durch Nobilitierung sozusagen der Rahm abgeschöpft. Die Entstehung berufsbezogener Gegeneliten konnte so zwar nicht verhindert, aber in ihrer Wirkung auf den Adel gemildert werden. Nicht wenige Neuadelige fühlten sich nach ihrer Nobilitierung primär als Adelige, nicht mehr als Angehörige dieses oder jenes Berufes. Viele waren es nicht, die von der Möglichkeit, den Adel zu erwerben, keinen Gebrauch machten. Der König besaß mit der Nobilitierungsbefugnis ein erstrangiges Steuerungsinstrument für die Elitebildung in der bayerischen Gesellschaft.

Durch das noch fortbestehende Institut des Lehenswesens wurde die Abhängigkeit des Adels vom Monarchen noch verstärkt. Zahlreiche Adelsgüter befanden sich im Lehensverband und damit in einer besonderen »Pflichtigkeit« dem Monarchen gegenüber, der in Ausnahmefällen noch neue Lehensgüter kreierte. Schon in der Einsparungskommission, die im November 1825 zusammengetreten war, forderte Ludwig, »daß auf die Erhaltung der Thron- und Ritterlehen die größte Aufmerksamkeit verwendet und den Regierungen keine Kompetenzen über die Veränderung, Verstücklung oder die Veräußerung dieser Lehen eingeräumt« werden. Er behielt sich die ausschließliche Zuständigkeit vor, in diesen Fällen zu entscheiden, da er in den Lehen das einzige Mittel sehe, »um ausgezeichnete Verdienste von Staatsbürgern zu belohnen, ohne der Staatskasse neue Lasten aufzulegen«[242]. Schließlich ermöglichte die Fideikommißpolitik dem König Einfluß auf den Adel. Um die Verbundenheit des Adels mit Grund und Boden zu festigen und den Stand als solchen zu schützen, wurde im VII. Verfassungsedikt die Fideikommißbildung beziehungsweise die Wiederherstellung älterer Familienfideikommisse begünstigt und damit ein, wenn auch insgesamt nur schwaches Gewicht gegen die Entfesselung des Güterverkehrs geschaffen[243]. Seit Erlaß der Verfassung waren bis 1842 49 Familienfideikommisse gebildet worden.

Die Angehörigen landloser und die Nachgeborenen grundbesitzender Adelsfamilien vermochten nur im Militär-, Staats- oder Hofdienst voranzukommen, und alle wichtigen Entscheidungen über Zutritt und Beförderung hatte der König zu treffen. Es setzte sich also ein seit Jahrhunderten in der deutschen Gesellschaftsgeschichte eingebürgerter Zustand fort: Zwar haben sich ungezählte Konflikte zwischen Fürst und Ständen, auch und gerade den adeligen Ständen, abgespielt, aber das Angewiesensein auf den Fürstendienst hat große Teile des Adels der Monarchie schlechterdings ausgeliefert. Ludwig I. war nicht der Mann, die Instrumente zur Kontrolle des Adels nicht zu nützen. Wer ein Fideikommißgut errichten, wer weiblichen Verwandten die Präbende eines adeligen Damenstifts verschaffen, wer im Dienst befördert werden wollte – stets machte sich für die Betreffenden die Abhängigkeit vom König bemerkbar. Eine solche Aristokratie hatte nun freilich ein anderes Aussehen als die vielbewunderte Nobilität Großbritanniens. Als König Otto 1857 die Meinung seines Vaters über die wünschenswerte Qualifikation für griechische Senatoren zu erfahren wünschte, holte dieser zu Ausführungen über das aristokratische Prinzip aus: »Das Aristokratische hat die längste Dauer, wie Spartas, wie Venedigs Geschichte zeigt. Das ist's, was England das Konservatorische gibt und was alle Nachahmer seiner Verfassung verkannt haben«[244]. Ludwig fügte jedoch hinzu, daß in Griechenland die Voraussetzungen für ein solches System nicht vorhanden seien. Er hatte wohl längst eingesehen, daß sich das britische Beispiel auch auf Bayern nicht übertragen ließ.

2. Monarchische Herrschaft und bürokratisches System

Ludwig mochte in seiner Jugend vom Adel als einer Gefolgschaft geträumt haben. Der begüterte Adel trat ihm indessen eher als eine Interessengruppe gegenüber. In seiner liberalen Phase erlebte der Kronprinz und König den Adel als Feudalopposition. Als er zur politischen Defensive überging, mußte er feststellen, daß das liberale Element im Adel nicht unerheblich verbreitet war. Wie stand es demgegenüber mit der Bürokratie? Wenn Metternich in einem Brief an Wrede von der bayerischen »Beamtenpartei« sprach, »welche in geschlossener Reihe stehet«[245], vermutete er, daß auch diese Gruppe mehr war als nur ein Werkzeug in der Hand des Königs, zumindest ein Berufsstand mit ausgeprägtem Selbstbewußtsein. Man sprach von den oberen Rängen der Bürokratie mit Recht als einer Beamtenaristokratie.

Das moderne Beamtentum hat verschiedenartige Wurzeln. Lehenswesen und das Korps der juristisch gebildeten Fürstenräte sind zwei Hauptstränge aus einem weitverzweigten Geflecht[246]. Im Laufe der Neuzeit sind Verwaltung und Rechtsprechung fast ausschließlich in die Hände der juristisch gebildeten Beamtenschaft übergegangen.

Als Hauptaufgaben stellten sich der europäischen Bürokratie positiv der Aufbau des modernen Staates, negativ die Bekämpfung von Feudalismus und kirchlicher Autonomie als den beiden Hauptwidersachern absoluter *Fürsten*herrschaft und später des *Staats*absolutismus. Davon machte auch Bayern keine Ausnahme. Noch zu Zeiten Ludwigs sah man hohe und mittlere Stellen der Verwaltung in Dauerfehde mit einzelnen Mediatisierten als den Nachhuten des Feudalismus liegen[247]. Daß die Leiter der in solche Auseinandersetzungen verstrickten Behörden meist Neu-Adelige waren, hinderte sie nicht an der Wahrnehmung ihres Staatsauftrages. Es war ihnen ohnehin bekannt, daß ehemalige Reichsfürsten und Reichsgrafen sie als Standesgenossen nicht ernst nahmen. Der Sturz des Fürsten Wallerstein hat unter seinen von ihm pfleglich behandelten Standesgenossen Ressentiments gegen den Nachfolger bürgerlicher Herkunft, Karl von Abel, ausgelöst, und die fortwährenden Streitigkeiten zwischen beiden Staatsmännern brachten eine Adelsfronde gegen den König und den »Roturier« auf die Beine. Als Abel in einer Rede aus Anlaß des Geburtstages Ludwigs I. in der Münchner Universität davon sprach, daß es dort um die Ausbildung des sittlichen Adels gehe, der nicht in Genußsucht und Habgier versinken dürfe, argwöhnten die Vertreter des Geburtsadels, der Minister könnte indirekt auf sie angespielt haben[248]. Der konservativ gewordene Abel, der in seiner liberalen Zeit zu Recht als Feind des Adels galt, hat es auch später nicht an kritischen Bemerkungen über den Adel fehlen lassen. Als er dem König den Freiherrn Karl von Gumppenberg wegen seiner ausgezeichneten Fähigkeiten und seiner loyalen Gesinnung zur Beförderung vorschlug, bemerkte er: »In einer Zeit, wo die Zahl der Adeligen dieses Schlages nicht allzu groß ist, kann das Hervorziehen und Emporheben der sich Auszeichnenden nur großen Gewinn bringen«²⁴⁹.

Ausgeprägter noch als die antifeudale hat sich die antiklerikale Komponente der Bürokratie erhalten. Ein nicht geringer Teil der Beamtenschaft bewahrte sich steifnackig das aufklärerische Weltbild, das sie sich in der Montgelas-Ära zugelegt hatte, und legte es darauf an, Klerus und Bischöfe an kurzer Leine zu führen. Daß der Herrscher einer romantisch-religiösen Richtung huldigte, wußten diese Männer, aber ihnen war nicht minder bekannt, daß Ludwig eifersüchtig über seiner Prärogative wachte, und so legten sie bei der Betätigung ihres staatskirchlich-antiklerikalen Kurses vor dem König den Akzent auf die Verteidigung der Kronrechte. Der Regierungspräsident Graf August Rechberg, später Oberappellationsgerichtspräsident, einer der wenigen Repräsentanten des strengen politischen Katholizismus unter seinen Berufsgenossen und einer der Ratgeber des Königs, beschrieb die Stellung der bayerischen Bürokratie zur Kirche: »Die Kirche sei das Mittel zum Zweck, sohin zur Erhaltung des Staatsgebäudes absolut notwendig und müsse als Gängelband für das an der Kirche gläubig festhaltende Volk, um es im Zaume halten zu können, unter den unmittelbaren Schutz der Staatsgewalt gestellt werden«. Dies gelte für katholische genauso wie für protestantische Beamte; die »ganze gegenwärtige ältere und jüngere Generation« sei im Geiste der rationalistischen Schule herangezogen worden²⁵⁰. Armansperg, Zentner, Stürmer, Zu-Rhein, Maurer und bis zu seiner »Bekehrung« Abel darf man als entschiedene Gegner einer kirchlich-politischen Restauration bezeichnen. Ludwig bemerkte wohl, welchen Widerstand von ihm sonst geschätzte »Geschäftsmänner« gegen seinen kirchlichen Kurs leisteten.

Sobald sie Klerikalisierung der Politik und der Staatsverwaltung argwöhnten, verhielten sich viele Beamte so, daß es der Obstruktion nahekam. Wallerstein charakterisierte in diesem Zusammenhang den pfälzischen Generalkommissär Freiherrn von Stengel als einen Beamtentyp, wie er dem König in den 30er Jahren immer suspekter und in den 40er Jahren fast unerträglich wurde: »Liberaler Despotism oder despotischer Liberalism bilden seine zweite Natur ... Sein System divergiert in den meisten Dingen wesentlich von jenem Eurer Kgl. Majestät ... Ihm sind alle diesrheinischen Institutionen, alle historischen Anklänge und Nachklänge odios. Religion sieht er aus dem Gesichtspunkte der 90er Jahre an«²⁵¹. In für die Einstellung der Bürokratie sehr charakteristischen Formen spielte sich noch in den 40er Jahren ein lange dauernder Konflikt zwischen Bischof Hofstätter und den Spitzen der Staatsbehörden und des Militärs in Passau ab[252]. Wallerstein, der sich als homo regius par exellence aufspielte, hat 1836 die »höheren Geschäftsregionen« und den Staatsrat zumal geradezu als Zentren der Opposition bezeichnet, in denen »sehr viele sonst treffliche und treu ergebene Männer sich nun einmal von der gewohnten Richtung nicht entfernen können. Dort sitzt ... das sinkende 18. Jahrhundert in voller Kraft als ein konserviertes Rokoko«[253]. Das Pikante an dieser Analyse war, daß Wallerstein selbst viel Erbe der Aufklärung in sich trug und die Restaurationspolitik des Königs keineswegs in vollem Umfang unterstützte, wenn er es auch an Liebedienerei und Anpassung an den politischen Stil des Monarchen nicht fehlen ließ. Der Haß des Standesherrn auf die Bürokratie war vermutlich das wahre Motiv seines Angriffs auf die »höheren Geschäftsregionen«, nicht Abneigung gegen den Antiklerikalismus.

Gleich dem Adel entwickelte die Bürokratie ein Standesethos, und sie besaß eine Rangordnung, auf deren Einhaltung sie peinlich genau achtete. Die Beamtenaristokratie war untereinander vielfach verschwägert und versippt. Unter anderem bildeten einen versippten Kreis die Familien Zwackh, Weinbach, Stichaner, Stengel, Abel, Rinecker, Schilcher, Kobell, ferner Zenetti, Günther und Mieg, Zentner und Ringel, Schenk und Neumayer. Das Palladium ihrer elitären Stellung und einer gewissen Unabhängigkeit erblickte die Bürokratie in der kurpfalzbayerischen Staatsdienerpragmatik vom 1. Januar 1805. Für den autokratischen Ludwig I. ging das durch die Staatsdienerpragmatik gewährleistete Maß an Selbständigkeit zu weit. Er wünschte den Beamtenstand seiner Autorität so zu unterwerfen wie das Offizierskorps. Nicht nur um besonders befähigte Oppositionelle als Einzelpersönlichkeiten außer Gefecht zu setzen, sondern auch um das Entstehen einer durch das Parlament gedeckten Beamtenopposition zu verhindern, versagte der Monarch des öfteren Staatsdienern die für den Eintritt in den Landtag erforderliche Beurlaubung. Die Ausübung dieses Rechts führte zu heftigen Auseinandersetzungen mit der Kammer der Abgeordneten und erregte im Lande großes Aufsehen und Mißfallen. Ludwig und seine Minister dehnten den Begriff des Staatsdieners auch auf Bürgermeister und Advokaten aus. Überschätzung des monarchischen Prinzips ließ ihn lieber von königlichen Dienern als von Staatsdienern hören. Noch Anfang der 30er Jahre war ihm in der amtlichen Terminologie der Ausdruck Staatsministerium nicht anstößig. Erst nachdem sich sein Reaktionskurs eingespielt hatte, wünschte er nur mehr die Bezeichnung Königliches Ministerium statt Staatsministerium. Es hielt ungewöhnlich schwer und ließ sich auch niemals völlig erreichen, diese Neuerung im dienstlichen Schriftverkehr oder in der Presse durchzusetzen. Wiederholt veranlaßte ihn dieser Umstand zu ausführlichen Erlassen, in denen er seinen Standpunkt begründete. Wallerstein schrieb er 1836: »Ich lese nicht selten in öffentlichen Blättern sowohl als auch sogar in Anträgen an mich den erst unter der Geschäftsführung des Grafen Armansperg in Schwung gekommenen Ausdruck ›Staatsregierung‹, zuweilen sogar in einer Art Gegensatzes mit dem Könige, z. B. ›der König und die Staatsregierung‹. Es gibt aber in einem monarchischen Staat nur die in dem Könige konzentrierte Staatsregierung, und dessen untergebene Behörden sind nicht die Staatsregierung, sondern sie üben nur kraft erhaltenen Auftrages von mir amtliche Gewalt«. Nur mehr »Regierung« sollte verwendet werden. Der Monarch schloß mit den Worten: »Gleichergestalt soll auch der Ausdruck Staatsbürger, Staatsangehöriger vermieden werden, der nur zum Dünkel führte. Untertan, Bayer bezeichnet hinlänglich, wie denn auch beide obige Worte eine Erfindung der neueren Zeit sind«[254].

Solche Korrekturversuche änderten nichts an der Tatsache, daß der Staat das Königtum längst überrundet hatte und die politische Wirklichkeit auch und gerade Bayerns von der sogenannten Staatsomnipotenz dominiert wurde. Keinen Tag konnte der Monarch ohne die Hilfe seines Beamtenapparats regieren. Andererseits hat die vormärzliche Bürokratie, Organ der Staatsomnipotenz, *bereits* eine Kontrolle des Parlaments und unter Ludwig I. *noch* die Kontrolle eines willensstarken Monarchen zu spüren bekommen. Ludwig sorgte dafür, daß der Apparat nicht um sich selbst rotierte, sondern auf die Direktiven von höchster Stelle bezogen blieb, also auf Geheiß und Gebot eines Mannes, der zwar in mancher Hinsicht als Superbürokrat in Erscheinung trat, aber sich nie in Bürokratismus erschöpfte. Er war sehr viel mehr als ein Aktenmensch, als »seines Reiches oberster Hofrat«, wie man es von seinem Nachbarn und Schwager, dem österreichischen Kaiser Franz, wissen wollte. Unter allen Umständen wünschte der Monarch seiner Bürokratie gegenüber, die nur seine Intentionen ausführen sollte, freie Hand zu behalten. Auch wenn er die Staatsdienerpragmatik nicht beseitigen konnte, sollten seine Beamten wissen, daß sie Aufnahme in den Dienst, Beförderung, Quieszenz, ihnen erwünschte Versetzungen – kurz alles ohne Ausnahme der königlichen Gnade zu verdanken hätten. Anciennität zählte für den König nicht viel. Tann ließ sich wieder einmal nur als das Echo seines Freundes vernehmen, wenn er 1837 den Wunsch aussprach, daß »zur Verbesserung des Beamtengeistes der Wahn der Anciennität nicht genug zerstört und das Gnadenprinzip nicht kräftig genug aufgestellt werden kann«²⁵⁵. Daß sich der Aufstieg innerhalb einer bürokratischen Hierarchie nach mehr oder minder allgemein gültigen Kriterien abspielen muß, wenn das System nicht Schaden nehmen soll, verkannte Ludwig nicht. Trotzdem wollte er sich das Recht nicht verkürzen lassen, Ausnahmen zu machen, schon um das Moment der fürstlichen Begnadung zu betonen und Träger berühmter Namen oder Personen von außergewöhnlichem politischen Geschick oder ihm menschlich besonders nahestehende Männer von erprobter Loyalität außer der Reihe zu befördern. Kein Wunder, daß einer der begünstigten Außenseiter den König wiederum gegen die Routine- und Karrierebürokratie einzunehmen suchte: Wallerstein, als Standesherr ein geborener Feind des Beamtenstandes, schrieb dem König 1834: »... Noch wuchert in Bayern als schlimmstes aller Übel der Beamtengeist von 1799–1825. Einen Minister, der nur auf seinen König blickt und weder links noch rechts tripotiert, hält jederman für unhaltbar... Und diesem Übel kann nur abgeholfen werden, indem man einzelne jenen Geschäftstraditionen fremde Menschen in die Masse der Ministerialarbeiter wirft«²⁵⁶. Undatierten Ausführungen der Kronprinzenzeit zufolge wollte Ludwig schon damals verhindern, daß Staatsdiener, auf die Pragmatik gestützt, gegen ihre Vorgesetzten, selbst gegen Mitglieder des königlichen Hauses oder gar gegen den König sich »ehrerbietungswidrig, ja indolent« verhielten. Schließlich kam Ludwig zu dem Verdikt: »Diese Dienstverfassung eignet sich nicht in die Staatsverfassung, da sie kein Rechtsverhältnis zwischen König und Volk ausspricht«²⁵⁷.

Die Disziplinierung des Beamtenstandes ist dem König und seinen Helfern während seiner Regierungszeit gelungen, allerdings unter nicht geringen Reibungsverlusten. Konflikte zwischen Monarch und Ministern waren zahlreich. Mit den stärksten und begabtesten staatsmännischen Persönlichkeiten in seinen Diensten kam es ausnahmslos zum Bruch. Der bayerische Beamtenstand weist in der ludovizianischen Ära mehrere hervorragende Köpfe auf, doch lag seine kreativste Ära, die der Montgelaszeit, schon hinter ihm. Zwischen den emanzipatorischen Tendenzen der Bevölkerung und der auch seiner Beamtenschaft gegenüber extrem restriktiven Regierungspraxis des Königs verengte sich der Spielraum der bayerischen Bürokratie.

IV.
MONARCHIE UND »PROVINZIALGEIST«

1. Stämme und Geschichtslandschaften

Mustert man die Kräfte, mit denen sich Ludwig I. konfrontiert sah, ist neben den gesellschaftspolitisch-ökonomischen sowie den kirchlichen und ideologischen Gruppierungen ein weiterer Faktor zu berücksichtigen, der in der Geschichtsschreibung lange vernachlässigt wurde: der innerbayerische Regionalismus[258]. Das 19. und noch das frühe 20. Jahrhundert haben es sich leicht gemacht mit der Umschreibung der politischen Bedeutung der Geschichtslandschaften und des Regionalismus. Man sprach meist von den deutschen Stämmen; noch die Präambel zur Weimarer Reichsverfassung 1919 hat das getan. Nun sind die deutschen Stämme bis zum heutigen Tag als sprachliche, literarische und folkloristische Größen unterscheidbar. Auch existierten noch in der frühen Neuzeit einzelne politische Einrichtungen, die sich *teilweise* am Begriff der Stämme orientierten: die auf dem Augsburger Reichstag 1500 ins Leben gerufenen Reichskreise oder die Kantone der Reichsritterschaft oder die Bänke der Reichsstädte auf dem Reichstag beziehungsweise den Städtetagen[259]. Als politisch ausschlaggebende Einheiten waren die Stämme jedoch schon im Laufe des Hochmittelalters zugunsten territorialer Schöpfungen zurückgetreten, und dabei ist es geblieben.

Was das Königreich Bayern betrifft, wurde keiner der innerhalb seiner Grenzen vorhandenen Stämme zur Gänze vom Staatsgebiet abgedeckt, jeder reichte weit in andere Staaten hinein.

Regionalismus, der innenpolitisch zählte, mochte sich im 19. Jahrhundert mit Stammesbezeichnungen schmücken, beruhte aber im wesentlichen auf zwei anderen Fundamenten: einmal auf untergegangener Territorialstaatlichkeit, zum anderen auf der Konfession der Bewohner einer Geschichtslandschaft. Geschichte und Konfession hatten das Schicksal der einer fürstlichen oder städtischen Herrschaft unterworfenen Bewohner geprägt und mehr als das: sie hatten unterschiedliche Zonen der politischen Kultur und Sozialität ins Leben gerufen, die schonend zu behandeln, in ihren Sonderinteressen zu berücksichtigen, aber auch untereinander auszugleichen und dem Staatsganzen einzufügen, sich dem jungen Königreich und nicht zuletzt seinen Monarchen als wichtige Aufgabe stellte.

Ludwig besaß für diese Erfordernisse weit mehr Sinn als die meisten Männer des Verwaltungssystems, das er von seinem Vater übernommen hatte. Gewiß standen auch für ihn die gesamtstaatlichen Belange an erster Stelle; er hat sie leidenschaftlich verfochten. Wenn der Neunzehnjährige in Paris an Bayern dachte, beschäftigte ihn bereits die Frage, wie man die vielen neu erworbenen Bestandteile des Königreichs mit dem Altbayerntum zu einer Staatsnationalität amalgamieren könne. Er dachte an die Schaffung einer einzigen Landesuniversität und an zweckmäßigen Austausch innerhalb der Beamtenschaft[260]. Aber als Repräsentant eines politischen Historismus, dessen von Ludwig geteilte Schwächen gewiß nicht übersehen werden sollen, verband er mit der für ihn verpflichtenden gesamtstaatlichen Orientierung viel Verständnis für das Landschaftlich-Besondere und das Geschichtlich-Eigentümliche. Schon bei dem kronprinzlichen Statthalter von Salzburg und Tirol hat sich dies gezeigt. Es gab keinen überzeugteren Fürsprecher tirolischer Eigenständigkeit als ihn. Während Hausgesetze regierender Dynastien im 18. Jahrhundert einen günstigen Tausch der Gesamtfideikommißmasse jederzeit in Betracht zogen und noch auf dem Wiener Kongreß und später die Verhandlungen um »Entschädigungslande« keine anderen Kriterien als Einwohnerzahl und Einkünfte kannten, tauchte bei Ludwig der Gesichtspunkt des alten Herkommens und wechselseitiger Verpflichtung und Treue von Herrscher und Untertanen auf. In diesem Sinne äußerte er gegenüber dem späteren Außenminister Graf Rechberg (wohl 1816), daß er sich, so sehr er persönlich an Salzburg hänge, »den angestammten Pfälzern schuldig zu sein erachtete, um mit ihnen Wiedervereinigung zu bewirken«[261]. Schon vorher hatte er an den Pfälzer Wrede geschrieben: »Nicht die Anzahl, die Anhänglichkeit des Volkes macht des Staates Stärke, und der treuen Pfälzer fast sechshundertjährige Liebe für die Wittelsbacher ist nicht erloschen«[262]. Und wenige Wochen später: »Auch die Pfälzer haben Rechte auf uns, wie wir Pflichten gegen sie, welche fast sechs Jahrhunderte ununterbrochen treu gegen uns waren«[263]. Es ist nicht zu bezweifeln, daß zu den wichtigsten Komponenten seines Pfalzkomplexes Ludwigs pfälzisches, spezifisch Mannheimisches Heimatbewußtsein zählte. Überaus häufig die Bekundungen seiner Zuneigung für die »lieben« Pfälzer, während im Gegensatz dazu *zunächst* nur von den »biederen Altbayern« die Rede war[264]. Schon die Nennung von Mannheim und Heidelberg vermochte Gemütsbewegungen in ihm auszulösen. Als er von einem Berg in der Ferne Mannheim sah, verglich er sich 1826 mit Moses, der von weitem das gelobte Land erblickte[265].

Gezielt hatte der Kronprinz und König nur die ehemaligen Kurpfälzer und Zweibrücker und alle anderen ehemals oder derzeit wittelsbachischen Untertanen am Rhein im Auge. Die fürstbischöflich Speyerer oder reichsstädtisch Speyerer Untertanen und diejenigen zahlreicher anderer Herrschaften hat er nur stillschweigend und nebenbei in sein euphorisches Pfalzbewußtsein einbezogen. Seine Nostalgie verzahnte sich also mit dem Politikum der Hausgeschichte. Vom *Stamm* der Rheinfranken hat Ludwig niemals gesprochen. An mehreren regionalpolitischen Auffassungen und Maßnahmen des Monarchen läßt sich nachweisen, daß der dynastisch-territoriale Aspekt ihm mehr bedeutete als der stammesmäßige, und dies entsprach auch dem historisch-politischen Sachverhalt.

Drei regionale (in sich jedoch wieder sehr zu differenzierende) Komplexe haben im Staate Ludwigs die Aufmerksamkeit auf sich gezogen: Altbayern, Franken und Pfalz. Ihnen gegenüber kann man weder bei den Schwaben[266] noch bei den Oberpfälzern von einer ausgeprägten politischen Physiognomie sprechen. Augsburg und andere schwäbische Reichsstädte verfügten ob ihrer Vergangenheit zwar durchaus über ein politisches Traditions- und Selbstbewußtsein. Bayerisch-Schwaben aber war vor der Einbeziehung in das Königreich territorial zu sehr zersplittert, als daß sich dort eine politische Identität hätte bilden können. Andererseits hatte das bis 1803/06 bestehende Anlehnungsbedürfnis der schwachen schwäbischen Reichsstände an Kaiser und Reich dort einen Reichspatriotismus erzeugt, der unter den gewandelten Verhältnissen des 19. Jahrhunderts 1848 die Disposition für eine demokratisch-nationale Reichsneugründung erleichtert haben dürfte. Ein schwäbischer Landsmann wie der bayerische Minister Fürst Öttingen-Wallerstein hat 1848/49 auf diese Reichstradition bei Franken und Schwaben und auf ihre damit verbundene Ansprechbarkeit auf eine gesamtdeutsche Bewegung hingewiesen[267]. Der Standesherr ließ sich bei dieser Gelegenheit Seitenhiebe auf den bayerischen Zentralismus und (vom deutschen Standpunkt her gesehen) Partikularismus wie auf die Politik der Montgelas'schen Bürokratie nicht entgehen.

Die Oberpfalz, deren strukturelle Divergenz zu Altbayern Kennern des bayerischen Landes nicht entgehen kann, sah man seit der Besitzveränderung von 1624 als einen Annex zu Altbayern an. Die nicht zu Kurbayern gehörigen Territorien der Oberpfalz, in der Hauptsache die neuburgischen und sulzbachischen Gebiete, wurden immerhin ebenfalls von Wittelsbachern regiert, waren durch Familienverträge der Dynastie zum Aufgehen in einem größeren Ganzen vorherbestimmt und im übrigen nicht stark und ansehnlich genug, um Eigenständigkeit zu behaupten. In Regensburg machten sich freilich die reichsstädtische Vergangenheit und der Protestantismus politisch bemerkbar. Die evangelische Minorität in der nördlichen Oberpfalz hingegen war zu schwach, um sich im öffentlichen Leben zur Geltung bringen zu können.

Die »Land- und Leute-« Literatur[268] des 19. Jahrhunderts hat den regionalistischen Faktor, gewiß erst unzulänglich, ziemlich apolitisch und mit romantischen Vorurteilen behaftet, in Angriff genommen; man muß sie jedoch zu Rate ziehen, wenn man die Mentalität der ludovizianischen Ära voll erfassen will. Politisch schwerer wog, was die Regierungspräsidenten über ihre Kreise dienstlich zu berichten wußten[269]. Aus ihren Rapporten läßt sich eher entnehmen, wie sich der Regionalismus des Landes politisch artikulierte.

2. Altbayern

Umfang und politisches Gewicht des Kurfürstentums Bayern, politische Schicksale, die der gesamten Bevölkerung widerfuhren, und nicht zuletzt die ständige Bedrohung durch den übermächtigen österreichischen Nachbarn hatten in diesem Lande ein Staatsbewußtsein erzeugt, das sich umso mehr auf sich selbst gestellt sah, als es von dem mit dem Herrscher Österreichs identischen Reichsoberhaupt Hilfe und Schutz nicht gewärtigen konnte. Karl Theodor und seine »Mannheimer« trugen das Ihre dazu bei, um bei den altbayerischen Patrioten ein beträchtliches Maß an Xenophobie gegen einen als landfremd empfundenen Herrscher und seine pfälzisch-niederrheinische Umgebung zu erzeugen. Keineswegs handelte es sich damals um eine konservativ-katholische Opposition gegen einen aufklärerischen Hof. Im Gegenteil, der reaktionäre Trend während der Spätphase Karl Theodors ging vom Hofe aus. Die Patrioten darf man in ihrer Mehrheit als gemäßigt aufklärerisch ansehen. Der Pfälzer Max I. Joseph, jovial zu jedermann (seinen älteren Sohn ausgenommen), besaß die glückliche Gabe, nirgendwo Aversionen gegen seine Person zu erregen. Die bayerischen Patrioten durften mit Genugtuung feststellen, daß Bayern dem neuen Königreich den

Namen gab und München sich als Haupt- und Residenzstadt eines vergrößerten Staatswesens behauptete. Die Versuche, dem neuen Königreich eine historisch fundierte Staatsideologie zu verschaffen, konnten nur beim sogenannten »bayerischen Kernvolk« anknüpfen[270]. Antipathien auf altbayerischer Seite riefen nicht der König, sondern die Konfessions- und Personalpolitik sowie der sich über altbayerisch-ständische Traditionen hinwegsetzende Zentralismus der Regierung Montgelas' hervor. Mit Religion hatte es nicht viel zu tun, wenn der Magistrat Münchens und der ständische Ausschuß gegen die erstmalige Verleihung des Münchner Bürgerrechts an einen Protestanten, den Weinwirt Michl, protestierten. Es ging schlechterdings um ein Sichwehren gegen Überfremdung, um Verlust von Privilegien und Aufrechterhaltung alten Herkommens: Konfession als Politikum, quid pro quo einer gesellschaftlichen Position.

Das Haupt der Agitation gegen die nicht-bayerischen Berufungen nach München und Landshut, Johann Christoph Freiherr von Aretin, hat sich als Aufklärer und führender Mann der Säkularisation einen Namen gemacht. Und Aufklärer durch und durch war auch der Student Joseph Ludwig Graf Armansperg, der spätere Minister, der, um ein Gegengewicht gegen die »ausländischen« Studierenden in Landshut zu schaffen, für seine altbayerischen Kommilitonen das Corps Bavaria gründete[271]. Schmerzlich empfanden die Betroffenen die Beseitigung des kurbayerischen ständischen Ausschusses, aber den anderen im Kurfürstentum beziehungsweise im Königreich noch vorhandenen ständischen Organen ging es nicht besser. Unter Max I. Joseph fand sich das Altbayerntum in der Geheimen Staatskonferenz beziehungsweise im Staatsrat, weniger im Ministerium, ausreichend vertreten. Auch unter Ludwig haben die Altbayern an der Staatsspitze keineswegs gefehlt: Lerchenfeld, Armansperg, Sutner, Knorr, Schrenck Vater und Sohn, Wirschinger, Gumppenberg, Seinsheim. Ein gewisses Übergewicht der Nicht-Altbayern in den oberen Regionen des Staatsdienstes ist allerdings nicht zu übersehen. Zum Teil läßt sich dieser Umstand auf die nicht-altbayerischen Antezedenzien der Dynastie Zweibrücken zurückführen – Max Joseph hat überdies einige Männer aus dem nicht-bayerischen Personalbestand Karl Theodors übernommen –, zum Teil auf das starke Angebot an nicht-bayerischen Beamten als Ergebnis der territorialen Erweiterung des Staates zu Beginn des 19. Jahrhunderts. Wie beim Militär gab es auch unter den juristischen Räten eine beträchtliche innerdeutsche Fluktuation.

Ludwig lag es ganz fern, das Altbayerntum zurückzusetzen. Die etwas geringere Repräsentanz des altbayerischen Elements auf den Stammescharakter zurückzuführen, wäre gewagt. Generalisierungen auf diesem Gebiet – wie leicht lassen sich stets Gegenbeispiele anführen! – sind eine unsichere Sache.

Der Jesuit Rader hat im 17. Jahrhundert ein Kapitel seiner »Bavaria Sancta« überschrieben: »Tota regio nil nisi religio«[272]. Das war überspitzt, obschon die Prägung des historischen Regionalismus durch die Konfession nicht zu leugnen ist. Wenn man die politische Physiognomie des Altbayerntums als konservativ-katholisch bezeichnet, hat man zu differenzieren. Im Laufe des 18. und zu Beginn des 19. Jahrhunderts dominierte auch im katholischen Altbayern innerhalb der Intelligenz, des Adels und des Beamtenstandes die Aufklärung. Die bayerische katholische Erneuerungsbewegung des 19. Jahrhunderts, soweit sie diesen Namen verdiente, hatte, bis der Münchner, obschon mehrheitlich nicht-altbayerische Eos- und Görreskreis die Führung übernahm, ihre Zentren anfänglich eher in Augsburg, Eichstätt und Würzburg. Die neben der Mehrheit der Standesherren als konservative Widersacher der Regierungspolitik im ersten Lustrum Ludwigs I. besonders aktiven Männer altbayerischen Adels haben zunächst ganz überwiegend nur Standesinteressen und nicht Positionen ideologischer Natur verteidigt. Erst seit den späteren 30er Jahren hat man es mit einer ausgereiften Synthese zwischen standespolitischem Konservativismus und politischem Katholizismus zu tun. Der Altbayer Graf Armansperg hat den spezifischen Oppositionsstil seines Jugendfreundes Graf Leopold Tauffkirchen-Kleeberg, der als fähiger Kritiker des ludovizianischen Systems in der II. Kammer schon weit über regionale Schranken hinausgewachsen war, noch abschätzig als »Bajuvarismus« bezeichnet[273].

An der Masse der bäuerlichen und kleinbürgerlichen Bevölkerung Altbayerns war das Aufklärungszeitalter weitgehend vorübergegangen. Ludwig wußte das Altbayerntum je länger je mehr als Faktor der Stabilität und der Loyalität zu schätzen. Allerdings wahrte er Distanz zu solchen von Wallerstein als »junge Ultras« bezeichneten und beargwöhnten Intellektuellen, die 1832 einige Hefte einer (im Gegensatz zu dem Organ Rheinbayern so genannten) Zeitschrift »Altbayern« herausbrachten, in der sie unter Leitung des Redakteurs J. J. Sendtner einem franzosenfeindlichen, antiwestlichen Royalismus huldigten. Sie suchten Altbayerntum zu einem geographisch nicht mehr gebundenen

Begriff zu erheben: »Liebe zum Vaterlande, Ehrfurcht vor der Vergangenheit, unerschütterliche Treue dem Hause Wittelsbach! Wo diese Dreieinigkeit edle Herzen durchglüht und zur Tat entzündet, da ist Altbayern, am Rhein wie am Main, an der Donau wie am Lech und an der Isar, Altbayern, dessen zahlreiche Geschichtsbücher auch nicht von *einem* Aufruhr, von *einer* Empörung gegen sein angestammtes Fürstenhaus Kunde geben«[274]. Um einem katholisch-konservativen Regionalismus Altbayerns im Sinne des 19. Jahrhunderts zu politischer Effektivität zu verhelfen, bedurfte es eines gewissen Maßes von Demokratisierung, das heißt die Masse der bäuerlich-kleinbürgerlichen Bevölkerung mußte sich ihrer gemeinsamen Gesinnung bewußt werden und ihr im öffentlichen Leben Ausdruck verleihen. Durch die systematische Arbeit von Geistlichen und Laien im Sinne eines politischen Katholizismus, der es vor 1848 zwar noch zu keiner übergreifenden Organisation brachte, aber über Gemeinde-, Landrats- und Landtagswahlen, über Adressen und Petitionen und eine allmählich sich bildende Presse Anteil auch an der veröffentlichten Meinung gewann, formierte sich der altbayerische Regionalismus als katholisch-konservativer Block unter Ludwig I. Schritt für Schritt. Das meiste zu seiner politischen Konsolidierung geschah erst in der Ära Abel 1837/1847. 1848 kam es zu seiner ersten Bewährungsprobe.

3. Franken

In den fränkischen Regierungsbezirken[275] mündeten in einen übergreifenden Regionalismus Quellflüsse aus den ehemaligen Fürstbistümern Würzburg, Bamberg und Eichstätt, den Reichsstädten, allen voran Nürnberg, und den vormaligen Fürstentümern Ansbach und Bayreuth; als gesamtfränkisches Element trat die ehemalige Reichsritterschaft hinzu. Nürnberg, andere ehemalige Reichsstädte und die früheren Hohenzollernschen Fürstentümer waren lutherischer Konfession. Gerne hat man die bayerische Herrschaft in Franken anfänglich nirgendwo gesehen. Es scheint, daß sich die Menschen in den mittleren und kleineren »Staats«-gebilden des späten Heiligen Römischen Reiches verhältnismäßig wohl befunden haben, zumindest von einer Veränderung sich nicht viel versprachen. Bemerkenswert ist, daß, noch bevor eine ernsthafte Opposition in Nürnberg und den anderen protestantisch-fränkischen Landesteilen politische Konturen gewann, dies in den Bischofsstädten Würzburg und Bamberg der Fall war. In Würzburg, das 1814 seine Rolle als Residenz eines Großherzogtums einbüßte, empfand die Gewerbe und Handel treibende Bevölkerung den bayerischen Fiskalismus als Last. Dazu kam, daß aus der Atmosphäre katholischer Aufklärung in Würzburg wie in Bamberg ein selbstbewußter bürgerlicher Liberalismus hervorgegangen war. In Würzburg erschien das scharf oppositionelle »Bayersche Volksblatt« Eisenmanns. Als Bürgermeister stand der progressive Professor Behr an der Spitze der Stadt, und an der Universität hatte sich ein ansehnlicher liberaler Kreis gebildet. In Bamberg hat man einen der markantesten Oppositionsmänner, den Juristen Franz Ludwig von Hornthal, zugleich Abgeordneter des Landtags, zum Bürgermeister gewählt. 1832 fand im Park des Schlosses Gaibach des liberalen Grafen Schönborn eine Verfassungsfeier statt, die mancher Scharfmacher in Parallele zum Hambacher Fest zu setzen wünschte. Tatsächlich spielte sich diese Demonstration maßvoller ab, aber daß sie gegen den Kurs der Münchner Regierung gerichtet war, ließ sich nicht bezweifeln. In Würzburg hatte eine radikale Minderheit davon abgeraten, sich von dem liberalen Grafen Schönborn »einfangen« zu lassen, und zu einem großen Volksfest in der Stadt aufgerufen, das jedoch nicht zustande kam[276]. Nach der scharfen gerichtlichen Verfolgung von Behr, Eisenmann und anderen Würzburger Bürgern und der »Epuration« der Würzburger Universität konnte der Regierungspräsident des Untermainkreises, Graf Rechberg, triumphierend berichten, daß der übelgesinnte Teil der Bevölkerung gezähmt sei. Doch noch 1839 nannte Abel die katholischen Unterfranken ein »rühriges, zum Rationalismus geneigtes Völklein«, dessen Rückgewinnung für den Glauben große Umsicht erfordere[277].

Welchen Schwierigkeiten die bayerische Herrschaft bis 1813/14 in Nürnberg und den fränkischen Markgrafschaften begegnete, hat seine Darstellung gefunden[278], ebenso die Tatsache, daß man sich nach der Bereinigung der Situation im allgemeinen mit München arrangierte[279]. An Spannungen zwischen Nürnberg und dem Ministerium in München fehlte es auch unter Ludwig nicht, aber die politisch tonangebenden großbürgerlichen Kreise Nürnbergs steuerten einen im allgemeinen gemäßigten Kurs. Einige ihrer Repräsentanten standen einem linksoppositionellen, jungdeutsch-freisinnigen Nürnberger Intellektuellenzirkel nahe[280], der freilich mindestens ebenso scharf gegen das fränkischorthodoxe Luthertum wie gegen den Abelschen Kurs in München Front machte. Von der Universität Erlangen wurden während der Reaktionszeit in der Verbindung Germania zusammengeschlossene Studierende wegen hochverräterischen Treibens vor Gericht gestellt und verurteilt. Die Professorenschaft, fast durchweg konservativ, blieb regierungsloyal. Der gegen kirchenpolitische Maßnahmen des Königs und Abels Widerstand leistende Theologieprofessor Adolf von Harleß läßt sich nur bedingt zu den Häuptern der fränkischen Opposition rechnen. Aus dem Rahmen fiel, daß sich der führende Kopf der neulutherischen Schule an der theologischen Fakultät, Hofmann, nach der Abdankung Ludwigs als Landtagsabgeordneter der freisinnigen Partei betätigte. Während der ludovizianischen Epoche überwog unter den Ordinarien lutherischer Gouvernementalismus.

Um die Kontiguität zur Pfalz herzustellen, wäre Ludwig auch als König bereit gewesen, Teile des Rezatkreises abzutreten. Ohne Zweifel war er, wenn schon auf irgendein Gebiet verzichtet werden mußte, am ehesten geneigt, Bestandteile der ehemaligen hohenzollernschen Fürstentümer aufzugeben. Noch 1829 beklagte er sich Armansperg gegenüber über die »fortwährend nicht anhänglichen Ansbachischen Bewohner«[281].

Nachdem im Laufe der Jahre einer Integration der protestantischen fränkischen Gebiete in das Königreich kaum mehr etwas im Wege gestanden hätte[282], brachte die von Ludwig und seinem Minister von Abel zu verantwortende Konfessionspolitik nicht nur den liberalen, sondern auch den staatsloyalen und königstreuen konservativen Protestantismus der Franken gegen sich auf. Die protestantischen Generalsynoden von Ansbach und Bayreuth rückten wider Willen in eine oppositionelle Rolle. Als Führer eines liberal-konservativen politischen fränkischen Protestantismus taten sich der frühere Regierungspräsident von Mittelfranken, Graf Karl Giech, und der Parlamentarier Freiherr Hermann von Rotenhan hervor[283]. Wie man die Dinge in München sah, geht aus den Bemerkungen des Ministers von Abel über den Wunsch des preußischen Königs Friedrich Wilhelm IV. hervor, die im Fränkischen gelegene Stiftskirche Heilsbronn, Begräbnisstätte mehrerer seiner Vorfahren, zu erwerben. Abel riet dringend ab, auf diesen Wunsch einzugehen. Er befürchtete, die Kirche würde unter preußischer Oberherrschaft eine »Stiftshütte des bayerischen Protestantismus werden und zum Mittel dienen, die alten markgräflichen Erinnerungen wieder aufzufrischen und nicht nur lebendig zu erhalten, sondern auch mit Hoffnungen auf eine noch vor dem jüngsten Tag zu erwartende

Wiederauferstehung der Toten in Verbindung zu bringen«[284]. Symptome der Anhänglichkeit an das Haus Hohenzollern und den Staat Preußen wurden in den ehemaligen Markgrafschaften seit den dreißiger Jahren, wie der Oberkonsistorialpräsident Roth bemerkte, seltener. Preußische Sympathien auf der Grundlage eines fränkisch-adeligen Traditionalismus äußerten sich bei dem Grafen Karl Giech und, in beiden Fällen durch Familienbeziehungen verstärkt, bei Hermann Freiherr von Rotenhan und dem bayerischen Generalstabschef von 1866 und Heerführer von 1870, Ludwig Freiherr von der Tann. Einen politischen Protestantismus fränkisch-kleindeutschen Zuschnitts repräsentierte der evangelische Geistliche Lorenz Kraußold, der unter anderem eine Schrift »Wider den Preußenhaß«[285] verfaßte. Hindenburg hat während des Ersten Weltkriegs geäußert, wenn Bayern das Elsaß erhalte, sollten die Markgrafschaften wieder an Preußen abgetreten werden[286]. Im Vorwort zu den »Erinnerungen aus der Reformationsgeschichte von Franken« des Pfarrers Wilhelm Löhe, Gründers der Anstalten von Neuendettelsau, der mit einem gewissen Pathos vom »evangelischen Frankenland« sprach[287], liest man: »Aber daß die Kinder von den Helden und Taten im Lande Franken, wo sie geboren sind und leben, gar nichts erfahren, daß sie nicht einmal den Stamm kennenlernen, zu welchem sie gehören, daß sie sich am Ende einbilden, nicht bloß bayerische Untertanen, sondern auch bayerischer Herkunft zu sein: das kann man gewiß nicht loben«[288].

Im 18. Jahrhundert lebte man im Lande zu Franken in einer fürstlichen, reichsstädtischen oder reichsritterschaftlichen Kleinwelt, meist ohne übergeordnete politische Motivation, allenfalls kaiserlichen und reichischen patriotischen Stimmungen aufgeschlossen. Das protestantische Franken und Schwaben standen im Siebenjährigen Krieg emotional auf der Seite Friedrichs des Großen. Erst die Auflösung des alten reichischen Systems und der Einbau sehr unterschiedlicher Gebiete in den bayerischen Staat machten den Weg zu einem übergreifenden fränkischen Regionalismus frei, der in mancher Hinsicht als Kompensation für verlorene territoriale Eigenständigkeit erscheint. Im Wahlverhalten und der politischen Färbung Frankens, soweit diese nicht auf die industrielle Revolution und die Arbeiterbewegung zurückzuführen sind, lassen sich bis in das 20. Jahrhundert reichische und konfessionelle Motive ausmachen.

4. Pfalz

Wie in Franken, so hat auch in der Pfalz erst die administrative Integration vorher selbständiger Territorien durch Bayern den Weg zu einem politischen Regionalismus, zu einem Pfälzertum, geebnet, das es im 18. Jahrhundert in dieser Form noch nicht gegeben hatte[289]. Doch war im Gegensatz zu Franken der bayerischen Epoche der Pfalz eine französische vorhergegangen, die den Territorialismus und Feudalismus des Ancien régime vollständig zerbrochen und das Land der Errungenschaften der napoleonischen Gesetzgebung teilhaftig gemacht hatte. Anhänglichkeit an die Franzosenzeit ließ sich unter den Pfälzern noch Jahrzehnte feststellen[290], doch hat sich im Laufe des 19. Jahrhunderts anstelle der pro-französischen, republikanischen und napoleonischen Erinnerungen eine demokratische deutsch-freiheitliche Richtung im allgemeinen durchgesetzt. Durch die 1816 erfolgte und in der Verfassungsurkunde anerkannte Gewährleistung der in der Franzosenzeit eingeführten Neuerungen in Rechtsprechung (Beibehaltung des Code Napoléon!) und Verwaltung wie durch den Fortbestand der Departementsräte (nunmehr »Landräte«), der Gewerbe-, Presse- und Vereinsfreiheit schuf der bayerische Staat mit der Pfalz eine privilegierte Provinz mit administrativer und jurisdiktioneller Sonderstellung, die auf die politische Mentalität ihrer Einwohner durchschlug.

In der Person des Verwaltungsfachmannes Franz Xaver Ritter von Zwackh-Holzhausen fand sich für die Übergangszeit der Eingliederung der Pfalz in das Königreich ein ungemein verständnisvoller und den aufgeklärten Prinzipien zugetaner Beamter staatsmännischen Ranges, der ein pfälzisches System im bayerischen Rahmen begründete. Der ehemalige Illuminat, der das Verhältnis der Pfalz zu Bayern nicht wie das des Teils zum Ganzen, sondern wie des Nebenstaates zum Hauptstaat sah, wurde zum Vater einer bayerischen bürokratischen Schule, die die Pfalz als Modellprovinz für die Entwicklung der übrigen Kreise des Landes, als »Impfanstalt für Bayern« (Rudhart) betrachtete, und als deren Haupt Zwackhs begabtester Schüler, Graf Armansperg, anzusehen ist. Ludwig, obschon 1816 noch gegen die Beibehaltung französischer Einrichtungen in der Pfalz[291], stand später als Kronprinz und in seinen Anfangsjahren als König dieser Tendenz nicht fern, und bis zum Jahre 1830 konnte man von Erfolgsaussichten der »pfälzischen Schule« sprechen. Dem Pfälzer Liberalismus, der unter beiden Konfessionen vorherrschenden Gesinnung in der Provinz samt seinem starken radikal-republikanischen linken Flügel, seiner Presse und seinen Abgeordneten, die auf dem Landtag von 1831 den oppositionellen Ton angaben, wäre es nicht gelungen, die Vorbildlichkeit des »Nebenstaates« für die sogenannten »älteren Kreise« durchzusetzen. Unter den vormärzlichen Verhältnissen hätte nur eine von oben ausgehende Reform eine solche Entwicklung in die Wege leiten können.

Schon bevor Ereignisse wie das Hambacher Fest und die Entsendung Wredes als Hofkommissär mit einer Truppenmacht zur »Pazifizierung« der anscheinend rebellischen Provinz stattgefunden hatten, sah sich Ludwig genötigt, von seiner nostalgischen Romantisierung des Pfälzertums starke Abstriche zu machen, obschon er diese seine unglückliche Liebe nie ganz aufgegeben hat[292]. Wenn er eine Güterabwägung vornahm, dominierte die bayerische Staatsräson, und er griff in ihrem Sinne durch, doch ließ sich das Land nur äußerlich beruhigen. Im Landtag bildeten die Pfälzer bis 1848 einen fast geschlossenen Block des Widerstandes gegen den Kurs des Königs, seit dessen Übergang zu einer konservativ-defensiven Politik die Pfalz als die oppositionelle Provinz schlechthin gelten durfte. Weniger Staatsklugheit als religiöse Gewissenhaftigkeit gegenüber dem Verfassungseid hielten Ludwig davon ab, den Sonderstatus der Pfalz anzutasten und die Provinz dem rechtsrheinischen Bayern anzugleichen. Was jedoch an verfassungsmäßig vertretbaren Einschränkungen möglich war, geschah[293]. Man hegte in der Pfalz fortgesetzt Furcht vor Eingriffen Münchens in die Provinzialverfassung. Außerdem hatte der Kreis begründeten Anlaß, über Steuerbürden und andere ungünstige administrative Maßnahmen zu klagen. Einer der fähigsten und kenntnisreichsten pfälzischen Politiker, der Leiter der »Neuen Speyerer Zeitung«, Georg Friedrich Kolb, machte sich zum Vorkämpfer gegen die fiskalische Benachteiligung seiner Heimat. Vor der Gründung des Deutschen Zollvereins war überdies die handels- und zollpolitische Lage der Pfalz äußerst unbefriedigend.

1847 gehörte der gemäßigt liberale Staatsrat und Rechtsgelehrte Georg Ludwig von Maurer, ein Pfälzer, zu den Nachfolgern Abels, und 1848 schien vollends die große Stunde für das pfälzische System in Bayern geschlagen zu haben. Neuerdings traten altbayerische Ressentiments gegen die Pfälzer zutage, an denen es auch früher nicht gefehlt hatte. Gumppenberg hatte schon 1814 mit Unbehagen dem Erwerb der Pfalz entgegengesehen²⁹⁴. 1848/49 häuften sich die altbayerischen Stimmen, die dazu aufriefen, vor den Pfälzern auf der Hut zu sein. Graf Karl Arco-Valley, einer der Führer des politischen Katholizismus, bezeichnete die Ministerverweser von Maurer und von Voltz als Pfälzer »und daher schlau und unzuverlässig«²⁹⁵. Und Abel klagte, er habe die Pfalz bayerisch machen wollen, aber nunmehr werde Bayern pfälzisch²⁹⁶.

Als die bayerische Regierung sich der von der Nationalversammlung beschlossenen neuen Reichsverfassung widersetzte, kam es zum Aufruhr der Pfalz und zum Versuch der Loslösung von Bayern. Es gärte damals allerdings auch in Franken gegen Bayern und für das deutsche Reich²⁹⁷. Schon 1840 hatte der Regierungspräsident Fürst Karl Wrede dem König Ludwig erklärt, die Pfälzer wünschten weder Anschluß an Frankreich noch an Preußen, sondern eine unabhängige Republik²⁹⁸. Mit preußischer Hilfe bekam man 1849 die Situation in der abtrünnigen Provinz wieder in den Griff.

Die Etablierung einer pfälzisch-westdeutschen Oberschicht in München, Sonderfall landsmannschaftlicher Migration, war nur durch die aufeinanderfolgende Herrschaft der Häupter zweier pfälzischer Linien der Wittelsbacher möglich geworden. Zur Zeit Ludwigs hieß es noch von Wrede, er patronisiere die Pfälzer²⁹⁹. Der König selbst hat sich zeitlebens unter Pfälzern besonders wohl gefühlt und manchen begünstigt, ohne daß man von einer auffälligen Benachteiligung anderer staatsbayerischer Gruppen sprechen könnte. In der nächsten Generation ging die Münchner pfälzische Kolonie in der bayerischen Oberschicht auf und die pfälzischen Traditionen des Herrscherhauses verloren ihre politische Aktualität.

5. Staatsräson und regionaler Anspruch

In der Ära Montgelas und noch geraume Zeit nach ihr galt es bayerischen Staatsmännern, aber auch manchen doktrinär liberalen Abgeordneten³⁰⁰ als Maxime, jede Art von »Provinzialgeist« zu bekämpfen. Dies schien ihnen im Interesse der Integration der zahlreichen neuerworbenen Gebiete in das Königreich dringend geboten. Markanter Ausdruck solcher Tendenz war die bayerische Kreiseinteilung von 1805, die sich an das Vorbild der Departementgliederung Frankreichs hielt und auf der mittleren Verwaltungsebene die Regierungsbezirke ausnahmslos nach Flüssen benannte, eine Maßnahme, die jede Erinnerung und Anhänglichkeit an früher selbständige Territorien auf nunmehr bayerischem Boden tilgen sollte. Im Gegensatz zu Montgelas und seiner Schule betrachtete Ludwig, Sohn eines neuen Zeitalters, regionale Überlieferungen, soweit sie sich ohne Nachteil für das stets an erster Stelle stehende Staatsganze in die politische Kultur des Landes einfügen ließen, eher als Bereicherung denn als Gefährdung der bayerischen Staatlichkeit. Dies zeigte sich unter anderem bei den Überlegungen des Königs zur Neugestaltung des Staatswappens und der großen Titulatur, in denen er die verschiedenen historischen Bestandteile des Königreichs tunlichst berücksichtigt wissen wollte und auf die er große Mühe verwandte[301].

Als Verwaltungsakt, der sich vor allen anderen auf den innerbayerischen Regionalismus auswirken sollte, ist die am 1. Januar 1838 in Kraft getretene Neueinteilung Bayerns hervorzuheben, deren Vorgeschichte in die Anfänge der Regierung Ludwigs zurückreicht[302]. Ursprünglich argumentierte man, wie bei späteren Gebietsreformen auch, nur mit Umfang und Bevölkerungszahl der neugebildeten Kreise und den Gesichtspunkten zweckmäßiger Voraussetzungen für eine bessere Administration. Ein Mann wie Armansperg kannte nur diese Aspekte. Es ging primär auf den König zurück, wenn dann durch das Ministerium Wallerstein, das die Kreisreform juristisch unter Dach und Fach gebracht hat[303], als zusätzliches Element auch der historische Gesichtspunkt berücksichtigt wurde. Das vom König sanktionierte Ergebnis trug deswegen den praktischen Verwaltungsanforderungen nicht weniger Rechnung[304]. Der durch König und Regierung ins Leben gerufene neubayerische Regionalismus schlug sich in einer bis zum heutigen Tag erhalten gebliebenen Namensgebung nieder: Oberbayern, Niederbayern, Oberpfalz und Regensburg, Schwaben und Neuburg, Unterfranken und Aschaffenburg, Mittelfranken, Oberfranken und Pfalz. Nur in einem Fall kam es aufgrund der Kreisreform zur Verlegung eines Regierungssitzes: Landshut statt Passau. Magistrat und Bevollmächtigte der Stadt Passau baten den König flehentlich, diese Maßnahme wieder rückgängig zu machen[305]. Doch blieb es bei der einmal getroffenen Anordnung. Als Gegenstück zu den Exkursionen des Königs in die Vergangenheit zeigte sich in einem solchen Fall die konkrete Seite einer Verwaltungsreform: Die Beibehaltung oder Entfernung von staatlichen Behörden, Anstalten oder militärischen Einrichtungen bedeuteten für die noch kaum industrialisierten Städte geradezu Existenzfragen.

Der Regionalismus bestand nicht zuletzt darin, daß Städte und Kreise um solche Erwerbsquellen rivalisierten.

In einer mit dem Vermerk »anticipando« versehenen Denkschrift »Über die gegenwärtige Kreiseinteilung Bayerns, Titel und Wappen seines Königs« faßte der König seine historischen und politischen Motive zusammen[306]. Die Präambel beginnt mit folgenden Sätzen: »Ein trauriges Gefühl erregt es, die alten Namen von Volksstämmen verschwinden zu sehen; ihnen wird der geschichtliche Boden damit entrissen und nach und nach erlöschen die Erinnerungen. Warum als neu erscheinen lassen, was uralt ist! Erfreulich hingegen: Namen und Wappen wieder ins Leben einführen zu sehen, die eine Reihe von Jahrhunderten geglänzt und im Staate das, was eines Volksstammes oder seit langer Zeit enge verbunden, wiedervereinigt zu finden; hierauf gründet sich Bayerns jetzige Kreiseinteilung, Titel und Wappen seines Königs.« Gise riet nachdrücklich zur Berücksichtigung aller Untertanen, damit nicht »Provinzialhaß« aufkomme[307].

Eine Analyse der neu geschaffenen Nomenklatur der Regierungsbezirke ergibt, daß sich der historische Zeitgeschmack in der Bevorzugung von Stammesnamen spiegelte, die jedoch durch Berücksichtigung territorialgeschichtlicher Sachverhalte ergänzt wurde. Was Ober- und Niederbayern betraf, griff man auf die historischen Bezeichnungen bayerischer Herzogtümer zurück. Im Fall von »Schwaben und Neuburg« fand der Stammesname Erweiterung durch die Bezugnahme auf ein seit 1505 bestehendes wittelsbachisches Fürstentum. Daß die Reichsstadt Regensburg und das Fürstbistum gleichen Namens ein Sonderdasein geführt hatten, fand in der ausschließlich territorialgeschichtlichen Bezeichnung »Oberpfalz und Regensburg« seinen Niederschlag. Die Pfalznostalgie des Königs kam sowohl in der Wiederaufnahme der Bezeichnung »Oberpfalz« wie in der Ersetzung von »Rheinbayern« oder »Rheinkreis« durch »Pfalz« zum Vorschein. Daß der Name »Unterfranken« durch Aschaffenburg ergänzt wurde, läßt sich vielleicht weniger als Reverenz vor Mainzischer Tradition denn aus Ludwigs Sympathie für seinen Aschaffenburger Sitz, Schloß Johannisburg, erklären. Als Neuerung erschien die Dreigliederung »Ober-, Mittel- und Unterfranken«. In ihr verband sich der Stammesname mit geographischen Bezeichnungen, und dies charakterisiert den politischen Historismus Ludwigs. Es handelte sich nicht um Repristination schlechthin, sondern die Überlieferung ging ein in mehr oder weniger gewagte Neukonstruktionen. Neuschöpfungen wie

Ober-, Mittel- und Unterfranken haben sich im Laufe der Zeit vollständig eingebürgert – ein Beweis, daß Regionalismus vor allem durch Realitäten des Alltags wie gemeinsame Verwaltung oder wirtschaftliche Betätigung entsteht. Staatsmänner wie Zentner und Wallerstein legten Wert darauf, daß auch unter den Staatsräten und Ministern Angehörige möglichst aller Provinzen Bayerns vertreten seien[308].

Viel verdankt das Zustandekommen regionaler Identität im Königreich den Historischen Vereinen, die im wesentlichen in die Regierungszeit Ludwigs zurückgehen und von Ludwig nachhaltig gefördert wurden. In ihnen begegneten sich Initiative von oben und von unten, Heimatbewußtsein, wissenschaftlicher Eifer und staatspolitische Zielsetzung im Sinne des Königs[309].

Wir wiederholen, daß den König und schon den Kronprinzen die Integration des Gesamtstaates mehr beschäftigte als die Pflege des regionalen Elements. Ludwig war in erster Linie König von Bayern. Wenn später vom Nationaltheater und Nationalmuseum die Rede war, meinte man die bayerische Staatsnation, an deren Zustandekommen dem König sehr gelegen war, unbeschadet seiner Begeisterung für das Deutschtum.

Daß das bayerische Staatsbewußtsein unter Ludwig und nach ihm sich festigte, war wohl weniger auf politische Schicksale des Staates als auf die Gewöhnung an ihn zurückzuführen. Man hatte einen bayerischen Monarchen und eine bayerische Regierung über sich, man wählte zum bayerischen Landtag und diente beim bayerischen Militär, man zahlte in und für Bayern Steuern, nahm Recht vor bayerischen Gerichten und hatte es in Verwaltungsfragen mit einem bayerischen Landrichter, später Bezirksamtmann zu tun, man lebte unter bayerischen Gesetzen. Bei einer Minderheit kamen noch Geschichtsbewußtsein, Verbundenheit mit kulturellen Eigentümlichkeiten Bayerns und die Identifizierung politischer und konfessioneller Positionen mit der Existenz des bayerischen Staates hinzu.

Ludwig und seine Zeit hatten Verständnis für den Beitrag, den Nationalfeste zur Stärkung eines bayerischen Staatsbewußtseins leisten konnten. Die Geburtstagsfeier des Herrschers bot sich in einem monarchischen Staat zu diesem Zweck am ehesten an, litt jedoch darunter, daß das Datum mit jeder Herrscherpersönlichkeit wechselte. Zum wahren Nationalfest entwickelte sich stattdessen das Münchner Oktoberfest. Schon Wallerstein konnte es 1835 als »Fest *aller* Bayern« bezeichnen[310].

V.
DAS ERSTE JAHRFÜNFT

1. Regierungskunst: Synthese oder Balance?

Stein anläßlich des Thronwechsels in Bayern: »Der König hat Sinn für das Edle und Schöne, einen ernsten Willen, danach zu streben. Möge ihn die Vorsehung gegen zwei Klippen schützen, zwischen denen durchzusteuern die Aufgabe des Staatsmannes gegenwärtig ist, wilde Neuerungssucht der Buchgelehrten, der Doktrinäre, und starres, alle Verbesserungen des Bestehenden Von-sich-Stoßen der anderen Seite«[311]. Diesem Wunsch, Freisinnigkeit und Konservatismus zu verbinden, suchte Ludwig im ersten Jahrfünft seiner Regierung zu entsprechen. Die meisten Zeitgenossen und Späteren vermochten, da sie eingleisig und voreingenommen urteilten, das Wagnis der Synthese, das im Denken und Handeln des Königs als Chance enthalten war, nicht zu erfassen und sahen nur Widersprüche und Ungereimtheiten. Man kann freilich nicht behaupten, daß die im ersten Jahrfünft der Regierung beabsichtigte Synthese gelungen ist. Eher hat ein Balanceakt stattgefunden. Obschon die »rechte« wie die »linke« Tendenz des Königs von seinen persönlichen Überzeugungen, Sympathien und Antipathien nicht zu trennen war, erweist sich sein Kurs als Reflex der politischen Konstellation in seinem Lande.

Soweit Ludwig als »freisinniger« König regierte, kam er den Anschauungen des einflußreichen antifeudalen Beamtenliberalismus entgegen, den Stimmungen der Bürgerschaft der pfälzischen, fränkischen und schwäbischen Städte, der ökonomischen Führungsschicht des Landes, der großen Mehrheit der Lehrberufe von den »teutschen« Schullehrern bis zu den Universitätsprofessoren und, mit wenigen Ausnahmen, der gesamten freiberuflichen Intelligenz. Die Maßnahmen, die Ludwig unter dem Beifall dieser Gruppen ergriff oder vorbereitete, ließen sich nur mit Hilfe eines progressiven Beamtenapparats durchführen. Die Macht der öffentlichen Meinung wußte der Monarch gebührend einzuschätzen. Eine Entschließung vom 2. 11. 1825 hob die Zensur für Gegenstände der inneren Politik auf und erweiterte so den Spielraum der Presse ungemein[312]. In den Anfängen von Ludwigs Regierung handelte es sich, was die Tagespresse betraf, überwiegend um liberale Blätter, deren Gedeihen der König auf solche Weise förderte. Anstelle einer Analyse des bayerischen

Liberalismus nach Berufsgruppen ließe sich auch eine Gliederung nach Lesergemeinden der verschiedenen Presseorgane versuchen. Zwar war es erst für eine schmale Minderheit üblich geworden, eine Zeitung zu abonnieren, aber die fortgeschrittene Volksbildung ermöglichte bereits der Mehrheit der Bevölkerung, am Gedruckten teilzuhaben. Dies traf allerdings mehr auf die Städte als auf das Land zu, wo die Alphabetisierung noch nicht ganz durchgedrungen war, wo man die Kosten einer Zeitungsbestellung scheute, die technischen Schwierigkeiten der Zustellung noch zu groß und die Lesegepflogenheiten unterentwickelt waren.

In dem hoffnungsvollen ersten Lustrum seiner Regierung, in dem Ludwig als Beschützer einer freien Presse auftrat, besaß er in dem – freilich fatalen – Hormayr eine Art Pressechef[313]. Mit der großen Verlegerpersönlichkeit Johann Friedrich Cottas hat er schon als Kronprinz Beziehungen unterhalten[314]. Als König bediente sich Ludwig dieses einflußreichen Mannes als Unterhändler bei den Handels- und Zollvereinsverhandlungen mit Stuttgart und Berlin. Der Monarch hätte Cotta und die gemäßigt liberale »Allgemeine Zeitung«, das einzige damalige Weltblatt in deutscher Sprache, gerne ganz nach München gezogen[315], aber der Verleger hatte gute Gründe, diesem Wunsch nicht zu entsprechen. Es kam schließlich unter Mitwirkung Armanspergs zu einer Kompromißlösung, der Gründung eines Cottaschen Filialunternehmens in München, der »Literarisch-Artistischen Anstalt«, in deren Verlag das »Morgenblatt« mit seiner vom König besonders geschätzten Kunstbeilage sowie die gediegenen, aber kurzlebigen Münchner Blätter »Das Ausland« (ab 1828) und das »Inland« (ab 1829) erschienen. Die »Allgemeine Zeitung«, von ehemaligen Burschenschaftlern geleitet, das einzige von Ludwig regelmäßig gelesene Blatt, beschränkte sich auf einen Leserkreis mit hohen Ansprüchen. Gleich den anderen liberalen Blättern[316] des Königreichs, an ihrer Spitze ein für vormärzliche Verhältnisse geradezu aufregendes Organ, das von dem Arzt und Publizisten Gottfried Wilhelm Eisenmann[317] herausgegebene »Bayersche Volksblatt« in Würzburg (1829–1832), machte sie von der Pressefreiheit kräftigen Gebrauch.

Je mehr der König das Gefühl hatte, in das beständige Kreuzfeuer einer gefährlichen oppositionellen Presse geraten zu sein – so weit ging seine Sympathie für Pressefreiheit auch in seinen Anfängen nicht, daß er auf die Dauer scharfe Kritik an seinem Regime vertragen hätte –, desto intensiver seine und seiner

Berater Bemühungen um die Einführung einer gouvernementalen Presse. Noch vor den Versuchen mit dem »Thron- und Volksfreund« oder der »Bayerischen Staatszeitung« war das Cottasche »Inland« dazu ausersehen. Bezeichnend für die damalige Position des Königs und seiner Minister war, daß das »Inland« als ministerielles Organ mit Frontstellung gegen das »Bayersche Volksblatt«, aber auch gegen die konservativ-katholische »Eos«[318] erschien. Die Zensur des »Inland« lag nicht bei der reaktionären Kreisregierung in München, sondern in den Händen eines Vertrauensmannes des liberalen Ministers Graf Armansperg, des Ministerialrates von Abel. Damals und später sind sämtliche Experimente mit einer Regierungspresse mehr oder minder gescheitert, teils weil es an Erfahrungen fehlte, teils weil man nicht genügend geeignete Journalisten fand, teils weil der König sich nicht entschließen konnte, das für solche Zwecke nötige Geld auszugeben. Warum seine zahlreichen Versuche, die öffentliche Meinung durch Nebenarbeit von Ministern, Ministerialbeamten und Professoren beeinflussen zu lassen, scheitern mußten, bedarf keiner Begründung.

Abgesehen von der Intellektuellenzeitschrift »Eos« und der »Augsburger Postzeitung« verfügte der Gegenblock zum bayerischen Liberalismus, der den Reichsrat beherrschende Feudalismus, der politische Katholizismus und der Massenkonservativismus in Stadt und Land, vor den dreißiger Jahren über kein nennenswertes publizistisches Organ im Königreich. Auch später blieb er bei der Bearbeitung der öffentlichen Meinung im Hintertreffen.

Sieht man das »landed interest« des Adels als das materielle Zentrum des damaligen bayerischen Konservativismus an, so stand es damit im ersten Jahrfünft des ludovizianischen Königtums nicht gut. Erst ab 1830/31 sah sich der Spätfeudalismus des Landes durch den König begünstigt, der sich fortan allen liberalen Forderungen verschloß. Adelsfeindlich hat sich jedoch der König nie verhalten, vielmehr sah er in der Aristokratie stets eine für den Staat unentbehrliche bewahrende Macht. In der zweiten Jahrhunderthälfte hat man die Ersten Kammern als die Stundenzeiger, die Zweiten als die Minutenzeiger auf der Uhr des öffentlichen Lebens bezeichnet. Diese Formulierung hätte sicher Ludwigs Beifall gefunden.

Von der Thronbesteigung an und bereits vorher wandte Ludwig einer anderen Komponente des Konservativismus seine Gunst zu: der kirchlichen Restauration. In seiner ersten Thronrede 1827 hat er seiner religiösen und kirchlichen Einstellung unmißverständlich Ausdruck verliehen. Episkopat und Klerus innerhalb und außerhalb Bayerns blickten hoffnungsvoll auf den Gang der Dinge in Ludwigs Königreich. »Ich hoffe, daß es nun in Bayern besser gehen wird«, schrieb der spätere Straßburger Bischof Räß 1825 an den Würzburger Domkapitular Franz Georg Benkert, einen einflußreichen Kirchenpolitiker[319]. Gewiß hatte Ludwig mit seiner von Sailer inspirierten Kirchenpolitik Höheres im Sinn als die Manipulation des geistlichen Potentials zum Zweck seiner Herrschaftssicherung. Aber faktisch liefen seine kirchlichen Aktivitäten unter den vormärzlichen Bedingungen auf eine Stärkung der konservativen Kräfte und Tendenzen hinaus. Es bildete sich im Rahmen der konservativen Gruppierungen und Interessen ein politischer Katholizismus, bald »Kongregation«, bald »Bund der Frommen«, bald Treiben der »Jesuiten« oder »Eositen« (nach der Zeitschrift »Eos«) genannt. Die Presse wie die Gesandtschaftsberichte beweisen, daß die Außenstehenden sehr unsicher in der Beurteilung der Frage waren, wen man dieser Strömung zurechnen solle. Neben richtigen liest man völlig abwegige Vermutungen. Wie noch zu erörtern, handelte es sich bei der »Kongregation« um eine vielschichtige politische Größe, die im ersten ludovizianischen Jahrfünft beim König noch nichts zu bestellen hatte, später jedoch erheblichen Einfluß gewann.

Der Antagonismus zweier etwa gleich starker politischer Strömungen, des Progressivismus und des Konservativismus, prägte das öffentliche Leben des Landes. Die Parteinahmen waren nicht durchweg an gesellschaftliche Gruppen gebunden. Es gab unter dem Adel wie der Geistlichkeit nicht unbeträchtliche liberale Minderheiten. Andererseits fanden nicht wenige Beamte über den ihnen wesensgemäßen Autoritarismus den Weg zu den Mächten der Tradition. Auch innerhalb der Intelligenz behauptete sich eine konservative Minorität. Die politischen Gegensätze wurden gemildert durch das Vorhandensein einer großen Anzahl ausschließlich berufsorientierter, »unpolitischer« Menschen, auch in wichtigen Stellen, und von Eklektikern, die sich auf ihre Unabhängigkeit etwas zugute taten. Im Landtag fand sich bis zum Ende der ludovizianischen Ära ein Element der Unberechenbaren, das der Regierung nicht wenig Kopfzerbrechen bereitete. Schließlich führte die Notwendigkeit, gemeinsam sachliche Aufgaben zu bewältigen, Menschen der verschiedensten Lager stets von neuem zusammen. In dieser Hinsicht bietet die führende Gesellschaft der Hauptstadt München aufschlußreiche Einblicke. Gewiß lassen sich in ihr liberale und konservativ-katholische Schwerpunkte unterscheiden, die sich in den Ministerien, an der Universität und der Akademie als gegensätzlich manifestierten. Aber es fehlte gleichwohl nicht an beruflicher Kooperation und zahlreichen geselligen Berührungen. Es gab Salons, Zirkel und Gesellschaften, die sich sehr bewußt nicht politisch festlegen ließen, obschon ihre Häupter keineswegs als gesinnungslos gelten durften. Im Hause von Sulpiz Boisserée beispielsweise hatten Persönlichkeiten sehr unterschiedlicher Parteifarbe Zutritt, und in den Salons Klenzes oder der Bankiers Eichthal und Kerstorf (Pappenheimer)[320] stand man vornehm über den Parteien. Das Gesellschaftliche im engeren Sinn mit nur gelegentlicher Berührung des Politischen charakterisierte aristokratische Zentren wie die Häuser des Herzogs Max in Bayern, der Grafen Philipp Hugo Bassenheim und Karl Tascher de la Pagerie, in die Zutritt zu finden es anderer als politisch-ideologischer Qualifikationen bedurfte. Wie üblich gab es auch damals innerhalb ein und desselben »Lagers« Spannungen übergenug. Es hatte schon in der Umgebung des Kronprinzen Ludwig begonnen, wo die Adjutanten Gumppenberg und Albert Pappenheim sich nicht besonders grün waren[321], und später hatte unter den Freunden des Königs die (unbegründete) Eifersucht von der Tanns auf Seinsheim keinen politischen Anlaß.

Ausgleichend auf die politischen Gegensätze des Landes wirkte, daß Ludwig den Begriff des Königtums und die Interessen des Staates in den Vordergrund stellte. Sein Versuch, Fortschritt und Konservativismus zu vereinen, war ein nobler und diskutabler Ansatz. Hormayr, der die Gabe hatte, manche Gedanken des Königs zu erraten, schrieb ihm: »Der edle König Ludwig ist vor anderen dazu berufen, durch die Tat zu zeigen, angemessene Denk- und Preßfreiheit sei sehr wohl verträglich mit Katholizismus und Monarchie«[322]. Wenig wahrscheinlich allerdings, daß der König beim politisch zählenden Publikum Verständnis für den eingeschlagenen, im landläufigen Sinn weder liberalen noch klerikalen Kurs und genügend Helfer finden konnte. Wallerstein wäre aufgrund seiner intellektuellen Behendigkeit wohl imstande gewesen, ein solches Experiment mitzutragen, aber als er zur Ministerschaft gelangte, war Ludwig selbst bereits zu einer Politik der Defensive übergegangen, und er erwartete sich von dem Fürsten Hilfestellung anderer Art. Schenk hatte begriffen, worum es dem König zwischen 1825 und

1830 ging, und war dessen Vorstellungen aus Überzeugung gefolgt[323]. Aber er sah sich zunächst auf den Geschäftskreis des Obersten Kirchen- und Schulrates beschränkt, und als Innenminister geriet er als getreuer Paladin seines Herrn in Zugzwänge, die ihm kaum mehr Chancen zur Verwirklichung der ursprünglichen Absichten des Monarchen ließen. Immerhin hat Schenk geradezu die Leitgedanken des ersten Regierungsjahrfünfts Ludwigs formuliert, wenn er gleich Hormayr es als des Königs Linie bezeichnete, daß »Religion und Freiheit, Glauben und Wissen« Hand in Hand gehen könnten[324]. Er verstand seinen König, der vor der Juli-Revolution keinen Widerspruch darin sah, »herrlich über freies Volk zu schalten«, wie er in seinem Gedicht »Königsgefühl« schrieb[325], und andererseits eine Wiedergutmachung der durch Montgelas' System der Kirche zugefügten Schäden in Aussicht zu stellen.

Ludwig sah sich genötigt, die widerstrebenden Kräfte gegeneinander auszuspielen und sich zwischen den »Ultras« von rechts und links zu behaupten. Größere Geschlossenheit – freilich um den Preis der Stagnation – erreichte sein Regiment, als er auf die freiheitliche Komponente verzichtete.

2. Neuer Kurs

Ludwig I. gab vom ersten bis zum letzten Tag seiner Regierung den Ton an; die Einheit seines Systems war durch seine Person gewährleistet. Die Minister, Staatsräte und Generalkommissäre kamen in der Regel aus der Montgelas-Schule; einige von ihnen befanden sich auf dem Wege zu einem im Sinn des 19. Jahrhunderts moderneren Standpunkt. Dieser erdrückenden Mehrheit stand Eduard von Schenk als führender Beamter christlicher Observanz zunächst fast allein gegenüber; in späteren Jahren fand sich eine katholisch-konservative Gruppe hoher Staatsdiener zusammen. Die eigentümliche Doppelstrategie, liberale Reformen und christliche Restauration, wie sie dem König in seinem ersten Jahrfünft vorschwebte, nachzuvollziehen, waren beide Gruppen in ihrer Mehrheit außerstande.

Joseph Ludwig Graf Armansperg (1787–1853), von Herkunft im Mannesstamme ein altbayerischer Edelmann, hat sich mit äußerster Konzentration in die Dienstzweige der Administration eingearbeitet. 1813 hatte Wrede, später heftiger Gegner Armanspergs, das junge Talent entdeckt. Er nahm Armansperg 1814 als Zivilkommissär seiner Armee nach Frankreich mit und übertrug dem erst 27jährigen die Verwaltung des Departements der Vogesen. Noch im gleichen Jahr wurde er der »gemeinschaftlichen Landesadministration« des Gebietes zwischen Rhein, Mosel und Saar zugeteilt. Sein Lehrmeister wurde der Präsident der Administration und spätere erste Generalkommissär des Rheinkreises, Franz Xaver Ritter von Zwackh, dessen Erbe Armansperg im rechtsrheinischen Bayern fruchtbar zu machen suchte. Er, der sich nicht nur am abgeleiteten Pfälzer Vorbild, sondern ebenso sehr unmittelbar am ursprünglichen französischen orientierte[326], machte rasch Karriere, und seine Selbsteinschätzung blieb hinter seinen Fähigkeiten nicht zurück. Selbstverständlich hielt er sich für ministrabel. 1825 tauchte er als sachkundiger Führer der Opposition in der Abgeordnetenkammer auf, die ihn zu ihrem zweiten Präsidenten wählte. Spätestens zu diesem Zeitpunkt wurde der Kronprinz auf Armansperg aufmerksam. Er wünschte ihn als Generalkommissär in seiner Residenz Würzburg, aber König Max Joseph wollte davon nichts wissen[327]. Ein Jahr später bestellte der *König* Ludwig Armansperg zum Staatsrat und ab 1. Januar 1826 zum Innen- und Finanzminister. Er betraute ihn mit der seit Jahren vorbereiteten Sanierung des bayerischen Staatshaushaltes und der Reform der Verwaltung. Der Vorgänger als Finanzminister, Lerchenfeld, nahm noch an den Sitzungen der Einsparungskommission Oktober/Dezember 1825 teil, befand sich jedoch dort dem als Generalreferent auftretenden Armansperg gegenüber schon in einer Rückzugsposition. Der König schätzte den ihm seit den Tiroler Tagen nahestehenden und als Verteidiger der Verfassung verbündeten Lerchenfeld, aber er hatte mit ihm sachliche Meinungsverschiedenheiten über das Tempo der Reformen und die Art der Besteuerung des Grundeigentums. Ludwig wußte, daß sich die Schulden Bayerns unter Lerchenfelds Amtsführung weiter vermehrt hatten, und schließlich bemerkte er bei Lerchenfeld eine Eigenschaft, die er ausschließlich für sich vorbehalten hatte: Eigensinn.

Von langer Hand geplant war neben Sparprogramm und Verwaltungsreform ein »Oberster Kirchen- und Schulrat«. Der König konstituierte ihn am 17. Dezember 1825 innerhalb des Innenministeriums und stellte an seine Spitze den Ministerialrat Eduard von Schenk (1788–1841), eine Persönlichkeit völlig anderer Art als Armansperg[328]. In Düsseldorf als Sohn eines Syndikus der bergischen Ritterschaft geboren, war der Elfjährige nach München gekommen, wo der ebenfalls vom Niederrhein stammende Dirigierende Minister von Hompesch seinen Vater als Geheimen Finanzreferendär angestellt hatte. Nach Studienjahren in Landshut wurde der junge Jurist 1813 als Assessor beim Stadtgericht in München verwendet. Fünf Jahre später war er als Geheimer Sekretär in das Justizministerium eingetreten und nach weiteren fünf Jahren stieg er zum Generalsekretär des Ministeriums auf. Dies spricht für fachliche Qualifikation, doch zählte der Beamte nicht zu den Politikern von Geblüt. Einen Namen machte er sich vielmehr als Schöngeist und Schriftsteller, und als solcher gewann er die Sympathie des Kronprinzen, dessen literarischem Wirken der Beistand Schenks sehr zugute kam. Schenk war in Landshut unter Savignys Einfluß Anhänger der historischen Rechtsschule, und er war gleichzeitig ein Jünger der Romantik geworden. Als einen aus den Reihen der romantischen Konvertiten nahm ihn 1817 der aus der Biographie Ludwigs I. bekannte Fürst Alexander Hohenlohe in die katholische Kirche auf. Von dem Dichter Schenk haben die Zeitgenossen nicht wenig gehalten. Sein Drama »Belisar«, 1826 in München uraufgeführt, wurde ein großer Bühnenerfolg. Eine Persönlichkeit wie Schenk, von Sailer begünstigt, war vorherbestimmt, als bildungs- und kulturpolitischer Berater Ludwigs eine Rolle zu spielen. Wenige Wochen nach seiner Thronbesteigung forderte der König Schenk auf, Armansperg seine Gedanken über die geistlichen- und Schulangelegenheiten mitzuteilen. Schenks Ernennung zum Chef des neugebildeten Obersten Kirchen- und Schulrates signalisierte, daß der König auf diesem Gebiet einen Kurs einzuschlagen wünschte, wie ihn der aufklärerisch-liberale Armansperg, vorerst noch der Vorgesetzte Schenks, schwerlich vertreten konnte. Schenk leitete seine Behörde bis Sommer 1828. Armansperg sah in ihm wohl von Anfang an den Gegner und Rivalen. Schenk, ansonsten kein Intrigant, sägte, unterstützt durch Sailer, spätestens seit dem Landtag 1827/28 an Armanspergs Innenministerstuhl[329]. Unmittelbar nach dem Landtag löste er Armansperg als Innenminister ab – ein Beweis, daß der König den im obersten Kirchen- und Schulrat herrschenden Geist im ganzen Ministerium verbreitet sehen wollte[330].

Als profiliertester Mitarbeiter seiner Behörde hat Schenk von 1826 bis 1828 der ehemalige Landrichter von Karlstadt und Bekannte Ludwigs aus seinen Würzburger Jahren, Bernhard Grandaur, zur Seite gestanden[331]. Schenk wünschte sich Grandaur als seinen Nachfolger in der Leitung des Obersten Kirchen-

und Schulrats[332]. Ludwig I. holte jedoch im Februar 1828 den umstrittenen absolutistischen Beamten, dessen Allgemeinbildung, juristische Begabung und Vielseitigkeit außer Frage steht, als Kabinettssekretär zu sich. Schenk sah sich unter seinen Ministerkollegen völlig isoliert; sie empfanden ihn in ihrer Mitte als Fremdkörper. Armansperg übernahm zum Finanzministerium noch das Außenministerium. 1831 opferte Ludwig der Landtagsopposition »seinen« Schenk, ein Schritt, den er bald sehr bereut hat. Ende des gleichen Jahres sah sich Armansperg seiner sämtlichen Ämter enthoben. Es begann die Ära Wallerstein. Schenk behielt als Regierungspräsident in Regensburg das Vertrauen und die Zuneigung des Königs, der ihn später (1838) zum o. Staatsrat und zum Reichsrat ernannte. Armansperg, 1831 mit allen Zeichen königlicher Mißbilligung in die Wüste geschickt, stand 1832 bis 1835 an der Spitze der für den unmündigen König Otto von Griechenland eingesetzten Regentschaft und amtierte 1835 bis 1837 als griechischer Erzkanzler fast unumschränkt. Er fiel schließlich bei Ludwig neuerdings in tiefste Ungnade und blieb seit seiner Rückkehr nach München 1837 bis zu Ludwigs Rücktritt ein politisch toter Mann. Unter Max II. gelangte er (bis zu seinem Tode 1853) nochmals zu gewissem, aber nicht ausschlaggebendem Einfluß.

Jede Staatsorganisation überlebt sich. Montgelas' Verwaltungssystem blieb zwar grundlegend für die gesamte Zeit der Wittelsbacher Monarchie und in vieler Hinsicht noch darüber hinaus, aber seine spezifischen Schwächen hatten sich am Ende der Regierungszeit Max Josephs enthüllt, so daß Reformen geboten schienen. Ludwig war durchaus der Mann, der diese Aufgabe in Angriff zu nehmen willens und in der Lage war. Seine politische Bedeutung lag nicht zuletzt darin begründet. Nach sorgfältigster Vorbereitung in der Kronprinzenzeit brach sein bisher nur mühsam gebändigter Tätigkeitsdrang wie ein Sturzbach hervor und erfaßte alle Zweige des öffentlichen Lebens. Wir wiederholen, daß Ludwig bei der Durchführung seiner Vorhaben von der hohen Bürokratie abhängig war, von der ihn nicht nur deren aufklärerisch-antitraditionalistischer Standpunkt trennte, sondern auch Divergenzen in manchen Sachfragen.

Über die Sanierung des Staatshaushalts, ohne Zweifel ein Ruhmestitel seiner Regierung, mehr im übernächsten Kapitel! Ihr schlossen sich zahlreiche administrative Neuerungen an. Verbunden mit einem neuen Besoldungsregulativ vom 19. Januar 1826 und einem Beamtenabbau, der für die Betroffenen an die Grenze des Erträglichen führte, jedoch die Existenzsicherung der Bürokratie im Auge behielt, kam es im Zuge der 1825 anhebenden Reform zur Neuordnung des Rechnungswesens und einer Neuverteilung der Geschäftskompetenzen der Ministerien und Mittelbehörden (Verordnung über Formation der Ministerien und Neuinstruktion für den Staatsrat 18. 11. u. 9. 12. 1825), die sich günstig auf die Staatsverwaltung auswirkte. Andere unmittelbar nach Regierungsantritt des König aufgegriffene Vorhaben ließen sich erst später verwirklichen, einige davon in veränderter Form; wieder andere ließ man fallen. Doch sei festgehalten, daß die Leitmotive für die gesamte Verwaltungsreform bereits im ersten Jahrfünft der Regierung Ludwigs intoniert wurden und wichtigste Vorarbeit geschah. Erst Jahre nach Armansperg hat man beispielsweise die neue Kreiseinteilung Bayerns, die Ludwigs erster Innenminister am liebsten zu einer Übertragung des pfälzischen Modells auf den ganzen Staat benutzt hätte[333], und das mit der Neugliederung korrespondierende Gesetz über die »Ausscheidung der Kreislasten« über die politische Bühne gebracht. Unter dieser »Ausscheidung« ist der (geglückte) Versuch zu verstehen, nicht nur die Verwaltung, sondern auch deren finanzielle Ressourcen zu dezentralisieren, die Zentralverwaltung in den Ministerien zu entlasten und den Mittelbehörden und Landräten freieren Spielraum zu verschaffen. Nicht durchsetzen ließen sich im geplanten Umfang das Steuerreformwerk und eine »Kulturgesetzgebung« zugunsten der Landwirtschaft, ein Gesetzeswerk, dessen Verwirklichung im Geiste liberaler Agrarreform zu einem guten Teil vorweggenommen hätte, was man 1848 zugestehen *mußte*.

Die »soziale Frage« Bayerns war im Vormärz noch überwiegend eine ländliche. Ihr Zentralthema waren die Grundentlastung und -ablösung, vorzubereiten durch Fixation und Ablösung der grundherrlichen Gefälle und der Frohnden. In dieser Richtung voranzuschreiten war der König, den die einschlägigen Probleme seit seiner Kronprinzenzeit zum Nachdenken veranlaßt hatten[334], im ersten Jahrfünft seiner Regierung mit gewissen Einschränkungen entschlossen, aber Gesetze und Verfassung legten ihm Fesseln an, und der Widerstand in der Ersten Kammer war nicht zu brechen. Dazu kam, daß der Monarch den Adel schonen, im Grunde heben wollte. Immerhin unterstützte der König Armanspergs für die Tendenzen der Staatsbürokratie kennzeichnende Einengung der Patrimonialgerichtsbarkeit, der unter anderem die Zuständigkeit für ehemalige Klostergrundholden entschädigungslos entzogen wurde. Am 12. Oktober 1826 unterzeichnete Ludwig ein einschlägiges Staatsratsgutachten (»Instruktive Normen«) im Umfange von 105 Paragraphen, dessen öffentliche Bekanntmachung er nicht wünschte und das hinsichtlich der gutsherrlichen Gerichtsbarkeit mit Recht als Schlag der Bürokratie gegen den Adel bezeichnet worden ist[335].

Was zur Beseitigung oder Minderung der Landarmut, etwa in der Rhön, getan werden konnte, förderte der König. 1838 übermittelte er dem Innenministerium eine bis in die letzten Details gehende eigene Denkschrift von zwölf Punkten betreffend »Ermittlung neuer Erwerbsstellen für die Bewohner des Landgerichts Brückenau«[336], die beweist, wie genau er auch bei seinen Erholungsaufenthalten die Verhältnisse und Zustände auf dem Lande beobachtete. Es handelte sich ausnahmslos um praktische, realisierbare Vorschläge, die die ärgste Not beseitigen und bezwecken sollten, daß die arme Gegend wenigstens den früheren Status erlange, der »zwar nicht glänzend war, aber doch hinreichendes, wenngleich sehr einfaches Auskommen gewährte, wozu aber freilich auch die Wiederkehr der ehemaligen Frugalität und die Entfernung der Genußsucht gehört«. Es handelte sich nicht um das einzige Notstandsprogramm, das aus dem königlichen Kabinett kam. Industrielle Neuerungen fanden Ludwigs Interesse, aber aus Gründen der Sparsamkeit und der Vorsicht nur begrenzte Förderung. Bei Einführung mechanischer Flachsspinnereien fragte der König, wie es mit dem Absatz stehe, wenn die Spinnereien über den Bedarf des Königreichs hinaus erzeugen sollten, und er verlangte Gutachten, »ob solche Spinnereien der geringeren Klasse Einnahmen sehr verringern dürften, namentlich der Rhön, und wodurch Ersatz geleistet werden könne«[337].

In der zweiten Hälfte seiner Regierung mehrten sich seine Bedenken über Begleiterscheinungen der Industriellen Revolution, die ihm nicht verborgen blieben. »Der König ist kein Freund von Errichtung vieler großer Fabriken«, schrieb er 1838, »in denen eine Menge Arbeiter sitzende, Seele und Körper verkümmernde Lebensart führen«[338]. Das klang human, verkannte jedoch, daß die Arbeitsbedingungen in der Hausindustrie und zum Teil auch im Handwerk kaum günstiger waren. 1845 bemerkte Ludwig anläßlich einer Konzessionsbewilligung in Augsburg: »Traurig aber zu sehen, daß Gewerbe, die früher viele Familien nährten, jetzt auf viel weniger sich beschränken. Somit die Anzahl der Proletarier sich vergrößert, dem Kommunismus in die Hände gearbeitet wird. Das kleine München hatte viel mehr Brauereien als das große. Es geht wie mit den Eisenbahnen, was sonst vielen Orten zugute gekommen, häuft sich auf einige, es den meisten entziehend; aber es zu ändern, hängt von der Regierung nicht ab«[339]. Soweit das proletarische Element in sein Blickfeld rückte, suchte er vor allem der Arbeitslosigkeit entgegenzuwirken. 1832 stellte er ein Vierpunkteprogramm zur Beschäftigung der Münchner Erwerbslosen auf[340], 1843 ordnete er angesichts der Notlage der Weber in Oberfranken an, diesen die Fabrikation von Leinwand für die Armee zu übertragen[341]. Große Aufmerksamkeit widmete der Sozialpolitiker Ludwig neben der Arbeitsbeschaffung der Kontrolle der Brot- und Bierpreise. Wiederholt ist der König dem Getreidewucher durch Zuführung und Verkauf von Ärarialgetreide entgegengetreten[342]. 1847 wünschte er eine bündige aktenmäßige Zusammenstellung seiner Maßnahmen gegen die Teuerung: unter anderem Teuerungszulage für Lehrerschaft, Hofbedienstete, Militär und Staatsdiener, Aversalunterstützungen, Abgabe von Getreide zu wohlfeileren Preisen an die Gemeinden, Verwendung des lokalen Malzaufschlages zu Zwecken der Armenpflege auf zwei Jahre, Gründung von Hilfskassen, Kollekten- und Geldbewilligungen für durch Elementarereignisse Geschädigte, Anordnung öffentlicher Arbeiten, außerordentliche Unterstützungen durch die Kabinettskasse[343]. Dem Finanzminister schärfte er 1846 ein, er möge dafür sorgen, daß seine (des Königs) »antifiskalische, landesväterliche Absicht, dem Volke zugute komme, nicht aber Getreidehändlern«.

Zu den nicht zu unterschätzenden Bestandteilen der königlichen Sozialpolitik zählten Maßnahmen zum Schutz der Volksgesundheit. Ludwig zeigte sich alarmiert und drang auf sofortige Abhilfe, wenn er hörte, daß unter Schülern und Schülerinnen Kurzsichtigkeit und Rückgratverkrümmungen überhandnähmen. Seine Fürsorge erstreckte sich nicht zuletzt auf gesundheitlich besonders gefährdete Gruppen wie Soldaten und Strafgefangene. Sobald sich in Gefängnissen Erkrankungen häuften oder militärische Unterkünfte nicht den (allerdings nicht hoch angesetzten) gesundheitlichen Minimalerfordernissen entsprachen, schaltete er sich ein. Beispiele für sein sanitär-hygienisches Engagement auch auf anderen Sektoren ließen sich leicht vermehren. Dazu kamen karitative Handlungen wie die Stiftung einer Blindenanstalt, für die er aus der Kabinettskasse 50000 fl. beisteuerte, oder seine Fürsorge für Irre[344].

König und Minister sahen den sozioökonomischen Prozeß als ein Fatum an, in das der Staat korrigierend oder subsidiär eingreifen, aber auch nicht viel mehr zuwege bringen könne. Sozialpolitisch gingen sie von den bleibenden Zuständen der Dürftigkeit und einer Knappheitsgesellschaft aus. Hilfe für die arme Bevölkerung erschien ihnen nur sinnvoll, wenn diese sich strengen Einschränkungen und einer äußerst bescheidenen Lebensführung unterwarf. Eine Veränderung der Gesellschaftsstruktur lag außerhalb des Vorstellungsvermögens Ludwigs, und das biblische »Arme habt ihr allezeit bei euch« nahm er gewiß als unabänderlich hin. Linderung der Armut zählte zur Tradition und zum »nobile officium« seiner und anderer fürstlicher Häuser. Der Umfang der von ihm an Hilfsbedürftige gewährten Unterstützungen erreichte erstaunliche Zahlen[345].

Zentners Fähigkeiten traute der König im Justizressort, das er ihm bald nach dem Thronwechsel übertragen hatte[346], ähnliche Leistungen zu, wie er sie sich von der Herkulesarbeit eines Armansperg in der Verwaltung und zumal im Finanzwesen erwartete. Unablässig beschäftigte den König das Verhältnis der drei Gewalten zueinander. Übergriffen der Justiz in die Gesetzgebungskompetenz suchte er zu steuern[347]. Im Mittelpunkt stand für ihn stets, wie er die Rechte der Krone innerhalb der drei Gewalten zu wahren vermöge. An Zentner lag es nicht, daß die Dinge auf seinem Fachgebiet nicht vergleichbar vorwärts gingen wie in Armanspergs ausgedehnterer Ministerialsphäre. Ursprünglich hatte der König parallel zu der Einsparungs- und der Militärkommission eine Gesetzgebungskommission unter Zentners Leitung ins Leben rufen wollen, doch folgte er dem Vorschlag des neuen Ministers und beauftragte seinen Landshuter Lehrer, den berühmten Juristen Staatsrat von Gönner, mit der Ausarbeitung des Entwurfs eines allgemeinen Zivilgesetzbuches. Da Gönner 1827 starb, mußte die Vorlage eines Entwurfs in den Kammern verschoben werden. Zentner brachte auf dem ersten Landtag Ludwigs zwar Entwürfe einer Zivilprozeßordnung und eines revidierten Strafgesetzbuches ein, aber keiner von beiden, so wenig wie weitere Gesetzentwürfe auf diesen und späteren Landtagen der ludovizianischen Ära, fanden ihre Erledigung. Nach dem Landtag von 1831 erlahmte der Reformeifer des Königs auch auf diesem Gebiet.

Zentners fortgeschrittenes Alter bewirkte, daß der König auf ihn Rücksichten nahm, deren sich jüngere Minister nicht erfreuten. Andererseits minderte es seine politische Wirksamkeit.

Seine Aufgaben als Justizminister waren wichtig, aber politisch nicht zentral, und die Wahrnehmung der Geschäfte des Außenministeriums (1827/28) durch ihn hatte sich der König ohnehin nur als Zwischenlösung gedacht. Der Nuntius Serra-Cassano charakterisierte Zentner in seinem Abschlußbericht 1826 als einen einflußreichen Mann, an den man sich in den schwierigsten Fragen wende. Seine Grundsätze seien weder monarchisch noch religiös: Er sei stets ein Feind der Kirche und Roms gewesen und werde es bleiben[348]. Zentner hatte sich 1825 für Armanspergs Ernennung zum Finanzminister eingesetzt. Außen- und innenpolitisch verfolgten beide mehr oder minder die gleichen Ziele.

Gleich manchen anderen Vorhaben blieben die beabsichtigte Trennung von Justiz und Verwaltung auf der unteren Instanz und die Einführung von Mündlichkeit und Öffentlichkeit der Rechtspflege schon im ersten Jahrfünft der Regierung Ludwigs auf der Strecke, und ihre Verwirklichung wurde nach 1830/31 lange nicht wieder aufgenommen. Solchen Defiziten steht jedoch eine stattliche Erfolgsbilanz gegenüber: Um die Sanierung der Finanzen durften zahlreiche andere Staaten Bayern beneiden. Nachdem man durch Einsparungen und Verwaltungsvereinfachung die ersten und wichtigsten Schritte getan hatte, folgte durch die Neuorganisation des Rechnungswesens, des Staatsschuldenwesens und des Budgetsystems die Sicherung der Finanzstruktur des bayerischen Staates in einer Weise, die kritische zeitgenössische und spätere Experten dieser Materie als vorbildlich gerühmt haben. Nicht zuletzt zählte zu den reformerischen Leistungen der Anfänge Ludwigs die Einführung der sogenannten Landräte, Kreisversammlungen nach Pfälzer Vorbild, die gleichzeitig der Festigung des staatsbürgerlichen Bewußtseins und der politischen Aktivität rundum im Lande wie der Dezentralisierung der Verwaltung zugute gekommen sind. Ein neues Konskriptionsgesetz war dazu bestimmt, die Verhältnisse der Militärpflichtigen zu erleichtern und das Erwerbsleben der Staatsbürger zu schonen. Bayerns Handel und Gewerbe sollte durch Neuorientierung der Zollpolitik gefördert werden.

Analysiert man die vermeintlich nur »sachlichen« und ideologisch neutralen Reformen zwischen 1825 und 1830/31, so erkennt man, daß sie Marksteine im freisinnigen Regierungsprogramm Ludwigs I. bildeten. Sie erleichtern die Beantwortung der Frage, worin denn des vom monarchischen Prinzip niemals lassenden Königs »Liberalismus« bestanden habe. Er beruhte in erster Linie auf unbedingter Verfassungstreue. Als später der konstitutionelle Eifer erkaltete, ließ ihn seine religiöse Gewissenhaftigkeit die beschworene Verfassung genau beachten. Bis 1830 war sie ihm jedoch Herzenssache. Auch das parlamentarische Kernstück der Verfassung nahm er im ersten Jahrfünft seiner Regierung noch so ernst, daß ihm der Oppositionsführer (allerdings nur der II., nicht der I. Kammer) nicht wie später a priori suspekt, sondern als legitime Figur im System erschien. Den Oppositionsführer des Landtags von 1825 machte er zu seinem Innen- und Finanzminister und den Oppositionsführer des Landtags 1827/28, Ignaz von Rudhart, 1832 zum Regierungspräsidenten in Passau. Mit der Einführung der Landräte förderte Ludwig das Prinzip der Selbstverwaltung. Als Gegner seines Reformwerks empfand er, in diesem Punkt ganz eines Sinnes mit Armansperg, nicht so sehr die linken Radikalen als die rechten Ultras im Lande und im Reichsrat. Gegen »Preßfrechheit« glaubte er sich anfänglich durch die bestehenden Gesetze ausreichend gesichert.

Wie sah die Kirchen- und Bildungspolitik des christlichen Herrschers aus? Da der König, stets dem Konkreten zugewandt, Christentum nur in seiner konfessionellen Realität in Betracht zog, bedeutete ihm christliche Schulbildung und Kirchenpolitik stets auch Konfessionalisierung, richtiger gesagt, Rekonfessionalisierung. Er geriet auf diese Weise in Konflikt mit mächtigen Zeitströmungen, und in der zweiten Hälfte seiner Regierung ist es zu einigen sehr mißlichen konfessionellen Verhärtungen gekommen.

Eine nur scheinbare Nebensache bildete die Wiederzulassung beziehungsweise Neubegründung und Förderung von Wallfahrten, Passionsspielen, Bittgängen und Bruderschaften, die das System Montgelas unterbunden hatte. Ein großer Teil der katholischen Bevölkerung erlebte diesen Kurswechsel als erwünschte Rückkehr in die »gute alte Zeit«, in eine kirchlich geprägte Volkskultur, deren Traditionen unterbrochen, aber noch nicht zerstört waren. »Dem bayerischen katholischen Landmann ist das religiöse Erbe seiner Väter ein hochheiliges Gut«, schrieb ein Oberpfälzer Dekan des Vormärz[349]; das gleiche galt für breite kleinbürgerliche Schichten. Was das Bildungswesen betraf, so verblieben die ländlichen Volksschulen noch bis zum Jahre 1918 unter der Aufsicht der Geistlichen als königlicher »Lokalschulinspektoren«, und die konfessionelle Ausbildung des Lehrernachwuchses hat man außerhalb der Pfalz während der Regierung

Ludwigs kaum angefochten. Dagegen hatte sich die Säkularisierung des höheren Schulwesens und vor allem der Universitäten bereits so sehr durchgesetzt, daß der konfessionelle, speziell der katholische Einfluß alles in allem nur mehr eine Rückzugsposition hielt. Diese zu stabilisieren und von ihr aus verlorenes Terrain allmählich zurückzuerobern, zählte zu den Wunschvorstellungen des Restaurationskatholizismus, die Ludwig – mit einigen Einschränkungen, was die Universitäten betraf, – teilte. Mit äußerster Konsequenz ließen sich solche Absichten erst unter der Ministertätigkeit Karl von Abels in Angriff nehmen, wenn auch nicht zum dauernden Erfolg führen. Der persönlich sehr tolerante Schenk, der Angst hatte, typischer Konvertiteneigenschaften geziehen zu werden, vermochte nur erste Weichen zu stellen. An die Berufung Görres' an die Universität München knüpften sich in dieser Hinsicht große, allerdings, wie sich herausstellen sollte, übertriebene Hoffnungen. Dem, was hohe Staatsbeamte wie Schenk, Seinsheim oder Grandaur, was geistliche Vertraute wie Bischof Sailer oder ein bildungspolitischer Ratgeber aus dem Laienstande, wie Ringseis, beim König und über den König zuwege brachten, hielt im ersten Regierungsjahrfünft der Einfluß Thierschs, der die bayerischen Gymnasien auf den Boden eines »reinen«, exklusiven Humanismus stellen wollte, und Schellings die Waage, der ein überkonfessionelles, philosphisches Christentum zu seiner Sache gemacht hatte. Ludwig war, unbeschadet seiner Katholizität, der Argumentation dieses Dioskurenpaares gegenüber aufgeschlossen, und er respektierte es als Repräsentanz der damals mächtigen neuhumanistisch-idealistischen Zeitströmung.

Das für Ludwig in der Sache wie in der unbeirrbaren Art und Weise der Durchführung am meisten charakteristische restaurative Unternehmen war die Wiederherstellung von Klöstern, mit der sich in bescheidenem Umfang eine Verkirchlichung des höheren Schulwesens verbinden ließ. Der Ausdruck »Restauration« war Ludwig und seinen Gesinnungsgenossen durchaus geläufig. Sie verstanden darunter jedoch nicht das gleiche wie die Zeitgenossen von heute; nicht Repristination beabsichtigten sie, sondern Regeneration. Und diese bezog man auf die gesamte Gesellschaft. Der nachmalige Erzbischof Graf Reisach sprach von der »großen Restauration der tief gesunkenen Gesellschaft«[350]. Im engeren Sinne hat man unter Restauration im damaligen Bayern jedoch nur die Wiederherstellung von Klöstern verstanden. Schon als Kronprinz muß sich Ludwig zu einem verhältnismäßig frühen Zeitpunkt mit dem Gedanken einer Wiederherstellung von Klöstern vertraut gemacht haben. Im Nachlaß des Königs findet sich ein Gutachten des Geistlichen Rates und späteren Weihbischofs und Dompropstes Ignaz von Streber vom August 1812, das sehr abgewogen und vorsichtig die offensichtlich vom Kronprinzen gestellte Frage zu beantworten sucht: »Wie können einige ehemals sogenannte ständische Klöster in Bayern wiederaufgerichtet werden, ohne den Finanzen des Staates zu nahe zu treten?«[351]. Das bayerische Konkordat von 1817 hat die Wiederherstellung einiger Klöster auf Staatskosten vorgesehen[352] – ein Ludwig willkommenes Signal, nicht jedoch der Grund für die beabsichtigte Restauration. Neben den religiös-kirchlichen Beweggründen Ludwigs hat man auch im Falle der Klösterrestauration seinen romantisch-ästhetischen Historismus zur Erklärung seines Verhaltens heranzuziehen. Ludwig dachte sich sein ganzes Land von einem Netz blühender Konvente überzogen, Glaubensburgen und Bildungsstätten zugleich, geistliche Festungen des vorherrschenden Bekenntnisses. Die besondere Zuneigung des Monarchen galt den Benediktinern, doch dachte er von vornherein an umfassendere Auswahl der zuzulassenden Orden. Er wünschte auf jeden Fall Männer- *und* Frauenklöster, karitativ, seelsorgerlich, pädagogisch aktive, aber auch beschauliche Konvente. Für bestimmte Gruppen der Bevölkerung erschienen ihm die Bettelorden der Franziskaner und Kapuziner am geeignetsten. Ausgeschlossen blieben trotz nachhaltiger Versuche von anderer Seite, sie einzuführen, während seiner ganzen Regierungszeit die Jesuiten; gegen sie hat er offenbar schon in früher Jugend eine durch nichts zu erschütternde Antipathie gefaßt. Was er über die Verfolgung Sailers durch die Augsburger Exjesuiten vernahm, dürfte ihn in seiner Abneigung bestärkt haben. Die Hindernisse, die sich vor den Restaurierungsplänen des Königs auftürmten, hätten einen Menschen von geringerer Willensstärke und Hartnäckigkeit kapitulieren lassen. Armansperg legte den Vorhaben des Königs eher Steine in den Weg, und die Mehrheit der Bürokratie übte passive Resistenz. Schenk gehörte zu den wenigen Staatsdienern, auf deren loyale Mitarbeit und Eifer der Monarch zählen konnte. Gegen Ende des *ersten* Regierungsjahrfünfts zeichneten sich einige Erfolge ab. Es war nach einem Vierteljahrhundert Herrschaft der Aufklärung immer noch sehr viel an katholischer Substanz vorhanden, und der Weg, den Ludwig einschlug, war wohl der richtige, wenn man diese Substanz konsolidieren und einen Gegenangriff des Katholizismus unterstützen wollte. Die dem König nahestehenden Katholiken der Sailerschen Richtung wußten sein religiöses und kirchenpolitisches Wirken voll zu würdigen. Die Briefe Sailers[353] oder Schwäbls[354] an den Monarchen oder diejenigen Klemens Brentanos an Joseph von Görres[355] waren ausnahmslos auf diesen Ton gestimmt.

Zweck der Zusammenarbeit Ludwigs mit dem ungleichen Gespann Armansperg und Schenk: Sanierung und Modernisierung des Staates und gleichzeitig Überwindung dessen, was man auf kirchlicher Seite das »Destruktionszeitalter« nannte[356]. Dafür sahen ihn die Reaktionäre, von Metternich bis zu seinem Vetter, Großherzog Georg von Mecklenburg-Strelitz, als einen der »Hydra des Liberalismus« Verfallenen an[357] und die Liberalen aller Schattierungen als ein Werkzeug des Ultramontanismus.

3. Der Landtag 1827/28

Die bayerische Verfassung von 1818 hat die Landtage hinsichtlich Wirkungskreis und Periodizität sehr restriktiv behandelt. Aber der demokratisch-parlamentarische Trend des Zeitalters wirkte sich auch im vormärzlichen Bayern in einem solchen Maße als Motor des öffentlichen Lebens aus, daß sich die Ständeversammlungen schon unter Max I. Joseph und noch mehr unter seinem Nachfolger, der sich gewiß für den Mittelpunkt des von ihm dirigierten Systems halten durfte, als zentrale Ereignisse der inneren Politik abspielten und man eine Darstellung der inneren Geschichte des Staates nach ihnen periodisieren könnte. Die Quellen bestätigen, wie sehr die Überlegungen und Maßnahmen von König und Ministerien um die Landtage kreisten, deren sorgfältige Vorbereitung einen nicht geringen Teil der amtlichen Energien kostete. Lange Zeit vor dem Zusammentritt der Ständeversammlungen verwandte man äußerste Mühe auf die Ausarbeitung der an den Landtag zu bringenden Vorlagen wie auf die Beeinflussung von Reichsräten oder ausschlaggebenden Persönlichkeiten unter den gewählten Abgeordneten beziehungsweise auf die Verhinderung des Auftretens gefürchteter Parlamentarier. Jahre vorher hat man erörtert, wie ein Landtag für diese oder jene Vorhaben zu gewinnen, wie der Opposition zu begegnen sei. Zu den wichtigsten Kriterien für die Beurteilung der Fähigkeiten seiner »Geschäftsmänner« zählte in den Augen Ludwigs, wie sie es verstanden, mit den Ständeversammlungen fertig zu werden, sie den Wünschen der Krone gefügig zu machen.

Obschon man nach einigem Zögern dem Landtag theoretisch ein Initiativrecht zugestand[358], lag die tatsächliche Initiative bei Krone und Ministerium.

Der Landtag 1827/28[359], erste Ständeversammlung unter Ludwig I., fiel noch in die freisinnige Phase seiner Regierung, und der Monarch brachte ihm noch einen erheblichen Vertrauensvorschuß entgegen. Er erwies den Mitgliedern beider Kammern nach der Landtagseröffnung Aufmerksamkeiten, die sich später nicht mehr wiederholen sollten[360]. Der Landtag hatte nach Meinung des Königs dessen gesamtes Reformwerk, soweit es bereits zur Vorlagereife gediehen war, verfassungsrechtlich abzusegnen. Wir haben die wichtigsten Gegenstände genannt. Nicht weniger als 39 Vorlagen warteten auf die Kammern. Die Thronrede setzte die Akzente, an denen dem Monarchen lag[361].

Aufgrund der von ihm gedeckten antifeudalen Politik Armanspergs hätte es dem König nicht unerwartet kommen dürfen, daß er es während des Landtags 1827/28 mit einer oppositionellen Kammer der Reichsräte zu tun hatte. Die Interessen der im Reichsrat tonangebenden Aristokratie waren bereits durch die Einschränkung gutsherrlicher Gerichtsbarkeit beeinträchtigt worden. Noch mehr drohte das vorbereitete Agrikulturgesetz die adeligen Besitzer zu schädigen. Nachdem eine Verordnung vom 13. Februar 1826 die Ablösung der in die Staatskasse fließenden grundherrlichen Gefälle in einem den Pflichtigen günstigen Sinne geregelt hatte, sollten nach diesem Vorbild Maßstäbe für die Ablösung der privatgrundherrlichen Gefälle gewonnen werden. Armansperg, der Aktionen adeliger Gutsbesitzer im Rezatkreis, die zum Zweck der Verteidigung ihrer Rechte einen Verein gegründet hatten, auf despotische Weise entgegengetreten war[362], stand mit dem grundherrlichen Adel auf Kriegsfuß. Die Verwirklichung eines vorgesehenen Adelsgesetzes hätte die bayerische Aristokratie aus ihren deutschen und kontinentaleuropäischen Zusammenhängen gelöst und zum Sonderfall eines anders strukturierten und überdies wesentlich staatsabhängigeren Adels gemacht. Es zeugt von Blickverengung des Königs und Armanspergs, wenn sie glaubten, ein derart in die deutschen Adelstraditionen eingreifendes Vorhaben im bayerischen Alleingang durchsetzen zu können. Dies alles begünstigte in der Ersten Kammer die Entstehung einer Adelsfronde, deren Führung in den Händen des fähigen und energischen Grafen Friedrich Waldbott zu Bassenheim lag. Bassenheim, der einst wegen seiner antinapoleonischen Gesinnung dem Kronprinzen Ludwig nahe gestanden hatte, war in seinen Mitteln nicht wählerisch. Er hielt über die österreichische Gesandtschaft ungescheut Kontakte zum Ballhausplatz[363]. Die Opposition gegen einen liberalisierenden Monarchen wußte, wo sie bundespolitische Unterstützung erwarten konnte. Später wiederholte sich die Kooperation parlamentarischer Opposition mit dem Ausland auf anderer Ebene, so im Zusammenwirken der pfälzischen und badischen Linken oder in den Verbindungen der protestantischen »Partei« zur preußischen Gesandtschaft und zum Berliner Hof in den 1840er Jahren.

Die Geschichtsschreibung des deutschen Parlamentarismus hat früher die Ersten Kammern vernachlässigt. Dies hat sich nach dem Zweiten Weltkrieg geändert; man kann ihrer Geschichte entnehmen, daß die Pairie als politischer Faktor Aufmerksamkeit verdient.

Wrede als Erster Präsident der Kammer der Reichsräte tat viel, um einerseits die Absichten des Königs zu verwirklichen, andererseits ihn vor unbesonnenen Schritten zu bewahren. Er riet dem König mit gutem Grund (und zum Teil mit Erfolg), Gesetzentwürfe betreffend Bildung der I. Kammer und Geschäftsgang der Kammern zurückzuziehen und Maßregelungen von oppositionellen Reichsräten zu unterlassen, da dies dem Wesen eines konstitutionellen Staates widerspreche. Zufriedenstellen konnte der Marschall seinen Monarchen nicht[364], und unmittelbar nach Schluß der Session erreichte der Einfluß Wredes seinen Tiefpunkt. Der König schwankte in seiner Taktik gegenüber den Kammern. Tann hatte zu Milde und Entgegenkommen geraten. Ludwig ging darauf zunächst ein und lud im September 1827 nicht nur den auf Regierungskurs befindlichen Grafen Schönborn, sondern auch das Haupt der Opposition, Bassenheim, zu sich nach Berchtesgaden. Das Ergebnis war für Ludwig enttäuschend, und daraufhin schlug er ein entgegengesetztes Verfahren ein. Am 27. Januar 1828 ordnete er zur Leitung und Überwachung der ständischen Angelegenheiten die Bildung eines Ministerratsausschusses an, der keine sonderlichen Erfolge erzielte. Er vermochte Querverbindungen zwischen I. und II. Kammer und den an sich unterschiedlich eingestellten Oppositionellen der verschiedenen Lager nicht zu verhindern. In einem Augenblick der Mutlosigkeit empfahl Tann eine Vertagung des Landtags[365]. Es kam zu unangenehmen Zwischenfällen zwischen dem Monarchen und einzelnen Standesherren[366]. Ein sicher ungerechtfertigtes Hofverbot für Bassenheim nahm Ludwig auf Wredes Zureden wieder zurück. Der König begann – ein Verfahren, das er bis Ende seiner Regierung fortsetzte – mit Mißfallenskundgebungen und kleinlichen und verletzenden Maßnahmen gegen oppositionelle Reichsräte und Abgeordnete. Dem in der I. Kammer opponierenden ehemaligen Generaladjutanten seines Vaters, Graf Karl zu Pappenheim, ließ er durch Wrede seine Ungnade androhen. Pappenheim ging jedoch von seinem Standpunkt nicht ab und antwortete dem König in einem geharnischten Schreiben. Schließlich nahm der König auch keinen Anstand, Beförderungen und Ernennungen von der vorherigen Zusicherung der Betreffenden abhängig zu machen, im Sinn der Regierung abzustimmen, so im Fall des Ministerialrats von Roth, den er vor seiner Ernennung zum Präsidenten des Oberkonsistoriums entsprechend befragen ließ und schließlich selbst befragte[368].

Nachdem schon Armansperg und Tann sich mit solchen Erwägungen getragen hatten, ging der König, unterstützt von Wallerstein, mit dem Plan um, durch Androhung einer *vorübergehenden* Schließung des Landtags eine bessere Zusammensetzung des Ausschusses für Gesetzgebung und Inneres zu erzwingen[369]. Dazu kam es nicht, wohl aber zu einem Pairsschub, wie man ihn auch in anderen konstitutionellen Staaten veranstaltet hat, um einer unbotmäßigen Ersten Kammer den Willen der Regierung aufzunötigen. Diesem Schritt mußte die freiwillige Resignation anderer lebenslänglicher Reichsräte vorhergehen. Ludwig zog genaueste Erkundigungen ein, ob ein Verzicht auf die Reichsratswürde verfassungsmäßig statthaft sei. Der Ernennung Armanspergs, des Appellationsgerichtspräsidenten Freiherr von Leonrod, des Staatsrats von Sutner und des ehemaligen Generalstaatsprokurators der Pfalz, von Koch, gingen Beratungen Ludwigs mit Hormayr und Grandaur voraus[370]. Der König hoffte insbesondere auf Beeinflussung der Reichsrätekammer zugunsten der Absichten der Krone durch Armansperg. Man fragt sich, wie der zwar altadelige, aber antifeudal eingestellte Minister die Aristokraten der I. Kammer hätte »bekehren« sollen. Ludwig lud die vier neuernannten Reichsräte zum Essen und hielt ihnen eine kleine Ansprache: »Die Frage war, ob der König König sein sollte oder die Standesherren«. Im Tagebuch vermerkte er über die Standesherren: »Kustode einer Antikagliensammlung wollten sie, daß ich sei«[371].

Die Gefährlichkeit einer Reichsratsopposition fand nicht nur an dem Recht des Königs, lebenslängliche Mitglieder der I. Kammer zu ernennen, ihre Begrenzung, sondern auch an mangelnder Einigkeit in den eigenen Reihen. Das politisch begabteste und mit glänzender Rednergabe ausgestattete Reichsratsmitglied, Fürst Wallerstein, Inhaber des Kronobersthofmeisteramtes, wählte seinen Platz bei der gouvernementalen Minorität der I. Kammer. Den König bediente Wallerstein, der im Reichsrat die Rolle des großen Loyalen spielte, damals schon mit faustdicken Schmeicheleien, und er verband damit Seitenhiebe gegen Armansperg, den er eines Tages abzulösen gedachte[372]. Gleichzeitig intrigierte er nicht ohne Erfolg gegen seinen alten Feind Wrede[373]. Wallerstein zur Seite stand, politisch weniger begabt, Graf Erwein Schönborn, der im Park seines Schlosses Gaibach eine Konstitutionssäule zur Erinnerung an das Ereignis des Jahres 1818 hatte errichten lassen und dafür den lebhaften Beifall des Königs gefunden hatte. Ludwig war bei der Grundsteinlegung wie bei der Einweihung des Gaibacher Monuments zugegen.

Ins Gewicht fiel, daß die Reichsratsmajorität von einer Adelsgruppe und anderen Abgeordneten in der II. Kammer Unterstützung fand, als deren Sprecher sich der streitbare Niederbayer Graf Tauffkirchen-Kleeberg hervortat. Das Auftreten einer doktrinär linksliberalen Opposition in der II. Kammer hatte der König von vornherein durch Urlaubsversagungen beziehungsweise deren Aufrechterhaltung unterbunden. Das hieß jedoch nicht, daß es der König 1827/28 mit einer gezähmten II. Kammer zu tun gehabt hätte. Aus der nicht geringen Zahl wissenschaftlich-administrativer Talente, die das ludovizianische Bayern aufzuweisen hatte, ging in der Person des fränkischen Juristen Ignaz Rudhart, eines ehemaligen Würzburger Professors und nunmehrigen Regierungsdirektors, in den zwanziger Jahren das Gestirn eines gemäßigt liberalen, ungewöhnlich sachkundigen Oppositionsführers im Landtag auf. Rudhart ließ 1825/28 ein dreibändiges Werk »Über den Zustand des Königreichs Bayern« erscheinen und galt vielen als kommender Mann[374]. Der theoretisch wie praktisch ausgewiesene Fachmann verfügte über politisches Temperament und großen Ehrgeiz. Die brillante Art und Weise, wie er »pro domino contra servum« Armansperg bekämpfte, sich aber gleichzeitig gut royalistisch gab und die Sympathien Ludwigs zu erhalten vermochte, bewies, daß er nach Höherem strebte. Rudhart gegenüber traten die liberalen Adeligen Graf Bentzel-Sternau und Freiherr von Closen ins zweite Glied zurück. Mit dem Blick auf Rudhart soll der König gesagt haben, er habe es gern gesehen, daß die Kammern sich freimütig geäußert und die Minister von seiner Person unterschieden hätten[375].

Die Zweite Kammer ließ sich nicht nur ihr Abstimmungsverhalten, sondern auch ihr Tempo nicht von oben vorschreiben und biß sich an Gegenständen fest, die es nach Ansicht des Königs nicht verdienten. Nur ungern erlaubte Ludwig – es geschah auf Zureden der Minister auch später durchweg – eine Verlängerung der Session. Daß der König auf dem Landtag 1827/28 nur teilweise Erfolge zu verzeichnen hatte, hing auch damit zusammen, daß er in seiner Ungeduld sich für seinen ersten Landtag viel zuviel vorgenommen hatte. Wie er den Landtag mit Gesetzesvorlagen bombardieren ließ, legt den Schluß nahe, daß er das Selbstbewußtsein der Kammern und ihren Eigenwillen bedenklich unterschätzte. Auch Armansperg scheint die Situation zu optimistisch beurteilt und sich von den Kammern ein Maß an Entgegenkommen versprochen zu haben, das sich nicht realisieren ließ. So mußten König und Minister Lehrgeld bezahlen. Ihre Mitschuld an den Mißerfolgen einzugestehen, brachten sie nicht über sich. Armansperg war gleich seinem König bei Mißerfolgen recht empfindlich und betrachtete selbst die partielle Renitenz der II. Kammer gegenüber seinen Plänen als persönliche Kränkung[376]. Als positive Ergebnisse der Landtagsverhandlungen konnten Monarch und Regierung die keineswegs mühelos erreichte Einführung der Landräte sowie Verabschiedung von Gesetzen über Konskription und Militärgerichtsbarkeit, Bildung des Reichsrates, Staatsgut, Revision des Lehenedikts, Zollwesen und Grund- und Häusersteuer registrieren. Bedenkt man, daß die Vorlage über Ausscheidung der Kreislasten, die zwar nicht gesetzestechnisch, wohl aber faktisch als Junktim zum Landrätegesetz aufzufassen war, vom König gleich der Gewerbesteuer wegen zu starker Veränderungen durch den Landtag nicht mehr genehmigt wurde, wird man auch an dem Erfolg der Einführung rechtsrheinischer Landräte Abstriche machen müssen[377]. Mehrere Vorlagen ließ der König zurückziehen, bei anderen mißfielen ihm die Modifikationen durch die Kammern, und wieder andere gelangten aus Zeitgründen in der II. Kammer überhaupt nicht mehr zur Beratung. Das Verhältnis des Königs zur Abgeordnetenkammer, gewiß nicht spannungsfrei, hat 1827/28 noch zu keiner Zerreißprobe geführt. Anders die Beziehungen zur Kammer der Reichsräte.

Der Widerstand der rechten »Ultras« bestärkte den König, wie es seinem Charakter gemäß war, das liberale Reformwerk erst recht fortzusetzen. 1829 kritisierte er weiterhin die Patrimonialgerichtsbarkeit[378]. Auf einer Pfalzreise 1829 äußerte er sich in Frankental und Speyer sehr günstig über das mündliche und öffentliche Verfahren vor Gericht[379]. Auch Ludwigs gerade in den Jahren 1828/29 ausgeprägter Antiultramontanismus blieb wach. Sicher hatte da Hormayr seine Hand im Spiel, der den König über (tatsächlich oder vermeintlich) konspirative Zusammenkünfte von Männern des politischen Katholizismus auf dem laufenden hielt und ihn beispielsweise über die Absichten des Diplomaten von Oberkamp informierte, in das Ministerium des Äußeren zurückzukehren oder sich in der Kultus- und Schulsektion des Innenministeriums zu etablieren. Ludwig beschied daraufhin: »Nicht in München die Jesuitenpartei zu verstärken habe ich vor, was geschehen würde, bekäme von Oberkamp daselbst eine Stellung«[380]. Andererseits hat zwar nicht Armanspergs administrativ-finanzielle Linie, wohl aber seine in Ludwigs Augen zu große Selbstherrlichkeit den König gegen den Minister aufgebracht. »Herrschen möchte auch er gerne statt dienen«, bemerkte Ludwig zur Königin während des Landtags, und er fügte hinzu, daß »was Religionsgegenstände betrifft, der von mir ernannte Minister des Innern Graf Armansperg nicht in meinem Sinn ist«[381]. Noch bevor Schenk selbst aktiv wurde, entschloß sich der König, ihn zum Innenminister zu ernennen[382]. Der Einbläser Hormayr, dessen Einfluß während des Landtags noch im Steigen war, sprach zwar von »Anhänglichkeit« Armanspergs, suggerierte dem König jedoch, Wrede, Kobell und Armansperg wünschten im Grunde das Mißlingen der Ständeversammlung in der Hoffnung, »daß es dann wieder ginge wie unter der vorigen Regierung und der König eine Schreibmaschine würde«[383]. Im Februar 1828 bewogen Grandaur und Hormayr den König, er möge Armansperg, der geschont werden sollte, zusätzlich zum Finanzministerium das Außenministerium übergeben[384]. So ist es im Zusammenhang mit Schenks Ernennung zum Innenminister am 31. August 1828 auch geschehen. Des Königs Spezialist für diskrete Missionen, Egid von Kobell, hatte Armansperg die Veränderungen beizubringen, der sie akzeptierte, aber die Motive seines Monarchen wohl durchschaute und seine Enttäuschung weder verbergen konnte noch wollte. Bezeichnend, daß der König vermutete, Armansperg erwarte, daß man ihm drei Ministerien zur Leitung übergebe[385]. Armansperg hatte in den folgenden Jahren einen zunehmend schweren Stand. Die Konservativen und die Anhänger Österreichs bekämpften ihn unausgesetzt[386]. Der König, mißtrauisch gegen ihn geworden, stützte ihn nicht nur nicht, sondern arbeitete ihm auf Teilgebieten der Außenpolitik geradezu entgegen[387]. Ein Schlaglicht auf die Situation schon des Jahres 1829 wirft der Brief eines der wenigen Anhänger Armanspergs in der professionellen Diplomatie, des Legationssekretärs von Gasser in Wien, an den König. Gasser war der diplomatische Vertrauensmann Hormayrs und galt beim König, bevor er in den dreißiger Jahren seine Zuneigung weitgehend eingebüßt hat, anscheinend als Nachwuchstalent im Auswärtigen Dienst. Er konnte es sich eine Zeitlang herausnehmen, seine diplomatischen Berichte nicht nur mit weit ausgreifenden allgemeinen Betrachtungen über die Weltlage anzureichern, sondern auch mit innenpolitischen Ratschlägen. Die Ernennung Armanspergs zum Außenminister begrüßte er lebhaft, fügte dem jedoch hinzu: »...dieser Mann bedarf des ganzen mächtigen Schutzes Ew. Kgl. Mt., um der Opposition, die sich ihm von allen Seiten entgegenstellt, gewachsen zu sein. An der Spitze der Opposition steht die österreichische Partei. Sie umfaßt die Mediatisierten, einen großen Teil des Adels und reicht bis in die Vorzimmer Ew. Kgl. Mt., wo man, besonders wenn der General v. Zweybrücken im Dienste steht, Reden hören muß, die kein treuer Diener hören mag...«[388].

Schenk, nach wie vor Dichterfreund Ludwigs und Korrektor seiner poetischen Produktion, stets gestützt von Sailer und Seinsheim, zunächst auch von Hormayr, durfte sich als Innenminister der üblichen Anfangseuphorie des Königs erfreuen. Als Schenk Ludwig am 26. September besuchte, sagte ihm dieser »auf seinen Kopf und sein Herz deutend, Herz und Kopf sind für mich, von Minister Graf Armansperg der Kopf allein«[389]. Lange dauerte es nicht, und Ludwig fand auch an dem *Staatsmann* Schenk nicht wenig auszusetzen, obschon der *Freund* Schenk sich bis zu seinem Tode in der Gunst des Königs zu behaupten wußte.

Fast gleichzeitig mit dem ministeriellen Revirement holte Ludwig 1828 den ihn faszinierenden Hormayr in das Ministerium des Äußeren, einen Mann, den man beinahe als hauptberuflichen Intriganten bezeichnen muß und der selbst bei Lob und Anerkennung politischer Mitspieler auf der Zeitbühne es nicht lassen konnte, gleichzeitig Giftpfeile auf die Betreffenden abzuschießen. Beispielsweise hat er eine Eloge auf den Außenpolitiker Armansperg mit dem bei Ludwig gewiß nicht als Empfehlung dienenden Hinweis verbunden, der Minister sei mehr französischer als deutscher Art. Hormayr hat von seiner Berufung nach

München 1828 bis zu seiner Versetzung auf den Gesandtenposten in Hannover 1831 die dafür recht empfängliche Hauptstadt durch ein Imbroglio von Intrigen und Skandalen »belebt«. Unter anderem hat keiner in solchem Maße wie er dazu beigetragen, den Begriff der »Kongregation« in München zu verbreiten und dem König nahezubringen[390]. An den Altbayern leistete sich der Tiroler Kritik, wie sie in dieser Form kaum ein protestantisches »Nordlicht« gewagt hätte: »Das Hauptbedürfnis in Bayern, vorzüglich in Altbayern, ist die Moosaustrocknung im Gehirn und am Boden«[391]. Den Höhepunkt des Hormayrschen Einflusses hat man im Jahre 1829 zu suchen. Ein vernichtender, achtseitiger Anklagebrief von Ringseis, der es wieder einmal gewagt hatte, der Katze die Schelle umzuhängen[392], wurde vom König zwar ungnädig aufgenommen, hat aber auf längere Sicht vielleicht doch seine Wirkung getan. Zu Fall gebracht haben den intellektuellen Abenteurer erst Schenk, Öttl, Grandaur und von der Tann[393]. Hormayrs Abstieg begann, als ihm im Februar 1830 Grandaur seine Versetzung aus dem Ministerium des Auswärtigen in das des Inneren ankündigte und den königlichen Befehl übermittelte, sich nur mehr mit der Geschichte Bayerns zu beschäftigen[394]. Was das politische München Hormayr fürchten machte, war sein sicher übertrieben dargestellter, aber vorhandener Einfluß beim König. Nicht bestreiten läßt sich, daß er, wie nur wenige andere, die Doppelstrategie Ludwigs in seiner Frühzeit begriffen hat.

VI.
REGIERUNGSSTIL EINES AUTOKRATEN

Auch in der freisinnigen Periode seiner Regierung hat Ludwig I. nie den geringsten Zweifel daran gelassen, daß er sein Königsamt als Selbstherrscher auszuüben gesonnen sei. Die Minister betrachtete er dem ursprünglichen Wortsinn gemäß als die obersten Diener der Krone, als »Geschäftsmänner«, damit beauftragt, *seine* Geschäfte auszuführen. Eigenmächtigkeit oder gar Widerspenstigkeit – Schlimmeres konnten Minister in den Augen des Königs kaum begehen. Die besseren Köpfe in seinen Diensten scheiterten allesamt an ihrer Selbständigkeit. Von des Königs Kampf gegen den Begriff »*Staats*ministerium« war bereits die Rede[395], ebenso davon, daß er parallel dazu die Behörden veranlaßte, sparsam mit dem Wort Staatsbürger umzugehen: »Das Wort Staatsbürger macht leicht den Untertan vergessen«[396]. Unablässig betonte er, daß der König in Bayern herrsche *und* regiere – dies allein entspreche dem monarchischen Prinzip. Um zu demonstrieren, daß auch die Gerichtsbarkeit, wie die Verfassung besagte, vom König ausging, saß er auf seiner ersten Pfalzreise als König 1829 bei einem Zweibrücker Zivilprozeß persönlich zu Gericht, das heißt, er nahm seinen Platz unter den Richtern und wohnte der Verhandlung bei[397]. Das Selbstherrschertum Ludwigs widersprach schon im Prinzip den mächtigeren Tendenzen des 19. Jahrhunderts. Er belastete es noch zusätzlich dadurch, daß er seine Minister an viel zu kurzem Zügel hielt, ihnen ein Unmaß persönlich auszuführender Schreibarbeit aufnötigte und sie gewissermaßen zu Sekretären erniedrigte.

Die Rolle eines Selbstherrschers glaubwürdig durchzuhalten, erforderte ungeheuren Fleiß und politische Begabung. An beidem fehlte es Ludwig nicht. Der Frühaufsteher erledigte Tag für Tag ein ungewöhnliches Arbeitspensum. Täglich liefen Berichte und Denkschriften aus den Ministerien ein, in größeren Abständen die Abschiede der Landräte, Gesandtschaftsberichte und Instruktionen für bayerische Gesandte und, vom Außenminister kommentiert und aufbereitet, die Bundestagsprotokolle. Ohne auch nur entfernt das Material auszuschöpfen, zählen wir an wichtigen Aktenvorgängen ferner auf: Protokolle der Ministerkonferenzen und der Staatsratssitzungen, Rapporte aus dem Bereich der Hofstäbe und Hofintendanzen, Rechenschaftsberichte der Administration der Hypotheken- und Wechselbank,

Satzungen königlicher Anstalten, Gerichtsentscheidungen und ihre Begründungen, Begnadigungsgesuche und von ihm in diesem Zusammenhang angeforderte Stellungnahmen, Entwürfe politischer Verträge und zahlreicher Haushalte, Berichte des Obersten Rechnungshofes und monatliche Ausweise über den Stand der Staatschuldentilgungskasse, Schuldentilgungspläne der Gemeinden, Angaben über die Getreidepreise auf der Münchner Schranne, Fastenpatente der Bischöfe, militärische Vorschriften und Geschäftsordnungen parlamentarischer Gremien. Schließlich erreichten den König, teils von ihm angefordert, teils unaufgefordert, Gutachten hoher Staatsdiener und Militärs sowie bevorzugter Ratgeber, Notifikationen, Zeremonial- und Courtoisieschreiben und private Mitteilungen der verschiedensten Art. Beträchtlichen Umfang besaß der Briefwechsel mit deutschen Fürstlichkeiten und Staatsmännern sowie mit Familienmitgliedern. Lawinenartig schwoll der Schriftverkehr während der Landtage an. Der König betrachtete nicht nur die Minister, sondern auch die Präsidenten der beiden Kammern als seine Berichterstatter und bediente sich überdies zahlreicher anderer Vertrauensmänner, um über die parlamentarischen Vorgänge täglich ins Bild gesetzt zu werden und Einfluß auszuüben. Abstimmungsergebnisse wünschte er besonders detailliert zu erhalten[398]. Einen dem politischen Schriftwechsel ähnlichen Umfang nahm die Korrespondenz mit Architekten, Künstlern, Agenten sowie den für die Ausführung der königlichen Bau- und Kunstvorhaben verantwortlichen Beamten an. Alle an ihn gerichteten Schreiben hat der König eigenhändig erbrochen.

Neben der Schreibtischarbeit mußten untergebracht werden: Besichtigungen, Reisen im Lande, Audienzen, Besprechungen und Beratungen, Minister- und Staatsratssitzungen und gesellschaftliche Verpflichtungen anderen Monarchen und ihren Angehörigen gegenüber, die, namentlich wenn bei deren Besuchen Heiratspläne beredet werden sollten, viel Zeit in Anspruch nahmen. Als Meister der Zeiteinteilung fand Ludwig trotz dieser Arbeitslast durchaus Zeit für seine Familie und ein facettenreiches Privatleben, verbunden mit einer umfangreichen Privatkorrespondenz, für Lektüre und eigenes Dichten, Tagebucheintragungen, für lange Spaziergänge und für Theaterbesuche. Er gönnte sich auch reichlich Urlaub, häufig in Italien, sowie jährliche Sommeraufenthalte in Aschaffenburg, Bad Brückenau und Berchtesgaden. Abgesehen von dem monatelangen Aufenthalt in Griechenland 1835/36 liefen die wichtigeren Geschäfte auch in

Italien und erst recht an den deutschen Aufenthaltsorten außerhalb Münchens weiter. Bürosekretäre begleiteten den König auf seinen Reisen, auf denen er, auch wenn sie sich nur über kurze Zeit erstreckten, etwa nach Regensburg, Akten mitnahm.

Der König las genau, was ihm vorgelegt wurde. Davon zeugen die zahlreichen Bleistiftstriche in den Akten und Randbemerkungen, vor allem aber Tausende von längeren oder kürzeren Signaten, in denen er teils auf den ihm zugesandten Schreiben, teils auf schmalen Papierstreifen – Papiergeiz! – seinen Willen kundtat. Weitschweifigkeit hat er bei seinen Anordnungen stets vermieden, doch verfiel er in das gegenteilige Extrem: Um möglichst viel oder alles in einen Satz hineinzupacken, brachte er wahre Ungetüme verschachtelter Satzkonstruktionen zu Papier, deren Sinn zu entziffern mitunter mühsam war und ist. Schriftstücke finanziellen Inhalts nahm er sich besonders genau vor. Er rechnete nach und verglich.

Häufig genug hat man ihm den Vorwurf der Vielregiererei, der »Geschäftswut« (Boisserée), der Kleinigkeitskrämerei gemacht. Die Zahl der anscheinenden oder scheinbaren Nebensächlichkeiten, denen er nachging, war in der Tat Legion. Man fragt sich, für was er sich nicht interessierte. Von der Verwendung zweckmäßiger Büchergestelle für die Hof- und Staatsbibliothek bis zum Anstrich der Orts- und Wegetafeln oder zum Zehennägelschneiden der Soldaten ließen sich Hunderte und Aberhunderte von Gegenständen aufzählen, die gemeinhin nicht als Objekte der Beschäftigung von Monarchen gelten. Ludwig nahm sie jedoch wichtig. In den Aufzeichnungen aus der Kronprinzenzeit liest man: »Kleinigkeiten an sich hören auf es zu sein; alles hat Einfluß«[399]. Man muß Ludwig zugestehen, daß er Kleinigkeiten stets einen höheren Bedeutungsgehalt zu unterlegen vermochte. Daß sich der König in Nebensächlichkeiten erschöpft habe, kann man nicht behaupten, da er sich stets von festen Gesichtspunkten leiten ließ, freilich oft überkonsequent. Sie verhinderten, daß derjenige Recht bekam, der ihn als letzter gesprochen hatte.

Wie jede Persönlichkeit an der Spitze, sah er sich fortwährend den widersprüchlichsten Darstellungen und Beeinflussungsversuchen ausgesetzt. Daß sich der Monarch hinter dem Rücken der Zuständigen Informationen aus sehr unterschiedlichen Quellen verschaffte, zählt zu den Gepflogenheiten der meisten Herrschenden und Regierenden. Bedenklicher war, daß er mitunter über den Kopf der Behördenchefs hinweg in den Staat hineinregierte und den Dienstweg willkürlich außer Kraft setzte. Peinlich wirkt, wie er die ihm als Experten ihres Ressorts überlegenen Minister schulmeisterte. Seine Minister hatten auch in anderer Hinsicht vieles einzustecken, namentlich rücksichtslose Inanspruchnahme ihrer Zeit und Kräfte sowie unbarmherzige Antreiberei, auch wenn sich diese »Diener« bis an die Grenze des Menschenmöglichen abrackerten. Noch und noch brachte er zum Ausdruck, »daß es in Bayern Treiben und Treiben gilt«[400], wenn nicht alles auf dem Papier bleiben solle. Unaufhörlich wiederholen sich in seinen Anordnungen Wendungen wie »ungesäumt«, »augenblicklich«, »schleunigst«, »unfehlbar noch heute«, »gleich heute morgen will ich wissen«, »es brennt auf allen Nägeln«. Nicht selten verband er dann zur Besänftigung seines ängstlichen Gewissens seine Anforderungen mit Ermahnungen zur Schonung der Gesundheit und viel Bewegung in frischer Luft. Er meinte das ganz ernst. Wenn seine Mitarbeiter erkrankten oder an Erschöpfungszuständen litten, zeigte er sich aufrichtig besorgt. Tatsächlich klagten fast alle Minister über schwere gesundheitliche Beeinträchtigungen. Die meisten haben jedoch ein normales Alter erreicht; an Überarbeitung ist, abgesehen vielleicht von dem Kabinettssekretär Martin, kaum einer gestorben.

Die exzessive Ungeduld Ludwigs hielt den Staatsapparat in Schwung. Durch die Anweisung periodischer Vorlage bestimmter Gegenstände suchte der König den Überblick zu behalten. Im Kabinettssekretariat ließ er Listen über unerledigte Vorhaben (»Ministerialrückstände«) führen, deren Abschluß er nachdrücklich anmahnte: »Ruhen werde ich nicht, bis alle Gegenstände erledigt werden«[401]. Nicht nur Minister, auch Mitglieder des Landtages waren seiner Ungeduld ausgesetzt: Es taugte nichts, »die Abgeordneten müßig zu lassen« notierte er 1837[402]. Bei Gelegenheit von Ludwigs erstem Landtag tadelte der Freiherr vom Stein, der den Monarchen schätzte, aber mitunter auch scharf kritisierte: »Die Überschnellung, womit der König die Reichstagsgeschäfte betreiben läßt, ihre übermäßige Anhäufung ist nicht zu billigen.« Kurz vorher beanstandete er, der König bringe »in die Gesetzgebung und die Verhandlungen einer repräsentativen Versammlung die rasche und beschleunigte Bewegung, die nur auf eine Verwaltungsbehörde anwendbar ist. Vieltuerei ist die Göttin der seichten, reizbaren Unruhe«[403].

Ansprachen, Thronreden und Landtagsabschiede hat Ludwig zum Teil selbst verfaßt. Seine Reskripte ohne fremde Hilfe juristisch und administrationstechnisch hieb- und stichfest auszuarbeiten und zu formulieren, war er jedoch nicht imstande. Schwierigere staats- und verwaltungsrechtliche Sachverhalte als solche vermochte er nicht zu bewältigen; dies hat auch niemand von ihm erwartet[404]. Er erkannte in der Regel die politische Gewichtigkeit der Vorlagen, aber er beherrschte hinlänglich weder die juristische Problematik noch die juristische Terminologie. Insbesondere hinsichtlich der verfassungsrechtlichen Aspekte zahlreicher Angelegenheiten bedurfte er noch und noch der Aufklärung durch den Innenminister als Verfassungsminister, der sich in besonders diffizilen Angelegenheiten durch Gutachten der Kronanwälte sicherte. Die Texte der zu veröffentlichenden Entschließungen lieferten ihm teils die Minister, teils das Kabinettssekretariat[405]. Diese Einrichtung bestand aus je einem Geheimen Kabinettssekretär für die persönlichen und für die Staatsangelegenheiten, zwei Kanzleisekretären und einigen Dienern und Boten.

Trotz seines vorzüglichen Gedächtnisses, zunehmender Erfahrung und Sachkenntnis ist es schlechterdings unmöglich, daß dem König alle Details, die er in Signaten und Reskripten den Empfängern präsentierte, unmittelbar zur Verfügung gestanden hätten oder gar von ihm ermittelt worden wären. Die zu diesem Zweck erforderlichen Arbeiten leisteten die administrativ erstklassig geschulten, meist selbstlos in der Anonymität verharrenden juristischen Mitarbeiter im Kabinett, die Kabinettssekretäre. Das Kabinett war eine ungemein effiziente »Behörde«. Aus der Geschichte mancher europäischer Staaten wissen wir, welche Konflikte die Einschaltung unverantwortlicher Berater in der unmittelbaren Umgebung eines Monarchen zwischen diesem und den Ministern hervorrufen konnte. Mit Ausnahme des Kabinettssekretärs Grandaur waren die unmittelbaren Mitarbeiter Ludwigs durchweg politisch blasse Figuren; daß sie dem König in großen Fragen die Richtung zu weisen auch nur versuchten, ist unwahrscheinlich. Allein Bernhard Grandaur ist es offenbar, allerdings niemals ausschließlich, gelungen, auf die Meinungsbildung Ludwigs, die sich seit der Juli-Revolution verändert hatte, Einfluß zu gewinnen. Tagebucheinträge des Königs und kompetente zeitgenössische Beurteiler bestätigen diese Vermutung. Grandaur, für dessen persönliche Schwächen der Monarch nicht blind war[406], hat es in der Regel peinlichst vermieden, sich schriftlich festzulegen und sich so zu kompromittieren. Seinen Spuren nachzugehen, erfordert Mosaikarbeit, läßt aber keinen Zweifel bestehen, daß er dem König nicht nur als sein »Geschäfts-Konversations-Lexikon« (so Ludwig)[407] diente, sondern erheblich mehr zu bewirken wußte. Sein Meisterstück war, dies den König nicht merken zu lassen. Joseph von Baader schilderte List 1829 Grandaur als einen »sehr verständigen und wissenschaftlich gebildeten Mann, welcher das Zutrauen seiner Majestät in höchstem Grade besitzt, durch dessen Hände alles geht und dem selbst die Minister die Cour machen ...«[408]. Als politischer Taktiker sehr flexibel, war Grandaur, was seine Überzeugungen betraf, wohl mehr Absolutist als Kongregationist. Ein »notorisches« Mitglied der Kongregation, der Diplomat von Oberkamp, warnte den Publizisten Pfeilschifter vor Grandaur: »Auf Grandaur möchte ich nicht viel vertrauen. Er ist kalt und ehrgeizig, ohne eine tiefbegründete Gesinnung wie ohne Liebe für Ideen und Menschen. Auch hat er Martins Stellung so wenig als dessen freundlich wohlwollendes Wesen«[409]. Grandaur galt allgemein als gefährlich und rachsüchtig und hat trotz seiner Vorsicht – anders als seine Vorgänger und Nachfolger – sich viele erbitterte Feinde geschaffen, die jedoch gegen seine Protektion durch den König nichts auszurichten vermochten. Die öffentliche Diskussion in der Presse und auf dem Landtag beschäftigte sich viel mit dem Kabinett. Dem König erschien es für die Behauptung seines autokratischen Systems unentbehrlich[410].

Der nicht häufig und meist in Abwesenheit des Königs zusammentretende Ministerrat spielte, verglichen mit dem zwischen König, Kabinett und den *einzelnen* Ministern sich abspielenden Entscheidungsprozeß, eine weitaus geringere Rolle, abgesehen davon, daß Ludwig regelmäßige Zusammentritte des Ministeriums gar nicht wünschte und es nicht ungern gesehen hat, wenn sich die Minister untereinander verzankten. Schon in der Reform- und Sparkommission von 1825 behielt sich der König zwar vor, bei der Vorbereitung der an die Stände zu bringenden Vorlagen die Minister zu versammeln, »nur dürfe der Beschluß des Ministerrates die Verantwortlichkeit der einzelnen Minister gegen den König und die Stände nicht schwächen«[411]. 1832 wies er Gise an: »Nachdem nun mit Endigung des Landtags der Drang der Geschäfte beseitigt ist, sollen auch Sitzungen des Ministerrates, wie dieses bei dem Staatsrat immer stattfindet, nur mit meiner ausdrücklichen Genehmigung, auf welche der Minister, welcher die Sitzung für nötig hält, förmlich bei mir anzutragen hat, stattfinden«[412]. Wie weit die Befugnisse des Ministerrats und der einzelnen Minister in des Königs Abwesenheit reichen sollten, legte er vorher genau fest. Es kennzeichnet die Unselbständigkeit, in der der König die Minister hielt, wenn von dem Justizminister von Schrenck d. Ä. der Ausspruch erzählt wurde: »Was bin i? A Minister bin i? Na, dem König sei Hauskneckt bin i«[413].

Gewiß kam es im Ministerrat zu einzelnen wichtigen Beschlüssen, doch ist für die Entscheidungsfindung des Königs im allgemeinen dem Staatsrat wohl noch größeres Gewicht beizumessen, auch wenn er zusätzlich zu seinen kontrollierenden und verwaltungsgerichtlichen sowie seinen richterlichen Kompetenzen bei Streitigkeiten zwischen Justiz und Verwaltung nur beratende Funktionen ausübte. Wenn der König gegen das gänzlich oder fast einstimmige Votum des Staatsrats handelte, ging es regelmäßig schief: mochte es sich um die Berufung Hormayrs oder um das Indigenat für Lola Montez handeln. Die Erörterungen des Staatsrats spielten sich relativ freimütig und auf hohem juristischen wie politischen Niveau ab. Häufig waren die Meinungen der juristischen Kapazitäten geteilt. Die Verantwortung für seine Beschlüsse konnten sie dem König sowieso nicht abnehmen. Um jedoch eine Angelegenheit von allen Seiten beleuchtet und von erstklassigen Staatsrechtsexperten beurteilt zu erhalten, konnte der Monarch kein qualifizierteres Gremium als den Staatsrat finden, der zur Versachlichung der Politik viel beitrug. Ludwig I. wußte den Wert des Staatsrats, dessen Sitzungen er oft leitete, wohl zu schätzen. Eines seiner Mitglieder, von Neumayr, bezeichnete den König als den Wiederhersteller und Neuschöpfer des Staatsrates[414].

Das autokratische System des Monarchen hat sich im Laufe der Jahre eher verhärtet als gelockert. Seitdem den König das Erlebnis der Juli-Revolution und ihrer Folgeerscheinungen in die Defensive trieb, wurden ihm monarchisches Prinzip, Kronrechte und Prärogative noch mehr als früher zum Angelpunkt seiner gesamten Politik. Zum Teil hing es mit seiner Gewissenhaftigkeit, ja Skrupulosität zusammen, wenn er sich zunehmend scheute, mit seinem Königswort, dem er eine fast fetischartige Unabänderlichkeit beilegte, für politische Entscheidungen uneingeschränkt einzustehen. Ebenso schwer wog jedoch seine Besorgnis, durch Konzessionen politisch sein Gesicht zu verlieren. Bewilligungen und Zustimmungen erfolgten fast nurmehr in verklausulierter, Vorbehalte aussprechender Form: »... auf solange ich nicht anders verfüge«. Stets hielt er sich einen Ausweg frei, um Maßnahmen wieder rückgängig machen zu können. Nur nicht sich binden und damit ausliefern! Nur keine Zugeständnisse, die er eines Tages zu bereuen hätte! Bezeichnend auch, daß er berechtigte Wünsche von Bevölkerungsgruppen, in Form parlamentarischer Anträge oder Beschwerden vorgebracht, von vornherein »perhorreszierte«. Etwas mehr Aussicht auf Erfolg hatte es, wenn die Anliegen außerhalb des parlamentarischen Rahmens als Bitten an den Thron gebracht wurden – auch eine Methode, die Position des Landtags zu schwächen.

Ludwig war von Natur aus ein Autokrat. Als Mensch des 19. Jahrhunderts suchte er sein Selbstherrschertum ideologisch beziehungsweise religiös zu rechtfertigen: Er sei Gott für die Ausübung seines Herrscheramts verantwortlich. Dazu gehöre, daß er es nicht verkümmern lasse. Sogar seinen Eigensinn wollte er respektiert wissen: Er dürfe erwarten, daß man sich dem Charakter einer Persönlichkeit anbequeme, die die Vorsehung an die Spitze des Landes gestellt hat.

Der autokratische Regierungsstil des Monarchen äußerte sich nicht nur in an Willkür grenzenden Versetzungen und Quieszierungen einzelner Beamter, sondern auch in Kollektivsanktionen gegen »unbotmäßige« Städte. Den Münchnern drohte er in der Lola-Zeit, die Residenz nach Nürnberg zu verlegen. Würzburg wurde durch Verlegung des Appellationsgerichts nach Aschaffenburg regelrecht bestraft, und Nürnberg versagte er die Genehmigung zur Errichtung eines Kanalhafens, weil die Bürgermeisterwahl nicht in seinem Sinn ausgefallen war. Zu den am häufigsten ausgesprochenen Maximen zählte das Wort »freie Hand muß der König haben«. Es ist allerdings nicht nur im Sinne der ebenfalls mehrfach auftauchenden Wendung »aber gezwungen darf der König nicht werden« zu interpretieren, sondern auch auf pragmatische Weise, verbunden mit der Überlegung: »heute kann nützlich sein, was später nachteilig«[415]. Je länger je mehr klagte Ludwig über die Verfassung, daß sie sein Königswirken beeinträchtige, und in der ihm so unwillkommenen Staatsdienerpragmatik sah er eine Art von zweiter Verfassung innerhalb der Exekutive, die ihn selbst auf diesem ihm durch das monarchische Prinzip ausschließlich vorbehaltenen Gebiet noch zusätzlich behindere.

Leitender Gesichtspunkt des Autokraten Ludwig blieb bis zu seiner Abdankung, keinen Mittelsmann zwischen sich und seinem Volke aufkommen zu lassen. Eifersüchtig beargwöhnte er jeden, den er im Verdacht hatte, sich über die Rolle eines Dieners zu erheben, den starken Mann spielen und den König sozusagen nach unten mediatisieren zu wollen. Als Ludwig im Oktober 1837 die Entlassung Wallersteins vorbereitete, stellte er auf einem Zettel vier Punkten gegen die Entlassung des Ministers fünf dafür gegenüber. Unter diesen notierte er: »...daß es heiße, er regiere«[416].

Mißtrauen noch und noch! Aber welcher Herrscher würde nicht durch seine Erfahrungen zu Mißtrauen genötigt? Gelegentlich nahm Ludwig seine Befugnisse nur aus staatspädagogischen und demonstrativen Gründen wahr: »Ein König muß zuweilen von seinen Rechten Gebrauch machen, sollen sie nicht in Vergessenheit geraten ...!«[417]. Viele Regierungsmaximen Ludwigs hat die historische Erfahrung in ihrer Nützlichkeit bestätigt: Strenge, Ordnung, unablässige Kontrolle, Sparsamkeit, »Verschwiegenheit aller vorbereitenden Maßnahmen«, zurückhaltende Gewährung von Titeln, Orden und Auszeichnungen, um ihren Wert zu erhalten, sorgsames Abwägen der Worte, soweit die Hast des Königs dazu Zeit ließ und ihm sein Temperament nicht durchging, und vor allem: Bemühen um Gerechtigkeit. An Lob und Ermunterung hat er es nie fehlen lassen, aber sehr viel häufiger kamen Kritik und Tadel aus seinem Munde oder seiner Feder. Es liest sich wie die Rechtfertigung einer Art von Entwicklungsdiktatur unter den Bedingungen des 19. Jahrhunderts, wenn Ludwig zu Beginn seines Regiments sagte: »Seit hundert Jahren hat dieses Land keinen Herrn und Meister mehr gehabt. Vor mir war der Souverän nichts; der Hof, die Intriganten, die Mätressen, jeder verschwendete, wie es ihm paßte. Ich will der Herr sein und zeigen, daß ich es sein muß. Gott weiß, daß das nicht allein zu meinem Vorteil geschieht.« Ich muß »ein Ende machen mit der Unordnung und ich werde mich durchsetzen«[418].

Es träfe die Sachlage, wenn man auch bei Ludwig I. von einem »persönlichen Regiment« spräche. »Persönliches Regiment« ist nicht unter allen Umständen ein historischer Unglücksfall, sondern unter einer bestimmten Konstellation eine naheliegende, vielleicht sogar unerläßliche Lösung. Dies trifft mit Sicherheit auf das Zeitalter des europäischen Absolutismus zu. Der Soziologe Norbert Elias hat mit Bezugnahme auf diese Epoche eine »Verflechtungsapparatur« analysiert, die er als »Königsmechanismus« bezeichnete und deren Unausweichlichkeit er in einer bestimmten Situation gegeben sah: »Die Stunde der starken Zentralgewalt innerhalb einer reich differenzierten Gesellschaft rückt heran, wenn die Interessenambivalenz der wichtigsten Funktionsgruppen so groß wird und die Gewichte sich zwischen ihnen so gleichmäßig verteilen, daß es weder zu einem entschiedenen Kompromiß noch zu einem entschiedenen Kampf und Sieg zwischen ihnen kommt«[419]. Elias hat in der Folge ausgeführt, wie der Zentralapparat dem »Zentralherrn« seine Eigengesetzlichkeit aufzwingt und wie dieser kraft spezifischer Funktionen auch spezifische Belange verfolgt. Von den Gruppen der Gesellschaft distanziert, wache er über deren Interessenausgleich und über der Sicherheit seines Systems. Gleichzeitig müsse er darauf achten, daß seine eigene gesellschaftliche Stärke bewahrt bleibe und vielleicht noch zunähme. Er und sein unmittelbarer Apparat bilden ein »Interessenzentrum eigener Art«. Er sei genötigt, Bündnisse einzugehen und Einzelne zu favorisieren, aber er könne sich nie ganz mit einer der rivalisierenden Gruppen identifizieren. Ihm müsse an dem Spannungsverhältnis innerhalb der Gesellschaft liegen; nur dieses ermögliche ihm die Funktion des Ausgleichs und der Herrschaft. Stünde die Gesamtgesellschaft geschlossen gegen ihn, er wäre verloren. Je mehr er jedoch durch eine Politik der Balance sich im gesellschaftlichen Prozeß behaupte, umso größer die Fülle der Macht in seinen Händen.

Ludwig regiere in einer Epoche des Nachabsolutismus, allenfalls des Spätabsolutismus. Es existierten damals bereits gesellschaftliche, politische, staatsrechtliche Alternativen zu der vorhergehenden geschichtlichen Phase, die es Ludwig erlaubt hätten, sein Königtum von bestimmten Funktionen des »Zentralherrn« zu entlasten. Dazu mochte und konnte er sich jedoch nicht verstehen. Er hätte es sich leichter machen, sich von der unmittelbaren Leitung der Geschäfte zurückziehen und die Politik mehr dem freien Spiel der gesellschaftlichen und politischen Kräfte überlassen können, ohne deswegen sein Herrscheramt aufzugeben. Von seinem gekrönten württembergischen Nachbarn, Wilhelm I., hätte er lernen können, wie man das Heft in der Hand behält, ohne derart rabiat ins Detail zu gehen und den Ministern jede Initiative zu nehmen, wie es in München geschah. Ludwig setzte stattdessen, bei aller gewissenhaften Beachtung der Verfassung, die absolutistische Tradition fort, verbunden mit einer eigentümlichen Balancetechnik. Er suchte institutionell das Gegengewicht zum Landtag durch den Regierungsapparat, zu den Ministerien durch Kabinettsekretariat und Staatsrat, wie denn die Minister zwischen König und Parlament versuchen mußten durchzukommen. Von Hormayr ließ er sich unterstützen, um den Einfluß der Kongregation zu paralysieren, von Grandaur, um die Liberalen und Demokraten in Schach zu halten. Er suchte schließlich Gegengewichte unter den Staatsmännern seines Landes, um zu verhüten, daß sie ihm über den Kopf wüchsen. So ergab sich ein personeller Balanceakt zwischen Armansperg und Schenk, zwischen Wallerstein und dem übrigen Gesamtministerium zwischen 1832 und 1837, Wrede an der Spitze, und nicht zuletzt dem einflußreichen Grandaur[420], zwischen Abel und Wallerstein, Maurer und Wallerstein, Wallerstein und Berks. Mit den genannten Namen ist bereits gesagt, daß Ludwig auch das Gleichgewicht zwischen Wien und Berlin suchen mußte, von dem die bundespolitische Bewegungsfreiheit seines Staates abhing.

Zeitweise bemächtigte sich Ludwigs ein Maß von Selbsteinschätzung, das man nur als Hybris bezeichnen kann. Als der Dompropst Reindl Abel vor Ludwig in Schutz zu nehmen suchte, da dieser schwer zu ersetzen sei, erhielt er die Antwort: »Was? Ein Minister schwer zu ersetzen? Ich brauche gar keine Minister. Ich bin mein Minister. Die Minister sind meine Schreiber«[421]. Andererseits fehlte es nicht an Phasen der Unsicherheit und Selbstkritik. Zu Jahresbeginn 1846 notierte sich Ludwig zwölf Punkte, »Verzeichnis von Regierungshandlungen, die mich reuen, sage aber nicht, daß sie vollständig«[422]. Die Lektüre dieser Eingeständnisse enttäuscht allerdings, weil sie sich teils auf relativ belanglose Maßnahmen beziehen, teils den damals reaktionären Standpunkt des Königs nur bestätigen. Unter anderem heißt es: »Die Landräte hätte ich unterlassen sollen. Quelle jährlich sich erneuernder Unzufriedenheit im Land.« Darüber, daß er seinen Sohn auf die Universitäten Göttingen und Berlin geschickt hatte, bemerkte er: »Soviel Haare ich auf dem Kopf habe, reut's mich.« Wäre es möglich gewesen, hätte er die Erziehung Maximilians am liebsten noch einmal von vorne begonnen, und dann wohl weitaus strenger und konservativer. Sehr bereute er die Genehmigung zum Bau protestantischer Kirchen in Passau und Ingolstadt. Andererseits beteuerte er, nichts gegen die Protestanten im Schilde geführt zu haben, als er die Kniebeugungsorder veranlaßte; daß er die Folgen zu diesem Zeitpunkt nicht überblickte, bedauerte er nachträglich. Die Ernennung Riedels zum Bischof in Regensburg erschien ihm nach wie vor als Fehler, aber auch hinsichtlich der Ernennung Stahls zum Bischof in Würzburg und derjenigen Reisachs zum Koadjutor in München waren ihm inzwischen erhebliche Bedenken gekommen. Auch an der Richtigkeit anderer Ernennungen zweifelte er. Erkenntnis seiner Unzulänglichkeiten bedrückte ihn, wenn er 1840 von dem Gefühl sprach, das ihn überkomme, wenn er am Denkmal des Kurfürsten Maximilian vorbeigehe: daß »an innerem Wert ich tief unter ihm stehe«[423].

Alle fremden Gesandten am Münchner Hof – sie verfügten über beträchtliche Vergleichsmöglichkeiten – waren sich darüber einig, daß der Autokratismus Ludwigs seinesgleichen suche[424]. Der König wollte nicht nur alles selbst dirigieren, sondern wachte auch eifersüchtig darüber, daß niemand etwas zu unrecht von dem Ruhm in Anspruch nehme, der ihm allein gebühre. Der Kunstpublizist Schorn verlor die königliche Gunst, weil er nach Meinung Ludwigs zu wenig tat, um seines Monarchen mäzenatischen Ruhm zu verbreiten[425]. Bezeichnend auch der Anlaß zu der einzigen Trübung des Freundschaftsverhältnisses zu Tann, bevor es Lola gelang, auch zwischen den König und diesen einen Keil zu treiben[426]. Ludwig hatte 1845 verbilligten Bierausschank im Hofbräuhaus veranlaßt. Daraufhin verbesserte sich die Volksstimmung in München erheblich. Tann äußerte gegenüber Konstanze Dahn, die Maßnahme sei durch Seinsheim veranlaßt, und so sei ausgerechnet dieser, über den sich Tann stets lustig zu machen pflegte, in die Lage gekommen, die Popularität des Königs wiederherzustellen. Die Dahn teilte dies dem König mit. Daß *seine* Idee Seinsheim zugeschrieben wurde, empörte ihn über die Maßen. Nun brach es im Tagebuch seitenlang gegen Tann hervor, gegen seine freundschaftswidrige Handlungsweise und sein »ungewaschenes Maul«. Nur schwer konnte sich der König wieder beruhigen.

Einen Fürstenspiegel hat Ludwig nicht hinterlassen, doch ersetzen diesen seine zahlreichen Reflexionen und nicht zuletzt manche Briefe an die Söhne. Gemäß seiner Devise »Gerecht und Beharrlich« wäre »Festigkeit« in seinem Regentenspiegel der Zentralbegriff gewesen. Wie oft wiederholt sich seine Selbstmahnung, »unerschütterlich« zu sein, und seine Beteuerung, er sei fest »wie die Felsenwände am Königssee«![427] Wäre er es von Natur gewesen, es hätte solcher Äußerungen kaum bedurft. Tatsächlich war er ein weicher und im Seelischen (nicht physisch) überängstlicher Mensch. Mit ungewöhnlicher Willenskraft machte er indessen »Festigkeit« zu seiner »Zweiten Natur«.

Der autokratischen Kontinuität des ludovizianischen Regierungssystems widerspricht nicht, wenn man seine inneren Phasen (nicht die der auswärtigen Politik) mit den Namen derjenigen Persönlichkeiten verbindet, denen jeweils die Leitung der wichtigsten Staatsgeschäfte *unter* Ludwig anvertraut war: Armansperg, Schenk, Wallerstein, Abel, Maurer. Jeder von ihnen konnte sich nur als homo regius halten und *keiner* verfügte über einen Handlungsspielraum, der zu voller staatsmännischer Entfaltung ausgereicht hätte. Da es sich aber überwiegend um Männer von dezidierten Vorstellungen und überdurchschnittlichen Fähigkeiten handelte, vermochten sie doch Akzente zu setzen und den Stil der inneren Politik mitzubestimmen. Sie unterschieden sich auch deutlich voneinander. Auf den Landtagen konnten nur die Leiter der Ressorts, nicht der König auftreten, und die Art und Weise, wie sie dort das Regierungssystem vor der Öffentlichkeit repräsentierten, war verbunden mit ihrer Gesinnung, ihrem Temperament, ihrer spezifischen Regie. Das gleiche galt für den Alltag der Regierungspraxis. So ausschlaggebend sich der königliche Antreiber zur Geltung brachte, es machte für den »Apparat« immer noch sehr viel aus, wie der Minister hieß.

VII.
»EIN GUTER WIRT«

1. Sanierung des Staatshaushalts

Ludwig I. rechnete es sich zum besonderen Ruhme an, ein »guter Wirt« (einer seiner Lieblingsausdrücke!), das heißt ein sparsamer und erfolgreicher Haushalter seines Staates zu sein. Einzelne seiner Mitarbeiter haben sich zwar in ihrer Privatsphäre als schlechte Wirte erwiesen[428], aber kaum einem läßt sich nachsagen, daß er den Staat finanziell geschädigt habe. Unsolide Finanzgebarung, etwa zu hohes Ansetzen der Einnahmen oder sichere Ausgaben auf unsichere Einnahmen zu gründen, bezeichnete Ludwig als »Lumpenhaushaltung«[429]. Denkt man an die Finanzmisere, die in der, um mit dem Freiherrn vom Stein zu reden, »Zweibrücker und Mannheimer Verderbtheit«[430] unter Karl August und Karl Theodor herrschte, auch an den Leichtsinn und die Gutmütigkeit Max Josephs in Geldsachen, und vergleicht damit die finanziellen Zustände unter Ludwigs Regierung, so kann man nur mit großer Achtung von der durch den König hergestellten neuen Ordnung der Dinge sprechen.

Schon in der Kindheit Ludwigs treten durch Erziehung noch geförderte Anlagen zutage, die auf den künftigen strengen Sparmeister seines Staates vorausweisen. Bei einem Gespräch, das er mit Sambuga über die kulturelle Rückständigkeit des damaligen Judentums führte, erwiderte er dem Religionslehrer, der sich von einer verbesserten Erziehung der Juden viel versprach, das gehe nicht an, denn es würde zuviel kosten[431]. Bei der Übersiedlung nach München brachte der 12jährige bereits einen selbstersparten Schatz von 330 fl. mit[432]. In seiner Autobiographie betonte der König wiederholt, sein Sinn für finanzielle Ordnung sei »von innen« gekommen[433]. Als Kronprinz interessierte er sich früh für staatswirtschaftliche Fragen, nicht zuletzt solche der Staatsschuldentilgung[434]. Zahlreiche Entwürfe des Thronfolgers kreisen um Einsparungspläne auf den verschiedensten Gebieten des öffentlichen Lebens. Auf Reisen von einem Mautner um Personalvermehrung angesprochen, antwortete der Kronprinz nur: »Daraus wird nichts«[435]. »Staatswirtschaftliche Noten« aus den Jahren 1812 oder 1813 beschäftigen sich intensiv mit dem Verhältnis von Einnahmen und Ausgaben, dem Tax- und Sportelwesen der Landgerichte, dem Münzwesen, der Vereinfachung der Finanzverwaltung[436]. Ludwig wußte, daß er mit seinen Sparplänen Zukunftsmusik trieb und erst als regierender Herr in der Lage sein würde, den Finanzhaushalt auf gesündere Grundlagen zu stellen, aber wenn ihm die Münchner Finanzgebarung gar zu bedenklich erschien, suchte er schon von Würzburg aus einflußreiche Männer für Änderungen oder Verhinderung ihm besonders schädlich erscheinender Maßnahmen zu gewinnen. In helle Aufregung versetzte den Thronfolger und den Finanzminister die Absicht König Max Josephs, die Aufsicht über die Ausgaben des Hofetats dem Finanzministerium zu entziehen und unter »allerhöchster Leitung« einer eigenen Verwaltung mit den Kabinettsräten von Ringel und von Schilcher an der Spitze zu unterstellen[437]. Vorhergegangen waren Vorstellungen Lerchenfelds hinsichtlich der Kosten einer Reise des Hofes nach Berchtesgaden, die Max Joseph sehr ungnädig aufgenommen hatte[438]. Ludwig beschwor Wrede als Vertrauensmann des Königs zu intervenieren[439]. Der bald darauf erfolgte Tod Max Josephs löste das Problem im Sinne des Kronprinzen.

Züge extremer Sparsamkeit traten in der privaten Lebensführung schon des Kronprinzen hervor, allerdings nur, soweit es sich nicht um Ausgaben für Kunstgegenstände handelte. Während seines Pariser Aufenthalts 1806 leistete er sich kein eigenes Abonnement der Augsburger »Allgemeinen Zeitung«, sondern der Geheimsekretär Rheinwald schickte ihm sein Exemplar in die französische Hauptstadt nach[440]. Ausgerechnet der Finanzminister mußte ihn darauf aufmerksam machen, daß es einen unangenehmen Eindruck hervorrufe, wenn er bei dem demnächst erscheinenden Werk von Martius und Spix über ihre Brasilienreise nicht unter den Subskribenten erschiene. Die Auslage sei unbedeutend[441]. Lerchenfeld vergaß nicht hinzuzufügen, daß sich König Max Joseph schon öfters von der zu weit getriebenen Sparsamkeit des Kronprinzen unangenehm berührt gezeigt habe. Ludwig konnte sich gleichwohl nicht entschließen zu subskribieren. Schon zur Zeit des Wiener Kongresses hatte sich der Kronprinz, der dort andererseits für Kunstkäufe enorme Summen ausgab, längst den Ruf eines sehr sparsamen Herrn erworben. Der Adjutant Gumppenberg berichtete seiner Braut, der Kronprinz habe ihm 400 fl. geschenkt; das sei bei diesem »so viel wie bei einem anderen 4000 fl.«[442]. Ludwigs Bemerkungen zum Verfassungsentwurf von 1814 sahen keine Diäten für Abgeordnete vor; allenfalls sollten die Wähler vermögenslosen Abgeordneten mit Geld aushelfen.

Nach seiner Thronbesteigung ging der König mit gutem Beispiel voran und reformierte als erstes die Hofhaltung. Zwar wurde die Zahl der Hofangestellten wie der Hartschiere nur maßvoll und unter Berücksichtigung sozialer Gesichtspunkte herabgesetzt. Umso genauer hat der König, der seine eigene Hofkasse einrichtete, die Gehälter der Hofbeamten und die anfallenden Rechnungen überprüft[443]. Privatgeschäfte der Bediensteten wurden unterbunden. Den »freien Apothekengenuß« der Angehörigen des Hofes in der Hofapotheke ließ der König einschränken. Zahlungen an Günstlinge, wie sie an den sächsischen Gesandten Graf Einsiedel geleistet wurden[444], stellte er ein. Die italienische Oper wurde aufgelöst (jährliche Ersparnis 20000 fl.), und am Hoftheater begann eine 23jährige Periode strengen Sparens. Subventionen, beispielsweise an das Isartortheater, strich er, so daß das Theater seine Pforten schließen mußte[445]. Die Familienmitglieder nahm der König von seinen Sparmaßnahmen nicht aus. Daß er für seine Stiefmutter sehr gegen deren Wunsch die Würzburger Residenz als Witwensitz bestimmte, machte dort Erneuerungen notwendig; die hierfür angesetzte Summe drückte er stark herunter. Zu seinen ersten Maßnahmen zählte die Aufstellung eines Sanierungsplanes für die bei seiner Tante, der in Neuburg residierenden Herzoginwitwe von Zweibrücken, angelaufene Schuldenmasse[446]. Als Prinz Karl aus dem Johanniter-Großprioratsgebäude in das ehemalige Palais Salabert, nunmehr »Palais Royal« umzog, verlangte er für dessen elegante Neuausstattung ein Darlehen von 80000 fl. Der König schlug es im Hinblick auf die allgemeine wirtschaftliche Situation ab[447]; er meinte überdies, daß dieses Palais »zu kostspielig für einen nachgeborenen Prinzen« sei[448]. Wie der König bei seinem Regierungsantritt begonnen hatte, so hielt er es während seiner ganzen Regentenzeit. Besonders genau überprüfte er das Finanzgebaren des Kronprinzen Max, nicht zuletzt bei dessen Universitätsaufenthalten und Reisen[449]. Als Max später erhebliche Schulden machte, stellte sein Vater persönlich einen Tilgungsplan auf und verlangte das Ehrenwort des Prinzen, keine weiteren Schulden mehr aufzunehmen. Es fehlte nicht an Mahnungen, sich nach der Decke seiner Apanage zu strecken: »80000 fl. geben eine lange und breite Decke.« Dabei stellte sich Ludwig als Vorbild hin[450]. Als die Stadt München bei der Verehelichung des Kronprinzen für dessen Gemahlin ein Brillantdiadem im Wert von 25000 fl. schenken wollte, erteilte der Monarch die Genehmigung erst, nachdem ihm der Magistrat versichert hatte, daß »erwähnte Ausgabe ... dem ordentlichen Budget der

Gemeinde keinen Abbruch tue, daß sie auf die von mir angeordnete städtische Schuldenabledigung *keinen* Einfluß äußere, daß es sich von *keiner* Schuldenmehrung handele, auch die Stadt in Erfüllung des ihr Obliegenden ... nicht gehemmt und behindert und daß besagtes Aktivum um so viel, als es durch die befragliche Ausgabe vermindert wird, wieder durch jährliche Ersparungen in dem ordentlichen Gemeindeetat seine Ergänzung erhalten könne ...«[451].

Um ein Vielfaches übertrafen die Einsparungen des Staates diejenigen des Hofes. Unter den Notizen des Kronprinzen findet sich am 24. September 1825 folgende: »Wenn ich König, nach den Exequien, sobald tunlich, Staatseinrichtungen wohlfeiler und einfacher«[452]. Einen Monat später trat unter Ludwigs Leitung eine Kommission zusammen, bestehend aus dem seiner Ablösung entgegensehenden Finanzminister Freiherrn von Lerchenfeld, dem aufgehenden Gestirn Graf Armansperg, dem Münchner Regierungspräsidenten von Widder und dem Ministerialrat von Mieg. Offizieller Name des Ausschusses: »Kommission betr. die im Staatshaushalt zu machenden Ersparungen«. Der zivilen lief eine militärische Einsparungskommission parallel, von der im nächsten Abschnitt zu reden ist. In der Eröffnungsrede des Königs hieß es unter anderem: »Die Lage der Untertanen und die allgemeine Not des Landes erheische dringend, daß die Staatsverwaltung auf die möglichste Einfachheit zurückgeführt und in dem Staatshaushalt solche Ersparungen mit Kraft und Ernst eingeleitet werden, daß das Gleichgewicht der Einnahmen und Ausgaben nicht gestöret und jene Erleichterung für die Untertanen vorbereitet werde, die sie sich erwarten ... Sie hätten die Umstände, welche diese Maßregel dringend erfordern, nicht herbeigeführt, aber das Drückende derselben zu mildern, hiezu fänden Sie sich berufen und Allerhöchstsie würden, um diesem Beruf zu entsprechen, jede Maßregel durchführen, damit durch die neue einfache, auf Ersparung gegründete Verwaltung die Lasten der Untertanen gemindert werden können«[453].

Die Kommission beschränkte ihre Tätigkeit nicht auf Einsparungen, sondern nahm gleichzeitig die Aufgaben einer Geschäftsverteilungs- und Geschäftsvereinfachungskommission, ja einer Staatsreformkommission wahr und entwarf die Grundzüge eines künftigen administrativen Programms. Was sich innerhalb der Exekutive regeln ließ, hat der König damals schon an Ort und Stelle bis in die Einzelheiten festlegen lassen. Darüber hinaus wurden diskussionsweise Vorhaben, die legislativer Mitwirkung bedurften, wie die Einführung der Landräte, die Zivilliste, die neue Kreiseinteilung und Fragen des Verhältnisses der drei Gewalten untereinander in Angriff genommen. Unmittelbare Erledigung fanden Neufassungen der Instruktionen und Geschäftsordnungen betreffend Personalformation und Wirkungskreis der Ministerien und des Staatsrats sowie des Verhältnisses von Zentral- und Mittelbehörden und die Verbesserung des Rechnungswesens. Noch bevor die Einsparungskommission zusammengetreten war, hatte der König mit Verordnung vom 27. Oktober 1825 eine drastische Reduktion der Ministergehälter vorgenommen. Während bis dahin ein Ministergehalt sich auf 20000 fl. belief und durch Vereinigung mehrerer Portefeuilles noch erhöhen konnte, wurde fortan ein Maximum von jährlich 12000 fl. festgesetzt. Die Verbindung zweier Ministerien unter einem Chef brachte dem betreffenden Staatsdiener keine Erhöhung seiner Bezüge ein. Der erste, der dies zu spüren bekam, war der Innen- und Finanzminister Graf Armansperg, der als *das* Vollzugsorgan der königlichen Sparpolitik in der Öffentlichkeit den Spitznamen »Sparmansberg« angehängt bekam. Die Minister hatten sowohl für ihre provisorische wie für ihre definitive Anstellung nicht geringe Taxen zu bezahlen. Allein der Minister des königlichen Hauses und des Äußeren erhielt zusätzlich zum Gehalt noch Tafelgelder.

Im Zusammenhang mit den Formationsordnungen erfolgten Einsparungen und Auflösungen bisheriger Stellen. Nicht nur durch Neuverteilung der Geschäfte sollte künftig billiger für den Staat gearbeitet werden, sondern gleich von Anfang an wünschte der ungeduldige König einen möglichst hohen Spareffekt zu erzielen. Sechs Mitglieder des Staatsrates hat Ludwig noch im November 1825 in den Ruhestand versetzt. Gleichzeitig verringerte er die ordentlichen Staatsräte auf sechs. Wie sich alsbald zeigen sollte, kam die personelle Reduktion des Staatsrats der Effektivität des Geschäftsgangs zugute. An Behörden fielen der Einsparungskommission das Generalfiskalat, das Geheime Taxamt, das Obermedizinalkollegium und das Reichsheroldsamt zum Opfer. Das Personal dieser Ämter schickte man bis auf weiteres in »temporäre Quieszenz«, die Kompetenzen hat man auf andere Behörden verteilt. Faktisch lebte das Reichsheroldsamt innerhalb des Außenministeriums bis zum Ende der Monarchie fort. Als überflüssig hob man im Bereich des Ministeriums des Inneren die bei den Universitäten Landshut und Erlangen bestehenden Ministerialkommissionen auf, sowie die als eigene Dienststelle fungierende Redaktion des Regierungsblattes, deren Geschäfte man einem Ministerialrat übertrug. Die Zahl der Ministerialräte in allen Ministerien wie der Räte an den Kreisregierungen wurde erheblich herabgesetzt. Zwar durfte man entsprechend den Bestimmungen der Staatsdienerpragmatik die »nicht notwendigen oder untauglichen Staatsdiener« nicht entlassen, doch schickte man auch sie in den zeitweiligen Ruhestand und sparte dadurch. Die bisherigen Obliegenheiten der unter diese Maßnahme fallenden Beamten hatten die im aktiven Dienst verbliebenen zu übernehmen. Für die Wiederbesetzung frei werdender Stellen war den Ministerien der Rückgriff auf die »Quieszenten« zur Pflicht gemacht. Man braucht kaum zu erläutern, wie sich dies auf die Wartezeiten der jüngeren Aspiranten auswirkte.

Auf der Stufe der Geheimsekretäre, Buchhalter und Rechnungskommissare unterschied man fortan zwischen zwei Kategorien, von denen die erste ihre statusmäßigen Rechte behielt, die zweite jedoch nur provisorisch, »commissario modo«, beschäftigt wurde. Sinnvoll war, daß die Einsparungskommission die Beamten in Gruppen wissenschaftlicher und technischer Dienste aufteilte. Die Einbeziehung der Beamten des unteren Dienstes in die pragmatische Staatsdienerschaft suchte man nach Kräften einzuschränken. Durch außerplanmäßige Verwendung setzte man die unteren staatlichen Angestellten auf ein geringeres Besoldungsniveau. Gehilfen, Boten und Diener wurden fortan nur mehr auf Ruf und Widerruf bestellt. Daß man die unteren Dienste an den Rand des Existenzminimums drückte, sah der König durchaus, und er bestätigte, daß »die Besoldung des subalternen Personals im Verhältnis zu ihren Bedürfnissen, zumal bei zahlreicheren Familien, nichts weniger als hinreichend sei, um sie gegen Nahrungssorgen zu schützen, – allein die Besoldungen dieser Staatsdiener so hoch zu setzen, daß diesem vorgebeugt werde – dazu fehlten dem Staat die Kräfte und es müßten folglich andere Mittel aufgefunden werden«. Als solches Mittel bezeichnete er selbst die Dispositionsfonds der Ministerien für Notfälle. Er kündigte an, für diese Zwecke eine Summe im Etat auszusetzen und ließ es an Ermahnungen hinsichtlich der Verwendung solcher Fonds nicht fehlen: »Es müßte Allerhöchstihnen die Sicherheit gegeben werden, daß diese Unterstützung nach dem wahren Bedürfnis verteilt und nicht, was den Menschen so eigen ist, für die Günstlinge oder zu Gratifikationen für Dienste, die nicht selten in der Obliegenheit des Angestellten liegen, verwendet werden, wie es früher manchmal der Fall war.« Für die Ministerien der Justiz, des Inneren und der Finanzen raffte er sich auf, die nicht üppige Summe von 30000 fl. als Dispositionsfonds zu verwenden. Aufgrund eines Nachtrags in das Kommissionsprotokoll vom 14. November 1825 verringerte er die Summe nochmals um 10000 fl. und bestimmte, es sollten »die anderen 10000 fl. jährlich den Anfang eines Unterstützungsfonds ... bilden, zurückgelegt und angelegt werden, Zinsen von Zinsen häufend, erst nach Ablauf von zehn Jahren wäre zu entscheiden, wie lange dieses noch fortzugehen habe oder ob von den Zinsen zu verwenden wäre. Der Staatsschuldentilgungskasse oder als Ewiggeld wäre das Geld zu leihen ...«

Einstellungs- und Besoldungsreform bildeten nur einen Teil des vom König eingeführten staatswirtschaftlichen Sparsystems. Die Behörden hatten unter allen Umständen mit ihren Etats auszukommen. Ihre Ausstattung mit Sachmitteln wurde knapp gehalten und sparsamste Wirtschaftsführung war ihnen zur Pflicht gemacht. Wie aus den Protokollen hervorgeht, ließ der König fortwährend in die Verhandlungen Beteuerungen einfließen, er sei durch seinen Verfassungseid gehalten, die Aufgabe einer Sanierung der Staatsfinanzen in die Hand zu nehmen und durchzuführen: »Nicht den Willen, sondern Handlungen erwarte die Nation von Allerhöchstihnen und erfordere der traurige Zustand des Landvolkes.« Später war er stolz auf die zustande gekommene Sanierung des Staatshaushalts und stellte sein Vorgehen seinem Sohn Otto in Griechenland als Vorbild vor Augen: »Stück für Stück der Verwaltung wäre durchzugehen (so habe ich es gemacht bei meinem Regierungsantritt)«[454].

Das Sparsystem praktizierte der König während seiner ganzen Regierungszeit. Aus einem schier unermeßlichen Material an Belegen greifen wir nur einige weitere Beispiele heraus. Zeremonialgesandtschaften und sogenannte Bekomplimentierungen, wenn ein fremder Souverän sich den Grenzen Bayerns näherte oder durch Bayern reiste, suchte Ludwig entweder ganz zu unterlassen oder, wenn unumgänglich, tunlichst kostensparend einzurichten. Das gleiche galt für außerordentliche politische Missionen. Die von Wrede 1826 übernommene Sendung an den Zarenhof war zunächst Prinz Karl zugedacht. Man war sich nicht einig, ob der Prinz ablehnte, weil er sich der ihm gestellten Aufgabe nicht gewachsen fühlte, oder ob ihm die vom König ausgeworfene Summe als zu geringfügig erschien[455]. Armansperg setzte für die Mission des Marschalls 20000 fl. an. Ludwig hielt 5000 fl. in bar und 10000 als Kredit für ausreichend. Wenn Wrede mehr benötige, was er nicht annehmen möchte, möge er beim bayerischen Gesandten am Petersburger Hof Geld aufnehmen. Für den Fall, daß Wrede sich genötigt sehe, Geschenke zu machen, solle er einige Objekte »nicht sehr bedeutenden Wertes« mitnehmen. Der Hofjuwelier erhalte nur vergütet, was tatsächlich verschenkt werde. Alles übrige müsse er zurücknehmen[456]. Bei einer Sendung des Kronprinzen nach Berlin bestimmte der König genau, wieviele Wagen und Pferde mitgenommen werden dürften, und warnte vor überflüssigen Ausgaben[457].

Auch der reguläre auswärtige Dienst bildete einen Gegenstand unablässiger Sparüberlegungen des Königs. Ob man Gesandtschaften nur mit Geschäftsträgern oder Ministerresidenten besetze, ob man zwei Gesandtschaften in einer Hand vereine – stets wünschte er von seinem Außenminister Berechnungen, was bei solcher Gelegenheit erspart werden könne. Als der Vertreter Bayerns beim Heiligen Stuhl, Graf Spaur, noch als Geschäftsträger amtierte – erst nach längerer erfolgreicher Dienstzeit ernannte ihn der König zum Gesandten –, mahnte Ludwig: »Ein Geschäftsträger hat nicht als Gesandter zu leben. Vier Wagenpferde zu halten wie Graf Spaur ist überflüssig«[458]. Damit war eine Bitte Spaurs um Gehaltserhöhung abgewiesen. Während ihres Urlaubs ließ er den Diplomaten ein Drittel ihres Gehalts einbehalten. Ein Sechstel davon erhielt der Legationssekretär als Entschädigung für die Übernahme der Gesandtschaftsgeschäfte, ein Sechstel fiel an die Staatskasse. Mit Argusaugen wachte der Monarch darüber, daß bei Dienstreisen oder Umzügen nicht eintrete, was die Beamtensprache der Zeit als »Diätenexzeß« bezeichnete. Ende des Jahres 1832 bat der Außenminister von Gise, seit einem Jahr im Amt, um Vergütung für seinen Umzug von der russischen Hauptstadt, wo er bis dahin als Gesandter tätig war, nach München, und verwies auf Präzedenzfälle. Er machte ferner geltend, daß er als Minister nun ein niedrigeres Gehalt als vordem beziehe und bei Verkauf seines Mobiliars und seiner Effekten in St. Petersburg Verluste von mehreren tausend Gulden erlitten habe. Ludwig beschied ihn: »Umzugskosten bei solchen Beförderungen sind nicht gebräuchlich, und so sehr ich auch Minister Freiherrn von Gise gewogen bin, kann ich seinen Wunsch nicht erfüllen. Übrigens hat derselbe durch seinen sehr langen Urlaub viel ersparen können«[459]. Der zu den Wiener Konferenzen 1834 abgeordnete Bundestagsgesandte von Mieg beantragte Diäten, die Ludwig für den Wiener Aufenthalt bewilligte. Für die Reise von Frankfurt nach Wien und zurück ließ er ihm jedoch nichts ausbezahlen, da er während seiner Abwesenheit vom Bundestag Repräsentationsgelder spare und »demnach billig Abzug zu erleiden habe«[460]. Bei einer gemeinsamen Reise mit Grandaur wünschte der König, daß dieser dafür nicht die Diäten eines Staatsrats (was Grandaur seit 1832 war), sondern nur die eines Kabinettssekretärs erhalte[461]. Der Ministerresident von Gasser berichtete dem König, daß ein Ball, den er dem griechischen Königspaar 1843 gegeben, ihn 3000 fl. gekostet habe. Der König habe ihm dafür einen Ersatz von 1500 fl. bewilligt; da der Rest unmöglich von seinem Gehalt zu bestreiten war, habe er sein Privatvermögen angegriffen. Drei Jahre später bat er für einen neuen, dem Königspaar zu Ehren veranstalteten Ball um Ersatz von 2000 fl., da ihn solche Feste sonst zugrunde richten würden[462]. Vorzüglich unterrichtet über die Privatverhältnisse seiner höheren Staatsdiener, mutete der König diesen unter Hinweis auf ihren Vermögensstand wiederholt geringere Einkünfte zu. Dem Legationssekretär Freiherr von Günderode genehmigte er nur »normale« Reisekosten und für seine Stellvertretung des bayerischen Gesandten am Berliner Hof eine kärgliche Pauschale von 100 Talern, da er ja 800000 fl. Vermögen besitze[463]. Personalvermehrung der bayerischen Vertretungen im Ausland hielt der König grundsätzlich für überflüssig.

Wie gegenüber dem äußeren, so verhielt sich Ludwig auch gegenüber dem inneren Dienst. Bis 1848 bestand ein Teil der Beamtenbesoldung in Naturalien beziehungsweise in Geld nach Maßgabe der Getreidepreise. Bei der Berechnung der Pensionsbezüge hat man die nicht unbeträchtlichen Naturaleinkünfte zu Nebenbezügen erklärt, die man bei pragmatischen, nichtrichterlichen Staatsdienern nicht in Anschlag bringen könne. Diese Maßnahme bekräftigte der König durch ein Signat vom 5. Februar 1830. Erst 1842 ließ er sich bewegen, sie wegen ihrer Härte aufzugeben[464]. Die Gliederung der Beamtengehälter in Standes- und Dienstgehalt bewog den König unablässig zu Manipulationen, um auf Kosten der Berechtigten Ersparnisse zu erzielen[465]. 1838 wünschte er vom Innenministerium ein Gutachten, ob die Diäten- und Reisekosten für die zu den Absolutorialprüfungen an den Studienanstalten abgeordneten Universitätsprofessoren nicht künftig vermindert werden könnten, und fügte hinzu, das von Wallerstein eingeschlagene Verfahren vermehre die Gravamina gegen ihn«[466]. Von Studienreisen argwöhnte er stets, daß sie zu Lustreisen entarten könnten. Recht genau wollte er daher wissen, ob die Reisen des Lehrpersonals der Polytechnischen Schule zu Nürnberg zu deutschen Hüttenwerken tatsächlich notwendig seien und ob sie alljährlich stattfinden müßten: »Möchten es nicht bezahlt werdende Ferienreisen sein?«[467]. Bei Behördenverlegungen achtete er sehr darauf, ob an den neuen Dienstorten schon Staatsgebäude vorhanden seien, um Neubauten zu vermeiden. Ließen sich solche nicht umgehen, wünschte er kräftige finanzielle Beteiligung oder gleich volle Kostenübernahme durch die Gemeinden, da diese doch die Nutznießer seien[468]. Wegen der Fourageteuerung 1846 hatte das Außenministerium eine Unterstützung der Poststallhalter beantragt. Der König wünschte den Mehraufwand diesen aufzubürden[469]. Abel wies ihm jedoch nach, daß das Außenministerium Recht habe und der Staat verpflichtet sei, die Poststallhalter zu vergüten. Die Vergabe einer Amtsstellung machte der König nicht selten von der Zusage der kostenlosen Wahrnehmung anderer Aufgaben abhängig. Die Berufung des Gelehrten Schorn auf den Münchner Lehrstuhl für Kunstgeschichte erfolgte »mit der Verbindlichkeit in Verhinderung des Generalsekretärs der Akademie der Bildenden Künste ohne Remuneration dessen Geschäfte zu versehen«[470]. Den König zu Gratifikationen zu veranlassen, bedurfte außerordentlicher Mühe oder Schläue; meistens lehnte er diesbezügliche Anträge ab: »Fortlaufende Gratifikationserteilung ist gewissermaßen Selbstbetrug«[471]. Beim Verkauf staatseigener Liegenschaften war er es, der die Preise hinauftrieb, um für den Staat einen möglichst hohen Gewinn herauszuschlagen[472]. Bei Empfängen verbot er 1841 die Verwendung von Bäumen oder Bäumchen: »dieses soll nun, weil es zum Nachteil und Schaden der Waldungen und das Holz gar kostbar ist, künftighin unterbleiben ...«[473].

1840 beantragte Abel für seinen Kollegen Graf Seinsheim in dessen Eigenschaft als Erster Präsident der Abgeordnetenkammer Tafelgelder. Die Zweckmäßigkeit von Einladungen bei Seinsheim während der Landtagssession sah der König durchaus ein, aber aus welchen Fonds solche Gelder nehmen? Seine Lösung war, daß die mit Dispositionsfonds ausgestatteten Ministerien daraus je 125 fl. für Seinsheims Tafelgelder abzweigen, und so geschah es auch[474]. Wie bereits erwähnt, sollten die Dispositionsfonds, deren möglichst sparsame Verwendung der König den Ministern zu predigen nicht müde wurde, vor allem in Not geratenen Subalternbeamten zugute kommen. Großes Kopfzerbrechen bereitete es dem König wie der Stadt Erlangen, ob diese befugt sei, sich anläßlich der Hundertjahrfeier der Universität an den Festlichkeiten zu beteiligen. Es handelte sich um einen Betrag von 2200 fl. Der König wollte zunächst wissen, wie hoch sich die Stadtschulden in Erlangen beliefen und bis wann diese nach dem von ihm genehmigten Plan getilgt sein würden. Schließlich regte er an, den Betrag aus freiwilligen Spenden aufzubringen[475]. Taxfreie Ernennungen zählten unter seiner Regierung zu den Seltenheiten. Als er dem Gesandten von Oberkamp den Geheimratstitel verlieh, geschah es mit der Bemerkung: »Wie sich's von selbst versteht gegen Erlegung der Tax- und Siegelgebühren, was in anderen Staaten hinzuzufügen überflüssig; in Bayern aber will man das bonus gemacht ohne onus, begehrt man nicht nur gebratene Tauben, sondern sie auch schon geschnitten in den Mund zu bekommen«[476].

Teils aus Gründen der Sparsamkeit, teils um sein Regiment nicht weiter einengen zu lassen, wies er jede Ausdehnung der pragmatischen Beamtenrechte weit von sich. Offiziere, Pfarrer, Schullehrer, Sprachlehrer, Pedelle, Fechtmeister und Bereiter an Universitäten hatten in dieser Hinsicht von Ludwig nichts zu hoffen[477].

Dem Vorbild von oben folgend, hat die bayerische Bürokratie das erzwungene Sparsystem mehr und mehr internalisiert. Es gelang Ludwig, die Staatsdienerschaft in seinem Sinn zu erziehen. Manchen Beamten wurde, was dem König offensichtlich angeboren war, zur zweiten Natur. Schließlich traten die Minister und andere Bürokraten selbst mit Sparvorschlägen hervor, wie auf anderem Gebiet tatsächliche oder angebliche Erfinder dem König fortwährend kostensparende Maschinen und Apparate anpriesen. Als das Gesamtministerium 1846 eine Verlängerung der Teuerungszulage beantragte, schlug es von sich aus vor, Junggesellen und kinderlose Witwen von dieser Begünstigung auszunehmen[478]. Minister, bei denen der König ein »wirtschaftliches« Verfahren feststellte, konnten seiner Anerkennung gewiß sein. Eifrig machte sich beispielsweise Abel den Sparwillen des Königs zu eigen. Ihm hat der Monarch daher nicht selten kostenmehrende Anträge anderer Ministerien zur Begutachtung zugewiesen, und zwar nicht regelmäßig, aber häufig konnte er dann Abels Darlegungen die Argumente für eine Ablehnung entnehmen.

Das ludovizianische Sparprogramm hätte niemals so rigoros, wie es tatsächlich geschah, durchgeführt werden können, hätte nicht sein Initiator, der »gute Wirt«, unermüdlich über dem

Vollzug gewacht. Contre cœur hat der Monarch nicht gespart. Für ihn bildete es geradezu eine seiner Lieblingsbeschäftigungen, Ersparungen auszuhecken. Daß der königliche Spardirektor für die Durchführung seines Programms die fähigsten Fachleute auswählte, spricht für seine Regentengaben. Armansperg, finanzpolitisch im Prinzip mit seinem König einig, stand an der Spitze dieser Helfer. Sein Verfahren war das eines Virtuosen; Experten konstatierten geradezu künstlerische Züge seines Finanzgebarens[479]. Als Fachmann hat er die Sparkomponente seiner Finanzpolitik großzügiger aufgefaßt als Ludwig, bei dem oft knauserige und kleinliche Züge hervortraten[480]. Meinungsverschiedenheiten zwischen beiden blieben nicht aus. Was Armansperg durchsetzen wollte, war gesünder und richtiger, aber er vermochte den eigensinnigen Herrscher nicht zu überzeugen. Gleichwohl bleibt dem König der Ruhm, sein Staatswesen saniert zu haben. Schon zu Beginn des Landtags 1827/28 war ohne Steuererhöhung das Defizit im Staatshaushalt beseitigt und das System der Staatseinnahmen normalisiert. Die Staatsschuld, die dem König stets als viel zu hoch erschien, wuchs in den ersten Jahren seiner Regierung noch, konnte aber seit 1831 bedeutend herabgesetzt werden[481].

Ludwig rechnete stets mit der Möglichkeit neuer Kriege, die ohnehin dazu zwingen würden, neue Kredite aufzunehmen. Im Frieden wollte er von Schuldenmachen jedoch ganz und gar nichts wissen.

Mit Genugtuung verwies der König auf das umstrittene Ergebnis seiner und seiner Minister sparpolitischen Kraftakte, die »Erübrigungen« aus dem Staatshaushalt. Bis zum Verfassungsverständnis von 1843 durfte er sich als berechtigt ansehen, über die Erübrigungen frei zu verfügen, sich sozusagen selbst für das zu belohnen, was er als »guter Wirt« erwirtschaftet hatte. Aus den Ersparnissen und aus der Kabinettskasse sind die meisten großen Vorhaben des Königs finanziert worden. 1840 errechnete Abel bis zum Budgetlandtag 1843 Überschüsse in Höhe von 21 bis 24 Millionen Gulden. Davon zog er vier Millionen Gulden für den Bau des Ludwigskanals und 5,6 Millionen für den Ankauf der Kanalaktien ab, unter Umständen auch vier Millionen fl. für den wahrscheinlich erst später anzusetzenden Eisenbahnbau Augsburg-Nürnberg[482]. Die Aufgaben, die das Eisenbahnzeitalter stellte, konnten in Bayern unter Ludwig vom Staate ohne Steuererhöhung in Angriff genommen werden. Montgelas, selber kein »guter Wirt«, hat vor seinem Tode seine Hochachtung vor Ludwigs Finanzpolitik zum Ausdruck gebracht: »... les caisses sont remplis et on peut dire sans flatterie: que la régie des finances est notre plus beau côté«[483].

2. Die Kehrseite

Ludwig I. hatte angenommen, daß man ihn seines strengen Wirtschaftens wegen zunächst hassen, aber später segnen werde. Es kam eher umgekehrt. Anfänglich begrüßte der politisch mündige Teil der Bevölkerung die – im Prinzip – unerläßlichen Maßnahmen, bald aber entdeckte man ihre Schattenseiten und die Schwächen eines Systems, das, soweit es sich um den Alltagsbetrieb der Staatsverwaltung handelte, nahe daran war, zum Selbstzweck zu werden. Seit 1831 wiederholten die Landtage, daß die Bedürfnisse Bayerns vernachlässigt würden und die Verwaltung verkümmere. Die Minister wußten, daß sie sich nur halten konnten, wenn sie sich dem Sparsystem des Königs fügten, erkannten aber, daß dieses in eine Sackgasse führen müsse. Abel, gewiß ein Fiskalakrobat, wie ihn sich der König nur wünschen konnte, hat schließlich versucht, den Monarchen zu Kompromissen zu bewegen. Indirekt stellte er die Frage, was man denn auf den Vorwurf der Stände überhaupt antworten könne, es sei das Zwanzigfache der Bedürfnisse vorhanden und es geschehe nichts zu ihrer Befriedigung.

Man kann nicht umhin, den staatswirtschaftlichen Leistungen gegenüberzustellen, was infolge des Sparsystems auf der Strecke blieb, wieviel Beengung, Not, Kümmerlichkeit und Verbitterung auf sein Konto gingen. Klagen darüber vernahm man nicht nur auf dem Landtag. Wohl die schärfste zeitgenössische Kritik aus den Kreisen der Verwaltung selbst stammte aus der Feder des zurückgetretenen Regierungspräsidenten von Mittelfranken, Graf Giech[484]. Giech, der aus Gründen dienstlicher Reibungen mit dem Innenminister und konfessionspolitischer Differenzen mit dem Kurs des Königs und Abels sein Amt aufgegeben hatte, verband sein Rücktrittsgesuch mit einer »Darlegung der Motive meines Austritts aus dem Staatsdienst«, die die administrative Politik des Königs angriff und die er vervielfältigt an die anderen Regierungspräsidenten, Mitglieder des Regierungspräsidiums von Mittelfranken, die Amtsvorstände dieses Kreises und wohl auch an die Reichsräte verteilte. Es kam, wie es kommen mußte: Das Ministerium ließ die »Darlegung« zwar beschlagnahmen, doch hat man ohne Wissen Giechs einen Nachdruck hergestellt, und dieser erlangte außerordentliche Publizität; dies dürfte Giech nur erwünscht gewesen sein.

Das Bild, das Giech von den Zuständen unter dem Sparsystem zeichnete, fiel düster aus. Der hohe Beamte beklagte den miserablen Zustand der Landstraßen, der Schulhäuser, der Dienstwohnungen und der Gefängnisse. Er und seine Untergebenen seien wegen der Verkehrsverhältnisse ständig den Vorwürfen der Einheimischen und der Fremden ausgesetzt gewesen, so daß er es sich zum Grundsatz gemacht habe, nicht mehr in öffentlichen Lokalen zu speisen, um nicht die oft beschämenden Bemerkungen der Reisenden anhören zu müssen. Völlig ungenügend sei der ziffernmäßige Bestand der Gendarmerie, elend das Dasein der Schulgehilfen und Schullehrer. Giech forderte Erweiterung oder Vermehrung der Bildungsanstalten für die Lehrer. Selbst Lehrer an den Studienanstalten und den Gymnasien vermöchten, wenn sie kein Privatvermögen hätten, ohne Nahrungssorgen nicht zu leben. Sie müßten Nebenbeschäftigungen ausüben, die ihre Berufsaufgaben beeinträchtigten. Keine Mittel stünden zur Hebung der Industrie zur Verfügung. In Preußen und Österreich geschehe in dieser Hinsicht mehr. Giech berührte einen für die Münchner Zentrale heiklen Punkt, wenn er darauf aufmerksam machte, daß die Gewerbsleute und Unternehmer in Mittelfranken stets daran erinnerten, was unter der preußischen Verwaltung für Förderung der Industrie geschehen sei.

Besonders bitter wurde der ehemalige Regierungspräsident, wenn er auf die mangelnde Sorge für die Verwaltung zu sprechen kam. Er stellte einen Mangel an Arbeitskräften in den Regierungen fest und ein Mißverhältnis zwischen den Bedürfnissen für die Dienstgeschäfte und den zur Verfügung gestellten Summen. Der Kompetenz der Kreisregierungen seien zu enge Grenzen gezogen; fruchtbares Wirken sei unter diesen Umständen nicht möglich. Höhere Beamte konnten nach Erreichung des 70. Lebensjahrs mit ihren vollen Bezügen in den Ruhestand versetzt werden. Häufig finde nun aus fiskalischen Gründen eine Quieszierung kurz vor diesem Zeitpunkt und gegen den Willen der betreffenden Staatsdiener statt. Alle Verfügungen über Dienstbezüge gingen »von dem Standpunkt der Zurückführung auf das möglichste Minimum aus statt von dem Standpunkt, den Beamten seiner Leistung entsprechend zu entschädigen«. Als skandalös prangerte er an, daß durch Reskripte der bayerischen Staatsministerien des Inneren und der Finanzen den Landrichtern befohlen worden sei, eine 1837 gewährte kleine Gehaltszulage für den Zeitraum vom 1. Oktober 1837 bis 1. Juli 1838 kurzfristig wieder zurückzuzahlen[485]. Giech sprach von einer »trostlosen Lage« der Landrichter, die immerhin zu den höheren Beamten zählten, und ihrer Empörung über diese Maßnahme. »Was kann der Chef der Provinzialverwaltung ohne diese tätige und freudige Mitwirkung der äußeren Vollzugsorgane leisten?« Schließlich kritisierte Giech, daß man die Beamtenschaft nicht nur materiell darben ließe, sondern sie auch mit Härte behandle. Die Reskripte des Ministeriums des Inneren würden »in vielen Fällen eine Strenge, Härte und Unfreundlichkeit bekunden, die man früher nicht kannte noch gewohnt war, und welche von dem Ziele weit entfernt sind, Liebe und Wärme für den Dienst anzuregen und die Mühen eines schweren Berufes zu erleichtern«.

Ludwig forderte nach Erhalt der »Darlegung» einen ehemaligen Vorgesetzten Giechs, den streng katholisch-konservativen Regierungspräsidenten von Unterfranken und Aschaffenburg, Graf August Rechberg, zu einer Stellungnahme auf[486]. Rechberg anerkannte wohl, daß es sich bei Giech um einen tüchtigen und erprobten Verwaltungsfachmann handle, doch sah er in dem Protestanten in erster Linie den politischen Gegner und hatte auch persönlich manches an ihm auszusetzen. Giechs Forderung nach größerer Kompetenz der Kreisregierungen stellte er als ein Begehren nach Überlassung von Kronrechten hin: »Hierüber dürfte jede weitere Bemerkung ein Zeitverlust genannt werden.« Zu einer Anzahl von Klagepunkten Giechs enthielt sich Rechberg einer Äußerung. Es ist anzunehmen, daß er sich in diesen Fällen nicht in der Lage sah, Giech zu widersprechen. Was er, im Grunde sehr wider Willen, von den Ausführungen seines Kollegen bestätigte, lief nun allerdings zu einem guten Teil auf eine Rechtfertigung der Giechschen Darlegung hinaus. Daß es mit der Unterstützung des Gewerbewesens in Bayern im Vergleich mit dem Ausland weit fehle, gab er zu. Er wünschte freilich nur eine Hilfe auf indirektem Wege und erklärte, kein Anhänger des »Industrialismus« zu sein, der nur zu häufig den Pauperismus im Gefolge habe. Bestätigen mußte Rechberg den unzureichenden Personalstand bei den Kammern des Inneren der Kreisregierungen, das Fehlen hinreichender Mittel zur Bestreitung der Dienstbedürfnisse, die ungenügende personelle Ausstattung der Gendarmerie. Was Giech über Landstraßen und Landbauten sage, treffe zu. Über die Lage der Landrichter in Mittelfranken wisse er nicht Bescheid, aber die Situation der Landrichter in Unterfranken sei noch trostloser. Auch die Klagen über den geringen Standesgehalt der Beamten, die Quieszierungen vor dem 70. Lebens- oder 40. Dienstjahr und die Zurückführung der Besoldungen auf das möglichste Minimum mußte er bestätigen. Hinsichtlich des Schulwesens äußerte er sich etwas günstiger; die Besoldung der Schulgehilfen sei allerdings auf keinen Fall genügend. Bezeichnend sein Kommentar: »Die Erfahrung hat gelehrt, daß sie bis zum Vorrücken in eine Lehrersstelle doch gelebt haben und in dieser Zeitperiode von ihren Angehörigen unterstützt wurden.«

Was geschah auf solche Klagen und Beanstandungen hin? Sieht man von einer einmaligen stattlichen Zuwendung für materielle Bedürfnisse des Landes im Zusammenhang mit dem Landtag von 1843 sowie von mehreren Teuerungszulagen ab[487], soviel wie nichts. Liest man die Erinnerungen des Staatsrats, Reichsrats und Ministerverwesers von Maurer, stellt man fest, daß sich während seiner ministeriellen Tätigkeit, nämlich 1847, kaum irgendetwas geändert hatte. Man findet von Maurer die gleichen und ähnliche Mißstände im Justizwesen angeprangert, wie sie Giech in der Verwaltung kritisiert hatte[488]. »Am meisten Not hatte ich«, schreibt Maurer, »jedoch mit den Anstellungen und Beförderungen. Denn nicht genug, daß der König jede Anstellung und Beförderung für eine reine Gnadensache hielt ... Meistenteils pflegte jedoch der König bei Anstellungen und Beförderungen im Justizfache auf die Anzahl der Kinder, auf die Wohlfeilheit, auf das submisse Benehmen des Bittstellers u. dgl. mehr, niemals aber auf die geleisteten Dienste oder auf das Talent und auf sonstige Auszeichnungen Rücksicht zu nehmen. Nicht selten erhielt z. B. derjenige die erledigte Stelle, welcher keine Umzugsgebühren verlangte, ferner der körperlich gesunde vor dem kränklichen, wenn auch noch so ausgezeichneten Beamten, der jüngere vor dem älteren usw., wobei bei dem Letzteren eine frühere Quieszenz in Aussicht stand. Mehrere königliche Signate trugen mir ausdrücklich auf, bei allen Anträgen auf Beförderung zu gleicher Zeit auch über den Gesundheitszustand der beantragten Individuen zu berichten.« Besonders verdroß Maurer, daß der König seit Jahren die Gewohnheit angenommen hatte, »alle schlechten oder wenigstens unbrauchbaren Verwaltungsbeamten in die Justiz einzuschieben«. Als empörend empfand er es, daß der König die Beamten fragen ließ, ob sie gesonnen seien, noch nach dem 70. Lebensjahr weiterzudienen: »Wollten die Befragten nicht fortdienen, so wurden dieselben vor dem erreichten 70. Lebensjahre pensioniert und verloren dadurch bedeutend an ihrem Gehalte«. Ein besonders bedenkliches Kapitel schnitt Maurer an, als er auf die für die dürftigen Beamten der Ministerien sowie ihre Witwen und Waisen bestimmten Dispositionsfonds zu sprechen kam: »Aus diesen für einen ganz anderen Zweck bestimmten Fonds mußten nun aber nicht bloß die ständigen Gehalte der Beamten des königlichen Kabinetts, sondern auch ihre Reisediäten, wenn sie den König nach Aschaffenburg, Berchtesgaden, Brückenau und selbst nach Italien begleiteten, bezahlt werden. Und außerdem verfügte der König auch noch zugunsten von anderen Bittstellern über jene ohnedies nur sehr spärlich zugemessenen Gelder, so daß für die wirklich bedürftigen Beamten und deren Witwen und Waisen, für welche jene Fonds eigentlich bestimmt waren, oft nur sehr wenig oder auch gar nichts übrig blieb.«

Giech und Maurer waren nach enttäuschenden Erfahrungen zu Gegnern Ludwigs geworden. Von Graf Rechberg kann man dies nicht behaupten, ebensowenig von dem loyalen Grafen Karl Seinsheim, der 1832 den Monarchen auf die Unzufriedenheit der mit dem Volke in ständiger Verbindung stehenden und darum besonders wichtigen Landbeamten aufmerksam machte: Die Landrichter seien aufgrund fiskalischer Benachteiligung »über die Regierung aufgebracht. Sie sind dem jetzigen System abhold und dienen demselben wenigstens nicht mehr mit dem Eifer wie vorher«[489].

Man muß, um den dargestellten Sachverhalt bestätigt zu finden, sich nicht erst der Mühe unterziehen, die Archive aufzusuchen und ungedrucktes Material zutage zu fördern. Die gedruckten Protokolle der Landtagsverhandlungen aus der Ära Ludwigs enthalten ungemein weitläufiges Material, das in seiner Ergiebigkeit für die Geschichte der Staatsverwaltung noch keineswegs ausgeschöpft ist. Sie bestätigen, wie sehr diese infolge der radikalen Sparpolitik im argen lag. Es genügt zu lesen, was eine so maßvolle und sachliche Persönlichkeit wie Hermann Freiherr von Rotenhan dem König und der Regierung im Landtag vorgehalten hat[490]. Sicher wurde in beiden Kammern gelegentlich übertrieben, und es wurden Einzelfälle verallgemeinert. Aber kein Zweifel kann bestehen, daß der König von der Schuldenmacherei unter seinem Vater in das andere Extrem verfallen war.

VIII.
KEIN SOLDATENKÖNIG

1. Vater und Sohn

König Max Joseph zählte seiner Herkunft nach zu den zahlreichen deutschen »Militärprinzen«. Er hatte Diensterfahrungen gesammelt, verstand etwas von der Sache, und sein Herz gehörte der Armee. Beim Aufbau des bayerischen Heeres ist der Anteil des Monarchen in Anschlag zu bringen. Bayerns erster König hat seinen Marschall Wrede in den Fürstenstand erhoben, dem bedeutenderen Montgelas wurde ein Gleiches nicht zuteil. In der Friedenszeit seit 1815 ließ sich Max Joseph zu Einsparungen am Militär, die einen Hauptgegenstand der Spannungen zwischen Montgelas und Wrede bildeten, nur ungern herbei. Als die Kammer der Abgeordneten 1819 das Militärbudget erheblich kürzen wollte – es kam jedoch nicht dazu –, trug sich der Monarch mit der Absicht, zum Ausgleich einen enormen Betrag aus der Kabinettskasse auf die Kriegskasse zu überweisen: »Ich bin meiner Armee und meinem Staate schuldig, erstere nicht fallen zu lassen«[491].

Ludwig, den Max Josephs Vorhaben entsetzte, hat als Kronprinz, im Gegensatz zu seinem nur in Friedensjahren aktiven Vater, Kriegserfahrungen an der Front gesammelt. Er hatte bei Pultusk die Feuertaufe erhalten und hohe Kommandos innegehabt. Operative Entscheidungen hatte man ihm aus guten Gründen nicht anvertraut. Daß er über Feldherrngaben verfüge, hat sich Ludwig nie eingebildet. Andererseits hat ihn sein unstillbarer Tatsachenhunger veranlaßt, sich auch auf militärischem Gebiet genau zu informieren und eine selbständige Meinung zu bilden. Der österreichische Diplomat Freiherr von Wessenberg beobachtete bei dem 17jährigen »Geschmack an den Militärwissenschaften«[492]. In Paris nahm Ludwig aus freien Stücken Taktikunterricht bei einem Stabsoffizier der Garde[493], doch blieb die Unterweisung unergiebig. Er las die Schriften des damals berühmtesten Militärtheoretikers H. Jomini, Generalstabschef Neys, und stand in persönlicher Verbindung mit ihm. Ludwig gegenüber äußerte Jomini den Wunsch, in bayerische Dienste überzutreten[494]. Max Joseph zeigte sich einverstanden, aber es gelang Jomini, der später russische Dienste nahm, damals nicht, von der französischen Armee loszukommen. Ludwig notierte sich: »Solch ein Mann, dessen Genie das ... Heer im Kriege leitet, fehlet uns und dieser wirft sich uns selber in die Arme«[495].

Wenn sich der Kronprinz 1809 um einen bayerischen Oberbefehl bemühte, bewogen ihn politische und Prestigemotive nicht minder bei seinem Bestreben, 1814 und 1815 an die Front zu gehen, und bei seiner eifrigen, von Raglovich kundig organisierten Tätigkeit, als 1813/14 eine Nationalgarde aufzubauen war. In die Verirrung so mancher Fürsten, das Militär zum Selbstzweck zu erheben oder die Zeit mit Soldatenspielereien auszufüllen, ist er nie verfallen. Das Schauspiel der so viele Zuschauer begeisternden Paraden als militärischer Selbstdarstellung sagte ihm offenbar nicht zu, und die Persönlichkeit eines Militärkaisers wie Nikolaus I. von Rußland hat ihn befremdet[496]. Er hatte eine Abneigung gegen »Militärstaaten« als solche (nicht gegen Preußen an sich), und zwar wohl nicht nur, weil er wußte, daß Bayern mit militärischen Großmächten nie ernsthaft würde rivalisieren können. Was Adam Heinrich Müller in seiner Kritik an Friedrich dem Großen und Preußen »den großen Irrtum« nannte, »als könne ein von Armeen umpanzertes Privatleben je ein Staat heißen«[497], dürfte annähernd ausdrücken, was Ludwig gegen Militärstaaten auf dem Herzen hatte. Selbstverständlich darf man Ludwig keine doktrinär pazifistische Gesinnung unterstellen. Während der Befreiungskriege tat er das Äußerste, um die Kriegslust der Truppe zu motivieren, und im Rahmen seiner Bemühungen, die Pfalzfrage zugunsten Bayerns zu regeln, hat er mit dem Gedanken eines militärischen Einsatzes nicht nur gespielt[498]. Hätte er mit Sicherheit annehmen dürfen, ein deutsch-französischer Krieg würde ihm zu »seiner« rechtsrheinischen Pfalz verhelfen, er hätte vermutlich mit größerem Eifer die Anstrengungen des Bundes in den beginnenden 30er und 40er Jahren unterstützt.

Nahezu bis zu seinem 30. Lebensjahr in einer kriegerischen Epoche aufgewachsen, wunderte er sich gelegentlich über die lange Friedenszeit, die Europa seit 1815 beschert war, und konnte nicht recht glauben, daß dies auf die Dauer so bleiben würde. Wenn es seiner Meinung nach die historische Stunde forderte, mußte eine Entscheidung auf dem Schlachtfeld gesucht werden, aber daraus zog er nicht den Schluß, daß Bayern genötigt sei, die Vorbereitungen für den Ernstfall zu forcieren. Vielmehr hat er die Armee in ganz besonderem Maße seinem Sparsystem unterworfen. Wäre er mit einem militärischen Naturell ausgestattet gewesen, hätte er wohl anders gehandelt. Aber das

Soldatische war nun einmal nicht sein Metier[499]. Führende zeitgenössische Militärs waren sich darüber einig, daß er »keinen militärischen Geist« besitze[500].

2. König und Armeeführung

Ludwigs unmilitärische Mentalität – von militärischem Desinteresse zu sprechen, wäre unrichtig – bedeutete nicht, daß er die Armeegeschäfte anderen übertragen hätte. Es lag überhaupt nicht in seiner Art, anderen Verantwortlichkeiten zu überlassen. Der erste seiner Militärs, der diese Eigenschaft schmerzlich erfahren mußte, war der Connetable und Bayard des Königreichs, Marschall Wrede. Er hatte sich bis zum Thronwechsel das Vertrauen Ludwigs zu erhalten gewußt. Unmittelbar nach dem Regierungsantritt des neuen Herrschers sah er sich zwar achtungsvoll behandelt, als Mann des Vertrages von Ried anerkannt und gelobt[501] und mit einer ehrenvollen Mission an den Zarenhof Anfang 1826 betraut, aber gleichzeitig aus seiner Stellung als *die* militärische Autorität des Landes verdrängt. Als Antwort auf eine entsprechende Mitteilung des Königs gratulierte Tann seinem königlichen Freund hämisch, daß er den »starken Mann« entfernt und ihm human, wie stets, den Rückzug vergoldet habe[502]. »Starke Männer« konnte der Monarch grundsätzlich nicht gebrauchen, und Wrede hatte in seiner Person ein dem König unerträgliches Maß an militärischem Einfluß kumuliert. Während des Landtags 1827/28 zeigte sich der überanspruchsvolle König nicht nur mit den Leistungen Wredes, dem er »Geschäfts-Leichtsinn« unterstellte, als Präsident der Ersten Kammer unzufrieden, er lieh auch den Intrigen Armanspergs und Wallersteins gegen den Marschall als Militär sein Ohr: »Ein Gegengewicht gegen den Feldmarschall zu setzen, wird erforderlich ... Bös arbeitet der Feldmarschall auf den Geist des Heeres«[503]. Als »Gegengewicht« wünschte er damals den General Raglovich zum Kriegsminister zu ernennen, der sich darauf als alter Freund Wredes jedoch nicht einließ. Wrede war über seine militärische Entmachtung nach dem Thronwechsel erbittert und machte aus seinem Herzen keine Mördergrube. Auf einen Bruch konnte er es jedoch aus vielerlei Gründen nicht ankommen lassen, und überdies hoffte er (mit Recht, wie sich zeigen sollte), vom König bald wieder benötigt zu werden.

In Österreich wie in Preußen konnte im Vormärz eine sogenannte Militärpartei eine gewisse, wenn auch nicht entscheidende Mitwirkung in der Politik erreichen. In den Mittelstaaten war dies nicht der Fall, und in Bayern am allerwenigsten. Die Vertrauensstellung, die Wrede, wenn auch mit Unterbrechungen, beim König seit 1830 wieder zu behaupten vermochte, beruhte ebenso auf seiner geschickten politischen Taktik als auf seinem militärischen Ruf[504]. An den politischen Entscheidungen Ludwigs blieben andere Militärs als solche grundsätzlich unbeteiligt. Auf dem militärischen Sektor ließ Ludwig niemanden die Rolle Wredes nach dessen Tod übernehmen, auch Prinz Karl nicht, der dies gern getan hätte. Schon als Kronprinz hatte Ludwig, wie erwähnt, die Ernennung seines Bruders zum Kriegsminister vereitelt. Nach Wredes Tod ließ ihn der König drei Jahre warten, bis er ihm die Marschallwürde übertrug, und es ist die Frage, ob er es auch getan hätte, hätte ihn nicht die militärpolitische Situation des Bundes dazu genötigt. Noch 1840 hatte der König den Bruder wegen seiner Opposition auf dem Landtag und anderer Widerspenstigkeit damit »bestraft«, daß er die Leitung des »Lagers« (damaliger Ausdruck für Manöver) von Nürnberg nicht ihm, sondern dem bald darauf zum Feldzeugmeister ernannten Grafen Karl Theodor von Pappenheim übertrug[505]. Zu den für Ludwig gravierendsten Problemen aus der Vorgeschichte des »Lagers« zählte Pappenheims Antrag auf Erhöhung seiner Tafelgelder in seiner neuen Eigenschaft, den der König sehr restriktiv behandelte. 1846 hat Ludwig seinem Bruder die Leitung eines Augsburger Lagers übertragen.[506]

Die Kriegsminister hat der König streng auf ihre Aufgaben als Chefs der Militärverwaltung beschränkt[507]. Ihre Inhaberschaft des Armeekommandos (seit 1829) klang nach mehr, als tatsächlich dahinter steckte. Remonstriert haben alle Amtsinhaber in der einen oder anderen Weise gegen die Sparpolitik des Königs auf militärischem Gebiet und für Verbesserungen des Zustands der Armee; der einzige, der sich dabei übernommen zu haben scheint, Franz Xaver Freiherr von Hertling, sah sich nach kurzer Tätigkeit pensioniert. Mit der Ernennung des Freiherrn von Gumppenberg, seines langjährigen Adjutanten, Hofmarschalls und Reisebegleiters, zeigte der König, daß es ihm, wie im Fall des Grafen Seinsheim, vor allem auf persönliche Loyalität ankam, wenn höchste Posten zu besetzen waren.

Unter der Generalität und dem Stabsoffizierskorps ließ sich eine ältere Gruppe, die sich schon während der napoleonischen Kriege in höheren militärischen Führungspositionen befunden hatte, darunter Klemens von Raglovich, Graf Karl Pappenheim oder der Artilleriespezialist Karl von Zoller, von einer im allgemeinen jüngeren unterscheiden, repräsentiert durch Karl von Baur, operativer Kopf, Militärschriftsteller, Militärdiplomat und Chef des Generalquartiermeisterstabes, Peter von Becker, seit 1838 Chef des Ingenieurkorps, Joseph von Xylander, 1848 Mitglied der Nationalversammlung und später bayerischer Bundestagsgesandter, E. von Völderndorff, Militärbevollmächtigter beim Bundestag und Militärhistoriker, sowie die späteren Kriegsminister von Le Suire, Lüder und Weishaupt[508], Prominenz des Nachwuchses, die schon unter Ludwig in die Spitzenposition einrückte. Diesem Kreis entstammten die Militärbevollmächtigten am Bundestag, deren Stellung allerdings nicht grundsätzlich als Vertrauensbeweis des Monarchen aufzufassen war. Xylander hat der König 1832 nach Frankfurt entsandt, weil er ihn im Verdacht hatte, in zu engen Beziehungen zum Kronprinzen zu stehen[509]. Im gleichen Jahr 1832 entfernte der König zwei ihm verdächtig gewordene sehr befähigte Referenten aus dem Kriegsministerium, Lüder und Weishaupt, die erst nach Ludwigs Rücktritt ihren Aufstieg in der Armee fortzusetzen vermochten. Die Generaladjutanten Prinz Constantin Löwenstein und Freiherr von Zweybrücken zählten trotz ihres hohen militärischen Ranges in der Armeeführung nicht. Die Kommandostellen befanden sich durchweg in den Händen erprobter Militärs. Charakteristisch ist, daß der Monarch in zahlreichen militärischen Fragen sein Ohr bevorzugt zwei Persönlichkeiten lieh, deren einschlägige Fähigkeiten umstritten waren. Die unter Fachleuten geäußerten Zweifel an ihrem Renommée kompensierten sie durch eine Art von künstlerischer Inspiration, und gerade darauf mochte ihre Attraktivität für den König beruhen. Zu den Bekanntschaften aus der Würzburger Zeit zählte der Ingenieuroffizier Michael Streiter, Motor eines Lieblingsvorhabens des Königs, des Ingolstädter Festungsbaus, aber auch in anderen Fragen Vertrauensmann des Monarchen[510]. Wredes ehemaliger Adjutant von Heideck hatte Ludwig Skizzen über Vorgänge aus den Befreiungskriegen geliefert, die dann Gemälden zugrunde gelegt wurden[511], und den Kronprinzen nach Italien begleitet. Heideck, der sich als Maler einen Namen machte, empfahl sich dem König schließlich als philhellenischer Enthusiast, wurde 1826/29 mit einer Mission in Griechenland betraut und amtierte 1832/35 als Mitglied der Regentschaft für König Otto. Nach seiner Rückkehr hat er militärischen Einfluß nicht mehr ausgeübt.

3. Das Heer als Sparobjekt

Der alltäglichen wie der außergewöhnlichen Angelegenheiten des Militärs hat sich der König mit der gleichen detailfreudigen Penetranz und peinlichen Genauigkeit angenommen wie der Gegenstände der zivilen Verwaltung[512]. Er entschied persönlich über alle Personalia der Generalität und des Offizierskorps. Bis in die letzten Einzelheiten kümmerte er sich um die Formation des Heeres, um Ausrüstung, Bewaffnung und Uniformierung, Kasernierung und Verpflegung der Truppe, um Dislozierung der Einheiten. Fragen der Ausbildung und ihrer Kontrolle durch Besichtigung, der Auslese und Beförderung wandte er besondere Aufmerksamkeit zu[513]. Strategische Fragen haben ihn im Hinblick auf einen Krieg mit Frankreich und im Zusammenhang mit seinem Interesse am Festungsbau fortwährend beschäftigt. Bei Eisenbahn-, Kanal- und Straßenbauten hat sich Ludwig vom Generalstab gründlich über militärische Gesichtspunkte unterrichten lassen. Über der Linie vergaß er die Landwehr nicht, deren Angehörige er »für den inneren Dienst tätiger machen«, das heißt bei Zusammenrottungen und Unruhen als Stütze der zahlenmäßig völlig unzureichenden Gendarmerie einsetzen wollte. Auf einem Entwurf des Generalquartiermeisters von Baur betreff Beförderungswesen hat der König bemerkenswerte Leitsätze über Avancement und Verhältnis des Generalstabs zur Truppe niedergelegt[514], hinter denen er bei der Ausführung jedoch weit zurückblieb.

Des Königs finanzielle Hauptabsicht bei seinem Regierungsantritt war, am Militäretat eine volle Million einzusparen. Dieses Ziel, das bei ihm allen anderen Erwägungen zur Militärpolitik voranging, hat er erreicht. In Friedenszeiten sollte das einmal festgelegte Militärbudget von sechs Millionen Gulden unter keinen Umständen überschritten werden. Rüstungen fürchtete er: »La guerre n'est pas dans mon budget«[515]. Schon als Kronprinz hatte Ludwig weitgehende Überlegungen angestellt, wie man die Militärausgaben einschränken könnte[516]. Nach dem Thronwechsel setzte er noch vor der zivilen eine militärische Sparkommission ein, deren Leitung er ebenfalls selbst in die Hand nahm. Aufsehen erregte, daß Wrede nicht in die Kommission berufen wurde. Zu Heideck sagte der König, als er ihn trotz seines Widerstrebens als Mitglied zuzog: »Den Feldmarschall Wrede konnte ich nicht dazu nehmen, denn da würde jeder sich gescheut haben, einer anderen Meinung zu sein als er und ich will und muß im

Kriegsbudget eine Million sparen«[517]. Die Kommission, deren Mitglieder mit dem königlichen Vorsitzenden manchen Strauß auszufechten hatten, trat am 25. Oktober 1825 zum ersten Mal zusammen und erledigte in insgesamt zehn Sitzungen, einschließlich einer an die sechste Sitzung sich anschließenden Konferenz betreffend die Befestigung Ingolstadts und das Festungswesen, ihr Programm noch im Laufe des gleichen Jahres[518]. Der Kriegsminister von Maillot, Wrede eng verbunden, ließ sich wegen Krankheit von den meisten Sitzungen entschuldigen. Liest man die Protokolle, gewinnt man ein Bild von dem Elan und der Wißbegier, der Ausdauer und dem Durchsetzungsvermögen, mit denen der Monarch seine staatspolitischen Aufgaben anging. Nicht jedes Mitglied mochte dem König zustimmen, wenn er in der Schlußansprache sagte: »Die Herren haben den Stein der Weisen gefunden und die notwendigen Ersparungen mit schonendster Berührung persönlicher Verhältnisse herbeigeführt«.

Während frühere Sparvorschläge sich auf Verringerung des Präsenzstandes (nach wie vor das Kernstück aller Einsparungsoperationen), Abkürzung der Exerzierzeiten und Zentralisierung der Garnisonen beschränkt hatten, ging es nunmehr zusätzlich um Formationsänderungen des Heeres, insbesondere die Auflösung der Garderegimenter als solcher, und eine erhebliche Anzahl weiterer institutioneller und organisatorischer Vereinfachungen. Auf den Sitzungen bereits erörtert, fiel mit einiger Verzögerung 1826 auch das Armeegestüt der Sparaktion zum Opfer, gewiß ein sehr ansehnlicher Posten, aber unter dem Gesichtspunkt der Ausrüstung der Armee eine bedenkliche Maßnahme, die der König schließlich bereut hat[519]. Bis hin zur Einziehung überflüssiger Wachposten oder der Verminderung der Militär- »Musikbanden« hat die Kommission bei der Durchforstung der gesamten Armeeverhältnisse alle nur erdenklichen Sparmaßnahmen teils in Betracht gezogen, teils beschlossen. Die Protokolle gewähren aufschlußreiche Einblicke in die Mentalität der Armee und sind gespickt mit einer Fülle kulturhistorischer Details. Daß man sich im Kreise der Kommission wiederholt auf das militärische Genie Napoleons, des politisch Verfemten, berief, spricht für sich. Für den Ernstfall eines Krieges im eigenen Land erwog der König einen »verteidigenden Volkskrieg«. Dies mochte mit seinen Tiroler Erfahrungen zusammenhängen. Die Militärs rechneten auch noch nach fast zehnjährigem Bestehen des Deutschen Bundes nicht nur mit Frankreich, sondern auch mit Österreich als potentiellem militärischen Gegner und

Angreifer. Bemerkenswert ist, daß Ludwig, wiederum im Zusammenhang mit dem Thema Volkskrieg, die politische Aversion der Altbayern gegen Österreich und die der Franken gegen Napoleon ins Spiel brachte. Manchmal sah es bei den Kommissionssitzungen aus, als wollte man den Anlauf zu einer durchgreifenden Heeresreform nehmen. Aber es kam nur zu vereinzelten Verbesserungen, etwa im Geschäftsgang der Militärverwaltung. Alles in allem blieb es bei einer Ausholzung unter primär fiskalischem Vorzeichen.

Niemand wurde in Etatfragen so kleinlich behandelt, man darf sagen so schikaniert, wie die Kriegsminister. Der König gab vor der Aufstellung des Armee-Etats genaueste Anweisungen[520]. Lag dieser dann weisungsgemäß vor, mäkelte er immer noch herum, verglich frühere Berechnungen mit den nunmehrigen und bezeichnete solche Posten, die zwar auf dem Ausgabenetat standen, aber nach seinem Dafürhalten trotzdem nicht ausgegeben werden sollten: »Daraus, daß 17000 fl. mehr auf dem Budget stehen, darf nicht gefolgert werden, daß solche auch ausgegeben werden müssen, der ich mich nicht entsinne, eine Mehrung der Ausgaben fürs Kadettenkorps genehmigt zu haben«[521]. Da der König dem Kriegsministerium grundsätzlich mißtraute, wurden wiederholt Finanzminister und Innenminister als Gutachter beigezogen. Namentlich Abel hatte in mehreren Fällen die Rolle eines Kontrolleurs der militärischen Finanzgebarung zu spielen[522].

Längst vor Ludwigs Regierung hatte man (und zwar nicht nur in Bayern), um die Militärausgaben zu senken, das Beurlaubungssystem derart ausgedehnt, daß beispielsweise in bayerischen Infanterieregimentern pro Kompanie nur 24 bis 30 Mann »dienstpräsent« waren und die Ausbildungszeit sich außerordentlich verkürzte. Es fand sich sogar die Kategorie der ständig Beurlaubten, der »unmontiert Assentierten«[523], eine Einrichtung, die Ludwig 1840, allerdings nur auf dem Papier, abschaffte. Weitere Ersparnisfaktoren bestanden in dem jahrelangen Offenhalten unbesetzter Posten oder in der Betrauung von Offizieren mit höheren Funktionen, ja mit ihrem Vorrücken auf höhere Dienstgrade, ohne daß man ihnen die damit verbundenen Gagen ausbezahlte[524]. Klagen konnten sie nicht, da sie keine pragmatischen Rechte besaßen. Als große Belohnung für den international renommierten Artilleriefachmann General von Zoller, der sich um seine Waffengattung in Bayern hohe Verdienste erworben hatte, sah es der König an, daß er nach langen Dienstjahren ohne adäquate Bezahlung endlich die seinem Rang und seiner Dienststellung gemäße Gage erhielt[525]. Pensionierungen von Offizieren vermied der König, soweit überhaupt möglich. Der Kavalleriegeneral Freiherr von Hallberg, von dem es in einem Gesandtschaftsbericht 1837 hieß, er habe schon seit zwanzig Jahren kein Pferd mehr bestiegen[526], wurde schließlich ein Jahr später, 86jährig, in den Ruhestand versetzt[527]. Die infolge der Unruhen im Rheinkreis notwendig gewordene Erhöhung des Präsenzstandes der marschfertig gehaltenen Regimenter mußte durch den Ausfall eines vorgesehenen »Herbstexerzitiums« gedeckt werden. Als sehr kostensparend stellte sich der König die Übertragung zahlreicher militärischer Rechtsgeschäfte vom Generalauditoriat auf die zivile Justiz vor. Er dachte sogar an Aufhebung der Militärjustiz, stieß aber auf so erbitterten Widerstand der Militärs, Wrede an der Spitze, daß er den Plan fallen ließ[528]. Zu den großen Einsparungskosten trat – dem Regierungsstil des Königs entsprechend – noch eine Anzahl zusätzlicher Maßnahmen. Die Aufhebung des Armeekommandos benützte der König, um Wrede die beiden ihm zugeteilten Adjutanten zu entziehen[529]. Den Witwen und Waisen von Unteroffizieren hat er das freie Wohnen in Kasernen, den »Kasernengenuß«, untersagt[530]. Offiziere, denen ein Urlaub von mehr als sechs Wochen bewilligt wurde, mußten nach Ablauf des regulären Urlaubs die Hälfte ihrer Gage an den Offiziers-Unterstützungs-Fonds abführen[531]. Die Abschaffung des Lateinunterrichts am Kadettenkorps begründete der Monarch unter anderem mit Ausgabeneinschränkung[532]. Die Abordnung eines Stabsoffiziers zu Übungen des X. Armeekorps bei Lüneburg wünschte Ludwig dadurch zu verbilligen, daß man einen im nördlichen Teil des Königreichs diensttuenden Offizier aussuche[533]. Im Kriegsministerium war weder ein Mobilmachungsplan noch ein Organisationsplan vorhanden, da die Erstellung solcher Pläne mit Kosten verbunden gewesen wäre[534].

Hatte Ludwig ein Herz für die Truppe? Es gibt zahlreiche Zeugnisse seiner Fürsorge, seines Interesses an Löhnung und Menage. Als auf Übungsmärschen mehrere Todesfälle eintraten, gab er entsprechende Anweisungen an die Kommandeure, daß dies künftig vermieden werden müsse: »Kostbar ist das Leben eines jeden«[535]. Der Bau eines Invalidenhauses, allerdings wohl vorwiegend im Hinblick auf das großartige Pariser Vorbild, beschäftigte ihn schon 1814[536]. Unnützen Plackereien der Landwehr durch ehrgeizige Kommandanten trat er entgegen[537]. Auf den König ging es zurück, wenn in der Präambel zur bayerischen Landwehrordnung vom 7. März 1826 die Absicht ausgesprochen wurde, den Untertanen in Anerkennung ihrer für die Verteidigung des Vaterlandes geleisteten Opfer »jede unter den gegenwärtigen Umständen mögliche Erleichterung zu gewähren«. Einen groben, damals in den Armeen noch allgemeinen Mißstand, den Mangel an Betten, so daß wohl in der Regel zwei Soldaten in einem Bett schlafen mußten, suchte der König ab 1829 mit der Einführung einschläfriger Betten zu beseitigen[538]. Einen Tornister ließ er sich 1840 selbst aufpacken, und da er fand, daß er ihn unter den Armen drücke, ordnete er an, dem abzuhelfen[539]. Bei Neuerungen des Uniformwesens richtete er sein Augenmerk auf Zweckmäßigkeit. Unter anderem wünschte er ein Gutachten, ob nicht eine Vorrichtung an den Kappen möglich wäre, »damit Wasser bei Regen nicht hinten in den Hals hinablaufe«[540].

Das war alles gut gemeint, aber tatsächlich stand es mit der Fürsorge für den einfachen Mann nicht gut. Den Invaliden und Veteranen gefiel es in den für sie bestimmten Anstalten in Fürstenfeldbruck und Donauwörth offenbar so wenig, daß sie Entlassung in ihre Heimatgemeinden begehrten[541]. Auf dem Landtag 1843 beantragte der Abgeordnete Graf Buttler, »den Soldaten vom Tag der Einberufung in die Garnisonen an bis zur Zeit, wo sie wieder in ihrer Heimat eintreffen können, die volle Löhnung ausbezahlen zu lassen«. Es reichten die Geldmittel in vielen Fällen für die Heimreise nicht aus, und man werde dann auf der Straße angebettelt, wie es ihm selbst schon begegnet sei. Dergleichen sei der »Ehre der bayerischen Nation« abträglich[542]. Bei dieser Gelegenheit kamen noch andere Übelstände, namentlich hinsichtlich der Verpflegung, zur Sprache. Scheu vor dem Soldatenstand drohe von neuem Wurzel zu schlagen, »denn zu der Abneigung, den heimischen Herd zu verlassen, gesellt sich nun auch noch die Furcht vor der Hungerkur«. Ein Abgeordneter fügte hinzu, der Bauernsohn bekomme dreimal am Tage zu essen. Beim Militär erhalte er zwar bessere Kost, aber nur einmal täglich. Im Juli 1844 berichtete der preußische Gesandte, es habe sich bei der vom Stadtgericht geführten Untersuchung über die Mai-Unruhen 1844 herausgestellt, »daß die Soldaten (besonders bei der Kavallerie und Artillerie) im vorigen Winter in München buchstäblich nicht die Mittel gehabt haben, sich vollkommen zu sättigen«[543]. Die Desertionen, namentlich aus der Pfalz nach Frankreich, nahmen einen beträchtlichen Umfang an[544].

Obwohl dem König diese Zustände nicht unbekannt sein konnten, hielt er eisern an seinem Sparprogramm fest: »Ich will nicht im Frieden meine Kräfte aufzehren, nicht die mit großer Mühe hergestellte Ordnung in meinem Staatshaushalt wieder stören lassen. Mit dem durch meine Ordnung verfügbar Werdenden [will ich] für meines Landes Wohl, namentlich für die ebenso notwendigen als wichtigen Eisenbahnen sorgen«, hieß es in der Weisung an das Kriegsministerium 1841[545]. Seinem Sohn Otto stellte er sein Verfahren bei der Truppe als beispielhaft hin. Da man aber anderswo sein Vorgehen für wenig vorbildlich ansah, veranlaßte er 1829 den Kriegsminister zu einer »Darstellung dessen, was unter meiner Regierung für das Heer geschehen ist, so abgefaßt, daß ich es dem einen oder anderen Hof mitteilen kann«[546]. Schon Anfang Juli hatte Weinrich ein 16seitiges Elaborat fertig, das er teilweise wörtlich dem Protokoll der Einsparungskommission von 1825 entnahm[547]. Großen Eindruck dürfte Weinrichs Apologie bei fremden Höfen kaum und noch weniger bei den Sachkundigen im eigenen Lande hinterlassen haben. Es ließ sich keine groß angelegte Reform vorspiegeln, wo es zuerst und zuletzt um die Einsparung von einer Million Gulden gegangen war. Wrede sprach von »kleinlicher Ökonomie« und »ungeheuren Mißgriffen« des Königs[548], und die militärischen Sachverständigen des Bundes wie die Gesandten am Münchner Hof waren sich ausnahmslos darüber einig, daß der Zustand der Armee kein Ruhmesblatt für Bayern bilde[549]. Das Lob des Zaren für die Leistungen der bayerischen Armee im Lager von Augsburg 1838 galt der Truppe, nicht der Militärpolitik des Königs. Trotzdem verbuchte es dieser auf sein Konto[550].

Wie über die Staatsverwaltung ein Graf Giech dem König reinen Wein einschenkte, so hat man auch von militärischer Seite Ludwig mitunter auf die üblen Folgen seiner Sparpolitik für die Armee hingewiesen. Eine fundierte Denkschrift des Generals Raglovich vom 30. Oktober 1830 blieb nicht die einzige Warnung an seine Adresse[551]. Niemals jedoch ließ sich der König zu Korrekturen an seiner Sparpolitik bewegen. Und wenn sich der Kriegsminister mit dem Finanzminister im Staatsrat anlegte, befand er sich von vornherein in hoffnungsloser Position. Angriffe des sachverständigen und als parlamentarischer Oppositionsmann fähigen Grafen Leopold Tauffkirchen auf dem Landtag 1827 gegen die Militärpolitik Ludwigs trugen ihm, wie zu erwarten, nur Ungnade ein. Auch in den dreißiger und vierziger Jahren fanden sich bei der Kammeropposition Abgeordnete, wie der am preußischen Vorbild orientierte Schwager Grolmans, Freiherr von Rotenhan, die die Mißstände von Ludwigs Heerespolitik rügten und sein übertriebenes Sparen auf diesem Gebiet bekämpften[552].

4. Festungen

Ludwigs Konzentration auf den Festungsbau bezeugt eine durch und durch defensive Mentalität, wie sie allgemein die Strategie des deutschen Vormärz bestimmte. Es ist zu unterscheiden zwischen den bayerischen Landesfestungen Ingolstadt und Germersheim und der Bundesfestung Landau mit bayerischer Besatzung und unter Bayerns Verwaltung. Einen Sonderfall bildete die zu Ludwigs Zeiten allerdings noch im Aufbau befindliche Bundesfestung Ulm in bayerisch-württembergischer Regie. Die noch bestehenden kleineren Landesfestungen Bayerns zählten gegenüber den genannten nicht. Festungsfragen beschäftigten schon den Kronprinzen auf dem Wiener Kongreß[553]. Später war es eine von Ludwigs Lieblingsvorstellungen, nach einer Rückgewinnung des Elsaß Straßburg zur vierten Bundesfestung zu machen[554]. Zu verwirklichen vermochte er die Vorhaben Ingolstadt und Germersheim, von denen Ingolstadt (gleich dem Donau-Main-Kanal) zu den groß konzipierten und auch abgeschlossenen, aber ihrer Bestimmung nicht annähernd gerecht gewordenen Projekten des Königs zählt.

Die Frage der Befestigung Ingolstadts hat man bereits unter Max Joseph erörtert. Streiter, der sich nach dem Thronwechsel auf die dem König »im Laufe mehrerer Jahre dargebrachten Aufsätze über diesen hochwichtigen Gegenstand«[555] berief, scheint die Idee einer Befestigung Ingolstadts Ludwig nahegebracht zu haben. Die Entscheidung fiel auf einer »besonderen Kommissionsverhandlung« im Rahmen der Sitzungen der militärischen Einsparungskommission. Raglovich hatte ursprünglich Regensburg als Zentralfestung vorgezogen, am Ende stimmten jedoch sämtliche Kommissionsmitglieder für Ingolstadt. Vor der Befestigung einer größeren Stadt schreckte man zurück, Ingolstadt galt als die kostengünstigste Lösung. Streiter betonte überdies, die Lage des Ortes habe »eine gewisse Neutralität und keine vorausbestimmte Entschließung, sich für irgendeinen der Grenznachbarn zu entscheiden«. Heideck sprach unumwunden aus, daß Österreich eine Befestigung Regensburgs übelnehmen könnte. Weitere Ausführungen Streiters sprachen nicht für politischen Scharfsinn. Den Ausschlag gab der entscheidungsfreudige König, für den sparsame Kalkulation an erster Stelle stand und der die Kommission mahnte, auch bei einem Festungswerk zuerst in Erwägung zu ziehen, »welche Ausdehnung demselben im Verhältnis mit den Kräften des Landes an Geld- und Streitmitteln gegeben werden könne«. Außerdem wollte der Ästhet Ludwig Regensburg und Passau des Stadtbildes wegen schonen; an Ingolstadt sei nichts zu verderben[556]. Ästhetische Motive dürften den König auch veranlaßt haben, sich bei zwei vorliegenden Entwürfen für den Streiterschen auszusprechen, während die von ihm eingesetzte Festungsbaukommission dem Projekt des Ingenieurobersten Becker den Vorzug gab[557]. Ludwigs fachliche Kenntnisse auf dem Gebiet des Festungsbaus waren bescheiden. 1828 erfolgte am Vorabend von Ludwigs Geburtstag die Grundsteinlegung der Feste Tilly in Anwesenheit des Königs. Geweiht hat sie der zuständige Bischof von Eichstätt. Streiter wurde mit der Leitung des Baus beauftragt und unter Beförderung zum Generalmajor zum Chef des Ingenieurkorps ernannt. Wiederum an des Königs Geburtstag fand 1834 eine zweite feierliche Grundsteinlegung der anderen Anlagen durch Wrede und den Bischof von Eichstätt statt. Inzwischen hatte sich eine Einheitsfront von Kritikern der Streiterschen Konzeption gebildet, die durch den Vorsitzenden der Militärkommission beim Bund noch Verstärkung erfuhr[558]. Militärische und administrative Kenntnisse wurden Streiter nicht abgesprochen, wohl aber seine praktische Befähigung. Mißgriffe bei der Bauleitung gaben Anlaß zu Beanstandungen. Streiter setzte sich zunächst zur Wehr[559], doch scheint er allmählich selbst Unzulänglichkeiten seiner Planung eingesehen zu haben. 1833 entschied sich der König für den Entwurf Beckers[560], der die Leitung des Baues übernahm, blieb aber Streiter persönlich gewogen.

Sein unaufhörliches Drängen nach Fertigstellung begründete der König mit der Notwendigkeit, bei Ausbruch eines neuen Krieges sich auf Ingolstadt stützen zu können: »Nur 500000 fl. des Jahres auf den Festungsbau verwendet, würde dergestalt weit denselben hinausziehen, daß wahrscheinlich ein Krieg (bereits haben wir 16 Jahre Frieden und 6 Jahre *wenigstens* bedarf es noch bei den vom Reichsrat bewilligten Summen bis zur Vollendung) ausbrechen dürfte, bevor Ingolstadts Befestigung fertig ist«[561]. Neugier dürfte kein geringeres Motiv seiner Ungeduld gewesen sein. Bei allen seinen Vorhaben konnte er es kaum erwarten, sie vollendet zu sehen. Die Begeisterung des Dichterfreundes

Schenk über Ingolstadt, den Streiter im März 1832 durch die Festung führte, korrespondierte wieder einmal mit den Gefühlen seines königlichen Herrn[562]. Auf ihre Weise erfüllte die Festung nebenbei auch die Zwecke einer Militär-Walhalla, da der König die Haupt- und Vorwerke nach geschichtlichen oder noch lebenden militärischen Persönlichkeiten benannte.

Auf hohe Summen belief sich der finanzielle Aufwand für die Festung, der insbesondere die Landtage von 1831 und 1834 beschäftigte und dem andere, weit wichtigere Bedürfnisse der Armee geopfert wurden. Am 25. August 1847 war die Festung noch keineswegs in allen Teilen vollendet, doch konnte an diesem Tag die Kernumwallung abgeschlossen, drei nach Klenzes Plänen errichtete Tore eröffnet und dem allgemeinen Verkehr übergeben werden. Die Festung ist als fortifikatorisches Baudenkmal in die Militär- und Kunstgeschichte eingegangen, eine strategische Rolle hat sie jedoch nie gespielt. Man kann auch nicht sagen, daß ihre bloße Existenz militärische Nachteile verhindert hätte[563].

Die Errichtung der Festung Germersheim leitete sich von der Verpflichtung Bayerns ab, aus den ihm 1815 zugewiesenen französischen Kontributionsgeldern in Höhe von 15 Millionen Francs eine Festung gegen Frankreich zu bauen. Wrede hatte schon früher auf die Eignung des Platzes für Festungszwecke hingewiesen. Der Versuch, die sogenannten Defensionsgelder für den Bau der Festung Ingolstadt zu verwenden, scheiterte. Um die Festung Germersheim durch einen Brückenkopf auf dem rechten Rheinufer zu ergänzen, bedurfte es langwieriger Verhandlungen mit dem Großherzogtum Baden, für Ludwig Gegenstand bitterer Erinnerungen daran, daß er in seinem außenpolitischen Hauptanliegen Baden gegenüber den kürzeren gezogen hatte. Äußerstes Mißtrauen sprach aus allen seinen Äußerungen: »Hat Baden seinen Zweck erreicht, könnte Bayern sehen, wie es zu dem seinigen käme, helfen würde ihm niemand«[564]. Er betrachtete die Zustimmung zum Bau einer Bundesfestung Rastatt bereits als ausreichendes Äquivalent für den an Bayern zur Errichtung des Germersheimer Brückenkopfes abzutretenden badischen Gebietsteil[565]. Bei der Grundsteinlegung der Festung am 18. Oktober 1834 (Gedenktag der Schlacht von Leipzig) sagte der König: »Diese Festung soll ein Bollwerk sein, den freien deutschen Rhein stets zu behaupten, dem deutschen Heere eine unbestrittenere Gemeinschaft beider Rheinufer zu sichern«[566]. Auch im Falle Germersheim, wo Ludwig durch Benennung von

Toren und Forts wiederum die militärische Tradition zu festigen suchte, lag dem Monarchen daran, jede Verzögerung des Baus zu vermeiden, obschon ihn eine unglückliche Operation mit den Defensionsgeldern in große Verlegenheiten verstrickte[567]. Strategisch sah er in Germersheim den Schlüssel zur Pfalz[568]. Ludwig betonte den Charakter des Platzes als Landesfestung, aber sein Bestreben, die Besatzung der Festung auf sein Bundeskontingent anrechnen zu lassen, gefährdete die ausschließlich bayerische Zuständigkeit.

In der Bundesfestung Landau standen in Friedenszeiten nur bayerische Truppen mit einem gleich Germersheim höheren Präsenzstand als in den übrigen Garnisonen. Sie sollten im Kriege durch Kontingente der kleinsten Bundesstaaten ergänzt werden. 1830/31 überließ Bayern das Eigentumsrecht an der Festung dem Bund und verpflichtete sich, jährlich 25 000 fl. zu ihrer Unterhaltung zu zahlen. Zu einer durchgreifenden Modernisierung wäre ein Vielfaches dieses Betrages erforderlich gewesen. Die militärische Bedeutung der Festung wurde schon zu Ludwigs Zeiten gering eingeschätzt. Ihr trister Zustand schlug, wie nicht verwunderlich, auf den Geist der dort garnisonierenden Truppe durch. Häufiger als anderswo wurde von disziplinären Schwierigkeiten in Landau berichtet. In einem Gespräch mit dem bayerischen Militärbevollmächtigten beim Bund, Freiherrn von Voelderndorff, erwog der König 1845 die Alternative, Landau entweder schleifen oder ausbauen zu lassen[569]. Eine Entscheidung darüber fiel während seiner Regierungszeit nicht mehr.

Ob es günstiger sei, nach Mainz, Luxemburg und Landau eine vierte Bundesfestung in Rastatt oder Ulm zu errichten, hat der König gründlich prüfen lassen[570]. Während Baden und Württemberg sich eindeutig für Rastatt entschieden, schwankte Ludwig zwischen Rastatt und Ulm[571]. Das jahrelange Tauziehen beendete ein Bundestagsbeschluß vom 26. März 1841, demzufolge beide als neue Bundesfestungen ausgebaut werden sollten[572]. Wie vordem die Frage österreichischen Garnisonsrechts in Ulm, führte seitdem die Kompetenzverteilung zwischen Bayern und Württemberg zu Auseinandersetzungen, an denen sich Ludwig auf seine sehr entschiedene Art beteiligte.

5. Bundespflichten und strategische Optionen

Bayern war durch die Bundeskriegsverfassung vom 9. April 1821 und ihre Ergänzungsbestimmungen in das Wehrsystem des

Deutschen Bundes eingefügt und ständig in der Bundesmilitärkommission vertreten. Sein Heer bildete das VII. Bundesarmeekorps. Zur Wahl eines Oberfeldherrn sollte erst geschritten werden, wenn man die Aufstellung eines Kriegsheeres beschloß. Von gemeinsamer Führung war im Frieden keine Rede, ebenso wenig vor 1830 von der Ausarbeitung von Operationsplänen. Vereinheitlichung der Uniformierung und Bewaffnung, der Ausbildung und Organisation war nicht vorgesehen. Die 1841 eingeführte gegenseitige Inspektion der Bundesstaaten stellte Diskrepanzen zur Bundeskriegsverfassung und Mängel fest. Die Generalität und das höhere Offizierskorps Bayerns gaben sich – vergeblich – der Hoffnung hin, es könnte durch die Inspektion ihr König zu Konzessionen und zu Verbesserungen der Militärorganisation bewogen werden, denen er auf Anforderungen aus dem eigenen Lande nie entsprechen würde[573].

Die Drohung des militärischen Ernstfalls 1830/32 und 1840/42 führte zu gehäuften Missionen und Besprechungen, bei denen die Beteiligten möglichst ihren Standpunkt durchzusetzen und ihren Vorteil zu wahren suchten. Ludwig berief schon am 4. September 1830, beunruhigt durch die von der Französischen Revolution ausgehenden Verwicklungen, eine Kommission betreffend Rüstungen und Kriegsvorbereitungen[574]. Entscheidungen von großer Tragweite konnten jedoch nur im Zusammenwirken innerhalb des Bundes fallen. Seinen militärischen Überlegungen fügte Ludwig sogleich hinzu: »Bevor jedoch zu einer Übereinkunft in Ansehung dieser Gegenstände geschritten werden kann, scheint mir, daß notwendigerweise die Ausgleichung der Sponheimer Sache vorhergehen müsse«.Ebenso hartnäckig wie erfolglos versuchte er aus der militärischen Situation politische Vorteile herauszuschlagen. Als sicherste Lösung im Fall des Ausbruchs von Feindseligkeiten erschien ihm damals nicht der von Württemberg ausgehende Vorschlag der Gründung eines süddeutschen Militärvereins, bestehend aus Bayern, Württemberg-Baden und Hessen-Darmstadt[575], sondern enger Anschluß an Preußen, das bereit war, mit seiner ganzen Armee, nicht nur seinem Bundeskontingent, in einen Krieg einzutreten, und ein Projekt zur Zusammenarbeit mit den süddeutschen Staaten vorlegte, das südlich des Mains allgemeine Zustimmung fand. Die süddeutsche Mission des Generals Rühle von Lilienstern, der Ludwig persönlich beeindruckte[576], ist im Zusammenhang mit den Bemühungen der »Aktivisten« an der preußischen Regierungsspitze zu sehen, unter Übergehung des Bundes und gegen den Willen des (immerhin verständigten) Österrreich eine selbständige deutsche Initiative Berlins zu ergreifen[577]. Dieser Gruppe widersetzten sich ihre hochkonservativen Gegner, und König Friedrich Wilhelm III. ließ sich schließlich von Metternich bewegen, den Kurs der österreichisch-preußischen Kooperation fortzusetzen, der den süddeutschen Monarchen und Regierungen das Gesetz des Handelns diktierte. Während sich Ludwig nachhaltig für die unmittelbare Verteidigung des Oberrheins und für die militärische »Sicherstellung der Rheinpfalz« einsetzte[578], vereinbarten die Großmächte auf Jahre hinaus eine ganz andere Strategie, die er sieben Jahre später folgendermaßen umschrieb: »Das alte Projekt, daß das VII. und das VIII. Armeekorps ihre Bewegungen mit einem *Rückzuge* beginnen sollen, um von den österreichischen und preußischen Armeen aufgenommen und unter ihre Feldherren gestellt zu werden, ist offenbar noch *nicht verklungen*«[579].

Während der außen- und sicherheitspolitisch kritischen Jahre 1840/42 sorgten die Fragen des gemeinsamen Oberbefehls über das VII. und VIII. Armeekorps, der Befestigung Ulms und der mangelhaften Kriegsbereitschaft Bayerns für zusätzliche Belastungen der ludovizianischen Bundespolitik. Ludwig I. wollte einen Oberbefehl des Königs von Württemberg trotz dessen militärischer Erfahrung und Beschlagenheit vermeiden. Er wünschte aus puren Prestigegründen auf diesem Posten den Prinzen Karl, dessen Ernennung zum Feldmarschall Anfang 1841 wohl nur vor diesem Hintergrund erfolgte[580]. Das Problem des Oberbefehls, das schließlich nicht gelöst zu werden brauchte, hat die Höfe und Ministerien von Berlin, Wien, München und Stuttgart ungemein in Anspruch genommen. Ludwig wäre der bayerische Oberbefehl sogar eine beträchtliche Erhöhung seines Bundeskontingents wert gewesen. Im übrigen hätte er sich jederzeit auf einen Oberbefehl des von ihm verehrten Erzherzogs Karl eingelassen, den jedoch der Habsburgerstaat damals nicht mehr präsentieren wollte[581]. Als Militärdiplomat brachte der Favorit Friedrich Wilhelms IV., Oberst von Radowitz, in der Oberbefehlshaberfrage eine problematische Kompromißformel zustande[582]. Radowitz war es auch, der eine Einigung zwischen dem Münchner und dem Stuttgarter Hof über die als Prestigeangelegenheit wiederum sehr schwierige Frage der Besetzung der leitenden Posten in der neuen Bundesfestung Ulm herbeiführte, während man sich über die technischen Fragen zwischen Bayern und Württemberg eher zu verständigen vermochte[583].

Nur einem scheinbar konzilianten König begegnete Radowitz, als er in seiner Eigenschaft als Bundesinspekteur[584] auf die schweren Mängel des bayerischen Heerwesens hinwies. Im Grunde lief alle Kritik auswärtiger und inländischer Militärs an Ludwigs Heerespolitik stets auf das Urteil des österreichischen Generalmajors Freiherr von Welden hinaus, der schon 1831 behauptet hatte, der König beschäftige sich »mit dem Militär nur in finanzieller Beziehung, d. h. um an ihm herunterzuzwicken, was noch möglich ist, um den Gewinst an seinen Bauliebhabereien zu verwenden. Es ist daher in einem bedauernswerten Zustande«[585]. Ludwigs Gegenargument: »Was helfen ungeheure Streitmassen, die man nicht zahlen kann«[586]. Noch und noch erklärte er, er wolle sich auf keine Ausgabenvermehrung einlassen und seine Kräfte nicht schon im Frieden aufzehren. Den Mahner Radowitz suchten er und seine Wortführer mit einem Schwall militärischer Sachargumente sowie politischer und finanzieller Erwägungen auszumanövrieren. In seiner prekären Lage fand der König mehr als seitens des Kriegsministers durch Abel kräftige Unterstützung[587]. Der in allen Sätteln gerechte Minister entfaltete seine gefürchtete Rabulistik, entdeckte auch tatsächliche Schwächen des Radowitzschen Berichts und operierte mit Streitfragen der Interpretation von Bundesbeschlüssen. Bei allem Widerstreben von König und Ministern kam man um gewisse Konzessionen an die Bundesanforderungen nicht herum, doch betrieb man deren Realisierung mit äußerster Vorsicht und Langsamkeit. Abel berechnete die außerordentlichen Rüstungsausgaben für die Kriegsbereitschaft im Jahre 1840/41 im Mai 1842 auf 335 000 fl.; keine aufregende Summe in Anbetracht dessen, was auf dem Spiele zu stehen schien[588]. Als 1842 der Druck des Bundes auf Bayerns Militärpolitik anhielt, drängte Gise, vielleicht insgeheim vom Kriegsminister unterstützt, vor allem jedoch im Hinblick auf die bundespolitischen Konsequenzen eines weiteren Zögerns Bayerns, den König zu größerem Entgegenkommen. Inzwischen war jedoch die Kriegsgefahr abgeklungen, und dies ermutigte Abel, seinen Kollegen mit einem Gegengutachten »abzuführen«[589], das Ludwig mit Genugtuung zur Kenntnis nahm. Seine Distanzierung von der Beteiligung an der Aufrüstung hatte indessen viel früher begonnen. Als der preußische Gesandte Graf Dönhoff im November 1840 von Zusagen Gises hinsichtlich bayerischer Rüstungen berichtete, sprach er die Befürchtung aus, der Eifer werde bald nachlassen[590]. Schon nach einem Vierteljahr meldete der Diplomat: »Die hiesige Regierung scheint des bewaffneten Friedens zwischen Deutschland und Frankreich überdrüssig zu sein, und der König wie Gise haben mich wiederholt und mit einer Art Empressement gefragt, wann man diesen prekären und kostspieligen Zustand der Ungewißheit und Unsicherheit aufgeben werde, der so viele und nützliche Unternehmungen lähme«[591]. Die Bundesinspektion von 1846 förderte neuerdings erhebliche Mängel zutage.

Gleich den organisatorisch-rüstungspolitischen fanden auch die operativen Fragen einer deutschen Verteidigung im Westen während der Regierungszeit Ludwigs keine hinreichende Klärung. Als Herrscher Bayerns blieb er verständlicherweise, aber für Wien und Berlin kaum annehmbar und im Interesse des Bundes als Ganzem auch tatsächlich ungünstiger, bei seinem Konzept, die Pfalz in der Pfalz selbst zu schützen und den Feind vom rechtsrheinischen Bayern abzuhalten. Demgegenüber gaben die Militärs der deutschen Großmächte einer weiter östlichen Aufstellung der Hauptstreitmacht und Süddeutschland als Kriegsschauplatz den Vorzug. Ludwig ließ den Höfen von Wien und Berlin eindringlich vorstellen, »wie notwendig bei einem drohenden Ausbruch des erwähnten Krieges die Aufstellung eines erklecklichen Armeekorps bei Kaiserslautern sei, wodurch auch dem Einfalle einer französischen Armee auf das rechte Rheinufer vorgebeugt werden könne, und daß jene Höfe den Kabinetten von Stuttgart und Karlsruhe begreiflich machen mögen, wie dieses nicht durch Frontaufstellung des VIII. Armeekorps, sondern dadurch, daß letzteres ebenfalls nach Kaiserslautern gezogen werde, zu erreichen sei«[592]. Seine Bemühungen blieben ergebnislos. Auch Württemberg und Baden zeigten sich einer gemeinsamen Schwerpunktbildung bei Kaiserslautern abgeneigt. Im übrigen lag den süddeutschen Staaten vor allem daran, ihre Selbständigkeit zu behaupten, das VII. und VIII. Bundesarmeekorps nicht voneinander trennen zu lassen und eine bedingungslose Unterstellung ihrer Truppen unter österreichischen Oberbefehl zu vermeiden. In einer Karlsruher Konvention vom 24. April 1840 schrieben die Süddeutschen das Potential ihrer Gemeinsamkeiten an militärischen Standpunkten fest. Daß Ludwig für den Fall eines erfolgreichen Bundeskrieges gegen Frankreich auf Gewinnung von Elsaß und Lothringen drängte, blieb bei den führenden deutschen Staatsmännern ohne Widerhall. Auch den Zaren suchte der König, primär mit strategischen Argumenten, davon zu überzeugen, daß nachgeholt werden müsse, was man 1814/15 versäumt habe[593]. Gegen eine

Verteidigung der italienischen Besitzungen Österreichs unter Heranziehung bayerischer Truppen – Preußen hatte sich 1840 auf eine militärische Garantie dieser Territorien eingelassen – wehrte sich Ludwig entschieden.

Da man von der Französischen Revolution 1848 wiederum eine militärische Aggression befürchtete, überlegte man sich im Deutschen Bund neuerdings defensive Maßnahmen. Noch im März 1848 schien es, als wollte und sollte sich das Spiel von 1830 und 1840 samt den Eifersüchteleien über den Oberbefehl und den Unklarheiten über die strategische Konzeption wiederholen[594]. Aber der Ausbruch der Revolution auch auf deutschem Boden ließ es dazu nicht kommen.

6. Des Königs Stiefkinder

Die historischen Taten der Armee mochte Ludwig im Ruhmestempel der bayerischen Geschichte, wie er ihn sich und seinem Volke zu errichten gedachte, nicht missen. Schon der Kronprinz hatte Wilhelm von Kobell beauftragt, die Hauptschlachten der bayerischen Armee während der napoleonischen Zeit in Gemälden festzuhalten, ein Auftrag, den dieser 1808/15 meisterhaft ausführte[595]. Seine und die Gemälde anderer Maler zierten den großen Schlachtensaal im Festsaalbau der Residenz. Waffentaten der vornapoleonischen Zeit ließ Ludwig auf den Wandgemälden unter den Hofgartenarkaden »verewigen«, und die Benennung Münchner Straßen nach Schlachtorten der Befreiungskriege ging auf ihn zurück. Von historischen Bezugnahmen in den Festungen Ingolstadt und Germersheim war bereits die Rede. 1833 fand unter militärischen Feierlichkeiten die Enthüllung des Obelisken auf dem Karolinenplatz in München statt, ein Monument, das der König dem Andenken an die 30000 in Rußland gebliebenen Bayern weihte und mit der Inschrift versehen ließ: »Auch sie starben für des Vaterlandes Befreiung«[596]. Zu der Gedenkfeier waren alle noch lebenden Teilnehmer des unglücklichen Rußlandfeldzuges eingeladen; Reiseunterstützungen nach München waren vom König allerdings nicht zu erlangen. Zur Festtafel in der Residenz hat er immerhin 375 Personen geladen, darunter zahlreiche Unteroffiziere. 1844 erfolgte die Enthüllung der Standbilder Tillys und Wredes in der Feldherrnhalle. In der Ruhmeshalle auf der Theresienhöhe fanden auch die Büsten mehrerer bayerischer Militärs Aufstellung. Das Siegestor weihte der König am 12. Oktober 1843 »Bayerns tapferem

Heere, das zu jeder Zeit in allen Lagen seinem Landesfürsten unerschütterlich treu war...«[597]. Die Grundsteinlegung war mit einem Festmahl für die Max-Joseph-Ritter verbunden. Sehr bemühte sich der Monarch um die Förderung bayerischer Heeresgeschichte. Durch Kriegsministerialreskript vom 29. April 1826 ordnete er die Abfassung von Regimentsgeschichten an. Gegen Verunglimpfungen der Rolle der bayerischen Armee während der napoleonischen Zeit zeigte er sich sehr empfindlich.[598].

Verherrlichungen der Vergangenheit mußten der Armee zur Regierungszeit Ludwigs I. wie Hohn vorkommen, wenn sie über ihre aktuelle Lage nachdachte. Von den »grandeurs et misères de la vie militaire« (Alfred de Musset) war ihr ganz überwiegend das militärische Elend zuteil geworden. Daß sich das Militär in anderen deutschen Mittelstaaten in einer besseren Lage befunden hätte als in Bayern, läßt sich freilich kaum behaupten[599]. Es ist erstaunlich, wieviel Eifer, Gutwilligkeit und Leistung diese vernachlässigte Armee aufbrachte. Die Wahrnehmung der ihr gestellten Aufgaben in der Pfalz 1832, das Auftreten des bayerischen Hilfskorps in Griechenland 1833/35, das vorzügliche Bild, das die Armee in den bayerischen »Lagern« bot, die vorbildliche Entwicklung der Artilleriewaffe und das Wirken einer stattlichen Anzahl überdurchschnittlicher Offiziere sind nur einige Zeugnisse, daß das bayerische Heer so tüchtig war wie jedes andere unter den größeren Bundesstaaten. Daß sich andererseits unter Offizieren und Mannschaften aufgrund der geschilderten Verhältnisse Enttäuschung und Mißstimmung ausbreiteten, bei den Offizieren zumal wegen der geringen Beförderungsaussichten und der hohen Heiratskautionen, an denen der König festhielt, während er gleichzeitig befahl, gegen die Konkubinate einzuschreiten, ist nur zu verstehen. Gelegentlich nahm die Unzufriedenheit, namentlich im jüngeren Offizierskorps, wie vielfach bezeugt, Formen eines Liebäugelns mit der liberalen Bewegung an[600]. Als ideologisch fundiert wird man diesen Militärliberalismus kaum ansehen dürfen. Man fühlte sich nur mit der Masse der Mißvergnügten solidarisch. Es war wohl weniger die alte liberale Forderung nach einem Militäreid auf die Verfassung als die Hoffnung auf pragmatische Rechte, die nicht wenige Offiziere der Opposition zuneigen ließ. Sie steckten jedoch zu sehr im Korsett der militärischen Disziplin, als daß sich vor 1848/49 hieraus politisch dem System gefährliche Weiterungen hätten ergeben können. Offiziersadressen, die vom Verfassungseid nichts wissen wollten, überwogen solche gegenteiligen Inhalts. Ludwig I. unterband schließlich militärische Adressen überhaupt. Die Beteiligung von Soldaten an Münchner und Augsburger Unruhen 1844 und 1846 war keineswegs politisch motiviert. Erst 1848/49 zeigten sich bei einzelnen Offizieren und bei einer Minderheit der Mannschaften Auflösungserscheinungen[601]. Schon vorher hatte die Inanspruchnahme des Militärs bei den Lola-Unruhen und nicht zuletzt der Versuch des Königs, einzelne Generäle und Offiziere zum gesellschaftlichen Umgang mit der Abenteurerin mehr oder minder zu nötigen, erhebliche Verstimmung ausgelöst.

Auch eine vordergründig in politischer Passivität verharrende Truppe wird schon durch ihre Existenz zum Politikum. Sie ist ein Bestandteil des öffentlichen Lebens, und die Frage ihrer Verläßlichkeit in Krisenzeiten zählt zu den politischen Kardinalfragen. Vom Standpunkt des Königtums gesehen, mußten in dieser Hinsicht einzelne Vorgänge vom Februar und März 1848 wie auch später Besorgnisse erregen und Ludwigs frühere Überzeugung, daß die Armee und die Bauern auf jeden Fall hinter ihm stünden, ins Wanken bringen.

In seiner anonymen Broschüre von 1871 schrieb Prinz Karl: »Die übergroße Sparsamkeit im Militär-Haushalt nach dem Tode Maximilians I. hat dem Heer sehr geschadet und später bei weitem mehr gekostet, als wenn dasselbe stets in einer guten Verfassung belassen worden wäre«[602]. Die Militärhistoriker haben sich diesem Urteil einhellig angeschlossen. Trübe Erfahrungen 1848/49 und 1866 führte man nur allzu gerne auf die Vernachlässigung der Armee unter Ludwig I. zurück. Aber selbst 1848/49 blieb die Armee in ihrer Mehrheit intakt. Und auf einer anderen als der 48er Ebene ist die wohl zu verneinende Frage zu stellen, ob eine besser ausgebildete, ausgerüstete und geführte bayrische Armee den Ereignissen von 1866 eine andere Wendung hätte geben können.

IX.
ÜBERGANG ZUR DEFENSIVE

1. Julirevolution 1830

Anfang Juli 1830 notierte der König über die Situation im Nachbarland Frankreich, er sei zwar durchaus kein Freund der Jesuiten, wünsche aber auch keinen Sieg der Liberalen über Karl X.: »Siegen in Frankreich die Liberalen, so kann dieses den Demagogen bei mir den Kamm schwellen. Gerade wenn in Frankreich das jesuitische Ministerium bleibt, wirkt dieses des Gegensatzes wegen günstig auf die Stimmung im Rheinkreise. Uneinigkeit in Frankreich, nicht aber daß es zur Revolution komme, ist für Deutschland wünschenswert«[603]. Am 31. Juli erreichte den König die Nachricht von der Französischen Revolution[604]. Für längere Zeit überwog in der Sicht des Königs die abermals vom Westen ausgehende militärische Bedrohung den allerdings stets im Auge behaltenen international-sozialrevolutionären Aspekt des Geschehens. Ludwig schätzte Frankreich und die Franzosen nicht viel anders ein als Clausewitz in seiner Schrift »Über einen Krieg mit Frankreich« (1830)[605]. Nachdem er seine Hoffnungen auf einen Bürgerkrieg in Frankreich hatte begraben müssen[606], beschäftigte ihn die Frage, wie man ein für allemal der französischen Gefahr vorbeugen könne. Seine Lösungsvorschläge hätten kaum radikaler ausfallen können und liefen im Sinne seines Maximalprogramms von 1815 wieder auf völlige Aufteilung Frankreichs hinaus[607]. Viel Bedeutung ist den Projekten des Königs nicht beizumessen, aber sie lassen Rückschlüsse auf die Unzulänglichkeit seines außenpolitischen Denkens zu. Seine Erfahrung von 1814/15, daß hinsichtlich Frankreich ohne die außerdeutschen Großmächte nichts entschieden werden konnte, war 1830 anscheinend verblaßt.

Die Erwartung eines Krieges mit dem neuen französischen Regime führte umgehend zur Wiederannäherung an Wrede[608], bei dessen Aufwartung im Februar Ludwig noch bemerkt hatte, es wäre ihm lieber gewesen, der Marschall wäre zu Hause geblieben[609]. Eine zufällige Begegnung in Gastein Anfang September 1830 führte zu einem neuen und nunmehr bis zum Tode Wredes anhaltenden Zusammenwirken zwischen dem König und dem damals äußerst kriegslustigen Marschall[610]. Es blieb nicht bei vom König angeforderten militärischen Gutachten[611]; Wrede ergriff die ausgestreckte Hand des Königs, um sich eine politische

Position zu verschaffen, wie er sie zuvor nie eingenommen hatte. Die 1828 wohl für aussichtslos angesehene Wiederernennung Wredes zum Präsidenten der Kammer der Reichsräte erschien nun plötzlich als ausgemacht. Wir wiederholen jedoch, daß es unter Ludwig niemals einen »Großvezier« gab«; jedem, auch den engsten Vertrauensmännern waren Grenzen gezogen und für jeden hielt der König Gegengewichte bereit.

Frankreich war auch nach 1815 in der politischen Kultur des westlichen und mittleren Kontinentaleuropa tonangebend geblieben. Die gesamteuropäischen Folgen der Julirevolution bewiesen es gleich allen anderen Revolutionen Frankreichs, und Bayern, das eine Verfassung nach dem Vorbild der französischen Charte und einen »Nebenstaat« mit Institutionen französischen Ursprungs besaß, konnte sich von diesem Prozeß nicht abkapseln[612]. 1830/31 gab es in Bayern allerdings noch keine nennenswerten Ruhestörungen. Als Test für die Stimmung in der Hauptstadt galt seit Jahren das Verhalten der Bevölkerung gegenüber dem König auf dem Münchner Oktoberfest, das 1830 mit Spannung erwartet wurde. Wilde Gerüchte durchschwirrten vor dem Eröffnungstag die Stadt, aber der König durfte mit dem Echo seines Besuches durchaus zufrieden sein. Unerfreulich berührte ihn andererseits, daß sich nur sechs nicht diensttuende Kammerherren auf der Tribüne eingefunden hatten. Von den anderen wie von dem fehlenden Regierungspräsidenten von Oberbayern nahm er – wohl nicht ohne Ursache – an, daß sie aus Furcht ferngeblieben seien[613]. Die Berichte der Regierungspräsidenten aus den Kreisen klangen beruhigend, wenn auch auf mögliche Schwachstellen des biedermeierlichen Ordnungssystems hingewiesen und vorbeugende Maßnahmen vorgeschlagen wurden. Ein vom König am 1. Oktober 1830 einberufener Ministerrat, der sich mit den Unruhen in außerbayerischen Städten zu befassen hatte, hob Ruhe und Loyalität der bayerischen Bevölkerung hervor und warnte vor Scharfmacherei und außerordentlichen Maßnahmen[614]. Armanspergs Kritik am Zustand der Münchner Polizei und an der unzureichenden Vergütung bei Verlegung von Truppen außerhalb ihrer Garnisonsorte zielte auf den König, nicht auf die Bevölkerung. Zentner erging sich in gesellschaftsphilosophischen Betrachtungen von hoher Warte und rühmte den Zustand Bayerns. Eine folgende Sitzung des Ministerrats vom 5. Oktober über das Thema »Die von Seite des Bundes nötigen Maßnahmen zur Sicherstellung der inneren Ruhe und Sicherheit in Deutschland« ließ erkennen, daß die

bayerischen Staatsmänner in erster Linie nicht die Revolution, sondern den Versuch Metternichs fürchteten, unter dem Vorwand der Revolutionsbekämpfung die Bundeskompetenzen zu erweitern und die bayerische Staatssouveränität zu schmälern[615].
Bei Ludwig gewann dem gegenüber je länger je mehr die Sorge vor revolutionärer Erhebung die Oberhand. Er war entschlossen, sich und sein System auf keinen Fall überrumpeln zu lassen. Freilich brachte er es nicht über sich, für Präventivmaßregeln auch nur den geringsten Geldbetrag auszuwerfen. Ein Jahr zuvor hatte er die Lebensmittelpolizei aufgehoben, da er hoffte, daß die Preise durch freie Konkurrenz gedrückt würden. Inzwischen erschien ihm die Situation jedoch so prekär, daß er mit Kabinettsbefehl vom 23. September gegen den Willen der Minister die Brottaxe wieder einführte[616]. Sein Kommentar: »Ist es immer Pflicht, abzuhelfen dem, worüber das Volk mit Recht Beschwerde führen könnte, so heischt es jetzo überdies die Klugheit sehr... will hiedurch guten Eindruck für mich hervorbringen«[617]. Bald verlagerte sich der Akzent seiner Politik entsprechend seinem Temperament und der polizeistaatlichen Mentalität vormärzlicher Regierungsweise insgemein auf repressives Vorgehen. Äußerst überzogen reagierte Ludwig auf die Münchner Studentenunruhen vom 24. bis 29. Dezember, offenbar in der Absicht, ein Exempel zu statuieren, seine Entschlossenheit zu demonstrieren und ein für allemal einer Wendung der Dinge zum Schlimmeren einen Riegel vorzuschieben[618]. Man hat die Tumulte genauestens untersucht, und es besteht nicht der geringste Zweifel, daß es sich um unpolitische »Randale« handelte, ein unreifes Gemisch von Ulk und Aufsässigkeit. Der König ließ am 28. Dezember die im Mittelpunkt stehende Studentenverbindung »Germania« auflösen und am folgenden Tag die Universität schließen sowie alle nicht in München wohnhaften Studenten ausweisen. Die Verfügungen vom 29. Dezember nahm er tags darauf auf Bitten der Bürgerschaft wieder zurück. Vom Studium ausgeschlossen blieben bis auf weiteres die Mitglieder der »Germania«. Als der Turnphilologe Maßmann für einige ihrer Mitglieder Bürgschaft leisten wollte, wies ihn der König zurück[619]. In einer Ministerratssitzung am 28. Dezember sprach sich der König dafür aus, daß man unter den gegenwärtigen Umständen die Vorfälle nicht als »Verirrungen der Studenten« abtun dürfe, weil sie gefährliche Konsequenzen haben könnten, und forderte rasche gerichtliche Untersuchung. Zentner, Armansperg und Schenk suchten in seltener Einmütigkeit abzu-

wiegeln. Schenk betonte, daß die Studenten bei ihren Streichen ohne alle Verbindung mit den anderen Bewohnern der Hauptstadt geblieben seien.

Wenige schätzten die Münchner Studentenunruhen anders ein als einen lokalen Zwischenfall. Ein Konflikt mit der politischen Intelligenz des ganzen Landes entbrannte jedoch, als der König die Zensur für Gegenstände der inneren Politik wieder einführte. Nun wurde deutlich, daß er im Begriffe stand, von der Politik des »gesetzlichen Fortschritts« zur Defensive überzuwechseln. Noch bevor ihn die Opposition des Landtags 1831 und bald darauf Volksbewegungen in der Pfalz und in Franken mit einem anderen als dem Beamtenliberalismus und schließlich mit der Demokratie konfrontierten, erschien ihm die Presse als das gefährlichste Werkzeug des Umsturzes. Schenk hatte in seinen Anfängen als Innenminister darauf hingearbeitet, die Zensur auf innenpolitische Gegenstände auszudehnen[620]. Das gleiche Ziel verfolgten in Bayern auf Umwegen Metternich und gelegentlich auch die Bischöfe des Landes. Bis zur Juli-Revolution hatte Ludwig wenig Neigung gezeigt, das Steuer der Pressepolitik im Sinn der Reaktion herumzuwerfen. Dies änderte sich spätestens im September 1830. Damals erklärte er Grandaur, das Edikt über Pressefreiheit spreche von Politik und nicht nur von Außenpolitik: »Und was geschrieben steht, gilt und nicht, was Konstitutions-Papa Zentner darunter gedacht hat«. Allerdings fügte er hinzu: »Ungern würde ich daran gehen, aber doch ehe ich das Volk vergiften lasse«[621]. Schon am 20. September ließ er einen seinerzeit abgelehnten Antrag Schenks betreffend Erweiterung der Zensur erneut dem Staatsrat vorlegen[622]. Dort wandten sich nicht nur die Koryphäen des Beamtenliberalismus, Staatsrat von Stürmer an der Spitze, gegen die Absicht des Königs, sondern Schenk selbst,. der die katastrophalen Folgen der Polignacschen Juli-Ordonnanzen vor Augen hatte, schloß sich nunmehr aus taktischen und Opportunitätserwägungen seinen prinzipiellen Widersachern an. Bald darauf begann jedoch der König, sich auf seine vermeintliche »Pflicht der Verfassung gegenüber« zu berufen, Gegenstände der äußeren *und* der inneren Politik der Zensur zu unterwerfen.

Grandaur, der die staatsrechtlichen Schwierigkeiten gründlicher als der König erfaßte, meinte am 26. September, die Sache sollte vom Bunde ausgehen[623]. Einen Tag später begann Ludwig, hinter dem Rücken des Außenministers über seinen Bundestagsgesandten Geheimpolitik mit der Absicht zu betreiben, dem

Bund die zensurpolitische Initiative zuzuschieben[624]. Daß er den Gesandten Freiherrn von Lerchenfeld auf solche Weise vor seinem vorgesetzten Minister und anderen Instanzen kompromittierte, kümmerte ihn offenbar nicht. Es wurde zwar am 18. Oktober ein dem König erwünschter, von Preußen beantragter Bundesbeschluß in Pressesachen gefaßt, die Einwände seiner Minister, einschließlich Schenks, und eigene Befürchtungen für Bayerns Souveränität ließen Ludwig vor einer Publikation des Beschlusses in Bayern jedoch zurückschrecken. Es zeigte sich, daß der König bei weitem nicht alle Konsequenzen seines Vorgehens bedacht, gleichzeitig den politischen Kredit Bayerns im Bund geschädigt und an der Spitze des Regierungsapparats Verwirrung angerichtet hatte.

Dies alles war für Ludwig jedoch kein ausreichender Grund, von der Verfolgung seines Zieles abzulassen, die Pressefreiheit in Bayern einzuschränken. Wiederholt bekam man nun von ihm zu hören, daß der Erfolg der Julirevolution weithin auf die Hetze der periodischen Presse zurückgehe und man mit Pressefreiheit nicht regieren könne. Zu Wallersteins intelligentem Vorschlag, die Pressefreiheit nun erst recht zu schützen, aber der Opposition mit einer neuen Regierungspresse entgegenzutreten, vermochte sich der König nicht aufzuschwingen. Hingegen ließ er sich auf die Ausarbeitung eines bayerischen Pressegesetzes ein, das von seinem Standpunkt aus einzig und allein bezwecken sollte, die Presse zu knebeln. Decouvrierenderweise sprach er intern von einem »Zensurgesetz«. Daß der König zum Gedanken einer Zensurverordnung zurückkehrte, führte der gut unterrichtete Verfasser der »Charakteristik« darauf zurück, daß ein Artikel des Volksblattes, der die Verminderung des Hofetats um eine Million Gulden forderte, beim König einen Wutanfall ausgelöst habe[625]. Eine nicht von der Hand zu weisende Nachricht! Jedenfalls nötigte Ludwig Schenk, der von seiner ursprünglichen Pressepolitik selbst nicht mehr überzeugt war und ahnen mochte, welchen Sturm eine Erfüllung des königlichen Gebots entfachen würde, die Zensurverordnung für Gegenstände auch der inneren Politik zu erlassen[626]. Sie erschien unter dem 28. beziehungsweise 31. Januar 1831 und löste im liberalen Teil der Öffentlichkeit größte Empörung aus. Das Gegenteil dessen, was beabsichtigt war, wurde erreicht, zumal die in Betracht kommenden Blätter durch nunmehr nichtperiodisches Erscheinen die Verordnung zu umgehen vermochten. Unmittelbare Folge der Verordnung war, daß auf dem Landtag 1831, dessen Zweite Kammer

unter dem Eindruck der Ereignisse ohnehin weit mehr als jede
Vorgängerin vom emanzipatorischen Zeitgeist ergriffen war, die
Stimmung für den König und erst recht für seinen Vertrauensmann Schenk verdorben wurde. Daß man auf Anweisung des
Königs mit der Publikation der Verordnung bis nach den Landtagswahlen gewartet hatte, hat deren Ergebnis kaum beeinflußt.

2. Der »längste und schlechteste Landtag«

Gemäß den Bestimmungen der Verfassung hatte die Ständeverfassung von 1831 als Budget-Landtag[627] den Haushalt zu verabschieden und die Nachweisungen der Regierung zu überprüfen, ein Staatsgeschäft, das überreich Gelegenheit zur Diskussion sämtlicher anstehenden innenpolitischen Fragen bot. Wollte die ludovizianische Staatspolitik Anspruch auf Kontinuität erheben, mußte sie das Reformwerk des Landtags von 1827/28 fortsetzen. Unter den insgesamt 18 Vorlagen der Regierung befanden sich politisch erstrangige wie die eines Pressegesetzes, eines Gesetzes über Ministerverantwortlichkeit, über Auslegung der Verfassungsbestimmungen betreffend Ausschließung von Abgeordneten, über den Geschäftsgang der Kammern und über die Behandlung neuer oder revidierter Gesetzbücher. Noch befanden sich Reformminister im Amt und noch lief die Regierungsmaschinerie entsprechend dem ursprünglichen Programm des Königs. Bei diesem hatte sich jedoch inzwischen weit mehr als eine Akzentverschiebung seiner politischen Auffassungen abgespielt. Daß er entschlossen war, alle progressiven Bewegungen abzuwehren, zeigte sich nicht zuletzt in seiner zunehmenden Verfassungskritik. Konnte man seinen Hinweis auf Mängel in der Verfassung in der Thronrede von 1827 noch als Zugeständnis an den Liberalismus auslegen, so hörte man seit der Julirevolution vorwiegend bewegliche Klagen darüber, daß die unpraktische Verfassung den Gewissenhaften hemme, den Gewissenlosen aber begünstigte. Gefesselt »wie ein Opfertier« komme er sich durch die Verfassung vor[628]. Von freisinnigem Ausbau der Konstitution war fortan bei Ludwig nie mehr die Rede. Brennendes Anliegen war ihm 1831 nur die Einführung einer lebenslänglichen Zivilliste[629]. Des Königs Unabhängigkeitsbedürfnis, seine Betonung des monarchischen Prinzips, sein ausgeprägter ökonomischer Sinn und seine Fürsorge für Haus und Hof wirkten zusammen, um jedes Mittel in Betracht zu ziehen, das dem Erfolg dieser Vorlage förderlich sein konnte.

Ludwigs Tagebucheintragungen, seine Gespräche mit Ministern und die intensive Vorbereitung des Gegenstandes im Staatsrat lassen keinen Zweifel, daß ihm unter den Verhandlungsgegenständen des Landtags keiner so wie die Zivilliste am Herzen lag. Als Kontrahentin der Krone trat 1831 nicht die Erste, sondern die Zweite Kammer hervor. Durch Ausschließung von fünf prominenten Abgeordneten – Schenk hatte die Zahl der Urlaubsverweigerungen noch heruntergehandelt – glaubte der König den oppositionellen Elan des bayerischen Unterhauses zu treffen. Die Fernhaltung fähiger Oppositioneller vom Parlament störte die Operationen der Widersacher des Königs zwar empfindlich, doch zählten die bayerischen Liberalen genügend parlamentarische Begabungen in ihren Reihen, um die Lücken zu schließen. Der Niederbayer Freiherr Karl von Closen, ein Einzelgänger unter seinen Standesgenossen, verzichtete auf eine Ministerialratspension und setzte auf diese Weise seine Einberufung zum Landtag durch. Obwohl der König mit den Ausschließungen von einem unbezweifelbaren Recht Gebrauch gemacht hatte, wirkte dessen Wahrnehmung als Provokation. Politisches Selbstbewußtsein und Empfindlichkeit des gebildeten und, in gewissem Abstand nach ihm, des gewerblichen Mittelstandes nahmen fortwährend zu, wenn auch Partei- und Fraktionsbildung nach heutigem Verständnis noch in der Ferne lagen. Das vormärzliche Obrigkeitssystem unterschied aufgrund sorgfältiger »Perlustrierung« jedes Abgeordneten je nach pro- oder antigouvernementaler Einstellung der Volksvertreter zwischen Gut- und Übelgesinnten. Beide Blöcke fand man im Landtag von 1831 ungefähr gleich stark vertreten. Zwischen beiden hielt sich eine Gruppe der Unentschiedenen, um deren Gewinnung man sich große Mühe gab. Bei der Begünstigung oder Korrumpierung der einen wie der Benachteiligung der anderen Seite legten sich König und Ministerium wenig Zurückhaltung auf. Zu einer von ihm gewünschten unvorteilhaften Regelung der Pension des Speyerer Konsistorialrats Dr. Schultz im Jahre 1838 gab der König die Begründung: »Sein Benehmen auf dem Landtag 1831 war keineswegs gut«[630].

Unser Thema ist nicht die Geschichte der Ständeversammlung, sondern das gegenseitige Verhältnis von König und Landtag. Die üble Stimmung, die sich in der Zweiten Kammer angestaut hatte, ließ sich auch durch eine geschickte, wie stets im Staatsrat gründlich erwogene Thronrede nicht beseitigen, doch trug die Rede dazu bei, die persönliche Position des staatsrechtlich ohnehin unangreifbaren Monarchen zu verbessern. Sein Kredit bei den Liberalen war noch keineswegs aufgezehrt, und seiner Versicherung »ich möchte nicht unumschränkter Herrscher sein« hat man noch geglaubt. Das Inaussichtstellen von Gesetzentwürfen über Ministerverantwortlichkeit, über mündliches und öffentliches Verfahren in der Rechtspflege, eines Pressegesetzes, eines Strafgesetzbuches und eines Forststrafengesetzes konnte niemand gleichgültig lassen, dem es um Verbesserung der staatlichen Ordnung ging, und der Hinweis auf den erfreulichen Zustand der Finanzen und die bereits erzielten Ergebnisse der Zollverhandlungen mochte seinen Eindruck nicht verfehlen. Ludwig war von der Durchschlagskraft seiner Thronrede so überzeugt, daß er – unzulänglicher Versuch monarchischer Propaganda gegen die oppositionelle Presse – ihre Verteilung in je einem Exemplar an alle Gemeinden des Königreiches anordnete[631].

Während der König in der Lage war, sich vom Getümmel zu distanzieren, sah sich der getreue Schenk einer unbarmherzigen Opposition ausgeliefert, die sich systematisch auf ihn einschoß. Im Mittelpunkt der Angriffe stand die Zensurverordnung, deretwegen er nur mit Mühe einer Ministeranklage entkam. Als im Mai noch kaum sachliche Resultate vorlagen, war ersichtlich, daß nur die Rücknahme der Verordnung aus der verfahrenen Situation herausführen würde. Schenk hatte sich inzwischen freilich in einem solchen Maße mit der Verordnung identifiziert, daß er ihre Rücknahme persönlich nicht mehr gut einleiten konnte. Armansperg und Zentner, dazu zahlreiche andere Spitzenvertreter des Beamtenliberalismus, sahen mit wahrem Vergnügen, in welchem Netz sich der Innenminister verstrickt hatte, und nützten ihre Querverbindungen zur Opposition, um gegen den Günstling des Königs zu intrigieren und ihn zu Fall zu bringen. Schenk hatte Anlaß, über offene und geheime Opposition zu klagen, da sich Armansperg im »Inland« des Journalisten Wirth bediente, um den Rivalen zu bekämpfen[632]. Der König, moralisch für Schenks trostlose Situation verantwortlich, sah nur, wie glücklos der Minister operierte. Vorerst versuchte Ludwig zwar, Schenk, der bereits im April an Rücktritt dachte, um durch seine Person nicht zum Hindernis für die Pläne des Königs zu werden, noch aufzumuntern und zu halten[633]. Seinem Tagebuch ist jedoch zu entnehmen, daß er von Schenk enttäuscht war und nach Gründen suchte, um die verfehlte Ernennung des Dichterfreundes zum Innenminister vor sich selbst zu rechtfertigen[634].

Bereits im März notierte er: »Der Landtag währt nicht lange noch, aber Minister von Schenk verlor schon bei mir«[635]. Im Mai erkannte der Monarch, daß er seinen Innenminister opfern mußte. Er genehmigte das Rücktrittsgesuch Schenks vom 22. Mai 1831[636] – das erste und einzige Mal, daß er während eines Landtags die Pferde wechselte. Die Opposition triumphierte. Als Lückenbüßer und selbstverständlich nur in provisorischer Eigenschaft mußte der von Ludwig wenig geliebte Staatsrat von Stürmer einspringen, ein Mann, den der König noch wenige Monate vorher aus München nach Bayreuth hatte entfernen wollen[637]. Stürmer war bekannt für seine liberale und antiklerikale Gesinnung – Hormayr hatte ihn und Mieg Anfang 1830 als Wunsch-Ministerkandidaten des Eisenmannschen Volksblattes bezeichnet[638] –, und Ludwig hoffte, es könnte diesem gelingen, die Kammer zu besänftigen und für die Vorhaben der Krone zu gewinnen. Hatte der Mohr Stürmer seine Schuldigkeit getan, sollte er – des Königs Absicht bereits bei Stürmers Ernennung – durch Wallerstein abgelöst werden, der dem Monarchen damals noch zu schade war, in der Ständeversammlung verschlissen zu werden, und überdies im Reichsrat vorerst unentbehrlich schien.

Mit dem Ministerwechsel war es allerdings noch nicht getan. Ludwig war am Ende seines Lateins angelangt, als er am 6. Juni im Ministerrat folgende zwei Fragen stellte: 1. »Welche Mittel und Anleitungen vonseiten der Staatsregierung zu treffen sein möchten, um der Stimmung und dem Geist der Zweiten Kammer eine Richtung zu geben, wodurch sich dieselbe den Wünschen der Staatsregierung annähern und das gehässige Mißtrauen aus ihren Beratungen und Beschlüssen entfernt werde, welche Bayerns politische Haltung im Auslande sowie im Inlande schwäche, das Ansehen der Staatsregierung bei dem Volke mindere und einen Zustand herbeiführen könne, der für den Monarchen sowie für Bayern gleich traurig und verderblich werden könnte.« 2. Ob Das »Gesamt-Staatsministerium« es für rätlich ansehe, »die Zensurverordnung vom 28. Januar d. J. zurückzunehmen, zu welchem Zeitpunkte, unter welchen Erwiderungen von Seite der Zweiten Kammer und unter welcher Garantie, daß das, was die Staatsregierung durch diese Zurücknahme erreichen will, auch wirklich geschehe?«[639]. Er versuchte die Rücknahme zum Gegenstand eines politischen Geschäfts zu machen. Auf zähes Handeln und Feilschen verstand er sich zeitlebens vortrefflich, und seine Hoffnungen auf Durchsetzung der lebenslangen Zivilliste gab er so rasch nicht auf. Von Beginn des Landtags an hatte der

Monarch Kontakte mit Abgeordneten bis hin zur nichtrepublikanischen, aber (für damalige Begriffe) radikalen Linken unterhalten[640]. Am meisten versprach er sich von dem sehr gemäßigten Rudhart. Der brillante Parlamentarier nahm sich der Sache an, hielt das Experiment aber nur dann für erfolgreich, wenn sich ein Junktim zwischen Zivilliste und den von der Kammer am meisten gewünschten progressiven Vorlagen, an der Spitze der Gesetzentwurf über Ministerverantwortlichkeit, herstellen lasse[641].

Rekonstruiert man das Zustandekommen, die Verteidigung und schließlich die Preisgabe der Zensurverordnung, könnte man auf den Verdacht kommen, sie wäre von Anfang an als Kompensationsobjekt in Betracht gezogen worden, um das Hauptziel des Königs, die lebenslängliche Zivilliste, auf dem Landtag durchzusetzen. Es spricht jedoch mehr dafür, daß die Verordnung um der Repression willen erlassen wurde, und der König schließlich vor der Drohung der Minister, gemeinsam zurückzutreten (12. 6. 1831), kapitulierte[642]. Zwischen dem 8. und 12. Juni setzten sich Armansperg und Stürmer auf Geheiß des Königs mit den Abgeordneten Seuffert und Culmann zusammen, um zu erkunden, ob es Wege der Annäherung zwischen Regierung und Kammermehrheit gebe[643]. Die Gespräche fanden in einem guten Klima statt, doch hielten sich die Oppositionsführer verständlicherweise zurück und garantierten nichts, nicht einmal die Annahme des Budgets. Nachdem die Minister über ihr mageres Ergebnis Bericht erstattet hatten, beauftragte der König Wrede mit neuen Verhandlungen. »Acht der stärksten Oppositionsmänner« sollte der Marschall, so meinte der König, begreiflich machen , »was das sei, *mich* zur Nachgiebigkeit zu bringen... Zugleich aber auch, daß Schwäche in meinem Charakter nicht liege, daß sie die errungenen Vorteile nicht aufs Spiel setzen sollen, wie Bayern in Ansehen verlieren würde und das ganze Verfassungswesen in Deutschland, wenn dieser Landtag übel endigte...« Doch auch Wrede konnte dem Monarchen nur raten, die Verordnung ohne Bedingungen und Kompensationsforderungen zurückzuziehen. So geschah es am 12. Juni 1831.

Noch bis Ende Dezember 1831 zog sich der Landtag hin. Er verabschiedete das Budget und auch eine Zivilliste, freilich nicht die gewünschte lebenslängliche. Wie es zwischen Monarch und Volksvertretung stand, zeigte sich, als man Ludwig die Etatmittel für das Kabinettssekretariat strich; er fand freilich umgehend Wege, die ihm unentbehrliche Institution aufrechtzuerhalten. Als Erfolg durfte der König ansehen, daß trotz einer in Landtag und Presse veranstalteten Kampagne gegen Klenze[644] und heftigen Angriffen auf Ludwigs Baupolitik die Kosten für Odeon, Staatsbibliothek und Alte Pinakothek auf die Staatskasse übernommen wurden. Weit entfernt, darüber Genugtuung zu empfinden, nahm er nur die Kritik und den freilich massiven Widerstand der Abgeordnetenkammer zur Kenntnis und trug ihr ihr Verhalten nach. Er war entschlossen, die Pinakothek im Fall der Ablehnung durch den Landtag aus der Kabinettskasse errichten zu lassen. Das Pressegesetz hätte der König unter den von der Zweiten Kammer vorgeschlagenen Modifikationen auf keinen Fall angenommen. Der Landtagsabschied, der gleich der Thronrede im Staatsrat genauestens beraten wurde[645], konnte sich darauf hinausreden, daß über Teile der Vorlage eine Einigung zwischen den beiden Kammern nicht erzielt worden sei. Infolgedessen vermöge der König auch dem Gesamtbeschluß über andere Teile nicht zuzustimmen. Änderungen an der Vorlage betreffend Urlaubserteilung zum Landtag wies Ludwig mit der Bemerkung zurück, daß durch die Verwirklichung »unsere königlichen Rechte eingeschränkt würden«. Keine der politisch gewichtigen Regierungsvorlagen ließ sich angesichts der Spannung zwischen Krone und Kammern verwirklichen. Die mitunter brisanten 79 Wünsche und Anträge der Kammern, darunter den Antrag Closen auf »bessere Sicherstellung der Person gegen Übergriffe der Polizei- und Militärgewalt« oder den Antrag Eberz betreffend »Gleichstellung der jüdischen Glaubensgenossen« versprach der Monarch teils in Erwägung zu ziehen, teils lehnte er sie ab. In einigen Fällen wurden Zusagen gemacht oder Revision des gesamten Sachverhalts angekündigt. Ein Rückgang der Regierungsinitiative, verglichen mit dem Überschwang von 1827/28, war nicht zu übersehen, wenn auch noch nicht jenes Maß an Restriktion erreicht war, das das letzte Jahrzehnt der ludovizianischen Regierung kennzeichnen sollte. Desgleichen machte sich deutlich die Tendenz des Königs bemerkbar, den Mitgliedern der Ständeversammlung keine Erfolge zu gönnen und nicht zu ihrer Popularität unter der Wählerschaft beizutragen.

Im August zog sich der König nach Berchtesgaden zurück, von wo er den Gang der Verhandlungen mit gereizten und drohenden Kommentaren begleitete, die erkennen lassen, wie sehr ihn seine Mißerfolge und die lange Dauer der Ständeversammlung verdrossen haben. Daß der Landtag seinen Zeitplan für das Jahr 1831 durcheinandergebracht hatte, nahm er besonders übel.

Auch später noch sprach er von der »längsten und schlechtesten« aller Ständeversammlungen. Das aus einer schwierigen Situation hervorgegangene und gewiß nur taktisch gemeinte Angebot einer Verständigung zwischen Regierung und Kammermajorität war längst wieder vergessen. Wenn man schon die Opposition der Abgeordnetenkammer nicht durch gouvernementale Mehrheiten lahmlegen konnte, so bot sich als vorerst probates und ziemlich zuverlässiges Mittel an, die Zweite durch die Erste Kammer zu paralysieren. »Ich erwarte«, schrieb der König am 31. Juli, »von der Kammer der Reichsräte, daß sie einen Damm abgeben wird gegen die Anmaßungen jener der Abgeordneten«[646]. 1831 war dies keine Fehlrechnung. Der König beobachtete nicht nur die Vorgänge im Landtag, sondern auch die Stimmung in der Hauptstadt und den verschiedenen Landesteilen. Im Juni 1831 suchte er nachdrücklich eine Stockung an den beiden großen Münchner Kirchenbauten zu vermeiden, um eine Massierung der Erwerbslosen und damit die steigende Gefahr von Unruhen zu beseitigen[647]. Er hatte Grund zu der Annahme, daß die revolutionäre Bewegung, wenn auch mit charakteristischer Phasenverschiebung, in Süddeutschland noch nicht ausgelaufen war, und er richtete sich auf ihre Bekämpfung ein.

3. Beseitigung der Minister-Opposition

Mehr als den Abgeordneten, von denen er Opposition erwartete, zürnte der König den Ministern, die ihm den gewünschten parlamentarischen Erfolg nicht verschafft und sich ihm sogar widersetzt hatten. Noch behaupteten Armansperg und Zentner ein, von der späteren ludovizianischen Zeit her gesehen, erstaunliches Maß an Selbständigkeit. Zentner ließ sich überdies als verdienstvoller Greis und lebendes Denkmal einer ganzen Epoche nicht so behandeln wie ein junger Minister. Die weltanschaulichen und sachlichen Gegensätze des Königs zu Zentner und Armansperg waren gewiß erheblich. Aber zumindest bei Armansperg tut man gut, nicht darin, sondern in des Königs Mißtrauen und Eifersucht gegen einen zur Selbstherrlichkeit neigenden Staatsmann den wahren Grund einer schon vor 1830 eingetretenen Entfremdung zu sehen. Anfang 1830 hinterbrachte Tann dem König, Armansperg sei »das Wort entschlüpft, es gäbe nur Minister, kein Ministerium in Bayern«. Darauf der König: »Seine herrschsüchtige Richtung ist mir nichts Neues«[648]. Und 14 Tage später: »Armansperg will König sein«[649].

Solche, des Königs Motive enthüllende Äußerungen wiederholten sich 1830/31. Im November 1830 machte der König Armansperg deutlich, daß sie auf außenpolitischem Feld nicht mehr harmonierten, und faßte insgeheim den Entschluß, Armansperg nach dem Landtag als Außenminister durch Gise zu ersetzen[650]. Während des Landtags blieben dem König die Quertreibereien Zentners und Armanspergs nicht verborgen. Die fehlende Geschlossenheit des Ministerrats, vom König freilich nur als geschlossene Unterstützung seiner Person gewünscht, bereitete Ludwig Sorgen[651]. Für den Fall, daß es Stürmer gelungen wäre, den Landtag dem König gefügig zu machen, wollte Ludwig ihn zwar gleichwohl nicht als Innenminister behalten, doch hätte er ihn mit dem Justizministerium belohnt[652]. Schenk unterminierte jedoch die Stellung seines Nachfolgers[653], und der König mußte alsbald die Erfahrung machen, daß Stürmer seine Überzeugungen nicht preisgab und dem Prinzip eines selbständig handlungsfähigen Ministeriums huldigte. Für den König ein Beweis, daß ihn der Ministerverweser »knebeln« wolle. Schenk gab noch einen weiteren Hinweis, der sich in des Königs stets waches Mißtrauen geradezu hineinbohren mußte: »Freilich kämpfen mehrere nur deshalb so eifrig gegen eine *Kabinetts*regierung, weil sie nur eine *Minister*regierung wollen, die ganz verschieden ist von einer königlichen Regierung mit ministerieller Verantwortlichkeit.«

Kaum war eine Woche nach Absendung des Schenkschen Briefes vergangen, als sich der König, wie zur Bestätigung der Schenkschen Analyse, am 6. Juni einem Aufbegehren der Minister, verbunden mit Angriffen auf den abgetretenen Schenk und den Kabinettssekretär Grandaur, gegenüber sah, das nach Ludwigs Maßstäben einer Rebellion der höchsten Staatsdiener gegen seine Person nahe kam[654]. Unmißverständlich gaben die Minister dem König die Schuld an der verfahrenen Lage, in die Krone und Ministerium gegenüber dem Landtag geraten waren: Die vom König gestellten beiden Fragen hätten *vor* der Ständeversammlung geregelt werden müssen. Gegen das autokratische Regiment des Monarchen wurde ausgeführt: »Bis gegenwärtig sei keinem der Minister ein System der Staatsregierung in Beziehung auf die ständischen Angelegenheiten noch auf die innere Verwaltung des Reiches noch in Beziehung auf die Verhältnisse Bayerns gegen die äußeren Staaten, soweit diese auf die innere Verwaltung Einfluß haben, bekannt, jeder Minister stand einzeln, handelte einzeln und nicht selten, daß Verfügungen ohne seine Kenntnis erlassen und ausgeschrieben wurden, die nach der von dem Könige gegebenen Instruktion für die Ministerien zu seinem Ressort mitgehörten.« Nach dieser Einleitung wurden die Klagen gegen den König spezifiziert und vor allem sein willkürliches Verfahren, durch andere Organe als die ministeriellen auf die Kammer Einfluß zu nehmen, der Kritik unterzogen. Die Zensurverordnung bezeichneten die Minister ohne Umschweife als verfassungswidrig, und sie forderten ihre Aufhebung, ohne daß man der Kammeropposition Garantien abverlange. Die drei opponierenden Minister legten überdies ein Bekenntnis zur Pressefreiheit ab, wie es zum damaligen Zeitpunkt dem König nahezu als absurd erscheinen mochte. Noch mehr mußte den König treffen, daß der einhellige Wunsch geäußert wurde, den politischen Entscheidungsprozeß in das (freilich erst noch zu schaffende) »Gesamt-Staatsministerium« zu verlegen. Die pflichtgemäße Beantwortung seiner Fragen durch die Minister fuhr dem Herrscher offenbar derart in die Glieder, daß er die Stellungnahme entgegen seiner sonstigen Gewohnheit unbeantwortet ließ. Er legte die Beschwerden der Minister so aus, als hätten sie ein Gegenzeichnungsrecht verlangt und als wollten sie ihn kontrollieren[655]. Als man in Griechenland von König Otto Gegenzeichnungen der Minister forderte, schrieb ihm Ludwig: »Auch mir wurde im Jahre 1831 ein solches Ansinnen gemacht, was ich verwarf.« Gegenzeichnung »zernichtet ... einen Teil der Königsmacht«[656]. Dem König blieb auch nicht verborgen, daß Armansperg weder in der Presse noch im Landtag nennenswerte Angriffe auf sich ergehen lassen mußte. Einige Deputierte feierten ihn sogar als Freund des Volkes und Verehrer der Konstitution[657]. Nicht zuletzt aus solchen Gründen erschloß sich der König seit längerem der permanenten Befehdung des Außenministers durch Metternich. Metternich ließ den König wissen, daß man zu Armansperg keinerlei Vertrauen fassen könne und von ihm »unangemessene Mitteilungen« an Frankreich gewärtige[658]. Noch vor der Jahresmitte 1831 äußerte Ludwig zu Wrede: »Fürst, ich kann es nicht erwarten, des Armanspergs los zu werden«[659].

Wrede rückte in der bewegten Übergangszeit zwischen Schenk und Wallerstein zum homo regius auf. Als Präsident der Ersten Kammer waltete er loyal und umsichtig seines Amtes und gleichzeitig bildete er im Ministerrat, dem er seit Mai präsidierte, ein Gegengewicht zur opponierenden Gruppe, obschon er deren Kritik und der Forderung nach Aufhebung der Zensurverordnung beistimmte. »Der König«, schrieb Thiersch im Juli an Cotta, »spricht, wie man sagt, die Minister gar nicht mehr, dagegen täglich den Fürsten Wrede ...«[660]. Voll vermochte der Marschall freilich auch damals den extremen Anforderungen des Königs nicht zu entsprechen, und zwar nicht nur, weil er an Kenntnissen, Routine und Amtseifer es mit seinen Kollegen nicht aufnehmen konnte, sondern auch aus besserer Einsicht in das innenpolitisch Mögliche, die dem König als Schwäche erschien. Ludwigs Resümee zum Jahresende 1831: »Gut meinend, aber doch nicht selten schwach ist Wrede und dennoch ein Glück, daß ich ihn während diesem Landtag an die Spitze des Ministeriums gestellt ...«[661].

Der König war entschlossen, sein autokratisches System noch auszubauen und opponierende Minister ein für allemal nicht mehr zu dulden. In diesem Sinn entstand am 25. Juni 1831 eine Denkschrift »An die künftigen Minister«, die diesen nur mehr die Wahl ließ, zu kontrasignieren oder, falls sie anderer Meinung wären, zu resignieren. Pflichtwidrig sei, ihm heimlich entgegenzuwirken: »Ein bayerischer Minister soll nicht streben, das sein zu wollen, was ein französischer oder ein englischer ist, wie denn auch Bayern eine andere Verfassung hat, und Bayerns König wird sich nie zu der Rolle bequemen, welche deren Könige haben. In den Schranken der Verfassung wird sich Bayerns König halten, aber keine anderen von seinen Ministern sich ziehen, sich nicht den Geschäftsgang von ihnen vorschreiben lassen. Mühevoll ist es, König zu sein, nicht noch mehr sollen dieses die Minister erschweren, nicht wenn der König etwas entschieden hat, wieder darauf zurückkommen, sei es unmittelbar oder mittelbar, und gar Partei gegen den König machen«[662]. Schon im April hatte sich Ludwig den Text eines Entlassungsschreibens des *Außen*ministers Armansperg zurechtgelegt[663], später entschloß er sich zur Auswechslung des gesamten Ministeriums (mit Ausnahme des Kriegsministers) nach dem Landtag. Armansperg, seiner baldigen Entlassung gewärtig, ließ sich nicht beirren, die Politik des Königs über die Presse zu bekämpfen[664]. Schenk und Wrede informierte der König über das »Daß« der bevorstehenden Ministerialveränderung und zog sie zu Rate, doch das »Wie« behielt er sich allein vor[665]. Auf keinen Fall kann man bei der künftigen Zentralfigur Wallerstein, einer politisch begabten, aber unberechenbaren und im tieferen Sinn unsoliden Persönlichkeit, von einem Kandidaten Wredes sprechen. Der Marschall hat ihm von jeher auf das stärkste mißtraut[666]. Parallel zur Umbildung des Ministeriums erfolgte die Ernennung des Kabinettssekretärs Grandaur zum ordentlichen Staatsrat. Auf Grandaurs Wirken während des Landtags durfte der König mit ungetrübtem Wohlgefallen zurückblicken[667].

Den Kurs, den der König 1831 gegenüber Landtag und Ministerium eingeschlagen hat, behielt er unverrückt bis 1848 bei: Extreme Wahrnehmung des monarchischen Prinzips. Die Äußerungen des Monarchen nahmen einen starren und monotonen Charakter an. Auch eine defensive Politik hätte sich einfallsreicher arrangieren lassen. Es bot sich die Losung »Fürst und Volk« gegen Liberalismus und Parlamentarismus an, verstanden als Bündnis von Monarchie und der (vor allem bäuerlichen) Masse der Bevölkerung, seit der Jahrhundertmitte sogar die Kombination »Monarchie und vierter Stand«, um eine von der Mittelklasse geführte Opposition in die Zange zu nehmen. Als anderen Weg sah man an, eben diese Mittelklasse, soweit es sich um ihren gewerblichen und kommerziellen, nicht ihren intellektuellen Sektor handelte, durch großzügige Bereitstellung aller Chancen des Zeitalters des Dampfes und der Industriellen Revolution politisch zu neutralisieren. Schließlich ließ sich durch Organisation eines spezifisch katholischen Konservativismus, getragen von den bäuerlichen und kleinbürgerlichen Schichten, geführt von der Aristokratie und einer kirchlich gesinnten Intelligenz, in Bayern auch ein royalistischer Block gegen den Liberalismus bilden. Für alle diese Varianten einer antiliberalen Politik gab es unter Ludwig I. Ansätze, zu denen die Initiative allerdings nicht vom Herrscher selbst ausging. Seine Linie markierten andere Orientierungspunkte: Aufrechterhaltung von Recht und Gesetz, aber strengste Interpretation der Verfassung nach dem monarchischen Prinzip, obrigkeitsstaatliche Ordnung, Ausbau einer die gesamte Gesellschaft bestimmenden Kirchlichkeit, Ausspielen der Ersten Kammer gegen die Zweite, peinlich genaue Kontrolle der Regierungsarbeit unter dem Gesichtspunkt pünktlichen und exakten Vollzugs der königlichen Befehle. Ludwigs Gedichte aus dem Jahre 1831 beweisen, daß sich auch ein Programm dieser Art poetisch umschreiben ließ.

X.
»VORBEUGEN HEISST DAS GROSSE WORT«

1. Opposition und Reaktion

Die Bewährungsprobe des ludovizianischen Reaktionskurses trat ein, als es im Lande einige Monate nach Schluß des Landtags 1831 zu quasi-revolutionären Unruhen kam. Der seit 1831 zunehmende Widerspruch zur Politik des Königs war nicht über das ganze Land gleichmäßig verteilt. Unzufriedene gab es freilich überall, materielle Not war weit verbreitet, für Verdrossenheit gerade innerhalb des Staatsapparats fehlte es nicht an Anlaß. Hauptursache der oppositionellen Tendenzen im Lande war nicht der Pauperismus, sondern die namentlich unter der jüngeren und mittleren Generation verbreitete Überzeugung, daß man an einem emanzipatorischen Defizit leide. Ein großer Teil der Deputierten machte sich zum Sprachrohr des Mißvergnügens, und die Presse artikulierte das politische Unbehagen. Vorschub leisteten der Mißstimmung zahlreiche Zirkel und Gruppen, Freundeskreise und Stammtische, Bürgervereine und Gesellschaften, die mit Geselligkeit, Gemeinnützigkeit und Wohltätigkeit politische Kontaktnahme und Meinungsbildung verbanden. Die Hilfskomitees für geflohene polnische Revolutionäre lebten aus nicht nur humanitären, sondern auch liberalen Impulsen, aber man kann sie nicht als Ferment eines innerbayerischen Widerstands bezeichnen[668]. Eine Massenbasis für organisierte und ernst zu nehmende politische Opposition war Anfang der dreißiger Jahre nur in der Pfalz und in einigen fränkischen Städten vorhanden; in München offensichtlich noch nicht. April 1832 berichtete der lebenslustige Seinsheim seinem König nach Ischia: »Mit Freuden kann ich Eurer königlichen Majestät sagen, daß wir hier so ruhig leben, als es in dieser bewegten Zeit immer möglich ist. Die Stimmung ist durchaus unter dem Bürgerstand sehr gut. Nur in den Köpfen der sogenannten gebildeten Klasse und leider auch mancher Beamten spukt das liberale Wesen«[669].

Den Hauptgrund für die pfälzische Opposition gegen München bildete mehr noch als konkrete Beschwerden der im Sinne des Liberalismus politisch fortgeschrittenere Zustand der Bevölkerung, verglichen mit dem rechtsrheinischen Bayern, Altbayern zumal. Schon seit 1830 hatten der Ton der pfälzischen Presse und die Stimmung im Lande an Aggressivität beständig zugenommen. Mit der Gründung des Preß- und Vaterlandsvereins, der ersten großen radikaldemokratischen, einer politischen Partei bereits nahekommenden Organisation auf bayerischem Boden, am 3. Februar 1832[670], setzte eine noch lebhaftere Agitation in der unruhigen Provinz ein. Die Auflösung des Vereins durch einen Erlaß des Königs vom 27. Februar mit Datum vom 1. März, und nicht erst durch den einen Tag späteren Bundestagsbeschluß, vermochte die Effizienz der Organisation zunächst noch nicht zu unterbinden. Der pfälzischen Ereignisse im Frühjahr 1832 hat sich die Geschichtsschreibung sorgfältig angenommen[671]. Höhepunkt der vormärzlichen Bewegung im »Nebenstaat« bildete das in die Geschichte eingegangene, als »Nationalfest« veranstaltete »Hambacher Fest« am 27. Mai 1832[672], dessen Verlauf, Begleit- und Folgeerscheinungen das Münchner »System« erschrecken mußten, und zwar nicht nur im Hinblick auf das Verhalten der Bevölkerung, sondern auch wegen des unzulänglichen Auftretens der Staatsorgane. Nicht im gleichen Maße besorgniserregend verlief das gleichzeitige fränkische Verfassungsfest im Schloßpark von Gaibach[673], doch urteilte man in München bereits unter dem Eindruck der Hambacher Vorfälle. Über die oppositionellen Kräfte und Tendenzen in Würzburg war man in der Zentrale gut unterrichtet.

In der Landeshauptstadt suchten König und Minister unmittelbar nach dem Fest die Dinge nach außen zunächst herunterzuspielen, weil man dem Drängen Metternichs und seiner Diplomatie nach einem schärferen Kurs und vorbehaltloser Unterordnung unter die Bundestagsbeschlüsse vom 28. Juni 1832 (die »sechs Artikel«) nicht weitere Argumente liefern wollte. Vor allem wollte man den Anschein vermeiden, man werde mit der Unordnung im Lande nicht mehr allein fertig. Intern war man sich jedoch über die Tragweite der Vorfälle, vor allem in der Pfalz, völlig im klaren. Der Monarch war überzeugt von der Existenz einer internationalen revolutionären Verschwörung. Ihr gegenüber glaubte er sich in einer Notwehrsituation zu befinden, die zu ungewöhnlichen Maßnahmen berechtige. »Vorbeugen heißt das große Wort«, schrieb er später einmal dem Sohne Otto[674]. Er beließ es allerdings nicht bei kalkulierter Präventivstrategie und der Statuierung von Exempeln. Sein cholerisches Temperament trieb ihn darüber hinaus in eine – immerhin noch durch die Bindung an Verfassung und Gesetz gezügelte – zornmütige Strafmentalität hinein. Aus seinen Worten sprach das gekränkte Selbstgefühl eines Landesvaters, der zu bemerken glaubte, daß man sein Wohlwollen und die tätige Mühe um seine Untertanen mit schnödem Undank lohne, und sich verpflichtet fühlte, zu verhindern, daß in seinem Königreich alles drunter und drüber gehe. Die Bayern sollten einen unerbittlichen König kennenlernen, der, wenn es die Unbelehrbaren nicht anders haben wollten, mit eiserner Faust durchgreifen konnte und Herausforderungen seiner allerhöchsten Person zu sühnen wußte. Was 1832 und in den folgenden Jahren an repressiven Maßnahmen erfolgte, fand nicht nur die Billigung Ludwigs, sondern ging unmittelbar von ihm aus. Er selbst entwarf den Operationsplan zur Verteidigung der, wie ihm schien, bedrohten Existenz des Landes und überwachte nach seiner Art alle Details der Ausführung. Er stand als unermüdlicher Antreiber hinter den administrativen und jurisdiktionellen Schlägen, die nunmehr die Opposition trafen.

2. »Pazifizierung«

Der König hatte zwischen dem Landtagsende 1831 und den Vorfällen in Hambach und Gaibach keineswegs die Hände in den Schoß gelegt. Das hat er lebenslang nie getan; er konnte es gar nicht. Auf den Sitzungen des Ministerrats wie des Staatsrats standen die Fragen der Pressezensur, der politischen Vereine und insbesondere der Aufrechterhaltung der öffentlichen Ruhe und Ordnung im Rheinkreis bis hin zur Erörterung von Truppenverlegungen dorthin an erster Stelle[675]. Ludwig begann seine Ausführungen in den Gremien häufig mit Bemerkungen der Art, »daß unverkennbar ein Geist des Aufstandes, ja der Auflösung durch Versuche aller Art nach Deutschland sich einzudrängen suche, daß eine Faktion offen den Umsturz aller Throne und alles Bestehenden erstrebe, daß es Allerhöchst Ihr fester Entschluß sei, diesem gesetz- und verfassungswidrigen Beginnen im Verein mit den übrigen Fürsten kräftig und wirksam entgegenzutreten...«[676]. Es folgten Klagen über die Laxheit vieler Beamter, Drohungen und schließlich Erörterungen über zu ergreifende Maßnahmen und über grundsätzliche Rechtsfragen im Verhältnis Bayerns zum Bund bei der einzuschlagenden Politik[677].

Schon Monate vor Hambach und Gaibach drängte der König auf personelle Säuberungen, Überwachung, Ausweisung von verdächtigen Ausländern, Zügelung der Presse, Entfernung ungeeigneter oder »schädlicher« Elemente aus Universitäten und Amtsstuben, Auflösung akademischer Verbindungen. Keinen Tag ließ er seine Mitarbeiter zur Ruhe kommen. Beständig erwartete er Vorschläge über verfassungsmäßige Mittel gegen »Preßunfug«, »damit nicht mein Volk nach und nach von diesem Schwindelgeist ergriffen und vergiftet werde«[678]. Er forderte, daß der »Westbote« und die »Deutsche Tribüne« »... physisch oder moralisch unterdrückt, d. h. entweder zum gänzlichen Aufhören oder zu einer Unbedeutendheit, daß solche niemand mehr liest, gebracht werden«[679]. Bei allen Stellenbesetzungen begehrte der Monarch zu wissen, welcher politischen Gesinnung der betreffende Anwärter huldige, ob er den monarchischen Grundsätzen treu und ergeben sei. Im Tempo und in der Intensität der vorzunehmenden »Einschreitungen« konnte ihn schlechterdings niemand zufriedenstellen. Dem Fürsten Wallerstein, der unbeteiligten Beobachtern zufolge zu einer »activité prodigieuse« neigte, warf er vor, daß von seiten der Staatsregierung nichts geschehe[680]. Allerdings hätte der Fürst, der seinem schwierigen Monarchen nur ganz selten direkt widersprach, auf sich allein gestellt weit elegantere und mildere Lösungen bevorzugt und wahrscheinlich auch gefunden. Was an ihm lag, hat er alles getan, um die Situation zu entschärfen. Dem mißtrauischen König entging dies nicht; er wurde ärgerlich und ausfallend.

Wallerstein riet schon früh zu Truppenverstärkungen im Rheinkreis, allerdings nur in begrenztem Umfang, und dies genügte diesmal dem König nicht, obschon eine umfangreichere militärische Präsenz seinen Sparprinzipien zuwider lief[681]. Als er am 28. Juni 1832 Wrede als »Hofkommissär« in die Pfalz entsandte[682], stattete er ihn mit einer ansehnlichen Truppenmacht aus. Das Auftreten der bewaffneten Macht und der von Wrede verhängte Belagerungszustand genügten, um die unruhigen Pfälzer »zur Räson« zu bringen. Die demonstrative Entfaltung militärischer Stärke war begleitet von Hausdurchsuchungen, Verhaftungen, Amtsenthebungen und Veränderungen im Verwaltungsapparat. Prozesse folgten. Schon im August konnte der König die militärische Demonstration beenden. Wrede versäumte nicht, sich dem König und vor allem Metternich gegenüber, mit dem er seit Jahren korrespondierte, mit markigen Worten gegen die Pfälzer zu empfehlen. Er bezeichnete auch die Vorwände näher, unter denen nach seiner Meinung die Pfalz ihrer bisherigen Privilegien könnte verlustig erklärt werden[683]. Vor Ort bewies er sich jedoch wie stets als Mann der Vorsicht und der Mäßigung. Er unterließ es auch nicht, positive Maßnahmen für die Pfalz vorzuschlagen, wie man sie bereits im Ministerrat in Erwägung gezogen hatte. Auch der von Wrede so wenig geschätzte Wallerstein betätigte sich in der pfälzischen Frage als Moderator im wörtlichen Sinne. Gewiß legte er im Ministerrat einen ganzen Katalog repressiver Maßnahmen vor[684]; ein Schwall antirevolutionärer Tiraden stand ihm stets zur Verfügung. Noch vor dem Hambacher Fest trug er sich mit dem Gedanken, persönlich im Rheinkreis nach dem Rechten zu sehen und das Praevenire zu spielen: »Ich wollte persönlich nach Speyer. Ich traue mir Mut, Entschlossenheit, Ruhe und savoir faire genug zu, um dort ein Regiment zu ersetzen«[685]. Damals wurde jedoch seine Anwesenheit im Ministerrat gewünscht, und erst Oktober/November 1833 vermochte er seine Inspektionsreise in die Pfalz anzutreten, von der er in dramatisierender Selbstdarstellung dem König von Eifer triefende und psychologisch sehr geschickte Berichte übermittelte[686]. Vergleicht man seinen Aufwand an Rhetorik und die tatsächlich ergriffenen Maßnahmen[687], so läßt sich erkennen, daß der Fürst in raffiniert verdeckter Weise mehr auf moralische Einwirkung und Beruhigung als auf strafendes Eingreifen ausging. Der Scharfmacher war der König.

Dies galt auch für die »Pazifizierung« Würzburgs. Die Tagebücher Platens vermitteln uns von Würzburg ein behagliches Bild der biedermeierlichen Kronprinzenresidenz. Es kommt den tatsächlichen Verhältnissen vielleicht nahe, sieht man von den gegen die Juden gerichteten Krawallen 1819 ab. Aber seit der Dichter seine Beobachtungen und Reflexionen zu Papier gebracht hatte, war die politische Stimmung in der Stadt radikalisiert worden, wenn auch kaum in dem Maße, wie es ehrgeizige Denunzianten (der Privatdozent Berks[688] an der Spitze) den König glauben machen wollten. Sie hatten jedoch mit ihren Verdächtigungen Erfolg. »Der Hauptsitz der Ultraliberalität hat sich offenbar in Würzburg gebildet, und es scheint daher dringend notwendig, dieses Nest zu sprengen«, signierte Ludwig[689]. Nicht bestreiten ließ sich, daß an der Universität eine ansehnliche liberale Gruppe von Hochschullehrern wirkte, in Bürgergesellschaften Überzeugungen vorherrschten, die mit dem ebenfalls in Würzburg erscheinenden »Bayerschen Volksblatt« konform gingen, und innerhalb der Studentenschaft, der Handwerkerkreise und der Unterschicht ein zu Aufsässigkeit und Ausschreitungen geneigtes Potential vorhanden war.

Als Symbolfigur doktrinärer Opposition galt der seit 1822 vom Landtag durch königliche Entschließungen ferngehaltene Bürgermeister Behr, vormals Professor an der Würzburger Universität, der auf dem Gaibacher Fest Kritik an der Verfassung und dem politischen Zustand Bayerns geübt hatte[690]. Seine Gaibacher Rede sollte ihm zum Verhängnis werden. Er war nicht der einzige Würzburger, der oppositionelle Äußerungen und Handlungen mit langjähriger Haft zu büßen hatte. Der König gab Würzburg seine Ungnade zu erkennen. Eine Deputation der Stadt, die ihn über die Gaibacher Vorgänge und die loyale Gesinnung Würzburgs aufklären sollte, empfing er nicht, weil Behr ihr angehörte[691]. Eine schriftliche Ergebenheitsadresse erlaubte er zwar, verband aber seine Antwort mit scharfem Tadel für die oppositionelle Minderheit Würzburgs. Ein Verteidigungsschreiben Behrs erwiderte er mit einem barschen Hinweis darauf, daß die polizeiliche Ordnung in Würzburg erschlafft sei und Behr zu den Unterzeichnern einer Adresse gegen die Bundestagsbeschlüsse zähle: »Unter solchen Verhältnissen kann allerdings die Regierung ein Vertrauen zu Ihnen nicht hegen«[692]. Inzwischen war bereits eine Anweisung des Königs an Wallerstein ergangen, wegen der Gaibacher Rede Behrs eine Untersuchung einzuleiten[693]. Schon verbreiteten sich Gerüchte, der König wolle die Universität auf drei Jahre schließen. Ausgeführt wurde die Verlegung des Appellationsgerichts von Würzburg nach Aschaffenburg. Mit solchen Maßnahmen konnte man die kleinen, nur gering industrialisierten Städte von damals schwer treffen, weil jede Wegverlegung einer Behörde die Wirtschaft schädigte. Alsbald zeigte sich, auf welch schwachen Beinen der Oppositionsgeist der Würzburger Majorität stand. Angst und Verzagtheit verbreiteten sich in der Stadt. Das Würzburger Gemeindekollegium distanzierte sich von Behr mit der Begründung, die Stadt werde solange nicht mehr der Gnade des Königs teilhaftig werden, als Behr an ihrer Spitze stehe, und reichte einen Antrag auf Quieszierung des Bürgermeisters ein, dem durch königliches Dekret vom 11. Oktober 1832 entsprochen wurde[694]. Damit fing der Leidensweg Behrs aber erst an.

Das Denunziationswesen blühte. Im Juli 1832 forderte Ludwig den Innenminister auf, die »gutgesinnten« Professoren Würzburgs in privaten Schreiben zu ermuntern, ihre »Notizen über die Denk- und Handlungsweise der betreffenden Individuen ganz ihrem Eid gemäß zu eröffnen«[695]. Gemeint waren die »schlechtgesinnten« Kollegen. Die »Epuration« der Universität war bereits seit dem Frühjahr im Gange[696]. Die mit pragmatischen Rechten ausgestatteten Professoren durfte man ohne Gerichtsverfahren, dessen Ausgang für die Regierung kaum viel versprochen hätte, zwar nicht entlassen, doch verhinderte das

Beamtenrecht nicht, daß man Lehrstuhlinhaber in den Ruhestand versetzte oder sie von ihren Lehrstühlen entfernte und auf Verwaltungs- oder Justizstellen verwendete, die ihrer Fachrichtung entsprachen. Auch Einschränkungen der Venia wurden vorgenommen. Froh konnte sein, wer nur an die Universität Erlangen versetzt wurde. Versetzungen an Lyzeen hat der König in Erwägung gezogen. Die Akten über die »Reinigung« der Universität lassen eindeutig erkennen, daß in jedem einzelnen Fall Weisungen des Königs vorlagen. Bei Neuberufungen verhielt sich der Monarch vorsichtiger und zurückhaltender denn je. Gegen die Studenten hat man strengste Maßnahmen ergriffen[697]. Die von ihren Gegnern als »Ultrajacobinerklubs« verleumdeten Bürgergesellschaften wurden aufgehoben, und Veränderungen im Staatsapparat sorgten dafür, daß besonders energische Vertreter des Regierungskurses die Stadt unter ihre Kontrolle nahmen.

Wer mitgeholfen hatte, das Würzburger »Nest zu sprengen«, durfte der Huld des Monarchen sicher sein; der Denunziant Berks an erster Stelle. Den Stadtkommissär Wiesend, der sich um die »Erledigung« des Falles Behr »Verdienste« erworben hatte, belobigte der König, und einem besonders eifrigen Polizeiwachtmeister ließ er eine »Remuneration« von 50 fl. zuteil werden[698].

3. Justizterror oder: die Stunde Hoermanns

Der König besaß durchaus Sinn für ein der Staatsräson übergeordnetes Recht, aber dies änderte nichts an seiner Überzeugung, daß Staatsschutz primäre Aufgabe der Rechtsprechung sei. In einem Notstand die Justiz im Sinne einer Abschreckungsstrategie gegen die Feinde der Monarchie einzusetzen, hielt er für legitim. Die Ansichten des Königs und die vieler seiner auf Unabhängigkeit pochenden Richter über Grenzen der Strafbarkeit und Verhältnismäßigkeit der Strafen gingen weit auseinander. Infolgedessen war Ludwig auf die »laxen« Richter schlecht zu sprechen, und er tat das Äußerste, um sie sich gefügig zu machen. Im Juni 1832 empfing er den Justizminister Max Freiherr von ZuRhein, um ihm seine Unzufriedenheit mit dem bisherigen Verfahren des Ministeriums zu erkennen und Direktiven zu geben. ZuRhein starb noch im Oktober 1832[699]. Im gleichen Monat schon berichtete sein Amtsnachfolger Sebastian Freiherr von Schrenck: »Durch die vielen energischen Einschreitungen, die mehrfachen in Preßsachen an die Appellationsgerichte ergangenen Belehrungen, Zurechtweisungen und Ahndungen, die das neugebildete Justizministerium seit seiner Konstituierung ohne Unterlaß nach mühsamer Durchgehung aller Preßakten des ganzen Königreichs erlassen hat, ist es nun endlich zur Erhaltung der öffentlichen Ruhe, Sicherheit und Ordnung dahin gekommen, daß bei den meisten Gerichten der bessere Geist erwacht ist, nunmehr mehrere Spezial-Inquisitionen erkannt sind und der Verurteilungen noch mehrere nachfolgen werden, wodurch sich die gestörte öffentliche Ruhe und Sicherheit zum Wohle Allerhöchstdero getreuen Untertanen wiederherzustellen angefangen hat ...«[700]. Den König hatte einige Monate zuvor der Gedanke beschäftigt, Gerichte, deren Urteile vom Oberappellationsgericht verworfen würden, selbst in den Anklagezustand zu versetzen (»Die Staatsregierung ist durch nichts mehr gehemmt als durch die Gerichte, es scheint ihr, daß sich dem abhelfen lasse«[701]). Von diesem Einfall kam er, offensichtlich eines Besseren belehrt, wieder ab. Im August 1833 besuchte der König das Appellationsgericht des Isarkreises, das sich zur Zentrale der justiziellen Verfolgung der Opposition auszubilden im Begriffe stand, und ermahnte die Richter, was einem beflissenen Bericht des Präsidenten von Hoermann zufolge »heilsam« wirkte[702]. Wrede ließ Metternich schon Anfang Juni wissen, der König habe es »mit Donnerkeilen, die er auf seine Gerichte losgelassen, soweit gebracht, daß höchstwahrscheinlich der berüchtigte Eisenmann zum Tode und Hofrat Behr zu zehnjährigem Gefängnis wird verurteilt werden«[703].

Das Antreiben des Königs löste eine Lawine von Prozessen wegen Hochverrats, Majestätsbeleidigung und ähnlichen Delikten aus[704]. Hunderte verschwanden auf Jahre, manchmal viele Jahre, hinter den Mauern von Festungen, Zuchthäusern und Arbeitshäusern. Auch Todesurteile wurden ausgesprochen, allerdings keines vollstreckt. Hinter dem Vorgehen der Justiz stand der oberste Gerichtsherr des Landes, der nicht müde wurde, seinen Richtern äußerste Härte nahezulegen und sie gegen »falsche Humanität« immun zu machen.

Für die in die Mühlen der Justiz Geratenen machte es einen Unterschied, vor welches Gericht sie gestellt wurden. Von den Geschworenen im Rheinkreise, aber auch von vielen der dortigen Berufsrichter, durften sie Milde und Sympathie erwarten. Es kam zu aufsehenerregenden Freisprüchen, die der König mit Empörung zur Kenntnis nahm. Insbesondere verdroß ihn das »schwache« Benehmen des pfälzischen Generalprokurators

Schenkel. Der Redakteur Wirth erzielte 1832/33 Freisprüche durch zwei Schwurgerichte, bis ihn schließlich doch das Zweibrücker Bezirksgericht auf zwei Jahre hinter die Gitter der Kaiserslauterner Strafanstalt brachte[705]. Den prominenten Radikalen Schüler, Geib, Savoye und Siebenpfeiffer, diesem nach seiner Verurteilung und Inhaftierung, glückte die Flucht über die Grenzen Bayerns.

Auch von manchen rechtsrheinischen Gerichten war für die Absichten des Königs »nichts Gutes« zu erwarten, wie sich der Minister Schrenck ausdrückte[706]. Aber schon stand der Mann bereit, der, mit beinahe perverser juristischer Findigkeit ausgestattet, bereit war, die Justiz hemmungslos in den Dienst der »guten Sache« zu stellen: Joseph von Hoermann. Der gebürtige Tiroler, einst Mitarbeiter der Zeitschrift »Alemannia«, hatte es unter Rechberg zum Ministerialrat im Außenministerium gebracht. Wahrscheinlich hat man damals schon spezifische Begabungen des Ehrgeizigen entdeckt, weil man ihn als Mitglied der Mainzer Zentraluntersuchungskommission abordnete[707]; vielleicht wollte man ihn auch in München loswerden. Ludwig schätzte ihn anfänglich durchaus nicht. Er ärgerte sich über die Unzufriedenheit des Strebers[708], und als man in einer Staatsratssitzung am 22. November 1830 sich genötigt sah, einer Denunziation Hoermanns gegen richterliche Kollegen nachzugehen, erklärte der König, er lege auf Äußerungen Hoermanns »kein großes Gewicht«[709]. Anfang 1832 scheint der König jedoch schon daran gedacht zu haben, den übereifrigen Diener zum Generalkommissär zu ernennen. Wallerstein riet ab[710], und im April des gleichen Jahres stellte der König Hoermann an die Spitze des Landshuter Appellationsgerichtes. In direktem Briefverkehr mit dem Monarchen, der ihm seinerseits aufmunternde Zeilen zukommen ließ, entfaltete Hoermann dort eine ebenso erstaunliche wie problematische Aktivität. In seinen zahlreichen Schreiben an den König beschränkte er sich keineswegs auf seine Amtsangelegenheiten. Er erging sich in allgemeinen politischen Betrachtungen reaktionärster Art und warf sich über den Kopf des Justizministers hinweg, allerdings vom König, der eine »kräftige, die Gesetze nicht durch Doktrine entstellende Rechtspflege«[711] wünschte, ausdrücklich befragt, zum Gutachter über das bayerische Justizpersonal auf. Der König ging mehr und mehr auf die Ansichten und Vorschläge des Mannes ein, auf die er noch nicht lange vorher »kein großes Gewicht« gelegt hatte. Hoermann trug keine Bedenken, auch seine nächsten Mitarbeiter hinsichtlich ihrer politischen Gesinnung und ihres Arbeitseifers schonungslos zu charakterisieren und im Rundumschlag andere Gerichte anzugreifen. Am Oberappellationsgericht, dessen Präsident, Freiherr von Welden, an sich entschiedener Anhänger Österreichs und der »guten Sache«, sich abfällig über Hoermann äußerte[712], wie im Justizministerium hatte man offensichtlich Angst vor ihm, und man hatte Grund dazu. Mit vorzüglicher Personalkenntnis versehen, ruhte er nicht, bis er die »Epurierung« seines Gerichts von weniger willfährigen Elementen erreicht und eine in seinem Sinn unbedingt zuverlässige Kernmannschaft zusammengestellt hatte[713]. Was Hoermann an den König gelangen ließ, strotzte von Geschmacklosigkeiten, Schmeichelei und Unterwürfigkeit[714]. Es gibt keine schriftlichen Äußerungen des Königs, die erkennen ließen, daß ihm Hoermann auf die Nerven gefallen wäre.

Zu den berüchtigtsten »Erkenntnissen« der von Hoermann betriebenen politischen Justiz zählten die Todesurteile gegen Mitglieder der Studentenverbindung »Germania« (Erlangen) und die Verurteilungen des Bürgermeisters Behr wegen »nächsten Versuchs zum Hochverrat« und Majestätsbeleidigung 1835 zu Festungsstrafe auf unbestimmte Zeit[715] und Eisenmanns wegen des gleichen Vorwurfs zur gleichen Strafe 1836[716]. Die Zuständigkeit des Landshuter Gerichts war in Bayern höchst umstritten und konnte nur durch mühsame Konstruktionen gerechtfertigt werden[717].

Ludwig schwankte Monate, ob er den Gesprächspartner seiner Würzburger Kronprinzenzeit nach erfolgter Verurteilung zur Exilierung begnadigen sollte[717a]. Tann, der Behr persönlich kannte, vermutete, daß beim damaligen Stand der Dinge vom König keine Gnade für den Würzburger Bürgermeister zu erwarten sei. Es beleuchtet die Anpassungsfähigkeit und den Ton Tanns, daß er 1833 an den König schrieb, er sei zufällig in Würzburg Zeuge der »Abführung des großen Bären in die demagogische Menagerie zu München« geworden[718]. Gegen Eisenmann, der es zur Bestürzung Tanns gewagt hatte, ihn als Entlastungszeugen zu nennen – der Redakteur hätte in dieser Hinsicht auch noch andere Prominente Bayerns in Verlegenheit bringen können –, erging sich Tann in bösartigen Beschimpfungen[719]. Der König hat später Behr als »hoffnungslosen Fall« hingestellt, während er Eisenmann der charakterlichen Minderwertigkeit zieh und dabei Ausdrücke verwendete, die er aus Tanns Brief übernommen hatte.

Woche für Woche und manchmal wöchentlich mehrmals liefen Hoermanns Berichte beim König ein, dem solcher Eifer anscheinend mehr und mehr imponierte. Welche Genugtuung Hoermann politische Strafverfolgung bereitete, läßt sich seiner Vollzugsmeldung anläßlich der Verurteilung Eisenmanns entnehmen: »Vor drei Jahren, nachdem ich meine und des Gerichts Kräfte erprobte, gelobte ich, nicht zu ruhen, bis alle, die an Eurer Majestät allerhöchster Person zu freveln gewagt, gefesselt an des Thrones Stufen lägen ... Mein König und Herr! Das Gelübde ist nunmehr gelöst«[720].

Zwischen der Verurteilung Behrs durch das Appellationsgericht und dem Spruch des Oberappellationsgerichts fragte der König bei dem Regierungspräsidenten von Würzburg, Graf August Rechberg, an, ob er es für ratsam halte, daß er im Falle der Bestätigung die Straferkenntnis mildere, fügte jedoch hinzu: »Daß die Bösen nicht ermutigt, die Guten nicht entmutigt werden, dieses ist nicht aus den Augen zu lassen. Was machen die Würzburger Liberalen?«[721] Rechberg erschien es bereits als große Milde, wenn eine Begnadigung auf Zuchthaus für unbestimmte Zeit (in der Regel 16 Jahre) stattfände; »gleichzeitig würde hierdurch aber auch der Hauptzweck erreicht, daß der beinahe 60jährige Behr ... das Ende seiner Strafzeit nicht erleben würde«. Rechberg konnte dem König ferner bestätigen, daß die Liberalen Würzburgs von Furcht erfüllt seien und die Köpfe hängen ließen[722]. Über die allmählich eintretenden Strafmilderungen für Behr und die auf Veranlassung adeliger fränkischer Damen unter Tanns Mitwirkung 1847 (!) erfolgte Begnadigung Behrs und Eisenmanns unterrichtet die Spezialliteratur[723].

Schlimmer noch als Behr sah sich Eisenmann behandelt. Die Erleichterungen für ihn trafen erheblich später und spärlicher ein. Die Gutachten, die Ludwig von dem Grafen Rechberg, inzwischen Oberappellationsgerichtspräsident, und dem Justizministerium über die Zweckmäßigkeit solcher Maßnahmen, auch unter Berufung auf seine »Christenpflicht« anforderte, plädierten in der Regel für äußerste Härte; das Ministerium um Nuancen milder als der Präsident. Dezember 1842 meinte Rechberg, Eisenmann habe sich offenbar den ebenfalls in der Festung Oberhaus eingeschlossenen Häftling Widmann, früher Rechtspraktikant und Herausgeber des »Volkstribun«, zum Vorbild genommen, der bisher noch nie persönlich die Gnade des Monarchen angerufen habe: »Dieser Trotz verdient wirklich keine Berücksichtigung«[724]. Und bei der Beurteilung eines Begnadigungsgesuches des seit längerem zur Zuchthausstrafe verurteilten Würzburger Bürgers Marschall meinte Rechberg, es werde »gut sein, wenn noch ein Dezennium im Strome der Zeit hinabfließt und die physischen Schwächen des Alters ihre gewöhnlich lähmende Wirkung auf die moralische und geistige Kraft geübt haben werden«[725]. In den meisten anderen Fällen erfolgten die Begnadigungen durch den König erheblich früher als 1847.

Was hatten Behr und Eisenmann »verbrochen«? Nach heutigen Begriffen nichts, aber selbst nach der damaligen Rechtslage mußten die Gründe für Anklage und Verurteilung an den Haaren herbeigezogen werden. Auch nach vormärzlichen Maßstäben waren beide Männer einer Rechtsbeugung zum Opfer gefallen[726].

Die Denunzianten und Strafverfolger hat der König belohnt. Berks wurde nach München berufen, wo man ihn zum Hofrat und Sekretär der Königin ernannte[727] und ihm eine Professur verlieh. Schließlich zog er als Ministerialrat in das Innenministerium ein, an dessen Spitze er 1847 unter problematischen Umständen gelangte. Hoermann gedachte der König zum Oberappellationsgerichtspräsidenten zu ernennen. Als er Seinsheim befragte, wie sich die öffentliche Meinung über Hoermann äußere, erhielt er zur Antwort: »Er tut dem Recht Gewalt an«[728]. 1844 kam Ludwig auf sein Vorhaben zurück, stieß aber auf solchen Widerstand des Justizministeriums, das mit dürren Worten zu erkennen gab, Hoermann werde vom ganzen bayerischen Richterstand verabscheut, daß er es sein ließ. Zur Entschädigung ernannte er Hoermann, dem man in München den Namen des »Wüterichs Ali Pascha von Janina« angehängt hatte, zum Staatsrat im ordentlichen Dienst. Seit 1840 amtierte Hoermann als Regierungspräsident von Oberbayern.

Der König glaubte, es der bayerischen Staatsräson und seinem Thron schuldig zu sein, mit solcher Rücksichtslosigkeit vorzugehen. Er hatte den Umsturz alles Bestehenden und den Untergang der Monarchie vor Augen. Die Erinnerung an die Französische Revolution hielt ihn in Bann. Die Männer an der Spitze der bayerischen Rechtspflege taten alles, um den König in seinem Kurs zu bestärken und sein Gewissen zu beruhigen. Für das Verwerfliche am Handeln Hoermanns scheint dem König jeder Sinn gefehlt zu haben. Es sieht nicht so aus, als ob er ihn nach Gebühr verachtet hätte. Anscheinend hat er den Beteuerungen des Fanatikers, der Hoermann bestenfalls war, Glauben geschenkt. Naivität?

Obwohl man den ludovizianischen Justizterror nicht verharmlosen darf, wird man gut tun, ihn mit entsprechenden Phänomenen in anderen Staaten und Epochen zu vergleichen. Der König hat vorübergehend erreicht, was ihm vorschwebte. Bayern konnte von 1834 bis 1848 alles in allem als »terra pacata« gelten. Gewiß mit Unterschieden: Würzburg kapitulierte sofort, die Pfalz im Grunde nie. Für den zweiten Abschnitt der Herrschaft Ludwigs in den Jahren ab 1832 waren die Zeichen gesetzt. Der Monarch regierte, wie Max Spindler formuliert hat, nicht gegen die Verfassung, aber möglichst ohne sie. Keinen Zentimeter wollte er mehr zurückweichen. Aber selbst in der Reaktionsphase kam er nicht völlig ohne Konzessionen und Kompromisse aus. Die Geschichte der Reaktion in Bayern hat freilich noch eine andere Seite, die schon im Vorstehenden ins Blickfeld gerückt ist. Hätten sich in den Ministerien oder sonst an der Staatsspitze nur ein halbes Dutzend Männer vom Schlage Hoermanns gefunden, so wären noch weit finsterere Zeiten über Bayern hereingebrochen. Extremisten um den Thron hätten, gedeckt durch den nun einmal auf Reaktionskurs festgelegten und seinem Temperament und seiner Furcht unterliegenden Monarchen, Schlimmes anrichten können. Tatsächlich haben jedoch die meisten Verantwortlichen, Wallerstein an der Spitze, viel getan, um abzuwiegeln, zu besänftigen und abzulenken. Man muß sehr zwischen ihren verbalen Kraftakten und ihrem Handeln unterscheiden.

XI.
HELLAS

1. Philhellenismus

Zu den gewinnenden Zügen Ludwigs zählte, daß er sich lebenslang begeistern konnte. Noble, uneigennützige Motive haben ihn für die Sache der Griechen eintreten lassen. Mit der Errichtung der bayerischen Sekundogenitur in Griechenland verschob sich das Engagement für Hellas auf eine andere Ebene und geriet in das Elend der Realpolitik. Aber dies besagt nichts gegen die Integrität der ursprünglichen Beweggründe des Königs noch gegen ihre Bewahrung auch während einer Periode, in der sie von ganz anderen Gesichtspunkten überlagert wurden. Es trifft völlig zu, wenn Ludwig 1846 gedichtet hat:

»Ob Monarchie sie würde, ob Republik, ich befaßte
Mich damit nicht, der ich wollt' Hellas Befreiung allein«[729].

Die philhellenische Bewegung[730], die, Komplementärerscheinung zum Freiheitskampf der Griechen, im zweiten Jahrzehnt des 19. Jahrhunderts und schon früher die öffentliche Meinung Europas ergriff, speiste sich aus mehreren Quellen. Die europäischen Gebildeten waren sich des Anteils der griechischen Antike an ihrer Kultur bewußt. Sie verknüpften in romantischem Enthusiasmus die Geschicke der Griechisch sprechenden Bewohner klassischen Bodens mit der ihnen aus Unterricht und Lektüre geläufigen klassischen Vergangenheit. Die Intellektuellen-Religion des Neuhumanismus fand Gelegenheit, sich zu aktualisieren und zu politisieren. Ohne damit einen Widerspruch zur heidnischen Tradition der Antike zu verbinden, sah die westliche Christenheit in den Neugriechen Glaubensverwandte, deren Befreiung von osmanischer Tyrannei in einem neuen Kreuzzug als Christenpflicht erscheinen mochte. Nicht zuletzt kamen die Sympathien der Liberalen Europas ins Spiel, die an dem Geschehen in Griechenland als Anhänger des Selbstbestimmungsrechts der Völker Anteil nahmen. Da man sich auch anderswo über Unterdrückung zu beklagen hatte, wirkten die Vorgänge in Südeuropa auf den gesamten europäischen Liberalismus belebend zurück. Ein Mann wie Metternich erkannte umgehend, welche Impulse auf die (ihm so erscheinende) revolutionäre Begehrlichkeit der Völker von einem Erfolg des griechischen Aufstands ausgehen könnte, und er verhielt sich dementsprechend[731]. Machtpolitische Gesichtspunkte bewogen die Kabinette in St. Petersburg, London und Paris, sich der aufständischen Griechen anzunehmen.

In München wirkte, dem Hofe nahestehend, der Philologe und Neuhumanist Friedrich Thiersch, »Präzeptor Bavariae«, eines der Häupter des europäischen Philhellenismus[732]. Der Kronprinz, als junger Mann von dem Philologen Jacobs in die altgriechische Kulturwelt eingeführt, las in der »Allgemeinen Zeitung« Aufsätze Thierschs, der seit 1821 mit Spitze gegen Gentz und den »Österreichischen Beobachter« für die Sache der Griechen eintrat[733]. Geschickt wies der Professor einen Zusammenhang des griechischen Aufstandes mit den italienischen Revolutionen zurück und verglich ihn mit der Befreiung der Russen vom Mongolenjoch. Es fehlte nicht an Kritik Metternichs, der den Aufruf Thierschs an die deutsche Jugend (»Vorschlag zur Errichtung einer deutschen Legion in Griechenland«, München 1821) für ein gefährliches Unterfangen hielt, auch nicht an innerbayerischen Ordnungrufen an die Adresse Thierschs und seiner Gesinnungsfreunde, namentlich von seiten des Außenministers Graf Rechberg[734]. Der Kronprinz, der seine ursprünglich rein ästhetisch gerichtete Hellasbegeisterung in Hingabe an ein politisches Ziel abwandelte, ließ sich weder von Metternich noch von Rechberg beirren. Er übernahm das Protektorat des Münchner Griechenvereins, unter dessen Mitgliedern sich Klenze besonders hervortat[735]. 1822 schrieb Thiersch an Jacobs, daß niemand unter den europäischen Fürsten in der griechischen Angelegenheit in günstigerem Licht erscheine als der Kronprinz[736]. Die Aufmerksamkeit, die die fremden Gesandten am Münchner Hof den philhellenischen Aktivitäten des Kronprinzen und späteren Königs zuwandten, spricht für deren politischen Stellenwert.

Im Jahr nach seiner Thronbesteigung erließ Ludwig einen Aufruf zur Unterstützung der Griechen und eröffnete die Subskriptionsliste mit der Eintragung »20000 fl. von einem alten Griechenfreund«. Schon früher hatte er der Zentralfigur des europäischen Philhellenismus, dem Genfer Bankier Eynard, hohe Summen zum Loskauf der nach der Katastrophe von Missolunghi in die Hände der Türken gefallenen Frauen und Kinder überwiesen[737]. Seine internationale Korrespondenz mit Philhellenen wie Eynard, dem französischen Staatsmann Herzog von Dalberg, Hans Freiherr von Gagern und vor allem Thiersch hielt den König auf dem laufenden. Thiersch, der europaweit mit führenden Philhellenen in Verbindung stand, ließ der König fragen, »durch welche Mittel den Griechen am sichersten zu helfen sei«. Der Gelehrte legte einen Plan für Zusammenwirken der verschiedenen Griechenvereine vor. Zwei Jahre später sprach sich Thiersch abermals für Solidarität der Vereine mit dem Pariser Komitee an der Spitze aus, nannte die dort leitenden Persönlichkeiten und hoffte, es könne gelingen, mit den Mitteln der beteiligten kapitalkräftigen Franzosen Truppen für die gute Sache zu werben[738]. Einen militärischen Beitrag hatte Ludwig schon 1826 geleistet. Unter Führung des Oberstleutnants von Heideck entsandte er einige Offiziere und Unteroffiziere der bayerischen Armee nach Griechenland, die sich dort als Kader zur Verfügung stellen sollten[739]. Heideck hat die Erfahrungen und Enttäuschungen dieser Gruppe unter dem Titel »Die bayerische Philhellenenfahrt« beschrieben[740]. Hilfe vor Ort ergänzte der König in Bayern durch Aufnahme griechischer Waisen in Münchner Instituten[741]. Es kam schließlich zur Errichtung eines von der seit 1833 in Nauplia amtierenden bayerischen Regentschaft finanzierten Münchner griechischen Erziehungsinstituts, das Knaben vom 12. Lebensjahr bis zum Übertritt an die Universität aufnahm und unter einem griechischen Direktor stand. Der Kommandant des Kadettenkorps, Generalmajor von Tausch, hatte die Oberaufsicht[742]. Viel Freude erlebte man mit den griechischen Jugendlichen in München nicht[743]. Aber solche Mißhelligkeiten bedeuteten nichts gegenüber den Enttäuschungen, die dem König in der griechischen Sache noch bevorstanden. Ihrer ungeachtet bezeichnete sich Ludwig noch viele Jahre später wiederholt als den »alten« oder »ersten« Philhellenen[744].

2. Wittelsbachische Sekundogenitur und bayerische Regentschaft

Am 3. Februar 1830 sprach eine in London tagende Konferenz Rußlands, Englands und Frankreichs die Unabhängigkeit des griechischen Staatswesens aus, das damals erst den Peloponnes, Attika, Euböa und viele Inseln umfaßte und von dem ehemaligen russischen Minister, Graf Kapodistrias, als vorläufigem Präsidenten regiert wurde[745]. Unter zahlreichen noch anstehenden Fragen spielte eine wichtige Rolle, welche Dynastie an die Spitze des durch das Londoner Protokoll auf Erbmonarchie festgelegten Staates treten sollte. Die drei »Schutzmächte« hatten für Angehörige ihrer Herrscherfamilien von vornherein auf Anwartschaft verzichtet. Unter mancherlei Kandidaten schien der Coburger Leopold der aussichtsreichste zu sein. Der politisch hochbefähigte Prinz wäre im Prinzip geneigt gewesen, das griechische Experiment zu wagen, am Ende überwogen jedoch Bedenken, und bald winkte ihm nach der Verselbständigung Belgiens 1830 etwas »Besseres«. Palmerston hätte am liebsten einen oranischen Prinzen auf dem griechischen Thron gesehen. Der Ruf, den sich Ludwig als aktivster Griechenfreund unter allen europäischen Monarchen erworben hatte, läßt es nicht verwunderlich erscheinen, daß sich die Aufmerksamkeit der Beteiligten auch dem Hause Bayern zuwandte. Es war der französische Staatsmann Herzog von Dalberg, der im Februar 1828 in der Amalienburg im Nymphenburger Schloßpark die Rede auf des Königs Bruder Prinz Karl brachte[746]. Darauf Ludwig: »Rein, nicht selbstsüchtig meine Hellas geleistete Hilfe.« Als Dalberg fragte, an wen der König sonst denke, meinte Ludwig: »Viel zu jung ... wäre mein Sohn Otto« (geb. 1815). Später sondierte der französische Minister Polignac erneut wegen Prinz Karl[747], der aber ablehnte. Nun kam Ludwig doch auf Otto zurück und ließ dessen Kandidatur in Paris am 16. Oktober 1829 förmlich anbieten. Wohl mit Vorwissen des Königs machte Thiersch drei Wochen darauf Eynard auf den Prinzen Otto aufmerksam[748]. Vorgezogen hätte es Ludwig allerdings, die pfälzische Frage in seinem Sinn zu regeln und dafür die Dynastie Baden-Hochberg auf den griechischen Thron zu setzen[749]. Da Frankreich die bayerische Kandidatur in London nur halbherzig vertrat, ergriff Ludwig Ende 1829 selbst die diplomatische Initiative.

Für einen Monarchen, der in den Kategorien dynastischen Prestiges dachte, mußte der Vorschlag, eine Sekundogenitur zu errichten, viel Verlockendes haben. Und warum auch hätte Ludwig I. diese Chance ausschlagen sollen? Daß die Rechnung voller Unbekannter steckte, hat gewiß niemand übersehen, aber sollte Ludwig deswegen eine von drei Großmächten sanktionierte Aufgabe zurückweisen, die ihm die Möglichkeit in Aussicht stellte, viel von dem zu verwirklichen, was er als Philhellene für das griechische Volk gewünscht und verfochten hatte? Die Errichtung einer Sekundogenitur in Griechenland bildete keinen vereinzelten Fall in der Dynastien- und Staatengeschichte des 19. und selbst noch des 20. Jahrhunderts. In Südosteuropa, Mexiko, Belgien und Norwegen kam es zur Etablierung neuer Linien in neuen Staaten. Fehlschläge und Erfolge hielten sich bei diesen

Experimenten ungefähr die Waage. Wenn Ludwig Risiken und Chancen gegeneinander abwog, durfte er es verantworten, als Chef einer Dynastie einen Schritt zu tun, der den Glanz des Hauses vermehren konnte. Noch unmittelbar vor der Februarrevolution 1848 hoffte Ludwig auf eine Abtrennung Siziliens von Neapel und die Begründung einer bayerischen Tertiogenitur in Palermo unter Prinz Adalbert[750].

Die Meinungen der Ratgeber waren geteilt. Unter den Skeptikern befand sich Wrede. Schon um Metternich gegenüber gut dazustehen, betonte er nachdrücklich, daß er an der ganzen griechischen Sache keinen Anteil genommen habe[751]. Eynard und Heideck unterrichteten Ludwig von dem in Griechenland verbreiteten Wunsch, einen Souverän aus dem bayerischen Hause zu erhalten[752]. Der Schönredner Wallerstein sah von der Entscheidung des Königs 1832 die Frage abhängen, »ob der beginnenden Zivilisation des Orients eine erhaltende oder eine demokratische Richtung zuteil werde, ob das Morgenland die historische Gestaltung des Okzidents stützen oder zertrümmern soll«[753]. Randbemerkung des Monarchen: »Dieses ist auch König Ludwigs Ansicht.«

Vom Standpunkt der Großmächte mochte ins Gewicht fallen, daß Bayern ihren mittelmeerisch-orientalischen Interessen nie gefährlich werden konnte, aber zur Not über hinreichende Ressourcen verfügte, um den Thron und eine staatliche Ordnung in dem »Entwicklungsland« zu festigen. Doch stellten sich der Erhebung Ottos noch mancherlei Schwierigkeiten in den Weg. In St. Petersburg, wo es der bayerische Gesandte, Freiherr von Gise, zwar verstanden hatte, den Zaren dem Projekt geneigt zu machen[754], bestand man von Anfang an auf einer Forderung, die später noch mehr als damals Kopfzerbrechen bereitete[755]: Angesichts der konfessionellen Verhältnisse in Griechenland und mindestens ebenso, wenn man die Stabilisierung des russischen Einflusses im Lande im Auge hatte, erschien es als zweckmäßig, daß der künftige König das griechisch-orthodoxe Bekenntnis annehme. Was die Person Ottos betraf, verstand man es in München, die Angelegenheit offenzuhalten. Dagegen wurden im Hinblick auf die Erziehung der aus einer Ehe Ottos zu erwartenden Kinder von bayerischer Seite einer Zusage gleichkommende Erklärungen abgegeben. Sie ließen sich schlechterdings nicht umgehen, und bei der Eheschließung Ottos hat man sich noch einmal auf die Erziehung der Nachkommenschaft in der Landesreligion festgelegt. Anfangs Januar 1832 formulierte

Ludwig in einem Gespräch mit Wrede seinen Standpunkt: »Auf Religions-Änderung ginge ich nicht ein, wenn er volljährig, so hinge dieses von ihm ab (mir zuwider, täte er's); daß seine Kinder in der griechischen (Religion) erzogen würden, wäre mir recht«[756].

Ludwig legte Wert darauf, zu betonen, daß er »nie ein Verlangen oder einen Wunsch ausgesprochen hätte, ein Glied des königlichen Hauses auf dem griechischen Thron zu sehen«[757]. Tatsächlich brannte er vor Ungeduld, dieses Ereignis zu erleben[758]. Er dachte realistisch genug, die Annahme des Thrones für seinen Sohn von der Zustimmung des griechischen Volkes abhängig zu machen, und vor Eintreffen einer Deputation der griechischen Nationalversammlung, die dem König Otto am 15. Oktober 1832 in München den Huldigungseid leistete, hielt er sich mit offiziellen Schritten zurück. Andererseits suchte er vor den Mächten herunterzuspielen, daß er sich auf eine Art demokratische Legitimierung eingelassen hatte[759]. Am 1. November 1832 schlossen Bayern und Griechenland einen Freundschafts- und Allianzvertrag. Am 6. Oktober 1832 hatte der König den am 7. Mai nach langen Verhandlungen in London zustande gekommenen Vertrag über die griechischen Angelegenheiten ratifiziert[760]. Eine Regentschaft sollte bis zur Mündigkeit des am 1. Juni 1835 als volljährig zu erklärenden jungen Herrschers die Geschäfte führen. Die drei Großmächte verpflichteten sich, ein Darlehen von 60 Millionen Francs zu gewähren, das in drei Serien zu je 20 Millionen realisiert werden sollte. Ludwig versprach, »des Prinzen Otto Stellung in Griechenland zu erleichtern bis zu dem Zeitpunkte, wo das Einkommen der Krone dort ausgemittelt sein wird«, und ein auf 3500 Mann zu bringendes Truppenkorps in Bayern anzuwerben, bei dessen Ankunft sich die noch im Lande befindlichen französischen Einheiten zurückziehen würden. Otto behielt seine Apanage als bayerischer Prinz. Die Forderung der Schutzmächte, Otto solle auf seine Nachfolgerechte in Bayern verzichten, lehnte Ludwig ab.

Die Last der Einrichtung einer neuen Monarchie an der Peripherie Europas oblag ausschließlich Bayern. Seinem Staatsapparat stellte sich eine Aufgabe wie keinem anderen in Deutschland je zuvor. Auch in diesem Fall entschied der König über alles, was in bayerischer Zuständigkeit geschehen konnte. Persönlich stellte er den Regentschaftsrat zusammen. Bei der Auswahl dieses Gremiums, das aus Armansperg als Präsidenten[761], dem Staats- und Reichsrat von Maurer und dem Oberst von Heideck als Mitgliedern sowie dem Geheimen Legationsrat von Abel als Substitut bestand, hat man den Eindruck, daß der Monarch das Nützliche mit dem Angenehmen verband. Das Nützliche: Ludwig gab, besorgt um das politische Wohlergehen seines Sohnes und des neuen Staates, Otto erstklassige Kräfte mit auf den Weg. Da es in Griechenland primär auf Ordnung der Finanzen und der Verwaltung ankam, war ein so hervorragender Finanzpolitiker wie Armansperg wohl der rechte Mann am rechten Platz, und bessere Juristen als Maurer und Abel hatte Bayern nicht anzubieten. Heideck verfügte als einziger Offizier der bayerischen Armee über griechische Erfahrungen. Als »Geschäftsmann« konnte er sich mit den drei anderen nicht messen. Das Angenehme: Anders als bei dem politisch nicht sehr profilierten, aber beim König in Gunst stehenden Heideck handelte es sich bei den drei großen Talenten um Persönlichkeiten, die nicht mehr so recht in das neue Münchner Klima paßten und die wegen ihrer liberalen Grundhaltung aus München zu entfernen dem Monarchen erwünscht sein mußte. Armansperg war 1831 in Ungnade entlassen worden. Gise legte großen Wert darauf, seinen Amtsvorgänger fern von München zu wissen[762]. Er ist es anscheinend gewesen, der den widerstrebenden König schließlich zur Ernennung Armanspergs überredet hat. Ludwig hatte zunächst geäußert, er wolle nichts mehr mit einem Mann zu tun haben, der ihn so schamlos verraten habe[763]. Abel, Armanspergs engster Mitarbeiter, hatte sich während des Landtags 1831 ebenfalls des Königs Mißfallen zugezogen. Ludwig hatte befohlen, daß er außer Landes müsse und ihn bereits zum Legationssekretär an der Wiener Gesandtschaft bestimmt[764]. Maurer war es zwar gelungen, ernste Reibungen zu vermeiden, aber er galt als Repräsentant des liberalen Pfälzergeistes.

Auf heikle Posten gestellt und eine überaus konfliktträchtige Situation vor Augen, taten die Regenten und der Substitut gut daran, mit einem in dieser Hinsicht sehr kleinlichen König alle Einzelheiten betreffend angemessenes Gehalt, Möglichkeit des Rücktritts in bayerische Dienste, Quieszenzbezüge und zahlreiche andere Fragen zu regeln, und darüber hob ein zähes, viele Monate dauerndes Feilschen an. Der König dachte wiederholt daran, die Männer der ersten Wahl durch andere zu ersetzen[765]. Ludwig, der mit Armanspergs Opposition seine Erfahrungen gemacht hatte, lag vor allem daran, die formal aus dem bayerischen Staatsdienst ausscheidenden Regenten auf einen ihm erwünschten Kurs in Griechenland festzulegen und imstande zu sein, sie zu kontrollieren. Er ließ sich daher auf eine Instruktion vom 23. Juli 1832 von den Regenten Reverse ausstellen und später von ihnen versichern, sie würden sich auf keine konstitutionellen Experimente einlassen[766]. Daß auch in München zuweilen die Rechte nicht wußte, was die Linke tat, geht daraus hervor, daß noch eine Woche nach der Festlegung der Regenten auf eine antikonstitutionelle Linie ein amtliches Schreiben Gises an den griechischen Außenminister Trikupis die Vereinbarung einer Verfassung zwischen Nationalversammlung und Regentschaft in Aussicht stellte[767]. Noch kurz vor der Abreise Ottos und der Regentschaft soll Ludwig versucht haben, den bayerisch-griechischen Vertrag vom 1. November 1832 durch einen Artikel zu ergänzen, demzufolge die Regenten verpflichtet seien, in entscheidenden Fragen den König von Bayern zu konsultieren. Diese hätten jedoch unter Androhung ihres Rücktritts abgelehnt[768]. Als wichtigste Aufgabe des bayerischen Geschäftsrägers in Nauplia, von Gasser, sah der König an, ein wachsames Auge auf die Regentschaft zu haben.

Unabhängig von diesen Vorgängen hatte sich 1831 das Münchner Philhellenenhaupt Friedrich Thiersch mit Zustimmung, jedoch nicht im offiziellen Auftrag des Königs als Beobachter, faktisch auch als Werber für das Königtum Ottos nach Griechenland begeben; nicht auf Staatskosten, wohlgemerkt[769]. Thiersch berichtete aus Griechenland an den König und Wrede – es handelt sich um glänzende Analysen –, erhielt von beiden jedoch nicht eine Zeile. Der Gelehrte, zu Hause als Bildungsreformer doktrinärer Neuhumanist, machte in Griechenland als Politiker auf eigene Faust keine schlechte Figur und erwarb sich beträchtliche Verdienste um die wittelsbachische Thronkandidatur. Freilich – einmal in den Hexenkessel des griechischen Bürgerkriegs geraten, konnte er nicht umhin, Stellung zu nehmen und sich Feinde zu machen. Im August 1832 rief ihn der König auf Gises Rat nach München zurück. Man hatte Ludwig hinterbracht, Thiersch habe sich als sein Beauftragter ausgegeben und sei darangegangen, Grundzüge einer Verfassung für Griechenland auszuarbeiten. Während einer Italienreise 1832 befand sich der König in Begleitung Heidecks, der es anscheinend verstand, Ludwig gegen Thiersch einzunehmen. Als von englischer, französischer und österreichischer Seite gegen Thierschs Auftreten in Griechenland protestiert wurde und Palmerston die Zurückziehung Thierschs forderte, beeilte man sich, seinem Wunsche zu entsprechen[770].

Wie in Bayern selbst, so hat auch unter den Bayern in Griechenland das Militär den Bürokraten an politischer Bedeutung weit nachgestanden, falls man überhaupt von einer solchen sprechen kann. Heideck, obschon er als einziger das volle Vertrauen Ludwigs genoß, politisch der schwächste unter den Regenten, hat den König maßgebend bei der Auswahl der Führungsspitze des von Bayern angeworbenen, aber von Griechenland bezahlten Truppenkorps und dessen Aufstellung und Organisation beraten[771]. Die militärgeschichtliche Darstellung der griechischen Expedition beurteilt die Organisation des Unternehmens wie den Einsatz der Truppe sehr kritisch[772].

Kreditwürdig machte in den Augen der Geldmächte das junge Königreich erst das internationale Darlehen in Höhe von 60 Millionen Francs; ferner zählte man auf Armansperg, der sich als Finanzpolitiker europäischen Ruf erworben hatte[773]. Es dauerte lange, bis die erste und zweite Serie des Großmächtedarlehens flüssig gemacht war, und Bayern half bis dahin 1832 auf Veranlassung des Königs aus mit einer dem sogenannten französischen Defensionsgeldern[774] entnommenen Anleihe in Höhe von 1,8 Millionen fl., verzinslich zu 4 Prozent, die im folgenden Jahr aus dem Großmächtedarlehen zurückbezahlt wurde[775]. Mit der Übermittlung der dritten Serie hielten sich die Großmächte zurück, da die politische Entwicklung des Königreichs nicht nach ihren Wünschen verlief. Griechenland mußte jedoch unmittelbar geholfen werden, sollten die Dinge nicht mit einer Katastrophe beginnen. Ludwig sah sich wohl oder übel veranlaßt, neuerdings einzuspringen. Die Sorge um den Bestand der Sekundogenitur und des mit ihr verbundenen Staatsexperiments trat damals und später noch häufig in den Mittelpunkt aller außenpolitischen Überlegungen des Königs. Ein offizielles Staatsdarlehen hätte der Einwilligung der bayerischen Kammern bedurft, die nicht zu erwarten war. Der König griff daher wiederum auf die französischen Defensionsgelder zurück und entnahm ihnen den Betrag von 1,933 Millionen fl.; Armansperg hatte 1832 einen Vorschuß von 4 Millionen fl. gefordert[776]. Die bayerische Transaktion erfolgte in mehreren Etappen 1835/37. Man hoffte, Griechenland würde mit der Realisierung der dritten Serie des Großmächtedarlehens das Geld zur Verfügung haben, um die wiederum zu 4 Prozent verzinslichen neuen bayerischen Darlehen zurückzuerstatten. Verfassungsrechtliche Einwände bestanden insofern nicht, als die Regierung den Ständen für Vorgänge, die vor Erlaß der Verfassung 1818 stattgefunden hatten – und dazu zählte die

Überweisung der französischen Defensionsgelder an den bayerischen Staat –, keine Rechenschaft abzulegen brauchte[777]. Der Bezug auf das Großmächtedarlehen bewog den König und seine Minister, von einem »Vorlehen« zu sprechen[778], eine Bezeichnung, die seit einem bayerisch-griechischen Vertrag von 1837 nicht mehr ganz korrekt war. Das Darlehen sollte während der ganzen folgenden Regierungszeit Ludwigs und noch danach die Staatsbehörden, den Landtag und nicht zuletzt das Haus Wittelsbach beschäftigen und schwer belasten. Darüber ist noch zu berichten. Hervorzuheben ist, daß der König selbst keineswegs ohne Bedenken gehandelt hat. Sehr optimistisch und gefällig erwies sich der Finanzminister von Wirschinger, weniger wohl der vorsichtige Gise, der dem König bei der zweiten Rate des Darlehens dringend abgeraten haben will[779]. Ludwig erwiderte Gise, die Bewilligung sei für die Erhaltung des griechischen Thrones »unabweisbar«. Des öfteren taucht in diesem Zusammenhang eine der Lieblingswendungen Ludwigs auf: »Es brennt auf allen Nägeln«. Geht man von dem Interesse der Dynastie und des neugriechischen Staatswesens aus, handelte es sich tatsächlich um einen Notstand. Vorweggenommen sei, daß die Notwendigkeit, die Festung Germersheim fertigzustellen, 1843 dazu zwang, den noch nicht zurückgezahlten, an Griechenland entliehenen Betrag aus den Defensionsgeldern provisorisch der Staatskasse zu entnehmen. Damit erst begab man sich auf einen verfassungswidrigen Weg.

Der Ort, die Leistungen der Regentschaft, der folgenden Kanzlerschaft Armanspergs und der Ministerpräsidentschaft Rudharts zu erörtern, wäre eine Geschichte des griechischen Staatswesens oder des bayerischen Beamtentums. Im Hinblick auf das Wirken Ludwigs für Griechenland, um das allein es hier geht, bleibt zu sagen, daß der König das Land nicht nur vor dem finanziellen Ruin bewahrt, sondern ihm auch eine befähigte Bürokratie zur Verfügung gestellt hat, die trotz unleugbarer Fehler und Schwächen dem jungen Königreich eine wenigstens elementare Ordnung und die Grundlagen moderner Verwaltung und Gesetzgebung angedeihen ließ[780]. Kein Zweifel, daß Griechenland schon in den dreißiger und vierziger Jahren des vergangenen Jahrhunderts aus dem einheimischen wie dem fanariotischen Potential über zahlreiche intellektuelle und politische Begabungen verfügte. Aber ihnen fehlte meist jede administrative Erfahrung, und die politischen Gruppierungen hatten sich derart zerstritten, daß dem Staatswesen in seinen Anfängen nichts Besseres als die Tätigkeit einer unabhängigen neutralen Verwaltung widerfahren konnte. Der Übergang der Administration in ausschließlich griechische Hände war ohnehin nur eine Frage der Zeit und wurde auch von König Ludwig grundsätzlich bejaht.

Die Anerkennung der bayerischen Bemühungen um Griechenland bricht sich seit längerem Bahn, aber bei den Zeitgenossen im Lande wie in ganz Europa überwog Kritik, zum Teil bittere und hämische Kritik, und diese hat ein gutes Jahrhundert lang das Urteil der Geschichtsschreiber mitbestimmt. Bald sprach man allgemein von einer »Xenokratie« oder »Bavarokratie«. Ihr mißtraute nicht zuletzt Ludwig selbst, der unwirsch von dem »Abelschen Organisationswesen« sprach, »das alles französischbayerisch in Hellas machen will«[781]. Daß Maurer nicht nur die griechische Kirche von Konstantinopel löste, sondern auch eine (begrenzte) Klösterreduktion vornahm, empörte den König[782]. Zu Otto äußerte sich Ludwig nach Maurers Rückberufung: »Es ist doch gar zu arg, daß über Klöster, von mohamedanischer Regierung gelassen, von einer christlichen der Untergang verhängt worden, es ist ungerecht und unpolitisch«[783]. Wrede legte dem König schon Oktober 1833 ein Schreiben aus Nauplia – eines von zahlreichen gleichartigen Zeugnissen – vor, das den Regenten zwar als Privatleuten Gerechtigkeit widerfahren ließ, sie aber heftig angriff wegen ihrer »Pedanterie und Unschlüssigkeit, Unkenntnis des Landes, Unfähigkeit, sich in den Geist des Volkes zu finden, Sucht nach bayerischen Vorbildern ausschließend zu arbeiten, Erdrückung oder wenigstens Befeindung des Nationalen«[784]. Solche Vorwürfe fachten den alten Tirol-Komplex des Königs gegen die bayerische Bürokratie neu an. Die Forderung, einheimische Institutionen zu erhalten, war leicht erhoben, aber, abgesehen von dem Wunsch nach Aufrechterhaltung des »uralten Gemeindewesens« und der Wiederherstellung der Klöster, hat der König nie präzis gesagt, was es zu erhalten galt. Wenn Griechenland ein Dasein als international wettbewerbsfähiger Staat anstrebte, mußte es sich die im 19. Jahrhundert allgemein gültigen Standards der Verwaltung und Rechtspflege aneignen. An der administrativen und legislativen Wirksamkeit der bayerischen Regentschaft lag es gewiß am wenigsten, wenn das junge Königreich politisch nicht so gedieh, wie man es sich am bayerischen Hofe wünschte. Lähmend wirkten sich allerdings auf die an sich fruchtbare Tätigkeit der Regenten ihre persönlichen Mißhelligkeiten aus. Das Hauptübel des Landes bestand in den chaotischen inneren Verhältnissen und der Konkurrenz der drei sogenannten Schutzmächte auf griechischem Boden, die nicht daran dachten zu kooperieren, sondern ihre Rivalitäten auf Kosten der Bevölkerung rücksichtslos austrugen und Griechenland gegenüber ihre politische und militärische Überlegenheit wie ihre Stellung als Gläubiger brutal ausspielten[785].

Hätte eine Konstitution dem Lande die Möglichkeit geboten, seine inneren Gegensätze parlamentarisch zu kanalisieren und unter für alle geltende Spielregeln zu stellen, wäre vielleicht ein gewisser Ausgleich eher zu erreichen gewesen. Daß sich dies bis zur Revolution von 1843 nicht verwirklichen ließ, hing nicht zuletzt von Ludwig ab. Daß der Bayernkönig, der in Griechenland große Verantwortung übernommen hatte, bestrebt war, sich über die Regentschaft und seinen Gesandten Einfluß zu sichern, sollte nicht Wunder nehmen. Auch durfte es Ludwig für sein Recht und seine Pflicht ansehen, als Vater dem unerfahrenen Sohne gute Ratschläge zu erteilen. Die Frage ist nur, in welche politische Richtung diese Ratschläge gingen. Seine im Reaktionsjahr 1832 aufgestellten Richtlinien für die Regentschaft liefen auf Wahrung der Kronrechte und Verhinderung einer Konstitution hinaus. Der gleiche Tenor herrschte bis zum griechischen Revolutionsjahr 1843 im Briefwechsel mit seinem Sohne Otto[786]. In einem sehr ausführlichen programmatischen Schreiben an Otto hieß es 1835: »Nicht zu reiflich überdacht kann die Einführung einer Verfassung werden. Es ist die Höhle des Löwen, aus der keine Fußstapfen gehen; sie hat Folgen, die man gar nicht voraussieht. Oh! möchten doch die traurigen, auch hierin gemachten Erfahrungen Bayerns Hellas zum Nutzen gereichen, indem es die Fehler vermeidet, die begangen wurden«[787]. Aus dem ganz anders als er gearteten Otto suchte Ludwig einen Selbstherrscher zu machen, der beständig auf der Hut sein müsse, daß man dem monarchischen Prinzip nicht zu nahe trete. Mit der Großjährigkeitserklärung Ottos am 1. Juni 1835 endete die Ära der Regentschaft, und ein überforderter junger Mann sah sich an die Spitze eines nichtkonstitutionellen Staatswesens gestellt, das er nach dem Willen des Vaters beherrschen *und* regieren sollte. Ludwig wünschte zwar nicht, Hellas zu bajuwarisieren, aber überzeugt vom monarchischen Prinzip bayerischer Prägung, lag ihm daran, dieses auf Griechenland zu übertragen.

3. Mißgeschicke

1835/36 machte sich Ludwig, begleitet von dem bewährten Mieg, selbst nach Griechenland auf. Offensichtlich hat er sich in Überschätzung seiner Möglichkeiten von dem Besuch eine stabilisierende Wirkung auf den griechischen Thron versprochen. Doch noch andere Motive seiner Hellas-Fahrt gab es. Schon 1804 hatte er seine Italienreise nach Griechenland fortsetzen wollen, war jedoch auf das strikte Veto seines Vaters gestoßen. Erlebnishunger und Reiselust waren noch lange nicht verflogen. Inzwischen hatte er viel für das neue Staatswesen geleistet. Er durfte hoffen, als (mit Verspätung) triumphierender Philhellene seinen Einzug zu halten und Dankbarkeitsbezeugungen entgegenzunehmen – eine seiner Selbsttäuschungen. Schließlich gedachte er, am kleinen Hofe seines Sohnes nach dem Rechten zu sehen. In Regierungsgeschäfte sich unmittelbar einzumischen, vermied er. Sein persönliches Auftreten sprach nicht allgemein an, während umgekehrt der König Anlaß fand, Vorurteile gegenüber dem griechischen Volk in positivem Sinn zu korrigieren[788]. Alles in allem blieb es bei einer Art von Monarchentourismus[789].

Eine angemessene Beurteilung des ludovizianischen Engagements in Griechenland hat von dem Gesamtzusammenhang der Emanzipation christlicher Nationalitäten vom osmanischen Reich im 19. Jahrhundert auszugehen. Vom Ergebnis dieses Prozesses her gesehen, war der hohe Einsatz Ludwigs sinnvoll. Geht man von seiner und seiner gekrönten Zeitgenossen Vorstellungswelt aus, kann man es ihm auch nicht übelnehmen, wenn er sich, einmal für das Experiment entschlossen, einen dynastiepolitischen Gewinn erhoffte. Bestrebt, dem Sohn zu einem starken Königtum nach bayerischem Vorbild zu verhelfen, verfiel Ludwig in den Fehler einer antikonstitutionellen Fernsteuerung der griechischen Politik. Diesen Fehler, der in den Augen des in Griechenland mächtigen Zaren und auch Metternichs freilich keiner war, haben die Griechen 1843 korrigiert, und er hat fortan die Dynastie nicht mehr belastet. Die Wittelsbacher Monarchie in Griechenland wurde jedoch darüber hinaus von ungünstigen Konstellationen betroffen und von Mißgeschicken heimgesucht, die Ludwig nicht voraussehen konnte.

Nicht vorhersehen ließ sich, daß die bei ihrer Abreise nach Griechenland im Dezember 1832 allgemein als homogenes Gremium geltende Regentschaft[790] binnen Jahresfrist in einen unheilbaren inneren Konflikt verstrickt war[791]. Das Übergewicht der sogenannten Schutzmächte hatte sich in Griechenland so erdrückend geltend gemacht, daß man nur mehr durch Eingehen auf ihre Wünsche glaubte bestehen zu können. Dies geschah jedoch seitens der Regentschaft nicht kollektiv, sondern Armansperg, als Außenminister in München beinahe Parteigänger Frankreichs, hatte sich auf Gedeih und Verderb mit England eingelassen, Maurer und Abel hielten zu Frankreich, während Heideck außenpolitisch sich nicht festgelegt zu haben scheint, aber wegen seiner militärpolitischen Pläne mit Armansperg aneinandergeraten war und eher zu Maurer und Abel stand. Wohl noch mehr als außenpolitische Optionen sind private Zerwürfnisse unter den Regenten in Anschlag zu bringen, in deren Mittelpunkt der »Dämon« des Präsidenten, die überaus ambitiöse Gräfin Armansperg, stand, deren ungünstiger Einfluß auf ihren Mann allgemein beklagt wurde. Der König hatte schon vor der Abreise der Regentschaft Übles von der Gräfin befürchtet und sie Heideck, Maurer und Abel gegenüber als »Messalina« und »Teufelsweib« bezeichnet[792]. Der ohnehin zu Intrige neigende bayerische Geschäftsträger von Gasser beteiligte sich, statt zu vermitteln, nebst Gattin tatkräftig an den Auseinandersetzungen und hielt zu der »Partei« Maurer-Abel. Die Mißhelligkeiten nahmen derartige Formen an, daß sie sich vor der Öffentlichkeit nicht mehr verbergen ließen. Seit März 1834 setzten kontroverse Schreiben aller Beteiligten den König über den Streit ins Bild[793]. Dieser scheint einige Zeit geschwankt zu haben, für welche Seite er sich entscheiden solle. Den Ausschlag gab, daß sich Armansperg für England und England für ihn einsetzte. Was Palmerston in einem Schreiben an den britischen Gesandten in München, Lord Erskine, König Ludwig nahelegte, war von solchem Gewicht, daß sich der König den Vorstellungen des britischen Staatsmanns nicht entziehen zu können glaubte[794].

Neben dem diplomatischen Druck Großbritanniens auf München fiel das Votum der an Griechenland interessierten Bankhäuser ins Gewicht, wenn Ludwig Abel und Maurer nach München zurückberief und sie durch Vertrauensmänner Armanspergs ersetzte. Es liegt bei dem Regentschaftsstreit einer der ganz wenigen Fälle vor, in denen während der ludovizianischen Epoche in Bayern nachweisbar die Hochfinanz, wenn man sie damals schon so nennen will, in einer außenpolitischen Angelegenheit sehr entschlossen Partei ergriff. Simon Eichthal, später mit Abel auf gutem Fuße, sah sich veranlaßt, mit einem Schreiben, das an Deutlichkeit nichts zu wünschen übrig ließ, für die

Beibehaltung Armanspergs einzutreten[795]. Ludwig bestätigte Otto gegenüber den Sachverhalt: »Hellas Bestes ließ mich diese Veränderung treffen, die nicht nur bei weitem der meisten Griechen Beifall hat, sondern auch der Mächte und der Wechselhäuser (dermalen auch eine Macht); Graf von Armanspergs Abgang hätte den Kredit zernichtet«[796]. Heideck durfte bleiben, sah sich aber bei der von Ludwig verfügten Teilerneuerung des Regentschaftsrates völlig entmachtet[797]. Es zählte zu den psychischen Eigentümlichkeiten des Königs, daß er Maßnahmen, bei denen er sich unsicher fühlte, anscheinend dadurch vor sich selbst zu rechtfertigen suchte, daß er sich gegen die davon Benachteiligten in Gehässigkeit hineinsteigerte. Dies mußten Maurer und Abel und bei seiner späteren Rückkehr aus Griechenland auch Heideck erfahren.

Mitglieder eines Regentschaftsrates ließen sich auswechseln, nicht jedoch oder nur sehr schwer der junge König, den man auf gut Glück mit einer herkulischen Aufgabe betraut hatte und der Ludwig große Sorgen bereitete. Nachdem er sich aus dem Schutz des Elternhauses entfernt hatte, trat bei Otto, gekennzeichnet durch Apathie, Skrupulosität, Entschlußlosigkeit, planlose Vielgeschäftigkeit, mangelnde Unterscheidungsgabe zwischen wichtig und unwichtig, aber auch Starrsinn und Selbstüberschätzung, eine psychische Verfassung zutage, die die Verantwortlichen sehr beunruhigen mußte. Ludwig mußte als Vater und König zutiefst erschrecken, wenn er von Hofmarschall, Adjutant und Leibarzt, von dem Gesandten Graf Jenison, von dem Regentschaftsmitglied Egid von Kobell und Staatsmännern wie Mieg oder Rudhart mehrfach in der Substanz gleichläufige, höchst ungünstige Urteile über die Herrschergaben des Sohnes zu lesen bekam[798]. Kobell schlug vor, nicht ohne gleichzeitig den Übertritt zur griechisch-orthodoxen Konfession zu empfehlen, den Thron an den Prinzen Luitpold übergehen zu lassen[799]. Gleichwohl hat der König nie aufgehört, auf liebevolle und geradezu rührende Weise seinem Sohn aus der Ferne zuzureden und ihm beizustehen. Er mahnte ihn, von seinen Grübeleien und Spitzfindigkeiten zu lassen, aber mit einer Geduld sondergleichen sparte er auch nicht an Ermunterung und Anerkennung, selbst wenn sich nur geringfügiger Anlaß dazu bot. Vor allem aber lag ihm daran, die Unsicherheit des Sohnes zu überwinden und ihn zu größerer Aktivität anzuspornen. Wenig tat er allerdings, um Otto von seiner mißtrauischen Selbstgerechtigkeit und eingebildeten Besserwisserei abzubringen. Er wollte ihn als Selbstherrscher eher bestärken als verunsichern. Und wenn sich Otto äußerst eifersüchtig auf seine Popularität zeigte, hatte er von seinem Vater gewiß keine Abmahnungen zu befürchten. Wenn Ludwig ein eindeutiges Veto gegen die Verehelichung mit einer französischen Prinzessin aussprach[800], so nicht nur aus alter Antipathie gegen die Franzosen, sondern weil er auch fürchten mochte, Otto könne, einmal in die Verwandtschaft mit dem Hause Orléans verstrickt, zu einem Roi Citoyen herabsinken. Bezeichnend für Vater und Sohn, daß beide großen Wert auf die Vollendung des königlichen Palastbaus in Athen als steingewordener Manifestation und Stabilisierung der Wittelsbacher Herrschaft in Athen legten. Die Finanzierung dieses Vorhabens warf allerdings neue, schwierige Probleme auf[801].

1836 vermählte sich Otto mit der oldenburgischen Prinzessin Amalie, einer ihm an Beweglichkeit und Aktivität überlegenen Persönlichkeit, die es verstand, Einfluß auf ihn zu gewinnen. Daß die Ehe kinderlos blieb, ließ die Nachfolge erneut in den Mittelpunkt der Diskussion rücken. Zwar hatte der Londoner Vertrag eindeutig die Prinzen Luitpold und Adalbert für den Fall des Ausbleibens ehelicher Nachkommenschaft Ottos als Thronfolger vorgesehen, doch stellte sich damit umso dringlicher die Frage nach dem Konfessionswechsel der wittelsbachischen Prinzen, der insbesondere von Rußland nach wie vor und seit 1843 auch von der griechischen Verfassung gefordert wurde[802]. Maurer wollte von »Umtrieben« der Königin Amalie wissen, die Sukzession der bayerischen Prinzen zu hintertreiben und sie Angehörigen ihrer elterlichen Familie zuzuwenden[803]. Nach der Eheschließung besserte sich der psychische Zustand König Ottos, aber die Grundstruktur seiner Persönlichkeit veränderte sich selbstverständlich nicht[804]. Keineswegs unintelligent und äußerst gewissenhaft, aber wahrscheinlich temperaments- und gefühlsarm, blieb er langsam von Entschluß und ohne Zug ins Große. Möglicherweise bewahrte ihn jedoch gerade seine Passivität vor bedrohlicheren Konflikten und einem früheren Sturz.

Nicht voraussehen konnte König Ludwig, ohnehin kein großliniger Analytiker der internationalen Beziehungen, schließlich, daß sich Griechenland unmittelbar nach seiner Gründung zu einem der Konfliktfelder des britisch-russischen Weltgegensatzes entwickelte. Die Auseinandersetzungen zwischen London und St. Petersburg auf griechischem Boden komplizierten sich noch dadurch, daß auch Frankreich sich dort als europäische und mittelmeerische Großmacht zur Geltung zu bringen suchte.

Unter solch ungünstigen Vorzeichen spielte sich die griechische Politik Ludwigs ab. Charakteristisch für seine Konzentration auf Königsamt und dynastisches Interesse, daß er darauf drang, nicht zu umgehende unpopuläre Maßnahmen durch die Regentschaft erledigen zu lassen, bevor noch die Mündigkeitserklärung Ottos erfolgt war. Nach Maurers und Abels Sturz versuchte der König, Otto auf Armansperg einzuschwören[805]. Dieser wiederum sollte die Option des Bayernkönigs durch Aufstellung eines Budgets, Regelung des griechischen Finanzwesens und Bekämpfung des »demokratischen Unwesens« in Griechenland honorieren[806]. Armansperg gelangte in der zweiten Regentschaftsphase und nach der Mündigkeitserklärung Ottos als Erzkanzler 1835/37 in eine fast unumschränkte Position. Das Ehepaar Armansperg hatte anscheinend von Anfang an eine Art vizeköniglicher Stellung angestrebt. Maurer spricht davon, daß Armansperg den Griechenkönig zu würdevollem Nichtstun verführen wollte[807]. Überdies beging Armansperg die Illoyalität, ein äußerst ungünstiges Gutachten über den psychischen Zustand Ottos an seinen britischen Protektor Palmerston gelangen zu lassen[808]. Geheim blieb vielleicht ein weiteres medizinisches »Konklusum«, das Otto für regierungsunfähig erklärte[809]. Offenbar überzeugt, daß die über seinen Sohn getroffenen Feststellungen substantiiert waren, verhielt sich Ludwig zunächst passiv, ging aber spätestens seit 1836 damit um, Armansperg durch Lerchenfeld oder seinen griechischen Reisebegleiter Mieg zu ersetzen. Da beide sich nicht zur Verfügung stellten[810], ließ Ludwig durch seinen Sohn Ignaz von Rudhart zum Ministerpräsidenten ernennen[811], der beiden Wittelsbachern gleich loyal zu dienen suchte, mit Otto und dessen Frau jedoch so schlecht zurechtkam, daß er schon Ende 1837 demissionierte. Ludwig hatte versucht, Rudhart in Athen zu halten[812]. Nach Rudhart trat kein Bayer mehr an die Spitze der griechischen Verwaltung.

Ludwig bestritt die Absicht, den 1835 mündig erklärten Sohn »hofmeistern« zu wollen. Tatsächlich übte er auf manchen Gebieten Zurückhaltung, aber auf anderen, etwa in der Frage der Presse- oder Lehrfreiheit, drängte er seine Ratschläge mehr oder minder auf. Königin Amalie – Schwiegervater und Schwiegertochter schätzten sich gegenseitig – hatte durchaus den Eindruck des »Hineinregierens«[813]. Ludwig hätte nicht er selbst sein müssen, um nicht als »Vater und alter Philhellene« Otto auf seine Linie festlegen zu wollen. Für das Selbstbewußtsein Ludwigs spricht, daß er sich und seine Regierungsweise dem Sohn fortwährend als gutes Beispiel vor Augen stellte. Wie die Großmächte auf diese oder jene Maßnahme eines Königs der Griechen reagieren würden, wußte er gut zu beurteilen. Großen Raum nahmen in seinem Briefwechsel mit Otto Personalfragen des Hofes wie der Regierung in Nauplia und später in Athen ein. Was ihn dabei vor allem bewegte, geht aus Bemerkungen Ludwigs über Thiersch hervor, der sich in einem Brief Otto anscheinend als einzigen Mann empfohlen hatte, »der Hellas retten könnte«: »Das weiß ich: Daß wenigstens, wenn er vor Deinem Regierungsantritt oder bald nachher nach Hellas käme, bei dem Anhange, den er hat, [Du] aufhören würdest, zwar nicht dem Namen nach, aber der Tat nach König zu sein, ein Mittelsmann zwischen Dich und Deinem Volk würde er sich aufwerfen, und das darf nicht sein«[814]. Stets das alte Mißtrauen, das Ludwig auch in Bayern verfolgte, es könnte sich einer zwischen den König und das Volk drängen und jenen zum Schattenkönig degradieren! Von welchem »Diener« auch immer im Briefwechsel zwischen Vater und Sohn die Rede war, der Refrain Ludwigs bis zur Einführung der griechischen Verfassung 1844 lautete: Otto solle sich nur beraten lassen, »damit Du selbständig herrschest«. Oder: »Aber Du bist Herrscher, und nicht ...«

Solange ein wittelsbachischer König an der Spitze stand, wäre Ludwig eine Machterweiterung Griechenlands im Rahmen eines panhellenischen Programms (»Die große Idee«) willkommen gewesen. Der König riet zu diplomatischen Aktionen, um bei den Großmächten für einen Erwerb Kretas durch Griechenland Stimmung zu machen: »Nicht bloß Rußland, sondern auch Österreich darum anzugehen, beiden vorstellend, daß zu Griechenland geschlagen, es [Kreta, d. Vf.] nur defensiv, offensiv gegen andere, sollte diese Insel in Besitz einer Großmacht kommen«[815]. Otto hoffte, daß außenpolitische Erfolge seine inneren Schwierigkeiten verringern, sein Ansehen erhöhen und die Integration der griechischen Nation fördern könnten[816]. Er spekulierte auf den Verfall der Türkei, und sein Vater bestärkte ihn darin und suchte bei Metternich im voraus gut Wetter zu machen[817]. Der Staatskanzler äußerte sich wohlwollend, betrieb jedoch de facto eine Politik der Erhaltung der Türkei. Ludwig hat im übrigen seinem Sohn stets davon abgeraten, gegenüber der Türkei aggressiv aufzutreten.

Im Laufe der Jahre ging der Einfluß Ludwigs am griechischen Hof merklich zurück. Keine Rede davon, daß Otto eine Puppe in der Hand seines Vaters gewesen wäre! Aber trotz großen Verdrusses über den Gang der Dinge in Athen ließ sich Ludwig nie in der Fürsorge für seinen Sohn beirren. Und keinen Augenblick zögerte er nach der Revolution von 1843, jedes Mittel auszuschöpfen, um den Wittelsbacher Thron in Athen zu halten und dem Sohn möglichst viele Kronrechte zu bewahren. Der Mann, dem er die Aufgabe anvertraute, durch Verhandlungen in Paris und London – ursprünglich war auch Athen als Schauplatz der Aktion vorgesehen – aus dem griechischen Schiffbruch des monarchischen Prinzips zu retten, was noch zu retten war, war der 1837 in Ungnade entlassene Minister Fürst Wallerstein, der es, seinen zahlreichen Feinden zum Trotz, verstanden hatte, sich auf der politischen Bühne zu behaupten, und dem auch eine nur halb gelungene Mission in der griechischen Angelegenheit zu einer Verbesserung seiner Position in Bayern verhelfen mußte[818]. Die Sendung Wallersteins, ein nicht uninteressantes Kapitel vormärzlicher bayerischer Diplomatiegeschichte, hat ihre Darstellung gefunden[819]. Zusammenfassend läßt sich sagen, daß sich der Fürst trotz der Sabotage seiner Aktionen durch Gise und bayerische Diplomaten seiner Aufgabe mit Bravour und Geschick entledigt hat. Die Monarchie in Griechenland kam verhältnismäßig glimpflich davon[820]. In der umstrittenen Konfessionsfrage, die Ludwig besonders am Herzen lag, hatte der Fürst jedoch kapitulieren müssen[821]. Ludwig war trotzdem entschlossen, in diesem Punkt nicht die geringsten Zugeständnisse mehr zu machen, soweit seine Mitsprache in Betracht kam. Er war durchaus damit einverstanden, als bei der Vermählung des für die Nachfolge vorgesehenen Prinzen Luitpold mit der Erzherzogin Auguste von Toskana die katholische Kindererziehung zur conditio sine qua non gemacht wurde. Wiederholt brachte Ludwig das Argument vor, die Königin von Großbritannien herrsche über Millionen von Katholiken, ebenso der König von Preußen und der katholische König von Sachsen über Lutheraner. Warum sollte nicht ein katholischer Wittelsbacher über Nichtkatholiken regieren? Schließlich rückte er Gise gegenüber mit dem Motiv heraus, das ohne Zweifel für ihn entscheidend war: Er lasse sich in der Religionsfrage auf keine Konzessionen mehr ein, »que je ne transige pas avec ma conscience«[822]. Von einem Übertritt Ottos war schon längst nicht mehr die Rede. Maurer hatte ihm einst geraten, diesen Schritt zu tun, und in seinen Memoiren bemerkte er: »Und was für eine andere Geschichte hätte das junge Königreich, wenn dieser Schritt damals geschehen wäre!«[823]. Freilich gab er zu, daß Otto sich später nicht mehr darauf einlassen wollte und konnte. Die Königin Amalie hatte in diesem Punkte allerdings andere Ansichten.

Bis gegen Ende des ludovizianischen Königtums bildeten die Vorgänge in und um Griechenland einen Hauptgegenstand der bayerischen Außenpolitik[824]. In einem diplomatischen Konflikt Athens mit Konstantinopel und mehreren anderen internationalen Angelegenheiten Griechenlands sah sich Bayern veranlaßt, die Großmächte um Vermittlung zu bitten. Maurers Vorschlag, die Dinge dadurch zu entschärfen, daß man in Athen ein Koalitions-Ministerium anrege, billigte Ludwig, bemerkte aber: »Ich bin nicht einmal um Rat vorher gefragt, äußerte auch nie einen Wunsch, daß es geschehe. Aber wenn die griechische Regierung in der Patsche ist, dann werde ich angerufen, sie herauszuziehen«[825]. Große Aufregung verursachte es bei Ludwig, als der inzwischen zum Gesandten in Paris ernannte Wallerstein nach München eine griechische Verschwörung gegen den wittelsbachischen Thron meldete, die unter Führung des Politikers Kalergis und ganz offensichtlich mit Billigung, wenn nicht Unterstützung Englands Louis Napoleon auf den Thron erheben wolle[826]. Die Angelegenheit erwies sich als windig, aber Ludwig nahm sie ernst, und als er hörte, daß Louis Napoleon durch bayerisches Gebiet reisen wolle, befahl er: »Festhalten und an Frankreich auszuliefern Louis Napoleon, der an meines Sohnes Stelle auf Hellas Thron kommen will. Kein Augenblick ist zu verlieren«[827]. Da Maurer während seiner Dienstzeit als bayerischer Minister-Verweser des Auswärtigen (1847) von englischer Seite nur auf Schwierigkeiten stieß, verfiel er auf den Gedanken, mehr auf Rußland zu setzen, und er bemühte sich mit Einverständnis seines Königs ab Oktober 1847, Athen bei einer Annäherung an St. Petersburg behilflich zu sein. Den Erfolg dieser Bemühungen hat Maurer in seinen Erinnerungen erheblich überschätzt[828]. Noch vor Maurers Entlassung trat Wallerstein mit angeblich großartigen Plänen für eine Neuorientierung der griechischen Politik hervor, die den Nebenzweck verfolgten, Maurer zu diskreditieren und aus dem Sattel zu heben[829]. Sein schwungvoll aufgemachtes Projekt lief darauf hinaus, daß sich Bayern und Griechenland ohne Wenn und Aber der britischen Politik unterordneten – eine Parallele zu der Wende, die ein Jahr zuvor Friedrich List vollzogen hatte, als er Friedrich Wilhelm IV. und Peel seine Allianzdenkschrift übersandte[830]. Noch am 25. Februar 1848, am Vorabend der Revolution und seines zweiten Sturzes, reichte Wallerstein eine umfangreiche Denkschrift mit 44 Anlagen ein, die nach einem historischen Rückblick und höchst abfälligen Bemerkungen über die Regentschaftspolitik, die innenpolitisch auf seine Feinde Abel und Maurer zielten, dem König unwiderleglich beweisen sollten, daß es nur einen Weg gab, die Hinwendung zu England[831]. Die Abhängigkeit von England, meinte Wallerstein, sei immer noch erträglicher als die von Rußland, das in Athen allenfalls einen gekrönten Generalgouverneur dulden würde. Es handelt sich bei Wallersteins Denkschrift um das bravouröse Zeugnis seiner kreativen politischen Phantasie und ungewöhnlichen Überredungsgabe, aber die Ausführungen halten nicht durchweg einer bedächtigen Analyse stand. Großzügig wie stets, überging der Fürst eine Anzahl von Risikofaktoren und nahm als erwiesen an, was erst als Chance am Horizont auftauchte. Die Märzereignisse in München ließen Wallersteins Vorhaben im Ozean politischer Projektemacherei untergehen. Ludwig hat sich jedoch Wallersteins neue anglophile Linie, was Griechenland betraf, für längere Zeit zu eigen gemacht und über den zweiten Sturz des Fürsten hinaus in seinen Ratschlägen für Otto an ihr festgehalten[832].

Vorerst freilich hatte Ludwig, in die Lola-Krise und dann in die 48er Revolution verstrickt, vordringlichere Sorgen. Was die große Politik betraf, hat er stets eher auf die jeweiligen Herausforderungen reagiert, denn als Vordenker die Initiative ergriffen, die er 1847/48 zuerst Maurer und dann Wallerstein überließ. Was ihm weit mehr »auf den Nägeln brannte«, war das Ausbleiben der Rückzahlungen aus den »Vorlehen« der Jahre 1835/37. 1840/41 war es zu einem griechischen Anlauf zur Rückzahlung und Zinszahlung gekommen; seitdem nicht mehr[833]. Seit 1840 fing man auf dem bayerischen Landtag an, deswegen unangenehme Fragen zu stellen. Dies geschah freilich in schonender Form und nur in Ausschußverhandlungen oder auf geheimen Sitzungen der Kammer. Immerhin trat schon früh die Frage nach »ursprünglicher Garantie und Haftbarkeitsverhältnis« auf. Wer war denn nun haftbar? Abgesehen von der Möglichkeit, Ottos Apanage von 80000 fl. in Anspruch zu nehmen, mußte, falls sich die griechischen Außenstände nicht beitreiben ließen, die Haftbarkeit letztlich auf den König und seine höchsten Beamten übergehen, die an der Transaktion des Darlehens verantwortlich beteiligt gewesen waren. Ludwig verteidigte sich ständig mit dem Argument, daß er durch die Verzinsung des Kapitals für den bayerischen Staat ein gutes Geschäft gemacht habe, richtiger gesagt, habe machen wollen[834]. Andererseits konnte er die an

Vorwurf grenzenden Andeutungen aus dem Kreis der Ständeversammlung nicht von der Hand weisen, und Abel hatte zu tun, den Landtag und seinen königlichen Herrn zu beruhigen[835]. Sparvorschläge, die Ludwig an die Adresse Athens richtete, fruchteten wenig. 1846 ließen sich die Kammern durch Versicherungen aller zuständigen Minister nochmals vertrösten, aber die Situation war für König und Regierung in dieser Sache damals schon fast unhaltbar geworden. Seit Ende der dreißiger Jahre hatte die Angelegenheit den Ministerrat in Anspruch genommen[836]. Seit der Ständeversammlung 1846 überlegte man sich eine Vorlage an den nächsten Landtag, um den Gegenstand endgültig zu bereinigen[837]. Diese Bereinigung sollte 1849 auf eine andere Weise geschehen, als man es sich noch 1846 vorgestellt hatte, und Ludwig auf das schmerzlichste treffen[838].

Zieht man ein Resümee des griechischen Engagements Ludwigs, so ergibt sich, daß, um eine schonende Behandlung Griechenlands und der bayerischen Sekundogenitur durch die Großmächte zu erreichen, Ludwig und seine Außenminister sich fortwährend genötigt sahen, als Bittsteller in London, St. Petersburg und Paris aufzutreten und Canossagänge zu Metternich zu unternehmen, der das griechische Unternehmen von Anfang an mißbilligt hatte. Ludwig schimpfte zwar weidlich auf »seine Herrlichkeit« Lord Palmerston und auf die britischen Gesandten in Griechenland, Dawkins und später Lyons, aber er konnte nur die Faust im Sack ballen. Bald sprach man in Berlin, bald in Wien vor, um Mittlerdienste zu Großbritannien in Anspruch zu nehmen, bald versuchte man es über den Coburger Leopold in Brüssel, bald bemühte man den Fürsten Leiningen, Halbbruder der Königin Viktoria, dem man dafür in Bayern entgegenkommen mußte. Man konnte nicht anders als sich in zahlreiche Abhängigkeiten begeben, die man sich, ohne Griechenland auf dem Hals zu haben, erspart hätte. Viel erreichte man nicht, und noch vor dem Tod Ludwigs stellte sich heraus, daß – vordergründig gesehen – alles vergebens gewesen war. Aber nur vordergründig! Für eine Geschichtsauffassung, die nicht nur nach äußerem Erfolg mißt, bedeuten Verlauf und Ausgang der ludovizianischen Griechenlandpolitik weit mehr als nur ein fehlgeschlagenes Experiment. Der König mag dies undeutlich selbst empfunden haben, da er sich am Ende seiner Tage und nachdem sein Sohn aus Griechenland verjagt worden war, in der griechischen Sache keineswegs als Gescheiterter vorkam.

XII.
DER KÖNIG UND DER STANDESHERR

1. Weihrauch für den Monarchen

Nachdem mit Beginn des Jahres 1832 ein neues Ministerium ins Leben getreten war, hatte sich bei manchen Beobachtern der Münchner Politik der Eindruck festgesetzt, Fürst Wrede könnte die ihm im Laufe der Jahre 1830/31 zugefallene Rolle fortsetzen. Tatsächlich vermochte sich der Marschall das Vertrauen seines Königs zu bewahren. Bei Abwesenheit des Königs präsidierte er dem Ministerrat, 1832 wurde er als Hofkommissär in die Pfalz entsandt und fungierte 1834 und 1837 als erster Präsident der Kammer der Reichsräte. In den kontinuierlichen Staatsgeschäften sah sich der alternde, Detailarbeit abholde und einen grandseigneuralen Lebensstil führende Wrede, der außerhalb der Landtage nur sporadisch in München auftauchte, seit 1832 jedoch von Wallerstein überrundet, der stets am Platze war und keine Mühe scheute, die Geschäfte in der Hand behielt und über den besten Informationsstand verfügte[839]. Es lag nicht nur daran, daß der Mann aus schwäbischem Hochadel ungleich fleißiger, beweglicher und präsenter als sein ihm spinnefeindler neuadeliger Standesgenosse war. Wallerstein war mehr: Ein staatsmännisches Talent, einfallsreich, ein meisterhafter Redner, von reicher, ja übersprudelnder politischer Phantasie und in nicht geringerem Maß mit praktischer Begabung ausgestattet, ein raffinierter Taktiker und Intrigant, der das Klappern, das zum Handwerk gehört, nie verschmähte und es vorzüglich verstand, sich ins rechte Licht zu setzen und anderen das Wasser abzugraben. Der verdienstvolle Staatsadministrator, glänzende Parlamentarier und geschickte Publizist hat seinem König ganz außerordentliche Dienste geleistet. Oft nötigt er dem historischen Betrachter Bewunderung ab, doch noch häufiger überwiegt der Eindruck des Unseriösen und Bodenlosen. Der ungewöhnliche Mann zerrieb sich an den engen Verhältnissen des bayerischen Mittelstaates und den ungünstigen Konstellationen, unter denen er wirken mußte, aber er brachte neben seinen Fähigkeiten auch Dispositionen in seine Laufbahn ein, die sein Scheitern mitbedingten. Man mag es für eine nicht sehr gravierende Schwäche halten, daß er seiner Suada kaum Einhalt zu bieten vermochte: Staatsmänner, die mit ihrer Zeit geizten und ihr Tagesprogramm sorgfältig kalkulierten, berichteten seufzend, wie viele Stunden sie bei Unterredungen mit Wallerstein hatten opfern müssen[840]. Wer so viel redete, konnte unmöglich stets bei der Wahrheit bleiben. Seine Gegner sprachen von ihm als dem »Lügenfürsten« oder dem »Windfürsten«. Montgelas soll geäußert haben, der Fürst sei ein so großer Lügner, daß selbst sein Gebet eine Lüge sei[841]. Bei einigen Politikern führte die Wallerstein kennzeichnende Verbindung von Flunkerei und Überschwenglichkeit dazu, daß sie ihn nicht mehr ganz für voll nahmen[842]. Verheerend wirkte sich für den moralischen Kredit Wallersteins seine unglaubliche Leichtfertigkeit in privaten finanziellen Angelegenheiten aus. In einem (vermutlich unbeantwortet gebliebenen) Bettelbrief, den Wallerstein 1859 an Ludwig richtete, räumte er, sehr milde formulierend, ein: »Halten die Leute mich für keinen Musterhaushalter im eigenen Finanzbereiche, so lag in dieser Hinsicht bis auf die neuere Zeit manch Wahres«[843]. Er hat sich in Geldsachen schwer Begreifliches zuschulden kommen lassen[844].

Ludwig Fürst zu Öttingen-Wallerstein hatte als Erbe eines reichsfürstlichen, seit 1806 mediatisierten Hauses 1791 das Licht der Welt erblickt. Eine nicht standesgemäße Heirat war der Anlaß, eine nicht zuletzt wegen seiner Mißwirtschaft ihm von den Agnaten und dem Hause Rothschild abgenötigte Abtretung der alleinigen Verfügung über den Fideikommiß wohl die wahre Ursache seines Rücktritts als Chef seines Hauses. Dieser Schritt zog den Verlust des Kronoberthofmeisteramtes am Münchner Hof nach sich. König Ludwig, in dessen Gesichtskreis der junge Standesherr als enthusiastischer Kreiskommandant der Nationalgarde 1814 getreten war, gab ihm nach seiner Thronbesteigung das höchste Kronamt zurück, und fortan setzte der verschuldete und daher in seiner Unabhängigkeit beeinträchtigte Fürst einzig und allein auf den Bayernkönig. Er machte sich Ludwig im Reichsrat nützlich, ja unentbehrlich, zählte zu seinen bevorzugten Ratgebern[845], bewährte sich als Generalkommissär des Oberdonaukreises und galt, bevor ihn der König 1832 mit dem Ressort des Inneren betraute, schon jahrelang als Ministerkandidat.

Der preußische Gesandte von Küster meinte 1830, es sei gewiß die schwierigste Aufgabe von der Welt, Minister des Königs von Bayern zu sein[846]. Den Monarchen richtig zu behandeln, bildete im bayerischen Vormärz in der Tat nicht den geringsten Teil der Regierungskunst. Ludwigs »Geschäftsmänner« hatten stets sein hochgespanntes Selbstbewußtsein, seine Empfindlichkeit, seine Idiosynkrasien und seine Aversionen, auch seine Maroten zu berücksichtigen. Es war geraten, ihn stets in eine Wolke von Loyalitätsbeteuerungen einzuhüllen. Nun ist allerdings ein Unterschied zu machen zwischen purer Schmeichelei und dem, was als obligatorischer Kurialstil im Verkehr mit Monarchen damals als selbstverständlich galt. Die offizielle Anrede in der Briefform lautete »Allerdurchlauchtigster, Großmächtigster! Allergnädigster König und Herr!« Und in der Schlußformel bezeichnete sich der Briefschreiber als »Alleruntertänigst und treugehorsamst«. Auch hielt es sich durchaus noch im Rahmen des Üblichen, wenn man dabei in »allertiefster Ehrfurcht verharrte«, wenn man nach »submissestem« Vortrag »unzielsetzlicher und unvorgreiflicher« Meinungen »sich zu allerhöchsten Hulden und Gnaden empfehlend in tiefster Untertänigkeit zu ersterben« behauptete. Solche Formeln besagen nur, daß der Schreiber den damaligen höfischen Verkehrston voll beherrschte, und stempeln ihn noch keineswegs zum Schmeichler: Ein Soll, das jeder zu erfüllen hatte, wenn ihm »das Glück zuteil geworden war« – auch dies eine sehr gebräuchliche Wendung –, einen Befehl oder eine Mitteilung des Monarchen zu erhalten und darauf antworten zu dürfen. Von einer ganzen Anzahl der Männer um den König läßt sich sagen, saß sie durchaus keine Liebediener gewesen sind, so sehr sie sich auch am Intrigenspiel beteiligten und taktische Fragen ihrer Selbstbehauptung in den Vordergrund stellen mochten: Armansperg, Lerchenfeld, Wrede, Mieg, Stürmer, Maurer. Den einen oder anderen bewahrte auch ein karges und nüchternes Gemüt vor stilistischen Übertreibungen. Ganz anders allerdings, wenn ein Dichter wie Schenk auf einen Ministersessel gelangte! Unter Bezugnahme darauf, daß Sailer angeblich jeden seiner Briefe mit dem Ausruf »Gott erhalte unseren König Ludwig!« schließe, behauptete Schenk, dies sei auch sein stündliches (!) Gebet und das Gebet aller Untertanen des Königs[847]. Als Schenk 1833, nunmehr Regierungspräsident in Regensburg, ein Taschenbuch mit Gedichten und Aufsätzen herauszugeben gedachte, bat er mit folgenden Worten um einen Beitrag seines Königs: »Allein die Sammlung würde erst ihren schönsten Schmuck, ihre Krone, erhalten, wenn Eure Majestät sie mit einer Gabe aus dem reichen Schatz Allerhöchstihrer noch ungedruckten Dichtungen zu verherrlichen geruhen wollten«[848]. Auch der Regensburger Bischof Schwäbl ging in seiner Begeisterung für den König der kirchlichen Restauration in Schreiben an den Serenissimus mit huldigenden Formulierungen manchmal ziemlich weit. Komisch mochte es manchen vielleicht schon im

Vormärz berühren, wenn ein bayerischer Diplomat dem österreichischen (!) Volke unterstellte, daß es »dem großen Wirken Eurer königlichen Majestät eine ununterbrochen huldigende Aufmerksamkeit weiht«[849].
Was man bei Schenk einer poetischen Natur und der Routine des Hofdichters[850] und bei Schwäbl seinem klerikalen Pathos zurechnen mag, entfaltete sich bei Wallerstein und seinem ihm in dieser Hinsicht kongenialen Nachfolger Abel zu einer wahren, wenn auch problematischen Kunst. Wallerstein operierte häufig mit dem Begriff des »angebeteten Monarchen«. Er nannte Ludwig einen der »erlauchtesten Richtpunkte europäischer Zivilisation«[851]. Er fand angeblich »seinen ganzen Stolz in dem Gehorsam und der Unterwerfung« unter seinen Monarchen[852], er versicherte dem König, er, Wallerstein, könnte »nicht mehr gedeihlich wirken, wäre der Monarch nicht mehr, der allein die Sonne meines Lebens und der Born meiner Begeisterung ist«[853]. Als sich Ludwig in Griechenland aufhielt, empfing er aus Wallersteins Feder die Versicherung, was der Monarch geleistet, lebe »itzt schon in den Herzen der Besseren, insbesondere lebt es in dem Gemüte Ihres Volkes, dessen von Stunde zu Stunde wachsende Liebe das erste und lebendigste Symptom des vollen Gelingens Allerhöchstihres Strebens und zugleich die antizipierte Stimme kommender Zeiten ist«[854]. Selbstverständlich konnte Wallerstein die Rückkehr seines »heißgeliebten Herrn« kaum mehr erwarten; es zählte zu seinen Gepflogenheiten, das Wort »heiß« mitunter einmal oder mehrfach zu unterstreichen. Etwas zu häufig vernimmt man die Versicherung, jeden Augenblick wolle er Gut und Blut für den König einsetzen. Und als Ludwig 1844 Großvaterfreuden zuteil wurden, beteuerte der um die Rückkehr zur Macht kämpfende Exminister, es sei »unter 4½ Millionen Bayern keiner wonnetrunkener« als er[855]. Genug der Belege, die sich beliebig vermehren ließen! Zu bemerken ist, daß den verbalen Ergüssen durchweg die Methode zugrunde lag, die eigenen Absichten als die des Königs hinzustellen und das Verdienst an allen Erfolgen der Politik letztlich dem König zuzuschreiben. Konnte Wallerstein mit günstigen Nachrichten aufwarten, so waren es des Königs »Saaten ... welche aufgehen«[856]. Einzelne Vorschläge wie »alle bisherigen Leistungen« bezeichnete er als »Andeutungen Eurer königlichen Majestät entnommen und in ihrer Uridee lediglich Allerhöchst Ihr Eigentum«[857].
Den durch das Mißtrauen des Königs und die Umtriebe ihrer Feinde unaufhörlich gefährdeten Staatsmännern Ludwigs ging

es darum, ihre Stellung zu halten, daher ihr unablässiges Bemühen, sich in Herrscherpsychologie zu vervollkommnen. Meistens verfügten sie über dezidierte politische Vorstellungen, und das Schwingen des Weihrauchfasses war, nicht zuletzt bei Wallerstein, Mittel zum Zweck, einen schwierigen König auf ihre Ansichten festzulegen. Wallersteins etwas exaltiertes Temperament erleichterte ihm die verbalen Übertreibungen, abgesehen davon, daß er selbst in Hofluft aufgewachsen war. Er wollte oben bleiben, nachdem er sich zur herausragenden Gestalt im Ministerium unter Ludwig emporgearbeitet hatte. Wallerstein war bereit, dafür einen hohen, wenn auch, wie sich zeigen sollte, keineswegs jeden Preis zu bezahlen.

Wie reagierte der König auf die zu ihm aufsteigenden Beteuerungen, flehentlichen Bitten und Jubelrufe? Er hat sich rasch an die regierungsamtliche Devotion gewöhnt und nahm sie als schuldigen Tribut entgegen. Sein starkes Mißtrauen bewahrte ihn davor, sich schlechthin »einwickeln« zu lassen. Auf tatsächliche oder vermeintliche Achtungsverletzung reagierte der Reizbare scharf, und wenn zwischen Ministern, die ihm jahrelang gehuldigt hatten, und ihm sich ein Konflikt nicht mehr vermeiden ließ, fiel seine Reaktion umso schärfer und enttäuschter aus, und er sah nur mehr Treubruch und Undankbarkeit. Daß die betreffenden Männer sich für ihn aufgearbeitet und das Äußerste für die Erfüllung seiner Wünsche und die Verwirklichung seiner Politik geleistet hatten, zählte dann wenig, und nichts mehr zählten die Jahr für Jahr dargebrachten Rauchopfer.

2. Bayerisches »Juste Milieu«?

Wallerstein stand, wie alle seine Vorgänger und Nachfolger, unter der für selbständige Köpfe ungemein drückenden Kontrolle eines Königs, der an seinen Regierungsmaximen nicht rütteln ließ. Aber selbst unter Ludwigs überstraffer Zügelführung blieb seinen begabteren Ministern ein gewisser Spielraum. Noch mehr: Auf Jahre hinaus ließ sich der König in den Staatsgeschäften von den ihm an Sachkenntnis überlegenen Ministern bis zu einem gewissen Grad beeindrucken, wenn sie es geschickt anstellten. Allerdings nie auf Dauer. Stets von neuem wiederholte sich, daß er es mit der Angst zu tun bekam, der Minister könnte ihm über den Kopf wachsen.

Wallerstein verfügte über eine Konzeption. Mit dem Scharfblick des politischen Feindes hat Joseph Görres dem Minister eine

Politik des »Juste Milieu« nach französischem Vorbild zum Vorwurf gemacht[858]. Wallersteins Kommentare zur Julirevolution – er nahm sich schon lange vor seinem Ministerium jederzeit die Freiheit, unmittelbar an den König heranzutreten und ihm seine Auffassungen vorzutragen – waren nüchtern und kritisch, aber nicht feindselig gegen das Regime des Bürgerkönigs, während er mit dem System der Bourbonen keine Nachsicht kannte. Er sprach von den »veralteten mehr oder minder morschen Systemen absoluter Regierungen«, von dem Mangel an »Konsolidierung des echten Repräsentativgouvernements« und fragte: »Was haben wohl die Freunde des Throns und Altars Karl X. genützt? Wohin führten die monarchischen Männer der Extrême Droite das Geschlecht de Saint Louis?«[859] Und seine Folgerung für Bayern: »Bayern muß meines Erachtens in dem Sinne Eurer königlichen Majestät liberal sein – aber dann auch nicht dulden, daß man es als illiberal darstelle.« Bayern sollte »einhertreten vor der Welt in der innigsten Vereinigung von Fürst und Volk«. Hätte Wallerstein völlig freie Hand gehabt, hätte er sich vielleicht innenpolitisch an dem Bürgerkönigtum Louis Philippes orientiert, den Weg einer vorsichtig konservativ-liberalen Reform eingeschlagen und Bayern früher, als es geschah, zeitgemäßen Lösungen zugeführt. Dazu sah er sich nicht in der Lage, aber einen Kurs der Mitte unter bayerischen Verhältnissen zwischen linken und rechten Ultras hat er stets zu steuern versucht. In der von ihm inspirierten kurzlebigen Staatszeitung verhieß der Minister Verfassungstreue, Unparteilichkeit der Regierung und Anerkennung der Heilsamkeit einer konstitutionellen Opposition. In dem letztgenannten Punkte war freilich ein Einverständnis des Königs nicht mehr vorauszusetzen. Und um Reste von Liberalität zu retten, sah sich Wallerstein genötigt, erhebliche Zugeständnisse an die Reaktionspolitik des Königs zu machen.

Zur taktischen Raffinesse Wallersteins gehörte es, dem König – was dieser nicht ungern hörte, obschon er allein die kritische Situation heraufbeschworen hatte – einzureden, daß durch die Politik des vorhergegangenen Ministeriums ein ungeheurer Vertrauensverlust entstanden sei, den es nunmehr durch stabilisierende Maßnahmen wieder gutzumachen gelte[860]. Unter Stabilisierung verstand Wallerstein »Rückführung auf das Feld positiver Interessen«, das heißt Gewinnung des gewerblichen Mittelstandes – der gebildete Mittelstand war schwerer von seiner ideologischen Position abzubringen – für materiellen Aufschwung und technisch-kommerziellen Fortschritt, das Hinlenken der progressiven Energien auf das Nützliche und Praktische. Der König war für solche Ideen nicht schlechterdings unempfänglich, aber seine Politik systematisch auf Förderung wirtschaftlich-technischen Fortschritts auszurichten, lag außerhalb seines Vorstellungsvermögens. Desgleichen erschien ihm, bei aller Sympathie für mittlere Wege, programmatisches Juste Milieu als ein zu modernes, zu französisches Phänomen, um sich damit befreunden zu können. Bis auf weiteres galt es für ihn, Gefahren abzuwehren, und Wallerstein sollte ihm dabei behilflich sein. Der Fürst mußte zusehen, was er an Förderung materieller Prosperität und an pragmatischer liberal-konservativer Politik im Rahmen der ihm gestellten Defensivaufgaben unterbringen würde. Liest man die Worte, mit denen der König die erste Ministerratssitzung des neuen Kabinetts von 1832 eröffnete, so kann kein Zweifel bestehen, welchen Kurs er Wallerstein und seinen Kollegen vorschrieb[861]. Er forderte die Minister auf, ihn bei seinem Bestreben zu unterstützen, dem »Geist des Aufstandes, ja der Auflösung« und einer Faktion, die »offen den Umsturz aller Throne und alles Bestehenden erstrebe« mit allen gesetzmäßigen Mitteln entgegenzutreten. Er bezog sich auf Eröffnungen, die ihm von Wien und Berlin gemacht wurden und formulierte zwölf Fragen, die bewiesen, was ihn umtrieb, allerdings auch, unter welchem Druck von seiten Metternichs er stand.

Die gehässigsten der vom König gewünschten Maßnahmen, das Vorgehen gegen Behr und Eisenmann und die zahlreichen anderen politischen Prozesse, blieben an der Justiz haften, aber was an vom König unmittelbar gewünschten »Säuberungsmaßnahmen« in der Stadt und an der Universität Würzburg geschah, hatte Wallerstein nach außen zu verantworten. Wer sich die Mühe nimmt, Wallersteins Aktionen jener Jahre unter die Lupe zu nehmen, bemerkt eine durchgehende Linie der Mäßigung und Beschwichtigung, ähnlich dem Auftreten Wredes in der Pfalz[862]. Wenn Wallerstein 1833 Thiersch zur Inspektion des höheren Schulwesens in die Pfalz entsandte, durfte er sicher sein, daß der Präzeptor Bavariae keine ihm unangenehmen Vorschläge unterbreiten würde. Er wußte auch genau, daß von der Pfordten, den er 1833 in Würzburg als Privatdozent unterbrachte und dessen Beförderung zum Professor er bald darauf durchsetzte, sein Lehramt zwar im Sinne der Regierung korrekt, aber gewiß nicht nach den Wünschen der Scharfmacher versehen würde[863]. In der Bildungspolitik hat er ad usum regis und zur

Neutralisierung seiner Gegner auf der Rechten zwar den Abbau der »Überbildungstendenzen« und eine »monarchisch-religiöse Schulreform« zum Programm erhoben, tatsächlich ging es ihm jedoch darum, das »Zurückdrängen oder Stillhalten des Bildungsstrebens«[864] zu unterlaufen. Trotz seiner notgedrungenen Mitwirkung bei den »Epurationen« hat sich Wallerstein die Aufrechterhaltung eines vernünftigen und selbst freiheitlichen Unterrichts und Lernprinzips von der Lehrerbildung bis zur Universität angelegen sein lassen, extreme Auffassungen, nicht zuletzt des Königs, zu überspielen verstanden und sogar neue Impulse vermittelt, beispielsweise auf dem Gebiet der Mädchenerziehung[865]. Seine besondere Aufmerksamkeit galt – Reflex seiner Bemühungen um materiellen Aufschwung – der polytechnisch-gewerblichen Ausbildung, für die er viel geleistet hat. Dies ging so weit, daß ihm seine Gegner aus der »Prädominierung des polytechnischen Prinzips« einen Strick zu drehen versuchten[866].

Alles, was Wallerstein als Obskurantismus oder Ultramontanismus erschien, hat er auf sämtlichen Gebieten des öffentlichen Lebens teils offen bekämpft, teils geschickt insgeheim hintertrieben. Der Weg dorthin führte ihn jedoch, kompliziert wie die ludovizianische Szenerie einmal war, nur über Konzessionen an die konfessionspolitische Tendenz des Königs: Beteiligung an der Konfessionalisierung des höheren Schulwesens in Augsburg als dortiger Generalkommissär, Förderung des Mediziners Ringseis in München und Hilfestellung für die Klösterrestauration (freilich nur zugunsten des Wallerstein genehmen Flügels der Benediktiner)[867]. Wallersteins bayerische Variante einer Juste Milieu-Politik bestand ebenso wie in der Unterdrückung des linken Radikalismus in der Abwehr des politischen Katholizismus und aller rechten »Ultras«. Dies bewies sein Vorgehen gegen die »Eos« oder seine Beurteilung der (bald wieder eingegangenen) Zeitschrift »Altbayern«[868]. Ein spezielles Ressentiment Wallersteins, hinsichtlich dessen er mit dem König bedingt harmonieren konnte, richtete sich gegen die Bürokratie. Er war zwar an die Spitze dieses Korps gelangt, aber die tiefsitzende Antipathie des Standesherrn, dessen Whig-Liberalismus von anderem Zuschnitt war als der bayerische Beamtenliberalismus, gegen die antifeudale Bürokratie, die er des »liberalen Despotismus« oder »despotischen Liberalismus« zieh, brach immer wieder durch[869].

Gemäß seiner Überzeugung, daß »die politische und moralische Richtung des Volkes und der Regierung der Richtung der materiellen Interessen zu folgen pflegen«[870] und daß »der Mittelpunkt des Kommerzes ... auch der Mittelpunkt der politischen Ideen wird«[871], suchte der Fürst sich innerhalb der strangulierenden Direktiven des Königs einen Freiraum für seine Vorhaben als Wirtschafts-, Verkehrs- und Sozialpolitiker sowie als Verwaltungsreformer zu erlisten. Seine gesamtdeutsche Zollvereinspolitik vermochte er zwar nicht durchzusetzen[872], doch gingen auf ihn wesentliche Weichenstellungen beim Bau des Ludwig-Kanals, der Grundlegung des bayerischen Eisenbahnsystems sowie der Errichtung der Bayerischen Hypotheken- und Wechselbank 1835 zurück. Erstaunlich und imponierend auch seine weiteren Aktivitäten und Erfolge auf dem Gebiete der Landwirtschaft, des Arbeiterschutzes, des Sparkassenwesens, der Armenfürsorge, der Schulbildung oder der Reorganisation der Verwaltung[873]! Gewiß kein Finanzspezialist wie Armansperg und als Fachjurist Zentner oder Abel unterlegen, als politischer Taktiker und Parlamentarier jedoch von keinem übertroffen, zählte Wallerstein zu den schöpferischen Persönlichkeiten der bayerischen Administration. Bei manchen Projekten zog Ludwig wohl mit Wallerstein an einem Strang, andere ließ er nur geschehen, wieder andere weckten sein Mißtrauen. Im ganzen setzte er andere Schwerpunkte als Wallerstein. Daß dieser stets den Mund zu voll nahm und zu pompös verfuhr, entging dem König nicht. Vorteilhaft wirkte sich für den Minister beim König aus, daß er kein Doktrinär gewesen ist und den Antidoktrinarismus geradezu zur Doktrin erhob. Wallersteins Lieblingswendung, die er dem Monarchen als Schlüsselwort seiner Staatskunst noch und noch zum Besten gab, lautete: »savoir faire«. Damit konnte er Ludwig überzeugen, der die Formel als Charakteristikum des Fürsten schließlich anerkannte. Als der Monarch gegen Ende des Jahres 1847 aus selbstverschuldeten Gründen nicht mehr so recht ein noch aus wußte, hat er Wallerstein als Mann des »savoir faire« ein zweites Mal in ein Ministeramt geholt.

3. »Ehre, wem Ehre gebührt«?

Nach Abschluß des Landtags von 1834 ließ Ludwig eine Denkmünze prägen, auf deren Legende zu lesen war: »Ehre, wem Ehre gebührt«. Das Verdienst daran, daß die Ständeversammlung 1834 im Sinne des Monarchen zu einem Musterlandtag gedieh, durfte sich hauptsächlich Wallerstein zuschreiben. In ihrer personellen Zusammensetzung war die Zweite Kammer

1834 die gleiche wie 1831; erst für 1837 mußte neu gewählt werden. Zehn Volksvertreter, die 1831 noch die radikale Prominenz gebildet hatten, waren in Haft oder geflohen oder vom König nicht zugelassen worden. Die übrigen hatten sich einschüchtern lassen. Trotzdem rechnete Wallerstein sich und dem König noch Anfang 1833 einen Rückstand der ministeriellen Stimmen gegenüber der Opposition um vier Stimmen vor. Aufgrund genauester Information über Gesinnung und insbesondere Schwächen der einzelnen Abgeordneten hat nun Wallerstein bis zum Zusammentritt der Stände »seine Pappenheimer« systematisch bearbeitet, und er konnte als Ergebnis seiner Tätigkeit dem Monarchen eine Kammer vorführen, die an Beflissenheit und Konzessionsbereitschaft ihresgleichen suchte. In der Kammer der Reichsräte, die schon 1831 Konvenienz gegenüber der Politik des Königs gezeigt hatte, war 1834 ohnehin keine gravierende Opposition zu befürchten, zumal sich dort das Gefühl standesherrlicher Verbundenheit mit dem Innenminister unter den dominierenden Mediatisierten ausbreitete. Zum »Operationsplan« (so Ludwig wörtlich) des Königs gegenüber den Abgeordneten zählte die Geheimhaltung der Wiener Ministerialkonferenzen von 1834: »Daß ja nichts ruchbar werde von den Wiener Konferenzverhandlungen, wenigstens bis die bleibende Zivilliste durchgegangen ..., denn ohngeachtet keiner der Fürsten so günstig fürs Volk gestimmt hat, würden dennoch die Wiener Verhandlungen mir sehr diesen Landtag verderben können«[874].

Architekt des Operationsplanes war Wallerstein, nicht der König. Das Verfahren des Ministers sah vor, auf keinen Fall in prinzipiellen Fragen angesichts der »schon sehr beschränkten Kronrechte« Konzessionen zu machen[875]. Wenn er so auf die »Generallinie« des Königs einging, mochte Wallerstein hoffen, unter dem Motto »Nichtprinzipielles« möglichst viel an nützlichen Reformen unterbringen zu können, und er erhob sogar – was sonst keiner seiner Kollegen gewagt hätte – seine Stimme für die Abgeordneten der Zweiten Kammer, die sich »auf das Tiefste verwundet« fühlten, weil der Abschied für den Landtag 1831 nur die wenigsten ihrer Wünsche berücksichtigt hatte. Unter den Vorhaben Wallersteins befanden sich ein maßvolles, die Interessen der Großgrundbesitzer schonendes Kulturgesetz, eine Reform der Prozeßordnung, eine neue Dienstbotenordnung, Ausbau des Sparkassenwesens und Modifizierungen der Gewerbegesetze. Wahrscheinlich wäre der Fürst mit diesen Vorlagen auf dem Landtag durchgedrungen. Es lag nicht an ihm, sondern am König, daß sie sich nicht verwirklichen ließen. Ludwig hatte Wallersteins Programm rigoros zusammengestrichen. Im Fall des Kulturgesetzes begründete der König seine Ablehnung mit dessen unruhestiftendem Charakter[876]. Das Verfahren des Königs, alle an den Landtag zu bringenden Gesetzentwürfe vorher im Ministerrat oder im Staatsrat oder in beiden einer reiflichen Prüfung zu unterziehen, macht zunächst den Eindruck äußerster Sachlichkeit und Gründlichkeit. Minister und Staatsrat operierten ganz überwiegend nach Gesichtspunkten der Zweckmäßigkeit und der juristischen Zuverlässigkeit. Am Ende überwog jedoch meistens das Gewicht des Politischen. Bei aller relativ freimütigen Diskussion wußte doch jeder genau, was im Hinblick auf die Meinung des Königs opportun oder nicht opportun war. Im allgemeinen lief die politische Linie darauf hinaus, einen Eklat mit dem König zu vermeiden.

Wie sich der Kurs des Königs verschärft hatte, geht unter anderem aus seiner Behandlung des Gesetzentwurfes betreffend Öffentlichkeit und Mündlichkeit der Prozeßordnung hervor. Schon Ende 1832 ließ er in einer Weisung an Wallerstein den Entwurf zurückziehen. Die mit der weiteren Bearbeitung betraute Kommission hatte ihre Arbeiten einzustellen: »Ich finde, für die Zeit, wie sich dieselbe gestaltet hat, nicht mehr geeignet, Mündlichkeit und Öffentlichkeit einzuführen, am allerwenigsten aber kann ich auf Geschworenengerichte eingehen, und es kömmt darauf an, die ganze Sache bis auf weiteres zu beseitigen«[877]. Man möge das Vorhaben zunächst vertagen und dann fallen lassen. Ein halbes Jahr nach dieser Weisung erklärte der König im Ministerrat am 29. Mai 1833, er habe »durch manigfache Wahrnehmungen, insbesondere aber durch das Beispiel des Rheinkreises über die nachteiligen Folgen jeder Vervielfältigung der Unterbehörden und durch zahlreiche Bittschriften und Abordnungen des Volkes belehrt, den festen Entschluß gefaßt ..., eine Trennung der Rechtspflege von den Polizei- und Verwaltungsgeschäften bei den ersten Instanzbehörden (Landgerichten) nicht stattzugeben«[878]. Damit war ein weiteres Kernstück aus der Reformära vor 1830 fallengelassen worden. Zu den nachdrücklichsten Befürwortern einer Beibehaltung der Verbindung von Verwaltung und Rechtsprechung auf der untersten Instanz zählte der Staatsrat von Grandaur.

Wie eifersüchtig Ludwig auf die Macht und das Prestige der Ständeversammlung war, geht aus einer Weisung vom 7. Januar

1834 hervor, die Verkleinerung und Vereinfachung der Landgerichte noch vor Beginn der Ständeversammlung definitiv auszusprechen, um dieser nicht das Verdienst zu überlassen, diese wichtige Maßnahme herbeigeführt zu haben[879].

Ludwig legte 1834 größten Wert auf kurze Dauer der Ständeversammlung, und schon diesem Gesichtspunkt mußten mehrere Vorhaben des Ministeriums zum Opfer fallen. Die Überlänge des Landtags 1831 hatte der Monarch in geradezu traumatischer Erinnerung. Je kürzer der Landtag, umso geringer die Bewegungsfreiheit der Abgeordneten und umso stärker die Notwendigkeit, sich auf einige wenige Vorhaben zu konzentrieren. Von diesen stand für den König an erster Stelle die Einführung einer permanenten Zivilliste, die er bis dahin nicht hatte durchsetzen können[880]. In dieser Angelegenheit fand Wallerstein in der liberalen Kammerkoryphäe Rudhart, die ihm sonst manches brillante parlamentarische Schaugefecht lieferte, einen kooperativen Partner. Der Landtag wagte es nicht, sich dem Zweigespann zu widersetzen und votierte ganz nach den Wünschen des Königs, der sich von nun an in der erfreulichen Lage befand, seinen Haushalt nicht Session für Session der Diskussion des Parlaments ausgesetzt zu sehen[881]. Regierungskonform verhielt sich der Landtag gegenüber weiteren vom König gewünschten Vorlagen betreffend Festungsbau in Ingolstadt, Kanalbau, Bankgesetz und Ansässigmachung[882].

Wallerstein verstand es, durch konziliante Umgangsformen und achtungsvolle Behandlung der Deputierten ein angenehmes Klima in der Kammer zu erzeugen. Worte, wie er sie in seinen Schlußäußerungen über den Entwurf des Ansässigmachungsgesetzes fand[883], wären dem König nie über die Lippen gekommen. Mag Wallerstein auch meistens aus taktischer Berechnung gehandelt und gesprochen haben, es kann kein Zweifel bestehen, daß er den Konstitutionalismus ernst nahm. Ludwig hat demgegenüber seine Erkenntlichkeit für das Verhalten der Kammern auf die Prägung einer Denkmünze und den Landtagsabschied begrenzt. Die Gutwilligkeit der Kammern veranlaßte ihn durchaus nicht zu weiterem Entgegenkommen. Vielmehr erschien ihm der Verlauf des Landtags 1834 als Beweis für die Richtigkeit und den Erfolg seiner Unnachgiebigkeit.

4. Der Budget-Landtag 1837

Der Landtag 1837 nahm einen anderen Verlauf als der vorhergehende. Er leitete eine Regeneration der parlamentarischen Opposition ein, förderte andererseits den parlamentarischen Zusammenschluß der Konservativen und endete mit dem Sturz Wallersteins als Innenminister.

Die Vorbereitungen zum Landtag wurden so sorgfältig wie eh und je unter Ludwig I. getroffen. Der König ließ sich über von der Tann und den Rat Auerweck die Korrumpierung einzelner Abgeordneter angelegen sein[884]. Durch Nichtbeurlaubung von Staatsdienern glaubte er, der Opposition wiederum einen schweren Schlag zu versetzen. Durch neuerliche brüske Ablehnung Wallersteinscher Vorlagen, darunter Neuregelung der Verhältnisse der Israeliten, Kulturgesetz und ein Gesetz über Flußregulierungen, suchte er, was ihm unangenehm oder überflüssig vorkam, aus den Verhandlungen auszusparen. Die Argumentation des Königs beschränkte sich dabei auf die drei Worte: »Scheint nicht notwendig«. Schon im Vorfeld und zu Beginn der Landtagsverhandlungen wurden Differenzen zwischen dem Minister und seinem König hinsichtlich des Umgangs mit der Ständeversammlung deutlich. Wallerstein empfahl Vertrauen und Entgegenkommen, der König bestand auf einer harten do-ut-des-Politik. Verdiene sich der Landtag dies durch Wohlverhalten, schloß er späteres Entgegenkommen in einzelnen Punkten nicht aus. Auf jeden Fall sträubte er sich gegen Vorleistungen. Die Abgeordnetenkammer erwies sich zwar, verglichen mit 1834, als erheblich selbstbewußter, es fehlte jedoch nicht an Kompromißwilligkeit, und Obstruktion wurde nicht getrieben. Der König selbst bestätigte gegenüber seinem Sohn Otto, daß von demokratischer Opposition nicht die Rede sei; anfänglich hatte er sogar den Eindruck, der Landtag lasse sich gut an. Bald ärgerten ihn indessen wieder die zu lange Dauer und die zu großen Kosten der Ständeversammlung, die allein ihm die Lust am Verfassungswesen vertreiben könnten[885]. Eine Anzahl von Gesetzen wurde verabschiedet.

Für die innere Geschichte Bayerns war der Landtag 1837 in mehrfacher Hinsicht epochemachend. Wir greifen für die Königsbiographie zwei zentrale budgetrechtliche Streitfragen heraus, an denen Ludwig leidenschaftlichen Anteil nahm und über denen Wallerstein zu Fall kam:

1. Für Staatsausgaben stand nach Auffassung des Königs den

Kammern lediglich ein »Beirat« zu; nur bei den Steuern anerkannte die vermutlich von dem Finanzminister Wirschinger und seinen Verbündeten erfundene »Doktrin« des Monarchen ein ständisches Zustimmungsrecht. Die Regierung lege, so die Doktrin, den Volksvertretern das Budget nur vor, um sie über den Ausgabenbedarf zu informieren. Es hatte sich allerdings der »Usus« eingebürgert, von Regierungsseite das Einvernehmen mit dem Landtag über Einnahmen und Ausgaben zu suchen und aufgrund der Kammerwünsche unter Umständen veränderte Vorlagen in Form eines »Finanzgesetzes« sanktionieren zu lassen. Mit anderen Worten: Die Kammer beanspruchte das Recht, Ein- und Ausgabeposten im Budget herauf- oder herabzusetzen, da die Vorlage des Budgets das Recht auf Prüfung beinhalte, und Prüfung bedeute wiederum verbindliche Zustimmung oder Ablehnung. Infolgedessen erhöhte die zweite Kammer Einnahmeposten, die ihr im Etat zu gering angesetzt erschienen, und vermehrte Ausgaben, wo sie dies für notwendig hielt, so im Straßenbau und im Schulwesen. Der Monarch hingegen wünschte den Fortfall der gemäß dem Usus entstandenen Finanzgesetze.

2. Ein Sonderproblem innerhalb des Budgetstreits bildeten die »Erübrigungen« aus dem Staatshaushalt, für die der König das alleinige Verfügungsrecht beanspruchte. Ersparnisse schrieb er seinen Verdiensten als »guter Wirt« zu, und er wünschte sich dafür in der Weise belohnt zu sehen, daß man ihm die unbeschränkte Disposition über diese Summen (in Millionenhöhe) zugestehe. Die Kammermehrheit konnte sich damit nicht einverstanden erklären, wenn sie die Entstehung eines zweiten, ihrem Zugriff entzogenen Etats zu vermeiden wünschte. Man vermutete überdies, der Etat sei zuungunsten der Landesbedürfnisse frisiert, und man argwöhnte ungesetzliche Verwendung von Staatsgeldern[886].

Als einziger Minister beschwor Wallerstein den König, den Kammern entgegenzukommen, und er versuchte ihm mittels kunstvoller Konpromißformeln goldene Brücken zu bauen. Der Monarch, der sich schon 1834 gegen das Modifikationsrecht der Stände verwahrte und den künftigen Wegfall der Finanzgesetze forderte[887], hatte sich jedoch inzwischen an der prinzipiellen Budgetfrage festgebissen. Nachweislich bestärkt haben ihn Wrede und Schenk in seinen Anschauungen, höchstwahrscheinlich auch Grandaur. Der in der Angelegenheit federführende, mit Wallerstein persönlich verfeindete Wirschinger lehnte den

Kompromißvorschlag des Innenministers auf das schärfste ab, der König billigte den Standpunkt des Finanzministers und verlangte sogar »Sicherungsmaßnahmen« gegen einen befürchteten Alleingang Wallersteins[888]. Ludwigs Mißtrauen war nicht ganz unbegründet. Wallerstein unterließ zwar in seiner Eigenschaft als Innenminister fortan jede Stellungnahme, doch machte er von seinem Recht, sich als Reichsrat der Krone Bayern frei äußern zu dürfen, in der Ersten Kammer seit dem 11. September 1837 unmißverständlichen Gebrauch und sprach sich dort gegen die königliche Doktrin aus. Dies hat man ihm umgehend als Empörung und Felonie, als Aufhetzung der Ständeversammlung gegen den Monarchen ausgelegt[889]. Am 14. Oktober 1837 lehnte er im Staatsrat nochmals als einziger die königliche Doktrin ab[890]. Am gleichen Tag verfaßte er ein Schreiben an den König, das den Usus, »der bisher alle Gewissen beschwichtigte und den ständischen Überzeugungen einen einfachen, die Krone zu nichts zwingenden, ja ihren Wirkungskreis erweiternden Ausweg bahnte«, leidenschaftlich gegen eine neue Theorie verteidigte, »die außer einigen höheren (vielleicht selbst nur momentan überzeugten oder sich Überzeugung gebietenden) Staatsbeamten niemand in der Verfassung finden wird ...«[891]. Diese Ausführungen bekräftigte er in einem weiteren Schreiben vom 22. Oktober. Er erinnerte den König bei dieser Gelegenheit, daß dieser »mehrfach Systeme gutgeheißen und geändert« habe: »Ungnade, scharfe Ungnade war stets das Los derer, welche in dem Momente die allerhöchste Überzeugung nicht teilen zu können glaubten.« Die Schlüsse aus diesem Satz zu ziehen, überließ er dem König. Für sich nahm er in Anspruch, sich an seinen Diensteid zu halten, und er prophezeite dem Monarchen, daß sich die »neue Theorie«, die »den Eidbruch zum Verfassungsimperativ« stemple, schon sehr bald als verfassungswidrig herausstellen werde. Er kenne den König gut genug, um zu wissen, daß er sie binnen Jahr und Tag von sich werfen werde[892].

Schon seit langem hatte man den Boden unter dem Fürsten, der auch auf diesem Landtage wahre Meisterstücke der parlamentarischen Taktik und seiner ungewöhnlichen Rhetorik lieferte, unterminiert, und während der Kammerverhandlungen mehrten sich die Symptome von Feindschaft unter den Kollegen wie von Ungunst seitens des Königs[893]. Der respektvolle und gewinnende Umgangston, den Wallerstein im Verkehr mit den Abgeordneten anzuschlagen pflegte, reizte den König, der dagegen den Herr-im-Hause-Standpunkt hervorzukehren wünschte.

Zur Verbesserung des Verhältnisses zwischen dem König und seinem Minister trug gewiß nicht bei, daß dessen Bruder Karl, politisch sonst durchaus kein Parteigänger Wallersteins, den königlichen Standpunkt in der Erübrigungsfrage heftig angriff. Zu den Widersachern des unter seinen Kollegen gänzlich isolierten Wallerstein hatte sich 1837 sein befähigster Mitarbeiter im Innenministerium (und schon bald sein Nachfolger), Karl von Abel, auf vorsichtige Weise hinzugesellt. Es durfte als Symptom für Abels zunehmendes Ansehen beim König gelten, daß dieser ihn damit beauftragte, die von ihm nachdrücklich gewünschte Wiedereinführung der körperlichen Züchtigung bei Roheitsdelikten, die Wallerstein abgelehnt hatte, in der Kammer zu vertreten, ein Geschäft, das Abel umgehend mit Bravour besorgte[894]. Im Rückblick auf die Vorgänge von 1837 hat Wallerstein später davon gesprochen, daß Wirschinger und Abel die »Doktrin« zum Zweck seines Sturzes und seiner Ersetzung durch Abel erfunden und dem König nahegebracht hätten[895]. In dieser Zuspitzung war Wallersteins Bemerkung wieder einmal übertrieben, zumal der Monarch bei der Ernennung von Ministern unberechenbar blieb. Aber gewiß ist, daß die »Doktrin« nicht nur zur Festigung des monarchischen Prinzips, sondern auch dazu dienen sollte, Wallerstein, dessen Widerstreben offenkundig geworden war, aus dem Sattel zu heben. Abel unterhielt überdies seit geraumer Zeit Beziehungen zu Exponenten des konservativen politischen Katholizismus, mit denen Wallerstein auf dem Kriegsfuß stand und denen er die Schuld gab, daß der »Talisman von 1834 ... nun einmal dahin sei«[896].

Der König hatte sich im Spätsommer 1837 nach Berchtesgaden begeben, von wo er das Geschehen allerdings nicht nur beobachtete, sondern weiterhin fest im Griff behielt. Bis zum Ende der Sitzungsperiode gelangten minutiöse Direktiven nach München unter dem Motto: Aufrechterhaltung der dem König zu verdankenden finanziellen Ordnung, unbedingte Verteidigung der Kronrechte, Verhinderung einer »Volks-Regierung«. Die Möglichkeit persönlicher Einwirkung auf den König durch Wallerstein entfiel in Berchtesgaden. Stattdessen sah der König dort als einzigen kompetenten Ratgeber nur Grandaur. Der Briefwechsel zwischen Grandaur und Wrede sowie derjenige Wredes mit dem König sind erhalten. Grandaur ging in seiner Abneigung gegen Wallerstein schriftlich mehr aus sich heraus, als es sonst seine Gewohnheit war. Die Schlinge um den Hals des Innenministers zog sich, wie aus dieser Korrespondenz hervorgeht, immer mehr zusammen. Parallel zu Grandaur und Wrede operierten Wirschinger und Abel im gleichen Sinne. Wallerstein war genau im Bilde, wenn er einen Tag nach der Amtsübergabe in einem Schreiben an den König von einer »vielleicht nur zu bald sich enthüllenden, Kabinett und Ministerium fest vereinenden Verbindung« sprach[897]. Immerhin – Anfang Oktober 1837 hatte sich der Monarch noch nicht endgültig entschieden. Grandaur meldete Wrede am 2. Oktober 1837 die baldige Rückkehr Ludwigs nach München und fügte hinzu: »Gewiß ist, daß das Geschehene tiefen Eindruck gemacht hat, ohne jedoch die bisherige Zuneigung überwinden zu können. Manche Äußerungen deuten noch immer auf ein ziemlich unerschüttertes Vertrauen ...«[898]. Doch liefen die Dinge unaufhaltsam auf den Sturz Wallersteins zu, der seine Situation schon seit Landtagsbeginn als verloren beurteilt hatte[899]. Gespräche mit Wrede am 11. Oktober und in den folgenden Tagen dürften beim König den Ausschlag gegeben haben, Wallerstein zu entlassen – ein Gegenstück zu dem Gespräch zwischen Max Joseph und Wrede 1817, das den Sturz Montgelas' besiegelte[900]. – Am 4. November 1837 erhielt Wallerstein seine Entlassung, deren Aufsehen erregender Schlußpassus lautete: »Wiederholt sprechen Wir hiemit die Anerkennung der großen Verdienste aus, welche er sich *vor* diesem Landtage erworben hat«[901].

Was hat Wallerstein, den Minister der Anpassung, bewogen, in der Budgetfrage einen Standpunkt einzunehmen, der ihn in einen Konflikt mit dem König treiben mußte? In seiner eminent politischen Intelligenz hat Wallerstein stets um mehrere Ecken gedacht und mehrere Gesichtspunkte kombiniert. Mit Sicherheit erkannte er, daß mit der Budget-Doktrin des Königs auf die Dauer nicht auszukommen sein würde. Ebenso klar war ihm, daß er die Gunst des Königs nicht mehr in ausreichendem Maße besaß[902] und sich ihm daher die Frage stellte, welche Art des Abgangs er für die wünschenswerte ansehen sollte. Er entschied sich dafür, selbst den Stein ins Rollen zu bringen.

Der Text des Entlassungsschreibens enthielt eine bis dahin nie vorgekommene öffentliche Mißbilligung. So durfte man einen Staatsmann von solchem Ideenreichtum und solcher Hingabe, der Außerordentliches zustande gebracht und unter anderem den Lieblingswunsch des Königs nach einer permanenten Zivilliste erfüllt, einen Mann, der bei der Bekämpfung der Cholera buchstäblich sein Leben in die Schanze geschlagen hatte, nicht behandeln. Wallerstein antwortete mit dem Verzicht auf seinen

Rang als Generalleutnant à la suite und auf seine Pension, angesichts seiner derangierten finanziellen Verhältnisse ein weiterer Beweis für seine Neigung, bestehende Schwierigkeiten noch zu potenzieren. Gekränkt fühlten sich durch des Königs Vorgehen nicht zuletzt die Standesgenossen Wallersteins. Der Generaladjutant Prinz Constantin Löwenstein, der nicht zu den politischen Anhängern Wallersteins zählte und den Ministerwechsel durchaus begrüßte, schrieb seinem Onkel: »Louis Wallerstein, dessen Entlassung auf eine unerhörte Art stattfand, hat gestern zu unserer allgemeinen Freude dem König die Generalleutnantsuniform und die Pension von 3000 fl. zu Füßen gelegt.« Er zählte dann die Leistungen Wallersteins, und zwar gerade diejenigen auf, die man als Verwirklichung sehr persönlicher Wünsche des Königs aufzufassen hatte, rühmte sein »heldenmütiges Benehmen« bei der Cholera-Epidemie und sprach die Hoffnung aus, der König werde sich noch überzeugen, daß er Wallerstein Unrecht getan, und »den falschen Brüdern sich nicht durchaus ergeben«[903]. So triumphierten menschliche Anteilnahme und gesellschaftliche Solidarität einen Augenblick über die politische Doktrin eines hochkonservativen Hofmannes. Der preußische Gesandte Graf Dönhoff sah mit Wallerstein das letzte Hindernis vor einem Sieg des Ultramontanismus in Bayern fallen. Es traf zu, wenn er über die Amtsführung »dieses schwer gekränkten bayerischen Staatsdieners« sagte: »An dem besten und uneigennützigsten Willen, an der resigniertesten Selbstaufopferung und der vermittelnden Nachgiebigkeit und Verträglichkeit des Ministers hat es sicher nicht gefehlt. Dies ist ein Zeugnis, das ihm selbst seine Feinde lassen«[904].

Wallerstein befand sich nicht mehr in der Lage anderer Standesherren, sich nach politischen Enttäuschungen auf seine Güter zurückziehen zu können. Von Politik besessen, war er auch nicht imstande, vom öffentlichen Leben zu lassen. Dabei befand er sich in schwierigsten finanziellen Verlegenheiten, und er bestritt seinen Lebensunterhalt längere Zeit anscheinend hauptsächlich mit einer Unterstützung aus der Tasche des Prinzen Karl[905]. Es ist faszinierend zu beobachten, wie er unter solchen Umständen um seine Rehabilitierung kämpfte, politischen Einfluß zurückgewann und ausspielte und nach einem Jahrzehnt neuerdings an die Spitze der Geschäfte trat, um freilich nach nur wenigen Monaten abermals und nun auf Dauer zu stürzen. Vorerst saßen Wallersteins Widersacher fest im Sattel. Der König blieb entschlossen, seine autokratische Position weiter auszubauen. Der

Landtagsabschied, von Staatsrat Stürmer verfaßt, war auf unbedingte Behauptung der Kronrechte gestimmt und warf den Ständen unter anderem »mancherlei Verirrungen in das Gebiet der königlichen Rechte« vor.

XIII.
DER LANDESHERR UND SEINE KIRCHE

1. »Religion als das Wichtigste«

Schroff und skeptisch wie meistens in seinem Urteil, hat der bei Ludwig angesehene Regierungspräsident Graf August Rechberg in einem Schreiben an den König der vom Geist der Aufklärung beseelten bayerischen Bürokratie generell nachgesagt, sie sehe in der Religion ausschließlich ein – allerdings unentbehrliches – Mittel, das Volk in Abhängigkeit zu halten, um es regieren zu können[906]. Die Überlegungen Ludwigs, des Beters[907] und Lesers von Thomas a Kempis und Sailer,[908] über Religion im öffentlichen Leben bewegten sich auf einem anderen Niveau. Er sah in ihr das metaphysische Zentrum der Persönlichkeit, aber auch von Staat und Gesellschaft. In diesem Sinne ist es zu verstehen, wenn er zu Anfang seines Testaments die Nachkommen ermahnte »Seid fromm; hierin ist alles Gute enthalten«[909], oder wenn er in der Thronrede von 1827 »Religion als das Wichtigste« bezeichnete. Soweit er diesen Standpunkt in Regierungspraxis umsetzte, ging er von der Überzeugung aus, daß Sittlichkeit und öffentliche Ordnung ohne das Fundament der Religion auf Sand gebaut seien. Er reduzierte die Religion gewiß nicht auf ein Mittel zum Zweck der gesellschaftlich-politischen Domestikation, aber die Konsequenzen, die er aus seinem Standpunkt zog, waren hauptsächlich konservativer Art. Jedenfalls stellte er sich den Bestand von Monarchie und Kirche nur in gegenseitiger Verbundenheit vor. Das monarchische Prinzip lebte nach seiner Auffassung von der Synthese Thron und Altar. Als ihm Sohn Max 1845 die Besorgnis äußerte, die Throne seien durch den politischen Klerikalismus gefährdet, antwortete er: »Von der Irreligiosität, von dem Kommunismus, von *daher* droht Sturz der Throne.« Und er rief ihm den Sansculotten-Spruch ins Gedächtnis, man müsse den letzten König mit den Gedärmen des letzten Priesters erdrosseln[910].

Freilich, auch wenn eine durch das Staatskirchensystem gesicherte Zusammenarbeit stattfand, war das gegenseitige Verhältnis von Königtum und Priestertum, Staat und Kirche nie problemlos. Ludwig befürchtete von kirchlicher Seite stets »Übertreibungen« (einer seiner häufigsten Ausdrücke auf kirchenpolitischem Gebiet), und er verstand darunter nicht nur Bigotterie[911] oder Kopfhängerei[912], die er nicht leiden mochte, sondern Ernsteres, nämlich die Tendenz zur Theokratie und zur Einmischung in die Staatsgeschäfte. Gefahren dieser Art befürchtete er vor allem seitens der Jesuiten. Die Forschung ist dem Ursprung seiner Jesuitenfurcht nachgegangen[913], die wohl bis auf Geschichtslektüre seiner Knabenzeit zurückzuführen ist. Die Aversion gegen Jesuiten saß tief, und deren Gefährlichkeit stand für ihn ein für allemal fest. Ungezählt seine Beteuerungen, daß er guter Katholik, aber kein Freund der Jesuiten sei.

Realität wurde die Religion für Ludwig zuerst und zuletzt in seiner, der römisch-katholischen Kirche. Es gab in seinem Bekanntenkreis Männer von ökumenischer Gesinnung wie Franz von Baader oder Hans von Gagern. Ganz hat sich auch Ludwig ökumenischen Überlegungen nicht entzogen. Der Unterton des Bedauerns ist nicht zu überhören, wenn er 1830 in sein Tagebuch notierte: »Vor 20 Jahren schien eine Vereinigung der Protestanten mit den Katholiken näher als jetzt, wie geschieden dermalen! Auf spätere Zeit wenigstens vertagt ist eine Vereinigung. Katholik vor der Reformation wäre ich, sagte ich letzten Winter zu meinem Minister des Inneren von Schenk, mache Unterschied zwischen Katholik und Jesuit«[914]. Über das Wort Reformation schrieb er zur zusätzlichen Erläuterung »Tridentiner Concilium«. Es spricht nichts dafür, daß der König sich die Wiedervereinigung der christlichen Kirchen anders vorgestellt hätte als die Rückkehr der Protestanten in die katholische Kirche. Die Vorstellung, daß der Protestantismus vom Katholizismus einst so absorbiert werden könnte wie vordem der Arianismus, sagte ihm zu[915]. Doch lag die Una Sancta nach Ludwigs Meinung in weiter Ferne. Annäherung der Konfessionen auf der Basis dogmatischer Liberalisierung hat er nie gesucht, sondern im Gegenteil ein schiedlich-friedliches Verhältnis als das im Augenblick zweckmäßigste angesehen. Kräftigung von Religion und Kirche ließ sich nach seiner Überzeugung nur durch strenge Konfessionalisierung erreichen, und diese bildete von Anfang an einen der Hauptinhalte seiner Kirchenpolitik.

Ludwig gehörte seiner Kirche nicht nur als gläubiges, seine Verpflichtungen genau erfüllendes Mitglied an, er stand ihr – cum grano salis – auch vor, wenn auch nicht im Sinne der evangelischen Kirchenverfassung. Ungeachtet der Zugehörigkeit der bayerischen Diözesen zur katholischen Weltkirche ließ sich von einer bayerischen Landeskirche insofern sprechen, als das Konkordat die bayerischen Bistümer zu einer Rechtseinheit zusammengefaßt hatte und dem Staatsoberhaupt weitreichende

Befugnisse, insbesondere hinsichtlich Ernennung von Bischöfen und anderen hohen Geistlichen, gewährleistete. Es ist nicht übertrieben, von einer Mitregentschaft Ludwigs über die katholische Kirche im Lande zu sprechen. Gegen diesen Zustand wandte sich die katholische Erneuerungsbewegung des 19. Jahrhunderts – auf die Dauer erfolgreich. Ludwig war zu Abtretungen von seinen iura circa sacra nicht bereit. Kraftvoll und eifersüchtig nahm er seine kirchenhoheitlichen Befugnisse wahr. Einen Publizisten zu finden, der Ludwigs persönliche kirchenpolitische Linie überzeugend vertreten hätte, ist ihm nicht gelungen. Seine Juristen argumentierten entweder »links« oder »rechts« von seiner Position. Selber war er nicht imstande, seine Anschauungen juristisch zu systematisieren. Um sich gleichwohl verständlich zu machen, schlug er den Weg historisch-romantischer und ästhetischer Veranschaulichung (und gleichzeitig Sublimierung) ein. So stellte er sich selbst in die Kontinuität christlichen Herrschertums und bestimmte seiner deutsch-katholischen Konzeption gemäß die Bonifatius-Basilika in München, Heiligtum des »Apostels der Deutschen«, zu seiner Grablege. Höfisch-kirchliche Panegyrik feierte Ludwig nach seinem Tod als »apostolischen König«[916].

2. Der Münchner und der Römische Hof

Ludwig hat den Heiligen Stuhl als oberste Instanz in allen Fragen der Kirchenlehre und der Moral rückhaltlos anerkannt. Stolz berichtete er nach München, wenn er bei Unterredungen mit dem Papst von diesem als großer Wohltäter der Kirche, »wo nicht der größte«[917], anerkannt und gelobt wurde. Empfand der Wittelsbacher sich dem von ihm als Haupt der Christenheit verehrten Heiligen Vater gegenüber als gehorsamer Sohn, so sah er sich als Souverän und Staatsoberhaupt gleichrangig mit dem Beherrscher des Kirchenstaates. Die Diplomatie hatte den Begriff des »Römischen Hofes« eingeführt – für Rom insofern eine gefährliche Formulierung, als der Heilige Stuhl damit seiner Singularität entkleidet und nur mehr als Hof unter Höfen betrachtet wurde. Auf diese Weise ließ sich der Heilige Stuhl überdies zu einer »fremden Macht« umfunktionieren, obschon die Beziehungen der Staaten zu ihm sich nur zum allergeringsten Teil auf den Kirchenstaat bezogen und ganz überwiegend auf die kirchlichen Angelegenheiten ihrer katholischen Untertanen. Unter solchen Vorzeichen konnte es vorkommen, daß der leicht erzürnte Ludwig den Heiligen Vater warnte, mit ihm, dem König von Bayern, »anzubinden«[918]. Wie andere Gesandte, so konnte auch der päpstliche Nuntius Gefahr laufen, am bayerischen Hof zur persona ingrata erklärt zu werden. Der Nuntius habe es bei ihm »verscherzt«[919], ließ er 1842 wissen, wenn es ihm nicht gelinge, von Rom die Rückgängigmachung der Einsetzung eines bayerischen Bischofs zu erreichen. Das herrscherliche Selbstgefühl Ludwigs dokumentierte sich in einer Anweisung an den Maler Schnorr, der die Versöhnungsszene zwischen dem Papst und Kaiser Barbarossa im Königsbau der Residenz zu malen hatte: »Dieser Entwurf ist mir angenehm, außer daß statt der Versöhnung Friedrich Barbarossas, wenn sie, wenigstens nach unseren Begriffen, auf eine für den Kaiser, wie ich sehr vermute, demütigende, damals jedoch gewöhnliche Weise stattfand, wegzulassen und *in diesem Falle* ein anderer Gegenstand zu wählen wäre...«[920].

Die Beziehungen zwischen dem Münchner und dem Römischen Hof sind durch die Forschung, insbesondere in kirchen-, rechts- und diplomatiegeschichtlicher Hinsicht, im wesentlichen geklärt[921]. Der oft erörterte Widerspruch zwischen Konkordat und Religionsedikt war der juristische »Aufhänger« der Konflikte zwischen Rom und München, tatsächlich aber mehr eines der Symptome als die Ursache der unvermeidlichen Spannungen zwischen dem Heiligen Stuhl und dem Staat des 19. Jahrhunderts. Ludwig, treuer Sohn seiner Kirche und gleichzeitig Wahrer des staatskirchlichen Systems, sah sich wider Willen in diese Verwicklungen hineingezogen; in manchem personifizierte er sie. Er hätte gern ein für allemal eine eindeutige Bereinigung der Streitfragen herbeigeführt, aber er mußte einsehen, daß sich dies nicht verwirklichen ließ; er konnte als Staatsoberhaupt unmöglich in ein bedingungsloses Zugeständnis einwilligen, daß das Konkordat über dem Religionsedikt stehe[922].

Zu den heikelsten der zwischen Staat und Kirche anhängigen, nie völlig geklärten Gegenstände zählte die Mischehenfrage. Die Praxis in den bayerischen Diözesen war verschieden. Dem König mußte als Oberhaupt eines gemischt-konfessionellen Staates sehr daran liegen, die römisch-katholische Kirche auf ein möglichst mildes, Unruhe in Bayern vermeidendes Verfahren festzulegen, zumal er die Beseitigung des Problems durch Einführung der Ziviltrauung (wie sie linksrheinisch bereits bestand) im rechtsrheinischen Bayern nicht wünschen konnte. Nach jahrelangen Verhandlungen erreichte Bayern am 12. September 1834 eine römische Instruktion an seine Erzbischöfe und Bischöfe, mit der es zufrieden sein konnte. Sie ging nicht zuletzt auf eine Intervention Ludwigs I. vom gleichen Jahr zurück. In einem eigenhändigen vertraulichen Schreiben an Papst Gregor XVI. hatte der König den Heiligen Vater um eine Regelung gebeten, zu der die Verhältnisse in Bayern schlechterdings nötigten[923]. Ludwig hatte die Erzbischöfe und Bischöfe seines Königreichs angewiesen, ihn in einem Kollektivschreiben an den Heiligen Stuhl zu unterstützen, und der damalige Nuntius ließ es an gleichläufigen Bemühungen nicht fehlen[924]. Weitere kleinere Konzessionen auf dem vielschichtigen Gebiet des Verhältnisses Staat – Kirche folgten, teils von römischer, teils von bayerischer Seite, während andere Fragen, wie die des königlichen Vetos, der staatlichen Zuständigkeit bei der Ablegung klösterlicher Gelübde, der bischöflichen Seminare oder der Annahme päpstlicher Orden, Titel und Auszeichnungen durch bayerische Untertanen weiterhin offen blieben und der König nach wie vor sehr entschieden seine Kronrechte wahrte.

Zu den neuralgischen Punkten zählte des Königs Abneigung gegen das Collegium Germanicum in Rom. Er hat die Anstalt zwar anfänglich protegiert und einzelnen Germanikern wie Riccabona, Reisach und Stahl den Aufstieg zu bayerischen Bischofssitzen ermöglicht, andererseits fürchtete er, das von Jesuiten geleitete Institut werde deutsche Priester italianisieren und »verrömern«[925]. Bevor der Regensburger Dompropst Diepenbrock sich zur Übernahme seiner fürstbischöflichen Würde nach Breslau begab, bestärkte er Ludwig bei einer folgenreichen Unterredung zu Aschaffenburg in seiner Aversion gegen die »Germaniker«: »Er sagte mir, die in Rom erzogenen deutschen Geistlichen wären keine Deutschen mehr ... Voll Eigendünkel, äußerte er, wären sie«[926].

In Rom mehr noch als in München sah man sich zu einer ständigen Güterabwägung veranlaßt. Um größerer Erfolgsaussichten willen ließ man manchen Gegenstand ruhen oder verstand sich zu Zugeständnissen[927].

Die Beziehungen zwischen München und Rom unter Ludwig I. hatten, um den Gang der Dinge zusammenzufassen, mit großen Hoffnungen der Kurie auf den neuen Herrscher begonnen und mit Verfügungen des Monarchen, die den Optimismus des Heiligen Stuhls zu rechtfertigen schienen. Bald ging das Verhältnis jedoch in ein Auf und Ab über. Offenbar durch Hormayr und Armansperg beeinflußt und negativ von Vorgängen beim

Konklave 1829 beeindruckt, ließ der König seit 1829 – parallel zu seiner Distanzierung von der »Kongregation« – bei der Kurie Forderungen zugunsten der Kirchenhoheitsrechte der Krone mit Nachdruck vertreten. Staatskirchlich orientierte Maßnahmen in Bayern verdeutlichten seinen Standpunkt. Die innenpolitische Wende der dreißiger Jahre und vor allem die römische Mischeheninstruktion von 1834 führten zu einer Entspannung. Ein Höhepunkt herzlichen Einvernehmens war erreicht, als 1837 Abel Wallerstein ablöste und Ludwig anläßlich der Kölner Wirren sich als ehrlicher Makler um Rom und den deutschen Katholizismus große Verdienste erwarb. Diese Phase erfuhr schon 1841 eine ernste Trübung durch Vorkommnisse bei der Beerdigung der protestantischen Königin-Witwe Karoline. Der Nuntius und sein »particolare amico« Abel taten das Äußerste, um das vorzügliche Verhältnis von *vor* 1841 wieder herzustellen, aber dies gelang nicht in vollem Umfang. Noch vor Abels Entlassung kam es infolge des von dem neuen Münchner Erzbischof Graf Reisach eingeschlagenen Kurses und aus anderen Gründen neuerdings zu Spannungen, und unter dem Ministerium Maurer/ZuRhein erreichten die Beziehungen zwischen Staat und Kirche in Bayern einen ihrer Tiefpunkte. Die Kirchenpolitik Ludwigs konzentrierte sich zeitweise völlig darauf, eine Transferierung Reisachs als Kurienkardinal nach Rom zu erreichen. Wallerstein ging in seinem kurzen zweiten Ministerium umgehend daran, die Spannungen zu entschärfen, ohne freilich auf die Beseitigung ihm ärgerlicher kirchlicher Widerstandszentren (wie er sie auffaßte) zu verzichten.

Ein Mißverständnis läge vor, nähme man aufgrund des Gesagten an, der kirchenpolitische Kurs des Königs sei erheblichen Schwankungen unterworfen gewesen. Er hielt sich vielmehr unentwegt auf seiner Linie: Förderung der katholischen Kirche, aber gleichzeitige Beibehaltung des staatskirchlichen Systems, das ihm seine maßgebende Stellung in der »Landeskirche« garantierte.

3. Staatskirchentum und Konfessionalisierung

Die katholische Publizistik des 19. Jahrhunderts, darauf bedacht, die volle Emanzipation ihrer Kirche zu erreichen, hat nicht minder als den Liberalismus das staatskirchliche System aufs Korn genommen. Greifen wir zum Beispiel das Buch des Geistlichen M. Strodl »Staat und Kirche in Bayern unter dem Ministerium Abel«[928] heraus! Seine Polemik bezieht sich auf eine Phase der ludovizianischen Staatskirchenpolitik, der von der Kurie lobende Qualifikationen ausgestellt wurden. Strodl suchte nachzuweisen, daß, ungeachtet seiner persönlichen Frömmigkeit, Karl von Abel, dem auch Ringseis »bürokratische Standesinfallibilität« nachsagte[929], nichts anderes als der Exponent staatskirchlicher Unterdrückung gewesen sei und daß die katholische Kirche Bayerns zwischen 1837 und 1847 sich in einer wenig erfreulichen Lage befunden habe. Der Verfasser verkannte oder unterschlug, daß Abel engstens an die Richtlinien seines königlichen Herrn gebunden war, und er übersah – ob geflissentlich oder nicht –, wieviele Erleichterungen[930] der Minister für die katholische Kirche in Bayern dem mißtrauischen Ludwig, gewissermaßen beiläufig, zu entwinden verstanden hat. Es mag eine Rolle gespielt haben, daß Strodl angesichts des Aufschwungs des deutschen politischen Katholizismus im Jahre 1848 das Bedürfnis verspürte, seine Kirche von dem nun als fatal empfundenen und viel geschmähten »System Abel« zu distanzieren.

Zwischen 1837 und 1847 begegnet man solchen Distanzierungen jedoch kaum. Damit soll nicht gesagt sein, daß Ludwig I. nicht ein strammes staatskirchliches Regiment ausgeübt hätte. Episkopat und Klerus sahen sich als eine Art geistlicher Bürokratie analog der »Zivildienerschaft« behandelt, ja ihr in mancher Hinsicht als Subsystem untergeordnet. Die persönliche Abhängigkeit infolge des weitgehenden königlichen Ernennungsrechts war beträchtlich und konnte zu Vorkommnissen führen, die genuin kirchlichen Gesichtspunkten bei der Besetzung geistlicher Ämter zuwider liefen. Ludwig trug nicht die geringsten Bedenken, politisches »Wohlverhalten« von Geistlichen in der Zweiten Kammer zu belohnen[931]. Daß Bischöfe oder hohe Geistliche untereinander um die Gunst des Königs rivalisierten, kam nicht selten vor. Weder im Unterrichtswesen noch in der kirchlichen Vermögensverwaltung ließ der Staat der Geistlichkeit freie Hand. Die Bewilligung von Kollekten hing vom König ab. Das Ministerium konnte jederzeit Berichte anfordern und zur Rechenschaft ziehen, Hinweise geben, Anweisungen oder Verweise erteilen. Die Gelegenheit der Eidesleistung der Bischöfe benützte Ludwig, sie im Sinne der Konformität mit der von ihm gewünschten kirchenpolitischen Linie zu ermuntern oder zu warnen[932]. Bis 1839 waren die weltlichen Behörden bei der Urlaubsbewilligung für Geistliche maßgebend eingeschaltet[933]. Als sich der Bischof von Speyer 1844 ohne königliche Urlaubsbewilligung zum Heiligen Rock nach Trier aufmachte, erteilte ihm Ludwig einen Verweis[934].

All dies und noch zahlreiche weitere Fälle staatskirchlicher Bevormundung zugegeben – studiert man die zeitgenössischen Zeugnisse aus geistlicher Hand, gewinnt man nicht den Eindruck, als hätten Episkopat und Klerus den Zustand der Dinge allgemein als bedrückend empfunden. Im Gegenteil, nicht wenige Aspekte des Staatskirchentums schätzte man positiv ein, und man freute sich der Förderung durch den Staat und den König zumal, des Schutzes insbesondere gegen Dissidenten, Sektierer, Deutschkatholiken, Kirchenfeinde jeder Couleur. Die Angehörigen des Klerus bezeichneten sich in der Regel gerne als königliche Pfarrer oder königliche Lokalschulinspektoren[935]. Jeder wußte, daß mit dem Regierungsantritt Ludwigs ein neuer religiöser Geist an der Spitze des Staates eingezogen war. Als administratives System bestand das Staatskirchentum wohl fort, aber man sah es mit anderem Inhalt als in der Montgelas-Epoche gefüllt. Nicht nur die großen Leistungen des Monarchen für Ordenswesen und Missionen, Kirchenbau, Caritas, Seelsorge und andere kirchliche Bedürfnisse bestätigten diese Wahrnehmung, sondern auch eine Menge kleinerer, aber in den kirchlichen Alltag stark eingreifender Maßnahmen. Dazu zählten nicht zuletzt die Zulassung von Wallfahrten und Bittgängen[936], die Genehmigung von Verbündnissen, Bruderschaften und Bräuchen der religiösen Folklore, die die Bürokratie vor dem Regierungsantritt Ludwigs als krassen Aberglauben und Unfug unterbunden hatte. Dem schon unter Max Joseph wieder aufgeblühten Passionsspiel in Oberammergau traten unter Ludwig andere zur Seite. Als der antiklerikale Regierungspräsident der Oberpfalz, Freiherr von ZuRhein, eine alte Verordnung aus der Montgelas-Zeit ausgrub, derzufolge beim Empfang der das Sakrament der Firmung spendenden Bischöfe die Beteiligung staatlicher Behörden unterbleiben sollte, setzte Abel, ohne Zweifel in Übereinstimmung mit dem Monarchen, die Verordnung außer Kraft. Er verfügte, daß die Schuljugend unter Leitung der Lokalschulbehörden teilzunehmen habe, die Gemeindebeamten katholischen Glaubens die Erzbischöfe und Bischöfe in Gemeinschaft mit der Ortsgeistlichkeit zu empfangen und in ihre Absteigequartiere zu geleiten und beim Abschied an der feierlichen Begleitung teilzunehmen hätten. Schließlich sei es den Distriktspolizeibeamten bei dieser Gelegenheit unbenommen, wenn sie teilnehmen wollten, ihre Uniform anzulegen[937]. Unter zahlreichen weiteren kirchenfreundlichen Maßnahmen fiel für die Vermögenslage und die materielle Ausstattung der Kirche besonders ins Gewicht, daß die bis dahin bestehende quarta pauperum et scholarum, das heißt der Abzug des vierten Teils aller frommen Stiftungen, Schenkungen und Vermächtnisse für Zwecke der Armenpflege und der Schule, auf Initiative der Krone kraft Landtagsbeschlusses von 1840 aufgehoben wurde.

Als Demonstration der Verbundenheit von Thron und Altar, Staat und Kirche galten der Gottesdienstbesuch der Staatsdiener und ihre Teilnahme an der Fronleichnamsprozession. Beides ließ, vom Standpunkt des Königs und der Kirche gesehen, sehr zu wünschen übrig. Ludwig versuchte dem abzuhelfen[938], wollte sich aber nie zu mehr als Empfehlungen verstehen. Auf dem Gebiet der Personalpolitik haben nicht nur weltliche Staatsdiener Bischöfe und Geistliche beurteilt; auch das Umgekehrte war der Fall.

Es läßt sich nicht bestreiten, daß Ludwig mit staatskirchlichen Mitteln ungemein viel tat, um das Aufblühen seiner »Landeskirche« zu fördern. In manchen Fällen, die einen Zug staatskirchlicher Härte an sich zu tragen schienen, gingen König und Ministerium tatsächlich von einem Standpunkt der Fürsorge und Voraussicht aus. Das staatskirchliche System war in der Lage, der katholischen Kirche nach der Montgelas-Zeit eine Position zu verschaffen, die sie hinsichtlich ihres Einflusses auf die Öffentlichkeit von sich aus schwerlich hätte erreichen können.

Diese Feststellung bezieht sich auch auf eine freilich problematische Ausdehnung kirchlicher Möglichkeiten, die von Episkopat und Klerus ohne Zweifel gewünscht wurde, aber nur durch den Staat realisiert werden konnte: die weitgehende Konfessionalisierung des öffentlichen Lebens, die Ludwig nicht etwa nur begünstigte, sondern gezielt und nachdrücklich in Angriff nehmen ließ. Das Experiment, die politische Kultur des Landes auf die Kräfte des konfessionellen Lebens zu begründen, mußte auf längere Sicht fehlschlagen, da nichtkirchliche Bildungseinflüsse das Übergewicht errungen hatten, kirchlicher Indifferentismus sich mehr und mehr verbreitete und die Mobilität des modernen Daseins – Handel und Verkehr, Bevölkerungsbewegung und weltweite Kommunikation – konfessionelle Geschlossenheit und Abgeschlossenheit mehr und mehr unterminierte. Eben gegen diese Tendenz stellte sich Ludwig. Nicht nur im Schul- und Bildungswesen und zahlreichen anderen staatlichen Einrichtungen bis hin zu den Haftanstalten und den Unterkünften der

Schanzsträflinge suchte Ludwig die konfessionelle Trennung zu behaupten und, wo schon beseitigt, wieder herzustellen[939]. Mittels personalpolitischer Maßnahmen bemühte er sich, ganze Landstriche und Städte wie Passau oder Landshut tunlichst in ihrer konfessionellen Integrität zu erhalten[940]. Mit diesen Bestrebungen mußte er scheitern. Ludwig fand auch nicht sehr viele Helfer, die ihn auf solchen Wegen mit der gleichen Konsequenz und dem gleichen Eifer unterstützten wie seine Minister von Schenk und von Abel.

Persönliche Anhänglichkeit an den König und ausdrückliche Befürwortung des Prinzips »Thron und Altar« charakterisierte das Verhältnis fast aller Bischöfe zum »Herrn« der »Landeskirche«. Wenn Wallerstein als Generalkommissär des Oberdonaukreises zusammen mit Bischof Riegg eine gemeinsame Visitationsreise durch das Allgäu unternahm – man glaubt sich in die Karolingerzeit zurückversetzt, in der ein geistlicher und ein weltlicher missus dominicus in die Herrschaftsgebiete des Kaisers entsandt wurden –, so wußte er selbstverständlich, daß ein derart ungewöhnlicher Vorgang vom Monarchen sehr gut aufgenommen wurde[941]. Es ist jedoch auch festzuhalten, daß man im Klerus dieser Region »die schöne Vereinigung der Kirche und des Staates« aus diesem Anlaß »mit unbeschreiblicher Freude« begrüßte[942]. Als sich der damalige Domkapitular Schwäbl 1822 in einer persönlichen Angelegenheit an den Kronprinzen wandte, betonte er, es sei der väterliche Rat Sailers, »mein Heil bei derselben königlichen Quelle zu suchen, wo er das seine gefunden zu haben dankbarst anerkennt«[943]. Sailer hat, wie aus seinem Briefwechsel mit dem König hervorgeht, diesen geradezu als das weltliche Haupt der religiösen Erneuerung betrachtet[944]. Der Briefwechsel des späteren Bischofs Schwäbl mit König Ludwig oder auch mit dessen Minister von Schenk sowie die langjährige Korrespondenz Ludwigs mit dem späteren Kölner Erzbischof und Kardinal Geißel[945] spricht für die damals unter Episkopat und Klerus dominierende »Thron und Altar«-Gesinnung. Es war freilich nicht der Staat, sondern die Persönlichkeit des »gesegneten Königs«[946], auf die Schwäbl seine Hoffnungen setzte. Schwäbl hat das Bündnis von Königtum und Kirche keineswegs als Allianz zur Bewahrung und Verteidigung des vorhandenen Besitzstandes aufgefaßt, sondern als Vehikel eines Gegenangriffs auf den vorherrschenden liberalen Zeitgeist mit weit gesteckten offensiven Zielen und vor allem als einen Weg zur Regeneration der katholischen Kirche.

4. Klösterrestauration

Die bekannteste, ganz und gar seiner Vorstellungswelt entsprungene und nur durch seine Willenskraft mögliche Leistung, die Ludwig seiner Landeskirche erbracht hat, war die bayerische Klösterrestauration[947]. Der Konkordatsartikel VII betreffend Wiederherstellung einiger Klöster stand nicht auf der Prioritätenliste Roms und der bayerischen Bischöfe. Da die Klösterrestauration nicht aus der Staatskasse, sondern aus der Kabinettskasse des Königs, aus Kultusstiftungen und -fonds sowie Spenden finanziert wurde[948], ließ sich die Konkordatsbestimmung[949] übergehen, die für entsprechende Maßnahmen des Staates ein Benehmen mit dem Heiligen Stuhl forderte. Ludwig legte während seiner ganzen Regierungszeit Wert darauf, jede »Dazwischenkunft« des Heiligen Stuhls bei der Klösterrestauration zu vermeiden. Da man in Rom mit dem kirchlichen Eifer des bayerischen Königs in der Sache durchaus einverstanden war, sah man über die Nichtkonsultierung hinweg[950]. Man darf es nicht überinterpretieren, wenn der König in sein Tagebuch notierte: »Mönche will ich, keine Pfaffenherrschaft«[951]. Aber unbestreitbar ist, daß er mit den von ihm gegründeten Klöstern ein geistliches Potential schuf, das sich ihm in besonderer Weise verbunden fühlte. Strodl polemisierte nicht von ungefähr gegen die königlich-bayerischen Staatsklöster. Im Vordergrund stand für Ludwig die Regeneration der Bavaria Sancta.

Zustatten kam dem König bei der Klösterrestauration der Beistand einiger (nicht aller) Bischöfe, soweit ihre Diözesen in Betracht kamen, und das Engagement einzelner Geistlicher und Laien aus der katholischen Erneuerungsbewegung. Die meisten Bürokraten verhielten sich passiv, wenn sie nicht insgeheim Obstruktion trieben. Führende Staatsdiener wie Armansperg, Mieg oder Stürmer, anfänglich auch Abel, gaben sich kaum Mühe, ihre Skepsis und Abneigung zu verbergen. Zu den Skeptikern zählte auch der Kronprinz[952]. Die Opposition einiger Magistrate (München und Straubing) ging wohl nicht auf Antiklerikalismus, sondern auf die Tatsache zurück, daß der König für die Klosterdotation in städtischer Verwaltung befindliche Fonds anzugreifen befahl[953]. Andererseits haben sich mehrfach Gemeinden aus kirchlicher Gesinnung und alter Anhänglichkeit an diesen oder jenen Orden, auch zum Zweck der Verbesserung ihrer Schulverhältnisse, namentlich des Mädchenunterrichts, um die Niederlassung klösterlicher Genossenschaften bemüht.

Schwäbl nannte unter den Gegnern der Klosterrestauration die »Thiersch-Erhard-Hochedersche Partei«, also die führenden Pädagogen Münchens[954]. Die pädagogische Prominenz und ihre Gefolgschaft argwöhnte – nicht ohne Grund –, daß man ein Gegengewicht zu ihrer Schulpolitik schaffen, wenn nicht gar auf Dauer das weltliche durch ein geistliches Schulsystem ablösen wolle.

Die Majorität der Abgeordnetenkammer und der Presse wollte von Wiederherstellung der Klöster nichts wissen. In der Pfalz verhielt sich auch die Mehrheit der katholischen Bevölkerung ablehnend[955]. Von den katholischen Mitgliedern des pfälzischen Landrats sprachen sich mit einer Ausnahme alle gegen Klöster aus[956]. Auf Gegnerschaft stieß vor allem die Wiedereinführung von Mendikantenklöstern. Armansperg hat sich, erfolglos freilich, beim König geradezu leidenschaftlich gegen die Bettelorden eingesetzt. Die mindestens passive Resistenz seiner Bürokratie, der er ohnehin mißtraute, hat der König in der Klösterfrage deutlich verspürt. Mehrfach hat er Ministerien oder Regierungen deswegen gerüffelt[957]. Schließlich fehlte es auch nicht an innerkirchlichem Widerstand[958]. Zusammenfassend läßt sich sagen, daß der König sein Vorhaben geradezu ertrotzt hat. Überdies ging er von Anfang an mit einem expansiveren Programm der Klostererneuerung um als manche seiner im Prinzip einverstandenen Ratgeber. Der Münchner Weihbischof Streber oder auch Sailer dachten zunächst nur an die Errichtung *eines* Musterklosters. 1826 sah Schenk in einem Antrag jedoch schon als vorläufiges Ziel, in fünf Kreisen nach Maßgabe der noch vorhandenen Klostergebäude je zwei bis drei Abteien zu errichten[959].

Unter den Impulsen des Klosterwiederherstellers hat man neben Frömmigkeit und Kirchlichkeit, volkserzieherischen Absichten und herrscherlicher Gestaltungsfreude des Königs romantischen Historismus und auch sein ästhetisches Temperament hoch zu veranschlagen. So rührte das Eintreten für Minoriten und verwandte Orden nicht nur von seiner Überzeugung her, daß Angehörige dieser Genossenschaften es besonders gut mit den unteren Volksschichten verstünden, sondern er nahm ausdrücklich auf die Bundesgenossenschaft der Minoriten mit seinem Vorgänger Ludwig dem Bayern im Kampf mit dem Römischen Stuhl Bezug[960]. Die Tendenz weltlicher und geistlicher Behörden, das Schottenkloster zu Regensburg seiner ursprünglichen Bestimmung zu entfremden, erschien ihm als

Eingriff in ein »geschichtliches Heiligtum«[961]. Als Grablege hatte er ursprünglich Kloster Scheyern vorgesehen, weil dort schon mittelalterliche Vorfahren seines Geschlechts bestattet lagen[962]. Den Landrichter von Kelheim wies er an, die Anlage von Steinbrüchen in der Umgebung von Weltenburg zu verhindern, damit die reizvolle Lage des Priorats, das er dort zu errichten beabsichtigte, nicht beeinträchtigt werde.[963]

Die Wiederherstellung des Klosterwesens verursachte nicht nur hinsichtlich der Finanzierung sowie der materiellen Ausstattung und Sicherung Kopfzerbrechen, sondern warf auch schwierige personelle und institutionelle Fragen auf. Die meisten Exkonventualen hatten sich seit der Säkularisation an ein unabhängiges Leben gewöhnt und verspürten keine Lust mehr, in ein Klosterdasein zurückzukehren. Novizen im eigenen Lande zu finden, hielt schwer. Um die Zahl der Klosterinsassen vervollständigen zu können, ging man auf Fischzüge nach Österreich und in die Schweiz[964]. Unter anderem bestand das restaurierte Stift St. Stephan zu Augsburg überwiegend aus Patres österreichischer Herkunft. Manche Experimente mißlangen, so die Übersiedlung des Wettringer Konvents aus der Eidgenossenschaft nach Bayern. In dem mit Tirolern aufgefüllten Minoritenkloster in Würzburg ergaben sich alsbald sittliche Mißstände, so daß die Belegschaft erneuert werden mußte; Ähnliches ereignete sich gelegentlich auch anderswo[965]. Wie so häufig in der Ordensgeschichte, blieben innere Krisen und Spannungen auch zwischen verschiedenen Gründungen innerhalb eines Ordens sowie zwischen Bischöfen und Orden nicht aus. Wallerstein, der die »Aufgeklärtheit« der österreichischen Benediktiner lobte[966], gelang es vorübergehend, Metten als Priorat dem bevorzugten Kloster St. Stephan unterzuordnen[967] – ein lange dauernder Streitfall. Diese und andere Zwistigkeiten oblagen der Entscheidung des Königs. Es gab, ob es sich um Beseitigung von Rivalitäten oder Wiederherstellung der Disziplin, um Ordensregeln und Ordenskleidung, Fundierung und Ressourcen, um personelle Ergänzung, Erlaubnis des Terminierens oder Beteiligung von Orden an Volksmissionen ging, kaum ein Detail, dessen sich Ludwig nicht energisch angenommen hätte. Die kirchenrechtlichen Vorschriften legte er in bischöfliche Hände, aber zur Durchführung der meisten seiner Maßnahmen bediente er sich des Innenministeriums (seit 1. 1. 1847 des »Ministeriums des Inneren für Kirchen- und Schulangelegenheiten«).

Die Säkularisation der Montgelas-Zeit hatte nicht alle Klöster aufgelöst, aber nach der Meinung und dem Willen des omnipotenten Beamtenstaates befanden sich die Restbestände auf dem Aussterbeetat. Demgegenüber waren durch unmittelbare Aktivitäten des Königs zwischen 1826 und 1837 75 (84) klösterliche Niederlassungen neu entstanden. Gegen Ende der ludovizianischen Ära wird die Zahl von 132 Klöstern angegeben, in die sich 23 verschiedene Orden teilten. Mit dem Rücktritt des Königs hörte seine Fürsorge für das Ordenswesen nicht auf: Gründungen wie die Abtei St. Bonifaz in München oder das Kloster Schäftlarn entstanden erst nach 1848. Des Königs Gunst wandte sich vor allen anderen den Benediktinern zu, deren Verbindung von Frömmigkeit, Bildung und ehrwürdiger Tradition ihn beeindruckte. Wenn Wallerstein den Benediktinern als einem »Orden deutschen Wesens« nachrühmte, sie hätten sich nie »politischer Umtriebe verdächtig gemacht«[968], verband er mit dieser Behauptung einen Seitenhieb auf die Jesuiten. Die Nichtzulassung der Jesuiten war angesichts der Rolle, welche »Jesuit« damals als internationales Reizwort spielte, ein Politikum. 1847 war eine Jesuitenberufung nach Luzern zum äußeren Anlaß eines Bürgerkriegs in der Schweiz mit weitreichenden Folgen geworden. Ein ähnliches Risiko hätte Ludwig in Bayern nicht befürchten müssen, aber die Spannungen zwischen dem politischen Katholizismus und seinen Widersachern hätte eine Einführung der Jesuiten in Bayern auf jeden Fall außerordentlich verschärft. Man hat dem König bei Besuchen in Rom anscheinend nahegelegt, Jesuiten nach Bayern zu holen[969], und im Lande selbst bearbeitete eine einflußreiche Gruppe, Graf August Rechberg an der Spitze, den Monarchen ebenfalls in diesem Sinne[970]. Zögernd, nicht aus Bedenken gegen die Sache, sondern weil er die Reaktion des Königs fürchtete, schloß sich Abel dieser Aktion an und setzte sich in einem 42seitigen Gutachten 1839 bei Ludwig für die Einführung der Jesuiten ein[971]. Ludwig sagte nein, ebenso bei einem späteren Versuch Abels, ihn für eine jesuitische Niederlassung in Altötting zu gewinnen. Der Monarch war sich darüber im klaren, welche Widerstände eine Berufung der Jesuiten bis tief in die katholische Kirche selbst[972] auslösen würde, aber man gewinnt den Eindruck, daß weniger die Furcht vor inneren Verwicklungen als eine tiefsitzende Abneigung ihn abhielt, entsprechende Maßnahmen zu verfügen.

Ob die Zulassung der Redemptoristen, die weithin als der Gesellschaft Jesu affiliert angesehen wurden, als eine Abschlagszahlung an die Freunde der Jesuiten aufzufassen war, oder ob den König bei einem römischen Aufenthalt führende Vertreter des Ordens beeindruckten und er sich von ihrer Tätigkeit in Bayern religiösen Gewinn versprach, muß hier unerörtert bleiben. Als Volksmissionare entfalteten die Redemptoristen oder »Liguorianer«, denen ein Missionshaus in Altötting eingeräumt wurde, bemerkenswerte Aktivitäten. Sie forderten alsbald innerhalb und außerhalb der römisch-katholischen Kirche starken Widerspruch heraus[973]. O. Weiß ist in einer profunden Dissertation der Geschichte des Ordens auf bayerischem Boden nachgegangen und dabei zu überraschenden Ergebnissen gelangt[974]. In der auf die Entlassung Abels folgenden kritischen Phase der Beziehungen zwischen dem Monarchen und der katholischen Kirche wären die Redemptoristen, denen der König noch während des Landtags 1846 als Demonstration gegen das Verhalten der Ständeversammlung eine zweite Niederlassung in Bayern genehmigt hatte, beinahe Ludwigs Haß auf den Ultramontanismus zum Opfer gefallen. Am 17. Februar 1848 informierte er den Kronprinzen: »Zum Schlusse Dir gewiß erfreuliche Nachricht: Nachdem ich bereits im letzten oder vorletzten Monat schon angeregt, ob nicht die Redemptoristen aufhören sollten in Bayern, beschloß ich gestern im Ministerrat die Schließung ihres Kollegiums. Mit Lust verfügte ich solches. Sie sind der Jesuiten Vorhut«[975]. Ludwig schwebte vor, die bisher in Bayern wirkenden Redemptoristen zur seelsorgerischen Betreuung katholischer Deutscher in Nordamerika einzusetzen. Die Wirren des Jahres 1848 ließen es nicht zur Ausführung seiner Absicht kommen.

Beim europäischen Wiederaufleben des Ordenswesens im Vormärz liegt es nahe, Belgien mit Bayern zu vergleichen. Was dort Ergebnis einer Bewegung war, entstand in Bayern als Werk einer Herrscherpersönlichkeit. Ludwig schuf ein breites Fundament, auf dem bis in das 20. Jahrhundert fortwährend weitergebaut wurde. Ohne die durch die Klosterrestauration bewirkte Erneuerung und Festigung hätte der bayerische Katholizismus wohl nicht so kraftvoll in Erscheinung treten können, wie es der Fall gewesen ist. In vollem Umfang hat Ludwig seine restaurativen Ziele gewiß nicht erreicht, und wie jede andere Restauration hat auch die der bayerischen Klöster die Vergangenheit nicht wiederholen und nichts ungeschehen machen können. Wie immer man die ludovizianische Klösterrestauration einschätzt, als Herrscherleistung und Auslösung eines bis in die Gegenwart anhaltenden Prozesses verdient sie Bewunderung.

5. Parteiungen und Krisen

Wie ein Netz legten sich über die katholischen Zentren des Deutschen Bundes von Münster und dem Rheinland bis München und Wien die Kreise, Zirkel, Schulen einer vormärzlichen, aus Geistlichen und Laien bestehenden Erneuerungsbewegung[976]. Man würdigt sie nur recht, wenn man sie im europäischen Zusammenhang sieht, und das gleiche gilt für das Wiederaufblühen des Ordenswesens, für theologische Strömungen und kirchenpolitische Bestrebungen der Epoche. Beweis für die konfessionelle Lebendigkeit waren vielleicht nicht nur die kirchlichen Leistungen der betreffenden Kreise, sondern auch die internen Kontroversen und Kämpfe, die diesen Aufschwung begleiteten und die im folgenden nur soweit Erwähnung finden, als sie das vormärzliche Bayern und insbesondere die Person Ludwigs berühren.

Es ist üblich geworden, die kirchenpolitische Haltung des Königs unter Bezugnahme auf den Gegensatz zwischen der irenischen Sailer-Schule[977] und der primär durch Reisach und den (seit 1846) Münchner Generalvikar Friedrich Windischmann repräsentierten ultramontan-kurialen Richtung[978] zu interpretieren. Dieses Verfahren ist im Sinn idealtypischer Raffung berechtigt. In Wirklichkeit lagen die Dinge freilich verwickelter. Dazu nur ein Hinweis: Der König hatte es mit den Bischöfen seiner »Landeskirche« zu tun, die aufgrund ihrer Individualität und Generationszugehörigkeit dem Advocatus ecclesiae in München noch andere Probleme als die einer Polarisierung zwischen einer Sailerschen und einer Reisachschen Linie stellten, wenn auch der König selbst, um sich zurechtzufinden und seine Entscheidungen zu begründen, unaufhörlich mit Vereinfachungen wie Sailersche, Geisselsche, Reisachsche Richtung operierte. Völlig einheitlich ist der bayerische Episkopat unter Ludwig kaum je aufgetreten. Wenn ihn politisch überhaupt etwas Gemeinsames charakterisierte, so die Absicht jedes Bischofs, den König für sich einzunehmen. Sailer ist als Bischof durchaus kein Ireniker gewesen, und seinen Anhängern auf Bischofsstühlen, Riccabona (Passau), Wittmann und Schwäbl (Regensburg), Öttl (Eichstätt) sowie Diepenbrock (Fürstbischof von Breslau), läßt sich eine unentschiedene Amtsführung nicht vorwerfen. Sie haben sich nicht einmal durchweg gegen Jesuiten erklärt. Auf der anderen Seite kam der ungemein prinzipienfeste Nicht-Sailerianer Hofstätter (Passau) als Suffragan mit Reisach als Erzbischof von

München auf die Dauer schlecht zurecht. Aufschlußreich die »Allianzen« zwischen Bischöfen und Ministern. Als Wallersteins Verbündete durfte man die aufeinander folgenden Augsburger Bischöfe Riegg und Richarz ansehen, während Abel sich zunächst an Schwäbl hielt und engste, auch private Kontakte mit ihm pflog. Schwäbl hat ausdrücklich den Gegensatz zwischen seiner Freundschaft mit Abel und der Verbindung zwischen Richarz und Wallerstein hervorgekehrt. Noch Jahre vor dem Tod Schwäbls (gest. 1841) hat Abel indessen den Anschluß an den kirchenpolitisch weit potenteren Bischof Graf Reisach (Eichstätt) gesucht, der geradezu zum geistlichen »Hintermann« des Ministers wurde und den Schwäbl punktuell kritisierte und gelegentlich als einen »Römling« mit seiner Aversion bedachte. Die Verhältnisse komplizierten sich, wenn Spannungen zwischen den Oberhirten und ihren Domkapiteln auftraten[979]. In München hatte sich während der langen Amtszeit des Erzbischofs Freiherr von Gebsattel[980] der Schwerpunkt kirchlichen Handelns auf das Domkapitel verlagert, dem Bollwerk einer seinem Nachfolger Reisach nicht günstig gesinnten »altbayerischen Partei«, mit der der Minister Abel auf gespanntem Fuße stand[981]. Abgesehen von seinem Mitglied Friedrich Windischmann scheinen die Beziehungen des Münchner Domkapitels zum Görres-Kreis kühl gewesen zu sein, erst recht zu jenem mit dem Görres-Kreis sich überschneidenden Publikum, das Zeitgenossen als die Münchner »Erzfrommen« oder »Exklusivfrommen« bezeichneten[982]. Es war nicht übertrieben, wenn man im Münchner Vormärz ein lebhaftes geistliches »Parteitreiben« konstatierte[983].

Des Königs Wege kreuzten diejenigen vieler geistlicher Würdenträger seines Landes, aber auch einfacher Kleriker. Fast symptomatisch, daß in der ganz vom Einfluß Sailers geprägten Kronprinzenzeit am Rande auch der hl. Klemens Maria Hofbauer, ein erbitterter Sailer-Gegner, auftauchte[984]. Nach der Thronbesteigung Ludwigs vermochte Sailer seine Stellung als Ratgeber des Königs in engster Zusammenarbeit mit Eduard von Schenk[985] zu wahren und auszubauen. Vor Personalentscheidungen im kirchlichen Bereich oder im Schulwesen zog der König Sailer zu Rate. Gelegentlich griff Sailer über das kirchliche Gebiet hinaus. Er setzte sich für Ignaz von Rudhart ein und äußerte sich über die Eignung weltlicher Erzieher des Kronprinzen Max. Später ängstigte er sich, der König könne Hofrat Behr zu seinem Kabinettssekretär machen, und er war sehr erleichtert zu hören, daß die Wahl auf Grandaur gefallen war.

Mit der Erhebung Manls auf den Speyerer und Sailers auf den Regensburger Bischofsstuhl begann die Serie der Bischofsernennungen durch Ludwig, die, so unterschiedlich sie in ihren Ergebnissen auch ausfielen, zu seinen wichtigsten Beiträgen zur kirchlichen Restauration seiner Zeit zählten. Bis in seine Regierungszeit hinein hatte es Ludwig noch mit einigen Bischöfen zu tun, die aus der Welt der alten Reichskirche stammten oder, wie der Bamberger Erzbischof Freiherr von Fraunberg, sich in der Montgelas-Zeit profiliert hatten. Der König betrieb die Erneuerung des Episkopats überwiegend durch Ernennung von Schülern, Anhängern oder Geistesverwandten Sailers. Unberechenbar, wie er war, holte er aber mit dem Grafen Reisach auch den Mann als Bischof nach Bayern, in dem er später seinen geistlichen Gegenspieler und Feind sehen sollte[986]. Sehr positive Erfahrungen machte der König mit dem Speyerer Bischof Geissel, dem späteren Kölner Erzbischof und Kardinal, einem Vertreter der mainzisch-elsässischen Richtung der katholischen Erneuerung, in deren Einflußzone die Pfalz lag. Trotz einiger Trübungen war auf Dauer auch das Verhältnis zu Geißels Nachfolger Weis im ganzen gut. Mit Geißel, der den König als Persönlichkeit und Kirchenpolitiker stark beeindruckte und den er nach Köln gebracht hatte, blieb Ludwig bis zu dessen Tod in schriftlichem Austausch.

In den ersten vier Jahren seiner Ministertätigkeit (1837/41) vermochte Abel beim König ausschlaggebenden Einfluß in der kirchlichen Personalpolitik zu erlangen. Die Ernennungen der Bischöfe Hofstätter (Passau), Stahl (Würzburg) und Riedel (Regensburg) gingen auf ihn, letztlich freilich auf Reisach, zurück. Abels größter Erfolg war, daß der König 1841 dem Erzbischof Gebsattel Reisach als Koadjutor cum jure successionis beigab. Gebsattel hätte sich Öttl gewünscht und war über die ihm aufgedrungene Lösung tief gekränkt. Bald darauf verlor der König sein Vertrauen in die Ausgewogenheit und Überparteilichkeit der Beratung durch Abel in kirchlichen Angelegenheiten. Unmittelbar vor seinem Weggang nach Breslau rückte der Abel-Gegner und Wahrer der Sailer-Tradition Melchior von Diepenbrock in die Stellung eines kirchenpolitischen Vertrauensmanns des Königs ein, der ihn ausdrücklich bat, Listen mit Namen beförderungswürdiger Geistlicher zusammenzustellen[987].

Ganz unglaubwürdig sind die Nachrichten, die Franz von Baader über den Einfluß des königlichen Beichtvaters verbreitet hat[988]. Ludwig ging in der Regel nur zur Osterbeichte, auf die er sich durch sorgfältige Gewissenserforschung vorbereitete; viele Jahre hindurch zu dem Franziskanerpater Cornelius. Nichts spricht dafür, daß bei dieser Gelegenheit eine andere als die private Sphäre des Königs berührt wurde. Maßgebend hat den König hingegen in der Kirchenpolitik der Domkapitular Karl Reindl beraten, ein Franke, der gleich Öttl und manchem anderen seinen Weg nach oben als Prinzenerzieher begonnen hatte. Ludwig hätte seit 1847 Reindl, einen geschworenen Gegner Reisachs, gern als dessen Nachfolger an der Spitze der Erzdiözese München-Freising gesehen, aber Reindl galt in Rom als dem König und dem Staatskirchentum zu willfährig und war dort unter keinen Umständen durchzusetzen[989]. Zur Beruhigung seines Gewissens hat der König in einzelnen Fragen Gutachten renommierter Theologen bestellt. Überraschen mag, daß ihn, anscheinend erst in seinen letzten Lebensjahren, recht subtile theologisch-exegetische, insbesondere eschatologische, aber auch textkritische und allgemein religionsgeschichtliche Fragen beschäftigten. Um Auskunft wandte er sich in insgesamt 31 Punkten an den ihm offenbar vertrauten Abt Bonifaz Haneberg von St. Bonifaz in München, später Bischof von Speyer[990].

In Anbetracht der Energie, mit der der König seine kirchlichen Kronrechte verteidigte und auf der Einhaltung seines kirchenpolitischen Kurses beharrte, konnten Krisen zwischen ihm und einzelnen Bischöfen und hohen Geistlichen nicht ausbleiben; allerdings ist es nie zu einem Konflikt mit dem Gesamtepiskopat gekommen. Anzumerken ist, daß Richtungen, die aus der römisch-katholischen Kirche hinausdrängten, für den König indiskutabel blieben, sei es Baaders Erörterung der »Tunlichkeit oder Nichttunlichkeit einer Emanzipation des Katholizismus von der römischen Diktatur« (1839) oder die Allgäuer Erweckungsbewegung[991]. In den Deutschkatholiken sah er »Dissenters, die keine Christen sind«[992].

Bezeichnend für das selbstherrlich-mißtrauische Naturell des Königs, mehrten sich seine Ausfälle gegen kirchliche Persönlichkeiten gerade während der sogenannten Ära Abel. Nach einigen Jahren beispiellosen Vertrauens hatte der Monarch offenbar das Gefühl, einer ihm nicht zusagenden Richtung schon zu weit entgegengekommen zu sein. Er hatte auch Grund dazu. Verhältnismäßig harmlos blieb für die Beziehungen zwischen Monarch und Minister noch der Fall Eberhard. Der Hofprediger Anton Eberhard bei St. Michael in München, ein geistlicher Demagoge mit beachtlichem Anhang unter der Bevölkerung[993], behandelte in seinen Kanzelvorträgen das heikle Thema der Mischehen auf eine Weise, daß selbst Abel 1838 während einer Predigt die Kirche verließ. Als sich die Proteste gegen Eberhards Auftreten häuften und er und seine Anhänger in skandalöser Weise Bischof Schwäbl, der ihm auf Bitten Abels entgegengetreten war, angriffen[994], veranlaßte der König die Entfernung des Widerspenstigen aus München. Abel, sonst ein Mann des scharfen Durchgreifens, behandelte die Angelegenheit auf äußerst weiche und langmütige Art, versuchte bald, Eberhard nach München zurückzuholen, und ist überdies in späteren Jahren in ein sehr persönliches Vertrauensverhältnis zu ihm getreten[995].

Zum Eklat zwischen dem König und der »Partei« (nämlich den »Ultras« mit Friedrich Windischmann an der Spitze und Abel als ihrem weltlichen Exponenten oder, wie manche meinten, ihrer »âme damnée«) führten Vorgänge bei der Begräbnisfeier für die protestantische Königinwitwe Karoline[996]. Auf Windischmann war es zurückzuführen, daß man die Gelegenheit zu einer Kundgebung konfessioneller Prinzipienfestigkeit nützen wollte, die allerdings als Bumerang auf ihre Veranstalter zurückflog. Liest man das vom Oberstkämmererstab ausgearbeitete minutiöse Programm der Leichenfeier[997], fragt man sich, wo hier noch Platz für unliebsame Überraschungen blieb. Gleichwohl erfolgten sie. Von Windischmann überzeugt, beschloß die Mehrheit des Domkapitels, daß die Geistlichkeit bei der Feier nicht im Chorrock, sondern in Zivil zu erscheinen habe. Dem König wurde von dieser Entscheidung Mitteilung gemacht. Er scheint jedoch im Drang der Geschäfte den Vorgang überlesen oder in seinen Konsequenzen nicht ausreichend gewürdigt zu haben. Ähnliches dürfte bei den Ministern Gise und Abel der Fall gewesen sein, denen der König das einschlägige Aktenstück zur gemeinsamen Begutachtung überwies. Ludwig machte ihnen bald darauf zum Vorwurf, sie hätten »die doch sehr erhebliche, bei der dortmaligen Anwesenheit meines vielgeliebten Herrn Schwagers, des Königs von Preußen Mt., sich noch erheblicher dargestellt habende ›Kleidungsfrage‹ nicht besonders erörtert, vielmehr diese Frage kaum leise berührt«[998]. Als man den Sarg von der evangelischen Geistlichkeit in Empfang nahm und in die Gruft der Theatinerkirche brachte, wurden von der katholischen Geistlichkeit keine Gebete gesprochen. In der Kirche fehlten Trauerschmuck und Kerzenbeleuchtung. Es gab keine Ansprache und kein Orgelspiel. Auf die hohen Gäste und zahlreiche andere Anwesende machten diese Vorgänge einen deprimierenden Eindruck. Nicht etwa der preußische Gesandte, sondern der österreichische Geschäftsträger berichtete: »Kurz, die ganze Beerdigung hat an die obskurantesten Zeiten zurückerinnert; denn die arme Leiche ist an der ihr bestimmten Ruhestätte so empfangen worden, als ob der Bannfluch auf ihr gelastet«[999]. In Passau nahm Bischof Hofstätter den Tod der Königinwitwe zum Anlaß, seinem Diözesanklerus in einem Rundschreiben Exequien – der König hätte sie nie verlangt – zu untersagen und bei dieser Gelegenheit auf »Wahrung der Selbständigkeit der katholischen Kirche« einzugehen[1000]. Andererseits hat man im Dom zu Augsburg und in der Kirche der Abtei Scheyern ein Requiem für die Verstorbene gehalten[1001].

Ludwig wäre der Letzte gewesen, der ein kirchenrechtlich gebotenes Verhalten der Geistlichkeit nicht hingenommen hätte. Dem Wunsch der Familie, ein Seelenamt für die Verstorbene abhalten zu lassen, entsprach er unter ausdrücklichem Hinweis auf entgegenstehende kirchliche Vorschriften nicht[1001a]. Es scheint sogar, daß er unmittelbar bei der Feierlichkeit noch keinen Anstoß genommen hat. Seinem Tagebuch und einem Bericht des preußischen Gesandten läßt sich entnehmen, daß man ihm von verschiedenen Seiten – voran seine Schwester Auguste und der Oberstkämmerer Graf Rechberg, wohl auch Reindl – erst nachträglich klargemacht hat, daß eine Ermessensfrage vorlag, in der man rücksichtslos gegen ihn entschieden habe[1002]. Auguste berichtete ihm von einer Verstimmung des preußischen Königs, die Ludwig angesichts der bevorstehenden Verlobung des Kronprinzen mit einer preußischen Prinzessin und seiner Bemühungen um Beilegung der Kölner Wirren doppelt unangenehm war und wohl auch den Grund dafür bildete, daß er (nach seinen eigenen Worten) auf das äußerste aufgebracht war. Er fühlte sich vor den protestantischen Verwandten bloßgestellt, sah sich in seiner Königswürde gekränkt und reagierte entsprechend. Friedrich Wilhelm IV. konnte in einem Silvesterbrief 1841 befriedigt feststellen: »Bei Dir ist die Partei eine Zeitlang schamlos hervorgetreten. Als sie sich so weit vergessen hatte, daß sie bei der Bestattung der unvergeßlichen lieben Mama die Geistlichkeit zu hohen Unschicklichkeiten zwang ... da hast du ihr auf die Schnauze gegeben und Du kannst jetzt ziemlich sicher sein, daß sie vor der Hand geschickter und weniger brutal auftreten wird. Aber wirken wird sie nach wie vor«[1003]. Im gleichen Brief behauptete er, ihrer beider Bemühungen um

Beilegung der kirchlichen Wirren in Preußen würden von einem römischen Kreis und den Ultramontanen in München, die eben keinen Frieden, sondern den Kriegszustand zwischen der Kurie und Preußen wünschten, sabotiert. Am 5. Dezember hatte Ludwig Abel wegen der Vorfälle eine Standpauke gehalten, die dem Minister die Tränen in die Augen trieb, und ihm erklärt, in kirchlichen Fragen kein Vertrauen mehr zu ihm zu haben[1003a]. Drei Tage zuvor hatte sich der Kriegsminister beim König über Taktlosigkeiten der Altöttinger Redemptoristen gegenüber seiner Frau im Beichtstuhl beklagt. Es war auch gewiß kein Zufall, daß eben damals ein hochgestellter Geistlicher, vermutlich Reindl, dem König Akten übergab, aus denen ein sehr unkluges Verhalten des von Abel dem König vorgeschlagenen, vom Papst noch nicht präkonisierten Bischofs Valentin von Riedel hervorging[1004]. Ludwig wünschte nun, ihn über Abel zum Verzicht auf sein Amt zu bewegen, und als dies mißlang, Rom über den Nuntius dazu zu bringen, die Einsetzung Riedels zurückzunehmen. Auch dies schlug fehl[1005]. Der König wurde daraufhin so ausfallend gegen Abel, daß dieser sich entschloß, durch ein meisterhaft abgefaßtes Rücktrittsgesuch, dessen Ablehnung der dem König inzwischen fast unentbehrlich Gewordene mit ziemlicher Sicherheit voraussehen durfte, die Situation zu bereinigen[1006]. Des Königs Antwort: »Vertrauen und großes Vertrauen habe ich zu meinem Minister von Abel, nur, und das sagte ich ihm bereits selbst, was die Besetzung der geistlichen Plätze anbelangt, änderte es sich, der ich dieses offen, wie gedacht, selbst äußerte, darum aber nicht das übrige, und auch dieses wieder zu erlangen hängt von ihm ab. Windischmannsche Richtung schadet, Sailersche fördert die heilige Sache, von ersterem wende er sich ab, wende sich zu letzterem«[1007].

Äußerlich trat eine Beruhigung ein, tatsächlich aber hat der König Abel kirchenpolitisch nie mehr volles Vertrauen geschenkt. Noch am 1. Dezember mußte der Minister die Bischöfe des Landes in einem Rundschreiben vor Übertreibungen warnen, das er so formulierte, daß jedermann, der des Königs Stil kannte, dessen eigene Worte vernehmen konnte. Windischmann, bis dahin bayerischer Bischofskandidat, hatte für immer beim König ausgespielt, und Riedel gelang es nie, die Achtung des Königs zu erwerben[1008]. Gegen Hofstätter verhängte der König Maßnahmen, die nur als Bestrafung verstanden werden konnten[1009]. Den Nachfolger Fraunbergs in Bamberg, von Urban, ernannte er im Frühjahr 1842, ohne sich mit dem zuständigen Minister Abel ins Benehmen zu setzen«[1010]. Die kirchliche Personalpolitik war Abel fortan weitgehend entzogen. Aber auch in anderer Hinsicht brach das Mißtrauen des Königs gegen die »Fanatiker« und »Zeloten« immer wieder durch. Zu einer Eingabe der Erzbischöfe und Bischöfe betreffend Verwaltung des Kirchenvermögens, die Abel unterstützt hatte, signierte Ludwig: »... von Bischöfen steht nichts da. Keine Ausdehnung der Rechte derselben. Wenn, was sie ansprechen, ihnen zustünde, zu wundern, daß Abel nicht schon lange selbst den Antrag gestellt ... Unsere Zeloten wollen, daß ich sie frei schalten und walten lasse, haben keine Anhänglichkeit an mich«[1011]. Dankbarkeit und Anhänglichkeit – das war es, was der König von den Bischöfen wie von den weltlichen Staatsdienern in erster Linie erwartete.

Zu denjenigen, von denen der König behauptete, daß sie alles ihm verdankten, gehörte Reisach. Schon bald nach dessen Ernennung zum Koadjutor kamen dem König Zweifel, ob er nicht einen schweren Fehler begangen habe[1012]. Bei seinem Amtsantritt als Erzbischof von München verhieß die Anrede des Königs an ihn nichts Gutes[1013]. Als Reisach dann den beim König in Ungnade befindlichen Windischmann zu seinem Generalvikar ernannte – er stand völlig unter dem Einfluß dieses Mannes[1014] – und er gar die Ausschreibung eines Jubiläumsablasses ohne königliches Plazet verkündete und damit bewußt einen Prinzipienstreit auslöste, war ein scharfer Konflikt zwischen dem Monarchen, der die erzbischöflichen Ankündigungen durch Polizei von den Kirchentüren abreißen ließ, und einem Kirchenfürsten ausgebrochen. Es gab noch andere, mit dem Auftreten der Lola Montez zusammenhängende Gründe, die Ludwig zusätzlich bewogen, in der letzten Phase seiner Regierung die Entfernung Reisachs aus München in Form seiner Berufung als Kardinal an die Kurie zu betreiben, eine Maßnahme, die sich erst unter seinem Nachfolger verwirklichen ließ[1015]. »Der Wunsch kommt von seiner Majestät Allerhöchst unmittelbar und ist ein allerpersönlichstes Anliegen«, hieß es in einem vertraulichen Schreiben Wallersteins an den bayerischen Gesandten in Rom. Er gab die Anweisung, alles zu vermeiden, was die Gefahr »eines offiziellen Refus« heraufbeschwören könnte und betonte, daß König und Kronprinz die Entfernung Reisachs von München »als eine Lebensfrage unserer inneren Zustände« betrachteten[1016]. Ludwigs Konflikt mit Reisach ist im Kontext der Maßnahmen des Königs gegen die »Partei« und der antiklerikalen Richtung der neuen Minister nach Abels Entlassung zu sehen. Wenn damals seitens des Königs Worte fielen, die beinahe den Eindruck entstehen ließen, als wäre er selbst zu den Antiklerikalen übergeschwenkt, so ist mit Nachdruck hervorzuheben, daß er auch während seiner Spannungen mit Repräsentanten des Episkopats und des Klerus unverbrüchlich an seiner Kirche und seinen religiösen Überzeugungen festhielt und niemals aufhörte, kirchliche Institute auf das mannigfachste zu fördern. Er blieb sein Leben lang ein guter Katholik, obschon ihn mitunter radikale Zweifel an der »Wahrheit der christlichen Religion« heimsuchten[1016a].

XIV.
BILDUNGSPOLITIK

1. Leitmotive

Ludwig hatte die zu seiner Zeit übliche höfische Erziehung genossen.Die Universitätsaufenthalte des Kurprinzen dauerten nicht lange, er hat sie jedoch mit jugendlicher Empfänglichkeit erlebt und seine Eindrücke lebenslang festgehalten. Aus den von ihm maßgebend bestimmten Erziehungsplänen für seine Kinder, insbesondere den Kronprinzen, lassen sich noch keine generalisierenden Schlüsse auf des Monarchen Ansichten über Unterrichtswesen ziehen. Die für Angehörige eines regierenden Hauses seiner Meinung nach angebrachte Ausbildung hatte mit der für seine Landeskinder zweckmäßigen wenig zu tun.

Sein Mangel an Schulerfahrung und die fehlende persönliche Nähe zum Pädagogischen hinderten den König nicht, auch auf diesem Gebiet sehr entschiedene Auffassungen zu entwickeln. Diese zu einem System zu runden, standen viele Ratgeber bereit. Vereinfacht man den Pluralismus pädagogischer Richtungen zur Zeit Ludwigs I., mag man zwischen einem philanthropisch-utilitaristisch-realistischen, einem idealistisch-neuhumanistischen und einem kirchlich-konservativen Lager unterscheiden. Zwischen diesen Strömungen nimmt man zahlreiche Übergänge, Querverbindungen und Kompromisse wahr. Wie eh und je trugen die Schulmänner ihre Meinungsverschiedenheiten mit der Heftigkeit von Glaubenskämpfen aus, und die rabies paedagogorum stand derjenigen der Theologen in nichts nach. Pädagogische Theorie lag dem König so wenig wie Philosophie. Als er noch im Jahre 1825 den Obersten Kirchen- und Schulrat beauftragte, einen neuen Schulplan für die höheren Schulen zu entwerfen, tat er dies mit Worten, die beweisen, daß er sich keiner der gängigen pädagogischen Ideologien verschrieben hatte, sondern von übergeordneten Gesichtspunkten ausging, wie sie einem Landesherren wohl anstanden[1017]. Da mit seinem Regierungsantritt nun einmal alles anders und besser werden sollte, ließ sich auch die Schulwelt von der Volksschule bis zur Universität nicht aussparen. Und überdies sollte, wie auch auf anderen Gebieten, alles möglichst rasch vonstatten gehen.

Es würde angesichts des sonstigen Verfahrens des Königs nicht überraschen, hätte er die Repräsentanten der verschiedenen Systeme gegeneinander ausgespielt. Dem war jedoch nicht so.

Abgesehen von erheblichen Zugeständnissen an die starke Persönlichkeit Friedrich Thierschs, des Apostels des Neuhumanismus, beschritt er den Weg, der seinem autokratischen Naturell am meisten entsprach: Er begünstigte ein autoritär-religiöses System der Erziehungs- und Unterrichtspolitik, das bald das Übergewicht über die noch vorhandenen anderen Richtungen gewann.

Seine Ansichten auf dem Gebiet der Erziehung und Bildung, die einen Spielraum hinsichtlich der Unterrichtsgegenstände und Lehrmethoden nicht ausschlossen, beruhten primär auf den Gedankengängen Johann Michael Sailers. Dessen Vertrauensmann Schenk begann zu realisieren, was Sailer dem Kronprinzen Ludwig als kirchen- und kulturpolitisches Programm nahegebracht hatte. Als kontinuierliche schulpolitische Leitvorstellungen lassen sich bei Ludwig folgende Überlegungen feststellen: Daß die innere und äußere Organisation des Erziehungs- und Bildungswesens von zentraler Bedeutung für das gesamte öffentliche Leben sei, hat Ludwig schon sehr früh erkannt. Sein Sinn für politische Zusammenhänge führte ihn dazu, über die Konformität des pädagogischen Sektors mit dem allgemeinen politischen System nachzudenken. Von Sambuga und Sailer überzeugt, daß Religion das Wichtigste im Leben und vor allem die Grundlage aller Sittlichkeit sei – Schenk und später Abel mußten ihn in dieser Anschauung nicht mehr bestärken –, lag ihm daran, Religiosität und Moralität in der Volksschule in den Mittelpunkt zu rücken und angesichts der andersartigen Ausbildung auf dem Gymnasium und der Universität dort wenigstens als Fundament zu erhalten. Religion konnte nach des Königs Meinung allerdings nicht als solche vermittelt werden, sondern nur in konfessioneller Konkretisierung; simultane Anstalten schienen ihm den Indifferentismus zu begünstigen. Infolgedessen machte die bekenntnismäßige Trennung des Unterrichtswesens für den König einen Hauptbestandteil der Bildungspolitik aus. Nach der unmittelbar kirchlichen und seelsorgerlichen Betätigung sah Ludwig in dem erzieherischen Engagement der Geistlichkeit und ihren kontrollierenden Funktionen im Schulwesen ihre zweite Hauptaufgabe. Dies hieß jedoch nicht, daß die Schule aus der Zuständigkeit des Staates entlassen und den Kirchen voll überantwortet werden sollte. Eng mit der Hervorhebung der Religion hing des Königs Abneigung gegen Überbetonung der Intellektualität im Bildungswesen, namentlich in den Volksschulen, zusammen. Zahlreiche seiner Äußerungen liefen darauf hinaus, man solle der

Jugend ihr Recht auf Jugendlichkeit und Munterkeit bewahren, über der Verstandesbildung Erziehung als Herzens- und Charakterbildung nicht zu kurz kommen lassen und Überbürdung des jugendlichen Geistes vermeiden. Gegen Turnen hatte er nichts einzuwenden, wohl aber gegen Turnen als Ideologie (»Turnkatechismus«).

Ludwigs Erziehungsprogramm muß noch unter weiteren gesellschaftspolitischen Aspekten gesehen werden. Der König war nicht gesonnen, die gesellschaftliche Verfassung, die sein Regierungssystem trug, erschüttern zu lassen. Das Bildungswesen hatte sich daher der bestehenden Gesellschaftsordnung anzupassen, und das bedeutete, daß jederman nicht mehr an Wissen mitbekommen sollte, als im Hinblick auf seine voraussichtliche gesellschaftlich-berufliche Stellung unentbehrlich war. Eine egalisierende Bildung hielt Ludwig für unsinnig – Standespädagogik erschien ihm allein vernünftig: Schule nicht als Vehikel der Emanzipation, sondern als Bewahr-Anstalt. In bescheidenem Umfang war zwar von jeher gesellschaftlicher Aufstieg auf dem Weg über den Besuch weiterführender Schulen möglich gewesen, und soweit dies die überlieferten Ausmaße nicht sprengte, hatte der König nichts dagegen. Gesellschaftsverändernde Impulse fürchtete er. Nicht nur die Lernenden, auch die Lehrenden sollten sich nach des Königs Ansicht der sozialen Schranken bewußt bleiben, die ihnen gezogen waren. Diesem Zweck, nicht nur der Sparpolitik, diente, wenn man den Volksschullehrern den Bortkorb hoch hing. Zudem wurden sie in ihrer Bewegungsfreiheit und ihrem Aufstiegswillen durch administrative Maßnahmen der verschiedensten Art eingeengt.

2. »Teutsche Schulen«

Einem Befehl des Königs zufolge hat man 1835 die Volksschule in »teutsche Schule« umbenannt[1018]. Ebenda wurde angeordnet, daß »die an den ›teutschen Schulen‹ angestellten Lehrer ausschließlich den vorschriftsmäßigen Titel ›Schullehrer‹ führen sollten«. Schließlich habe künftig die Anrede »Herr Lehrer« zu unterbleiben. Der König stieß sich an dem demokratischen Beigeschmack der Worte »Volksschule« und »Volksschullehrer«. Schon gar nicht sollten sich die Schullehrer einbilden, Lehrer des ganzen Volkes zu sein. Sie hatten den Kindern der unteren Schichten die von oben gewünschte Einstellung sowie ein begrenztes Maß von Kenntnissen beizubringen und für Dienste in der Kirche und der Gemeinde bereitzustehen. Mehr nicht. Am liebsten wäre Ludwig zu der Bezeichnung »Schulmeister« zurückgekehrt, die jedoch bereits zu negativ besetzt war, um sich noch in den amtlichen Sprachgebrauch einführen zu lassen. Eine eigentümliche Wortschöpfung des Monarchen – er verstand etwas von der Wichtigkeit politischer Terminologie – ist aufschlußreich für seine Konzeption des Volksschullehrerberufs, nicht nur für seinen deutschen Sprachpurismus. Eine Entschließung vom 2. November 1838 diktierte den Zöglingen der Lehrerseminare die Bezeichnung »Schullehrlinge« zu[1019]. Dahinter steckte die Absicht des Königs, der nicht wünschte, daß den angehenden Lehrern etwa einfiele, sich mit Klerikalseminaristen auf gleiche Stufe zu stellen, die Ausbildung dieses Berufsstandes auf ein quasi handwerkliches Niveau zu verlagern. 1833 hat er sogar erwogen, die Lehrerseminare überhaupt abzuschaffen und die Ausbildung der künftigen Lehrer erfahrenen Lehrherren anzuvertrauen: »In jedem Kreise werden doch wohl so viele Pfarrer und Lehrer sein, denen man die Nachbildung junger Lehrer anvertrauen kann, daß es der kostspieligen Seminarien nicht bedarf, zumal wenn ganz zweckmäßige Prüfungen der Aspiranten zum Lehramte eingeführt werden«[1020]. Ludwig begünstigte auch außerhalb des Schulbereichs, beispielsweise beim Militär, Lernen durch die Praxis, schon weil dies seiner Meinung nach billiger kam. Anträge auf Einrichtung militärischer Spezialschulen fanden bei ihm kein Gehör. Verschulung des öffentlichen Lebens war ihm zuwider.

Mit derart extremen Vorschlägen wie der Abschaffung der Seminarausbildung konnte sich der Monarch gegen die bessere Einsicht des zuständigen Ministers allerdings nicht durchsetzen. Auch der »Schullehrling« verschwand umgehend wieder aus dem amtlichen Sprachgebrauch. Das als reaktionär geltende Regulativ Wallersteins über Lehrerbildung 1836 ist nicht zuletzt unter dem Gesichtspunkt zu beurteilen, daß der Minister die seminaristische Lehrerbildung vor ihrer Auflösung durch den König retten wollte. Wallerstein hatte das Regulativ bezeichnenderweise dem König nicht vorgelegt, der aber nach einigen Monaten dahinter kam und sofortige Vorlage befahl[1021].

In der Ära Montgelas hatten die Bildungspolitiker Zentner und Niethammer Grundlagen für das Schulwesen im Königreich erarbeitet, in denen staatspolitische vor den kirchlich-religiösen Gesichtspunkten rangierten. Aufbau einer Schulverwaltung, Aufstellung einheitlicher Lehrpläne und Einführung seminaristischer Ausbildung des Lehrernachwuchses zählten zu den bleibenden Errungenschaften der Epoche. Den Unterhalt von Volksschulen hat man den Gemeinden übertragen. In der Praxis ließ sich das Schulwesen noch nicht aus dem überkommenen kirchlichen Milieu herauslösen, und auf die Beaufsichtigung durch die Geistlichkeit konnte noch kaum verzichtet werden[1022]. Dieser Sachverhalt wurde durch die Regierung alsbald wieder staatsrechtlich festgeschrieben. Tendenzen der Entklerikalisierung konnten sich jedoch bis zum Regierungsantritt Ludwigs behaupten.

Ein erster Schritt, der nach dem Thronwechsel erkennen ließ, daß ein neuer Wind um die Schulen wehte, war die Streichung der (weltlichen) Kreisschulratsstellen, die nicht nur fiskalischen Charakter trug. Intensiver nahm sich der Staat auf unmittelbares Betreiben des Königs erst seit 1832 der politischen und gesellschaftlichen Domestizierung der Volksschullehrerschaft an. Die vom König im Landtagsabschied von 1831 versprochene materielle Förderung blieb hingegen aus. Hätte man den König deswegen beim Wort genommen – dies ist wohl nie geschehen, und ausschließlich die Minister hatten diesbezügliche Angriffe abzuwehren –, so hätte er sich möglicherweise mit dem Hinweis auf mangelndes politisches Wohlverhalten eines Teils der Lehrerschaft entschuldigt. Den, um eine Wendung Bischof Sailers zu gebrauchen, »Räsoniergeist unserer törichten Pädagogen«[1023] hielt er gewiß für eine der Hauptursachen fehlender Loyalität breiter Bevölkerungskreise.

Mit aller Deutlichkeit hat der König seit 1832 formuliert, was er sich von der Volksschule erwartete. Aus seinen zahlreichen Kabinettsschreiben an Wallerstein läßt sich ein ganzes Programm ableiten, das der »teutschen Schule« als der »Grundsäule der Organisation« des Schulwesens in erster Linie »sittliche, rechtliche und religiöse Bildung« zur Pflicht machte, unter Zurückdrängung dessen, was der König »schwülstiges Wissen« nannte[1024]. Er erwartete »Anträge über die Wiederherstellung einer religiös-gemütlichen, nicht bloß intellektuellen Volkserziehung«[1025]. Auch unter Wallersteins Nachfolger wiederholte Ludwig die für ihn maßgebenden Gesichtspunkte häufig genug. Lassen wir es mit einem Beispiel für viele bewenden: »So nützlich der Unterricht, so kann doch auch hierin, namentlich bei Landleuten, leicht zuviel geschehen. Sie sollen gute Christen und brave Hausväter werden, über diesen Zweck soll nicht hinausgegangen werden, namentlich dann nicht, wenn es mit Belastung der

Gemeinden durch Umlagen geschehen muß. Bei dem Unterricht soll auch darauf gesehen werden, daß die Jugend, vorzüglich die männliche, zur Höflichkeit gegen alle Grade von Vorgesetzten angehalten werde. Roheit und Unhöflichkeit sind die Grundlagen zur Widersetzung«[1026].

Die Verwirklichung solcher Vorsätze war, wenn überhaupt, nur mit kräftiger Hilfe der Kirchen – und dies hieß wiederum auf dem Weg der Konfessionalisierung – zu erreichen. Schon aus diesem Grunde war die Auflösung des einzigen simultanen bayerischen Lehrerbildungsseminars zu Kaiserslautern, das jedoch als Simultananstalt gegen den Widerstand des Landrats erst 1838/39 beseitigt werden konnte, bald beschlossene Sache[1027]. 1826 hatte der König, von Sailer zur Hilfe gerufen, die von den pfälzischen Gemeinden erzwungenen »Schulvereinigungen«, durch die die Katholiken des Rheinkreises seit 1818 an die 80 Schulen verloren hatten, untersagt[1028]. Verwundern mag zunächst, daß sich der Neuhumanist Thiersch ebenfalls für konfessionelle Trennung des pfälzischen Volksschulwesens im allgemeinen und der Kaiserslauterner Lehrerbildungsanstalt im besonderen ausgesprochen hat[1929]. Der berühmte Pädagoge, durchaus ein politischer Kopf, dürfte sich überzeugt haben, daß man unter den damals gegebenen Umständen opfern müsse, was ohnehin nicht mehr zu behaupten war, doch mögen ihn auch Hintergedanken anderer Art motiviert haben. Unter anderem lag dem Bildungsaristokraten, der in München eine bedeutende Position hielt, daran, den Abstand zu bewahren, der die Volksschullehrerschaft von den Höhen der Bildung trenne. Er forderte, den angehenden Lehrern einzuprägen, »daß ihnen weder irgendeine Eitelkeit auf ihr seiner Natur nach noch unvollendetes Wissen gezieme noch eine Überschätzung der Wichtigkeit ihres Berufs, der nicht auf Reform des ganzen Volkslebens, gleichsam auf eine Wiedergeburt der Zeit, sondern auf Unterweisung des Volkes in nützlichen Kenntnissen und Bewahrung christlicher Gesinnungen geleitet sein müsse«.

Bei seiner auf strenge Kontrolle der Lehrerschaft ausgehenden Politik erkannte Ludwig, daß die Aufhebung der Kreisschulratsstellen auch ihre Schattenseiten hatte, und er ließ diese Maßnahme 1832 durch eine »Verordnung betr. Errichtung der Kreisscholarchate« revidieren[1030]. Die Hauptaufgabe der Scholarchate bestand in laufenden Visitationen der Volksschulen. Die Richtlinien, die zu diesem Zweck am 12. Februar 1833 erschienen, und der wenig später publizierte Gesamtschulplan wie das am 31. Januar 1836 folgende Regulativ betreffend Bildung der Schullehrer sind die wichtigsten amtlichen Dokumente der ludovizianischen Volksschulpolitik. Aus den Kabinettsschreiben und zahlreichen anderen Verlautbarungen des Königs geht hervor, wie maßgebend er auch auf diesem Gebiet den Gang der Dinge beeinflußt hat. Es fehlte nicht an Persönlichkeiten, die zur ludovizianischen Schulpolitik die Theorie und den ideologischen Begleittext lieferten. Dies geschah beispielsweise von Seiten Schenks, der eine bei Eröffnung des Eichstätter Lehrerseminars gehaltene Rede offenbar als so wohlgelungene Darstellung der offiziellen Schuldoktrin auffaßte, daß er sie dem König, dem zuständigen Minister und den Präsidenten der Kreisregierungen übersandte. Er durfte des Beifalls der Spitzen des Systems gewiß sein. Schenk hat zwar den Lehrerstand auf eine »äußerlich nicht glänzende Stellung« und Gehilfenfunktion für die Geistlichkeit festgelegt, ihm aber gleichwohl sehr wichtige Aufgaben zugeschrieben und diese auf seine Weise in Beziehung zu den veränderten gesellschaftlichen Verhältnissen gesetzt, die er positiv beurteilte[1031]. Man muß den Feststellungen des mild ausgleichenden und einsichtigen Schenk polemische Äußerungen lehrerfeindlicher Reaktion zur Seite stellen. Seinsheim sprach gewiß vielen Gesinnungsgenossen aus dem Herzen, wenn er sich auf dem Landtag 1837 heftig gegen überzogene Ambitionen der Lehrerschaft ereiferte[1032]. Ludwig hat dem inzwischen zum Finanzminister aufgestiegenen Seinsheim 1846 im Staatsrat das Referat über den ständischen Antrag betreffend »Diensteinkommen der teutschen Schullehrer« zugewiesen[1033]. Seinsheim hat die Erwartungen seines Königs nicht enttäuscht, doch ließ sich Ludwig schließlich herbei, angesichts der allgemeinen Teuerung eine erhebliche Aversalsumme für die Schullehrer zu gewähren.

Es wäre Verharmlosung, die Schulpolitik Ludwigs als romantischen Patriarchalismus auszugeben, der die nur des Volksschulunterrichts teilhaftig gewordenen Klassen und die Schullehrer selbst vor Überhebung zu bewahren, sie zu Treue, Biedersinn, Genügsamkeit, hausväterlicher Tüchtigkeit, Bescheidenheit und Frömmigkeit anzuhalten, die »Heilung der schweren Gebrechen unserer Zeit«[1034] zu bewirken und eine Idylle à la Ludwig Richter in Wirklichkeit umzusetzen strebte. Spätestens seit der Juli-Revolution zeigten sich, ganz abgesehen von dem das Schulwesen und den Lebensstandard der Lehrer beengenden harten Fiskalismus des Königs, die Züge einer unerbittlichen Abwehrpolitik gegen die emanzipatorischen Bestrebungen eines potentiell als staatsgefährlich eingeschätzten Standes. Daß man über die sechsjährige Dauer der Schulpflicht hinausgehen würde, war unter Ludwig ausgeschlossen. Erst unter Max II. kam es zur Einführung von sieben Schuljahren, eine im ländlichen Bayern sehr umkämpfte Maßnahme[1035]. Am 27. Januar 1846 untersagte eine Ministerialentschließung die bisherige Praxis, definitiv angestellten Lehrern mit ihrer Anstellung in einer Gemeinde auch das Heimat- und Ansässigkeitsrecht zuzuerkennen. Bei Versetzung in eine Schulgemeinde hatten sie fortan erst um diese Begünstigung nachzusuchen, und sie durften nicht gewiß sein, daß man sie ihnen gewährte[1036]. Schon fünf Jahre zuvor hatte der König über Abel den Gemeinden »die Aufnahme von Schullehrern in definitiver Eigenschaft oder mit pragmatischen Rechten gänzlich untersagt«[1037]. Grandaur, Seinsheim, Abel und Graf Rechberg haben den König in seiner Härte gegenüber dem Lehrerstand bestärkt. Rechbergs Antikritik zu Giechs »Darlegung« lief auf völlige Unzugänglichkeit gegenüber den Wünschen und Forderungen der weltlichen Lehrerschaft hinaus[1038]. Zeitgenössische Schriften behaupten, daß die Lehrer, weil ihr Gehalt das Existenzminimum nicht erreiche, nebenbei in Handwerksbetrieben mitverdienten, zum Tanz aufspielten oder sich während der Ferien beim Kanalbau verdingten[1039].

Es bedarf keines Wortes, um zu begründen, daß die ludovizianische Schulpolitik und insbesondere das dem Lehrerstand gegenüber eingeschlagene Verfahren den im 19. Jahrhundert sich durchsetzenden Erfordernissen zuwiderlief. Nicht mehr rückgängig zu machen war auch die immerhin nur schrittweise vorankommende Tendenz zur Verweltlichung der Volksschule. Hätten Tausende von Schulbrüdern und Armen Schulschwestern zur Verfügung gestanden, wäre vielleicht der Versuch gemacht worden, das Elementarschulwesen des katholischen Bevölkerungsteils gänzlich geistlichen Händen anzuvertrauen. Es hat jedoch niemals so viele dafür geeignete geistliche Kräfte gegeben, um eine solche Lösung auch nur zu versuchen[1040]. Bedenken gegen die Übertragung des Unterrichts an die Schulbrüder wurden auch von geistlicher Seite geäußert. Der einflußreiche Reindl legte dem König einen historischen Überblick über die Leistungen und die Grenzen der von dem Priester de La Salle gegründeten Kongregation vor und damit die Feststellung, daß das Schulwesen in Frankreich weit hinter dem deutschen und besonders dem bayerischen zurückstehe. »Der Ehestand«, schrieb Reindl, »hindert jedoch nicht die wahre Frömmigkeit, und das Familienleben bindet den Lehrer an seine Gemeinde«. Es sei auch die Frage, wie es sich mit der Unterordnung der Schulbrüder unter den Pfarrerstand verhalte, da sie eine eigene Ordenskorporation bildeten[1041].

Als Ruhmestitel bleibt dem König auf dem Gebiet des »niederen« Schulwesens seine sehr persönliche Fürsorge und Hilfsbereitschaft auf dem Gebiet der schulischen Betreuung von blinden, krüppelhaften, taubstummen und sonst behinderten Kindern. Hinzu kommt sein Eingreifen, wenn er gesundheitliche Schädigung von Schulkindern befürchtete. Als er hörte, daß in München für die »teutschen Schulen«, also auch für Kinder im Alter von sechs bis acht Jahren, die Schulmesse schon auf sieben Uhr morgens festgesetzt sei, stellte er dies umgehend ab und ließ die Schulmesse auf acht Uhr, den Beginn des Unterrichts auf neun Uhr festsetzen[1042]. In einem Schreiben an Abel, das bald darauf erfolgte, wiederholte Ludwig, daß bei der Erziehung der größte Wert auf Festigung frohen Sinns und »gründlichen Unterricht in den Glaubenslehren« sowie auf »gute Sitten und bescheidenes Benehmen« zu legen sei, fügte aber hinzu: »Was ich jüngsthin auf dem hiesigen Friedhof bei dem Begegnen der die Schulen der ›Armen Schwestern‹ besuchenden Kinder wahrgenommen, veranlaßt mich, auf das erwähnte von mir Ausgesprochene zurückzukommen. Die Kinder, von denen die Rede, sie gingen mit gesenkten Blicken, ohne Zeichen frohen Mutes dahin ...«. Keines von ihnen, das er angesprochen, habe es gewagt, »die Augen aufzuschlagen, was mich bewogen, diesen Kleinen ermunternd die Worte zuzurufen, ›wie sie ungescheut ihren König anblicken dürften‹. Ich gestehe, es hat diese Wahrnehmung unangenehmen Eindruck auf mich gemacht ...«[1043].

Maßstäbe für eine Beurteilung der ludovizianischen Schulpolitik lassen sich erst dem Vergleich mit den Schulverhältnissen in den übrigen Staaten des Deutschen Bundes entnehmen.

3. Gymnasien

Auch auf dem Gebiet der höheren Schulen (in Bayern damals und später »Mittelschulen« genannt) entfaltete der Monarch seine übliche Vielgeschäftigkeit, die jedoch nie die »Generallinie« aus den Augen ließ. Ob es sich um Verfügungen über Freiplätze, Versetzung von Lehrern, um Schulbücher handelte – nichts entging seiner Aufmerksamkeit. Stets von neuem suchte er sich einen Überblick zu verschaffen, was in den Volksschulen, Lateinschulen und Gymnasien gelehrt wurde[1044]. Strenge Auslese machte er den Lehrern an den Gymnasien zur Pflicht. Daß zu viele junge Männer studierten, sollte vermieden werden. Berichte über zunehmende Kurzsichtigkeit unter Schülern alarmierten ihn, und schon ergingen Anordnungen für einen größeren Schriftgrad des Drucks in den Lehrbüchern[1045]. Ludwigs humane Seite zeigte sich in seiner Sorge, daß im Seminar zu Eichstätt und anderswo Knaben gegen ihren Willen zum geistlichen Stand genötigt würden[1046]. Reisach wünschte, die Seminaristen, um seinen Einfluß auf sie nicht zu verlieren, auch während der Ferien im Seminar zu behalten. Dagegen sträubte sich der König, der sie ihren Eltern nicht gänzlich entfremdet sehen wollte, doch ließ er sich schließlich von Abel bestimmen, dem Wunsch des Bischofs zu entsprechen[1047]. Überbürdung mit Wissensstoff wünschte er auch auf Gymnasien und ähnlichen Anstalten zu beseitigen. Die Zöglinge des Kadettenkorps sollten keine »nachteilig« wirkenden Bücher in die Hand bekommen: »Keinen Dünkel sollen sie bekommen. Nicht liberalisiert, nicht französiert sollen sie werden«[1048].

Schon im Dezember 1825 ließ Ludwig eine umfassende Erneuerung des Gymnasialschulwesens in Angriff nehmen. Da Schenk an der Spitze des Obersten Kirchen- und Schulrates stand, mochte es so aussehen, als ob die Reform mit Sicherheit im Sinne Sailers verlaufen würde. Nach dem Tod des Rates Hofmann hat der König überdies den reaktionären Grandaur als Mitglied in das mit der Gymnasialreform betraute Gremium berufen und ihm dort die federführende Funktion zugewiesen. Auf Grandaurs ausdrückliche Bitte ließ Ludwig ihm das Referat auch dann, als er ihn aus der Behörde des Obersten Kirchen- und Schulrats abberufen und zu seinem Kabinettssekretär ernannt hatte. Als 1828 die Vorarbeiten abgeschlossen waren, setzte der König eine Kommission zur Begutachtung und definitiven Ausarbeitung der Vorlage ein. Der Kommission gehörten Thiersch und Schelling an, und sie setzten sich zur großen Enttäuschung und Verärgerung Grandaurs durch[1049]. Thiersch hat mehrfach über die Vorgänge in der Kommission berichtet. In einem Brief von 1829 heißt es: »Es zeigte sich gleich in der ersten Sitzung, daß die landrichterlichen[1050] Vorschläge ganz und gar unbrauchbar waren, und nach einigen herben Stößen, die durch des Mannes Übermut und Beharrlichkeit bei vorgefaßten Meinungen unumgänglich waren, wurde sein ganzes Werk zerstört und umgewandelt«. Nachdem Thiersch, nachhaltig von Schelling unterstützt, die Billigung des Königs für den von ihm redigierten Kommissionsentwurf erhalten hatte[1051], durfte man von einem großen Sieg des Neuhumanismus sprechen. Daß der König zur Empörung Thierschs noch 1829 den Lehrplan neuerdings einer Revision unterzog, hat man meist auf einen geglückten Gegenangriff des grollenden Grandaur zurückgeführt. Ludwigs Tagebuch beweist jedoch, daß er sich in diesem Fall weniger von Grandaur leiten ließ als durch von der Tann, der gegen einen extremen Neuhumanismus von der Art Thierschs eingenommen war[1052]. Die neue »Ordnung der Lateinschulen und der Gymnasien« vom 13. März 1830 verschaffte der deutschen Sprache, der Mathematik und den Realien wieder etwas mehr Berücksichtigung und wurde von Thiersch, wie zu erwarten, als heillose Verstümmelung seines Projekts beklagt. Tatsächlich blieb jedoch die Vorrangstellung eines philologischen Neuhumanismus im bayerischen höheren Schulwesen bis in das 20. Jahrhundert bestehen, wenn auch nicht in der Exklusivität, die Thiersch vorschwebte. Schenk meinte 1830, die tragende Idee bleibe »der Humanismus, wonach die Bildung der jedem höheren Berufe sich widmenden Jugend auf das Studium der alten Sprachen und Literatur sich gründet. Diesem System ist der Philanthropismus oder Realismus entgegengesetzt«[1053].

Hätte Thiersch die Aufgabe der Gymnasialreform erst nach der politischen Wende des Königs übertragen bekommen, sein Spielraum wäre mit Sicherheit enger bemessen gewesen. Das neuhumanistische Experiment hatte von der vergleichsweise freiheitlichen Atmosphäre der Anfänge Ludwigs Nutzen gezogen. Später traten auch im höheren Schulwesen Mißtrauen, politische Kontrolle, bürokratische Reglementierung und vor allem der Gesichtspunkt der Konfessionalisierung an die Stelle des noch optimistischen reformerischen Schwungs der Jahre 1825/30.

Im August 1833 nahm der König einen Brief Bischof Schwäbls zum Anlaß, Wallerstein, dem er auf diesem Gebiet offensichtlich mißtraute, sein Grundsatzprogramm für die »Studienanstalten« einzuprägen. Gründliche Ausbildung des Verstandes »nicht zum Vielwissen, sondern zum Recht- und Gutwissen« sollte fortan erfolgen, denn der »überbildete Verstand« sei der »gewisseste Verführer der Menschen«. Der so ausgebildete Verstand sollte zum »richtig Beurteilen nicht nach vorgefaßten Meinungen und glänzenden Philosophemen, sondern nach Erfahrung (daher guter Geschichtsunterricht, nicht nach Rotteck, Bredow und

Konsorten), nach den Grundsätzen der Sittlichkeit und Religion und nach den bestehenden, nicht nach erträumten Gesetzen und Verhältnissen« führen. Sein nunmehriges Ideal vom Sinn eines Gymnasialunterrichts: »Erziehung im strengen Gehorsam, zur Furcht Gottes, zur Treue gegen den Monarchen, zur Ehrfurcht gegen die Obrigkeit, zu allen Christenpflichten; und endlich richtige Ausbildung des Geschmackes zur Ergreifung des wahrhaft Schönen und Kalokagaton, zur Verachtung des Gemeinen und Niedrigen so sehr als des Schwulstes und Scheines«[1054].

Die Tendenz, auch das höhere Schulwesen weitgehend zu konfessionalisieren, bestand bei Ludwig schon vor 1830[1055]. Ein erster Konflikt über Fragen der konfessionellen Trennung eines Gymnasiums spielte sich 1827/28 in Augsburg ab, führte zum Sturz des Obstruktion treibenden Generalkommissärs Graf Drechsel und wurde anschließend im Sinne des Königs durch Drechsels Nachfolger Wallerstein gelöst[1056].

Im Laufe der dreißiger Jahre kam der Begriff »Entlaiung« auf, der die Ersetzung des weltlichen Gymnasiallehrerstandes durch Geistliche bezeichnen sollte und unter den weltlichen Pädagogen Existenzängste auslöste. Die Gefahr war jedoch geringer, als man weithin befürchtete. Wie im Volksschulwesen, so standen auch im höheren Schulwesen nicht entfernt so viele geistliche Kräfte zur Verfügung wie für eine durchgreifende Konfessionalisierung notwendig gewesen wären.

War die weltliche Schule als solche nicht mehr rückgängig zu machen, so konnten doch an ihrem Unterrichtsbetrieb mehr oder weniger erhebliche konfessionelle Korrekturen vorgenommen werden. Diese bestanden namentlich in der Übertragung weltanschaulich sensibler Fächer, vor allem der Geschichte, an die Religionslehrer[1057], die diesen Zuwachs an Arbeit wohl nicht unterschiedslos begrüßten. Um eine konfessionelle Trennung des Geschichtsunterrichts auf eine haltbare Grundlage zu stellen, hätten aber erst die vorhandenen Geschichtslehrbücher beseitigt und neue geschrieben werden müssen. Döllinger berichtete 1882 im Reichtsrat, man habe ihm in den vierziger Jahren die Aufgabe übertragen, ein konfessionelles Gymnasial-Geschichtsbuch zu schreiben, er habe sich jedoch alsbald von der wissenschaftlichen Unausführbarkeit des Auftrags überzeugen müssen[1058]. Tatsächlich erschienen keine eindeutig konfessionellen Geschichtslehrbücher, noch setzte sich auf Dauer die konfessionelle Trennung des Geschichtsunterrichts durch[1059].

Empört über einen krassen Fall von »Entlaiung« äußerte sich die Königinwitwe Karoline, als die weltlichen Lehrkräfte an dem Nymphenburger Mädcheninstitut, über das sie eine Art von Protektorat ausübte, auf Befehl des Königs durch Englische Fräulein ersetzt werden mußten: »Das ist ein totaler Umsturz ... Die Englischen Fräulein mußten auf das schnellste ihre Klöster in Augsburg, Günzburg und ich weiß nicht wo noch verlassen, um die Existenz der anderen zu stürzen«[1060].

Als führende Gestalten der Gymnasiallehrer-Opposition gegen die Schulpolitik speziell des Ministeriums Abel galten Philologen wie der Thiersch-Schüler Spengel und der seinem Bruder, dem geschmeidigen Oberkonsistorialpräsidenten, unähnliche Carl Roth, die beide in der Ära Abel Bayern verließen und publizistisch gegen das »System« Stellung nahmen, Roth vom »Ausland« und Spengel nach seiner Rückkehr unter Max II.[1061]. Über Thierschs grundsätzlich negative Einstellung zum Kurs des Königs und Abels konnte kein Zweifel bestehen, doch vermied es der zum Münchner Establishment gehörende, gesellschaftlich einflußreiche Praeceptor Bavariae meistens, politische Konflikte zu riskieren.

4. Universitäten und Akademie

Das herausragende Ereignis der bayerischen Hochschulgeschichte im Jahr nach dem Regierungsantritt Ludwigs war die Verlegung der Universität Landshut nach München[1062]. Ringseis hat den Gedanken der Verlegung nach München dem Kronprinzen während eines gemeinsamen Italienaufenthalts nahegebracht. Ludwig hielt an ihm fest und verwirklichte ihn nach seiner Thronbesteigung. Die Verlegung der Hochschule wurde von zuständigen Instanzen und Persönlichkeiten allerdings schon lange vor dem Gespräch zwischen Ludwig und Ringseis erwogen. Während der zwanziger Jahre hat man das Projekt fortwährend, unter anderem im Staatsrat, erörtert[1063]. Den Plan auszuführen, bedurfte es jedoch wieder einmal der Tatkraft und des Schwungs Ludwigs. Nach dem Willen des Königs sollte die erste und wichtigste Landesuniversität von den wissenschaftlichen Einrichtungen und den zahlreichen Bildungsmöglichkeiten der Landeshauptstadt profitieren und an Ansehen zunehmen, während andererseits der Glanz der Residenz durch die Anwesenheit und das Wirken wissenschaftlicher Zelebritäten, wie er hoffte, gewinnen konnte. Nur in wenigen Fällen hatte man in früheren Jahrhunderten Universitäten in Residenzstädten errichtet. Im allgemeinen suchten die Fürsten und ihre Ratgeber sich das randalierende Studentenvolk vom Leibe zu halten und sich in abgelegeneren Orten, denen man mit der Hochschule eine Nahrungsquelle eröffnete, austoben zu lassen. Mit der Gründung der Universität Berlin hatte man 1810 einen neuen Weg eingeschlagen. Vom Sitz der Regierung sollte dort eine Politik der Erneuerung, nunmehr unter Mitwirkung der Universität, ausgehen; man vertraute auf das Verständnis und den guten Willen von Professoren *und* Studenten. Solchen Überlegungen stand auch Ludwig I. nicht fern, obschon ihm, was die Universitätsorganisation betraf, nicht Berlin, sondern Göttingen als Vorbild galt. Der Stadt Landshut Kompensationen für den Verlust der Universität zu verschaffen, ließ er sich als Landesvater angelegen sein. Wäre Ludwig mit seinen Pfalz-Plänen durchgedrungen, hätte außer Landshut wahrscheinlich auch Erlangen seine Universität verloren[1064]. Zum Glück für die Seelenruhe der fränkischen Stadt und ihrer Universität behielt Ludwig seine Absicht für sich, für den Fall eines Erwerbs der rechtsrheinischen Pfalz die Erlanger zugunsten der Heidelberger Hochschule aufzulösen. Auch Heidelberg verfügte über eine evangelisch-theologische Fakultät und *eine* solche schien ihm für Bayern auszureichen. Die Würzburger Universität war als solche nie gefährdet. Wir wissen, mit welchen Mitteln der König sie seit 1832 zur Räson gebracht hat.

Was das Verhältnis zwischen der Bayerischen Akademie der Wissenschaften und der neuen Universität München betraf, verstand es der König wieder einmal, das Angenehme mit dem Nützlichen zu verbinden. Mehrere der besoldeten Nur-Akademiker übernahm er als Professoren, nicht wenige Professoren hat er als nichtbesoldete Mitglieder in die Akademie aufgenommen, und die wissenschaftlichen Sammlungen beider Institute ließ er zusammenlegen. Alles in allem kamen diese Maßnahmen der Universität *und* der Akademie zugute, vor allem aber dem Fiskus, zumal das Amt eines besoldeten Akademikers künftig wegfiel. Die Sparpolitik des Königs bekamen die Universitäten von Anfang seiner Regierungszeit an kräftig zu spüren. Baader äußerte sich ein Jahr nach der Errichtung der Universität München Schenk gegenüber, daß die Münchner Universität, »was Besoldungen und Honorare betrifft, wirklich die schlechteste in Deutschland und ein wahres Armeninstitut ist, was sich doch gewiß nicht mit der Dignität dieses Instituts, nicht mit der Stellung, welche der König ihm zu geben wünscht, und nicht mit den Leistungen verträgt, welche das Ausland von ihm erwartet«[1065]. Auch wo es nicht ums Geld ging, legte der König Wert darauf, die Universitäten nicht ausufern zu lassen. Je länger je mehr bemühte er sich um tunlichste Einschränkung des Privatdozentenwesens, insbesondere in der Rechtswissenschaft: »Das Dozentenwesen aber, namentlich in der Rechtswissenschaft, liebe ich nicht. Hier tut es not, daß nicht bloße Gelehrsamkeit, sondern auch praktische Kenntnisse vorherrschen; in dieser praktischen Bildung liegt das vorzüglichste Mittel gegen alle gefährlichen Theorien, die von den Hochschulen in Deutschland ausgingen«[1066].

Bei seiner Berufungspolitik behielt der König alle drei Universitäten des Landes im Auge, doch interessierte ihn in erster Linie das Gedeihen der Universität München, die wiederum seinen Herrscherruhm mehren sollte. In den Anfängen seiner Regierung ging es ihm offensichtlich weniger um konfessionell fixierte Berufungen, als um fachlich hochqualifizierte Namen, relativ unabhängig von Bekenntnis und politischer Färbung. In diesem Bestreben unterstützte ihn der großzügige und mit Qualitätssinn ausgestattete Schenk nach Kräften[1067]. Der König berief an die neue Universität so hervorragende protestantische Gelehrte wie Schelling, Thiersch, Maurer, Schubert, Oken (dieser überdies politisch sehr liberal). Ludwig Tieck hätte der König gerne als Professor für Literatur in München gesehen, desgleichen Savigny als Rechtshistoriker[1068]. Zumindest den bildungspolitisch in seinen Augen zentral wichtigen Geschichtslehrstuhl wünschte der Monarch allerdings katholischen Händen anzuvertrauen. Schenk hatte auch Friedrich v. Raumer und Ranke in Betracht gezogen.

Ludwig hielt Freiherr von Hormayr für den bedeutendsten katholischen Historiker Deutschlands. Persönliche Unterredungen zwischen Ludwig und dem österreichischen Archivdirektor 1817 in Wien hatten beim Kronprinzen einen offenbar sehr günstigen Eindruck hinterlassen. Zum Glück für die Universität blieb ihr der abenteuerliche Intrigant erspart. Hormayr schützte für die Ablehnung des Lehrstuhls vor, daß die Heiratschancen seiner Töchter durch die für einen Edelmann unstandesgemäße Beschäftigung als Professor gemindert werden könnten[1069]. Tatsächlich dürfte ihn die Mühsal des Lehrbetriebs abgeschreckt haben. Gegen das einhellige Votum des Staatsrats holte der Monarch Hormayr gleichwohl nach München und setzte ihn zur

Hälfte auf den Etat der Akademie und zur Hälfte auf den des Außenministeriums. Ludwig hoffte, daß aus Hormayrs Feder eine große Bayerische Geschichte hervorgehen würde. Dieser selbst strebte eher eine Funktion an, für die es damals noch keinen passenden terminus gab. Heute fühlt man sich versucht, den beruflichen Wunschtraum des Österreichers mit der Stellung eines Pressechefs oder gar eines kulturpolitischen Chefideologen zu umschreiben. Hormayrs journalistisches Talent steht außer Frage, aber diese Eigenschaft verquickte sich mit der eines geborenen Verleumders und Hetzers. Es dauerte nicht lange, und er hatte in München einen wahren Hexenkessel von Intrigen angerührt und sich mit vielen Prominenten der Hauptstadt, nicht zuletzt mit Schenk, Schelling, Ringseis und Görres, überworfen. Metternich reagierte auf das Auftreten seines Todfeindes in München ähnlich übertrieben wie seinerzeit Montgelas auf das Pamphlet des Grafen Karl August Reisach (Onkel des Erzbischofs). Nicht der Druck aus Wien, dem der König nicht ohne geheime Genugtuung über die Nervosität des ungeliebten Metternich widerstand, sondern das exzessive Intrigieren des hemmungslosen »Mephistopheles« (Tann) und der geschlossene Widerstand fast aller dem König Nahestehenden gegen den Unruhestifter veranlaßten Ludwig, zu dessen einflußreichsten Ratgebern er eine Zeitlang gezählt hatte, Hormayr 1832 als Ministerresidenten nach Hannover abzuschieben.

Da Hormayr sich als Geschichtsprofessor versagte, berief der König auf Wunsch von Sailer, Schenk und Ringseis Joseph Görres nach München, ein Beweis, daß ihm wissenschaftliche Historiographie im Geist des 19. Jahrhunderts noch gänzlich fern stand. Ringseis meinte im Sommer 1826: »Görres gälte für viere und seine Gegenwart wäre desto wünschenswerter, da durch Schelling, der wohl nicht mehr Tiefe, aber mehr Ruf hat als Baader, durch Raumer, wenn er etwa kömmt und durch Schubert, wenn auch alle drei sehr gemäßigte Protestanten, gerade in den allgemeinen Fächern ein Gewicht größerer Bedeutsamkeit auf die Protestanten fällt. Für Geschichte wäre ein Katholik der ersten Größe, Görres, nötig«[1070]. Ein Jahr zuvor hatte Görres im »Katholik« den Aufsatz »Kurfürst Maximilian der Erste an den König Ludwig von Bayern bei seiner Thronbesteigung« veröffentlicht, in dem er dem Bayernkönig die Stellung eines Schirmherrn der deutschen Katholiken zuwies[1071]. Vor der Berufung waren Schwierigkeiten mit der preußischen Regierung zu beheben, vor deren Zugriff der Rheinländer als sogenannter Demagoge nach Straßburg entflohen war[1072]. Keine wissenschaftliche, wohl aber eine konfessionspolitisch-publizistische Wirkung großen Formats ist von Görres in seiner letzten bayerischen Phase ausgegangen.

Die Ausarbeitung der Münchner Universitätsstatuten (31. 10. 1827) lag in den Händen Thierschs, der sich mit Schenk gut verstand. Daß sich Thiersch die Göttinger Universitätsverfassung zum Vorbild nahm, fand den Beifall des Königs, der sich der Georgia Augusta verbunden fühlte[1073]. Nach der politischen Wende Ludwigs ging Thierschs Einfluß nicht nur in Gymnasial-, sondern auch in Universitätsangelegenheiten zurück. 1833 trug sich der König sogar mit dem Gedanken, Thierschs Institut an der Universität München aufzulösen, »weil statt tüchtige Lehrer fürs höhere Schulwesen nur einseitig gebildete aus demselben kommen, keineswegs geeignet, der Jugend die Richtung zu geben, welche ihr zu erteilen jetzt not tut«[1074]. Falls der nur im Entwurf vorliegende Brief, den er in dieser Sache bemerkenswerterweise an Schelling übersenden wollte, tatsächlich abgegangen ist, wird der Philosoph nicht versäumt haben, den ihm nahestehenden Philologen in Schutz zu nehmen.

1835 arbeitete Wallerstein im Einverständnis mit dem König neue Universitätssatzungen aus, denen bereits andere einschlägige Verordnungen vorhergegangen waren und die er Jahre später im Rückblick folgendermaßen rechtfertigte: »Es galt damals zwei Dinge: Erstens den Übelständen der Satzungen von 1827 abzuhelfen, zweitens der furchtbaren Reaktion des Deutschen Bundes gegen die deutschen Hochschulen insoweit sich zu fügen, als es unvermeidlich und ohne Zerstörung des Wesens dieser Gelehrtenanstalten möglich war«[1075]. Drei Jahre später lieferte Abel dem König eine Universitätsordnung noch ganz anderen Zuschnitts.

Universitätspolitik ist nicht deckungsgleich mit der den Studenten gegenüber eingeschlagenen Politik, aber beides überschneidet sich. Ein Kapitel für sich ist die von den Studenten selbst betriebene Politik. Ludwig begann seine liberale Ära sehr studentenfreundlich[1076]. Nach der Verlegung der Universität benutzte er den Anlaß eines studentischen Fackelzuges zu einer kurzen Ansprache, in der er sich den studentischen Wünschen entgegenkommend zeigte: »Religion muß die Grundlage sein und durch das Leben geleiten. Bigotte und Obskuranten mag ich nicht; auch keine Kopfhänger. Die Jugend soll auf erlaubte Weise fröhlich sein. Raufereien dulde ich nicht. Kleiden können sich die

Studierenden wie sie wollen«[1077]. Was Ludwig nur angedeutet hatte, vertiefte Thiersch in seiner Antrittsrede als Rektor Magnificus »Über die Freiheit der Studien und die Selbständigkeit des Lebens auf deutschen Hochschulen nach Sinn und Geist unserer Satzungen« vom 26. November 1829. Die Erlaubnis, im »Auslande« studieren zu dürfen, wurde wieder großzügiger gehandhabt. Ausschlaggebend war die Regelung der Rechtsverhältnisse studentischer Verbindungen durch ein Edikt vom 31. Juli 1827, das unter bestimmten Voraussetzungen die Korporationen wieder zuließ. Nicht nur Landsmannschaften, damals und noch auf lange Zeit unpolitisch, auch Burschenschaften fanden alsbald wieder stärkeren Zuspruch. Einige Jahre vorher waren unter Max Joseph beträchtliche polizeiliche und gerichtliche Einschreitungen gegen Burschenschaften im Zeichen der Karlsbader Beschlüsse erfolgt. Im Gebiet des Dritten Deutschland hatte sich die Burschenschaft während der zwanziger Jahre ohnehin neu konstituiert, ihre radikalste Richtung, die »Germania«, erhielt 1829 vom König persönlich die Genehmigung zu einem verbindungsmäßigen Zusammenschluß in München. Unerbittlich verfolgte der König vorerst nur die von Studenten veranstalteten Duelle. Durch die Juli-Revolution nervös gemacht, empfand er die (unpolitischen) Münchner Studentenkrawalle von 1830 als bedrohlich und reagierte auf sie mit übertriebener Schärfe[1078]. Bei der Kontrolle der gerichtlichen Verfolgung der Beteiligten ging er bis hart an die Grenze der Verletzung richterlicher Unabhängigkeit[1079]. Die Reaktionsperiode der dreißiger Jahre führte zu einem neuen Tief in der Geschichte der studentischen Bewegung. Stellt man sich auf den Standpunkt des Königs und betrachtet die Wahrung des monarchischen Prinzips als obersten Grundsatz seiner Innenpolitik, hatte der Monarch allerdings Anlaß, von seiten des studentischen Radikalismus einiges zu befürchten. Zu den elementaren Bestandteilen polizeistaatlicher Überwachung der Studentenschaft und der Unterdrückung ihrer auswärtigen Verbindungen zählte die nun wieder verschärfte Handhabung der Erlaubnis zum Besuch nichtbayerischer Universitäten. Seit Beginn der vierziger Jahre genehmigte der König die Gründung neuer landsmannschaftlicher Verbindungen an den bayerischen Hochschulen. Darüber hinaus duldete man informelle studentische Zusammenschlüsse im Zeichen des politischen Katholizismus. Diese Gruppierungen entfalteten während der Lola-Krise eine Opposition, die dem König auf die Nerven ging.

In seiner Erwiderung auf die »Anrede« des Rektors Dresch 1827 bemerkte der König, daß ihm »nichts mehr gefallen, als was der Rektor über die Unabhängigkeit der wissenschaftlichen Forschung, über Freiheit des Wortes und der Mitteilung gesagt habe. Es ist auch meine lebendigste, meine tiefste Überzeugung, daß hier jeder Zwang, jede Zensur, auch die billigste, verderblich wirkt, weil sie statt des gegenseitigen Vertrauens, bei dem allein die menschlichen Dinge gedeihen, den Argwohn einsetzt ... Ich will die Wissenschaft, aber in ihrer ganzen, unverkümmerten Gestalt und Wirksamkeit und werde mich glücklich fühlen, wenn meine Bayern auf ihrer Bahn rasch und weit vorschreiten«[1080]. Tatsächlich war es um die Autonomie der Wissenschaft unter Ludwig nicht gut bestellt. Der für Geschichte und Kunst begeisterte Landesherr hatte zur Wissenschaft als solcher kein rechtes Verhältnis. Religion und Politik blieben für ihn die übergeordneten Größen. Daß ein Professor als Staatsbeamter dem Regierungskurs zu folgen habe, galt Ludwig für ausgemacht. Lehrfreiheit stand für den König auf etwa gleicher Stufe der »Wertschätzung« wie Pressefreiheit. Schon 1827 wollte er Konrad Mannert an der Münchner Universität historische Vorlesungen verbieten, doch der niemals fanatische Schenk schützte den Historiker. Über den Juristen Gönner, der ihn einst als Landshuter Studierenden beeindruckt hatte, äußerte der König: »Mit seinen Grundsätzen stiftet sein Talent Übles, sein Sinn ist nicht der, welcher die Ludwig-Maximilian-Hochschule durchleben soll«[1081].

Sehr lag dem König daran, die Fähigkeiten der Professoren vielseitig zu nutzen. Insbesondere die Historiker und Juristen (Stahl, Puchta und Höfler in München, Contzen in Würzburg) suchte er wegen der Nähe ihrer Fächer zur Politik für seine Zwecke publizistisch einzuspannen. Manche »Gelehrte« waren eher, wie in anderen deutschen Staaten auch, mit einer Professur zu Versorgungszwecken ausgestattete Publizisten. Typische Schwächen von Gelehrten fielen Ludwig bald auf, ihre respektablen Seiten nahm er weniger zur Kenntnis. Im allgemeinen wurde seine Einstellung zu den Professoren zunehmend kritischer und mißtrauischer. Nicht nur mit seinen besten Staatsmännern und Künstlern, auch mit zahlreichen seiner Professoren überwarf sich der König; zumindest trat vorübergehend eine erhebliche Trübung des gegenseitigen Verhältnisses ein. Auf Hormayr ging zurück, daß Döllinger wegen angeblicher Verherrlichung der Bartholomäusnacht 1829 längere Zeit in

Ungnade fiel[1082]. Dem »Eos-Kreis« anzugehören oder ihm nahezustehen, bedeutete damals bei Ludwig alles andere als eine Empfehlung. Wegen Griechenland, aber auch aus anderen Gründen kam es zu erheblichen Verstimmungen mit Thiersch und Maurer. Stahl, der lange Zeit als gouvernementaler Musterknabe gegolten und der Regierung beträchtliche publizistische Dienste geleistet hatte, ließ der König wegen der Kritik, die er als Vertreter der Universität Erlangen auf dem Landtag 1837 an der regierungsoffiziellen Handhabung des Budgetrechts (»Doktrin«) übte, Vorlesungen über staatsrechtliche Themen untersagen und ihn auf das Zivilrecht beschränken[1083]. Von der Epuration der Würzburger Universität war bereits die Rede, ebenfalls von der Entfernung von der Pfordtens von seinem Würzburger Lehramt 1841[1084]. Das Gegenstück zu den Würzburger »Säuberungen« bildete die Verfolgung katholischer Münchner Hochschullehrer nach dem Rücktritt Abels 1847.

Zu einem zentralen Thema der Universitätspolitik wurde die Konfessionalisierung der Hochschulen unter dem Ministerium Abel, doch suchte man gleichzeitig wissenschaftliche Qualifikation tunlichst zu berücksichtigen. München und Würzburg sollten künftig ein ganz überwiegend katholisches, Erlangen protestantisches Gepräge erhalten oder bewahren. Den konfessionellen Gesichtspunkt hat man auch außerhalb der als politisch und weltanschaulich relevant geltenden juristischen und philosophischen Fakultät geltend gemacht[1085]. Daß man seit Anfang der vierziger Jahre protestantische Gelehrte wie Stahl oder den wissenschaftlich allerdings weniger zählenden Maßmann nach Berlin und Harleß nach Leipzig offensichtlich ohne Bedenken ziehen ließ, daß Oken schon 1832 nach Zürich übergewechselt war, wurde von der Öffentlichkeit registriert und zum Teil als konfessionspolitisches Symptom verstanden. Beim Weggang Schellings nach Berlin äußerte Abel den Wunsch, »an die Stelle dieser protestantischen Illustrationen, denen so vielfältig das Verdienst des ersten Schöpfungstages in Bayern zugeschrieben wird, ebenbürtige katholische Gelehrte treten und dadurch hier zuerst in einer Zeit, die nach seiner innigsten Überzeugung in politischer wie in kirchlicher und sittlicher, in wissenschaftlicher wie in künstlerischer Beziehung nur noch von der katholischen Religion Rettung und Heil zu hoffen hat, die Wissenschaft auf der Höhe, die sie auch unter den mannigfaltigsten Verirrungen in gar vielem unleugbar erstrebt hat, zuerst in die rechte Bahn eingelenkt und dadurch vor dem Wiederverfalle gesichert zu sehen. Wie herrlich und erhebend, wenn die Restauration der Wissenschaft in diesem Sinne der bereits so glänzend vollbrachten der Kunst unter dem Schutze und der Herrschaft und der Förderung Eurer königlichen Mt. sich anreihte!«[1086]

Daß Döllinger, den Ludwig 1829/30 am liebsten aus München hätte scheiden sehen, auf akademischem und schließlich auch parlamentarischem Boden dem System des Königs und Abels als scharfsinnige und aktive Gelehrtenpersönlichkeit wertvolle Dienste leistete, hat der Monarch anerkannt und mit der Ernennung des Theologen zum Stiftspropst von St. Kajetan in München belohnt.

Von Erfolgen der konfessionellen Restaurationspolitik des Königs ließ sich in München in der juristischen und in zweiter Linie in der philosophischen Fakultät durchaus sprechen, allerdings nicht in dem Sinne, daß es gelungen wäre, das neue Prinzip in der Universität insgesamt dominieren zu lassen. Zahlreiche katholische Gelehrte hielten stets zur liberalen Richtung. Schon in Würzburg konnten die Lücken, die die Berufungen Moys und Lasaulx' nach München gerissen hatten, nicht adäquat gefüllt werden. Schließlich zerstörte der König 1847 durch sein Einschreiten gegen die akademischen »Jesuiten« mit eigener Hand, was vorher in Jahren mühsam aufgebaut worden war. Mit Ausnahme von Lasaulx kehrten die aus der philosophischen und juristischen Fakultät vertriebenen Professoren nicht mehr nach München zurück. Ausnahmen von der Regel der Konfessionalisierung hat der König nie ausgeschlossen. So erfolgten in München einige sachlich gewinnreiche Berufungen protestantischer Gelehrter, die der König kavaliersmäßig nur als politische Gefälligkeitsakte gegenüber Dritten ansah[1087]. Die nach Abels Fall bis zur Revolution folgenden Ministerien waren an einer Fortsetzung der Konfessionalisierungspolitik nicht mehr interessiert. Zu Abels Zeiten hätte sich der König vermutlich nicht entschließen können, wie es nach Görres' Tod geschehen, auf Bitten seines Sohnes Jakob Philipp Fallmerayer, den er bisher als Freigeist abgelehnt hatte, auf den Münchner Lehrstuhl für Geschichte zu berufen – zweifellos ein Schwächesymptom aus der Phase des politischen Niederganges Ludwigs und ein Beweis, daß er vorher von der (verborgenen) Führung durch einen konsequenten und überlegenen Mann bis zu einem gewissen Grade abhängig gewesen ist.

Bald nach seiner Amtsübernahme wurde Abel von Ludwig beauftragt, eine neuerliche Studienreform vorzulegen, die bereits im Frühjahr 1838 abgeschlossen war und für alle Universitäten des Landes gelten sollte. Sie beruhte auf drei Säulen: Trennung der Studien in philosophisches Biennium und dreijährige Fachstudien mit Begrenzung der Studienzeit, Kollegienzwang, verbunden mit halbjährigen Prüfungen, und Ephorat, das der Disziplinierung der Studierenden dienen sollte[1088]. Die Ephoren scheiterten durchweg an der Undurchführbarkeit der ihnen gestellten Aufgabe. Vorbild für das neue System waren die katholischen Lyzeen. Der König wünschte ausdrücklich, daß das Studium der allgemeinen Wissenschaften auf der Universität wie an den Lyzeen in Bezug auf Dauer, Lehrfächer und Prüfungsweise ganz gleichgestellt werde. Konstantin Höfler hat 50 Jahre später in seinen »Erinnerungen an Jakob Philipp Fallmerayer« Aufschlüsse über die Ziele mitgeteilt, die mit dieser Reform verbunden waren[1089]. Zusätzlich erhoffte sich der König von diesen Maßnahmen ein Plus für die *Aus*bildung gegenüber einer Art von Bildung, die er für gefährlich hielt: »Die Lehrfächer sollen so eingeteilt und ausgewählt werden, daß solche für das praktische Leben eine wirkliche Vorbildung gewähren, nämlich die Kenntnis dessen, was dem gebildeten Manne und insbesondere dem geistlichen und weltlichen Diener, dem Vorgesetzten, wenn er nützlich wirken will, zu wissen obliegt«[1090]. Wallerstein hat den Hintergedanken der sogenannten »Abelschen Partei« bei dieser Maßnahme später polemisch charakterisiert: »Der Unterricht sollte dem ultraklerikalischen Einflusse verfallen. Zu dem Ende mußten die Hochschulen, da sie sich nun einmal weder aufheben noch in Spezialschulen umwandeln ließen, mindest den bereits bestehenden und von 1838 an komplett ultraklerikalisch gewordenen Spezialschulen gleichgestellt werden. Diese Spezialschulen waren die Lyzeen«. Er, Wallerstein, habe durch seine Statuten von 1835 die Lyzeen »auf jenen Punkt zurückgeführt, welcher ihnen allein gebührt: auf jenen theologischer Spezialschulen«. Tatsächlich hatte schon die Gymnasialreform Thierschs diesen Effekt erzielt. Wallerstein fuhr fort: »Um nun dieses der ultraklerikalischen Partei so verhaßte Verhältnis wieder zu beseitigen und die jungen Leute zu veranlassen, daß sie lieber auf den der Partei infeudierten Lyzeen als auf den ihr immer noch zu lebensfrischen, zu freien Universitäten studierten, erwirkte von Abel unter allerlei Vorwänden von Euer königlichen Mt., was sein Vorfahrer in Vertretung der ultrakirchlichen Zwecke – was Grandaur, bis dahin mit seltener List erstrebt, aber meinen Vorstellungen gegenüber Euer königlichen Mt. nie hatte entreißen können: die Verordnung vom 10.5.1838«[1091].

Die Ausdehnung der Abelschen Studienreform auf die Universität Erlangen und insbesondere auf die dortige evangelisch-theologische Fakultät stieß auf den heftigen Widerstand ihrer Professoren[1092]. Demgegenüber schlug das Oberkonsistorium vor, es entweder beim alten zu belassen oder eigene protestantische Lyzeen einzurichten. Abel plante in der Tat die Einführung solcher Lyzeen, und der König billigte sie. Das Votum der Erlanger Professoren hätte wohl kaum genügt, den Plan zu verhindern. Wohl aber vereitelte der Protest des Finanzministeriums das Vorhaben. Der König und Abel beugten sich dessen ausschließlich fiskalischen Argumenten, und so blieb Erlangen von der Abelschen Neuordnung verschont[1093].

Überblickt man die Universitätspolitik Ludwigs, wie er sie seit dem Übergang zur Defensive bis 1847 betrieben hat, von der Endphase seiner Regierung her, muß man sie als mißlungen bezeichnen. Seit 1847 ließ er neue Studienordnungen ausarbeiten[1094].

Gleich den Universitäten erwies sich die Bayerische Akademie der Wissenschaften als ein selbstbewußtes, auf ihre Autonomie sehr bedachtes Institut. Sie hatte sich in der Montgelas-Zeit neu konstituiert und galt als ein Bollwerk intellektueller Progressivität im Rahmen vormärzlicher Anschauungen. Der König erwartete von ihr die Fortsetzung großer wissenschaftlicher Unternehmen wie der Monumenta Boica. Im Staatsrat und im Ministerium bestand hinsichtlich der wissenschaftlichen Leistungsfähigkeit der Akademie als einer Korporation (nicht der Gelehrten als Einzelpersonen) einige Skepsis[1095]. Die Tätigkeit der Akademie spielte sich zwar überwiegend auf einem von den unmittelbaren ideologisch-politischen Konflikten entfernten Schauplatz ab, aber man wußte, wie ihre Mitglieder eingestellt waren, und erkannte, daß sie in der Regel gesinnungsgleiche Gelehrte kooptierten. Der König konnte nicht übersehen, daß Angehörige der von ihm nach 1830 favorisierten Richtung wie Görres oder Höfler mehrmals nicht gewählt wurden. Im Sommer 1841 wollte er wissen, wie sich das Konfessionsverhältnis in der Akademie darstelle. Er habe bisher darauf nicht geachtet, aber »die protestantische Partei in derselben macht mich durch ihr Streben ... Gelehrten katholischer Richtung in der historischen Klasse den Eintritt zu verwehren, erst darauf aufmerksam, daß in einem Staate, in welchem fast dreiviertel seiner Bewohner Katholiken sind, diese doch in dessen Akademie der Wissenschaften unterdrückt werden sollen«[1096]. Ludwigs Überlegungen führten zu einem neuen Akademiestatut mit andersartiger Ernennungspraxis[1097]. Der König ernannte Maximilian Freiherrn von Freyberg, Vorstand des Reichsarchivs und Protagonist der »Abelschen Partei«, zum Akademiepräsidenten. Auf Antrag Freybergs oktroyierte er Höfler der Akademie als Mitglied.

So unterlag auch die Akademie den politischen Gezeiten im Königreich. Mit dem Sturz Abels war auch das Ende der Präsidentschaft Freybergs in Sicht. Als es Februar 1848 um die Bestellung eines neuen Vorstandes der Akademie ging, berichtete Wallerstein dem König, er hätte zunächst Martius im Auge gehabt, doch hätte ihn ein zufälliges Gespräch belehrt, dieser würde so riesenhafte Anforderungen betreffend Budgeterhöhung stellen, daß der König gewiß nicht darauf eingehen werde. Der Minister trug dann folgende Überlegungen vor: »Wenn nun die katholischen Mitglieder entweder wie Phillips, Lasaulx ultrakirchlich oder wie Stichaner, Fuchs abgelebte, einer Direktion durchaus unfähige Greise sind, so dürfte Thiersch der allergeeignetste sein. Er ist anhänglich an die Allerhöchste Person aus vollem Herzen, hat eine große Zelebrität und Geschäftskunde. Für die Ultramontanen von ganz Deutschland ist der Schriftsteller gegen Jesuiten und Redemptoristen eine kolossale Ohrfeige. Thierschs eben nicht homöopathische Eitelkeit würde bis zur Begeisterung gesteigert. Und hat er hier Arbeit, so läßt er Griechenland in Ruhe, was sehr wünschenswert ist«[1098]. Zwei Tage später legte Wallerstein einen Reskriptentwurf vor, und diesmal war es der Minister, der auf rasche Ausfertigung durch den König drängte, weil er Nachrichten erhalten habe, »daß die ultrakirchliche Partei in der Akademie die nächste öffentliche Sitzung zu einer Parteidemonstration im Sinn einer Lobrede auf den seligen Görres benützen möchte«. Durch rechtzeitige Bekanntgabe des nächsten Vorstandes könnte man die Umtriebe im Keime ersticken[1099].

XV.
SCHUTZHERR DER KATHOLISCHEN SACHE

1. Politischer Katholizismus in Bayern

Eine Organisation unter dem Namen »Kongregation« hat es in Bayern nie gegeben, wohl aber einen damit gemeinten, sich zunehmend organisierenden politischen Katholizismus konservativer Färbung, der sich von monarchistischem Quasi-Absolutismus wie von ständisch-korporativem Quasi-Feudalismus deutlich unterscheiden läßt. Die Bezeichnung »Kongregation« kam in Frankreich auf[1100]. Ludwig hat an der Existenz einer »Kongregation« in Bayern nie gezweifelt und das Wort, wie damals üblich, nur in pejorativem Sinn verwendet. Sein politisches Verhältnis zur »Kongregation« war indessen vielschichtig. Auch wenn im folgenden bayerische Vorgänge um Ludwig I. im Mittelpunkt stehen, ist der europäische Zusammenhang des politischen Katholizismus stets im Auge zu behalten: der schon früh in eine Rechte und eine Linke sich spaltende politische Katholizismus Frankreichs und parallele Erscheinungen in Belgien, in Irland, in der Schweiz, in romanischen Ländern, in Polen.

Die Geschichte des Katholizismus im Deutschen Bund kennt eine Vielzahl von Erneuerungskreisen von Aachen und Münster bis München und Wien. Ursprünglich handelte es sich zumeist um Zirkel und »Schulen« überwiegend literarischen oder theologischen Charakters. Ihre Tätigkeiten mündeten meist in die Kirchen- und Bildungspolitik ein, und von dort war es kein großer Schritt mehr zu einer politischen Interessenvertretung der katholischen Kirche und ihrer Gläubigen[1101]. Kirchlicher und politischer Katholizismus lassen sich nicht säuberlich voneinander trennen. Analog zur Struktur der römisch-katholischen Weltkirche konnten internationale Kontakte und Beeinflussungen auch im Rahmen des politischen Katholizismus nicht ausbleiben, der sich nirgends territorial isolieren ließ. Die Beziehungen des politischen Katholizismus im Deutschen Bund zu verwandten Richtungen in Frankreich (nicht zuletzt im Elsaß), in der Schweiz und in Belgien sind längst von der Forschung freigelegt[1102].

Die Geschichte der sogenannten »Kongregation« in Bayern führt zurück in die konservative europäische Gegenbewegung schon des 18. Jahrhunderts zur Aufklärung[1103]. Die gegen den Illuminatismus gerichtete Politik Kurfürst Karl Theodors hatte eine kirchliche Komponente, deren Kontinuität auch durch die

Ära Montgelas nicht völlig unterbrochen werden konnte. Auf dem Landtag 1831 wollte man von liberaler Seite die Ursprünge der »Kongregation« in der Universität Landshut entdeckt haben[1104]. Richtig ist, daß sich im Umkreis Sailers eine Anzahl von Männern zusammengefunden hat, die später im politischen Katholizismus Bayerns eine Rolle spielen sollten, darunter Seinsheim, Schenk und Ringseis. Katholischer Traditionalismus konnte sich dort mit romantischen, mit antifranzösischen, aber auch antinorddeutschen Stimmungen amalgamieren[1105]. Das politische Geistesleben Landshuts war jedoch komplizierterer Natur und nicht auf Romantik allein festzulegen; katholische Aufklärer hielten dort eine starke Stellung.

Zu einem Zusammenschluß von süddeutschen Gegnern der damaligen offiziellen Kirchenpolitik sowie der Aufklärungstendenz und der Wessenbergschen Richtung innerhalb der katholischen Geistlichkeit selbst kam es 1812 bis 1818 unter maßgebender Beteiligung des Würzburger Weihbischofs Zirkel[1106] und in Anlehnung an F. K. Felders Literaturzeitung. Dieser Gruppierung – ein »Literarischer Verein zur Aufrechterhaltung, Verteidigung und Auslegung der römisch-katholischen Religion« scheint nur projektiert gewesen zu sein – gehörten hauptsächlich Kleriker und nur wenige Laien an[1107]. Die Mitglieder wurden nachträglich unter dem Namen »Konföderierte« bekannt, doch dürfte A. Hagen den Nachweis erbracht haben, daß es sich um eine nur ein einziges Mal aufgetauchte und den Zeitgenossen keineswegs geläufige Bezeichnung handelte[1108]. Geistliche aus ihren Reihen findet man unter den Abgeordneten des ersten bayerischen Landtags 1819. Dort erhielten sie Verstärkung durch gleichgesinnte, wenn auch der Gruppe selbst nicht angehörige Priester. Verbindung hielt man unter anderem mit dem Beichtvater der Kaiserin Karoline Auguste, dem Oberpfälzer Job, und mit Adam Heinrich Müller in Wien. Alles in allem beschränkte sich die Zielsetzung der sogenannten »Konföderierten« auf *kirchen*politische Gegenstände. Kronprinz Ludwig hatte in Würzburg Umgang mit Zirkel, der Ludwigs Schwester Charlotte, der späteren Kaiserin Karoline Auguste, bei der Scheidung ihrer ersten Ehe behilflich war. Zu den sogenannten »Konföderierten« als solchen unterhielt Ludwig kaum Beziehungen. Ebenso wenig bestand anscheinend Kontakt des Kronprinzen zu einer zweiten, aus dem Publizisten J. B. v. Pfeilschifter, Herausgeber des »Staatsmann«, und seinem allerdings weit über Bayern hinausreichenden Bekanntenkreis bestehenden Gruppierung eines konservativen politischen Katholizismus, die sich zum Teil mit dem Eoskreis überschnitt. Die Berührungen Ludwigs mit dem Hofbauer- und Széchényi-Kreis in Wien lassen sich objektiv durchaus als Begegnungen mit politischem Katholizismus interpretieren, subjektiv hat sie Ludwig jedoch nicht als solche empfunden.

Die erste hauptstädtische, noch sehr lockere Formation katholisch-konservativer Prägung, mit der es Ludwig als König zu tun hatte, war der Münchner Eoskreis[1109]. Während des Landtags 1827/28 gewann der Monarch den Eindruck, daß der Eoskreis mit der Reichsratsopposition und Österreich sympathisiere. Es bedurfte nur noch des Auftretens des Intriganten Hormayr, um die Ungnade des Herrschers über die »Eos« hereinbrechen zu lassen. Die Redaktion der »Eos« sah sich veranlaßt, zurückzutreten. Baader teilte dem Erbprinzen Löwenstein mit, ein »positiver Wink von oben« habe ihn genötigt, die »Eos« fallenzulassen[1110].

Seit 1838 erschienen, herausgegeben von dem im Dienste Metternichs tätigen Publizisten K. E. Jarcke, dem an der Münchner Universität wirkenden Juristen G. Phillips und Guido Görres mit Joseph Görres im Hintergrund, die »Historisch-Politischen Blätter«, bis ins dritte Jahrzehnt des 20. Jahrhunderts ein führendes Organ des konservativen politischen Katholizismus[1111]. Phillips hat später scharf sein Recht, als Mitbegründer zu gelten, hervorgehoben. Das Unternehmen gehörte anfangs Phillips und Guido Görres als Beauftragten seines Vaters. Jarcke ist gewiß der geistige Urheber des Organs gewesen, doch hatten Phillips und Joseph Görres nicht geringen Anteil an seinem Zustandekommen. Aus der Vorgeschichte der »Historisch-Politischen Blätter«, die gleichzeitig mit den Kölner Wirren ins Leben traten, ist ein Brief Reisachs an seinen alten Bekannten Jarcke bemerkenswert. Reisach, damals noch Studienpräfekt der Propaganda in Rom, bestärkte Jarcke auf das eifrigste, seinen Plan einer theologisch-publizistischen Zeitschrift, von der aus die Revolution auf »Tod und Leben bekämpft werden könnte«, in die Tat umzusetzen, und entwarf die Grundzüge eines Programms, dessen Richtlinien für die Zeitschrift zeit ihres Bestehens maßgebend geblieben sind: »Katholizism und Protestantism sind sie wohl etwas anderes, als das ewig zusammenhaltende konservierende und das stets zerstörende revolutionäre Prinzip der neuen christlichen Gesellschaft? Die politischen Bewegungen unserer Tage, sind sie nicht die Frucht des aus dem Gebiet des Gedankens in das der Wirklichkeit hinübergetretenen Protestantismus? Welch horrender

Widerspruch in den protestantischen Mächten, welche am tätigsten sind und sein müssen, die Revolution des politischen Protestantism mit eigenen gegen sie gekehrten Waffen zu bekämpfen! Welch schöne Gelegenheit, den Protestantism in seiner wahren weltgeschichtlichen Stellung zu bestreiten! Hier ließe sich alsdann die große Frage über die Stellung der Kirche zum Staate erörtern und zugleich ein Blick auf die Richtung der europäischen Politik werfen und hindeuten, wie solche eine entschiedene Richtung zum Katholizism habe. Hier wäre nun der Ort, von Österreichs Stellung zu Deutschland und zur Kirche namentlich zu sprechen und bei dieser Gelegenheit Preußens empietements nach Deutschland und dem Katholizism zu bezeichnen. Österreich hat zur Zeit der geistigen Revolution des 16. Jahrhunderts als ein schützender Genius Deutschland gerettet und ist von der Vorsehung berufen nach Maßgabe meiner politischen und religiösen Überzeugungen, solches in der noch schwierigeren Krise der politischen Revolution des 19. Jahrhunderts zu vollbringen. In dieser Beziehung erst könnte dieses so redigierte Journal ... das zweckmäßigste Organ für die Restauration unserer Zeit werden, welche nur von dem geistig-religiösen, rein-katholischen Standpunkte her ausgehen und geschehen kann«[1112]. Die konfessionspolitische, die kirchenpolitische und die staatspolitische Linie der »Kongregation« sind in diesen Ausführungen enthalten. Es ist von besonderem Interesse, daß auch der pro-österreichische außenpolitische Kurs des politischen Katholizismus in Deutschland klar zum Ausdruck kommt.

An Konfliktmöglichkeiten zwischen dem König und der von Görres und seinen Anhängern betriebenen Publizistik hat es auch in den 1830er und 1840er Jahren nicht gefehlt, doch verschafften die Kölner Wirren dem neuen Münchner Organ eine sehr günstige Ausgangslage, und überdies besaßen die »Historisch-Politischen Blätter« 1838 bis 1847 in Abel einen gewandten Fürsprecher. Während sich Baader mehr und mehr in seinem Einzelgängertum abkapselte, ging die geistige Führung des bayerischen politischen Katholizismus an das Haus Görres über.

Und welchen Weg nahm dieser als Bewegung? Noch bevor das Jahr 1848 die Organisation des politischen Katholizismus einleitete, hat sich in Bayern ein Kreis von Adeligen, hohen Beamten, Professoren, Geistlichen, freiberuflichen Intellektuellen, Publizisten und Journalisten zumal, zusammengefunden, den Abel als staatsmännischer Exponent beim König repräsentierte. Hinter dieser Elite stand im katholischen Bayern eine von ihrer Geistlichkeit noch weitgehend geführte bäuerliche und kleinbürgerliche Bevölkerung, politisch noch schwer beweglich, aber zu Willenskundgebungen doch mehr und mehr in der Lage. Zu den Männern des politischen Katholizismus, die dem König in hohen und höchsten Staatsstellungen dienten oder mit denen er parlamentarisch rechnen mußte, zählten Prinzen des Hauses Löwenstein, Graf Karl Arco-Valley, Graf August Rechberg, Graf Karl Seinsheim, Maximilian Prokop Freiherr von Freyberg-Eisenberg, die Diplomaten Graf Spaur, von Oberkamp und Philipp von Flad. Schenk war kein Mitglied der »Kongregation«, und ob man ihr Grandaur oder Hoermann zurechnen soll, steht dahin. Im Landtag vermochte sich Doellinger als eminent politischer Kopf zu qualifizieren. In der Öffentlichkeit galt der hochbegabte Karl von Abel spätestens seit Beginn der vierziger Jahre als das *Haupt* der ultramontanen Partei. Tatsächlich hat er sich eher als ministerieller Protektor des Görres-Kreises und seiner Alliierten, mit denen er eng zusammenarbeitete, eine Stellung *oberhalb* der sogenannten »Kongregation« geschaffen. Nach seiner Entlassung 1847 wurde er dann in einem Maße Parteimann, wie er es als Minister, geschweige denn vorher, nie gewesen war.

2. Der Maximilianeische Gedanke

Schon sieben Jahre vor Görres' »Anrede« meinte der romantische Dichter Zacharias Werner, der königliche Zögling Sambugas sei zu edel, »um nicht für sich selbst Anspruch zu machen auf den höchsten Rang hinieden, auf den nämlich, der Erste zu sein unter den deutschen katholischen Fürsten«[1113]. Doch erst mit Görres aufsehenerregender Publikation war das Leitmotiv für eine Traditionsideologie angeschlagen, die an ein historisches Vorbild anknüpfte und dieses für die einzuschlagende politische Richtung programmatisch nutzte[1114]. 1839 fand die feierliche Enthüllung des von Thorwaldsen geschaffenen, vom König bereits 1830 in Auftrag gegebenen Reiterstandbilds Kurfürst Maximilians auf dem Wittelsbacher Platz zu München statt[1115], 1844 die eines Denkmals Tillys, seiner geschichtlichen Komplementärfigur. Der Auftrag für eine Büste des Kurfürsten zur Aufstellung in der Walhalla war damals bereits vergeben. Getragen von einer reichisch-katholischen Konzeption erschien ein beträchtliches Schrifttum über den bayerischen Kurfürsten, Tilly und über Wallenstein als das düstere Pendant zu den beiden Heldengestalten einer apologetischen Historie, in der Karl Maria Freiherr von Aretin den Ton angab. In Berichten des Ministers von Abel an Ludwig I., in Schreiben bayerischer Bischöfe, auch in den Äußerungen anderer hochgestellter, der Restaurationspolitik zugetaner Persönlichkeiten findet man Gestalt und Werk Kurfürst Maximilians beschworen. Was das Geschichtsbild Ludwigs betraf, ist allerdings hinzuzufügen, daß der König einen nicht minder verehrungsvollen Kult mit Kaiser Ludwig dem Bayern trieb, der in heftige Auseinandersetzungen mit Rom geraten und im päpstlichen Bann gestorben war[1116]. Vorübergehend hat anscheinend auch Kronprinz Maximilian diesem »Doppelkult« gehuldigt; er bestellte 1842 für die Schloßkapelle von Hohenschwangau je ein Fenster mit den Gestalten Kurfürst Maximilians und Kaiser Ludwigs des Bayern bei der königlichen Glasmalereianstalt[1117].

Die Maximilianeische Idee als konfessionspolitisches Programm ruhte auf zwei Säulen: religiöse Erneuerung und Wiederverkirchlichung Bayerns im Inneren nach dem Vorgang der Bemühungen Maximilians I. um eine Bavaria Sancta und Schutz des Katholizismus in aller Welt, zunächst im Deutschen Bund. Ludwig war von der Gestalt des ersten bayerischen Kurfürsten stark beeindruckt. Einem Brief an seinen Nachfolger und einer Tagebuchnotiz zufolge hat er seinen ältesten Sohn nicht nach dessen Großvater, sondern nach dem Kurfürsten Maximilian benannt[1118]. Im Aufblick zu seinem Vorläufer wuchs Ludwig in die Rolle eines Protektors der deutschen Katholiken hinein. Von den ihm zeitgenössischen katholischen Kaisern Österreichs strebte Franz I. eine solche Stellung nicht an, Ferdinand I. war nicht in der Lage, sie auszufüllen. Abgesehen davon hütete sich Metternich, die österreichische Staatskunst konfessionspolitisch zu strapazieren. So war nach der Überzeugung Ludwigs die Reihe an ihm, eine Funktion auszufüllen, deren Wahrnehmung ihm im Interesse des deutschen Katholizismus unerläßlich erschien. Der Katholik Ludwig empfand es in ähnlichem Sinn als moralische Verpflichtung, seinen Glaubensgenossen beizustehen, wie der Christ und Philhellene Ludwig sich der Griechen angenommen hatte. Schon viele Zeitgenossen haben seinen Entschluß als romantischen Anachronismus kritisiert[1119]. Weniger bekannt ist, daß Preußen während des 19. Jahrhunderts im Bund und darüber hinaus eine Art von Führungsrolle und Protektorat über den Protestantismus beanspruchte[1120]. Unter diesem Gesichtspunkt erscheint eine gleichläufige bayerische Tendenz zugunsten des Katholizismus nicht abwegig. Und ganz allgemein läßt sich sagen, daß das Konfessionelle zur Zeit Ludwigs I. (und auch später noch) ein Öffentlichkeitsfaktor von hoher Bedeutung und weittragenden Konsequenzen gewesen ist. Auch im 19. Jahrhundert hat die Bikonfessionalität das politische Schicksal Deutschlands noch mitbestimmt. Sich zum Schirmherrn der deutschen Katholiken aufzuwerfen, konnte dem Monarchen unter seinen Glaubensgenossen Ansehen einbringen und das moralische Gewicht seines Staates erhöhen. Es konnte, ja mußte ihn allerdings auch in Konflikte verstricken. Und Rückwirkungen auf das interkonfessionelle Verhältnis in Bayern selbst ließen sich bei konfessionspolitischen Auseinandersetzungen mit dem Ausland kaum vermeiden, auch wenn der Wille zu einer korrekten Behandlung der Nichtkatholiken im eigenen Lande durchaus vorhanden war.

3. Weltkatholizismus, nicht Ultramontanismus

Ludwig hat in der Regel nicht von Ultramontanismus, sondern von der ultrakirchlichen Partei gesprochen, von der er sich im gleichen Sinne und im gleichen Maße distanzierte wie von ausschließlich politischen rechten und linken »Ultras«. »Ultra« galt ihm gleichbedeutend mit maßlos übertrieben, zelotisch, und davor habe sich eine gesunde Staatskunst zu hüten. Anders der Bedeutungsgehalt von ultramontan! Darunter verstanden Ludwig und seine Zeitgenossen eine ausschließlich an der Autorität der Kurie orientierte Kirchenpolitik und einen Stil der Frömmigkeit, den sie als römisch oder auch italienisch, jedenfalls als undeutsch empfanden. Einzelne Ansätze des deutschen politischen Katholizismus, das Wort Ultramontanismus als positiven Begriff in seine Terminologie einzuführen, sind gescheitert. Der Antiultramontanismus Ludwigs bedeutete jedoch nicht, daß der König je mit nationalkirchlichen, auf Distanzierung zu Rom beruhenden Plänen sympathisiert hätte. Im Gegenteil! Stets hatte er die katholische Christenheit in aller Welt vor Augen.

Gaben aus der Kabinettskasse flossen für die Selbstbehauptung des Katholizismus nicht nur in der deutschen Diaspora, insbesondere für Kirchenbauten, sondern auch für kirchliche Einrichtungen in und außerhalb Europas sowie für Missionszwecke. Schon im 19. Jahrhundert haben Sepp und Reidelbach die diesbezüglichen Aktivitäten zusammengestellt und veröffentlicht[1121]. Auf über 20 Millionen Mark belief sich insgesamt, was Ludwig für Almosen, Unterstützungen, kirchlich-wohltätige Stiftungen aus seinen Privatmitteln aufgewendet hat. Unter dem Stichwort »fromme und wohltätige Stiftungen« haben ältere Autoren die Handlungsweise des Königs ausschließlich nach religiösen und karitativen Gesichtspunkten beurteilt. Eine politische Biographie hat noch andere Aspekte zu beachten. Soweit die milden Gaben des Königs auch außerhalb Bayerns flossen, bekunden sie die Verbundenheit mit seiner Kirche als einer weltweiten Institution. Das Bewußtsein, einer globalen Glaubensgemeinschaft anzugehören, und der Entschluß, dieser auf vielfache Weise, insbesondere durch finanzielle Unterstützung, beizustehen, sind ein Politikum. Als vom König abgelegte Bewährungsproben weltweiter kirchlicher Solidarität ragen die Gründung des Ludwig-Missions-Vereins und des Königs Eintreten für deutsch-benediktinische Niederlassungen und Einrichtungen anderer klösterlicher Anstalten in Nordamerika heraus.

Wer sich mit der Regeneration der katholischen Missionsbewegung im 19. Jahrhundert beschäftigt, kann an Ludwig nicht vorübergehen, an seinem Wirken für die Errichtung von Missionshäusern in Europa und von Missionsstationen in Übersee, gleichzeitig aber auch für Missionsvereine, die dem Laienelement eine breitere Beteiligung an zahlreichen Missionsvorhaben verschafften. Nach dem Vorbild der in Wien florierenden Leopoldinenstiftung (seit 1829) kam es am 17. Juli 1838 zur Gründung des Ludwig-Missions-Vereins in München, eines weltlichen Vereins unter geistlicher Leitung und dem Protektorat des Königs[1122]. Während des Königs und seiner Familie Namen bei Kirchenbauten nur über den Umweg einer Benennung nach dem heiligen Ludwig und den anderen Namenspatronen der Angehörigen des Hauses glorifiziert werden konnten, ließ sich die monarchische Selbstdarstellung auf einen weltlichen Verein unmittelbar ausdehnen. Zu den treibenden Kräften bei der Vereinsgründung zählte vor allem der erste deutsche katholische Bischof in Nordamerika (Detroit), Friedrich Rese, eine eigentümliche Persönlichkeit[1123], auf deren Wirken bereits die Wiener Leopoldinenstiftung zurückging. Satzungsgemäß bestand der Vereinszweck in der Verbreitung des katholischen Glaubens unter den Heiden und Ungläubigen, namentlich in Asien und Nordamerika. Die Statuten schlossen jedoch auch eine Unterstützung der katholischen Diaspora unter Protestanten oder Griechisch-Orthodoxen nicht aus. Die Vereinsleitung verhielt sich gegenüber solcher Verwendung der an den Verein fließenden Gaben etwas zögernd, aber mit ausdrücklicher Genehmigung durch den

König hat man schließlich auch Missionen in Anhalt, Pommern, Sachsen, Hannover, Schleswig-Holstein und Schweden unterstützt. Der Verein hat also gleichzeitig Äußere Mission und Diaspora-Arbeit zu seiner Aufgabe gemacht. Es ist charakteristisch für Ludwigs Gewissenhaftigkeit, daß er darauf bestand, diese Erweiterung des Tätigkeitsfeldes von der Zustimmung der Vereinsmitglieder abhängig zu machen[1124]. Leopoldinen- wie Ludwig-Missions-Verein konkurrierten mit dem Xaverius-Verein, der Gaben der Gläubigen nach Lyon weiterleitete. Auch der Ludwig-Missions-Verein unterhielt Beziehungen zu Lyon und übermittelte Gaben dorthin. Schon vor der Gründung des Münchner Vereins hatte der Lyoner Missions-Verein Anhänger in Bayern gefunden. Die Verbindung zu Lyon lief jedoch der deutsch-katholischen Konzeption Ludwigs zuwider, der – nicht ganz zu Unrecht – eine Verquickung französischer Missionspolitik mit weltlichen Interessen des französischen Staates befürchtete. Am 13. Juni 1844 verfügte er aus Rom, daß künftig keinerlei Gaben für Missionszwecke mehr nach Lyon, sondern nur mehr an die Propaganda in Rom geschickt werden sollten. 1843 hatte sich der König mit der Gründung eines katholischen Missionshauses in Deutschland als einer Aufgabe für Bayerns und Österreichs Katholiken, ja für das gesamte katholische Deutschland, beschäftigt: »Auch hierin sei Deutschland selbständig und erkenne keine Suprematie Frankreichs«[1125]. Angesichts der manchmal ausschweifenden Pläne begeisterter Missionsstrategen, die an den König herangetragen wurden, erwies sich die Nüchternheit und administrative Routine Abels als unentbehrlich. Der König wandte sich in der Regel an Abel, wenn er Auskünfte über den Ludwig-Missions-Verein wünschte[1126]. Noch im Sommer 1847 unternahm der König über Zenetti einen Anlauf, eine Vereinigung aller deutsch-katholischen Missions-Vereine mit Ausnahme des Leopoldinenvereins herbeizuführen, um den Anschluß an Lyon zu vermeiden[1127].

Für den deutsch-katholischen Gesichtspunkt Ludwigs zeugt seine Sorge für die Glaubensgenossen und Landsleute in Nordamerika[1128]; auch hier bediente er sich der Hilfe des Ludwig-Missions-Vereins. Wie es seine Art war, übertrug der Monarch die anstehenden Geschäfte nicht schlechterdings dem Verein, sondern behielt ihre Kontrolle in der Hand, las alles, was an Schriftverkehr zugunsten der von ihm geförderten Projekte anfiel und bestritt persönlich einen Teil der Korrespondenz. Die Aufwendungen, die zur Unterstützung der deutsch-katholischen

Sache in Nordamerika aus der Kabinettskasse flossen, werden auf rund 120 000 fl. beziffert. Das Gesuch eines katholischen Bischofs französischer Nationalität in Louisville (Kentucky) veranlaßte den König, den Wunsch auszusprechen, bei der Besetzung nordamerikanischer Bischofsstühle mehr als bisher deutsche Priester zu berücksichtigen. Dieser Wunsch wurde zum Gegenstand eines Gesprächs zwischen Abel und dem Nuntius. Der Nationalgedanke drang auch in den kirchlichen Bereich vor[1129]. 1846 begab sich Pater Bonifaz Wimmer aus Metten mit vier Studenten und fünfzehn Handwerkern von München nach den USA, und schon 1848 konnte er den Grundstein zu dem Kloster St. Vincent in Pennsylvanien legen. In einer Abschiedsaudienz legte der König Pater Wimmer ans Herz, fromme und gelehrte Diener der Kirche heranzubilden und deutsche Sprache und Gesittung zu erhalten. Ein Jahr nach dem benediktinischen Unternehmen übersiedelten Schulschwestern aus dem Münchner Angerkloster nach Nordamerika. Der König ließ sich die betreffenden Schwestern einige Tage vor ihrer Abreise vorstellen, lobte ihren Entschluß und verabschiedete sich mit den Worten: »Ich vergesse Euch in Amerika nicht, aber bleibt deutsch, deutsch! Werdet nicht englisch!«[1130]. Der König machte sein Versprechen wahr. Über den Ludwig-Missions-Verein erhielten die Armen Schulschwestern in Nordamerika eine Summe von 15 000 fl. zum Ankauf eines Hauses mit Kirche und Garten. Dem Minister ZuRhein ging ein die Schenkung begleitender Erlaß zu, in dem der König nach seiner Art die nationalen und kirchlichen Gesichtspunkte für sein Handeln darlegte[1131]. Bayerische und kirchenpolitische Hintergedanken haben den König schließlich zu dem mißglückten Versuch bewogen, das Altöttinger Redemptoristenrektorat aufzulösen und die Übersiedlung der Patres nach Nordamerika zu betreiben. Auch in diesem Falle ließ er es an Mahnungen, das Deutschtum in Nordamerika zu erhalten, nicht fehlen[1132]. Es wurden auch noch andere als die genannten Orden von Ludwig mit Unterstützungen bedacht. Auswanderung als solche hat Ludwig keineswegs begünstigt, aber er ließ geschehen, was sich nicht aufhalten ließ. Das Ordenswesen der deutschen Benediktiner und anderer klösterlicher Genossenschaften in Nordamerika blühte noch zu Lebzeiten Ludwigs I. auf. 1851/55 bemühte sich der König mit Erfolg, daß die Niederlassung St. Vincent zur Abtei erhoben werde. Dem König zu Ehren wurde eine andere Abtei (St. Louis on the Lake) dem Namenspatron des Monarchen geweiht. 1864 veröffentlichten die Mönche von St. Meinrad (Indiana) anläßlich des 26. Jahrestags der Gründung des Ludwig-Missions-Vereins eine Geschichte der Benediktiner-Mission in den USA und widmeten das Werk »König Ludwig I. von Bayern, dem eifrigsten Förderer und größten Wohltäter der Missionen Amerikas«[1133].

Schauplatz vielfacher Prestigekonkurrenz der christlichen Konfessionen wurde mehr denn je im 19. Jahrhundert das Heilige Land, insbesondere die Stadt Jerusalem. Die russisch-orthodoxe Kirche legte Wert auf ihre Präsenz und die Verbindung mit anderen orthodoxen Gemeinschaften vor Ort, der Protestantismus versuchte sich an dem Experiment eines anglo-preußischen Bistums Jerusalem, und auf katholischer Seite war man bestrebt, der Notlage der Franziskaner als »Wächter am Heiligen Grabe« abzuhelfen. Im gleichen Jahr, in dem die »Historisch-Politischen Blätter« in einem Aufsatz »Jerusalem und die Hüter des Heiligen Grabes« an die deutschen Katholiken die Aufforderung richteten, sich für die Franziskaner in der Heiligen Stadt einzusetzen, stiftete Ludwig ein Kapital von 10000 fl. aus seiner Kabinettskasse mit der Bestimmung, daß für ewige Zeiten aus den Zinsen ein Beitrag zur Bewahrung und Erhaltung der Kirche des Heiligen Grabes fließen solle. Sammlungen unter den Katholiken Bayerns auf Initiative von Guido Görres und George Phillips führten zu einer weiteren Stiftung, und 1843 bestimmte eine königliche Verordnung, daß am Palmsonntag in allen Kirchen des Landes für die »Wächter des Heiligen Grabes« gesammelt werden solle.

Obschon politische Begleiterscheinungen nicht ausblieben, zog bei den Kirchenbauten und der Klösterrestauration des Königs wie bei seiner Förderung der Mission und seinen frommen Stiftungen niemand das religiöse Anliegen in Zweifel. Es gab jedoch Bereiche, in denen, zumindest in den Augen der Gegner, die politischen Motive zu überwiegen schienen.

4. Die Kölner Wirren

Das Bewußtsein konfessioneller Solidarität führte den König anläßlich der Kölner Wirren (1837–1842) aus dem innerkirchlichen Bereich in den der deutschen Bundespolitik. Die Verhaftung des Erzbischofs von Köln, Klemens August Freiherr von Droste-Vischering, der in der Frage der Mischehen der preußischen Regierung Widerstand leistete, hat im Episkopat und Klerus, aber auch innerhalb der katholischen Laienelite Deutschlands, soweit sie sich dem Ideal einer libertas ecclesiae verschrieben hatte, zu großer Aufregung und zahlreichen öffentlichen und nichtöffentlichen Stellungnahmen geführt. Vorgeschichte, Verlauf und Beilegung der Kölner Wirren sind von der Forschung im wesentlichen geklärt[1134]. Im folgenden steht nur der Anteil König Ludwigs an dem Geschehen zur Erörterung.

In Bayern amtierte die Schlüsselfigur im Geflecht der römisch-deutschen kirchenpolitischen Beziehungen, der Eichstätter Bischof Reisach. Der Mann mit den optimalen Beziehungen zum Heiligen Stuhl trat bereits in der Vorgeschichte des Kölner Eklats auf. Als der Konflikt ausbrach, stand er hinter den von einem Teil der bayerischen Bischöfe ausgehenden Erklärungen[1135] und fungierte mehr noch als der Saileriraner Schwäbl in Regensburg als episkopaler Partner des seit November 1837 amtierenden Verwesers des Inneren, Karl von Abel. Über Reisach und Abel wurde Ludwig die kirchenoffizielle Auffassung des Kölner Streites nahegebracht; er eignete sie sich vollständig an. Schreiben Erzbischof Drostes an den Heiligen Stuhl, die über Reisach gingen und von diesem ins Italienische übersetzt wurden, ließ der König durch Kabinettskuriere befördern[1136]. Der Monarch reagierte zunächst in der Weise, daß er unter entsprechenden Anweisungen an die Zensurbehörden die katholisch orientierte Berichterstattung über das Kölner Ereignis und seine Folgeerscheinungen freigab. Es ging ihm um sachliche Information der deutschen Öffentlichkeit, zumal der katholischen. Daß diese Informationen sich auch in Preußen verbreiten sollten, war beabsichtigt. Die Grenzen zwischen sachlicher Information, Stellungnahme und Meinungsbeeinflussung sind bekanntlich fließend, und wenn Ludwig I. gehofft haben sollte, er könnte seine Pressepolitik ohne Mißhelligkeiten mit Preußen betreiben, so glaubte er an die Quadratur des Zirkels. Daß ein leidenschaftlicher Publizist wie Joseph Görres bei der Erörterung des Kölner Ereignisses seinem Temperament Zügel anlegen würde, war schwerlich zu erwarten. Sein »Athanasius« (1838) wurde zum Fanal. Ebenfalls 1838 begannen die »Historisch-Politischen Blätter« zu erscheinen, die sich von Anfang an auf einen anti-preußischen Kurs festgelegt hatten, und die Münchner »Politische Zeitung« wurde auf Wunsch des Königs unter führender Mitwirkung des Historikers Konstantin Höfler »im Sinne der katholischen Kirche und des Königtums« neu gestaltet[1137]. Rief schon die Schrift Görres' im Gegenlager heftige Erwiderungen hervor, so führte die Polemik des Journalisten Ernst Zander in der »Neuen Würzburger

Zeitung«[1138] vollends zu einer nicht nur publizistisch, sondern auch diplomatisch ausgefochtenen Auseinandersetzung mit Preußen. Zander, auch nach dem Rücktritt Ludwigs I. noch eine erfolgreiche Figur in der bayerischen Pressegeschichte[1139], konnte gar nicht anders, als seinem streitbaren Naturell freien Lauf lassen; in seiner Aggressivität lag das Geheimnis seiner Wirksamkeit. Die preußische Regierung glaubte sich durch Zanders Polemik herausgefordert und beschwerte sich am Bundestag über Bayern. Österreich unterstützte Bayern nur halbherzig, und von den anderen Bundesstaaten konnte Ludwig in dieser Sache ohnehin keine Unterstützung erwarten. Gise sah die Situation folgendermaßen: Österreich habe es gern geschehen lassen, daß bayerische Zeitungsblätter die Sache vertraten, während den österreichischen Blättern jede Teilnahme an dem Streit untersagt war. »Zugleich hat es den langersehnten Zweck erreicht, das Einverständnis zwischen Preußen und Bayern, welches den österreichischen Einfluß im Bunde schwächt, stören zu lassen. Indem es Bayern zu Berlin schwach vertrat, hat es sich zwischen die beiden Höfe, zwar dem Anschein nach vermittelnd, aber im Grunde doch trennend gestellt. Nunmehr, wo es in dem Bund im Sinne Preußens gegen Bayern stimmt, hat es die alte Freundschaft mit dem Berliner Hof wieder neu besiegelt, uns aber *denselben nur desto mehr entfremdet*«[1140].

Lieber als mit dem Protestanten Gise erörterte Ludwig die Angelegenheit mit Abel. Eine Verurteilung durch den Bund fürchtete der König: »Es wäre schlimm, vom Bund verurteilt zu werden, was doch bei strenger Geltung der Vorschriften nicht als wahrscheinlich erscheinen sollte, *aber wer kann gutstehen, da es Bayern betrifft.* Schlimm wäre es an sich und schlimm wegen Eingriff in die Verfassung. Aber das darf nicht geschehen, daß katholische Stimmen verstummen, während die protestantischen sich hören lassen dürfen«[1141]. Obwohl dem König Zanders Sprache mißfiel, wurde es ihm nicht leicht, gegen Zander einzuschreiten. Noch mehr als die Gefahr, daß die Bundesgesetzgebung über die bayerische Pressegesetzgebung gestellt würde, fürchtete er, »daß es auch selbst den Schein nicht bekomme, als gäbe der König von Bayern die katholische Sache auf und würde er doch lauer – wie leicht entsteht nicht ein solcher Wahn!«[1142] Es blieb Ludwig jedoch nichts anderes übrig, als einzulenken. Zander wurde über das Ministerium genötigt, von der Redaktion der »Neuen Würzburger Zeitung« zurückzutreten[1143]. Abel erkannte das ungewöhnliche Talent dieses Mannes; er hat ihn bald darauf aufs neue für die journalistische Vertretung der katholischen Sache zu engagieren gewußt und dabei wiederum einen Fehlschlag riskiert und auch erlitten.

Ludwig hatte 1838 große Angst, sein Gesicht zu verlieren und in den falschen Verdacht zu geraten, den Maximilianeischen Gedanken preisgegeben zu haben. In einem von Abel formulierten Zirkularschreiben an die Erzbischöfe und Bischöfe ließ er die Oberhirten über seine Motive informieren und sie beruhigen. Abel stellte in dem Schriftsatz bezeichnenderweise die Namen des Königs und des Kurfürsten Maximilian nebeneinander: »Allerhöchstdessen Name wird in der Geschichte fort und fort neben jenem seines großen Vorvordern Max I. erglänzen«[1144]. Ludwig war bereit, unmittelbar gefährdeten Feinden der preußischen Kirchenpolitik in Bayern ein Unterkommen zu gewähren. Unter anderem hat er dem Juristen Hermann Müller, mit dem er keine guten Erfahrungen machen sollte, einen Lehrstuhl an der Universität Würzburg verschafft[1145]. Der Dogmatiker Klee, der sich in Bonn gegen die Übermacht der Hermesianer nicht durchzusetzen vermochte, sollte durch einen Ruf an die Münchner katholisch-theologische Fakultät einen günstigeren Wirkungskreis gewinnen. Als führende Gestalt der rheinpreußischen Emigration war schon zehn Jahre zuvor Joseph Görres nach München gelangt, und Jahre vor den Kölner Wirren hatte sich ein anderer Politiker Preußens, der Westfale Werner Freiherr von Haxthausen, der den Mißerfolg seiner Beamtenlaufbahn allerdings anderen als politischen Gründen zuzuschreiben hatte, in Bayern angekauft. Noch andere Angehörige des katholischen westfälischen Adels trugen sich in den Jahren nach 1837 mit der Absicht, nach Bayern überzusiedeln. Durch Vermittlung des Freiherrn v. Würtzburg, eines angesehenen Mitglieds des fränkischen, ehemals reichsritterschaftlichen Adels, wandten sie sich deswegen an den König. Ludwig stellte jedoch das gesamtdeutsche katholische Interesse über einen erwünschten Zuwachs von begüterter und konservativer Elite in Bayern. Er schätzte die Führungsrolle des katholischen Adels in den westlichen Landesteilen der preußischen Monarchie hoch ein und wünschte nicht, daß dieses Potential geschwächt werde[1146].

Mit dem Rückzug vor der preußischen Beschwerde am Bundestag war die Beteiligung Bayerns an dem Kölner Konflikt noch keineswegs beendet. Vielmehr trat sie aus der pressepolitischen in eine staatsmännische und kirchenpolitische Phase. Nach dem Thronwechsel in Preußen 1840 wuchs auf seiten der Berliner

Regierung wie der Kurie und deutscher kirchlicher Instanzen das Bedürfnis, den Streit zu beenden. Von dem Bonner katholischen Kirchenrechtler Walter stammte der Vorschlag, dem Erzbischof von Köln unter Wahrung seines Prestiges einen Koadjutor cum iure successionis beizugeben, der faktisch die Leitung der Kölner Erzdiözese in die Hand nehmen und anstelle des für Verhandlungen mit Berlin untragbar gewordenen Oberhaupts der rheinischen Kirche zu einem Ausgleich maßgebend beitragen sollte. Auf der Suche nach einer geeigneten Persönlichkeit richteten sich viele Blicke auf Bayern. Aus Bayern hatte man schon in den zwanziger Jahren Sailer nach Köln berufen wollen. Man dachte in der preußischen Hauptstadt ferner außer an Fürst Schwarzenberg in Salzburg an Diepenbrock, der aber nicht als Kandidat Roms und Reisachs gelten konnte. Wenn man sich einen Koadjutor aus Bayern holen wollte, kam man um eine Mitwirkung Ludwigs I. nicht herum, der größte Bereitwilligkeit zeigte, bei der Lösung der schwierigen Aufgabe mitzuhelfen. Seit 1840 entwickelte sich zwecks Bereinigung der Kölner Angelegenheit zwischen Berlin, München und Rom ein überaus lebhafter diplomatischer Verkehr, an dem auf bayerischer Seite der König, sein Minister von Abel, Bischof Reisach und als Repräsentant der Kurie in München der Nuntius regsten Anteil nahmen[1147]. Ludwig ist es gewesen, der in einem Gespräch mit Oberst v. Radowitz (Ludwig: »eifriger Katholik«) im Dezember 1840 sich als Vermittler in Rom anbot, versprach, mit einem bayerischen Bischof auszuhelfen, anscheinend zu einem Stimmungsumschwung an der Kurie beitrug und schließlich den Speyerer Bischof Geißel als Kölner Koadjutor vorschlug[1148]. Dieser stellte sich nicht ohne eigene umsichtige Beteiligung an der Lösung der schwierigen Fragen und nach Zurückstellung erheblicher Bedenken, die auszuräumen der König und Abel sich große Mühe gaben, schließlich zur Verfügung[1149]. Es war mühsam, den Erzbischof Droste für die nunmehr in Aussicht genommene Lösung zu gewinnen. Das Verdienst, Droste zum Einlenken bewogen zu haben, durfte Reisach für sich in Anspruch nehmen, hinter dem in diesem Falle wiederum König Ludwig stand. Durch Vermittlung des Nuntius hat Ludwig weitere, in letzter Stunde zu Rom auftauchende Schwierigkeiten beseitigt. Am 19. Januar 1842 schrieb der König an Abel: »Jetzt dürfte es an der Zeit sein, ohne Ruhmredigkeit, aber der Wahrheit getreu die Tatsache zur öffentlichen Kenntnis zu bringen, nämlich, was ich zur Beilegung der Kölner Wirren getan, wie ich unaufgefordert meine Vermittlung antrug, daß ich den Bischof von Speyer dem Papste und dem König von Preußen vorgeschlagen als Koadjutor von Köln, daß ich dieses große Opfer zu bringen mich also erboten habe zum Besten der Kirche und des teutschen Vaterlandes«[1150]. Abels Artikel in der »Allgemeinen Zeitung« erschien unter dem Titel »Die glückliche Beilegung der Kölner Wirren (München, den 19. 1. 1842)«[1151].

Geißel, der 1846 den Kölner Erzbischofsstuhl besteigen konnte und 1850 zur Kardinalswürde gelangte, hat seiner Kirche in Preußen, ja im gesamten Bundesgebiet vorzügliche Dienste geleistet. Im Gegensatz zu dem ungeachtet seines diplomatischen Talents einen intransigenteren Kurs einschlagenden Reisach vermochte sich der konziliante Kirchenfürst zur führenden Gestalt des deutschen Episkopats im zweiten Drittel des 19. Jahrhunderts zu erheben. König Ludwig hat Geißel als einen seiner besten Bischöfe nur ungern »abgetreten«. Doch war er von Anfang an entschlossen, die Sache des deutschen Katholizismus als Ganzes über die »seiner« Landeskirche zu stellen. Er hat sich durch seine Einschaltung in die Verhandlungen um den Frieden zwischen Staat und Kirche in Preußen, ja im Bundesgebiet verdient gemacht, noch mehr allerdings um die Festigung des preußischen Katholizismus. Als lange zuvor Sailer auf Wunsch der preußischen Regierung den Kölner Erzbischofsstuhl hätte besteigen sollen, erklärte Ludwig, daß er ihn zwar ungern ziehen lasse, doch die Bedeutung seiner Amtsübernahme in Preußen weit über bayerische Sonderinteressen stelle. Ähnlich verhielt sich der König bei Diepenbrocks Berufung auf den Fürstbischofsstuhl zu Breslau.

Während auf dem Tiefpunkt der gegenseitigen Beziehungen zwischen Ludwig und dem politischen Katholizismus 1847/48 der König von diesem als Werkzeug des Liberalismus und der Freimaurerei hingestellt wurde, bejahte man zur Zeit der Kölner Wirren voll und ganz seine Rolle als Protektor der deutschen Katholiken. Als ihm Graf August Rechberg 1838 eine bundesrechtliche Untersuchung aus der Feder des Professors von Moy empfahl, sprach er von Ludwig »als dem einzigen Pfeiler des Katholizismus in Europa und als dem einzigen denselben schützenden Monarchen«[1152]. Und Bischof Geißel schrieb ihm ein Jahr später: »Die Pfälzer preisen ihr Los, unter das Haus Wittelsbach gekommen zu sein, mehr als je in diesen Tagen, in welchen nicht bloß in allen Provinzen Bayerns, sondern auch in allen Gegenden Deutschlands Millionen Blicke mit dem freudigsten Danke auf König Ludwig gerichtet sind, unter dessen starkem Schild die wahre Gewissensfreiheit den großartigsten Schutz und die echte Religiosität eine wahrhaft königliche Pflege, weil ein königliches Vorbild findet«[1153]. In Rom wie unter dem deutschen Episkopat und Klerus gab es damals nur *eine* Stimme des Lobes und der Anerkennung für den bayerischen König[1154]. Man muß hinzufügen, daß Ludwig nicht nur als Sohn seiner Kirche, sondern auch als ehrlicher Makler gegenüber seinem Schwager, Friedrich Wilhelm IV. von Preußen, gehandelt hat. Die Widerstände, gegen die er sich durchsetzen mußte, waren nicht unbeträchtlich[1155]. Schließlich war es auch von Belang, daß das Vorgehen des Königs auf den bayerischen Katholizismus integrierend wirkte. Insbesondere wurde der fränkische Katholizismus auf diese Weise bayerischer als zuvor.

5. Fragmente einer europäisch-katholischen Politik

Schon im Vormärz haben Gegner des Ultramontanismus es sich angelegen sein lassen, den internationalen Verbindungen des Phänomens nachzugehen und seine politischen Ziele zu »entlarven«[1156]. Inzwischen hat die Forschung den Sachverhalt aus einem vorwiegend polemischen Kontext herausgelöst und einen Überblick über die europaweiten personellen Verflechtungen ermöglicht. Konnte man aber im Sinne des vormärzlichen politischen Katholizismus allgemein verbindliche Programme für Schwerpunktbildung in der europäischen Politik ermitteln? Ließ sich ein solches Programm im Vormärz mit Aussicht auf allgemeine Zustimmung seitens der katholischen Welt formulieren?

Ludwig hat am 25. Februar 1837 in etwas verworrenen Notizen einige Punkte aufgezählt[1157], wie eine Politik im Geiste der Propaganda Fide aussehen müßte: Unterstützung des Wigh-Ministeriums in England wegen dessen Katholikenfreundlichkeit, Eintreten für Polen und für das Königreich Belgien, für Don Carlos in Spanien und Dom Miguel in Portugal. Er hätte die Sache Irlands und eine Option für Österreich gegen Preußen hinzufügen müssen. Aber schon im Anschluß an seine Stichwörter bemerkte er, daß er zwar gefühlsmäßig vieles billige, jedoch bei realistischer Erwägung sich in Widersprüche zwischen Anhänglichkeit an den Konservativismus und an das katholische Prinzip verwickelt finde. Ein russifiziertes und dekatholisiertes Polen beispielsweise fand er gewiß »arg«; er hätte sich ein um Galizien und Posen vergrößertes polnisches Staatswesen unter einem Erzherzog als König gewünscht. Es gab aber auch deutsche Gesichtspunkte, die ihn die polnische Frage skeptischer beurteilen ließen. Im Falle Belgiens bewog ihn das Legitimitätsprinzip, den neuen Staat zunächst nicht anzuerkennen, und was Frankreich betraf, hat er die Katholizität dieses Landes als gemeinsamen Nenner niemals in Betracht gezogen. Wie Palmerston mit seinem Sohn Otto umsprang, mochte den König schon gar nicht zu Sympathien für die Wighs bewegen.

An den Tableaus einer europäisch-katholischen Politik fand er also viel zu kritisieren. Punktuell ergeben sich aus dem Handeln und den Stellungnahmen des Königs jedoch öfters Belege für eine konfessionelle Orientierung seiner Außenpolitik. Schon auf dem Wiener Kongreß führte er als eines der Motive der Erhaltung Sachsens an, daß es sich um eines der katholischen Königreiche handle. Dem neuentstandenen katholischen Königreich Belgien gehörte seine volle Sympathie, vorausgesetzt, seine legitimistischen Bedenken wurden ausgeräumt und die Ansprüche des Deutschen Bundes in der luxemburgischen Sache befriedigt. Nicht nur als Bundesfürst und Mitglied des Zollvereins wünschte er ein gutes Verhältnis zu Belgien, sondern auch »als Katholik«, wie er nachdrücklich hervorhob. Die Konversion seiner Halbschwester Elisabeth, damals Kronprinzessin von Preußen, war ihm »arg zuwider«[1158].

Sah sich der König veranlaßt, als Schutzherr der deutschen Katholiken den Glaubensgenossen in Preußen Beistand zu gewähren, so hielt er es auch für seine Pflicht, sich der katholischen Minoritäten in den Nachbarstaaten Württemberg und Schweiz anzunehmen. Durch Vermittlung Abels trat der Erbgraf Konstantin Waldburg-Zeil seit 1841 in Beziehungen zu Ludwig, um die katholische Kirche in Württemberg aus ihren staatskirchlichen Bindungen zu lösen und damit der katholischen Bevölkerung seines Landes einen freieren Spielraum zu verschaffen[1159]. Einwirkung aus Bayern war nur über die Bearbeitung der öffentlichen Meinung möglich. Es wiederholte sich in weniger spektakulären Formen, was einige Jahre vorher im Hinblick auf Preußen stattgefunden hatte. König Ludwig erlaubte dem von Zander redigierten und von Waldburg und anderen württembergischen Adeligen finanziell gestützten »Fränkischen Courier«, die staatskirchliche Bevormundung der katholischen Kirche in Württemberg anzugreifen, allerdings unter Hinweis auf die Erfahrungen, die man mit der Zanderschen Redaktion der »Neuen Würzburger Zeitung« und in dem diesbezüglichen Konflikt mit der preußischen Regierung gesammelt hatte. Abel hatte empfohlen, die Bitte des Erbgrafen unter der Bedingung zu erfüllen, daß die den bayerischen Blättern und namentlich dem »Fränkischen Courier« mitzuteilenden Artikel nicht den bestehenden Zensurvorschriften und den vom König am 9. März 1838 vorgezeichneten Normen zuwiderliefen und daß auf die bestehenden Bundesbeschlüsse sorgfältig Rücksicht genommen werde[1160]. Darauf der König: »Mit dieser Ansicht meines Ministers des Inneren einverstanden, und so soll's gehalten werden, solange ich nicht anderes verfüge. Ich weiß es, es ist wieder unpolitisch dieses mein Benehmen, dennoch erteile ich diese meine Entschließung. Von königlich-württembergischer Seite wurde bereits Beschwerde geführt und neue werden nicht ausbleiben«. Als Bischof Keller von Rottenburg November 1841 in der württembergischen Ständekammer eine Motion vortrug, trat Görres in den »Historisch-Politischen Blättern« auf seine Seite[1161]. Zander, obwohl er sich auf die kirchenpolitischen Auseinandersetzungen des bevorstehenden württembergischen Landtags 1841/42 hätte konzentrieren sollen, konnte es nicht lassen, in der fatalen Begräbnisangelegenheit im Sinne Windischmanns Stellung zu nehmen. Damit hatte er neuerdings den König gegen sich aufgebracht, der ihn aus Würzburg ausweisen ließ. Mit Zanders Verschwinden war es 1842 auch um den »Fränkischen Courier« und die Hoffnungen württembergischer Katholiken auf Schützenhilfe aus Bayern geschehen.

Nicht nur die Familie Waldburg-Zeil, auch die Häuser Löwenstein-Wertheim-Rosenberg und Rechberg-Rothenlöwen waren durch ihre Chefs in der bayerischen wie in der württembergischen ersten Kammer vertreten. Für Ludwigs Erlaubnis, die württembergischen katholischen Interessen durch bayerische Organe wahrnehmen zu lassen, »revanchierte« man sich durch Beeinflussung der bayerischen adeligen und hochadeligen Verwandtschaft in gouvernementalem Sinn und durch Unterstützung Abels im Reichsrat. Auch der politische Katholizismus Badens – sein Führer Heinrich Freiherr von Andlau zählte nach Tanns Worten zu den »größten Verehrern« Ludwigs[1162] – blickte nach Bayern.

Daß Ludwig innerlich auf der Seite der konservativ-katholischen Kantone der Schweiz stand, hat er oft genug ausgesprochen. Er war sich jedoch der völkerrechtlichen Zweitrangigkeit der bayerischen Beziehungen zur Eidgenossenschaft, verglichen mit denjenigen der Großmächte, bewußt und blieb stets bedacht, sich nicht durch voreilige Initiativen eine Blöße zu geben. Die heftigen Auseinandersetzungen zwischen Liberalismus, Radikalismus und Konservativismus auf Schweizer Boden erhielten erst durch die lokal bedingte konfessionelle Färbung äußerste Brisanz und den Charakter eines Konflikts zwischen politischem Katholizismus und politischem Protestantismus. Höhepunkte vor dem Sonderbundskrieg 1847 bildeten die Aufhebung der Aargauischen Klöster und die Auseinandersetzungen um Berufung von Jesuiten nach Luzern. 1841 zollte Ludwig Metternich Beifall, daß er einen Schritt gegen den Kanton Aargau wegen der Klösteraufhebung unternommen habe[1163]. Am 5. April 1845 ließ er Luzern, das einen Freischaren-Einfall zurückgeschlagen hatte, durch seinen Gesandten bei der Eidgenossenschaft beglückwünschen und gleichzeitig den Rat geben, den Sieg dadurch zu krönen, daß es die Berufung der Jesuiten unterlasse, ein Schritt, der nunmehr ohne Prestigeverlust gewagt werden könne[1164]. Um die Schweizer Gesinnungs- und Glaubensgenossen vor Schaden zu bewahren, zog Ludwig es vor, mit vermittelnden protestantisch-konservativen Politikern der Eidgenossenschaft (Bluntschli) und nicht mit als intransigent bekannten Führern der katholischen Partei Verbindung aufzunehmen. Während des Sonderbundskrieges handelte der König ausschließlich nach den Erfordernissen der Staatsräson, ließ aber nie einen Zweifel daran, wem seine Sympathien galten. Während sich der Monarch Zurückhaltung auferlegte, bildete das Haus Görres die wichtigste Kontaktstelle zwischen dem politischen Katholizismus Bayerns und dem der Eidgenossenschaft. Es existierte noch ein weiterer, dem Hofe näherer Platz für fast schon offiziöse Begegnungen zwischen beiden: das Haus des Generaladjutanten Prinz Konstantin Löwenstein. Dort fanden Diners für den konvertierten »Restaurator« der Staatswissenschaften, Karl Ludwig von Haller, oder für den auf dem Weg zur Konversion befindlichen und politisch bereits voll und ganz die Sonderbundsposition vertretenden Historiker und früheren Antistes von Schaffhausen, Friedrich Hurter, statt, bei denen auch der Nuntius und der Innenminister von Abel erschienen, die sich kaum je im Hause Görres an der Schönfeldstraße oder bei Ringseis eingefunden haben. Phillips hätte Hurter gern auf einer Münchner Professur untergebracht, und 1840 haben sich Öttl und vermutlich noch andere ihm nahestehende Persönlichkeiten mit dem Gedanken getragen, Hurter die Stelle eines bayerischen Ministerresidenten bei der Eidgenossenschaft zu verschaffen[1165]. Darauf wäre der König kaum eingegangen. Haller hat sich 1842 in einem bemerkenswerten Brief an Hurter über die Bedeutung Bayerns für eine katholische Politik in Mitteleuropa geäußert: »Die Idee, daß Bayern seine große Bedeutung in Deutschland vorzüglich dem Schutz der katholischen Kirche zu verdanken habe, ist so auffallend wahr, so faßlich und so fruchtbar... umso mehr Österreich diese ihm sonst von der Natur angewiesene Stelle zu vernachlässigen scheint. Welchen Einfluß müßte ihm nicht dieses schöne und pflichtmäßige System in Württemberg, in Baden, in einem Teile von Franken und selbst in dem östlichen, halb katholischen Teil der Schweiz verschaffen, Länder, auf welche doch eine kluge, in die Zukunft blickende Politik wohl auch ein Auge werfen kann«[1166].

Angesichts der Schwierigkeit und Ungewißheit von diplomatischen Interventionen zugunsten katholischer Belange im Ausland blieb es der sicherste Weg, etwas für die katholische Sache in Europa zu tun, wenn man in Bayern selbst ein möglichst verläßliches katholisches Potential schuf. Auf der Basis des Maximilianeischen Gedankens konnte Bayern im Deutschen Bund dann umso aussichtsreicher ein Wächteramt gegen Beeinträchtigungen des katholischen Elements ausüben. Nach einem Gespräch mit Reindl 1846 beteuerte der König, wie sehr es ihn nach deutscher Einigkeit verlange. Einschränkend fügte er jedoch hinzu: »Es darf aber darum das Katholische dem Protestantischen nicht aufgeopfert werden«[1167]. Auch nach der Begräbnisangelegenheit blieb es das Ziel des Königs, Bayern zu einem konservativ-katholischen Bollwerk auszubauen. Umso mehr erschütterte ihn der Verlauf der Staatsratssitzung vom 26. Februar 1845, in der er den Eindruck gewann, daß sich sein eigen Fleisch und Blut wider ihn erhöbe. Seitdem häufen sich die Tagebucheintragungen, in denen er mit äußerster Skepsis einem Königtum seines ältesten Sohnes entgegensah. Tief verstört notierte er am Abend des 26. Februar, unter seiner Regierung sei Bayern wieder ein Hort des alten Glaubens geworden. »Aber soll es eine Flamme sein, die sich noch einmal erhebt, um dann für immer zu erlöschen? Daß nach meinem Tode sie erlöscht, Bayerns Regierung eine die Protestanten begünstigende werde, ist zu erwarten«[1168].

In seiner Niedergeschlagenheit sah er die Dinge zu pessimistisch. Die von ihm über zwei Jahrzehnte betriebene kirchlich-restaurative Politik hat trotz einer kurzen Selbstverstümmelungsphase von 1847/48 Grundlagen für das spätere parteipolitisch-demokratische Erstarken des politischen Katholizismus in Bayern gelegt. Ludwigs Werk war aber auch die innere Rekatholisierung der Dynastie, die unter Max I. Joseph keinen kirchlich engagierten Eindruck vermittelte. Zwar nicht von Anfang an, aber später ganz ausschließlich hat der König eine an das Haus Habsburg und die italienischen und spanischen Bourbonen sich haltende Heiratspolitik für seine Familie betrieben und damit für sein Haus eine dezidiert katholische Richtung eingeleitet, die nach einer Übergangsphase unter Max II. und Ludwig II. unter dem Prinzregenten Luitpold und seinen Nachfolgern voll durchschlug.

XVI.
»DIE PROTESTANTEN RUHEN NIE«

1. Bayerische Bikonfessionalität

Eine nur auf den Staat oder den sozioökonomischen Prozeß fixierte Geschichtsschreibung hat das Verständnis verdunkelt, wie sehr in soziokultureller Hinsicht die europäisch-amerikanische Welt von der Konfessionsbildung und ihren säkularen Derivaten bestimmt wurde und ist. Auf Deutschland, die Schweiz und die Niederlande als die klassischen Gebiete der Bikonfessionalität trifft dies in besonderem Maße zu. Während die wissenschaftliche Historiographie die in Frage stehenden Sachverhalte seit etwa 20 Jahren beherzt aufrollt, sind Politiker und Kirchenmänner offenkundig bestrebt, die Erinnerung an konfessionelle Kontroversen als Peinlichkeit und Belastung möglichst aus dem historischen Bewußtsein zu entfernen. Dahinter mögen ehrenwerte Absichten stecken, die jedoch für einen wahrheitsliebenden Umgang mit der Geschichte nicht maßgebend sein können. Nicht nur wegen der Schärfe der »religiösen« Spannungen, die seine Regierungszeit, namentlich während ihrer zweiten Hälfte, erfüllten, läßt sich eine politische Biographie Ludwigs I. nur unter sorgfältiger Berücksichtigung ihrer konfessionellen Konflikte beschreiben. Selbst wenn es nicht zu einer »Ära Abel« gekommen wäre, könnte man kein zutreffendes Bild des Monarchen entwerfen, ohne auf seine konfessionelle Position und die politischen Auswirkungen der Bikonfessionalität des modernen Bayern einzugehen.

Daß der wittelsbachische Mannesstamm katholisch blieb, war eine Selbstverständlichkeit, doch fanden Ehen mit protestantischen Prinzessinnen bis zur Mitte des 19. Jahrhunderts statt. Beide Frauen Max Josephs entstammten evangelischen Häusern, ebenso die Frauen Ludwigs I., Maximilians II. und Ottos von Griechenland. Zwei Töchter König Max I. Joseph heirateten protestantische Thronerben. Elisabeth Ludovika, Gemahlin Friedrich Wilhelms IV. von Preußen, konvertierte 1830 zum Protestantismus, Königin Marie von Bayern nach dem Tode ihres Mannes zum Katholizismus. Ludwig I. vermählte seine Tochter Mathilde mit dem protestantischen Thronfolger von Hessen-Darmstadt. Ehen mit evangelischen Fürstlichkeiten fanden auch im verwandten Hause Leuchtenberg statt, das im Mannesstamm infolge der russischen Heirat des Prinzen Maximilian zum griechisch-orthodoxen Bekenntnis überwechselte.

Ludwig konnte sich, wie aus der Aufzählung der mit seiner Genehmigung geschlossenen Ehen hervorgeht, noch nicht völlig aus den Bahnen entfernen, auf denen sich seine Eltern bewegt hatten. Vom Indifferentismus seines Vaters war bei ihm jedoch keine Rede mehr. Es verdroß ihn lebenslang, daß er die Konversion seiner Frau zum Katholizismus bei den der Eheschließung vorausgegangenen etwas hastigen Verhandlungen nicht hatte durchsetzen können[1169]. Einem Schreiben Sailers vom 18. November 1810 an den Kronprinzen mit längeren Ausführungen, »wie ein edles, nach Gott fragendes Gemüt von einer besonderen Konfession zur allgemeinen Kirche, und zwar auf dem Wege der Überzeugung gebracht werden könne«[1170], läßt sich entnehmen, daß Ludwig in den Anfängen seiner Ehe offenbar daran gedacht hat, das Versäumte durch entsprechende Beeinflussung nachzuholen. In der etwas exaltierten Stimmung, in die die vermeintliche Wunderheilung durch Fürst Alexander Hohenlohe ihn und seine Frau versetzt hatte, glaubte der Kronprinz seinem Ziel nähergekommen zu sein. Aber Therese erfüllte seinen Wunsch nicht.

Ludwig war seit dem Religionsunterricht, den er bei Sambuga genossen hatte, davon überzeugt, daß nur in der römisch-katholischen Kirche die unverkürzte christliche Lehre bewahrt worden sei, während der Protestantismus als Abfallsbewegung Wesentliches preisgegeben und infolge des Fehlens einer verbindlichen Lehrautorität eine überaus ungünstige Entwicklung genommen habe. Von einzelnen Unmutsäußerungen abgesehen, war Ludwig mit Kundgebungen seiner Meinung über Katholizismus und Protestantismus zurückhaltend, aber sein Handeln und das offensichtlich widerspruchslose Zurkenntnisnehmen sehr entschieden konfessionspolitischer Darlegungen Abels und anderer Berater sprechen für sich. Ob Ludwig Baaders geistreiche Charakteristiken der Konfessionen in Briefen an den Kronprinzen aus den Jahren 1824/25[1171] rezipiert hat, wissen wir nicht. Zur kirchlich-konfessionellen Kritik am Protestantismus kam noch eine deutsch-katholische historische Konzeption hinzu. Sie ließ Ludwig dem Apostel der Deutschen, dem heiligen Bonifatius, eine bevorzugte Verehrung zollen. Nach Bonifatius wurde die neuerbaute Basilika in München, in der Ludwig seine letzte Ruhestätte fand, benannt, und Bonifatius erschien auf dem Wagnerschen Fries in der Walhalla. Die Reformation hielt der König ohne Zweifel für ein politisches Unglück Deutschlands. Er widersprach nicht, wenn ihm Abel die Protestanten gewissermaßen als Reichsfeinde vorstellte, weil sie ausländische Herrscher wie den Dänen- und Schwedenkönig ins Land geholt und mit den Franzosen gegen den Kaiser paktiert hatten. Schließlich fand der stark ausgeprägte ästhetische und traditionalistische Sinn des Königs nur in katholischer Religiosität seine Befriedigung; der protestantische Kultus mußte ihn befremden. Unter den Motiven, die den König bewogen, den katholischen Charakter seines Regimes, seines Hofes und seines Staates zu behaupten und zu betonen, verdient seine Überzeugung von der Gewährleistung des bestehenden Staats- und Gesellschaftszustandes primär durch die katholische Kirche Hervorhebung.

Der preußische Kultusminister Freiherr von Altenstein, ein Zeitgenosse Ludwigs, hat das Verhältnis des Staates zu seinen Untertanen beider Konfessionen auf die Formel gebracht, Preußen habe für die Protestanten »mit Liebe« zu sorgen, für die Katholiken »nach Pflicht«[1172]. Mit Vertauschung der Konfessionen läßt sich diese Aussage auf die Einstellung Ludwigs I. übertragen. Bayern war im gleichen Sinn ein katholischer wie Preußen ein evangelischer Staat. Aufs Ganze gesehen, kamen die bayerischen Protestanten unter Ludwig I. trotz der noch zu erörternden Konflikte allerdings besser weg als die preußischen Katholiken unter Friedrich Wilhelm III. Der Verfassungsstaat Bayern bot einer konfessionellen Minorität bessere Garantien, und Ludwig I. zumal hätte sich Sünden gefürchtet, seinen Untertanen beschworene Rechte vorzuenthalten.

Die Probleme der Bikonfessionalität begannen, wie erwähnt, schon mit den Ehen der drei ersten Könige Bayerns und ragten auf diese Weise in die Welt des Hofes hinein, der im übrigen einen durchaus katholischen Charakter trug. Die Kronbeamten und obersten Hofwürdenträger waren unter Ludwig I. ausnahmslos katholisch, ebenso die Chefs der Hofämter. Doch der engste persönliche Freund des Königs war der protestantische Freiherr Heinrich von der Tann, zum Unterricht der Kinder des Königs wurden auch evangelische Lehrer herangezogen und evangelische Flügeladjutanten taten beim König Dienst. Die Verfassung wußte zwar nichts von einer katholischen Staatsreligion, aber dem König genügte die Tatsache der katholischen Dynastie und Bevölkerungsmajorität, verbunden mit der katholischen Tradition Altbayerns sowie anderer Gebiete des Königreichs, um den paritätischen wiederholt als einen katholischen Staat zu bezeichnen. Wenn in amtlichen Schriftstücken von Katholiken und Protestanten die Rede war, hatten in der Regel jene an erster

Stelle zu stehen, so auch in den Landratsabschieden, ausgenommen denjenigen des Rezatkreises (später Mittelfranken) mit seiner überwiegend evangelischen Bevölkerung. Ludwig verlangte, daß auch in diesem Fall zuerst von Katholiken gesprochen werde, doch wußte der Minister von Abel ihm diesen Wunsch auszureden[1173].

Das lange Zeit in der Kirchenverfassung des Protestantismus vorherrschende »Territorialsystem« brachte es mit sich, daß auch ein katholischer Landesherr Oberhaupt einer evangelischen Kirche werden konnte, und in dieser Stellung eines summepiscopus der Protestanten befand sich der fromme Katholik Ludwig. Die Verfassung Bayerns sprach von Verbindung mit der Staatsgewalt. Zu deren bis zum heutigen Tag erhaltenen Leistungen zählte die Schaffung einer einheitlichen evangelischen Landeskirche aus einer erheblichen Anzahl früher selbständiger Kirchen und Gemeinden. Oberstes Organ kirchlicher Leitung und Verwaltung bildete das aus Juristen und Theologen zusammengesetzte Oberkonsistorium mit Sitz in München, eine dem Innenministerium untergeordnete Behörde, dem als Mittelbehörden die Konsistorien in Ansbach, Bayreuth und Speyer unterstanden. In Thurnau (Oberfranken) und Kreuzwertheim (Unterfranken) bestanden zwei Mediatkonsistorien. Am Sitz der Konsistorien Ansbach und Bayreuth fanden Generalsynoden statt, deren Mitglieder durch Ernennung, nicht durch Wahl bestimmt wurden und in denen der geistliche Anteil überwog. Das gleiche galt für die an den Dekanatssitzen tagenden sogenannten Diözesansynoden. Der Philosoph und Pädagoge Niethammer, Organisator der evangelischen Landeskirche Bayerns, hatte das Oberkonsistorium aus rationalistischer Mentalität herausgeführt. Immerhin konnten sich unter den Präsidenten Freiherr von Seckendorff und Roth zunächst noch Männer behaupten, die einem freiheitlichen Protestantismus anhingen. Mehr und mehr entwickelte sich die Behörde unter Roth jedoch zu einem Gremium, das auf Orthodoxie eingeschworen war. Es verhielt sich keineswegs so, als ob der katholische summepiscopus die Geschäfte der kirchlichen Leitung und Verwaltung getrost dieser gewiß zuverlässigen Behörde überlassen hätte. Sie arbeitete unter der strengen Kontrolle des Innenministeriums, und Ludwig ließ auch in seiner Eigenschaft als Oberhaupt seiner protestantischen Untertanen und seiner protestantischen Kirche nicht von der Gewohnheit, Entscheidungen selbst zu treffen.

Oberflächlich betrachtet, mochte die evangelische Landeskirche (eine Bezeichnung, die ihr erst 1824 zugestanden wurde, während vorher offiziell nur von protestantischer Gesamtgemeinde die Rede war) den Musterfall einer staatskirchlich eingebundenen Institution darstellen. Gleichwohl machten sich nach Auffassung von König und Ministern Störfaktoren bemerkbar. Zum Papsttum und zur römisch-katholischen Weltkirche analoge Einrichtungen fehlten zwar im Protestantismus, aber die öffentliche Meinung Deutschlands interessierte sich außerordentlich lebhaft für die Verhältnisse des bayerischen Protestantismus. Ferner gab es die »protestantischen Höfe«, von denen der preußische sich in besonderem Maße als Anwalt und Fürsprecher seiner Glaubensgenossen innerhalb und außerhalb des Deutschen Bundes verstand. Ludwig I. und Friedrich Wilhelm IV. von Preußen haben sich mehr als einmal – in freundschaftlicher Form allerdings – Vorhaltungen wegen ihrer Konfessionspolitik gemacht[1174]. In den preußischen Gesandtschaftsberichten vom Münchner Hof, namentlich denen des Grafen Dönhoff, nahm die Wahrnehmung des protestantischen Standpunkts gelegentlich aggressive und polemische Formen an[1175]. Noch negativer empfanden der König und mehrere seiner Mitarbeiter, daß sich im Lande selbst der bayerische Protestantismus, verstanden als Gesamtheit der evangelischen Bevölkerung, als keineswegs deckungsgleich mit seiner Staatskirche erwies und nicht aufhörte, sich Absichten und Maßnahmen des Königs in den Weg zu stellen.

2. Kirchlicher und politischer Protestantismus

Theologisch wurde die »protestantische Gesamtgemeinde« des Königreichs in ihren Anfängen unter Max I. Joseph noch vom Rationalismus bestimmt. Als sich die Herrschaft Ludwigs ihrem Ende zuneigte, war diese Richtung unter der evangelischen Geistlichkeit Bayerns größtenteils zurückgedrängt, und auch der den Rationalismus in gewisser Hinsicht fortsetzende Liberalismus fand im rechtsrheinischen Bayern kaum einen namhaften geistlichen Repräsentanten. Anders in der auch in kirchlicher Hinsicht weitaus »linkeren« Rheinpfalz, deren protestantische Gemeinden seit 1818 bekenntnismäßig eine unierte, von den Lutheranern und Reformierten des rechtsrheinischen Bayern abgesonderte, wenn auch verfassungsrechtlich mit ihnen vereinigte Kirche bildeten! Man muß allerdings zwischen der in einer Landeskirche theologisch und kirchenpolitisch herrschenden

Richtung und der Einstellung des selbständig denkenden Teils der zur Kirche gehörenden Laien unterscheiden. Unter diesem Gesichtspunkt durfte man auch im rechtsrheinischen Bayern unter Ludwig I. die Mehrheit der Gebildeten und Halbgebildeten dem protestantischen Liberalismus zurechnen. Innerhalb der Geistlichkeit, dem sich ihrer Leitung anvertrauenden Teil der Gemeindemitglieder sowie in der theologischen Fakultät Erlangen setzte sich im dritten Jahrzehnt des 19. Jahrhunderts, in das die Thronbesteigung Ludwigs fiel, jedoch Schritt für Schritt eine am Bekenntnis orientierte »positive« Religiosität durch, eine zum Teil von »Erweckung« getragene Gegenbewegung zum Aufklärungsprotestantismus, die in die Richtung eines konfessionalistischen Neu-Luthertums überging. Als Repräsentanten dieser Strömung haben der Präsident des Oberkonsistoriums (1828/48), der aus Württemberg stammende ehemalige Rechtskonsulent der Reichsstadt Nürnberg und spätere Ministerialrat im Finanzministerium von Roth, die Theologieprofessoren Harleß und Hofmann sowie der Pfarrer Wilhelm Löhe Eingang in die evangelische Kirchengeschichte des 19. Jahrhunderts gefunden. Nach einem Scheinsieg des Liberalismus innerhalb der protestantischen Kirche Bayerns 1848/52 zeigte sich, daß sich in der ludovizianischen Ära das konservative Neu-Luthertum so gekräftigt hatte, daß es kirchlich bestimmend blieb.

Hatte sich schon der vom deutschen Idealismus kommende Immanuel Niethammer ganz einer positiven Kirchlichkeit zugewandt, so betrieb der Jurist Roth die Wiederverkirchlichung des bayerischen Protestantismus noch entschiedener. Es war sicher kein Zufall, daß sich 1828 Grandaur, Schenk und Hormayr bei Ludwig für die Ernennung Roths zum Oberkonsistorialpräsidenten, der liberale Armansperg jedoch dagegen ausgesprochen hatten[1176]. Dem König war, wie er bei dieser Gelegenheit ausdrücklich bemerkte, ein Anhänger des Augsburgischen Bekenntnisses sympathischer als ein Reformierter. Vor Roths Ernennung ließ Ludwig ihn durch Grandaur befragen, ob er als künftiger Reichsrat gesonnen sei, für die Regierungsvorlagen zu stimmen. Mit Ausnahme eines einzigen Falles gab Roth beruhigende Versicherungen ab. Der neue Präsident ließ es sich angelegen sein, die Staatstreue des protestantischen Bevölkerungsteils zu pflegen und herauszustellen. Das historische Luthertum wird, was seine politische Ethik betrifft, im allgemeinen durch weitgehende Obrigkeitsfrömmigkeit charakterisiert, und das Oberkonsistorium gab sich unter Ludwig alle Mühe, diesem Ruf gerecht zu werden. An Loyalität gegenüber Monarchie und Staat ließ es sich von niemandem übertreffen. In einem der Schulgebete, die es den Gymnasien vorschrieb, kam auch die Stelle vor: »Lasse uns in den Befehlen unseres geliebten Königs Offenbarungen Deines Willens verehren«[1177]. Wallerstein war noch kein Jahr im Amt, als Roth beim König über seinen Vorgesetzten klagte, er kokettiere zu sehr mit der liberalen Partei[1178]. 1846 erklärte Roth in der Ersten Kammer, er habe sich, seit er vor 40 Jahren Untertan der Krone Bayern geworden sei, bemüht, »die Anhänglichkeit, die mich selbst beseelte, überallhin, soweit ich wirken konnte, zu verbreiten, Vorurteile gegen die neue Regierung zu beseitigen, Empfindlichkeiten zu lindern und Besorgnisse zu beschwichtigen. Dies habe ich anhaltend bis auf den heutigen Tag getan und dabei nicht nur viel ungünstige Nachrede, selbst einen schmählichen Verdacht nicht gescheut ...«[1179]. Der König hätte im Sinne seiner Kirchenpolitik keinen besseren Griff tun können, als den durch und durch lutherisch-monarchistischen und autoritären Roth an die Spitze des Oberkonsistoriums zu stellen. Bestärkt durch Abel, rühmte sich der Monarch gern, daß er es sei, der durch kraftvolle Unterstützung der protestantischen Orthodoxie die evangelische Kirche vor gänzlicher Anarchie bewahre und so dem evangelischen Volksteil eine sittlich-religiöse Wohltat erweise, die dieser in ihrer Bedeutung anscheinend nicht voll begreife. Wenn Roth diese Vorstellung dem König gegenüber ausdrücklich bestätigte[1180], konnte er sich zwar bei Ludwig beliebt machen, es zeugte aber nicht von Vertrauen in die innere Kraft des Neu-Luthertums, geschweige denn Zuversicht auf eine höhere Führung der kirchlichen Geschicke. Ludwig wußte die Verdienste Roths um die gemeinsame Sache zu schätzen und hat den klugen, aber auch »eitlen und reizbaren Mann«[1181] pfleglich behandelt. Er verkannte nicht, daß man Roth, obschon dieser völlig in die bürokratische Hierarchie eingegliedert war, kraft seines Amtes doch die inoffizielle Stellung eines Anwalts der kirchlichen Belange von über einer Million protestantischer Bayern zuschrieb. In den Augen zahlreicher seiner liberalen wie orthodox-konservativen Glaubensgenossen ließ es der Präsident in dieser Hinsicht an Mannhaftigkeit und Verantwortungsgefühl fehlen, und man warf ihm vor, er spiele die Übergriffe des Staates in skandalöser Weise herunter[1182]. Daß ihn die liberalen Protestanten als »Pietisten«, »protestantischen Jesuiten« oder »katholisierenden Erzmystiker« schmähten, ließ sich angesichts der von ihm eingeschlagenen Richtung nicht vermeiden.[1183]

Mehrere Remonstrationen des Oberkonsistoriums gegen das Verfahren des Ministeriums Abel sind erfolgt, und es hat die Behörde als Sprecherin des evangelischen Volksteils sogar den einen oder anderen Konflikt riskiert. Abel hat das Oberkonsistorium jedoch auf eine hochfahrende und beinahe brutale Weise zum Schweigen gebracht, indem er sich als bloßes Vollzugsorgan des königlichen Willens ausgab und Widerspruch und Beschwerden seitens des Oberkonsistoriums als Angriff gegen die Allerhöchste Person auslegte. Beim König fand er mit solchem Vorgehen Deckung. Die Protestanten im Lande wußten von den internen Vorgängen zwischen König, Ministerium und Oberkonsistorium wenig. Sie sahen nur die Willfährigkeit, die Roth als Mitglied des Reichsrates gegenüber der Politik Ludwigs bewies, und stellten fest, daß es mit der Abhilfe ihrer Beschwerden nur langsam voranging. Roth erschien ihnen wegen seiner Unterwürfigkeit als kompromittiert, und es konnte nicht ausbleiben, daß er 1848 den Rücktritt des Königs politisch nicht überlebte. Daß bei Roth und in seiner Behörde eine Mentalität bürokratischer Unterordnung und, von einigen Ausnahmen abgesehen, große Scheu vor Konflikten mit der Staatsspitze herrschte, ist nicht zu bezweifeln. Aber woher hätte auch nach Jahrhunderten staatskirchlich-obrigkeitsorientierter Tradition des deutschen Protestantismus Mannesmut vor Königsthronen und Ministersesseln kommen sollen?

Anders als beim Oberkonsistorium lagen die Verhältnisse an der Universität Erlangen, dem anderen Pol des bayerischen Protestantismus. Die theologische Fakultät der fränkischen Hochschule diente nicht nur als Ausbildungsstätte der protestantischen Theologen, sondern auch als geistiges Zentrum der Landeskirche und wuchs in beiden Eigenschaften in eine kirchenpolitische Funktion hinein. Von der prinzipiellen lutherischen Gehorsamsethik entfernte man sich dort auch nicht einen Schritt. Man suchte jedoch den durch die Verfassung gewährleisteten Spielraum des bayerischen Protestantismus zu wahren, und anders als Roth im Reichsrat ist der Theologe Adolf Harleß als Vertreter der Universität Erlangen in der Zweiten Kammer kämpferisch für seine Sache aufgetreten, obschon er, der in der preußischen Unionspolitik *die* Gefahr für das Luthertum sah, die Begünstigung strenger konfessioneller Kirchlichkeit in Bayern sehr zu schätzen wußte und die bayerische der preußischen Kirchenpolitik bei weitem vorzog[1184]. In seiner »Zeitschrift für Protestantismus und Kirche« und als Sprecher seiner Körperschaft auf dem Landtag schlug er einen Ton an, den König und Minister nicht hinzunehmen gewillt waren. Er beteiligte sich an den damals so häufigen konfessionellen Kontroversen und kritisierte die Kirchenpolitik des Ministers von Abel, die, auch wenn es der König später nicht wahrhaben wollte, *im ganzen* doch eine Kirchenpolitik Ludwigs I. gewesen ist. Die Quittung blieb nicht aus. Nach dem Landtag 1843 versetzte der König Harleß von seiner Erlanger Professur auf eine Bayreuther Konsistorialratsstelle. Nur eine Minderheit der evangelischen Geistlichkeit Bayerns wagte es damals, offen gegen die offizielle Kirchenpolitik aufzutreten.

Die Sphären des kirchlichen und des politischen Protestantismus, den es neben den unterschiedlichen theologischen und *kirchen*-politischen Richtungen *auch* gegeben hat[1185], überschnitten sich. Der politische Protestantismus erreicht zwar nicht die Bedeutung seines katholischen Pendants, aber als nicht zu unterschätzender Faktor im öffentlichen Leben verdient auch er Aufmerksamkeit. Politischer Protestantismus, ein bis zum heutigen Tage in steter Wandlung begriffenes Phänomen mit soziokulturellen, staats- und parteipolitischen Aspekten, trat zutage, wenn der Gelehrte Friedrich Thiersch, der sicher mehr idealistisch und neuhumanistisch als kirchlich orientiert war, sich von Johann Christoph von Aretin und seinen Anhängern mangels besseren Differenzierungsvermögens als Protestant angegriffen sah, diesen »Vorwurf« nun auch selbst akzeptierte, sich als Mitglied einer befehdeten Minorität fühlte und deren Sache zu der seinen machte. Aus seiner Feder stammte eine (nicht veröffentlichte) Schrift »Die verfolgten Protestanten in Bayern an die Unparteiischen der bayerischen Nation«[1186]. Jahrzehnte später ist er im Streit um die Kniebeugung publizistisch hervorgetreten[1187]. Ludwigs Bemerkung dazu: »Welche Tarantel sticht denn ihn, sich damit, was ihn nichts angeht, zu befassen?«[1188]. In einem protestantischen Milieu hätte Thiersch sich wohl nicht primär als Protestant gefühlt; anders in der katholischen Umgebung Münchens und Bayerns. In seinen religiös-philosophischen Überzeugungen ebenfalls liberal, wuchs der Verwaltungsfachmann Graf Karl Giech[1189], Zweitgeborener aus standesherrlicher Familie, und 1838/40 Regierungspräsident von Mittelfranken, infolge seiner Auseinandersetzungen mit dem Minister von Abel in die Rolle eines der Parteihäupter des fränkischen Protestantismus hinein und kämpfte als Publizist und Politiker gegen ein System, das er als verhängnisvoll ansah. Giech verfügte über gute Beziehungen zum Berliner Hof. Sein Einfluß unter Standesgenossen, beim liberal-protestantischen Nürnberger Großbürgertum und bei einem Teil der evangelischen Geistlichkeit Bayerns war beträchtlich. Über die politischen Konflikte hinweg hat Ludwig dem Grafen Giech – ein ziemlich seltener Fall – persönliche Sympathien bewahrt.

Eng mit Giech befreundet[1190] war der unter Ludwig vom Lehramt entfernte, von Max II. an die Spitze der bayerischen Regierung gelangte Ludwig von der Pfordten, auch er kein religiös-konfessionell ausgerichteter Christ, sondern Protestant in der gesellschaftlich-politischen Bedeutung des Wortes. Graf August Rechberg, der Pfordtens Talent anerkannte, aber sich über seine Christlichkeit keine Illusionen machte, kennzeichnete den künftigen bayerischen Ministerpräsidenten Ludwig gegenüber: »Pfordten ist, wie alle oder die meisten seiner Schule und seines Alters, reiner Rationalist und dabei ein so trockener und versteinerter, kantischer Verstandesmensch, daß nicht nur Schellings, sondern auch Hegels Philosophie spurlos an ihm vorüberging und auch nicht einmal ein Atom von Pantheism, viel weniger also vom Christentum an ihm kleben blieb. Hiernach bemißt sich nun auch sein Protestantism. Ob er ihn aber nicht einst als Aushängeschild für Parteizwecke benützen würde – ist eine andere Frage...«[1191].

Entschieden kirchlicher protestantisch als Pfordten war der fränkische Gutsbesitzer Freiherr von Rotenhan[1192] eingestellt, gemäßigt konservativer Repräsentant des fränkischen Protestantismus mit engen preußischen Beziehungen gleich Giech. Von Sitzung zu Sitzung des bayerischen Landtags gewann er mehr die sogar vom König und von Abel anerkannte Stellung eines loyalen Oppositionsführers. 1843 ernannte ihn der König zum Ersten Präsidenten der Zweiten Kammer, und 1848 fand man ihn in den kritischen Tagen unmittelbar vor der Abdankung des Monarchen als ehrlichen und entschiedenen Ratgeber an dessen Seite.

3. Die Beschwerden der Protestanten

Es lag dem König daran, seine protestantischen Untertanen zufriedenzustellen; eine bewußte Verletzung ihrer verfassungsmäßigen Rechte ist ihm nie in den Sinn gekommen. Allerdings räumte die bayerische Verfassung von 1818 der Exekutive einen dermaßen breiten Ermessensspielraum ein, daß restriktive Handhabung der Bestimmungen über Gottesdiensterlaubnis,

Gemeindebildung, Kirchenbau auch dann juristisch unanfechtbar bleiben konnte, wenn sie tatsächlich auf Behinderung und Einschränkung hinauslief. Gegen die Protestantenpolitik des Königs erhoben sich seit Amtsantritt des Ministers von Abel unaufhörliche Klagen, von denen nicht wenige auf den Landtagen und im Staatsrat diskutiert wurden. Eine angemessene Beurteilung der in Bayern vorgefallenen konfessionellen Konflikte muß den Vergleich mit der Kirchenpolitik anderer deutscher Staaten im Vormärz zugrunde legen.

Nicht bekannt wurde, daß der König aus der Kabinettskasse in der gebotenen Heimlichkeit über den Minister von Abel an den von Stingelheimschen Konvertitenfond in Regensburg 10000 fl. überweisen ließ[1193]. Dagegen konnte nicht verborgen bleiben, daß Unterstützungen oder bevorzugte staatliche Anstellungen von Konvertiten nach des Königs Willen zu Zeiten Abels über das Innenministerium geregelt und in den amtlichen Schriftverkehr aufgenommen wurden[1194]. Kein publizistisches Echo fand die Entfernung von der Pfordtens aus Würzburg, die unter anderem als Beitrag zur vollen Katholisierung der dortigen Universität zu verstehen ist, oder der jahrelange erbitterte Kleinkrieg zwischen den Englischen Fräulein vom Erziehungsinstitut in Nymphenburg und den Religionslehrern, die den wenigen dort lebenden protestantischen Zöglingen Unterricht zu erteilen hatten. Das Aktenmaterial über diese Angelegenheit, die Oberkonsistorium, Erzbischöfliches Ordinariat München, Ministerium und den König beschäftigte, schwoll an[1195]. Der Streitfall wurde eindeutig zuungunsten der protestantischen Seite entschieden. Mißfällig haben die Protestanten zur Kenntnis genommen, aber keineswegs öffentlich beanstandet, wie langsam es mit dem Bau der Matthäuskirche in München voranging[1196].

Zu den wiederholt vorgebrachten Beschwerden des Oberkonsistoriums und anderer Instanzen zählten Remonstrationen gegen die vom König aufgrund theologischer Gutachten gebilligte Staatspraxis im Fall der Konversion Minderjähriger. Seit 1837 legte sich die Regierung dahingehend fest, daß solche – keineswegs seltenen – Vorgänge die äußerlichen Rechtsverhältnisse nicht berühren könnten; damit sei dem klaren Gebot der Verfassung Genüge getan. Auf die in das Gebiet der Gewissensfreiheit und der inneren religiösen Entscheidung führenden Vorgänge habe der Staat jedoch keinen Einfluß zu nehmen. Theoretisch hätte diese Entscheidung beiden Konfessionen zugute kommen können. Faktisch verhielt es sich jedoch so, daß die Bekehrungsinitiativen vorwiegend von katholischer Seite ausgingen und jedenfalls mit größerem Erfolg betrieben wurden. Mit der – sonst keineswegs üblichen – Praxis staatlicher Abstinenz zog man sich in der Frage des »Konfessionswechsels Minderjähriger« und der »Erteilung des Unterrichts in der katholischen Lehre an minderjährige verwaiste, schon konfirmierte Protestanten« juristisch aus der Affäre und überließ das Feld derjenigen Seite, deren Erfolg dem König und dem Minister von Abel ohnehin erwünscht war.

Erhebliches Aufsehen erregte im protestantischen Deutschland die Nichtzulassung des Gustav-Adolf-Vereins beziehungsweise seiner Aktivitäten in Bayern[1197]. Der aus Anlaß des 200jährigen Todestages des Schwedenkönigs gegründete Verein hat sich hauptsächlich der Förderung von bedrängten Diasporagemeinden angenommen. Ursprünglich machten sich Tendenzen bemerkbar, die über dieses Ziel hinausgingen und auf Begründung einer deutschen, ja internationalen protestantischen Bewegung im Geiste des 19. Jahrhunderts, auf die Erstellung eines Corpus Evangelicorum von unten auszugehen schienen. Ludwig war bereits der Name des Vereins, in dem sich mehrere Richtungen gegenüberstanden und der vom innerprotestantischen Konfessionalismus nicht unangefochten blieb, anstößig. Er vermochte den Fremdling aus dem Norden, der einst die Residenzstadt München besetzt hatte, in seinem deutschkatholischen, »reichischen« Geschichtsbild nicht positiv unterzubringen. Aber auch noch andere Gründe nahmen ihn gegen die Neugründung ein. Die Errichtung von Kirchengemeinden war in Bayern wie anderswo im Deutschen Bund der Exekutive vorbehalten und fiel damit in den Bereich der landesherrlichen Rechte. Ludwig lehnte sich gegen die Überweisung von Gaben des Gustav-Adolf-Vereins an evangelische Gemeinden in Bayern auf, weil er dies als unzulässige Einmischung aus dem »Ausland« betrachtete. Mindestens ebenso schwer wog für ihn, daß im Fall des Gustav-Adolf-Vereins sich ein demokratisches Prinzip der Behandlung kirchlicher Angelegenheiten, freie gesellschaftliche Initiative anstelle monarchisch-staatlicher Zuständigkeit einzuschleichen schien. Er schloß nicht aus, daß der Verein als Vehikel für Dekatholisierungsbestrebungen oder preußische Hegemonialbestrebungen dienen könnte[1198]. Als der Verein 1842 über das Oberkonsistorium an den König mit dem Antrag herantrat, Sammlungen in Bayern durchführen zu dürfen, lehnte der Monarch das Ansinnen ab und erklärte, keinen Verein dulden zu wollen, »welcher schon durch den Namen, den er führt, Gegenvereine in einem für den religiösen Frieden und für die so wichtige Eintracht in Deutschland höchst bedenklichen Sinne hervorzurufen ganz geeignet ist und sich schon durch diesen Namen als ein Parteiverein ankündigt«[1199]. 1844 erfolgte das Verbot der Verbindung mit dem Verein und insbesondere der Annahme von Geschenken des Vereins durch bayerische evangelische Gemeinden. Im gleichen Jahr wurde ein Geldgeschenk des Gustav-Adolf-Vereins an die Gemeinde Passau in Höhe von 500 fl. konfisziert und dem Verein zurückerstattet. Nachdem das Oberkonsistorium wieder einmal eine Zurückweisung hatte einstecken müssen, nahmen sich die Generalsynoden zu Ansbach und Bayreuth der Sache des Gustav-Adolf-Vereins an, aber auch sie ohne Erfolg. Selbst die Bitte der Generalsynode zu Bayreuth um Gestattung eines vaterländischen Unterstützungsvereins zur Förderung neuer und zur Verbesserung schon bestehender Pfarreien wurde vom König abgelehnt. Der König ließ seinen Standpunkt durch die Regierung publizistisch verteidigen. Dabei fielen Ausdrücke wie »Carbonarismus«, »comité directeur«, »Junges Deutschland« und »Radikalismus«[1200]. Auch warf man die Frage auf, ob man etwa die Gründung eines Tilly-Vereins provozieren wolle. Die Gründung eines solchen Vereins erübrigte sich, da der bereits seit längerem bestehende Ludwig-Missions-Verein mit Sitz München unter anderem katholische Gemeinden im Deutschen Bund in ähnlicher Weise unterstützte wie der Gustav-Adolf-Verein evangelische Gemeinden. 1845 ließ der König einem Mittelsmann des Vereins einen Kompromiß auf der Grundlage anbieten, daß der Gustav-Adolf-Verein seinen Namen ändere und auf Versendung milder Gaben zur Bildung *neuer* protestantischer Gemeinden verzichte[1201]. Auf diese Bedingungen wollte sich der Zentralvorstand des Vereins jedoch nicht einlassen, und so blieb es bei dem Verbot, das erst 1849 aufgehoben wurde.

Des Königs ästhetisch-religiöse Motive und sein Bestreben nach einem anschaulichen christlichen Stil bayerischer Öffentlichkeit standen hinter dem Kniebeugungserlaß vom 14. August 1838, der zur cause célèbre unter den konfessionspolitischen Streitigkeiten des vormärzlichen Bayern ausartete. Der in manchen katholischen Staaten übliche Brauch, dem Militär das Niederknien vor dem Venerabile zu befehlen, hat schon den Kronprinzen Ludwig beeindruckt, und wie bei vielen anderen Plänen, die er in jüngeren Jahren faßte, hielt er offenbar auch an dem Vorhaben fest, dieser Sitte in Bayern wieder Geltung zu verschaffen. Nachrichten, daß Kniebeugung in der französischen Armee selbst der als unfromm und antiklerikal geltenden Juli-Monarchie üblich sei, scheinen den König veranlaßt zu haben, Kniebeugung des Militärs sowohl der Linie wie der Landwehr vor dem Allerheiligsten durch Kriegsministerialordre wieder einzuführen[1202]. Ähnliche Anordnungen pfälzischer Kurfürsten hatten deswegen schon im 18. Jahrhundert zu konfessionellen Reibungen und Klagen des Corpus Evangelicorum[1203] geführt, doch war dies dem König schwerlich bekannt. Innerhalb des Linienmilitärs erhob sich kaum Widerspruch; den aktiv Dienenden und den Berufssoldaten schien der Gegenstand der Aufregung zumeist nicht wert zu sein. Anders unter den protestantischen Mitgliedern der Landwehr, gestandenen Bürgern mit politischen Überzeugungen und ausgeprägtem Bewußtsein ihrer Konfessionszugehörigkeit! Aufgrund der einlaufenden Beschwerden kam es am 3. Oktober 1838, um die protestantischen Landwehrangehörigen zu schonen, zu wesentlichen Einschränkungen des Erlasses. Es blieben allerdings noch mehrere Gelegenheiten übrig, bei denen protestantische Landwehrangehörige in die Situation geraten konnten, dem Befehl zur Kniebeuge Folge leisten zu müssen; von einer Befriedung war man noch weit entfernt. Proteste von unmittelbar beteiligten Landwehrangehörigen und Sprechern der protestantischen Belange aus Regensburg, Augsburg, Nördlingen, Kempten, Nürnberg und Ansbach häuften sich in München[1204]. Graf Giech als Regierungspräsident von Mittelfranken warnte vor der schlechten Stimmung in Nürnberg, dessen Landwehr ausnahmslos gegen den Kniebeugungserlaß eingestellt sei[1205], und das Oberkonsistorium reichte 1838/40 immerhin neun Vorstellungen ein. Im Gegensatz zur devoten Sprache dieser Behörde griff man auf den Diözesansynoden der Provinz zu kräftigeren Formulierungen; man sprach von »Abgötterei« und dergleichen. Bei der psychischen Verfassung des Königs war vorauszusehen, daß, was er mit einer gewissen Naivität in Gang gesetzt hatte, aufgrund des sich regenden Widerstandes nachträglich für ihn zu einer Prestigefrage wurde. Jahre hindurch wurde er von Abel in seiner Haltung bestärkt. Man war übereingekommen, die Kniebeugung – eine jener rabulistischen Interpretationen, um die Abel nie verlegen war – als rein militärische Salutationsform auszulegen, die infolgedessen das religiöse Gewissen des einzelnen nicht berühren könne. Landwehrangehörigen, die sich trotzdem in ihrem Gewissen bedrückt fühlten, stellte der König den Austritt aus der Landwehr frei. Im Grunde glaubte er jedoch nicht an eine Gewissensbeunruhigung und vermutete, daß nur politische Renitenz sich eines Vorwands bediene. Noch Ende 1843 ließ Ludwig den Kriegsminister, dem der Streit in der Seele zuwider war und der um den Geist der Armee fürchtete, wissen: »Ich war und bin in meinem vollsten Rechte befragliche Verfügung betreffend. Was denselben Protestanten, die freiwillig in österreichische Kriegsdienste treten, in solchen nicht gewissensverletzend war, kann es doch in bayerischen nicht sein«[1206].

Die regierungsoffizielle Auffassung des Kniebeugungserlasses wurde von den Protestanten nicht akzeptiert, und es entbrannte eine derart heftige publizistische Auseinandersetzung, daß man sich in das konfessionelle Zeitalter zurückversetzt glaubte. Während sich das Oberkonsistorium 1840 bis 1843 in Schweigen hüllte, richteten protestantische Abgeordnete 1840 eine Eingabe an den König, und 1843 ging in der Zweiten Kammer eine von Harleß verfaßte Eingabe durch, die sich für die Befreiung des protestantischen Militärs von der Beobachtung des Kniebeugungszwanges aussprach. 1842 hielt der Dekanatsverweser Redenbacher einen Vortrag vor der Diözesansynode in Pyrbaum, in dem er es als Sünde erklärte, dem Kniebeugungsbefehl Folge zu leisten und das Militär aufforderte, entsprechenden Befehlen den Gehorsam zu verweigern. Nachdem er diesen Vortrag 1843 unter dem Titel »Simon von Kana« veröffentlicht hatte, wurde ein Verfahren wegen Hochverrats gegen ihn eröffnet. Ein Adressensturm zu seinen Gunsten setzte ein. Ludwig war von Anfang an gewillt, den Geistlichen nach erfolgter Verurteilung (auf die er freilich großen Wert legte) sofort zu begnadigen. So geschah es, nachdem Redenbacher zu einem Jahr Festungshaft verurteilt worden war[1207]. Der Geistliche wurde jedoch sofort aus dem bayerischen Pfarrdienst entlassen. Der Ingolstädter evangelische Pfarrer Volkert, der am Palmsonntag 1845 gegen die Kniebeugung gepredigt hatte, wurde vom Amt suspendiert, und man eröffnete ein Verfahren gegen ihn[1208]. 1846 wurde die Untersuchung jedoch aufgehoben, und der Geistliche durfte weiter amtieren. Protestantische Märtyrer wollte der König auf keinen Fall schaffen. 1843 raffte sich Roth neuerdings auf und erhob im Reichsrat seine Stimme gegen die Verordnung. Später machte im Staatsrat der Jurist Maurer den grotesken Vorschlag, die Kniebeugungsorder mit Berücksichtigung der Gefahr aufzuheben, daß sich Landwehrmänner beim Niederknien einen Leibesschaden zuziehen könnten[1209]. Auch der Kriegsminister Gumppenberg bemühte sich seit 1844, den König zu Änderungen zu bewegen. Nach weiteren erheblichen Milderungen erfolgte die gänzliche Aufhebung der Order, nunmehr auch von Abel befürwortet, am 12. Dezember 1845. Der Zeitpunkt ist bemerkenswert: Der Landtag stand vor der Tür, und man beabsichtigte, die Stimmung der Abgeordneten, insbesondere der protestantischen, durch Aufhebung der Verfügung günstig zu beeinflussen. Außerdem hoffte man, die Zulässigkeit des Religionswechsels vor dem 21. Lebensjahr, die im allgemeinen den Katholiken zugute kam, auf diese Weise eher behaupten zu können. Es läßt sich in der politischen Taktik des Königs des öfteren beobachten, daß er nicht mehr zu vermeidende Preisgabe eines Standpunktes nützen wollte, um noch einen kleinen Gewinn in der betreffenden oder einer anderen Sache herauszuschlagen.

Während sich der König in seiner geheimen Selbstkritik vom Jahr 1845 die Kniebeugeorder als Fehler anrechnete und bei dieser Gelegenheit nochmals betonte, daß ihm jede Kränkung der Protestanten ferngelegen habe, machte er sich in einer anderen, im Grunde genommen bedenklicheren Angelegenheit Vorwürfe, nicht konsequent genug gewesen zu sein. Es handelte sich um einen weitläufigen Komplex, der unter den Stichwörtern »Erschwerung protestantischer Gemeindebildung« oder »Beschränkung des öffentlichen Gottesdienstes« diskutiert wurde und dem die Absicht zugrunde lag, Altbayern, abgesehen von München, wo dies nicht durchzuführen war, und andere katholische Gebiete und Orte des Königreichs konfessionell möglichst geschlossen zu erhalten. Ludwigs Mißtrauen witterte hinter den demographischen Prozessen des 19. Jahrhunderts mit ihren zwangsläufigen konfessionellen Vermischungen eine bewußte Unterminierung der »heilen« katholischen Welt, nicht zuletzt durch »Umtriebe« des Gustav-Adolf-Vereins. Auf einer Reise nach Regensburg notierte er, es sei ein Gravamen der Protestanten gegen ihn, daß er diese »nicht überall, wo sie wollen, Vikariate und Pfarreien errichten lasse ... Geschlossen protestantisch soll der Norden bleiben, vermischt damit aber der Süden werden, das ihre Absicht«[1210]. Im Mittelpunkt der königlichen Defensivpolitik standen die Städte Passau, Landshut, Neuburg und Eichstätt. Paragraph 88 der zweiten Verfassungsbeilage erlaubte Mitgliedern der offiziell aufgenommenen Kirchengesellschaften Gemeindebildung überall, »wenn sie das erforderliche Vermögen zum Unterhalt der Kirchendiener, zu den Ausgaben für den Gottesdienst, dann zur Errichtung und Erhaltung der nötigen Gebäude besitzen, oder wenn sie die Mittel hierzu auf gesetzlich gestattetem Wege aufzubringen vermögen«. Diese Formulierung ließ für Auslegung weiten Spielraum, und seit 1839 legte sich das Ministerium – selbstverständlich mit Zustimmung des Königs – auf die strengste Interpretation fest. Personalpolitisch tat der Monarch alles, um keine protestantischen Beamten oder Militärs in die in Frage stehenden Orte zu versetzen, beziehungsweise sie aus diesen Plätzen zu entfernen. Bezeichnend, daß man es dem Gustav-Adolf-Verein selbst im Falle einer bedingten Zulassung verwehren wollte, milde Gaben den noch *nicht* konstituierten Gemeinden zukommen zu lassen. Die Bewilligung zu Kollekten für neu zu errichtende Gemeinden innerhalb der Landeskirche versagte der König. In Fragen der Genehmigung von Privatgottesdienst vertrat Ludwig den Standpunkt, daß diese Ermessenssache des Monarchen sei. Wenn Abel in einer Kammersitzung 1849 offen zugab, er habe hinsichtlich der Erschwerung der evangelischen Gemeindebildung und des Gottesdienstes gefehlt, lenkte er mit diesem Eingeständnis von den nicht zugegebenen Motiven der königlichen und seiner Handlungsweise eher ab[1211]. Daß die Absicht Ludwigs mit der demographisch-ökonomischen Entwicklung, die sehr bald in einen geistigen Prozeß der Aufweichung konfessioneller Exklusivität überging, kollidierte, daß der Monarch auch in dieser Frage auf verlorenem Posten stand, bedarf keiner Ausführungen. Daß der König von Preußen zum äußersten Verdruß Ludwigs der evangelischen Gemeinde Passau mit einem Geldgeschenk unter die Arme griff[1212], war nur eine von vielen Unannehmlichkeiten, die sich der Bayernkönig durch seine anachronistische Politik zuzog.

Nicht auf die Initiative des Königs, wohl aber auf die von ihm gebilligte konfessionspolitische Routine des Innenministeriums ging die Behandlung zurück, die den protestantischen Generalsynoden in Ansbach und Bayreuth 1844 widerfuhr[1213]. Den Generalsynoden stand die – allerdings limitierte – Befugnis zu, über innere Kirchenangelegenheiten zu beraten. Zu bestimmen, was innerkirchliche Angelegenheiten seien, oblag offensichtlich dem aus dem Innenministerium entsandten königlichen Kommissär und dem zur Leitung der Verhandlungen vorgesehenen Mitglied des Oberkonsistoriums. Abel vertrat den Standpunkt, daß das Protestantenedikt nicht von Beratungen über *die* inneren Kirchenangelegenheiten, sondern nur über innere Kirchenangelegenheiten spreche und somit dem Repräsentanten des Ministeriums die Aufgabe der Auswahl aus den zur Debatte stehenden Gegenständen zuweise. Dieser, der (protestantische) Ministerialrat von Voltz, hatte strengste Instruktion, alles von der Besprechung auszuschließen, was auf eine authentische Interpretation des Protestantenedikts hinausliefe, desgleichen Beratungen über die Kniebeugungsfrage und den Gustav-Adolf-Verein. Das Oberkonsistorium bemühte sich, durch Geschäftsordnungsanweisungen tunlichst alles zu unterbinden, was zu Konflikten mit dem Ministerium hätte führen können. Dabei mag nicht nur die Beflissenheit der Behörde im Spiel gewesen sein, sondern auch das Mißtrauen der Kirchenbürokratie gegenüber Organen, deren Ausbildung zu »Repräsentativkörpern« mit selbständigem und unbeschränktem Beratungs- und Petitionsrecht ihr nicht sympathisch war. Abel klagte Anfang Januar 1845 dem Präsidenten des Oberkonsistoriums, daß sich bei den Generalsynoden – analog preußischen Vorgängen – die Tendenz gezeigt habe, das Kirchenregiment an das Volk zu ziehen und deshalb ihre Befugnisse auszudehnen. Roth anerkannte das Gefährliche solcher Bestrebungen und sprach sich in diesem Punkte *gegen* die Synoden aus[1214]. So gelangten zahlreiche Anträge der Synodalen, deren sich zunehmende Empörung bemächtigte, überhaupt nicht zur Verhandlung. In Bayreuth behielten die beiden Kommissäre 34, in Ansbach 63 Petitionen für sich und übergaben sie nicht einmal dem von der Synode gewählten Ausschuß. Nach Schluß der Synoden übersandten die Mitglieder mit überwältigender Mehrheit Eingaben an den König, in denen sie, darin *nachträglich* sogar vom Oberkonsistorium unterstützt, darum baten, künftig nicht mehr in ihrem Rechte, innerkirchliche Angelegenheiten zu beraten, beschränkt zu werden, und die auf den Sitzungen ausgeschlossenen Gegenstände dem König beschwerdeführend übermittelten. In der Folge erschienen während des bayerischen Landtags von 1846 die Beschwerden der beiden Generalsynoden in der Schweiz im Druck[1215].

Ludwig ließ die Beschwerden im Staatsrat behandeln. Abel ahnte, was auf dieser Sitzung bevorstand, und noch an ihrem Vorabend suchte er vorzubeugen und dem König nahezubringen, daß die Aufgabe des Staatsrates einzig und allein darin bestehe, den juristischen Grund oder Ungrund einer Beschwerde zu untersuchen, während das politisch Rätliche seinem Wirkungskreis »gänzlich fremd« bleiben müsse[1216]. Dementsprechend eröffnete der König die Sitzung am 26. Februar 1845 mit einem Hinweis auf die ausschließlich juristische Kompetenz des Staatsrats[1217]. Die neue Abelsche Doktrin widersprach einem seit Jahrzehnten bestehenden Usus des Staatsrats. Der Minister und seine Anhänger, Freiherr von Freyberg an der Spitze, sahen sich hart angefochten, und zwar nicht zuletzt durch den Kronprinzen und den Prinzen Luitpold, der, noch nicht lange Mitglied des Staatsrats, gleich munter, aber nicht eben geschickt, ins Zeug ging. Abels Vorschlag, die Beschwerden mit gleichzeitig beruhigender Mitteilung an das Oberkonsistorium (nicht an die Generalsynoden) abzuweisen, wurde vom König sanktioniert.

Die Kunde über die Meinungsverschiedenheiten im Staatsrat drang bald in die Öffentlichkeit. Es verbreitete sich sogar das Gerücht, von Staatsratsmitgliedern seien Hochverratsverfahren gegen die Synodalen beantragt worden. Der König sah sich zu Beginn der folgenden Staatsratssitzung veranlaßt, auf die Geheimhaltungsverpflichtung der Staatsratsmitglieder hinzuweisen[1218]. Maurer hat später von dieser Sitzung einen Stimmungs- und Gesinnungsumschwung bei Ludwig I. datieren wollen und behauptet, seitdem habe der Monarch den kirchenpolitischen Kurs Abels mißbilligt[1219]. Tatsächlich war es jedoch nicht die Einsicht in die Unhaltbarkeit des bisherigen Kurses, sondern der Widerstand seiner beiden Söhne, der den König, wie die Tagebuchnotizen seit dem 26. Februar bestätigen, tief verstörte[1220]. Auch Abel fuhren die Vorgänge auf der Staatsratssitzung vom 26. Februar in die Glieder. Als Signal zur Kursänderung haben König und Minister die Diskussion nicht verstanden. Zwar mißtraute Ludwig der »ultrakirchlichen Partei« und der Kirchenpolitik Abels seit der Begräbnisaffäre 1841, aber die Klagen der Protestanten betrafen ausnahmslos Tatbestände, die teils vom König selbst hervorgerufen waren, teils auf genauester Absprache zwischen König und Minister beruhten. Gewiß stand der König unter dem Eindruck der überlegenen Argumentation Abels, aber die Verantwortung für die anstößigen Maßnahmen seiner Protestantenpolitik hatte er selbst zu tragen.

Das Interesse der außerbayerischen Presse an Ludwigs Protestantenpolitik, die in Bayern selbst nicht offen diskutiert werden konnte, war wohl öfters politisch als glaubensbrüderlich motiviert. Auf die Dauer nicht fernhalten ließen sich die protestantischen Beschwerden vom Forum des bayerischen Landtags, und zwar in beiden Kammern. 1840 gelang es noch, protestantische Abgeordnete zu bewegen, ihre Gravamina in Form einer außerparlamentarischen Eingabe dem König vorzutragen, 1843 und 1846 rückten die konfessionspolitischen Beschwerden jedoch unter die Verhandlungsgegenstände beider Kammern ein. In den Anträgen der Abgeordneten Bauer und Langguth auf dem Landtag 1846 fand sich alles wieder, was den Generalsynoden von 1844 als Verhandlungsgegenstand versagt worden war[1221]. Die Bedeutung der Angelegenheit ging aus den Bemühungen des Ministeriums hervor, die ohnehin nicht allzu geschlossene protestantische Opposition aufzuspalten. Wertvolle Hilfestellung leisteten dem König und seinem Ministerium dabei sogenannte Regierungsprotestanten. Zu ihnen zählte ein Karrieremacher wie der Verwaltungsjurist Vetterlein, der es schließlich zum Staatsrat brachte, aber auch Männer ohne opportunistische Beweggründe. Als »Regierungsprotestant« par excellence betätigte sich vor allem des Königs Freund Heinrich Freiherr von der Tann, den konfessionspolitische Kontroversen als solche unberührt ließen. Ihm war nur darum zu tun, als homo regius seinem königlichen Herrn und Freund Schwierigkeiten aus dem Weg zu räumen. Als Vermittler und Beschwichtiger im protestantischen Lager leistete er dem Monarchen und seinem Ministerium sehr wertvolle Dienste, andererseits konnte er es sich erlauben, Ludwig darauf aufmerksam zu machen, daß eine bedrohlich gewordene innenpolitische Konstellation die Fortsetzung des konfessionspolitischen Kurses nicht mehr erlaubte.

Eine gefährliche Krise aufgrund der konfessionellen Politik des König konnte vermieden werden. Immerhin – der Druck der Opposition machte sich doch so sehr bemerkbar, daß spätestens um die Mitte der vierziger Jahre König und Minister aus taktischen Gründen im Ton, aber auch in der Sache den Protestanten gegenüber zunehmend konzilianter auftraten. Die faktische Aufhebung der Kniebeugungsorder durch die Entschließung vom 12. Dezember 1845 wurde bereits erwähnt. Am 29. April 1846 erging eine Entschließung, nach welcher die Generalsynoden über alle Gegenstände beraten konnten, welche der Oberleitung des Oberkonsistoriums verfassungsmäßig übergeben waren, doch durften diese Beratungen nie in die dem Oberkonsistorium vorbehaltene Leitung übergreifen[1222]. Was vorhergegangen war, hatte dem Ansehen des Königtums Schaden genug zugefügt. Die Überzeugungen Ludwigs änderten sich jedoch nicht. Er sah in denjenigen, die protestantische Belange vortrugen, lästige Störenfriede: »Die Protestanten ruhen nie; was unter meines Vaters Regierung ihnen nicht in den Sinn gekommen, verlangen sie jetzt von mir«, signierte er anläßlich seiner Ablehnung eines Gesuchs der Protestanten, in und um Eichstätt Gottesdienste abhalten zu dürfen[1223]. Der Vergleich mit der Regierung seines Vaters traf im großen und ganzen zu[1224], aber die Zeiten hatten sich eben geändert. Langsam, aber unaufhaltsam, hatte sich das politische Selbstbewußtsein zahlreicher Gruppen gefestigt. Die Welt war demokratischer geworden, und dies machte sich auch in der Willensbildung *beider* Konfessionen gegenüber dem Staat bemerkbar. Der König identifizierte einen kämpferischen Protestantismus mehr oder minder mit Liberalismus, eine Beurteilung, die allerdings der Selbsteinschätzung zahlreicher Protestanten wohl in der Tat nahekam. Als der Verleger Hornthal in Bamberg den König um Erlaubnis bat, die Lizenz für den »Fränkischen Merkur« an den Protestanten Fromme zu übertragen, lehnte Ludwig dies ab und bemerkte Abel gegenüber: »Im protestantischen Sinn, denn in keinem anderen, würde der Protestant die Zeitung schreiben«[1225]. Ohne Zweifel bedeutete protestantisch an dieser Stelle soviel wie liberal oder oppositionell.

Die gelegentlichen Beteuerungen des Königs, wieviel er auch den Protestanten Gutes erwiesen habe, wirken nicht ganz überzeugend, vergleicht man seine Angaben mit der Generallinie seiner Protestantenpolitik und beleuchtet man sie mittels der Tagebuch-Äußerungen. Er hatte in einer restaurativen Katholizität so sehr seine seelische Heimat gefunden, daß er sich schwer tat, dem Protestantismus positive Seiten abzugewinnen. Nürnbergs alte Kirchen riefen in Ludwig den Wunsch hervor, die Stadt möchte wieder katholisch werden[1226]. Auf Äußerungen von protestantischem »Zelotismus«[1227] (oder was er dafür hielt) reagierte Ludwig empfindlich. Ein vermutlich naiv gestellter Antrag von Nürnberger Protestanten, die Errichtung eines Gustav-Adolf-Denkmals zu unterstützen, ließ ihn an eine typisch protestantische Provokation glauben. Und als gar der Kronprinz sich positiv über die Errichtung eines Gustav-Adolf-Denkmals in Lützen äußerte, geriet sein Vater in größten Zorn[1228]. Stets war er geneigt, an politische Konspiration protestantischer Beamter und Untertanen zu glauben. Umgekehrt zählt es zu den ganz wenigen Nachrichten über politisch-konfessionelle Äußerungen der Königin Therese, daß sie von großer Angst vor den Jesuiten erfüllt war. Wenn diese in Bayern eingeführt werden sollten, sagte sie zu ihrer Oberhofmeisterin, wäre es besser gewesen, sie wäre nie nach Bayern gekommen[1229].

Aus Gründen der Aufrechterhaltung von Moralität und sozialer Stabilität unterstützte der König parallel zu seiner Protestantenpolitik bei den Juden den orthodoxen Konservativismus gegen »Neologen«. Als Kronprinz hat er sich, ausgehend von der wirtschaftlichen Situation, wiederholt unfreundlich über die Juden geäußert[1230]. Seine Auffassung vom bayerischen als einem christlichen Staat trug dazu bei, daß er an einer restriktiven Judenpolitik festhielt, obschon letztlich gesellschaftliche und wirtschaftliche Faktoren den Ausschlag gaben. Persönlich scheint Ludwig gegenüber jüdischen oder vormals jüdischen Bankiers, Schriftstellern und Journalisten (verhältnismäßig) vorurteilslos gewesen zu sein. Die moralischen, sozialen und ökonomischen Schäden, die sich für Juden *und* Christen aus dem benachteiligten Rechtszustand der Israeliten ergaben, blieben dem König nicht verborgen, aber wie dem abzuhelfen sei, scheint ihn nicht sonderlich beschäftigt zu haben. Seine seit 1830 eingewurzelte Tendenz, möglichst wenig Veränderungen vorzunehmen, hat sich auch auf diesem Gebiet ausgewirkt, abgesehen davon, daß er als christlicher Herrscher wenig Anlaß zu haben glaubte, einer nichtchristlichen Minderheit entgegenzukommen. Volle Judenemanzipation wäre ihm wohl als ein revolutionäres Vorhaben erschienen. Der durch Annahme des Christentums sich anbietende Weg zur Emanzipation schien ihm auszureichen.

XVII.
»DER ERSTE STAATSMANN BAYERNS«

1. Aufstieg eines »Roturiers«

Noch während Ludwig der Zorn über das Verhalten des zurückgetretenen Innenministers von Abel in der Lola-Angelegenheit schüttelte, nannte er ihn doch ein großes Talent und einen Staatsmann. Und Ende 1848 erschien er ihm als der »erste Staatsmann Bayerns«[1231]. Bis sich der König 1837 dazu verstanden hatte, den bereits zweimal in Ungnade gefallenen Bürokraten an die Spitze des Innenministeriums zu stellen, hatte es einiger Mühe bedurft.

Mancherlei Verbindungen zwischen dem ehemaligen Reichskammergericht zu Wetzlar und der bayerischen Staatsspitze hatten dazu geführt, daß der Sohn eines Kammergerichtsprokurators, dessen Vorfahren mütterlicherseits dem Kleinadel der nördlichen Oberpfalz angehörten, als junger Mann in bayerische Dienste übergetreten war. Von etwas Protektion aus dem Kreis der sogenannten Cameralen abgesehen, war Abel ein Mann ohne Namen und Vermögen, ganz auf sich allein gestellt. Der »Roturier«, wie man damals nach französischem Sprachgebrauch bürgerliche Aufsteiger und Karrierebeamte nannte, hatte es ausschließlich seinen überragenden Fähigkeiten als Jurist, als politischer Kopf und Menschenkenner zu verdanken, daß er schon früh in Spitzenstellungen gelangte und man um den ehrgeizigen Könner schlechterdings nicht mehr herumkam, der sich freilich gelegentlich durch sein cholerisches Temperament, überscharfes Vorgehen und verletzende Äußerungen in Gefahr brachte. Was seine Gesinnung betraf, war Abel ein typischer Repräsentant des antifeudalen und antiklerikalen Beamtenliberalismus, und ein Zufall ist es sicher nicht gewesen, daß sich Armansperg einen solchen Beamten ins Innenministerium holte. Mit einer Unterbrechung von 1832 bis 1835 blieb Abel, auch von den Nachfolgern Armanspergs wegen seiner weit überdurchschnittlichen Leistungen voll anerkannt und gelobt, *die* juristisch-administrative Kapazität des Ressorts. Abels Auftreten auf dem Landtag 1831 und seine – wie es der König sehen mochte – Komplizenschaft mit der ministeriellen Fronde, deren sich Ludwig auf der Jahreswende 1831/32 entledigte, zogen ihm den heftigen Unwillen des Monarchen zu, der ihn in den auswärtigen Dienst zu verbannen gedachte: »Außer Landes muß er«[1232]. Armansperg bestand darauf, ihn als Substituten der Regentschaft nach Griechenland mitzunehmen. Von seinen Schicksalen in dem »verfluchten Griechenland«, wie sich Abel später ausdrückte[1233], war bereits die Rede. Armansperg konnte nicht umhin, selbst in dem Schreiben, in dem er 1834 Abels Abberufung forderte, zuzugeben, daß »dessen Talent und Kenntnisse allerdings nur hart entbehrt werden«, und die »Achtung vor seinen Fähigkeiten« zu betonen[1234]. Als Abel 1834 nach München zurückkehrte, schien seine Karriere angesichts der Unzufriedenheit des Monarchen mit ihm ihren Endpunkt erreicht zu haben. Der Fürsprache Wallersteins verdankte er es, daß er in das Innenministerium zurückkehren und dort seine Tätigkeit fortsetzen durfte. In einem Glückwunschschreiben zum Neujahr 1837, das Wallerstein, als sich ihre Wege getrennt hatten, der Öffentlichkeit mitteilte, fand der Bürokrat Worte, die einem politischen Treuegelöbnis für seinen Chef nahekamen[1235].

Abel dachte indessen nicht daran, sein Schicksal mit dem des schillernden Fürsten zu verbinden. Der »Roturier« wurde fromm und kirchlich, freundete sich mit dem Bischof Schwäbl an und suchte mit Erfolg Anschluß an die »Kongregation«. Ein Schlüsselereignis in diesem Prozeß bildete eine Konferenz zwischen Wallerstein, Bischof Schwäbl und Abel in Ingolstadt im Oktober 1836, in der es um Ordens- und Klosterfragen ging[1236]. Abel zeigte sich bei dieser Gelegenheit von seiner findigsten und kooperativsten Seite und bewies so seine hocheinzuschätzende Hilfsbereitschaft für das Werk der Klösterrestauration. Vielleicht ließ er bei Schwäbl durchblicken, daß er eine Bekehrung erlebt habe. Fortan besaß er an dem bei Ludwig als Mann der Sailer-Tradition sehr angesehenen Regensburger Bischof einen treuen Freund und Fürsprecher. Auch mit politischen Häuptern der »Partei« hatte er während des Niedergangs von Wallersteins Einfluß wertvolle Beziehungen angeknüpft. Der Generaladjutant Prinz Konstantin Löwenstein schrieb am 18. November 1837 an seinen Schwiegervater: »Die von mir längst erwartete Absetzung Wallersteins ist bereits erfolgt. Abel, welcher sein Nachfolger ist, ist ein sehr braver Mann, der zwar früher liberal war, wie sein König und sein Minister Armansperg Radikale waren. Er hat sich aber überzeugt, daß er sich geirrt, ist sehr religiös geworden, hat übrigens viel Energie und *ist mir persönlich und der Leo sehr attachiert*. Danach war mir die Veränderung nicht unangenehm«[1237].

Unter Münchens Weltkindern nahm man den Sinneswandel

Abels weithin mit Skepsis zur Kenntis und wies darauf hin, daß
der neue Minister, nach ihrer Auffassung nun die âme damnée
der »Kongregation«, bis vor kurzem sehr liberal und in seiner
Lebensführung »très libertin« gewesen sei[1238]. In den gebildeten
Kreisen hängte man ihm den Spitznamen »Tartuffe« an[1239]. Man
kann niemandem ins Herz sehen, und warum sollte Abel nicht,
wie er dem König sagte[1240], der Tod seiner sehr geliebten ersten
Frau tatsächlich so erschüttert haben, daß er nur in der Religion
Trost zu finden hoffte. Auf jeden Fall hat er die »Konversion«
der dreißiger Jahre durch ein lebenslanges privates und politisches Verhalten von lückenloser Geschlossenheit bestätigt.
Allerdings – auch wenn man, wie der Verfasser, geneigt ist, an
die Ehrlichkeit des Abelschen Sinneswandels zu glauben – kann
man nicht übersehen, daß der Zeitpunkt seiner Umkehr mit
einem zunehmend günstigeren Verhältnis der »Kongregation«
zu Ludwig I. zusammenfiel und daß es damals der aussichtsreichste Weg war, sich über Männer der katholisch-konservativen
Richtung beim Herrscher empfehlend in Erinnerung zu bringen,
wenn man nach zweimaliger Ungnade nochmals das Vertrauen
des Monarchen zurückgewinnen wollte. Abel mußte überdies
wissen, daß er eine nochmalige Schwenkung niemals mehr würde
wagen können, wollte er nicht unwiderruflich sein Gesicht verlieren.
  Der König scheint zunächst von einer instinktiven Abneigung
gegen ihn erfüllt gewesen zu sein. Unter Hinweis auf das Chamä-
leonhafte des Abelschen politischen Naturells hat Wallerstein
noch unmittelbar vor seiner Entlassung sich große Mühe gegeben, um Seinsheim und nicht Abel als Nachfolger zu erhalten.
Ihm war klar, daß er es künftig bei Abel mit einem ebenso fähigen
wie gefährlichen Gegner zu tun haben würde, während er die
politische Begabung des konzilianten Seinsheim mit Recht gering
einschätzte und hoffen mochte, dieser würde bald abgewirtschaf-
tet haben[1241]. Auf Zureden von der Tanns und Seinsheims, dem
sich anscheinend bald Wrede anschloß, entschied sich in den
Tagen vom 18. bis 20. Oktober 1837 Ludwig zugunsten Abels[1242].
Abel wurde zunächst, wie es Ludwigs Brauch geworden war, nur
provisorisch ernannt. Noch bis in das Frühjahr 1838 sah man in
München in ihm nur eine Übergangsfigur wie Stürmer im Jahre
1831. Montgelas beispielsweise dachte noch im März 1838 an
Rudhart als Kandidaten[1243], als Abel den König bereits von sich
eingenommen, ja zu überzeugen verstanden hatte.

2. Ideologe und Praktiker:
Katholische Restauration der Gesellschaft

Im Gegensatz zu seinem pragmatischen Vorgänger war Abel der geborene Systematiker mit einer starken Neigung zur Ideologisierung. Was bei seinem König nur in Form bis zum Überdruß wiederholter Leitsätze in Erscheinung trat, verstand Abel zur Doktrin auszubauen und abzurunden. Nicht, daß er dies auf originelle Weise getan hätte! Es sind ihm zwar ungezählte taktische und praktische Lösungen eingefallen, aber selbständige verfassungstheoretische oder staats- und gesellschaftphilosophische Vorstellungen hat er nie entwickelt. Was der König eher fühlte, ahnte, wünschte, hat Abel mit Geschick rationalisiert und seinem Herrn so dargeboten, daß man sich an gut geschriebene Leitartikel oder darüber hinausgehende publizistische Abhandlungen erinnert fühlt. Als Verfasser von Zeitungsaufsätzen hatte Abel beträchtliche Erfahrungen gesammelt. Auch als Minister sah er sich öfters durch den König zu anonymen Beiträgen in der Presse veranlaßt.

Abel wußte nur zu gut, was der König hören wollte, und er paßte sich ihm auf eine raffinierte Weise an. Er beeindruckte den Monarchen dadurch, daß er dessen wenig elegant formulierte Meinungen in die gängige politische Phraseologie übersetzte, sie in historisch-philosophische Zusammenhänge einordnete und dem Herrscher das angenehme Gefühl vermittelte, sich als Exponent eines imponierenden Systems der Festigung und Gesundung einer – vermeintlich – aus den Fugen geratenen Gesellschaft bestätigt zu finden. Nach einigen Jahren stieg in Ludwig freilich der Verdacht auf, daß der Minister bei der Interpretation der königlichen Meinung einige Akzente fast unmerklich anders setzte, als dies in der Absicht des Monarchen lag.

Abels staats- und verfassungstheoretische Beweisführung, teils ad usum regis in seinen Berichten niedergelegt, teils im Staatsrat vorgetragen, teils dem Landtag mit belehrendem und drohendem Unterton zur Kenntnis gebracht, galt politisch in erster Linie der Verteidigung des Monarchischen Prinzips. Wie keiner seiner Vorgänger wachte er unerbittlich darüber, daß Einschränkungen oder Aufweichungen des Prinzips unterblieben, suchte er zu verhüten, daß kein »Einschwärzen« (einer seiner Lieblingsausdrücke) dem Prinzip fremder und widerstrebender Vorstellungen in das politische Denken und die politische Praxis erfolge. Wie in den meisten anderen Fachgebieten der Jurisprudenz zeigte er sich auch als Staatsrechtler überdurchschnittlich beschlagen. Wenn er im Landtag konkrete Fragen dadurch in seinem Sinn zu lösen suchte, daß er sie verfassungstheoretisch verallgemeinerte, sahen sich nur wenige Parlamentarier in der Lage, ihm mit Erfolg zu widersprechen. Bei dieser Gelegenheit griff er gelegentlich zu Anleihen aus der romantischen Sozietätsphilosophie Adam Heinrich Müllerscher und Jarckescher, nicht Baaderscher Prägung[1244]. Er nahm stets, was ihm brauchbar erschien.

Die Diskrepanz zwischen der ideologischen Fassade und den auch und gerade von Abel erkannten Realitäten der bayerischen Politik war eklatant. Der Fiktion einer ständisch-korporativen Restauration machte er, gleich seinem König, allenfalls verbale und kosmetische Zugeständnisse; gegen tiefergreifende romantische Experimente hatte der omnipotente Beamten- und Verwaltungsstaat bereits unübersteigbare Barrieren aufgerichtet. Nie konnte Abel als Bürokrat die Herkunft aus der Schule Montgelas' verleugnen. Sie bestimmte auch unter Ludwig den administrativen Alltag des Königreichs, und weder der royalistische noch der religiöse Zungenschlag Abels konnten darüber hinwegtäuschen, daß ihm die Rolle eines bürokratischen Autoritarismus auf den Leib geschrieben war. Andererseits kam Abel um Konzessionen an das Parlament nicht herum. Gleich seinem König sah er sich genötigt, dem unaufhaltsamen Industrialisierungs- und Modernisierungsprozeß, dem Übergang von einer ständischen zu einer politisch liberalen, sozial mobileren, ökonomisch kapitalistischen Gesellschaft durch mancherlei Maßnahmen, so durch Fortsetzung der unter Wallerstein begonnenen Eisenbahnpolitik, Vorschub zu leisten. Es geschah dies allerdings bei Monarch und Minister fast wider Willen; jedenfalls nicht aus der Mentalität eines liberalen Optimismus.

Den Löwenanteil an Abels ideologischen Bemühungen machten nicht seine verfassungstheoretischen Erörterungen aus, sondern seine Überlegungen zu einer religiös-kirchlichen Regeneration von Politik und Gesellschaft. Dabei zeigte es sich deutlich, wie er über die Kabinettspolitik alten Stils und bloße Verwaltungsroutine hinausgewachsen war und daß er ideologische Fundierung als unentbehrlich für eine erfolgreiche Politik im 19. Jahrhundert begriff. Die politische Entwicklung seit der Französischen Revolution, Liberalismus und Demokratie als geistige und politische Bewegung, hatten diesen neuen Stil erzwungen. Den Konservativen blieb nichts übrig, als sich ihm anzupassen, wenn es ihnen auch um einen anderen Inhalt ging.

Abel betrachtete die zeitgenössische Gesellschaft mit größter Skepsis. Ihre Unzulänglichkeiten und Bruchstellen analysierte er nicht gesellschaftsimmanent, sondern aus moralisch-religiöser Perspektive als Ergebnis eines Säkularisierungsprozesses, dessen Rückgängigmachung ihm als das Gebot der Stunde erschien. Mit Zustimmung des Königs durfte Abel stets rechnen, wenn er versuchte, sein Geschichtsbild zu aktualisieren. Er interpretierte im Sinn der römisch-katholischen Geschichtsphilosophie die Neuzeit als einen mit der Reformation einsetzenden Verfallsprozeß; durch die protestantisch-französische Zusammenarbeit des 16. und 17. Jahrhunderts sei überdies das Reich, eine in seinen Augen christliche Institution, entscheidend geschwächt worden. Gleich den anderen katholischen Romantikern sah er in den Reformatoren die Großväter der Jakobiner und in der Französischen Revolution samt Folgeerscheinungen einen eschatologisch zu begreifenden bisherigen Höhepunkt des allgemeinen Niedergangs. Wer konnte diesen aufhalten? Die Möglichkeit einer soliden und breit angelegten konservativen Politik erblickten der König und er ausschließlich in deren kirchlichen, nach ihrer Überzeugung primär katholischen Grundlegung. Seine Kirche verehrte Abel gewiß als Heilanstalt, in nicht geringem Maße würdigte er sie aber auch als nicht erst mittels einer Utopie zu beschwörende, sondern bereits vorhandene, bessere und höhere Form der Gesellschaft im Gegensatz zur weltlichen. Nicht nur Verchristlichung, auch Verkirchlichung der Gesellschaft war sein Ziel.

Sieht man von der grundsätzlichen Problematik jeder restaurativen Politik und zumal der Verbindung von Thron und Altar ab, zeigten sich im Fall der katholischen Restaurationspolitik des Königs und Abels zwei spezifische Schwachstellen. Die Aussichten des Abelschen Programms reduzierten sich angesichts des konfessionellen Pluralismus. Abel sah das »protestantische Prinzip« als abwegig und verloren an, doch anerkannte er das Vorhandensein christlicher Substanz innerhalb der protestantischen Kirchen, und es verstand sich für ihn wie für den König von selbst, die protestantische Orthodoxie aus allgemein konservativen Gründen gegen den protestantischen Liberalismus zu verteidigen. Es mußte sich sein Vorgehen hauptsächlich auf den katholischen Teil der bayerischen Bevölkerung beschränken, den es unter den Bedingungen des 19. Jahrhunderts neu zu indoktrinieren galt. Ließ sich aber die katholische aus der gesamtbayerischen, ließ sich die bayerische aus der ebenfalls gemischtkonfessionellen und außerhalb Österreichs sogar überwiegend protestantischen deutschen Gesellschaft herauslösen? Machte sich der nationalliberale und moderne Zusammenhalt der deutschen Gesellschaft nicht am Ende stärker geltend als der konfessionelle?

Des Konfessionspolitikers Abel zweites Dilemma war seine Verstrickung in das staatskirchliche System des Königreichs Bayern. Ludwig sprach zwar weniger vom Staat als von seinen Kronrechten, aber in der Sache lief auch seine monarchisch akzentuierte Kirchenpolitik auf Staatskirchenpolitik hinaus. Abel hatte sich in einer langen bürokratischen Dienstzeit diesem System so sehr angepaßt, daß es ihm gewissermaßen zur zweiten Natur geworden war, obwohl er theoretisch über die staatskirchliche Praxis bereits hinausdachte und auch praktische Versuche unternahm, um die staatskirchliche Politik wenigstens in ihren Randzonen aufzulockern. An eine Veränderung in wesentlichen Punkten war unter Ludwig jedoch nicht zu denken. Eifersüchtig wahrte dieser seine Kronrechte und instinktsicher argwöhnte er, daß sein sonst sehr geschätzter Innenminister »mit der Brille der Fanatiker sieht«. So stellte sich Abels kirchenpolitischer Kurs seit Ende 1841 aus der Sicht des Königs dar.

Man muß bei der Kirchenpolitik Abels zwischen Fernzielen unterscheiden, die sich während seiner Ministertätigkeit schwerlich verwirklichen ließen, und einer tagespolitischen und mittelfristigen Praxis, die ihn zur Handhabung des staatskirchlichen Instrumentariums nötigte.

Abel hatte Glück hinsichtlich des Ausscheidens möglicher Rivalen (Grandaur und Rudhart starben 1838), nicht minder aber auch im Hinblick auf Gelegenheiten, die es ihm erlaubten, vor dem König seine Fähigkeiten und seine Gesinnung in hellstem Lichte erstrahlen zu lassen. Fast gleichzeitig mit seiner provisorischen Ernennung kam es zu den »Kölner Wirren«, die Abel die Möglichkeit verschafften, unter weitgehender Ausschaltung Gises sich dem König als katholischer Staatsmann zu empfehlen und als solcher zu bewähren. Fortune, taktische Meisterschaft und fachliche Leistung vereinigten sich, um Abel eine fast zehnjährige Ministertätigkeit zu ermöglichen.

Als *die* Bewährungsproben für den Taktiker Abel sind drei Landtage anzusehen, die er, abgesehen von einigen temperamentsbedingten Entgleisungen, mit Bravour und Gerissenheit im Sinne seines Königs hinter sich brachte. Während der ganzen Zeit seiner Ministerschaft hat er Ruhe und Ordnung nach den

Grundsätzen des vormärzlichen Polizeistaats aufrechterhalten, und zwar nicht nur durch repressive Maßnahmen einschließlich seiner Zensurpolitik, sondern auch durch komplizierte politische Manipulationen. Der Münchner Bierkrawalle 1844 und geringfügiger Exzesse wurde er rasch Herr. Wie die Polizei lagen bei Abel auch alle anderen Gebiete der Staatsverwaltung in (vom Standpunkt des Königs aus gesehen) »guten Händen«. Dem ist freilich hinzuzufügen, daß innenpolitisch weniger regiert als verwaltet wurde. Der König war seit 1830 mehr und mehr zu Immobilismus übergegangen.

Die Kraft jedes Politikers wird zu einem ganz erheblichen Teil von den Auseinandersetzungen mit seinen Widersachern in Anspruch genommen. Für bayerische Minister kam hinzu, daß sie es mit einem nervenaufreibenden Dienstherrn zu tun hatten, mit dem zurechtzukommen der Raffinesse bedurfte. An Feinden ringsum im Lande fehlte es Abel gewiß nicht: Prinz Karl, der Kronprinz und Prinz Luitpold standen unter Wallersteins Einfluß und zeigten ihre Abneigung gegen Abels Kurs. Den Prinzen reihten sich noch andere Widersacher am Hofe an, ferner, gewichtiger, eine Gruppierung von Standesherren und anderen Reichsräten, Feinde in den höheren Rängen der Bürokratie – die mittleren und unteren waren ihm gewiß nicht hold, aber er konnte sie vernachlässigen –, unter den protestantischen Laien und Geistlichen, unter der liberalen Intelligenz, die mit jenen teilweise identisch war, unter dem gesamten liberal gestimmten Teil der Bevölkerung, der in der Pfalz und in Franken die Mehrheit ausmachte und deren Vertreter sich im Landtag an dem verhaßten und zum Wortführer der Reaktion gewordenen Abel rieben. Sich gegen eine solche Phalanx beinahe zehn Jahre durchzusetzen, war keine geringe politische Leistung.

Wer stand hinter Abel? Im Grunde hielt ihn nur der König, und dessen Gunst schwankte von Zeit zu Zeit. Ein Nichtkatholik wie von der Tann, dem der konfessionelle Gesichtspunkt anscheinend nichts bedeutete, ist Abel in wichtigen Momenten beigestanden, aber es fiel ihm nicht ein, sich auf den Abelschen Kurs festzulegen. Verlassen konnte sich Abel mehr und mehr auf den politischen Katholizismus Bayerns, auf das konservativ-katholische Wahlvolk, auf Episkopat und Klerus der römisch-katholischen Kirche im Lande. Populär wurde Abel im Augenblick seines Rücktritts wegen der Meinungsverschiedenheiten mit dem König in der Angelegenheit Lola Montez. Sonst blieb er der nichts weniger als volkstümliche, bürokratisch-autoritäre

Staatsmann par excellence, gemäß seinem Herkommen und seinen Antezedentien, nach Mentalität und Auftreten übrigens ein ganz unbayerischer Typ.

Wäre Ludwig ein unpolitischer Monarch gewesen, der seinen Ministern freie Hand gelassen hätte, wäre von Abel teils wohl elastischer, teils – weltanschauungspolitisch – noch konsequenter regiert worden. Solchen Hypothesen nachzuhängen, wäre in einer Biographie Abels angebracht, uns kann es nur um Abels Bewegungen unter dem Joch König Ludwigs gehen. Dieser ängstigte sich bei allen politischen Talenten, die ihm dienten, sie könnten ihn und seinen Ruhm verdunkeln. Er tat daher alles, um nicht den Anschein zu erwecken, er halte die Zügel nicht mehr in Händen. Auch und gerade auf dem Feld der Kirchenpolitik ließ er Abel fühlen, daß er, der Monarch, ganz ausschließlich den Kurs zu bestimmen willens sei. Obschon er sich im Prinzip mit Abel einig wußte, vermerkte er argwöhnisch, daß sein Staatsmann nicht zuletzt im Hinblick auf Jesuiten und Redemptoristen und in der Zusammenarbeit mit dem Episkopat auf mehr ausging, als ihm, Ludwig, gut dünkte. Trotz eines gewissen Prestigeverlustes wegen seiner Duellaffäre mit Wallerstein und der Ablehnung seines Vorschlags, die Jesuiten zuzulassen, befand sich Abel bis zum Herbst 1841 in aufsteigender Linie, was die Gunst des Monarchen und den Ausbau seiner Stellung anlangt. Ludwig hatte ihm wiederholt versichert, daß er ihn nicht nur für einen Minister, sondern für einen Staatsmann ansehe[1245]. Aber der Zorn des Königs über das Verhalten der »Partei« bei dem Begräbnis der Königinwitwe führte im Verhältnis zwischen dem König und seinem Minister zu einem schweren Rückschlag. Nur gelegentlich, aber nicht auf Dauer, hat Abel das seither beim König eingewurzelte Mißtrauen gegen seine Kirchenpolitik noch überwinden können.

3. Abel und Wallerstein

Abel fand unter seinen liberalen wie unter seinen spezifisch protestantischen Gegnern keinen ihm voll ebenbürtigen Widersacher. Weder ein Graf Giech noch ein Freiherr von Rotenhan noch seine Kollegen aus der hohen Bürokratie noch die Gegner in der Zweiten Kammer konnten sich mit Abel als Fachmann und Meister des politischen Spiels messen. Der einzige ihm gewachsene politische Kopf, der es an Fähigkeiten wie an Raffinesse mit Abel durchaus aufnehmen konnte, war Fürst Wallerstein. Die zehnjährige »Ägyptische Finsternis«, wie die Liberalen das Regime Abels zu bezeichnen pflegten, bot das bewegte Schauspiel eines fortwährenden Duells zwischen Abel und seinem Vorgänger[1246]. Für Wallerstein sah die Situation bei seiner November 1837 unter beleidigenden Begleitumständen erfolgten Entlassung fast hoffnungslos aus, aber der geborene Optimist und Sanguiniker hat damals wie später selbst in verzweifelten Lagen nie daran gedacht aufzugeben, und der König erkannte immerhin, daß man einen Mann, der in so viele Staatsgeheimnisse eingeweiht war wie Wallerstein nicht zur Verzweiflung und das heißt zu unüberlegten Schritten treiben durfte. Überdies verfügte Wallerstein über nicht geringen persönlichen und gesellschaftlichen Rückhalt bei der Oberschicht und eine, wie sich zeigen sollte, sehr einflußreiche Stellung in der Ersten Kammer. Die Mediatisierten durch Verletzung ihres Standesstolzes gegen sich aufzubringen, trug Ludwig begründete Bedenken. Die Schwierigkeiten, die ihm die Hocharistokratie auf dem Landtag 1827/28 bereitet hatte, konnte er nicht vergessen haben. Berechnung, nicht Dankbarkeit motivierte den König, wenn er Wallerstein nie ganz fallen ließ.

Franz von Baader hat den Unterschied der beiden Rivalen Abel und Wallerstein auf eine geistreiche Formel gebracht. Er meinte, daß Abel »den Saturnus repräsentiert, wie sein Vorfahrer den Mercurius«[1247]. Im Wesen Abels, obschon auch er liebenswürdig und umgänglich sein konnte, dominierten Strenge, Ernst und Pedanterie. Wo er es sich leisten konnte, neigte er zu kurz angebundenem Ton, Ungeduld und Schroffheit. Inhuman ist er jedoch nie gewesen. Ein Blick auf die Schrift der beiden Widersacher muß auch dem graphologisch Unkundigen zu denken geben. Wallersteins Schriftzüge wirken verspielt und verschnörkelt, diejenigen Abels wie gestochen gleichmäßig und korrekt. Wallerstein verströmte sich, Abel war die Systematik, Konzentration und Kalkulation in Person. Wie aber hinter der für die Zeitgenossen oft kaum durchschaubaren Vernebelungstaktik Wallersteins ein zielsicherer Wille stand, so kompliziert sich das Charakterbild Abels, wenn man erkennt, daß er seine Rationalität und Selbstdisziplin in den Dienst eines vulkanischen Ehrgeizes gestellt hatte[1248]. Dazu traten ab und zu Zornesausbrüche[1249], die den nur scheinbar Überlegenheit und Selbstbeherrschung personifizierenden Mann zu Handlungen verleiteten, wie sie (der nun allerdings in seiner privaten Finanzgebarung beinahe unzurechnungsfähige) Wallerstein nie begangen hätte.

Abels Plus an intellektueller Disziplin kompensierte Wallerstein durch reichere politische Phantasie. Abels Erfindungsgabe bewährte sich an vorgegebenen Problemen, die er scharfsinnig und oft sehr subtil und, wenn er sich nicht anders hinaussah, auch haarspalterisch anging. Der zuweilen irrlichternde Wallerstein verfiel, wenn es seinen Zwecken entsprach, auf luftige Konstruktionen, meist jedoch nur, um die Hindernisse, die sein schwieriger König vor ihm aufbaute, zu überwinden oder um diesen sonst zu beeindrucken oder abzulenken. An der hohen politischen Befähigung beider Staatsmänner kann kein Zweifel bestehen.

Wallersteins Charme zu widerstehen, fiel schwer, Abel wirkte auf sensiblere Naturen häufig düster, unaufrichtig, gefährlich. »Mir ist sein ganzes Wesen ein widerwärtiges, unheimliches«, schrieb Diepenbrock an Emilie Linder[1250]. Und der sehr ausgeglichene Oppositionsführer Freiherr von Rotenhan sprach in einem Brief an seine Frau von Abel als dem »herzlosen, falschen, unwahren, heftigen, reizbaren Manne«[1251].

In der psychologischen Behandlung ihres Monarchen wetteiferten beide Staatsmänner um die Palme. Die Kunst, dem Herrscher das, was *sie* durchzusetzen strebten, als *seinen* Herzenswunsch einzureden, beherrschten sie mit gleicher Meisterschaft. Völlig gleichartig verfuhren sie bei der systematischen Destruierung von Gegnern. In wohlabgewogenen und ständig sich steigernden Dosierungen wurde der Monarch gegen mißliebige Persönlichkeiten eingenommen. Oft genug hatte die kontinuierliche Berieselung Erfolg, obschon der Eigenwille des Königs manchmal auch bei noch so kunstreichen Intrigen einen Strich durch die Rechnung machte. Wenn Abel im schriftlichen und mündlichen Umgang mit dem König im ganzen der Erfolgreichere blieb, so wohl deswegen, weil er sich im Gegensatz zu dem oft in wolkige und mystifizierende Andeutungen abschweifenden Wallerstein einfacher, klarer und prägnanter ausdrückte. Der König wußte, wenn er ein Schreiben Abels gelesen hatte, woran er war, während Wallerstein häufig mehrdeutig blieb und sich Hintertüren stets offen hielt. Das Soll an Weihrauch, das Abel dem König glaubte spenden zu müssen, war wie bei Wallerstein hoch angesetzt. Einen angeblichen Triumph über die Landtagsopposition – tatsächlich handelte es sich nur um einen Kompromiß – feierte Abel mit folgenden Worten: »Es waren die ergreifendsten Stunden, die ich in meinem Leben erlebt habe, Tränen der Freude und der Rührung feuchteten jedes Auge. Der heutige Tag ist für Eure kgl. Mt. der glorreichsten einer:

Kein anderer teutscher Fürst kann sich eines solchen Volkes rühmen und in keiner anderen teutschen Ständeversammlung wären nach so schweren Zerwürfnissen wie die am Anfang des Landtags bestandenen solche Endergebnisse zu erzielen gewesen«[1252]. Drei Jahre später: »Eure kgl. Mt. werden mir nicht darob zürnen, daß ich bei den Gefühlen, die für Allerhöchstdieselben in meiner Brust glühen, in Allerhöchst dero Gnade mein höchstes Glück erblicke. Die Macht dieser Gefühle und das Bedürfnis, Eurer kgl. Mt. meine höchste Liebe und Dankbarkeit zu bestätigen, beherrschen mich so ganz, daß auch die leiseste Besorgnis, durch irgend etwas absichtslos das Allerhöchste Mißfallen zugezogen zu haben, mich gänzlich lähmt und den Verstand davonträgt«[1253]. Die ihm übermittelten Weisungen oder Aktenstücke bezeichnete Abel als »*herab*geschlossen«, Bemerkungen des Königs »als vortreffliche, der tiefen Fülle des königlichen Gemüts entquollene Handschreiben«[1254]. Es ist kaum anzunehmen, daß ein so intelligenter und zum Sarkasmus neigender Mensch wie Abel dergleichen ganz ernstgenommen habe. Wenn er vor Ergebenheit und Bescheidenheit triefende Briefe anderer an den König zu kommentieren hatte, war er jedenfalls mit Desillusionierung umgehend bei der Hand. Äußerungen Hoermanns nannte er in einem solchen Falle kurzweg »Phrasen«, an die »von Hoermann selbst am wenigsten glaubt«[1255]. Waren Abels und Wallersteins Phrasen glaubhafter? Besonders unangenehm machte sich in Abels Schreiben an den König ein schwülstig-frömmelnder Ton bemerkbar. Auch Wallerstein hatte des öfteren den Himmel zum Zeugen der Reinheit seiner Absichten angerufen. Abel brachte »den Ewigen« zum gleichen Zweck noch häufiger in ein Spiel, das eben nicht nach religiösen, sondern nach machiavellistischen Regeln gespielt wurde.

Kaum an die Spitze des Ministeriums gelangt, sprach Abel von dem gestürzten Vorgänger in einem Ton, der einem Geächteten gegenüber angemessen gewesen wäre. Den König veranlaßte er, den besonderen Vertrauten Wallersteins, Ministerialrat Berks, gewiß eine unerfreuliche Persönlichkeit, nach Landshut zu versetzen; andere von Wallerstein begünstigte Männer wußte er auf andere Weise kaltzustellen. Ungeheurer Eifer wurde entfaltet, um angeblichen dienstlichen Verfehlungen Wallersteins auf die Spur zu kommen. Trotz geheimnisvoller Andeutungen, die Abel dem König vortrug, ließ sich im Dienstbereich nichts Nennenswertes ermitteln; daß der Fürst als Privatmann finanziell häufig in abenteuerlich derangierten Verhältnissen lebte, war ohnehin bekannt. Bis zum Landtag 1840 wurde es nach außen hin bald stiller um die dienstlichen Vorwürfe, intern hörte Abel jedoch nicht auf, darüber nachzudenken, wie er sich des nach wie vor gefürchteten Rivalen durch einen Meisterstreich entledigen könne.

Am 10. April 1840 äußerte sich Wallerstein über Abel mit folgenden Worten im Reichsrat: »Übrigens habe der Mann, von welchem Ihnen jetzt eine solche Behandlung zuteil wurde, früher ganz anders von Ihnen geurteilt... Ihn feindeten sie nicht an ob seines beispiellosen Angriffs; denn er sei, wie ihn der Schöpfer gemacht habe, rechtlich, aber vulkanisch im Hasse wie in der Freundschaft. Ihre persönlichen Kontakte hätten seit Jahren aufgehört; jene Stimme, die früher bei gewechselten Rollen, als grenzenlose Ungnade sein und höchste Gunst Ihr Los gewesen, mit Wärme für ihn sich erhoben, sei ihm verklungen und seine lebhafte Einbildungskraft habe sich aus Ihnen allmählich ein Phantom von Feind gebildet, das unablässig vor seinen Augen auf- und niedertauchend und bei jedem mißlungenen Vorhaben, bei jeder Debatte den inneren Kampfesdrang steigernd, endlich heute als fesselloser Orkan zutage getreten sei« (Text des Protokolls)[1256]. Welcher Vorgang lag diesen Worten zugrunde? Abel hatte tags zuvor in der Abgeordnetenkammer Ausführungen über die umstrittene Budgetfrage zu Angriffen auf seinen Vorgänger benützt. Er begnügte sich nicht damit, ihm anzulasten, daß er die »fluchwürdige Theorie des Usus« in der Budgetpolitik zu praktizieren versucht habe, sondern er behauptete darüber hinaus, der Fürst habe Abgeordnete hintergangen, Spione bezahlt und mit öffentlichen Geldern ein gegen ihn gerichtetes Manuskript zurückgekauft[1257]. Dies alles ohne Namensnennung, aber mit solcher Eindeutigkeit, daß niemand zweifeln konnte, wer gemeint sei. Am folgenden Tage, dem letzten des Landtags, zur Rede gestellt, wiederholte Abel seine Behauptungen und sagte mit Bezug auf Wallerstein: »Glücklicherweise habe Bayern nur ein Individuum aufzuweisen, welches tief genug gesunken ist, daß ihm ein solcher Vorwurf gemacht werden kann«[1258]. Abel hat bald darauf dem König gegenüber seine Maßlosigkeit als Fehler eingestanden und mit seiner Überarbeitung erklärt[1259]. Der König, den die Erste Kammer durch den Kronprinzen unterrichten und ihre Empörung über den Vorfall zum Ausdruck bringen ließ[1260], beklagte Abels Übereilung, weil sie dem schon so weit zurückgedrängten Wallerstein zu »neuem Schwung« verholfen habe[1261]. Zu früh jubelten allerdings diejenigen, die, wie Baader, meinten, Abel wäre bereits erledigt und es werde mit ihm »wenigstens ein großes Stück des Pfaffenbandwurms abgetrieben«[1262]. Die Tatsache, daß Abel ihm seit langem bekanntes Material bis zum vorletzten und letzten Sitzungstag der Kammern aufgespart und eine so einhellige Demonstration, wie sie seitens der Ersten Kammer dann doch erfolgte, wegen der Zeitknappheit vielleicht nicht mehr für möglich gehalten hatte, führte zu der Vermutung, der Minister habe sich nicht von seinem zornmütigen Temperament übermannen lassen, sondern sei mit abgefeimter Kalkulation vorgegangen. Sei dem wie immer: Nach den damaligen Ehrbegriffen der höheren Schichten konnte eine Beleidigung, wie sie Wallerstein zugefügt worden war, nur durch einen Zweikampf gesühnt werden. Duelle hat Ludwig stets eindeutig abgelehnt, und er hat sie – bei gesellschaftlich und politisch unbedeutenden Personen – streng bestraft[1263]. Nachdem er Abel und Wallerstein zunächst einen Zweikampf verboten hatte[1264], fügte auch der Monarch sich schließlich der herrschenden Sitte. Er konnte dies umso eher tun, als er über Graf August Rechberg und den Minister von Gumppenberg erfuhr, daß nur die Farce eines Duells aufgeführt würde. So spielte sich denn am Nachmittag des 11. April 1840 die teils groteske, teils bedenkliche Szene ab, daß der frühere Innenminister, begleitet vom amtierenden Kriegsminister als Sekundanten, und sein amtierender Nachfolger, sekundiert – dies eine Delikatesse besonderer Art – von dem obersten Richter des Landes, dem Oberappellationsgerichtspräsidenten Graf August Rechberg, sich bei der Wirtschaft Aumeister im Englischen Garten bei München ein Scheinduell lieferten und einige Löcher in die Luft schossen. Anschließend erfolgten Ehrenerklärungen. König Ludwig empfing Wallerstein, bedauerte die Angriffe Abels, führte sie auf dessen Überarbeitung zurück und erklärte nachdrücklich, daß sie ohne sein Wissen erfolgt seien[1265]. Die Sache war jedoch selbst hinsichtlich des Ehrenhandels noch nicht abgetan. Es folgte seitens der Beteiligten noch ein peinlich wirkender Briefwechsel, verbunden mit merkwürdigem Verhalten der Zeugen, die ihre ursprünglichen Aussagen mehrfach abschwächten.

Das Schießduell im Englischen Garten beendete nur eine Phase im zehnjährigen Zweikampf zwischen Abel und Wallerstein. Seit Ende 1840 ließ der Monarch über von der Tann mit Wallerstein verhandeln, um ihn unter Ausnützung seiner finanziellen Situation zu veranlassen, gegen eine Abfindung außer Landes zu gehen[1266]. Diesen Gefallen tat Wallerstein dem König und Abel nicht, und schließlich verbesserte sich das Angebot. Zähes Handeln und Feilschen lag durchaus in der Natur des Königs, aber auch andere verstanden sich darauf. Jahre hindurch versuchte man, Wallerstein den Gesandtschaftsposten in Turin oder Bern oder beide zusammen schmackhaft zu machen, um ihn vom bayerischen politischen Leben zu entfernen. Aber Wallerstein widerstand. Sein Rückhalt unter den Prinzen des königlichen Hauses und unter seinen Standesgenossen war bedeutend. Als stärkste Waffe des nicht auszuschaltenden Politikers erwies sich seine Zugehörigkeit zum Reichsrat. Während des Landtags von 1843 waren die von Abel und schließlich auch mit Zustimmung des Königs angestrebten Lösungen nur durch die raffinierte Politik Wallersteins in der Ersten Kammer zu erreichen, der zu demonstrieren verstand, daß ohne ihn parlamentarisch schlechterdings nichts ging. Abel sah sich genötigt, dies zuzugeben, wenn er auch hinzufügte, daß ihn ein unheimliches Gefühl beschleiche, wenn er beobachte, wie Wallerstein unausgesetzt die Fäden ziehe und »bald diesen, bald jenen hinters Licht führt«[1267]. Des Fürsten Verdienste als parlamentarische Zentralfigur wurden nach Schluß des Landtags vom König durch Ernennung zum Staatsrat im außerordentlichen Dienst honoriert[1268]. Die griechische Revolution und die durch sie herbeigeführte Gefährdung der bayerischen Dynastie in Athen eröffneten Wallerstein ein neues Tätigkeitsfeld. 1843/44 begab er sich in außerordentlicher Mission nach Paris und London, um für die Dynastie Wittelsbach in Griechenland zu retten, was noch zu retten war. Auch dieser Aufgabe hat er sich mit großem Geschick entledigt. Der Außenminister Freiherr von Gise zitterte schon um seinen Posten, weil er befürchtete, Wallerstein werde auf dem Weg einer erfolgreichen Mission in das Staatsministerium zurückkehren. Der König hatte dergleichen jedoch nicht im Sinn. Ihm war klar, daß Wallerstein und Abel in *einem* Ministerium nicht gedeihlich zusammenwirken könnten. Während die Verhandlungen um eine standesgemäße Versorgung des Fürsten fortgesetzt wurden, genehmigte Ludwig auf Abels Antrag 1845 nebenbei auch einen Betrag von 1000 fl., um einen Wallerstein tatsächlich oder angeblich kompromittierenden Brief anzukaufen[1269]. Das Ergebnis scheint enttäuschend gewesen zu sein. Als der Virtuoso Wallerstein auf dem Landtag 1846 abermals im Reichsrat mit wahrhaft akrobatischer Equilibristik zwischen oppositionellen und gouvernementalen Positionen seine taktische Meisterschaft bewies – in seiner Freude an deftigen bayerischen Ausdrücken notierte der König wiederholt, Wallerstein habe seine Standesgenossen wieder einmal »über den Gänsdreck« geführt –, war für ihn eine höhere Belohnung fällig. Der König ernannte den von Abel mit entsprechenden Hintergedanken als »Exportartikel«[1270] bezeichneten Fürsten zum Gesandten in Paris.

Abel und Wallerstein waren als politische Taktiker einander wert, im guten wie im bösen Sinn des Wortes. Für die ungewöhnlichen Dienste, die sie ihrem König geleistet haben, konnten auch die ihnen zuteil gewordenen Gnadenerweise des Monarchen kein ausreichendes Äquivalent bilden. Der eine wie der andere ist an Ludwig I. gescheitert, der Wallerstein – und das will etwas heißen – vielleicht noch übler als Abel mitgespielt hat. Vergleicht man die Amtsführung beider Staatsmänner, so mag man den Kurs des Ministers Abel als den solideren, seriöseren und konsequenteren bezeichnen. Was ihre Leistungen in der bayerischen Administration betrifft, durfte Wallerstein ein erhebliches Mehr an Einfallsreichtum und Kreativität für sich verbuchen. Obschon Ludwig seit 1830/31 eine Neuerungen abholde Generallinie eingeschlagen hatte, ist es erstaunlich, was der Fürst innerhalb des ihm belassenen engen Spielraums noch zuwege und voran brachte. Abel war von Natur aus eher ein verwaltender als ein schöpferischer Staatsmann, gewiß ein sehr begabter politischer Kopf auch er, aber wohl noch mehr ein juristisch-bürokratisches Talent. Jedenfalls paßte er sich seinem König auch darin noch mehr an als Wallerstein, daß er alles, was Unruhe oder Bewegung verursachen konnte, zu meiden suchte und vorwiegend defensiv reagierte. Risikofreudiger zeigte er sich auf konfessionspolitischem Gebiet.

4. Von Landtag zu Landtag

Infolge der neuen Kreiseinteilung Bayerns 1838 war der erste von Abel zu bewältigende Landtag von 1840, der sonst in der Besetzung von 1837 zusammengetreten wäre, neu gewählt worden. Man hatte den König von der verfassungsmäßigen Notwendigkeit einer Neuwahl im Staatsrat überzeugt[1271]. Ob man sich davon auch politische Vorteile versprach, ist nicht ersichtlich. Jedenfalls hielt man auch 1839/40 das bekannte Instrumentarium von Urlaubsverweigerungen für beamtete Abgeordnete der Zweiten Kammer bis zur individuellen Bearbeitung der Volksboten und sorgfältiger Auswahl der Kammerpräsidenten durch den König für unerläßlich, um mit dem Landtag zurechtzukommen. Viel war von der Zweiten Kammer auf dem Nicht-Budgetlandtag 1840 nicht zu befürchten. Die Erste Kammer von 1840 war trotz weitaus stärkerer personeller Kontinuität nicht mehr diejenige von 1827/28. Sie agierte in einem veränderten politischen Koordinatensystem. Die jahrelange Amtstätigkeit des Standesgenossen Wallerstein als Innenminister hatte die Pairie dem bayerischen Staate um ein gutes Stück nähergebracht. Die Entlassung dieses Mannes und ihre beleidigenden Begleitumstände hatten allerdings einen Rückschlag in den gegenseitigen Beziehungen herbeigeführt. Nach wie vor bildete das Zusammengehörigkeitsgefühl des Hochadels einen innenpolitisch nicht zu unterschätzenden Machtfaktor. Von Interesse und enthüllend, vor allem für den Verfasser selbst, ist ein Gutachten, das Heinrich von der Tann dem König über die Erste Kammer erstellte[1272]. Tann, der sich selbstgefällig einen »homme de mille affaires« nannte, beantwortete die ihm vom König gestellte Frage, »ob die Reichsräte wohl selbst wissen, was sie mit ihrer Opposition wollen«, mit einem klaren Nein. Für ihn gab es nur unbedingtes Zusammenstehen von Krone und Aristokratie: »Nur Esel oder überspannte Philosophen – von welchen letzteren die Reichsräte jedoch ebenso entfernt als ersten nahe sind – können dies verkennen.« Tann zählte in der Folge sieben Motive für die Einstellung der Reichsratsmajorität auf: »1. die allgemeine Infektion des Liberalismus, welche größer und weniger geheilt ist, als Eure Mt. wohl glauben ... 2. Der Wahnsinn, eine sogenannte volkstümliche Existenz zu sichern. 3. Haß und Neid gegen bürgerliche Minister ... 4. Eifersucht, daß Eure Mt. gute und kraftvolle Regierung den Ständen nur gloriam obsequii läßt, weshalb sie ihr Verdienst und ihre Bedeutung in der Opposition suchen. 5. Rache des Lügenfürsten. 6. Hoffnung, denselben wieder ins Ministerium zu bringen. 7. Einfluß seiner eminenten Talente«[1273]. Fazit: Wallerstein beherrschte die Mehrheit der Ersten Kammer.

Mit dem Amtsantritt Abels veränderte sich der Dialog zwischen Regierungsspitze und Ständeversammlung. Mit Verdruß hatte Ludwig beobachtet, wie respektvoll, freundlich und konziliant Wallerstein als Minister mit den Abgeordneten umgegangen war. Abel mußte man es nicht zweimal sagen, daß der Monarch die Ständeversammlung kurzgehalten zu sehen wünschte. Zwar verstand auch Abel mit Wärme und, wie es scheinen mochte, redlichem Eifer zu überreden, aber nur zu oft überwog ein hochmütig belehrender oder einschüchternder Ton, verbunden mit rücksichtslosem Ausspielen überlegener Kenntnisse und Imponieren mit literarischer Bildung[1274]. An beißender Ironie ließ es der Mann aus Wetzlar nicht fehlen. Da ohnehin jeder Abels Überlegenheit an Sachkunde anerkannte, waren seine Schärfen und Übertreibungen nicht nur überflüssig, sondern sie beeinträchtigten am Ende seine Überzeugungskraft. Er erreichte eher das Gegenteil dessen, was er beabsichtigte, wenn er rasch bei der Hand war, den Verdacht auf »schamlose Ehrlosigkeit«[1275] auszusprechen oder die französische und die englische Verfassung als für Bayern verderbliche »Giftgewächse«[1276] zu bezeichnen[1277]. Der König sah es an sich nicht ungern, wenn Abel scharf ins Zeug ging, andererseits erkannte er, daß sich der Minister dabei leicht übernahm.

Solange Wallerstein amtierte, betätigte sich der König allein als Bremser des Staatswagens. Anders bei Abel! Dieser ging zum Wohlgefallen des Monarchen von sich aus den Weg tunlichster Neutralisierung und Reduzierung des Landtags, indem er nur Gegenstände auf die Traktandenliste setzte, über die man sich entweder im Prinzip ohnehin ziemlich einig war oder die jedenfalls keine tiefergreifenden Kontroversen erwarten ließen – ein Verfahren, das freilich nicht beliebig lang fortzusetzen war. Die von Abel besorgte Redaktion des Landtagsabschieds von 1840 stellte mit äußerster Deutlichkeit die politische Priorität des Königtums heraus. Ludwigs Strategie der Restriktion dem Parlament gegenüber hatte sich seit der Ära Wallerstein noch verschärft. Objektiv bedeutete dies für die innere Politik Bayerns Stagnation auf vielen Gebieten, die der Natur des politischen Prozesses zufolge nicht andauern konnte. Für den politischen Augenblick hatte Abel jedoch die Verhandlungen im Sinne der Krone gemeistert. Wenn beanstandet wurde, daß das Ministerium – wir wissen, daß dies auf unmittelbare Anordnung des Königs zurückging – die Ausdrücke Staatsministerium und Staatsminister fallen lasse[1278] oder daß Abel durch Einführung des königlichen Namens in die Diskussion der parlamentarischen Sitte zuwiderhandle[1279], nützte er die Gelegenheit – ein Stück Professor steckte in Abel – zu eindrucksvollen Vorlesungen über das monarchische Prinzip[1280]. Der König dürfte ihm besonders hoch angerechnet haben, daß der Landtag 1840 in kurzer Zeit über die Bühne gebracht wurde.

Die legislativen Ergebnisse der ludovizianischen Landtage zu diskutieren, obliegt einer Staatsgeschichte Bayerns, nicht einer Königsbiographie. Unerläßlich für die Geschichte des Königtums ist jedoch die Darstellung der Beziehungen zwischen Krone und Kammern, und in dieser Hinsicht bildete der Budgetlandtag von 1843 einen bemerkenswerten Einschnitt. Abel hat die fragwürdige Budgetdoktrin von 1837 auf dem Landtag 1840 zwar noch lebhaft und wie ein Dogma verteidigt, aber spätestens im Laufe des Jahres 1842 erkannte er, daß er auf keinem Budgetlandtag mit ihr durchdringen werde. Schon aus diesem Grunde mäßigte er, von einigen cholerischen Rückfällen abgesehen, seinen parlamentarischen Ton, verglichen mit 1840, beträchtlich. Mit ausschlaggebender Hilfe Tanns gelang es ihm, noch einmal die konfessionellen Beschwerden aus der parlamentarischen Szene zu verdrängen. Anders sah es mit der zentralen Budgetfrage aus, doch hatte keine der beiden Kammern auf Kompromißlosigkeit gesetzt, sobald die Regierung Verständigungsbereitschaft signalisiere. Um das Einschwenken der Zweiten Kammer erwarb sich wiederum des Königs Freund von der Tann große Verdienste. Noch mehr schlug wohl der Umfall eines fähigen bisherigen Oppositionsmanns, des Dekans Friedrich, zu Buche. Der König hatte ihm eine vorzügliche berufliche Versorgung in Aussicht stellen lassen, und nachdem dieser sich auf dem Landtag durch »Wohlverhalten« ausgezeichnet hatte, ernannte er ihn gegen erhebliche Widerstände zum Dompropst in Bamberg[1281]. Die Initiative zu dem auf dem Landtag erzielten »Verfassungsverständnis« lag nicht in den Händen der Zweiten Kammer, sondern denen des Reichsrats, genauer gesagt des Fürsten Wallerstein. Er führte die von ihm übernommene parlamentarische Aufgabe auf geradezu künstlerische Weise aus. Als Berichterstatter des Finanzausschusses der Ersten Kammer verlas Wallerstein eine in ihren budgetrechtlichen Einzelheiten von einem Beamten des Fürsten Leiningen stammende Denkschrift, die eine neue Doktrin über sämtliche Streitfragen aufstellte. Die Regierung gab mit königlicher Ermächtigung dem Reichsratspräsidium ihre Übereinstimmung mit dem Ausschuß zu erkennen, und der »Aufsatz« wurde nach Überarbeitung am 12. Juli 1843 von der Kammer der Reichsräte einstimmig gebilligt. Eine Beschlußfassung in der Zweiten Kammer erfolgte nicht. In ihrem Finanzausschuß stellte man jedoch im ganzen Übereinstimmung mit dem in der Ersten Kammer ermittelten Verfassungsverständnis fest.

Abels Problem bildete 1843 nicht die Renitenz der Kammern, sondern der Starrsinn des Königs. Gemäß seinem Grundsatz, »wer das Budget festsetzt, der regiert«[1282], hatte sich Ludwig noch im März 1843 auf einen neuen Prinzipienkampf mit den

Ständen eingerichtet und war durchaus gewillt, die 1837 erfundene Doktrin zu behaupten. Ende des Monats ordnete er an, daß bei Beratung von Finanzgegenständen sämtliche Minister in der Kammer anwesend zu sein hätten. In Erinnerung an die fatale Spaltung des Ministeriums 1837 wünschte er den Kammern diesmal die Geschlossenheit der Minister zu demonstrieren: »Die Prinzipienfragen werden wieder angerührt werden, es gilt, ob in Bayern das monarchische Prinzip oder das der Volkssouveränität herrsche. Im Landtagsabschied habe ich 1837 meine Grundsätze ausgesprochen, nun müssen sie zur Ausführung bekommen [sic!]«[1283]. Abel sah sich beim Wort genommen. Er hatte bis dahin offenbar noch nicht gewagt, dem König über die Situation reinen Wein einzuschenken. Würde es gelingen, Ludwig zu bewegen, die Bastion zu verlassen, in die man ihn mit so viel Rabulistik hineingelockt hatte? Es gab einzelne Anzeichen für Einsicht des Königs, aber er hätte nicht er selbst sein müssen, wenn er nicht alles getan hätte, um es seinem Minister möglichst schwer zu machen. Auflösung des Landtags und den Gang zum Bundesschiedsgericht in Frankfurt hat er jedenfalls in Aussicht genommen[1284]. Abel, der wußte, wie unsicher und gefährlich für Bayern die Anrufung des Frankfurter Gremiums war, suchte diesen Weg selbstverständlich zu vermeiden. Am 3. Juni deutete der König seinen Verdacht an, Abel könnte die Absicht einer Preisgabe von Kronrechten verfolgen, um seinen Frieden mit den Ständen zu machen.

Abels Erwiderung – ein Kabinettstück seiner Kunst, mit dem König umzugehen, und, bei Lichte besehen, eine in Beteuerung tiefster Ergebenheit verkleidete Zurechtweisung des Monarchen, ja, geradezu eine Strafpredigt – suchte Ludwig davon zu überzeugen, daß dem Minister nichts mehr am Herzen liege, als die Kronrechte unangetastet zu lassen[1285]. Er schilderte die Situation zu Beginn des Landtags als die schwierigste und gefährlichste in der parlamentarischen Geschichte Bayerns seit dem Regierungsantritt Ludwigs, um dann ein triumphales Fazit seiner Leistungen bis zur Jahresmitte 1843 zu ziehen. Er erinnerte den König daran, welche Schmähungen er wegen seiner Anhänglichkeit an die Krone und seines Eintretens für die Kronrechte habe hinnehmen müssen, auch an seine, Abels, Hintansetzung jeder Rücksichtnahme auf die Gesundheit. Dann zählte er dem König die nun plötzlich ganz unvergleichlichen Vorteile der neuen Doktrin von 1843 auf. Sein Ziel sei es, »daß es nicht gelinge, Allerhöchstderselben die Liebe und das Vertrauen Allerhöchstihres Volkes zu entziehen und den zahlreichen Feinden und Neidern, welche Bayern... sich gegenüberstehen sieht, die Schadenfreude und den Triumph eines gänzlichen Bruches mit den Ständen des Reiches zu bereiten; daß Eurer kgl. Mt. die auch dem kräftigsten und besten Willen unentbehrlichen Mittel zu segensreichem Walten ungeschmälert verblieben; daß Friede und Eintracht an die Stelle der unleugbar bestehenden und auch in vielen Teilen des Landes verbreiteten Spannung trete«. Schließlich holte Abel von der Tann zu Hilfe. Es erinnert an die Art und Weise, wie die graue Eminenz Holstein einem Philipp Eulenburg die Stichworte für seine Schreiben an Wilhelm II. übermittelte, wenn man den Brief Abels an von der Tann mit dessen vielleicht ausschlaggebendem Schreiben an den König[1286] vergleicht. Unter zum Teil wörtlicher Aufnahme Abelscher Wendungen, aber mit einem bei Ludwig I. seine Wirkung nur selten verfehlenden persönlichen Ton brachte es von der Tann soweit, daß der König, widerwillig genug, einlenkte. Von der Tann wußte ein Fluidum des Zutrauens herzustellen, wie es Abel mit seiner überroutinierten und zugleich schwülstigen Beredsamkeit nicht so leicht zuwege brachte. So gewannen die Minister schließlich des Königs Zustimmung, daß sie den Kammern einen Nachtrag zum Budget vorlegten, in dem die »Erübrigungen« auf der Einnahmenseite standen, die Kosten für die Festung Germersheim, den Eisenbahnbau, den Straßen-, Wasser- und Landbau auf der Ausgabenseite, wie dies den Wünschen der Ständeversammlung entsprach. Überdies opferte Abel dem Landtag die für den Kanalbau verantwortlichen Männer, Freiherrn von Pechmann und Beyschlag[1287].

Das in der bayerischen Verfassungsgeschichte berühmt gewordene Verfassungsverständnis von 1843[1288] sah vor, daß die von der Regierung seit 1837 in Anspruch genommene ständisch unkontrollierte Verfügung über die Erübrigungen aus dem Staatshaushalt fortan entfalle. Sie seien als Deckungsmittel der nächsten Finanzperiode in das Budget einzustellen. Hinsichtlich der die Regierung verpflichtenden Mitwirkung der Stände am Ausgabenbudget gelangte man zu einer sehr differenzierten Lösung, mit der in der Folge Regierung und Kammern gut ausgekommen sind. Das Verfassungsverständnis trug keinen gesetzlichen Charakter, wurde aber von allen Seiten als »wertvolles Auslegungsmittel« anerkannt[1289]. Ohne Wallersteins überlegene Mitarbeit wäre es kaum zustande gekommen.

Eine ähnliche Lösung wie die von 1843 hätte man ohne Zweifel schon 1837 erzielen können, hätte nicht der weiterblickende Wallerstein damals das Feld räumen müssen. Wallerstein hatte so Unrecht nicht, wenn er vier Jahre später meinte: »Mein Verbrechen als Minister war, daß ich die steten Grundsätze Eurer kgl. Mt. gegen Theorien vertrat, welche Herr von Abel 1837 im Bunde mit Wirschinger *nur* ersann, um *Minister zu werden*, und welche er 1843 gar zu gern wieder aufgab, um mit wahrhaft jesuitischer Stirn dasjenige, was *ich 1837* gesagt, Wort für Wort wieder zum Regierungssystem zu stempeln und als Verfassungsverständnis in den siebten Himmel zu erheben«[1290]. Abel festigte seine Position durch die Ergebnisse des Landtags 1843, aber auch Wallerstein konnte neuerdings Positionsgewinne verzeichnen. Der König kam später nie mehr auf den Gegenstand des Verfassungsverständnisses zurück. Der oppositionelle Graf Giech hat im Oktober 1843, ganz fixiert auf die protestantischen Beschwerden, in einem Brief an von der Pfordten behauptet, Abel habe die Regierung wieder einmal »nach Kräften herausgelogen« und die Vertreter der Protestanten hätten zu früh nachgegeben. Zum Verfassungsverständnis bemerkte er, die Bestunterrichteten meinten, »es sei vom König in Aschaffenburg gutgeheißen worden, ohne daß er seine eigentliche Bedeutung verstanden habe«[1291].

Die aufgrund des Verfassungsverständnisses in der Zweiten Kammer aufgekommene freundlichere Stimmung hatte Ansätze für ein vertrauensvolleres Verhältnis zwischen den Abgeordneten und der Krone bzw. Regierung enthalten. Weder der König noch Abel (dieser trotz seiner anderslautenden Beteuerungen vom Juni 1843) zeigten sich jedoch auch nur im geringsten daran interessiert, von sich aus zu einer Klimaverbesserung beizutragen. Noch während des Landtags war am 27. Mai 1843 der 25jährige Gedenktag der Verfassung zu begehen, den Ludwig und sein Minister lieber übergangen hätten. Zu beider Mißvergnügen beantragten die beiden Kammern die Genehmigung, einen feierlichen Gottesdienst abhalten und das Denkmal des Verfassungsgebers schmücken zu dürfen. Der König entsprach Abels Anträgen, zwar die Schmückung, nicht aber einen feierlichen Zug der Kammern zum Denkmal zu erlauben. Ferner sollte der Gottesdienst in der Hofkirche St. Michael und nicht in der Metropolitankirche Zu Unserer Lieben Frau abgehalten werden, damit nicht der Charakter einer Landesfeier entstehe und die Feier nicht als eine partikulare der beiden Kammern erscheine. Darüber hinaus befahl der König, daß Abel und Gise, beide im Gegensatz zu den anderen Ministern nicht Abgeordnete, als Vertreter des Königs an dem Gottesdienst teilzunehmen hätten, um den Anteil der Kammern einzuschränken. Andererseits wünschte der Monarch keine Beteiligung der königlichen Behörden und Stellen.

Im Vorfeld des Landtags 1846, Abels letzter als Minister bestandener parlamentarischer Schlacht, verstand sich Ludwig zu einigen beruhigenden Maßnahmen. Auf dem Landtag hat man den Begriff des Staatsdieners gesetzlich genauer definiert und dadurch das Ausschließungsrecht des Königs eingeschränkt. Die von der Regierung vorgeschlagene Lösung fand die Zustimmung der Kammermehrheiten. Abel wäre der öffentlichen Meinung gerne noch weiter entgegengekommen, um die Stimmung auf der Ständeversammlung zu verbessern. Der König blieb jedoch, auch wenn es um Konzessionen ging, bei seinem Sparsamkeitsprinzip[1292].

Einvernehmliche Lösungen hat man auf dem Landtag vor allem in den wichtigen Eisenbahnangelegenheiten und in der Frage der Verstaatlichung des bayerischen Donaudampfschiffahrtsunternehmens erzielt. Zentralthema des Landtags war ein Generalangriff der Opposition auf Abel. Wer sich die Auffassung Ludwigs vom monarchischen Prinzip zu eigen machte, hätte den Sturm gegen den Minister als eine Krise des persönlichen Regiments des Königs auslegen können. So sahen jedoch König und Opposition die Dinge damals kaum. Ludwig unterstellte zwar jeder Opposition Gelüste nach seinen Kronrechten, aber ernsthaft bedroht fühlte er sein System im Jahre 1846 nicht. Unter den Oppositionellen im Landtag 1846 waren kaum Republikaner auszumachen, und ein Teil der Regimegegner hätte sich ohne besonderen systemverändernden Ehrgeiz schon mit der Entfernung Abels und der Beseitigung seines klerikalen Kurses begnügt. Fürst Karl Wrede, ältester Sohn des Feldmarschalls, der zu Beginn des Landtags fünf Beschwerden gegen Abel, verbunden mit dem Antrag, den Minister in den Anklagezustand zu versetzen, vortrug, beteuerte vor dem König: »daß all mein Streben ... lediglich gegen das amtliche und außeramtliche Verfahren des Ministers von Abel gerichtet ist, der, der Fluch des Landes, nahe daran ist, Eure Majestät um die Liebe eines großen Teils ihres Volkes zu bringen und durch die in seinen eigenen Interessen wohlberechnete Förderung der hierarchischen Prinzipien auch die Hoheitsrechte der bayerischen Krone gegenüber den ersteren in Frage stellen lassen kann«[1293].

Wredes ungeschlachte Kampagne, ein Versuch, aus sehr ungleichgewichtigen und heterogenen Beschwerdepunkten, die teils an den Haaren herbeigezogen, teils überhaupt unbegründet waren, eine für Abel vernichtende Anklage zu konstruieren, lief sich alsbald an der Unzulänglichkeit des Unternehmens und seines Initiators tot. Wrede hatte sich von anderen als Sturmbock mißbrauchen und »vorschicken« lassen[1294]. Als er blamiert von der Bühne abgetreten war, nahm Wallerstein das Heft in die Hand und wandelte Wredes Klagen in Anträge um, die das Vertrauen der Reichsräte auf den König hervorhoben, in der Sache jedoch der Kirchenpolitik des Monarchen zuwiderliefen[1295]. Bemerkenswert, in welchem Maße kirchenpolitische und konfessionelle Fragen in den Kontroversen des Landtags dominierten: In der Kammer der Reichsräte waren es vor allem die Angelegenheiten der Klostergründungen und der Entfernung der Redemptoristen, während in der Zweiten Kammer der Antrag Bauer und Langguth die unerledigten Beschwerden der Protestanten entgegen neuerlichen Versuchen, sie außerhalb der Ständeversammlung zu behandeln, endlich parlamentsnotorisch machte[1296].

Für den Zustand der vormärzlichen inneren Politik Bayerns ist es aufschlußreich, daß es auch 1846 nicht gelang, die Opposition beider Kammern zu kombinieren, geschweige denn die des ganzen Landes zusammenzufassen und ihr eine einheitliche Richtung zu geben; sie blieb polyzentrisch. Die dem König durch Abel zugespielte Nachricht, Giech betätige sich von Thurnau aus als Koordinator der oppositionellen Kräfte[1297], war unzutreffend. Richtig war, daß Wallerstein unter anderem über den Freiherrn von Stauffenberg Einfluß auch in der Zweiten Kammer ausübte[1298]. Daß er mit dem durch seine Stellung sehr wichtigen Ersten Präsidenten der Ersten Kammer, Fürst Karl Leiningen, dem späteren ersten Reichsministerpräsidenten, mehr oder minder an einem Strange zog, kam ihm sehr zustatten, und doch wurde die Zahl derer, die ihm bedingungslos folgten, allmählich etwas geringer. Die Klügeren erkannten, daß er auf zwei Schultern trug und alle anderen politischen Überlegungen denen seiner Rückkehr zur Macht unterordnete.

Bis in das Frühjahr 1846 hatten einige Oppositionelle darauf gehofft, man könne Abel tatsächlich zu Fall bringen. Es war nicht ohne Belang, wenn Leiningen im Februar 1846 wohl auf Wallersteins Antrieb in einem Privatbrief Abel nahelegte, für das Vaterland kein Opfer zu scheuen, das heißt zurückzutreten[1299]. In der

Hauptstadt hieß es: »Der König schwankt, Minister von Abel wankt«[1300]. Namen von Nachfolgern wurden bereits in Umlauf gebracht. Am härtesten mußte es Abel treffen, daß man ihm zuverlässige Nachrichten zuspielte, von der Tann sei zu seinen Gegnern übergegangen[1301]. Von der Tann hat sich zumindest zweideutig verhalten. Ende Dezember 1845 sagte er dem König, der Haß der Zweiten Kammer gegen Abel schlage in antimonarchische Stimmung um[1302]. Einige Wochen später testete von der Tann den König, indem er ihn mit der als Äußerung eines Abgeordneten wiedergegebenen Meinung konfrontierte, Abel sei unentbehrlich. Da ließ sich der König aus der Reserve, die er bis dahin in den personellen Auseinandersetzungen um den Minister bewahrt hatte, herauslocken: »Auf Abel *halte ich sehr viel* und ihn als den einzigen Staatsmann. Doch unentbehrlich ist er mir nicht«[1303]. Und schon gingen die beiden Freunde daran, geeignete Nachfolger Abels zu erörtern. Gedankenspiele vorerst!

Abel kämpfte um seine Stellung. Auch er testete den König. Noch und noch legte er dem Monarchen Privatbriefe von persönlichen Freunden vor. In ihnen standen Dinge, die er selbst schicklicherweise nicht sagen konnte und die dem König die unvergleichliche Loyalität und Fähigkeit des Ministers bestätigen sollten. Eine der empfindlichsten Seiten des Monarchen wurde angesprochen, wenn es in einem Ludwig zur Kenntnis gebrachten Brief an Abel hieß: »Es heißt, daß der vorgesehene neue Minister (ZuRhein) einen Vorschuß von 1 Million fl. verlangen soll«[1304]. Ludwigs Kommentar: »Unerschütterlich muß der König sein«. Abel stieß gleich nach: »Daß zu wenig ausgegeben wird«, sei sein wahres Verbrechen, und die religiösen Beschwerden dienten nur als Vorwand[1305]. Gegen Wallerstein arbeitete Abel mit Vorwürfen, die bei dem mißtrauischen Ludwig ihre Wirkung kaum verfehlen konnten. Er tat, als hätte er den Beweis, daß der Fürst 1846 wie 1837 letztlich darauf ausgehe, das monarchische Prinzip durch eine Ministerherrschaft nach westeuropäischem Vorbild abzulösen[1306]. In einem weiteren, bestellt wirkenden Brief, den der König zu lesen bekam, hieß es: »... Ob übrigens die Majestät den fortgesetzten Einwirkungen doch nicht am Ende nachgibt, ist die Frage«[1307]. Ludwigs Randbemerkung: »Keine Frage!« Auf dem parlamentarischen Kampfplatz fand Abel neue entschlossene Helfer wie den Grafen Karl Arco-Valley in der Ersten oder Ignaz von Doellinger in der Zweiten Kammer, ein parlamentarisches Talent ersten Ranges. Abel lauschte den Ausführung des Professors mit Genuß. Niemals vorher hat er sich über

Rhetorik eines Abgeordneten in einem Bericht an den König so begeistert geäußert[1308]. Was Scharfsinn, Rationalität und rednerische Gewandtheit betraf, waren sich zwei verwandte Naturen begegnet. Von der starken Belebung der Publizistik und der gesamten Öffentlichkeit durch den Landtag von 1846 zog im übrigen der konservative politische Katholizismus in nicht geringerem Maße Gewinn als seine Gegner. Abel hatte 1846 rings im Lande eine stattliche Anhängerschaft hinter sich. Aber darauf konnte er sich vor dem König nur sehr bedingt etwas zugute tun. Der Autokrat witterte auch von sich organisierenden konservativen Kräften für die Unbabhängigkeit des Thrones Gefahr. Um den König nicht mißtrauisch zu machen, hat Abel eine zu seinen Gunsten in Gang gebrachte Adressenbewegung wieder abgewiegelt.

Der König wußte, daß eine Entlassung Abels auf dem Landtag 1846 seiner, Ludwigs, Kapitulation vor der Opposition gleichgekommen wäre. Dem Sohne Otto schrieb er: »Man glaubte mich zu zwingen, den Minister von Abel zu entfernen, mich aber zwingen Stände weder einen Minister wegzuschicken noch anzunehmen. Kein Mensch ist vollkommen, auch Abel nicht, bin nicht blind, aber seinen großen Wert erkenne ich«[1309]. Es spricht allerdings für sich, daß Abel nicht nach dem Landtag von 1843, wohl aber nach dem von 1846 es für nötig hielt, die Sicherheit seiner Stellung durch ein Rücktrittsgesuch auf die Probe zu stellen[1310]. Mit der Antwort des Königs durfte er zufrieden sein[1311]. Ludwig hat den Verlauf des Landtags in seiner zweiten Hälfte und dessen Ergebnisse mit Genugtuung zur Kenntnis genommen: »Der so schlecht begonnen habende Landtag endigte recht gut«[1312]. Abel hat der König nach dem Landtag betont achtungsvoll und auszeichnend behandelt. Er folgte seinem Rat, als es nach Landtagsschluß um die Nachfolge des Außenminsters Gise ging, der Ludwigs Vertrauen verloren hatte[1313]. Ein weiterer Ministerwechsel vollzog sich im Justizministerium, wo die Leitung von Schrenck d. Ä. auf Schrenck d. J. überging. Unbemerkt von der Öffentlichkeit hatte Ludwig zu Jahresbeginn 1846 das Einvernehmen mit Abel gesucht, um auch in dessen Ministerium eine Veränderung vorzunehmen[1314]. Vermutlich unter von der Tanns Einfluß hatte er sich um die Wende 1845/46 endgültig überzeugt, daß die Kirchen- und Konfessionspolitik bei Abel nicht optimal untergebracht war. Was die Catholica betraf, erschien Abel seit der Begräbnisaffäre dem König mehr als Parteimann denn als königlicher Minister, und unter den Protestanten ganz Deutschlands war Abel, freilich nicht ohne des

Königs Schuld, zur bête noire geworden. Der König hat dem Minister seine Bedenken offen und ehrlich dargelegt und in schonender Form und loyaler Zusammenarbeit mit ihm eine Lösung gesucht. Man fand sie in der Errichtung eines neuen »Ministeriums des Inneren für Kirchen- und Schulangelegenheiten«, das heißt einer institutionellen Verselbständigung des Obersten Kirchen- und Schulrates. Die merkwürdige Bezeichnung des neuen Ministeriums war auf verfassungsrechtliche Bedenken zurückzuführen. In der Sache handelte es sich um eine Trennung der Kirchen- und Schulsachen vom Innenministerium, die am 1. Januar 1847 in Kraft trat. Mit der Leitung des neuen Ministeriums wurde ein Protegé Abels, der jüngere Schrenck, betraut, der kurz zuvor das Justizministerium übernommen hatte. Wieder einmal ein Doppelminister! Aber Ludwig war ohnehin der Meinung, es gebe im Justizministerium zu wenig zu tun. Abels Stellung als Innen- und das heißt Verwaltungs-, Parlaments- und Verfassungsminister war nicht erschüttert.

Die ministerielle Umorganisation hatte noch einen Aspekt, den der König für sich behielt. Vielleicht hat er ihn Abel unter dem Siegel der Verschwiegenheit mitgeteilt. Ludwig dachte oft an seinen Tod und an seinen Nachfolger im Königsamt. Die Vorstellung, Maximilian werde am Tage nach seinem Tode Wallerstein berufen und alles, was Ludwig für das Zustandekommen einer katholisch-konservativen Staatsordnung geleistet hatte, zunichte machen, bedrückte ihn. Er glaubte einen Ausweg in der Weise zu finden, daß man die kirchenpolitischen Reibungsflächen zwischen dem Kronprinzen und Abel beseitige, damit eine Aussöhnung zwischen dem Minister und Maximilian herbeiführe und diesen bewege, sich auch nach seines Vaters Tod der Leitung des »ersten Staatsmannes Bayerns« anzuvertrauen[1315]. Es blieb die Trennung des Kultusministeriums vom Innenministerium nicht der einzige Schritt, den Ludwig tat, um ein Vertrauensverhältnis zwischen Max und Abel zu erreichen. Das Experiment schien über Erwarten gut zu gelingen. Als Max nach einem Aufenthalt in Paris im November 1846 Wallerstein gegenüber kritischer geworden war, konnte Abel über sein Verhältnis zum Kronprinzen recht optimistisch berichten[1316]. Inzwischen hatte sich in München jedoch die Dame eingefunden, die den Dingen eine ganz unerwartete Wendung geben sollte. Vorwegzunehmen ist, daß Abel seit 1848 zu den gesuchtesten Ratgebern Maximilians II. zählte, der einige Zeit daran dachte, den inzwischen Verfemten wieder mit einem Ministeramt zu betrauen[1317].

Es wurde behauptet, Ludwig habe schon um die Mitte der vierziger Jahre mittels des sogenannten Systems Abel Bayern in eine »Staatskrise« hineingesteuert[1318]. Von einer akuten Krise ließ sich bis 1847/48 kaum sprechen; die Lola-Unruhen fielen aus dem Rahmen üblicher Krisen. Eine latente Staatskrise war seit 1830/31 am Züngeln, weit mehr in der Pfalz als im rechtsrheinischen Bayern und in Franken mehr als in Altbayern oder Schwaben. Das heißt, es waren nicht etwa spezifisch bayerische Mißstände, die einen krisenhaften Zustand ausgelöst hätten, sondern in Gebieten, die auf Progressivität des politischen Bewußtseins Anspruch erhoben, artikulierte sich bundesweite Unzufriedenheit über materielle Not, Grundherrschaft, politische Gängelung durch ein längst reformbedürftiges System, Vorenthaltung der Pressefreiheit zumal[1319]. Immerhin – wenn es von der Protestbewegung 1830/33 bis zur Revolution von 1848 gut anderthalb Jahrzehnte währte, bis der vormärzliche Staat kapitulierte, und dieser bald darauf in der Lage war, seine Kapitulation schon wieder zu korrigieren, spricht dies nicht nur für vergleichsweise Festigkeit des Herrschaftssystems, sondern auch dafür, daß man vormärzliche Regierung und Verwaltung nicht durchweg als unerträglich empfunden hat. Nicht nur die historisch privilegierten Stände in ihrer Mehrheit, nicht nur die auf Restaurationskurs übergeschwenkte Bürokratie stützten den vormärzlichen Staat. Auch aus der Masse der ländlichen und kleinbürgerlichen Bevölkerung im katholischen Altbayern waren gefährliche oppositionelle Initiativen nicht zu erwarten.

Abel hat erkannt, daß für den ludovizianischen Obrigkeitsstaat in der katholisch-altbayerischen Bevölkerung noch eine Massenbasis zu gewinnen war. Er hat es sich, auch wenn er in seinem politischen Stil ein Repräsentant des alten Staatsabsolutismus blieb, mehr und mehr zur Lebensaufgabe gemacht, die katholische Kirche nicht etwa, wie viele andere es versuchten, als Mittel zum Zweck zu manipulieren, sondern eine Allianz zwischen ihr und dem konservativen Staat herzustellen. Der Begriff der Allianz setzt Selbständigkeit der Partner voraus, und darauf arbeitete Abel hin, freilich notgedrungen auf das vorsichtigste. Zustimmend, wenn auch mit einigen Einschränkungen, zitierte er dem König einen Aufsatz Jarckes in den Historisch-Politischen Blättern, in dem von dem allmählichen »Zurücktreten von dem durch Jahrhunderte gehandhabten Territorialsystem« die Rede war[1320]. Noch vor seinem Rücktritt wurde Abel zu einem der Väter des konservativen politischen Katholizismus in Bayern. In dem eben erwähnten Schreiben meinte er, man werde einer katholischen Regierung wohl nicht verargen können, »wenn sie in dem katholischen Elemente die einzige Bürgschaft für den Sieg des erhaltenden Prinzips und den einzigen Damm gegen die zerstörenden Wogen des Radikalismus und der liberalen Idee der Jetztzeit erblickt«. Der König wollte freilich von einem Abbau des »Territorialsystems« weniger wissen als Abel, der Freund Reisachs, Löwensteins, Phillips und der Redemptoristen. Im Grunde war Ludwig der Gedanke einer Allianz mit dem politischen Katholizismus unsympathisch. Auf einem anderen Blatt steht, daß er, durch allzu persönliche Irritationen veranlaßt, die Erfolge seiner spezifischen kirchlichen Restaurationspolitik 1847/48 selbst aufs Spiel setzte.

XVIII.
ZWISCHEN WIEN UND BERLIN
(Außenpolitik 1834–1848)

1. Deutscher Bund und europäische Politik

In dem Abschnitt »Souverän und Bundesfürst« haben wir den bleibenden bundespolitischen Standpunkt Ludwigs kennengelernt. Bis zum Ende seiner Regierung sträubte er sich gegen jede Bundesmaßnahme, die Bayerns Souveränität antastete. Davon abgesehen, schätzte er den Bundestag als eine Institution zur Wahrung gesamtdeutscher nationaler Interessen und insbesondere als Versicherungsanstalt gegen den Radikalismus. Er war, um es mit den Worten Abels zu sagen, gewohnt, in der »Eintracht der deutschen Bundesregierungen bei der Bekämpfung innerer wie äußerer Gefahren das Lebensprinzip des Bundes und die Grundbedingung seiner Kraft, ja seines Bestandes zu erkennen«[1321]. Sicher kein Zufall, daß Abel, selbst im kriegsschwangeren Jahr 1840, die inneren vor die äußeren Bedrohungen setzte! Aus gleicher Auffassung hat der König nach Ablauf der sechsjährigen Geltung der 60 Wiener Artikel von 1834 ihrer stillschweigenden Verlängerung durch den Bund zugestimmt[1322]. Darüber hinausgehende Erörterungen über ein neues Bundespressegesetz 1843 oder pressepolizeiliche Ratschläge des Bundes im Jahre 1844 hat er strikt abgelehnt, da die Praxis der bayerischen Pressepolitik für die ihm vorschwebenden defensiven Aufgaben vollständig ausreiche. Überdies hätten die bayerische Verfassung tangierende presserechtliche Neuerungen des Bundes vor den bayerischen Landtag gebracht werden müssen. Ludwig wußte, daß dieser nur negativ reagieren konnte, wünschte aber auch aus Gründen der Vermeidung politischer Unruhe keine Befassung der Stände mit solchen Themen[1323].

Ludwig hatte in der Regel nur die Bedrohung durch die demokratische Bewegung vor Augen, aber es fehlte auch nicht an Anlässen zur Sorge vor Bestrebungen der entgegengesetzten Seite. Dies war der Fall, als der hannöversche König Ernst August 1837 die 1833 in seinem Lande ohne seine Zustimmung als damaliger Agnat eingeführte Verfassung aufhob[1324]. Ludwig äußerte sich unmißverständlich gegen das von Ernst August eingeschlagene Verfahren. Der bayerische Bundestagsgesandte hatte sich instruktionsgemäß gegen die Art und Weise des Vorgehens, also die *Form*, in der die hannöversche Verfassung beseitigt worden war[1325], zu erklären. Ludwig fürchtete die in der Folge des hannöverschen Ereignisses eingetretene Beunruhigung der Bevölkerung. Auch mochte sein Rechtssinn nicht über die rüde Beseitigung einmal etablierter und jahrelang von niemandem angefochtener Verfassungszustände hinwegblicken. Für den Fall eines Konfliktes mit Frankreich bedurfte es der Geschlossenheit des Bundes, und Vorgänge wie diejenigen in Hannover konnten diese, wie Ludwig vermutete, ernstlich gefährden.

Ludwig sah die Interdependenz von innerer und äußerer Bundespolitik richtig. Verwicklungen des Bundes in die europäische Politik erfolgten nach dem Schwinden der durch die Julirevolution unmittelbar ausgelösten Spannungen während der dreißiger Jahre zunächst durch die ungelöste belgisch-luxemburgisch-niederländische Frage[1326]. Diese fand eine friedliche Erledigung, und zwar, nicht zuletzt dank der Politik Ludwigs, ohne Schädigung der Gebietsintegrität des Deutschen Bundes. Während Österreich und Preußen nichts von einer Mitgliedschaft Belgiens im Bunde wissen wollten, hätte Ludwig aus Gründen seiner »teutonischen« Orientierung (Flamen) und auch aus konfessionellen Erwägungen eine Einbeziehung des jungen Staates gerne gesehen. Schon als Kronprinz hatte er für Verbindung der Niederlande und der Schweiz mit dem Bund plädiert. Alles zu tun, um Belgien nicht in die Arme Frankreichs zu treiben, blieb seine Maxime für die Beziehungen des Bundes zu dem neuen Königreich[1327]. 1840 schlug er die Beglaubigung eines belgischen Gesandten am Deutschen Bund vor, »wodurch mit Bayern sowie mit jedem deutschen Staate Verbindung stattfinden könnte«[1328]. Daß der König, wenn auch aus Sparsamkeitsgründen sehr spät, die Errichtung einer bayerischen Gesandtschaft in Brüssel anordnete, hing wohl in erster Linie mit den lebhaften Handelsbeziehungen zwischen Bayern und Belgien zusammen (Eisenbahnschienen!). Wahrscheinlich haben aber Ludwig auch »ideologische«, deutschkatholische Motive zu diesem Schritt bewogen. Der Unterschied zwischen dem politischen Katholizismus Bayerns und dem König hinsichtlich der belgisch-luxemburgisch-limburgischen Frage bestand darin, daß die Presse der »Partei« vorbehaltlos alles unterstützte, was Belgien zugute kam[1329], während der König die Interessen des Deutschen Bundes voranstellte.

Gefährlicher als die Differenzen um Luxemburg waren die Kriegsdrohungen Frankreichs 1840 gegen die deutschen Mächte. Weltpolitische Konflikte im Nahen Osten hatten zur

Bildung einer Quadrupelallianz aus England, Rußland, Österreich und Preußen gegen Frankreich geführt. Ludwig befürchtete schon im Mai 1839 Krieg[1330]. Obwohl es sich in diesem Fall primär um Machtfragen gehandelt hätte, stellte der König das Geschehen in international-revolutionäre Zusammenhänge: »Wir empfinden jetzt«, sagte er zu dem österreichischen Geschäftsträger, »die Rückwirkung der Voltaireschen, der enzyklopädistischen Epoche«[1331]. Den Tatsachen entsprach jedoch, daß der Staat Louis Philippes, geleitet von Thiers, seine diplomatische Niederlage im Nahen Osten durch eine Wendung gegen die deutschen Großmächte zu kompensieren suchte. Die deutsche öffentliche Meinung reagierte darauf mit temperamentvoller Bekundung ihrer Solidarität und ihrer Abwehrbereitschaft. Bei den deutschen Fürsten und ihren Staatsmännern war indessen keine Spur von furor teutonicus zu entdecken. Sie taten wie 1830 alle das äußerste, um einen kriegerischen Zusammenstoß zu vermeiden. Selbstverständlich überlegten sie, wie man sich im Ernstfall zur Wehr setzen sollte, und trafen entsprechende Vorbereitungen, die jedoch zu keinem überzeugenden Konzept gediehen. Die Vorgänge von 1830/32 im Bunde wiederholten sich: Keine Handlung des Königs, aus der nicht Mißtrauen gegen die Großmächte und gegen das rivalisierende Württemberg sprach. Wie 1830/32 suchte er auch diesmal eine Annäherung an das von ihm militärisch höher als Österreich eingeschätzte Preußen[1332], dessen Beistand er sich für den Fall eines deutsch-französischen Zusammenstoßes sichern wollte. Die Rolle Rühles von Lilienstern zu Beginn der dreißiger Jahre übernahm Anfang der vierziger Jahre der damalige Oberst von Radowitz, der von seinem König auch in der Kölner Angelegenheit eingeschaltet wurde und bei Ludwig gleich seinem Vorgänger einen guten Eindruck hinterließ.

»Auf alle Fälle«, schrieb Ludwig an Otto, »bereite ich mich jetzo zum Krieg vor, obgleich, wie gesagt, unwahrscheinlich ist, daß es bald dazu komme...«[1333]. Wie 1830 sah es mit der Kriegsbereitschaft der bayerischen Armee nicht zum besten aus, obwohl der Monarch das Gegenteil beteuerte[1334]. Abgesehen von dem seiner Souveränität bedrohlichen Verhalten der Großmächte, schmerzten den König am meisten die finanziellen Ausgaben, die mit den Rüstungen verbunden waren. Nachdem die französische Gefahr sichtlich nachgelassen hatte, war er der erste, der in Wien und Berlin hartnäckig zu fragen begann, ob der Zustand des bewaffneten Friedens noch erforderlich sei. Von Großbritannien befürchtete Ludwig, es wolle einen Krieg gegen Frankreich vom Zaune brechen[1335]. Er wünschte infolgedessen beruhigende Erklärungen Österreichs und Preußens an die Adresse Frankreichs, um von der kontinentalen paix armée wegzukommen und sich nicht von England in ein Abenteuer hineinziehen zu lassen. Sein militärpolitisches Zögern suchte er als Verbündeter der öffentlichen Meinung auszugleichen. Am bekanntesten von seinen symbolisch zu verstehenden Handlungen wurde das Geschenk eines wertvollen Pokals an den Dichter des Rheinliedes, Nikolaus Becker, 1841[1336]. In seinem Dankschreiben nannte Becker den König den »starken Beschützer deutscher Gesinnung«[1337].

Um zum orientalischen Ausgangspunkt des Konfliktes zurückzukehren: Ludwig zählte zu den altmodischen Herrschern, die in den Türken die Erzfeinde der Christenheit sahen und deswegen die Vertreibung der Osmanen aus Europa wünschten[1338]. Seit eine wittelsbachische Sekundogenitur in Griechenland herrschte, verband sich mit dem anti-islamischen Impuls freilich noch das Hausinteresse: das Königtum Ottos sollte von einer Explosion im nahen Orient möglichst profitieren. Frankreich, das die orientalische Krise 1840 beinahe in einen heißen europäischen Krieg verwandelt hätte, blieb in Ludwigs Augen der »Erbfeind« der Deutschen. Nach Geschichtslektüre notierte er: »Wie die Franzosen gegen Ende des 17. Jahrhunderts am Rhein gewütet, ist schauderhaft, aber Deutsche vergessen es; vergessen die Schmach, von Napoleon angetan; Straßburg, das Elsaß wurde Frankreich gelassen. Teutsche, Teutsche! es ist traurig, daß ihr so seid!... Ich sehe nicht beruhigt in die Zukunft«[1339]. Um die Aggressionen des Erbfeindes abzulenken, schien ihm das koloniale Engagement Frankreichs geeignet. Es erinnert beinahe an Bismarcks Förderung der kolonialen Interessen Frankreichs, wenn der König meinte: »Ein Zugpflaster für Frankreich wäre Algier, Menschen und Geld kostete es ihm«[1340]. Andererseits, meinte er, könnte Algier dem französischen Heer vermehrte Kriegsübung verschaffen, und dies war ihm auch nicht recht.

Nachdem mit dem offenen Brief König Christians VIII. von Dänemark 1846, der den Fortbestand der Union der Herzogtümer Schleswig und Holstein mit Dänemark auch nach dem Aussterben des Mannesstammes des regierenden Hauses erklärt hatte, eine neue europäische Frage in Bewegung geraten war, sah man Ludwig, wie zu erwarten, mit großem Eifer für die Sache des Bundes und der deutschen Nation Partei ergreifen. Zwar sind Entscheidungen des Bundes gegen Dänemark erst 1848 und

1864 gefallen, als Ludwig abgedankt hatte. Aber schon im Vorfeld des Konflikts von 1848 ließ der noch regierende Monarch deutlich erkennen, wie wichtig er die Vorgänge im Norden nahm. Es geschah nicht zuletzt auf sein Betreiben, daß sich der Deutsche Bund entschieden gegen König Christians VIII. Absichten aussprach. Seinem Bundestagsgesandten machte Ludwig energisches und konsequentes Auftreten in dieser Angelegenheit zur Pflicht[1341]. Als sich der Bundestag im Sinne Ludwigs äußerte, schrieb dieser an den neuen Außenminister Graf Bray: »So wird der Bundestag doch nicht zum Spottliede. Endlich, endlich eine würdige Sprache! Holsteins Erben angestammtes Recht, auch das mit jenem Lande eng verbundene Schleswig soll der Deutsche Bund nicht aufgeben, sondern so viel, als er darf, besitzen. Zwar nicht zum Deutschen Bunde gehörend, aber deutsch ist Schleswig, das nicht danisiert werden soll, noch die Gelegenheit versäumt, daß es auf rechtmäßige Weise einstens Bestandteil desselben werde«[1342]. Kurze Zeit darauf berichtete er Otto über sein Vorgehen und den Beifall, der ihm in ganz Deutschland gezollt wurde. Er hatte bereits Erfahrungen genug gesammelt, um mit dieser Nachricht skeptische Betrachtungen über Volksgunst zu verbinden.[1343]. Wieder begünstigte er alle Aktivitäten, die die bayerische öffentliche Meinung für die Schleswig-Holsteiner Sache einnahmen[1344]. Sammlungen für den damaligen Volkshelden der Schleswig-Holsteiner, Wilhelm Beseler, genehmigte der König mit der Bemerkung, daß es seine, Ludwigs, Aufgabe sei, »für alle Deutschen der Wortführer zu sein«[1345].

Nicht in die Kompetenz des Bundes fielen Überlegungen, die man in europäischen Hauptstädten seit 1845/46 im Hinblick auf einen möglichen Bürgerkrieg in der Schweiz anstellte. Es handelte sich um eine europäische Angelegenheit, aber gemeinsame Sprache und Kultur, historische Erinnerungen und zahlreiche gegenseitige Beziehungen rückten sie in eine deutsch-nachbarschaftliche Perspektive. War es zunächst das Verhalten der deutschen Emigration in der Schweiz, das den Unwillen der Staatsmänner ihrer dem Bund angehörigen Nachbarn gegen die Eidgenossenschaft hervorgerufen hatte, so beunruhigte die Anrainer seit Mitte der vierziger Jahre zusätzlich und zunehmend die Zuspitzung der Auseinandersetzungen zwischen radikalen und katholisch-konservativen Kantonen, die 1847 zum Sonderbundskrieg führte[1346]. Bei allen Sympathien für den Sonderbund blieb Ludwig als Nachbar hinter den Erwartungen der »Kongregation« zurück. Abel hatte in Gesprächen mit dem österreichischen Gesandten Senfft, über die er den König unterrichtete, 1845 eine Sperrung der Schweizer Grenzen in Erwägung gezogen und Ludwig zur Truppenverstärkung an der Schweizer Grenze geraten[1347]. Er suchte dem König die Maßnahme durch den Hinweis schmackhaft zu machen, das politische Ansehen Bayerns werde dadurch gewinnen. Auf jeden Fall drängten Abel und seine Gesinnungsgenossen auf engstes Zusammenwirken mit Österreich, um eine unerwünschte Entwicklung in der Schweiz zu unterbinden. Ludwig gab jedoch bereits im Oktober 1846 zu erkennen, daß er nur ein Einschreiten der Garantiemächte der eidgenössischen Neutralität für angebracht, sich selbst jedoch keineswegs zu einer Einmischung für befugt halte[1348]. Daran hielt er nach Abels Entlassung nur um so mehr fest. Weder von Maurer noch von Wallerstein war als Leitern der außenpolitischen Geschäfte Bayerns ein Engagement für die konservativ-katholische Sache in der Schweiz zu erwarten. Während die Höfe von Wien, Berlin und St. Petersburg die süddeutschen Staaten zu einer Mitwirkung im Falle eines Vorgehens gegen die Schweiz ermunterten und Metternich im Oktober das Ansuchen stellte, Bayern möge an einzelnen Punkten der Grenze gegen die Schweiz Truppen stationieren, lehnte Maurer im Auftrag Ludwigs einen solchen Schritt ab: »Es fehle ... der bayerischen Regierung an jedem formellen Rechtsgrunde, an den inneren Angelegenheiten der Schweiz einen tätigen Anteil zu nehmen, da sie hierzu weder durch eine Gewährleistung dortiger verfassungsmäßiger Zustände noch durch einen sonstigen verfassungsgemäßen Titel sich berufen erachten könne«[1349]. Ludwig dachte nicht daran, sich von den »Großen« mißbrauchen zu lassen. Oktober 1847 empfahl er auch den Nachbarn Württemberg und Baden ein passives Verhalten: »Weder bei Bayern noch Württemberg noch Baden findet Gewährleistung der Schweizer Verfassung statt, finde keinen Beruf, mich in diese Gelegenheit zu mischen, sondern herauszuhalten, wie sehr ich auch Vereitlung der Absichten der Radikalen wünsche. Ohne Zeitverlust ist dieses Württemberg und Baden mitzuteilen«[1350].

Es gab beträchtliche Bereiche der europäischen Politik, an denen Bayern als Staat unbeteiligt bleiben durfte. Ludwigs Stellungnahmen konnten sich in diesem Fall auf Sympathien und Antipathien beschränken (Sympathien für die Karlisten, Abneigung gegen Rußlands antikatholische Politik oder sein schon damals bemerkbares Vorgehen gegen das Deutschtum im Baltikum). Nachdem die Krisen von 1830 und 1840 ausgestanden waren, konnte es bis 1848 scheinen, als ob Bayern abseits der großen weltpolitischen und europäischen Verwicklungen, insbesondere des britisch-russischen wie des französisch-britischen Gegensatzes, eine friedliche Existenz zu führen vermöge, hätten es nicht die großen Welthändel über die Wechselfälle der griechischen Politik und die trüben Erfahrungen der wittelsbachischen Sekundogenitur in Athen in Mitleidenschaft gezogen. Ohne die griechische Belastung konnte man gelegentlich dem (unzutreffenden) Eindruck verfallen, als würden sich die über die Bundesangelegenheiten hinausgehenden außenpolitischen Berührungen Bayerns in der höfischen Internationalität der Heirats- und Familienpolitik erschöpfen. Die Revolution von 1848 bewies indessen, wie sehr Bayern in das allgemeine europäische Geschehen einbezogen war.

2. Der preußisch-österreichische Dualismus

Die Beziehungen Bayerns zu Österreich und Preußen spielten sich zwar hauptsächlich im Rahmen der Bundesmitgliedschaft der drei Staaten ab, aber sie gingen in ihrer Bedeutung über durchschnittliche Bundesangelegenheiten hinaus. Ernstere Konflikte zwischen Preußen und Österreich wurden umgehend zu europäischen Themen. Die Beschäftigung der europäischen Diplomatie mit Spannungen zwischen Wien und Berlin beweist, daß die seit dem 18. Jahrhundert im Gang befindliche Auseinandersetzung bereits vor 1848 das zentrale nationalpolitische Thema unserer Geschichte gebildet hat. Im Vormärz geschah dies allerdings noch mehr verdeckt und schloß eine langdauernde Kooperation, selbst eine zeitweilige Unterordnung der preußischen unter die österreichische Politik nicht aus. Noch der Abgeordnete von Bismarck hat 1850 die Lösung von Olmütz begrüßt.

Solange Ludwig regierte, trat – für Bayern glücklicherweise – keine Konstellation ein, die zu einer gewaltsamen Lösung gedrängt, geschweige denn genötigt hätte. Auch fehlten damals in Berlin leitende Staatsmänner vom Format Metternichs, gleichwie nach Fürst Felix Schwarzenbergs Tod in Wien eine dirigierende Persönlichkeit vom Range Bismarcks. Doch ist es mehr als eine billige vaticinatio ex post, wenn man schon zwischen 1815 und 1848 die Geschichte Mitteleuropas unter eine Antithese Wien – Berlin stellt. Ein belgischer Historiker hat 1839 folgende

Summe seiner Beobachtungen anläßlich einer Deutschlandreise gezogen: »Preußen ist noch nicht an seinem Ziel angelangt. Ihm sind noch glänzende Bestimmungen vorbehalten. Trotz der Langsamkeit seiner Reformen, die der Tradition verbunden bleiben, trotz seiner Zurückhaltung und seines Mißtrauens, selbst wider seinen Willen, geht die Bewegung von ihm aus und es streckt gegen Österreich seine beiden langen Arme aus und hält in der einen Hand das Schwert, in der anderen ein philosophisches und wissenschaftliches Manifest und umarmt so ganz Deutschland. Preußen, das ist im Grunde genommen der Protestantismus, der Geist der Aufklärung und der Krieg. Österreich ist der Katholizismus, die Autorität und der Frieden«[1351].

Ludwig erkannte sehr wohl, daß Bayern aus dem preußisch-österreichischen Dualismus kurzfristig Nutzen ziehen könnte, auf lange Sicht schien ihm jedoch die gemeinsame deutsche Sache und auch die Bayerns in der Einigkeit zwischen Preußen und Österreich besser aufgehoben zu sein[1352]. Nie hat er *ausschließlich* für Wien oder Berlin optiert. Allerdings blieb er hinter der Aktualität der dreißiger und vierziger Jahre zurück, und es ermüdete wohl manchen seiner Zuhörer, wenn er mit einer ihn charakterisierenden Monotonie die deutsche Einigkeit des Zeitalters der Befreiungskriege unaufhörlich beschwor. Daß Ludwig in dem in Wien längst überspielten Erzherzog Karl einen deutschen Helden aus dieser Epoche verehrte, vermochte weder das Kaiserhaus noch den leitenden Staatsmann der Donaumonarchie zu bewegen, dem (vorsichtshalber offiziell nicht vorgetragenen) Wunsch Ludwigs näherzutreten, den Erzherzog während der deutsch-französischen Krisen an die Spitze einer österreichisch-süddeutschen Armee zu stellen. Daß es ihm mit dem Abbau innerdeutscher Spannungen und unguter historischer Erinnerungen ernst war, bewies Ludwig, wenn er den während seiner Regierung aufblühenden Kult des bayerischen Bauernaufstandes von 1705 nicht begünstigte und sich wegen des Wühlens in alten Wunden sehr mißfällig gegen ein historisches Schauspiel über Plinganser aussprach[1353]. Der hellhörige Hormayr hatte bereits das später so viel diskutierte Thema eines künftigen Zerfalls der Donaumonarchie in ihre Nationalitäten und eines erwünschten engeren Zusammenschlusses ihrer deutschen Teile mit dem Bund ins Auge gefaßt. Ludwig lagen solche Überlegungen noch fern. Immerhin haben schon während seiner Regierungszeit Diplomaten wie Gasser, Graf Jenison und Graf Luxburg in ihrer Kritik an Österreich auf das Nationalitätenproblem deutlich Bezug genommen und auf Gefahren hingewiesen, die dem Habsburger Staat von daher drohten[1354]. Trotz häufigen Ärgers über die Politik des Ballhausplatzes und realistischer Einschätzung der Schwächen des großen Nachbarstaates, hat Ludwigs Wende zu einer konservativ-defensiven Politik ihn dazu geführt, mehr und mehr Rückhalt an Österreich zu suchen. Überdies benötigte er Metternichs Hilfe auf dem Feld der internationalen Beziehungen, wenn es um Griechenland ging. Nach seinem Rücktritt hat sich aus Gründen seines Konservativismus seine pro-österreichische Tendenz noch verstärkt. Der König hat es noch miterlebt, daß sich das Dritte Deutschland zwischen Wien und Berlin entscheiden mußte. Da zeigte es sich denn, wieviel mehr im Ernstfall die austrophil-kaiserlich-katholische Richtung über ihn vermochte als die preußische. Aber zu diesem Zeitpunkt war er längst auf eine politische Zuschauerrolle beschränkt.

Ein Zufall war es sicher nicht, daß sich Ludwigs Familienbeziehungen zum Hause Habsburg zunehmend verdichteten, während das Verhältnis zu der mit Friedrich Wilhelm IV. verheirateten Halbschwester nie an die Herzlichkeit heranreichte, die ihn mit der österreichischen Kaiserin Karoline Auguste verband. Mit dem Schwager Friedrich Wilhelm IV. hat er sich allerdings sehr gut verstanden. Beider Naturell war grundverschieden, aber die Liebenswürdigkeit des Jüngeren tat dem Älteren wohl, und überdies verband sie die romantisch-patriotische Grundstimmung ihrer Generation. Über kaum einen Verwandten hat sich Ludwig so enthusiastisch ausgesprochen wie über Friedrich Wilhelm IV., und dieser bekannte stets seine »leider! selten geteilte Schwäche für Schwager König«[1355]. Gelegentlich sagten sich die Schwäger unverblümt die Meinung über die in ihren beiden Staaten jeweils betriebene Konfessionspolitik[1356], aber dabei blieb es. Die politischen Unzulänglichkeiten des Preußenkönigs blieben Ludwig nicht verborgen, doch hielt er sich mit Kritik zurück.

In seinen zahlreichen Unterhaltungen mit Vertretern Preußens an seinem Hofe hat Ludwig unermüdlich zwei Gesichtspunkte hervorgehoben: seine Dankbarkeit für Friedrich den Großen, der Bayerns Selbständigkeit vor Österreich gerettet habe[1357], und (seit 1834) seine volle Übereinstimmung mit der Einrichtung des Zollvereins. Der preußische Terraingewinn im Dualismus Wien–Berlin spiegelte sich nicht zuletzt in der zunehmenden Festigung des Zollvereins. Schon über den bayerisch-württembergischen Zollverein soll sich, Cotta zufolge, Metternich geäußert haben, die Nachricht habe ihm mehr zugesetzt als die von der Schlacht von Navarino. Cotta zu Ludwig: »Die Vereinigung Bayerns und Württembergs mit Preußen ist Metternichs politischer Todesstoß«[1358]. Es konnte Metternichs staatsmännischen Kredit nicht heben, daß sich der Zollverein entgegen den Kassandrarufen vom Ballhausplatz als voller Erfolg erwies und der Staatskanzler sich nicht in der Lage sah, dem von Jahr zu Jahr mehr sich konsolidierenden Vereinssystem ernstliche Hindernisse in den Weg zu legen. Einen Beitritt Österreichs zum Zollverein erklärte noch eine Denkschrift des bayerischen Ministerialrats Professor von Hermann 1846 für unmöglich, »weil die ganze österreichische Industrie bei der Konkurrenz mit dem übrigen Deutschland und dem niedrigen Zolltarif des Vereins zugrundegehen würde«[1359]. Ludwig hätte gerne einen Handelsvertrag mit Österreich abgeschlossen, aber für den Fall, daß nur mehr eine Alternative zwischen Zollverein mit Preußen und Handelsvertrag mit Österreich bestanden hätte, war seine Entscheidung für jenen eindeutig. Für die tief in die dreißiger Jahre sich erstreckenden Handelsvertragsverhandlungen mit Österreich stellte der König persönlich die Leitsätze für freie Donauschiffahrt, Transit- und Getreidehandel auf[1360]. Zu einer Einigung beider Staaten kam es nicht.

Als 1840 die Frage der Erneuerung des Zollvereins näherrückte, wäre Bayerns König der letzte gewesen, der sich der Fortsetzung der Institution hätte engegenstellen mögen. Die Erweiterung des Zollvereins 1835/36–1842 auf bis dahin noch beiseite stehende Staaten begrüßte der König, und lebhaft brachte er seinen Wunsch zum Ausdruck, daß auch Hannover dem Verein beitreten möge[1361]. Desgleichen suchte er 1843 auf den Hamburger Syndikus Karl Sieveking zugunsten eines Eintritts der Hansestädte einzuwirken, der allerdings noch in weiter Ferne lag[1362]. Innerhalb eines hochoffiziellen Kontextes, bei der Thronrede zur Landtageröffnung 1837, teilte Ludwig der bayerischen Öffentlichkeit Badens, Nassaus und Frankfurts »längst erwünschten Beitritt zum deutschen Zollverein« mit. Um dies zu erreichen, hatte er kräftig mitgewirkt. Ökonomische, aber auch politische Interessen lagen dem Eifer zugrunde, mit dem sich der König für einen Handelsvertrag zwischen dem Zollverein und Belgien einsetzte. Das Eisenschienengeschäft des bayerischen Staates mit der Firma Cockerill in Saraing bei Lüttich hatte für vormärzliche Verhältnisse gigantische Ausmaße angenommen[1363]. Sie blieben nicht ohne Auswirkung auf den Zollvereinsvertrag mit Belgien von 1844. Als Phrase darf man es nicht von vornherein abtun, wenn der König damals dem preußischen Gesandten erklärte, daß für ihn die politischen Vorteile des Vertrags weit mehr zählten als die wirtschaftlichen[1364]. Gemeint war in erster Linie die Bewahrung Belgiens vor einem Anschluß an Frankreich.

War die preußische Diplomatie bei der ersten Verlängerung des Zollvereins noch sehr zuversichtlich, so änderte sich dies nicht unbedeutend in den folgenden Jahren. Man hegte Besorgnisse, die klerikale Richtung in München, repräsentiert durch Abel, die es verstanden habe, den Monarchen auf einen pro-österreichischen Kurs festzulegen, sinne auch darüber nach, wie man den Monarchen dem Zollverein abspenstig machen könne[1365]. Das Mißtrauen Preußens steigerte sich, als es Abel Ende 1844 gelang, den König zu einer Versetzung des Generalzolladministrators von Bever und zweier ihm gleichgesinnter Räte zu bewegen[1366]. Abel hat jedoch wiederholt beteuert, er sei von der Notwendigkeit eines Fortbestehens des Zollvereins voll überzeugt[1367], und sein König, der Herbst 1845 die Minister anwies, vermeintlichen Abfallgelüsten Stuttgarts und Karlsruhes vom Zollverein entgegenzutreten[1368], gab sich Mühe, die Vertreter Preußens von der Grundlosigkeit ihres Argwohns zu überzeugen: »blinden Alarm« nannte er dergleichen[1369].

Spannungen ernsterer Art ergaben sich innerhalb des Zollvereins durch den zwischen freihändlerischem und schutzzöllnerischem Standpunkt im Gang befindlichen Jahrhundertkonflikt. Dieser überschnitt sich in München mit Auseinandersetzungen um die Persönlichkeit Friedrich Lists, auf den Grandaur den König schon 1829 aufmerksam gemacht hatte[1370]. List, der sich lange Zeit eines gewissen Wohlwollens seitens Abels erfreute, hatte 1841 eine Audienz bei Ludwig. Das Kapitel List in München zählt zu den spannendsten und bedrückendsten in der Geschichte des Zollvereins, der Verkehrspolitik und des deutschen Dualismus. Ludwig hat an den Bestrebungen des großen Patrioten kaum stärkeren Anteil genommen. Sollten Entscheidungen, die List betrafen, auf den König zurückgehen, so sind sie wohl weniger aus sachlichen Motiven denn aus für Ludwig übergeordneten außenpolitischen Erwägungen gefallen. So rasch sich die preußisch-bayerische fiskalisch-ökonomische Interessengemeinschaft auf der Grundlage des Zollvereins festigte, es kann keine Rede davon sein, daß sie zwangsläufig die kleindeutsche Lösung der deutschen Frage herbeigeführt habe. Bayerns Bundespolitik im zweiten Drittel des 19. Jahrhunderts, vom Inkrafttreten des Zollvereins bis zum Krieg von 1866, widerlegt die Vermutung. Es gab unter der Regierung Ludwigs einzelne Parteigänger Preußens in Bayern (der Gesandte Graf Luxburg, von Bever, Graf Giech), und vom Kronprinzen ließ sich eine Zeitlang behaupten, er sei preußisch orientiert[1371]. Die Mehrheit im Lande dachte anders, und der König wußte, warum er Vorbehalte gegenüber Preußen hegte. Er mochte in diesem Fall Metternich zustimmen, der während eines Münchner Besuches 1845 sagte: »Die Gefahr liegt darin, daß das Preußentum in das Deutschtum übergehe«[1372].

Die konfessionelle Tönung des preußisch-österreichischen Dualismus hatte ihre Rückwirkungen auf das bayerisch-preußische Verhältnis. Bischof Reisach hat sich intern mit größter Entschiedenheit gegen Preußen ausgesprochen[1373], und in der Öffentlichkeit verstärkte die publizistische Tätigkeit von Pfeilschifter, Görres, Zander vorhandene Aversionen. Am konsequentesten von allen Ratgebern Ludwigs hat sich Abel bemüht, den König gegen Preußen einzunehmen, einer dementsprechenden Außenpolitik das Wort zu reden und sie geschichtsideologisch auf den Begriff zu bringen. Abel, der im engsten Einvernehmen mit dem österreichischen Gesandten Graf Senfft stand, behauptete dem König gegenüber, daß der Aufbau Preußens, wie der keines anderen Staates, auf Sünden beruhe[1374]. Bei seinen Betrachtungen über die kirchlichen Verhältnisse des Protestantismus in Preußen und die preußische Kirchenpolitik insgemein lag dem Minister daran, dem König Preußentum und »protestantisches Prinzip« als beinahe deckungsgleich erscheinen zu lassen[1375]. Als Friedrich Wilhelm IV. Bayern aufforderte, einen Vertreter zu der von ihm einberufenen allgemeinen evangelischen Kirchenkonferenz zu entsenden, fand Abel diesen Gedanken »drollig«: »... Welchen Eindruck aber würde es hervorbringen müssen, wenn gerade diejenige katholische Regierung, welche die Schutzmacht der katholischen Kirche in Deutschland bisher gewesen ist, nun an einem Kongresse zur Befestigung der protestantischen Kirche durch Abgeordnete teilnähme?... Der treugehorsamst Unterzeichnete kann nicht bergen, daß die Idee der deutschen Nationalkonzilien ihm noch auf einem ganz anderen Standpunkte höchst bedenklich und gefährlich erscheine. War denn nicht das Streben der deutschen Liberalen, Burschenschaftler usf. von jeher und ist es nicht jetzt noch dahin gerichtet, eine allgemeine deutsche Volksrepräsentation zu erringen? Und wird nicht dieses für die deutschen Fürsten und das monarchische Prinzip und für Deutschlands Frieden und Verfassung so höchst gefährliche Streben dadurch gestützt und gefördert, wenn auf dem kirchlichen Gebiet eingeführt wird, was die Demagogen auf dem politischen verlangen?«[1376]

Es wäre verwunderlich, wenn eine zehnjährige konsequente Beeinflussung in diesem Sinn an Ludwig spurlos vorübergegangen wäre. Aus verstreuten Bemerkungen des Königs geht hervor, daß er Abels Auffassungen im ganzen zustimmte; doch lag ihm offensichtlich daran, auch in solchen Fragen seine Selbständigkeit zu wahren. Auch vergaß er nie, daß die Hohenzollern zur fürstlichen Verwandtschaft, Preußen zum Bund und der Zollverein, dessen Unaufgebbarkeit auch für Abel tabu war, zu den Säulen der wirtschaftlichen Prosperität Bayerns zählten. Nicht zusehen mochte der König aus Gründen seines Souveränitätsbewußtseins, wenn der preußische Gesandte an seinem Hofe, Graf Dönhoff, zu lebhafte Aktivitäten zugunsten der bayerischen Protestanten entfaltete. Dönhoffs Nachfolger, von Küster d. J., entsprach den Vorstellungen Ludwigs von einem preußischen Gesandten eher. Er wurde durch die Partei Rochow in Berlin gestürzt, und unter Küsters Nachfolger Graf Bernstorff wehte konfessionspolitisch wieder ein schärferer Wind[1377]. Den Verbindungen des österreichischen Gesandten Senfft-Pilsach zur »Kongregation« entsprachen Beziehungen des preußischen Gesandten zur protestantischen Opposition.

3. Nationale Prestige- und Kulturpolitik

Der König rang um die Bundesgenossenschaft der deutschen öffentlichen Meinung, die sich mehr und mehr dem Nationalgedanken verschrieb. Wer sich seit den beginnenden vierziger Jahren nicht auf das Wohl und den Willen der Nation berief, zählte nicht mehr. Bis in diplomatische Exposés ließ sich seitdem die These verfolgen, man dürfte nicht mehr nach staatlicher Konvenienz, sondern müsse nach dem nationalen Interesse handeln[1378]. Wer glaubhaft machen konnte, in diesem Sinne Politik zu treiben, gewann einen beträchtlichen Vorsprung in der öffentlichen Meinung. Vieles, was Ludwig auf diesem Gebiet zuwege brachte, kam tatsächlich seinem und seines Landes Prestige zugute. Seine Handlungen sind nicht nur als Taktik und Mittel zum Zweck einzuschätzen. Sie entsprangen seiner patriotischen Überzeugung, und er konnte darauf hinweisen, daß er schon seit früher Jugend sich so geäußert und sich schließlich trotz des engen ihm zugestandenen Spielraums verhalten hatte, wie man es von einem deutschen Patrioten des 19. Jahrhunderts erwartete.

Wir sprechen im folgenden von demonstrativen Handlungen des Königs zum Zweck der Festigung des deutschen Nationalsinnes. Schon der Kronprinz hatte, an sich ein Akt aus dem Geist des fürstlichen Patriarchalismus, zur Feier der Schlacht von Leipzig die Ortsarmen von Salzburg verköstigen lassen. Später ließ er in seiner Residenz Würzburg 500 Arme zum Gedenken an diesen Siegestag festlich bewirten (»ausspeisen«)[1379]. Nationale Gedenktage, und zwar bevorzugt an die Schlachten von Leipzig und Waterloo, nahm er später wiederholt zum Anlaß, Grundsteinlegungen oder Kindstaufen vorzunehmen[1380]. Bei der Namensgebung seiner Kinder griff er auf Gestalten aus der ältesten Haus- und Landesgeschichte und auf frühere, ihm vermutlich »teutscher« erscheinende Schreibungen zurück. Von der Förderung patriotischer Gelehrter wie Luden und Hormayr erhoffte sich der Kronprinz und König Ergebnisse im Sinne seiner nationalpädagogischen Bestrebungen. Einflüsse von Arndt und Jahn verriet Ludwigs deutscher Sprachpurismus, unter dessen Diktat er seine eigene Schreib- und Sprechpraxis stellte. Allerdings hat er sich nur hin und wieder sprachreinigender Anordnungen bedient; beispielsweise befahl er die Einführung der Bezeichnung »Schüler« anstelle von »Gymnasiasten«[1381]. Im allgemeinen beließ er es bei Anmahnungen, auch mochte er auf die Wirkung seines guten Beispiels hoffen. Während sein deutscher Stil bekanntlich sehr zu wünschen übrig ließ, handelte es sich bei seinen Verdeutschungen durchweg um gute Lösungen, weit entfernt von den grotesken Wortbildungen der barocken Spracherneuerer. Anscheinend hatte er Campes Verdeutschungsbuch stets zur Hand[1382]. Die meisten der vom König gebrauchten Verdeutschungen haben sich in unserer Sprache durchgesetzt. Um jedoch zu seiner Zeit von jedem und namentlich von jedem Bürokraten verstanden zu werden, setzte er das bisher geläufigere Fremdwort in Klammern hinter den deutschen Ausdruck: »Zerrbild (Charikatur)«, »Mißwoche (fausse couche)«, »Veste (Fort)« und so fort. Im Gegensatz zur Regierungsepoche seines Vaters duldete der König die französische Sprache nicht mehr als Verhandlungssprache im Ministerrat oder Staatsrat[1383]. Im bayerischen diplomatischen Dienst erfolgte unter Ludwig – parallel zu anderen Bundesstaaten – der Durchbruch des Deutschen als Geschäftssprache. Wo er nur konnte, drängte der König in weiblichen Bürger- und Klosterschulen den französischen Sprachunterricht zurück: »Teutsche Bürger-Frauen sollen gebildet werden und keine verbildeten Teutsch-Französinnen«[1384]. Der Generaladjutant Prinz Löwenstein erwähnte in einem Brief, die von der Kurfürstinwitwe eingefädelte französische Ehe des Kronprinzen sei »am Deutschtum des Königs ganz gescheitert«[1385]. Bei Patenschaften legte der Monarch Wert darauf, daß der betreffende Knabe Ludwig und nicht Louis genannt werde.

Im Strom des Historismus als einer europäischen Kulturbewegung hat Ludwig sich mit der ihm eigenen Energie, ja Überschwenglichkeit am Denkmalskult seiner Epoche beteiligt. Die politische Dimension solch buchstäblicher Monumentalisierung der Vergangenheit bestand zunächst darin, daß der König vorzugsweise das Gedächtnis an Persönlichkeiten wachzuhalten wünschte, die auf bayerischem oder vormals wittelsbachischem Boden (Freiherr von Dalberg, Iffland) gewirkt hatten. Desgleichen hatten die auf Ludwigs Veranlassung geprägten Geschichtskonventionstaler Ereignisse der bayerischen Zeitgeschichte zum Anlaß; des öfteren ließ er sie zur Erinnerung an die Errichtung von Denkmälern prägen, um auf diese Weise die memoria zu vervielfachen. Mehrfach widmete der König solchen Gestalten Denkmäler, die als Heroen gesamtdeutscher Kulturgeschichte angesehen wurden: so entstanden Monumente Wolframs von Eschenbach in Eschenbach, Winckelmanns in der Villa Albani zu Rom, Schillers und Goethes in München und das Grabdenkmal Johannes von Müllers in Kassel. Dazu kamen seine Beiträge für das Hermannsdenkmal im Teutoburger Wald, für die Dürer-Statue in Nürnberg, die Schiller- und Goethe-Gruppe und die Wieland-Statue in Weimar und schließlich das Radetzky-Monument in Wien. Geplant war die Beteiligung an einem Ankauf des Goethe-Hauses und der Sammlungen Goethes durch den Bund[1386].

Aus diesen gewiß schon sehr ausgedehnten Bemühungen um die Förderung gesamtdeutschen Geschichtsbewußtseins und nationaler Solidarität ragt nun weit des Königs Leistung heraus, ein Nationaldenkmal geschaffen zu haben. Wäre die Errichtung der Walhalla seine einzige Tat geblieben, sie würde genügen, dem König einen Platz in der deutschen Geschichte zu sichern. Wie mit dem Denkmalwesen im allgemeinen, so hat sich mit dem Phänomen der Nationaldenkmäler in den letzten Jahrzehnten die geschichts- und kunstwissenschaftliche Forschung ausgiebig beschäftigt[1387]. Man hat Idealtypen des Nationaldenkmals herausgearbeitet und über seine Analyse Erkenntnisse zur Struktur der Nationalbewegungen und der Nationalidee gewonnen. Eine Biographie muß den Akzent auf den persönlichen Anteil ihres »Helden« an einem Nationaldenkmal legen, der in unserem Fall ganz außerordentlich gewesen ist[1388]. Die Mehrzahl der Nationaldenkmäler, insbesondere die Gattung der Denkmalskirchen[1389], sind Entwurf geblieben. Die berühmteren Denkmäler wie diejenigen Hermanns des Cheruskers, Luthers, Friedrichs des Großen, Bismarcks oder Kaiser Wilhelms I. und schließlich der Völkerschlacht zu Leipzig hat man zwar gelegentlich mit der Bezeichnung »Nationaldenkmal« geschmückt, die sie jedoch nur in sehr begrenztem Maße verdienen. Soweit größere nationale Denkmäler errichtet wurden, geschah dies als kollektive Leistung. Die nach Johannes von Müllers Vorschlag so genannte Walhalla war von der Konzeption bis zur Vollendung die Tat eines Einzelnen. Aus eigenen Mitteln hat Ludwig sie finanziert. Der Willensakt, an einer solchen Idee über Jahrzehnte festzuhalten und sie schließlich zu verwirklichen, büßt auch dadurch nichts an seiner Großartigkeit ein, daß er ohne ein gewisses Maß von Monomanie nicht möglich war. Im Gegensatz zu den punktuellen Erinnerungsmalen im Deutschen Bund und später im Deutschen Reich hatte Ludwig von Anfang an die gesamte deutsche Geschichte im Visier. Umfang und Intensität seiner Korrespondenz mit Gelehrten über Auswahl und Porträtähnlichkeit der in der Walhalla zu verewigenden Persönlichkeiten näherte sich einem wissenschaftlichen Unternehmen[1390]. Welche Schwierigkeiten ideologischer und politischer Natur bei der Planung auftreten konnten, zeigt das Schicksal der Luther-Büste, die erst 1848 zur mehr oder minder heimlichen Aufstellung gelangte[1391]. Mit der Schrift »Walhallas Genossen« ist der König schließlich als Kommentator und Barde seines Unternehmens hervorgetreten. Der innere Wandfries der Walhalla sollte auf die germanisch-christliche Kultursynthese hinweisen. Wenn man die Walhalla als Typus des Denkmals der Bildungs- und Kulturnation bezeichnet hat[1392], dachte man wohl primär an die durch den Begriff Nationaldenkmal ansprechbare Bevölkerungsschicht. Es überwogen jedoch unter den Walhallgenossen in Ludwigs Konzeption die politischen und militärischen Persönlichkeiten. Überdies hat der König im südlichen und nördlichen Giebelfeld die Befreiung von der Fremdherrschaft der Römer und Napoleons als Hauptereignisse unserer Geschichte, die den Deutschen erst ihre Identität ermöglichten, symbolisieren lassen. Das südliche Giebelfeld verherrlichte schließlich die Gründung des Deutschen Bundes, der, wenn es nach dem Willen des Königs gegangen wäre, die bleibende politische Organisation der Deutschen geworden wäre. Zum Eigentümlichen der Walhalla-Idee Ludwigs zählte, daß sie den museal-retrospektiven Charakter der Denkmalsidee transzendierte und ihr ein Bewegungsprinzip einpflanzte: das Bekenntnis zur nationalen Identität sollte sich durch Neuaufnahmen berühmter Deutscher in das Pantheon der Nation fortsetzen. Testamentarisch hat Ludwig die Walhalla »seinem großen Vaterlande« vermacht. Für den Fall des Erlöschens der Bundesorganisation, von dem Ludwig hoffte, daß ihn »Gott verhüten möge«, und den er gleichwohl noch miterleben mußte, sollte das Nationaldenkmal an Bayern übergehen, in dessen Händen es sich noch befindet.

Die Befreiungshalle bei Kelheim, architektonisch eine der interessantesten Schöpfungen des königlichen Bauherrn, spielte in seiner Gedankenwelt ausschließlich als Monument der Freiheitskriege, des zentralen Erlebnisses des jungen Ludwig, eine Rolle und kann daher nur den nationalen Denkmälern zugerechnet werden, nicht jedoch als Nationaldenkmal gelten. Daß Ludwig sich verpflichtet sah, die Balance zwischen einer selbstgestellten deutsch-nationalen Aufgabe und dem ihm zugefallenen bayerischen Königsamt zu halten, beweist, daß er nach der Walhalla die Ruhmeshalle in München ausschließlich für verdiente Persönlichkeiten der bayerischen Geschichte errichtete[1393]. Es konnte nie darum gehen, daß das Denkmal der bayerischen Staatsnation in ideelle Konkurrenz mit der Walhalla trete. Die vor der Ruhmeshalle aufgestellte Kolossalstatue der Bavaria berührt den Beschauer von heute als Meisterwerk der Erzgießerei und als Kuriosität.

Als Nationaldenkmal sui generis haben schon Zeitgenossen der Walhalla den Kölner Dom gegenübergestellt, an dessen Vollendung Ludwig bedeutenden Anteil genommen hat[1394]. Den König hat die deutsch-christliche, deutsch-katholische Konzeption der Kölner Neogotiker mächtig ergriffen: Der Kölner Dombau als primär katholisch-vaterländische Initiative und als Werk, für das beide Konfessionen spendeten, gleichzeitig ein Ausblick auf künftige Einheit der Kirche, als Symbol einer Sakralisierung der Nation, als »Allerdeutschenhaus« (Görres), als »Denkmal der Völker-Eintracht und des Fürstenbundes« (Geißel). Der Umgang mit den Brüdern Boisserée hat dem König das Kölner Vorhaben wohl besonders nahegebracht. 1842, ein Jahr nach der Gründung des Kölner Zentral-Dombau-Vereins, rief Ludwig den selbständigen bayerischen Kölner-Dombau-Verein ins Leben, der unter Wahrung seiner Selbständigkeit mit dem Kölner Zentral-Verein in Verbindung stand. Die Präambel der Satzung erinnerte an die jahrhundertelange Verbundenheit des Kölner Erzstuhls mit dem Hause Wittelsbach und an die Berufung des als »Friedensbote« bezeichneten Bischofs Geißel zum Koadjutor in Köln 1841. Zwischen den Zeilen wurde die Errichtung eines Nationaldenkmals angesprochen. Als Mitglieder des Vereins kamen in der Regel nur wohlhabende Personen in Frage und Beamte, deren Beitritt der Monarch mit der ihm eigenen Gewalttätigkeit erzwang[1395]. Für die Unlust der Genötigten gibt es mancherlei Anzeichen. Von den Angehörigen des königlichen Hauses wagte es allein die unbekümmerte Kurfürstinwitwe, reich, geizig und allem, was sie für idealistische Exzentrizität ansah, abhold, die Subskription zu verweigern. Ludwig unternahm noch einen weiteren Anlauf, um das Kölner Werk voranzutreiben. Seit Dezember 1842 suchte er außer Preußen sämtliche Mitglieder des Deutschen Bundes in einem Dombau-Verein zusammenzufassen, von dessen Beiträgen er ein jährliches Aufkommen von 40 bis 50000 fl. erhoffte[1396]. Selbst machte er sich anheischig, bis zur Fertigstellung aller Türme auf Lebensdauer jährlich 10000 fl. beizusteuern. Das Experiment scheiterte an dem Widerwillen der meisten Bundesfürsten und -staaten. Die Art und Weise, wie man sich in Wien schließlich zu einem Beitrag herbeiließ, bewies, welche Kluft in gesamtdeutschen Fragen zwischen dem Bayernkönig und seinem mächtigen Nachbarn bestand. In diesem Fall verstand er sich eher mit dem preußischen Schwager; von diesem abgesehen, mochten ihn die meisten gekrönten Genossen als lästigen Schwärmer und Enthusiasten belächeln. Aber dies hinderte Ludwig nicht zu tun, was ihm sein »teutscher Sinn« gebot: Er ließ für die gute Sache nicht nur organisieren und Geld beitreiben, sondern ging mit einer großartigen Spende voran. Für fünf Glasfenster im südlichen Seitenschiff des Doms, die sogenannten »Bayernfenster«, wandte er einen Gesamtbetrag von rund 70000 fl. auf.

Errichtete man Nationaldenkmäler, lag der Gedanke an Nationalfeste nicht fern. Seit dem 18. Jahrhundert beschäftigte er in Mittel- und Westeuropa die öffentliche Meinung. Zwanglos hatte sich das Münchner Oktoberfest zum bayerischen Nationalfest entwickelt[1397]. An Nationalfeste gehobeneren Ranges hat man beim Bau der Walhalla wiederholt gedacht. Mit dem Vorschlag einer Feier zum Andenken an den Vertrag von Verdun 843, den man als Geburtsstunde eines deutschen Staates anzusehen pflegte, trat Friedrich Wilhelm IV. an seine Mitfürsten heran. Wenn es um das Deutschtum ging, dachte Ludwig eher »völkisch« als staatlich. Ihm erschien der Vertrag weniger erfreulich, da er mit Ausnahme des Landes um Mainz, Worms und Speyer den Herrschaftsbereich Ludwigs des Deutschen auf das rechte Rheinufer beschränkt hatte. Zunächst hatte Ludwig mit der bezeichnenden Einleitung, »weil mein Freund, der König von Preußen, es wünscht«[1398] Gottesdienste zur Feier des Ereignisses angeordnet, doch kamen ihm bald darauf Bedenken. Er regte schließlich bei dem österreichischen Bundespräsidialgesandten Freiherrn von Münch an, er möge über Radowitz versuchen, den preußischen König von der Idee eines Gottesdienstes abzubringen. Ludwig gab nun zu, »keinen Geschmack an befraglicher Feier zu finden«: »Wie könnte ich auf dem linken Rheinufer Gott danken lassen wegen eines Vertrags, vermöge dessen es von seinem rechten getrennt wurde... Auch Homer schläft zuweilen, und so muß es auch in dem vorliegenden Fall dem in der Geschichte so bewanderten, glänzenden Verstand besitzenden und durchaus teutschen König von Preußen widerfahren sein, obiges übersehen habend«[1399]. Eine andere Perspektive des Verdun-Gedenkjahres zeigte der Germanist und Turnapostel Maßmann, wenn er zum 84. Jahrestag der Bayerischen Akademie der Wissenschaften am 28. März 1843 einen Festvortrag hielt unter dem Titel »Deutsch und Welsch oder der Weltkampf der Germanen und Romanen. Ein Rückblick auf unsere Urgeschichte zur tausendjährigen Erinnerung an den Vertrag zu Verdun«[1400].

Ludwig ging es um das Zustandekommen eines deutschen Nationalbewußtseins und um Charakterbildung der Nation. Der deutsche Nationalcharakter erschien ihm als eine moralische Größe, als Konglomerat von Eigenschaften, die es teils zu bewahren, teils zu bekämpfen gälte. Er glaubte daran, daß der deutschen Nation edelste Eigenschaften in die Wiege gelegt seien. Andererseits huldigte er der weit verbreiteten Anschauung, es hafte dem deutschen Wesen eine tumbe, lebensgefährliche Gutmütigkeit und Indolenz an, die eine bösartig-schlaue Umwelt geradezu provoziere, mit den Deutschen »Schindluderchens« zu spielen: »Daß das deutsche Volk als ein gutes, geduldiges Tier, das mißhandelt werden kann, betrachtet wird, seit Jahrhunderten beweist [es] die Geschichte und auch die unserer Tage[1401]. Es lag Ludwig nicht nur daran, erhabene Gefühle zu kultivieren. Seine nationalpädagogische Absicht ging auch darauf aus, die Deutschen zu Unnachgiebigkeit und Härte in der Verteidigung ihres guten Rechts zu erziehen, sie zur Selbstbehauptung fähiger zu machen.

XIX.
KANALBAU UND EISENBAHNEN

1. Der ökonomische Faktor

Wir sind dem König wiederholt als Sozial- und Wirtschaftspolitiker begegnet. Sein Engagement für den Zollverein führt zur Mitte aller seiner ökonomischen Überlegungen. Es ging ihm darum, Hindernisse für die Entfaltung von Handel und Industrie zu beseitigen und gleichzeitig durch die Anteile an den Zollvereinserträgnissen für den Fiskus Vorteile herauszuschlagen. Auf Gesichtspunkte der wirtschaftlichen Vernunft ging der König stets ein. Einen wirtschaftlichen Entwicklungsplan aufzustellen, lag außerhalb des Horizonts seiner Epoche. Für punktuelle Förderung gewerblicher und industrieller Unternehmungen hat der Monarch jedoch viel getan. Als Kronprinz wie als König zeigte er reges Interesse an Manufakturen und Fabriken, von denen er bedeutendere besichtigte, sowie an Handelsunternehmungen[1402]. Wirtschafts- und insbesondere handelspolitische Projekte und Gutachten hat er aufmerksam gelesen[1403]. Vergleichbar den merkantilistischen Landesvätern des 18. Jahrhunderts versprach er sich viel von Seidenraupen- und Obstbaumzucht, ebenso von der Zuckerrübenfabrikation Utzschneiders. Zur Förderung von Industrieausstellungen, Ausschreibung von Preisaufgaben und Verteilung von Prämien zeigte er sich gerne bereit. Niederlassungen von Filialen ausländischer Unternehmungen auf bayerischem Boden begrüßte er im allgemeinen[1404]. Er wünschte zwar »gehörigen Schutz der Betriebsamkeit«, aber gleichzeitig hat er sich bis zum Ende seiner Regierung gegen eine forcierte Industrialisierung gewandt: Bayern sollte »keine Treibhausindustrie erkünsteln, kein Fabrikstaat werden«[1405]. Nachrichten über technische Erfindungen oder deren Angebot ließ er sorgfältig prüfen[1406].

Ludwig fühlte sich in erster Linie als »Staatswirt«. Als Sparmeister und sorgfältiger Anleger suchte er Staatsvermögen und Hausvermögen zu mehren. Aus Gründen der inneren Sicherheit beobachtete er auf das genaueste die Preisbewegungen bei Nahrungsmitteln. Seine außergewöhnliche Begabung in Geldsachen ließ ihn bald die zentrale Bedeutung des Bankwesens für Handel und Wandel erkennen. Mit ebensoviel Anteilnahme wie Sachkunde hat er sich daher der Gründung der Bayerischen Hypotheken- und Wechselbank angenommen, deren Zustandekommen das Bankgesetz des Landtags von 1834 ermöglichte[1407]. Der Gründung waren Bemühungen um einen Kreditverein schon unter Max I. Joseph vorhergegangen; Ludwig förderte den Verein lebhaft, und 1828 stattete er eine Hilfskasse für Grundeigentümer mit einem Kapital von 80000 fl. aus der Kabinettskasse aus[1408]. Der Hofbankier Simon Freiherr von Eichthal und der ihm eng verbundene Armansperg verfolgten zunächst eine andere Bankkonzeption als der König[1409]. Doch lagen auch der nach dem Inkrafttreten des Zollvereins vom König und Wallerstein durchgesetzten Lösung Vorstellungen Eichthals zugrunde. Wie in so vielen anderen Fällen hat Ludwig in der Bankangelegenheit als König verwirklicht, was während seiner Kronprinzenzeit nur diskutiert wurde, aber liegengeblieben und aufgeschoben worden war[1410]. Aufzeichnungen aus dem Jahre 1818 lassen erkennen, wie sehr dem Kronprinzen am Ausbau des Hypothekenwesens zum Schutz der Bauern vor wucherischer Ausbeutung lag[1411]. In diesem Sinne sollte die 1835 eröffnete Bayerische Hypotheken- und Wechselbank in erster Linie der Kreditnot der Landwirtschaft abhelfen und drei Fünftel ihrer Fonds für vierprozentige ländliche Hypothekendarlehen, den Rest für Bankgeschäfte anderer Art, insbesondere zugunsten gewerblicher Interessen, verwenden. Der König setzte eine Bankkommission zum Vollzug des Gesetzes ein und nahm an den Vorarbeiten, nicht zuletzt an der Abfassung der Bankstatuten, den lebhaftesten Anteil[1412]. Seit Eröffnung der Bank gab es kaum einen sorgfältigeren Leser der Geschäftsberichte als ihn. Mit der legislativen und administrativ-organisatorischen Vorbereitung war das Hauptproblem, die Finanzierung der Bankgeschäfte, noch nicht gelöst. Der Versuch des Königs, über die bayerischen Gesandtschaften in Frankfurt, London und Paris das internationale Kapital für die Bank wie für den Donau-Main-Kanal zu interessieren, blieb anfänglich ohne nennenswerten Widerhall[1413]. Als es gelang, das Haus Rothschild, das bereits über die Verrechnung des bayerischen Anteils an den Zollvereinserträgnissen und die Aktienausgabe für den Donau-Main-Kanal in engere geschäftliche Beziehungen zum bayerischen Staat getreten war, für die neue Bank zu interessieren, setzte der Kapitalzufluß ein. Auch die bisher zurückhaltenden Augsburger Banken, Schätzler und Süßkind an der Spitze, beteiligten sich nunmehr als potente Anleger. Der Anteil Eichthals am Gründungskapital (10 Millionen fl.) lag mit insgesamt 2,837 Millionen fl. allerdings noch über dem Rothschilds (1,5 Millionen fl.), und Eichthal, bald zusammen mit dem Münchner Franz Xaver Riezler Direktor des Unternehmens, blieb die Zentralfigur. Unter den Subskribenten erschienen auch König Ludwig mit 400000 fl. und die Königinwitwe mit 60000 fl. Die Etablierung der Bank in München führte zur Überflügelung Augsburgs als Bankplatz durch die Landeshauptstadt. Zwei Jahre nach Gründung der Bank zeigte sich der Monarch sehr unzufrieden mit dem Geschäftsgang. In seiner Kritik wurde er durch Beanstandungen des Nürnberger Bürgermeisters und Abgeordneten Bestelmeyer am Betrieb des Unternehmens bestärkt[1414]. Ludwig erklärte, daß er sich sowohl des allgemeinen Besten wie auch seiner eigenen Anlagen wegen Sorgen mache. Beamtete Gutachter beschwichtigten ihn und erklärten ihm, daß man eine Bank mit der Zwecksetzung der Bayerischen Hypotheken- und Wechselbank nicht mit anderen Banken vergleichen könne. Erst nach Ludwigs Abdankung wurden die Statuten der Bank geändert.

Der König und seine Ratgeber sahen die Wirtschaft für einen weitgehend autonomen Bereich an. Staatliche Wirtschaftspolitik spielte in ihren Augen eine subsidiäre Rolle. In dieser Hinsicht geschah allerdings durch die erwähnten Maßnahmen, durch zweckmäßige Organisation der im Staatsbesitz befindlichen Produktionszweige des Salinen-, Berg- und Hütten- sowie des Forstwesens, durch Zoll- und Gewerbegesetzgebung, Bildung von Handelskammern seit 1842, amtliche Statistik, Förderung des Sparkassenwesens und Errichtung einer Polytechnischen Zentralschule in München 1827 nicht wenig. Die ökonomische Hauptleistung des ludovizianischen Staates, der sich wirtschaftsgeschichtlich erst mit der Frühgeschichte der Industriellen Revolution in Bayern deckt, bestand, abgesehen vom Beitritt zum Zollverein, wohl darin, durch seine Verkehrspolitik die Infrastruktur für den wirtschaftlichen Aufschwung nach 1848 geschaffen zu haben. Nach anfänglichem Überwiegen der privaten Initiative entschied der König durch persönliches Eingreifen verkehrspolitisch zugunsten des Staates. Von ökonomischen Anregungen, die von Ludwig persönlich ausgegangen sind, ließ sich die Gründung einer großen bayerischen Handelsgesellschaft mit Hauptsitz in Nürnberg, die sich vor allem der Ausfuhr bayerischer Textilerzeugnisse nach Amerika annehmen sollte, nicht verwirklichen[1415], während sich die Bayerische Hypotheken- und Wechselbank zu einer Großbank entwickelte[1416]. Daß Politik und Kunst, kirchliche Erneuerung und Staatsverwaltung im Tätigkeitsfeld des Königs vor dem Ökonomischen rangierten, versteht sich von selbst. Die Welt der freien Wirtschaft war nicht die seine. Wie hätte sie es auch sein sollen?

2. Kanalbau

Kanalbau zählte zu den bevorzugten Verkehrsprojekten merkantilistischer Staatswirtschaft im Zeitalter des Absolutismus. Ludwig trug mancherlei Erbschaften aus dieser Zeit mit sich, aber es wäre Konstruktion, seine Vorliebe für Kanalbauten auf die Tradition des älteren fürstenstaatlichen Wirtschaftsstils zurückzuführen. In der napoleonischen wie in der beginnenden Restaurationsära hatte die Lust am Kanalbau noch nicht nachgelassen, und selbst im späten 19. und im 20. Jahrhundert hat man noch bedeutende Kanäle in Angriff genommen. Seit sich der Eisenbahnbau durchgesetzt hatte, war der Kanalbau verkehrstechnisch und ökonomisch freilich ein für allemal ins Hintertreffen geraten.

Vom Anfang bis zum Ende der Regierung Max Josephs wurden zahlreiche Kanalvorhaben von Ingenieuren und Nationalökonomen, aber auch Amateuren und »Projektenmachern« erörtert[1417]. Unter vielen Entwürfen, die man diskutierte, schälte sich derjenige einer Verbindung zwischen Rhein beziehungsweise Main und Donau als wünschenswertester heraus. Die Staatsverwaltung sah sich veranlaßt, diesen Gedanken aufzugreifen und Vorarbeiten anzustellen[1418]. Seit dem Zusammentritt des ersten Landtags in Bayern 1819 beschäftigte die Kanalfrage auch die Kammern. Als Direktor des Wasser- und Straßenbauwesens (seit 1820) hatte ein berühmter Erfinder, der Mechaniker und »Hydrotekt« Georg von Reichenbach, die Kanalpläne voranzutreiben und gegen die Verfechter divergierender Kanalvorschläge wie gegen die Pläne des Oberstbergrats Ritter von Baader zu verteidigen, der für ein System von Pferdeeisenbahnen kämpfte, das er spätestens seit 1813 dem Kronprinzen nahezubringen suchte[1419]. Ludwig scheint sich schon erhebliche Zeit vor dem Thronwechsel auf die Seite der von Baader, der persönlich mit Reichenbach verfeindet war, so genannten Kanalomanen geschlagen zu haben. Bald nach seiner Thronbesteigung beauftragte er die Oberste Baubehörde mit der Ausarbeitung eines Plans für den Kanal zur Verbindung der Donau mit dem Main.

Was hatte den Ausschlag zugunsten des Kanals gegeben? Der verbitterte Baader, der allerdings gleich seinem Bruder, dem Philosophen, häufig über das Ziel hinausschoß, hat vielleicht das Richtige getroffen, wenn er List 1834 unter Bezugnahme auf das

Votum der bayerischen Kammern zugunsten des Kanalbaus mitteilte, »daß diese *großartige Idee* zur Ausführung eines *glänzenden Denkmals*, an welcher Karl der Große gescheitert hat [sic!] von *einer* hohen Person mit so großem Eifer ausgegangen und betrieben worden ist, daß es weder in noch außer den Kammern jemand wagen dürfte, seine Stimme dagegen und für eine Eisenbahn zu erheben...«[1420]. Ruhmliebe und Neigung zu »glänzenden« Taten – solche Motive lagen Ludwig I. nicht fern. Ein sicheres technisches und ökonomisches Urteil in der Frage Kanal oder Eisenbahnen ist ihm nicht zuzutrauen. Auffällig ist, daß der König bei dem Versuch, seine Stellungnahme zugunsten des Kanals zu rationalisieren, stark dessen militärische Vorzüge betonte[1421]. Sollte sich der König etwa von Streiter, der fragwürdige Flußschiffahrtsexperimente betrieb, haben beeinflussen lassen? Allerdings hat Ludwig später auch bei der Erörterung von Eisenbahnprojekten häufig die militärischen Gesichtspunkte hervorgehoben. Baader gab so rasch nicht auf. April 1826 hatte er im Nymphenburger Schloßgarten vor dem König und Experten mehrere Demonstrationen mit einer Versuchseisenbahn veranstaltet, die den Monarchen jedoch nicht überzeugten; wahrscheinlich erschien ihm die Ausführung zu kostspielig. Darüber hinaus warb Baader durch einen Akademievortrag vom 25. August 1826 und rege publizistische Tätigkeit für sein System. Schützenhilfe wurde ihm durch Friedrich List zuteil, der seit 1827 die Verbindung mit Baader suchte und fand. Lists Hamburger Verlag übersandte Ludwig Publikationen seines Autors [1422], und dieser stieß mit einer Denkschrift vom 1. November 1828 beim König nach. Es handelte sich um großartige Entwürfe eines Verkehrspolitikers, der Kanäle zwar nicht verwarf, Eisenbahnen jedoch ganz unmißverständlich den Vorzug gab. Grandaur, der Baader nahestand, sandte die Schrift Lists mit wärmsten Empfehlungen dem König nach Rom nach[1423]. Im gleichen Jahr äußerte sich auch der zum Gutachten über Lists Ausführungen aufgeforderte Klenze zugunsten von Eisenbahnen[1424]. Dennoch beharrte Ludwig auf dem Vorrang des Kanals. Baader, der die Verfechter der Kanalidee unter anderem als »canaillöse Kanalisten«[1425] zu bezeichnen beliebte, wurde anscheinend mehrmals von höchster Stelle zur Ordnung gerufen. Die Magistrate von Nürnberg und Fürth ließ Ludwig, wenn sie schon auf Eisenbahnen bestünden, warnen, sich mit Baader einzulassen[1426]. Als die Kammern 1834 einen Beschluß über den Kanalbau fassen sollten, ließ Ludwig Baader »höchste Ungnade« androhen, falls er durch öffentliche Opposition oder Mitteilungen an die Abgeordneten querschießen würde[1427]. Zur Entschuldigung des Königs mag angeführt werden, daß, als er sich für den Kanalbau entschied, das Eisenbahnwesen noch nicht erprobt war. Auch einige sachverständige Ingenieure gaben damals dem Kanal den Vorzug. Von höheren Bürokraten scheint der fähige, als Nationalökonom beachtliche Ministerialrat von Kleinschrod, stets ein Gegner Lists, die Kanalsache von Anfang an unterstützt zu haben[1428]. In Preußen hat sich ein so vorzüglicher Fachmann wie der westfälische Oberpräsident Freiherr von Vincke für einen Kanal und gegen Eisenbahnen ausgesprochen. Klenze, inzwischen Chef der Obersten Baubehörde, ließ den Dingen ihren Lauf, und in dem ehemaligen Berufsoffizier Oberbaurat Freiherr von Pechmann scheint der König den qualifiziertesten Fachmann gesehen zu haben, dem er das Kanalunternehmen technisch anvertrauen könne.

1830 konnte Pechmann den vom Monarchen mit üblicher Ungeduld mehrmals angemahnten Entwurf vorlegen, der noch im gleichen Jahr auf Befehl Ludwigs publiziert wurde[1429]. Nach gründlicher Vorbereitung durch die Ministerien der Finanzen und des Inneren und Beratung im Staatsrat[1430] fiel es Wallerstein nicht schwer, einen einschlägigen Gesetzentwurf in den Kammern 1834 durchzubringen, die den Berechnungen Pechmanns Glauben schenkten und einen Gesamtkostenaufwand von 8,54 Millionen fl. für ausreichend hielten. Das Gesetz sah die Gründung einer Aktiengesellschaft vor, an der sich der Staat mit dem vierten Teil der Aktiensumme beteiligen sollte, allerdings erst, wenn die Hälfte der Gesamtsumme von Privaten aufgebracht sei. Mit der Bildung der Gesellschaft ging es jedoch zunächst ganz und gar nicht voran. Baader frohlockte bereits voreilig, es werde doch nichts aus der Sache, »weil sich gewiß keine Liebhaber zur Abnahme der Hälfte von Aktien finden werden, welche Lust hätten, 4 Millionen fl. ins Wasser zu werfen«[1431]. Die Situation änderte sich erst, als, offensichtlich aufgrund einer persönlichen Intervention des Königs[1432], das Haus Rothschild sich herbeiließ, die Sache in die Hand zu nehmen. Auch bei der etwa gleichzeitig ins Leben gerufenen Bayerischen Hypotheken- und Wechselbank hatte man Rothschild als Teilhaber gewonnen. Kontaktstelle zum Hause Rothschild war die bayerische Bundestagsgesandtschaft in Frankfurt. Gelegentlich hat Klenze in seiner Eigenschaft als Vorstand der Obersten Baubehörde mit dem weltberühmten Bankhaus verhandelt, dessen Inhaber sich mitunter nach Bayern begaben. Der maliziöse von der Tann wollte 1837, wohlgemerkt *nach* dem Sturz Wallersteins, von einer »Kanalschmiere« von 100000 fl. wissen, die für Wallerstein abgefallen sei[1433]. Entsprechend den Münchner Direktiven schloß der Bundestagsgesandte von Mieg am 7. Mai 1835 den Vertrag des Staates Bayern mit Rothschild, und zwar unter so erstaunlich günstigen Bedingungen für das Bankhaus, daß man, als 1843 das Fiasko der bisherigen Planungen zutage trat, darauf aufmerksam machte, der Vertrag widerspreche dem Kanalbaugesetz vom 1. Juli 1834, und in Erwägung zog, den Exminister Wallerstein in den Anklagezustand zu versetzen. Wallerstein verteidigte sich, elegant wie immer, mit folgendem Sachverhalt: Unterstützt von der württembergischen, badischen und hohenzollernschen Regierung habe eine Gruppe reicher holländischer Kapitalisten die Verbindung von Donau und Rhein mittels der Kinzig und eines nach Donaueschingen zu führenden Kanals, später des Neckar, zustande bringen wollen. Während Bayern noch Aktionäre habe suchen müssen, hätte diese finanzstarke Gruppe einen nicht einzuholenden Vorsprung gewinnen können. Infolgedessen sei alles darauf angekommen, »zur Rettung des bayerischen Vorhabens« rasch mit Rothschild abzuschließen, selbst unter Annahme der weitgehenden Bedingungen des Frankfurter Hauses[1434].

Mit den Geschäftsbeziehungen zwischen dem bayerischen Staat und der 1836 definitv konstituierten »Aktiengesellschaft für den bayerischen Verbindungskanal zwischen Donau und dem Main«, beziehungsweise dem Hause Rothschild, unzufrieden zu sein, fand Ludwig bald Anlaß[1435]. Abel, der gelegentlich vom »unseligen Kanalbau«[1436] sprach und die finanziellen Mißlichkeiten des Unternehmens zu beheben suchte, warnte den König jedoch vor überzogenen Reaktionen gegenüber Rothschild. Spätestens seit Beginn der vierziger Jahre stellte sich heraus, daß die von Pechmann aufgestellte Summe nicht entfernt ausreichen würde, um den Kanal zu finanzieren. Auf Überschreitung von Kostenvoranschlägen reagierte der König stets empfindlich. Die zu kurze Berechnung der Bauzeit hatten andere als Pechmann zu verantworten. Daß jedoch Pechmann bei der technischen Planung wie bei seinem finanziellen Voranschlag Fehler unterlaufen waren, ließ sich nicht bestreiten. Persönliche Mißhelligkeiten zwischen ihm und Abel kamen hinzu[1437]. Um die Empörung in der Abgeordnetenkammer zu besänftigen, wurde Pechmann – allerdings unter Verleihung des Titels Geheimer

Oberbaurat – in den Ruhestand versetzt. Auch den zweiten Vorstand, Beyschlag, hat der König gemaßregelt. Pechmann kämpfte unermüdlich um seine Rehabilitierung, die ihm bald nach Abels Sturz zuteil wurde und über die er in einem von ihm 1854 veröffentlichten Buch triumphierend berichtete[1438]. Der König ließ im Regierungsblatt vom 30. Oktober 1847 eine besondere Anerkennung der großen Verdienste Pechmanns um den Kanal veröffentlichen. Pechmann wurde fortan das volle Gehalt als Pension ausbezahlt und für die seit 1843 eingetretenen Gehaltsverluste hat man ihn voll entschädigt. Schließlich überreichte der König mit den Worten »Sie sind schlimm bei mir verleumdet worden« dem 75jährigen das Komturkreuz des Zivilverdienstordens. Pechmann legte diese glänzende Rehabilitierung selbstverständlich als Anerkennung seiner Bemühungen um den Kanal, aber auch als offizielles Bekenntnis zu dem Wasserbauwerk aus, mit dem er sich leidenschaftlich identifizierte und das er als eine zentrale Großtat des Weltverkehrs betrachtete[1439]. Tatsächlich lagen die Dinge wohl etwas anders. Ludwig verspürte in seinem Zorn auf das abgetretene Ministerium das Bedürfnis, tatsächlich oder vermeintlich Abelgeschädigten Freundlichkeiten zu sagen und zu erweisen, und unter diese Kategorie fiel auch Pechmann, der bei einer Fortdauer des Abelschen Regimes schwerlich zu einer Rehabilitierung gelangt wäre.

Man hatte die Aktiengesellschaft (Kapital: 10 Millionen fl.) gegründet, um das finanzielle Risiko des Kanals auf mehrere Schultern zu verteilen. 1841 sprach Abel von den »unverantwortlichen Sünden der Generalversammlung und des Ausschusses«[1440]. Über das die Generalversammlung beherrschende Haus Rothschild äußerte er sich sehr unfreundlich[1441]. Teils, weil man die Geschäftsvorteile des Hauses Rothschild dem bayerischen Staat zuwenden wollte, teils, weil man die späteren Einkünfte aus dem Kanal zu optimistisch beurteilte, teils vielleicht als Parallelmaßnahme zu der vorgesehenen Verstaatlichung des Eisenbahnwesens, entschlossen sich König und Ministerium spätestens 1840, das Kanalunternehmen (Kanalanlagen und Aktien) in Staatsbesitz zu überführen und zu diesem Zweck zunächst dem Hause Rothschild ein Mandat zur Einlösung von Ludwigskanalaktien auf Rechnung der bayerischen Staatskasse zu erteilen. Ein Gutachten des Finanzministeriums, ob es nicht zweckmäßig sei, *alle* Kanalaktien in die Hände des Staates zu bringen, hatte Ludwig schon im Juli 1839 angefordert[1442]. 1846 beantragten

Innen- und Finanzministerium beim König, das Mandat für Rothschild bis 31. Januar 1847 zurückzuziehen[1443]. Die Angelegenheit zog sich jedoch noch erheblich länger hinaus[1444]. Brüskes Vorgehen gegen Rothschild vermied man wohlweislich. Schon Ende 1841 hatte Abel, an sich durchaus kein Freund dieses Bankhauses[1445], sondern weit mehr mit Eichthal liiert, zur Vorsicht bei der Nichterfüllung von Rothschildschen Wünschen gemahnt, weil das Frankfurter Haus »seine Arme polypenartig über alle Börsen geschlagen hat und gewiß nicht unterlassen würde, im Falle der Beseitigung dem Ankaufsgeschäfte die größten Schwierigkeiten in den Weg zu legen und seine Unentbehrlichkeit dadurch tatsächlich fühlen zu machen«[1446]. Daß der 1852 als Ganzes eröffnete und vom Staat erworbene Kanal den Vorstellungen seiner Erbauer nicht entsprochen hat, darf als bekannt vorausgesetzt werden. Von den anderen Kanalplänen, insbesondere dem Kanal von München zur Donau, von dem zu Beginn der Erbauung des Main-Donau-Kanals noch häufig die Rede war und der den Monarchen ungemein beschäftigte[1447], hat man im Verlauf der Errichtung der Wasserstraße immer weniger und am Ende überhaupt nicht mehr gesprochen. Das gleiche war mit Kanalplänen in der Rheinpfalz der Fall, die der König und nicht nur er zu Beginn seiner Regierung erwogen hatte[1448].

3. Eisenbahnen

Ludwig I. hatte sich für die Priorität des Kanals als Staatsaufgabe entschieden, aber nie eine prinzipielle Entscheidung gegen die Eisenbahnen getroffen. Solange sein Lieblingsprojekt den Vorrang besaß, hatte er gegen die Lösung Kanal *und* Eisenbahnen nichts einzuwenden.

Am Anfang des deutschen Eisenbahnwesens stand eine Privatinitiative von Persönlichkeiten des Nürnberger Wirtschaftslebens. Das königliche Privilegium für deren Gesellschaft stammte vom 19. Februar 1834 und enthielt bereits einen Hinweis auf die Möglichkeit, daß weitere Eisenbahnen durch den Staat genehmigt oder sogar in eigener Regie errichtet werden könnten[1449]. Das Unternehmen trug die kaum vermeidbare Bezeichnung »Nürnberg-Fürth-Ludwigs-Eisenbahngesellschaft«.

Der Erfolg der Nürnberg-Fürther Dampfeisenbahn führte Baader, der sich am Projekt von Pferdeeisenbahnen festgebissen hatte, ad absurdum und machte dem latent bereits vorhandenen Dampfeisenbahnenthusiasmus in Deutschland den Weg frei.

Mehr als ein halbes Jahrhundert ergoß er sich wie ein reißender Strom über das Land. Zahlreiche zeitgenössische Zeugnisse vermitteln den Eindruck, daß die wohlhabende Geschäftswelt und andere reiche Leute sich im Vormärz weit mehr für die Eisenbahnspekulation als für politische Reformen interessierten. Wollte man in Bayern den Staat für den Eisenbahnbau aktivieren, mußte der König, der sich einer Welttendenz nicht entgegenstellen, aber angesichts der für ihn feststehenden Priorität des Kanalbaus zunächst nicht an ein zweites für vormärzliche Begriffe gigantisches und ins Unabsehbare führendes Vorhaben heranwagen mochte, nicht nur zur Duldung, sondern auch zur Teilnahme an dem Baugeschehen bewogen werden. Wallerstein und seine Kollegen nützten die ihnen während der Abwesenheit Ludwigs in Griechenland erteilte Vollmacht für unvorhergesehene Fälle, um die Eisenbahnpolitik ein gutes Stück voran zu bringen[1450]. Sie konzessionierten Gesellschaften zum Bau von Bahnen zwischen Augsburg und Lindau, Augsburg und Nürnberg sowie München und Salzburg und erklärten dem Monarchen, es sei durch württembergische Bahnunternehmungen Gefahr für den *Kanal* in Verzug, die nur durch Inangriffnahme bayerischer *Bahnen* abgewendet werden könnte. Die Formulierung des entscheidenden Schriftstücks stammt ohne Zweifel von Wallerstein, und diesem oblag es auch, den König weiterhin in seiner zustimmenden Haltung zu festigen[1451]. Diese Aufgabe bewerkstelligte Wallerstein unter anderem mittels einer schon das Kernstück des Ministerratsschreibens vom 12. Januar 1836 bildenden, zwar fadenscheinigen, aber auf die Mentalität des Königs wohlberechneten und wie üblich pathetisch formulierten Konstruktion: Er setzte den Kanal in Beziehung zu den Eisenbahnen und stellte die Behauptung auf, jener werde aus der Nord-Südrichtung des Bayern durchziehenden Eisenbahnsystems nur Vorteile ziehen. Gewichtiger und zutreffender war sein Hinweis auf die Konkurrenz des Auslandes, der man zuvorkommen müsse, wolle man nicht eine ökonomische Sternstunde für Bayern unwiederbringlich versäumen. Schließlich prophezeite er überschwenglich, durch das Eisenbahnsystem im projektierten Sinne werde München zu einem »Handelsplatz erster Größe« und zum »Wien Süddeutschlands« emporsteigen. Der König hatte dem nichts zu entgegnen, und die Vorbereitungsphase für den Streckenbau konnte zunächst auf privatunternehmerischer Basis einsetzen. Sie erfolgte von Anfang an unter Staatskontrolle, juristischer und technologischer Beteiligung des Staates.

Der Entschluß des Monarchen, für den ihm Abel die Argumente lieferte[1452], für große Strecken zum Staatsbahnsystem überzugehen, fiel in das Jahr 1840. Zunächst schwankte Ludwig allerdings, ob es »rätlicher sei, auf Eisenbahnen oder auf Schuldenverminderung und Kanalaktienkauf die Überschüsse zu verwenden« und erst die Ersparnisse der nächsten Finanzperiode für Festungen und Eisenbahnbauten auszugeben[1453]. Abels Überredungskunst legte Ludwig schließlich auf sofortige Staatsbeteiligung fest[1454]. Dies war dem Minister um so höher anzurechnen, als gegen Ende der dreißiger Jahre infolge der Fehlschläge einiger auswärtiger Unternehmungen und der Schwierigkeiten, die sich der Vollendung der München–Augsburger Bahn in den Weg stellten, der private Unternehmungsgeist vorübergehend zurückgegangen war. Die bayerische Staatsführung war also – um im Bilde zu bleiben – auf den eine Zeitlang langsamer fahrenden Zug aufgesprungen, hat die ursprüngliche Dynamik bewahrt und überdies durch staatliche Konsolidierung des Eisenbahnwesens dem Lande einen großen Vorsprung vor anderen deutschen Staaten gewonnen. Abel unterstrich dem König gegenüber wiederholt die Problematik einer nur vom Spekulationsfieber, nur vom Interesse an der Agiotage beflügelten Eisenbahninitiative und hob die Sachlichkeit und Korrektheit hervor, die eine staatliche Regie solcher Vorhaben auszeichneten[1455]. Die Ständeversammlung von 1843, die den »Ankauf und Ausbau der München–Augsburger Eisenbahn« beschloß, war die legislative Geburtsstunde des bayerischen Staatseisenbahnsystems. Die folgenden Landtage von 1846 und 1847 haben ihr Werk fortgesetzt und die vom Staat bestimmte Streckenführung abgesegnet. Als Maximalsumme für die 1843 beschlossenen Strecken setzte der König den Betrag von 33 Millionen fl. fest. Unablässig bewegte ihn, wie man am Eisenbahnbau sparen könne. 1846 lag ihm vor allem daran, daß »keine Einmischung der Stände in den Tarif« stattfinde[1456], doch vermochte er seinen Standpunkt nicht aufrechtzuerhalten. Wie alles, was aus Abels administrativer Küche kam, waren die bayerischen Eisenbahnprojekte auf das sorgfältigste ausgearbeitet. Ein Fiasko wie beim Ludwigs-Kanal brauchte man bei Vorhaben, die Abel von Anfang an kontrollierte, nicht zu befürchten, und der selbstverständlich nicht ausbleibenden Mahnung des Königs, sich die negativen Erfahrungen beim Kanalbau zunutze zu machen[1457], hätte es bei Abel nicht bedurft. Die »Generalverwaltung der königlichen Eisenbahnen« wachte darüber.

Heiß umstritten war im rechtsrheinischen wie im linksrheinischen Eisenbahnsystem unter Experten wie Interessenten die Linienführung. Es fällt auf, daß sich Bayern gegen die verkehrspolitisch und ökonomisch unerläßliche Fortsetzung einer Bahn von Augsburg nach Ulm zunächst sträubte. 1843 stellte der König den Grundsatz auf, daß »seine« Eisenbahnen die württembergische Grenze nicht berühren dürften. In Stuttgart argwöhnte man, daß Abel »aus bekannten politisch-religiösen Gründen einer näheren Verbindung mit Württemberg zu einem gemeinschaftlichen Eisenbahnsystem, so sehr auch die gegenseitigen Interessen beider Staaten hierfür sprechen, entgegenwirkt«[1458]. Die Gutachten Abels, denen der König folgte, bestätigen diesen Verdacht nicht, aber die Handelsinteressen, von denen man ausging, blieben auch nicht unumstritten, und 1846 rang man sich dazu durch, den Wünschen der Ständeversammlung entsprechend der Verbindung mit Württemberg über den Anschlußpunkt Ulm zuzustimmen. Im Rahmen der vieldiskutierten Frage, ob die große Nord-Südbahn über Coburg oder Hof führen sollte, erschreckte der König 1840, immer noch vorwiegend »Kanalist«, die Minister mit dem Wunsch, eine Eisenbahn von Bamberg durch den Itzgrund nach der Werra zu führen, um von dort eine Schiffahrtsverbindung mit Bremen herzustellen: »Eisenbahn von Nürnberg nach Bamberg finde ich überflüssig, welche beiden Städte der Ludwigs-Kanal verbinden wird«[1459]. Abel und Gise gewannen durch gemeinsame Gutachten den König schließlich für die Streckenführung von Nürnberg über Bamberg nach Hof.

Unter den bayerischen Privatbahnen von erheblicher wirtschaftlicher Bedeutung führten einige pfälzische Linien ihre Entstehung auf die Zeit und Mitwirkung Ludwigs I. zurück, an erster Stelle die zur preußischen Grenze bei Saarbrücken führende Ludwigshafen-Bexbacher Bahn[1460], die den Namen »Pfälzische Ludwigsbahn« führen durfte. Diese 1837 konzessionierte Linie hatte mancherlei Flauten durchzustehen. 1838 griff der König persönlich ein und suchte das Haus Rothschild auch für die Bexbacher Linie zu gewinnen[1461]. Teilstrecken konnten noch vor dem Thronwechsel eröffnet werden. Noch vor den pfälzischen Privatinitiativen bereitete man in Mannheim, Karlsruhe und Basel eine Eisenbahnverbindung von Mannheim nach Basel vor, Gegenstand äußerster Besorgnisse auf pfalzbayerischer Seite und noch mehr in der Residenzstadt München[1462]. Man fürchtete das badische Vorhaben als Konkurrenzunternehmen zu einem zweiten, wiederum privaten Projekt, einer Verbindung zwischen Ludwigshafen und Straßburg über Lauterburg. Gise gegenüber rechnete Ludwig die Verhinderung der badischen Bahn 1838 zu seinen »sehnlichen Wünschen«[1463]. Da das Unternehmen der Rheingrenze–Lauterburger Bahn wiederholt steckenblieb, dachte Ludwig noch gegen Ende seiner Regierung daran, es in Staatsregie zu übernehmen, doch verstand es Wallerstein, die Aktionäre, die die Gesellschaft schon auflösen wollten, mit der Zusage einer vierprozentigen staatlichen Zinsgarantie zu beruhigen[1464] und damit die unmittelbare Übernahme neuer finanzieller Lasten durch den Staat abzuwenden. Ein bayerisch-französischer Staatsvertrag über den Bahnbau zwischen Straßburg und Ludwigshafen konnte wegen Ausbruches der Revolution von 1848 von französischer Seite nicht mehr ratifiziert werden.

Wie schon erwähnt, hat den König der militärische Gesichtspunkt beim Kanal- wie beim Eisenbahnbau stark beschäftigt. Sein Interesse korrespondierte mit demjenigen führender Militärs in Bayern wie in den anderen Staaten des Deutschen Bundes. 1828 hat er Raglovich und Streiter mit Gutachten über die militärische Seite eines Kanals von München zur Donau beauftragt[1465]. Noch weit mehr militärische Überlegungen machte der Natur der Sache nach der Eisenbahnbau erforderlich, insbesondere im Bereich der Rheinpfalz. Des öfteren hat der König Expertisen, beispielsweise vom Chef des Quartiermeisterstabs, Generalmajor von Baur, angefordert, um zu vermeiden, wider Willen Frankreich mittels Bahnbau militärisch in die Hände zu arbeiten[1466]. Daß man sich schon 1836 für die Nord-Süd-Trassen im bayerischen Eisenbahnwesen entschloß, geht nicht zuletzt auf militärische Erwägungen zurück, unter anderem auf eine Denkschrift des württembergischen Generals von Bangold, die Wrede, entschiedener Befürworter des Eisenbahnwesens, studiert hatte. In den entscheidenden Ministerratssitzungen Anfang 1836 entschloß man sich daraufhin, in Bayern Bahnlinien von West nach Ost zu unterlassen. Wallerstein und Wrede zogen in diesem Falle ausnahmsweise an einem Strang[1467].

Der ästhetischen Seite der Bahnhofsbauten und auch der Ingenieurarchitektur auf den Strecken nahm sich der König mit besonderem Interesse an. Jeder Entwurf von Bahnbauten war ihm vorzulegen[1468].

Als Verdienst des Königs kann man auf dem Gebiet des Eisenbahnwesens seine Entscheidung für das System der Staatsbahnen im rechtsrheinischen Bayern und die Förderung der pfälzischen

Privatinitiativen verbuchen. Es gibt Anhaltspunkte dafür, daß Ludwig die zentrale Bedeutung des Eisenbahnwesens für das Wirtschaftsleben des 19. Jahrhunderts zunehmend begriffen hat und aus staatspolitischer Verantwortung Regie und Kontrolle der Eisenbahn in Staatshand übergehen ließ. In diesem Sinne ist eine von Abel während der Kammerverhandlungen von 1846 abgegebene Erklärung zu verstehen: »Nie, meine Herren, ich bin zu dieser Erklärung angewiesen und beauftragt, nie, wird die Regierung die Leitung und Benutzung der Bahnen, einer Anstalt, deren Inhaber bis zu einem gewissen Punkte den gesamten kommerziellen und persönlichen Verkehr des Landes beherrscht, nie wird die Regierung diese Bahnen in ihren Hauptrichtungen in private Hand übergeben, nie und unter keiner Bedingung«[1469].

Man kann einer unaufhaltsamen Entwicklung zustimmen, sie sogar fördern und gleichwohl ihr gegenüber Vorbehalte, ja ein gewisses Grauen nicht loswerden. So dürfte es auch dem aus der Postkutschenzeit stammenden König Ludwig ergangen sein, der es sich erlauben durfte, das Phänomen der Eisenbahnen sensibler als die Spekulanten und Geschäftsleute oder die fortschrittsverliebten Ingenieure und Techniker zu beurteilen. Als Ende 1837 Münchner Unternehmer die Konzession für die Errichtung einer Bahn von München an den Würmsee und Einführung der Dampfschiffahrt auf dem See beantragten, lehnte der König ab und erwiderte unter anderem: »Von einer Dampfschiffahrt auf dem Würmsee sehe ich weder Vergnügen noch Nutzen vermehren. Denn der Raum ist so klein, daß des Dampfschiffes Schnelligkeit nicht schadlos hält für den Verlust, die Gegend mit Muße zu betrachten...«[1470]. Als pessimistisches gedankliches Gegenstück zu Anastasius Grüns »Poesie des Dampfes«[1471] liest sich, was Ludwig über »Die Dampfbahnen«[1472] gedichtet hat:
»›Aufgehn wird die Erde in Rauch‹, so steht es geschrieben,
Was begonnen bereits; überall rauchet es schon.
Jetzo lösen in Dampf sich auf die Verhältnisse alle,
Und die Sterblichen treibt jetzo des Dampfes Gewalt,
Allgemeiner Gleichheit rastloser Beförderer. Vernichtet
Wird die Liebe des Volkes nun zu dem Land der Geburt.
Überall und nirgend daheim, streift über die Erde
Unstät, so wie der Dampf, unstät das Menschengeschlecht.
Seinen Lauf, den umwälzenden, hat der Rennwagen begonnen,
Jetzo erst, das Ziel lieget dem Blicke verhüllt.«

XX. EIN TRAUERSPIEL

1. Abels Rücktritt und seine Vorgeschichte

Das vulgäre Geschichtswissen von heute über Ludwig I., soweit überhaupt vorhanden, erschöpft sich, abgesehen vielleicht von vagen Vorstellungen über Kunstpflege, in der mehr oder minder genüßlichen Kenntnisnahme der Affäre des Königs mit Lola Montez, eines historisch beglaubigten Kolportagestückes, das bis zur Stunde vermarktet wird. Ernste Beschäftigung mit der Lola-Episode erlaubt es nicht einmal, von einer Tragikomödie zu sprechen, obschon sie groteske Details genug aufweist. Es handelte sich schlechtweg um ein Trauerspiel, um die Verblendung eines alternden Mannes durch eine vermutlich hochgradig psychotische, habsüchtige und krankhaft geltungsbedürftige Frau. Die Verirrung des Monarchen war um so beklagenswerter, als ihn nicht nur seine Schwächen, voran sein kindischer Trotz, das Sich-Sperren gegen die bessere Einsicht aller Wohlmeinenden, sondern auch honorige Eigenschaften, sein überschwengliches Treue- und Dankbarkeitsbedürfnis zumal, in einen wahren Teufelskreis bannten, aus dem er von sich aus nicht mehr herausfand.

Das Privatleben des Königs ist nicht der Gegenstand dieser Biographie. Nicht zu umgehen ist die Erörterung einer privaten Verstrickung jedoch, wenn sie politische Dimensionen annimmt, und dies war bei der Lola-Affäre ganz eklatant der Fall. Sie hat tiefgreifende Veränderungen auf der politischen Bühne des vormärzlichen Bayern bewirkt. Sie hat überdies dem Ruf des Königs, der wegen dessen Skurrilitäten und Sprunghaftigkeit ohnehin stets gefährdet war, unermeßlich geschadet und Zweifel an Ludwigs Zurechnungsfähigkeit aufkommen lassen. Menschlicher Kredit ist das A und O auch im öffentlichen Leben. Schließlich liefern die Münchner Vorgänge um Lola 1846/48 Stoff für ein Lehrstück über die politische Rolle moralischer Überzeugungen und gesellschaftlicher Konventionen, von Volksstimmungen und Volkszorn.

Die Lebensgeschichte der Abenteurerin Elisabeth James, geborene Gilbert, genannt Lola Montez, hat man oft genug zum besten gegeben[1473]. Uns kann Lola Montez erst seit ihrer Begegnung mit Ludwig interessieren. Die Schlüsselrolle bei ihrem Auftauchen in der bayerischen Residenz dürfte ein alter Bekannter des Königs und Lebemann von internationalem Renommee,

Heinrich Freiherr von Maltzahn (»Der rosenrote Maltzahn«), gespielt haben[1474]. 1812 war der herzoglich mecklenburgisch-strelitzsche Kammerjunker als 19jähriger aufgebrochen, um, wie man im damaligen Sprachgebrauch sagte, »seine Gelegenheit außer Landes zu suchen«, und bis Salzburg gelangt, wo er sich dem Kronprinzen durch seine entschieden antifranzösische Gesinnung empfahl. Dank Ludwigs Fürsprache nahm ihn Max Joseph als Leutnant in das Chevauxlegers-Regiment »Kronprinz« auf. Als Gardeoffizier in München, wo er sich zum Gesellschaftslöwen ausbildete, brachte er es zum königlichen Kammerherrn. 1817 hatte er ein an sich belangloses Duell mit einem Franzosen, das durch Einmischung der Gräfin Montgelas zum Politikum wurde. Die Affäre ging der Entlassung Montgelas' unmittelbar vorher und gab noch Begleitmusik beim Sturz des Staatsmannes ab. Bevor Maltzahn den Dienst quittierte und als charakterisierter Rittmeister à la suite ins Privatleben übertrat, hatte er Gelegenheit, dem Kronprinzen in einer zarten Angelegenheit behilflich zu sein[1475]. Es folgten Jahrzehnte eines abwechslungsreichen Daseins – zwei Ehen mit reichen englischen Erbinnen scheinen die standesgemäße Versorgung des Kavaliers gewährleistet zu haben – meist an Brennpunkten der mondänen Welt. München konnte Maltzahn jedoch nicht vergessen. Sei es, daß er Lola, die er in Baden-Baden kennengelernt hatte, eine Chance verschaffen wollte, sei es, daß er sich eine Bereicherung der Münchner Szene erhoffte oder beides, in seiner Begleitung und unter seiner kundigen Betreuung erschien die (als solche mediokre) Tänzerin am 5. Oktober 1846 in der Residenzstadt. Nach einem Bericht der Münchner Polizeidirektion fand sie sich ein, »ohne einen Reisepaß oder sonstige Ausweise über ihre persönlichen Verhältnisse zu besitzen«[1476]. Der Münchner Anwalt Lolas erklärte später, sämtliche einschlägigen Dokumente seien verlorengegangen. Das Fehlen authentischer Papiere war schon deswegen nützlich, weil sie die in München erfolgte Verjüngung der Dame um fünf Jahre widerlegt hätten. Die Münchner Polizeiakte stellte schließlich fest, Lola habe zwar seit dem 5. Oktober 1846 keine polizeiliche Rüge erhalten. Darin liege jedoch noch nicht der Nachweis eines guten Leumundes. Über ihre Persönlichkeit und ihr Auftreten hätten die öffentlichen Blätter in den letzten Jahren Nachrichten verbreitet, denen zwar nicht der Wert authentischer Mitteilungen beizulegen sei, die jedoch eine besonders sorgfältige Prüfung der durch das Gesetz von 1825 vorgeschriebenen Bedingungen zur Pflicht mache. In einem vormärzlichen Polizeistaat konnte man die Dame ohne Papiere nur als ein »polizeiwidriges« Individuum bezeichnen. Ohne den Schutz des Königs wäre ihres längeren Bleibens in München schwerlich gewesen.

Einen Tag nach ihrer Ankunft setzte sich Lola mit der Hoftheaterintendanz ins Benehmen und stellte den Antrag, in Zwischenakten zu der Posse »Der verwunschene Prinz« tanzen zu dürfen. Dem König mußte jede Einzelheit der Hoftheatergeschäfte vorgelegt werden. Auf diese Weise erfuhr er von dem Begehren der Lola Montez, das der Intendant unter Hinweis auf Skandale an anderen Orten abzulehnen vorschlug. Noch am gleichen Tag wollte der König wissen, wodurch »befragte Tänzerin öffentlichen Anstoß« gegeben habe[1477]. Am 7. Oktober hatte sie Audienz beim König. Ob ihn ihre früheren Lebensumstände neugierig gemacht hatten oder ob der Kammerherr von Maltzahn über Hofinstanzen nachgeholfen hat, weiß man nicht. Um so bekannter ist, daß Lola noch in dieser Audienz *die* Eroberung ihres Lebens gemacht hat. Schon am 8. Oktober ergingen an die Intendanz Anweisungen betreffend Auftrittsgenehmigung und Gage: »Noch heute ihr die Antwort zu eröffnen mit der Bemerkung, daß ich mich darauf freue, sie tanzen zu sehen«[1478]. Der König »brannte lichterloh«[1479]. Hingerissen von der Schönheit und dem Charme der vermeintlichen Spanierin nahm der sonst so mißtrauische Monarch die rührenden Märchen, die ihm Lola über ihre Herkunft, Vergangenheit und Absichten auftischte, für bare Münze, weil er sie dafür nehmen wollte. Alsbald saß die Tänzerin Stieler für die Schönheitengalerie – Gelegenheit, das Verhältnis zwischen Ludwig und Lola Tag für Tag zu vertiefen.

Schon bald nach Abels Entlassung (Februar 1847) galt es in Kreisen der bayerischen Klerikalen für ausgemacht, daß Lola eine von der Freimaurerei entsandte Agentin sei, dazu bestimmt, Ludwig zu einem Systemwechsel zu veranlassen und auf längere Sicht das Königtum zu ruinieren. Während ihres Pariser Aufenthalts war Lola in Randzonen der europäischen Auseinandersetzung zwischen Freimaurerei und Klerikalismus geraten und hatte auf ihre recht undifferenzierte Weise für jene Partei ergriffen. Wer ihr Mißfallen hervorrief, sah sich in der Folge von ihr als »Jesuit« gebrandmarkt. Tatsächlich ist Lola wiederholt in den Monarchen gedrungen, der Freimaurerei beizutreten[1480]. Viel ist auf diese Versuche schwerlich zu geben. Die Vorstellung einer internationalen Konspiration gegen das bayerische Königtum mit Lola als Schlüsselfigur ist zu abenteuerlich, um ernst genommen zu werden. Ihre politische Intelligenz hätte für solche Zwecke nicht entfernt ausgereicht. Von den bayerischen Verhältnissen hatte sie, die nicht Deutsch sprach, keine Ahnung. Lola trat auch nicht von Anfang an mit politischen Allüren auf. Vielmehr suchte sie Kontakt mit Abel zu gewinnen und interessierte sich für Windischmann[1481]. Erst als sie gewahr wurde, von welcher Seite der heftigste Widerstand gegen sie ausging, lag sie dem König unaufhörlich mit Verdächtigungen gegen die »Jesuiten« in den Ohren. Und dieser schenkte ihr nur zu bereitwillig Gehör.

Zur politischen Agentin fehlte es Lola, abgesehen davon, daß sie als Frau faszinierte, völlig an Selbstdisziplin und Verschwiegenheit. Eher erinnert sie – zunächst – an jene Figuren des Showgeschäfts von heute, die durch eine Kette gewagt inszenierter Skandale die Aufmerksamkeit des Publikums auf sich zu konzentrieren bemüht sind. Aber selbst die Vermutung kalkulierter Affären dürfte noch zu hoch gegriffen sein. Mehr spricht für pure Unbesonnenheit und Hemmungslosigkeit. Die gleiche Frau, die im intimen Gespräch anscheinend bezaubern konnte, benahm sich in der Öffentlichkeit mitunter wie eine halbverrückte Person und hat schon nach kurzem Aufenthalt in München durch provozierendes Auftreten und törichte, maßlose Äußerungen die Bevölkerung gegen sich aufgebracht. Dem König gegenüber spielte sie die verfolgte Unschuld und setzte ihm unaufhörlich mit Klagen und Verleumdungen gegen ihre tatsächlichen oder angeblichen Verfolger zu. Ludwig, dessen Verhalten schon bald alle Symptome von Hörigkeit aufwies, war in nur zu vielen Fällen willfährig. Verhältnismäßig bald zog sich Lola von der Bühne zurück. Die Abenteurerin hatte ein großartigeres Betätigungsfeld gefunden. Die Posse »Der verwunschene Prinz« wurde vom Spielplan abgesetzt, die Tragödie des verwunschenen Königs nahm ihren Lauf.

Über die nicht wenigen Frauenfreundschaften und Verhältnisse ihres Königs haben sich die Münchner zwar, um es in ihrer Sprache zu sagen, »den Mund zerrissen«, aber die Politik wurde vor 1846 in keinem Fall berührt. Dies änderte sich seit dem Auftreten Lolas aus mehreren Gründen. Eine dubiose, anmaßende, zu Exzessen neigende Fremde nahm offenbar in Anspruch, sich über die strenge vormärzliche Ordnung hinwegsetzen zu dürfen, und der Monarch als oberster Hüter von Gesetz und Ordnung schien sie zu begünstigen. Wer versuchte, die »Spanierin« in ihre Schranken zu weisen, hatte mit der Ungnade

Ludwigs zu rechnen. Lola etablierte sich und ihre wenig vertrauenerweckende Umgebung als Machtfaktor im Lande, das heißt sie nahm Einfluß auf Entschlüsse des Königs. Der Verblendete machte Entgegenkommen gegenüber Lola zum Maßstab für die von ihm in Anspruch zu nehmende Loyalität, er förderte die Kreaturen seiner Geliebten, er maßregelte ihre Gegner. Gelegentlich erhielt Lola von ihm amtliche Schriftstücke zu lesen, für sie ins Französische übersetzt. Personalpolitische Verunsicherung griff um sich. Anzeichen einer Niveauminderung im öffentlichen Dienst machten sich bemerkbar.

Noch vor Jahresende 1846 setzte die Reihe gravierender Mißgriffe des Königs mit einer Willkürhandlung gegen den Polizeidirektor Freiherrn von Pechmann ein[1482]. Abel hatte den bestens qualifizierten Landshuter Landrichter, der unter Max II. an die Spitze des Innenministeriums gelangte, auf den schwierigen Münchner Posten geholt[1483]. Der Beamte hatte kaum seine Geschäfte übernommen, als sich Lola mit ihm anlegte. Vom König erhielt Pechmann den Rat, es mit Lola »nicht so genau zu nehmen«. Da ihn Lola beleidigt hatte, übergab Pechmann die Angelegenheit dem Stadtgericht München. Damit war dem König eine unmittelbare Einwirkungsmöglichkeit zunächst unterbunden, und dieser, vor Wut schäumend, faßte das korrekte Vorgehen des Polizeidirektors als persönlichen Affront auf[1484]. Er ordnete die Rückversetzung Pechmanns nach Landshut an, und nachdem er sich in noch größere Wut gesteigert hatte, erschien ihm selbst diese Maßnahme noch nicht ausreichend und er wünschte Pechmann »an einen kleinen, katholischen Gottesdienst habenden Ort – jedoch ohne Verfassungsverletzung« zu versetzen, nachdem es »nichts tauge, daß in eine Stadt, wie Landshut, ein Landrichter komme, der Allerhöchstdemselben aufsässig sei«[1485]. Abel, der Pechmann zu verstehen gegeben hatte, daß er seinen Standpunkt teile, belehrte den König, daß aus Verfassungsgründen für Pechmann nur ein Landgericht 1. Klasse in Frage komme, machte einen dem Wunsch des Königs entgegenkommenden Versetzungsvorschlag und ging dann zu einer fulminanten, meisterhaft stilisierten Verteidigung Pechmanns über: Habe schon Pechmanns erste Versetzung »eine große und wahrlich nicht günstige Sensation unter allen Ständen erregt, so wird die abermalige Versetzung desselben die ohnehin schon bestehende und überall verbreitete – nicht gegen Eure kgl. Mt. gerichtete – vielleicht beispiellose Erbitterung aufs neue steigern und eine Mißstimmung erzeugen, die auch an dem nächsten Landtage gar manche Aufgabe zur unlöslichen machen dürfte«. Ohne Zweifel verstand der König Abels Warnungen und kaum verhüllte Vorwürfe. Seine Antwort fiel jedoch plump, rechthaberisch aus, wie des öfteren, wenn er wohl schon fühlte, daß er sich vergaloppiert hatte, aber sich gleichzeitig ängstigte, sein Gesicht zu verlieren. Einen Tag später lenkte er ein[1486].

Es fehlte nicht an Versuchen, den König vor Lola und sich selbst zu retten. Der Regierungspräsident von Oberbayern, Hoermann, griff auf die Gepflogenheiten zurück, die er in seinem früheren Metier so verhängnisvoll entwickelt hatte, und traf Anstalten, der Kurtisane auf gerichtlichem Weg eine Schlinge um den Hals zu werfen[1487]. Ludwig drohte ihm jedoch »Ungnade fürs Leben« an, wenn er von seinem Vorhaben nicht abstehe. Als Exponent aristokratischer und geistlicher Kreise stand Seinsheim im Mittelpunkte eines gegen Lola gerichteten Komplotts, das dem königlichen Freunde die Beweise für das unwürdige Benehmen der Abenteurerin liefern sollte[1488]. Beinahe hätte er Erfolg gehabt. Aber trotz erdrückenden Materials, das gegen sie vorlag, verstand es Lola, den König neuerdings auf ihre Seite zu ziehen. Mühsam brachte Abel einen Ausgleich zwischen dem König und Seinsheim zustande[1489]. Durch die Beteiligung von Ministern und höchsten Beamten hatte die angebliche Privatangelegenheit noch vor Jahreswechsel den Charakter einer Staatsaffäre erhalten.

Manche Beobachter der Münchner Vorgänge beanstandeten, daß sich Abel in der Lola-Angelegenheit nach außen völlig zurückhielt. »Warum redet der bayerische Kirchenvater Abel nicht?«[1490], ließ sein alter Feind, Fürsterzbischof Diepenbrock, verlauten. Der König, der es besser hätte wissen müssen, legte sich ein Bild Abels zurecht, das der Realität keineswegs entsprach. In den Aufzeichnungen Heidecks liest man, der König habe oft Abel gerühmt: »Dieser ist der einzig Gescheite unter den Herren, der hat mir noch kein Wort gegen Lola gesagt...«[1491]. Man hat aus manchen Äußerungen des Königs Abel gegenüber den Eindruck, daß er um die Jahreswende 1846/47 dem Minister mehr denn je sein Vertrauen und seine Hochachtung bezeugte, ja, daß er, aufs äußerste verunsichert, bei ihm im Grunde genommen Schutz suchte. Abel zählte jedoch nicht zu denjenigen, die wie Heideck oder der Obersthofmeister Graf Karl Rechberg die Meinung vertraten, man solle den König sich und seiner Verirrung überlassen: Wenn man seinen Widerspruchsgeist nicht herausfordere, werde er von selbst dahinter kommen, welchem Phantom er verfallen sei. Wie aus seinen Stellungnahmen in den Fällen Pechmann und Seinsheim sowie Äußerungen Senfft gegenüber hervorgeht, hatte Abel jedoch Position bezogen. Vermutlich sann er unaufhörlich darüber nach, wie man Lola das Handwerk legen könne. Ein für das Verhältnis Abels zu seinem König bezeichnender Zwischenfall ereignete sich, als Ludwig Ende Januar etwas ungeduldig nach den Entwürfen für die Landratsabschiede verlangte[1492]. Abels Antwort war von einer Gereiztheit, wie sie noch vor einem halben Jahr undenkbar gewesen wäre. Er schloß: ».. Doch als er [Abel, d. Vf.] in dem Schmerzgefühl nach oben geblickt, ist ihm von da die Antwort gekommen: ›Dulde und schweige, wenn auch noch Schwereres über dich kommen sollte; bete um so inniger für deinen König und Herrn‹.« Früher wäre der König über eine solche Erwiderung wahrscheinlich außer sich geraten. Nun wich er betroffen zurück und suchte Abel zu begütigen.

Bevor es zum Eklat zwischen König und Minister kam, fand eine Intervention von geistlicher Seite statt, die zu unerwarteten Äußerungen des Königs führte. Diepenbrock, als Apostel der Sailer-Tradition bei Ludwig in hohem Ansehen, fühlte sich aus seelsorgerlichen Gründen verpflichtet, den Monarchen von dem Umgang mit Lola, die er gleich den meisten anderen Zeitgenossen für die Mätresse des Königs hielt, abzumahnen. Der König erwiderte am 9. Februar 1847 zunächst, daß er auf solche Briefe in der Regel nicht antworte, doch wolle er im vorliegenden Falle eine Ausnahme machen, da ihm an Diepenbrocks guter Meinung gelegen sei: »Mätressenwirtschaft mochte ich nie und mag sie nicht, Bekanntschaften hatte ich aber fast immer, welche meine Phantasie angeregt, und gerade sie waren mein bester Schutz gegen Sinnlichkeit. Ich besitze ein poetisches Gemüt, was nicht mit dem gewöhnlichen Maßstab gemessen werden darf. Wie der Schein trügt, will ich Ihnen sagen, indem ich hiermit mein *Ehrenwort* gebe, daß ich nun im vierten Monate weder meiner Frau noch einer anderen beigewohnt, und vorher es beinahe fünfe waren, in welchen ich mich dessen enthalten... Scheinbar nur ist Skandal, daß in Wirklichkeit keiner, ein füglich ausführbareres Mittel, dieses der Welt begreiflich zu machen, wünsche ich sehnlich zu kennen. Brechen kann ich nicht, vermöchte nicht mehr mich selbst zu achten, man begehre von mir nicht das Unmögliche«[1493]. Daß Ludwigs Erklärungen – zu diesem Zeitpunkt – den Tatsachen entsprachen, kann keinem Zweifel unterliegen. Der König tat noch ein übriges und bedachte die Erzbischöfe und Bischöfe seines Landes vertraulich mit den gleichen Informationen wie Diepenbrock[1494]. Reisach hatte seine Mißbilligung bereits zu erkennen gegeben. Als Zensur seitens des Münchner Erzbischofs faßte es Ludwig auf, daß dieser entgegen dem ausdrücklichen königlichen Wunsch nicht zum Hofball erschien. Darüber kam es zu unfreundlichen Äußerungen des Monarchen[1495], der mit seinem früheren Protegé längst sehr schlecht stand und noch im gleichen Jahr begann, auf die Entfernung Reisachs aus München hinzuarbeiten. Es ist äußerst unwahrscheinlich, daß sich der bayerische Episkopat zu einem Kollektivschritt aufgerafft hätte, um dem König ins Gewissen zu reden; öffentlich wäre eine derartige Abmachung wohl schon gar nicht erfolgt. Ludwigs Entschluß, sich den Bischöfen zu offenbaren, entsprang wohl weniger der Absicht, einer Demonstration des bayerischen Episkopats zuvorzukommen, als der inneren Bindung an die Hierarchie seiner Landeskirche, deren Stellung als oberstes sittliches Tribunal für Katholiken er mit seinem Schreiben bestätigte. Immerhin – ein ungewöhnliches Zirkular, was die Einbringung der Intimsphäre des Herrschers in das Verhältnis von Königtum und Kirche betraf!

Seit Mitte Dezember 1846 war zwischen Lola, die sich auf ihren angeblichen alten Adel berief, und dem König die Frage einer Standeserhöhung im Gespräch[1496]. Dazu bedurfte es des Indigenats. Der König war bei der Verleihung dieses Rechts nicht gebunden, doch hatte er zuvor die Meinung des Staatsrates anzuhören. Bevor es am 8. und 9. Februar 1847 zur Verhandlung der Indigenatsangelegenheit im Staatsrat kam[1497], hatte dieses Gremium am 3. Februar die Frage des Ansässigmachungsrechts der Lola in München zu erörtern, das ihr wegen Fehlens aller Unterlagen vom Magistrat verweigert worden war. Man verlas Protokolle, die dem König wie blanker Hohn vorkommen mußten und in denen auf die Fragen von Münchner Juristen Bezug genommen wurde, ob Lola schon die Volljährigkeit erlangt oder ob sie ausreichenden Schul- und Religionsunterricht genossen habe[1498]. Hatte der Monarch noch ein Gefühl für die Peinlichkeit, mit einer Dame befreundet zu sein, über deren schlechten Ruf nicht nur alle Welt Bescheid wußte, sondern die es auch fertig brachte, sich in eine künstliche Kaspar-Hauser-Existenz zu versetzen? »Judici, quod non est in actis, non est in mundo«, bemerkte Graf Bray als Referent.

Am 8. Februar versuchten die Staatsräte unter Hinweis auf die fehlenden Unterlagen eine Stellungnahme zu umgehen, zogen aber daraus den Schluß, daß bei (von Lola zu verantwortendem) Fehlen des Staatsratsvotums der König nicht in der Lage sei, eine Indigenatserteilung vorzunehmen. Daraufhin veranlaßte der König für den 9. Februar 1847 eine weitere Staatsratssitzung: »... Der Staatsrat muß sich äußern, wenn der König will, das Wie ist seine Sache, die des Königs, welche Entschließung er fassen will. Dessen sich weigern sehe der König als offenbaren Ungehorsam an.« Die Staatsräte blieben bei ihrer Meinung. Maurer allein widersprach der Majorität, bezeichnete jedoch in der Sache die Indigenatsverleihung »als die größte Kalamität, die über Bayern kommen könne«[1499]. Auch in der Sitzung vom 9. Februar riet er dem König von seinem Vorhaben ab »aus Gründen, die jederman bekannt seien«. Die Majorität beließ es nicht bei ihrer formaljuristischen Stellungnahme, sondern wies auch auf »sonst sich darbietende hochwichtige Gründe« hin. Hoermann, sonst gewiß ein Kriecher, gab ein Votum ab, das an eine Kapuzinerpredigt erinnerte und als Zeugnis eines vormärzlichen Reaktionärs seinesgleichen sucht[1500]. Am 10. Februar fügte Ludwig dem Protokoll des Staatsrats vom Vortag folgendes hinzu: »Den Staatsrat vernommen habend, erteile ich der Senora Lola Montez (Maria de los Dolores Porrys y Montez) das bayerische Indigenat hiemit und das tax- und siegelfrei und mit Beibehaltung ihres dermaligen Indigenats.«

Mit der Erteilung des Indigenats war die Hoffnung auf eine Ausweisung Lolas in weite Ferne gerückt. Abel hielt nun die Stunde gekommen, Konsequenzen zu ziehen. Er verfaßte ein Memorandum an den König, in dem er diesen vor die Wahl stellte, entweder mit Lola zu brechen oder den kollektiven Rücktritt seiner Minister zu genehmigen[1501]. Die Entstehungsgeschichte des Memorandums hat Abel, sicher wahrheitsgemäß, Ende Februar 1847 dem König beschrieben[1502]. Die anderen Minister, ausgenommen der abwesende Graf Bray, der schon vorher um Enthebung von seinem Portefeuille gebeten hatte, unterschrieben das Produkt aus Abels Feder, an dem Zeichen von Nervosität und Zeitdruck nicht zu verkennen sind. Das Memorandum enthielt manche fragwürdigen Stellen. Unter den Schreiben Abels finden sich bei weitem feiner stilisierte. In dem Memorandum begegnen zu viele Topoi der schwülstigen Rhetorik Abels, um es als klassisches Dokument staatsmännischer Unabhängigkeit und der Überlegenheit über einen in die Irre gegangenen König gelten zu lassen. An Kritik an dem Schriftstück hat es gerade von konservativer Seite im ganzen Deutschen Bund nicht gefehlt[1503]. Der Kern der Sache wurde freilich schonungslos freigelegt. Abel brachte zwar den moralischen Faktor ausgiebig ins Spiel, aber in den Mittelpunkt der von ihm angegriffenen Mißstände stellte er ein Politikum: Das bayerische Nationalgefühl sei »auf das tiefste verletzt, weil Bayern sich von einer Fremden, deren Ruf in der öffentlichen Meinung gebrandmarkt ist, regiert glaubt, und so mancher Tatsache gegenüber nichts diesen Glauben zu entwurzeln vermag«. Zutreffend schilderte der Minister, wie im Bundesgebiet und selbst im außerdeutschen Europa die Achtung vor Bayern und seinem König verlorengehe. Daß der König auf das Memorandum hin einlenken werde, hat gewiß keiner der Unterzeichner erwartet. Der kollektive Rücktritt der vier Minister war angesichts der skandalösen Indigenatsverleihung der richtige Schritt im richtigen Augenblick und kam dem politischen Renommee der Abtretenden sehr zustatten.

Unmittelbar nach Abels Rücktritt hat man die Behauptung aufgestellt, der Minister habe längst bemerkt, daß das Vertrauen des Königs in ihn wanke, und daher den günstigsten Moment wahrgenommen, um, von der Gloriole eines Kämpfers für Recht und Sittlichkeit umstrahlt, seinen Abschied zu nehmen. Diese weithin übernommene Darstellung trifft jedoch nicht zu. Die einzige Maßnahme des Königs, die auf eine Einschränkung Abels hinauslief, beruhte auf Ludwigs Entschluß, Abel von den Kultus- und Schulangelegenheiten zu entlasten. Die Herauslösung des neuen Kultusministeriums aus dem Innenministerium wurde vom König, dem an einer einvernehmlichen Lösung mit Abel sehr gelegen war, in der schonendsten und rücksichtsvollsten Form vorgenommen und die Ausführung Abel anheim gestellt[1504]. Das Rücktrittsgesuch Abels nach dem Landtag von 1846, von diesem ohnehin nur als Test verstanden, hatte der König abgelehnt. Bei der Neubesetzung des Außenministeriums und des Kultusministeriums entsprach der König dem Rat Abels. Seine Stellung als Innenminister war 1847 bei Ludwig völlig unangefochten. Kurz vor Weihnachten 1846 bezeichnete der König Abel in einem Handschreiben als den Mann seines Herzens[1505]. Was den Minister als fähigen und konsequenten Politiker veranlaßte, um seinen Abschied einzukommen, war seine richtige Erkenntnis, daß er als Haupt des katholischen Konservativismus in Bayern – eine Position, in die er allmählich hineingewachsen war – nicht umhin konnte, moralische Normen aufrechtzuerhalten. Ein christlicher Staatsmann nach seinem Selbstverständnis konnte nicht gleichzeitig ein »Lola-Minister« sein. Er mochte fürchten, daß der König, von Lola getrieben, in fortlaufend unhaltbarere Situationen geraten könnte, denen er, Abel, am Ende zum Opfer fallen müßte. Die Indigenatsverleihung ermöglichte ihm, umgeben von drei Kollegen, in vorteilhafter Weise »auszusteigen«, bevor er in Gewissenskonflikte geraten würde. In eine vollends schiefe Lage hätte sich Abel verstrickt gesehen, wenn er etwa auf einem Landtag genötigt worden wäre, den König und Lola gegen eine aufgebrachte Kammermehrheit verteidigen zu müssen. Daß er eine solche Eventualität zu vermeiden wünschte, hat er im Memorandum unmißverständlich ausgesprochen: »Was unter solchen Verhältnissen von dem nächsten Landtage zu erwarten sei, liegt wohl offen am Tage; unberechenbar sind die letzten Folgen seiner Verhandlungen, wenn sie unter solchen Eindrücken gepflogen werden.« Zum Zeitpunkt seines Rücktritts stand Abel, was die Lola–Angelegenheit betraf, makellos vor der Öffentlichkeit, und man hat ihm dies vielfach, auch von seiten seiner Gegner, bezeugt.

Nachdem er ihnen eine kurze Bedenkzeit gegeben hatte, verabschiedete Ludwig seine Minister (13. 2. 1847). Das »Ministerium der Morgenröte« mit Maurer, dem einzigen Staatsrat, der nicht gegen das Indigenat gestimmt hatte, als Verweser des Auswärtigen und der Justiz, und ZuRhein als Verweser für Finanzen und Kultus wurde vom König in den Sattel gehoben. An einen Systemwechsel dachte Ludwig zunächst nicht; gleichwohl bahnte sich ein solcher nach wenigen Tagen an. Reichweite und Grenzen dieser Wende sind Gegenstand des folgenden Kapitels. Im vorliegenden Abschnitt ist nur von den unmittelbaren politischen Wirkungen des Lola-Skandals zu sprechen. Vergegenwärtigt man sich, was der Abgang Abels nach zehnjähriger Ministerschaft bedeutete und was sich in dem bis zur Revolution von 1848 verbleibenden Jahr abspielte, muß man der Kurtisane zubilligen, daß sie – die relativ bescheidenen vormärzlichen Maßstäbe stets zugrunde gelegt – große Dinge ausgelöst hat. Dies geschah freilich nicht im Sinne einer geplanten Aktion. Durch die Art und Weise, wie der König eine Privataffäre zur Staatsaffäre teils sich entwickeln ließ, teils selber hochspielte, hat er sein »persönliches Regiment« selbst ad absurdum geführt.

2. Auf fatalem Kurs

Die Tagebücher Ludwigs beschäftigen sich im ganzen mehr mit dem Privatleben ihres Autors als mit öffentlichen Angelegenheiten. Die Art und Weise aber, wie von 1846 bis 1848 Lola in den inhaltsreichen Duodezbändchen dominiert, ist exzeptionell und spiegelt die Verfallenheit des Königs. Ludwig suchte nicht eine sexuelle Partnerin, sondern die Geborgenheit einer Seelenfreundschaft, über deren erotische Substanz er sich freilich keine Rechenschaft ablegte. Nichts vermochte ihm die herzlose und herrschsüchtige Frau, der er sich ausgeliefert hatte, weniger zu geben als Behagen und Entspannung. Man darf sich das – fast tägliche – Beisammensein des ungleichen Paares auch keineswegs nur harmonisch vorstellen. Lola unterzog den König Wechselbädern von bestrickender Liebenswürdigkeit und hysterischen Auftritten, denen Ludwig offenbar nichts entgegenzusetzen hatte. Zieht man eine Bilanz zwischen den Momenten, die seinem Glücksverlangen Erfüllung verhießen, und den Demütigungen und Peinlichkeiten, denen er sich aussetzte, so fällt sie gewiß negativ aus. Keineswegs hat Ludwig die monströsen Fehler seiner Geliebten verkannt: ihre Maßlosigkeit, ihre Unbeherrschtheit, ihre Unersättlichkeit, ihr haltloses Geschwätz und ihren Hang, sich selbst in Regierungsgeschäfte einzumischen. Eintragung am 9. Dezember 1846: »In personale Regierungssachen mischt sie sich ... ihr Zugeständnisse gemacht, will sie weiteres... Wo soll das hinaus?«[1506] Vierzehn Tage zuvor hatte sie den König aufgefordert, die Krone seinem Sohn abzutreten und mit ihr nach Spanien auf Reisen zu gehen[1507]. Ludwig hat Lola zwar bei weitem nicht alle Wünsche erfüllt, aber selbst, was er ihr zugestand, ist kaum begreiflich. Wer nötigte ihn denn zu seinen Versprechungen? Stets von neuem kehrte in seinen Reflexionen, die sich als Dokumente des Unglücks und der Qual lesen, die Beteuerung wieder, er sei an sie gebunden, gefesselt.

Noch ein volles Jahr hielt nach Abels Entlassung der Einfluß Lolas auf den König und die Politik Bayerns an. Gewiß lief der Gang der Staatsgeschäfte im großen und ganzen »normal« weiter, aber man mußte Lola und ihr Verhältnis zu Ludwig fortwährend als Unsicherheitsfaktor in Betracht ziehen. Lola hatte die Frechheit, ihrem Freund nach dem Rücktritt Abels eine Art von Ministerliste zu präsentieren. Ludwig ging darauf nicht ein, und ebensowenig entsprach er ihrem Wunsch, mit einzelnen Ministern persönlich zu konferieren oder bei Beratungen anwesend zu sein[1508]. Bei den Umbesetzungen im Verlauf des Regierungswechsels hätte der König eine politische Erfahrung machen können, die er aber in den Wind schlug: Es war bereits so weit gekommen, daß er sich nicht leicht tat, geeignete Persönlichkeiten für die zu versehenden Ämter zu gewinnen. Männer, die unter anderen Umständen nur zu gerne bereit gewesen wären, die Staatsgeschäfte zu übernehmen, sagten dem König unter Vorwänden ab, und andere erklärten ihm offen, was sie abhielt, seinen Ruf anzunehmen. Sie fürchteten, als Mitarbeiter eines von Lola beeinflußten Königs in des Teufels Küche zu geraten, gesellschaftlichem Boykott zu verfallen und ihren guten Ruf ein für allemal zu verlieren. Beispielsweise beantwortete der königliche Kämmerer und Regierungsrat Freiherr von Welden eine Sondierung des Ministerialrats von Hermann, ob er geneigt sei, die Nachfolge Hoermanns als Regierungspräsident von Oberbayern anzutreten, dahingehend, er fühle sich außerstande, »dem Allerhöchsten Vertrauen seiner Majestät des Königs auf der Stelle eines Regierungspräsidenten dahier zu entsprechen, wenn mir hiebei die Verpflichtung auferlegt werden sollte, der Sennora Lola Montez eine in den Gesetzen nicht begründete Rücksicht zuzuwenden«. Später präzisierte er seine Auffassung mit den Worten: »Leib und Leben für meinen König, nur meine Ehre für mich«[1509].

Am 1. März 1847 legte der Ministerverweser ZuRhein dem König den Bericht eines Landrichters von Riedenburg über den unvorteilhaften Stand der öffentlichen Meinung und die durch das Steigen der Lebensmittelpreise wie durch mündliche Gerüchte zunehmende Beunruhigung der Bevölkerung vor[1510]. Es ging daraus hervor, wie aufgebracht die Volksstimmung war und wie sie sich mehr und mehr auf Lola konzentrierte. Am gleichen 1. März, an dem man dem König das Schreiben des Landrichters übermittelte, kam es in München erstmals zu Zusammenrottungen gegen die Fremde, bei denen das studentische Element führenden Anteil nahm[1511]. Studenten hatten sich vor der Wohnung des durch den König wegen seines Eintretens für Abel gemaßregelten Professors von Lasaulx versammelt und ihm ein Lebehoch dargebracht. Damit war ihr Tatendrang freilich noch nicht befriedigt, und eine große Menge von ihnen zog vor die Wohnung Lolas, die sich am Fenster zeigte und auf Rufe »Pereat Lola« mit »beleidigenden« und »unanständigen Gebärden« reagierte. Den Studierenden schlossen sich Gruppen aus der Bevölkerung an, die studentische Demonstration ging in

Volkstumulte über. Als der König vor dem Hause Lolas erschien, ertönten Vivat-Rufe, aber auch »starkes Pfeifen«. Es kam zu Ausschreitungen an der Residenz. Der Polizeidirektor sprach von einem harten Kern von etwa 20 Personen; sonst hatten die Randalierenden großenteils aus Lehrjungen bestanden. Auf der Liste der Verhafteten standen nur vier Studenten, sonst Gesellen, Lehrlinge, polytechnische Schüler, Fiakerknechte und Taglöhner. Döllinger versuchte den König von der Schuldlosigkeit der Theologiestudenten an den Vorfällen zu überzeugen, stieß jedoch auf Skepsis[1512]. Geradezu triumphierend konnte alsbald der scharf antiklerikale Ministerverweser ZuRhein melden, daß »der Steinwerfer von der Residenz ein Theologiestudent aus Dillingen« gewesen sei[1513]. Bemerkenswert war die Feststellung des Polizeidirektors, daß sich das Publikum keineswegs von den Demonstranten distanziere: »Allenthalben zeigte sich übelste Stimmung unter dem Publikum.«

Man muß zwischen radaulustigen Jugendlichen und Pöbel einerseits und der Masse der kleinen Leute andererseits unterscheiden, die sich normalerweise ruhig verhält, deren Abstraktionsvermögen aber gering ausgeprägt ist und der Personifikationen ihres Mißvergnügens stets willkommen sind. Als solche bot sich Lola in hervorragendem Maße an. Die »Spanierin« wurde geradezu zum Kristallisationspunkt für den Neid und die Ressentiments gegen »die da oben«, für xenophobe Emotionen gegen »das hergelaufene Mensch«, für Empörung über Verschwendung an höchster Stelle[1514]. Auf einer höheren Ebene formierte sich die als solche erst im Entstehen begriffene »Partei«, die sich durch die Entlassung Abels herausgefordert fühlte und für deren Integration Lola wider Willen unschätzbare Dienste leistete. Die Oppositionsrolle war dem politischen Katholizismus in Bayern bis dahin ungewohnt, aber er fand sich im Laufe des Jahres 1847 rasch in sie hinein. Als es im Sommer 1847 in Bamberg bei der Durchreise Lolas nach Bad Brückenau zu Ausschreitungen der Bevölkerung kam, charakterisierte einer der neuen Günstlinge des Königs, der Oberkriegskommissär von Mussinan, die Exzesse als Kooperation der Ultramontanen mit den Jungdeutschen[1515], gewiß eine übertreibende Formulierung, aber es hatte sich schon bei den Münchner Unruhen gezeigt, daß der politische Klerikalismus Straßenunruhen nicht unter allen Umständen fern stand. Die liberalen Teile der Bevölkerung begrüßten zwar die Veränderung an der Regierungsspitze, wollten aber mit ihrer Urheberin nichts zu tun haben.

In der guten Münchner Gesellschaft verhängte man über das Halbweltgeschöpf Lola strengsten Boykott, an dem die geradezu verzweifelten Bemühungen des Königs, seine Geliebte gesellschaftsfähig zu machen, zerschellten. Maltzahn, der sich noch 1843 vergebens um eine militärische Beförderung bemüht hatte, war unmittelbar nach dem Auftauchen Lolas in München Major à la suite geworden, und zum 1. Januar 1847 hatte der König vor, ihn zum Oberstleutnant à la suite und Flügeladjutanten zu ernennen. Es spricht für Maltzahns Einsicht, daß er, offenbar seit längerem überzeugt, das von ihm in die Wege geleitete Abenteuer könne nur in einer Katastrophe enden, beides ablehnte, den König vor Lola warnte und sich von ihr lossagte[1516]. Einige wenige Mitglieder des Adels hatten nichts dahinter gefunden, mit Lola während der Anfänge ihres Münchner Intermezzos zu verkehren, zogen sich aber alsbald völlig zurück. Heideck hatte auf Wunsch des Königs für Lola, die mit Geld nicht umgehen konnte, das »Rechnungswesen« übernommen und sein Haus für Begegnungen Lolas mit dem König und anderen Persönlichkeiten zur Verfügung gestellt, gelangte aber bald an den Punkt, wo er seine Dienstleistungen, um nicht allgemeiner Verfemung zu verfallen, aufgab und prompt beim König (neuerdings) in Ungnade fiel[1517]. Ein Oberst Spraul und Frau gaben sich bis zuletzt dazu her, eine Art von Hofmarschallsrolle bei Lola zu übernehmen. Als Matadoren des »Lolismus« suchten der Oberkriegskommissär von Mussinan und als verächtlichste Persönlichkeit der Denunziant Regierungsdirektor Berks die Situation für ihren Aufstieg zu nützen; kurzfristig gelang es ihnen. Lola durchkreuzte durch ihr Betragen alle Bemühungen, ihr gesellschaftliches Relief zu geben. Sie brachte es schlechthin nicht über sich, dem, was für gesellschaftlich respektabel galt, Tribut zu zollen. Statt dessen setzte sie ihre geradezu diabolische Beschäftigung fort, den König mit seinen loyalsten Dienern und ältesten Freunden auseinanderzubringen: Der Entlassung des treuen Gardekapitäns Freiherr von Zweybrücken, Vetter des Königs[1518], folgte im Sommer 1847 die Entfremdung von von der Tann in Bad Brückenau[1519].

Als im Dezember 1846 zwischen Ludwig und Lola von einer Standeserhöhung gesprochen wurde, erklärte die »Spanierin« mit gewohnter Unverschämtheit, daß die Erhebung zur Freifrau für sie nicht in Frage komme; nur die »Gräfin« wollte sie akzeptieren[1520]. Ludwig blieb dieser »Weisung« eingedenk. Nachdem er am 13. Juli 1847 Berks zum ordentlichen Staatsrat ernannt und damit in dieses Gremium einen »Lola-Ritter« eingeschleust hatte, erhob er während seines Aufenthalts in Aschaffenburg am 25. August Lola zur Gräfin Landsfeld. Daß der Monarch die Töchter seines Bruders aus morganatischer Ehe zu Gräfinnen von Bayersdorf erhob, entsprach allgemeinen höfischen Gewohnheiten. Sonst erfolgten durch Ludwig keine »Grafungen«. Angesichts des Königs sonst wohlbedachter und zurückhaltender Nobilitierungspolitik mußte die Erhebung der Lola zur Gräfin Landsfeld um so mehr irritieren. Man durfte mit Recht fragen, welcher Art die Verdienste sein mußten, aufgrund deren man in Bayen neuerdings in den Grafenstand erhoben wurde. Von den altgräflichen Familien des Landes, ja vom gesamten Adel konnte der Vorgang nur als Beleidigung empfunden werden. Maurer, dem der König einige Monate zuvor noch versichert hatte, daß er an einen solchen Schritt nicht denke, riet Ludwig in zwei Schreiben ab[1521]. Insbesondere warnte er den König, keinem Minister zuzumuten, die Signora zu besuchen. Wer dies tue, werde bei der nächsten Ständeversammlung ein Fiasko erleben: »Dazu habe ich aber keine Lust..« Er habe den König im Februar vor einem Abgrund gerettet, doch der Monarch gehe seit einiger Zeit »einem zweiten noch tieferen Abgrund entgegen«. Ludwig beteuerte, daß es nicht in seiner Absicht liege, »irgendeinen meiner Ministerverweser zu Lola Montez gehen zu machen«[1522]. Am 11. August versprach Maurer die Ausführung der Wünsche des Königs, warnte aber nochmals unter Hinweis auf die Stimmung im Lande und die Erbitterung des Adels, die die Verhandlungen im Reichsrat beeinflussen könne. Auch diese Warnung war in den Wind gesprochen. Wie sehr sich der König mit Lola identifizierte, geht daraus hervor, daß er die Geschmacklosigkeit beging, die Unterzeichnung und Überreichung des Diploms an seinem Geburtstag vorzunehmen. Zwischen den Zeilen gab Maurer Ludwig zu verstehen, welche Opfer er gebracht habe und noch bringe, um für einen so unvernünftigen Herrscher die Staatsgeschäfte zu führen. Es wirkt allerdings sehr peinlich, wenn er im Anschluß daran für vergangene und gegenwärtige treue Dienste vom König stattliche Kompensationen forderte: Ernennung zum erblichen Reichsrat und zu diesem Zweck Dotation mit Lehensgütern sowie die Bestellung seines Sohnes Konrad zum außerordentlichen Professor des Rechts an der Universität München mit 800 bis 1000 fl. jährlichen Gehaltes[1523]. In einer solchen Belohnung werde sich der König selbst ein Monument setzen, meinte Maurer selbstbewußt[1524].

Maurers Schreiben vom 6. August enthielt noch andere, für vormärzliche Verhältnisse einem König gegenüber ungewöhnliche Stellen, etwa die Versicherung, er sei nicht der Mann, »sich wie eine Zitrone auspressen und dann wegwerfen zu lassen«. Ludwig fühlte sich tief verletzt, aber er hielt an sich, da er im Augenblick Maurer noch benötigte und keinen Ersatz für ihn wußte. Der König zeigte den Brief Wallerstein, der seine letzte große Chance in der bayerischen Politik gekommen sah und hemmungslos gegen Maurer intrigierte. Obschon es einige politische Meinungsverschiedenheiten zwischen dem König und Maurer gab und Wallersteins Offensive gegen den Rechtsgelehrten ihre Wirkung tat, ist die Vermutung vielleicht begründet, daß Maurers Attacken gegen Lola und ihre Erhebung in den Grafenstand, insbesondere die Schreiben vom 6. und 11. August 1847, den König am meisten gegen ihn aufgebracht und zu seiner Entlassung geführt haben. Dies um so mehr, als Maurer unverdrossen weitere Pfeile gegen Lola abschoß. So ließ er den König während der außerordentlichen Ständeversammlung 1847 zu dessen Verdruß wissen, wie gut es sei, »daß kein Ministerialvorstand diese Dame persönlich kennt«. Das ganze Ministerium würde zum Rücktritt gezwungen werden, »wenn auch nur ein einziger von uns bei dieser Dame gewesen wäre«[1525]. So ist es also sehr wahrscheinlich, daß Lola der unmittelbare Anlaß für zwei Ministerwechsel binnen drei Vierteljahren gewesen ist.

Es gab im Vormärz noch viel bürgerliche Adelsfeindschaft, obschon das Bürgertum sich Nobilitierungschancen in der Regel nicht entgehen ließ. Zu den Adelsfeinden zählte der Maler Wilhelm (von !) Kaulbach, der auch als Künstler seinem sarkastischen Temperament zuweilen die Zügel schießen ließ und unter anderem ein decouvrierendes Bild der Lola auf die Leinwand zauberte, das er allerdings auf Veranlassung des Königs verändern mußte[1526]. Als Kaulbach von der Erhebung Lolas in den Grafenstand hörte, schrieb er aus Berlin an seine Tochter: »... Da gehört sie hin, zum hohen Adel, der ist so edel, trefflich und keusch wie sie selbst. Der Bürgerstand soll froh sein, daß er sie los ist, der war zu gut für sie – also weg mit ihr«[1527].

Am 30. November 1847 ersetzte der König das Ministerium Maurer – ZuRhein durch das zweite Ministerium Wallerstein. Daß er auf Wallerstein zurückgriff, zeigt, in welcher Bedrängnis er sich befand. Der Entschluß, es noch einmal mit dem Fürsten zu versuchen, war schon im Sommer gefallen; am 15. Oktober hat ihm Lola deswegen zugeredet, einen Tag später fand nach vorheriger Beratung mit dem neuen Vertrauensmann Berks die ausschlaggebende Besprechung mit Wallerstein statt[1528]. Der Fürst war entschlossen, mit Lolas Entfernung ein neues Meisterstück zu liefern und mied für seine Person jeden Umgang mit der Verfemten[1529]. Er brachte es fertig, nochmals eine, mit einer Ausnahme, respektable Ministermannschaft aufzubieten, obschon es unter den gegebenen Verhältnissen zunehmend schwerer fiel, überhaupt noch qualifizierte Kandidaten für höchste Staatsämter aufzutreiben. Die Ausnahme bildete der üble Berks, Ludwigs conditio sine qua non für das Zustandekommen eines zweiten Ministeriums Wallerstein. Berks hatte dem Fürsten während seines ersten Ministeriums als Intimus beträchtliche Dienste geleistet[1530], aber inzwischen waren ihre Beziehungen sehr abgekühlt. Es konnte nicht ausbleiben, daß man dem neuen Ministerium den Beinamen »Lola-Ministerium« anhing. Tatsächlich tat Wallerstein das Äußerste, um Lola zu Fall zu bringen. Er als erster ließ mit Hilfe Leiningens in England systematische Nachforschungen über die Herkunft und das Vorleben der Gräfin Landsfeld anstellen und schlug so den richtigen Weg ein, um eines Tages Indigenat und Nobilitierung als auf falschen Angaben beruhend beseitigen zu können. Auch der charakterlose Berks erkannte allmählich die Unhaltbarkeit der Situation und nahm keinen Anstand, seit Anfang 1848 am Sturz seiner Gönnerin mitzuwirken. Inzwischen setzte sich der Kleinkrieg der Tagespublizistik einschließlich der Flug- und Schmähschriften, der Geistlichkeit, der sich formierenden katholisch-konservativen »Partei«, des Adels, des Hofes und der königlichen Familie[1531] fort, ebenso die Serie skandalöser Begünstigungen[1532] Lolas und von nicht minder anstößigen Beförderungen ihr zugetaner Subjekte.

An der Münchner Universität hatte sich eine Art studentischer Leibgarde der Frau Gräfin gebildet, das von dem Ministerverweser Berks in aufreizender Weise protegierte Korps Alemannia. Sein Senior Peißner, ein noch unbedarfter Oberpfälzer, sah sich durch zarte Bande der »Chefin« verbunden[1533]. Das provozierende Auftreten der anrüchigen Verbindung genügte, um bei der Mehrheit der Münchner Studenten jenes Potential jugendlicher Aggressionen auszulösen, das sich im studentischen Alter so leicht in Bewegung setzen läßt[1534]. Die Alemannen wurden in Verruf getan, und es kam zu fortwährenden Unruhen an der Universität. Der König antwortete nach vorhergehender Warnung am 9. Februar mit der Schließung der Hochschule bis zum

Wintersemester 1848/49 und verfügte, daß alle nicht in München heimischen Studenten die Stadt binnen 48 Stunden zu verlassen hätten. Lola hatte die Maßnahme schon acht Tage vorher angekündigt[1535].

Die folgenden Ereignisse hat der damalige zweite Bürgermeister Münchens, Kaspar von Steinsdorf, in einer eindrucksvollen »Denkschrift für das Stadtarchiv«[1536] zusammengefaßt. Aus ihr geht hervor, daß die Bürgerschaft, die 1830 die Schließung der Universität wohl noch hingenommen hätte, 1848 nicht mehr willens war, dies zu tun. Wallerstein, der wegen des Verhaltens des Königs im Ministerrat einen Weinkrampf erlitt, hatte – vorübergehend – sein Portefeuille zur Verfügung gestellt, und der König schien unzugänglich zu sein. Schon aus diesen Gründen ging die Initiative auf die Bürgerschaft über, von der sich weit über tausend Angehörige spontan im großen Rathaussaal versammelten. Handelte es sich zunächst nur um Rücknahme der königlichen Anordnung betreffend Schließung der Universität, so drang man doch bald auch auf die Entfernung Lolas aus München. Auf der Versammlung konnte man bereits Forderungen nach Ministerverantwortlichkeit und Vereidigung des Heeres auf die Verfassung vernehmen, doch blieben sie zu diesem Zeitpunkt noch eine Randerscheinung. Schließlich begaben sich die Versammelten vor die Residenz, und eine Deputation des Magistrats und der Gemeindebevollmächtigten suchte dort das Gespräch mit dem König, der den Aufmarsch der Bürger als erpresserische Aktion ansah und sich zunächst weigerte, die Abordnung vorzulassen. Erst ein Fußfall der Prinzessin Luitpold bewirkte bei ihm eine Sinnesänderung. In der folgenden Unterredung überschüttete der König, aufs höchste erregt, die Repräsentanten der Stadt mit Vorwürfen wegen der Undankbarkeit der Münchner und drohte mit der Verlegung seiner Residenz. Abends erschien Berks vor den abermals im Rathaus Versammelten und verkündete die Wiedereröffnung der Universität zum Sommersemester. Damit gab man sich aber nicht mehr zufrieden. Die Bürger versammelten sich am 11. Februar neuerdings, ebenso die Studenten an der Universität; die Forderungen nach sofortiger Wiedereröffnung der Universität und der Ausweisung der Gräfin Landsfeld wurden aufrechterhalten. Die Situation wurde angesichts der Halsstarrigkeit des Königs kritisch. Wallerstein, der seine Bitte um Enthebung zurückgenommen hatte, informierte die Bürgerschaft, daß auch die in München anwesenden Reichsräte unter Vorsitz ihres Präsidenten, Fürst Leiningen, im Bayerischen Hof versammelt seien und erklärt hätten, mit der Bürgerschaft gemeinschaftliche Sache machen zu wollen.

Wenn der König im Laufe des Vormittags des 11. Februar vollständig kapitulierte, ist dies wohl auf folgende Vorgänge zurückzuführen: Angesichts der zahlenmäßigen Unzulänglichkeit der Gendarmerie hatte er seit jeher mit der Landwehr als Ordnungstruppe bei Tumulten gerechnet. Der Landwehroberst von Maffei erklärte jedoch Berks, er wage nicht, seine Truppe ausrücken zu lassen. Aber auch auf das Linienmilitär Münchens war kein Verlaß mehr. Es wäre zwar zum persönlichen Schutz des Königs und der Residenz einzusetzen gewesen, aber nicht zu weitergehenden Aufträgen, vor allem nicht zum Schutz der Gräfin Landsfeld. Ludwig, der die bewaffnete Macht, vor allem ihr Offizierskorps, durch Zumutungen zugunsten Lolas schon verschiedentlich in eine schiefe Lage gebracht hatte, ließ Lola wissen, er könne sie nicht mehr schützen: »Das Militär versagt den Dienst, da die Soldaten hierzu aufgehetzt werden. Der Verrat ist vollkommen«[1537]. Sehr ins Gewicht fiel eine Adresse der in München versammelten Reichsräte, die mit sehr ernsten Worten auf die Ausweisung Lolas aus Bayern drangen. Leiningen hatte schon in einer Denkschrift vom 1. Februar einen Zusammenbruch der öffentlichen Ordnung in München und die Abdankung des Königs erörtert[1538]. Wenn Wallerstein Lola als »unzurechnungsfähig« bezeichnete[1539], lag die Frage nahe, ob es mit dem Manne, der, wie es schien, ihr bedingungslos folgte, wohl besser stünde. In der Konsequenz solcher Überlegungen hat man anscheinend unter den Reichsräten die Absetzung Ludwigs diskutiert. Mussinan informierte den König am 13. Februar, die in Uniform versammelten Reichsräte hätten seine »Entthronung ausgesprochen, wenn eine Stunde länger die Entschließung, welche ich gegeben, nicht erfolgt wäre«; sie waren daran, einen Kurier nach Würzburg zum Kronprinzen zu schicken. Auch Berks bestätigte am 14. Februar, daß Ludwigs Absetzung beschlossene Sache gewesen wäre[1540]. 1849 haben ZuRhein und der Kreis- und Stadtgerichtsrat Günther dem König gegenüber die Nachricht in der Substanz aufrechterhalten[1541]. Auf diese Vorgänge spielte Ludwig offensichtlich an, wenn er in dem vielzitierten Gedicht über seine Thronentsagung davon sprach, daß ihm die »schlimmen Aristokraten« den Thron verleidet hätten[1542]. Die einhellige Beschwörung durch die in München anwesenden Mitglieder des königlichen Hauses darf man bei dem Nachgeben des Königs schließlich nicht gering veranschlagen. Die sofortige Wiedereröffnung der Universität rang dem König am Vormittag des 11. Februar ein Ministerrat ab, der ihm diesen Akt als Gnadensache und damit Ausübung eines Kronrechts annehmbar zu machen wußte. Lola wurde genötigt, die Hauptstadt zu verlassen, ihr Münchner Haus hat der Pöbel im Monat darauf demoliert.

Unter den Aufzeichnungen des Königs vom 11. Februar findet sich der Satz: »Theresen benahm ich die Meinung, als wenn ich mit Lola gebrochen.« In der Tat dauerte es noch geraume Zeit, bis sich Ludwig dem Banne Lolas entzogen hatte, die am 9. März nochmals auf kurze Zeit verkleidet nach München zurückgekehrt war. Haß auf alle, die ihn genötigt hatten, sich von Lola zu trennen, allen voran Wallerstein, bemächtigte sich des Monarchen. Noch lange gingen Zahlungen in erklecklicher Höhe und Briefe an die im Ausland befindliche Lola. 1848 beschäftigte den König fortwährend der Gedanke, wie und in welcher Höhe er ihr ein stattliches Vermögen zuwenden könne, von dessen Zinsen sie lebenslang komfortabel zu leben vermöge. Gelegentlich stellte er sich für diesen Zweck einen Betrag von 400000, schließlich von 1 Million fl. vor. Ludwig war zwar stets entschlossen, sich nicht von seiner Frau zu trennen, doch hatte er ein längeres Beisammensein mit Lola in der Schweiz vorgesehen. Ein beschwörender Brief seines nun regierenden Sohnes Max vom April 1848, Monarchie und Dynastie durch eine solche Reise nicht zu gefährden, scheint ihn von seinem Vorhaben abgehalten zu haben[1543]. Als man nach Ludwigs Abdankung einige der kompromittiertesten Günstlinge Lolas maßregeln wollte, zeigte sich der Ex-König äußerst beleidigt und suchte seine Hand über diese Männer zu halten. Erst als an der Wende 1848/49 Ludwigs Briefe an Lola in der Hand eines Erpressers, des »Marquis« Auguste Papon, auftauchten[1544] und die von anderen dem König längst mitgeteilte Tatsache, daß ihn Lola mit Peißner betrogen hatte, ihm von diesem selbst bestätigt wurde[1545], fing er an einzusehen, welchen Mißbrauch man mit ihm getrieben und wie sehr er sich verirrt hatte. Die Nachgeschichte des Lola-Skandals seit dem 11. Februar 1848 enthält nicht geringere Peinlichkeiten als die vorhergehende 15monatige »Romanze« selbst. Ein Trauerspiel!

XXI.
DAS LETZTE REGIERUNGSJAHR

1. Systemwechsel?

Versteht man unter »System« die autokratische Regierungsweise Ludwigs I., sein Prinzip »le roi régne et gouverne«, so hat 1847 kein Systemwechsel stattgefunden. Niemand hat dies glaubhafter bekräftigt als Georg Ludwig von Maurer, der allgemein als Repräsentant des Systemwechsels gegolten hat. Zu seinen 1848 geschriebenen reichhaltigen Memoiren über das vorhergegangene Jahr bemerkte er in einem Nachtrag von 1870: »Je mehr übrigens von den Beilagen abgedruckt werden kann, desto besser. Denn es geht daraus hervor, wie schwer es war, zu regieren, da von irgendeiner Selbständigkeit gar keine Rede war. Sogar wegen der Mitteilung des Systemwechsels an die fremden Mächte und die übrigen Minister mußte noch bei dem König die Erlaubnis nachgesucht werden!! Während die übrigen Minister doch das neue System handhaben sollten!!!«[1546]. Ludwigs System blieb auch insofern das gleiche, als er es im Falle Maurer ebenfalls nicht unterließ, alsbald nach einer Gegenkraft zu dem repräsentativsten Kopf des neuen Ministeriums Ausschau zu halten. Dies machte dem König keine große Mühe, da Wallerstein sich nach einer kurzen Zeit der Anpassung und des Abwartens aus eigener Initiative als Gegenspieler Maurers anbot und schließlich als sein erklärter Widersacher durchzusetzen wußte. Innerhalb des persönlichen Regiments Ludwigs waren nun freilich nicht nur Akzentverschiebungen, sondern auch erhebliche Veränderungen möglich. Die Situation am Vorabend des Jahres 1848 forderte ihren Tribut. Ganz ohne Rücksichtnahme auf die Persönlichkeiten und Gruppen, die auf das Ministerium Maurer–ZuRhein Hoffnungen setzten, konnte auch ein Ludwig I. die Notwendigkeit eines Wechsels an der Staatsspitze nicht glaubhaft machen. Überdies erzwang die Aktivität einer neuen Opposition eine neue Politik der Regierung und sorgte dafür, daß sich der Systemwechsel, der – begrenzt – tatsächlich stattgefunden hat, nicht im Auftauchen neuer Gesichter erschöpfte.

Durch ihren Übergang zur Opposition wurde die erst im Entstehen begriffene Partei des politischen Katholizismus, vornehmlich ihr altbayerisch-oberpfälzischer Block, mehr denn je zusammengeschweißt. Als Erzeuger und Multiplikatoren politischen Mißvergnügens betätigten sich nicht wenige katholische

Priester. Der Geistliche Rat Dr. Irenäus Haid war gewiß nicht der einzige, der damals über das »Opfer Abels des Gerechten« oder ähnliche Themen mit unüberhörbaren aktuellen Anspielungen predigte[1547]. Viele zum größeren Teil von kleinen Leuten stammende Münchner Studenten, die der König als »Proletarier der ultrakirchlichen Partei« bezeichnete, stellten sich mit jugendlichem Schwung den oppositionellen Bestrebungen der katholischen Bewegung zur Verfügung. Sie und Münchner Kleinbürger dürften überwiegend an einem Fackelzug für Reisach (und d. h. gegen den König) beteiligt gewesen sein. Mit der Ausschaltung Abels und mehrerer katholischer Professoren fehlte es vorerst an einer anerkannten Führerpersönlichkeit oder Integrationsfigur. Viele Fäden liefen bei Graf Karl Arco-Valley zusammen[1548], aber als Parteihaupt vermochte er sich auf Dauer nicht durchzusetzen.

Der neue Vertrauensmann des Königs, Georg Ludwig von Maurer[1549], konnte sich nicht auf einen der »Partei«[1550] auch nur annähernd gleich mächtigen Block stützen. Maurer gehörte seit rund zwei Jahrzehnten zum Münchner politisch-akademischen Establishment. Er verfügte über einigen Rückhalt im liberalen Teil der Münchner Prominenz, bei der Gelehrtenwelt, in einigen politischen Kreisen, bei einigen Verlagen und Redaktionen. Seiner Heimat war der gebürtige Pfälzer seit Jahrzehnten zu ferne gerückt, um dort noch einen unmittelbaren Anhang mobilisieren zu können. Kirchlich scheint der liberale Kulturprotestant nicht engagiert gewesen zu sein. Politisch suchte er unter Aufrechterhaltung der Kronrechte die bestehenden Zustände auf reformerischem Weg vorsichtig zu verändern. Demokratischer Radikalismus lag ihm gänzlich fern. Der Liberalismus des wichtigsten Kollegen Maurers, Freiherr Friedrich von ZuRhein, vordem Regierungspräsident der Oberpfalz und grimmiger Gegner Abels, nunmehr Minister der Finanzen und des Kultus, beschränkte sich mehr oder minder auf entschiedensten Antiklerikalismus. ZuRhein war ein royalistisch gesonnener Bürokrat alter Schule. Der Ministerverweser des Inneren, von Zenetti, eine ziemlich farblose Beamtennatur, ließ sich zwar zu pflichtgemäßem Einschreiten gegen die katholische Opposition bewegen, aber dies geschah seitens des überzeugten Katholiken mit sichtlicher Zurückhaltung. Vor Zenettis Ernennung fragte der König Maurer, ob der neue Verweser nicht selbst der »bewußten Partei« angehöre[1551], wurde jedoch beruhigt. Der Kriegsminister-Verweser, Freiherr von Hohenhausen, zählte politisch überhaupt nicht.

Mit der Verselbständigung des Kultusministeriums am 1. Januar 1847 glaubte Ludwig für den religiösen Frieden im Lande und zur Beruhigung der öffentlichen Meinung genug getan zu haben. Mehr an »Systemwechsel« hatte er noch Februar 1847 nicht im Sinn. Selbst nachdem der König das Memorandum der vier Minister gelesen hatte, schien es zunächst, er nehme es gelassener auf als zu befürchten war. Vorübergehend gelang es, Bray zur Rücknahme seines Rücktrittsgesuchs vom 15. Februar[1552] zu bewegen. Über Abel war der Monarch allerdings sehr verärgert, weil er sich über das Indigenat vor der Staatsratssitzung vom 8. Februar überhaupt nicht geäußert hatte und daher vermuten ließ, er würde dem Vorhaben keinen Widerstand entgegensetzen. Er hat ihn am 13. Februar unter voller »Anerkennung ob der ihm während seiner langjährigen, treuen und anhänglichen Dienstesleistung erworbenen großen Verdienste« – man erinnert sich der kränkenden Formulierung bei der Entlassung Wallersteins 1837 – in den Ruhestand versetzt und ihm am 18. Februar die Ernennung zum Regierungspräsidenten von Niederbayern angekündigt[1553]. Schrenck ernannte der König zum Regierungspräsidenten der Oberpfalz, ebenfalls eine Lösung ohne jede Gehässigkeit. Zu Gumppenberg und Seinsheim entsandte der König Maurer auf dessen Vorschlag hin, um beide zur Zurücknahme ihres Gesuches zu bewegen. Auch dies das Gegenteil der Absicht eines Systemwechsels! Die Minister hatten sich jedoch gegenseitig das Ehrenwort gegeben, den Rücktritt nicht zu widerrufen. Gumppenberg und Seinsheim erhielten zunächst einen vierwöchigen Geschäftsurlaub[1554]. Es folgten weitere Maßnahmen, die wiederum eher nach Fortsetzung des alten Systems aussahen: Der König bestellte Freiherrn von Freyberg zur Leitung der Geschäfte des Kultusministeriums, von Flad sollte interimistisch das Außenministerium und der Augsburger Regierungspräsident von Fischer das Innenministerium übernehmen. Daß diese drei Männer entschiedene Anhänger der sogenannten »Partei« waren, wußte der König selbstverständlich. Falls er nicht von selbst darauf gekommen war, die Genannten zu berufen, spricht einiges dafür, daß der Gedanke von dem Kabinettssekretär von Schilcher ausging, den Maurer in seinen Memoiren den Stützpunkt der gefallenen Partei in der Umgebung des Königs nennt. Aus Solidarität mit den abgetretenen Ministern entzogen sich Freyberg, Flad und Fischer unter verschiedenen Begründungen dem königlichen Auftrag. Man konnte den Eindruck gewinnen – manche Zeitgenossen haben ihn ausgesprochen – als wolle die »Partei« die Neubildung eines

Ministeriums unmöglich machen[1555]. Erst nach dieser Erfahrung übertrug Ludwig Maurer die Geschäftsführung des Außen- und Justizministeriums, und an die Spitze der anderen Ministerien holte er die bereits genannten Männer. Der profilierteste Kopf der neuen Führungsgruppe war Maurer, der seit der Indigenatsangelegenheit, wie Ludwigs Tagebücher ausweisen, in eine Vertrauensstellung beim König gelangt war[1556].

Erst zwei noch in den Februar 1847 fallende Ereignisse versetzten den König in derartigen Zorn, daß er von sich aus mit einem Systemwechsel Ernst zu machen gedachte. Er faßte nunmehr die Unschädlichmachung der »Partei« als innenpolitisches Hauptziel ins Auge. Der erste Vorfall war die Veröffentlichung des Memorandums, die dem König spätestens um den 20. Februar bekannt wurde[1557]. Einer weit verbreiteten Version zufolge soll eine Tochter Gumppenbergs in einem adeligen Münchner Salon den Text des Memorandums zum besten gegeben haben. Den abgetretenen Ministern konnte nichts unwillkommener sein als der Bruch dieses Staatsgeheimnisses. Die Art und Weise, wie das Memorandum in unzähligen Abschriften verbreitet und von der europäischen Presse übernommen wurde, nährte den Verdacht, es sei bewußte königs- und regierungsfeindliche Agitation der »Partei« im Spiel. Eine vom König am 25. Februar eingesetzte Spezialkommission zur Untersuchung des Skandals, an der unter Maurers Vorsitz noch die Staatsräte von Stürmer und von Vetterlein beteiligt waren, förderte nur zutage, daß die bayerische Staatsmaschinerie und insbesondere die Polizei des Landes für Untersuchungen dieser Art nicht ausreichten[1558]. Erst seit der Publikation des Memorandums scheint der König, wie es seine Art war, den an diesem Vorfall gewiß nicht schuldigen Abel, der ihm nachträglich als Rädelsführer eines Ministeraufstandes erschien, zum Sündenbock gemacht zu haben.

Am 19. Februar 1847 brachte der Universitätsprofessor Ernst von Lasaulx, eines der namhaftesten Mitglieder des Görreskreises, im Senat der Universität München »als der obersten sittlichen Behörde des Landes« den Antrag ein, dieser möge dem abgetretenen Minister von Abel für sein mannhaftes Eintreten für die Sache des Rechts und der Moral in corpore eine Dankaufwartung machen. Der Antrag – ein schwerer Affront gegen den König – ging nicht durch, fand jedoch die Unterstützung verschiedener Gelehrter[1559]. Lasaulx' Schritt hatte gerade noch gefehlt, um beim König die Schale des Zorns zum Überlaufen zu bringen. Maurer, von der »Partei« wütend angegriffen, mußte schon aus

Gründen der Selbsterhaltung daran interessiert sein, daß man der noch mächtigen alten Richtung die Zähne zeigte und ihre Anhänger aus Schlüsselstellungen entfernte. Er hat den vom König eingeschlagenen Kurs personalpolitischer »Säuberungen« unterstützt, doch muß man ihm bescheinigen, daß er den Monarchen vor mancherlei Unbesonnenheiten bewahrte und im Rahmen des Unvermeidlichen maßvoll zu Werke ging. Er mahnte Ludwig, alles zu vermeiden, was »als leidenschaftlich und parteilich bezeichnet werden würde«[1560]. In vielen Fällen hat er abgewiegelt, humanere Lösungen vertreten und insbesondere Abel vor Schlimmerem bewahrt. Dieser hat ihm zwar damals wiederholt gedankt und bei dieser Gelegenheit einige bemerkenswerte Geständnisse gemacht, aber zwei Jahre später war das alles vergessen.

Nach der Veröffentlichung des Memorandums war in Bayern für Abel wieder einmal kein Platz mehr. Nachdem eine Ernennung Abels zum Gesandten bei den Höfen von Brüssel und Den Haag am Widerspruch Preußens gescheitert war[1561], das sich wegen der Verbindungen des politischen Katholizismus seiner Westprovinzen zu Belgien von dem Münchner Vorhaben irritiert zeigte, sah sich Abel nach Turin versetzt, der von ihm jahrelang als Verbannungsort für Wallerstein vorgesehenen Residenz[1562]. Daß der verhaßteste aller Bürokraten des »Systems«, Joseph von Hoermann, dem König nunmehr als Feind Lolas zuwider, noch im Februar als Regierungspräsident von Oberbayern weichen mußte, verstand sich von selbst. Eine Anzahl weiterer höherer Beamter, Diplomaten, Professoren und Dozenten wurde teils versetzt, teils pensioniert oder entlassen[1563]. Verschont blieben von der Prominenz der »Partei« nur der alte Görres und Ringseis. Vom Standpunkt der Lehrfreiheit waren die gegen professorale Angehörige der »Kongregation« ergriffenen Maßnahmen ebenso zu beurteilen wie diejenigen gegen die liberalen Würzburger Hochschullehrer in den dreißiger Jahren. Allerdings ist hinzuzufügen, daß von den verfolgten Münchner Professoren auch nicht einer jemals ein Wort des Bedauerns über das Schicksal der Würzburger Kollegen verloren hatte. Vielmehr ist anzunehmen, daß sie mit der Verfolgung der dreißiger Jahre einverstanden gewesen waren.

Während der seit Beginn der dreißiger Jahre zu politischem Immobilismus übergegangene König es an personellen Veränderungen vollauf hätte genug sein lassen, hatte es Maurer auf einen sachlichen Systemwechsel abgesehen, für den er ausgereifte, zeitgemäße und – wie bei ihm stets – maßvolle Vorstellungen mitbrachte. Um seine Vorhaben auszuführen, bedurfte Maurer indessen nicht nur des Rückhalts beim König und der Ausschaltung politischen Widerstands, sondern auch der Konsolidierung der öffentlichen Meinung des In- und Auslandes zugunsten seines Ministeriums, denn allgemein traute man dem Zustand der Dinge in Bayern noch nicht recht. Der preußische Außenminister Graf Canitz vermutete sogar, Abel könnte zur Macht zurückkehren, wenn er nur seinen Frieden mit Lola schließen würde[1564]. Angesichts der allgemeinen Unsicherheit kam es Maurer sehr zustatten, daß der König (auf eigenen Antrieb?) am 1. März 1847 anordnete, ein Rundschreiben an die bayerischen Gesandtschaften »über die Veränderung des Ministeriums« im Entwurf vorzulegen[1565]. Für Maurer eine erwünschte Gelegenheit, eine Darstellung der Münchner Vorgänge aus seiner Sicht in den europäischen Staatskanzleien zu verbreiten und gleichzeitig programmatisch zu formulieren, was der König bisher nur angedeutet hatte. Die Informationen, die der Monarch bis dahin an ihm Nahestehende hatte gelangen lassen, waren dürftig[1566]. Maurer stellte seine (vom König voll gebilligten) Ausführungen auf das Wirken der »Partei« ab. Er beschäftigte sich in der Zirkularnote (vom König in »Kreisschreiben« verdeutscht) ausführlich mit den Ablehnungen, die der Monarch bei seinem Bemühen um das Zustandekommen eines neuen Ministeriums erhalten hatte. Vor diesem Hintergrund mußte um so vorteilhafter erscheinen, daß Maurer und seine Kollegen in die Bresche gesprungen waren. Nachdem die Neubildung eines Ministeriums von der »Partei« nicht hatte verhindert werden können, habe diese es für angemessen gefunden, »förmlich an die Masse zu appellieren«. Sie habe in dieser Absicht das Memorandum in die Öffentlichkeit »geworfen«. Abschließend gelang es Maurer, den König auf den Begriff des Systemwechsels festzulegen und damit die Position zu gewinnen, die er benötigte, um als der Vertrauensmann eines vom König angeblich längst geplanten neuen Kurses in Erscheinung treten zu können.

Einem kritischen Leser der Note mochten mancherlei Unstimmigkeiten auffallen[1567]. König Ludwig schließlich scheint sich im Augenblick der Zustimmung zu Maurers Entwurf nicht im klaren darüber gewesen zu sein, daß ein Monarch, der beansprucht, nicht nur zu herrschen, sondern auch zu regieren, damit die volle Verantwortung für das frühere System auf sich nahm. Soweit er diesen Kurs tadelnswert fand, hätte er konsequenterweise Selbstkritik üben müssen, es sei denn, er wollte vorgeben, von seinen Ministern hintergangen worden zu sein. Die meisten Leser der Note hielten sich jedoch mit solchen Überlegungen nicht auf und entnahmen dem Zirkular, was sie ihm zu entnehmen wünschten. Friedrich Wilhelm IV. von Preußen beispielsweise zog für die Regierungskunst Ludwigs I. allzu schmeichelhafte Schlüsse: »Dein heldenmütiger Sieg über das nächtliche Treiben der unwürdigen Jünger des würdigen spanischen Ignaz hat Dir hier, wie in ganz Deutschland, ungezählte Herzen gewonnen. Wo ich hinhöre, ist nur *ein* Aufatmen und Loben...«[1568]. Was die überwiegend liberale öffentliche Meinung im nichtösterreichischen Deutschen Bund betraf, empfand sie zwar die Verquickung des Systemwechsels mit der Persönlichkeit von Lola Montez als Schönheitsfehler, aber die Ablösung des Abelschen Regimes begrüßte man einmütig[1569].

2. »Ministerium der Morgenröte«

Mit diesem Ausdruck operierte die dem neuen Kurs zugetane Presse, und Maurer selbst übernahm die Wendung. Recht gern hätte er im Anschluß an die »Morgenröte« einen hellen, liberalen Tag heraufgeführt, aber es sollte sich damals auch politisch bewahrheiten, daß Morgenrot eher einen Regen- als einen Sonnentag ankündigt. Und was Maurers weiteres politisches Schicksal angeht, ist man versucht, an das Reiterlied von Morgenrot und frühem Tod zu denken, denn Maurer stürzte schon im November 1847.

In gewisser Hinsicht knüpfte Maurer an die Reformperiode Ludwigs an. Der Unterschied zwischen diesem Jahrfünft und dem Jahre 1847 bestand darin, daß der König zwar die Ingangsetzung von Reformen hinnahm, selbst aber keinerlei Initiative mehr zeigte. Ludwig behielt seine herkömmliche Arbeitsweise und seinen autokratischen Regierungsstil bei, seine Aufmerksamkeit konzentrierte sich jedoch 1847 allein auf Lola Montez. Umgekehrt blieben der Gang der Staatsgeschäfte und die Bemühungen der Ministerverweser von der »größten Kalamität, die Bayern treffen könnte«, um Maurer selbst zu zitieren, überschattet. Man konnte nie wissen, wohin die Dinge noch treiben, zu welchen Exzessen sich die Favoritin noch versteigen und was der König ihr in seiner Schwäche noch zugestehen würde. Wie ein Damoklesschwert hing die Affäre über den Verantwortlichen. Und hätte die Verirrung mit Lola nicht stattgefunden, bleibt es doch unwahrscheinlich, daß der alternde Monarch nach mehr als anderthalb Jahrzehnten der Defensive nochmals die Kraft gefunden hätte, von sich aus eine Reformära zu eröffnen und durchzuhalten. Seine Skepsis gegen Maurers Vorhaben äußerte sich nur zu deutlich.

Maurer legte in seinen Memoiren und bei anderer Gelegenheit eine stolze Erfolgsbilanz seiner neunmonatigen Verwaltung vor, die kritisch gelesen sein will. Anerkennung verdient auf jeden Fall, daß er kraftvoll die Vorarbeiten für die Trennung von Administration und Justiz sowie für eine Neuorganisation des bayerischen Rechtswesens in Angriff nahm. Es kostete ihn Mühe, dem König, der sich vor allem gegen Geschworenengerichte querlegte, die Zustimmung abzuringen[1570], aber der Minister befand sich anfänglich noch im Aufwind, und er nützte diese Situation. Der juristische Fachmann veranlaßte des weiteren die Bearbeitung eines »auf vollständige Öffentlichkeit und Mündlichkeit gebauten Strafverfahrens und Zivilverfahrens«, die abzuschließen ihm freilich nicht vergönnt war. Günstige Resultate erzielte man auch auf anderen Gebieten. Maurers Behauptung, das (Zenetti unterstehende) Zensurwesen sei unter dem Ministerium der Morgenröte »in aller Weise erleichtert worden«, trifft zu[1571]. Maurer nahm schließlich – übertreibend – allein für sich in Anspruch, die längst fällige Begnadigung Behrs und Eisenmanns beim König durchgesetzt zu haben.

Kirchen- und schulpolitisch hatte als Ressortchef unter der Kontrolle des Königs ZuRhein das Sagen. Sein staatskirchlicher Kurs, von dem mit allen »Ultrakirchlichen« mehr denn je auf Kriegsfuß stehenden König voll gebilligt, ging darauf aus, die unter Abel vorsichtig erweiterte kirchliche Bewegungsfreiheit rückgängig zu machen. Prüft man die Liste seiner Maßnahmen, beginnend mit der strengen Einhaltung des placetum regium, das Reisach beseitigen wollte[1572], läßt sich im Grunde nur von einem ziemlich bescheidenen Programm sprechen. Als kirchenpolitischer Berater des Königs stellte sich Reisachs Feind, Domdekan Reindl, zur Verfügung, um dieses Programm gegen den Münchner Erzbischof durchzusetzen[1573]. Anscheinend auf besonderen Wunsch des Königs erfolgte ein Ministerialerlaß gegen politisch aufreizende Kanzelvorträge. ZuRhein verweigerte Reisach die deswegen erbetenen Erläuterungen[1574]. Im Universitätswesen ließ es sich ZuRhein angelegen sein, die Abelsche Studienordnung wieder zu beseitigen. Wenn nicht ZuRhein, so lag Maurer sehr daran, keinen Konfliktkurs mit Rom zu steuern. Man konnte sich in München damals ernstere Auseinandersetzungen mit Rom schon deswegen nicht leisten, weil man in einer wieder einmal sehr persönlichen Angelegenheit des Königs ausschließlich auf den guten Willen der Kurie angewiesen war. Es handelte sich um des Monarchen brennenden Wunsch, den Erzbischof Reisach mittels einer Transferierung auf ein Kurienkardinalat aus München zu entfernen[1575]. Instinkt und Einsicht des Königs gingen zwar gewiß nicht fehl, wenn er in Reisach die Personifikation kurialer Politik sah, doch läßt sich vermuten, daß der »glühendste Haß« (Maurer), den Ludwig auf Reisach geworfen hatte, auch noch und vielleicht in erster Linie private Gründe hatte, die aller Wahrscheinlichkeit nach mit Lola Montez zusammenhingen. Des Königs Bedürfnis zu vereinfachen und zu personifizieren, kam in einem Reisach geltenden Signat unübertrefflich zum Ausdruck: »Wenn Befraglicher aus Bayern entfernt, so hat die Schlange ihr Haupt verloren und Zeit und Verdruß werden erspart«[1576].

Der König bemühte sich nach wie vor, peinlichst zwischen Katholizismus und Ultramontanismus zu unterscheiden; gegen diesen ließ er seinem polemischen Temperament freien Lauf. Abels Schwager Rinecker berichtete dem Exminister nach Turin, die Geistlichen hätten nunmehr einen schweren Stand: »Wo der König einem Geistlichen begegnet, fährt er ihn an: ›Sie sind auch mein Feind, ein Freund von dem Herrn Erzbischof, von Abel, ich weiß es schon«[1577]. Das ganze Jahr 1847 häuften sich die Zurechtweisungen von Bischöfen und Geistlichen durch den König, verbunden mit Vorwürfen der Undankbarkeit[1578]. In Speyer lud er im Sommer 1847 nur den Regierungspräsidenten und den ranghöchsten anwesenden Militär, nicht den Bischof, zur Tafel. Wer mit Reisach oder anderen dem König mißliebigen Bischöfen verkehrte, mußte gewärtigen, von Denunzianten, an denen es, freilich unter anderen Vorzeichen, auch in der Ära Abel nicht gefehlt hatte, beim König der Konspiration geziehen zu werden. Ein solcher Vorwurf wurde von dem Hauptdenunzianten dieser Monate, dem Oberkriegskommissär von Mussinan, Günstling der Lola, sogar gegen den Ministerverweser von Zenetti erhoben. Dieser hatte mit seiner Frau nach der in Anwesenheit Reisachs erfolgten Primiz eines seiner Söhne dem Erzbischof einen Höflichkeitsbesuch abgestattet. Daraus wurde eine Verschwörung Zenettis mit Reisach konstruiert, und der unentwegt aufgebrachte König scheint daran geglaubt zu haben. Mehrmals forderte er Maurer und ZuRhein zu Stellungnahmen auf und nur zur Not gelang es beiden, den Monarchen zu beruhigen[1579].

Die Verfolgung einer kirchenpolitischen Richtung unter Episkopat und Klerus durch den König verquickte sich mit Einschreitungen gegen die Partei des politischen Katholizismus. Maurer hat Männer vom Schlage Mussinans, der dem König die Organisation eines Denunziationssystems unter Heranziehung des gesamten bayerischen Beamtenapparats[1580] vorschlug, verachtet und ihrer Scharfmacherei die Spitze abzubrechen gesucht. Andererseits hat er selbst dem König gerne Nachrichten über politische Konspiration der Ultramontanen zugespielt, zumal der von ihm überzeugungsmäßig verfochtene Antiultramontanismus ihm auch für sein politisches Überleben in der Gunst des Königs unerläßlich erschien[1581]. Der König nahm Nachrichten solcher Art, von wem immer sie stammten, stets begierig auf, doch Maurer nützten sie auf die Dauer nicht.

Außenpolitisch zählte zu den Folgen des Münchner Systemwechsels eine gewisse Klimaverschlechterung in den österreichisch-bayerischen Beziehungen. Die meisten Zeitgenossen nahmen nur den sehr persönlichen Konflikt zwischen dem König und dem österreichischen Gesandten Senfft wahr. Vollends zum Bruch mit Senfft führte, daß der Gesandte den Exminister Abel, als dieser genötigt war, seine Dienstwohnung zu verlassen und Schwierigkeiten hatte, in München mit Familie ein neues Unterkommen zu finden, in sein Gesandtschaftshotel einlud, gewiß ein Zeichen für Senffts Freundestreue, aber für einen fremden Diplomaten am Münchener Hof ein höchst anfechtbares Verhalten[1582]. Abel hat schließlich von der Einladung keinen Gebrauch gemacht. Aus der Tatsache, daß Abel zusammen mit Senfft speiste, machte die Fama umgehend Bankette oder gar Feste, die der Diplomat dem entlassenen Minister gegeben habe. Ludwig erklärte Senfft zur persona ingrata. Wien ließ sich bis zum Ende von Ludwigs Regierung und darüber hinaus in München nur noch durch einen Geschäftsträger repräsentieren.

Schwerer als des Königs Ärger über Senfft wog ein anderer Umstand. Es zählte zu den Erfolgen der starken Persönlichkeit Abels, daß er als *Innen*minister in Zusammenarbeit mit dem ihm sehr nahestehenden Senfft über den Kopf Gises hinweg, und zwar im Einverständnis mit dem König, aber ohne daß dieser Initiative entfaltet hätte, einer katholisch-konservativ-proösterreichischen Linie in der bayerischen Außenpolitik ein Übergewicht verschafft hatte. Damit war es seit dem Ministerwechsel vorbei. Maurer hätte gewiß gerne für (ein liberaleres) Preußen optiert, und in seinen Erinnerungen sprach er ausdrücklich davon, daß er den Grafen Dönhoff, nunmehr Bundestagsgesandter, sich als den ihm zusagenden Partner in München gewünscht hätte. Aber weder der Außenminister Graf Canitz noch der Gesandte in München, Graf Bernstorff, waren die Männer, die es über sich gebracht hätten, dem süddeutschen Liberalismus eine Chance zu geben. Vielmehr sahen die beiden Konservativen in der Aufrechterhaltung einer guten Zusammenarbeit mit Österreich die von Berlin einzuschlagende Linie. Wie so oft schon zuvor, wurden, ohne die Münchner Regierung zu konsultieren, Vereinbarungen zwischen Berlin und Wien getroffen, gegen die man sich auf bayerischer Seite zu Protesten veranlaßt sah. Maurer hatte in solchen Fällen von der »Empfindlichkeit« Ludwigs zu sprechen, daß man Verabredungen getroffen habe, »ehe man die erste eigentlich teutsche Macht auch nur um ihre Ansicht gefragt habe«[1583].

Eine Verbesserung erreichte Maurer im Verhältnis zu Württemberg und Baden, die in der Stellungnahme zu den Vorgängen in der Schweiz, in der Eisenbahnpolitik und in den Maßnahmen betreffend Getreideausfuhrverbot, das wegen der Mißernten und der drohenden Hungersnot notwendig geworden war, Früchte trug. Wenn Maurer sich rühmte, durch seine Schweiz-Politik einen europäischen Krieg verhindert zu haben, hat er den Mund zu voll genommen. Wallerstein nahm später mit ebenso wenig Recht das gleiche Verdienst für sich in Anspruch[1584].

Maurer hat sich in seinen Erinnerungen alle erdenkliche Mühe gegeben, um davon zu überzeugen, daß sein Ministerium im Lande außerhalb der »Partei« breiteste und wachsende Zustimmung gefunden habe. Nur der König, Lola und der Intrigant Wallerstein hätten demnach einer vielversprechenden Entwicklung unter seiner, Maurers, Leitung ein vorzeitiges Ende bereitet. Vor Ablauf der Amtszeit Maurers als Ministerverweser hat ein Test stattgefunden, ob es dem »Ministerium der Morgenröte« gelungen war, die frühere Opposition gegen Abel geschlossen auf seine Seite zu bringen: der außerordentliche Landtag von September/November 1847.

Der Landtag war einberufen worden, um die Zustimmung der Stände für die Aufnahme einer neuen Anleihe für den Eisenbahnbau zu gewinnen. Dieser Hauptzweck der Ständeversammlung wurde erreicht. Wieder einmal schickte der König seine Minister überarbeitet und überbürdet in die parlamentarische Arena. Maurer und ZuRhein hatten je zwei Ministerien zu leiten, Routinegeschäfte fortzuführen, Sonderaufgaben zu bewältigen und, beinahe auf sich allein gestellt, die Verteidigung der Politik des Königs in den Verhandlungen zweier Kammern zu übernehmen. Ludwig beging noch Schlimmeres als Rücksichtslosigkeiten: Er ließ seine Ministerverweser politisch im Stich und beriet sich statt mit ihnen mit dem Lola-Günstling Berks und mit Wallerstein. Man kann behaupten, er fiel Maurer und Zu-Rhein in den Rücken[1585]. Loyalität, wie sie ihm seiner Charakteranlage nach Bedürfnis war, verschwendete er damals in anderer Richtung. Da er sich durch Maurer beleidigt fühlte, bereitete es ihm Genugtuung, »es ihm zu zeigen«.

Die personelle »Bereinigung« der parlamentarischen Szene erstreckte sich diesmal auf die Vertreter der »Partei«. Insbesondere sollte Döllinger gehindert werden, sein Mandat wahrzunehmen, und Höfler wurde sogar der Aufenthalt in München während des Landtags unmöglich gemacht. Im Hinblick auf die Erste Kammer mußte Maurer bangen, ob eine genügende Anzahl »gutgesinnter« Reichsräte das Opfer, sich sehen zu lassen, bringen oder lieber den Jagdfreuden der Saison huldigen würde[1586]. Zum Führer der katholisch-konservativen Opposition im Reichsrat warf sich Graf Arco-Valley auf, der jedoch kein parlamentarisches Talent war und keine Mehrheit hinter sich zu bringen verstand. Daß Wallerstein alles tun würde, um sich dem König in der Ersten Kammer gefällig zu erweisen, war ausgemacht. Nicht alle wußten, daß er den Dolch gegen Maurer im Gewande trug. Schon Anfang September meinte Ludwig Zenetti gegenüber, es sei wichtig, »daß mein Ministerium den Fürsten Öttingen-Wallerstein nicht zum Gegner bekomme...«. Für den Fall, daß Leiningen sich nicht zur Verfügung gestellt hätte, hätte er Wallerstein zum Ersten Präsidenten der Kammer der Reichsräte ernannt[1587].

Nach wie vor bestand die Zweite Kammer auf möglichster Ausdehnung der Pressefreiheit, insbesondere Abschaffung der Zensur für alle inneren Landesangelegenheiten und Beseitigung der Entziehung des Postdebits. Darüber kam es am 23. November 1847 zu einem Gesamtbeschluß der Stände. Maurer wagte sich mit Zusagen betreffend Postdebit zu weit vor und wurde vom König umgehend gezwungen, sich zu korrigieren[1588]. Einen Tag nach dem Beschluß über Pressefreiheit kam es in Abwesenheit Maurers und ZuRheins, die durch Verhandlungen in der Ersten Kammer in Anspruch genommen waren, zu einer noch schmerzlicheren Niederlage der Regierung. Auf sehr geschickte Weise verstand es ein Sprecher der Klerikalen, der Abgeordnete Ruland, ein einhelliges Votum der Zweiten Kammer zugunsten der

Lehrfreiheit herbeizuführen. Unter den gegebenen Umständen konnte es nur als Protest gegen die Maßregelungen katholischer Hochschullehrer der gestürzten »Partei« ausgelegt werden. Die Regierungsvertreter operierten unglücklich[1589].

Beide Schlappen hätten den Fortbestand des Ministeriums unter anderen Umständen kaum beeinträchtigt. Aber Maurers Tage als Ministerverweser waren nach des Königs Willen bereits gezählt, und parlamentarische Niederlagen des gelehrten Staatsmanns waren dem Monarchen insofern nicht unwillkommen, als sie ihm Argumente gegen diesen lieferten. Während des Landtags gab Ludwig Wallerstein den Brief Maurers vom 6. August zu lesen. Der Fürst ließ sich die Gelegenheit nicht entgehen, über den Inhalt äußerste Empörung zu heucheln[1590]. Unmittelbar nach Erhalt des ihm fatalen Maurerschen Schreibens hatte der König Wallerstein zu sich nach Aschaffenburg berufen und ihn dort huldvoll empfangen. Möglicherweise stellte er ihm damals schon ein Portefeuille in Aussicht. Wallerstein hatte bei dem Ministerwechsel im Februar 1847 und noch einige Zeit nachher Maurer gegenüber Ergebenheit und Bewunderung an den Tag gelegt. Maurer traute ihm freilich nie über den Weg. Er sammelte sorgfältig die wie üblich überschwenglichen Schreiben des bayerischen Gesandten aus Paris und präsentierte sie ausnahmslos in der seinen Memoiren beigegebenen Dokumentation. Wallerstein hat seit der Nachricht von Abels Rücktritt nichts anderes im Schilde geführt als seine Rückkehr ins Ministerium. Seit August 1847 suchte er dem König begreiflich zu machen, daß er, Wallerstein, dem Monarchen als Staatsrat in München oder als Bundestagsgesandter in Frankfurt weit bessere Dienste als in Paris zu leisten vermöchte[1591].

Dem glaubhaften Bericht Maurers zufolge hatte ihm der König noch am 8. Juni einen Platz im Kabinett gezeigt, den er den Lügenfleck nannte. Von dort aus sei er durch Wallerstein und Gise fortwährend schamlos belogen worden. Nach Maurer äußerte er bei dieser Gelegenheit: »Den Wallerstein werde ich niemals mehr zum Minister nehmen. Der Fürst sei ebenso wenig mehr möglich als Abel und die anderen mit ihm abgetretenen Minister.« Der bald darauf sich offenbarende Sinneswandel Ludwigs war das Ergebnis gänzlichen Fehlens einer brauchbaren personellen Alternative zu Maurer, nicht des Vertrauens zu Wallerstein. Immer tiefer in die Lola-Affäre verstrickt, wußte Ludwig sich keinen anderen Rat mehr, als sich nochmals dem Zauberkünstler mit dem erstaunlichen »savoir faire« zu verschreiben. Die Art, wie Wallerstein seit September 1847, um Ludwig unter allen Umständen zum Bruch mit Maurer zu treiben, die Stellung des »Ministeriums der Morgenröte« beim König durch rücksichtslose Kritik und Verleumdungen systematisch untergrub, kann man nur als niederträchtig bezeichnen. Er konzentrierte sich dabei auf die Person des ihm nicht ungefährlichen Maurer. Zenetti, den er schon während seines ersten Ministeriums nicht schätzte und nach Passau abgeschoben hatte[1592], tat er als politische Null ab. ZuRhein hätte er hingegen gerne als künftigen Ministerkollegen gesehen.

Die Ministerverweser hatten das Spiel, das getrieben wurde, bald durchschaut; Maurer unmittelbar nach dem Aschaffenburger Empfang Wallersteins[1593]. ZuRhein klopfte am Tag der Landtagseröffnung auf den Busch und schrieb dem König, man spreche von einem kommenden Ministerium Wallerstein-Berks[1594]. Seit Beginn der Ständeversammlung befanden sich Maurer und Wallerstein im Kriegszustand[1595]. Ludwigs Verhalten gegenüber Maurer wurde zunehmend frostiger, Zenetti behandelte er beleidigend[1596]. Während die Ministerverweser noch an der parlamentarischen Front für ihn kämpften, erschwerte ihnen der Monarch, der bereits mit Wallerstein über die Zusammensetzung eines neuen Ministeriums verhandelte, ihr Amt. Den Landtagsabschied fertigte dem Monarchen Wallerstein, nicht Maurer[1597]. Am 29. November überlegten sich der König und Wallerstein, wer Maurer die seidene Schnur überbringen sollte. Man dachte zunächst an den Staatsrat Freiherr von Pelkhoven, von dem Wallerstein jedoch meinte, daß er »aus ängstlicher Gewissenhaftigkeit die Nachricht wahrscheinlich höchst tragisch von sich geben würde«. Der Fürst schlug schließlich den Hofmarschall Graf Yrsch vor: »Dieser ist ganz neutral vermöge seiner Stellung und macht das Unerwünschteste freundlich durch seine heitere Art«[1598]. Am 30. November erreichte Maurer der Befehl des Königs, seine beiden Ministerien zu verlassen.

3. Ministerium Wallerstein-Berks

Bevor sich Ludwig entschloß, Wallerstein nochmals mit einem Portefeuille zu betrauen, forderte er von dem Legationssekretär in Paris, Freiherrn von Wendland, Auskünfte über die Verhältnisse und die politische Stellung seines Gesandten am Hofe der Tuilerien an. Der König hatte offenbar das Bedürfnis, sich zu informieren, ob er mit der Berufung Wallersteins nicht einen Bankrotteur nach München hole, dessen Verlegenheiten am Ende auch den Monarchen in Mitleidenschaft ziehen könnten. Wendlands ausgewogener und kenntnisreicher, allerdings jeder Sympathie barer Bericht[1599] lautete in finanzieller Hinsicht sehr bedenklich. Politisch hatte Wallerstein dem Bericht zufolge eher in London als in Paris Erfolge zu verzeichnen. Bei Palmerston genieße er zwar wenig Kredit, andererseits habe ihm Leiningen im englischen Königshaus eine so gute Position verschafft, daß man von dort aus zu seinen Gunsten Einfluß auf die britische Diplomatie genommen habe. Königin Viktoria hätte bei einem Scheitern der Akkreditierung Wallersteins in Paris diesen wahrscheinlich als britischen Gesandten in London erbeten. Wendland ließ offen, ob Wallerstein nach wie vor mit der Unterstützung Leiningens rechnen könne.

Die Regierungsbildung durch Wallerstein erwies sich als mühsam[1600]. Als schon nach Abels Sturz personelle Schwierigkeiten auftauchten, hatte der König sich zu dem Ausspruch verstiegen, er werde eher »den letzten Landrichter« ernennen, als sich zu politischen Schritten zwingen lassen[1601]. Im Spätherbst 1847 lag Ludwig vor allem daran, den skrupellosen Lola-Favoriten Berks als Ministerverweser des Inneren einzusetzen. Schriftstücke aus Berks Hand entbehren zwar nicht der Routine und der ordinären Schläue, verglichen mit den Stellungnahmen Abels und Wallersteins handelte es sich jedoch um banale und dürftige Dokumente. Der auf dem absteigenden Ast befindliche König sah jedoch in Berks seinen und Lolas Vertrauensmann. Berks sollte ein Gegengewicht zu Wallerstein bilden und ihn kontrollieren. Lange dauerte es nicht, und beide belauerten und bekämpften sich[1602]. Mit dem Präsidenten des Rechnungshofes von Beisler als Justizminister und dem Katasterdirektor von Heres als Finanzminister konnte sich Wallerstein sehen lassen. Als Kriegsminister wurde Hohenhausen übernommen, aber bald durch General Mark ersetzt. Wallerstein bemühte sich, dem König die neue Mannschaft als letzten Versuch hinzustellen, eine Staatskrise zu vermeiden: »Durch die Staatsdiener und durch das Volk muß die Phalanx gebrochen werden, welche Ew. Kgl. Mt. wie ein Eisberg gegenübersteht... Ew. Kgl. Mt. umgeben jetzt als Minister fünf treue, anhängliche Seelen. Sie sind die alte Garde, die letzte Reserve.« Wenn der König ihm, Wallerstein, Zeit gebe und Vertrauen schenke, werde er am Ende triumphieren[1603]. Ein Satz fragwürdiger als der andere, aber alle enthüllend für die fatale

Situation des Königs und für den Einfallsreichtum eines Staatsmanns, der eine schon fast verzweifelte Situation zu überspielen suchte.

Kaum wieder in einem Ministeramt, entfaltete Wallerstein die ihn kennzeichnende ungeheure Betriebsamkeit, die sich durch den propagandistischen Wirbel, den er zu seinen Gunsten zu entfachen verstand, noch potenzierte. Thiersch sprach Anfang 1848 davon, daß nunmehr in Bayern die »Verbokratie, d. h. die Wallersteinsche Phrasenherrschaft« dominiere[1604]. Wallerstein war neuerdings an seinem Lieblingsplatz, dem Spieltisch der Macht, angelangt und scheute keinen Trick, sich dort zu behaupten. Aus diesem Grunde erschien ihm nichts wichtiger, als das volle Vertrauen des Königs zurückzugewinnen. Er verfehlte nicht, die Erinnerungen an die Zeit der allgemeinen Landesbewaffnung, die beide zusammengeführt hatte, zu kultivieren. Nicht ungünstig war seine Ausgangsposition, wenn er die Konflikte der dreißiger und vierziger Jahre dem König in seiner Beleuchtung darstellte, denn Abel befand sich in tiefster Ungnade. Den König verleitete sein Temperament wieder einmal, Vorschußlorbeeren zu spenden. Zu einem Entwurf des Fürsten für ein Schreiben an den Zaren in griechischen Angelegenheiten notierte Ludwig: »Einen neuen Beleg von des Fürsten von Öttingen-Wallerstein eminentem Geist und, wenigstens in Deutschland, ohnübertroffener Geschäftsgewandtheit gibt diese Vorlage«[1605]. Aber dergleichen hielt nicht vor. Selbst, wenn sich dem König nicht ein für allemal das Bild des »Lügenfürsten« eingeprägt hätte, hätten Lola und Berks dafür gesorgt, daß es zwischen Monarch und Minister nicht mehr wurde wie einst.

Die politische Situation des Landes hatte sich seit Abels Entlassung kaum verändert. Der katholisch-konservative Block stand dem Lola-Königtum nach wie vor unversöhnlich gegenüber. Die Bestattung des am 29. Januar 1848 verstorbenen Joseph Görres gestaltete sich zu einer machtvollen Demonstration für die »Partei«, die Ludwig weiterhin innenpolitisch als Hauptgegner erschien. In dieser Hinsicht brauchte Wallerstein, der gerne auf seine Reden im Reichsrat 1846 verwies, Differenzen mit dem König nicht zu befürchten. Ende November unterbreitete er dem König eine Analyse des »Jesuitismus« in Bayern, in die er nicht zuletzt die Altöttinger Redemptoristen und die Benediktiner von Metten und Scheyern einbezog[1606]. Februar 1848 holte man zum Schlag gegen die Redemptoristen als Wallfahrtspriester von Altötting aus[1607]. Im übrigen mehrten sich Anzeichen, daß Wallerstein zwar die Unterdrückung der »Partei« fortsetzen, sich aber gleichzeitig mit der Kirche selbst besser stellen wollte. Sein Ziel war gewiß, durch Korrekturen an ZuRheins Politik die Entfernung Reisachs aus München zu erreichen und so, wie einst im Jahr 1834, wieder einmal einen Herzenswunsch des Königs zu erfüllen. In seinem hoffnungslosen Kampf gegen Wallerstein hatte Maurer aus verschiedenen Anzeichen schon September/ Oktober 1847 auf kirchenpolitische Konzilianz des Fürsten geschlossen und diese Vermutung dem König gegenüber zu Verdächtigungen genützt[1608].

Am 16. Dezember 1847 gewährte der König Zensurfreiheit in allen inneren Angelegenheiten[1609]. Eine Annäherung zwischen Fürst und Volk hat diese Maßnahme nicht bewirkt. Wallerstein, der ein Jahr später schon unter den Demokraten zu finden war, wäre sicher den Forderungen der Zeit gern noch mehr entgegengekommen. Aber zu einem Zeitpunkt, als von der Erhaltung der Königsgunst seine Ministerexistenz abhing, mußte er sich noch davor hüten, sich auch nur zum Protektor des Liberalismus aufzuwerfen. Der Fürst war zu intelligent, um nicht einzusehen, daß ein gewisses Maß ideologischer Ortsbestimmung für einen Staatsmann der zu Ende gehenden vierziger Jahre nicht mehr zu umgehen war. Als Minister begnügte er sich noch mit Bekenntnissen zu der liberal-konservativen Doktrin des Rohmer-Bluntschli-Kreises, eines deutsch-schweizerischen Intellektuellenzirkels, der in den Revolutionstagen in München vergeblich Einfluß zu erlangen trachtete. Wallerstein erklärte emphatisch: »Ich lebe und sterbe für das liberal-konservative Prinzip«[1610]. Statt für dieses Prinzip zu wirken, hatte Wallerstein die aufregende und Kraft vergeudende Schlußkrise der Lola-Episode zu bewältigen, die wohl von allen Angelegenheiten seiner nur vierteljährigen zweiten Ministerschaft ihn am meisten Zeit und Nerven gekostet hat. Schließlich mündete seine zweite Amtszeit in die Revolution von 1848.

XXII.
THRONVERZICHT

Populäre Darstellungen bringen den Rücktritt Ludwigs I. häufig in einen zu unmittelbaren Zusammenhang mit der Lola-Affäre. Diese war zwar zur Hauptsache ausgestanden, als die Revolution von 1848 ausbrach und auf Deutschland übergriff. Andererseits taten die Nachbeben der Lola-Wirren auch in den Revolutionstagen noch kräftige Wirkung. In angegriffener seelischer Verfassung und durch Prestigeverlust politisch geschwächt ging der König in die Zerreißprobe der Revolutionstage. In München hatten die Lola-Unruhen eine revolutionäre Dynamik ausgelöst, die der Märzerhebung zugute kam. Man war noch nicht »aus der Übung gekommen«, als es kurze Zeit nach dem Triumph über Lola von neuem »losging«. Ludwig grollte allen, die ihn »aus dem Paradies getrieben« hatten, vor allem dem Fürsten Wallerstein, dessen Rücktrittsdrohung den König in eine Zwangslage versetzt hatte. Mit der Eintracht zwischen König und Minister, Voraussetzung für erfolgreiche Steuerung des Staatsschiffs in stürmischen Tagen, war es endgültig dahin. Ein Verbindungsglied zwischen der »Ära Lola« und der Revolution bildeten die Tumulte gegen Berks, den der König aus Trotz als Ministerverweser des Innern beibehalten hatte und den zu »beurlauben« er sich am 3. März 1848 genötigt sah. Damit aber nicht genug! Nachrichten über eine Rückkehr der Favoritin sorgten für stets neue Aufregung und führten am 15./16. März neuerdings zu einer bedrohlichen Situation. Schließlich sind es die Maßnahmen, die der neue Ministerverweser des Innern, Thon-Dittmer, gegen die abwesende Lola einleitete, gewesen, die Ludwig seine Machtlosigkeit zum Bewußtsein brachten und den endgültigen Entschluß zur Abdankung in ihm erst hervorriefen. Diesen Tatsachen ist jedoch entgegenzuhalten, daß die Revolution in allen deutschen Haupt- und Residenzstädten auftrat, gleichgültig, wie es dort um das Verhältnis von Fürst und Volk bestellt war. An München wäre die Revolution auch dann nicht vorübergegangen, hätte der Lola-Skandal nicht stattgefunden.

Die Vorgänge am 10. und 11. Februar 1848 sind im wesentlichen als Überwindung eines vom König verschuldeten Staatsnotstandes durch Kräfte der Verantwortung, Bürgerschaft und Reichsratsaristokratie zu interpretieren. Das politische Selbstbewußtsein war allgemein gereift, und man hatte dem Monarchen gezeigt – das Münchner Beispiel steht im Deutschland des 19. Jahrhunderts nicht vereinzelt[1611] –, daß man höfische Mißstände, die den Staat in Mitleidenschaft zogen, nicht mehr wie in den Zeiten des fürstlichen Absolutismus hinzunehmen bereit war.

Die Krawalle von 1844 und 1846 hatten im Gegensatz zu den Auseinandersetzungen um Lola unpolitische Anlässe: Bier- und Brotpreiserhöhungen; immerhin vermittelten sie eine deutliche Anschauung über das Vorhandensein gewalttätigen Potentials, vor allem in der hauptstädtischen Bevölkerung. König und Minister nahmen die Vorfälle so ernst, wie sie es verdienten, suchten ihre Anlässe zu beseitigen[1612] und die Effizienz der Exekutive zu verbessern[1613]. Da der König jedoch sein Sparprinzip nicht aufgeben wollte, blieb alles, was man in dieser Hinsicht unternahm, Flickwerk. Noch bedenklicher als die Defizite des Polizeiapparats hätten den König Erscheinungen der Unzufriedenheit beim Militär stimmen müssen. Doch er hatte sich seit Jahrzehnten daran gewöhnt, der Armee mehr als billig zuzumuten und ihre Klagen schlechthin zu ignorieren. An den Tumulten von 1844 und 1846 hatten sich, allerdings spontan und ohne Organisation, Soldaten beteiligt. Die Märzforderungen von 1848 enthielten militärreformerische Bestandteile, und die Radikalen hatten in den Kasernen revolutionäre Pamphlete wie den »Deutschen Soldatenkatechismus« oder den »Aufruf an Bayerns Soldaten« verbreitet. Noch bevor es zu Bewährungsproben kam, sorgte der infolge ständiger Bereitschaft bei äußerst geringem Präsenzstand anstrengende Dienst für üble Laune bei den Mannschaften[1614].

Wallersteins Berichte an den König seit Eintreffen der revolutionären Nachrichten aus Frankreich beweisen kluge Einsicht in die Vorgänge und verraten gleichzeitig Unsicherheit. Pessimistisch sah der Fürst dem weiteren Gang der Dinge entgegen. Es dürfte im Interesse der französischen Machthaber liegen, meinte er, »die Lava nach dem Ausland abzuleiten«[1615]. Gegen die von ihm ins Auge gefaßten Anordnungen fing umgehend Berks zu intrigieren an[1616]. Wie noch einige Monate zuvor Wallerstein selbst jedes Vorhaben Maurers einer hämischen Kritik unterzogen hatte, so bemühte sich nun der an seinem Posten klebende Berks, jeden Schritt des Fürsten madig zu machen. Wallerstein setzte sich gegen ihn noch durch, aber er überlebte Berks politisch nur um Tage. Das besondere Interesse des Königs galt angesichts der Revolution den sehr besorgten Berichten des Regierungspräsidenten in Speyer, Alwens, und seines Regierungsdirektors Lufft, die dem französischen Pulverfaß am nächsten saßen[1617]. Lufft erinnerte an seine Prophezeiungen, daß die Französische Revolution ein noch nicht abgeschlossener Prozeß sei und die Napoleonische Periode nur eine Zeit vorübergehender Eindämmung und Ablenkung. Er forderte schleunige Mobilmachung des Heeres, Verstärkung der in der Pfalz stehenden Truppen, unter Umständen die Abordnung eines königlichen Prinzen in den Rheinkreis, unverweilte Reorganisation der Landwehr, die er behufs Mobilmachung und Landesverteidigung dem preußischen System angeglichen sehen wollte, schließlich »einige zeitgemäße Reformen, namentlich im System der Besteuerung, die der Krone nichts vergeben, und Berufung der Stände des Reiches, falls die Verhältnisse dringender würden«.

Die Auffassungen des Königs über das Geschehen in Frankreich und seine internationalen Auswirkungen fanden ihren Ausdruck in einer Weisung Wallersteins an den Bundestagsgesandten von Gasser vom 29. Februar 1848[1618]. Ludwig faßte die geschichtlichen Lehren des Jahres 1792 und seine persönlichen Erfahrungen aus den Krisen von 1830 und 1840 zusammen und stand zu der nun schon Tradition gewordenen Defensivpolitik des Deutschen Bundes. Selbst der Schein von Aggressivität sollte vermieden und den nur eine kleine Minderheit bildenden deutschen Anhängern der »Freistaatsidee« jeder Vorwand genommen werden, sich mit den französischen Republikanern zu verbrüdern. Daß in Frankreich sich die Republik durchsetzen werde, hielt er für sehr wahrscheinlich. Wenn man in Paris dazu übergehen sollte, sich auf Kosten deutschen oder belgischen Gebiets zu vergrößern, sei allerdings der Kriegsfall gegeben. Die Direktiven für Gasser sprachen zwar deutlich vom Zusammenhang zwischen sozialrevolutionärer Drohung im Inneren und auswärtiger Gefahr, doch stand diese für Ludwig noch ganz im Vordergrund[1619]. Unterdessen drang die Revolution vom Westen und vom Norden in das Königreich Bayern ein.

Am 2. März begannen in München Unruhen, die sich zunächst nur gegen Berks richteten[1620]. Nicht nur die Straße begehrte gegen ihn auf. Leiningen hatte schon Tage zuvor vom »wahrhaft hochverräterischen Wirken jener Kreaturen« gesprochen, »welche noch jetzt zwischen Eure Majestät und Ihr Volk sich drängen« und Berks als einen Mann bezeichnet, »welchen die öffentliche Meinung mit tiefster Verachtung beladet…«[1621]. Mit fast gleichen Worten meldete sich tags darauf ein alter Getreuer zu Wort, der dem König schon Jahrzehnte früher bittere Wahrheiten gesagt hatte: Johann Nepomuk Ringseis[1622]. Auch er wandte sich in erster Linie gegen Berks und bot dem König eine Aussprache an, von der dieser jedoch keinen Gebrauch machte. Am 3. März sah sich Berks genötigt, »Urlaub anzutragen«[1623]. Der erste Triumph der Revolution in München! Neuerdings setzte sich das Personalkarussell in Bewegung. Wallerstein plädierte am 5. März dafür, Beisler das Innenministerium zu übertragen, während die öffentliche Meinung die Oppositionsmänner Freiherrn von Closen oder den Pfälzer Advokaten Willich auf den Schild erheben wollte. Der König zeigte demgegenüber Neigung, den altgedienten Bürokraten von Voltz zu berufen, der seit Abels Rücktritt schon mehrmals als Lückenbüßer gedient hatte. Gegen Voltz vermochte sich Wallerstein durchzusetzen, der an Stelle des mit dem Inneren zu betrauenden Beisler den Zweibrücker Heintz als Justizminister vorschlug: »Es ist notwendig der Pfalz einen Beweis von Wohlwollen zu geben und *einen* Mann im Ministerium zu haben, der die ganze Kammer für sich hat und bezüglich der neuen Justizreformen eine große Bürgschaft darbiete, dabei aufrichtig der Dynastie und dem Königtum ergeben sei«[1624]. Schließlich verfiel der König auf einen anderen bisherigen Oppositionellen, dessen Berufung noch ein Jahr zuvor unmöglich erschienen wäre, den Regensburger Bürgermeister Freiherr von Thon-Dittmer, mit dem auch in Bayern ein »Märzminister« seinen Einzug hielt[1625]. Ludwig hatte in Anbetracht der Situation mit dieser Ernennung, die allgemein günstigen Eindruck hinterließ, einen guten Griff getan.

Die Tage vom 3. bis 6. März versetzten die Residenzstadt in äußerste Spannung. Es kam zwar zu keinen Straßenkämpfen, aber nachdem sich Bürgerschaft und Studenten seit dem 3. März auf dem Rathause versammelt hatten, entschlossen, dem König die Märzforderungen abzutrotzen, eine Volksmenge am 4. März das Zeughaus erstürmte und bewaffnete Haufen aufgetaucht waren, standen sich Militär und Volk in einer explosiven Situation gegenüber. Die von München nach Würzburg gedrungenen alarmierenden Gerüchte veranlaßten den Kronprinzen, sich unverzüglich nach München zu begeben[1626]. Der König zeigte sich in diesen Tagen äußerlich beherrscht, aber hinter der Fassade gefaßten Auftretens war er von widersprüchlichen Überlegungen hin und her gerissen.

Als große Stunde schlagen Revolutionen nicht nur politischen Genies, sondern auch Exzentrikern. Solche Figuren drängten sich auch an den König heran. Nur komisch konnte es berühren, wenn der wieder in München untergebrachte, politisch längst erledigte Hormayr den König nach der Kunde über die Französische Revolution mit bis ins Spätmittelalter zurückreichenden Analogieschlüssen bediente, sich brüstete, alles vorhergesagt zu haben, und gleichzeitig um Verbesserung seiner Rangverhältnisse bat[1627]. Auch die Gestalt des ideologischen Quacksalbers fehlte nicht: Friedrich Rohmer, von Wallerstein und Bluntschli unterstüzt, bot sich dem König an[1628]. Bluntschli, von dem wir wertvolle Augenzeugenberichte über die Münchner Vorgänge im März 1848 auf den Straßen wie am Hofe besitzen, vermochte vom König zu erwirken, daß dieser den Entwurf für eine Proklamation an das bayerische Volk aus Rohmers Feder entgegennehmen und möglicherweise auch verwerten wollte. Durch Rohmers Schuld wurde das Konzept nicht mehr rechtzeitig vorgelegt. Gefährlichere Folgen als das Auftauchen des Irrlichts Rohmer hätte ein Auftritt des Fürsten Karl Wrede haben können. Unbelehrt durch sein Fiasko auf der Ständeversammlung 1846 hatte er auf dem Landtag 1847 abermals die Aufmerksamkeit des Königs auf sich als den unerschütterlichen Vorkämpfer des Royalismus lenken wollen[1629]. Die Märzereignisse führten ihn neuerdings nach München, wo er sich dem König wiederholt als Mann mit der eisernen Faust anbot[1630]. Der Monarch ließ ihn vor. In einer Aufwallung von Trotz, Verzweiflung und Widerstandswillen schenkte er dem unbegabten Sohn eines schlauen Vaters in Gegenwart des entsetzten Wallerstein vorübergehend Gehör und machte Miene, auf seine Vorschläge einzugehen. Es fehlt zwar der Beweis, daß ihn der König, wie man lesen kann, zum Minister – für einen halben Tag – ernannt habe. Doch scheinen mehrere Maßnahmen auf Karl Wrede, den der Volksmund alsbald als »Kartätschenminister« bezeichnete, zurückzugehen, darunter die Anordnung des »Generalmarsches«, das heißt der höchsten Alarmstufe (Bürgerkrieg) für die Landwehr. In einem seiner Schreiben an den König hieß es, das Schwert müsse »jetzt gleich ohne Aufschub gezogen werden ... Jeder Aufruhrversuch muß augenblicklich auf das schärfste und blutigste unterdrückt werden ...«. Indessen gelang es Wallerstein und anderen Ministerverwesern, über die sich Wrede alsbald beim König bitter beklagte, den Einfluß des wilden Mannes auszuschalten.

Zur Verhütung von Blutvergießen und zu allgemeiner Entspannung hatten am 4. März nicht nur das umsichtige Wirken des Bürgermeisters und eine Aktion der drei Ministerverweser, sondern auch das beherzte Auftreten des sehr beliebten Feldmarschalls Prinz Karl beigetragen, der sich, nur von einem Adjutanten und zwei Bedienten begleitet, zu Pferde zu den offensichtlich aufstandsbereiten Gruppen begab und sie durch die Ankündigung vom Zusammentritt der Stände bereits am 16. März, wie sie dann offiziell in der Proklamation vom 6. März bekanntgegeben wurde, beruhigte[1631]. Demgegenüber provozierte Wrede anderntags die auf dem Residenzplatz versammelte Menge, die er zum Weggehen aufforderte; das Militär würde andernfalls auf sie feuern[1632]. Offenbar nicht mehr beim König vorgelassen, erteilte er diesem am gleichen Tag brieflich weitere militärische und politische Ratschläge. Noch am 15. März bemühte sich der Desperado um eine Geheimaudienz, aber er hatte ausgespielt und erhielt keine Antwort mehr.

Erfolgreicher als die Stimmen, die zum Widerstand rieten, waren die Ratgeber, die dem König mit aller Dringlichkeit vor Augen stellten, daß er sich nurmehr durch Nachgiebigkeit retten könne. Zu ihnen zählten die Reichsräte mit ihrem Präsidenten Fürst Leiningen an der Spitze, »damals vielleicht der einflußreichste Mann in Bayern«[1633]. Der Standesherr beschwor den König am 3. März, eine Adresse seiner Untertanen gnädigst zu empfangen und die Stände in kürzester Zeit einzuberufen[1634]. Was Leiningen sagte, hatte Gewicht, und nicht minder traf dies für den Kollektivschritt von Wallerstein, Beisler und Heres zu, die am 4. März vor Ludwig erschienen, um ihm, wie Fürst Karl Wrede es ausdrückte, »die Bewilligung aller vom Pöbel verlangten neuen Konzessionen anzuraten«[1635]. Sie setzten Ludwig durch Demissionsgesuche unter Druck und erreichten ein Einlenken des Monarchen. Am 4. und 5. März berieten König, Prinzen und Ministerverweser das Ausmaß der dem Volke zu machenden Zugeständnisse. In einer vom Ministerrat unter Federführung Wallersteins redigierten Fassung bildeten diese den Inhalt einer königlichen Proklamation vom 6. März, die den Durchbruch der Märzbewegung in Bayern besiegelte[1636].

Mit der Ankündigung eines Reformlandtages verband der König das Versprechen, Vorlagen über verfassungsmäßige Ministerverantwortlichkeit einzubringen, über vollständige Pressefreiheit, Verbesserung der Wahlordnung, Einführung von Öffentlichkeit und Mündlichkeit in eine Rechtspflege mit Schwurgerichten, umfassende Fürsorge für Staatsdiener und ihre Angehörigen und Ausdehnung dieser Maßnahmen auf die übrigen Angestellten des Staates sowie Verbesserung der Verhältnisse der Israeliten. Ferner ordnete der König die Abfassung eines Polizeigesetzbuches an. Er befahl die Vereidigung des

Heeres auf die Verfassung und ließ die Zensur auch über äußere Angelegenheiten fallen. Schließlich enthielt die Proklamation die Zustimmung zu einer Reform des Deutschen Bundes, insbesondere zu einem deutschen Nationalparlament. Die Proklamation, die mit den Worten schloß: »Alles für mein Volk! Alles für Deutschland!« öffnete den Weg zu einer Verfassungsrevision und einer weitergehenden Konstitutionalisierung Bayerns. An dem der Proklamation folgenden Tag berichtete Voltz – aufschlußreich für die verfassungspolitische Genügsamkeit der hauptstädtischen Bevölkerung wie für ihren Staatspatriotismus – dem König: »Der gesetzliche Zustand und die öffentliche Ruhe in der Haupt- und Residenzstadt ist vollkommen hergestellt. Aus allen Gesichtern strahlt Freude und Zufriedenheit. Das Prangen der Nationalfarben von den Türmen und allen Hauptstraßen sowie die gestrige freiwillige Beleuchtung in denselben ist der Ausdruck dieser guten, untrüglichen Stimmung. Das Weiß und Blau, von allen Ständen, von Mann und Frau, Jung und Alt getragen, hat die Dreifarben, die ohnehin nur momentan und bei wenigen vorkamen, verdrängt. Sie sind ganz verschwunden«[1637]. Pathetischer, wie zu erwarten, äußerte sich Wallerstein dem König gegenüber: Auf Jahrhunderte werde die Proklamation der Ruhm des Königs bleiben. Dieser habe vom Throne aus gesagt, »was 30 Millionen Deutsche als frommen Wunsch im Herzen trugen, wofür die Helden von 1813/15 geglüht, wofür Körner geblutet und was von jener Zeit bis heute in allen edlen Seelen fortgelebt«[1638]. Besorgter klang, was in einem ebenfalls vom 7. März stammenden Schreiben der einzigen Frau am Hofe mit politischem Verstand, der Kurfürstinwitwe Marie Leopoldine, an den König zu lesen war[1639].

Die Proklamation vom 6. März hatte nicht mit einem Wort die soziale Frage auf dem Lande erwähnt. Diese führte in der Folge zu Explosionen in Franken und Schwaben. Bis zur Bauernbefreiung durch den Landtag von 1848 sahen sich der König und seine Regierung mit bedrohlichen ländlichen Erhebungen außerhalb Altbayerns konfrontiert. Wallerstein berief sich darauf, daß er zu rascher Ablösung der Feudalrechte geraten habe und deswegen als Jakobiner geschmäht worden sei[1640]. In der Pfalz fehlte zwar der Zündstoff der ländlichen Abhängigkeit und ihrer Lasten, aber die schwierige Provinz hatte ihre speziellen Beschwerden gegen die sie benachteiligende Münchner Politik[1641]. Dort allein im bayerischen Staate war der demokratische Impuls dem gemäßigten Liberalismus überlegen. Im Laufe der deutschen Revolution kam es im folgenden Jahre zu einer pfälzischen Erhebung, die nur mit fremder Hilfe niedergeschlagen werden konnte. Eine Mammutdeputation von 73 Pfälzern, die am 17. März in München eintraf[1642], sollte das Gewicht des pfälzischen Radikalismus innerhalb der Märzbewegung unterstreichen. Anhand der nicht an ihn, sondern an die bayerische Zweite Kammer gerichteten Forderungen der Pfälzer erläuterte der König am 19. März Rotenhan seine Überzeugung, daß ihm, wenn er bleibe, nurmehr ein Schattenkönigtum beschieden sein werde[1643].

In den Städten des rechtsrheinischen Bayern standen sich demokratische und konservativ-liberale Kräfte gegenüber. Die gemäßigt Progressiven verfügten über die stärkere wirtschaftliche und gesellschaftliche Potenz und über die größere politische Erfahrung und Reife. Sie bestanden auf der Erfüllung der Märzforderungen. Geschah dies, zeigten sie sich bereit, mit dem monarchisch-bürokratisch-militärischen Establishment gegen die Demokratie zusammenzustehen. Die Monarchie hatte von ihnen nicht nur nichts zu befürchten, sondern im Prinzip Unterstützung zu erwarten. Durch Aufstellung von Stadtwehren und ähnlichen Freiwilligenformationen, unabhängig von der Landwehr, aber bald deren Oberkommando sich unterstellend, bewies das etablierte Bürgertum seine Entschlossenheit, Ordnung, Sicherheit und Gesetzmäßigkeit zu bewahren. Bezeichnend für die 48er Situation in Bayern war die Selbstorganisation der Studentenschaften, in München auch der Künstler, als Ordnungstruppe[1644], die sich entsprechend dem nationalen Engagement der bürgerlichen Bewegung jederzeit auch als Freiwilligenkontingente gegen vom Ausland drohende Gefahren hätten einsetzen lassen. Eine zentrale Rolle innerhalb der ordnenden Initiative der liberal-konservativen Kräfte, der der Verfassungsstaat institutionelle Ansätze und Handhaben bot, fiel dem Magistrat und den Gemeindebevollmächtigten der Landeshauptstadt zu mit dem zweiten Bürgermeister von Steinsdorf an der Spitze. Mit Ausbruch der Revolution hat sich ferner die seit Februar 1847 als solche wirkende katholische Opposition bis zu einem gewissen Grade als gouvernementaler Faktor rekonstituiert; ein *gesellschaftspolitisch* konservativer Faktor war sie ohnehin stets geblieben. Neben der unterschiedlichen sozio-ökonomischen Interessenlage erwiesen sich die konfessionellen Verschiedenheiten und die regionale Differenzierung als Hintergrundmächte des politischen Geschehens der Revolution. Schon seit Frühjahr 1848 formierte sich ein altbayerisch-oberpfälzischer konservativer Block mit Außenbastionen in Schwaben und Franken; München nahm allerdings eine Sonderstellung ein. Während man in der Pfalz, in Franken und Schwaben die führenden – einheimischen – Köpfe der Demokratie kannte, war in München, sobald man auf die Leitung des Radikalismus zu sprechen kam, stets nur von – merkwürdigerweise anonym gebliebenen – fremden Emissären die Rede[1645]. Ob mit Recht, bleibt offen. Der Sachverhalt beweist, daß das einheimische Potential der radikalen Demokratie damals in München und Altbayern noch nicht ausreichend organisiert war und ohne überzeugende Führungsequipe auskommen mußte.

Seit Ausbruch der Revolution war auch die deutsche Frage in Bewegung gekommen. Die Verlautbarungen des Königs nahmen darauf Bezug[1646]. Daß die altbayerisch-oberpfälzischen Landesteile sich für diesen Gegenstand weniger engagierten als die pfälzischen, fränkischen und schwäbischen, änderte nichts daran, daß der bayerische Gesamtstaat sich den Fragen einer deutschen Neuordnung stellen mußte. Die Berichterstattung Gassers aus Frankfurt, die Stellungnahmen Wallersteins und die im amtlichen Schriftverkehr zwischen dem Außenministerium und der bayerischen Bundestagsgesandtschaft zutage tretenden Auffassungen des Königs liefen einhellig auf möglichste Wahrung der territorialen Souveränität und die Konzession nur eines Minimums von Rechten an die neu zu schaffende Bundeszentralgewalt hinaus. Man befürchtete von Anfang an eine unheilvolle Verschiebung der Gewichte zugunsten Preußens[1647]. Noch am letzten Tage vor seinem Sturz sprach Wallerstein dem König gegenüber von der Gefahr, daß der Bundestag Preußen die Diktatur übertrage. Er meinte, Preußen sei daran, die vom König am 6. März ergriffene Initiative zu überspielen[1648]. Bundespolitische Gefahren drohten nach Auffassung der bayerischen Staatsspitze dem Königreich nicht von Preußen allein. Man glaubte auch nach Einberufung des Siebenerausschusses Grund zu der Befürchtung zu haben, daß Preußen und Österreich, wie schon früher des öfteren, sich über den Kopf Bayerns hinweg einigen könnten[1649]. Im Gegensatz zu den in den »oberen Regionen« bestehenden innenpolitischen Meinungsverschiedenheiten liefen die Ratschläge, die dem König von kompetenten Staatsdienern in der Bundespolitik zuteil wurden[1650], fast einmütig darauf hinaus, weder für Preußen noch für Österreich zu optieren und die Zusagen der Proklamation vom 6. März einer möglichst restriktiven Interpretation zu unterziehen. Wallerstein selbst hat es noch am 10. März unternommen, in einer Instruktion für Gasser die nationalen Erwartungen wieder herabzuschrauben und den »Ultrazentralisten« das Wasser abzugraben[1651].

Am 12. März erschienen, vom Herzog von Nassau beglaubigt, Freiherr Max von Gagern und Graf Lehrbach in München[1652]. Ihre Mission war, durch eine Initiative der deutschen Regierungen die Volksbewegung zu unterlaufen. Die Neuorientierung der deutschen Frage, die die Urheber der Sendung erhofften, ließ sich auf diesem Wege vorerst nicht herbeiführen. Gagern hätte zu keinem ungünstigeren Augenblick eintreffen können. Die Geschäftsführung der Bundesangelegenheiten war in die Hände des unzulänglichen neuen Ministerverwesers des Äußeren, Graf Waldkirch, übergegangen, und der König, bereits mit Überlegungen zum Thronverzicht umgehend, war nicht in der Lage, sich völlig auf die Bundesprobleme zu konzentrieren. Gagern dürfte jedoch den Eindruck gewonnen haben, daß man selbst in einer revolutionären Situation in München das Äußerste tun würde, um die bayerische Souveränität möglichst ungeschmälert zu erhalten. Während Gagern nurmehr nach Berlin blickte, spielte der König, um sich nicht überfahren zu lassen, die österreichische Karte aus.

Man kann nicht sagen, daß dem König in den kritischen Wochen Februar/März 1848 die Zügel der Macht entglitten wären oder daß er sie auch nur hätte schleifen lassen. Er war jedoch auf seiner Lebensreise an einer Station angelangt, wo der Frage nicht mehr auszuweichen war, ob er, der extreme Verfechter des monarchischen Prinzips, sein autokratisches System in Zukunft noch würde fortsetzen können. Würden die Nötigungen, denen er sich seit dem 11. Februar 1848 schon wiederholt hatte beugen müssen, andauern? Ließ sich ein konstitutionelles Königtum westeuropäischer Prägung noch vermeiden? Sollte er eine solche von ihm als Herabwürdigung der Monarchie empfundene Minderung seiner Herrscherposition auf sich nehmen? Der König empfand die Vorgänge, die zur Vertreibung Lolas geführt, und diejenigen, die ihn zum Erlaß der Proklamation vom 6. März gezwungen hatten, als persönliche Schmach. Bevor er Konsequenzen zog, suchte er wieder einmal nach Personifikationen des Ungemachs, das ihn betroffen hatte, nach Schuldigen, und als Hauptschuldiger, an den er sich zu halten gedachte, erschien ihm Fürst Wallerstein. Gegen diesen ließ sich gewiß vieles einwenden, aber in der Lola-Sache wie in der Frage des Entgegenkommens an die Märzforderungen hatte er das einzig

Richtige getan. Dies einzusehen, brachte der König allerdings nicht über sich. Am Vorabend seiner Entlassung äußerte Wallerstein zu Bluntschli: »Der König glaubt ein großes Opfer gebracht zu haben, und haßt die, welche ihm dazu rieten... Der König in seiner Monomanie verletzt die Menschenwürde in anderen. Es geht über alle Begriffe«[1653]. Thon-Dittmer und Voltz redeten dem König, der sich mit beiden besprochen hatte, wie und wo man Wallerstein in der inneren Verwaltung unterbringen könnte, zu, vor dem Landtag keinen Wechsel in der Leitung herbeizuführen[1654]. Der Monarch bestand jedoch darauf. Am 11. März mußte Wallerstein, nun zum zweiten Mal, unter unwürdigen Begleitumständen zurücktreten[1655]. Noch unter Ludwigs Regierung scheint man Wallerstein den Posten des Bundestagsgesandten zugedacht zu haben, aber auch diese Mission kam nicht mehr zustande[1656], und der Fürst trat in eine neue Phase seines vielbewegten politischen Daseins ein.

Beim König überwogen auch in diesem Augenblick noch Rechthaberei und Empfindlichkeit. Ob ihn auch das Gefühl heimgesucht hat, sich überlebt zu haben? Seine im Lauf des Jahres 1848 wiederholt auftretenden apologetischen Bedürfnisse, seine Versicherungen, streng verfassungsmäßig regiert zu haben und gewissenhaft mit den Geldmitteln umgegangen zu sein, verraten eher Unsicherheit. Die letzte Entscheidung fiel spät.

Vom 15. bis 20. März zählte Hermann Freiherr von Rotenhan täglich zu den Gesprächspartnern des Königs, aber auch der Königin und des Kronprinzen. Ludwig hätte keinen loyaleren und verantwortungsbewußteren Beistand finden können. Rotenhan hat die Vorgänge in Briefen an seine Frau und in einer ausführlichen Darstellung festgehalten[1657], die durch Ludwigs Tagebuch voll bestätigt wird. Erstmals am 18. März sprach der König mit Rotenhan – zweimal – über seine Absicht abzudanken; »mit Freiherr Heinrich von der Tann aber nichts davon«[1658]. Rotenhan erwog mit dem König gründlich das Für und Wider. Noch am 16. März hatte Ludwig seiner Frau gesagt, er werde vielleicht später die Krone niederlegen; es in diesem Augenblick zu tun, wäre Mangel an Mut[1659]. Am 17. März wiederholte er diese Worte vor den Ministerverwesern. Von seiner Erwägung einer späteren Abdankung wollten diese nichts wissen. Was veranlaßte Ludwig nun, von einem Tag zum anderen seine Meinung zu wechseln? Noch einmal war Lola Montez im Spiel, wenn auch diesmal ohne unmittelbar persönlich beteiligt zu sein. Seit Mitte

März war neuerdings das Gerücht aufgetaucht, Lola halte sich in der Hauptstadt oder in ihrer Nähe auf. Es kam deswegen zu Tumulten und stürmischen Versammlungen. Die Frage einer Mitregentschaft des Kronprinzen wurde in die Debatte geworfen[1660]. Die Ministerverweser hofften durch Annullierung des Indigenats der Lola den Unruhen die Spitze abzubrechen. Der König suchte diesen Schritt, den er als äußerst demütigend empfand, zu vereiteln. Das Tagebuch vom 17. März hält den Sachverhalt fest, den er am 11. Mai resümierte: Die Vertreibung Lolas – »wie ungeheuer schmerzlich es mir auch war« – habe noch keinen Gedanken an Thronentsagung aufkommen lassen. Die Mitteilung seines Bruders am Nachmittag des 4. März hingegen, man wünsche ihn nicht mehr als König und sehe ihn für einen Narren an, habe ihn tief verletzt: »Da war mir's auf der Zunge von Abdankung zu reden, doch ich unterdrückte es.« Dennoch scheint er den Gedanken bis zum 17. März verdrängt zu haben. Erst als Thon-Dittmer ohne vorherige Genehmigung durch ihn, Ludwig, Schritte wegen Aufhebung des Indigenats der Lola unternahm und noch weitergehende Maßnahmen ergriff, »also ohne mich, eigenmächtig, gegen die von mir Geliebte feindlich zu verfügen, da war mir's unausstehlich, länger auf dem Thron zu sein. Nicht einen Minister des Inneren haben zu können, der mein Vertrauen besäße, sondern das der Empörer, und täte ich nicht, was sie wollen, neue Aufstände. Ekel bekam ich, ferner die Krone zu tragen. Dennoch harten inneren Kampf kostete mir, den Entschluß zu fassen, sie niederzulegen; was ich dadurch aufgeben mußte für Künste, Befreiungshalle...«[1661]. Am 18. März äußerte Ludwig zu Rotenhan: »Ich habe 23 Jahre als wahrer König geherrscht und soll jetzt noch ein bloßer Unterschreibkönig sein, gebunden und gefesselt an beiden Händen, nein, das kann ich nicht. Wer neu beginnt, der kann sich vielleicht darein finden, aber nach 23 Jahren, das geht nicht«[1662]. Und am 19. März notierte er: »Aufgehört zu regieren habe ich in jedem Fall, ob ich die Krone behalte oder ablege«[1663].

Präzedenzfälle einer Thronentsagung im Hause Wittelsbach lagen so weit zurück, daß sie für die Mitte des 19. Jahrhunderts nichts mehr hergaben. In den Hausstatuten war der Fall der Abdankung nicht vorgesehen. Problematisch stand es insbesondere mit der finanziellen Ausstattung eines abgedankten Königs. Mit der Minderung der Ressourcen stellte sich die Frage, in welchem Umfang der Monarch sein Mäzenatentum und seine Leistungen für kirchliche und karitative Zwecke noch würde fortsetzen können. Schließlich war eine große Anzahl haus-, familien- und vermögensrechtlicher Fragen zu lösen. Es ging weniger um die sehr eindeutigen staatspolitischen Konsequenzen als um den Anteil des Königs und der Königin an der Zivilliste – man einigte sich auf 500 000 und 50 000 von insgesamt 2 350 580 fl. –, um die Versorgung der Königin, wenn sie Witwe würde, und der noch unversorgten Kinder des Königs, um das Privatvermögen Ludwigs und seine unbeschränkte Testierfreiheit, um künftige Wohnrechte in München und im übrigen Bayern, um des Königs Recht,»nach seinem Belieben reisen zu dürfen«, das Eigentum an noch nicht fertiggestellten Baulichkeiten und ihre künftige Finanzierung. Der Monarch verband mit den darüber erzielten Vereinbarungen Empfehlungen zugunsten seiner Bediensteten[1664].

Zwischen der Proklamation vom 6. März und der Abdankung am 19./20. März – die Rücktrittsabsicht wurde selbst vor den Ministerverwesern streng geheim gehalten – nahm der König weiterhin gewissenhaft Staatsaufgaben wahr. Ratgeber und Ratlose, Delegationen und Deputationen drängten sich zu seinen Audienzen. Während die Ministerverweser schon die Vorlagen für die nächste Ständeversammlung vorbereiteten, waren Anordnungen zu treffen, um der Unruhe im Lande zu begegnen, bundespolitisch die Selbständigkeit Bayerns zu behaupten und für militärische Auseinandersetzungen mit Frankreich gerüstet zu sein. Ungünstige Nachrichten liefen nicht nur fortwährend aus den nicht altbayerischen Landesteilen, sondern gerade in diesem Zeitraum wieder aus Griechenland ein. Nach der Entlassung Wallersteins war neuerdings das Ministerium zu komplettieren: Zur Führung der Geschäfte des Auswärtigen wurde Graf Waldkirch berufen, Beisler fiel zum Justizministerium das der Kirchen- und Schulangelegenheiten zu. Die Staatsgeschäfte erlitten also keinen Aufschub, während der König sein Haus bestellte.

Am 19. März war es soweit. Der König leistete vor allen erwachsenen männlichen Mitgliedern des Hauses den Thronverzicht[1665]. Am 20. März erging eine im Gegensatz zur Proklamation vom 6. März selbst verfaßte königliche Abschiedsbotschaft an die Bevölkerung: »Bayern! Eine neue Richtung hat begonnen, eine andere als die in der Verfassungsurkunde enthaltene, in welcher Ich nun im 23. Jahre geherrscht. Ich lege die Krone nieder zugunsten Meines geliebten Sohnes, des Kronprinzen Maximilian. Treu der Verfassung regierte Ich; dem Wohle Meines Volkes war Mein Leben geweiht; als wenn Ich eines Freistaates Beamter gewesen, so gewissenhaft ging Ich mit dem Staatsgute, mit den Staatsgeldern um. Ich kann jedem offen in die Augen sehen. Und Meinen tiefgefühlten Dank allen, die Mir anhingen. Auch vom Throne herabgestiegen schlägt glühend Mein Herz für Bayern, für Deutschland«[1666]. Welcher Fürst des 19. Jahrhunderts hat sich schwungvoller aus der Geschichte verabschiedet?

Seinem Sohne Otto begründete und schilderte der König die Abdankung sowie die bedrückte Stimmung, die in der Familie bei seiner Thronentsagung geherrscht hatte[1667]. »Nicht für so geliebt beim Volke«, fuhr er fort, »hielt ich mich, als ich es fand. Vernahm, man habe auf den Straßen geweint, als meine Thronentsagung bekannt geworden; sie verursachte allgemeine Bestürzung«. Man weiß, wie liebebedürftig der König gewesen ist. Bezweifelt soll nicht werden, daß viele Münchner von der Abdankung ihres Königs ergriffen waren. Der Monarch hatte von einzelnen Getreuen, und zwar gerade solchen, die bei ihm in Ungnade gefallen waren, in den kritischen Wochen Beweise unerschütterlicher Treue erhalten. Dazu zählte ein Ergebenheitsschreiben Seinsheims[1668]. Der ebenfalls Lolas wegen vom König verabschiedete Freiherr von Zweybrücken fand sich in der gefährlichsten Situation zum Schutz des Königs ein und wurde von diesem neuerdings an die Spitze der Palastgarde der Hartschiere gestellt[1669]. Man muß freilich diesen Tatsachen die andere gegenüberstellen, daß es auch an Haß auf Ludwig und die Monarchie nicht fehlte und sich der Wille der Münchner Bevölkerung wie zahlreicher anderer Bayern gezeigt hatte, dem König notfalls mit Gewalt entgegenzutreten. Daß er nunmehr der »fröhlichste Mensch in München« sei[1670], versuchte sich Ludwig des öfteren einzureden. Tatsächlich bedrückten ihn schwere Sorgen. Und diese verbanden sich mit Haßgefühlen gegen die Männer, denen er zu Unrecht zuschrieb, an seinem Rücktritt schuld zu sein. Hieß es am 20. im Tagebuch: »Wie neugeboren, in dieser Lage, die Krone vom Haupt... lustig, verjüngt, von der Last der Krone befreit zu sein«, so erfolgte schon am 21. März die Eintragung »heute nicht ohne Reue, die Krone niedergelegt zu haben. Die Befreiungshalle unterbleibt«. Bald überwogen Stimmungen, die mit Fröhlichkeit nichts mehr zu tun hatten.

Sieht man von dem zum Rücktritt veranlaßten handlungsunfähigen österreichischen Kaiser Ferdinand ab, blieb Ludwig I. der einzige unter den namhaftesten deutschen Fürsten, die aufgrund der Vorgänge von 1848 dem Thron entsagten. Genötigt war er zu diesem Akt nicht. Er hätte gleich dem öffentlich tief gedemütigten Friedrich Wilhelm IV. weiter regieren können. Der deutschen Revolution von 1848 steckte die Achtung vor der Legitimität noch in den Gliedern. Man mag es Starrsinn, man mag es respektable Konsequenz nennen, wenn der König sich so sehr mit einem, mit seinem System identifizierte, daß er auf den Fortbestand einer politisch immer noch starken und einflußreichen Existenz und die volle Gewährleistung seines höfischen Daseins verzichtete, als er erkannte, daß das unverkürzte monarchische Prinzip sich auch in Bayern nicht mehr aufrechterhalten ließ.

In seinem Turiner »Exil« zog Abel im Juni 1848 folgendes Fazit: »Ja, wohl war König Ludwig ein Herrscher in vollstem Wortsinn, ein König wie wenige, mit den herrlichsten, großartigsten Eigenschaften, einem durchdringenden Verstand und einem reichen Geist ausgestattet! Nur die Herrschaft über sich selbst war ihm fremd, wenigstens in dem Sinne fremd, daß er wähnte, der König stehe über allem und habe keinem Gesetze als dem selbstgewollten und anerkannten auch im Privatverhältnisse sich unterzuordnen: Er täuschte sich über die Zeit und über die Tragweite und Grundlage der königlichen Gewalt in der Gegenwart und führte dadurch eine Katastrophe herbei, über die jeder Vaterlandsfreund bittere Tränen vergießen muß«[1671].

BUCH III

*

Epilog

I.
»VOM THRONE HERABGESTIEGEN«

1. »Politisch tot«

Ludwig bezeichnete sich in einem Brief an Otto 1853 als »politisch tot«[1] – im ganzen eine zutreffende Bemerkung. Nicht nur als Staatsoberhaupt hatte er abgedankt, auch die Stellung eines Chefs des Hauses war an seinen ältesten Sohn übergegangen, obschon man Ludwigs moralische Position als Familienvater, Senior und »Patriarch« nicht antastete. Auch nach seinem Thronverzicht konnte sich ein weiterhin im Hof- und Staatshandbuch aufgeführter, mit einem Einkommen aus der Zivilliste bedachter und mit eigener Hofhaltung ausgestatteter Exmonarch nicht in einen Privatmann verwandeln, und aus politischen wie aus Gründen seiner seelischen Verfassung konnte es der nach 23jähriger Regierung zurückgetretene König am allerwenigsten.

Die Vereinbarungen, die Ludwig unmittelbar vor dem Thronwechsel mit seinem Nachfolger und den erwachsenen Agnaten getroffen hatte, waren im wesentlichen haus- und privatrechtlicher Art. Alle politischen Befugnisse hatten aufgehört. Soweit Ludwig noch Einfluß nahm, Wünsche und Vorschläge durchsetzen wollte, mußte er sich auf das Gewicht seiner früher eingenommenen Würde und auf den Takt und das Entgegenkommen der von ihm Angesprochenen verlassen. Tatsächlich konnte er sich nicht nur an den Sohn und später den Enkel, sondern jederzeit auch an Minister und Diplomaten wenden und durfte von diesen stets korrekte Auskünfte oder Ratschläge erwarten. Daß Minister und fremde Gesandte auch ihm ihre »Aufwartung machten«, verstand sich unter damaligen Umständen von selbst. Übte Ludwig Kritik an Maßnahmen der Verwaltung, machten es sich die zuständigen Chefs zur Pflicht, sich ausführlich zu rechtfertigen[2]. Die – inoffiziellen – Beziehungen Ludwigs zu einigen in höchsten Ämtern befindlichen Staatsdienern hatten für den abgedankten König hohen Informationswert. Andererseits war der vom König in vielen Fällen beabsichtigte Einfluß nur ganz gering.

An die Stelle des umfangreichen höfischen Apparats, der dem regierenden König zu Gebote gestanden hatte, war ein reduzierter Hofstaat getreten, an dessen Spitze als Hofmarschall Oberstleutnant im Generalquartiermeisterstab Friedrich du Jarrys Freiherr von La Roche fungierte und bis zum Tode des Königs verblieb. Für ihn und die Flügeladjutanten, Major Theodor Freiherr von Jeetze und Oberleutnant Franz von Gemainer, hatte sich der König ausbedungen, daß sie aus der Kriegskasse besoldet wurden und des regulären militärischen Avancements weiter teilhaftig blieben. La Roche und Jeetze brachten es auf diese Weise zu der Stellung eines charakterisierten Generalleutnants und Gemainer zum Oberstleutnant. Als Hofsekretär und Vorstand der Kabinettskasse diente dem König Joseph Riedl, dem 1862 Joseph (v.) Hüther, ein Vetter des einflußreichen Kabinettssekretärs König Maximilians II., Pfistermeister, als Regierungsrat, ab 1867 als Hofrat, im Amt nachfolgte[3].

Die Minderung der Ludwig aus der Zivilliste zugeflossenen Bezüge wurde erwähnt, von dem finanziellen Schlag, der Ludwig traf, als man ihn nötigte, das griechische Darlehen der Staatskasse zurückzuerstatten, wird noch berichtet. Trotz dieser Einengung seines finanziellen Spielraums brachte es der exzellente Haushalter und Sparmeister fertig, seine kulturellen Vorhaben einschließlich seiner Sammlertätigkeit, wenn auch nicht mehr in früherem Umfang, fortzusetzen. Desgleichen trat in den Zuwendungen für religiös-kirchliche und karitative Zwecke kein Stillstand ein. Ludwig sah sich sogar in der Lage, seinem Lieblingssohn Luitpold mit einem unverzinslichen Darlehen unter die Arme zu greifen[4]. Von den bekanntesten Schöpfungen und Beiträgen des Königs sind die Neue Pinakothek, die Villa Ludwigshöhe bei Edenkoben, das Siegestor, die Ruhmeshalle, die Befreiungshalle, die Propyläen und die Basilika St. Bonifaz in München sowie die Restauration der Dome von Speyer, Regensburg und Köln erst nach seiner Abdankung fertiggestellt und das heißt ganz oder teilweise von ihm finanziert worden. Errichtung weiterer Denkmale und Schenkungen, beispielsweise für das Germanische Nationalmuseum, kamen hinzu[5]. Die Unterstützungen für Arme hielten sich auf beträchtlicher Höhe; 1861 war eine Stiftung für Kranke und Genesende beabsichtigt[6]. Für Klöster in- und außerhalb Bayerns, neue Bauten von katholischen Gotteshäusern und kirchlichen Anstalten wie Waisen- oder Missionshäusern oder Einführung der Armen Schulschwestern in Orten der Diaspora und nicht zuletzt für das katholische Deutschtum in Nordamerika hatte Ludwig nach wie vor eine offene Hand. Er blieb Protektor des Ludwig-Missions-Vereins[7]. In seinen letzten Lebensjahren beschäftigte ihn der Plan, aus eigenen Mitteln eine Benediktinerabtei mit Erziehungsanstalt in Schäftlarn zu begründen[8].

War die Rolle des Mäzens und des kirchlich-karitativen Wohltäters also keineswegs ausgespielt, so war es doch mit ihrer Einbindung in die Königsherrschaft vorbei, deren Verlust Ludwig sehr zu schaffen machte und über den nur einigermaßen hinwegzukommen er mehrerer Jahre bedurfte. 1848 sagte Ludwig zu seiner Schwester Auguste: »Ich bin, wie wenn ich gestorben wäre und sehe, wie es nach dem Tode gehet.« Auguste bemerkte dazu: »Man muß seinen Mut und seine Kraft bewundern, aber er leidet dabei und wir alle mit ihm«[9]. Manche seiner Gedichte und Briefe zeugen vom fortwährenden Versuch, sich selbst zu beschwichtigen und seine Anfechtungen niederzukämpfen[10]. Eine gewisse Genugtuung gewährte es ihm, in den Revolutionstagen »besser abgeschnitten« zu haben als sein Berliner Schwager[11]. Aber stets von neuem brach seine Verbitterung auf. Dazu kam, daß er im Hinblick auf die Schicksale Bayerns seit 1848 an der Richtigkeit der Thronentsagung des öfteren zweifelte[12]. Er überschätzte wohl die Einflußmöglichkeiten eines regierenden Königs. Wahrscheinlich, daß er in der inneren Politik eher als sein Sohn auf Konfliktkurs gegangen wäre, ganz unwahrscheinlich, daß er einen solchen hätte durchstehen und siegreich beenden können! Und mit Sicherheit hätte sein und seines Staates Gewicht nicht ausgereicht, um der deutschen Frage einen anderen Lauf zu geben.

Der private Alltag des Königs hatte sich nur wenig verändert. Ludwig empfing Besuche und stattete solche ab, er verkehrte regelmäßig in kleinen aristokratischen Zirkeln[13] und ließ sich auf geselligen Veranstaltungen, im Theater und bei Konzerten sehen, er trieb eine großenteils qualitätvolle Lektüre[14] und setzte den »inneren Monolog« in Form poetischer Bemühungen fort, er beschäftigte sich mit religiösen und politischen Fragen und erfüllte seine kirchlichen Pflichten. Die Überwachung und Förderung der fortlaufenden künstlerischen Arbeiten nahm einen erheblichen Teil seiner Zeit in Anspruch. Er fand sich häufig in Ausstellungen des Kunstvereins und in Künstlerateliers, in der Erzgießerei und der Glasmalereianstalt ein. Der Exkönig unternahm wie früher weite Spaziergänge und einige Reisen (Darmstadt, Dresden, Prag, Wien, Paris); er weilte wie vordem wiederholt in Italien. Seine bayerischen Aufenthalte verteilten sich, wenn er München verlassen hatte, in ziemlich regelmäßigem Turnus auf Ludwigshöhe, Berchtesgaden und Schloß Leopoldskron (bei Salzburg). Seine Reisen und Umgangsgewohnheiten hatten etwas Altmodisches an sich. Mitunter versammelte er sämtliche in München anwesenden oder nach Berchtesgaden gekommenen Mitglieder des Hauses zu einer Familientafel. Dies geschah meist an Gedenktagen im Rahmen der Haustradition, etwa aus Anlaß des hundertjährigen Geburtstages seines Vaters oder des 25jährigen Regierungsjubiläums Ottos von Griechenland. Nach der allmählichen Überwindung der für ihn so erschütternden Lola-Episode knüpfte er neue Liebesbeziehungen.

Wie früher mischte sich Ludwig unter das Volk und zog viele Leute unbefangen ins Gespräch. Seine etwas skurrile Leutseligkeit ist nicht mit Liberalität zu verwechseln. Er wurde mit zunehmendem Alter durchaus nicht liberaler, aber seine Machtlosigkeit und das Älterwerden ließen den jovialen, offensichtlich noch der Biedermeierzeit zugehörigen abgedankten Monarchen als harmlos erscheinen. Sein Auftreten verhalf ihm zu einer unpolitischen Popularität, die freilich mehr münchnerisch lokaler Natur war und sich mit den Hoffnungen breiter Kreise und der politischen Volkstümlichkeit des ersten Jahrfünfts seiner Regierung nicht vergleichen ließ. Als er nach längerer in Darmstadt erlittener und ausgestandener Krankheit nach München zurückkehrte, herrschte dort Jubel, und er erhielt aus der Bevölkerung während seiner Krankheit und nach seiner Genesung zahlreiche Beweise der Anhänglichkeit[15]. Bei Reisen in der Pfalz[16] konnte er – keine Selbstverständlichkeit nach den Ereignissen von 1848/49 – eine freundliche Stimmung der Einwohner registrieren[17].

Weggefallen war seit März 1848 der Berufsalltag des regierenden Königs, obschon Angelegenheiten seiner Hofhaltung und seines Privatvermögens, Gesuche zahlreicher Bittsteller und Bemühungen, auch den Exkönig für politische und kulturelle Vorhaben zu gewinnen[18], Ludwig nicht unerheblich beschäftigten und ihm hätten vortäuschen können, daß er politisch noch zähle. Darüber gab er sich je länger je weniger Illusionen hin.

Daß er tatsächliche oder von ihm nur als solche empfundene Untreue und Undankbarkeit hinzunehmen hatte, zählte schon zu Ludwigs Erfahrungen in seiner Regierungszeit. Er konnte indessen auch nach dem März 1848 Beweise und Zeugnisse von Anhänglichkeit, Verehrung und Loyalität sammeln. Zu denjenigen, die ihn nicht enttäuschten, zählten einige Bischöfe und hohe Geistliche.

Solange Ludwig mit seinem Nachfolger unter einem Dache wohnte, fehlte es ihm nicht an bester politischer Information. Gesandtschaftsberichte bekam er auch nach seinem Thronverzicht zu lesen, manche Denkschriften wurden ihm zugänglich gemacht. Über Interna der hohen Politik Wiens unterrichtete ihn – wohl selten genug – sein Schwiegersohn Erzherzog Albrecht entweder unmittelbar oder über die freilich eher kirchlich als politisch interessierte Schwester Karolina Augusta. Kirchenpolitisch hat ihn Geißel über die Verhältnisse in Preußen auf dem laufenden gehalten, für Bayern blieb Domdekan Reindl sein wichtigster Berichterstatter und Ratgeber. Für die genaue Beobachtung der Vorgänge in München verfügte der König auch in den fünfziger und sechziger Jahren noch über ausreichende Quellen. Was das politische Geschehen im Bund betraf, wurde der Zufluß an Nachrichten aus erster Hand allerdings dünner und dünner. Es läßt sich nachweisen, daß er vieles nur mehr der Zeitung entnahm.

Während der zwei Jahrzehnte, die der König nach seiner Thronentsagung noch zu leben hatte, standen die Veränderungen der kontinentaleuropäischen Politik vornehmlich im Zeichen Napoleons III., Cavours und Bismarcks, deren Wirken den Anschauungen des bayerischen Friedenskönigs konträr lief und die ihm auch als Persönlichkeiten nicht liegen konnten. Nach 1848 hatte sich eine neue Generation von Staatsmännern durchgesetzt, anders als der friedliebende Metternich und seine ähnlich gesinnten Partner, die die revolutionäre und die napoleonische Kriegsära miterlebt hatten und eine Wiederholung dieser Schrecken tunlichst vermeiden wollten. Die Persönlichkeiten, die die politische Szene nach 1848 beherrschten, waren sehr viel eher geneigt, es auf den casus belli ankommen zu lassen. Der neue Aufstieg Frankreichs unter Napoleon III. mußte Ludwig ängstigen, das Eingreifen des französischen Kaisers in Italien wie die revolutionäre italienische Einheitsbewegung unter Führung teils republikanischer Kräfte, teils des Hauses Savoyen verletzten seine legitimistischen Interessen. Die von ihm bejahte Vormachtstellung Österreichs auf der Apenninenhalbinsel endete noch vor seinem Tode. Die volle Einverleibung des Kirchenstaats in das junge Königreich Italien hat Ludwig nicht mehr erlebt, doch dürfte der Rombesucher und Besitzer der Villa Malta, der 1867 zum letzten Mal innerhalb der Mauern der »Ewigen Stadt« verweilte, mit diesem Ereignis gerechnet haben. Zeit seiner Regierung hatte das Europa der Verträge von 1815 den Rahmen für das politische Denken und Handeln Ludwigs abgegeben. Seit 1866 sah er eine immer noch alteuropäische Phase durch ein neues System abgelöst, in dem sich zurechtzufinden, dem greisen

Wittelsbacher hätte schwer fallen müssen. Da Preußen in den Augen Ludwigs die Selbständigkeit Bayerns seit 1848 am meisten bedrohte, klammerte er sich um so fester an den Habsburgerstaat. Die machtpolitische Konsolidierung Österreichs nach dem Fall des revolutionären Wien und die Siege Radetzkys in Italien begrüßte er mit Jubel[19]. Im übrigen erschöpfte sich sein politisches Denken mehr oder minder in Analogieschlüssen zu der Epoche Napoleons und den Anfängen des Deutschen Bundes. Mit den politischen Erfahrungen seiner Jugend war jedoch in den 1850er und 1860er Jahren nicht mehr zurechtzukommen.

Vorgänge wie den Durchbruch der Industriellen Revolution auch in Mitteleuropa und die damit verbundenen sozialen Wandlungen nahm Ludwig allenfalls an Randerscheinungen wahr. Dagegen erfaßte er vollauf den Fortgang der schon seine Regierungszeit erfüllenden Auseinandersetzungen zwischen Konservativismus, Liberalismus und demokratischem Radikalismus. Er kannte die Akteure in diesem Ringen, soweit es Bayern betraf, und er wußte über die innen- wie die bundespolitischen Konsequenzen Bescheid. Auch gesellschafts- und innenpolitisch erschien ihm Österreich fortan als Vorbild. Obwohl er die Tendenzen der »ultrakirchlichen« Partei weiterhin ablehnte und mit Reisach zu keinem Ausgleich mehr gelangte, hat er sich mit allen weltlichen Häuptern der bayerischen »Ultramontanen« spätestens seit 1848 wieder verständigt; selbst mit Abel[20]. In einer Situation, in der es um die Existenz des Königtums und Bayerns zu gehen schien, ließ sich der monarchische Sinn und der bayerische Partikularismus der »Ultramontanen« als wertvolles Aktivum für die Krone nicht mehr übersehen. Nach der kurzen pseudoliberalen Phase von 1847/48 lenkten die Überlegungen des Königs wieder zu jener starren Defensivpolitik zurück, die er seit 1830/31 betrieben hatte. An sämtliche seit der Märzerhebung sich ergebenden Probleme legte er den Maßstab der Erhaltung der Kronrechte, der Staatsautorität und der überkommenen Gesellschaftsordnung sowie der Unversehrtheit der bayerischen Souveränität an. Abermals sah er seine Aufgabe ausschließlich darin, vorzubeugen und abzuwehren. Karoline Auguste bestätigte ihm, daß er in dieser Funktion sich als eine »Stütze fürs Ganze« Verdienste erwerbe[21]. Mit beschwörenden Worten suchte Ludwig seinem Sohn gegen die 1848/49 in Aussicht genommenen (und nur teilweise durchgesetzten) Verfassungsänderungen den Rücken zu stärken. Als gegen Ende der Ära Max' II. und unter Ludwig II. neue Vorstöße der Fortschrittspartei mit dem Ziel erfolgten, die sechsjährige Budgetperiode zu halbieren und die Zusammensetzung des Reichsrats, in den Augen Ludwigs ein »Damm, Überflutungen zu verhindern«[22], zu verändern, war es wiederum der Exkönig, der seine Nachfolger am Portepee zu fassen und ihnen die Verantwortung für ein starkes, regierungsfähiges Königtum vorzuhalten bestrebt war. Der letzte Brief an Ludwig II. sollte den jungen König gegen die liberale Schulgesetzgebung einnehmen: »Es wäre dem ins 82. Lebensjahr gehenden Großvater peinlich, erließe sein Enkel ein den Fortbestand seiner religiösen Richtung untergrabendes Gesetz«[23]. Während des Konflikts um eine Anstoß erregende Rektoratsrede des erzkonservativen Ringseis suchte Ludwig den Mediziner in seiner Wohnung auf und erklärte ihm seine »vollkommenste Übereinstimmung«[24], während der Kultusminister Ringseis einen amtlichen Verweis erteilte und König Max II. das Verhalten des Rektors ausdrücklich mißbilligte.

Für politische Einflußnahme des Exkönigs bot sich in erster Linie das unmittelbare Benehmen mit seinen beiden Nachfolgern an. Noch nicht daran gewöhnt, daß die Staatsgeschäfte nicht mehr durch seine Hand gingen, hat Ludwig dem Nachfolger 1848/49 noch in so vielen Fragen mit der ihm eigenen Penetranz zugesetzt, daß dieser kaum umhin konnte, sich vom Vater zu »emanzipieren«, wenn er selbständig regieren wollte. Die notwendige Distanzierung verschaffte sich Max II. 1849 dadurch, daß er – für Ludwig eine überaus schmerzliche Entscheidung – dem Vater den Wunsch, weiterhin in der Residenz wohnen zu dürfen, abschlug und ihn auf das ihm zugesicherte Wittelsbacher Palais verwies[25]. Max war im Recht, wenn er dem Vater klarzumachen versuchte, daß zwei Hofhaltungen unter einem Dach zu prekären Zuständen führen müßten. Daß die räumliche Trennung auch dem Verselbständigungsprozeß des neuen Königs dienen sollte, behielt dieser wohlweislich für sich. Ludwig hat sich in dem neugotischen Wittelsbacher Palast, vorher Wohnsitz des Kronprinzen, nie ganz wohl gefühlt, aber später als positiv herausgefunden, daß ihn dort wenigstens nichts an seine Königszeit erinnere. Schließlich bestätigte er die Argumente des Sohnes, wenn er es als angenehm empfand, »unter anderem Dache als der jetzt Regierende zu sein«[26]. Daß sich angesichts der Empfindlichkeit Ludwigs nach seiner Abdankung neuerdings Schwierigkeiten zwischen zwei so grundverschiedenen Naturen wie Vater und Sohn einstellen würden, war zu erwarten. 1853 schrieb Ludwig an von der Pfordten, er möge dem regierenden König nahelegen, »sich an meine Stelle zu versetzen, der ich, gemäß dem natürlichen Gang der Dinge noch regieren würde, mir es darum schwer genug ankäme, bei meinem Sohne als Gesuchsteller aufzutreten, und wenn ich, was fast nie geschieht, einmal um etwas anhalte, es mir schmerzlich fallen müßte, würde in einer an sich leicht zu gewährenden Sache keine Rücksicht auf den Vater genommen«[27]. Es fällt auf, daß Ludwig mehrfach die unmittelbare Aussprache mit dem Sohn umging und sich statt dessen an Mittelsmänner wandte, deren Einfluß bei Max II. ihn Erfolg erhoffen ließ. Nüchtern betrachtet, kann man das Verhalten König Maximilians II. dem Vater gegenüber als taktvoll und da, wo es lediglich um Gefälligkeiten ging, als entgegenkommend bezeichnen. Max wäre der letzte gewesen, einen Eklat zu suchen; auch Ludwig wußte einen solchen zu vermeiden. Ludwig hat des öfteren Maximilians »kindliches Benehmen« gelobt und auch die eine und andere Maßnahme des Sohnes anerkannt, überwogen hat jedoch die Kritik an dessen Entscheidungen wie an seinem Regierungsstil[28]. Und dies, obwohl Max II., als regierender Herr unentschlossener, aber auch flexibler als sein Vater, im Prinzipiellen sich von den Positionen Ludwigs nur noch wenig unterschied: ungeschmälerte Aufrechterhaltung der Kronrechte wie der Selbständigkeit Bayerns war sein politischer Leitstern.

Nach dem Thronwechsel von Max II. zu Ludwig II. glaubt man in den Briefen des Großvaters politischen Aufwind festzustellen. Er mochte beim Enkel auf größere Aufgeschlossenheit gehofft haben. Das Gegenteil war der Fall, und Ludwig hielt es neuerdings für notwendig, an seine familiäre Position zu erinnern, um Wünsche durchzusetzen: »Laß Dich durch Schmeichler nicht einnehmen, verwirf nicht die vielen Erfahrungen Deines Großvaters, der Dein Bestes will. Verhüte, daß es nicht in der Geschichte heißet: Ludwig II. grub das Grab der Monarchie«[29]. Daß der Großvater sich auf die Seite der Widersacher Richard Wagners schlug[30], überrascht kaum. Nach seinen bösen Erfahrungen mit Lola wollte er dem Enkel einen »Lolus« ersparen. Die Schreiben Ludwigs II. an den Großvater hinterlassen bei aller Wahrung höflicher und höfischer Formen einen kalten, unpersönlich-geschäftsmäßigen Eindruck und stechen auf eine fast unangenehme Weise vom Stil Ludwigs I. ab, der stets mit seiner ganzen Person zahlte. Über die politische Unzulänglichkeit des Enkels dürfte sich Ludwig bald keine Illusionen mehr gemacht haben.

Politisch skeptisch gegenüber Sohn und Enkel, legte Ludwig

um so größeren Wert auf die Amtsführung tüchtiger konservativer Minister, und dementsprechend fielen seine personalpolitischen Ratschläge aus. Daß sich Maximilian von seinen Märzministern Thon-Dittmer, Lerchenfeld, Weishaupt und auch dem Ludwig sympathischen, aber von ihm bald für schwach angesehenen Außenminister Graf Bray d. J. trennte, fand den vollen Beifall des abgedankten Königs. Seine politischen Hoffnungen setzte er auf Ludwig von der Pfordten, der im April 1849 Bray ablöste und im Dezember des gleichen Jahres zum ersten bayerischen Ministerpräsidenten aufstieg[31]. Max II. hatte den Staatsmann durch Prinz Karl auffordern lassen, sich in München einzufinden und das Steuer der deutschen Politik des Landes in die Hand zu nehmen[32]. Ein Jahrzehnt hat Pfordten diese Aufgabe erfüllt, 1859/64 vertrat er Bayern als Bundestagsgesandter in Frankfurt, 1864/66 trat er nochmals an die Spitze der Regierung Bayerns, das der Triaspolitiker an der Seite Österreichs 1866 in den Krieg mit Preußen führte. Ludwig wurde durch von der Pfordten, dem im eigenen Interesse daran lag, Einverständnis zwischen dem regierenden Sohn und dem abgedankten Vater aufrechtzuerhalten, weitgehend informiert. Dem Exkönig erschien der Ministerpräsident als Garant einer ihm zusagenden deutschen Politik Bayerns und Verfechter der von ihm gewünschten monarchisch-autoritären Innenpolitik. Ludwig ergriff für von der Pfordten Partei, zunächst gegen seine Widersacher am Hofe Max' II., die preußisch orientierten Unionisten Wilhelm v. Doenniges (auch er von Gegnern als »Lolus« apostrophiert) und Ludwig Freiherr von der Tann (Sohn Heinrich von der Tanns)[33], und bei Ludwig II. gegen Fürst Chlodwig Hohenlohe[34]. Von Hohenlohe – »Mitgliedern mediatisierter Häuser dürfte es nicht unangenehm sein, würden königliche es gleichfalls«[35] – befürchtete Ludwig das Ärgste für die Unabhängigkeit der Krone und des Landes. Leidenschaftlich hat er gegen die Berufung des ihm verdächtigen Standesherrn gekämpft. Aber seine personalpolitischen Wünsche[36] fanden in der Regel ebenso wenig Berücksichtigung wie seine bis 1866 stets von neuem wiederholten, auf die rechtsrheinische Pfalz bezüglichen Vorstellungen[37]. Es konnte sein, daß sich politische Entscheidungen seiner Nachfolger oder ihrer Staatsmänner mit Ludwigs Wünschen deckten, aber dies geschah aufgrund selbständiger Überlegungen von Sohn und Enkel. Ludwig blieb »politisch tot«.

2. Die griechische Kalamität

Der Pfälzer Publizist und Politiker Georg Friedrich Kolb zählte zu denjenigen Steuer- und Haushaltsexperten des frühen deutschen Parlamentarismus, die imstande waren, ihre Staatsregierungen das Fürchten zu lehren[38]. Die Situation des Jahres 1848 mit ihrem erheblichen Autoritätsverlust des Königtums verschaffte ihm die Gelegenheit, den Mißstand der Übertragung des griechischen Darlehens von 1835/37 auf die Staatskasse aufzugreifen und auf dem Landtag 1849 zum Gegenstand eines gefährlichen Angriffs zu machen[39]. Der Gesichtspunkt der Schonung der »Allerhöchsten Person« spielte für den radikalen Demokraten, der als Redakteur der »Neuen Speyerer Zeitung« manche alte Rechnung mit dem Münchner System zu begleichen hatte, keine Rolle. Kolb und seine Gesinnungsgenossen haben das heikle Thema einesteils um seiner selbst willen aufgerollt: ihre staatsbürgerliche Moral und ihre Verantwortung als Repräsentanten steuerzahlender Bürger machte ihnen den Fall schlechterdings unerträglich. Andererseits konnte es der oppositionellen Pfälzer Demokratie nur recht sein, einem König, der hinter den Maßnahmen des Jahres 1832 gestanden und einen reaktionären Kurs gesteuert hatte, im Punkte seiner fiskalischen Gewissenhaftigkeit, deren er sich so häufig öffentlich rühmte, um den Kredit gebracht zu sehen. Zander, der Ludwig über die bevorstehende Aktion unterrichtete und ihm gute Ratschläge gab, meinte, es gehe weniger gegen den König als gegen Abel[40], aber er hat sich getäuscht. Kolbs parlamentarische Attacke[41] lief darauf hinaus, den König für den Betrag des Darlehens nebst den Zinsrückständen persönlich haftbar zu erklären und alle jene Beamten, die bei der Begebung der Anleihe mitgewirkt hatten, in den Anklagezustand zu versetzen und mit ihrem Vermögen zum Ersatz anzuhalten[42]. Die Öffentlichkeit war alarmiert.

Schon vor Kolbs Angriff hatte das Staatsministerium am 31. Januar und 26. Februar 1849 wegen des griechischen Darlehens bei Ludwig dringliche Vorstellungen erhoben. Ludwig tat daraufhin zweierlei: Er bat das Finanzministerium um staatsrechtliche und politische Erläuterungen, ein Ersuchen, das seine Hilflosigkeit offenbarte, und er forderte am 4. April 1849 die ehemaligen Minister Gise, Abel und Seinsheim auf, ihm ihrer Erinnerung nach den Hergang der Angelegenheit und deren Stand bei ihrem Ausscheiden 1846/47 darzustellen[43]. Die amtierenden wie die ehemaligen Minister ließen dem König keine Hoffnung, es sei denn, man bezeichnet als solche die Tatsache, daß Ludwig nach Übernahme der Verpflichtungen auf seine Privatkasse in die Rechte eines Gläubigers des griechischen Königreichs und der Apanage des Königs Otto eintreten würde. An eine Übernahme der Summen durch die Stände war angesichts der im Lande herrschenden Stimmung nicht zu denken. Der alte Freund Seinsheim redete dem König auf das eindringlichste zu, einen neuen unerhörten Skandal zu vermeiden und den von ihm in Anspruch genommenen Ruhm gewissenhaften Umgangs mit dem Staatsgut nicht antasten zu lassen: »Geruhen Allerhöchstdieselbe hierbei auch zu bedenken, daß erst vor kurzem durch den elenden Papon jener Brief vom 18. Dezember 1848 bekanntgemacht ward, in welchem Eure Kgl. Mt. einer in ganz Bayern höchst unbeliebten Persönlichkeit eine Summe von *einer* Million Franken anboten – und es wird dann Allerhöchstdenselben deutlich werden, wie kein Opfer zu groß sein dürfte, den hierdurch entstehenden unberechenbaren Skandal zu verhüten; kein Opfer zu groß, um den weltgeschichtlichen Ruhm Euer Kgl. Mt. zu erhalten und überhaupt eine Debatte zu vermeiden, die zur großen Freude so vieler Übeldenkenden inner und außer der Kammer Eurer Kgl. Mt. und dem Königtum an sich unheilbare Wunden versetzen würde.« Eine Stellungnahme des Staatsministers von Kleinschrod machte den König auf die Eventualität eines Gerichtsverfahrens gegen ihn unter Vorsitz König Maximilians II. und dessen unabsehbare Folgen aufmerksam[44]. Schließlich sprach eine Vorstellung des Gesamtministeriums vom 24. April 1849 davon, die Sache des griechischen Darlehens werde im ganzen Lande in Vereinen und auf Volksversammlungen »als mächtiger Hebel des Umsturzes mit bedeutendem Erfolg benützt«. Der Staat sei in großer Gefahr. Durch den bereits angekündigten, aber noch nicht zur allgemeinen Kenntnis gelangten Bruch der bayerischen Regierung mit der Nationalversammlung drohten Stürme auszubrechen, und wenn sich der König in diesem Augenblick entschließen könne, durch Ersatz aus seinen Privatmitteln die leidige Affäre zu beheben, würde er »dem Vaterland die größte Wohltat erzeigen«[45]. Schon am Tage nach Eintreffen der ministeriellen Kollektivvorstellung teilte Ludwig dem Finanzminister von Aschenbrenner mit, er habe bereits vorgehabt, »diese Darleihensfrage auf eine dem bayerischen Staatshaushalt genügende Weise zu bereinigen, behalte sich aber eine weitere Erklärung vor, wenn er Rückantwort von seinem Sohne, König Otto, erhalten habe«[46]. Den Rückgriff auf die

Apanage Ottos brachte er nicht über sich. Es blieb ihm keine andere Wahl als die Ersatzleistung an die Staatskasse aus seinen Mitteln. Mit Schreiben vom 10. Mai 1849 an das Finanzministerium gab Ludwig bekannt, daß er aus seinen bei der Staatsschuldentilgungskasse aufliegenden privaten Kapitalien dem Staat die Summe von 1 529 333 fl. 20 Kreuzer (die nach Angabe der Stände 1 233 333 fl. 20 Kreuzer betragende Forderung und die vierprozentigen Zinsen von November 1842 bis November 1848 in Höhe von 296 000 fl.) überlasse[47]. Damit war eine Bedrohung des Ansehens der bayerischen Monarchie aus der Welt geschafft, und Ludwig wurde Privatgläubiger des griechischen Staates. Die bayerische Diplomatie stand dem Exkönig zur Seite, um ihm bei der Wiedererlangung seiner Außenstände behilflich zu sein; allerdings ohne Erfolg.

Bevor Ludwig an die Rückzahlung ging, hatte er verzweifelte Versuche unternommen, die Gelder in Griechenland locker zu machen oder wenigstens ernste diesbezügliche Zusagen zu erhalten und den lethargischen Sohn Otto mit dem Notruf, daß ihm das Wasser bis zum Halse gehe, aufzurütteln. Daß sich niemand öffentlich für ihn und seine griechische Politik einsetzte, hat ihn neuerdings tief verletzt. Aber wem fiel es in der Situation von 1849 schon ein, sich für eine Sache wie das Interesse Ludwigs an der Sekundogenitur seines Hauses in Griechenland zu exponieren? Undatierte Notizen beweisen, daß Ludwig fortwährend nach politischen und moralischen Entschuldigungsgründen für sein Verhalten in der Darlehensfrage suchte, wenn schon der staats- und verfassungsrechtliche Aspekt für ihn – das sah er ein – hoffnungslos war[48]. In den Schreiben an König Otto, in denen er sich seiner Verdienste als πρῶτος φιλέλληνος rühmte[49], bildete fortan der Komplex des Darlehens häufig den zentralen Gegenstand. Stets von neuem trat der Exkönig an Außenminister oder bayerische Vertreter am Hofe von Athen mit Überlegungen heran, ob und wie man mit den Schutzmächten ein Einvernehmen hinsichtlich der Rückzahlung erzielen könne[50]. Nach dem Thronverlust Ottos äußerte Ludwig dem bayerischen Außenminister gegenüber, wenn schon das Haus Wittelsbach »um Hellas Krone kommen« sollte, so solle man doch wenigstens alles daran setzen, das Darlehen zu retten, das er einschließlich der Zinsen zu diesem Zeitpunkt auf 2 207 483 fl. 20 Kreuzer berechnete[51]. Zehn Jahre nach dem Tod Ludwigs fand die Angelegenheit, die den König Jahrzehnte lang gequält hatte, durch eine Intervention Bismarcks ihre Erledigung.

Die griechische Revolution von 1843 wollte unter anderem dem bayerischen Einfluß im Lande definitiv ein Ende setzen, aber sie konnte die höfischen Beziehungen zwischen Athen und München nicht unterbrechen, und auf diesem Wege ergab sich auch außerhalb der leidigen Darlehensfrage selbst für den abgedankten König Ludwig die Möglichkeit zu politischen Stellungnahmen. Wie sein Bruder Max hatte König Otto die Angewohnheit, in vielen Angelegenheiten mehrere Gutachten einzuholen und sie zu vergleichen. Es dauerte dann noch lange, bis er, wenn überhaupt, und soweit ihm dies die Verhältnisse erlaubten, zu einem Entschluß gelangte. Der Unterschied zwischen Max und Otto bestand darin, daß dieser auch seinen Vater als Ratgeber in Anspruch nahm, der offensichtlich gerne auf den Wunsch des Sohnes einging und sich nicht lange bitten ließ[52]. Angesichts der Bedeutung, die der Verfassungseid für ihn besaß, überrascht es nicht, daß Ludwig seinen Sohn wiederholt dringend warnte, auf einen Staatsstreich auszugehen. Versuchungen dieser Art sind an Otto herangetreten, aber er war nicht die Persönlichkeit, sich auf Abenteuer einzulassen. Anders sah es aus, als die kompetenten Körperschaften Griechenlands in den fünfziger Jahren von sich aus eine Revision der Konstitution von 1844 diskutierten. Ludwig sparte nicht mit Ratschlägen, wie man für das griechische Königtum politisches Terrain zurückgewinnen könne. Seine Ausführungen aus dem Jahre 1857 lesen sich wie ein politisches Credo und ein Fürstenspiegel für den Sohn. Ludwig wußte, daß bei weitem nicht alles, was ihm vorschwebte, sich in Griechenland verwirklichen ließ, aber man kann seinen Überlegungen entnehmen, daß er den Verfassungszustand und die politischen Verhältnisse im vormärzlichen Bayern für eine Art Ideal ansah, dem sich zu nähern der Krone Wittelsbach in Athen nur zum Nutzen ausschlagen könne. Und es fügte sich ins Bild eines auch nach 1848 fortgesetzten hinhaltenden Widerstandes gegen die parlamentarische Monarchie, daß er dem dafür wenig geeigneten Otto im Rahmen des Verfassungsstaates ein Optimum königlicher Autorität wünschte: »Dem Könige bleibe das Verdienst; kein anderer teile es mit ihm.«

Die Kinderlosigkeit des griechischen Königspaares ließ die Thronfolgefrage in Athen und die eines der Verfassung von 1844 entsprechenden Bekenntniswechsels des Nachfolgers oder seiner Kinder immer wieder aufleben. Domdekan Reindl tat als kirchenpolitischer Berater Ludwigs das Äußerste, um den Geboten der Kirche und den dynastischen Interessen des Hauses gerecht zu werden, und manchmal verfiel er auf gewagte Lösungen[53]. Man hat den Eindruck, daß er dem König gerne weiter entgegengekommen wäre, aber er wußte, daß er die ihm als Priester kirchenrechtlich gezogenen Grenzen nicht überschreiten konnte. Auch ein Geistlicher mit besserem Renommee, als Reindl es in Rom besaß, hätte bei der Kurie schwerlich mehr erreicht. Als ideale Lösung des Problems tauchte in den Überlegungen Reindls in weiter Ferne der Traum einer griechischen Union mit Rom auf, er hat jedoch keinen Augenblick bezweifelt, daß an eine Realisierung des Projekts unter den Umständen des 19. Jahrhunderts nicht zu denken war. Ludwigs Widerwille vor dem Konfessionswechsel von Angehörigen seines Hauses wuchs nach 1848 noch. Er billigte es voll und ganz, daß auch Prinz Adalbert, offensichtlich ebenfalls unter dem Einfluß der Familie seiner Frau, schon als Verlobter weder für seine Person noch für seine Nachkommenschaft in eine Konfessionsänderung einwilligte[54]. Max II. wies darauf hin, daß auf solche Weise Griechenland dem Hause Wittelsbach verlorengehen müsse. Er scheint die Absicht gehabt zu haben, deswegen die Eheschließung Adalberts hinauszuzögern. Die Gegenargumente Ludwigs bestanden zu diesem Zeitpunkt nur mehr in Hinweisen auf das bedrohte Lebensglück und auf das Gewissen seines Sohnes Adalbert. Gleichläufig mit der Rekonfessionalisierungstendenz des 19. Jahrhunderts hatte sich die kirchliche Gewissenhaftigkeit des Königs noch verfestigt, und wenn es sich nicht umgehen ließ, sah er ihren Konsequenzen ins Auge. Bevor das wittelsbachische Königtum in Athen möglicherweise an dieser Klippe gescheitert wäre, führte eine Erhebung 1862 zur Vertreibung Ottos und Amalies, die ihr Leben als Exilierte auf deutschem Boden beschlossen. Ludwig mußte vor seinem Tod den Zusammenbruch der griechischen Sekundogenitur seines Hauses erleben. Die Sache des Philhellenismus, der er sich selbstlos verschrieben hatte, war ein Erfolg. Das wittelsbachische Königtum in Hellas blieb eine Episode, aber Ludwig hatte sich als Haus- und Familienpolitiker nichts vorzuwerfen, und er hat sich stets zu dem griechischen Wagnis bekannt.

3. 1866

Wie der König nach 1848 innenpolitisch am vormärzlichen monarchischen Prinzip festhielt, so in der deutschen Frage an der Bundesordnung von 1815. Was *innerhalb* dieses Rahmens für die

noch zu hoch gegriffen. Eher an einem Zuviel als einem Zuwenig an Ideenreichtum litt die in rhapsodischen Einfällen sich ergehende Herrscherromantik eines Friedrich Wilhelm IV., von dem es manchmal nur schien, als könnte er über seinen eigenen Schatten springen. Zu einer annähernd zeitgemäßen Umgestaltung der preußischen Verhältnisse mußte den König erst die Revolution zwingen, und es lag ihm in der Folge sehr daran, seine Zugeständnisse einzuschränken. Eine Lösung der deutschen Frage konnte einer Persönlichkeit wie ihm nicht gelingen. Friedrich Wilhelms IV. Variante der Thron- und Altargesinnung, seine Schwärmerei für das Gottesgnadentum, seine »christlich-historischen« Velleitäten traten auch bei verwandt gestimmten Gemütern auf, so bei seinem Nachbarn Georg V. von Hannover, der schon als Kronprinz im Vormärz unter solchen Vorzeichen einem altmodischen Legitimismus huldigte.

Ob sich der Begriff »politisches Biedermeier« durchsetzt, bleibt vorerst offen. Er müßte von einer weitgehend apolitischen Mentalität der Untertanen ausgehen, die das Regieren dem Fürsten und der Obrigkeit überließ. Soweit die Regenten am Geist des politischen Biedermeier partizipierten, konnte dies nur auf dem Weg eines patriarchalischen Regiments, persönlich gefärbter Beziehungen zwischen Gesamthaus und Land und zwischen dem Hof und einem Familien- und Honoratiorensystem geschehen. Vielleicht ließen sich solche Zustände in Kleinstaaten annähernd herbeiführen, im mittleren Staatswesen war ihre Verwirklichung unwahrscheinlich, in großen ausgeschlossen.

Allein in Großstaaten vermochte ein dazu befähigter Herrscher eine Militärmonarchie überzeugend zu repräsentieren, wie dies im späteren Verlauf des 19. Jahrhunderts König Wilhelm I. von Preußen gelungen ist. Die deutschen Mittel- und Kleinstaaten konnten für sich allein zwar nicht als Militärmächte auftreten, aber ihre Integration in die Bundesstreitkräfte eröffneten Mitgliedern ihrer regierenden Häuser ein militärisches Betätigungsfeld. Mehrere der deutschen Fürsten hatten vor ihrem Regierungsantritt Kriegs- oder immerhin Militärdienste geleistet und verfügten seit dieser Zeit in größerem oder geringerem Umfang über Engagement und Sachverstand in militärischen Angelegenheiten. Am meisten traf dies auf König Wilhelm I. von Württemberg zu, der gerne an der Spitze der süddeutschen Bundeskorps eine Rolle als Truppenführer gespielt hätte, aber nicht in die Lage kam, sich darin zu erproben. Bis zum Ersten Weltkrieg sind mehrere deutsche Prinzen als befähigte Heerführer hervorgetreten. Wir sprechen nicht von den nominellen höheren Kommandos, die man aus dynastischen Prestigegründen Angehörigen deutscher Fürstenhäuser zugewiesen hat. Für den größeren Teil deutscher Prinzen hatte von jeher eine militärische Verwendung als einziger standesgemäßer »Beruf« gegolten. Auf den Thron gelangt, hat mancher von ihnen militärische Gewohnheiten beibehalten und militärische Maßstäbe und Prinzipien in seine Politik eingebracht.

Ein Politikum sui generis bildete der Eskapismus mancher Fürsten ins Private, der in Varianten auftrat. Unter dem Eindruck der Trennung von Staatsvermögen und Hausvermögen entwickelte sich die Spielart des robusten Erwerbspolitikers, dem es privat auf Mehrung von Einkommen und Besitz für sich und seine Familie ankam. Die Geschichtsschreibung behandelt und beurteilt die Fürsten aus gutem Grund hauptsächlich in den Zusammenhängen des öffentlichen Lebens. Die Realität ihrer Existenz fand sie jedoch nicht weniger als andere Menschen in häusliche und familiäre Bindungen verflochten, und mitunter suchte man Hausinteressen auf Kosten des Staatsinteresses zu fördern.

Ludwigs I. Kunst-Königtum war so einmalig, daß es sich in eine Monarchentypologie seiner Zeit kaum einordnen läßt. Innenpolitisch weist der Regierungsstil auch dieses Monarchen beträchtliche Bestandteile aus dem Erbe des aufgeklärten Absolutismus auf, in dessen Geist er aufgewachsen war und der seinem Temperament und seiner politischen Veranlagung am ehesten entsprach. Als Sohn einer neuen Zeit hat er zwar das Zustandekommen des Verfassungsstaates begünstigt und auch nach Enttäuschungen, die nicht ausbleiben konnten, die Verfassung nicht angetastet. Zum konstitutionellen Herrschertypus ist er deswegen keineswegs zu rechnen. Vielmehr entwickelte sich seine Regierung seit 1830 zu einem Restaurationskönigtum mit religiös-kirchlicher Orientierung, doch blieb er zu nüchtern, um eine bayerische Variante des romantischen Gottesgnadentums eines Friedrich Wilhelm IV. zu kreieren. Er war überzeugt, daß er sein Königsamt im Auftrag Gottes zu versehen habe, aber ein politisches Mysterium machte er daraus nicht. Ludwig regierte im Sinne eines bürokratisch gehandhabten »Monarchischen Prinzips«.

Wie spiegelte sich das dynastische Landesherrentum in der vormärzlichen öffentlichen Meinung? Wir unterscheiden zwischen den Schichten mit reiferem politischen Bewußtsein und der Masse der Bevölkerung.

Bei dieser, die mühsam ihrem Lebensunterhalt nachging, wird man eher Indifferenz gegenüber den Fürsten voraussetzen dürfen. Jubel hauptstädtischer Bevölkerung aus offiziellem Anlaß, Kundgebungen der Loyalität bei Besuchsfahrten des Herrschers in der Provinz darf man nicht überschätzen. Die Stimmungen der Untertanen, die Äußerungen der vox populi wechselten rasch. Mißvergnügen an den Fürsten, Ärger über sie gab es genug. Fest steht jedoch, daß von einer Mehrheit republikanisch Gesinnter auf deutschem Boden keine Rede sein konnte. Diese Einstellung ist allerdings mehr auf die Macht tausendjähriger Gewohnheit als auf durchdachte Bejahung zurückzuführen. Eine andere Form des Staates, eine Gesellschaft ohne die dynastisch-höfische Spitze konnte man sich schwer vorstellen. Soweit man sich Gedanken über Politik machte, die über das unmittelbar persönliche Wohl und Wehe hinausgingen, bestand ein Bedürfnis nach Personifizierung und Veranschaulichung jener abstrakten Größe Staat, die man nicht recht durchschaute. Es vereinfachte das Nachdenken und vermenschlichte die Situation, wenn man sich an eine »höchste Person« im Lande, an Fleisch und Blut halten konnte. Den Wunsch nach Systemwechsel knüpfte man meistens an Herrscherwechsel. Man nahm Anstoß an höfischer Verschwendung und unverständlichen Maßnahmen, am Lebenswandel dieses und jenes Fürsten.

Auch der einfache Mann konnte in den Genuß von Gunsterweisen des Fürsten gelangen. Wohltätigkeit zählte zu den selbstverständlichen Gepflogenheiten der meisten Herrscher, lange Aufenthalte außerhalb der Residenz waren häufig mit Spenden für die Ortsarmen verbunden. Gnade vor Recht ergehen zu lassen, Begnadigungen Verurteilter zählten zu den allgemein geschätzten Möglichkeiten herrscherlicher Prärogative. Vom finanziellen Spielraum der Fürsten machte man sich im Volke meist übertriebene Vorstellungen; auch der reichste Hof konnte nicht allen Supplikanten Genüge tun. Aber in zahlreichen Notfällen griff der Landesherr helfend ein, er übernahm die Ausbildung von Talenten aus einfachsten Verhältnissen, brachte diesen und jenen unter den Scharen seiner Bediensteten unter. Zahlreiche Fäden verknüpften Hof und Land, beispielsweise fürstliche Patenschaften bei kinderreichen Familien oder Feldzugs- und sonstige militärische Erinnerungen. Wir wissen nicht genug über die Verbreitung von Bildern des Landesfürsten in billigen Drukken selbst in ärmlichen Behausungen. Zwang wie in totalitären Staaten des 20. Jahrhunderts stand im Vormärz hinter solchen Bekundungen nicht. Die wohl bald als Modeerscheinung gedankenlos übernommenen männlichen und weiblichen Vornamen aus dem Bereich der landesherrlichen Familie, des Herrscherpaares zumal, auch in der Masse der Bevölkerung, dürfte in ihren Anfängen wohl als Symptom der Anhänglichkeit aufzufassen sein.

Im Vormärz und zum Teil noch sehr viel länger hat die Masse der Bevölkerung noch ihre Staaten als ihr Vaterland empfunden. Die Idee des deutschen Vaterlandes, obschon in Bayern von König Ludwig propagiert, erreichte im allgemeinen erst die Gebildeten. Allerdings setzte auch die Identifizierung mit dem Staat Denkprozesse voraus; diese fanden in der Person des Monarchen ihren Haltepunkt. In der Generationenfolge der regierenden Familie sah man politische Kontinuität und Stetigkeit verbürgt, obwohl man wußte, daß auch Dynastien vom Aussterben bedroht sind und Thron- und Erbfolgestreitigkeiten zu Krisen führen konnten. Die einfachste Form einer politisch-historischen Periodisierung knüpfte an die Regierungszeiten der Herrscher an. Die der Bevölkerung in jeder Epoche neu gestellte Aufgabe der politischen Identitätsfindung ließ sich im Vormärz für die Masse ohne Bezugnahme auf Herrscher und Herrscherhaus schlechterdings noch nicht lösen.

Anders sah es bei der politisch gebildeten Minderheit der Bevölkerung aus. Ihre konservative »Fraktion« harmonierte weitgehend mit der Monarchie ihrer Zeit, ihre liberale dachte primär nicht an das Königtum, sondern an Staat und Gesellschaft beziehungsweise deren Veränderung. Wenn der Monarch, wie es die Regel war, hauptsächlich die bestehende Ordnung schützte, bezog man ihn in eine oft heftige Systemkritik ein. Gegen die Einrichtung der Monarchie als solcher hat man meistens noch nichts eingewendet, wohl aber gegen das Selbstherrschertum. Es ging nicht mehr darum, ob dieses in guter Absicht oder mit selbstsüchtigen Hintergedanken fungierte. Der mündige Teil der Bevölkerung wollte sich nicht mehr gängeln lassen. Jede Epoche wird durch Minoritäten repräsentiert. Diese waren im Vormärz einem monarchischen Prinzip mit legitimistischen und romantisch-restaurativen Zutaten entwachsen. In der auf die Julirevolution folgenden Krise ließ sich dieses System noch einmal stabilisieren, aber während der vierziger Jahre trat seine Brüchigkeit mehr und mehr zu Tage, und der Revolution von

1848 hielt es nicht mehr gänzlich stand. Die Monarchie durfte indessen mit dem zufrieden sein, was sie, dem Zeitgeist etwas angepaßter als vorher, auch nach 1848 noch bedeutete und darstellte.

Bei Hofe und an der Staatsspitze kultivierte man, je länger je bewußter und intensiver, das Loyalitäts- und Zustimmungspotential, das in den »unteren« Schichten der Bevölkerung, namentlich der bäuerlichen, noch vorhanden war. Dies um so mehr, als sämtliche Monarchien Europas seit der Französischen Revolution zur Defensive übergegangen waren. Man mochte in ruhigen Phasen des Zeitgeschehens die von 1789 ausgehende Bedrohung verdrängen und vergessen – bald sorgten die Ereignisse wieder dafür, daß man an die grundsätzliche Gefährdung monarchischer Existenz erinnert wurde. Die Monarchie sann nicht nur auf bürokratisch-polizeiliche Abwehr mit den herkömmlichen repressiven Mitteln, sondern auch auf ideologisch-propagandistische Selbsthilfe und auf Gegenangriff. Die beste Verteidigung – der Gegenangriff auf den Republikanismus – konnte nicht ohne ein Programm, ohne tragende Konzeption vonstatten gehen.

Die vielfach angebotenen, oft geistreichen und subtilen konservativen Staats- und Gesellschaftstheorien griffen nicht, wenn man die Masse der Bevölkerung beeinflussen wollte. Auf einen für die Staaten des Deutschen Bundes höchst gefährlichen Weg wäre man geraten, hätte man versucht, den vor 1848 und um die Jahrhundertmitte literarisch nicht seltenen Topos eines starken Führer-Kaisertums über einem demokratisierten Volk (Grabbe, Lassalle) zu realisieren. Der Komplex »Monarchie und vierter Stand«, der in Bayern bei Max II. auf Verständnis stieß[193], war für vormärzliche Verhältnisse weithin noch verfrüht und einem Ludwig I. noch wesensfremd. Dagegen hat man schon in der ludovizianischen Ära – gewiß nicht ohne Zustimmung des Monarchen – ansatzweise an einem politischen Mythos »Fürst und Volk« gezimmert, der nach 1848 schließlich planmäßig propagiert wurde[194]. Er beruhte auf dem patriarchalischen Leitbild innerer Übereinstimmung zwischen dem Fürstenhaus und der Masse der bäuerlichen und kleinbürgerlichen Bevölkerung. Der politisch sensible Fürst Wallerstein hat diese Melodie schon intoniert, und es wäre erstaunlich gewesen, wenn nicht gerade er, *der* Mann mit politischer Phantasie an der Regierungsspitze, auf diesen »in der Luft liegenden Gedanken« verfallen wäre. Als *das* historische Paradigma für das Programm »Fürst und Volk« bot sich in Bayern der Bauernaufstand von 1705 an. Ludwig legte sich mit Rücksicht auf Österreich Zurückhaltung auf, soweit es um öffentliches Gedenken ging. Er hat nie einen Geschichtstaler, der auf die Vorgänge Bezug nahm, prägen, nie ein Denkmal setzen lassen, obwohl er die Entstehung einer Gedenkstätte auf dem Sendlinger Friedhof mit dem berühmten Gemälde Wilhelm Lindenschmidts d. Ä. im Mittelpunkt und die Anbringung von Gedenktafeln in Aidenbach und Pfarrkirchen vielleicht nicht ungern gesehen hat. Ein Staatskult der Volksbewegung von 1705 ist endgültig erst nach Ludwig I. entstanden.

Wie das Gedenken an 1705 nur einen Teil des politischen Mythos »Fürst und Volk« in Bayern ausmachte, so bildete dieser nur *ein* Requisit unter anderen aus dem umfangreichen Inventar der monarchischen Propaganda. Es war im Laufe des 19. Jahrhunderts in ganz Europa Sitte geworden, Straßen, Bauten, Schiffe, Vereine nach dem Herrscher zu benennen, und Bayern stand in der Befolgung dieses Trends nicht zurück. Eisenbahnen und der Main-Donau-Kanal trugen – selbstverständlich – den Namen des Königs. Die Verlegung der Kirchweih und des Jahrmarkts in dem pfälzischen Ort Geinsheim auf den Sonntag nach dem »Allerhöchsten Geburts- und Namensfest Seiner Majestät« wurde mit der Einführung der Bezeichnung »Ludwigs-Markt« verbunden[195]. 1843 benannte man die Rheinschanze in »Ludwigshafen« um. Zwar lassen sich Benennungen nach dem Landesherrn schon früher (Universitäten!) nachweisen. Aber diese nahmen wie andere Aktivitäten zur Mehrung des Fürstenruhms im 19. Jahrhundert inflationäre Züge an. Was vordem Schmeichelei und Beflissenheit fürstlicher »Diener« auf eine eher naive Weise hervorbrachte, hat man nach der Französischen Revolution, selbstverständlich mit Wissen und Billigung der Fürsten, systematisch aufgegriffen und betrieben, mit einem ideologischen Akzent versehen und jenem umfangreichen Maßnahmenkatalog einverleibt, der der Verteidigung der Monarchie gegen ihre Feinde zu dienen hatte.

Die Monarchen und ihre Ratgeber haben erkannt, daß der politische Historismus des 19. Jahrhunderts für das Königtum Chancen bereithielt. Allgemein hat man unter systemstabilisierenden Vorzeichen eine geschönte Haus-, Landes- und Regentengeschichte betrieben und damit der Sache des Konservativismus im allgemeinen wie der Monarchie im besonderen zu dienen gesucht. Ludwig hat Geschichte gewiß nicht nur als Mittel zum Zweck geschätzt. Geschichte ergriff und begeisterte ihn. Aber als politischer Praktiker behielt er stets auch ihre Nutzanwendung im Auge. Lange Dauer eines Geschlechts oder einer Institution veranlaßte ihn weniger zu Befürchtungen über Altersgefährdung und Untergang, sondern eher zu optimistischen Erwartungen. Was schon so lange Bestand hatte, bezeugte nach seiner Meinung Vitalität und bot anscheinend Gewähr auch für die Zukunft. Ihn persönlich erfüllte geschichtliches Alter mit Ehrfurcht[196]; er setzte ähnliche Empfindungen auch bei anderen voraus. Geschichtspflege schien demnach dem Bestehenden und das heißt nicht zuletzt der monarchischen Ordnung zugute zu kommen. Der Gedanke, daß Umgang mit der Geschichte auch zu ganz anderen als konservativen Konsequenzen in Theorie und Praxis führen könnte, hat ihn offensichtlich nicht beunruhigt. Ebenso lag ihm die Überlegung fern, daß eine Hinwendung zur gesamtdeutschen Vergangenheit und sein Eintreten für ein national-deutsches Geschichtsbild für Bayerns Königtum und Staatlichkeit nicht problemlos bleiben konnten. Ludwig beschwor die Geschichte, wenn er seinen Kindern Namen gab, die an die Frühzeit Bayerns erinnern sollten und seit langem außer Gebrauch gekommen waren: Otto, Luitpold, Theodolinde.

Der auch anderswo luxurierende Denkmalskult sollte Geschichte festhalten und der Allgemeinheit zum Bewußtsein bringen. Eine Verdoppelung der Wirkung erhoffte sich Ludwig, wenn er die Denkmalssetzung auch auf Geschichtstalern »verewigte«. Zum Denkmalskult gesellte sich der Datenkult und musealer Sammeleifer. Für museumswürdig erachtete der König nicht nur Kunstwerke und eindrucksvolle Überreste aus mehr oder weniger ferner vaterländischer Vergangenheit, sondern auch Gegenstände seines Alltags, wie der zeitgeschichtlich bedeutsamen Ereignisse aus seinem Erlebnisbereich. Sorgfältig etikettiert, hat er sie, von der Kollegmappe des Göttinger Studenten bis zum Hochzeitsgewand seiner Frau, vom Degen, den Napoleon dem bayerischen Kronprinzen zum Geschenk machte, bis zu der Uniform des bayerischen Leibinfanterieregiments, die der Monarch während der »Empörung im März 1848« trug, und der Feder, mit der er die eigenhändig geschriebene Proklamation vom 6. März 1848 und am 20. März das Dokument seiner Thronentsagung unterzeichnete, den Händen des Konservators anvertraut[197]. Solche Betätigung von »Historismus« beweist, wie sehr der König sich und seine Regierung als geschichtlich empfand, wie sehr ihm daran lag, Geschichtlichkeit zu gewinnen und in der Geschichte zu »glänzen«.

Ähnliche Beweggründe lagen bei der Monumentalisierung seiner Ära durch die Kunst vor, obschon er enthusiasmierenden Genuß der Kunst und Daseinserhöhung durch Kunst um ihrer selbst willen durchaus kannte und pflegte. Im Verlauf eines den Kronprinzen und König von der Kunstliebhaberei über Sammelleidenschaft zur Kunstpolitik führenden Prozesses traten nationalpädagogische Gesichtspunkte und das Bestreben, sich und seine Regierung zu verherrlichen und ihrem Andenken lange Dauer zu verschaffen, immer stärker hervor. Ihm stand der Sinn danach, der größte deutsche Mäzen zu werden – und er ist es auch geworden. Auf dem Weg über eine mäzenatische Politik, die ihresgleichen suchte, erhöhte er die geschichtliche Bedeutung seines Königtums. Dies haben ihm schon zeitgenössische Dichter und Maler, ein Graf Platen und ein Rückert, ein Schnorr von Carolsfeld und Wilhelm Kaulbach in Wort und Bild bestätigt, und der bald, man möchte sagen schon beinahe zu seinen Lebzeiten einsetzende Nachruhm hat die richtigen Akzente gesetzt, wenn er, etwa bei der verspäteten Zentenarfeier von 1888[198] oder in Reidelbachs Prachtwerk[199] das Kunst-Königtum des Wittelsbachers in den Mittelpunkt rückte.

2. Politische Bilanz des ludovizianischen Königtums

Auf einen detaillierten wissenschaftsgeschichtlichen Überblick über die Ludwigshistoriographie wird verzichtet. In ihrer älteren Phase fällt die Konzentration auf die Kronprinzenzeit und die deutsch-nationale Orientierung des Monarchen auf. Diese Richtung zeigte sich bereits in den Leichenpredigten[200]. Man befand sich am Vorabend des deutsch-französischen Krieges von 1870/ 71. Die nationale Mentalität hatte in solchem Maße von den Zeitgenossen Besitz ergriffen, daß auch die Geschichtsschreibung Bayerns, stets Spiegel der Zeitströmungen, angesichts der Vorwürfe kleindeutscher Historiographie und Publizistik gegen die Rheinbundstaaten, die zu parieren man sich offensichtlich schwer tat, mit Genugtuung und dankbar auf den Patrioten Ludwig hinwies und sein deutsch-nationales Verdienst gegen die Kritiker an einer tatsächlich oder vermeintlich frankophilen Phase des Landes ausspielte. Das Gleichgewicht zwischen dem »teutschen« Engagement und der bayerischen Staatsräson in Ludwigs Politik historiographisch herzustellen, gelang erst der Geschichtsschreibung Doeberls und Spindlers, und seit ihnen hat man zu einer von nationalen Kompensationsbedürfnissen Süddeutschlands freien Betrachtungsweise gefunden. Kritik an der inneren Politik Ludwigs haben fast alle Historiker geübt. Je nach ihrer Position war diese Kritik verschieden getönt. Seit der Mitte unseres Jahrhunderts mehrt sich die Zahl derjenigen Historiker, die Gestalt und Ereignisse der Vergangenheit ausschließlich nach den Richtlinien der sogenannten kritischen Theorie beurteilen. Sind die Kriterien dieser Theorie tatsächlich eindeutig und unanfechtbar? Liefern sie ein ausreichendes Instrumentarium, um *allen* geschichtlichen Phänomenen gerecht zu werden?

Das politische Fazit dieser Biographie läßt sich nicht auf einen Nenner oder eine Formel bringen. Vorweggenommen sei, daß wir Ludwig I. nicht als politischen Kopf, sondern seines mäzenatischen Königtums wegen in die vorderste Reihe der europäischen Monarchen seiner Zeit stellen. Daß er Friedenskönig bleiben durfte, verdankte er einem Glücksfall, den er sich nicht zum Ruhm anrechnen konnte. Er hatte weder die Macht, einen großen Krieg vom Zaun zu brechen noch ihn zu verhüten. Der begrenzte bayerische Spielraum und das geringe Machtpotential eines Mittelstaates sind zusammen mit der Konstellation im Deutschen Bund und in Europa stets in Betracht zu ziehen, wenn man die Handlungen des Monarchen politisch beurteilt. Weder bundespolitisch noch auf europäischer Ebene war für Bayern unter Ludwig I. mehr herauszuholen als Fortuna dem Hause Wittelsbach unter der unvergleichlichen Konstellation der napoleonischen Zeit hatte zuteil werden lassen. Von Ludwigs Außenpolitik insgesamt ist zu sagen, daß er der bayerischen Staatsräson nichts vergeben hat, weder in seinem Verhalten gegenüber den beiden deutschen Großmächten noch durch Errichtung der griechischen Sekundogenitur. Die Kritik an der angeblichen Unberechenbarkeit und Exzentrizität des Königs, wie sie beispielsweise Metternich übte, ging hauptsächlich auf die Verärgerung solcher Staatsmänner zurück, denen sich Ludwig nicht gefügig zeigte. Es war nicht leicht, zwischen Wien und Berlin, von denen man in vieler Hinsicht abhängig war, einen einigermaßen sicheren Kurs zu steuern. Dies ist dem König gelungen. Bayerns Stellung als dritte deutsche Macht wurde durch ihn aufrechterhalten.

König Ludwig hat sein Amt in erster Linie als »innerer König« ausgefüllt. Die in verhältnismäßig kurzer Zeit nach seinem Regierungsantritt gelungene finanzpolitische Sanierung des Königreichs war eine große Tat. Als solche müßte man auch die

Aufrechterhaltung des glänzenden Zustands der Finanzen ohne drückende Steuervermehrung bis zur Thronentsagung (und dies angesichts der enormen Aufwendungen für Kunst und Bauten!) bezeichnen, verbände sie sich nicht mit einer zu weit getriebenen Sparpolitik. Innerer König auch als Haupt seiner Dynastie: treu besorgter Haushalter, Mehrer des Hausgutes. Die Wahrung der Kronrechte lag ihm nicht nur um der Selbstbehauptung seines Systems willen am Herzen, er handelte auch aus Verantwortungsgefühl für sein Haus.

Zu den wichtigsten und folgenreichsten Entscheidungen, die Ludwig getroffen hat, zählte es, die Position der Kirchen, insbesondere der römisch-katholischen, im öffentlichen Leben seines Staates gehoben, ja regeneriert zu haben. Wahrscheinlich hätte der Katholizismus Bayerns, verbandspolitisch die Chancen des modernen, sich demokratisierenden Staates nützend, seit der zweiten Hälfte des 19. Jahrhunderts ohnehin und von sich aus die Stellung erreicht, die er tatsächlich eingenommen hat. Doch hat ihm die Begünstigung durch Ludwig auf jeden Fall sehr vorangeholfen, sein Selbstbewußtsein gestärkt und der »katholischen Emanzipation« seit 1848 vorgearbeitet. Cum grano salis läßt sich sagen, daß Bayern, historisch gesehen, auf der Montgelas- und auf der Ludwigs-Tradition beruht; beide sind schließlich eine Synthese eingegangen.

Im Gegensatz zu nicht wenigen anderen deutschen Bundesfürsten, einem Franz I. von Österreich und einem Friedrich Wilhelm III. von Preußen etwa, deren politisches Interesse kaum über den Bereich ihrer Staaten und Dynastien hinausreichte, ließ sich Ludwig von europäischen Bewegungen inspirieren. Lieh er ihnen seine Hilfe, geschah es stets auf tatkräftige Weise. Dies trifft zunächst auf die Strömung des Philhellenismus zu, der er sich verschrieben hatte, längst bevor eine wittelsbachische Thronkandidatur in Griechenland in Sicht stand. An der Erneuerungsbewegung des deutschen und europäischen Katholizismus im 19. Jahrhundert nahm er lebhaften Anteil. Konrad Eberhards Bild des Bayernkönigs mit der brennenden Kerze in der römischen Fronleichnamsprozession[201] versinnbildlicht nicht nur die Selbstdarstellung eines romantischen und zeremonienfreudigen Königs, sondern auch sein nie wankendes Eintreten für die Belange der Weltkirche, der zuzugehören für sein politisches Selbstverständnis viel bedeutete. Schließlich hat er sich der internationalen Bewegung nationaler Selbstfindung in ihrer deutschen Variante lebhafter zugewandt und ihr auf seine sehr persönliche Weise ästhetisch-historischer Verherrlichung des Nationalgedankens origineller gedient als irgendein deutscher Fürst seiner Zeit. Wie aus seiner Fürsorge für den deutschen Katholizismus in Nordamerika und anderen Maßnahmen hervorgeht, lag ihm eine deutsch-katholische Synthese am Herzen. Die Darstellung der germanischen Geschichte im Fries der Walhalla, den Johann Martin Wagner geschaffen hat, deutet an, wie der König Germanentum und Christentum als Einheit zu sehen wünschte. Tatsächlich nahm der »christlich-germanische« Vergangenheitskult allenfalls eine Randzone innerhalb der katholischen Restauration als einer europäischen Bewegung ein. Nicht zu durchschauen beziehungsweise vorauszusehen vermochte der König, daß der Nationalismus des 19. Jahrhunderts in das ideologische Arsenal eines nichtchristlichen, ja antichristlichen Säkularismus münden könnte.

Eher als die ideologischen Diskrepanzen zwischen Katholizismus und Nationalismus hätte der König erkennen können, daß die von ihm betriebene Pflege des Nationalgedankens ohne Veränderung des politischen status-quo im Deutschen Bund in eine Sackgasse führen mußte. Weder mit einer ästhetischen Nationalkultur noch mit Einigkeit des Deutschen Bundes nach außen war der Dynamik der deutschen Nationalbewegung Genüge getan. Der Deutsche Bund ließ sich aus der europäischen Machtpolitik nicht ausklammern. Auf die Dauer kam er als Alternative zur Rivalität der beiden deutschen Großmächte nicht in Frage. Innere Widersprüche oder vom »Helden« der Biographie noch nicht begriffene Gefahrenmomente aufzuzeigen, zählt zu den Aufgaben einer historischen Analyse. Es bedeutet jedoch nicht, von der betreffenden historischen Persönlichkeit nachträglich ein logisch geschlossenes Handeln zu verlangen. Widersprüchlichkeit leistet der Menschlichkeit eher Vorschub als ihr Gegenteil.

Es ist nicht zu bezweifeln, daß in der innenpolitischen Bilanz Ludwigs, aufs ganze gesehen, die konservative, ja reaktionäre Regierungstendenz die freiheitlich-reformerische seines ersten Jahrfünfts erheblich überwiegt. Widerspruchsfrei verhielt sich der König – mit dem Ergebnis des Scheiterns – als Ritter vom monarchischen Prinzip. 23 Jahre hat er so eine wichtige Verteidigungsstellung im Rahmen des europäischen Monarchismus gehalten. Kein anderer deutscher Fürst von historischem Rang hat konsequenter als er das monarchische Prinzip zu realisieren versucht. Auf längere Sicht gewiß ein aussichtsloses Unterfangen! Die Geschichte hat in dieser Hinsicht gegen ihn entschieden. Aber von dem Schicksal, zu veralten und dem Gang der Dinge nicht mehr gerecht zu werden, hat sich bisher noch keine historische Persönlichkeit freikaufen können. Die Relativität aller unserer Positionen sollte zur Vorsicht mahnen, wenn man versucht ist, Lob und Tadel für eine Persönlichkeit der Vergangenheit unbesehen den eigenen Überzeugungen zu entnehmen. Gewiß – jede Geschichtsschreibung selektiert. Sie sollte es sich in einem pluralistischen System auch gefallen lassen, wenn einige Historiker sich von der herrschenden Richtung vernachlässigten Perspektiven zuwenden und beispielsweise im biographischen Sektor die Frage aufwerfen, ob geschichtswürdig nur ist, wer eine ausreichende Zahl emanzipatorischer Pluspunkte aufzuweisen hat. Nur eine Minderzahl geschichtlicher Erscheinungen vermag man in dem dürftigen Schema progressiv-reaktionär unterzubringen. Und persönliche Bewährung und Entfaltung von Humanität läßt sich sehr wohl auch außerhalb des Engagements für die Sache des tatsächlichen oder vermeintlichen Fortschritts betätigen. Letztlich fragt es sich, ob in der Ökonomie des Weltgeschehens den bewahrenden, verteidigenden und bremsenden, den ordnenden Kräften zumal, nicht die gleiche historische Dignität zukommt wie den verändernden. Eine nur aus Progressiven bestehende Welt wäre vermutlich schon lange an sich selbst zugrunde gegangen. Hingegen begünstigt das Gleichgewicht zwischen konservativen und progressiven Tendenzen dem Gemeinwohl nützliche Kompromisse und behütet vor Katastrophen. Man kann seiner Zeit auch gerecht werden, indem man sich nicht vorbehaltlos von ihrem Strome treiben läßt.

Ein ethischer Gewinn biographischer Arbeit könnte darin liegen, zu Gerechtigkeit zu erziehen. Gerechtigkeit gegenüber Monarchen bestünde unter anderem in der Einsicht, daß diese eine ererbte Position beziehen. In der Regel halten sie sich nicht für Agenten des Weltgeistes, sondern suchen ihre und ihrer Dynastie Stellung zu behaupten und ihre unmittelbaren Regentenaufgaben zu erfüllen. Gelingt dies, ist für ihre Sache schon Beträchtliches geleistet. Wer über die Normalität eines Regentendaseins hinausgehen, wer Zeit- und Generationsgebundenheit überspringen und die Geschichte verändern wollte, trat eine gefährliche Reise an. Wenn sich die Fürsten des Deutschen Bundes bis 1848 soviel wie geschlossen defensiv verhielten und keine nennenswerten Konzessionen an die Bewegung ihrer Zeit riskierten, haben sie sich zwar gewiß nicht großartig, vorausschauend oder weise, aber, geht man von ihrem Standpunkt der Herrschaftssicherung aus, ziemlich »normal« verhalten. War von ihnen, die alle unter dem Trauma der großen Französischen Revolution litten, tatsächlich zu erwarten, daß sie die höchst ungewisse Welt von morgen antizipieren sollten? Noch volle 70 Jahre nach 1848 hat sich ihr vorsichtiger Kurs ausgezahlt. Wohl wäre ein deutsches Bürgerkönigtum eine realisierbare Alternative zum monarchischen Prinzip gewesen. Aber was lehrten die Monarchen die Erfahrungen mit dem französischen Bürgerkönigtum? Die auf diese Regierungsform festgelegte Dynastie Orleans saß 18 Jahre auf einem sehr wackeligen Thron und mußte 1848 definitiv abtreten. Ihr folgte zunächst die »Rote Republik«, dann der Cäsarismus Napoleons III. Daß den deutschen Fürsten die Aufrechterhaltung ihrer Herrschaft über alles ging, sollte man nicht verwunderlich finden. Welche Gruppe handelt anders? Im übrigen zählt die Bewahrung oder Abschaffung des Königtums nicht zu den wichtigsten Themen des 19./20. Jahrhunderts.

Die Biographie unterrichtet, wie geschichtliches Handeln unlöslichen Verstrickungen unterliegt. Über jeden, nicht nur über jeden Monarchen, geht die Zeit hinweg. Dauerhafter Erfolg ist ohnehin ausgeschlossen. Und jeder Gewinn an »Progressivität« ist mit Verlusten der verschiedensten Art verbunden. Der Mißerfolg schließt weder geschichtliche Wirkung noch historische Würde dessen aus, der ihn erleidet. Daß Ludwig I. stets mit Leistung gezahlt, sein Herrscheramt ganz ernst genommen und mit vollem Einsatz gespielt hat, fällt nicht minder schwer in die Waagschale seiner politischen Bilanz als das Mißlingen seines Selbstherrschertums, das zu behaupten ihm immerhin 23 Jahre lang gelungen war. Wir verabschieden uns von dem König und unseren Lesern mit den Worten des französischen Gesandten am Münchner Hof anläßlich der Abdankung des Königs 1848: »Une vie brillante«[202].

ANHANG

ANMERKUNGEN

ANMERKUNGEN ZU BUCH I

[1] Vgl. O. Brunner, Vom Gottesgnadentum zum Monarchischen Prinzip, in: Neue Wege der Verfassungs- und Sozialgeschichte, Göttingen² 1980, 160–186; W. Hubatsch (Hg.), Absolutismus, Darmstadt 1973; K. O. Frhr. v. Aretin, Der aufgeklärte Absolutismus, Köln 1974; J. Kunisch, Staatsverfassung und Mächtepolitik. Zur Genese von Staatenkonflikten im Zeitalter des Absolutismus, Berlin 1979; ders., Der dynastische Fürstenstaat. Zur Bedeutung von Sukzessionsordnungen für die Entstehung des frühmodernen Staates, Berlin 1982; P. Anderson, Lineages of the Absolutist State, Norfolk⁴ 1979; D. Wyduckel, Princeps Legibus Absolutus. Eine Untersuchung zum frühmodernen Staatsrecht, Berlin 1979.

[2] Vgl. E. Weis, Montgelas 1759–1799. Zwischen Revolution und Reform, München 1971, 288 f.

[3] V. Preß, Soziale Folgen der Revolution in Deutschland, in: M. Biskup und K. Zernack (Hg.), Schichtung und Entwicklung der Gesellschaft in Polen und Deutschland im 16. und 17. Jahrhundert (= VSWG Beiheft 74), Stuttgart 1983, 201.

[4] Th. Schieder, Friedrich der Große. Ein Königtum der Widersprüche, Frankfurt a. M. 1983, 102–126.

[5] J. H. Zedler, Großes Vollständiges Universallexikon, 39, Leipzig/Halle 1744, Sp. 639–709.

[6] G. W. F. Hegel, Sämtliche Werke (Hg. Glockner) VII, Stuttgart 1952, 377–395.

[7] Vgl. H. Liermann, Untersuchungen zum Sakralrecht des protestantischen Herrschers, in: ders., Der Jurist und die Kirche. Ausgewählte kirchenrechtliche Aufsätze und Rechtsgutachten (Hg. J. Heckel u.a.), München 1973; E. W. Böckenförde, Die Entstehung des Staates als Vorgang der Säkularisation, in: ders., Staat, Gesellschaft, Freiheit. Studien zur Staatstheorie und zum Verfassungsrecht, Frankfurt a. M. 1976, 42–64; J. Kunisch, Staatsverfassung, 21 ff.

[8] Kunisch, Staatsverfassung, 16.

[9] Über Gleichgewicht, Europäisches Konzert etc. vgl. H. Gollwitzer, Europabild und Europagedanke, Göttingen² 1964, 71–77 und 128–145; H. Duchhardt, Gleichgewicht der Kräfte, Convenance, Europäisches Konzert. Friedenskongresse und Friedensschlüsse vom Zeitalter Ludwig XIV. bis zum Wiener Kongreß, Darmstadt 1976.

[10] H. Gollwitzer, Die Standesherren. Die politische und gesellschaftliche Stellung der Mediatisierten 1815–1918. Ein Beitrag zur deutschen Sozialgeschichte. Göttingen² 1964.

[11] Zur Heiligen Allianz vgl. M. Bourquin, Histoire de la Sainte Alliance, Genf 1954; G. de Bertier de Sauvigny, La Sainte Alliance, Paris 1972; H. Gollwitzer, Europabild und Europagedanke. Beiträge zur deutschen Geistesgeschichte des 18. und 19. Jahrhunderts. Göttingen² 1964, 191–200; ders., Ideologische Blockbildung als Bestandteil internationaler Politik im 19. Jahrhundert, in: HZ 201 (1965), 306–333.

[12] A. Stern, Die Geschichte Europas von 1830–1848, VI, Stuttgart und Berlin 1911, 73–109, und E. Parry, The Spanish Marriages 1841–1846, London 1936.

¹³ Vgl. K.-J. Grauer. Wilhelm I. König von Württemberg. Stuttgart 1960, 367 ff.
¹⁴ GHA NL 89/6/4 Daxenberger-L. 13. 8. 1866.
¹⁵ Vgl. J. C. G. Röhl, Kaiser Wilhelm II., Großherzog Friedrich I. und der »Königsmechanismus« im Kaiserreich, in: HZ 236 (1983), 549. Besonders aufschlußreich für das innerdeutsche Gesandtschaftswesen: Röhl (Hg.), Philipp Eulenburgs politische Korrespondenz I und II, Boppard 1976/1979, und E. Deuerlein (Hg.), Briefwechsel Hertling-Lerchenfeld 1912−1917, 2 Bde., Boppard 1923.
¹⁶ Daß eine oldenburgische Verfassung im Vormärz trotz der grundsätzlichen Bereitschaft des Großherzogs Peter Friedrich Ludwig 1820 nicht zustande kam, weil dieser mit dem Ansuchen um Zustimmung an die beiden Chefs des Hauses Holstein, den Zaren und den König von Dänemark, herangetreten war und beide ihn abschlägig beschieden, bildete schon für die Verhältnisse des frühen 19. Jahrhunderts einen ganz seltenen Ausnahmefall. (H. Onkken, Großherzog Peter von Oldenburg, in: Preußische Jahrbücher 102 (1900), 480f.). Ebda. 501: Noch 1872 legte der Großherzog Peter sein neues Hausgesetz dem Zaren als Oberhaupt der herzoglich-gottorpischen Hauptlinie zur Genehmigung vor.
¹⁷ Vgl. E. C. Conte Corti, Leopold I. von Coburg, Wien 1922, 172.
¹⁸ Vgl. K.-H. Janssen, Macht und Verblendung. Kriegsziele der deutschen Bundesstaaten 1914/18, Göttingen 1963, passim.
¹⁹ Zum Verhältnis Bayerns und Deutschlands zur Französischen Revolution heben wir hervor: L. Maenner, Bayern vor und in der Französischen Revolution, Stuttgart etc. 1927; J. Droz, L' Allemagne et la Révolution française, Paris 1949; J. Voss (Hg.), Deutschland und die Französische Revolution (Francia. Beih. 12), München 1983.
²⁰ Zum Begriff der Okzidentalen oder Atlantischen Revolution vgl. J. Godechot u. R. R. Palmer, Le Problème de L'Atlantique du XVIIIème au XXème Siècle (Relationi del X. Congresso Internazionale di Scienze Storiche V, 219−233); J. Godechot, La Grande Révolution I, Paris 1956, 15−41 und R. Palmer, The Age of Democratic Revolution I, Princeton 1959, 5−13.
²¹ E. J. Sieyès, Qu'est-ce que le tiers-état?, Paris 1789.
²² N. H. Gundling, Discours über Politik, 1733, 223 f.
²³ Vgl. M. Göhring, Weg und Sieg der modernen Staatsidee in Frankreich, Tübingen 1946, 130−211.
²⁴ Zum Begriff des Maschinenstaates vgl. K.-G. Faber, Zum Verhältnis von Absolutismus und Wissenschaft (Akademie der Wissenschaften und der Kultur. Abhdlgn. der geistes- und sozialwissenschaftlichen Klasse Jg. 1983, Nr. 5), Mainz 1983, 9.
²⁵ H. Hattenhauer und G. Bernert, Allgemeines Landrecht für die preußischen Staaten von 1794, Frankfurt a. M./Berlin 1970, 534−537.
²⁶ Goethes Werke, Weimarer Ausgabe, Bd. 53, Weimar 1914, 384.
²⁷ Goethes Werke, Weimarer Ausgabe, Bd. 5, Weimar 1893, 153.
²⁸ Mit Schwerpunktbildung in England und Frankreich: Jakob I., Robert Filmer, St. Martin.
²⁹ K. L. v. Haller, Restauration der Staatswissenschaft oder Theorie des natürlich-gesellligen Zustandes der Chimäre des künstlich-bürgerlichen entgegengesetzt, 6 Bde., Winterthur² 1820−25.
³⁰ A. H. Müller, Die Elemente der Staatskunst. Sechsunddreißig Vorlesungen, Meersburg 1936.

31 H. Diwald (Hg.), Von der Revolution zum Norddeutschen Bund. Politik und Ideengut der preußischen Hochkonservativen 1848–1866. Aus dem Nachlaß von E. L. v. Gerlach, 2 Bde., Göttingen 1976.
32 F. J. Stahl, Rechts- und Staatslehre auf der Grundlage christlicher Weltanschauung, Heidelberg 1845 (vermehrte 3. Aufl. 1856); ders., Die gegenwärtigen Parteien in Staat und Kirche, Berlin 1868.
33 R. Spaemann, Der Ursprung der Soziologie aus dem Geist der Restauration, München 1959.
34 M. Donoso-Cortés, Der Staat Gottes. Eine katholische Geschichtsphilosophie (Hg. L. Fischer), Karlsruhe 1933. Vgl. C. Schmitt, Donoso-Cortés in gesamteuropäischer Interpretation, Köln 1950.
35 Vgl. E. Lemberg, Geschichte des Nationalismus in Europa, Stuttgart 1950; J. L. Talmon, Political Messianism, London 1960, 29f. u. 229–292; H. Kohn, Die Idee des Nationalismus. Ursprünge und Geschichte bis zur Französischen Revolution, Frankfurt a. M. 1962; H. A. Winkler, Nationalismus, Königstein 1978.
36 R. Filmer, Patriarcha and Other Political Works (Hg. Peter Laslett), Oxford 1949, 55.
37 H. Bolingbroke, Idea of a patriot king, London 1738.
38 E. Burke, Reflections on the Revolution in France, London 1790.
39 Der Aufsatz »Die großen Mächte« erschien in Bd. II der von Ranke herausgegebenen »Historisch-politischen Zeitschrift« (= L. v. Ranke, Sämtliche Werke, Bd. XXIV, Leipzig² 1877, 37f. und 39).
40 Vgl. J. G. Lehmann, Vollständige Geschichte des Herzogtums Zweibrücken und seiner Fürsten, München 1867, 490–504; L. Molitor, Geschichte einer deutschen Fürstenstadt. Vollständige Geschichte der ehemals Pfalz-bayerischen Residenzstadt Zweibrücken etc., Zweibrücken 1885; H. Ammerich, Landesherr und Landesverwaltung. Beiträge zur Regierung von Pfalz-Zweibrücken am Ende des alten Reiches, Saarbrücken 1981.
41 Der bekannteste Fall: August der Starke von Sachsen 1697. Unter den Wittelsbachern war der Übertritt des Pfalzgrafen Wolfgang Wilhelm von Pfalz-Neuburg, dessen Linie später die pfälzische Kur erbte, zum Katholizismus 1613 von erstrangiger politischer Bedeutung für das gesamte Reich. Auch die Konversion der Pfalz-Sulzbacher Linie unter Christian August 1656 fiel ins Gewicht. Aus dem Sulzbacher Zweig ging der Pfalz-bayerische Kurfürst Karl Theodor hervor.
42 Den zweiten Vornamen trug der Pfalzgraf erst seit seiner Konversion.
43 Adalbert, Prinz von Bayern, MJ., 11f.
44 Vgl. H. Gollwitzer, Vorüberlegungen zu einer Geschichte des politischen Protestantismus nach dem konfessionellen Zeitalter (Rheinisch-westfälische Akademie der Wissenschaften Vorträge G 253), Opladen 1981, passim.
45 K. O. Frhr. v. Aretin, Heiliges Römisches Reich 1776–1806. Reichsverfassung und Staatssouveränität, 2 Bde., Wiesbaden 1967, passim.
46 Adalbert, Prinz von Bayern, Der Herzog und die Tänzerin. Die merkwürdige Geschichte Christian IV. von Pfalz-Zweibrücken und seiner Familie, Neustadt/Weinstraße 1966.
47 K. Baumann, Herzog Christian IV. von Pfalz-Zweibrücken 1722–1775, in: Deutscher Westen – deutsches Reich. Saarpfälzische Lebensbilder (Hg. K. v. Raumer und K. Baumann) I, Kaiserslautern 1838, 103–117.
48 E. Weis, Karl II. August Herzog von Pfalz-Zweibrücken, 1746–1795, in: NDB XI, 258–260.

⁴⁹ Zu den Verhältnissen am Hofe Karl II. August vgl. E. Stollreither, Rokoko und Revolution. Johann Christian von Mannlichs Lebenserinnerungen, Berlin 1923; Adalbert, Prinz von Bayern, MJ., passim; E. Weis, Montgelas, 161–179.
⁵⁰ Aretin, Reich I, 169 f.
⁵¹ Molitor, Fürstenstadt, 500.
⁵² Molitor, Fürstenstadt, 494 ff.; Ammerich, Landesherr, 198–207.
⁵³ Vgl. H. Mittelberger, Johann Christian Freiherr von Hofenfels 1744–1787, München 1934.
⁵⁴ H. Rall, Die Hausverträge der Wittelsbacher. Grundlage der Erbfälle von 1777–1799, in: H. Glaser (Hg.), Krone und Verfassung. König Max Joseph und der neue Staat (= Wittelsbach und Bayern III, 1), München 1980, 13–48.
⁵⁵ Vgl. K.O. v. Aretin, Die bayerische Staatsidee und die Tauschpläne des Kurfürsten Karl Theodor 1778–1799, in: Ders., Bayerns Weg, 64–119; V. Preß, Bayern am Scheideweg. Die Reichspolitik Kaiser Joseph II. und der bayerische Erbfolgekrieg 1777–1779, in: Festschrift für Andreas Kraus zum 60. Geburtstag, Kallmünz 1982, 277–307.
⁵⁶ Vgl. H. Rall, Pfalz-Bayerns Probleme im Urteil der Zweibrücker Reformer, in: ZBLG 18 (1956), 429.
⁵⁷ Aretin, Reich I, 178.
⁵⁸ Adalbert, Prinz von Bayern, MJ., 222 f. u. 226.
⁵⁹ Weis, Montgelas, 90 f.
⁶⁰ Adalbert, Prinz von Bayern, MJ., 350–358.
⁶¹ Vgl. Mittelberger, Hofenfels, 140 ff.; H. Tümmler (Hg.), Politischer Briefwechsel des Herzogs und Großherzogs Karl August von Weimar I, Stuttgart 1954, 114; Aretin, Reich II, 145 ff. – Zur Familie der Mutter Ludwigs vgl. R. Eselborn, Darmstadt und sein Hof zur Zopfzeit in zeitgenössischen Schilderungen, Friedberg 1915, u. O. Fuchs, Marie Luise Albertine zu Leiningen-Heidesheim, in: Hessische Chronik 3 (1914), 322–326.
⁶² Seit 1828 betrieb der französische Außenminister, Herzog von Richelieu, die Rückzahlung dieser Summen: FG II, 230: Gf. de la Garde – Herzog von Richelieu 19. 12. 1829.
⁶³ HHStA Wien Staka Bayern, Fasz. 88 Bericht des Grafen Lehrbach v. 12. 5. 1795.
⁶⁴ BStBM L. – A. T. 3,143 17. 3. 1845 sowie ebda. Nr. 11 (= Mündliche Überlieferungen aufgezeichnet von Ludwig I. König von Bayern).
⁶⁵ Vgl. Weis, Montgelas, passim.
⁶⁶ Vgl. I. Hardt, Wilhelm Herzog in Bayern, Bamberg 1838.
⁶⁷ BStBM, L. – A., Nr. 11.
⁶⁸ Ebda. u. BStBM L. – A. T. 3,143 18. 2. 1845.
⁶⁹ Vgl. H. K. v. Zwehl, Der Kampf um Bayern 1805, München 1937; ders. und A. Ritthaler, Die bayerische Politik im Jahre 1805, München 1964; L. Maenner, Die süddeutschen Mittelstaaten zwischen Frankreich und Österreich im Jahre 1805, in: ZBLG 11 (1938), 188–221; Aretin, Reich I, 474–477; Weis, in: Spindler, HB, 8–20.
⁷⁰ Adalbert, Prinz von Bayern, MJ., 372 u. 447.
⁷¹ Vgl. A. Kleinschmidt, Der Vertrag von Gatschina, in: Forschungen zur Geschichte Bayerns (Hg. Reinhartstöttner) VI, Regensburg 1898, 205–253.
⁷² Die Ermordung des Zaren Paul 1801 hat diese Vereinbarungen, kaum getroffen, gegenstandslos gemacht.

73 BStBM L. – A. T. 3,14 1. 9. 1812: Freiherr v. Asbeck berichtet L., »daß Minister Montgelas 1805 nicht den König zur Entscheidung brachte, auf französische Seite sich zu schlagen, sondern Freiherr v. Gravenreuth«. Asbeck hatte dies durch Zentner erfahren.
74 Er wurde im Lauf der Verhandlungen zu Würzburg September 1805 auf den 23. 9. 1805 vordatiert.
75 GHA N MJ. II B 1 L. – MJ. 24. 9. 1805; vgl., auch für das Folgende, Zwehl, Kampf, 136 f.
76 GHA NL I A 1 MJ. – L. 29. 9. 1805; vgl., auch für das Folgende, Zwehl, Kampf, 137 ff.
77 GHA N MJ. II B 1 L. – MJ. 6. 10. 1805.
78 Vgl. R. Freiin v. Oer, Der Friede von Preßburg. Ein Beitrag zur Diplomatiegeschichte des napoleonischen Zeitalters, Münster 1965.
79 Vgl. Demel, Staatsabsolutismus, 60 f.
80 Zu den Reformen der Ära Montgelas vgl. L. Doeberl, Maximilian von Montgelas und das Prinzip der Staatssouveränität, München 1925; M. Doeberl, Entwicklungsgeschichte Bayerns II, München 1928, 452–530; L. Knemeyer, Regierungs- und Verwaltungsreformen in Deutschland zu Beginn des 19. Jahrhunderts, Köln und Berlin 1970; W. Quint, Souveränitätsbegriff und Souveränitätspolitik in Bayern von der Mitte des 17. bis zur ersten Hälfte des 19. Jahrhunderts, Berlin 1971; F. Hausmann, Die Agrarpolitik der Regierung Montgelas. Untersuchungen zum gesellschaftlichen Strukturwandel Bayerns um die Wende vom 18. zum 19. Jahrhundert, Bern/Frankfurt a. M. 1975; E. Weis, in: Spindler, HB, 3–15; ders. (Hg.), Reformen im rheinbündischen Deutschland, München 1984; W. K. Blessing, Staatsintegration als soziale Integration. Zur Entstehung einer bayerischen Gesellschaft im 19. Jahrhundert, in: ZBLG 41 (1978), 633–700. Grundlegend neuerdings W. Demel, Der Bayerische Staatsabsolutismus 1806/08–1817, München 1983.
81 Vgl. K. Beyerle, Das Haus Wittelsbach und der Freistaat Bayern I, München 1921; F. Zimmermann, Bayerische Verfassungsgeschichte vom Ausgang der Landschaft bis zur Verfassungsurkunde von 1818 etc., München 1940.
82 Dok. III, 1, 101 f.
83 Vgl. Weis, in: Spindler, HB, 54.
84 Die sehr lebhafte altbayerische Publizistik mit dem Ziel einer Revitalisierung und Modernisierung der Landstände darf man als eine Vorstufe der modernen Verfassungsbewegung ansehen. Vgl. Zimmermann, Verfassungsgeschichte, 49–84.
84a Feuerbach, Leben und Wirken, 109.
85 Zur geistigen Welt von Montgelas vgl. Weis, Montgelas I, 6–14 u. passim, sowie Quint, Souveränitätsbegriff, 112 ff.
86 Vgl. F. Schnabel, Sigismund von Reitzenstein, der Begründer des badischen Staates, Karlsruhe 1926; P. Sauer, Der schwäbische Zar: Friedrich, Württembergs erster König, Stuttgart 1984; K.-J. Grauer, Wilhelm I. König von Württemberg, Stuttgart 1960; H. Berding, Napoleonische Herrschafts- und Gesellschaftspolitik im Königreich Westfalen 1807–1813, Göttingen 1973; E. Fehrenbach, Der Kampf um die Einführung des Code Napoléon in den Rheinbundstaaten, Wiesbaden 1973; A. v. Reden-Dohna (Hg.), Deutschland und Italien im Zeitalter Napoleons, Wiesbaden 1979.
87 Vgl. Weis, Montgelas I, 301–311, und G. Pfeiffer, Die Umwandlung Bayerns in einen paritätischen Staat, in: Bayern, Staat und Kirche, Land und

Reich, W. Winkler zum Gedächtnis, München 1961, 35–109. – Zu den Beziehungen zwischen Staat und kath. Kirche unter Max I. Joseph vgl. H. Witetschek, Die katholische Kirche seit 1800, in: Spindler HB; 914–945, und G. Schwaiger, Die kirchlich-religiöse Entwicklung in Bayern zwischen Aufklärung und katholischer Erneuerung, in: Glaser, Krone und Verfassung III, 1, 121–145.

[88] Zur Säkularisation vgl. A. M. Scheglmann, Geschichte der Säkularisation im rechtsrheinischen Bayern, 3 Bde., Regensburg 1903/06 (einseitig und veraltet); G. Schwaiger, Die altbayerischen Bistümer Freising, Passau und Regensburg zwischen Säkularisation und Konkordat (1803–1817), München 1959; A. Schneider, Der Gewinn des bayerischen Staates von säkularisierten landständischen Klöstern in Altbayern, München 1970; A. Langner (Hg.), Säkularisation und Säkularisierung im 19. Jahrhundert, München etc. 1978; E. Weis, Die Säkularisation der bayerischen Klöster 1802/03. Neue Forschungen zu Vorgeschichte und Ergebnissen (BAW. Philosophischhistorische Klasse. Sitzungsberichte 1983, H. 6), München 1983.

[89] Der Begriff Feudalismus wird hier und im folgenden nicht in seiner ursprünglichen rechtsgeschichtlichen Bedeutung, sondern im Sinne ständisch-privilegierter Position von Adel und Geistlichkeit verwendet, wie sich dies auch im wissenschaftlichen Sprachgebrauch durchgesetzt hat.

[90] Weis, Montgelas, 332–361.

[91] Schwaiger, Bistümer, 13.

[92] Adalbert, Prinz von Bayern, Metternichs Pate erzählt, in: Festgabe für S. K. H. Kronprinz Rupprecht von Bayern (Hg. W. Goetz), München/Pasing 1953, 51.

[93] Adalbert, Prinz von Bayern, ebda., 22. Vgl. H. Raab, Clemens Wenzeslaus von Sachsen und seine Zeit (1739–1812), Freiburg etc. 1962.

[94] Ergebnis der Volkszählung von 1818. Zu den wirtschaftlichen und sozialen Verhältnissen der Frühzeit des Königreichs vgl. W. Zorn, Gesellschaft und Staat in Bayern des Vormärz, in: W. Conze (Hg.), Staat und Gesellschaft im deutschen Vormärz 1815–48, Stuttgart 1962; ders., Kleine Wirtschafts- und Sozialgeschichte Bayerns 1806–1933, München 1962; ders., Die wirtschaftliche Struktur Altbayerns im Vormärz (1815–1848), in: Obb. Archiv 93 (1917), 190–206; ders., Bayerns Gewerbe, Handel und Verkehr (1806–1970), in: Spindler, HB, 782–845; ders., Die soziale Entwicklung der nichtagrarischen Welt (1806–1970), in: ebda., 846–882; P. Fried, Die soziale Entwicklung im Bauerntum und Landvolk, in: ebda., 751–781; F. Hausmann, Die Agrarpolitik der Regierung Montgelas etc., Ff. 1975.

[95] Hofdienst der Aristokratie hatte von jeher den Nebenzweck, eine loyale Adelsgruppe gegen Frondeure im Lande zu bilden.

[96] H. H. Hofmann, Adelige Herrschaft und souveräner Staat. Studien über Staat und Gesellschaft in Franken und Bayern im 18. und 19. Jahrhundert, München 1962, 278.

[97] Die Einführung eines nichtvererblichen Personaladels, verbunden mit der Verleihung des Verdienstordens der bayerischen Krone oder des Max-Joseph-Ritterordens, entstammt wohl der Tendenz, parallel zu Napoleons Experiment der Ehrenlegion einen reinen Verdienstadel zu kreieren. Aber wie Napoleon unabhängig von der Verleihung der Ehrenlegion dazu überging, eine neue Erbaristokratie ins Leben zu rufen, so entsprach man auch in Bayern dem Verlangen nach Adelserblichkeit in sehr vielen Fällen.

[98] Das »von« vor den Namen sehr vieler hoher Beamter vermochte die Priorität

ihres Berufsstandes und Berufsethos vor dem ihnen zuteil gewordenen oder ererbten Geburtsstand im allgemeinen nicht zu beeinträchtigen. Einige der Spitzenvertreter, wie Montgelas selbst, entstammten altem Adel, die Mehrzahl hatte man (brief-)adelig gemacht. So oder so dienten alle Beamten ausnahmslos dem Staat und suchten den Besitzadel wie die Geistlichkeit zu kontrollieren.

99 GHA NL 88/4/B.
100 GHA NL 88/4.
101 Aufschlußreich vor allem die Autobiographie Ludwigs I. »Aus meinem Leben Teil 1« (= BStBM L. – A. 5,1). Ferner: GHA NL II A 36 (Briefe der Hofrätin Weyland) und GHA NL I A 13 (Briefe Sambugas).
102 F. Schmidt, Geschichte der Erziehung der pfälzischen Wittelsbacher (= Monumenta Germaniae paedagogica hg. K. Kehrbach, Bd. IX), Berlin 1899.
103 Vgl. W. Winkler, Die Mutter König Ludwig I. von Bayern. Nach ungedruckten Briefen, in: Der Wächter VII, München 1924, 521–535.
104 Adalbert, Prinz von Bayern, MJ., 771.
105 BStBM L.-A. T. 3,42 20. 10. 1819.
106 BStBM L.-A. 5,1 S. 116ff. u. 237. – GHA N Max II 82/1/359 L.-Kronprinz Max. 28. 3. 1829: »...mein Vater, so äußerst gut er auch war, verstand mich nicht, seine Richtung war anders, für närrisch, überspannt hielt er, was mein Herz erfüllt, zum Himmel meine Seele schwang, verbergen mußte ich so, daß ich dichtete«.
107 Die drei älteren Geschwister hielten eng zusammen; der erst 1795 geborene Karl stand den Kindern aus der zweiten Ehe näher.
108 GHA NL I A 8 Karoline Auguste – L. 28. 1. 1819.
109 Vgl. Corti, Ludwig I., 33. – Die Nachricht betr. Cetto und Gravenreuth: BStBM L.-A. 11 »Mündliche Überlieferungen«, S. 191 f.
110 Vgl. Anm. 99 und 101 – SS 565 (23. 10. 1843): L. ließ ihr auf dem Neuen Friedhof zu Mannheim ein Grabdenkmal errichten.
111 Zu Kirschbaum vgl. Jöcher, Allgemeines Gelehrtenlexikon, 3. Ergänzungsband, Bremen 1810, Sp. 416, Neuer Nekrolog der Deutschen, 27. Jg. 1849, Weimar 1851, 30. – BStBM L.-A. 11: Der schon bei der Eheschließung der Eltern maßgeblich beteiligte Freiherr v. Groschlag hat L. zufolge den Ausschlag gegeben, daß Kirschbaum sein Erzieher wurde.
112 H. Tümmler, König Ludwig I. von Bayern und Karoline von Heygendorf in ihren Briefen 1830–1848, Köln/Wien 1981, 71.
113 Vgl. A. W. Iffland, Über meine theatralische Laufbahn, Heilbronn 1886, und L. Geiger (Hg.), Ifflands Briefe an seine Schwester etc., Berlin 1904.
114 Tümmler, König Ludwig I., 6.
115 Zu Rheinwald vgl. Lebenserinnerungen des J. Chr. v. Mannlich (Hg. Stollreither), Berlin 1913, 431, 494 f. u. passim, und H. Haußherr, Die Memoiren des Ritter von Lang 1764–1833, Stuttgart 1957, 205 f. – Vgl. ferner Adalbert, Prinz von Bayern, MJ., 351.
116 Material zu diesem weitläufigen Thema enthalten u.a. die unter dem Titel »Mündliche Überlieferungen« von Ludwig I. 1866 und 1867 aufgezeichneten Begebenheiten und Anekdoten (BStBM L.-A. 11).
117 H. Chr. Frhr. v. Gagern, Mein Anteil an der Politik V, Leipzig 1845, 25.
118 Unter den seit dem 17. Jahrhundert in Deutschland zugezogenen Einwanderern aus Como und Umgebung findet sich eine auffällig hohe Anzahl von Familien, die zu wirtschaftlicher oder kultureller Prominenz gelangten.
119 Vgl. M. Spindler, Joseph Anton Sambuga und die Jugendentwicklung König

Ludwigs I., Aichach 1927.
[120] J. M. Sailer, Joseph Anton Sambuga, wie er war, München 1816, 57 f.
[121] GHA NL 88/4.
[122] GHA NL I A 13 Sambuga-L. 9. V. 1812 u. BStBM L.-A. Nr. 7,1.
[123] K. Trautmann, Oberammergau und sein Passionsspiel, Bamberg 1896, 77.
[124] Spindler, Sambuga, 81.
[125] Vgl. L. Fertig, Die Hofmeister. Beiträge zur Geschichte des Lehrerstandes und der bürgerlichen Intelligenz, Stuttgart 1979.
[126] Nach F. von Gentz eine »halbmaskierte Hof-Assemblée« (K. Mendelssohn-Bartholdy, Briefe von Friedrich von Gentz an Pilat I, Leipzig 1868, 103). Vgl. ferner K. Th. v. Heigel, Über den Bedeutungswandel der Wörter Akademie und akademisch. Ansprache gehalten in der öffentlichen Sitzung der kgl. Akademie der Wissenschaften am 18. 11. 1911, München 1911.
[127] E. Wertheimer, Berichte des Grafen Friedrich Lothar Stadion über die Beziehungen zwischen Österreich und Bayern (1807–1809), in: Archiv für österreichische Geschichte 63 (1882), 189 u. 193.
[128] Arneth, Wessenberg I, 150 f.
[129] Vgl. L. Böhm, Bildung und Wissenschaft in Bayern im Zeitalter Maximilian Josephs, in: H. Glaser (Hg.), Krone und Verfassung, 201–205. – (Karl Prinz von Bayern), Aus dem Leben und Wirken des Königs Max Joseph I. von Bayern. Berichtigungen und Erläuterungen zu Dr. Sepps biographischem Werk über König Ludwig I., München 1870, 9.
[130] Zur Universität Landshut vgl. E. Ringseis (Hg.), Johann Nepomuk Ringseis, Erinnerungen I, Regensburg/Amberg 1886; Ph. Funk, Von der Aufklärung zur Romantik. Studien zur Vorgeschichte der Münchener Romantik, München 1925; R. Burkhard, Die Berufungen nach Altbayern unter dem Ministerium Montgelas, Erlanger Diss. 1927; L. Böhm (wie Anm. 129).
[131] Spindler, Sambuga, 64.
[132] Unter den Beständen der Donatio Ludoviciana der Münchner Staatsbibliothek findet sich eine Schrift »An den Durchleuchtigsten Prinzen Ludwig August von Baiern als Er die Schuljugend zu Landshut bei der Preisverleihung mit seiner hohen Gegenwart beglückte« (1803).
[133] GHA NL I A 32 »Einteilung meiner Zeit in Landshut vom 6. 5.–24. 9. 1803«. Ebda. weitere Aufzeichnungen aus der Landshuter Zeit.
[134] GHA NL C 26: Briefe Sailers an Ludwig I. 1805/26. – Vgl. H. Schiel, Bischof Sailer und König Ludwig I. Mit ihrem Briefwechsel, Regensburg 1932, u. ders., Johann Michael Sailer. Leben und Briefe. 2 Bde., Regensburg 1948/51.
[135] GHA NL I A 13: Sambuga – L. 15. 8. 1804 u. 8. 7. 1805.
[136] Schiel, Sailer, Leben und Briefe, II, 276.
[137] GHA NL C 26: Sailer – L. 12. 7. 1805: »Darf Ihnen von einem Ihrer uneigennützigsten Verehrer eine Zeile nachreisen – nach Italien oder Frankreich oder wo Sie sich immer befinden… Große Hoffnungen erwekken, große Hoffnungen erfüllen, große Hoffnungen übertreffen sollen Sie.«
[138] GHA NL I A 32, Vgl. H. Thiersch, Ludwig I. von Bayern und die Georgia Augusta (= Abhandlungen der Gesellschaft der Wissenschaften zu Göttingen, Philologisch-Historische Klasse NF XXI 1927/28), Berlin 1928.
[139] GHA NO $^{43}_{1}$ 29 f. L.-Otto 2. 2. 1860. – Zum Aufenthalt L.s in Frankfurt/Main vgl. A. v. Arneth, Johann Freiherr von Wessenberg. Ein österreichischer Staatsmann des XIX. Jahrhunderts, I, Wien 1898, 62.

140 Zur Universität Göttingen am Anfang des 19. Jahrhunderts vgl. G. v. Selle, Die Georg-August-Universität zu Göttingen 1737–1937, Göttingen 1937; ders., Die Universität Göttingen. Wesen und Geschichte, Göttingen 1953; H. Thiersch, König Ludwig I.
141 GHA NL I A 32 (Aufzeichnungen Ludwig I.).
142 Zur Italienreise des Kurprinzen: GHA NMJ. II B 1, 1. Teil (Briefe L.-MJ.) und 2. Teil (Briefe Kirschbaum-MJ.) sowie NL I A 1 (Briefe MJ.) und I A 32 (Aufzeichnungen Ludwig I.).
143 GHA NL I A 32 (Eintragungen des Kurprinzen vom Juli 1805).
144 GHA NL I A 13 Sambuga-L. 20. 5. u. 8. 7. 1805.
145 GHA NL 47-1-15/1 L.-Generalsekretariat des Staatsrats 24. 12. 1827.
146 GHA NO $\frac{43}{1}$ 29 c L.-Otto 15. 5. 43.
147 H. Rall, König Ludwig I. und Schelling, in: ZBLG 17 (1953/54), 431.
148 Boisserée, Tagebücher III, 50 (10. 5. 1835).
149 Friedrich Schlegel legte Ludwig I. in einem Schreiben vom 16. 6. 1826 dar, was er unter christlicher Philosophie verstehe: GHA NL ARO 20. – Ebda.: 1. VIII. 1828 übersendet Schlegel L. seine »Philosophie des Lebens«.
150 Vgl. H. Nohl, Die Deutsche Bewegung. Vorlesungen und Aufsätze zur Geistesgeschichte von 1770 bis 1830 (Hg. Bollnow und Rodi), Göttingen 1970.
151 GHA NL I A 33 Aufzeichnungen 10. und 11. 7. 1814.
152 Chr. C. J. Frhr. v. Bunsen aus seinen Briefen und nach eigener Erinnerung geschildert von seiner Witwe (Hg. Nippold) I, Leipzig 1868, 142 f.
153 Nymphenburg, Hofbibliothek.
154 H. Thiersch, König Ludwig I., 38.
155 F. Sengle, Biedermeierzeit. Deutsche Literatur im Spannungsfeld zwischen Restauration und Revolution 1815–1848, I, Stuttgart 1971, 619 f. – W. Frühwald, Ästhetische Erziehung, in: Hölderlin-Jahrbuch 22 (1980/81), 295–310.
156 Sengle, Biedermeierzeit I, 620.
157 GHA NL I A 12 (Briefe Lichtenthalers). – Vgl. F. Schmidt, Geschichte, 552, u. J. L. Gerstenecker, Ludwig I. König von Bayern in seinen Briefen an Philipp von Lichtenthaler, in: Blätter für das bayerische Gymnasialschulwesen XXII (1886), 1–30.
158 Ringseis, Erinnerungen I, 368.
159 Vgl. Sengle, Biedermeierzeit I, 135 f.
160 Vgl. Cl. Heselhaus, Melchior Diepenbrock und der Geist der nazarenischen Literatur in Westfalen, in: Westfalen 31 (1953), 75–88.
161 Sengle, Biedermeierzeit I, 137–144, und P. Hamann, Geistliches Biedermeier im altbayerischen Raum, München 1954.
162 B. v. Arnim, Goethes Briefwechsel mit einem Kinde (Sämtliche Werke III) Berlin 1920, 343. Der spätere König Johann von Sachsen nannte 1829 die Publikation der Gedichte Ludwigs unter eigenem Namen »eine große Taktlosigkeit« (Briefwechsel zwischen Kg. Johann etc. (Hg. Johann Georg von Sachsen), Leipzig 1911, 54).
163 Vgl. W. Frühwald, Der König als Dichter. Zu Absicht und Wirkung der Gedichte Ludwigs I., König von Bayern, in: Deutsche Vierteljahresschrift für Literaturwissenschaft und Geistesgeschichte 50 (1976), 127–157.
164 Boisserée, Tagebücher II, 364 (14. 3. 1829).
165 FG II, 174: Rumigny – Portalis 4. 4. 1829.
166 Gedichte des Königs Ludwig von Bayern. Erster und Zweiter Teil, München

1829; dass. Zweiter Teil, München³ 1839; dass. Dritter Teil, München 1839; dass., Vierter Teil, München 1847.
[167] Boisserée, Tagebücher III, 19 (13. 2. 1835).
[168] Mehrere Fassungen in GHA NL I A 33.
[169] Johannes von Müller: GHA NL I A 42/II. J. v. Müller, Sämtl. Werke, Bd. 18, Stuttgart und Tübingen 1833; Maurer-Constant, Briefe an Johann v. Müller, Bd. 5, Schaffhausen 1840, III-XIV; E. Bonjour (Hg.), Johannes v. Müller, Briefe in Auswahl, Basel 1954; K. Schib, Johannes von Müller 1752-1809, Thayngen - Schaffhausen 1967.
[170] GHA NL II A 25 Tann - L. undatierter Brief aus dem Jahre 1827.
[171] GHA NL X Abel - L. 25. II. 1842.
[172] GHA NL I A 41 Briefwechsel L.s mit Luden 1816-1825.
[173] GHA NL C 7 L. - Hormayr 24. VIII. 1826 (Conc.)
[174] Vgl. F. Bock, Die Fälschungen des Freiherrn v. Hormayr, in: NA 47 (1928), 225-243. Von weiteren Fälschungen berichtet Boisserée (Tagebücher III, 820). Über die problematische Tätigkeit Hormayrs bei der Edition der Monumenta Boica vgl. M. Heuwieser, Freiherr v. Hormayr etc., in: ZBLG 4 (1931), 57-74.
[175] GHA NL C 7 Hormayr - L. 30. 8. 1817; auch für das Folgende.
[176] GHA NL C 7 Hormayr - L. 18. 2. 1819.
[177] GHA NL C 7 Hormayr - L. 20. 10. 1819.
[178] GHA NL C 7 Hormayr - L. 5. 2. 1825.
[179] GHA NL C 7 Hormayr - L. 1. 5. 1821.
[180] GHA NL I A 32 Aufzeichnungen
[181] H. Thiersch, König Ludwig I., 36.
[182] Vgl. R. Wünsche, Kronprinz Ludwig als Antikensammler, in: H. Glaser (Hg.), Krone und Verfassung, 439-447.
[183] Vgl. ders., Ludwigs Skulpturenerwerbungen für die Glyptothek, in: R. Vierneisel und G. Leinz, Glyptothek München 1830-1980, 23-83.
[184] Vgl. W. Frhr. v. Poelnitz, Ludwig I. von Bayern und Johann Martin Wagner, München 1929.
[185] Vgl. K. Fräßle, Karl Haller von Hallerstein (1774-1817), Freiburg/Breisgau 1971, u. H. Haller v. Hallerstein, Und die Erde gebar ein Lächeln, München 1983.
[186] Vgl. R. Messerer, Georg v. Dillis, Leben und Werk, in: Obb. A. 84 (1961), u. ders., Briefwechsel zwischen Ludwig I. von Bayern und Georg v. Dillis 1807-1841, München 1966.
[187] Vgl. Aufzeichnungen des schwedischen Dichters Atterbom (Hg. K. Maurer), München 1867, 180; Bunsen, Aus seinen Briefen, 143-146; Ringseis, Erinnerungen I, 522-529; W. Frhr. v. Poelnitz, Das römische Künstlerfest 1818, in: HJb. 50 (1930) 97-103; H. Graßl, Die Italienfahrt des Kronprinzen Ludwig in den Jahren 1817 und 1818 und das Fest in der Villa Schultheiß, in: Romantik, München 1973, 85-99.
[188] E. Vischer (Hg.), Barthold Georg Niebuhr. Briefe, NF 1816-1830, Bd. I, 1, Berlin und München 1981, 287, 306, 330.
[189] GHA NL I A 32 Aufzeichnungen.
[190] Zitiert nach W. Nerdinger, Carl von Fischer. Architekt zwischen Reform und Restauration, in: Gesamtkatalog der Ausstellung Carl von Fischer 1782-1820 in der Neuen Pinakothek, 1983, 8. Klenze hat in dieser Eintragung Äußerungen des Kronprinzen festgehalten, die, falls sie so gefallen sind und so gemeint waren, wie von dem Architekten festgehalten, kein

gutes Licht auf Ludwig werfen, der während des Baues der Glyptothek zu Klenze gesagt haben soll: »...aber Klenze, nicht wahr, das muß doch den Fischer recht ärgern, wenn er Sie vor seinen Augen täglich die Glyptothek bauen sieht – ich antwortete, daß ich dieses nicht hoffe und es mir recht leid tun würde – aber der Kronprinz schien bei dem Gedanken so recht mit Vergnügen zu verweilen. – Fischer wohnte am Platz, wo die Glyptothek gebaut wird – er war die erste architektonische Liebschaft seiner Königlichen Hoheit gewesen, die ihm treu und mit bestem Willen sechs bis acht Jahre gedient, war jetzt krank und fast sterbend und hätte in diesem Fall eher wahres Mitleid und Schonung als diese Art von Schadenfreude verdient. Oh Fürsten, Fürsten!« Nerdinger weist darauf hin, daß Klenzes Aufzeichnungen aus späterer Zeit stammen; zu dem in Frage stehenden Zeitpunkt hatte er den kranken Konkurrenten Fischer in einem gehässigen Pamphlet angegriffen.

191 Vgl. Kl. Eggert, Friedrich von Gärtner, München 1963, 138–155.
192 Schelling sprach so als einer unter vielen: H. Fuhrmans u. L. Lohrer (Hg.), Schelling und Cotta. Briefwechsel 1803–1849, Stuttgart 1965, 21.
193 GHA NL I A 32 Aufzeichnungen über seine Ausgaben in den Jahren 1808–1811.
194 Gedichte des Königs Ludwig von Bayern I. Teil, München 1829, 150f. u. 187f.
195 A. Graf v. Platen, Sämtliche Werke, 4, Leipzig 1910, 37.
196 Ringseis, Erinnerungen I, 501–503; auch für das Folgende.
197 Vgl. H. Gollwitzer, Zum Fragenkreis Architekturhistorismus und politische Ideologie, in: Zeitschrift für Kunstgeschichte, 42 (1979), 1–14.
198 J. N. Ringseis, Der Kronprinz von Bayern in Rom, erschienen in »Zeitschwingen« 1818; hier zit. aus Ringseis, Erinnerungen I, 464–471.
199 Vgl. E. Kleinstück, Johann Friedrich Böhmer, Frankfurt a. Main 1959, 105.
200 J. Frh. v. Hormayr, Die geschichtlichen Fresken in den Arkaden des Hofgartens zu München, München 1831, 8.
201 Ringseis, Erinnerungen I, 465f.
202 Die wichtigsten Veröffentlichungen zur Thematik dieses Abschnitts: K. Th. v. Heigel, Kronprinz Ludwig im Befreiungsjahr 1813, in: Quellen und Abhandlungen zur neueren Geschichte Bayerns NF, München 1890, 355–398; M. Doeberl, Bayern und die deutsche Erhebung wider Napoleon I. (= Abhandlungen d. Bayr. Akademie der Wissenschaften, Hist. Klasse 24 (1907)) 347–432; M. Spindler, Kronprinz Ludwig von Bayern und Napoleon I. Nach Aufzeichnungen Ludwigs über Napoleon, in: ders., Erbe und Verpflichtung, 212–251; G. Frhr. v. Poelnitz, Kronprinz Ludwig von Bayern und Graf Montgelas (mit ihrem Briefwechsel von 1810–1816), in: ZBLG 7 (1934), 35–85, sowie die Biographien von Heigel, Conte Corti und Adalbert, Prinz von Bayern.
203 Damals sprach man nicht von der östlichen Großmacht, sondern von einer »Macht des Nordens«. Dies ist auf die politische »Kunstlehre« vom europäischen Gleichgewicht zurückzuführen, innerhalb deren man zunächst die Häuser Österreich und Frankreich gegenüberstellte. Später ergänzte man dieses »südliche« durch ein »nördliches Gleichgewicht« und als dessen Teilhaber galt das russische Reich. Zur Verlobung Ludwigs vgl. M. Freiin v. Redwitz, Die Verlobung etc., in: ZBLG 2 (1929), 31–38.
204 Hardt, Wilhelm, Herzog in Bayern, 63–67.
205 1805 mußte er die ihm offenbar sehr zusagende Position an Joachim

Murat abtreten. Trotz seiner späteren Bemühungen, über Napoleon zu einer besseren Stellung seines Hauses zu gelangen, hat man ihm von seiten des Königs und seiner Regierung eine neue Unterlandesherrschaft innerhalb Bayerns grundsätzlich ausgeschlagen.
206 Feuerbach, Leben und Wirken I, 102.
207 GHA NL $\frac{88}{4}$. – Vgl. Spindler, Sambuga, 55.
208 Vgl. H. Thiersch, König Ludwig I., 55–58.
209 Vgl. Montgelas, Denkwürdigkeiten, 175 f.
210 Vgl. P. Ruf, Johann Andreas Schmellers Tagebücher 1801–1852 I, München 1954, 44 f. u. 59; Löwe, Thiersch 161 ff.
211 Vgl. Ringseis, Erinnerungen I, 63–107, u. J. Nicklas, Johann Anton Schmellers Leben und Wirken, München 1885, 45 ff.
212 Vgl. Grauer, Wilhelm I., 90 f.; Sauer, Der schwäbische Zar, 397; H. Ulmann (Hg.), Denkwürdigkeiten aus dem Dienstleben des Hessen-Darmstädtischen Staatsministers Freiherrn du Thil, 151 f.; C. A. Endler, Der deutsche Gedanke bei den mecklenburgischen Verwandten der Königin Luise, in: »Hist. Pol. Archiv zur deutschen Geschichte des 19. und 20. Jahrhunderts« II, Leipzig 1932, passim.; E. C. Conte-Corti, Leopold I. von Belgien, Wien 1922.
213 Chroust, Aktenstücke, 449: Kurfürst Ferdinand – Kaiser Franz I. 23. 11. 1804.
214 Vgl. Kap. IV.
215 Vgl. Kap. VII.
216 Vgl. Dunan, Napoléon, 35 ff.
217 Adalbert, Prinz von Bayern, MJ., 490 u. 528.
218 Vgl. L. de Brotonne, Les Bonapartes et leurs alliances, Paris 1901.
219 Vgl. M. Probst, Die Familienpolitik des bayerischen Herrscherhauses zu Beginn des 19. Jahrhunderts, München 1933.
220 Vgl. die Aufzeichnungen ihres Hofpredigers F. L. Schmidt: »Selbstbiographie«, in: Blätter für Kirchengeschichte 5 (1888), 67. – BStBM L.-A. T. 3,147 17. II. 1846.
221 Vgl. Grauer, Wilhelm I., 258 f.
222 Die einzige Verbindung, die in der folgenden Generation zwischen einem regierenden Haus und der Familie Bonaparte noch zustande kam, war die Ehe der Prinzessin Klothilde von Savoyen mit Prinz Napoleon, dem Sohn Jérômes. – Ein bemerkenswertes genealogisch-sozialgeschichtliches Kapitel ist die Selbstbehauptung der von Napoleon I. neu geschaffenen Gruppe von Herzögen und Fürsten.
223 Zwehl, Die bayerische Politik 255: Gravenreuth-L. 21. XII. 1805.
224 GHA NL I A 1 MJ. – L. 23. 5. 1805; ebda. weitere einschlägige Briefe des Königs.
225 Montgelas, Denkwürdigkeiten, 114 f.
226 Adalbert, Prinz von Bayern, MJ., 496.
227 GHA N MJ. I A 29 Napoleon-MJ. 5. 12. 1805. Gedr.: Napoléon, Correspondance XI, Paris 1863, 455.
228 BStBM L.-A. 11 »Mündliche Überlieferungen«, S. 31. Die Untersuchungen H. K. v. Zwehls und des Prinzen Adalbert von Bayern lassen keinen Zweifel an der Absicht Gravenreuths, Montgelas zu stürzen und sein Nachfolger zu werden. Ein in der Literatur öfters herangezogenes, aus späterer Zeit stammendes apologetisches Memoire Gravenreuths vermag dies nicht zu widerlegen (GHA N Gravenreuth Nr. 25).

229 GHA NL $\frac{88}{5}$ Ia Aufzeichnungen König Ludwigs von 1861.
230 Ebda.
231 Wichtige Unterlagen für den Pariser Aufenthalt des Kronprinzen GHA NL I A 32 sowie $\frac{88}{5}$ Ia, und BStBM L.-A. T. 1,13 und Aufzeichnungen 5,2.
232 Wie man in deutschen Fürstenhäusern über den Aufenthalt Ludwigs in Paris dachte, geht aus einem Schreiben der sächsischen Prinzessin Kunigunde an ihren Bruder Anton vom 30. 1. 1806 hervor: Der Kronprinz von Bayern ist »jetzt auf ein Jahr in Frankreich unter Aufsicht dieses Kaisers. Der wird ihn schon nach seinem Willen formen und ihm vielleicht jemand aussuchen und als Tochter annehmen« (Adalbert, Prinz von Bayern, Metternichs Pate erzählt, in: Festgabe für Kronprinz Rupprecht, 36).
233 Adalbert, Prinz von Bayern, M J., 511 f.
234 GHA NL I A 33: Autobiographische Aufzeichnungen zu den Jahren 1809/10.
235 GHA NL I A 32: Sambuga-L. 19. 3. u. 2. 5. 1806.
236 Erschlossen aus GHA NL I A 32: Sambuga-L. 2. 5. 1806.
237 Vgl. M.-L. Biver, Le Paris de Napoléon, Paris 1963.
238 Ausführliche Darstellung der Affäre in einem Bericht des Münchner österreichischen Gesandten, Graf Lothar Friedrich Stadion, vom 2. 5. 1808 (Wertheimer, Berichte, 197—200). – Vgl. ferner Montgelas, Denkwürdigkeiten, 155 f., der die Unternehmung »als ein Staatsverbrechen, würdig mit dem Tode oder ewigem Gefängnis bestraft zu werden«, bezeichnet. Trotz seiner Ungnade beließ Max Joseph Käser die Funktion als Verwalter der besonderen Kasse des Königs. Überdies hielt der Kronprinz seine Hand über Käser, der im Gegensatz zu seinen Antezedenzien als Zweibrücker Agent am Hofe Karl Theodors später ganz dem österreichischen System zugetan war. Posch behielt seine Pension.
239 Vgl. (Prinz Karl), Aus dem Leben, 10 f.
240 Chroust, Aktenstücke, 451 f.: Gravenreuth-MJ. 6. 11. u. 13. 11. 1806, und MJ.-Gravenreuth 6. 11. u. 13. 11. 1806, sowie MJ.-Napoleon 15. 11. 1806.
241 Montgelas, Denkwürdigkeiten, 129 f.
242 Ebda.
243 GHA N MJ. II B 1 L.-MJ. 23. 9. 1806.
244 Chroust, Aktenstücke, 451 f.: Gravenreuth-MJ. 6. 11. 1806 u. ders. – Montgelas 8. 11. 1806.
245 GHA NL I A 1 (1. Teil) MJ. – L. 26. 10. 1806
246 Zur Kriegsgeschichte der bayerischen Armee 1805—1815 wird im folgenden zugrunde gelegt: M. Leyh, Die Feldzüge des Kgl. bayerischen Heeres unter Max I. Joseph von 1805—1815 (Geschichte des bayerischen Heeres VI, 2), München 1935, und E. Aichner, Das bayerische Heer in den napoleonischen Kriegen, in: H. Glaser (Hg.), Krone und Verfassung, 239—253.
247 Vgl. L. Winkler, Die erste Waffentat des Kronprinzen Ludwig etc., in: Das Bayerland 5 (1894), 364—366. – Zu Wrede vgl. die Arbeiten von Heilmann, Winter und Boeck (Literaturverzeichnis) sowie O. Fürst v. Wrede, Aus der Wirksamkeit des Feldmarschalls Fürst v. Wrede als Minister und Reichsrat, in: ZBLG 5 (1932), 52—88, und ders., Feldmarschall Fürst Wrede, in: ZGO NF 55 (1942) 458—597 sowie H. K. v. Zwehl, Feldmarschall Karl Philipp Fürst v. Wrede 1767—1838, in: Festgabe für Kronprinz Rupprecht von Bayern (Hg. W. Götz), München 1953, 277—325.
248 GHA NL I B 33: Korrespondenz mit Hompesch aus dem Jahre 1807. Ebda. I A 32: Aufzeichnungen betr. Hompesch aus dem Jahre 1807. Zur Beurtei-

lung Hompeschs vgl. Demel, Staatsabsolutismus, 12. – Über Hompeschs Finanzpolitik vgl. die ihn sehr günstig beurteilenden Berichte Stadions (Wertheimer, Berichte, 173 ff.)
[249] GHA NL I B 33 L.-Hompesch 8. 4. 1807: »Versichert können Sie sein, daß ich nicht ruhe, bis ich diese Summe erhalten und daß ich auch festhalten werde, daß immer die Gratifikationen bezahlt werden.« Ebda. das im Text folgende Zitat.
[250] Vgl. Leyh, Die Feldzüge, 116, der es als Verdienst des Kronprinzen hervorhebt, gegen die Neigung der französischen Verwaltung und Heeresleitung angekämpft zu haben, die eigenen Truppen zuungunsten der bayerischen zu bevorzugen. Er habe diese Mißstände sofort nach seiner Kommandoübernahme erkannt und den Mut gehabt, »die Interessen und Rechte seiner Truppen dem kaiserlichen Hauptquartier gegenüber in zuweilen heftigen Verhandlungen nachdrücklichst zu wahren«.
[251] Chroust, Aktenstücke, 453 MJ.-Napoleon 15. 11. 1806.
[252] GHA NL I A 1 MJ.-L. 8. 6. 1807.
[253] Ludwig I., Gedichte, München³ 1839, 46.
[254] Das Walhalla-Unternehmen: GHA NL I A 42^I; I A 42^{II}; I A 42^{III}. Vgl. R. Messerer (Hg.), Briefwechsel zwischen Ludwig I. von Bayern und Georg von Dillis 1807–1841, München 1966; R. Stolz, Die Walhalla. Ein Beitrag zum Denkmalsgedanken im 19. Jahrhundert, Kölner Diss. 1977; J. Traeger (Hg.), Die Walhalla. Idee, Architektur, Landschaft, Regensburg 1979.
[255] Vgl. K. Schib, Johannes von Müller 1752–1809, Schaffhausen 1967, 249.
[256] E. Bonjour (Hg.), Johannes von Müller, Briefe in Auswahl, 352: Johannes v. Müller – Johann Georg Müller, 11. 8. 1807.
[257] GHA NL I A 42 II: Johannes v. Müller – L. 9. 8. 1808.
[258] Wertheimer, Berichte, 187: Stadion 20. 9. 1807.
[259] Vgl. A. Fournier, Aus Süddeutschlands Franzosenzeit, in: ders., Historische Studien und Skizzen I, Prag 1885, passim.
[260] GHA NL $\frac{88}{5}$ Ia: Aufzeichnungen König Ludwigs von 1861.
[261] Vgl. Dunan, Napoléon, 231.
[262] Ludwigs Begleiter waren Graf Karl Seinsheim und der Major von Washington. Auf der Reise begegnete ihm der Dichter Zacharias Werner (GHA NL I A 41: Briefe Werners an L.).
[263] Vgl. E. Ziehen, Die deutsche Schweiz-Begeisterung in den Jahren 1750–1815, Frankfurt a. M. 1922.
[264] Wie Anm. 257.
[265] GHA NL I A 32: Aufzeichnung des Kronprinzen vom 12. 9. 1807.
[266] (Prinz Karl), Aus dem Leben, 27.
[267] Wertheimer, Berichte, 209–211: Stadion 20. 9. 1808. Dazu Aufzeichnungen des Kronprinzen: BStBM L.-A.T. 3,1 u. 3,3 sowie GHA NL I A 33. Zu Graf Lothar Friedrich Stadions Tätigkeit vgl. H. Rössler, Graf Johann Philip Stadion II, Wien/München 1966, 34–37.
[268] HGA NL $\frac{88}{4}$ III: Undatierte Aufzeichnungen des Kronprinzen. – Bettina v. Arnim, Goethes Briefwechsel, 348f., verlegt den Vorgang in den April 1809 »während der Tiroler Revolution«: Ludwig ließ ihr das zerbrochene Glas zustellen, das Bettina später Ringseis schenkte.
[269] Wertheimer, Berichte, 232f.: Précis de l'entretien du prince Paul Esterházy avec le prince royal de Bavière le 15 janvier 1809. Ferner ebda., 230f. und 233f.: Stadion 19. 1. 1809.
[270] Vgl. H. Rössler, Österreichs Kampf um Deutschlands Befreiung. Die deut-

schen Politiker und nationalen Führer Österreichs 1805−1815, 2 Bde., Hamburg² 1940.
271 Napoléon, Correspondance 18, Paris 1865, 353 Nr. 14 901: Napoleon-MJ. 14. 3. 1809. − (Prinz Karl), Aus dem Leben, 11 f., behauptet, der König habe nie den Oberbefehl für seinen Sohn verlangt.
272 A. Feuerbach hatte ihn bei der Abfassung juristisch beraten. Der Rechtsgelehrte ging aber fehl, wenn er seinem Vater ein paar Tage nach Unterzeichnung des Testaments schrieb: »Ich besorge − aus manchen Anzeichen − unser Kronprinz sucht den Tod« (Feuerbach, Leben I, 183).
273 Zur Vorgeschichte und Geschichte des Tiroler Aufstands vgl. H. v. Voltelini, Forschungen und Beiträge zur Geschichte des Tiroler Aufstandes im Jahre 1809, Gotha 1909, und M. Pizzinini, Die bayerische Herrschaft in Tirol, in: H. Glaser (Hg.), Krone und Verfassung (Wittelsbach und Bayern III/1), 254−259.
274 H.-B. Spies, Die Erhebungen gegen Napoleon 1806−1814/15, Darmstadt 1981, 3 f.
275 GHA NL $\frac{88}{}$ Ia: L.-Napoleon 18. 5. 1809 (Conc.).
276 GHA NL $\frac{58}{5}$ Ia: L.-Napoleon 8. 7. 1809 (Conc.).
277 H. v. Treitschke, Deutsche Geschichte im 19. Jahrhundert V, Leipzig 1894, 753 (Beilage XXVII). − Vgl. P. Bailleu, Fürstenbriefe an Napoleon I., in: HZ 58 (1887), 435−464, und F. M. Kircheisen, Fürstenbriefe an Napoleon, Stuttgart/Berlin 1929.
278 GHA NL I A 24: Hompesch-L. 24. 7. 1809. − Vgl. Montgelas, Denkwürdigkeiten, 203 f. u. 213 f.
279 HHStA Wien, Vorträge 1809, 234: Hoppé-Metternich. 16. 8. 1809. − Der Kronprinz hatte schon dem Gesandten Stadion gegenüber einen Wunsch dieser Art angedeutet. BStBM L.-A. T. 3,5 17. 3. 1810: Ludwig behauptet, eine Verbindung zwischen ihm und Marie Luise sei der sehnlichste Wunsch des Kaisers Franz gewesen.
Als Beweis erwähnt er eine Mitteilung seines Vaters. Wertheimer, Berichte, 225: Stadion spricht 23. 12. 1808 von Ludwigs Wunsch, eine Erzherzogin zu heiraten.
280 HHStA Wien, Vorträge 1809, 234: Metternich-Kaiser Franz I. 16. 8. 1809. Die von dem französischen Diplomaten Herzog von Dalberg aufgestellte Behauptung, der Kronprinz habe seit 1809 eine Geheimkorrespondenz mit Kaiser Franz I. unterhalten, ist ebenso unzutreffend wie die von Dalberg und anderen verbreitete Nachricht einer Zugehörigkeit Ludwigs zum Tugendbund (FG I, 3).
281 GHA NL I B 33: L.-Hompesch 23. 10. 1809.
282 GHA NL I B 33: L.-Hompesch 21. 5. 1809.
283 B. von Arnim, Goethes Briefwechsel, 343. »Naturrecht« ist hier nicht im üblichen Sinn zu verstehen, sondern als Legitimität des Volkstums.
284 B. von Arnim, Goethes Briefwechsel, 349. − BStBM L.-A. T. 3,6 29. 10. 1810: »Innerlich lobe ich die Tiroler, die Teil genommen an der Insurrektion, dieses Wort, wie es itzt angewendet, wird bald hoher Ehrenname…«
285 B. von Arnim, Goethes Briefwechsel, 382.
286 GHA NL I B 46: Unterlagen zu den militärischen Operationen zur Zeit des Tiroler Aufstandes.
287 L. Lécestre, Lettres Inédites de Napoléon Ier I, Paris 1897, 270 f.: Napoleon-Wrede 8. 10. 1809.
288 GHA N MJ. II B 1 2. Teil, L.-MJ. 12. 10. 1809 und GHA NL I A 1 MJ.-L. 13.

799

10. 1809 sowie Aufzeichnungen des Kronprinzen in GHA NL $\frac{88}{5}$ Ia u. BStBM L.-A 11 »Mündliche Traditionen«, 37.
[289] BStBM L.-A. 5,2, S. 174 (»Aus meinem Leben«).
[290] Die Angst, Napoleon könnte die Dynastie Wittelsbach depossedieren, zieht sich wie ein roter Faden durch L.'s Tagebuchaufzeichnungen aus der napoleonischen Ära.
[291] Montgelas, Denkwürdigkeiten, 562.
[292] Ringseis, Erinnerungen, II, 110.
[293] GHA NL I A 6 Auguste-L. 2. 11. 1809.
[294] GHA NL VI, 292 f. MJ.-Wrede 1. 6. 1817 u. ebda. I A 21 Wrede-L. 10. 8. 1821.
[295] GHA NL ARO 37 II: Dekret MJ. v. 14. 10. 1810.
[296] Ringseis, Erinnerungen, II, 33: Auch bei einem Innsbrucker Aufenthalt anl. der Italienreise 1820/21 wurde Ludwig von den Einwohnern der Stadt, soweit sie ihn noch kannten, herzlich begrüßt.
[297] GHA NL I B 33 L.-Hompesch 15. 10. 1809.
[298] GHA NMJ. II B 1, 1. Teil, L.-MJ. 2. 11. 1810.
[299] Das Ernennungsdekret (Anm. 295) umschrieb die Zuständigkeiten des Generalgouverneurs genau und ermöglichte ihm die Teilnahme an der »Regierungsverwaltung«. Der Generalkommissär hatte seine Geschäfte im Benehmen mit dem Generalgouverneur zu führen und ihn zu unterrichten. Max Joseph sicherte zu, die »berichtlichen Mitteilungen« des Generalgouverneurs besonders zu berücksichtigen.
[300] Einschlägiges Material insbes. in GHA NL ARO 12; ARO 37 I u. ARO 37 II.
[301] Briefe des Kronprinzen an Montgelas: HStAM, Abtlg. V, N Montgelas 42. Briefe Montgelas' an L.: GHA NL I A 22. Vgl. G. Freiherr von Poelnitz, Kronprinz Ludwig von Bayern und Graf Montgelas (nach ihrem Briefwechsel von 1810–1816), in: ZBLG 7 (1934), 35–85.
[302] Poelnitz, Kronprinz Ludwig, 53.
[303] GHA NL $\frac{88}{5}$ Ia: Aufzeichnungen des Kronprinzen. – Vgl. K. Baumann, Kronprinz Ludwig von Bayern und die Oberrheinlande 1809–1819, in: Abhandlungen zur saarpfälzischen Landes- und Volksforschung I, Kaiserslautern 1937, 159.
[304] BStBM L.-A. T. 3,10 8. 7.–21. 8. 1811. GHA NL $\frac{85}{1}$ II: Karoline Auguste-L. 12. 5. 1853: Erinnert sich an einen Besuch Leopolds von Belgien in Salzburg 1811.
[305] GHA NL I A 21: Briefe Wredes an den Kronprinzen. – BStBM L.-A. T. 3,8 23. 1. 1811 Wrede zu L.: »Sie können einst eine große Rolle spielen, aber gewinnen Sie es über sich, verstellen Sie sich.« Ebda. 11. 2. 1811.
[306] GHA NL I A 21: Wrede-L. 23. 4. 1811. Der General berichtet aus Paris: »Der politische Horizont hat sich seit wenigen Tagen ganz verdüstert. Vor 10 Tagen hätte ich noch für die Fortdauer des Friedens gewettet, aber nun glaube ich einen Bruch mit Rußland unausweichlich.« – Wrede hatte später eine Unterredung mit Napoleon zu Paris 1811, in der dieser nicht nur von seinem russischen Vorhaben sprach, sondern auch binnen zehn Jahren die Weltherrschaft errungen haben wollte, als Anlaß für seine Abkehr von dem Kaiser bezeichnet (GHA NL $\frac{86}{6}$ IV Aufzeichnung eines Gesprächs mit Wrede durch den (späteren) Generalmajor Schuh vom 10. 9. 1830, Abschrift vom 13. 12. 1857).
[307] GHA NL ARO 12: Utzschneider-L. 20. 5. 1813.
[308] BStBM L.-A. T. 3,7 8. 11. 1810.

309 H. Chr. Frh. von Gagern, Beiträge zur Zeitgeschichte, I, 5ff., und ders., Mein Anteil an der Politik, I, 207. Gagern zählte noch Jahrzehnte zu den Korrespondenten Ludwigs I. – Vgl. H. Rössler, Zwischen Revolution, 126.
310 BStBM L.-A. T. 3,7 23. 4. 1811 – GHA NL $\frac{88}{5}$ Ia.
311 Wie Anm. 128.
312 Ebda., 151.
313 GHA NMJ. II B 1, 2. Teil: L.-MJ. 30. 3. 1811 u. April 1812.
314 Der Ausdruck wird hier nicht im Sinne des vormärzlichen Terminus technicus gebraucht.
315 GHA NMJ. II B 1, 1. Teil: L.-MJ. 10. 5. 1813. – HStAM Abt. V N Montgelas 42: L.-Montgelas 8. u. 11. 5. 1813.
316 GHA NL I A 22: Montgelas-L. 16. 4. 1813.
318 GHA NL I A 1: MJ.-L. 25. 5. 1813.
319 Von einer Einflußnahme Sailers in außenpolitischen Fragen konnte keine Rede sein.
320 GHA NL I A 6: Auguste-L. 8. 9. 1813.
321 GHA NL I A 1: MJ.-L. 12. 9. 1813.
322 HStAM MA Urkunden 1578. – Vgl. H. W. Schwarz, Die Vorgeschichte des Vertrages von Ried, München 1932.
323 BStBM L.-A. T. 3,8 11. 2. 1811: »Wrede ist Montgelas Feind«.
324 BStBM L.-A. T. 3,8 11. 2. 1811; T. 3,9 23. 6. 1811; T. 3,11 29. 10. 1811; T. 3,12 14. 2. 1812.
325 GHA NL I A 1, 2. Teil: MJ.-L. 7. 10. 1813.
326 Heigel, Ludwig I., 24.
327 1812 erlitt er in dieser Hinsicht Anfechtungen. Er vertraute Graf Albert Pappenheim die Überlegung an, ob Deutschland nicht erst dann ein mächtiger Staat werden könnte, »wenn wir deutschen Herrschergeschlechter alle werden verjagt sein«. Gleich darauf rief er sich aber selbst gewissermaßen zur Ordnung und zählte Argumente für den Fortbestand des fürstenstaatlichen Systems auf (BStBM L.-A. T. 3,12 21. III. 1812).
328 Auch von »Volksgeist« im Sinn der Romantiker war nicht die Rede. »Esprit des nations« im Sinne Montesquieus und der Aufklärung ist damit nicht zu verwechseln und entsprach der Auffassung der bayerischen Patrioten eher.
329 Vgl. Aretin, Bayerns Weg, 65 und 113–119.
330 Das Gewicht der republikanischen Strömungen wird überschätzt bei H. Scheel, Süddeutsche Jakobiner etc. Berlin 1962. Richtig E. Weis, Bayern und Frankreich etc., in: HZ 237 (1983), 563–571.
331 Ludwig wünschte mit einem exklusiv bayerischen Standpunkt nichts zu tun zu haben. Als in den Anfängen seiner Regierung der Professor Jakob Sendtner an die Münchner Universität berufen wurde, hatte Armansperg zunächst Bedenken des Königs auszuräumen, ob dieser nicht »ein alfranchesado oder doch ein den Deutschen ausschließender Bayer« sei (SS 82 (2. 7. 1826)).
332 Im heutigen deutschen Sprachgebrauch wird zwischen Nationalbewußtsein und Nationalismus unterschieden und dieser ausschließlich pejorativ aufgefaßt. »Nationalismus« wird hier jedoch wertfrei gebraucht. Es ist der internationale Sprachgebrauch zu berücksichtigen; die Unterscheidung zwischen Nationalbewußtsein und Nationalismus fehlt in anderen europäischen Sprachen.
333 Vgl. G. Kaiser, Pietismus und Patriotismus im literarischen Deutschland, Wiesbaden 1961.

334 Vgl. J. L. Talmon, Die Geschichte der totalitären Demokratie, Köln 1961.
335 Vgl. H. Gollwitzer, Historismus als kultur- und sozialgeschichtliche Bewegung, in: Geschichte, Politik und ihre Didaktik, 10 (1982), 5−16.
336 So formuliert nach dem Drama Carl Schönherrs »Glaube und Heimat« (1910).
337 Äußerung des Innenministers Fürst Wallerstein 1834, zitiert nach H. J. Busley, Das Oktoberfest als Nationalfest, in: Haller−Busley−Preßer, Festzug zur Feier der Jubelehe etc., München 1983, 32.
338 Zur Geschichte des Rheinbundes vgl. Th. Bitterauf, Die Gründung des Rheinbundes und der Untergang des alten Reiches I, München 1905; M. Dunan, Napoléon etc., 1942; K. O. v. Aretin, Heiliges Römisches Reich etc., 1967; K. v. Raumer, »Préfecture Française«. Montgelas und die Beurteilung der napoleonischen Rheinbundpolitik, in: K. Repgen und St. Skalweit (Hg.), Spiegel der Geschichte. Festgabe für Max Braubach zum 10. 4. 1964, Münster 1964, 635−661; E. Weis, Napoleon und der Rheinbund, in: A. v. Reden-Dohna (Hg.), Deutschland und Italien im Zeitalter Napoleons, Wiesbaden 1979, 57−80; ders., Bayern und Frankreich etc., in: HZ 237 (1983), 559−595.
339 Napoléon, Correspondance XI, Paris 1863, 560 (Nr. 9713) − Fürst R. Metternich-Winneburg (Hg.), Aus Metternichs nachgelassenen Papieren, Erster Teil I, Wien 1880, 61: Napoleon erläuterte in einem Gespräch mit Dalberg, über das er im Winter 1807/08 Metternich berichtete, seine Absichten: »...Ich will Ihnen mein Geheimnis anvertrauen. Die Kleinen in Deutschland möchten gegen die Großen geschützt werden. Die Großen wollen nach ihrer Phantasie regieren. Nun, da ich von dem Bündnis nur Menschen und Geld haben will und da es die Großen sind und nicht die Kleinen, die mir das eine und das andere verschaffen können, so lasse ich die Großen in Ruhe, und den Kleinen bleibt nichts übrig, als sich mit den Großen zu arrangieren, so gut sie können.«
340 E. R. Huber (Hg.), Dokumente zur deutschen Verfassungsgeschichte I, Stuttgart 1961, 26−32.
341 Vgl. M. Riegel, Der Buchhändler Johann Friedrich Palm, Hamburg 1938.
342 Vgl. E. R. Huber, Deutsche Verfassungsgeschichte I, 80: Eine solche »Einheit in der Unterwerfung« verdiente den Namen einer Föderation nicht. Der Rheinbund war, wenngleich nach seiner formellen Struktur ein Staatenbund, in Wahrheit ein Protektoratsgebiet mit nur scheinbar staatenbündischer Struktur.«
343 Vgl. M. Doeberl, Rheinbundverfassung und bayerische Konstitution, in: SB. der BAW, Philosophisch-philologisch-historische Klasse, Jg. 1924, 5. Abh., München 1924.
344 Vgl. M. Strich, Das Kurhaus Bayern im Zeitalter Ludwigs XIV. und die europäischen Mächte II, München 1933, 288 ff.; H. Rall, Kurfürst Max Emanuel und das Haus Wittelsbach im 17. und 18. Jahrhundert, in: H. Glaser (Hg.), Kurfürst Max Emanuel. Bayern und Europa um 1700 I, 55; K. P. Decker, Frankreich und die Reichsstände 1672−1675. Die Ansätze zur Bildung einer »Dritten Partei« in den Anfangsjahren des holländischen Krieges, Bonn 1981.
345 Über die Gründe für Napoleons Nichtbestehen auf einer gemeinsamen Rheinbundverfassung vgl. Weis, Napoleon und der Rheinbund, 79 f. Weis erinnert überdies an Rücksichten, die Napoleon auf den Zaren und später auf Kaiser Franz nehmen mußte.

346 Vgl. E. Fehrenbach, Der Kampf um die Einführung des Code Napoléon in den Rheinbundstaaten, Wiesbaden 1973, 8ff.
347 Napoléon, Correspondance XVI, Paris 1864, 196f.
348 Vgl. H. Berding (Hg.), Napoleonische Herrschaft und Modernisierung (= Geschichte und Gesellschaft, 6. Jg., 4/1980), E. Weis (Hg.), Reformen im rheinbündischen Deutschland, München 1984, und (mit Akzentsetzung auf den »Kontinuitäten« des Absolutismus) W. Demel, Der bayerische Staatsabsolutismus 1806/08−1817, München 1983.
349 Hölzle, Staatensystem, 281.
350 Wie Anm. 338.
351 Adalbert, Prinz von Bayern, MJ., 661.
352 GHA NL I A 1, 2. Teil, MJ.-L. 21. u. 27. 10. 1813. − vgl. Montgelas, Denkwürdigkeiten, 328, und Winter, Wrede, 53−57.
353 GHA NL I A 22: Montgelas-L. 22. 10. 1813. − Vgl. Poelnitz, Kronprinz Ludwig, 64f. u. 80f.
354 GHA NL I A 22: Montgelas-L. 2. 11. 1813; vgl. Poelnitz, Kronprinz Ludwig, 66 u. 81, sowie Zwehl, Wrede, 288f.
355 GHA NL I A 22: Montgelas-L. 7. 11. 1813; vgl. Poelnitz, Kronprinz Ludwig, 68f. u. 83.
356 PG I, 5: Küster − Friedr. Wilh. III. 3. 4. 1814.
357 Adalbert, Prinz von Bayern, MJ., 671.
358 Wie man in Berlin den Philosophen Fichte beim Exerzieren beobachten konnte, so in München den (nicht aus Bayern stammenden) Juristen Anselm Feuerbach: Vgl. Feuerbach, Leben und Wirken I, 270−280. Feuerbach berichtet allerdings auch, daß man in manchen hochgestellten Kreisen für die deutsche Begeisterung nur Skepsis und Ironie übrig hatte. Montgelas hielt sich mit diesbezüglichen Äußerungen zurück, nicht jedoch seine Frau.
359 Vgl. Dartein Abbé de, Le Chevalier d' Olry etc., in: Revue Catholique d' Alsace XLV (1930), 426.
360 HHStA Wien, Staka Bayern, Hofkorrespondenz 2: L.-Franz I. 21. 12. 1813.
361 Ebda.: L.-Franz I. 24. 2. 1814. Vorher gingen Äußerungen des Kronprinzen gegenüber dem österr. Gesandten in München im gleichen Sinne. ÖG I, 7f.: Apponyi − Metternich 19. 12. 1813.
362 Vgl. R. Brendel, Die Pläne einer Wiedergewinnung Elsaß-Lothringens 1814/15, Straßburg 1914, und K. Griewank, Das Elsaß und seine Nachbarländer in den Friedensschlüssen von 1814 und 1815, in: Elsaß-Lothr. Jb. 20 (1942), 272−289.
363 HHStA Wien, Staka Bayern, Hofkorrespondenz 2: L.-Franz I. 11. 4. 1814.
364 GHA N MJ. II B 2 L.-MJ. 3. 5. 1815.
365 HStAM MA II 1028.
366 Von Stein veranlaßt war das Pamphlet (K. A. Gf. v. Reisach), Baiern unter der Regierung des Ministers Montgelas, Deutschland 1813.
367 Briefe L.s an Wrede 1813/14: GHA NL VI 293c. Briefe Wredes an L.: GHA NL I A 21. Vgl. Winter, Wrede, 129−153.
368 Vgl. Montgelas, Denkwürdigkeiten, 167. − Der Friedensschluß führte bereits zu ersten Einschränkungen der Bayern in Ried gemachten Zusagen.
369 D' Angeberg − Capefigue, Le Congrès de Vienne et les Traités de 1815, I, Paris 1863, 179−182. Vorzügliche Zusammenfassung der bayerischen Probleme bei W. D. Gruner, Tendenzen der britischen Süddeutschlandpolitik im Vormärz, in: MGM 2 (1975), 75−97.
370 Die definitiven Regelungen für Bayern erfolgten erst 1816/19. Zu Wredes

Wirken auf dem Wiener Kongreß vgl. Winter, Wrede, 154–230.
[371] Cop. in HStAM MA 1028 als Anlage zu einem Schreiben Wredes an MJ. aus Mondsee 14. 9. 1814. Wredes Kommentar: »Ce projet ne pourra pas être dans tout son (sic!) étendue conforme avec intentions de Votre Majesté.«
[372] GHA NL 88/4/2 Conc. vom 21. 12. 1814. Ebda. das ältere Conc. »Gedanken über Teutschlands Einrichtung«.
[373] Wiener Kongreß: H. Nicolson, The Congress of Vienna etc., London 1947; K. O. Frhr. v. Aretin, Die deutsche Politik Bayerns in der Zeit der staatlichen Entwicklung des Deutschen Bundes 1814–1820, Münchner masch.-schriftl. Diss. 1952; ders., Bayerns Weg etc., 1976; K. Griewank, Der Wiener Kongreß und die europäische Restauration 1814/15, Leipzig[3] 1963; W. Quint, Souveränitätsbegriff und Souveränitätspolitik in Bayern von der Mitte des 17. bis zur ersten Hälfte des 19. Jhdts., Berlin 1971; H. Duchhardt, Gleichgewicht der Kräfte, Convenance, europäisches Konzert etc., Darmstadt 1976; P. Burg, Der Wiener Kongreß, Der Deutsche Bund im europäischen Staatensystem, München 1984.
[374] HStAM MA II 1028: Instruktion für den bayerischen Bevollmächtigten auf dem Wiener Kongreß 24. 9. 1814. – Auszugsweise veröffentlicht bei M. Doeberl, Bayern und Deutschland im 19. Jahrhundert, München 1917, 67–71. – Über Wrede auf dem Wiener Kongreß vgl. Winter, Wrede, 154–230.
[375] A. Fournier, Die Geheimpolizei auf dem Wiener Kongreß, Wien und Leipzig 1913, 134.
[376] K. A. Varnhagen von Ense, Denkwürdigkeiten V, Leipzig 1840, 68, beklagte das Fernbleiben Montgelas' vom Kongreß: »Man hatte dies anfangs, wo noch das Erzdeutsche allein zu gelten berechtigt schien, für unmöglich gehalten, und das Zusammentreffen eines Stein und Montgelas hätte niemand verantworten mögen.«
[377] Freiherr vom Stein, Briefe und Amtl. Schriften V, 100: Stein-Hardenberg 7. 8. 1814.
[378] Auf dem Kongreß hatte Ludwigs Adjutant und späterer Kriegsminister Anton Frh. v. Gumppenberg Wrede bewundert. GHA N. Gumppenberg Gumppenberg-Franziska von Perfall 20. 12. 1814: Wrede »imponiert durch seinen richtigen Blick und durch seinen raschen durchdringenden Gang jedermann, der sich uns entgegenstellen will; und geht es dann nicht gleich, so wird er so bundgrob, daß die zierlichen Herren Diplomaten die Hände überm Kopf zusammenschlagen über den bayerischen Lümmel«. – Ludwigs Schwester, die Kaiserin Karoline Auguste, ließ 1817 ihren Bruder wissen, Zar Alexander und Metternich wünschten, Wrede, dessen Verdiensten und militärischen Talenten sie Gerechtigkeit widerfahren ließen, möchte nicht in diplomatischen Angelegenheiten gebraucht werden. (GHA NL I A 8) – Das ausgewogenste Urteil über den Staatsmann Wrede, der sich zu Wien in einer ungewöhnlich schwierigen Situation zu behaupten hatte, findet sich in den Arbeiten Winters und Böcks. Ludwig, der Wrede als Militär sehr hoch schätzte (StBM L.-A. 11, S. 26), äußerte über den Staatsmann Wrede, dessen Verdienste er so häufig in Anspruch genommen hatte, daß er »kein Diplomat (auch kein Finanzmann) war« (BStBM L.-A. 5,2, S. 305–317: Aufzeichnungen über den Wiener Kongreß).
[379] BStBM L.-A. T. 3,23: 30. 1. 1815.
[380] BStBM L.-A. 5,2 »Aus meinem Leben II«, 305–320: »Mein Vater und ich nahmen uns Sachsens an, aber aus sehr verschiedenen Beweggründen.

Ersterer, weil es sein Schwager und wahrscheinlich auch, weil er dagegen, daß einem regierenden Haus Land genommen würde, ich, weil das Aufhören der Selbständigkeit eines alten deutschen Volkes mir widerstrebt und weil ein katholisches Herrscherhaus in Teutschland als solches aufhören würde. Des Königs von Sachsen wegen war ich nicht dawider, dieser hartnäckige Anhänger Napoleons hätte es verdient...«. Tagebucheintrag des Erbprinzen Georg von Mecklenburg-Strelitz 28. 12. 1814: Der König von Württemberg wird seinen Äußerungen nach »im Fall eines Krieges nicht teil in demselben nehmen, das abscheuliche Bayern aber umso gewiß tätiger. Dieses ist wegen Sachsen auf Preußen erbitterter wie irgendein anderer, und keiner hat bei Metternich so gehetzt wie Wrede, sogar den sonst so guten Kronprinzen haben sie verblendet, so daß ich und Therese über diesen Punkt mit ihm sprechen möchten« (C. A. Endler, Der deutsche Gedanke bei den mecklenburgischen Verwandten der Königin Luise, in: Hist.-pol. Archiv zur deutschen Geschichte des 19. und 20. Jh. II, Leipzig 1932, 168 f.).

381 Wie Anm. 380: »Ich Tor wähnte, Österreich dächte nur an Bayerns Vorteil, bewunderte es, aber als Bayern in der sächsischen Sache voran war, Rußlands und Preußens Haß sich aufgeladen, da, ohne meinen Vater in Kenntnis gesetzt zu haben, gab Österreich nach, willigte ein, daß Preußen einen Teil des Königreichs Sachsen bekäme. Hätte ich das gewußt, so wäre ich dafür gewesen, daß Preußen das Ganze bekommen hätte. Würde mein Vater nicht den Ritter für Sachsen gemacht haben, wäre seine Entschädigung viel besser ausgefallen, hätte, wenn nicht ganz bis an die Mosel, doch bis an die Nahe vom linken Rheinufer bekommen können. So aber kamen wir darum, um die Verwirklichung der Anwartschaft auf den größten Teil der badischen Pfalz, erhielten keinen Zusammenhang, wie damals bereits zugesagt, Rußland und Preußen zum Feind, – von Sachsen ward nicht einmal Dank gesagt.«

382 Stein, Briefe und Schriften V, 268: Denkschrift Steins 12. II. 1815.

383 Wie Anm. 380: »Sah mich von den teutschen Fürsten und Ministern und von den anderen, unter der Menge stehend, unbeachtet.«

384 Weil, Les dessous I., 259 und 267 f.

385 GHA NL I A 41: Zacharias Werner-L. 11. und 21. VIII 1814.

386 BStBM L.-A. T. 3,22: 24. 12. 1814, und O. Weiß, Redemptoristen, 913 ff.

387 Über die damals für Bayern nicht ungünstige britische Politik vgl. Gruner, Tendenzen, 76–80.

388 E. M. Arndt, Meine Wanderungen und Wandelungen mit dem Reichsfreiherrn H. K. F. vom Stein, Leipzig o. J. (= Sämtliche Werke, Hg. H. Meisner, 2), 148 f.

389 GHA NL I A II MJ.-L. 21. 8. 1814, und ÖG I, 27: Hruby-Metternich 7. 9. 1814. – Vgl. Winter, Wrede, 148 ff.

390 BStBM L.-A. T. 3,23: 10. 2. 1815: »Unteutsch Freiherr vom Steins Vorhaben, Teutschland in Süd und Nord zu teilen«. Zu Steins Politik auf dem Kongreß vgl. W. Mager, Das Problem der landständischen Verfassungen auf dem Wiener Kongreß 1814/15, in: HZ 217 (1974), 301 ff.

391 Rheinischer Merkur Nr. 177 v. 12. 1. 1815: »Der Kronprinz von Bayern gilt auch allgemein als brav, soll aber jetzt etwas schwächer sein wie sonst.«

392 Fournier, Geheimpolizei, 374.

393 BStBM L.-A. T. 3,22: 13. 12. 1814.

394 Stein-Archiv Cappenberg: L.-Stein 29. 7. 1827 (zit. nach Fotokopie in: GHA NL II A 21).

395 Vgl. K. v. Raumer, Die Autobiographie des Freiherrn vom Stein, Münster 1954.
396 GHA N. Gumppenberg 14: Gumppenberg-Franziska von Perfall 29. 12. 1814.
397 Ebda.: Gumppenberg-Franziska von Perfall 17. 3. 1815. – Daß ihm sein Vater die Erlaubnis erteilte, zur Armee zu gehen, verdankte Ludwig nur Wredes Vermittlung.
398 GHA NMJ. II B 2 L.-MJ. 15. 4. 1815 u. Testament v. 16. 5. 1815.
399 Montgelas, Denkwürdigkeiten, 488 f.
400 Vgl. P. Wescher, Kunstraub unter Napoleon, Berlin 1976, u. R. Wünsche, Kronprinz Ludwig als Antikensammler, in: H. Glaser (Hg.), Krone und Verfassung, I, 443 u. 445. – Ludwig hatte seit April 1814 auf eine Rückgabe der Kunstwerke gedrungen, blieb jedoch zunächst erfolglos. Ohne gleichläufige Bemühungen Englands und Preußens hätte Ludwig sein Ziel auch 1815 nicht erreicht (Vgl. Winter, Wrede, 132 u. 241).
401 HStAM MA 289: L.-Wrede 12. 7. 1815.
402 GHA N. Gumppenberg 14: Gumppenberg-Franziska von Perfall 14. 2 1815: »Die diplomatischen Plusmacher werden freilich Zeter und Mordio schreien: den nichtdiplomatischen Bayern aber, denen es um Ruhe, Frieden, Aufrechterhaltung seiner Dynastie und um Kraft und Einheit in Deutschland zu tun ist, kann es gleichgültig sein, ob ihr König behält, soviel er hat, oder ob er mehr bekommt. Aus dem Dominieren in Süddeutschland springt nichts gutes Bayerisches und nichts gutes Deutsches raus«.
403 BStBM L.-A. T. 3,23: 10. 2. 1815.
404 ÖG II, 660: Instruktion Metternichs für den Gesandten am Münchener Hof, Graf Colloredo, 30. 3. 1837.
405 GHA N MJ. II B 2 L.-MJ. 12. 8. 1814.
406 GHA NL I A 1 MJ.-L. 21. 8. 1814.
407 GHA N MJ. II B 2 L.-MJ. 26. 8. 1814 u. weitere Schreiben.
408 Schon Oktober 1814 hat der Kronprinz Seinsheim gegenüber den Verlust Salzburgs einkalkuliert und sich dafür Hoffnungen auf die gesamte Pfalz gemacht: Möglicherweise werde er dann im Winter in Mannheim residieren (GHA NL C 5a L.-Seinsheim 30. 10. 1814).
409 Dok. III, 2, 46–49.
410 Zu den bayerisch-badischen Differenzen vgl. K. Baumann, Kronprinz Ludwig von Bayern und die Oberrheinlande 1809–1819, in: Abhandlungen zur Saarpfälzischen Landes- und Volksforschung I (1937), 155–172; ders., Probleme der pfälzischen Geschichte im 19. Jahrhundert, in: Mitteilungen des historischen Vereins der Pfalz 51 (1953), 231–272; A. Sahrmann, Pfalz oder Salzburg? Geschichte des territorialen Ausgleichs zwischen Bayern und Österreich von 1813–1819, München/Berlin 1921; L. v. Hörmann, Der bayerisch-badische Gebietsstreit 1825–1832, Berlin 1938.
411 Pariser Protokoll der vier Mächte vom 3. 11. 1815.
412 Noch im gleichen Jahr befand sich der preußische Gesandte in München im Besitz des Textes dieses Geheimartikels (PG I, 186).
413 Zur damaligen Situation in den Rheinlanden vgl. K.-G. Faber, Die Rheinlande zwischen Restauration und Revolution, Wiesbaden 1966, passim.
414 Vgl. K.-G. Faber, Andreas van Recum, Bonn 1969, 116 ff.
415 Im II. Pariser Frieden 20. 10. 1815 hatten die Großmächte die Entschädigungsquote für Bayern ohne dessen Anhörung festgesetzt. Über die territo-

rialen Verhandlungen des Jahres 1816 vgl. PG I, 32—78: Küster d. Ä.- Friedrich Wilhelm III. 28. 10. 1815 — 31. 8. 1816.
[416] Häufig fälschlich als Entschädigungszahlung für den nichterfolgten Heimfall Mannheims und Heidelbergs an das Haus Wittelsbach aufgefaßt.
[417] Zur Vorgeschichte und weitergehenden Forderungen Montgelas' vgl. ÖG I, 113: Hruby-Metternich 29. 7. 1816.
[418] Vgl. Aretin, Bayerns Weg, 197 u. 214. — Hefner-Alteneck, Lebenserinnerungen, 39 f.: Der Kronprinz ließ sich von einem Hofkonditor und Phelloplastiker das Heidelberger Schloß in ziemlich großem Maßstab aus Kork anfertigen.
[419] Vgl. F. Schnabel, Sigismund von Reitzenstein, der Begründer des badischen Staates, Heidelberg 1927, 162—166.
[420] PG I, 182: Hardenberg — Zastrow 12. VIII. 1818.
[421] Adalbert, Prinz von Bayern, MJ., 771.
[422] GHA NL I A 1 MJ.-L. 9. 1814.
[423] BStBM L.-A. T. 3,23 19. 1. 1815: »Unsere Königin, sagte mir Wrede, ist ganz badisch, was sie hört, sagt sie ihrem Bruder, dem Großherzog von Baden, wenn dies ihm nützlich, auch gegen Bayerns Vorteil ist.«
[424] Corti, Ludwig I., 234.
[425] Arneth, Wessenberg II, 62.
[426] GHA NL I A 20: Berichte Graf A. Pappenheims 1818/19.
[427] Adalbert, Prinz von Bayern, MJ., 775.
[428] Ebda., 773 f.
[429] GHA NL I A 8 Karoline Auguste-L. 25. 12. 1818 (19seitiger Brief!).
[430] F. C. Wittichen u. E. Salzer, Briefe von und an Friedrich von Gentz I, München und Berlin 1913, 353: Gentz-Metternich 17. 12. 1818.
[431] GHA NL $\frac{88}{4}$ 2 L.-Rechberg 13. 3. 1819 (Conc.).
[432] ÖG I, 226: Hruby-Metternich 29. III. 1819, und ebda. I, 236 f.: Metternich-Hruby 30. IV. 1819.
[433] GHA NL $\frac{88}{4}$ 2 Aufzeichnungen 9.—23. 7. 1823.
[434] GHA NL $\frac{89}{6}$ 4 Daxenberger-L. 13. 8. 1866.
[435] Aretin, Bayerns Weg, 183.
[436] HStAM MA II 1034: Rechbergs Bericht vom 11. 6. 1815. — Vgl. Quint, 385—400 u. Aretin, Die deutsche Politik, 346 ff.
[437] Vgl. Aretin, Deutsche Politik, 1 f.; auch für das Folgende.
[438] PG I, 27: Küster — Friedrich Wilhelm III. 28. VIII. 1815.
[439] Burg, Trias (Manuskript), 42 f.
[440] R. Schwemmer, Geschichte der Freien Stadt Frankfurt/Main (1814—1866) I, Frankfurt a. M. 1910, 392.
[441] Vgl. Aretin, Die deutsche Politik, 250.
[442] PG I, 4: Küster d. Ä. — Friedrich Wilhelm III. 3. IV. 1814.
[443] Aretin, Die deutsche Politik, 193.
[444] PG I, 110 f. Küster d. Ä. — Hardenberg 1. I. 1817.
[445] Vgl. Buch II, Abschn. I dieser Biographie.
[446] Vgl. Burg, Trias, passim.
[447] Feuerbach, Leben und Wirken II, 52 f.
[448] Feuerbach, Leben und Wirken II, 55.
[449] HStAM MA II 1032; vgl. Quint, Souveränitätsbegriff, 333 ff.
[450] Vgl. H. v. Srbik, Metternichs Plan der Neuordnung Europas 1814/15, in: MtÖG 40 (1925), 116 f.

451 Vgl. E. Franz, Dönniges, in: ZBLG (1929), 449ff.
452 ÖG I, 80f.: Hruby-Metternich 20. 2. 1816.
453 Vgl. O. Hederer, Carl von Fischer, 31.
454 GHA NL $\frac{88}{4}$ 2 Aufzeichnungen des Kronprinzen sowie BStBM L.-A. T. 3,48 26.–29. VI. 1821. – Vgl. Winter, Wrede, 396–400.
455 GHA NL I A 8 Karoline Auguste-L. 28. 1. 1819.
456 Vgl. V. Bibl, Kronprinzen, München 1929. Der von Bibl in den Kapiteln »Thronfolgertypus« und »Das Thronfolgerproblem« unternommene Versuch, das Verhältnis von regierenden Herrschern und Thronfolgern systematisch anzugehen, gelangte kaum über die Erörterung des Generationenproblems hinaus.
457 Zu den Grafen Karl Theodor und Albert Pappenheim vgl. H. Graf zu Pappenheim, Geschichte des gräflichen Hauses zu Pappenheim 1734–1939, München 1940, 25–59 und 65–94.
458 Vgl. A. Fournier, Geheimpolizei, 135, und M. H. Weil, Les dessous, passim.
459 Vgl. J. F. Abert, Franz Erwein Graf von Schönborn-Wiesentheid. Patriot und Förderer der Künste 1776–1840, in: Lebensläufe aus Franken (Hg. A. Chroust) IV, Würzburg 1930, 348–378.
460 Vgl. K.-H. Zuber, Der »Fürst Proletarier« Ludwig von Öttingen-Wallerstein (1791–1870), München 1978.
461 GHA N Gumppenberg – Vgl. L. A. Freiherr von Gumppenberg, Geschichte der Familie von Gumppenberg, München² 1881.
462 Briefwechsel L.'s mit Seinsheim: GHA NL I A 20 und C 5a.
463 Briefe Tanns an L.: GHA NL II A 25; II A 25 $\frac{1}{2}$; und ebda. 85/3/7.
464 Als ihn ein Lehensprozeß finanziell zu ruinieren drohte, hat er allerdings – verständlicherweise – den König vorsorglich um Verleihung eines Staatsamtes gebeten. Für Familienangehörige erlangte er wiederholt Vergünstigungen durch L.
465 Was die Schreiben des Königs an Tann betrifft, müssen wir uns mit den von Conte Corti veröffentlichten Auszügen begnügen. Die Briefe des Königs sind z. Zt. nicht auffindbar (Schreiben Baron Michaels von der Tann-Rathsamhausen an Vf. 5. 3. 1984).
466 Wie Buch I, Kap. VI, Anm. 248.
467 GHA NL I A 22: Briefe Lerchenfelds an den Kronprinzen. M. Frhr. v. Lerchenfeld, Die bayerische Verfassung und die Karlsbader Beschlüsse, Nördlingen 1883, und ders., Aus den Papieren des kgl. bayerischen Staatsministers M. Freiherr von Lerchenfeld, Nördlingen 1887.
468 GHA NL I A 8 Karoline Auguste-L. 27. 10. 1819.
469 Vgl. W. Quint, Souveränitätsbegriff, 254f. u. passim. – Zum Sturz Montgelas' vgl. Aretin, Das Ende der Ära Montgelas, in: Bayerns Weg, 175–234.
470 ÖG I, 26f.: Hruby-Metternich 8. 8. 1814.
471 GHA NL I A 22 Lerchenfeld – L. 18. 7. 1817. Zu dem Finanzskandal vgl. Demel, Staatsabsolutismus, 200.
472 Montgelas, Denkwürdigkeiten, 562.
473 Montgelas behauptete, der Kronprinz habe Abenteuer bei seiner (Montgelas') Frau gesucht und dabei eine Abfuhr erlitten. Dies habe er dem Hause Montgelas nicht vergessen. Es lag der Art Ludwigs fern, den Ehemann seinen (des Kronprinzen) Mißerfolg entgelten zu lassen. Vgl. Adalbert, Prinz von Bayern, MJ., 749. An dieser Stelle ist auch die Erzählung des Justizministers Graf Reigersberg ins Reich der Fabel zu verweisen, Montgelas habe die Heirat Max Josephs mit seiner ersten Frau bekämpft und dies habe ihm

Ludwig lebenslang nachgetragen. Montgelas trat erst nach dieser Eheschließung in die Dienste Zweibrückens.
474 K. Th. v. Heigel hatte in der Abhandlung »Kronprinz Ludwig im Befreiungsjahr 1813« (in: Quellen u. Abhandlungen zur neueren Geschichte Bayerns NF VIII, 1890, 355–398) die im Montgelas'schen Archiv Egglkofen befindlichen Briefe des Thronerben ausschließlich im Hinblick auf dessen Stellungnahme zu den Ereignissen von 1812/13 publiziert und behandelt. Poelnitz (wie Buch I, Kap. VI, Anm. 202) hat demgegenüber den gesamten Bestand sowohl der damals noch in Egglkofen befindlichen Briefe wie der Briefe Montgelas' an L. (in GHA NL I A 22) zugrundegelegt und sie durch die parallele Korrespondenz des Kronprinzen mit seinem Vater (GHA NL II B 1, 1. Teil) ergänzt. Der Nachlaß Montgelas befindet sich inzwischen in HStAM Abt. V.
475 HStAM Abt. V N Montgelas 42.
476 Noch im Mai 1816 bat der Kronprinz Montgelas, bei der nächsten Vacatur Seinsheim nach München zu versetzen, und Montgelas sagte ihm dies zu (GHA NL C 5a L.-Seinsheim 2. 6. 1816). – Vgl. W. Demel, Beförderungen und Versetzungen etc., in: ZBlG 42 (1979), 107–125.
477 BStBM L.-A. T. 3,4 14. I. 1810.
478 BStBM L.-A. T. 3,6 9. VI. 1810.
479 BStBM L.-A. T. 3,23 12., 23., 28. 1. sowie 5. u. 12. 2. 1815. GHA NMJ. II B 2 L.-MJ. 12. 3. 1815. – Zu Wredes Verhältnis zu Montgelas ausführlich Winter, Wrede, 261–285.
480 GHA NL $\frac{88}{4}$ 3.
481 GHA N Gravenreuth Nr. 25 Wrede-Gravenreuth 10. 1. 1817 (Kopie). – Ähnlich Wrede – L. 13. I. 1817 (GHA NL I A 21).
482 Vgl., auch für das Folgende, Aretin, Bayerns Weg, 180f. u. 196f.
483 Zit. nach Aretin, Bayerns Weg, 198.
484 Arneth, Wessenberg II, 75f.
485 Arneth, Wessenberg II, 71. Ebda. 72: Der russische Gesandte Graf Pahlen meinte Hruby gegenüber sogar, daß »der Eigenwille des Kronprinzen das eigentliche Triebrad der Regierungsmaschine« geworden zu sein scheine.
486 Vgl. Montgelas, Denkwürdigkeiten, 544–566. Den Kronprinzen hat Montgelas in seinen Erinnerungen verhältnismäßig geschont. Ihn wollte er eher als Werkzeug einer Verschwörung sehen, als deren Mitglieder er vor allem die Brüder Grafen Karl und Albert Pappenheim bezeichnete, während er Seinsheim nicht als beteiligt ansah. Umso schärfer fielen Montgelas' Urteile über Wrede und die gegen ihn (Montgelas) konspirierende Beamtenaristokratie aus.
487 Fürst Oskar Wrede, Aus der Wirksamkeit, 56.
488 GHA N Gravenreuth, Nr. 25.
489 Zwehl, Feldmarschall Karl Philipp Fürst Wrede, 312.
490 BStBM L.-A. T. 5,2 (»Aus meinem Leben II«), 338.
491 Adalbert, Prinz von Bayern, MJ., 742.
492 GHA NL I C 5 L.-MJ. 23. 1. 1817 (Abschrift und Beilage zum Brief an Abel vom 21. 11. 1840).
493 BStBM L.-A. T. 3,23 25. 1. 1825.
494 Als »l'âme du ministère« bezeichnete ihn ein französischer Gesandtschaftsbericht (FG I, 156; vgl. auch FG I, 141).
495 L.-Graf Aloys Rechberg 8. 2. 1817 u. 20. 6. 1817 (Rechberg-Archiv Schloß Donzdorf; zit. nach Corti, Ludwig I., 234).

496 BStBM L.-A. T. 3,76 10. 6. 1828.
497 GHA N Abel L.-Abel 14. 1. 1840 (verbrannt). Gedr. bei A. Doeberl, Wer gab die Veranlassung zum Sturz Montgelas', in: Hist. pol. Blätter 157 (1916), 576: »Es wäre mir *sehr unangenehm,* wenn vom Grafen Montgelas in der *Dankadresse* (gewiß ungeeigneter Ort) lobende Erwähnung geschähe, den mein Vater auf *meine* Vorstellungen vom Ministerium entfernte, dessen Grundsätze meinen entgegengesetzt, als den Vertreter des *unteutschen Systems;* nicht die Wahl des Reichsrates hat ihn zum II. Präsidenten gemacht, denn er wurde gewählt, aber der König ernannte ihn, der nicht an Stimmenmehrheit gebunden. Statt versöhnender Rede würde eine Stelle nur *aufs neue verletzen.*« Der letzte Satz bezieht sich auf die Konflikte, die in beiden Kammern im Jahre 1837 vorfielen.
498 Zu der Frage des Systemwechsels vgl. die Ausführungen von Aretin, Bayerns Weg, 176f. u. 232ff. Dort werden die einschlägigen Ansichten von M. und L. Doeberl, Graf Du Moulin Eckart, W. Quint und H. Hofmann kommentiert. In Nuancen von Aretin abweichend E. Weis, Die Begründung etc., in: Spindler, HB I, 59f.
499 Vgl. BStBM L.-A. T. 3,14 31. VIII. 1812. – Zum napoleonischen Konstitutionalismus vgl. V. Preß, Landtage im alten Reich und im Deutschen Bund, in: ZWLG 39 (1980), 116: Gewiß ein »Scheinkonstitutionalismus, ...der jedoch durchaus seine Funktion für den Zusammenhalt des Empire erfüllte«.
500 Vgl. F. Zimmermann, Bayerische Verfassungsgeschichte vom Ausgang der Landschaft bis zur Verfassungsurkunde von 1818. Ein Beitrag zur Auseinandersetzung Deutschlands mit den Ideen der Französischen Revolution und Restauration. 1. Teil: Vorgeschichte und Entstehung der Konstitution von 1808, München 1940; Aretin, Bayerns Weg; K. Moeckl, Der moderne bayerische Staat. Eine Verfassungsgeschichte vom aufgeklärten Absolutismus bis zum Ende der Reformepoche, München 1979; E. Weis, Kontinuität und Diskontinuität zwischen den Ständen des 18. Jahrhunderts und den frühkonstitutionellen Parlamenten von 1818/1819 in Bayern und Württemberg, in: Festschrift für A. Kraus zum 60. Geburtstag, Kallmünz 1982, 337–355.
501 Johann Christoph Freiherr von Aretin, Ein neuer Landtag etc., o.O. 1799, 25–53.
502 Weis, Kontinuität, 342.
503 Möckl, Der moderne bayerische Staat, 95.
504 Zimmermann, Bayerische Verfassungsgeschichte, 120–131.
505 H. Haußherr, Die Memoiren des Ritters von Lang 1764–1833, Stuttgart 1953, 252–255. Vgl. auch A. v. Raumer, Der Ritter von Lang und seine Memoiren, München/Berlin 1923, 200–206.
506 Vgl. E. Weis, Zur Entstehungsgeschichte der bayerischen Verfassung von 1818. Die Debatten der Verfassungskommission von 1814/15, in: ZBLG 39 (1976), 413–444.
507 Lerchenfeld, Aus den Papieren, 233f.
508 Feuerbach, Leben und Wirken II, 59–62.
509 HStAM Staatsrat 1654: Reskript Max Josephs 14. 3. 1815. – Zu den Einzelheiten vgl. Winter, Wrede, 289f.
510 GHA NL $\frac{88}{4}$ 2 »Bemerkungen über den Entwurf der Verfassung für Bayern«, Wien 9. 3. 1815.
511 Ebda, § 3.

512 GHA NL $\frac{88}{5}$ III Notizen Würzburg 5. u. 20. 12. 1816.
513 Zur Entstehung des Art. XIII vgl. W. Mager, Das Problem der landständischen Verfassungen (wie Kapitel VII, Anm. 390); Aretin, Bayerns Weg, 235–263; B. Wunder, Landstände und Rechtsstaat. Zur Entstehung und Verwirklichung des Art. XIII der deutschen Bundesakte, in: Zeitschrift für historische Forschung 5 (1978), 139–185.
514 HSTAM M Inn 43852. – Vgl. Aretin, Bayerns Weg, 246 f. – Der französische Gesandte Graf de la Garde vermutete als Motiv für die Verfassung, die Minister sähen in Kammern Verbündete gegen finanzielle Willkür des Königs und machten sich überdies Hoffnungen auf neue durch die Kammern zu beschaffende Ressourcen. Die Gesichtspunkte der Bewahrung der bayerischen Souveränität vor einem Oktroi des Bundes und der Sanierung der finanziellen Lage durch eine künftige Verfassung dürften sich gegenseitig ergänzt haben (FG I, 48 ff.: De la Garde – Richelieu 15. 3. 1818).
515 Aus seinem Briefwechsel mit Wrede geht hervor, daß er, der sich auf einer Italienreise befand, über die Einzelheiten nicht im Bilde war (GHA NL VI L.-Wrede 4. 4. 1818). Mehrmals ließ er Wünsche an Lerchenfeld gelangen (Lerchenfeld, Aus den Papieren, 265 u. 267).
516 (Prinz Karl), Aus dem Leben, 15.
517 Vgl. Aretin, Bayerns Weg, 233.
518 GHA NL I A 22 Lerchenfeld-L. 27. 3. 1818.
519 GHA NL $\frac{88}{4}$ 2 L.-Rechberg 22. 8. 1818 (Conc.).
520 ÖG II, 586 L.-Metternich 4. 6. 1834.
521 Text: E. R. Huber (Hg.), Dokumente zur deutschen Verfassungsgeschichte I, Stuttgart 1961, 141–156. Zur Entstehungsgeschichte und zum Charakter dieser Verfassung vgl. ders., Deutsche Verfassungsgeschichte I, 321–323. – Zum »deutschen Konstitutionalismus« vgl. H. Gaugl, Der deutsche Weg zum Verfassungsstaat im 19. Jahrhundert, in: E.-W. Böckenförde (Hg.), Probleme des Konstitutionalismus im 19. Jahrhundert, Berlin 1975, 52.
522 R. Oeschey, Die bayerische Verfassungsurkunde vom 26. 5. 1818 und die Charte Ludwig XVIII vom 4. 6. 1814. Ein Beitrag zur Lehre vom monarchischen Prinzip, München 1914.
523 Vgl. E. Franz, Bayerische Verfassungskämpfe, München 1926, 3 f.
524 Vgl. F. Kobler, »Charta magna Bavariae«, in: H. Glaser (Hg.), Krone und Verfassung, I, 114–120.
525 PG I, 176 f.: Arnim-Hardenberg 3. 6. 1818.
526 GHA NL C 5a L.-Seinsheim 5. 8. 1818.
527 Vgl. K. O. Frhr. v. Aretin, Metternichs Verfassungspläne 1817/18, in: HJb. 74 (1955), 718–727.
528 FG I, 111 f.: De la Garde – Dessolle 25. 6. 1819.
529 Adalbert, Prinz von Bayern, Eugen Beauharnais, 482–488.
530 GHA NL I A 22 Lerchenfeld-L. 24. 8. 1819.
531 GHA NL C 4 Stichaner-L. 10. 1. 1820.
532 BStBM L.-A. T. 3,39 24. 3. 1819 u. T. 3,40 23. 4., 10. 5. u. 15. 5. 1819.
533 Vgl. O. Meiser, Ein Brief des Kronprinzen Ludwig über den ersten Landtag von 1819, in: ZBLG 11 (1938), 137–140.
534 E. Büssen, Die Karlsbader Beschlüsse von 1819 etc., Hildesheim 1974. – Vgl. die für die Zeitgeschichtsschreibung des 19. Jahrhunderts aufschlußreiche Kontroverse zwischen Treitschke und Max Freiherr v. Lerchenfeld (Enkel des Staatsministers) wegen dessen Ausführungen in seiner Schrift »Die bayerische Verfassung und die Karlsbader Beschlüsse«: H. v. Treitschke,

Deutsche Geschichte etc. III, Leipzig⁶ 1908, 762-768.
535 GHA NL $\frac{88}{4}$ 2 L.-Rechberg 15. 9. 1819 (Conc.).
536 GHA NMJ. II B 2 L.-MJ. 1. 10. 1819. - Vgl. Lerchenfeld, Die bayerische Verfassung, 82-84.
537 BStBM L.-A. T. 3, 42 11.-22. 10. 1819; auch für das Folgende. Zu Rechbergs Verhalten vgl. Koeppel, Eine geheime Denkschrift etc., in: ZBLG 4 (1931), 206-212.
538 Feuerbach, Leben und Wirken II, 124.
539 GHA NL I A 22 Lerchenfeld-L. 3. 11. 1819 u. 23. 11. 1819. - Vgl. Lerchenfeld, Die bayerische Verfassung, 89-94.
540 GHA NL VI L.-Wrede 1. 10. 1819. - GHA NL C II, 139, Smidt-Cotta 26. 10. 1819.
541 Dem Kronprinzen gegenüber betonte Zentner, daß er sich von Metternich nicht hatte an die Wand spielen lassen (GHA NL I A 22 Zentner-L. 10. 7. 1820). - Vgl. Dobmann, Zentner, 171-191.
542 GHA NL $\frac{89}{4}$ IV L.-Zentner 27. 1. 1820, und $\frac{89}{4}$ VI L. - Zentner 11. 1. 1820.
543 GHA NL I A 22 Lerchenfeld-L. 9. 9. 1822.
544 ÖG I, 561 f.: Trauttmansdorff-Metternich 26. 2. 1825.
545 ÖG I, 604 f.: Trauttmansdorff-Metternich 24. 8. u. 5. 9. 1825.
546 Schiel, Sailer I, 603.
547 Wittichen/Salzer, Gentz, II, 21: Gentz-Metternich 1. 8. 1820; auch für das Folgende.
548 Vgl. W. Grasser, Bayerische Geschichtstaler von Ludwig I. und Maximilian II., Rosenheim o. J., 45-48.
549 Lerchenfeld, Bayerische Verfassung, 164: L.-Lerchenfeld 24. 1. 1823: »Das kann der König nicht ausstehen, wenn ich vorschlage, eine Sache möge er von anderen in Beratung nehmen lassen.«
550 J. Gerstenegger, Ludwig I. König von Bayern in seinen Briefen an Philipp von Lichtenthaler, in: Blätter für das bayerische Gymnasialschulwesen, München XXII (1886), 1-30.
551 Ringseis, Erinnerungen I, 41.
552 Lerchenfeld, Bayerische Verfassung, ͵, 7 f. - Das vermutete Comeback Montgelas' bildete einen häufigen Gegenstand der Gesandtschaftsberichte noch in den zwanziger Jahren. Vgl. FG I, 174: De la Moussaye - Montmorency 2. 4. 1822.
553 ÖG I, 605 f., Trauttmansdorff-Metternich 5. 9. 1825: Ein Reichsrat habe dem Kronprinzen darauf erwidert, das möge er nur tun und er werde einstens erkennen, wer es ehrlich mit ihm meine. Im übrigen solle er nicht nur den liberal Gesinnten Gehör schenken. Der Kronprinz habe darauf die Unabhängigkeit seines Urteils beteuert: »Er bilde sich seine Ansichten selbst und handele gewiß ganz selbständig; auch tue man ihm Unrecht, wenn man ihn für einen Gegner des Adels halte, dessen Notwendigkeit er wohl erkenne.«
554 GHA NL I A 20 Seinsheim-L. 22. 8. 1816, u. GHA NL VI L.-Wrede 4. 3. 1823. Schelling hatte sich beim Kronprinzen warm für Platen eingesetzt.
555 GHA NL C 5a L.-Seinsheim 2. VI. 1816.
556 Vgl. Winter, Wrede, passim.
557 ÖG I, 473, Trauttmansdorff-Metternich 30. 9. 1822.
558 Lerchenfeld, Bayerische Verfassung, 137.
559 ÖG I, 401 u. 552 Trauttmansdorff-Metternich 6. 1. 1822 u. 8. 12. 1824.
560 Vgl. G. v. Laubmann u. L. v. Scheffler (Hg.), Die Tagebücher des Grafen

August von Platen, 2 Bde., Stuttgart 1896/1900, passim; L. Günther, Würzburger Chronik. Personen und Ereignisse von 1802 bis 1845 III, Würzburg 1925; M. v. Freeden, König Ludwig I. und Unterfranken, in: Mainfränkische Heimatkunde, XIII (Würzburg 1965), 84–98.
561 PG I, 172: Zastrow-Hardenberg 22. 4. 1818.
562 GHA NL I A 41.
563 Unterlagen in GHA NL 46-3-6.
564 ÖG II, 6: Trauttmansdorff-Metternich 28. X. 1825.
565 GHA ARO 12: Utzschneider-L. 20. 5. 1813.
566 Diese und die folgenden z. T. undatierten Denkschriften in: GHA ARO 15/I u. 15/II.
567 Unterlagen in GHA NL $\frac{88}{5}$ III.
568 GHA NL I A 33 Notizen vom Februar und März 1812.
569 Platen, Tagebücher I, 48.
570 Neben den persönlichen Aufzeichnungen in dieser Hinsicht besonders ergiebig der Briefwechsel mit Wrede GHA NL VI u. GHA NL I A 21.
571 Vgl. H. Haan, Hauptstaat – Nebenstaat, Koblenz 1977.
572 GHA NL I A 24 Briefwechsel mit Ringseis.
573 B. G. Niebuhr, Briefe, NF 1816–1830 (Hg. E. Vischer) I, 1, Berlin und München 1981, 586.
574 GHA NL I A 24: Ringseis-L. 5. 12. 1819.
575 GHA NL I A 24: Ringseis-L. 2. 11. 1819.
576 GHA NL I A 24: Ringseis-L. 5. 10. 1819.
577 GHA NL I A 41^{II} Baader-L. 31. 3. 1819 (gedr.: J. Sauter, Franz von Baaders Schriften zur Gesellschaftsphilosophie, Jena 1925, 902–904. – Ausführlicher E. Susini, Lettres Inédites de Franz v. Baader, Wien 1951, 60–99).
578 BStBM L.-A. T. 3,154 11. 11. 1847. – Ebda. 5,2 (»Aus meinem Leben« II, S. 214 f.): In Salzburg suchte Marschall Lefebvre L. 1809 für die Maurerei zu gewinnen, aber er war nicht der Mann, ihn zu überzeugen.
579 Bayerisches Konkordat: H. v. Sicherer, Staat und Kirche in Bayern vom Regierungsantritt des Kurfürsten Max Joseph IV. bis zur Erklärung von Tegernsee 1799–1821, München 1874; M. Freiherr von Lerchenfeld, Zur Geschichte des bayerischen Konkordats, Nördlingen 1882; M. Freiherr von Lerchenfeld, Aus den Papieren des kgl. bayerischen Staatsministers Maximilian Freiherrn von Lerchenfeld, Nördlingen 1887; K. A. Geiger, Das bayerische Konkordat vom 5. Juni 1817, Regensburg 1918; P. B. Bastgen, Bayern und der Heilige Stuhl in der ersten Hälfte des 19. Jahrhunderts, 2 Bde., München 1940; K. Hausberger, Staat und Kirche nach der Säkularisation. Zur bayerischen Konkordatspolitik im frühen 19. Jahrhundert, St. Ottilien 1983; ferner die Zusammenfassungen bei K. Hacker, Die Beziehungen zwischen Bayern und dem Hl. Stuhl in der Regierungszeit Ludwig I. (1825–1848), Tübingen 1967, 3–7; O. Weiß, Die Redemptoristen in Bayern (1790–1909). Ein Beitrag zur Geschichte des Ultramontanismus, St. Ottilien 1983, 11–17. Text des Konkordats: A. Mercati, Raccolta di Concordati etc. I, Rom 1954, 591–597, und Hausberger, S. 309–329.
580 M. Doeberl, Entwicklungsgeschichte II^3 1928, 578.
581 GHA NL I A 19 (2. Fasz.) Häffelin-L. 25. 3. 1817.
582 Vgl. R. Fendler, Johann Casimir Haeffelin 1737–1827. Historiker, Kirchenpolitiker, Diplomat und Kardinal, Mainz 1980.
583 GHA NL I A 27/II.
584 Zit. nach H. v. Sicherer, Staat und Kirche, 71 f.

585 Vgl. Feuerbach, Leben und Wirken II, 85—92.
586 Wie Anm. 583.
587 GHA NL 88/4/2: L.-Rechberg Aschaffenburg 22. 8. 1818.
588 SS 183 (6. 8. 1829):»...So hat man sich durch das Konkordat wirklich zu etwas Unmöglichem verbunden, da im Jahre 1817 so wenig als von 10 bis 12 Millionen Domänen, die man hätte überweisen können, vorhanden oder auch nur käuflich waren.«
589 GHA NL I A 40: Streber-L. 2. 2. 1818.
590 GHA NL I A 22: Lerchenfeld-L. Januar 1818.
591 Vgl. Geiger, Das bayeriche Konkordat, 118f., u. Lerchenfeld, Aus den Papieren, 263.
592 GHA NL I A 19: Häffelin-L. 20. 9. 1818.
593 GHA NL I A 20: Briefe Seinsheims, die sich zwischen 1819 u. 1821 auf die Tätigkeit der Kommission beziehen.
594 GHA NL I A 19: Briefe Häffelins, insbesondere aus den Jahren 1818 ff.
595 PG I, 170: Graf Lottum-v. Zastrow 7. 4. 1818.
596 Lerchenfeld, Aus den Papieren, 268.
597 GHA NL 88/4/2: L.-Rechberg 22. 8. 1818 (Conc.); auch für das Folgende.
598 GHA NL C 26 Sailer-Ringseis 21. 1. 1820.
599 Vgl. P. Sieweck, Lothar Anselm Freiherr von Gebsattel, der erste Erzbischof von München-Freising. Ein Beitrag zur Geschichte der katholischen Restauration im Königreich Bayern, München 1955.
600 Vgl. H. Schiel, Bischof Sailer und König Ludwig I. in ihrem Briefwechsel, Regensburg 1932, u. ders., Johann Michael Sailer. Leben und Briefe, 2. Bde., Regensburg 1948/51.
601 GHA NL XIII. Sailer-L. 4. 4. 1823 (Denkschrift).
602 GHA NL I A 27/II. Schwäbl-L. 20. 11. 1821. – Vgl. Schiel, Bischof Sailer, 136f., u. W. M. Hahn, Romantik und katholische Restauration. Das kirchliche und schulpolitische Wirken des Sailer-Schülers und Bischofs von Regensburg Franz Xaver von Schwäbl (1778—1841) unter der Regierung König Ludwigs I. von Bayern, München 1970, 21 ff.
603 Vgl. J. Sauter, F. v. Baaders Schriften zur Gesellschaftsphilosophie, 909, und D. Baumgardt, Ein unbekanntes Dokument zur Kirchenpolitik der deutschen Romantik, in: HZ 136 (1927), 514f. (Baader an den preußischen Kronprinzen 24. II. 1839).
604 BStBM L.-A. T. 3,48 (Aufzeichnungen vom Juni 1821). – GHA NL C 5a: L.-Seinsheim 3. 7. 1821, und Dartein, Le chevalier, 428: L. – D'Olry 12. 7. 1821.
605 ÖG I, 575 Trauttmansdorff-Metternich 6. 5. 1825.
606 Vgl. Adalbert, Prinz von Bayern, Eugen Beauharnais, Berlin 1940; ders., MJ.; ders., Die Herzen der Leuchtenberg, München 1963.
607 BStBM L.-A. T. 3,22 2. 10. 1814 u. T. 3,23 23. 1. 1815 u. 2. 2. 1815.
608 GHA N Gumppenberg Nr. 14 G.-F. v. Perfall 8. 10. u. 16. 10. 1814.
609 ÖG I, 114: Hruby-Metternich 29. 7. 1816.
610 ÖG I, 134: Hruby-Metternich 23. 1. 1818.
611 ÖG I, 197: Hruby-Metternich 16. 6. 1818; auch für das Folgende.
612 GHA NL I A 6 II: Auguste-L. 2. 6. 1818; auch für das Folgende.
613 Adalbert Prinz von Bayern, Eugen Beauharnais, München, 470f.
614 Vgl. Buch II, Kap. II, Anm. 167.
615 BStBM L.-A. T. 3,22 7. 12. 1814.
616 HHStA Wien Familienarchiv Sammelband 46 (301/3) L.-Kaiser Franz 6. 11. 1816.

617 FG I, 143: Coulomb-Pasquier 24. 11. 1820.
618 Darüber kam es zu Spannungen mit dem Finanzminister Freiherrn von Lerchenfeld (ÖG I, 449): Trauttmansdorff-Metternich 29. 5. 1822.
619 BStBM L.-A. Nr. 7: Aufzeichnungen in Palermo v. 1. 2.−3. 2. 1824.
620 J. v. Görres, Gesammelte Schriften III (Hg. F. Binder), München 1874, 355: Diepenbrock-Görres 3. 6. 1829: »So ungefällig sein Äußeres und so entfernt von jenem Eindruck feierlicher Majestät ist, den die Persönlichkeit der Großen oft macht...«
621 J. v. Müller, Briefe in Auswahl (Hg. E. Bonjour), 352: J. v. Müller-J. G. Müller 11. 8. 1807.
622 Mendelssohn-Bartholdy, Briefwechsel Gentz-Pilat I, 332.
623 L. v. Kobell, Unter den vier ersten Königen Bayerns I, 119: »Seine mittelgroße Gestalt war regelmäßig«. − FG II, 6: De la Moussaye-Damas 23. XI. 1825: »...d'une assez grande taille, mais mal proportionnée«. − K. v. Nostiz, Leben und Briefwechsel, Dresden und Leipzig 1848, 156: »Der Kronprinz von Bayern sieht schlecht aus, ein fahles Haar, ein Mund ohne Zähne, eine Gestalt ohne Ausdruck...«
624 Wie Anm. 623.
625 GHA NL 46-3-6: Schrenck-ungenannt 18. 12. 1854.
626 PG I, 259: Zastrow-Friedrich Wilhelm III. 23. 7. 1820.
627 GHA NL I A 24: Ringseis-L. 5. VII. 1823, und Ringseis, Erinnerungen II, 349 f.
628 BStBM L.-A. 11 (»Mündliche Überlieferungen«), 83: Schwerhörigkeit der Mutter. Auch die Schwester Auguste war schwerhörig (Bühler, Karoline, 127). − GHA NL 91/1/2. Als »Gehörfehler« auch bei König Otto auftraten, wurde in mehreren ärztlichen Gutachten die Frage der Vererbbarkeit der Schwerhörigkeit der Herzogin Wilhelmine Auguste erörtert. Die Verfasser wurden sich allerdings nicht einig.
Zur Psychologie der Schwerhörigen wurden vom Vf. herangezogen E. Krug, Charakter und Schwerhörigkeit, Hamburg 1948, u. H. Jussen, Schwerhörigkeit und soziale Umwelt, in: Neue Blätter für Taubstummenbildung 24 (1970), 193−209.
629 Die Behauptung seiner ihm gegenüber kritischen Stiefmutter, er schlafe von der ersten bis zur letzten Szene (Bühler, Karoline, 126), dürfte eine Übertreibung gewesen sein.
630 BStBM L.-A. T. 3,48 21. u. 26.−29. 6. 1821.
631 GHA NL XIV Abel-L. 30. 4. 1839.
632 Wiedergegeben bei Corti, Ludwig I., 264.
633 B. v. Arnim, Goethes Briefwechsel mit einem Kinde (Hg. J. Fränkel)/II, Jena 1906, 8. So äußerte sich Bettina über den 22jährigen Kronprinzen.
634 Bibl, Metternich, 273 f. und an mehreren anderen Stellen: Klagen Wredes über das Auftreten Ludwigs. − FG I, 29: De la Garde-Richelieu 28. 6. 1817: »...point de dignité dans les manières...
635 B. G. Niebuhr, Briefe NF 1816−1830 (Hg. E. Vischer), Bern und München 1981, 331.
636 ÖG III, 115: Heß-Metternich 14. 12. 1840.
637 GHA NL II A 36 (Briefe der Hofrätin Weyland 1825−1837).
638 SS 282 (2. 11. 1829).
639 Vgl. J. H. v. Hefner-Alteneck, Lebens-Erinnerungen, München 1899, 31: Versuch Ludwigs, seinen Adjutanten Oberst v. Fick mit einer Tochter der Familie von Hefner zu verheiraten.

640 Vgl. H. Tümmler, König Ludwig I. von Bayern und Caroline von Heygendorf in ihren Briefen 1830—1848, Köln und Wien 1981, 99ff.
641 Auch wer sich in der Vergangenheit um das Haus Wittelsbach verdient gemacht hatte, konnte Gegenstand seiner Dankbarkeit werden. Dem Minoriten-Orden blieb er zeitlebens gewogen, weil dieser auf der Seite Ludwigs des Bayern gestanden hatte.
642 BStBM L.-A. Nr. 7 Aufzeichnungen König Ludwigs.
643 FG I, 60: De la Garde-Richelieu 15. V. 1818.
644 F. Koeppel. Eine neuartige Charakteristik etc., in: Staat und Volkstum. Festgabe für K. A. v. Müller, Diessen 1933, 145 (fortan zitiert als »Charakteristik«).
645 GHA NL I A 24 Ringseis-L. 30. I. 1824 — Vgl. Ringseis, Erinnerungen II, 166.
646 ÖG II, 215: Spiegel-Metternich 24. 12. 1828.
647 ÖG II, 388: Spiegel-Metternich 2. 1. 1832.
648 Boisserée, Tagebücher III, 1020.
649 Die Nachricht von Ernennungen und sonstigen Gnadenakten (wie er sie auffaßte) überbrachte der König gerne persönlich.
650 Besonders energisch bekämpfte der König Gefährdungen der Sehfähigkeit junger Leute und er tat alles, um helle Unterrichtsräume zur Verfügung zu stellen. Desgleichen wünschte er Maßnahmen gegen das Überhandnehmen von Rückgratverkrümmungen.
651 GHA NL XIV: Abel-L. 22. 5. 1838 u. SS 114 (7. 3. 1838). — Bei Hinrichtungen ordnete er den Vollzug mit dem Fallbeil statt mit dem Schwert an, »weil bei denselben die Gefahr obwaltet, daß der Verurteilte länger leidet«: SS 266 (9. 10. 1828).
652 SS 156 (20. 3. 1838).
653 »Diese Kirche«, sagte der König bei der Grundsteinlegung der Münchner Ludwigskirche, »wird der Religion von Nutzen sein, der Religion, die das Wichtigste ist, aber nicht nur äußerlich sein darf, sondern die das Leben durchdringen soll, nur sie ist der Leidenschaft Zügel, Schlimm sieht es aus, wo sie mangelt, die nötig ist den Herrschern wie dem Letzten des Volkes« (HStAM M Inn 44 266 I Conc. 13. 10. 1835).
654 GHA NL X: Abel-L. 25. 2. 1842. — GHA NL 89/6/4: 1853 erlaubte ihm Erzbischof Graf Reisach auf Ansuchen, in Abendgesellschaften Lotto zu spielen, die Werke Humes und »libros quomodolibet prohibitos« zu lesen, übermittelte aber gleichzeitig eine Liste von Büchern, die für ihn auf jeden Fall verboten blieben (Reisach-L. 2. 5. 1853).
655 GHA NL XX: Abel-L. 13. 5. 1846; beiliegend die Gutachten Hanebergs und Döllingers.
656 Vgl. Reidelbach, König Ludwig I., 129—137.
657 BStBM L.-A. T. 3,75 28. 4. 1828.
658 BStBM L.-A. T. 3,156 6. 5. 1848.
659 GHA NO $\frac{43}{1}$ 29a L.-Otto 29. 11. 1834.
660 BStBM L.-A. T. 3,78 14. 10. 1828. Boisserée notierte 16. 1. 1833: »Unerhörte Willkür und Leidenschaftlichkeit des Königs« (Boisserée, Tagebücher II, 716).
661 BStBM L.-A. T 3,106 16. 10. 1835.
662 Vgl. Ringseis, Erinnerungen II, 39.
663 G. L. v. Maurer, Denkwürdigkeiten (Hg. Heigel), 479f.
664 HStAM Abtlg. V N Pfordten Nr. 106 Giech-Pfordten 17. 10. 1843: »Er

äußerte sich auf das Stärkste gegen die Stände, ja er wollte die ›Lieben und Getreuen‹ sogar mehrmals förmlich auf die Kirchweih geladen haben...«

[665] Boisserée, Tagebücher III, 1012 f. (29. 9. 1843).

[666] Bei der Abdankung hat er über Jagdrechte nichts vereinbart. Erst nachträglich hat man eine Lösung gefunden, von der er aber kaum Gebrauch machte (GHA NL $\frac{88}{5}$ III: Laroche-L. 1. 4. 1858). − Mit einem Anflug von Ironie sprach er über die Jagdlust seiner Söhne (GHA NO $\frac{43}{1}$ 29e: L.-Otto 3. 11. 1857). − Vgl. ferner Boisserée, Tagebücher III, 18.

[667] ÖG II, 351: Generalmajor Frhr. von Welden-Metternich 1. 8. 1831: »Da er keinen militärischen Geist hat...«

[668] Charakteristisch die ironisierende Schilderung des »immer begeisterten Königs von Bayern« durch Metternich anläßlich des Auftritts von Jodlerinnen auf einem Volksfest bei Linz: »Fürst! Alpen, Vaterland! Deutschland! Wir Deutsche! Die Alpen, sehen Sie die Alpen, Fürst, Alpenmädchen, Wie? Fürst! Hübsch, nicht wahr, Fürst etc. etc.« (zit nach Corti, Metternich und die Frauen II, Wien/Zürich 1949, 353 f.)

[669] SS 294 (6. 9. 1832).

[670] Boisserée, Tagebücher III, 827.

[671] Fürstlich Löwenstein-Rosenbergsches Archiv lit D 424 Baader-Erbprinz Konstantin Löwenstein 6. 11. 1828.

[672] Großherzog Georg v. Mecklenburg-Strelitz an Caroline von Heygendorf 20. 9. 1842: »Doppelt schade daher, daß in diesem Mann so unerklärbare Widersprüche sich anknüpfen, welche auf der einen Seite die Strahlen immer wieder verlöschen, welche auf der anderen gleich wieder durchbrechen« (zit. nach Tümmler, König Ludwig I. von Bayern, 124).

[673] Mannlich, Lebenserinnerungen, 339 f.

[674] F. Frhr. v. Bidermann, Goethes Gespräche III, Leipzig 1910, 435.

ANMERKUNGEN ZU BUCH II

[1] Soeltl, Ludwig I., 22: L.-Armansperg 24. 4. 1829.
[2] SS 14 (17. 1. 1829).
[3] GHA NL II A 23 Hormayr – L. 31. 5. 1828.
[4] GHA NL 46-6-12/10 L. – Armansperg 30. 8. 1828.
[5] FG II, 70ff.: Alleye de Cyprey – Damas 23. 4. 1827.
[6] Im folgenden wird aus Gründen der Vereinfachung meistens davon abgesehen, darauf hinzuweisen, ob die Minister als Verweser oder in definitiver Eigenschaft fungierten. Aus Vorsicht und Sparsamkeit berief L. seine Minister zunächst nur als Verweser.
[7] Vgl. Armansperg, Armansperg, 181–204.
[8] BStBM L.-A. T. 3,90 28. 10. u. 6. 11. 1831 sowie an zahlreichen anderen Stellen des Tagebuchs. – Ferner GHA Autographen 452: L.-Besserer 7. 5. 1831.
[9] FG II, 245 u. 249: Rumigny-Polignac 27. 2. u. 3. 3. 1830.
[10] Eine für den König umso billigere Qualifikation, als Gise, der seine Kinder katholisch erziehen ließ, wenig Wert auf seine konfessionelle Zugehörigkeit legte.
[11] Bemerkenswert für seine jedem Überschwang ferne Amtsführung und Auffassungen der Rechenschaftsbericht, den Gise nach seiner Entlassung dem König 1846 einsandte: GHA NL XXI Gise-L. 15. 8. 1846.
[12] BStBM L.-A. T. 3,148 24. 5. 1846.
[13] GHA NL ARO 26 Armansperg-L. 9. 9. 1830. – FG II, 250: Rumigny-Polignac 6. 3. 1830.
[14] FG I, 263: Ségur-Damas 15. VII. 1825. PG 2,15: Küster – Friedrich Wilh. III. 16. XII. 1825.
[15] SS 44 (28. 1. 1835) u. SS 308 (13. 5. 1835).
[16] Allerdings nicht Jenison allein. Als der König ein Gesuch Graf Lerchenfelds, des Gesandten in Berlin, abschlug, bemerkte er: »Graf Lerchenfeld, wenn er der Landluft bedarf, kann auch in Berlins Nähe, wozu es ihm nicht an Vermögen gebricht, sie genießen und zugleich seine dortigen Gesandtschaftsgeschäfte besorgen. Mit den Diplomaten hat man doch seine liebe Not! Graf Lerchenfeld nach seinem Wunsch von St. Petersburg nach Berlin versetzt, will nun fast jedes Jahr auf sein Gut in Bayern. Gasser und Marogna, ein Gesuch um das andere getan, um wieder angestellt, befördert letzterer zu werden, machen dann Umstände, sich bald an ihren Posten zu begeben. Jenisons sehnlichster Wunsch mit großen Kosten erfüllt von St. Petersburg wegzukommen, will schon in Wien nach Paris wieder«: SS 359 (20. 6. 1843). Bei anderer Gelegenheit über Jenison: »Außerdem macht Graf Jenison wieder Schulden, der ohnehin zu Ausgaben geneigt, eben kein guter Wirt, und er sich dann ausreden wird, es sei ihm geheißen worden, Aufwand zu machen«: SS 56 (1. 2. 1835).
[17] Wir erwähnen u. a. die Grafen Marogna, Spaur, Waldkirch, Reigersberg, die Freiherren von Verger, Malsen, Tautphoeus und den umtriebigen und ehrgeizigen Karl v. Gasser. Vgl. W. Schärl, Die Zusammensetzung der bayerischen Beamtenschaft von 1806 bis 1918, Kallmünz 1955.
[18] SS 390 (18. 8. 1847).
[19] GHA NL 46-6-12 L.-Abel 10. 1. 1842.
[20] GHA NL XXI Gise-L. 15. 8. 1846. In Erwägung gezogen hat L. Gises im Januar 1833 gemachten Vorschlag allerdings schon. Gise sollte ihm das

Maximum der Elevenzahl nennen: SS 40 (20. 1. 1833).
21 Bei der zweiten Entfernung Lerchenfelds als Finanzminister (1833) bemerkte der König ausdrücklich, daß er einen Konflikt mit diesem von ihm geschätzten Mann vermeiden wolle und ihn daher nach Wien schicke.
22 GHA NL X Wallerstein-L. 21. 9. 1835.
23 Charakteristisch Rumigny: FG II, 372 ff. (21. 3. 1831). Rumignys Ausbrüche erfolgten, nachdem er erkannt hatte, daß seine Bemühungen um eine französisch-bayerische Allianz vergeblich waren.
24 Vgl. W. Kaegi, Der Kleinstaat im europäischen Denken, in: ders., Historische Meditationen I, Zürich 1942, 249—314 u. ders., Über den Kleinstaat in der älteren Geschichte Europas, in: ebda. II, Zürich 1946, 45—80. Inzwischen liegt über den Kleinstaat schon eine umfangreiche Literatur vor. Vgl. u. a. B. Benedikt, Problems of Small Territories, London 1967; L. Crollen, Small Groups in International Systems, Löwen 1974; G.-K. Kaltenbrunner (Hg.), Lob des Kleinstaates. Vom Sinn überschaubarer Lebensräume, München 1979; W. Kaegi u. H. J. Siegenthaler (Hg.), Macht und ihre Begrenzung im Kleinstaat Schweiz, Zürich 1981.
25 Th. Schieder, Die Mittelstaaten im System der großen Mächte, in: HZ 232 (1981), 583—604.
26 Weis, Montgelas I, 239 und 345.
27 BStBM L.-A. T. 3,24 12. 5. 1815.
28 HStAM Staatsrat 2612.
29 BStBM L.-A. T. 3,85 4. 7. 1830.
30 BStBM L.-A. T. 3,86 7. 12. 1830. — Weiß war die Farbe des bourbonischen Legitimismus.
31 Vgl. A. Schaeffle, Johann Friedrich Cotta, Stuttgart 1895; H. Schiller, Johann Friedrich Cotta etc., in: Schwäbische Lebensbilder 3 (1942), 72—124; ders. (Hg.), Briefe an Cotta II, Berlin 1927.
32 Dies hat Görres von seinem gegnerischen Standpunkt klar erkannt. Vgl. seinen Aufsatz in der »Eos« »Ministerium, Staatszeitung, rechte und unrechte Mitte« (Görres, Ges. Schriften XV, 431—454).
33 Schon dem Frankreich der bourbonischen Restauration hatten ihre Sympathien gehört. Montgelas meinte 1819, die Kurfürstin-Witwe mache die Spionin für den französischen Gesandten (Adalbert, Prinz von Bayern, Eugen Beauharnais, 487).
34 ÖG III, 19: Colloredo — Metternich 7. III. 1838.
35 BStBM L.-A. T. 3,90 9. 10. 1831.
36 FG II 195—197 Rumigny-Portalis 19. VII. 1829., und ebda., 429—435, Weisung des französischen Außenministers für Mortier. — Vgl. O. Westphal, System und Wandlungen der auswärtigen Politik Bayerns in den ersten Jahren Ludwig I. (1825—1830), in: Staat und Volkstum, Festgabe für K. A. v. Müller, 1939, 355—366, und K. Hammer, Die französische Diplomatie der Restauration und Deutschland 1814—1830, Stuttgart 1962, 180—189.
37 Schon Ende 1830 sagte der König dem Außenminister, er, Armansperg, »wäre französisch gesinnt, heute schrieb ich ihm, bemerkt zu haben, daß leider seine Ansicht von meiner Richtung abweicht, als europäische Sache betrachten er und mein ganzes Ministerium jetzo die luxemburgische Frage, ich aber als deutsche Bundessache« (BStBM L.-A. T. 3,86 28. 11. 1830).
38 BStBM L.-A. T. 3,85 31. 7. 1830.
39 BStBM L.-A. T. 3,85 27. 8. 1830.
40 BStBM L.-A. T. 3,85 25. 9. 1830; T. 3,86 21. 10. und 7. 12. 1830.

[41] BStBM L.-A. T. 3,87 7. 3. 1831.
[42] BStBM L.-A. T. 3,88 21. 5. 1831.
[43] Nur um den Kontext der ludovizianischen Außenpolitik zu erläutern, die folgenden Bemerkungen: Die restaurierte Bourbonen-Monarchie sah sich in ihren Anfängen zwar noch nicht in der Lage, europäische Initiativen zu ergreifen, aber bald trat der europäische Großstaat, den die Väter des Wiener Kongresses bewußt als solchen erhalten hatten, wieder in seine »natürlichen« Rechte ein, d. h. er trieb Machtpolitik wie eh und je (vgl. FG I, 3 Dalberg-Richelieu 29. 1. u. 28. 2. 1816). In der Folge bewies das Bürgerkönigtum dem zeitgenössischen Europa, wie sehr Nationalismus und Imperialismus zu den Merkmalen gerade einer »bourgeoisen« Außenpolitik gehörten. Man überlegte in Paris schon lange vor 1830, ob man die klassische französische Deutschlandpolitik wieder aufgreifen und im Bunde den Mindermächtigen gegen Österreich oder Preußen beistehen sollte, oder – das Novum des 19. Jahrhunderts! – wie man das Zustandekommen eines starken deutschen Nationalstaates verhindern könne. Als Partner Frankreichs kamen nur die süddeutschen Staaten und in erster Linie Bayern in Betracht. Mit außergewöhnlicher Energie hat der unter Karl X. und Louis Philippe am Münchner Hof tätige französische Gesandte Graf Rumigny am Zustandekommen einer französisch-bayerischen Allianz mit dem Hintergedanken einer Aufspaltung des Deutschen Bundes gearbeitet (FG II, 232). In Paris hat man »finassiert«, wollte jedoch vor und nach 1830 auf Rumignys Pläne nicht eingehen. Man setzte dort andere Prioritäten, hatte wohl auch erkannt, daß man nicht in der Lage war, Bayerns Wünsche in der badisch-pfälzischen Frage gegen den Widerstand der anderen europäischen Großmächte zu fördern. Schließlich war die anti-französische Gesinnung Ludwig I., die Rumigny gelegentlich um höherer Zwecke willen herunterzuspielen suchte, in Paris nicht unbekannt geblieben. Solange es um die territorialpolitischen Wünsche des Königs oder um die bayerische Sekundogenitur in Griechenland ging, war wohl mit einem gewissen Entgegenkommen aus München zu rechnen. Aber man schätzte in Paris den König richtig ein, wenn man ihm nicht zutraute, daß er in von ihm als deutsch-nationale Bundesangelegenheit betrachteten zentralen Fragen an die Seite Frankreichs treten würde. Am ehesten von den Ministern der Bourbonen-Monarchie scheint noch Fürst Polignac – mit der Absicht einer Trennung Nord- und Süddeutschlands – geneigt gewesen zu sein, auf dem Weg über einen französisch-bayerischen Handelsvertrag zu einem weitergehenden politischen Einverständnis mit Bayern zu gelangen. In den kritischen Jahren unmittelbar nach der Julirevolution wäre es für Paris von vitalem Interesse gewesen, eine süddeutsche Neutralität mit Anlehnung an Frankreich zustande zu bringen. Aber man mußte erkennen, daß Ludwig I. dafür nicht zu gewinnen war.
[44] GHA NL ARO 25 Zentner-L. 27. 5. 1828.
[45] HHStA Wien Staatskanzlei Bayern Hofkorrespondenz 2 L.-Metternich 20. 11. 1825: »Mein Fürst, der König wiederholt, was schon der Kronprinz gesagt: Sie sind der größte Diplomat, der Sie Europas christliche Mächte vereinigten und bereits länger als 12 Jahre zusammenhalten«.
[46] GHA NL II A 20 Briefe Wredes 1832–38.
[47] PG III, 105: Dönhoff – Friedrich Wilhelm III. 12. II. 1839.
[48] Briefe Hormayrs: GHA NL II A 23, II A 24, C 7 u. $\frac{85}{3}$.
[49] GHA NL ARO 25 Zentner-L. 27. 5. 1828.
[50] So noch Maurer 1847 in einem Schreiben an den König (GHA NL XXII).

51 Wenig Realitätsgehalt hatte es, wenn Oberstleutnant Streiter in der Sitzung einer Subkommission, die über die Befestigungen Bayerns Vorschläge zu machen hatte, 1825 folgendes äußerte: »Übrigens biete Ingolstadt noch den Vorteil dar, daß man durch dasselbe in die kürzeste Verbindung, ja beinahe in unmittelbarer Berührung mit jenen Nachbarn als Württemberg, Baden, Hessen komme, welche Bayern als das Bollwerk des rein deutschen Staatenbundes ansehen müssen und welche daher natürliche Bundesgenossen seien« (HStAM Abtlg. IV (KA) D I $\frac{4}{15a}$ Protokoll v. 2. 12. 1825).

52 Zur Geschichte der vormärzlichen Trias-Idee wird auf die noch ungedruckte Münster'sche Habilitationsschrift von P. Burg, »Die deutsche Trias zwischen Idee und Wirklichkeit von der Auflösung des Rheinbundes bis zur Gründung des Deutschen Zollvereins (1813–1834)« verwiesen (1982).

53 Vgl., auch für das Folgende, C. Albrecht, Die Trias-Politik des Freiherrn Karl August von Wangenheim, Stuttgart 1914, u. Grauer, Wilhelm I., passim.

54 Vgl. Grauer, Wilhelm I., 175–198.

55 Ein im bayerischen Staatsministerium des Äußeren durch den Ministerialrat von Fink ausgearbeitetes Gutachten empfahl, zugunsten einer süddeutschen Gemeinsamkeit, in der Bayern den überwiegenden Einfluß erhalten müßte, ein »ganz neues politisches System« zu ergreifen, d. h. die bayerischen Gebietsansprüche gegen Baden allmählich zurücktreten zu lassen und dafür die süddeutsche Hegemonie zu gewinnen (nach P. Burg, Die deutsche Trias; Manuskript).

56 Vgl. H. Glaser, Zwischen Großstaaten und Mittelstaaten. Über einige Konstanten der deutschen Politik in der Ära von der Pfordten, in: H. Lutz u. H. Rumpler (Hg.), Österreich und die deutsche Frage im 19. und 20. Jahrhundert, Wien 1982, 160ff. u. 181ff.

57 BStBM L.-A. T. 3,66 15. 10. 1825.

58 SS 301 (22. 5. 1838) u. SS 486 (10. 9. 1838). – Vgl. L. v. Hörmann, Der bayerisch-badische Gebietsstreit 1825–1832, Berlin 1938.

59 HStAM Abt. V N Pfordten 94 L.-von der Pfordten 2. 6. 1849. – Nach dem Empfang der griechischen Abordnung trug der König in sein Tagebuch ein: »Daß Napoleon gestürzt, daß Hellas frei, beides leidenschaftlicher Wunsch von mir, wurde erfüllt. Daß die Pfalz noch mit Bayern vereint werde, bleibt noch übrig...« (BStBM L.-A. T. 3,94 16. 10. 1832). Auch das Testament von 1841 nimmt auf die rechtsrheinische Pfalz Bezug.

60 FG II, 305 f.: Rumigny-Molé 4. 11. 1830.

61 ÖG II, 658–660: Weisung Metternichs für Colloredo 30. 3. 1837.

62 GHA NL $\frac{89}{4}$ V L.-Armansperg 21. 7. 1829.

63 Bibl, Metternich, 259 f.: Wrede-Metternich 1. 11. 1831.

64 ÖG II, 123: Trauttmansdorff-Metternich 21. 9. 1826.

65 ÖG II, 149: Trauttmansdorff-Metternich 24. 4. 1827.

66 FG II, 257: Rumigny-Polignac 18. 4. 1830.

67 ÖG II, 104 f.: Wolff-Metternich 21. 11. 1826.

68 BStBM L.-A. T. 3,83 15. 2. 1830.

69 Wie Anm. 64; auch für das Folgende.

70 ÖG II, 104 Wrede-Metternich 7. 10. 1820.

71 BStBM L.-A. T. 3,83 7. 3. 1830.

72 BStBM L.-A. T. 3,83 7. 3. 1830.

73 GHA NL II A 15 Luxburg-L. 11. 11. 1831.

74 BStBM L.-A. T. 3,75 16. 2. 1828.
75 Vgl. O. Fürst Wrede, Feldmarschall Fürst Wrede, 547f.
76 Der König hätte den Fall Hauser wohl nur zur Verunsicherung der Linie Hochberg benützen können. Die gänzlich unwahrscheinliche Anerkennung Hausers als legitimer Thronerbe hätte Ludwigs Position nur verschlechtert.
77 GHA NL $\frac{53}{5}$ IV Briefwechsel L. mit Lord Stanhope betr. Kaspar Hauser. – Ferner: GHA NL X, XII, XVI sowie »Allerhöchste Handschreiben« aus den Jahren 1831 1832, 1834 u. 1846.
78 GHA NL X Wallerstein-L. 14., 16. u. 26. 4. 1836. – Vgl. Bühler, Karoline, 130.
79 HStAM M. Inn. 44266, I L.-Wallerstein 29. 12. 1833. Auch 1837 beschäftigte ihn die Frage noch sehr: ebda., L.-Wallerstein 14. 2. 1837.
80 GHA NL 88/5/1 Conc. L. v. 16. 2. 1828. – Wrede führte den »tollen« Gedanken einer Besetzung der Pfalz auf Mieg zurück (ÖG II, 150).
81 In Karlsruhe hat man einen Handstreich Bayerns lange Zeit befürchtet und beim Thronwechsel 1830 entsprechende militärische Vorsichtsmaßregeln ergriffen. Auch der französische Gesandte am Münchner Hof hatte offenbar von Ludwigs Plänen Wind bekommen und rechnete mit einem Vorgehen nach dem Beispiel des Einfalls Friedrichs des Großen in Schlesien (FG II, 70–72).
82 GHA NL $\frac{89}{4}$ 5 L.-Armansperg 10. 11. 1830.
83 SS 127 u. 128 (17. u. 19. 7. 1827).
84 GHA NL ARO 25 E. v. Kobell-L. 26. 8. 1828. – GHA NL II A 25 Tann-L. 25. 10. 1829: Der badische Außenminister Frhr. v. Berstett hatte Tann erklärt, er besitze »Entwürfe«, aus denen die Mitwirkung König Ludwigs, Armanspergs und Hormayrs ersichtlich werde, sei jedoch ein zu guter Royalist, um dergleichen der Öffentlichkeit preiszugeben.
85 Vgl. Heilmann, Wrede, 458–463.
86 ÖG II, 174 Spiegel-Metternich 10. 1. 1828.
87 Manche Beobachter der Münchner Szene führten die pro-französische Wendung des Königs weniger auf den Gesandten Graf Rumigny als auf den französischen Diplomaten Herzog von Dalberg zurück, der im Winter 1827/28 am Münchner Hof ungewöhnlich zuvorkommend aufgenommen wurde (PG II, 100f.). Der Briefwechsel Ludwigs mit Egid von Kobell läßt zwar erkennen, daß dem König eine Ansässigmachung des Herzogs in Bayern erwünscht gewesen wäre – für diesen Fall stellte er ihm den Hubertusorden, mit dem er sparsam umzugehen pflegte, in Aussicht – und daß er Dalberg gern mit einer Tochter des Fürsten Thurn und Taxis vermählt gesehen hätte, doch enthält er nichts über eine Rolle des deutsch-französischen Staatsmannes hinsichtlich der Beziehungen zwischen München und Paris. Dagegen berichten die Tagebücher des Königs über Anregungen Dalbergs betr. Unterbringung eines bayrischen Prinzen in Mexiko (!) und schließlich in Griechenland.
88 GHA NL ARO 30 Conc. vom Dez. 1825 mit Randnotiz des Königs.
89 BStBM L.-A. T. 3,78 31. 10. u. 1. 11. 1828.
90 BStBM L.-A. T. 3,78 24. 11. 1828.
91 BStBM L.-A. 3,81 2. 8. 1829. – Zur britischen Einstellung hinsichtlich der Pfalzfrage vgl. Gruner, Tendenzen, 86–97.
92 FG II, 190: Die frz. Deklaration vom 2. 7. 1829. – Über weitere Motive Frankreichs, sich in der Sponheimer Sache zu versagen, vgl. Hammer, Französische Diplomatie, 118f., 199f. und 205ff.

[93] GHA NL XXI Gise – L. 15. 8. 1846; auch für das Folgende.
[94] SS 63 (6. 2. 1838) u. SS 46 (20. 1. 1839).
[95] SS 534 L.-Gise 6. 10. 1838: »Wenn Hoffnung da ist, daß durch eine Vermählung meines Sohnes, des Kronprinzen, ein Teil der badischen Pfalz erworben werde ... so deucht mir, wird ihn dieses, sie einzugehen, bestimmen...« Noch 1839 notierte er sich: »Wenn durch die russische Heirat zum Besitz eines Teils der badischen Pfalz nicht zu gelangen, nachzudenken, auf welche andere Weise«: SS 63 (6. 2. 1838).
[96] SS 169 (8. 5. 1839).
[97] BStBM L.-A. T. 3,156 27. 4. und 1. 6. 1848: »Durch die Besetzung Mannheim nicht erworben, aber ein erster Schritt dazu getan. Das einzig Gute an diesen Ereignissen [den revolutionären Ereignissen seit März 1848, d. Vf.], sagte ich meinem Sohne, wäre der rote Faden durch meine Regierung gewesen«. Ähnlich an zahlreichen anderen Stellen.
[98] E. Franz, Von der Pfordten, 120.
[99] Vgl. Glaser, Zwischen Großmächten und Mittelstaaten, 157 f.
[100] GHA NL 88/4/3 L.-von der Pfordten 13. 7. 1866 (Conc.). – HStAM Abt. V Nachlaß von der Pfordten 140 L.-von der Pfordten 16. 7. u. 6. 8. 1866.
[101] Zumindesten hatte Metternich sie in Verdacht, solchen Illusionen nachzuhängen. Bibl, Metternich, 295 ff.: Metternich-Wrede 26. 3. 1832: »In Bayern herrschen Souveränität-Ideen aus der Montgelas'schen Schule, aus der liberalen und der radikalen Zunft.«
[102] Bibl, Metternich, 352: Metternich-Wrede 5. 11. 1832.
[103] PG II, 200 ff.: Küster – Bernstorff 25. 3. 1831, und FG II, 368 ff. u. 370 ff.: Rumigny – Sébastiani 19. u. 21. 3. 1831. Ludwig I., Gedichte. Erster Teil 1829, 125 f.: »Den bayrischen Schützenmarsch vernehmend im Jänner 1814.«
[104] Vgl. F. Richter, Das europäische Problem der preußischen Staatspolitik und die revolutionäre Krisis von 1830–1832, Leipzig 1933, 161–180.
[105] Vgl. G. Huber, Kriegsgefahr, 154 ff.: Latour – Hardegg 22. 9. 1832 über Ausführungen L.s vom 21. 9. 1832.
[106] Wie Anm. 13.
[107] GHA NL ARO 26 Armansperg – L. 17. 10. 1830.
[108] Bibl, Metternich, 322: Metternich – Wrede 1. 6. 1832.
[109] FG II, 298: Rumigny – Molé 16. 10. 1830.
[110] Söltl, Ludwig I., 28: L.-Armansperg 22. 2. 1831. – FG II, 347 Rumigny-Sébastiani 25. 1. 1831.
[111] FG II, 339 f.: Rumigny-Sebastiani 8. 1. 1831. – Noch weitergehende Wünche Frankreichs prallten an Ludwig ab: PG II, 196 L.-Friedrich Wilhelm III. 17. 3. 1831.
[112] Bibl, Metternich, 232: Wrede-Metternich 25. 7. 1831.
[113] Vgl. W. v. Franqué, Luxemburg, die belgische Revolution und die Mächte, Bonn 1933 sowie E. R. Huber, Deutsche Verfassungsgeschichte II, 115–124.
[114] SS 482 (19. 11. 1833). Die Kosten einer Exekution gegen die Luxemburger Insurrektion beschäftigten den Ministerrat am 14. 5. 1831 (HStAM Staatsratsakten 115).
[115] SS 118 (15. 2. 1839).
[116] Vgl. Huber, Deutsche Verfassungsgeschichte II, 151 ff. – Am ausführlichsten R. D. Billinger, Metternichs Policy toward the South-German States 1830–34, Chapel Hill 1973.

[117] ÖG II, 432: Schönburg-Metternich 18. 3. 1832.
[118] ÖG II, 408 bis 411: Schönburg-Metternich 13. 3. 1832.
[119] ÖG II, 417: Schönburg-Metternich 13. 3. 1832.
[120] HStAM M Inn. 44 267 L.-Wallerstein 27. 9. 1832.
[121] GHA NL ARO 23 Protokoll des Ministerrats v. 31. 3. 1832.
[122] Bei den sechs Artikeln handelte es sich um Beschränkung des Petitionsrechts, des Budgetrechts, der Rede- und Unterrichtsfreiheit sowie des Gesetzgebungsrechts der ständischen Versammlungen, Einsetzung einer Bundesüberwachungskommission und Einschränkung des Rechts zur Verfassungsauslegung. Das Maßregelgesetz enthielt weitere Bestimmungen zur Bekämpfung der Presse-, der Vereins-, Versammlungs- und Redefreiheit, der Verbreitung ausländischer Zeitschriften und Druckschriften, ein Verbot, gemeinsame Adressen oder Resolutionen bei Volksversammlungen vorzuschlagen, Abzeichen zu tragen, Freiheitsbäume und andere Symbole des Aufruhrs zu errichten und unerlaubte Fahnen zu zeigen.
[123] HStAM M Inn. 44 267 L.-Wallerstein 1. 8. 1832.
[124] GHA ARO 23 L.-Wallerstein 9. 8. 1832.
[125] GHA NL ARO 23 Gise-L. 5. 10. 1832.
[126] GHA NL ARO 27 Gise-L. 23. 8. 1833.
[127] ÖG II, 520: Spiegel-Metternich 18. 4. 1833.
[128] Bereits 1831 hatte Ludwig die Verlegung des Bundestags wegen seiner Bedrohung im Kriegsfall nach Regensburg erwogen: SS 178 (16. 4. 1831). GHA NL II A 16 Metternich-L. 19. 2. 1834, u. Bibl, Metternich, 403: Metternich-Wrede 20. 2. 1834. – Schon Monate zuvor hatte sich Regensburg um den neuen Sitz des Bundestages beworben (GHA NL ARO 27 Gemeindekollegium-L. 19. 11. 1833). Dies führte zu einer Kettenreaktion. Am 26. 12. 1833 richtete Eichstätt an den König den Antrag für den Fall einer Verlegung des Bundestages nach Regensburg oder Augsburg, Sitz einer Kreisregierung oder eines Appellationsgerichts zu werden (GHA NL XVI Gemeindekollegium Eichstätt-L. 26. 12. 1833).
[129] ÖG II, 573: Kreß-Metternich 14. 12. 1833 u. ÖG II, 585f. Spiegel-Metternich 29. 5. 1834.
[130] GHA NL ARO 27 Gise-L. 21. 1. 1834.
[131] Bibl, Metternich, 413: Wrede-Metternich 15. 3. 1834.
[132] GHA NL I L.-Abel 26. 12. 1844 (Signat).
[133] GHA NL ARO 27 Gise-L. 21. 1. 1834:»Meine Ansicht hat immer festgestanden, daß es zu einem erfolgreichen Widerstand gegen die Übergriffe einer umwälzenden Partei eigentlich nichts als einer innigen Zusammensicht und eines gleichmäßigen Zusammenwirkens der konstitutionellen Regierungen bedarf, da sie am besten wissen, wo das Übel steckt, und wie ihm ohne Verletzung der Verfassungen zu begegnen sei…«.
[134] Wie Anm. 133.
[135] Bibl. Metternich, 413: Wrede-Metternich 15. 3. 1834.
[136] GHA NL ARO 27 Giese-L. 17. 2. 1834. Obwohl die Abreise Gises längst vorgesehen war, nützte man sie aus, um in Wien einen gewissen Droheffekt zu erzielen.
[137] GHA NL ARO 27 Gise-L. 2. 4. 1834.
[138] Es handelte sich um ein 1834 zustande gekommenes Bündnis zwischen Frankreich, England, Spanien und Portugal, das einen westlich-liberalen Block gegen die konservativen Mächte Mittel- und Osteuropas zu formieren schien.

139 GHA NL X Gise-L. 25. 6. 1834; auch für das Folgende.
140 Bibl, Metternich 206 f.
141 Vgl. Huber, Deutsche Verfassungsgeschichte II, 180—184.
142 Als für die Thematik unseres Buches nützlich, heben wir aus der Fülle der Literatur über Begründung und Anfänge des Zollvereins hervor: M. Doeberl, Bayern und die wirtschaftliche Einigung Deutschlands (= Abhandlungen der königlich-bayerischen Akademie der Wissenschaften philosoph.-philolog.- und histor. Klasse XXIX Bd.), München 1915; Vorgeschichte und Begründung des Deutschen Zollvereins 1815—1834: Akten der Staaten des Deutschen Bundes und der europäischen Mächte. Bearbeitet von W. v. Eisenhart Rothe u. A. Ritthaler, Hg. v. H. Onken u. F. E. M. Saemisch, 3 Bde., Berlin 1934; H. Berding, Die Entstehung des Deutschen Zollvereins als Problem historischer Forschung, in: Ders. u. a. (Hg.), Vom Staat des Ancien régime zum modernen Parteienstaat. Festschrift für Theodor Schieder, München/Berlin 1978, 225—237; H.-W. Hahn, Geschichte des Deutschen Zollvereins, Göttingen 1984, 5—87.
143 SS 254 (15. 8. 1832). — Berding, a.a.O., 228 f. u. 233—236 setzt sich mit den verschiedenen Spielarten der Konzessionstheorie auseinander.
144 List, Schriften, III, 2, 940.
145 GHA NL I A 22 Zentner-L. 17. 2. 1820: Hat seinen Auftrag erfüllt.»Die Sache unterliegt großen Schwierigkeiten, vorerst muß man sich auf die Einleitungen dazu beschränken...«
146 Vorgeschichte und Begründung etc. I, 355 f.
147 Doeberl, Bayern und die wirtschaftliche Einigung Deutschlands, 20.
148 GHA NL II A 25 Tann-L.: mehrere Schreiben vom März 1828. — Für die späteren Bemühungen um Kurhessen wichtig: GHA NL $\frac{89}{4}$ VI L.-Zentner 8. 10. 1828.
149 BStBM L.-A. T. 3,75 7. 3. 1828. Zur offiziellen Lesart der Hessen-Darmstädtischen Motive für den Anschluß an Preußen vgl. Frhr. du Bos du Thil, Denkwürdigkeiten, 292—308. Gerüchte wollten nicht verstummen, daß man von preußischer Seite durch Bereinigung der Schulden von Ludwigs Onkel Georg oder des Prinzen Emil nachgeholfen habe.
150 Metternich betrieb Demagogie von oben, wenn er die Bestrebungen des Deutschen Gewerbe- und Handelsvereins auf den Nenner revolutionär-demokratischer Agitation brachte. — Der französische Gesandte am Münchner Hof, Graf Rumigny, hat nach der Juli-Revolution schwere Vorwürfe gegen seine Regierung erhoben, daß man zunächst die bayerisch-württembergische Union als »alliance d'un ambitieux avec un fou« lächerlich gemacht und dann den mitteldeutschen Handelsverein begünstigt habe. Auf diese Weise sei die Leitung der deutschen Interessen Preußens überlassen worden (FG II, 282 ff.: Rumigny-Molé 15. 9. 1830).
151 GHA NL ARO 21^I Armansperg-L. 4. 6. 1828.
152 GHA NL II A 21 Cotta-L. 17. 5. 1829.
153 Vgl. den Rückblick Wallersteins in einem Brief an Schmerling 20. 4. 1862, veröffentlicht bei B. Gondorf, Zum Briefwechsel des Fürsten Ludwig zu Öttingen-Wallerstein mit Anton von Schmerling, in: ZBLG 45 (1982), 381—392. Vgl. ferner ÖG II, 537 f.: Kreß-Metternich 16. 7. 1833.
154 Zu Metternichs Gegenminen vgl. Anm. 152, u. PG II, 283. Um Zeit zu gewinnen, wandte sich Wallerstein heftig gegen den von Mieg in Überschreitung seiner Kompetenzen eingegangenen Vertragsentwurf zum Zollverein vom März 1833. Zum Verdruß Gises, in dessen Zuständigkeit der Fürst hier

– nicht zum ersten- und letztenmal – eingriff, suchte der Innenminister bei fremden Diplomaten am Münchner Hof Schützenhilfe. Es steht fest, daß er an dem Rücktritt Miegs als Finanzminister beteiligt gewesen ist (Vgl. Zuber, »Fürst Proletarier«, 151). In seinem Rechenschaftsbericht 1846 hat allerdings Gise das Verdienst für sich in Anspruch genommen, daß es unter Opferung Miegs zu einer günstigeren zweiten Fassung des Vertrags gekommen war (GHA NL XXI Gise-L. 15. 8. 1846). Die Verdienste Gises und Wirschingers um das Zustandekommen der für Bayern besseren Fassung hat Ludwig 1833 mit überschwenglichen Worten anerkannt: SS 321 (2. 8. 1833).
[155] GHA NL X Wirschinger-L. 14. 12. 1835.
[156] Doeberl, Bayern und die wirtschaftliche Einigung, 59 u. 112 ff.
[157] PG III, 136: Dönhoff-Werther 6. 1. 1840.
[158] VKA 1845/46, 1. Bd., München 1846, 20. – HStAM MA Protokolle des Ministerrats 4. 12. 1845: Beratung des Textes der Thronrede.
[159] Vgl. Möckl, Der moderne bayerische Staat, 100.
[160] Churpfalzbayerisches Regierungsblatt 1805, 161–179 u. 201–214. – Vgl. Beyerle, Das Haus Wittelsbach, 50f., und Möckl, Der moderne bayerische Staat, 101.
[161] Beyerle, Die Rechtsansprüche, 2.
[162] Ebda., 5.
[163] FG II, 230: Rumigny-Polignac 19. 12. 1824 mit Bezugnahme auf eine Weisung Richelieus vom 27. 8. 1818.
[164] H. Schulze, Die Hausgesetze der regierenden deutschen Fürstenhäuser, Jena 1862, 221–360.
[165] GHA HU 5400 (Or. des kgl. Familiengesetzes v. 1808) u. 5403 (Familienstatut v. 5. 8. 1819). – Vgl. Schulze, Die Hausgesetze, 312–337.
[166] Im einzelnen regelten die Bestimmungen des Familienstatuts: Zugehörigkeit zum kgl. Hause, Titel, Prädikate und Anreden der Mitglieder, Heiraten der Prinzen und Prinzessinnen bzw. deren Abhängigkeit von der kgl. Genehmigung, die Verhandlungen über die Geburt und Sterbefälle im kgl. Haus, Fragen der Adoption, die Aufsicht des Königs über Prinzen und Prinzessinnen, die Thron- und Erbfolge, Reichsverwesung und Vormundschaften, Apanagen, Aussteuer und Wittum, den Hofstaat und Privatvermögen sowie die Gerichtsbarkeit über das kgl. Haus. Real- und vermischte Klagen gegen ein Glied des kgl. Hauses wurden bei den einschlägigen kgl. Appellationsgerichten vorgebracht, während über alle anderen persönlichen gerichtlichen Angelegenheiten der Prinzen und Prinzessinnen des kgl. Hauses der König verfügte und entschied. Er präsidierte zu diesem Zweck einem Familienrat als kgl. oberstem Gerichtshof, dem der Justizminister und der Minister des kgl. Hauses Gutachten zu erstatten hatten. Der Staatsminister der Justiz hatte beim kgl. Familienrat den Vortrag.
Dem Verfasser sind aus der Regierungszeit Ludwigs I. zwei Sitzungen des kgl. Familienrats 1834 u. 1844 mit »Erkenntnissen« Ludwig I. bekannt geworden (GHA NL 46/4/8).
[167] Vgl. Buch I, Anm. 606. Als die älteste Tochter des Herzogspaares Kronprinzessin von Schweden wurde und Max Joseph als Großvater den Ehevertrag mit unterzeichnete, nahm der Kronprinz den Vorgang zum Anlaß, wieder einmal zu verstehen zu geben, daß, wie aus dem Verhalten des Königs vielleicht entnommen werden könnte, von einer Eigenschaft der schwedischen Kronprinzessin als *bayerischer* Prinzessin keine Rede sei. 1829 wollte er

826

beim Heiratskontrakt der Prinzessin Amalie von Leuchtenberg mit dem Kronprinzen von Brasilien nicht unterschreiben. Sein Vater habe es im Falle der schwedischen Vermählung zwar getan, dieser sei jedoch Großvater gewesen, er nur Oheim. Nur, wenn es Gebrauch sei, daß der Ehrenvormund der Kinder unterschreibe, wollte er es tun: »Es muß aber ausdrücklich in dem Instrument stehen, daß ich es in dieser Eigenschaft getan habe«: SS 149 (12. 8. 1829). Zwölf Jahre später wünschte er von Gise »augenblicklich« ein Gutachten, ob bei der Vermählung der Prinzessin Theodolinde Leuchtenberg mit dem Grafen von Wilhelm Württemberg das Erscheinen der Prinzen des kgl. Hauses mit den Ordensbändern nicht schon zu weit gehe: »Vergeben will ich meinem Hause nichts«: SS 69 (8. 2. 1841). Zu beachten ist, daß der König in solchen Fällen auch die Rechte der herzoglichen Familie (»in Bayern«) zu wahren hatte. Genaue Anordnungen sollten verhindern, daß bei Empfängen für das Haus Leuchtenberg in Eichstätt hinsichtlich der Anwesenheit von Staatsbeamten mehr getan würde als unbedingt erforderlich.

[168] (Konstantin, Erbprinz zu Löwenstein-Wertheim-Rosenberg), Widerlegung einiger in neuerer Zeit verbreiteten falschen Nachrichten in Bezug auf den Ursprung des hochfürstlichen Hauses Löwenstein-Wertheim und dessen Sukzessionsrecht in Bayern, 1831, 67 f. – Vgl. Gollwitzer, Die Standesherren, 271.

[169] Vgl. Adalbert, Prinz von Bayern, Der Herzog und die Tänzerin, passim, u. J. Krämer, Carl Friedrich Stephan Graf von Otting-Fünfstetten, Wemding 1932.

[170] Wenig ergiebig für die politische Biographie L.'s sind die Korrespondenzen mit seiner Stiefmutter (GHA NL $\frac{87}{6}$ V) und seiner Frau (GHA NL II A 1; ARO 35; $\frac{85}{2}$ VIII u. XI).

[171] GHA NL I A 12 sowie N Max II. K 77 L 1 Nr. 59 und 82/1/359.

[172] GHA NL ARO 35: Bezugnahme darauf in Verhandlungen mit Gf. Paumgarten vor der Übernahme des Oberhofmeisteramtes durch diesen 1827. – GHA Autographen 452: Briefe Ludwigs an den Reisebegleiter des Kronprinzen, Freiherrn von Besserer, 1830/31. Ludwig beklagte sich über die Verschrobenheit und Verstocktheit des Kronprinzen und dessen »ungeheuren Eigendünkel«; er werde jedoch sofort das Herz seines Vaters finden, wenn er sich bessere. – GHA NL $\frac{85}{2}$ I: Briefe des Kronprinzen an seinen Vater 1839–1848. – Merkwürdigerweise verstand er sich selbst als Erwachsener mit seiner Mutter noch schlechter als mit seinem Vater (BStBM L.-A. T. 3,149 26. 8. 1846).

[173] GHA N O $\frac{43}{1}$ 29a L.-Otto 1. 11. 1833.
BStBM L.-A. T. 3,124 7. 6. 1840: »An meinen Sohn Max darf ich nicht denken, soll ich heiter bleiben.«

[174] GHA NL X Wallerstein-L. 22. 10. 1835 u. 14. 1. 1836.

[175] BStBM L.-A. T. 3,143 28. 1. und 27. 3. 1845 (Deutsche Besiedlung Bulgariens. Oder: territoriale Vergrößerung Bayerns und aus diesem Grund Entgegenkommen gegenüber den Protestanten).

[176] Vgl. H. Rall, Ausblicke auf Weltentwicklung und Religion im Kreis Max II. und Ludwig II., in: ZBLG 27 (1964), 488–522, und Th. Schieder, Einleitung zu L. v. Ranke, Aus Werk und Nachlaß II, München 1971, 9–39.

[177] GHA NL 85/2/1 Max-L. 13. 7. 1846: klagt über sein seit 11 Jahren anhaltendes Kopfweh.

[178] HStAM Staatsrat 863.

[179] GHA NL XIX Abel-L. 23. 6. 1845. Metternich echote, was ihm kurz zuvor Abels Freund, der österreichische Gesandte Senfft, aus München berichtet hatte: »Ein wahres Übel für die öffentlichen Verhältnisse in Bayern ist die Oppositionsstellung der vier Prinzen und ihre entschiedene Abneigung gegen Abel. Der arme Prinz Luitpold, welchem man in den Kopf gesetzt hat, er dürfe nicht als unter dem Einfluß seiner Gemahlin stehend erscheinen, liberalisiert um die Wette mit dem haltlosen, pomphaften Kronprinzen« (ÖG III, 300 Senfft-Metternich 23. 4. 1845).
[180] GHA NL XX Abel-L. 13. 5. 1846; die theologischen Gutachten von Haneberg und Döllinger liegen bei.
[181] BStBM L.-A. T. 3,147 20. 1. 1846.
[182] GHA NL 85/2/1 Kronprinz Maximilian-L. 13. 1. 1841.
[183] GHA NL XIV Abel-L. 14. 3. u. 14. 4. 1838.
Vgl. A. Doeberl, Neue Beiträge zur Geschichte König Max II. von Bayern, in: HP Bl. 163 (1919), 594.
[184] GHA NL II Abel-L. 24. 9. u. 15. 10. 1844.
[185] HStAM Abt. V N von der Pfordten 140 Giech-v. d. Pfordten 17. 10. 1843.
[186] GHA NL VII Abel-L. 29. 7. 1839.
[187] GHA NL XX Abel-L. 5. 1. 1846.
[188] BStBM L.-A. T. 3,144 21. 4. u. 14. 5. 1845. In diesem Sinne ist es auch zu verstehen, wenn der König bei der Taufe des späteren Ludwig III, zum Nuntius sagte: »Spero, che sara un buono catolico«: ebda. T 3,143 8. 1. 1845.
[189] GHA NL VIII Graf Lerchenfeld-L. 6. 12. 1836.
[190] GHA NL XX Gise-L. 27. 2. 1838.
[191] SS 359 (27. 6. 1838).
[191a] BStBM L.-A. T. 3,130 8. 10. 1841.
[192] FG I, 128: De la Garde-Pasquier 7. 12. 1819. – Herzog Wilhelm in Bayern hat Antrag auf Enterbung des Prinzen gestellt. Die Registratur des Hauptstaatsarchivs erwähnt dies unter Staatsratsprotokolle 17/18, doch fehlt die dazugehörige Akte.
[193] GHA NL I A 13 Sambuga-L. 4. 7. u. 29. 7. 1803 sowie 23. 8. 1804. Max I. Joseph hatte sich für seinen verschuldeten Schwager, Prinz Georg Wilhelm, der in des Königs Vorzimmer einen Selbstmordversuch unternommen bzw. fingiert hatte, verbürgt. Die Besitzungen des Prinzen in Schlesien, Posen und Polen, die zunächst als Sicherheit angeboten, schließlich in die Hände des Hauses Bayern übergegangen waren, vermochten die eingetretenen Verluste nicht zu decken. Vgl. F. Mayer, König Max I. von Bayern als Großgrundbesitzer in Schlesien, Posen und Polen, in: ZBLG 26 (1963) 378–391.
[194] GHA HU 5557 u. 5578.
[195] GHA NL 46/4/8.
[196] GHA HU 5844: Ratifikationsurkunde Prinz Karls v. 13. 3. 1841 zum Vergleich vom 12. 3. 1841. – Vgl. PG III, 207: Dönhoff-Friedrich Wilhelm IV. 25. 3. 1841. Über spätere Mißhelligkeiten zwischen L. und seinem Bruder berichtet ausführlich Maurer: N Maurer (P) Blatt 60–63.
[197] Wie Anm. 195.
[198] Zu Prinz Karls Rolle unter Max I. Joseph vgl. Winter, Wrede, 382–394.
[199] GHA NL II L.-Abel 6. 4. 1841.
[200] Mit »Lager« bezeichnete man damals in Bayern die Manöver.
[201] In der Beilage zur »Allgemeinen Zeitung« v. 10. 1. 1843 ließ der Prinz einen (nicht von ihm formulierten) Aufsatz über die Memoiren des Ritters von Lang veröffentlichen, der nach den Worten des Ministers von Abel (bevor er

vom Urheber erfuhr) eine »ganz schlechte Tendenz« verriet. J. N. Sepps Buch »Ludwig Augustus« provozierte den Prinzen zu einer kritischen Broschüre, die wohl sein Sekretär Eheberg verfaßt, Prinz Karl aber inspiriert hat: Aus dem Leben und Wirken des Königs Maximilian Joseph I. von Bayern. Berichtigungen und Erläuterungen zu Dr. Sepps biographischem Werk über König Ludwig I. von Bayern, München im März 1870.
[202] BStBM L.-A. T. 3,158 31. 12. 1848: »...mit der wie mit keiner ihres Geschlechts ich gerne Politik betreffende Gespräche hatte«.
[203] R. Reiser, Mathilde Therese von Thurn und Taxis (1723−1839), in: ZBLG 38 (1975) 739−748.
[204] PG I, 96: Küster d. Ä. − Hardenberg 1. 1. 1817 und PG I, 144f. und I, 153: Zentner-Hardenberg 28. 5. u. 2. 9. 1817.
[205] GHA NL 46/4/8.
[206] BStBM L.-A. T. 3,76 27. 4. 1828: Angebot der Krone Mexikos.
[207] BStBM L.-A. T. 3,155 18. 2. 1848.
[208] GHA HU 5744 u. NL 51/6/7. − Statuten des Familienfideikommisses: GHA HU 5838 u. NL $\frac{105}{2}$.
[209] WGVS I, 48, VI, 386 u. Anhang 464, XX, 197. PG II, 191: Dönhoff − Friedrich Wilhelm IV. 11. 1. 1841. − Vgl. Zorn, Die gesellschaftlichen Gruppen, in: Spindler, HB II, 851f.
[210] GHA NL II Abel-L. 13. 5. 1841. − Der gewiß konservative Friedrich Julius Stahl bemerkte zu der Erbämterangelegenheit gegenüber seinem Freunde Hermann Frh. v. Rotenhan: »Die Komödie mit den Erbämtern (für die Du wahrscheinlich zu votieren nicht umhin konntest) kann ich nur beklagen. Mit solch aufgewärmtem Kohl stärkt man weder Adel noch Thron, sondern reizt nur die Gemüter. Die historische Liebhaberei kann man doch der zahlreichen Majorität des Volkes, die sich damals doch unleugbar in dem desavantage befand, zu teilen nicht zumuten« (Salzer, Stahl, 526: Stahl-Rotenhan 12. 2. 1843).
[211] 25. 8. 1827 Stiftung des Ludwigsordens für 50jährige Hof-, Staats- und Militärdienste sowie Kirchendienste, 12. 12. 1827 des Theresiensordens zum Besten unverheirateter Töchter des Adels, versehen mit einem Stiftungsfonds, aus dem 12 Praebenden finanziert wurden. 1837 erhob L. das Ordenszeichen vom Hl. Michael zum Verdienstorden, dem er neue Statuten gab. Die Kategorien der Leistungs- und Versorgungsorden, der Ehren- und Dankzeichen sind von den am »rein monarchisch-aristokratischen Prinzip« orientierten »dynastischen Orden« streng zu trennen. Vgl. Ritter, Beiträge II, 55f. u. 61.
[212] GHA NL 46-2-5[8] L.-Gise 29. 4. 1837; ebda. die Neuregelung betr. Hofdekrete. − Einrichtung einer eigenen Hofkasse durch Ludwig: GHA NL 46-2-5[5]. − Über die Organisation des Hofes vgl. die Hof- und Staatshandbücher.
[213] GHA NL $\frac{88}{5}$ III Saporta-L. 17. 3. 1840. − Die Qualifikation »sehr gut« genügte nicht.
[214] Wie bereits in dem kleinen Hofstaat des 18jährigen Kronprinzen Maximilian erbitterte Positionskämpfe stattfanden, schilderte der an solchen Vorgängen ungemein interessierte und für sie überdurchschnittlich begabte Hormayr dem König: GHA NL II A 23 Hormayr-L. 4. 3. 1829.
[215] Die Spekulationen, die der preußische Gesandte Gf. Dönhoff an die neue Hofrangordnung knüpfte (PG II, 191 III, 391f.), waren teilweise abwegig und werden durch Stellungnahmen L.s widerlegt: S 785 (28. 12. 1840). − ÖG III, 118. Last-Metternich 14. 1. 1841. − Wichtig GHA NL X Abel-L. 22. 8. 42.

216 GHA NL 46/2/5/II.
217 GHA NL 46/4/8.
218 GHA NL 46/2/5.
219 GHA NL $\frac{58}{5}$ III Wallerstein-L. 18. 5. 1836.
220 Dok. III, 3.
221 SS 257 (25. 4. 1838): L. teilt dem Innen- und dem Finanzministerium mit, er sei entschlossen, seine aus dem Fonds der Hypotheken- und Wechselbank stammenden Aktien zu veräußern, wenn sie auch künftig nur 3% abwerfen sollten, ...»da ich nicht die Kapitalien dazu bestimmt, damit einige Wechselhäuser sie zu *ihrem* Nutzen arbeiten lassen«.
222 GHA NL X Abel-L. 16. 10. 1842.
223 GHA NO $\frac{43}{1}$ 29b L.-Otto 5. 4. 1835. Gedr. Söltl, König Ludwig I., 66.
224 Nachzuweisen ist, daß L. die Küchenrechnungen überprüfte und überdies durch eine sehr mitteilsame Küchenfee über Veruntreuungen durch das Küchenpersonal unterrichtet wurde: BStBM L.-A. T. 3,111 22. II. 1837.
225 Vgl. H. Nusser, Das bayerische Adelsedikt v. 26. 5. 1818 und seine Auswirkungen, in: Bayern, Staat und Kirche, Land und Reich, München 1961, 308–325.
226 Vgl. H. Gollwitzer, Die Standesherren. Ein Beitrag zur deutschen Sozialgeschichte, Göttingen² 1964.
227 GHA NL XI Max Joseph Fürst Thurn und Taxis – L. 7. 3. 1841; L.-Abel 9. 5. 1841; Abel-L. 9. 5. 1841. – Da Ludwig mit der Verleihung des Großkreuzes vom Heiligen Michael an des Fürsten Schwager, Freiherrn von Dörnberg, zögerte, hatte sich der Chef des Hauses Thurn und Taxis bereits 1838 überlegt, ob er nicht seine Residenz aus Bayern wegverlegen solle (Spindler, Briefwechsel, 319f.).
228 GHA NL ARO 25 Wallerstein-L. 14. 7. 1828; auch für das Folgende. Der König war um Schonung der Rangverhältnisse der Mediatisierten am Hofe bemüht: SS 771 (1840) u. SS 786 (28. 12. 1840).
229 GHA NL X Abel-L. 22. 8. 1842.
230 Vgl. R. v. Oer, Talleyrand und die gesellschaftliche Neuordnung des Empire, in: Tijdschrift voor Rechtsgeschiedenis 36 (1968), 401–428.
231 Vgl. L. Hoffmann, Das Recht des Adels und der Fideikommisse in Bayern, München 1896.
232 GHA NL VI L.-Wrede 17. 9. 1831.
233 GHA NL XIV Abel-L. 27. 4. 1838.
234 GHA NL ARO 21 II Signat des Königs vom 14. 11. 1843.
235 SS 171 (25. 3. 1838).
236 BStBM L.-A. T. 3,156 21. 4. 1848.
237 Vgl. Buch I Kap. VII.
238 BStBM L.-A. T. 3,156 19. 5. 1848: Nach dem Lesen des Frankfurter Entwurfs zur Reichsverfassung notierte er: »Mediatisierung fühlte, dachte ich, wie muß es jenen zu Mute gewesen sein, die es geworden...« Der König schloß mit den Worten: So »trifft uns die Nemesis«.
239 BStBM L.-A. T. 3,156 10. 5. 1848 (Reichsrat Graf Castell).
240 Vgl. die Zusammenfassung der beabsichtigten Maßnahmen bei Ostadal, Die Kammer der Reichsräte, 9ff. – Zur Kritik der Absichten des Königs vgl. ÖG II, 154f.: Trauttmansdorff-Metternich 9. 7. 1827. Unter den zahlreichen Reformentwürfen, die aus Adelskreisen selbst hervorgegangen sind, verdient eine 1842/45 entstandene Denkschrift Hermann Frhr. v. Rotenhans besonderer Beachtung. Vgl. Uhde, Rotenhan. 79–46.

241 GHA NL II A 15 Egid v. Kobell-L. 23. 8. 1828.
242 HStAM Staatsrat 2612 Sitzung der Einsparungskommission 14. 11. 1825.
Man unterschied zwischen vom König persönlich verliehenen Thronlehen (Thronwürden oder Güter) und im Auftrag des Königs vom obersten Lehenhof verliehenen Kanzleilehen (nur Güter). Auf feierliche Thronbelehnung der Kronvasallen legte Ludwig Wert. Stein nannte sein Vorgehen eine »kostbare und zwecklose Zeremonie«, eine »prunkhafte Fratze« (Stein, Briefe und Schriften VII, 848–851). Die Erzwingung von Lehensallodifikationen suchte der König zu verhindern: SS 56 (25. 3. 1827).
243 GHA NL II Abel-L. 2. 11. 1842. Abel meinte:»...Es ist unbegreiflich, wie bei den großen in den Paragraphen 32 ff. gewährten Erleichterungen noch so manche Familien des alten Adels den geöffneten Weg nicht betreten – den einzigen, der dem Adel als Stand seine wahre Stellung zu gewähren und zu sichern vermag« (GHA NL X Abel-L. 21. 7. 1842).
244 GHA NO $\frac{43}{1}$ 29e L.-Otto 15. 6. 1857.
245 GHA NL VI Metternich-Wrede 9. 3. 1834. Gedr. Bibl, Metternich, 411.
246 Vgl. zur älteren Geschichte des Beamtentums: H. Hattenhauer, Geschichte des Beamtentums, Köln 1980, zur jüngeren: B. Wunder, Privilegierung und Disziplinierung. Die Entstehung des Berufsbeamtentums in Bayern und Württemberg (1780–1825), München und Wien 1978 u. E. Fehrenbach, Das napoleonische Modell des Beamtentums und sein Einfluß auf die deutsche Geschichte, in: L'Educazione Giuridica IV (1981), 219–237.
247 Über einen klassischen Fall aus dem Feld der Auseinandersetzung zwischen Beamtentum und Adel vgl. Gollwitzer, Standesherren, 66, 91, 359–367.
248 GHA NL XI: Text der Abelschen Rede. – BStBM N Abel: Abel-L. 26. 8. 1840.
249 GHA NL XXI Abel-L. 8. 9. 1846.
250 GHA NL X Gf. August Rechberg-L. 5. 1. 1836.
251 GHA NL X Wallerstein-L. 26.–28. 2. 1836 u. ebda. XIV Wallerstein-L. 29. 5. 1836.
252 OA Passau 07813 u. HStAM M Inn 43631.
Auf dem Abschiedsessen für den niederbayerischen Regierungspräsidenten von Beisler (1843), der als Gegner Abels sein Amt vertauschen mußte, wollte man Rufe wie »Pereat Clerus« vernommen haben (HStAM M Inn. 45807).
253 GHA NL X Wallerstein-L. 21. 4. 1836; auch für das Folgende.
254 HStAM M Inn 44271 L.-Wallerstein 14. 12. 1836.
1840 wußte der König die Absicht der Kammer der Reichsräte, die Bezeichnung »Staatsministerium des Inneren« statt »Ministerium des Inneren« durchzusetzen, zu vereiteln. (BStBM L.-A. T. 3,123 9. 2. 1840).
255 GHA NL II A 25 Tann-L. 23. 1. 1837.
256 GHA NL XVI Wallerstein-L. 4. 9. 1834.
257 GHA NL 88/4/2; auch für das Folgende.
1846 wies L. das Finanzministerium an.»Nicht Vorrückung, sondern Beförderung soll stattfinden«: SS 233 (22. 7. 1846).
258 Vgl. H. Gollwitzer, Die politische Landschaft in der deutschen Geschichte des 19./20. Jahrhunderts, in: Hartlieb u. Quirin (Hg.), »Landschaft« als interdisziplinäres Forschungsproblem etc., Münster 1977, 54–58; K.-G. Faber, Geschichtslandschaft – Région historique – Section in history. Ein Beitrag zur vergleichenden Wissenschaftsgeschichte, in: Säkulum 30 (1979), 15–74.

259 Vgl. H. Gollwitzer, Bemerkungen über Reichsstädte und Reichspolitik etc., in: Civitatum Communitas. Studien zum europäischen Städtewesen. Festschrift für Heinz Stoob zum 65. Geburtstag II, Köln/Wien 1984, 488—516, passim.
260 GHA NL I A 32 u. 88/5/1 A: Pariser Aufzeichnungen vom Jahr 1806. – Vgl. Spindler, Erbe, 237.
Ähnlich wie der Kronprinz im Jahre 1806 argumentierte Hormayr noch 1829: »Alt- und Neubayern durch Ehen und Dienstversetzungen mischen, unaufhörlich mischen; das dringendste Gebot der Innen- und Außenpolitik, sonst verknöchert sich dieser verderbliche Unterschied, diese zerstörende Absonderung immer mehr..., sonst verdrängt spießbürgerliche Verstocktheit allen wahren Patriotismus...« (GHA NL II A 23 Hormayr-L. 16. 6. 1829). Der gesamtstaatliche Gewinn stand auch bei den Bemerkungen im Vordergrund, die der Kronprinz 1815 zu § 3 einer neuen bayerischen Verfassung machte: »Dieser Paragraph darf nicht untersagen, daß allenfalls künftig zu erwerbende Provinzen ihre Verfassung, Vorrechte, Erbämter behalten können. Deren Beibehaltung kann ja Bedingung sein, unter solchen z. B. wurde Schlesien Friedrich II abgetreten« (GHA NL 88/4/3).
261 BStBM L.-A. 5,2 (»Aus meinem Leben« II, 328f.)
262 GHA NL VI L.-Wrede 24. 2. 1814. Wrede war Pfälzer.
263 GHA NL VI L.-Wrede 19. 3. 1814.
264 Als der König gewahr wurde, welchen Rückhalt seine defensive Politik bei dem konservativen Block der altbayerisch-katholischen Bevölkerung fand, war schließlich auch von den »lieben Altbayern« die Rede (Vgl. Weiß, Redemptoristen, 375). Positive Äußerungen über das Altbayerntum liegen schon früher vor, so SS 67 (27. 3. 1829): »Westenrieder war ein echter Altbayer, ein sehr verdienter, hochachtungswerter Mann.«
265 GHA NL VI L.-Wrede 15. 8. 1826.
266 Vgl. W. Zorn, Die Eingliederung Ostschwabens in den bayerischen Staat unter den ersten Königen Max I. und Ludwig I., in: P. Fried (Hg.), Probleme der Integration Ostschwabens in den bayerischen Staat. Bayern und Wittelsbach in Ostschwaben, Sigmaringen 1982, 79—92; ders., Frühere Freie Städte in Staaten des 19. und 20. Jahrhunderts. Das Schicksal Augsburgs im Vergleich, in: Festschrift für Andreas Kraus zum 60. Geburtstag, Kallmünz 1982, 433f.
267 Gollwitzer, Standesherren, 126f. u. 417 (Anm. 47 u. 49).
268 Vgl. W. H. Riehl, Land und Leute (Bd. I einer »Naturgeschichte des Volkes als Grundlage einer deutschen Sozialpolitik«), Stuttgart und Tübingen 1854; ders., Die Pfälzer. Ein rheinisches Volksbild, Stuttgart 1857; A. Becker, Die Pfalz und die Pfälzer, Leipzig 1858.
269 Hervorhebung verdienen die Berichte des Regierungspräsidenten Frh. v. Schrenck (d. J.) aus der Pfalz: GHA NL XIX, insbesondere Schrenck-L. 14. 11. 1845.
270 Vgl. G. W. Zapf, Baierns wiederhergestellte Königswürde. Eine historische Skizze, Augsburg 1806; M. Dunan, Napoléon et L'Allemagne etc., Paris 1942, passim; F. Seibt, Die bayerische »Reichshistoriographie« und die Ideologie des deutschen Nationalstaats 1806—1918, in: ZBlG 28 (1965), 523—554, passim.
Bemerkenswert die Verwendung altbayerischer Personennamen bei der Namensgebung der Kinder Ludwigs I.! – Über die Altbayern als »Kernvolk« des Staates vgl. ÖG III, 8f., 182, 186, 351.

²⁷¹ Armansperg, Armansperg, 8. Über die anti-norddeutschen Strömungen in Landshut vgl. Funk, Zwischen Aufklärung, 133 f.
²⁷² P. B. Steiner, Der gottselige Fürst und die Konfessionalisierung Altbayerns, in: H. Glaser (Hg.), Um Glauben und Reich. Kurfürst Maximilian I., 253.
²⁷³ GHA NL II A 39 Armansperg-L. 7. 4. 1828.
²⁷⁴ Altbayern. Politisches Wochenblatt, München 1832, 4.
²⁷⁵ Zum Komplex Franken in Bayern z. Z. Ludwig I. vgl. L. Zimmermann, Die Einheits- und Freiheitsbewegung und die Revolution von 1848 in Franken, Würzburg 1951, 1–233; M. H. v. Freeden, König Ludwig I. und Unterfranken, in: Unterfranken im 19. Jahrhundert, Festschrift 1965, 84–98; G. Hirschmann, Die Ära Wurm in Nürnberg 1806–1818, in: MVGStN 48 (1958), 277–305; ders., Das Nürnberger Patriziat im Königreich Bayern 1806–1818 (Nürnberger Forschungen 16), 1971; ders., Fortleben reichsstädtischen Bewußtseins in Franken nach 1806? in: JFL 34/35, (1975), 1041–1057; ders., Das Haus Wittelsbach und Franken im 19. Jahrhundert, Neustadt/Aisch 1984; R. Endres, Der »Fränkische Separatismus« – Franken und Bayern im 19. und 20. Jahrhundert, in: MVGStN 51 (1980), 157–183; ders., Die Eingliederung Frankens in den neuen bayerischen Staat, in: H. Glaser (Hg.), Krone und Verfassung, 83–94.
²⁷⁶ GHA NL XVI Wallerstein-L. 19. 5. 1832 u. beiliegendes Flugblatt vom Mai 1832.
²⁷⁷ GHA NL XIV Abel-L. 30. 3. 1839.
²⁷⁸ Vgl. Zimmermann, Einheits- und Freiheitsbewegung, 23, 51, 55; Endres, Die Eingliederung, passim. Aufschlußreich der Bericht des Oberpostmeisters Axthelm an Montgelas vom 2. 3. 1813 »Über die Volksstimmung in den fränkischen Provinzen, insbesondere in Nürnberg« (HStAM MA 6995). Kronprinz Ludwig stellte in einem Brief an seinen Vater 1813 fest, daß es nicht nur in Tirol, sondern auch in Franken gäre: GHA N MJ. II B 2 L.-MJ. 30. 1. 1813 (auszugsweise gedruckt bei Corti, 160).
²⁷⁹ Vgl. Hirschmann, wie Anm. 275.
²⁸⁰ Vgl. Zimmermann, Einheits- und Freiheitsbewegung, 381, u. F. Strachotta, E. C. J. Lützelberger, Pfarrer und Stadtbibliothekar in Nürnberg, Nürnberg 1952.
²⁸¹ GHA NL $\frac{89}{4}$ V L.-Armansperg 2. 7. 1829.
²⁸² Vgl. F. v. Roth, Auswahl mündlicher und schriftlicher Äußerungen etc., München 1852, 148 ff.
²⁸³ Vgl. H. Gollwitzer, Graf Carl Giech 1795–1863 etc., in: ZBlG 24 (1961), 102–162; W. Uhde, Hermann Freiherr von Rotenhan, München 1933.
²⁸⁴ GHA NL II Abel-L. 9. 1. 1845.
²⁸⁵ Die Schrift ist offensichtlich nicht mehr auffindbar (Brief des Enkels Kraußolds, Karl Hartmann, an den Vf. Bayreuth 4. 11. 1960).
²⁸⁶ K.-H. Janßen, Die Kriegsziele der Bundesstaaten (1914–1918), Freiburg 1957, 220.
²⁸⁷ In erster Linie ist zu nennen der radikale Archivar und Journalist Georg Lommel: Fränkische Geschichte, Würzburg 1842. Der evangelische Geistliche Lorenz Kraußold begann mit einschlägigen Veröffentlichungen bereits im Vormärz, doch gehören seine bekanntesten Arbeiten (Ehrenrettung Markgraf Georgs des Frommen, Erlangen 1866, u. Dr. Theoderich Morung, Erlangen 1877) ebenso einer späteren Epoche an wie Julius Frh. v. Rotenhan, Die staatliche und soziale Gestaltung Frankens von der Urzeit an bis jetzt, in: Archiv f. Geschichte und Altertumskunde von Oberfranken IX (1863).

²⁸⁸ W. Löhe, Erinnerungen aus der Reformationsgeschichte von Franken (= Gesammelte Werke 3,2, Neuendettelsau 1958, 525 f.). Löhes Buch erschien 1847; das Vorwort stammte aus dem Jahre 1846.
²⁸⁹ Zum Komplex Pfalz in Bayern vgl. H. Schreibmüller, Bayern und Pfalz 1816–1916, Kaiserslautern 1916. A. Becker, Die Wiedererstehung der Pfalz, Zweibrücken 1916; K. Baumann, Probleme der Pfälzischen Geschichte im 19. Jahrhundert, in: Mitteilungen des Historischen Vereins der Pfalz 51 (1953), 231–272; ders., Kronprinz Ludwig von Bayern und die Oberrheinlande 1809–1819, in: Abhandlungen zur pfälzischen Landes- und Volksforschung I (1937), 155–172; R. Schreiber, Grundlagen der Entstehung eines Gemeinschaftsbewußtseins der Pfälzer im 19. Jahrhundert, in: Die Raumbeziehungen der Pfalz in Geschichte und Gegenwart. Niederschrift über die Verhandlungen der Arbeitsgemeinschaft für westdeutsche Landes- und Volksforschung in Kaiserslautern, Bonn 1954; M. Spindler, Die Pfalz in ihrem Verhältnis zum bayerischen Staat in der ersten Hälfte des 19. Jahrhunderts, in: ders., Erbe und Verpflichtung, 280–300; K.-G. Faber, Die Rheinlande zwischen Restauration und Revolution. Probleme rheinischer Geschichte von 1814–1848 im Spiegel der zeitgenössischen Publizistik, Wiesbaden 1966; ders., Andreas van Recum 1765–1828. Ein rheinischer Kosmopolit, Bonn 1969; H. Haan, Hauptstaat – Nebenstaat, München 1977.
²⁹⁰ K. Wild, Karl Theodor Welcker, ein Vorkämpfer des älteren Liberalismus, Heidelberg 1813, 349: Karl Theodor Welcker – Friedrich Gottfried Welcker 30. 4. 1818.
²⁹¹ Vgl. Weis, Montgelas I, 343.
²⁹² Vgl. A. Hoffmann, Die katholischen geistlichen Abgeordneten der Pfalz in der bayerischen Ständeversammlung 1819–1848, in: ZBLG 32 (1969), 802.
²⁹³ GHA NL XII Abel-L. 3. 9. 1841.
²⁹⁴ »Ein Fleck Land am Rhein ist für uns eine Insel, wo man nicht hin kann, wenn man will: und die Herren Pfälzer – wir kennen sie ja – werden uns auch nimmer so freßlieb haben, wenn sie baierisch geworden sind – oder sollten wir pour repondre à leur attachement pfälzisch werden? Das wäre wiederum nichts...«.
(GHA N Gumppenberg 14 Gumppenberg-Franziska v. Perfall 14. 2. 1815).
²⁹⁵ Hurter, Hurter II, 201 f.
²⁹⁶ Seinsheim-Archiv Sünching, Nr. 852 Abel-Seinsheim 10. 6. 1848: »Ich bin für eine bayerische Pfalz gewesen, aber jetzt wird Bayern pfälzisch. Freimaurerei und Pfälzergeist regieren das Land.«
²⁹⁷ HStAM Abt. V N von der Pfordten 116 v. Scheurl-Pfordten 23. 4. 1849.
²⁹⁸ BStBM L.-A. T. 3,125 1. 7. 1840.
²⁹⁹ FG I, 47: De la Garde – Richelieu 15. II. 1818.
Über Bayern und Pfälzer z. Z. von Montgelas vgl. Karl Otmar v. Aretin, Bayerns Weg, 179.
³⁰⁰ Auf dem Landtag 1827/28 befürchteten einige Abgeordnete eine Gefährdung der Einheitlichkeit der bayrischen Staatsnation durch Einführung der Landräte, und in der Historischen Klasse der Akademie der Wissenschaften wandte man sich gegen den »Provinzialgeist« der Historischen Vereine. Vgl. Aretin, Bayerns Weg, 109, und G. Stetter, Die gescheiterte bayrische Topographie, in: Obb. A. 87 (1965), 231–242.
³⁰¹ GHA NL 88/4/2 Erklärung vom 3. 4. 1834. Vgl. G. M. Jochner, Das königliche Wappen der Wittelsbacher seit 1806, in: Das Bayerland V (1894),

582—585 und 593 ff., und W. Volkert, Die Wappenabzeichen des Landes Bayern, in: ZBLG 44 (1981), 675—692. — SS 278 (13. 6. 1834):»Aus verschiedenen Volksstämmen besteht das Königreich, und daß demnach das Wappen geändert werde, war bei mir bereits beschlossen, als ich an die Regierung gelangte.« L. zur großen Titulatur: SS 578 (18. 10. 1835).

[302] GHA NL II A 14 Armansperg-L. 1. 6. 1826; auch für das Folgende.

[303] GHA NL XVI Wallerstein-L. 19. 12. 1834; ebda. NL XII Wallerstein-L. 13. 10. 1835.

[304] Zur öffentlichen Begründung der Kreisreform vgl. Dok. III, 3, 125 ff.: Eine kgl. Proklamation vom 29. 11. 1837 unterstrich die Absicht,»die Benennung der einzelnen Haupt-Landesteile auf die ehrwürdige Grundlage der Geschichte zurückzuführen« und so die»Anhänglichkeit... an Thron und Vaterland, die Volkstümlichkeit und das Nationalgefühl zu erhalten«.

[305] GHA NL IX Magistrat und Gemeindebevollmächtigte von Passau-L. 13. 12. 1837. — 1843 forderte der König vom Innenministerium ein Gutachten über die Wegverlegung der Regierung von Speyer an. HStAM M Inn 45924 L.-Innenministerium 1. 7. 1843:»Mir scheint es sehr geeignet, daß der Regierungssitz der Pfalz in einer altpfälzischen Stadt sich befinde, was Kaiserslautern nicht nur ist, sondern auch altpfälzische Anhänglichkeit hat.«

[306] GHA NL 88/4/2: Conc. einer Denkschrift des Königs v. 3. 4. 1834.

[307] GHA ARO 27 Gise-L. 21. 6. 1834.

[308] HStAM M Inn 45406 Zentner-Thürheim 4.1817 weist darauf hin, daß bisher noch kein gebürtiger Schwabe zum Mitglied des Staatsrats ernannt worden sei. — GHA NL XIII Wallerstein-L. betr. Ernennung des Frh. v. Schrenck zum Minister der Justiz:»Überdies würde diese Wahl einen unberechenbaren Eindruck auf die Altbayern machen, die gegenwärtig allein keinen der Ihrigen im Ministerio haben und die eben deshalb immer mit etwas scheelen Augen hereinblicken, wie Kinder, wenn sie meinen, weniger zu gelten als ihre Geschwister.« Wallerstein hat in Personalfragen häufig mit dem Stammesargument operiert. Allerdings sind bei ihm stets auch politische und persönliche Hintergedanken anderer Art in Betracht zu ziehen, doch ändert dies nichts daran, daß der Gesichtspunkt ausgewogener Berücksichtigung der verschiedenen»Stämme« in der Öffentlichkeit zählte und beim König grundsätzlich ein geneigtes Ohr fand.

[309] Vgl. G. Stetter, Die Entwicklung der hist. Vereine in Bayern bis zur Mitte des 19. Jahrhunderts (Diss.), München 1963.

[310] GHA NL XII Wallerstein-L. 13. 10. 1835.

[311] Stein, Briefe VI, 904.

[312] DVO 3,381 f. — Vgl. Treml, Bayerns Pressepolitik, 112—117.

[313] Vgl. Anm. 4.

[314] Zu Johann Friedrich Cotta vgl. A. Schäffle, J. F. Cotta, Stuttgart 1895; H. Schiller (Hg.), Briefe an Cotta I u. II, Stuttgart 1927/34; ders., J. F. Cotta etc., in: Schwäbische Lebensbilder 3 (1942), 72—124; R. Marquant, Thiers et le Baron Cotta etc., Paris 1959.

[315] Vgl. O. Steuer, Cotta in München 1827—31, München 1931.

[316] Unter einer erheblichen Anzahl meist recht kurzlebiger Blätter verdienen — publizistisch zwischen der weltläufigen»Allgemeinen Zeitung« und dem radikalen»Volksblatt« angesiedelt — Hervorhebung G. F. Kolbs»Neue Speyrer Zeitung«, die seit 1836 im Besitz J. P. v. Hornthals befindliche »Fränkische Merkur« und der farblosere Nürnberger»Korrespondent von

und für Deutschland«. Die im Rheinkreis erscheinenden »Westbote« (Hg. Siebenpfeiffer) und »Deutsche Tribüne« (Hg. Wirth, vormals Redakteur des Cottaschen »Inland« und von Armansperg insgeheim gegen die Politik des Königs benützt) gelangten 1831/32 zu aufsehenerregender Wirkung und wurden 1832 vom Bundestag verboten. – Den Standpunkt der (katholischen) Rechten vertraten als langlebigstes Organ die »Augsburger Postzeitung« und seit den späteren Dreißiger Jahren vorübergehend die »Neue Würzburger Zeitung«, ferner der »Fränkische Courier« und die »Neue Politische Zeitung« in München. Als führende Zeitschrift des katholischen Konservativismus erschienen seit 1838 die »Historisch-Politischen Blätter« in München. – Vgl. E. Kautkrämer, G. F. Kolb (1808–1884), Meisenheim/ Glan 1959; O. Krenzer, J. P. v. Hornthal etc. (1794–1864), in: Lebensläufe aus Franken (Hg. Chroust) III, Würzburg 1927, 244–277; H. Braun, Ph. J. Siebenpfeiffer etc. (masch. schriftl. Diss.) München 1956; O. H. Müller, J. G. A. Wirth, Frankfurt a. M. 1926.

317 Vgl. L. Günther, J. G. Eisenmann etc. (1795–1867), in: Lebensläufe aus Franken IV, Würzburg 1930, 116–133, und H. Borngässer, J. G. Eisenmann etc., Neu-Isenburg 1931.

318 Vgl. H. Kapfinger, Der Eoskreis 1828–1832, München 1928.

319 A. Schnütgen, Briefe von Andreas Räß an Franz Georg Benkert, in: HJb. 40 (1920), 156: Räß-Benkert 6. 11. 1825.

320 Vgl. Boisserée, Tagebücher, passim und Schmeller, Tagebücher I, 76.

321 GHA N Gumppenberg 14 Gumppenberg-Franziska von Perfall 11. 11. 1814.

322 GHA NL II A 23 Hormayr-L. undatiert (Anfang 1830).

In seiner »Charakteristik« unterscheidet Hormayr, in dem wir aus Gründen der inneren Kritik den Verfasser sehen, zwischen einer Gruppe von Radikalen und den »gemäßigt Progressiven«, als deren Repräsentanten er außer sich selbst und dem Grafen Schönborn nur führende Köpfe der »hohen Beamtenaristokratie« aufführt. Hormayr kannte nur die hauptstädtische Szene, nicht die Provinz. Insbesondere waren ihm die Verhältnisse in der Pfalz mit ihrem liberalen Richterstand, dessen Hochburg sich am Appellationsgericht in Zweibrücken befand, ihren zahlreichen liberalen und demokratischen Advokaten, Geistlichen, Kaufleuten, Weingutsbesitzern und Journalisten offenbar fremd. Auch von dem Einflußbereich der Bamberger Politiker Hornthal Vater und Sohn und den liberal-konservativen Tendenzen im protestantischen Franken hatte er kaum ausreichende Vorstellungen. Überprüft man die Angaben des Verfassers über die gemäßigt Konservativen, Absolutisten und Kongregationisten, fällt auf, daß er vom Eos- und späteren Görreskreis nur Görres selbst anführt, im übrigen unter der Kongregation nur den ihm verhaßten Grandaur, einige hohe Geistliche und den ihm von Wien her bekannten Diplomaten K. A. von Oberkamp. Ringseis taucht nur als Mitglied eines inzwischen eingegangenen »Kränzchens« aus früherer Zeit auf. Die Bedeutung des Görreskreises ist weit höher zu veranschlagen, als es in der »Charakteristik« geschieht, nicht nur wegen seiner publizistischen Wirksamkeit, sondern auch aufgrund der weit über Bayern hinausreichenden österreichischen, französischen und sonstigen Verbindungen. Die Auseinandersetzungen zwischen »Eos« und »Inland« im Jahre 1829 erwiesen sich als bemerkenswerte Kraftprobe zwischen Liberalen und Katholisch-Konservativen in München. Das parlamentarische Hervortreten des politischen Katholizismus auf dem Landtag von 1837 wird in der

»Charakteristik« nicht zur Kenntnis genommen. Richtig ist, wenn die »Charakteristik« Schenk nicht der Kongregation zurechnet, und andererseits die Gruppen der Absolutisten und Kongregationisten sich überschneiden läßt. Die Namen mehrerer wichtiger Persönlichkeiten in Schlüsselpositionen fehlen. Hormayr war zum Zeitpunkt der Niederschrift des Manuskripts schon Jahre nicht mehr in München tätig, und das merkt man seinen Ausführungen an. Der Person des Königs wurde er nicht gerecht, wenn es auch an bemerkenswerten Einsichten über ihn nicht fehlt.

[323] GHA NL II A 23 Hormayr-L. 1. 3. 1828: Schenk wird nie ein Mann der Kongregation sein, weil ihm »Freiheit des Denkens und Schreibens mit dem Glauben völlig verträglich erscheint«.

[324] Spindler, Briefwechsel, 135 und noch deutlicher 147f. sowie 149f.

[325] Gedichte des Königs Ludwig von Bayern. Zweiter Teil, München 1829, 189f.

[326] Armansperg, Armansperg 4f. Aufschlußreich in dieser Hinsicht seine Ausführungen in der Einsparungskommission 1825 (HStAM Staatsratsprotokolle 2612). – Der österreichische Gesandte Spiegel bemerkte 1828 an Armansperg eine »leidenschaftliche Vorliebe für französische Administrationsformen«.

[327] Max I. Joseph äußerte zum österreichischen Gesandten, »Mr. Louis« und Armansperg würden schöne Sachen zusammen anstellen (ÖG II, 19: Trauttmansdorff-Metternich 13. 11. 1825).

[328] Die Korrespondenz zwischen dem König und Schenk: GHA NL II A 22 und 22½. Zitiert wird nach der Spindler'schen Edition. – Sailer hatte schon 1823 Schenk als Haupt einer eigenen Sektion für das Kultus- und Schulwesen vorgeschlagen. (NL XIII Sailer-L. 4. 4. 1823).

[329] Spindler, Briefwechsel, 357ff.: Schenk-L. 10. 1. 1828, u. GHA NL C 26 Sailer-L. 23. 12. 1827.

[330] Spindler, Briefwechsel, 59: L.-Schenk 14. 9. 1828

[331] GHA NL 46/6/13⁴ L.-Grandaur 24. 8. 1826: »Ich glaube Ihnen keinen größeren Beweis meines Wohlwollens und meiner Anerkennung Ihres wissenschaftlichen Strebens geben zu können als indem ich Sie selbst davon in Kenntnis setze, daß ich Sie zum provisorischen Oberkirchen- und Schulrat ernenne.«

[332] BStBM L.-A. T. 3,75 26. 1. 1828.

[333] GHA NL II A 14 Armansperg-L. 1. 6. 1826.

[334] GHA NL I A 22 Lerchenfeld-L. 24. 12. 1822 u. 7. 1. 1823.

[335] Vgl. H. H. Hofmann, Adelige Herrschaft, 444ff.

[336] SS 152 (20. 3. 1838).

[337] SS 127 (27. 2. 1840); SS 173 (18. 3. 1840); SS 441 (August 1843).

[338] SS 664 (1838 ohne genaues Datum).

[339] Zit. nach Zorn, Gesellschaft und Staat im Vormärz, 136f.

[340] SS 49 (31. 1. 1832).

[341] SS 582 (1843 ohne genaues Datum).

[342] GHA NL 47/5/20 L.-Abel und Seinsheim 5. 11. 1843.

[343] Ebda.: L.-Abel 24. 1. 1847.

[344] Spindler, Briefwechsel, 6, 9, 12, 17. – Der Blindenanstalt floß der Erlös der Gedichte Ludwigs zu.

[345] GHA NL 88/4/3.

[346] Vgl. G. Trötsch, Dr. Friedrich Freiherr von Zentner, in: Staatsministerium der Justiz (Hg.), Die königlich-bayerischen Staatsminister der Justiz in der

Zeit von 1818 bis 1918 I, München 1931, 157−227.
347 GHA NL XV Aufzeichnungen vom 6. 11. 1825.
348 Bastgen, Bayern und der Heilige Stuhl II, 971.
349 HStAM Abt. V, N Abel. Dekan Nikolaus Märkl-Friederike von Abel 10. 4. 1845.
350 BStBM N Abel Reisach-Abel 27. 12. 1837.
351 GHA Nl XIII; über ein späteres Gutachten Strebers vgl. Spindler, Briefwechsel, 367.
352 Mercati, Raccolta, 594 (Artikel VII).
353 Vgl. H. Schiel, Bischof Sailer und König Ludwig I. von Bayern. Mit ihrem Briefwechsel, Regensburg 1932 und ders., Johann Michael Sailer. Leben und Briefe, 2 Bde., Regensburg 1948/51.
354 Zu Schwäbl vgl. W. M. Hahn, Romantik und katholische Restauration, München 1970.
355 J. v. Görres, Gesammelte Briefe III (Hg. Marie Görres), München 1874, 256−261: Cl. Brentano-J. Görres 14. 6. 1826.
356 A. Halser, Bischof Karl Joseph von Riccabona, Passau 1928, 107.
357 GHA NL II A 11 Georg Erbgroßherzog von Mecklenburg-Strelitz-L. 23. 10. 1825.
358 Vgl. Köppel, Rudhart, 50.
359 Einschlägige Korrespondenz zum Landtag 1827/28 insbesondere GHA NL II A 39. − Vgl. ferner F. Renz, Der Bayerische Landtag von 1827/28, Dingolfing 1928; H. Ostadal, Die Kammer der Reichsräte in Bayern von 1819−1848, München 1968, 83−100; München 1968; Köppel, Rudhart; Armansperg, Armansperg, passim. Boeck, Wrede, 64−82.
360 PG II, 85: Küster d. Ä. − Friedr. Wilh. III. 23. 12. 1827.
361 GHA NL ARO 36: Conc. der Thronrede zur Ständeversammlung 1827/28; auch für das Folgende.
362 GHA NL II A 14 Armansperg-L. 19. 9. 1826. − Zum Komplex der ludovizianischen Adelspolitik vgl. Hofmann, Adelige Herrschaft, passim.
363 ÖG II, 168−191 u. 267.
364 BStBM L.-A. T. 3,75 3. 3. u. 7. 3. 1828. − Vgl. O. Fürst Wrede, Aus der Wirksamkeit, 69f.
365 GHA NL II A 25 Tann-L. 19. 12. 1827. − Vgl. Renz, Der bayerische Landtag, 41 u. 63.
366 GHA NL II A 39 L.-Armansperg 21. 1. 1828. − Vgl. Renz, Der bayerische Landtag, 51.
367 GHA NL II A 39 Pappenheim-L. 17. 12. 1827.
368 BStBM L.-A. T. 3,75 14. 3. 1828. Roth hat allerdings erklärt, nicht für das Zollgesetz stimmen zu wollen.
369 BStBM L.-A. T. 3,75 20. u. 21. 3. 1828.
370 BStBM L.-A. T. 3,75 16. 3. 1828.
371 BStBM L.-A. T. 3,75 19. 3. 1828. Die Aristokraten der I. Kammer belegte der König öfters mit der Bezeichnung »Antikagliensammlung«.
372 BStBM L.-A. T. 3,75 21. 1. 1828: »Durch meine Festigkeit nicht nur den Sieg in den Kammern, sondern auch über meine eigenen Minister davongetragen habe ich, sagte er.«
373 BStBM L.-A. T. 3,75 3. u. 8. 3. 1828.
374 Vgl. Köppel, Rudhart, 71ff.
375 Ritter, Beiträge II, 140.
376 Vgl. An., Der Minister Graf Armansperg in seinem Verhältnis zu der

Kammer der Abgeordneten während der Versammlung des Jahres 1828, in: Bayersches Volksblatt I (1829), Sp. 81–87.
377 Vgl. Armansperg, Armansperg, 46.
378 Spindler, Briefwechsel, 82. – Zur langen Vorgeschichte des Instituts der Landräte, vgl. Winter, Wrede, 338ff. und 343ff.
379 L. Molitor, König Ludwig I. von Bayern erste Königsreise in die Rheinpfalz im Juni 1829, Zweibrücken 1888, 18f.
380 SS 219 (11. 9. 1829).
381 BStBM L.-A. T. 3,75 7. 3. 1828.
382 BStBM L.-A. T. 3,75 9. 1. 1828. – GHA NL 88/4/2 L.-Armansperg 16. 1. 1828. Sailer empörte sich darüber, daß Armansperg stets bestrebt sei, den Plänen des Königs zur Klosterrestauration »ein Bein zu unterschlagen« und fand es an der Zeit, »die Sektion des Kultus und Unterrichts aus solchem Joch zu emanzipieren« (Sattler, Die Wiederherstellung, 101: Sailer-Schenk 15. 1. 1828).
383 BStBM L.-A. T. 3,75 4. 1. 1828.
384 BStBM L.-A. T. 3,75 28. 2. 1828 und GHA NL II 23 Hormayr-L. 16. 4. 1828.
385 BStBM L.-A. T. 3,77, 31. 8. 1828: »Armansperg hat einen entsetzlichen Ehrgeiz... ohne einen kräftigen König würde er wie Montgelas Herr und der König Null.«
386 Vgl. Bibl, Metternich, passim.
387 Vgl. Armansperg, Armansperg, 199 und 204.
388 GHA NL II A 15 Gasser-L. 4. 2. 1829.
389 BStBM L.-A. T. 3,78 9. 10. 1828.
390 GHA NL II A 23 Hormayr-L. 20. 3. 1829.
391 GHA NL II A 23 Hormayr-L. 23. 10. 1829.
392 GHA NL II A 27 Ringseis-L. 3. 3. 1829.
393 GHA NL II A 25 Tann-L. 23. 3. 1830.
394 GHA NL II A 23 Hormayr-L. 7. 2. 1830. Hormayr nannte diese Vorgänge einen vollständigen Sieg der Kongregation und des österreichischen Einflusses.
395 Spindler, Briefwechsel, 86.
396 SS 384 (12. 7. 1838).
397 Vgl. K. Baumann, Das pfälzische Appellationsgericht in Zweibrücken, in: W. Reinheimer (Hg.), Festschrift zum 150jährigen Bestehen des Pfälzischen Oberlandesgerichts, Zweibrücken, o. J., 18f. Zum damaligen Zeitpunkt bedeutete das Verhalten des Königs eine Demonstration für die pfälzischen Einrichtungen und insbesondere für das öffentliche Gerichtsverfahren, über das sich L. in Speyer anerkennend äußerte.
398 HSTAM Staatsrat 2612.
399 GHA NL ARO 35 Aufzeichnungen, vermutlich von 1821.
400 GHA NL XVI Wallerstein-L. 3. 8. 1835.
401 GHA NL XVI L.-Wallerstein 1. 3. 1835.
402 GHA NL XVII L.-Wallerstein 7. II. 1837.
403 Stein, Briefe und Schriften VII, 371 und 377.
404 N. Maurer (P), Blatt 41: »Zu schwierigeren und wichtigeren Angelegenheiten kam ich immer viel leichter zum Ziel... Allein in unbedeutenderen Dingen ließ er sich so leicht nicht von seinem Selbstregimente abbringen.«
405 Vgl. Spindler, Das Kabinett unter Ludwig I., in: ders., Erbe, 262, und ders., Bernhard Grandaur, Kabinettssekretär und Staatsrat unter Ludwig I., in: ebda., 264–279.

406 GHA NL XVI L.-Wallerstein 23. 5. 1833.
407 Köppel, Charakteristik, 147.
408 List, Schriften, Reden, Briefe III, 2, 693.
409 A. Doeberl, Aus den Papieren des ersten katholischen Journalisten, in: HPBl. 152 (1913); 608: Oberkamp-Pfeilschifter 26. 2. 1829.
410 GHA NO $^{43}_{1}$ 29b L.-Otto. 13. 2. 1835.
411 HStAM Staatsrat 2612: Sitzung vom 29. 10. 1825.
412 HStAM MA I 408 L.-Gise 1. 1. 1832.
413 HStAM Abt. V N von der Pfordten 43 Giech-Pfordten 17. 10. 1843.
414 H. Schmid, Ein bayerisches Beamtenleben zwischen Aufklärung und Romantik, in: ZBLG 35 (1972), 686.
415 SS 416 (4. 8. 1848).
416 GHA NL 88/4/2 Aufzeichnungen v. 12. 10. 1837.
417 SS 112 (27. 2. 1835).
418 FG II, 150f.: Rumigny – La Ferronays 1. 11. 1828.
419 N. Elias, Über den Prozeß der Zivilisation II, Frankfurt a. M. 1976, 236 f.; auch für das Folgende.
420 Zu beachten ist, daß fast gleichzeitig mit der Berufung der neuen Minister Ende 1831/Anfang 1832 die Ernennung Grandaurs zum Staatsrat im ordentlichen Dienst erfolgte (2. 1. 1832).
421 Söltl, König Ludwig I., 16. Söltl berichtet diese Äußerungen aufgrund mündlicher, durchaus glaubwürdiger Mitteilungen Reindls.
Ähnliche Worte fielen auch bei anderer Gelegenheit, beispielsweise als es während der Lola-Krise für den König schwer hielt, überhaupt noch Minister zu finden.
422 Das vom 3.–8. 1. 1846 niedergeschriebene »Verzeichnis« findet sich als Anhang zu BStBM L.-A. T. 3,146 (Oktober–Dezember 1845).
423 BStBM L.-A. T. 3,124 23. 5. 1840.
424 U. a. ÖG II, 200: Spiegel-Metternich 29. 7. 1828.
425 Boisserée, Tagebücher II, 716: 16. und 17. 1. 1833.
426 BStBM L.-A. T. 3,143 18. und 20. 1. 1845.
427 GHA N O $^{43}_{1}$ 29b L.-Otto 20. 9. 1837.
BStBM L.-A. T. 3,77 21. 7. 1828. »Die Liebfrauentürme können wanken, ich nicht.«
428 Wrede, Wallerstein und Egid von Kobell waren keine »guten Wirte«.
429 GHA NL XVII L.-Wirschinger 17. 8. 1837.
430 Stein, Briefe VI, 952 f.
431 GHA NL 88/4b Sambuga »Entwurf«: Aufzeichnungen zum Jahr 1798.
432 BStBM L.-A. 5,1 (»Aus meinem Leben« I), 86. Ebda., 95 f.: Der Siebenjährige wollte abgetragene Handschuhe nicht zu früh ablegen.
433 Ebda., 85.
434 Undatierte Aufzeichnungen, wie man Stellen streichen könne, liegen schon aus dem Jahre 1809 vor. Ferner: GHA NL ARO 12 Utzschneider-L. 20. 5. 1813. GHA NL ARO 35; GHA NL 88/4/2 Aufzeichnungen aus den Jahren 1814/15.
435 Ringseis, Erinnerungen II, 32.
436 GHA NL ARO 12 (undatiert)
437 GHA NL I A 22 Lerchenfeld-L. 30. 9. 1825.
438 GHA NL I A 33 Lerchenfeld-L. 10. 9. 1825.
439 GHA NL ARO 35 L.-Wrede 9. 10. 1825.
440 GHA NL I A 13 Sambuga-L. 20. 12. 1806.

441 GHA NL I A 22 Lerchenfeld-L. 30. 8. 1823. Als König lehnte Ludwig eine Unterstützung der Herausgabe des 2. Bandes ab, nachdem für die Reise von Spix und Martius bereits aus der Kabinettskasse an die 20000 fl. und weitere Tausende von Gulden aus der Staatskasse bezahlt worden seien.
442 GHA N Gumppenberg 14 Gumppenberg-Franziska von Perfall 1. 3. 1815.
443 GHA NL 88/4/2 und ebda. 46/2/5; auch für das Folgende.
444 GHA N Prinz Karl von Bayern, 11–13 und PG II, 5 f. sowie GHA NL II 8 A^1 Karoline Auguste-L. 27. 3. 1828. Die Schwester setzte sich sehr für Einsiedel ein.
445 A. Heinzelmann (Hg.), Das Leben des Oberkonsistorialrats Dr. Philipp Casimir Heintz etc., München 1903, 35.
446 GHA NL 46/4/8,5: Anordnungen vom 20. 11. 1825.
447 SS 8 (4. 12. 1825): »...in diesem Augenblick, wo der Staat in einer so großen Geldklemme sich befindet«.
448 Adalbert, Prinz von Bayern, Als die Residenz, 255.
449 GHA NL 46/3/7.
450 GHA NL 88/4/3 L.-Kronprinz Maximilian 29. 11. 1833; ähnliche Vorwürfe ebda., L.-Kronprinz Maximilian 18. 4. 1844, verbunden mit Vorhaltungen wegen seines Umgangs mit Männern, zu denen der König kein Vertrauen fassen könne; dies müsse auf den Kronprinzen zurückschlagen.
451 GHA NL 46/3/7 L.-Abel 12. 9. 1842. Bei der Genehmigung ist neben den Motiven der Repräsentation gewiß des Königs Freude an der Mehrung des Hausbesitzes durch ein kostbares Kleinod am meisten in Anschlag zu bringen. Seine wortreichen Kautelen bestätigen nur, wie sehr das kostspielige Geschenk dem im Lande durchgesetzten Sparsystem widersprach.
452 GHA NL ARO 35 Aufzeichnung vom 24. 9. 1825.
453 HStAM Staatsratsprotokolle 2612 (enthält die Niederschriften über sämtliche Sitzungen nebst Beilagen); im folgenden wird stets auf Staatsratsprotokolle 2612 Bezug genommen. Erstes Protokoll vom 29. 10. 1825. Vgl. die Ausführungen bei Armansperg, Armansperg, 81–137.
454 GHA NL $\frac{88}{5}$ V L.-Otto 31. 3. 1835 (Conc.).
455 FG II, 14.
456 H. H. Böck, Wrede, 45.
457 SS 489 (11. 9. 1838).
458 SS 502 (5. 9. 1835).
459 GHA NL ARO 26 Gise-L. 3. 12. 1832 u. L.-Gise 4. 12. 1832.
460 SS 108 (4. 3. 1834).
461 SS 159 (17. 3. 1835).
462 GHA NL XIX Gasser-L. 12. 2. 1846.
463 SS 338 (13. 6. 1838).
464 Vgl. E. Geyer, Die Entstehung und Ausgestaltung des bayerischen Staatsdienerrechts im 19. Jahrhundert, Erlanger Diss., Nürnberg 1911, 61 f.
465 HStAM MA I 408 L.-Gise 14. 1. 1832.
466 SS 116 (8. 3. 1838).
467 SS 14 (11. 1. 1838).
468 SS 112 (1838).
469 GHA NL XIX Abel-L. 1. 4. 1846.
470 SS 82 (2. 7. 1826).
471 SS 149 (16. 5. 1828).
472 SS 143 (9. 5. 1828).
473 SS 497 (21. 8. 1841).

474 SS 108 (21. 2. 1840).
475 SS 350 (15. 6. 1843).
476 SS 665 (6. 12. 1843).
477 SS 65 (2. 2. 1834).
478 GHA NL XIX Abel-L. 17. 4. 1846.
479 Armansperg, Armansperg, 111 ff. u. 119ff.
480 Der Maler Peter Heß meinte, daß sich Knauserei »wie ein ausgegossenes Tintenfaß« über des Königs alle »anderen herrlichen und großen Eigenschaften« ergieße (Boisserée Tagebücher II, 194, 7. 8. 1827).
481 Vgl. Ritter, Beiträge II, München 1855, 15 ff. u. 134 ff.; Spindler, HB I, 115 f.; C.-P. Hartmann, Die Schuldenlast Bayerns von Kurfürst Max Emanuel bis König Ludwig I., in: Land und Reich etc. (Festschrift Spindler zum 90. Geburtstag) II, München 1984, 380 f.
482 GHA NL XI Abel-L. 27. 8. 1840.
483 Montgelas, Briefe, 131.
484 GHA NL ARO 21/II Giech-L. 12. 9. 1840. Vgl. A. Chroust, Ein Kritiker König Ludwig I. von Bayern, in: ZBLG 13 (1941/42), 53–86.
485 Erst auf dringende Bitte der Landrichter wurden die Fristen etwas verlängert. Vgl. S. Sugenheim, Baierns Kirchen- und Volkszustände im 16. Jahrhundert, Gießen 1842, XIII. Der Verfasser des Aufsehen erregenden Buches zog in der Vorrede Vergleiche mit den zeitgenössischen Verhältnissen Bayerns und erwähnte u. a. den Fall der Rückzahlung von Bezügen durch die Landrichter. Es ist möglich, daß ihm Giechs »Darlegung« als Quelle diente.
486 GHA NL ARO 21/II Rechberg-L. 30. 9. 1840.
487 Nur höchst ungern ließ sich der König darauf ein. An Gise schrieb er: »Das Geeignete wäre, die allenfallsigen Überschüsse zu Verminderung der für die Eisenbahn stattfindenden Schuldenvermehrung zu verwenden, das wäre einem ordentlichen Haushalt gemäß«: SS 193 (29. 3. 1843).
488 Das Folgende zitiert aus N. Maurer (Privatbesitz).
489 GHA NL XIII Seinsheim-L. 17. 4. 1832.
490 Vgl. Uhde, Rotenhan, 113 f.
491 Heilmann, Wrede, 447.
492 Arneth, Wessenberg I, 62.
493 BStBM L.-A. 27 Aufzeichnungen über die Jahre 1805–1809, 17 und ebda. 5,1 (»Aus meinem Leben« II, 45).
494 X. de Courville, Jomini etc., Berlin 1938, 156.
495 GHA NL I A 33 Aufzeichnungen v. 14. 10. 1810.
496 BStBM L.-A. T. 3,125 23. 8. 1840. Dagegen hatte er für militärische Originale, wie sie zu seiner Zeit in der bayerischen Armee anzutreffen waren, einiges übrig (BStBM L.-A. 5,1 »Aus meinem Leben« I, 231 u. 234 f.).
497 A. H. Müller, Schriften zur Staatsphilosophie (Hg. A. Kohler), München o. J., 90 f. Daß Ludwig Müllers Ausführungen kannte, ist unwahrscheinlich.
498 GHA NL 88/5/1 Entwurf v. 6. 2. 1828.
499 Nichts besagt in diesem Zusammenhang, daß er gelegentlich aus höfischpolitischen oder auch aus familiären Gründen an militärischen Schaustellungen teilnahm. Die Verleihung eines Regiments durch einen fremden Souverän wußte er allerdings sehr zu schätzen (HHStA Familienarchiv Sammelband 47 (304/16) L.-Kaiser Franz I. 13. 6. 1817).
500 ÖG II, 351: Generalmajor Frh. v. Welden-Metternich 1. 8. 1831.
501 BStBM 3,66 19. 10. 1825. – Sechs Tage später ließ Ludwig Wrede schon

wissen, daß er ihn nicht hindern würde, falls er Lust hätte, aufs Land zu gehen. Zum Verhältnis Ludwigs zu Wrede vgl. vor allem die Arbeiten von Winter und Böck.
502 GHA NL II A 25 Tann-L.
503 BStBM L.-A. T. 3,75 22. 3. 1828.
504 BStBM L.-A. 5,2 (»Aus meinem Leben« II), 131 f.: Ludwig hielt Wrede zu seinen Lebzeiten für das einzige überdurchschnittliche Heerführer-Talent Bayerns. Er bewunderte ihn als »geborenen Befehlshaber«, der es überdies verstehe, »die Truppen zu begeistern«.
505 BStBM L.-A. T. 3,125 9. 9. 1840 u. GHA N Gumppenberg 17 L.-Gumppenberg 17. u. 26. 7. 1840. Damals sah Ludwig Pappenheim als bayerischen Oberbefehlshaber im Kriegsfall vor.
506 GHA NL XXI Prinz Karl-L. 5. 9. 1846.
507 Vgl. W. D. Gruner, Die bayerischen Kriegsminister 1805—1885, in: ZBLG 34 (1971), 238—315.
508 Manchen Angehörigen dieser Gruppe begegnet man während ihrer jüngeren Jahre in den Tagebüchern Platens, die in die Welt der Kadetten und jungen Offiziere ihrer Zeit bemerkenswerte Einsichten vermitteln.
509 BStBM L.-A. T. 3,78 20. 12. 1828 (Denunziation Xylanders durch Hormayr). — Vgl. Gruner, Das bayerische Heer 1825—1864, 195; auch für das Folgende.
510 GHA NL $\frac{88}{5}$ I Streiter-L. 6. 8. 1828.
511 Seewald, Heideck, 20.
512 Zur Geschichte der bayerischen Armee unter Ludwig I. vgl. die im Literaturverzeichnis aufgeführten Arbeiten von O. Bezzel, W. D. Gruner u. N. Hierl-Deronco.
513 Vgl. Heilmann, Wrede, 473 f.
514 GHA NL V Signat des Königs v. 31. 7. 1837 auf Baurs Entwurf zum Beförderungswesen vom 28. 7. 1837.
515 FG II, 149: Rumigny — La Ferronays 1. 11. 1828.
516 GHA NL ARO 35 Aufzeichnungen v. 12. 8. 2. 9. 1821; ebda. I A 22 Briefe Maillots an L. aus dem Jahre 1823 betr. Finanzierung der Armee u. ein Schreiben Thürheim-L. 19. 12. 1824.
517 Heilmann, Wrede, 453 f.
518 HStAM Abtlg. IV (KA) D I 4 (Sämtliche Protokolle der Kommissionssitzungen). — Eine apologetisch gefärbte Zusammenfassung der Ergebnisse in der Denkschrift des Kriegsministers von Weinrich v. 2. 7. 1829 (GHA NL 47/1/15).
519 GHA NL ARO 5: Einsetzung einer »Armeegestüts-Administrations-Kommission« am 10. 2. 1826 und die Ergebnisse ihrer Beratungen. — Vgl. Heilmann, Wrede, 454 f.
520 SS 32 (19. 1. 1838).
521 SS 143 (12. 3. 1838).
522 GHA NL XVIII Abel und Seinsheim-L. 8. 12. 1842; ebda., 47/1/15; ebda; 88/6/2; SS 31 (3. 2. 1846).
523 PG II, 366: Dönhoff-Friedrich Wilhelm III. 17. 5. 1835. — Vgl. Bezzel, Geschichte, 24 ff.
524 ÖG II, 348 ff.: Spiegel-Metternich 23. 7. 1831; ebda. III, 31 f.: Colloredo-Metternich 11. 4. 1838.
525 PG II, 419: Dönhoff — Friedrich Wilhelm III. 30. 6. 1836.
526 PG II, 480: Dönhoff — Friedrich Wilhelm III. 1. 9. 1837.

527 Schärl, Zusammensetzung, 254. – SS 293 (16. 6. 1844): L. enthebt den Kommandanten der Hauptstadt, Generalmajor v. Vincenti, seiner Stelle, weil er, alt und gichtleidend, bei den Mai-Unruhen 1844 versagt hatte, läßt ihm jedoch versichern, daß er ihm gewogen bleibe.
528 HStAM Staatsrat 628 (Sitzung vom 10. 12. 1827).
529 GHA NL 46/4/8: Organisationsreskript vom 31. 1. 1829.
530 GHA NL ARO 8 Weinrich – L. 19. 5. 1835.
531 GHA NL 47/1/15. Für Anstellungspatente hatten die Offiziere Gebühren zu entrichten. Vgl. Ritter, Beiträge I, 167 ff.
532 SS 191 (25. 4. 1834).
533 SS 458 (9. 8. 1843).
534 PG III, 108: Dönhoff-Friedrich Wilhelm III. 18. 2. 1839.
535 GHA NL VI undatiert u. BStBM L.-A. T. 3,125 11. 9. 1840.
536 GHA NL 88/4/3 L.-MJ. 18. 2. 1814 (Conc.).
537 SS 171 (21. 3. 1841).
538 GHA NL 47/1/15 Weinrich-L. 2. 7. 1829. – SS 385 (15. 8. 1847): L. erkundigt sich beim Kriegsministerium, ob sein Befehl schon befolgt sei. Man kann nicht sicher sein, daß der Übelstand bereits beseitigt war.
539 BStBM L.-A. T. 3,125 11. 9. 1840.
540 GHA NL A VIII, 2. L.-Kriegsministerium 26. 2. 1838.
541 GHA NL ARO V Gutachten Streiters 31. 8. 1826.
542 VKA 1843 Bd. 12 P XXVI, 36 f.; auch für das Folgende.
543 PG IV, 59: Küster d. J. – Bülow 15. 7. 1844.
544 GHA NL V Weinrich-L. 27. 7. 1844.
545 SS 164 (20. 3. 1841).
546 GHA NL 47/1/15 L.-Weinrich 23. 6. 1829: »Es ist mir hinterbracht worden, daß man bei auswärtigen Höfen die Nachricht zu verbreiten sucht, es werde die bayerische Armee vernachlässigt und dadurch außerstand gesetzt, bei einem etwaigen Kriege zu leisten, was man von einem Heere, das sich so großen Ruhm erworben hat, zu erwarten berechtigt ist.«
547 GHA NL 47/1/15 Weinrich-L. 2. 7. 1829.
548 Bibl, Metternich, 233: Wrede-Metternich 25. 7. 1831.
549 PG III, 141: Dönhoff-Werther 24. 1. 1840.
550 Der Zar, der 1835 noch davon gesprochen hatte, daß man den Geist der bayerischen Armee verbessern müsse (SS 496 (2. 9. 1835)), zeigte sich von dem Auftreten der Truppe 1838 im Lager von Augsburg beeindruckt (GHA NL V Miegl-L. 16. 9. 1838) und soll nur beklagt haben, daß ein undankbarer König an der Spitze dieser Armee stehe (PG III, 69: Dönhoff – Friedrich Wilhelm III., 30. 11. 1838). Ludwig scheint das Lob jedoch in erster Linie auf sich selbst bezogen zu haben: GHA NO $\frac{43}{1}$ 29b L.-Otto 10. 10. 1838.
551 HStAM Abtlg. IV (KA) B 726. – Vgl. Gruner, Das bayerische Heer, 138–142.
552 Salzer, Stahl, 243.
553 BStBM L.-A. T. 3,23 4. 2. 1815.
554 BStBM L.-A. T. 3,126 4. 11. 1840.
555 Vgl. A. Frhr. v. Reitzenstein, Die Festung Ingolstadt König Ludwigs I., in: Ingolstadt etc., Ingolstadt 1974, 359–395.
556 Ebda., 362.
557 Streiter knüpfte an Entwürfe Albrecht Dürers an.
558 FG II, 55: Alleye-Damas 14. 1. 1827.
559 GHA NL ARO 5 Streiter-L. 30. 12. 1831.

560 Zur Vorgeschichte: GHA NL II A 15 Heideck-L. 9. 3. 1832.
561 GHA NL $\frac{89}{4}$ V L.-Armansperg 17. 12. 1831.
562 Spindler, Briefwechsel, 224: Schenk-L. 6. 3. 1832.
563 Reitzenstein, Die Festung Ingolstadt, 383: »Dem Schicksal, von der Entwicklung der militärischen und politischen Verhältnisse überholt zu werden, konnte freilich keine größere, nicht Baujahre, sondern Baujahrzehnte beanspruchende Festung entgehen.«
564 SS 238 (20. 4. 1838).
565 GHA NL IX Gise-L. 25. 10. 1838.
566 Bezzel, Geschichte, 40.
567 Vgl. Buch II, Kap. XI u. Buch III, Kap. I.
568 SS 158 (13. 3. 1843).
569 BStBM L.-A. T. 3,145 4. 9. 1845.
570 Vgl. Anm. 564.
571 Österreich legte großen Wert auf die Befestigung Ulms. Der Landesherr Ulms, König Wilhelm I. von Württemberg, fand sich zu einer Zustimmung für Ulm nur bereit, wenn auch Rastatt gebaut würde. Vgl. P. Sauer, Das württembergische Heer, 64 u. 88 ff. – Aufschlußreich betr. Ulm: Hassel, Radowitz, passim.
572 ÖG III, 140: Colloredo-Metternich 6. 4. 1841; PG III, 208: Dönhoff-Friedrich Wilhelm IV. 1. 4. 1841.
573 GHA NL II A 15 Heideck-L. 4. 9. 1830.
574 GHA NL 88/4/3 L.-König Wilhelm von Württemberg 2. 12. 1830 (Conc.).
575 Vgl. Rieg, Die württembergische Außenpolitik etc., 69–172.
576 GHA Autographen 452 L.-Besserer 7. 5. 1831.
577 Vgl. F. Richter, Das europäische Problem der preußischen Staatspolitik und die revolutionären Krisen von 1830–32, Leipzig 1933, 161 ff.
578 Der König vertrat diesen Standpunkt auch später: GHA NL ARO 24 von Bangold-Wrede 16. 1. 1836 u. ebda., NL I Gise-L. 30. 3. 1839.
579 GHA NL II A 20 Generalmajor Frhr. v. Hertling-Wrede 12. 7. 1832 u. ebda. ARO 35 ders.-dens. 26. 6. 1832. – Ebda., NL IX Gise-L. 28. 7. 1837 (Rückblick auf die Besprechungen von 1832). Vgl. ferner Anm. 578.
580 GHA NL $\frac{88}{5}$ V L.-Friedrich Wilhelm IV. 16. 12. 1840 (Conc.) u. ebda. $\frac{85}{3}$ II Friedrich Wilhelm IV.-L. 19./21. 12. 1840. ÖG III, 130: Kast-Metternich 26. 2. 1841.
581 W. Deutsch, Die Mission von Hess und Radowitz 1840, in: Gesamtdeutsche Vergangenheit, Festgabe für Heinrich Ritter von Srbik, München 1938, 262.
582 Über diese und weitere Verhandlungen im Rückblick zusammenfassend GHA NL ARO 30 Wallerstein-L. 10. 3. 1848; auch für das Folgende.
583 GHA NL IV Baur-L. 6. 11. 1840; ebda. VII, Gise-L. 7. 11. 1840 u. L.-Friedrich Wilhelm IV. 21. 11. 1841 (Conc.): Hat in die Befestigung Ulms eingewilligt, um einen Wunsch des preußischen Königs zu erfüllen, »obgleich mein verewigter Vater und auch Feldmarschall Fürst Wrede *jederzeit* sich entschieden dawider erklärt haben, der ich jedoch als conditio sine qua non dieser Zustimmung gesetzt habe, daß Bayern gehörige Sicherheit werde durch den Einfluß auf diese Festung...«
584 Ein Bundesbeschluß vom 24. 6. 1841 teilte die 10 Bundesarmeekorps in gleich viele Inspektionsbezirke ein. Drei Inspekteure im Generalsrang, jeweils einer aus Preußen oder Österreich, und zwei aus den Mittelstaaten hatten zu prüfen, ob in dem ihnen zugewiesenen Bezirk die Verhältnisse den Vorschriften der Bundeskriegsverfassung entsprächen. Vgl. P. Hassel,

845

Joseph Maria v. Radowitz, Berlin 1905, 348f. und 386f.; ferner Keul, Bundesmilitärkommission, 101 – 111.
[585] Wie Anm. 500.
[586] GHA NL V Abel-L. 4. 12. 1840 mit Signat des Königs.
[587] GHA NL V Abel-L. 4. 3. und 30. 6. 1841; ebda. ARO 21¹ Abel-L. 19. 9. 1841; ebda. ARO 8 Abel-L. 27. 5. 1842.
[588] Wie Anm. 587. – Spätere Berechnungen unter Max II. sprechen von 2½ Mill. fl. Diese hätten den Armee-Reserve-Fonds beinahe aufgezehrt, der durch Budget-Ersparnisse wieder ergänzt werden sollte.
[589] GHA NL XVIII Abel und Seinsheim-L. 8. 12. 1842 (Der Mitunterzeichner Seinsheim dürfte dabei keine große Rolle gespielt haben).
[590] PG III, 177: Dönhoff – Werther 10. 11. 1840.
[591] PG III, 200: Dönhoff – Friedrich Wilhelm III. 1. 3. 1841.
[592] Anordnung v. 13. 2. 1839 zit. aus GHA NL IX Gise-L. 30. 3. 1839.
[593] Deutsch, Die Mission, 261.
[594] Wie Anm. 582.
[595] Messerer, Briefwechsel, 94.
[596] GHA NL II A 15 Heideck-L. 8. 9. 1832. – Vgl. Adalbert, Prinz von Bayern, Als die Residenz, 259, und R. Braun, Die Bayern in Rußland 1812, in: H. Glaser (Hg.), Krone und Verfassung, 260 u. 268.
[597] GHA NL 48/5/31: Text des Weihespruchs und Einzelheiten der Feierlichkeit.
[598] SS 11 (17. 2. 1826).
[599] Vgl. Sauer, Das württembergische Heer, passim.
[600] Bibl, Metternich, 233: Wrede-Metternich 25. 7. 1831 (beschönigend).
[601] Vgl. Calließ, Heer in der Krise, passim. – Vgl. zu ähnlichen Erscheinungen in Württemberg: Sauer, Das württembergische Heer, 113 ff.
[602] (Prinz Karl), Aus dem Leben, 19.
[603] BStBM L.-A. T. 3,85 6. 7. 1830.
[604] BStBM L.-A. T. 3,85 31. 7. 1830.
[605] Gedruckt bei F. Schwartz, Leben des Generals Carl v. Clausewitz II, Berlin 1878; 418–439.
[606] BStBM L.-A. T. 3,85 4. 8. 1830: Bürgerkrieg in Frankreich wäre nicht schlecht.»Wenn sich Frankreich schwächt, wenn es gar geteilt würde, so ist es gut für Deutschland (Das Gelüst nach dem linken Rheinufer ist noch nicht erloschen)«.
[607] Vgl. Buch II, Kapitel I.
[608] Vgl. Böck, Wrede, 91–95.
[609] BStBM L.-A. T. 3,83 8. 2. 1830.
[610] BStBM L.-A. T. 3,85 4. 9. 1830. – Wrede hat als Korrespondent Metternichs seit 1831 die Gasteiner Begegnung etwas übertreibend als Markstein einer politischen Neuorientierung des Königs bezeichnet und wiederholt versichert, daß seither kein »Rückfall« in den früheren Liberalismus mehr eingetreten sei (Bibl, Metternich, 223).
[611] BStBM L.-A. T. 3,86 22. 10. 1830.
[612] Die politische Sprache Bayerns entnahm der französischen manche Impulse. Der sogenannten Denunziation der »Kongregation«, d.h. einer klerikal-reaktionären Gruppe in Paris durch den Abgeordneten Graf Montlosier 1826 (A. Stern, Geschichte Europas III, Berlin 1901, 335–337) folgte mit bezeichnender Phasenverschiebung der Angriff des pfälzischen Abgeordneten Culmann auf eine bayerische »Kongregation« während des Land-

tags 1831. Der bayerischen Zensurverordnung vom 28. 1. 1831 hat man umgehend in der Presse die Bezeichnung bayerische »Ordonnanzen« nach dem Vorbild der zur Juli-Revolution von 1830 führenden französischen Ordonnanzen vom 15. 7. d. J. zuteil werden lassen (Vgl. G. Eisenmann (Hg.), Das konstitutionelle Bayern. Freimütige Betrachtungen über unser öffentliches Leben, Würzburg 1831, 6). Schenk figurierte in der Presse als »bayerischer Polignac«.

[613] BStBM L.-A. T. 3,86 3. u. 5. 10. 1830.
[614] HStAM Staatsrat 107 Sitzungsprotokoll des Ministerrats v. 1. 10. 1830; auch für das Folgende.
[615] HStAM Staatsrat 108 Sitzungsprotokoll des Minsterrats v. 5. 10. 1830.
[616] Spindler, Briefwechsel, 418 ff.
[617] BStBM L.-A. T. 3,85 23. 9. 1830.
[618] HStAM Staatsrat 109 Sitzungsprotokoll v. 28. 12. 1830; auch für das Folgende. – Vgl. W. Heinloth, Die Münchener Dezember-Unruhen 1830, München 1930, u. G. Frhr. v. Poelnitz, Die deutsche Einheits- und Freiheitsbewegung in der Münchener Studentenschaft 1826–1850, München 1930.
[619] SS 54 (25. 1. 1831).
[620] Vgl. Treml, Bayerns Pressepolitik, 132 ff.
[621] BStBM L.-A. T. 3,85 11. 9. 1830.
[622] HStAM Staatsrat 672.
[623] BStBM L.-A. T. 3,85 26. 9. 1830.
[624] Vgl. Armansperg, Armansperg, 65 ff., und Treml, Bayerns Pressepolitik, 137–142.
[625] Köppel, Charakteristik, 148.
[626] Treml, Bayerns Pressepolitik, 142 ff. – Dem König kam es sehr darauf an, die Verfügung mindestens einen Tag vor dem Bekanntwerden der Ausschließung von fünf Abgeordneten bei ihren Adressaten eintreffen zu lassen, damit nicht noch »in den verruchten Blättern« ausgiebig über diese Maßnahme geschrieben werden könne (Spindler, Briefwechsel, 169).
[627] Die Finanzperioden dauerten sechs Jahre; infolgedessen fand nur alle sechs Jahre ein Budget-Landtag statt. Auch das Abgeordnetenmandat währte sechs Jahre. – Zum Landtag 1831 vgl. W. Gölz, Der bayerische Landtag 1831. Ein Wendepunkt in der Regierung Ludwigs I., Diss. München 1926; E. Franz, Bayerische Verfassungskämpfe, München 1926; L. Größer, Der gemäßigte Liberalismus im bayerischen Landtag von 1819 – 1848, Diss. München, Augsburg 1929; Köppel, Rudhart, 1933; H. Kapfinger, Der Eos-Kreis 1828–1832. Ein Beitrag zur Vorgeschichte des politischen Katholizismus in Deutschland, Diss. München 1928; W. Lempfried, Der bayerische Landtag 1831 und die öffentliche Meinung, in: ZBLG 24 (1961), 1–101; H. H. Böck, Karl Philipp Fürst von Wrede, 1968, 97–131; H. Ostadal, Kammer der Reichsräte, 1968, 101–107; Armansperg, Armansperg, 1976, 64–73.
[628] BStBM L.-A. T. 3,85 22. 8. 1830 u. ebda. T. 3,87 2. 3. 1831. – Doch hat Ludwig auch später einen verfassungslosen Zustand abgelehnt und die Wichtigkeit einer Verfassung für finanzielle Kontrolle hervorgehoben, »damit nicht zu hohe Abgaben, nicht zu viele Ausgaben stattfinden, Gleichgewicht in denselben erhalten bleibe« (BStBM L.-A. T. 3,89 11. 9. 1831).
[629] GHA NL 46/2/5. HStAM Akten zum Staatsrat 3269 Sitzungen v. 14. 1. 1830 sowie 7. 2. u. 27. 4. 1831.
[630] SS 574 (9. 11. 1838). Hinzu kam, daß die kirchenpolitische Richtung, die Dr. Schultz während seiner Amtszeit verfolgte, dem König unwillkommen war.

⁶³¹ Spindler, Briefwechsel, 172 f.; selbstverständlich ließ sich der König von Schenk vorher berechnen, was dieser ihm finanziell gewagt erscheinende Schritt kosten würde.
⁶³² Armansperg intrigierte nicht nur über Wirth im »Inland« gegen Schenk, sondern auch gegen den König. Der Geschäftsführer von Cottas »Literarisch-Artistischer Anstalt« berichtete seinem Chef während des Kampfes um Schenk darüber (O. Steuer, Cotta in München 1827–1831, München 1931, 78).
⁶³³ Spindler, Briefwechsel, 185 u. 187.
⁶³⁴ BStBM L.-A. T. 3,87 12. 4. 1831.
⁶³⁵ BStBM L.-A. T. 3,87 24. 3. 1831.
⁶³⁶ Spindler, Briefwechsel, 190 ff. – Ludwig versetzte Schenk als Regierungspräsidenten nach Regensburg und blieb ihm weiterhin gewogen.
⁶³⁷ Spindler, Briefwechsel, 170.
⁶³⁸ GHA NL II A 23 Hormayr-L. 7. 2. 1830.
⁶³⁹ HStAM Staatsrat 117; auch für das Folgende.
⁶⁴⁰ BStBM L.-A. T. 3,87 23. 2., 24. 2., 5. 3., 18. 3. 1831.
⁶⁴¹ Spindler, Briefwechsel, 181 f.
⁶⁴² ÖG II, 337: Stichaner-Wrede 22. 6. 1831. – Uhde, Rotenhan, 24 f.
⁶⁴³ HStAM Staatsrat 118; auch für das Folgende.
⁶⁴⁴ Boisserée, Tagebücher II, 540, 29. 1. 1831. – Vgl. W. Frhr. v. Poelnitz, Kunstkämpfe, 84 f. und 103–117.
⁶⁴⁵ Akten zum HStAM Staatsrat 3055. Abschließende Sitzung des Staatsrates 26. 12. 1831.
⁶⁴⁶ HStAM Staatsrat 129.
⁶⁴⁷ GHA NL $\frac{48}{5}$ 31 L.-Stürmer 23. 6. 1831.
⁶⁴⁸ BStBM L.-A. T. 3,83 5. 1. 1830.
⁶⁴⁹ BStBM L.-A. T. 3,83 20. 1. 1830.
⁶⁵⁰ BStBM L.-A. T. 3,86 28. 11. 1830. Vgl. Söltl, Ludwig I., 23.
⁶⁵¹ BStBM L.-A. T. 3,87 27. 4. 1831.
⁶⁵² BStBM L.-A. T. 3,89 8. 8. 1831; auch für das Folgende.
⁶⁵³ Spindler, Briefwechsel, 194; auch für das Folgende.
⁶⁵⁴ HStAM Staatsrat 117; auch für das Folgende.
⁶⁵⁵ GHA NL VI L.-Wrede 15. 9. 1839: »Daß ich nicht den Jaherren der Minister abgebe, dieses ist mein Verbrechen…«
⁶⁵⁶ SS 51 (26. 1. 1844).
⁶⁵⁷ ÖG II, 324: Spiegel-Metternich 19. 5. 1831.
⁶⁵⁸ ÖG II, 316 f. u. 318 f.: Weisung Metternichs an Spiegel v. 21. 4. 1831 u. Spiegel-Metternich 30. 4. 1831.
⁶⁵⁹ ÖG II, 341: Münch-Bellinghausen-Metternich 2. 7. 1831.
⁶⁶⁰ Heinrich Thiersch, Friedrich Thiersch II, 42: Thiersch-Cotta 10. 7. 1831.
⁶⁶¹ BStBM L.-A. T. 3,90 10. 12. 1831.
⁶⁶² GHA NL 48/4/2 Aufzeichnungen des Königs v. 25. 6. 1831.
⁶⁶³ GHA NL 88/4/2 L.-Armansperg 6. 4. 1831 (Conc.).
⁶⁶⁴ Vgl. Steuer, Cotta etc.; 78.
⁶⁶⁵ ÖG II, 387 f. Spiegel-Metternich 2. 1. 1832: »Alle diese Ernennungen sind vom König allein – selbst gegen die Ansicht Wredes – beschlossen worden.«
⁶⁶⁶ Bibl, Metternich, 285 f.
⁶⁶⁷ Zur Vorgeschichte GHA NL $\frac{85}{3}$ VI: in einem undatierten Bericht des Informanten Berks aus Würzburg hieß es, man hetze auf dem Landtag, nichts für das Kabinettssekretariat zu bewilligen, damit der König genötigt werde,

Grandaur zu entfernen. Grandaurs Frau und deren Schwester unterstellte man die Äußerung: »Wenn die dummen Landstände das Geld für das Kabinettssekretariat nicht hergeben wollen, so wird der König Grandaur zum Staatsrate machen, ihm 6000 fl. geben und dennoch als Kabinettssekretär behalten.« – Über Schenks positive Stellungnahme zur Berufung Grandaurs in den Staatsrat vgl. Spindler, Briefwechsel, 204.
668 Bibl, Metternich, 304: Metternich-Wrede 7. 4. 1832.
669 GHA NL XIII Seinsheim-L. 17. 4. 1832. Immerhin mußte Seinsheim in diesem Brief berichten, daß liberale Bürger Münchens (allerdings nicht solche der »besseren« Kategorie) dem »Schwindler Schwindl« einen Silberbecher überreicht hätten. Bei dem niederbayerischen Arzt und Gutsbesitzer Dr. Schwindl handelte es sich um einen problematischen Oppositionsmann und Parlamentarier.
670 Vgl. C. Förster, Der Preß- und Vaterlandsverein von 1832/33. Soziale Struktur und Organisationsformen der bürgerlichen Bewegung in der Zeit des Hambacher Festes, Trier 1982.
671 Vgl. A. Sahrmann, Beiträge zur Geschichte des Hambacher Festes 1832, Landau 1930; K. Baumann (Hg.), Das Hambacher Fest 27. Mai 1832. Männer und Ideen, Speyer 1957; F. Trautz, Das Hambacher Fest und der südwestdeutsche Liberalismus, in: Heidelberger Jahrbücher 1958/II, 14–52;
672 GHA ARO 23 u. HStAM MA 628: »Das Volksfest auf dem Hambacher Schloß bei Neustadt/Hardt sowie die revolutionären Umtriebe in der Rheinpfalz. Die seitens Bayerns getroffenen Maßnahmen zur Erhaltung der öffentlichen Ruhe und Ordnung«.
673 Vgl. [Behr], Die vom Hofrat Dr. W. J. Behr am 27. Mai in Gaibach gesprochenen Worte. Mit einer kurzen Vor- und Schlußbemerkung, Würzburg 1832, u. L. Günther, Würzburger Chronik. Personen und Ereignisse von 1802–1845 III, Würzburg 1925, 630–642. – Vgl. ferner die Arbeiten von Borngässer, Leininger, Günther Hofmann, Engelhorn und Domarus über Behr und Eisenmann sowie den Sammelband U. Wagner (Hg.), Wilhelm Joseph Behr etc., Würzburg 1985.
674 GHA NO $\frac{43}{1}$ 29b L.-Otto 21. 3. 1838.
675 GHA ARO 23 u. HStAM MA 99503; auch für das Folgende.
676 HStAM MA 99503: Protokoll des Ministerrats v. 24. 1. 1832; auch für das Folgende.
677 Ludwig ließ im Hinblick auf die in Wien und am Bundestag zu führenden Verhandlungen im Ministerrat 12 sehr präzise (von Grandaur vorformulierte?) Punkte erörtern, die sich teils auf das Verhältnis von Bundesverfassung und bayerischer Verfassung, teils auf die zu ergreifenden Maßnahmen bezogen. Bemerkenswerterweise wurde auch Punkt 7 noch in die Form einer Frage gekleidet: »Besteht in Deutschland eine Faktion, welche auf die Ausbildung des demokratischen Prinzips und auf die Herabwürdigung der Throne hinarbeitet?«: HStAM MA 99503 Ministerrat 24. 1. 1832.
678 HStAM M Inn 44267 L.-Wallerstein 8. 2. u. 17. 2. 1832.
679 HStAM M Inn L.-Wallerstein 3. 1. 1832.
680 SS 77 (15. 2. 1832).
681 SS 65 (10. 2. 1832).
682 GHA ARO 23. Zuvor hatte man im Ministerrat noch ein Gutachten des langjährigen Generalkommissärs des Rheinkreises, Stichaner, den der König eben erst auf Wallersteins Antrag abgelöst hatte, zur Kenntnis genom-

men, das die Verwaltung als kraftlos, die Gerichte als übelwollend und die Gesetze, namentlich das Preßedikt, als unausführbar schilderte: Der Rheinkreis gehe seiner Auflösung entgegen (GHA ARO 23 Protokolle des Ministerrats v. 9. 6., 13. 6. u. 15. 6. 1832). – Vgl. Bezzel, Geschichte des bayerischen Heeres, 146ff.

[683] GHA NL II A 20: Wredes Briefe an den König 1832–1838, und Bibl, Metternich, 378.

[684] HStAM MA 99503.

[685] GHA NL XVI Wallerstein-L. 19. 5. 1832.

[686] Die Schlußrelation publiziert und kommentiert bei A. Becker, Die Pfalz vor hundert Jahren, in: ZBLG 2 (1929), 65–88.

[687] Zwei Bürgermeister und zwei Schullehrer wurden abgesetzt (GHA ARO 27: Wallerstein-L. 3. 11. 1833).

[688] GHA NL $\frac{85}{3}$ VI u. ARO 17: undatierte Berichte aus der Zeit des Landtags von 1831 ohne Unterschrift, aber aller Wahrscheinlichkeit nach aus der Feder Berks' stammend.

[689] HStAM M Inn 44267 L.-Wallerstein 3. 1. 1832.

[690] Wie Anm. 673.

[691] HStAM M Inn 44267 L.-Behr 25. 7. 1832.

[692] HStAM M Inn 44267 L.-Behr 22. 8. 1832 (Conc.).

[693] HStAM M Inn 44267 L.-Wallerstein 5. 7. 1832.

[694] F. Leininger, W. J. Behr, in: Lebensläufe aus Franken IV, Würzburg 1930, 54.

[695] SS 207 (17. 7. 1832).

[696] SS 153 (2. 4. 1832): »Von Besoldungsvermehrungen kann dermalen keine Rede sein, nur von der Reinigung der Universität schädlicher Lehrer und deren Verwendung zu beantragen, alles andere erspare ich auf spätere Zeit, der ich mich nicht übereilen will.« – Insgesamt fielen 15 Professoren der »Säuberung« zum Opfer.

[697] Zur Universität Würzburg vgl. W. Engelhorn, Der bayrische Staat und die Universität Würzburg im 19. Jhdt., in: Baumgart (Hg.), Vierhundert Jahre etc., 129–178.

[698] HStAM M Inn 44268 L.-Wallerstein 6. 2. 1833.

[699] ZuRhein, der sein Amt erst seit Jahresbeginn wahrnahm, hatte u. a. angeordnet, daß die Gerichte monatlich Tabellen über die bei ihnen erfolgten politischen Untersuchungen und Verurteilungen vorzulegen hätten. – Der Generalprokurator Schenkl im Rheinkreis wurde mit dem Hinweis, daß er nur in provisorischer Eigenschaft angestellt sei und das Ministerium nicht finden könne, er habe bisher dem in ihn gesetzten Vertrauen hinreichend entsprochen, unter Druck gesetzt (GHA ARO 17 Justizministerium-Schenkl 31. 5. 1832).

[700] GHA ARO 17 Schrenck-L. 30. 10. 1832.

[701] HStAM M Inn. 44267 L.-Wallerstein 5. 7. 1832.

[702] GHA ARO 16 Hörmann-L. 2. 12. 1834.

[703] Bibl, Metternich, 380.

[704] Der Verfasser der »Charakteristik« (S.141) spricht von ca. 800 Prozessen zwischen 1831 und 1839. – Juni 1834 betrug die Zahl der beim Kreis- und Stadtgericht München »unter Leitung des Appellationsgerichts anhängigen Untersuchungen über politische Verbrechen und Vergehen« 142.

[705] Vgl. A. Becker, J. G. A. Wirth im Gefängnis. Briefe eines Hambacher Patrioten, Neustadt/Haardt 1932.

War es ein Einfall Ludwigs oder seiner juristischen Berater, Wirth und Siebenpfeiffer für den Fall, daß sie zu Landesverweisung verurteilt würden, über die hessische Grenze und von Hessen nach dem »diesseitigen« Bayern bringen zu lassen, »welches solchenfalls für den weiteren Vollzug seiner Strafgesetze zu sorgen verpflichtet sei«? Der Bundestagsgesandte von Mieg hatte deswegen mit seinem hessischen Kollegen Verbindung aufzunehmen, der aber abwinkte (GHA ARO 27 Mieg-L. 10. 8. 1833). Beim Nachdenken, wie man Wirth unschädlich machen könne, verfiel man auf ein Dekret Napoleons vom 3. 10. 1810, das auf Antrag des Justiz- oder Polizeiministers »die einjährige Aufbewahrung in Staatsgefängnissen von Personen, deren Vorgerichtstellung oder Freilassung im Interesse des Staates nicht für rätlich befunden wird«, vorsah (HStAM M Inn 44 268 L.-Wallerstein 25. 9. 1833). Bald darauf wünschte der König von Wallerstein einen Gesetzentwurf, »damit in der Folge politische Verbrechen nicht mehr vor die Assisen kommen« (HStAM M Inn 44 268 L.-Wallerstein Anfang Oktober 1833).

[706] GHA ARO 17 Schrenck-L. 30. 10. 1832.
[707] HStAM MA 7637 Hörmanns Bericht v. 31. 1. 1822 über die Umtriebe in Deutschland und die Arbeiten der Mainzer Zentraluntersuchungskommission.
[708] SS 310 (17. 11. 1828).
[709] HStAM Staatsrat 674: Sitzung v. 22. 11. 1830.
[710] GHA NL ARO 17 Wallerstein-L. 7. 1. 1832.
[711] GHA NL ARO 16 Hörmann-L. 3. 12. 1834.
[712] ÖG II, 538 f.: Kreß-Metternich 16. 7. 1833.
[713] Trotzdem hatte Hörmann einige Mühe, selbst in dem Landshuter Kollegium einen Kriminalsenat zusammenzustellen, auf den er sich unter allen Umständen verlassen konnte. In der Strafsache Dr. Schultz schrieb er dem König, er müsse »bei dem Gedanken zittern, daß, wenn ich bis dahin nicht instandgesetzt bin, den Kriminalsenat wenigstens mit vier vollkommen verlässigen Votanten zu besetzen, sich das Skandal, welches im vergangenen Jahr das Oberappellationsgericht in dieser Sache gegeben, nun bei dem hiesigen Gerichtshofe wiederholen könnte« (GHA NL ARO 16 Hörmann-L. 2. 12. 1834).
[714] GHA NL II 26 Hörmann-L. 6. 6. 1832. – Weitere zahlreiche Briefe Hörmanns an dieser Stelle sowie GHA NL IV, XV u. XVI sowie ebda. NL ARO 17.
[715] Vgl. Leininger, Behr, 42–59 u. Domarus, Behr, 207–213.
[716] Vgl. Borngässer, Eisenmann, passim.
[717] HStAM M Inn 44 267 L.-Wallerstein 6. 8. 1832.
[717a] BStBM L.-A. T. 3, 103 20. 2. 1835 u. T. 3, 104 19. 6. 1835.
[718] GHA NL II A 25 Tann-L. 12. 3. 1833.
[719] GHA NL II A 25 Tann-L. 19. 11. 1832 u. 7. 1. 1833.
[720] GHA NL VI Hörmann-L. 27. 4. 1836. – Ähnlich schon bei Beginn der Verhandlungen gegen Eisenmann (ebda., Hörmann-L. 11. 5. 1833).
[721] GHA NL $\frac{88}{4}$ VI L-Graf August Rechberg 26. 10. 1835.
[722] GHA NL IV Graf August Rechberg-L. 30. 10. 1835: »...Eine Begnadigung, welche Behr nach wenigen Jahren seiner Familie und seiner Vaterstadt wieder zurückgäbe« würde nur hier sein »finsteres Treiben neu beginnen« lassen.
[723] Sie ist ergänzungsbedürftig u. a. hinsichtlich der Behandlung des Untersu-

chungshäftlings, der Stellungnahme des Kommandanten der Festung Oberhaus und der Verhältnisse von Frau und Tochter Behrs. Zur Frage der Hafterleichterung für Behr und Eisenmann Stellungnahmen L.s u.a.: SS 246 (21. 4. 1838); SS 397 (21. 7. 1838); SS 78 (3. 2. 1839). Behr wurde von L. erheblich besser behandelt als Eisenmann, da er jenen nur für einen »gefährlichen Verrückten« ansah, während er diesen für einen »gemeinen, schlechten Menschen« hielt.
[724] GHA NL ARO 16 Gf. August Rechberg-L. 4. 12. 1842.
[725] GHA NL ARO 16 Gf. August Rechberg-L. 22. 8. 1841.
[726] Vgl. O. Gritschneder, Ein Märtyrer des Rechtsstaates, in: Stadtanzeiger zur Süddeutschen Zeitung Nr. 58 (1. 8. 1980). Nach Meinung des Justizministers ZuRhein reichte das Material gegen Behr zu einer Verurteilung nicht aus.
[727] HStAM MA 408 L. – Gise 6. 9. 1832.
[728] BStBM L.-A. T. 3,114 2. 11. und 27. 11. 1837.
[729] Gedichte König Ludwigs von Bayern IV, 327. – Diesen Gedankengang hat Ludwig auch in seinen Aufzeichnungen mehrmals bestätigt.
[730] Eine Gesamtdarstellung des europäischen Philhellenismus fehlt. Zum deutschen Philhellenismus vgl. R. F. Arnold, Der deutsche Philhellenismus. Kultur- und literaturhistorische Untersuchungen, in: Euphorion, Ergänzungsheft 2, 1896, 71 ff.; W. Büngel, Der Philhellenismus in Deutschland 1821–1929, Diss. Marburg 1917; K. Dieterich, Aus Briefen und Tagebüchern zum deutschen Philhellenismus (1821–1828), Hamburg 1928; E. Turczynski, Die deutsch-griechischen Kulturbeziehungen bis zur Berufung König Ottos, München 1959; R. Quack-Eustathiades, Der deutsche Philhellenismus während des griechischen Freiheitskampfes, München 1984. Noch ungedruckt die Münchener Habilitationsschrift von G. Grimm, »Studien zum Philhellenismus« (1965).
[731] Vgl. Srbik, Metternich I, 624–639.
[732] Zu Thiersch vgl. die im Literaturverzeichnis aufgeführten Arbeiten von Thiersch, Loewe und H.-M. Kirchner.
[733] Vgl. H. Thiersch, Thiersch I, 157.
[734] ÖG I, 372 ff. Trauttmansdorff-Metternich 22. 8. 1821. – Rechberg war nicht nur persönlich der pro-griechischen Agitation abhold, sondern hatte auch österreichische und preußische Angriffe auf Bayern zu berücksichtigen.
[735] GHA NL I A 36 Klenze-L. 1. 9. 1821.
[736] Thiersch, Thiersch I, 211: Thiersch-Jacobs 6. 1. 1822.
[737] Vgl. Ritter, Beiträge, I, 63, und II, 51. Ebda. weitere Angaben über Spendenaufkommen aus Bayern.
[738] GHA NL ARO 30 Thiersch-L. 12. 10. 1827; dort auch Rückblick auf den Briefwechsel von 1825. – GHA NL I A 36 und HStAM MA 78: Thierschs Aufruf im »Schwäbischen Merkur« v. 5. 9. 1821 zur Errichung einer deutschen Legion in Griechenland. Klenze, der sich zusammen mit seiner Frau sehr philhellenisch engagierte, entwarf einen Paß für die Freiwilligen.
[739] Vgl. B. Seewald, General Karl-Wilhelm von Heideck, genannt Heidegger, und der Aufbau der griechischen Armee (1826–1835), Freiburger Magisterarbeit 1983.
[740] K. W. Freiherr von Heideck, Die bayerische Philhellenenfahrt 1826–1829, in: Darstellungen aus der bayerischen Kriegs- und Heeresgeschichte VI (1897), 1–62, u. VII (18998), 47–102.
[741] GHA NL 46/3/7. Griechisches Institut in München – Kirchner, Thiersch, 15: Noch unter König Max Joseph hatte Thiersch die Erlaubnis erhalten, eine

Art Internat für junge Griechen einzurichten, die das Münchener Gymnasium und Lyzeum besuchen durften. Elf junge Griechen waren im Kadettenkorps untergebracht; es bestanden enge Beziehungen zwischen dem Korps und dem Institut.
742 Vgl. Turczynski, Kulturbeziehungen, 268, u. Seewald, Heideck, 47.
743 Sie intrigierten leidenschaftlich untereinander. Der König forderte 1834 Vorschläge Tauschs an, »wie in dem Institute eine der militärischen sich möglichst annähernde Disziplin eingeführt werden könne, damit die Zöglinge nur den Studien leben und von allen Intrigen entwöhnt werden«: GHA NL 46/3/7 (»Griechisches Institut in München«). Es verschlimmerte die Situation, daß Thiersch mit dem Direktor des Instituts, einem Fanarioten, und einem deutschen Lehrer der Anstalt auf dem Kriegsfuß stand. Ebenfalls 1834 wies Ludwig Wallerstein an, im Griechischen Institut nicht nur für bessere Ordnung, sondern auch für Beseitigung jeden Einflusses des Hofrats Thiersch zu sorgen. Universitätsstudenten seien aus dem Institut zu entfernen (HStAM M Inn 44269 L.-Wallerstein 1. 12. 1834).
744 GHA NO $\frac{43}{1}$ 29d L.-Otto 14. 11. 1847 und 28. 3. 1848.
745 Zu dem Komplex Bayern und Griechenland nach wie vor nützlich die ausgewogene Darstellung bei Stern, Geschichte, IV, 477–482. Vgl. Ferner die zeitgenössischen Veröffentlichungen von F. Thiersch, Maurer und Kolb, sowie die Arbeiten von H. Thiersch, Mendelssohn-Bartholdy, Söltl, Sicherer, Loewe, Petropoulos, Koeppel, Rall, Dickopf, Kirchner, Armansperg, Irmscher, Seidl, Seewald, Zuber und Wilharm.
746 BStBM L.-A. T. 3,75 16. 2. 1828; auch für das Folgende.
747 BStBM L.-A. T. 3,82 13. 10. 1829. – Hat Karl X. die bayrische Kandidatur als Trostpflaster für die ungünstige Deklaration Frankreichs in der Sponheimer Sache vom 10. 4. 1829 verstanden?
748 Thiersch, Thiersch I, 354 f.: Thiersch-Eynard 10. 11. 1829. Vorher hatte sich Thiersch in diesem Sinn an Ludwig gewandt, der manche Einwände im einzelnen aufzählte, aber sich grundsätzlich nicht dagegen aussprach. (BStBM L.-A. T. 3,82 3. X. 1829). Der Gelehrte war schon seit Jahren für eine wittelsbachische Lösung der griechischen Thronfrage eingetreten.
749 Wie Anm. 747.
750 BStBM L.-A. T. 3,155 3. und 18. 2. 1848.
751 Bibl, Metternich, 355: Wrede-Metternich 4. 12. 1832.
752 FG II, 225 f.: Rumigny-Polignac 6. 12. 1829.
753 Auf einer Staatsratssitzung, in der es um die Aufstellung des bayerischen Truppenkorps für Griechenland ging, meinte Wallerstein: »Der gegenwärtige Fall sei der erste seit 17 Jahren, wo Bayern wieder als europäische Macht auftreten und mit anderen europäischen Mächten in gleicher Stellung unterhandele« (HStAM Staatsrat 718 19. 10. 1832. Ferner: GHA NL XV Wallerstein-L. 23. 7. 1832). Noch kurz vor Antritt seines zweiten Ministeriums sprach Wallerstein Gedanken aus, die weit über die Erwägungen König Ludwigs hinausgingen: »Es gilt den Sohn Eurer königlichen Majestät und den einzigen Faden, wodurch Bayern zur europäischen Großmacht wachsen kann« (GHA NL XXII Wallerstein-L. 14. 10. 1847).
754 SS 384 (25. 12. 1829).
755 Einschlägiges Material: N. Maurer (P).
756 BStBM L.-A. T. 3,91 14. 1. 1828.
757 GHA NL ARO 30 Armansperg-L. 20. 11. 1829.
758 SS 318 (19. 11. 1829): »Wie gesagt, auf einen Tag kann's ankommen, daß das

wittelsbachische Haus über Griechenland herrscht oder nie.«
759 SS 345 (15. 8. 1831).
760 GHA HU 5769.
761 Die Regentschaft war kollegial verfaßt und Armansperg nur primus inter pares, doch standen dem Präsidenten ausschließlich die Repräsentationsaufgaben zu.
762 Vgl. Heideck, Philhellenenfahrt, 92. – Eifersucht auf mögliche Anwärter auf das von ihm verwaltete Ministeramt (Wallerstein!) hat auch später Gises Handeln diktiert.
763 HStAM MA 521: Abels Mitteilungen an den britischen Gesandtschaftssekretär Parish v. 31. 3. 1834.
764 HStAM MA 1921 enthält die Unterlagen über die beabsichtigte Verwendung Abels in Wien und später bei den Zollvereinsverhandlungen in Berlin. Signat des Königs: »Außer Landes muß er.«
765 Es wurde an Maurer als Präsident statt Armansperg gedacht, an Rudhart oder Abel als Mitglieder der Regentschaft anstelle Maurers. Auch Wirschinger war im Gespräch, doch Heideck riet dem König dringend wegen der gegenseitigen Abneigung Rudharts und Wirschingers ab (GHA NL II A 15 Heideck-L. 9. 9. 1832). Obwohl sein Mißtrauen gegen die Regenten am meisten dazu beitrug, die Zusammenstellung und Absendung der Regentschaft hinauszuschieben, sparte L. nicht mit Vorwürfen an deren Adresse, weil sie durch ihre unangemessenen Forderungen den Aufbau einer geregelten Verwaltung in Griechenland verzögert hätten.
766 Vgl. Maurer, Denkwürdigkeiten, 483 f.
767 H. Thiersch, Thiersch II, 374, u. Maurer, Denkwürdigkeiten, 483.
768 Wilharm, Anfänge, 87.
769 Kirchner, Thiersch, 6: Das Unternehmen wurde weitgehend durch Cotta finanziert. Zur griechischen Reise Thierschs vgl. H. Thiersch, Thiersch II, 5–353 sowie H. Loewe, Friedrich Thierschs griechische Reise, in: Hellas-Jahrbuch VI (1940), 20–43 und VII (1942), 16–30.
770 Verfügung vom 2. 8. 1832. Der König, von Anfang an um Distanzierung zu Thiersch bemüht, verfuhr außerordentlich barsch und drohte dem Gelehrten bei nicht rechtzeitiger Heimkehr nach München Dienstentlassung an. Der Monarch gab Thiersch keine Gelegenheit zur Rechtfertigung, aber dieser bemühte sich unablässig und auf die Dauer nicht ohne Erfolg, die gegen ihn erhobenen Vorwürfe zu widerlegen (GHA NL $\frac{89}{4}$ 1 Thiersch-Königin-Witwe Karoline 5. 1. 1835: 19seitiges Schreiben) und Schreiben Thierschs an Gise HStAM MA 533).
771 GHA NL 46/3/7. – Über das bayerische Korps in Griechenland und die vorhergehenden Erwerbungen und Maßnahmen vgl. Bezzel, Geschichte, 130–143 und Seewald, Heideck, 56–72.
772 Vgl. Bezzel, Geschichte, passim.
773 GHA NL 46/3/7 Simon Frhr. von Eichthal-L. 25. 12. 1832: Vertrauen flößt ihm ein, daß Armansperg an die Spitze der Geschäfte gestellt wird, »der durch die Finanzoperationen, die er in Bayern unter Ew. Mt. Befehlen auszuführen so glücklich war und der sich dadurch einen europäischen Namen als Administrator und Finanzmann erwarb«.
774 Bei den »Defensionsgeldern« oder, wie man sie auch nannte, »Kontributionsgeldern« handelte es sich um die französische Kriegsentschädigung für Teilnahme an den Feldzügen 1813/15. Man hatte Bayern 15 Millionen Francs mit der Auflage zugewiesen, sie für den Bau von Festungswerken an

der deutschen Westgrenze zu verwenden. Mit Einverständnis des Bundes hat Bayern Germersheim als Landesfestung gebaut. Verfassungsrechtliche Bedenken gegen Vorgriffe auf diese Gelder konnten nach Meinung der Regierung nicht erhoben werden, da sie über Vorgänge, die vor Erlaß der Verfassung stattgefunden hatten, den Ständen keine Rechenschaft abzulegen brauche. Die Gelder durften, soweit nicht unmittelbar für den Festungsbau benötigt, zinsbringend angelegt werden. L. hatte bereits als Kronprinz aus den Fonds Anleihen aufgenommen. – Zum bayerischen Darlehen an Griechenland vgl. G. F. Kolb, Das Griechische Anlehen, München 1849 und H. v. Sicherer, Das Bayerisch-griechische Anlehen aus den Jahren 1835, 1836, 1837, München 1880.
775 GHA NL 46/3/3 Lerchenfeld-L. 19. 9. 1833.
776 SS 408 (14. 11. 1832).
777 SS 374 (30. 8. 1831) – HStAM MA 99503 L.-Gise 18. 1. 1840.
778 GHA NL ARO 28 Wirschinger-L. 10. 3. 1838.
779 GHA NL 91/1/2 Gise-L. 7. 4. 1849. – Gise ist wohl auch zu glauben, wenn er behauptet, der inzwischen verstorbene Wirschinger habe ihm nur gesagt, daß die Mittel für das Darlehen »im Einverständnis mit Eurer königlichen Majestät gefunden seien«, das »Wie« aber als sein Geheimnis behandelt, bis ihn die Verlegenheiten um den Festungsbau von Germersheim genötigt hätten, mit der ganzen Wahrheit herauszurücken.
780 Nicht unerwähnt soll des Königs Beteiligung an der Griechischen Nationalbank bleiben (HStAM MA 539). Vgl. N. M. Messinesis, Ein Beitrag Bayerns zum Aufstieg Griechenlands, in: Bayerland 1956, 413–415, und ders., Der größte Freund der Hellenen, München 1966), sowie die Stiftung eines Hospitals in Athen (Münchener Politische Zeitung 8. 4. 1836).
781 Söltl, Ludwig I., 52: L.-Armansperg 27. 6. 1834.
782 Maurer hat in seinem Buch »Das griechische Volk« etc. (1835) seine Tätigkeit gerechtfertigt.
783 GHA NO $\frac{43}{1}$ 29b L.-Otto 5. 4. 1835.
784 GHA NL VI Wrede-L. 10. 1833 (Das Schreiben aus Nauplia v. 20. 9. 1833).
785 Von Rußland sagte man nicht ganz zu unrecht, es wünsche in Griechenland Zustände wie in der Moldau und Walachei, und Ludwig bemerkte über das Auftreten der Engländer, sie führten sich in Griechenland auf wie in Ostindien (GHA NO $\frac{43}{1}$ 29c L.-Otto 21. 1. 1841).
786 Innerhalb der sehr umfangreichen Bestände zur Geschichte der bayerisch-griechischen Beziehungen in GHA u. HStAM Abt. II sowie in der Handschriftenabteilung der Bayerischen Staatsbibliothek kommt der Korrespondenz zwischen L. und Otto besondere Bedeutung zu. – Briefe L.-Otto: GHA NO $\frac{43}{1}$ 29a–29g. Briefe Ottos an seinen Vater: GHA NL II A 3; ebda. 51/6/9; ebda. 46/3/7 Nr. 3; ebda. X 460; ebda. XXV 596; ebda $\frac{89}{4}$ I. Der große Bestand in GHA NL $\frac{85}{2}$ V u. $\frac{85}{2}$ VI zählt teils zu den Kriegsverlusten, teils war er für den Verfasser wegen Bearbeitung von anderer Seite nicht greifbar.
787 GHA NO $\frac{43}{1}$ 29b L.-Otto 5. 4. 1835 (7seitiger Brief).
788 Spindler, Briefwechsel, 276: L.-Schenk 31. 12. 1835. Später, als ihm die griechische Politik weitere bittere Enttäuschungen bereitete, fiel sein Urteil wieder ungünstiger aus. Er verglich die Griechen mit den Pfälzern.
789 Zur griechischen Reise Ludwigs: BSt BM T. 3, 106–108 (1835/36) und HStAM MA 539.
790 Abel war Armanspergs Vertrauensmann in München. Der Regentschaftspräsident hatte sich ihn ausdrücklich als Mitarbeiter in Griechenland

855

gewünscht, ihn damit auch vor einem kaum befriedigenden Dasein als Legationssekretär gerettet. Der für Nauplia neuernannte Geschäftsträger von Gasser zählte zu den wenigen unbedingten Anhängern Armanspergs als Außenminister und wurde deswegen von Metternich als eine Art von Jakobiner beargwöhnt. Maurer lag Armansperg anscheinend persönlich nicht, aber politisch bestanden zwischen beiden ursprünglich keine Differenzen.

791 HStAM MA 517; 518; 521 (enthält u.a. die Rechtfertigungsdenkschrift Maurers und Abels v. 27. 10. 1834).
792 Wie Anm. 763.
793 GHA ARO 30 Armansperg-L. 21. 4. 1834. U.a. beklagte er, daß seine Mitregenten und Abel von Gasser unterstützt würden, »der im Verein mit seiner ihn beherrschenden Frau zu meinen bittersten Gegnern zählt«. – Heillos zerrüttet hat das Vertrauensverhältnis unter den Regenten ein Schreiben des Dolmetschers der Regentschaft, Dr. Franz, an Ludwig I., das mit Armansperg abgesprochen war, die Abberufung von Maurer und Heideck empfahl und Armansperg als alleinigen Regenten vorschlug. Im politischen Prozeß gegen den griechischen Verschwörer Kolokotronis nahmen die Verhältnisse innerhalb der Regentschaft geradezu anarchische Formen an. In der Folge entmachtete die Majorität Maurer/Heideck unter tätigster Mithilfe Abels am 2. 5. 1834 ihren Präsidenten und schickte sich an, auch dessen bisher ausschließliche Funktionen zu übernehmen (Ausführlich darüber N Maurer (P) u. N Maurer, Handschriftenabteilung der Bayerischen Staatsbibliothek).
794 HStAM MA 521 Palmerston-Erskine 24. 6. 1834 (Der Brief ist im Original in die Akten des Bayerischen Außenministeriums gelangt).
795 HStAM MA 517 Eichthal-Gise 15. 6. 1834.
796 GHA NO $\frac{43}{1}$ 29a L.-Otto 13. 9. 1834.
797 Vgl. Seewald, Heideck, 83.
798 Denkschriften und Briefe der Umgebung Ottos und des Gesandten Graf Jenison 1834/35: HStAM MA 516. GHA NL $\frac{89}{4}$ 1 Denkschrift Saportas, Wibmers und Lemaiers-L. 1. 12. 1835.
799 Ebda., undatiertes Schreiben Kobells. Schreiben deprimierenden Inhalts Kobells und Miegs an Gise aus dem Jahre 1836: HStAM MA 539.
800 GHA NO $\frac{43}{1}$ 29a L.-Otto 27. 7. 1833 u. 22. 8. 1833 sowie 22. 1. 1834.
801 GHA NL 51/6/9 Otto-Kreuzer 12. 1. 1838 und L.-Graf Waldkirch 3. 5. 1838.
802 Vgl. H. Rall, Die Anfänge des konfessionspolitischen Ringens etc., in: Bayern. Staat und Kirche, Land und Reich. Wilhelm Winkler zum Gedächtnis, München 1961, 181–215.
803 Maurer, Denkwürdigkeiten, 489. Amalie hat diese Absicht entschieden bestritten.
804 Aufschlußreich die Briefe Rudharts an L.: GHA NL II A 42. – Vgl. Koeppel, Rudhart, 159–163. – GHA NO $\frac{43}{1}$ 29c L.-Otto 8. 1. 1842: »Arges, sehr arges Urteil wurde über Dich französischerseits gefällt, nicht aber von König Ludwig Philipp. Ich verteidigte Dich, aber leugnen konnte ich nicht, daß Du alles ergrübeln willst, unentschlossen bist, darum sich's in Deinem Kabinett aufhäuft, gar lange liegen bleibt, obgleich Du zuviel arbeitest, Dich abarbeitest«.
805 GHA NO $\frac{43}{1}$ 29a u. $\frac{43}{1}$ 29b. An dem Mann, dessen Verschwinden von seinem bayerischen Ministersessel Ludwig 1831 kaum mehr erwarten konnte, rühmte er Otto gegenüber die Eigenschaften als ausgezeichneter Admini-

strator und Finanzpolitiker sowie den Kredit, den der Graf als europäischer Staatsmann genieße.
806 GHA NL $\frac{88}{5}$ V L.-Armansperg 19. 6. 1834 (Conc.).
807 Maurer, Denkwürdigkeiten, 481.
808 Rudhart, Armanspergs Nachfolger, führte darauf zurück, daß man seither in London die mangelnde Eignung Ottos für erwiesen ansehe: GHA NL $\frac{85}{3}$ VI Rudhart-L. 27. 7. 1837.
809 Nach Auskunft eines der Repertorien des Münchener Hauptstaatsarchivs existierte dort eine »Registratur« Armanspergs mit Beobachtungen über Otto, die unter Ludwig II. beseitigt wurde. – Kaum glaubhaft ist, daß das Ehepaar Armansperg mit dem Plan umgegangen sei, zwei seiner Töchter mit König Otto und seinem noch jugendlichen Onkel, dem Prinzen Eduard von Sachsen-Altenburg, der sich in Nauplia aufhielt und mit einem militärischen Kommando beschäftigt wurde, zu verheiraten. Gerüchte darüber drangen, sicher mit Zutun der Gegner Armanspergs in der Regentschaft, an den Münchner Hof. König Ludwig hat sie für bare Münze genommen, wie aus seinen diesbezüglichen Warnungen an die Adresse Ottos und Eduards hervorgeht (GHA NO $\frac{43}{1}$ 29a L.-Otto 20. 12. 1833 u. 19. 1. 1834). Armansperg hat sich, als sie ihm bekannt wurden, entrüstet gegen die Verdächtigungen gewehrt (HStAM MA 517 Armansperg-L. 13./25. 5. 1834). Der Graf dürfte zu klug gewesen sein, um die Möglichkeit einer Familienverbindung mit einem regierenden Hause in Erwägung zu ziehen.
810 HStAM MA 536 (Manualakten Miegs) und ebda. MA 537 Gise-Mieg 20. 10. 1836. Ebda. ein Schreiben Rudhart-Otto aus Oldenburg 21. 12. 1836 (Cop.), in dem der designierte Ministerpräsident seine Ansichten über die in Griechenland bevorstehenden Aufgaben und die Art und Weise, wie er sie lösen wolle, entwickelt.
811 Außer den Beständen aus dem ehemaligen Außenministerium in HStAM wichtige Unterlagen in GHA NL II A 42.
812 Zu der Episode Rudhart in Athen vgl. Koeppel, Rudhart, 137–177.
813 GHA NO $\frac{43}{1}$ 29b L.-Otto 20. 2. 1838: »Vergiß mich nicht bei der lieben Amalie, die hoffentlich von der Meinung zurückgekommen sein wird, als wollte ich von München aus Griechenland regieren«.
814 GHA NO $\frac{43}{1}$ 20b L.-Otto 31. 1. 1835.
815 SS 319 (9. 6. 1841). – 1840 hatte er den Zaren dagegen einzunehmen versucht, daß England oder Frankreich sich in den Besitz Kretas setzten (GHA NO $\frac{43}{1}$ 29c L.-Otto 2. 8. 1840).
816 Vgl. Wilharm, Anfänge, 15 u. 112f.
817 GHA NO $\frac{43}{1}$ 29c L.-Otto 19. 10. 1841: »Die Anwesenheit Fürst Metternichs benützte ich zu Deinem Besten. Wenn die Türkei zusammenstürzen wird (und daß sie's wird, ist auch seine Überzeugung, das »Wann« jedoch kann niemand sagen), so ist er dafür, daß Griechenland recht vergrößert...«
818 Zunächst verfiel der König auf seinen Innenminster von Abel als Nothelfer, den er unter wenig erfreulichen Begleitumständen 1834 von seinem griechischen Posten abberufen hatte. Abel verspürte jedoch keine Lust, sich neuerdings auf das griechische Glatteis zu begeben, und wußte seinem König plausibel zu machen, daß sein Erscheinen im Lande wegen seiner engen Verbindung mit dem pro-französischen Colettis und der Feindschaft des britischen Gesandten und der britischen Partei gegen ihn in der Sache der Dynastie nur schaden könne (GHA NL 46/3/7 Abel-L. 31. 10. 1843).
819 Vgl. Zuber, »Fürst Proletarier«, 212–218.

[820] GHA NL $\frac{85}{3}$ VI Wallerstein-L. 8. 7. 1844; auch für das Folgende.
[821] Ebda.: »Positiv ließ sich nichts erzielen, sobald Rußland, gestützt auf sein Reservat von 1832 offen für den Religionsartikel Partei ergriffen und des Königs Otto Mt. die Sukzessionsartikel ohne Klausel sanktioniert hatte.« GHA NL 88/4/3 L.-Otto 24. 3. 1844 (Conc.): »Daß ich keine Verbindlichkeit Religion der Thronfolger betr. eingehe, wiederhole ich hiermit.« Vermerk auf dem Umschlag: »Nicht zu schicken«.
[822] SS 208 (4. 4. 1844).
[823] N Maurer (P): Maurer hatte den Eindruck, der junge König sei 1833/34 einem Konfessionswechsel nicht abgeneigt gewesen; eine keineswegs erwiesene Vermutung.
[824] N Maurer (P), Blatt 76–90.
[825] N Maurer (P), Blatt 85: L.-Maurer 15. 10. 1847 (Copie).
[826] N Maurer (P), Blatt 76. GHA NL ARO 30 Wallerstein-L. 25. 2. 1848 (Rückblick auf diese »Entdeckung« des vergangenen Jahres). Vgl. Stern, Geschichte Europas VI, 338. Zweifel sind wohl erlaubt, wenn sich Wallerstein die »Entdeckung« des Vorgangs selbst zuschrieb.
[827] SS 177 (6. 4. 1847).
[828] N Maurer (P), Blatt 86.
[829] GHA NL XXII Wallerstein-L. 14. 10. 1847. Schon aus einem Gesandtschaftsbericht Wallersteins v. 17. 3. 1847 geht hervor, daß er darauf ausging, in der griechischen Politik Bayerns von der bisherigen Zusammenarbeit mit Frankreich und Österreich sowie dem politischen Katholizismus Abstand zu nehmen, und die Hinwendung zu England vorbereitete. Maurer solle, ließ er im Oktober 1847, auf dem Sprung, den Rivalen abzulösen, verlauten, »die griechische Sache nicht zum zweitenmal verderben«.
[830] Vgl. List, Schriften etc. VII, 267–196. – Vgl. Gollwitzer, Geschichte des weltpolitischen Denkens I, 521–528. Wallerstein, ein deutscher Whig, der über gute Beziehungen zu Fürst Leiningen und Prinzgemahl Albert verfügte, stand auch mit List im Gedankenaustausch.
[831] GHA NL ARO 30 Wallerstein-L. 25. 2. 1848.
[832] GHA NO $\frac{43}{1}$ 29d L.-Otto 28. 3. 1848.
[833] GHA NL VII Gise-L. 11. 5. 1840. – Insgesamt hat Griechenland während der Regierung Ludwigs 1,5 Mill. Francs zurückbezahlt.
[834] HStAM MA 99 504 L.-Gise 18. 2. 1843.
[835] GHA NL II Abel-L. 18. 8. 1844. Andererseits hat Abel dem mit solchen Gedanken umgehenden König mit nicht zu überbietender Entschiedenheit die Unzweckmäßigkeit und verfassungsmäßige Unzulässigkeit eines neuen Darlehens an Griechenland aus Mitteln der Erübrigungen nachgewiesen (GHA NL XI Abel-L. 31. 1. 1841).
[836] HStAM MA 99 503.
[837] SS 155 (14. 5. 1846).
[838] Über die Regelung der Angelegenheit vgl. Buch III, Kap. I.
[839] Zu Wallerstein vgl. die Diss. Valeria D. Dcsacsovszky, Das Ministerium des Fürsten Ludwig von Öttingen-Wallerstein 1832–1837, München 1932 und die vorbildliche Biographie von K.-H. Zuber, Der »Fürst Proletarier« Ludwig von Öttingen-Wallerstein (1791–1870), München 1978.
[840] So wiederholt Karl v. Abel in Berichten an den König. – Der Wallerstein politisch nahestehende Graf Karl Giech hielt in seinen Lebenserinnerungen gar eine 17stündige Unterhaltung mit Wallerstein fest (N Giech Thurnau Giechsches Familienarchiv).

[841] GHA NL XX Abel-L. 15. 4. 1846: Der Oberstudienrat Mengein erzählte Abel, diese Äußerung hätte Montgelas ihm gegenüber getan.
[842] Abel schreibt ironisch »Don Wallerstein«. – Von der Tann hängte Wallerstein den Spitznamen Mephistopheles an, den er früher für Hormayr reserviert hatte. Der König übernahm diese Bezeichnung in seinen Tagebüchern, in denen er sonst kaum Spitznamen verwendete, vielmehr Adelstitel und Funktionen der von ihm erwähnten Personen pedantisch genau eintrug.
[843] GHA NL $\frac{88}{5}$ III Wallerstein-L. 24. 5. 1859.
[844] Für die Geschichte der privaten finanziellen Verstrickungen Wallersteins wird auf Zubers Biographie verwiesen.
[845] GHA NL II A 16 enthält zahlreiche Berichte und Ratschläge Wallersteins zwischen 1825 und 1831.
[846] PG II, 163: Küster d. Ä. – Bernstorff 15. 6. 1830.
[847] Spindler, Briefwechsel, 2: Schenk-L. 31. 5. 1826.
[848] Ebda., 242, Schenk-L. 16. 3. 1833.
[849] GHA NL II A 15 Gasser-L. 25. 8. 1829.
[850] Schenk hat aus höfischen Anlässen, etwa zur Vermählung König Ottos von Griechenland, Festspiele gedichtet.
[851] GHA NL II A 16 Wallerstein-L. 24. 2. 1828.
[852] GHA NL XIII Wallerstein-L. 8. 8. 1833.
[853] GHA NL X Wallerstein-L. 22. 10. 1835.
[854] GHA NL X Wallerstein-L. 14. 12. 1835. – Von den Ergüssen, die sich Wallerstein während der Abwesenheit des Königs in Griechenland leistete, sei noch der folgende festgehalten: »Ich fühle in mir nur eigentliche Geschäftsfreude, wenn Eure königliche Majestät im Lande sind. Da kann ich so recht offen meine tiefsten Gedanken entwickeln, Befehle erbitten, und sicher sein, daß ich die Ideen meines erhabenen Herrn weiß und vollführe. In der Ferne ist mir unheimlich. Ich fürchte stets in einem oder dem anderen jene Direktiven nicht zu nützen, die mir ein so werter Leitstern sind, und wissend, wie das ganze Gemüt Eurer königlichen Majestät in dem Geschäfte lebt, ängstigt mich dieser Gedanke. So physisch gesund ich daher bin, so sehr litt mein Psychisches. Mit der nahenden königlichen Rückkehr lebe ich nun auf.«
[855] GHA NL $\frac{85}{3}$ VI Wallerstein-L. 8. 7. 1814.
[856] GHA NL X Wallerstein-L. 14. 4. 1836. – Vgl. Zuber, »Fürst Proletarier«, 101.
[857] GHA NL X Wallerstein-L. 15. 12. 1836.
[858] Joseph Görres, Die neue königlich-bayerische Staatszeitung, und ders., Ministerium, Staatszeitung, rechte und unrechte Mitte, in: E. Deuerlein (Hg.), Joseph Görres, Geistesgeschichtliche und politische Schriften der Münchener Zeit (= Görres gesammelte Schriften Bd. XV), 424–454.
[859] GHA NL XV Wallerstein-L. 10. 8. 1830; auch für das Folgende.
[860] ÖG II, 412 Schönburg-Metternich 13. 3. 1832: »Wallerstein entwickelte mir in wohlgesetzter Rede sein System, durch das im monarchischen Sinne das bayerische Volk nach und nach wieder Vertrauen zur Regierung fassen, von der Revolution abgeschreckt und auf das Feld positiver Interessen und verfassungsmäßiger Rechte zurückgeführt werden soll.«
[861] HStAM MA 99503 Protokoll des Ministerrats v. 24. 1. 1832. BStBM L.-A. T. 3,91 24. 1. 1832.
Dem Tagebucheintrag zufolge könnte es sein, daß die Fragen von Gise formuliert worden waren.

⁸⁶² Während des Landtags 1837 griff Wallerstein auf die einschlägigen Berichte seines Widersachers Wrede vom Jahr 1832 zurück, um sich bei seinen nach wie vor dem Rheinkreis günstigen Bestrebungen zu sichern (GHA NL XVIII Wallerstein-L. 22. 3. 1837).
⁸⁶³ E. Franz, Ludwig Freiherr von der Pfordten, in: ZBLG 12 (1939), 140.
⁸⁶⁴ HStAM M Inn 44349 Wallerstein-L. 11. 7. 1837.
⁸⁶⁵ Vgl. Zuber, »Fürst Proletarier«, 142–148.
⁸⁶⁶ GHA NL 46/5/11 L.-Wallerstein 3. 8. 1833, und ebda. XIII Wallerstein-L. 8. 8. 1833.
⁸⁶⁷ a Zu den Augsburger Vorgängen vgl. O. Veh, Karl Joseph von Drexel, in: 71. Jahresbericht des Histor. Ver. für Mittelfranken, Ansbach 1951, 35–63;
b Zu Ringseis vgl. Ringseis, Erinnerungen III, 132 u. 365;
c Zu Wallersteins Klosterpolitik vgl. Buch II, Kap. XIII.
⁸⁶⁸ Wie Anm. 858 (Einleitung Deuerleins).
⁸⁶⁹ Vgl. H. Silbernagel, Die Pfalz unter dem Regierungspräsidenten Freiherrn von Stengel 1832–1837, Münchner Diss., Würzburg 1936, 39–54.
⁸⁷⁰ ÖG II, 508: Spiegel-Metternich 4. 1. 1833.
⁸⁷¹ GHA NL X Wallerstein-L. 26. 3. 1836.
⁸⁷² Wie Buch II, Kapitel I, Anm. 153.
⁸⁷³ Vgl. die einschlägigen Abschnitte bei Dcsacsovszky und Zuber.
⁸⁷⁴ SS 121 (11. 3. 1834).
⁸⁷⁵ HStAM M Inn 44345 Wallerstein-L. 29. 1. 1834 (ausführlich referiert bei Dcsacsovszky 98–102) und ebda. M A 99502 Protokoll des Ministerrats v. 20. 4. 1834; auch für das Folgende.
⁸⁷⁶ HStAM M Inn 44823 L.-Wallerstein 28. 3. 1834.
⁸⁷⁷ HStAM M Inn 44267 L.-Wallerstein 15. 11. 1832. In einem Gespräch mit Grandaur Juli 1832 rechtfertigte der König, warum er von der früheren Befürwortung des öffentlichen Verfahrens abgekommen sei (BStBM L.-A. T. 3,93 20. 7. 1832).
⁸⁷⁸ HStAM MA 99503 Protokoll des Ministerrats v. 29. 5. 1833.
⁸⁷⁹ SS 13 (7. 1. 1834).
⁸⁸⁰ Die Unterlagen über die ausführliche Vorbereitung des Gesetzes: GHA NL 46/2/5,4; die Verhandlungen im Staatsrat von 1830–1834: HStAM Staatsrat 3269.
⁸⁸¹ Der Verlauf der Abstimmungen in beiden Kammern über die permanente Zivilliste (Gesetz vom 1. 7. 1834) veranlaßte selbst einen Mann vom Schlage Grandaurs zu der Äußerung, »dieser Gegenstand habe in den Verhandlungen einen Gang genommen, der in den Annalen parlamentärer Verhandlungen wenig Ähnlichkeit habe« (HStAM Staatsrat 744 Sitzung v. 15. 6. 1834; auch für das Folgende). Sein hohes Lob für die Ständeversammlung vermied es freilich wohlweislich, das Verdienst Wallersteins auch nur entfernt anzusprechen. Den König forderte Grandaur auf, diesen »Beweis von Liebe und Anhänglichkeit« im Landtagsabschied anzuerkennen. Dem stimmte der Monarch zu, hob jedoch hervor, er erkenne in dem Verhalten der Kammern einen »Beweis der richtigen Ansicht von dem Verhältnis des Monarchen zu seinen Untertanen, daß die Ständigkeit der Zivilliste dem Monarchen eine sichere und feste Haltung gebe und dem monarchischen Grundsatz der Verfassung zum [sic!] Grunde liegt...«.
⁸⁸² Das Gesetz über Ansässigmachung und Verehelichung v. 1. 7. 1834 bedeutete gegenüber dem früheren v. 11. 9. 1825 eine Verschärfung (Vgl. Bosl, Dokumente III, 4, München 1977, 41 ff.). Es kam auf Kosten der Ärmeren

den Interessen der Gemeinden und der Steuerzahler entgegen. Das niedere Volk hatte keine Fürsprecher im Landtag.

Die Gründung einer Staatsbank hatte das bayerische Ministerium schon 1822 beschäftigt (Unterlagen in GHA NL 47/5/120,7), war jedoch, wie vieles andere in der Ära Max I. Joseph, nicht verwirklicht worden. Schließlich haben die Stände die Ausgaben für die Pinakothek und das Odeon anstandslos gebilligt. Hinsichtlich des Bibliotheksbaues in der Ludwigstraße zeigte Wallerstein einen Weg, auf dem man über die Ausgabenbegrenzung auf dem Landtag 1831 hinaus gelangte (HStAM Staatsrat 743 Sitzung 24. 5. 1834).

883 Vgl. Zuber, »Fürst Proletarier«, 183.
884 GHA NL XVII Auerweck-L. 17. 5. 1837, und von der Tann-L. 5. 9. 1837. – Zu den Landtagsverhandlungen 1837 vgl. die Arbeiten von Dcsacsovszky, Zuber und Ostadal.
885 GHA NO $\frac{43}{1}$ 29b L.-Otto 8. 2., 10. 3., 9. 4., 3. 6. u. 20. 9. 1837.
886 Die beste Zusammenfassung der Budget-Problematik und des Budgetstreits bei M. v. Seydel, Das Budgetrecht des bayerischen Landtags und das Verfassungsverständnis von 1843, in: ders., Staatsrechtliche und politische Abhandlungen NF 1902, 278–301.
887 HStAM M Inn 44296 L.-Wallerstein 4. 6. 1834. – Vgl. Zuber, »Fürst Proletarier«, 172 f.
888 GHA NL XVII Wirschinger-L. 27. 8. 1837 mit Signat Ludwigs.
889 Die in Betracht kommenden Briefe Wredes in: GHA NL XVII.
890 HStAM Akten zum Staatsrat 4119 u. 4123. – BStBM L.-A. T. 3,114 14. 10. 1837.
891 GHA NL XVII Wallerstein-L. 14. 10. 1837.
892 GHA NL XVII Wallerstein-L. 22. 10. 1837.
893 Im Frühjahr notierte L., daß Gise und Wirschinger Feinde des Innenministers seien: »Wenn alle in ein Horn bliesen, wäre mir sehr unerfreulich« (BStBM L.-A. T. 3,112 9. 4. 1837).
894 HStAM Staatsrat 785 Sitzung 13. 11. 1837 u. VKA 1837 P LXXV, 87 f.
895 GHA NL XXII Wallerstein-L. 15. 8. 1847.
896 GHA NL XVII Wallerstein-L. 27. 6. 1837; auch für das Folgende.
897 GHA NL XII Wallerstein-L. 7. 11. 1837.
898 GHA NL VI Grandaur-Wrede 2. 10. 1837.
899 GHA NL XVII Wallerstein-L. 14. 10. 1837.
900 September 1837 hatte Wrede dem König geschrieben: »Kann und darf ein Minister mit Portefeuille, wenn er zugleich Mitglied einer Kammer ist, gegen die Regierungsanträge... stimmen? Ich sage: Nein. Er muß entweder für seine Regierung reden und stimmen oder sein Portefeuille niederlegen« (GHA NL XVII Wrede-L. 19. 9. 1837). – BStBM L.-A. T. 3,114 18. 10. 1837: »Wrede drang bei mir, daß ich Fürst Ö.-W. das Portefeuille nehme, aber gnädig möchte ich ihn bedenken, zum Gesandten oder Generalkreiskommissär ernennen.« Ebda. 13.–20. 10. 1837: Außer mit Wrede beriet sich der König wiederholt mit Tann und Seinsheim über Wallerstein.
901 HStAM Staatsrat 31 61 (Cop.).
902 Dem dramatischen Konflikt über die Budgetfrage und die Erübrigungen waren heftige Zusammenstöße zwischen dem König und Wallerstein vorhergegangen. In Wut versetzte Ludwig die Nachricht, Wallerstein stehe hinter den Anträgen einiger Abgeordneter, die, ohne daß der Minister dies vorher

mit dem König abgesprochen hätte, den Landtag noch weiter verlängern mußten. BStBM L.-A. T. 3,113 9. und 19. 8. 1837: »Den Anschein hat es, als wenn Gesetzentwürfe, die der König nicht wollte auf den Landtag gebracht haben, durch Abgeordnete begehrt werden sollten.« Mahnungen und Drohungen, zu einem Ende des Landtags zu gelangen, überstürzten sich geradezu. Ludwigs Besorgnis, daß bei längerer Dauer des Landtags der »Fleiß nachlasse« (HStAM MA 99505 II L.-Wallerstein 5. 6. 1837) waren eher vorgeschoben. Der König verfolgte mit seinem Drängen auf baldigen Abschluß der Verhandlungen auch taktische Zwecke. Ihm komme es vor allem darauf an, signierte er 6. 2. 1837, »daß den feindlich gesinnte Oppositionsführer sein wollenden Männern nicht Zeit gelassen werde, sich der Mehrzahl oder nur einer beträchtlichen Zahl sich zu bemächtigen. Erfahrung lehrt, daß *sie* keine Zeit verlieren und Erfahrung lehrt die Folgen, die traurigen« (HStAM MA 99505 II). Am meisten verdroß ihn jedoch wohl – und dafür gibt es genug Andeutungen –, daß ein über die Jahresmitte sich hinziehender Landtag sein privates Sommerprogramm durcheinanderbringen mußte.

[903] Löwenstein-Rosenbergsches Archiv Lit D Nr. 992: Fürst Konstantin Löwenstein – Fürst Karl Löwenstein 23. 11. 1837.
[904] PG III, 86 Dönhoff-Werther 12. 12. 1838.
[905] Zuber, »Fürst Proletarier« 191.
[906] GHA NL X ff. August Rechberg-L. 5. 1. 1836.
[907] Die Tagebücher vermitteln ein eindrucksvolles Bild von dem Gebetsleben des Königs.
[908] BStBM L.-A. T. 3,89 14. 9. 1831.
[909] GHA HU 5744.
[910] GHA N Maximilian II 82/1/360 L.-Kronprinz Maximilian 28. 10. 1845.
[911] BStBM L.-A. T. 3,149 23. 9. 1846: Hat seiner Tochter Adelgunde auf Reindls Empfehlung einen geeigneten Beichtvater verschafft, »damit sie nicht in bigotte Hände fiele«.
[912] BStBM L.-A. T. 3,152 13. 5. 1847: Mißfallen an dem Propst von Scheyern als »Kopfhänger«. »Die Benediktiner vor der Säkularisation waren keine gewesen«, sagte er ihm.
[913] Vgl. H. Bastgen, Ludwig I. von Bayern »Liberalismus« und »Jesuitenfurcht«, in: HJb. 49 (1929), 646–651.
[914] BStBM L.-A. T. 3,85 4. 7. 1830.
[915] BStBM L.-A. T. 3,80 3. 7. 1829.
[916] An., Ludwig I von Bayern ein apostolischer König, in: Pastoralblatt für die Erzdiözese München-Freising, München 1868, 3–33.
[917] HPBll. 158 (1916), 98.
[918] GHA NL 46/6/12 L.-Abel 10. 1. 1842.
[919] Ebda.
[920] SS 152 (14. 3. 1835).
[921] Vgl. H. Bastgen, Bayern und der Heilige Stuhl in der ersten Hälfte des 19. Jahrhunderts, 2 Bde., München 1940; G. Franz-Willing, Die bayerische Vatikangesandtschaft 1803–1934, München 1965; H. Hacker, Die Beziehungen zwischen Bayern und dem Heiligen Stuhl in der Regierungszeit Ludwig I., Tübingen 1967; H. Troll u. a., Kirche in Bayern (= Ausstellungskatalog der Staatlichen Archive Bayerns, Hg. Generaldirektion der Staatlichen Archive Bayerns, Nr. 17), München 1984.
[922] BStBM L.-A. T. 3,83 20. 2. 1830. – Zu L.s Plan einer Klärung des Verhältnis-

ses Konkordat—Religionsedikt im Sinne der Kurie vgl. Hacker, Beziehungen, 50ff.
[923] Vgl. R. Hacker, Beziehungen, 95 ff. — 1846 berichtete der Augsburger Bischof Richarz Ludwig I. über einen Versuch des Kardinalstaatssekretärs Lambruschini, in der Frage der Mischehen nachträgliche Terraingewinne zu erzielen (BStBM L.-A. T. 3,147 8. 1. 1846).
[924] SS 375 (30. 7. 1834) u. SS 428 (1. 9. 1834).
[925] Vgl. P. Schmid, Das Collegium Germanicum in Rom und die Germaniker, Tübingen 1984, 173 f.
[926] BStBM L.-A. T. 3,144 28. 6. 1845.
[927] Andererseits ging die Geltendmachung der Auffassungen Roms (bereits für damalige Begriffe?) ziemlich weit, wenn man dem König das Mißfallen der Kurie wegen des Studiums des Kronprinzen an der protestantischen Universität Göttingen oder der Ernennung des Protestanten Thiersch zum Rektor der Universität München zu verstehen gab.
Vgl. B. Bastgen, Der Hl. Stuhl und Metternich über den Aufenthalt des bayerischen Kronprinzen Maximilian an der Universität Göttingen, in: RQu.Schr. 40 (1932), 182—186. Zu Thiersch: BStBM L.-A. T. 3,84 3. 5. 1830. Daß er Max in Göttingen und Berlin hatte studieren lassen, hat der König später bereut, »soviel ich Haare auf dem Kopfe habe« (BStBM L.-A. T. 3,146 Anhang 3.—8. 1. 1846).
[928] (M. A. Strodl), Kirche und Staat in Bayern unter dem Ministerium Abel und seinen Nachfolgern, Schaffhausen 1849. Vgl. (ders.), Das Recht der Kirche und der Staatsgewalt in Bayern seit dem Abschluß des Konkordats, Schaffhausen 1852.
[929] Ringseis, Erinnerungen IV, 201.
[930] Vgl. u.a. WVS Nr. 1018; 1065; 1079; 1088; 1096; 1104; 1107; 1188; 1222.
[931] Der frappierendste Fall: die Ernennung des Dekans Friedrich, der auf dem Landtag 1843 von der Opposition zur gouvernementalen Politik überging, zum Dompropst in Bamberg (GHA NL XXI Abel-L. 21., 26., 30. 7. 1846; zur Vorgeschichte des Falles Materialien in GHA NL XVIII).
[932] GHA NL 46/6/12.
[933] WVS Nr. 1018. Seit 1839 war den Distriktspolizeibehörden nur mehr Anzeige zu erstatten.
[934] SS 398 (5. 10. 1844).
[935] SS 231 (20. 7. 1846): Von einigen Geistlichen in Pfarreien an der württembergischen Grenze hörte man allerdings, sie hätten ihre Pfarrämter bischöflich und nicht königlich genannt. Als der antiklerikale Gesandte Freiherr von Malsen den König darauf aufmerksam machte, war dieser empört und ordnete eine Abstellung dieses »Mißbrauchs« an.
[936] SS 460 (3. 11. 1839). — Vgl. K. v. Wallmenich, Das Sendlinger Bauerndenkmal von 1911 und die Auer Zimmerleute von 1705, München 1911, 9 ff.
[937] WVS Nr. 1206.
[938] HStAM M Inn 44268 L.-Wallerstein 22. 8. 1833, u. ebda., M Inn 44271 L.-Wallerstein 16. 7. 1836. Unter Abel setzten sich entsprechende Bemühungen des Königs fort: ebda. M Inn 65311.
[939] Vgl. die Ausführungen im folgenden Kapitel »Bildungspolitik«. — Zur konfessionellen Betreuung der Schanzsträflinge: GHA NL 47/1/15: Entwurf einer Verordnung v. 3. 4. 1842.
[940] Vgl. Kap. XVI.
[941] Vgl. H. Witetschek, Studien zur kirchlichen Erneuerung im Bistum Augs-

burg in der ersten Hälfte des 19. Jahrhunderts, Augsburg 1965, 234.
942 Zuber, »Fürst Proletarier«, 81.
943 GHA NL I A 27/II Schwäbl-L. 20. 11. 1821. »Heil« ist hier selbstverständlich nicht im theologischen Sinn zu verstehen.
944 GHA NL C 26 Sailer-L. 21. 8. 1826.
945 GHA NL II A 38.
946 GHA NL XVI Schwäbl-L. 27. 3. 1835.
947 Besonders inhaltsreich: GHA NL 47/4/19. Eine zusammenfassende Darstellung fehlt. Wichtige Monographien aus der jeweiligen Ordensgeschichtsschreibung: P. Sattler, Die Wiederherstellung des Benediktinerordens durch König Ludwig I. von Bayern I, München 1931; W. Fink, Geschichte der Benediktinerabtei Metten seit 1830, in: StMBO 50 (1932) 278–314; D. Stöckerl, Die bayerische Franziskanerprovinz, Münster 1925; K. Jockwig, Die Volksmissionen der Redemptoristen in Bayern von 1843–1873 etc., in: Beiträge zur Geschichte des Bistums Regensburg 1, Regensburg 1967, 41–408; O. Weiss, Die Redemptoristen in Bayern (1790–1909), St. Ottilien 1983.
948 Armansperg hatte dem König die Verfassungswidrigkeit der Verwendung etatmäßiger Mittel für klösterliche Zwecke nachgewiesen. Auf dem Landtag 1846, auf dem es zu heftigen Angriffen gegen das Klosterwesen kam, erklärten Seinsheim und Abel, daß für Klöster bisher noch nicht ein Kreuzer aus dem Staatsvermögen bezahlt worden sei und auch künftig nicht gezahlt werde (VKR 1846 P I, 464 u. P II, 8 sowie VKA 1846 P VIII, 596f.; 638). – Bei Übernahme gemeinnütziger Funktionen konnten Zuschüsse aus den Erübrigungen gewährt werden. Überlassung von Realitäten und Renten unter Vorbehalt des staatlichen Eigentumsrechts oder Einbeziehung von Pfarreien waren weitere Mittel, den Klöstern zu einer Existenz zu verhelfen.
949 Artikel VII des Konkordats. Vgl. Mercati, Raccolta, 594.
950 Vgl. Hacker, Beziehungen, 47ff.
951 BStBM L.-A. T. 3,78 12. 10. 1828.
952 GHA NL XIV Abel-L. 7. 1. 1838, und ebda. N Abel Schwäbl-Abel 18. 10. 1838.
953 Spindler, Briefwechsel, 368.
954 GHA N Abel Schwäbl-Abel 24. 5. 1840. Gedr.: HPBll. 158, 832.
955 GHA NL XIX Schrenck-L. 14. 11. 1845.
956 GHA NL XXI Abel-L. 25. 11. 1846.
957 Spindler, Briefwechsel, 90.
958 GHA NL XIV Abel.-L. 1. 2. 1839: Diepenbrock war nach Schwäbls Zeugnis kein besonderer Freund der Klöster.
959 Spindler, Briefwechsel, 363.
960 Ebda., 374.
961 HStAM M Inn 44 266 I L.-Wallerstein 3. 10. 1836: Es ging um die Erhaltung des Regensburger Schottenklosters für Schotten. – Vgl. L. Hammermayer, Die Katholikenemanzipation in Großbritannien und die Erneuerung von Abtei und Seminar der Schotten in Regensburg (1826/29). Zur Kloster- und Kirchenpolitik unter Ludwig I. von Bayern und Bischof Johann Michael Sailer, in: ZBLG 28 (1965), 392–459.
962 BStBM L.-A. T. 3,111 18. 2. 1837 und ebda. T. 3,113 5. 8. 1837.
963 BStBM L.-A. T. 3,124 18. 5. 1840.
964 GHA NL 47/4/19: Berichte des Augsburger Bischofs Riegg von einer mehrwöchigen Reise, die er zusammen mit dem Abt von St. Stephan, Barnabas

Huber, 1835 in die Schweiz und nach Österreich unternahm, um eine Übersiedlung dortiger Benediktiner nach Augsburg zuwege zu bringen.
[965] GHA NL XIV Abel-L. 26. 3. 1840, und ebda. NL XXI Abel-L. 11. 11. 1841.
[966] ÖG II, 608: Kast-Metternich 18. 10. 1835.
[967] GHA NL 50/4/6: Rückblick des Abtes von St. Stephan zu Augsburg, Theodor Gangauf, auf die Vorgänge in einem Schreiben an L. vom 21. 10. 1852. Vgl. HPBll. 158, 131 f., u. W. Fink, Entwicklungsgeschichte, 63 f.
[968] An., Abel und Wallerstein. Beiträge zur neuesten Geschichte bayerischer Zustände, Stuttgart 1840, 51. – Dem preußischen Gesandten gegenüber stellte Wallerstein die Dinge so dar, als ob man mit den Benediktinern noch das geringere Übel gewählt und sich mit ihnen von der Einführung der Jesuiten hätte freikaufen müssen (PG II, 365 u. 420 f.: Dönhoff-Ancillon 24. 6. 1835 und Bernstorff-Ancillon 7. 9. 1836).
[969] BStBM L.-A. T. 3,84 3. 5. 1830: Der König vermerkt, daß in der Audienz beim Papst *diesmal* von Jesuiten nicht die Rede war.
[970] GHA NL XIV Abel-L. 1. 2. 1839; ebda. Diepenbrock-L. 20. 10. 1839; ebda. Abel-L. 24. 10. 1839 (Diepenbrock hatte gegen den Plan des Vereins, eine von Jesuiten zu leitende Erziehungsanstalt auf der Basis einer Aktiengesellschaft zu gründen, in der »Allgemeinen Zeitung« scharf polemisiert und damit eine Kontroverse ausgelöst). Graf Rechbergs Aktion war nur eine unter mehreren im ludovizianischen Bayern, die sich die Wiedereinführung der Jesuiten zum Ziel gesetzt hatten.
[971] GHA NL XI Abel-L. 28. 4. 1839.
[972] Diepenbrock, dessen Einstellung gegenüber den Jesuiten sich später änderte, war der prominenteste, aber keineswegs der einzige kirchliche Widersacher gegen die Einführung der Jesuiten.
[973] Vgl. A. Ruland (Stadtpfarrer in Arnstein), Der fränkische Klerus und die Redemptoristen, Würzburg 1846, 70: »Sollte wirklich die Einführung dieser Kongregation im Bedürfnisse und im Wunsche des fränkischen Klerus liegen? O nein! Der fränkische Klerus in seiner Mehrzahl bedarf der Redemptoristen nicht! Der fränkische Klerus in seiner Mehrzahl wünscht sie nicht!«
[974] Wie Anm. 947.
[975] GHA N Max. II 82/1/360 L.-Kronprinz Max 17. 2. 1848. BStBM L.-A. T. 3,155 16. 2. 1848.
[976] Die Literatur zu diesem Thema ist nur mehr schwer zu überblicken. Grundlegend bleibt für den Vormärz der 4. Bd. (»Die religiösen Kräfte«) von Franz Schnabels »Deutsche Geschichte im 19. Jahrhundert«, Freiburg i. Br. ²1951. Eine Einführung in den bayrischen Sektor des Geschehens vermittelt M. Spindler, Die kirchlichen Erneuerungsbestrebungen in Bayern im 19. Jahrhundert, in: ders., Erbe, 40–54. Aus einer wissenschaftsgeschichtlich älteren Phase der Erforschung der Erneuerungsbewegung in Bayern verdienen die zahlreichen Beiträge Anton Doeberls im dem HPBll. Hervorhebung.
[977] Eine heute vergessene, vorzügliche und ausführliche Charakteristik der Sailer-Schule bei M. Jocham, Doktor Alois Buchner etc., Augsburg 1870, 9–14.
[978] Wissenschaftliche Monographien über beide fehlen. Zu Reisach u. a.: J. B. Götz, Kardinal Karl August Graf v. Reisach etc., Eichstätt 1901; O. Rieder, Kardinal Graf Reisach, in: Neuburger Kollektaneenblatt 74 (1910), 89–123; K. Holl, Zum Entwicklungsgang etc., in: HPBll. 162 (19), 269 ff. und 341 ff.; A. Doeberl, Bischof Reisach, in: ebda. 558 ff. u. 669 ff.; Hacker, Beziehun-

gen, passim und insbesondere 147 ff. Weiß, Redemptoristen, 70 (Bibliographie) und passim.
Zu Windischmann: M. Strodl, Friedrich Windischmann. Ein Bild seines kirchlichen Wirkens und seiner wissenschaftlichen Tätigkeit, Schaffhausen 1861, sowie Weiß, Redemptoristen, passim.
979 Vgl. H. Witetschek, Studien, 134 ff.
980 Vgl. P. Sieweck, Lothar Anselm Freiherr von Gebsattel, der erste Erzbischof von München-Freising, München 1955.
981 Boisserée, Tagebücher III, 945: Öttl klagt über »Willkür des katholischen Ministers«.
Verbündete der Altbayerngruppe im Domkapitel (Deutinger, Öttl, Prand, Mengein) waren der Stiftspropst von St. Kajetan Hauber, der stets die »Fanatiker« kritisierte (Boisserée, Tagebücher III, 726 f.) und der Domdekan Reindl. Aufschlußreich ein Schreiben Reindls an den König aus den Monaten unmittelbar nach der Begräbnisaffäre vom November 1841, in dem er gegen Reisach und Abel Stellung nimmt und dem König die Altbayerngruppe im Münchener Domkapitel näherzubringen versucht: »Mögen daher in wichtigen kirchlichen Dingen Männer wie Deutinger, Prand, Mengein von Eurer Mt. befragt werden« (GHA NL 49/6/47 Reindl.-L. 11. 3. 1842).
982 Jocham, Memoiren, 438 f. und 506.
983 Boisserée, Tagebücher III, 805: »Parteitreiben bei der Beerdigung der Königin«. – Jocham, Memoiren, 437, berichtet als Äußerung des Schriftstellers Prof. Ludwig Aurbacher, »man mache das kirchliche Wesen zu einer Parteisache, und erst, wenn man mit Leib und Seele der Partei sich verpflichtet habe, sei man recht katholisch«.
984 Vgl. die Ausführungen über den Wiener Kongreß in Buch I, Kap. VII.
985 Vgl. A. Doeberl, Bausteine, in: HPBll. 151 (1913), 793−810 und 873−889; auch für das Folgende.
986 1824 war der ehemalige Jurist in das Collegium Germanicum eingetreten. Den Ausschlag für Ludwigs Entschluß, Reisach als Bischof nach Bayern zu berufen, dürften dessen angesehene Stellung in Rom als Studienrektor der Propaganda und des Monarchen Eindrücke gelegentlich persönlicher Begegnungen während römischer Aufenthalte gegeben haben (BStBM L.-A. T. 3,92 4. 6. 1832). Adam Heinrich Müller rühmte dem 24jährigen »jungen, sehr talentvollen und gelehrten Kavalier« nach: »Er hat sich ganz dem kanonischen Recht gewidmet und lebt und webt nur für den Gedanken der katholischen Einheit von Europa« (J. Baxa (Hg.), Adam Müllers Lebenszeugnisse II, München 1966, 657).
987 BStBM L.-A. T. 3,144 28. 6. 1845.
988 Susini, Lettres etc. I, 427.
989 GHA NL 89/6/4 Reindl.-L. 2. 11. 1852: Enthält Zusammenstellung der gegen ihn in Rom erhobenen Vorwürfe.
990 GHA NL 87/4/3 L.-Haneberg 9. 1., 23. 6. und 8. 7. 1866 sowie 5. 7. 1867; Haneberg-L. 15. 6. 1866.
991 Vgl. H. Turtur, Chiliastische und schwärmerische Bewegungen in Bayern im frühen 19. Jhdt., München Diss. 1954.
992 GHA N Max. II 82/1/360 L.-Max II 9. 7. 1848.
993 Zu Eberhard vgl. Jocham, Memoiren, passim.
994 GHA NL 46/6/12 L.-Abel 12. 1. 1842: »Mit Eberhard fing es an...« − Ausführliche Unterlagen zu den Affären um Anton Eberhard GHA NL X

und XI sowie HStAM KM 1645 und Briefe Schwäbls an Abel in GHA N Abel (verbrannt). - Vgl. ferner die Veröffentlichungen A. Doeberls in HPBll.; J. Rußwurm, A Te Missus Ibo, in: Unser Bocholt. Diepenbrock-Gedenkschrift, Bocholt 1953, 70-85; T. v. Borodajkewycz, Bischof und Domdechant, in: W. Wegner, (Hg.), Festschrift f. K. G. Hugelmann I, Aalen 1959, 122 f.; Hahn, Romantik, 78-87.

[995] GHA NL 49/6/47 Abel-L. 29. 12. 1845: Der König hatte sein Mißfallen darüber ausgesprochen, daß Eberhard wieder in München aufgetaucht und zur Kanzel zugelassen worden war und dadurch »ein arger Beweis von Ungehorsam gerade von jener Seite gegeben worden sei, von wo aus das Beispiel des Gehorsams als Muster für alle leuchten solle«. Er rügte Abel, daß er ihn auf die Vorgänge nicht aufmerksam gemacht habe. Abel verteidigte sich und legte die Akten vor. Daraus geht hervor, daß Görres zwei Jahre vorher dem König angeboten hatte, »zur Dotierung der Pfarrstelle zu St. Ludwig 25 000 fl. herzugeben, wenn diese Pfarrei dem Priester Eberhard allergnädigst verliehen würde«. Der König hatte ihm darauf durch Abel zur Kenntnis bringen lassen, daß er Eberhard zwar nicht zum Pfarrer, aber zum Prediger bei St. Ludwig ernennen würde. Eberhard hatte seit 1844 seinen Wohnsitz wieder in München genommen. Der verbrannte Teil des Nachlasses Abel in GHA enthielt Zeugnisse vertrauten Umgangs des Priesters mit dem Exminister in dessen letzten Lebensjahren.

[996] Zur Beurteilung der Vorgänge im europäischen Kontext ist auf das kirchliche Verhalten bei der Bestattung der protestantischen Erzherzogin Henriette, Gattin Erzherzog Karls, in Wien 1830 (vgl. FG II, 240: Rumigny-Polignac 26.-30. 1. 1830) Bezug zu nehmen. Ein unbekannt gebliebenes Nachspiel der Münchner Begräbnisaffäre ergab sich, als es Mitte der 1850er Jahre wegen des Plans Ludwigs, den Sarkophag seiner verstorbenen Gattin Therese neben dem seinen in der Bonifatiusbasilika aufstellen zu lassen, zu (nicht in die Öffentlichkeit gedrungenen) Schwierigkeiten mit den kirchlichen Behörden kam: GHA NL 86/6/3 (Conc. eines Schreibens Ludwigs v. Jahre 1856; Reisach-Klenze 14. 2. 1856 und Klenze-L. 27. 2. 1856 mit Signat des Königs vom 28. 2. 1856).
Über den um die Bestattung der Königin-Witwe ausgebrochenen Konflikt unterrichten die Bestände in GHA NL I sowie X u. 46/6/12; HStAM M Inn 44273/II und KM 12; BStBM N Abel.
Von den Gesandtschaftsberichten enthalten die preußischen die ausführlichste, wenn auch polemische Darstellung. Abdruck einer genauen Darlegung der Vorgeschichte des Ereignisses in einer Denkschrift des Oberstkämmerers Gf. Karl Rechberg in PG III, 244-247. Vgl. Sieweck, Gebsattel, 145-160, und F. Lorinser, Aus meinem Leben II, Regensburg 1891, 76.

[997] HStAM Staatsrat 1716. Beiliegend das gedruckte Programm der Beerdigung und Schreiben L.-Abel 15. 11. 1841 betr. Landestrauer.

[998] HStAM M Inn 44273/II L.-Abel 1. 12. 1841. L. fügte hinzu: »Ob des hiesigen Domkapitels Majorität in dieser Sache ›einfältig wie die Tauben‹ war, weiß ich nicht, sicher aber, daß sie nicht ›klug wie die Schlangen‹ waren.«

[999] ÖG III, 150: Kast-Metternich 29. 11. 1841.

[1000] Der gesamte Hofstätter betr. Schriftwechsel in OA Passau Nr. 07811.

[1001] Bischof Richarz (Augsburg) und Abt Leiß (Scheyern) zogen sich deswegen einen Tadel von Rom zu (vgl. Archiv f. kathol. Kirchenrecht mit besonderer Rücksicht auf Österreich und Deutschland X (1863), 387 f. und XXII, 246 f.). Andererseits bestanden noch keine kirchlichen Vorschriften über

das Verhalten katholischer Geistlicher bei Trauerfeierlichkeiten für Nichtkatholiken, und es wurde erst auf Antrag von Leiß an der Kurie eine Kommission eingesetzt: GHA NL 47/4/19 Abel-L. 27. 9. 1842 und Leiß-L. 2. 6. 1843. — Vgl. Witetschek, Studien, 141 f., und Bühler, Karoline, 137.
[1001a] BStBM L.-A. T. 3,130 19. 11. 1841.
[1002] PG III, 247: Dönhoff-Friedr. Wilh. IV. 1. 12. 1841.
[1003] GHA NL 85/3/2 Friedr. Wilh. IV.-L. 31. 12. 1841.
[1003a] BStBM L.-A. T. 3,130 5. 12. 1841.
[1004] Riedels Ungeschick: Jocham, Memoiren, 504 f., und Bastgen, Bayern II, 628 f.
[1005] Korrespondenz zwischen L. und Abel in der Angelegenheit Riedel: GHA NL 46/6/12. Die Berufung Riedels erwies sich auch später als ein unglücklicher Vorschlag Abels; dieser hat es selbst eingesehen. Von der vernichtenden Charakteristik Riedels durch den Regierungspräsidenten ZuRhein wird man den Antiklerikalismus dieses Beamten als verschärfendes Motiv in Abzug bringen dürfen, aber es bleibt von ihr genug an Tatsächlichem übrig. Diepenbrock, der mit Riedel nicht zurechtkam, sprach in einem Brief an den König mit deutlich abschätzigem Unterton von dem »armen Bischof Valentin«.
[1006] GHA NL I Abel-L. 9. 1. 1842.
[1007] GHA NL I L.-Abel 10. 1. 1842; ebda., Abel-L. 10. (oder 11.?) 1. 1842.
[1008] Vgl. (Strodl), Kirche und Staat, 355. Über Windischmann als Bischofskandidat vgl. Clemens Brentano-Emilie Linder 7. 7. 1839: »Es ist abzusehen, daß Fritz auch nicht lange anstehen wird, Bischof zu werden...«. Brentano fügte hinzu, Hofstätter habe das Passauer Bischofsamt nur unter der Bedingung angenommen, daß Windischmann sein Nachfolger als Domkapitular werde: »...Die Partei der Altbayern, namentlich Haubers und Mengeins, sind darüber hoch erbittert...« (W. Frühwald (Hg.), Clemens Brentanos Briefe an Emilie Linder, Homburg 1969, 99).
[1009] U. a. wollte der König nunmehr von der bereits seit längerem vorgesehenen und fast schon beschlossenen Vergrößerung der Diözesen Passau und Eichstätt nichts mehr wissen, er stellte die Genehmigung der Gründung einer Novizenanstalt für die von Hofstätter damals noch geförderten Redemptoristen vorerst zurück und erklärte, daß eine Vermehrung des Ordens in Bayern bis auf weiteres nicht in Frage komme. In der Begründung, die er Abel schriftlich gab, sprach der König unumwunden aus, daß es ihm um eine Bestrafung Hofstätters gehe: SS 744 (3. 12. 1841).
[1010] Vgl. Bastgen, Bayern II, 635.
[1011] GHA NL II Abel-L. 9. 11. 1844 mit Signat des Königs.
[1012] BStBM L.-A. T. 3,146 Anh. zu den Eintragungen Oktober—Dezember 1845.
[1013] BStBM L.-A. T. 3,149 5. 10. 1846: »Kein Josephiner wäre ich, aber wie in Spanien die Geistlichen ganz katholisch, dabei Spanier, so sollten die Deutschen Deutsche sein. Vorgefaßte Meinung bestünde gegen ihn. Keine Übertreibungen! Sie führt Reaktion nach sich. Gute Versicherungen gab er mir.«
[1014] Vgl. Weiß, Redemptoristen, 633 f. und 832.
[1015] Vgl. Hacker, Beziehungen, 147—150; 180 f.; 183 f., und Weiß, Redemptoristen, 546 ff.
[1016] Hacker, Beziehungen, 148 und 182.
[1016a] BStBM L.-A. T. 3,129 11. 9. 1841.
[1017] L.-Oberster Kirchen- und Schulrat 17. 12. 1825: Erwartet von den Beamten der Behörde, daß sie sich größte Mühe geben, »Unsere, den Schutz der

Kirche, der Veredlung der Sitten, die Beförderung der Kunst und Wissenschaften und die Heranbildung tüchtiger Staatsbürger bezweckenden Absichten zu unterstützen und baldmöglichst einen wohlbemessenen, tief durchdachten, den Bedürfnissen der Zeit und des bayerischen Volkes entsprechenden Schulplan vorlegen« würden (zit. nach H. Loewe, Die Entwicklung des Schulkampfes etc., 88f.).

[1018] SS 545 (3. 10. 1835) und Verordnung v. 25. 10. 1835 (DVS IX, 1030f.). — Zum Folgenden wie überhaupt zu dem gesamten Abschnitt über »teutsche Schulen« vgl. G. Bögl, Der Wandel der Volksbildungsidee in den Volksschullehrplänen Bayerns. Von der Braunschen Reform bis zur Mitte des 19. Jahrhunderts, München 1929; J. Guthmann, Ein Jahrhundert Standes- und Vereinsgeschichte, München 1961; J. Neukum, Die volksschulpolitischen Bestrebungen in Bayern 1818—1848. Ein Beitrag zur bayerischen Schulgeschichte, Erlangen 1964; W. K. Blessing, Allgemeine Volksbildung und politische Indoktrination im bayerischen Vormärz. Das Leitbild des Volksschullehrers als mentales Herrschaftsinstrument, in: ZBLG 37 (1974), 479—568; ders., Staat und Kirche in der Gesellschaft, Göttingen 1982, passim.

[1019] DVS IX, 1157. Neukum, Die volksschulpolitischen Bestrebungen, 167, bemerkt dazu: »Damit war als Ergänzung zum ›Schulgehilfen‹ der Amtssprache und zum ›Schulmeister‹ des Volksmundes die handwerklich-zünftige Hierarchie auch als soziale Klassifizierung vollendet.«

[1020] HStAM M Inn 44267 L.-Wallerstein 3. 8. 1833, und GHA NL 46/5/11 L.-Wallerstein 3. 8. 1833.

[1021] HStAM M Inn 44271 L.-Wallerstein 29. 7. 1836.

[1022] Vgl. M. Doeberl, Zur Geschichte der bayerischen Volksschulpolitik im 19. Jahrhundert (SB BAW Philos.-philol. und historische Klasse, 1902, 8. Abhdlg.), München 1912.

[1023] J. M. Sailer, Über Erziehung für Erzieher (Hg. F. Sigge), Hamburg 1949, 77.

[1024] HStAM M Inn 44267 L.-Wallerstein 26. 9. 1832.

[1025] HStAM M Inn 44267 L.-Wallerstein 20. 11. 1832.

[1026] SS 152 (20. 3. 1838).

[1027] Vgl. A. Fritz, Geschichte der Lehrerbildungsanstalt Kaiserslautern, Kaiserslautern 1919; J. Kopp, Der Neuhumanismus in der Pfalz, Berlin 1928, 75—96; G. Neukum, Die volksschulpolitischen Bestrebungen, 173ff.

[1028] A. Doeberl, Katholizismus und Protestantismus in Bayern (1800—1848), in: HPBll. 169 (1922), 82.

[1029] Thierschs Berichte, größtenteils veröffentlicht bei F. Thiersch, Über den gegenwärtigen Zustand etc., Stuttgart und Tübingen 1838; 1—203. — Vgl. Kopp, Neuhumanismus, 81; Fritz, Geschichte, 64ff.—68; Neukum, Die volksschulpolitischen Bestrebungen, 174 u. 283.

[1030] Vgl. Bögl, Wandel der Volksbildungsidee, 189ff., und Neukum, Die volksschulpolitischen Bestrebungen, 163f.

[1031] E. v. Schenk, Rede zur feierlichen Eröffnung des Kgl. Schullehrerseminars in Eichstätt am 24. III. 1836, Regensburg 1836. — Vgl. Spindler, Briefwechsel, 282 und 443f.

[1032] VKA 1837, Bd. 6, P XXXVI, 181—185.

[1033] HStAM Staatsrat 1982. — Es lag ein Gesamtbeschluß der Stände vom 13. 5. 1846 vor, am nächsten Budget-Landtag Maßnahmen zu ergreifen, welche geeignet wären, »sämtlichen deutschen Schulstellen auf ein das hinreichende Auskommen des Lehrerstandes deckendes Maß zu bringen, sogleich aber

den Erübrigungen der laufenden Finanzperiode 100000 fl. Zuschuß per 1845/46 und bis zum nächsten Budget-Landtag zur Unterstützung der Lehrer wegen des außerordentlichen Notstands allergnädigst zu gewähren«. Ferner wurde beantragt, die Werktagsschulpflicht für die Kinder beiderlei Geschlechts um ein Jahr zu verlängern und die Feiertagsschulpflicht zu verkürzen. Dies ein seit Jahren währender Streitgegenstand zwischen dem Innenministerium und den Ständen. Abel hatte bald nach seinem Amtsantritt gegen den Wunsch der Kammern die Beibehaltung der unverkürzten Feiertagsschulpflicht durchgesetzt und sich insbesondere für die nachmittägige Christenlehre ausgesprochen (vgl. Witetschek, Studien, 251). Seinsheim erklärte, daß ein Antrag betr. Dauer der Schulpflicht nicht in die Kompetenz der Stände gehöre. Zu den finanziellen Forderungen meinte er: »Es ist kaum zu verwundern, daß in der jetzigen Zeit ewigen Klagens auch die Schullehrer nicht zurückgeblieben sind«. Im übrigen bezweifelte er die generelle Berechtigung der vorgebrachten Klagen, sprach von der Notwendigkeit genauerer Untersuchungen über die Situation der Lehrerschaft und warf die Frage auf, warum denn gerade »der Staat und immer wieder der Staat zu der erlangten Aufbesserung der Schullehrer verbunden sei und ob nicht Stiftungen oder Private aus allgemeinen oder privaten Rechtstiteln zu entsprechenden Beiträgen verbunden erachtet werden können«.

[1034] Wie Anm. 1025.
[1035] Vgl. J. Lucas, Der Schulzwang. Ein Stück moderner Tyrannei, Landshut 1865.
[1036] Vgl. W. Woerlein, Über das Heimatrecht der deutschen Volksschullehrer überhaupt und das der Schullehrer in Bayern in Sonderheit, Fürth 1846, 10.
[1037] Neukum, Die volksschulpolitischen Bestrebungen, 172: »Damit war auch den wenigen Gemeinden, die aus reicheren Mitteln die wirtschaftliche Lage ihrer Lehrer zu verbessern im Stande waren, jede Eigeninitiative genommen: Der Staat wollte nicht helfen... Die Gemeinden durften es nicht.«
[1038] HStAM M Inn 43555. – Rechbergs Bemerkung über die Schulgehilfen erinnert fatal an das vielzitierte Wort eines preußischen Herrenhausmitglieds 1868: »Man zeige mir erst eine verhungerte Lehrerwitwe...« (J. Beyhl, Wir fordern unser Recht, Berlin 1912, 251).
[1039] So S. Sugenheim in dem aktualisierenden Vorwort zu »Bayerns Kirchen- und Volkszustände seit dem Anfang des XVI. bis zum Ende des XVII. Jahrhunderts«, Gießen 1842.
[1040] Gf. August Rechberg setzte ungeachtet dessen seine Hoffnungen auf eine solche Lösung. – Gf. Reisach hat immerhin auf die *Ausbildung* der Schullehrer durch Schulbrüder hingearbeitet: A. Doeberl, Bischof Reisach, in: HPBll. 162 (1918), 469f. Später verschärfte sich Reisachs Standpunkt. Als Erzbischof von München meinte er, die Geistlichen könnten sich der Schule erst dann mit Erfolg widmen, wenn der Staat diese ganz und ausnahmslos in die Hände der Kirche zurückgegeben habe: J. Zinkl, Magnus Jocham, Freiburg i. Br. 1950, 217.
[1041] GHA NL XXI: undatierte Gutachten Reindls.
[1042] GHA NL 46/5/11 L.-Hörmann Okt. 1843 (Conc.): Heftige Philippika gegen die Überbeanspruchung der Kinder mit genauer Aufzählung ihrer kirchlichen und schulischen Pflichten. »Dieses somit erwägend, scheint mir, daß es, wenn es so gehalten würde, geradezu hieße, den Kindern den Geist vor der Zeit zugrunde zu richten, und mit Fleiß dahin zu arbeiten, daß verhindert werde, die Kinder zu frischen Jünglingen und Jungfrauen heranzuziehen.«

[1043] GHA NL 46/5/11 L.-Abel 6. 11. 1843.
[1044] HStAM M Inn 44269 L.-Wallerstein 2. 8. 1834.
[1045] GHA NL 46/5/11; auch für das Folgende.
[1046] SS 483 (6. 9. 1838).
[1047] SS 109 (13. 2. 1839).
[1048] SS 149 (19. 3. 1838). Ähnliche Gesichtspunkte brachte der König zur Sprache, als er sich gegen die Berufung einer Ordensschwester aus Paris zwecks Erteilung französischen Sprachunterrichts im Klosterpensionat Dietramszell wandte: »Für diese Anstalt wenigstens überflüssig. Brave, teutsche Frauen sollen gebildet werden« (SS 371 (29. 7. 1834)).
[1049] Vgl. F. Thiersch, Geschichte des bayerischen Lehrplans von 1829 und seiner Revision im Jahre 1830 (= Beilage zu F. Thiersch, Über gelehrte Schulen III, Stuttgart und Berlin 1831); H. Loewe, Der Lehrplan von 1829, in: Bayerische Blätter f. d. Gymnasialschulwesen 61 (1924), 202—210 u. 270—279; u. H. M. Kirchner, Thiersch (1955).
[1050] Anspielung auf Grandaurs frühere berufliche Stellung. Es sollte damit auf seine mangelnde Kompetenz in Bildungsfragen hingewiesen werden.
[1051] Loewe und Kirchner haben in Auseinandersetzung mit der Bonner Dissertation L. Schäfers »Schellings Bildungsideal und sein Einfluß auf die zeitgenössische Paedagogik in Bayern« (1923) nachgewiesen, daß Thiersch und nicht Schelling als der ausschlaggebende Mann beim Zustandekommen des Schulplans von 1829 zu gelten hat.
[1052] BStBM L.-A. T. 3,83 7., 10. und 11. 1. 1830. Vgl. ferner Lempfrid, Der bayerische Landtag, 147.
[1053] GHA NL 46/5/11 Schenk-L. 9. 9. 1830.
[1054] GHA NL 46/5/11 (10) L.-Wallerstein 22. 8. 1833 (Conc.).
[1055] BStBM L.-A. T. 3,112 12. 5. 1837.
[1056] GHA NL C 26 Sailer-L. 23. 12. 1827. — Vgl. P. Sattler, Die konfessionelle Trennung der Augsburger Gymnasien 1828, in: Staat und Volkstum. Festgabe für K. A. v. Müller, Dießen 1932, 244—260.
[1057] WGVS M.-Entschl. 31. 5. 1841.
[1058] SS 179 (3. 4. 1845). — 1845 ließ sich Döllinger von dem Auftrag entbinden, der nun dem Historiker C. Höfler übertragen wurde.
[1059] Anscheinend wurde der Versuch nur in München und Würzburg gemacht: K. Guggenberger, Geschichte des Ludwigs-Gymnasiums in München 1824—1924, München 1924, 31 f., und H. Scharold, Hundert Jahre Maximilians-Gymnasium, München 1949, 29.
[1060] Bühler, Karoline, 131: Karoline-Amalie von Sachsen, Oktober 1835.
[1061] Vgl. K. L. Roth, Das Gymnasialwesen in Bayern zwischen den Jahren 1824 und 1843, Stuttgart 1843, und L. Spengel, Das philologische Seminar in München und die Ultramontanen, München 1854. — Zur Situation der bayerischen Gymnasiallehrerschaft vgl. K. Neuerer, Das höhere Lehramt in Bayern im 19. Jahrhundert, Berlin 1978.
[1062] Vgl. Ringseis, Erinnerungen I, 419f.; K. Th. Heigel, Die Verlegung der Ludwig-Maximilians-Universität nach München (Rektoratsrede), München 1897; M. Doeberl, König Ludwig I., der zweite Gründer der Ludwig-Maximilians-Universität, München 1926; M. Huber, Ludwig I. von Bayern und die Ludwig-Maximilians-Universität in München (1826—1832), Würzburg/Aumühle 1939.
[1063] HStAM Staatsrat 1979 und GHA NL I A 22 (Briefe Zentners an L. 1820—1822).

1064 GHA NL 88/4/2 L.-Schenk 12. 10. 1826 (Conc.).
1065 F. v. Baader, Gesammelte Schriften (Hg. Hoffmann) XV, Leipzig 1857, 443.
1066 SS 395 (11. 7. 1835).
1067 Spindler, Briefwechsel, passim. – Das einzige Mitglied der Landshuter philosophischen Fakultät, das vor der Verlegung der Universität nach München wegen seiner radikal antikatholischen Gesinnung auf Antrag Schenks in den Ruhestand überführt wurde, war der Philosoph Friedrich Köppen. Man hätte Köppen nach Erlangen versetzt, aber er lehnte ab (Spindler, Briefwechsel, 374 f.). Von den Theologen hatte Sailers rationalistischer Gegner Salat keine Aussicht, nach München zu kommen.
1068 Spindler, Briefwechsel, 420.
1069 Vgl. M. Heuwieser, Hormayr etc., in: ZBLG 2 (1931), 60 f.
1070 GHA NL A XXVII Ringseis-L. 20. 7. 1826.
1071 Vgl. H. Gollwitzer, Vom Funktionswandel politischer Traditionen, in: Land und Reich, Stamm und Nation etc., Festgabe für Max Spindler zum 90. Geburtstag II, München 1984, 63 f.
1072 K. A. v. Müller, Görres in Straßburg 1819/20, Stuttgart 1926, und ders., Görres' Berufung nach München, in: Görres-Festschrift (Hg. H. Hoeber) 1926, 216–246.
1073 GHA NL ARO XX Thiersch-L. 6. 10. 1827: Vorlage der Satzungen und Lob der Universität Göttingen.
1074 GHA NL 88/4/3 L.-Schelling 14. 7. 1833 (Conc.).
1075 GHA NL 46/5/11 Wallerstein-L. 28. 10. 1847.
1076 Vgl. Ph. Wehner, Die burschenschaftliche Bewegung an der Universität Landshut-München in den Jahren 1815 bis 1833, in: Obb. A. 61 (1918), 63–163, und Götz Frhr. v. Poelnitz, Die deutsche Einheits- und Freiheitsbewegung in der Münchener Studentenschaft (1826–1850), München 1930.
1077 Ritter, Beiträge I, 153 f.
1078 GHA NL 46/5/11.
1079 Wehner, Die burschenschaftliche Bewegung, 121 f.
1080 Ritter, Beiträge I, 152 f.
1081 SS 186 (Ende 1826 oder Anfang 1827).
1082 Spindler, Briefwechsel, 122 f.; 136; 409.
1083 Vgl. E. Salzer, Stahl und Rotenhan, in: Hist. Vierteljahresschrift 1911, und Uhde, Rotenhan, 42 u. 46–49: Der Finanzminister v. Wirschingen mußte Stahl wegen seiner Stellungnahme im Landtag »ausputzen« und ihm mitteilen, wie »auffallend« es dem König sei, daß ein Staatsrechtslehrer sich dies erlaubt habe. – 1839 ging es darum, ob Stahl wieder über Staatsrecht zu lesen erlaubt werden sollte. Der König äußerte sich dazu wie folgt: »Sicherheit muß ich hinsichtlich der Grundsätze eines Lehrers des Staatsrechts haben, es hängt von einem darin lehrenden Professor zu viel ab, als daß nach dem, was auf dem Landtag vorgegangen, ich ohne sie Stahl es wieder zu lesen gebe«. Wenn Stahl aus innerer Überzeugung einsehe, daß er sich geirrt, dann könnte vielleicht die Rede davon sein. »Ein redlicher Mann mit falschen Ansichten schadet als Lehrer sehr viel«: SS 127 (8. 3. 1839).
1084 GHA NL XI Abel-L. 23. 12. 1840.
1085 GHA NL XIV Abel-L. 3. 5. 1838 betr. katholische Professur an der landwirtschaftlichen Lehranstalt in Schleißheim oder BStBM Abeliana 5–7 Abel-L. 19. 1. 1841: Versuch einer Gewinnung des Physiologen Johannes Müller unter Hervorhebung des weltanschaulichen Gesichtspunkts.

1086 GHA NL XI Abel-L. 22. 12. 1840. Abel meinte, man könne der preußischen Regierung die Erwerbung Schellings umso mehr gönnen, da »Schellings literarische Tätigkeit und Wirksamkeit als Professor und Schriftsteller beinahe ganz beendet ist, nicht so sehr fast wegen vorgerückten Alters, sondern vielmehr wegen der Höhe, die er durch frühere Leistungen erklommen hat, und von welcher er nun mit behaglichem Selbstgefühle und im ruhigen Genusse des erworbenen großen Rufes auf die Bestrebungen und Reibungen der Jüngeren herabschaut, sorgfältig sich hütend, durch erneutes Hervortreten in den Kampfplatz seinen gefeierten Namen zu kompromittieren, und am Abend seines Lebens die gesammelten Kränze der Gefahr des Wiederverlustes auszusetzen.«

1087 Wissenschaftlich wertvolle Erwerbungen der Münchener Universität unter Ludwig I. waren von protestantischen Gelehrten der Jurist Dollmann und der Nordist Konrad Maurer, dieser Sohn Georg Ludwig von Maurers, jener Schwiegersohn des Konsistorialpräsidenten von Roth. Ohne Vater bzw. Schwiegervater hätten sie die Zustimmung Ludwigs zur Aufnahme in den Münchner Lehrkörper schwerlich gefunden.

1088 Zur Abelschen Studienreform wie zur vorhergehenden und folgenden Studiengesetzgebung vgl. H. Dickerhof, Dokumente zur Studiengesetzgebung in Bayern in der ersten Hälfte des 19. Jahrhunderts, Berlin 1975.

1089 C. v. Höfler, Erinnerungen an Jakob Philipp Fallmerayer. Ein Licht- und Schattenbild, in: Mitteilungen des Vereins für Geschichte der Deutschen in Böhmen XXVI (1888), 395–416.

1090 SS 197 (4. 4. 1838).

1091 GHA NL 46/5/11 Wallerstein-L. 28. 10. 1847.

1092 Vgl. H. Meinzolt, Die Errichtung protestantischer Lyzeen in Bayern. Eine kulturhistorische Erinnerung, in: Beiträge zur Kirchengeschichte XXXI (1924), 34–44.

1093 Vgl. Dickerhof, Dokumente, 219–233.

1094 Vgl. Dickerhof, Dokumente, 320–375.

1095 HStAM Staatsrat 600 (Sitzung v. 1. 2. 1827).

1096 SS 486 (13. 8. 1841).

1097 WVS III, Nr. 1106 (22. 11. 1841).

1098 GHA NL XXII Wallerstein-L. 16. 2. 1848.

1099 GHA NL XXII Wallerstein-L. 18. 2. 1848.

1100 Vgl. A. Stern, Geschichte Europas, etc. III, Berlin 1901, 335 ff., und Susini, Lettres II, 456.

1101 Wie Anm. 976.

1102 Aus der älteren Forschung hervorzuheben: A. Schnütgen, Das Elsaß und die Erneuerung des katholischen Lebens in Deutschland von 1814–1848, Straßburg 1913; L. Schwahn, Die Beziehungen der katholischen Rheinlande und Belgiens in den Jahren 1830–40, Mainz 1914; St. Lösch, Doellinger und Frankreich. Eine geistige Allianz 1823–1871, München 1955. Unter den zeitgenössischen Historikern führend V. Conzenius, Doellinger, Briefwechsel 4 Bde., München 1963/81; ders., Philipp Anton von Segesser etc., Zürich 1977; ders. Briefwechsel Philipp Anton v. Segesser I, Zürich 1983; H. Raab, Johann Franz Anton von Olry und Karl Ludwig von Haller. Ein Beitrag zur Geschichte der Restauration, in: Festschrift für Max Spindler zum 75. Geburtstag, München 1969, 685–707; ders., München im Vormärz. Bemerkungen zum gesellschaftlichen und geistigen Leben nach den Tagebüchern des Schweizer Studenten Joseph Gmür (1844–1846), in: Land und Reich

etc. Festgabe für Max Spindler zum 90. Geburtstag III, München 1984, 157–180; Chr. Weber, Aufklärung und Orthodoxie am Mittelrhein 1820–1850, München etc. 1973.
[1103] Vgl. F. Valjavec, Die Entstehung der politischen Strömungen in Deutschland, München 1951.
[1104] So der pfälzische Abgeordnete Culmann bei seinem Angriff gegen die »Kongregation« auf dem Landtag von 1831.
[1105] Vgl. Funk, Zwischen Aufklärung und Romantik, passim.
[1106] A. F. Ludwig, Weihbischof Zirkel von Würzburg in seiner Stellung zur theologischen Aufklärung und zur kirchlichen Restauration, 2 Bde., Paderborn 1904/6. Zur Kritik an Ludwig vgl. Anm. 1108.
[1107] Vgl. L. Bergsträsser, Studien zur Vorgeschichte der Zentrumspartei, Tübingen 1910; auch für das Folgende.
Zur Kritik an Bergsträsser vgl. Anm. 1108.
[1108] A. Hagen, Franz Karl Felder (1766–1818) und seine Literaturzeitung für katholische Religionslehrer, in: Th. Qu. Schr. 128 (1948), 28–70, 161–200, 324–342.
[1109] H. Kapfinger, Der Eos-Kreis 1828/32, München 1928. Im Eos-Kreis verkehrten noch einzelne Protestanten. Zeitgenössische Darstellungen des Kreises als eines harmlosen Kränzchens werden der Bedeutung des Zusammenschlusses nicht gerecht. Große Unsicherheit, wen man dem Kreise und der »Kongregation« insgesamt zurechnen solle, herrschte unter den fremden Gesandten am Münchner Hof, deren Angaben auch in diesem Fall mit Vorsicht zu verwerten sind.
[1110] Löwenstein-Wertheim-Rosenbergsches Archiv Lit D Nr. 424: Baader-Erbprinz Konstantin 1. 1. 1830.
[1111] Vgl. B. Weber, Die Historisch-Politischen Blätter als Forum für Kirchen- und Konfessionsfragen, Diss. München 1983.
[1112] E. Hosp, Aus dem Nachlaß Karl Ernst Jarckes, in: HPBll. 168 (1921), 748–756: Reisach-Jarcke 9. 8. 1833.
[1113] GHA NL I A 41 Zacharias Werner-L. 21. 1. 1818.
[1114] Vgl. H. Gollwitzer, Funktionswandel, 61–69.
[1115] Abels Einweihungsrede, in: Münchner Politische Zeitung v. 13. 10. 1839.
[1116] Vgl. Gollwitzer, Funktionswandel, 69ff.
[1117] Mitteilung von Frau Dr. Elgin van Treeck-Vaassen a. d. Vf. v. 14. 2. 1985.
[1118] BStBM L.-A. T. 3,111 7. 2. 1837 u. GHA N Max II. 82/1/359 L.-Kronprinz Max 22. 4. 1830.
[1119] G. F. Kolb, Der Bayerische Landtag von 1845/46, in: Konstitutionelle Jahrbücher II (1846), 211, spricht von der »unglücklichen Idee« Bayerns, als die »erste rein und streng katholische Macht Deutschlands gelten zu wollen«. Doellinger äußerte später: »Man meinte damals, da Preußen die Schutzmacht des Protestantismus auf dem Kontinent sei, so könne Bayern durch Schutz und Pflege katholischer Interessen in Deutschland sich zu höherer politischer Bedeutung erheben« (Treitschke, Deutsche Geschichte IV, 721).
[1120] Vgl. H. Gollwitzer, Vorüberlegungen zu einer Geschichte des politischen Protestantismus nach dem konfessionellen Zeitalter (= Rheinisch-Westfälische Akademie der Wissenschaften Vorträge G 253), Opladen 1981, 15–20.
[1121] Vgl. H. Gründer, Christliche Mission und deutscher Imperialismus 1884–1914, Paderborn 1982, 46ff. – Als erfolgreichstes Unternehmen dieser Art hatte sich seit 1822 der Lyoner Missionsverein (Xaverius-Verein) etabliert.

1122 P. W. Mathäser OSB, Der Ludwig-Missions-Verein in der Zeit König Ludwig I. von Bayern, München 1939, auch für das Folgende, sowie Witetschek, Studien, 313–316. Der Gründung des Ludwig-Missions-Vereins war als erste vom König gutgeheißene neue kirchliche Vereinsgründung während seiner Regierungszeit ein »Verein zur Verbreitung guter und erbauender Bücher« (1830) vorhergegangen.

1123 H.-J. Daehme, Friedrich Konrad Rese (1791–1871), in: Genealogie 31 (1982), 373–384.

1124 SS 269 (23. 4. 1840).

1125 SS 622 (17. 11. 1843). – Vgl. Mathäser, Der Ludwig-Missions-Verein, 203.

1126 HStAM M Inn 45924 L.-Abel 15. 2. 1843.

1127 SS 406 (25. 8. 1847).

1128 Vgl. W. Winkler, König Ludwig I. von Bayern und die deutschen Katholiken in Nordamerika, in: HPBll. 169 (1922), 705–720; Mathäser, König Ludwig I. von Bayern und die Gründung der ersten bayerischen Benediktinerabtei in Nordamerika (StMGBO NF 12) 1926, und ders. (Hg.), Bonifaz Wimmer und König Ludwig I. von Bayern, Briefwechsel, München 1938.

1129 Vgl. Witetschek, Studien, 313 ff.

1130 F. Frieß, Leben der Ehrwürdigen Mutter Maria Theresia von Jesu Gerhardinger, München 1907, 165.

1131 GHA NL XXII L.-ZuRhein 12. 11. 1847.

1132 Winkler, König Ludwig I., 712.

1133 Ebda., 718 f.

1134 Vgl. J. Grisar, Bayern und Preußen zur Zeit der Kölner Wirren 1837–1838, München Diss. 1923; H. Schrörs, Die Kölner Wirren (1837). Studien zu ihrer Geschichte, Köln 1927; R. Lill, Die Beilegung der Kölner Wirren 1840–1842, Düsseldorf 1962. Von Belang ferner die zahlreichen Beiträge A. Doeberls in den HPBll.

1135 J. A. F. Baudri, Der Erzbischof von Köln, Johannes Kardinal von Geißel, und seine Zeit, Köln 1881, 297 ff.: Reisach-Geißel 16. 1. 1838.

1136 A. Doeberl, König Ludwig I. und die katholische Kirche, in: HPBll. 158/I (1916), 84 ff.

1137 T. v. Borodajkewycz, Bischof und Domdechant. Franz Xaver Schwäbl und Melchior von Diepenbrock, in: Festschrift für K. G. Hugelmann, Aalen 1959, 116.

1138 E. Roeder, Der konservative Journalist Ernst Zander und die politischen Kämpfe seines Volksboten, München 1972, 11–16.

1139 Zander redigierte seit 1. 4. 1848 erfolgreich das Blatt »Der Volksbote für den Bürger und Landmann«. – Vgl. Roeder, wie Anm. 1138.

1140 GHA NL XIV. Gise-L. 26. 5. 1838. – Weitere Unterlagen zu dem Konflikt Bayerns mit Preußen GHA NL IX. – Vgl. O. Splett, Die großen deutschen Mächte und das Kölner Ereignis 1838–1842, Diss. München 1939.

1141 GHA NL XIV L.-Abel 6. 4. 1838.

1142 GHA NL XIV L.-Abel 19. 4. 1838.

1143 Vgl. J. Grisar, Aus Sturmtagen der katholischen Publizistik, in: Stimmen der Zeit 107 (1924), 442.

1144 GHA NL XIV Rundschreiben Abels vom 13. 6. 1838.

1145 Vgl. M. Liederbach (= Max Frhr. v. Gagern), Hermann Müller, Mainz 1878, und Gehring, Würzburger Chronik IV, 13.

1146 A. Doeberl, König Ludwig I. und die katholische Kirche, in: HPBll. 158 (1916), 90.

1147 Die früher im verbrannten Teil des Nachlasses Abel in GHA enthaltenen Bestände großenteils veröffentlicht bei A. Doeberl, König Ludwig I. etc., in: HPBll. 159 (1917), 858 ff.; auch für das Folgende.
1148 BStBM L.-A. T. 3,126 4. 12. 1840. Vgl. Lill, Beilegung, 131–135.
1149 Vgl. J. A. F. Baudri, Der Erzbischof von Köln, Johannes Kardinal von Geißel, und seine Zeit, Köln 1881; O. Pfülf, Kardinal von Geißel, 2 Bde., Freiburg 1895–1896, und R. Lill, Die Beilegung der Kölner Wirren 1940–1842, Düsseldorf 1962.
1150 GHA NL XII Abel-L. 1. 11. 1841.
1151 Veröffentlicht durch A. Doeberl, König Ludwig I. etc., in: HPBll. 158 (1916), 96 ff.
1152 GHA NL II A 38 Graf August Rechberg-L. 1. 4. 1838.
1153 GHA NL II A 38 Geißel-L. 10. 1. 1839.
1154 Vgl. A. Doeberl, König Ludwig I. etc., in: HPBll. 158 (1916), 84–98 u. 159 (1917), 858–862.
1155 Obstruktion trieben Außenseiter in Köln, München und Rom, die einen Friedensschluß zwischen Staat und Kirche verhindern wollten (GHA NL 85/4/1 Maximilian Freiherr von Lerchenfeld-L. 3. 7. 1843: Quertreibereien von Kölner Kreisen, die das Gerücht verbreiteten, der preußische König wolle den Kölner Dom in eine Simultankirche verwandeln. Ebda. 85/3/2 Friedrich Wilhelm IV.-L. 31. 12. 1841). Als Störaktion mußte auch die Schrift »Die Kölnische Kirche im Mai 1841« aus der Feder des nach Würzburg berufenen preußischen Emigranten, Professor Hermann Müller, angesehen werden.
1156 Vgl. H. Bastgen, Forschungen und Quellen zur Kirchenpolitik Gregor XVI., Paderborn 1929, 353–358: Rochow-Wittgenstein 13. 9. 1837; ebda., Bemerkungen Jarckes zu dem Schreiben Rochows, S. 558–567.
1157 BStBM L.-A. T. 3,111 25. 2. 1837.
1158 BStBM L.-A. T. 3,84 10. 6. 1830.
1159 StAM MJnn 45254. – Vgl. W.-S. Kircher, Adel, Kirche und Politik in Württemberg 1830–1851, Göppingen 1973; auch für das Folgende.
1160 GHA N Abel Abel-L. 24. 9. 1841 u. L.-Abel 26. 9. 1841. – Ausführlich: A. Doeberl, König Ludwig I. etc., in: HPBll. 158 (1916), 221–232.
1161 HPBll. 8 (1841), 702.
1162 GHA NL 85/3/7 Tann-L. 26. 10. 1844.
1163 HHStA Staka Bayern-Hofkorrespondenz 2 L.-Metternich 10. 2. 1841.
1164 BStBM L.-A. T. 3,144 5. 4. 1845.
1165 Hurter, Hurter I, 174 f.
1166 Hurter, Hurter I, 281.
1167 BStBM L.-A. T. 3,149 12. 7. 1846.
1168 BStBM L.-A. T. 3,143 26. 2. 1845.
1169 BStBM L.-A. T. 3,7 15. 12. 1810.
1170 Schiel, Johann Michael Sailer II, 353 ff.
1171 Vgl. Franz von Baader, Schriften zur Gesellschaftsphilosophie (Hg. Sauter), Jena 1925, 915–919.
1172 H. Schrörs, Geschichte der katholisch-theologischen Fakultät zu Bonn, Köln 1922, 5.
1173 GHAM M Inn 43 899 Signat des Königs vom 5. 8. 1838.
1174 GHA NL $\frac{85}{3}$ II Briefe Friedrich Wilhelm IV.-L. Conc. von Briefen L.-Friedrich Wilhelm IV. ebda. sowie GHA NL 88/4/3. Cop. eines wichtigen Schreibens L.-Friedrich Wilhelm IV. v. 15. 11. 1844, in: HStAM Abt. V Restnachlaß Abel.

1175 F. F. Graf v. Beust, Aus drei Vierteljahrhunderten. Erinnerungen und Aufzeichnungen I, Stuttgart 1887, 32: »Mein Vorgänger, dem Beispiel seines preußischen Kollegen folgend, hatte sich vielleicht etwas zuviel in die Angelegenheiten der bayerischen Protestanten eingemischt, was, weit entfernt, denselben zu nützen, im Gegenteil dazu führte, sie die Übellaune empfinden zu lassen, welche ihren Protektoren galt. Ich war der Ansicht, daß, ohne dazu von meiner Regierung beauftragt zu sein, was nicht der Fall war, ich mich einer solchen Intervention zu enthalten habe. Daß diese Haltung mir den Minister von Abel befreundete, kam meiner Regierung in den Eisenbahnangelegenheiten zugute.«
1176 BStBM L.-A. T. 3,75 14. 3. 1828.
1177 Ch. Schmid (Hg.), Briefe von J. Chr. K. v. Hofmann an Heinrich Schmid, Leipzig 1910, 2.
1178 BStBM L.-A. T. 3,94 25. 10. 1832.
1179 Auswahl mündlicher und schriftlicher Äußerungen des Präsidenten von Roth in der Ersten Kammer der bayerischen Ständeversammlung 1829–1847, München 1852, 172f.
1180 BStBM L.-A. T. 3,146 21. 11. 1845.
1181 GHA NL XIV Abel-L. 24. 12. 1839.
1182 Kolde, Beiträge XVII, 206: Sehr scharfes Urteil Harleß' über das Münchner Oberkonsistorium. – Thiersch, Thiersch I, 372f.: Thiersch bemerkte zu einer Akademierede Roths 1830, daß sie »die ganze Kongregation mit Wohlgefallen würde gehört haben«.
1183 Feuerbach, Leben und Wirken II, 312. – Ebda. II, 174: Feuerbach hatte schon 1822 eine Darstellung der »Religionsbeschwerden der Protestanten in Bayern im Jahre 1822« verfaßt, doch weigerten sich die protestantischen Mitglieder der Ständeversammlung, die Beschwerdeschrift zu unterzeichnen, um nicht eine itio in partes und eine Auflösung der Kammer zu riskieren.
1184 Zu Harleß vgl. Th. Heckel, A. von Harleß, München 1933.
1185 Wie Anm. 1120.
1186 Löwe, Thiersch, 300.
1187 F. Thiersch, Über Protestantismus und Kniebeugung im Königreich Bayern. Ein Sendschreiben an Ignatz Doellinger, Marburg 1844. Publizistischer Vorkämpfer des protestantischen Standpunkts war Graf Karl Giech mit vier Veröffentlichungen 1841–1845.
1188 GHA NL XII Abel-L. 28. 12. 1843 und Januar 1844.
1189 Vgl. H. Gollwitzer, Graf Carl Giech 1795–1863. Eine Studie zur politischen Geschichte des fränkischen Protestantismus in Bayern, in: ZBLG 24 (1961), 102–162.
1190 Im Nachlaß von der Pfordten (HStAM Abt. V) befindet sich eine bemerkenswerte Sammlung von Briefen Giechs.
1191 GHA NL ARO 16 Graf August Rechberg-L. 20. 11. 1842.
1192 Vgl. W. Uhde, Hermann Freiherr von Rotenhan. Eine politische Biographie, München 1933.
1193 GHA NL X Schwäbl-L. 24. 6. 1841.
1194 HStAM MK 727; M Inn 43507; M Inn 43654. Albrecht M. Herold aus Bayreuth begründete seinen Übertritt mit den Worten: »...weil wir als evangelische Christen gar kein Glück haben«. – Bei einem hessischen Konvertiten, der sechs Kinder hatte, handelte der König und gab sich schließlich mit der Konversion von drei Kindern zufrieden.

1195 Landeskirchliches Archiv Nürnberg, Oberkonsistorium München Nr. 04401.
1196 Spindler, Briefwechsel, 413.
1197 Vgl. G. Plitt, Erlaß und Aufhebung des Gustav-Adolf-Vereins-Verbotes, Rothenburg 1931; H. Steinlein, Die Entstehung des bayerischen Hauptvereins der Gustav-Adolf-Stiftung, in: ZBKG 1 (1962), 121–146; H. W. Beyer, Die Geschichte des Gustav-Adolf-Vereins, Göttingen ³1938.
1198 HPBll. XV (18), 348 und Pfülf, Geißel I, 316.
1199 Plitt, Erlaß, 10.
1200 Allgemeine Zeitung 81 (21. 3. 1844).
1201 GHA NL II Abel-L. 1. 11. 1844.
1202 HStAM M Inn 44642; 44643 u. 44644.
1203 Hinweis darauf in einer Eingabe des Oberkonsistoriums v. 7. 1. 1843 (HStAM M Inn 44643).
1204 Beschwerden und Warnungen insbesondere in HStAM M Inn 44642 u. 44643.
1205 HStAM M Inn 44645.
1206 HStAM M Inn 44643 L.-Gumppenberg 30. 11. 1843.
1207 Verurteilung durch das Appellationsgericht Eichstätt 14. 12. 1844, Bestätigung durch das Oberappellationsgericht München 4. 3. 1845.
1208 Vgl. E. Dorn, Zur Geschichte der Kniebeugungsfrage und der Prozeß des Pfarrers Volkert in Ingolstadt, in: Beiträge zur Kirchengeschichte V, 1 ff.
1209 HStAM Staatsrat 863 Sitzung 26. 2. 1845.
1210 BStBM L.-A. T. 3,124 17. 5. 1840.
1211 VKA 1849 Bd. 1 P VII, 112 ff.
1212 BStBM L.-A. T. 3,143 17. 1. 1845.
1213 Vgl. O. Ritter v. Dauberschmidt, Kirchenpolitische Kämpfe in Bayern in den Jahren 1845–1846 mit besonderer Berücksichtigung der Publizistik, Münchner Diss. 1923, und K. Petersen, Zur Geschichte der Generalsynoden in Bayern etc. 1818–1848, Erlanger Diss. (masch.-schriftl.) 1952.
1214 GHA NL II Abel-L. 4. 1. 1845.
1215 An., Die Beschwerdevorstellungen der Mitglieder der protestantischen Generalsynoden in Bayern vom Jahr 1844 und die hierauf ergangenen Allerhöchsten Entschließungen, St. Gallen und Bern 1846.
1216 GHA NL II Abel-L. 15. 2. 1845.
1217 HStAM Staatsrat 863. – Erst eine Entschließung v. 22. 4. 1846 machte den Bescheid publik (WVS Nr. 1252).
1218 HStAM Staatsrat 864.
1219 Vgl. Heigel, König Ludwig I., 237.
1220 BStBM L.-A. T. 3,143 u. 3,144 26. 2., 27. 3. und 7. 4. 1845.
1221 HStAM M Inn 44364.
1222 WVS XXIII, 370 ff.
1223 GHA NL II L.-Abel 4. 10. 1844: Bei Gelegenheit der Ablehnung des Gesuches von Eichstätter Protestanten, dort Gottesdienst abhalten zu dürfen.
1224 Wie Anm. 1183.
1225 GHA NL XXI L.-Abel 5. 9. 1846.
1226 BStBM L.-A. T. 3,125 10. 9. 1840.
1227 BStBM L.-A. T. 3,124 11. 6. 1840.
1228 BStBM L.-A. T. 3,114 22. 12. 1837.
1229 BStBM L.-A. T. 3,143 31. 3. 1845.

1230 HStAM M Inn 44807 L.-Thürheim 29. 6. 1817.
1231 BStBM L.-A. T. 3,158 18. 12. 1848.
1232 HStAM MA 1921 enthält die Unterlagen für die Versetzung Abels. – S S 161 (26. 2. 1832).
1233 N Maurer (BStBM): Ms. »Geschichte der Bildung der griechischen Regentschaft im Jahre 1832 und die Geschiche ihrer Auflösung im Jahre 1834«.
1234 HStAM MA I 517 Armansperg-L. 6. 5. 1834
1235 An., Abel und Wallerstein, München 1840, 70f.
1236 GHA N Abel Fasz. 7: Briefe Schwäbls (verbrannt). GHA NL X Wallerstein-L. 27. 10. 1836.
1237 Fürstl. Löwenstein-Rosenbergsches Archiv Lit. D. Nr. 992. (Sperrungen nach Unterstreichungen von Konstantin Löwenstein). Mit der »Leo« ist wahrscheinlich die Gattin der Prinzen gemeint, nicht die Kurfürstin-Witwe Marie-Leopoldine, zu der Abel früher allerdings auch Beziehungen unterhielt. – Bei Zwistigkeiten im Hause des mit Wallerstein verfeindeten Wrede konnte Abel anscheinend eine Vermittlerrolle zwischen Vater und ältestem Sohn spielen (BStBM N Abel: Karl Theodor Wrede-Abel 3. XI. 1836).
1238 PG III, 13: Dönhoff-Friedr. Wilh. III. 15. 1. 1838.
1239 StA Oberbayern RA 1154/69: Unter den beschlagnahmten Pamphleten befindet sich ein »Sommerrepertoire« betiteltes Flugblatt, in dem führende Politiker Münchens unter dem Namen bekannter Theaterstücke ironisiert werden. Abel erscheint dort als Tartuffe. Als in den 40er Jahren Laubes »Das Urbild des Tartuffe« auf der Münchner Bühne zur Aufführung gelangen sollte, bat Seinsheim den König, dies zu untersagen, da bekannt sei, daß man Abel diesen Namen angehängt habe. Noch in seiner Erklärung gegen Abel vom 15. 3. 1849 in der Kammer der Reichsräte sprach Maurer von »wahrer Tartuffemanier des Abel'schen Vorgehens.«
1240 BStBM L.-A. T. 3,143 19. 6. 1845.
1241 GHA NL II A 25½ Von der Tann-L. 24. 10. 1837: »Das Hauptthema war, gegen Abel und für Seinsheim als seinen Nachfolger Himmel und Erde zu bewegen.«
1242 BStBM L.-A. T. 3,114 18. u. 20. 10. 1837.
1243 Zerzog, Briefe, 136: Montgelas-Zerzog 12. 3. 1838.
1244 Auf Baader hat Abel nie zurückgegriffen. Ihm war bekannt, daß der Philosoph seit den 30er Jahren zu den entschiedensten Gegnern der Kongregation und seiner Person zählte.
1245 SS 118 (1. 3. 1841).
1246 Der Überschrift dieses Abschnitts liegt der Titel einer von Wallerstein inspirierten und mit Material versehenen, von dem Literaten Dr. Jakob Ehrenbaum verfaßten Schrift zugrunde, die allerdings nur bis zum Jahre 1840 führt. Ehrenbaum wurde vom König aus München ausgewiesen. – Vgl. Zuber, »Fürst Proletarier«, 195.
1247 Susini I, 427: Baader-Stransky 15. 6. 1838.
1248 Von »ambition déréglée« sprachen L. bzw. Gise. FG III, 193: Vaudreuil-Regny 27. 6. 1834.
1249 Auch bei Abels Brüdern und seinem älteren Sohn war eine auffallende Disposition zu Jähzorn und Gewalttätigkeit festzustellen.
1250 Reinkens, Diepenbrock, 356.
1251 Uhde, Rotenhan, 67.
1252 GHA NL XVIII Abel-L. 20. 7. 1843.
1253 GHA NL XXI Abel-L. 26. 7. 1846.

1254 GHA NL I Abel-L. 13. 8. 1841.
1255 GHA NL XI Abel-L. 3. 5. 1840.
1256 VKR 1840 Bd. 2, P. 15, 245 ff.
1257 Vgl. VKA 1840 Bd. 8, P. XXXIX, 290 f. Zu Verfluchungen ließ er sich des öfteren hinreißen.
1258 VKA 1840 Bd. 8, P. XL, 353 f.
1259 BStBM L.-A. T. 3,124 11. 4. 1840.
1260 BStBM L.-A. T. 3,124 10. 4. 1840.
1261 Ebda.: »...hiedurch dem so viel an Ansehen verloren habenden Fürsten von Öttingen-Wallerstein neuen Schwung verliehen«.
1262 Susini I, 441: Baader-Stransky 15. 4. 1840.
1263 Allerdings hat er selbst auf dem Wiener Kongreß dem Kronprinzen von Württemberg eine Forderung zukommen lassen, aber es dann vorgezogen, die von Wrede angebotene Vermittlung in Anspruch zu nehmen. Wenn Duelle in Hofkreisen vorfielen, drückte Ludwig ein Auge zu. Bei einem Duell zweier Stabsoffiziere fragte Ludwig Abel, ob er es für richtig halte, »daß ich nicht dergleichen tue, als wenn ich davon wüßte, oder daß ich einschritte«: SS 397 (11. 8. 1843).
1264 BStBM L.-A. T. 3,124 11. 4. 1840. Rechberg und Gumppenberg fungierten wohl weniger als Sekundanten denn als Aufpasser.
1265 BStBM L.-A. T. 3,124 21. 4. 1840.
1266 Vgl. Zuber, »Fürst Proletarier«, 205 f.
1267 GHA NL XVIII Abel-L. 12. 7. 1843: »Unzweifelhaft wäre ohne des Fürsten Mitwirkung auf diesem Landtag nicht zum Ziel zu kommen; er löscht die Feuer, die er selbst angezündet hat – ich aber werde mich glücklich preisen, wenn das Ende des Landtages mich auch von der Notwendigkeit öfteren Verkehrs mit demselben befreiet.«
1268 GHA NL XVIII von der Tann-L. 12. 7. 1843: Von der Tann hatte dem »Windfürsten« die Anerkennung des Königs für seine Verdienste auf dem Landtag auszudrücken. Er meldete den Vollzug des Auftrags und berichtete, daß er »zum Trinkgeld wirklich unzählbare Küsse erhalten, die im Zimmer anfingen und an der Treppe erst endigten, ohngeachtet mehrere Personen hinzugekommen waren, denen es, bei Unkenntnis der Ursache, zwar herzbrechend, aber nicht weniger rätselhaft vorgekommen sein muß. Hoffentlich hatte er sich nicht ausgeküßt und Freund Abel, den er später erwartete, noch seine Ration erhalten.«
1269 SS 313 (23. 6. 1845).
1270 GHA NL XXI Abel-L. 14. 6. 1846: Abel zeigte sich besonders darüber erfreut, daß Wallerstein in Paris in Gestalt des Legationssekretärs von Wendland einen selbst dem Fürsten als Intrigant noch überlegenen Mitarbeiter finden werde. Wallerstein legte später die Dinge so aus, als habe man ihn durch den kostspieligen Gesandtenposten in Paris vollends ruinieren wollen.
1271 HStAM Staatsrat 804 u. 805.
1272 GHA NL II A 25½ von der Tann-L. 29. 11. 1839.
1273 Mit bürgerlichen Ministern ist in erster Linie Abel, mit dem »Lügenfürsten« Wallerstein gemeint. Von der Tanns Ratschlag für den Umgang mit dem Landtag: »Tempore tempora tempera«. Außerdem möge der König den Landtag überraschend schließen oder, nach Umständen, vertagen.
1274 Vgl. VKA 1840 Bd. 2 P X, 134.
1275 VKA 1840, Bd. 2, P. X, 133.

1276 VKA 1840, Bd. 1, P. V, 424.
1277 Diese Äußerung führte zu einer Demarche des französischen Gesandten bei Gise. – FG IV, 142 f.: Bourgoing-Soult 31. 1. und 8. 2. 1840.
1278 VKA 1840, Bd. 2, P. X, 132 ff.
1279 VKA 1840, Bd. 1, P. V, 415 ff.
1280 VKA 1840, Bd. 2, P. X, 132–140.
1281 Zu Friedrichs Rolle auf dem Landtag 1843: GHA NL XVIII (Friedrichs »politisches Glaubensbekenntnis«, seinem Neffen übergeben, vom 28. 7. 1843); ebda.: Abel-L. 5. 7. und 9. 8. 1843; HStAM MA 99505. – Friedrich als Dompropst zu Bamberg: GHA NL XXI Abel-L. 29. 7. 1846. Vgl. ferner Jocham, Memoiren, 613 f.
1282 GHA NO $\frac{43}{1}$ 29c L.-Otto 14. 10. 1843.
1283 SS 157 (12. 3. 1843).
1284 GHA N Abel Fasz. 2 (verbrannt); ebda. NL XVIII: zahlreiche Signate und Billetts L. für Abel.
1285 GHA NL ARO $\frac{21}{II}$ Abel-L. 3. 6. 1843; auch für das Folgende.
1286 GHA NL XVIII von der Tann-L. 4. 8. 1843.
1287 HStAM M Inn 45744.
1288 Dok. III, 2, 110–113; vgl. Seydel, Das Budgetrecht, und Uhde, Rotenhan, 68 ff. und 73 ff.
1289 Seydel, Das Budgetrecht, 13 f.
1290 GHA NL XXII: Wallerstein-L. 15. 8. 1847.
1291 HStAM Abt. V N von der Pfordten Nr. 126: Giech-von der Pfordten 17. 10. 1843.
1292 U.a. hätte Abel gerne den König zu Konzessionen an den Gustav-Adolf-Verein veranlaßt. Aber Ludwig lehnte ab: »Ich bin fester noch als Abel«, notierte er mit einer gewissen, fragwürdigen Genugtuung: BStBM L.-A. T. 3,143 16. 2. 1845.
1293 GHA NL XX Karl Wrede-L. 7. 12. 1845.
1294 BStBM L.-A. T. 3,148 2. 5. 1846.
1295 Vgl. Ostadal, Kammer der Reichsräte, 148–155. Der geistliche Publizist M. Strodl meinte zu der Ablösung Wredes durch Wallerstein: »Die Anträge Wredes, die als Rohfleisch der hohen Kammer, den Nachkommen der alten deutschen Recken, nicht munden wollten, wurden nun durch eine scharfe Bcizc und durch Gewürze mit Zeitphrasen zubereitet und der hohen Kammer von Herrn Fürsten Wallerstein als Ragout präsentiert« (Kirche und Staat, 208).
1296 Anträge der Abgeordneten Bauer und Langguth: HStAM M Inn 44364; GHA NL XX Abel-L. 11. 2. 1846. Zu den Diskussionen in beiden Kammern des Landtags 1846 vgl. die Arbeiten von Ostadal, Jockwig u. Weiß.
1297 GHA NL XX Abel-L. 25. 10. 1845.
1298 Schon zu Beginn des Jahres 1845 plagten Ludwig Ahnungen von der bevorstehenden Dominanz Wallersteins in der Ersten Kammer. BStBM L.-A. T. 3,143 2. 1. 1845: Wallersteins Anhänger »wissen, daß er lügt, doch solches Übergewicht hat er dennoch, daß, wenn er gegen mich, auch die Majora im Reichsrat mit gesamten Prinzen des Hauses an der Spitze, mein eigen Blut, gegen mich wäre«. – BStBM L.-A. T. 3,146 15. 12. 1845: Gise spricht von einer Leitung der Opposition der Ersten *und* der Zweiten Kammer durch Wallerstein.
1299 GHA NL XX Leiningen-Abel 17. 2. 1846.
1300 GHA NL XX Marc-Abel 11. 1. 1846.

[1301] GHA NL XX Abel-L. 23. 12. 1845.
[1302] BStBM L.-A. T. 3,146 30. 12. 1845.
[1303] BStBM L.-A. T. 3,147 19. 1. 1846.
[1304] GHA NL XX Abel-L. 16. 12. 1845.
[1305] GHA NL XX Abel-L. 20. 12. 1845.
[1306] BStBM L.-A. T. 3,147 3. 1. 1846.
[1307] GHA NL XX Marc-Abel 11. 1. 1846.
[1308] GHA NL XX Abel-L. 3. 3. 1846.
[1309] GHA NO $\frac{43}{1}$ 29d L.-Otto 3. 5. 1846.
[1310] GHA NL XXI Abel-L. 24. 7. 1846.
[1311] GHA NL XXI Abel-L. 26. 7. 1846 u. 8. 9. 1846.
[1312] GHA NO $\frac{43}{1}$ 29d L.-Otto 1. 6. 1846.
[1313] BStBM L.-A. T. 3,148 24. 5. 1846.
[1314] BStBM L.-A. T. 3,147 19. 1. 1846.
[1315] Ebda.: »Nur Übertriebenheit in Religion wirft man Abel und nicht ganz ohne Grund vor, wenn er damit nicht mehr zu tun hat, so meine Ansicht, daß seine Stellung mit dem Thronfolger gut wird und vorgefaßte Meinung gegen Religiöses betr. verschwände.«
[1316] GHA NL XXI Abel-L. 11. 11. 1846. – Die Kultus- und Schulangelegenheiten in einem neuen Ministerium zusammenzufassen, wurde schon unter Max Joseph erwogen. Vgl. Winter, Wrede, 317.
[1317] BStBM L.-A. T. 3,158 18. 12. 1848.
[1318] Callies, Krise, 82–91.
[1319] Vgl. Treml, Bayerns Pressepolitik, passim.
[1320] GHA NL XXI Abel-L. 28. 6. 1846.
[1321] GHA ARO 21^I Abel-L. 23. 8. 1840.
[1322] GHA ARO 29.
[1323] SS 67 (2. 2. 1843); SS 68 (3. 2. 1843); SS 81 (7. 2. 1843); GHA NL I L.-Abel 12. 2. 1844: »Nur nichts, die Presse betreffend, an die Stände zu bringen.«
[1324] Vgl. Huber, Deutsche Verfassungsgeschichte II, 91–115; W. Real, Der hannöversche Verfassungskonflikt von 1837/1839 etc., Göttingen 1972, 17–34; K. Morg, Das Echo des hannoverschen Verfassungsstreites etc., Hildesheim 1930.
[1325] GHA NL VII Gise-L. 4. 7. 1839.
[1326] Vgl. Buch II, Kap. I.
[1327] PG III, 145: Dönhoff-Friedrich Wilhelm III. 19. 2. 1840.
[1328] SS 243 (12. 4. 1840).
[1329] PG III, 96: Dönhoff-Friedrich Wilhelm III. 23. 1. 1839.
[1330] SS 169 (8. 5. 1839).
[1331] ÖG III, 132: Kast-Metternich 4. 3. 1841.
[1332] PG III, 144f.; 146f.; 153ff. 174ff.
[1333] GHA NO $\frac{43}{1}$ 29c L.-Otto 18. 11. 1840; ebda. NL 88/5/5 L.-Friedr. Wilhelm IV. 16. 12. 1840 (Conc.).
[1334] FG IV, 674: Bourgoing-Mortier 24. 1. 1839: Der König von Bayern, derjenige unter den deutschen Souveränen, der sich am lebhaftesten widersetzt, wenn dem Deutschen Bund der Verlust eines einzigen Dorfes droht, ist zugleich derjenige, der meist am wenigsten vorbereitet ist, um seine Truppen in Kriegszustand zu setzen.
[1335] GHA NL ARO 29 L.-Gise 21. 3. 1841.
[1336] ÖG III, 129: Kast-Metternich 23. 2. 1841.
[1337] GHA NL V Becker-L. 2. 4. 1841.

1338 BStBM L.-A. T. 3,124 1. 5. 1840; ebda. T. 3,125 8. 8. 1840.
1339 BStBM L.-A. T. 3,113 2. 8. 1837.
1340 BStBM L.-A. T. 3,124 27. 5. 1840.
1341 SS 288 (17. 9. 1846).
1342 SS 291 (20. 9. 1846).
1343 GHA NO $\frac{43}{1}$ 29d L.-Otto 14. 10. 1846.
1344 PG IV, 329: Bernstorff-Friedrich Wilhelm IV. 26. 11. 1847: Großes Konzert im Odeon zugunsten des Beseler-Fonds; persönliche Teilnahme des Königs.
1345 GHA NL XXII L.-Maurer 17. 9. 1847. – Ludwigs Bray gegenüber ausgesprochener Wunsch war es, daß der Dänenkönig Schleswig in den Deutschen Bund aufnehmen lasse: SS 400 (22. 8. 1847).
1346 Vgl. E. Pucher, Die Geschichte des Sonderbundskrieges, Zürich 1966.
1347 GHA NL I Abel-L. 7. 3., 5. 4. u. 14. 4. 1845.
1348 SS 335 (24. 10. 1846).
1349 Vgl. B. Ritter von Meyer, Erlebnisse I, 176; auch für das Folgende.
1350 SS 467 (13. 10. 1847).
1351 F. A. F. Baron de Reiffenberg, Souvenirs d'un pélerinage en l'honneur de Schiller, Brüssel und Leipzig 1839, 30.
1352 BStBM L.-A. T. 3,147 8. 4. 1846.
1353 BStBM L.-A. T. 3,149 28. 7. 1846. Erinnerungen an Ludwig den Bayern hielt der König nicht mehr für politisch brisant, obgleich auch diese von der österreichischen Gesandtschaft mißfällig vermerkt wurden. Vgl. Gollwitzer, Funktionswandel, 70f.
1354 Vgl. A. Sandberger, Bayerische Stimmen zum österreichischen Nationalitätenproblem im 19. Jahrhundert (nach diplomatischen Berichten), in: Staat und Volkstum. Festgabe für K. A. von Müller, Dießen 1933, 226–230.
1355 BStBM L.-A. T. 3,143 17. und 18. 1. 1845: »Dabei ist meines Schwagers Persönlichkeit, Herz und Geist hinreißend«. – Briefwechsel zwischen König Johann von Sachsen und den Königen Friedrich Wilhelm IV. und Wilhelm I. von Preußen (Hg. Johann Georg Herzog von Sachsen), Leipzig 1911, 52.
1356 Mehrere diesbezügl. Briefe Friedrich Wilhelm IV. in: GHA NL $\frac{85}{3}$ II (insbes. 31. 12. 1841); ferner GHA NL 88/4/3 L.-Friedr. Wilhelm IV. 13. 10. 1838 (Conc.). Spröde verhielt sich Ludwig hinsichtlich der Wünsche Friedrich Wilhelms IV., in bayerischen Archiven lagernde Hohenzollernsche Hauskunden zu erhalten: GHA NL 853 II Friedrich Wilhelm IV.-L. 13. 11. 1845 und mehrere andere Briefe.
1357 Auch im Briefwechsel der Monarchen: GHA NL $\frac{88}{5}$ I L.-Friedrich Wilhelm III. 12. 11. 1828 (Conc.). Die Beteuerung nahm bei solchen und anderen Gelegenheiten mehr den Charakter eines konventionellen Topos an und zählte als ein zur Dankbarkeit verpflichtendes Argument gewiß nicht mehr.
1358 BStBM L.-A. T. 3,79 19. 1. 1829.
1359 PG IV, 159: Bernstorff-Canitz 23. 3. 1846.
1360 SS 266 (30. 5. 1833); SS 469 (20. 9. 1834); SS 67 (8. 2. 1835); SS 378 (27. 6. 1835).
1361 PG III, 136: Dönhoff-Werther 6. 1. 1840.
1362 Heinrich Sieveking, Karl Sieveking, 619.
1363 Vgl., auch für das Folgende, H. v. d. Dunk, Der deutsche Vormärz und Belgien 1830/48, Wiesbaden 1966, der indessen die Rolle Bayerns in der Frage der Eisenzölle ohne Berücksichtigung der Aktivitäten Ludwigs I. behandelt, und H. Sydow, Bayerisch-belgische Eisenbahnschienengeschäfte und ihr Einfluß auf die Handelspolitik des Zollvereins in der ersten Hälfte

der 40er Jahre, in: ZBLG 1979, 683-704.
1364 PG IV, 17f. und 20: Küster-Friedr. Wilhelm IV. 2. 1. 1844; ebda.Küsterders. 21. 1. 1844.
1365 PG III, 160f.: Werther-Dönhoff 15. 4. 1840, und PG IV, 16f.: Küster-Friedr. Wilhelm IV. 30. 12. 1843.
1366 PG IV, 75f. u. 79f.: Küster-Friedr. Wilhelm IV. 19. 12. 1844 und Küster-Bülow 2. 1. 1845.
1367 GHA NL IXX Abel-L. 8. 6. 1845.
1368 SS 492 (27. 9. 1845).
1369 PG IV, 18: Küster-Friedr. Wilhelm IV. 19. 12. 1844.
1370 F. List, Schriften, Reden, Briefe III, Berlin 1931, 693.
1371 Boisserée, Tagebücher III, 574. BStBM L.-A. T. 3,145 21. 8. 1845: »Leider ist mein Sohn, der Kronprinz, in preußischer Richtung, statt in katholischbayerischer.«
1372 HStAM MA I 443 Gise-L. 30. 7. 1845.
1373 P. E. Hosp, Aus dem Nachlaß Karl Ernst Jarckes, in: HPBll. 168 (1921), 750f.
1374 GHA NL I Abel-L. 9. 2. 1845.
1375 GHA NL I Abel-L. 20. 12. 1844 und 2. 1. 1846.
1376 GHA NL IX Abel-L. 19. 11. 1845. - BStBM L.-A. T. 3, 146 12. 12. 1845: Gise berichtet, Österreich wolle keinen Anteil an der evangelischen Konferenz nehmen, »worüber ich gar froh bin«.
1377 Zunächst war als Gesandter von Rochow vorgesehen, von dem man fürchtete, er würde in die Fußstapfen des Grafen Dönhoff treten (GHA NL II Abel-L. 9. 1. 1845). Abel (nicht Giese) verhandelte mit dem preußischen Vizeoberzeremonienmeister Graf Stillfried, um eine Belassung Küsters auf seinem Posten zu erreichen (darüber Berichte Abels an den König Oktober 1844 und März 1845, in GHA NL I).
1378 Anonymes und undatiertes Exposé von Ende November 1840, in: GHA NL XXI.
1379 Rechnungen in GHA NL 88/4/2. - Über Speisung der Salzburger Stadtarmen zum Jahrestag der Schlacht von Leipzig vgl. Kuhn, Cornelius, 145f.
1380 Grundsteinlegung zum Königsbau der Residenz am Jahrestag der Schlacht von Waterloo. Beim Festmahl trank der König auf den Sieg von Waterloo. Außenminister Graf Thürheim wünschte solche Bekundungen nicht und blieb der Feier unter einem Vorwand fern. - Taufe der Prinzessin Alexandra am Jahrestag der Schlacht von Leipzig.
1381 Spindler, Briefwechsel, 92.
1382 Wörterbuch zur Erklärung und Verdeutschung der unserer Sprache aufgedrungenen fremden Ausdrücke. Ein Ergänzungsband zu adelungs und Kampes Wörterbüchern. Neue stark vermehrte und durchgängig verbesserte Ausgabe von J. H. Kampe, Braunschweig, 1813. - Den Hinweis verdanke ich meinem Freunde und Kollegen H. G. Goepfert, Stockdorf b. München.
1383 Bibl, Metternich, 223ff., Wrede-Metternich 31. 5. 1831.
1384 SS 132 (16. 2. 1842).
1385 Fürstlich Löwenstein-Rosenbergsches Archiv Lit. D. Nr. 992 undat. (gegen Ende 1837).
1386 HStAM Staatsrat 5362.
1387 Zum Denkmalskult des 19. Jahrhunderts vgl. F. Schnabel, Die Denkmalskunst und der Geist des 19. Jahrhunderts, in: ders., Abhandlungen und Vorträge 1914-65 (Hg. H. Lutz etc.), Freiburg etc. 1970, 134-150; H.-E.

Mittig u. V. Plagemann (Hg.), Denkmäler im 19. Jahrhundert. Deutung und Kritik, München 1972.
Zum Nationaldenkmal vgl. Th. Nipperdey, Nationalidee und Nationaldenkmal in Deutschland im 19. Jahrhundert, in: HZ 206 (1968), 529–585; ders., Kirche und Nationaldenkmal: Der Kölner Dom in den 40er Jahren, in: W. Pöls (Hg.), Staat und Gesellschaft im politischen Wandel, Stuttgart 1979, 175–202; ders., Der Kölner Dom als Nationaldenkmal, in: HZ 233 (1981), 595–613; L. Kerssen, Das Interesse am Mittelalter im deutschen Nationaldenkmal, Berlin/New York 1975.

[1388] Über kunstpolitische Fragen, die sich dem Nationalpolitiker Ludwig im Zusammenhang seiner architektonischen Aufträge stellten vgl. Buch III, Kap. 2.

[1389] Vgl. Nipperdey, Kirchen als Nationaldenkmal, in: Festschrift Otto v. Simson, Berlin 1977, 412–431 und Anm. 1387.

[1390] GHA NL I A 42^I; I A 42^{II}; I A 42^{III}.

[1391] Die Büste war schon in den 30er Jahren in Auftrag gegeben. Die Aufstellung verzögerte sich 1847–48, weil man die Geneigtheit des Hl. Stuhls, einer Versetzung Reisachs nach Rom zuzustimmen, nicht aufs Spiel setzen wollte: BStBM L.-A. T. 3,156 6. und 11. 4. 1848.

[1392] Nipperdey, Nationalidee, 551.

[1393] Die Erinnerung an die Schlacht bei Sendling hat bei dem Bau der Ruhmeshalle für Ludwig offensichtlich keine Rolle gespielt. Gärtner hat zwar in einem Brief an J. M. Wagner die Erinnerung an die oberbayerischen Bauern, die in Sendling ihr Leben ließen, beschworen (W. v. Poelnitz, Ludwig I. von Bayern und Johann M. Wagner, München 1929, 183), aber der König vermied von sich aus, wie erwähnt, jede Bezugnahme auf dieses Geschehen, um nicht alte Wunden aufzureißen.

[1394] Wie Anm. 1387 u. H.-J. Busley, Ludwig I. von Bayern und der Kölner Dom, in: Land und Reich etc. Festgabe für Max Spindler zum 90. Geburtstag, München 1984, 75–100, sowie G. Leinz, Ludwig I. von Bayern und die Gotik, in: Zschr. f. Kunstgeschichte 44 (1981), 399–444.

[1395] HStAM M Inn 45924: Signat Ludwigs 18. 11. 1843; ebda. Akten zum Staatsrat 5360. – Vgl. Busley, Ludwig I., 81 ff.

[1396] GHA NL $\frac{88}{5}$ V Antrag an die Mitglieder des Deutschen Bundes 12. 12. 1842 (Conc.).

[1397] Vgl. H.-J. Busley, Das Oktoberfest als Nationalfest, in: E. M. Haller etc., Festzug, 29–40.

[1398] SS 362 (22. 6. 1843).

[1399] SS 417 (21. 7. 1843).

[1400] Abh. der BAW, Philosophisch-historische Klasse, München 1843.

[1401] SS 362 (24. 5. 1840).

[1402] GHA NL I A 27/II Seyssel-L. 25. 9. 1825 über eine rheinisch-westindische Kompanie, die die Aufmerksamkeit des Kronprinzen gefunden hatte. – Zur Wirtschaftsgeschichte des ludovizianischen Bayern vgl. W. Zorn, Bayerns Gewerbe, Handel und Verkehr (1806–1970), in: Spindler, HB II, 782–808.

[1403] GHA NL ARO 15/I u. 15/II.

[1404] SS 353 (4. 11. 1846).

[1405] SS 492 (27. 9. 1845).

[1406] Geradezu elektrisiert hat den König eine Nachricht in der Allgemeinen Zeitung von einer durch den Mechaniker Leininger zu Nürnberg gemachten »Erfindung eines metallenen für Aufnahme von 3 bis 50 Passagieren mit

40tägiger Verproviantierung angeblich dienen sollenden Luftschiffes, welches mittelst Dampfkraft fahren und in beliebiger Richtung soll bewegt werden«: SS 379 (1. 8. 1842).
[1407] Vgl. W. Zorn, Die wirtschaftliche Lage vor 1835 führte zur Gründung der Bayerischen Hypotheken- und Wechselbank, in: Das Bayerland 62 (1960), 323–332.
[1408] Ritter, Beiträge I, 76f. u. II, 49.
[1409] SS 549 (5. 12. 1834).
[1410] Zorn, Die wirtschaftliche Lage, 350: »Es ist das persönliche Verdienst König Ludwig I., daß er sogleich nach dem Inkrafttreten des Deutchen Zollvereins neue staatliche Bemühungen um die Gründung eines großen bayerischen Kreditinstituts herbeiführte.«
[1411] GHA NL 88/4/2 Aufzeichnungen in Bad Brückenau 2. 7. 1818.
[1412] GHA NL XVI Wallerstein-L. 14. 11. 1834 und Berks-L. 3. 6. 1835.
[1413] SS 400 (17. 8. 1834).
[1414] GHA NL 47/5/20 L.-Wallerstein 23. 9. 1837 (Conc.); beiliegend wichtige Gutachten.
[1415] Zorn, Bayerns Gewerbe, 791.
[1416] Vgl. An., Hundert Jahre Bayerische Hypotheken- und Wechselbank 1835–1935, München 1935; J. M. Lutz und H. Stummer, Hundertfünfundzwanzig Jahre Bayerische Hypotheken- und Wechselbank, München 1960; F. Jungmann-Stadler (Hg.), Die Anfänge der Bayerischen Hypotheken- und Wechselbank etc., München 1985.
[1417] Zur Geschichte des Donau-Main-Kanals vgl. G. Zöpfl, Die Idee eines Donau-Main-Kanals von Karl d. Gr. bis zu Prinz Ludwig von Bayern 793–1893, in: Das Bayerland 5 (1894), 356ff. bis 425ff.; G. Schanz, Der Donau-Main-Kanal und seine Schicksale, Bamberg 1894; H. Liermann, Vom Bau des Ludwig-Kanals von der Donau zum Main etc., in: ZBLG 33 (1970), 257–271.
[1418] ÖG I, 307: Hruby-Metternich 2. 5. 1820.
[1419] BStBM L.-A. T. 3,16 12. 1. 1813. – GHA ARO 15/1 Joseph v. Baader-L. 19. 1. 1815 über sein System der Kunststraßen. Im gleichen Jahr richtete Baader ein Gesuch an den König um Gewährung eines Privilegs für die Erfindung von Eisenkunststraßen und -wegen (HStAM M Inn 14365a). Ringseis, Erinnerungen II, 6: L.-Ringseis 27. 8. 1818: »Joseph Baader sagen Sie von mir, bei meiner nächsten Anwesenheit in München würde ich gerne sein verbessertes Eisenbahnmodell in Augenschein nehmen mit Aufmerksamkeit.«
[1420] List, Schriften, III, 2, S. 697. – SS 603 (11. 10. 1841): »Was aber die Alten gekonnt, vermögen wir auch, und groß nicht nur, großartig zugleich sei der Ludwigskanal.«
[1421] Vgl. L. Lenk, Bayerische Eisenbahngeschichte, in: Bayerland 1962, 208.
[1422] List, Schriften, III, 1, passim.
[1423] List, Schriften, III, 2, 693.
[1424] Ebda., III, 2, 695. – Zu den entschiedenen Kanalgegnern und frühesten Befürwortern des Eisenbahnwesens zählte der in München im Ruhestand lebende ehemalige Vorstand des gesamten bayerischen Wasser-, Brücken- und Straßenbauwesens K. F. v. Wiebeking, ein bedeutender Hydrotechniker und Architekt. 1834 veröffentlichte er eine Schrift: »Beweis, daß der 1832 auf Staatskosten bekannt gemachte Entwurf zu einem Kanal zwischen Donau und Main nie zur Ausführung gelangen könne« (ADB 55, 659ff.). 1807 meinte Ludwig nach einer Unterredung mit Wiebeking: »Im Wasser-

bau in Deutschland der geschickteste« (GHA NL I A 32 Notiz v. 29. 9. 1807).
1425 Ebda., III, 2, 691: Baader-List 18. 2. 1829.
1426 SS 31 (21. 1. 1833): Als 1833 eine Kommission betr. Kultivierung des Donaumooses zusammentrat, wünschte der König, »daß Joseph von Baader, dieser zwar gewiß kenntnisreiche Gelehrte, aber gewaltige Projektenmacher, dieser in der Ausführung äußerst unzuverläsige Mann, keinen Teil daran zu nehmen habe«.
1427 List, Schriften III, 2, 697: Baader-List 9. 9. 1834.
1428 Vgl. Schanz, Der Donau-Main-Kanal, 49–49. – Zu Kleinschrod vgl. H. J. Teuteberg, Die Ansichten des bayerischen Altliberalen Karl Theodor Kleinschrod (1789–1869) über Industriestaat und soziale Frage im Vormärz, in: Weltpolitik, Europagedanke, Regionalismus. Festschrift für H. Gollwitzer zum 65. Geburtstag, Münster 1982, 219–246.
1429 Schanz, Der Donau-Main-Kanal, 36.
1430 Beil. I zum Staatsratsprotokoll v. 24. 5. 1834 (redigiert von dem damaligen Ministerialrat Kleinschrod).
1431 List, Schriften III, 2, 697: Baader-List 9. 9. 1834.
1432 Nur so läßt sich eine Andeutung Wallersteins in der Kammer der Reichsräte 1843 auslegen: VKR 1843 III. Bd., 294.
1433 GHA NL II A 25½ von der Tann-L. 1. 11. 1839. Vermutlich hatte von der Tann von dem 1836 durch die Brüder des Fürsten voll gesicherten Rothschild-Darlehen von 100000 fl. gehört (vgl. Zuber, »Fürst Proletarier«, 89).
1434 Unterrichtete Zeitgenossen scheinen auf dieses Konkurrenzunternehmen nicht viel gegeben zu haben, zumal als Akteur eine etwas dubiose Persönlichkeit hervortrat. (Über diese, J. G. C. La Flèche, Baron von Kendelstein, ehemals Generalintendant des kgl. Westfälischen Hauses, vgl. A. Kleinschmidt, Geschichte des Königreichs Westfalen, Gotha 1893, 54f.). Es fehlt ein Beweis, daß das Projekt von interessierter Seite nur zum Schein lanciert worden sei, aber nichts hätte den am bayerischen Kanal Interessierten erwünschter sein können, als das Bekanntwerden des vermeintlichen Konkurrenzunternehmens zum Zeitpunkt der Verhandlungen mit dem bayerischen Staat.
1435 GHA NL XI Abel-L. 1. 2. 1841. – Weitere wichtige Belege zum Ankauf der Kanalaktien durch den Staat BStBM L.-A. T. 3,124 25. 5. 1840, und GHA NL XI Abel-L. 27. 8. 1840.
1436 GHA NL XVIII Abel-L. 15. 12. 1843.
1437 GHA NL XVIII Abel-L. 15. 7. 1843 spricht von »grenzenloser Impertinenz«, mit der sich Pechmann ihm gegenüber benommen habe. Der König wünschte jedoch schonende Behandlung Pechmanns.
1438 Vgl. H. Frh. v. Pechmann, Der Ludwigskanal. Kurze Geschichte seines Baues und seiner noch bestehenden Mängel sowie die Mittel, sie zu entfernen und zu verbessern und den Kanal zu seiner Vollkommenheit zu erheben, Nürnberg 1854, 119–121.
1439 Ebda., IV spricht Pechmann von »diesem auf dem Festlande von Europa wichtigsten Kanal«.
1440 GHA NL XI Abel-L. 25. 6. 1841.
1441 GHA ARO 21 I Abel-L. 3. 9. 1842: Das Haus Rothschild beherrscht die Generalversammlungen, »da diese beinahe ausschließlich von seinen Kreaturen besucht werden und seinen Vorschlägen daher im voraus die Majorität gesichert ist«.
1442 SS 229 (3. 7. 1839).

1443 GHA NL XXI Abel-L. 8. 12. 1846.
1444 GHA NL XXII A. M. Rothschild-L. 31. 8. 1847.
1445 GHA NL 47/5/20 Abel-L. 9. 5. 1840.
1446 GHA NL III Abel-L. 25. 12. 1841.
1447 SS 265 (8. 10. 1828): Der König wollte sich zu diesem Zeitpunkt noch an einer Aktiengesellschaft zur Gründung eines Kanals von München zur Donau beteiligen.
1448 GHA NL XV Mieg-L. 4. 3. 1826.
1449 Zur Geschichte des bayerischen Eisenbahnwesens vgl. K. Lutz, Der Bau der bayerischen Eisenbahnen rechts des Rheins, München etc. 1883; H. Marggraff, Die kgl. bayerische Staatseisenbahn in geschichtlicher und statistischer Beziehung, München 1894; L. Lenk, Bayerische Eisenbahngeschichte, in: Bayerland 1962; B. Ücker, Endstation 1920. Die Geschichte der bayerischen Staatsbahn, München² 1985. U. O. Ringsdorf, Der Eisenbahnbau südlich Nürnberg 1841–1849 etc., Nürnberg 1978. – Das Privileg v. 19. 2. 1834 für die Nürnberg-Fürther Eisenbahn bei Lutz, Der Bau, 366.
1450 HStAM MA 99503 Ministerrat-L. 12. 1. 1836 mit Signat Ludwigs aus Athen 6. 2. 1836: »Mein lebhaftes Wohlgefallen drücke ich dem Ministerrate hiermit aus mit dem, was er in dieser Sache getan«. Weiterer wichtiger Schriftverkehr zwischen König und Ministerrat aus dem Jahre 1836 betr. Übergang zur Eisenbahnpolitik, in: GHA NL ARO 24.
1451 GHA NL X Wallerstein-L. 26., 27. und 28. 2. 1836; auch für das Folgende.
1452 GHA NL XI Abel-L. 27. 8. 1840; auch für das Folgende.
1453 GHA NL XI L.-Abel 23. 8. 1840.
1454 In einem Schreiben Klenzes an Abel v. 18. 7. 1843 hieß es, daß die privaten Bemühungen um Herstellung einer Strecke zwischen Augsburg und Nürnberg vorübergehend eingeschlafen wären und erst 1841 wieder zur Sprache kamen, »nachdem, wie ich glaube, Ew. Exzellenz weiser Rat den großartigen Entschluß S. Mt. des Königs hervorgerufen hatte, die Eisenbahnen als das, was sie wirklich sind und sein sollen: als Staatsunternehmungen zu betrachten« (zit. nach Lutz, Der Bau, 20).
1455 GHA NL II Abel-L. 8. 6. 1844.
1456 HStAM MA 99506 Ministerratsprotokoll 10. 2. 1846 mit Signat des Königs vom 11. 2. 1846.
1457 HStAM M Inn 45924 L.-Innenministerium 8. 2. 1843. Abel zog vor dem König den für sich sehr vorteilhaften Vergleich über die erfolgreicher als beim Ludwigskanal vor sich gehende Abwicklung der Geschäfte durch die in Nürnberg eingerichtete Eisenbahnbaukommission. Gegenüber der von Klenze an seiner Eisenbahnpolitik geübten Kritik konterte Abel mit Hinweis auf die traurigen Erfahrungen, die man beim Kanalbau gemacht habe: »An der Spitze der Leitung stand Geheimrat von Klenze«. Dieser könne nicht vergessen, daß man ihn seiner früheren Stelle enthoben habe. Im übrigen nähme er es bekanntlich mit der Wahrheit seiner Behauptungen nicht allzu genau. Das Grundproblem sei, daß man Unternehmungen wie den Kanal- oder den Eisenbahnbau nicht ausschließlich in die Hand von Technikern legen dürfe. Umgekehrt sei »in allen technischen Gegenständen... schon jetzt dem administrativen Vorstande der Eisenbahnbaukommission ein Einfluß nicht zugestanden«.
1458 List, Schriften, III, 2, 946: Vellnagel-List 21. 5. 1843.
1459 SS 313 (4. 5. 1840) und SS 426 (25. 6. 1840).
1460 GHA NL XIV enthält ein Konvolut über die pfälzischen Eisenbahnen. Vgl.

H. Sturm, Die pfälzischen Eisenbahnen, Speyer 1967.
[1461] GHA NL XIV Mieg-L. 19. 5. 1838.
[1462] GHA NL XIV Abel-L. 19. 5. 1838.
[1463] SS 136 (15. 3. 1838).
[1464] GHA NL XXII Wallerstein-L. 4. 2. 1848.
[1465] SS 265 (8. 10. 1843).
[1466] GHA NL XI Signat Ludwigs v. 13. 2. 1838 auf einem gemeinschaftlichen Antrag Abels und Wirschingers v. 12. 2. 1838; ebda. L.-Kriegsministerium 1. 3. 1838. – Vgl. Sturm, Die pfälzischen Eisenbahnen, 47 und 124.
[1467] GHA NL X Wallerstein-L. 26., 27. und 28. 2. 1836: Auch Wallerstein griff Bangolds Argumente auf und erklärte, daß es »nicht im Interesse Teutschlands liegen kann, die auch militärisch unentbehrliche große deutsche Bahn durch Verbindungen mit dem Westen zu einer nichtdeutschen – und – ggf. zu einem Angriffsmittel für die Fremden zu machen...«
[1468] SS 82 (8. 2. 1843).
[1469] VKA 1846, Bd. 4, P. XXIII, 617.
[1470] GHA NL XI undat. Signat des Königs auf einem Antrag Gises v. 23. 2. 1838. Der Antrag der Unternehmer v. 15. 12. 1837 wurde noch unter der Regierung Ludwig I. mehrfach wiederholt. 1851 konnte Ulrich Himbsel die Dampfschiffahrt auf dem See eröffnen, 1854 mit dem Bau der Eisenbahnlinie Pasing-Starnberg beginnen.
[1471] Anastasius Grün, Gesammelte Werke (Hg. A. Frankl) I, Berlin 1877, 218 ff.
[1472] Gedichte Ludwigs des Ersten, Königs von Bayern, Vierter Teil, München 1847, 275.
[1473] Vgl. Corti, Ludwig I., 460–604; I. Ross, The Uncrowned Queen. Life of Lola Montez, New York etc., 1972; W. L. Kristl, Lola, Ludwig und der General, Pfaffenhofen 1979. Zur psychopathischen Analyse vgl. R. B. Greenblatt, Lola Montez: Auf der Suche nach Unabhängigkeit, Erfolg und Liebe, in: Sexualmedizin H. 9 (1981), 362–364.
W. L. Kristl, Unsterbliche Lola? Bücher von und über Lola Montez, in: Aus dem Antiquariat. Beil. zum Börsenblatt für den deutschen Buchhandel 3 (1973), A 97–A 106.
[1474] Aufschlüsse über ihn enthält seine inhaltsreiche Personalakte: HStAM Abtlg. IV (KA) OP 80015. – Vgl. Maltza(h)n'scher Familienverein (Hg.), Die Maltza(h)n 1194–1945. Der Lebensweg einer ostdeutschen Adelsfamilie, Köln 1979, 259 f.
[1475] BStBM L.-A. T. 3,31 22., 23., 25. 3. und 5. 4. 1817.
[1476] Zugrunde gelegt ist der Bericht der Münchner Polizeidirektion, wie er in der Staatsratssitzung v. 3. 2. 1847 vorgetragen wurde (HStAM Akten zum Staatsrat 4828).
[1477] SS 313 (6. 10. 1846).
[1478] SS 318 (8. 10. 1846).
[1479] Erste Bemerkung Ludwigs über Lola BStBM L.-A. T. 3,150 7. 10. 1846. Im folgenden dominierte Lola Montez in den Eintragungen bis 1848. – Brief Ludwigs an Tann bei Corti, Ludwig I., 465.
[1480] BStBM L.-A. T. 3,154 11. und 12. 11. 1847.
[1481] Vf. sah 1943 in GHA N Abel (verbrannt) ein – mit Sicherheit unbeantwortet gebliebenes – Billet Lolas in französischer Sprache, in dem sie Abel um seinen Besuch bat. Der Bürokrat verwahrte das Dokument in einem Aktendeckel, den er mit den Worten »Die unnennbare Weibsperson betr.« beschriftete. Abels Handakte Lola enthielt keine Vorgänge, die sich nicht aus

anderen Archivalien rekonstruieren ließen.
1482 BStBM L.-A. T. 3,150 15. 12. und 28. 12. 1846 sowie SS 411 (17. 12. 1846) und die Belege in den Anm. 1485 und 1486. Vgl. K. A. v. Müller, Am Rande der Geschichte, München 1957, 89–116.
1483 Der Innenminister hatte einen sicheren Blick für Fachbegabungen. Wen er mittelbar oder unmittelbar begünstigte, brachte es entweder zum Minister oder zu anderen hohen Stellungen: Bray, Schrenck d. J., Zwehl, Pechmann, Epplen.
1484 GHA NL XXI Pechmann-L. 17. 12. 1846.
1485 GHA NL XXI Abel-L. 22. 12. 1846.
1486 SS 426 (23. 12. 1846).
1487 BStBM L.-A. T. 3,150 10. und 16. 12. 1846.
1488 BStBM L.-A. 38 L.-Heideck 5. XII. 1846. Vgl. Corti, Ludwig I., 471 ff. u. Kristl, Lola, 63 ff.
1489 GHA NL XXI Abel-L. 20. 12. 1846 mit Signat Ludwigs v. 21. 12. 1846; ebda., Seinsheim-Abel 21. 12. 1846.
1490 J. H. Reinkens, Melchior von Diepenbrock, 357.
1491 Kristl, a.a.O., 61.
1492 GHA N Abel (verbrannt): L.-Abel 27. 1. 1847; Abel-L. 27. 1. 1847; L.-Abel 29. 1. 1847.
1493 Diepenbrock hat sein Schreiben an Ludwig v. 29. 1. 1847 in eigenhändiger Abschrift König Johann von Sachsen zugänglich gemacht (Auktionskatalog Hartung & Karl, München 2. 11. 1984). Ludwigs Antwort an Diepenbrock: GHA NL 88/3/5 L.-Diepenbrock 9. 2. 1847 (Cop.) und BStBM L.-A. 38 Conc. vom 5. II. 1847.
1494 Eingesehen in OA Passau.
1495 SS 45 (4. 2. 1847).
1496 BStBM L.-A. T. 3,150 17. 12. 1846.
1497 HStAM Staatsrecht 886 und 887: Sitzungen v. 8. 2. und 9. 2. 1847. Der ersten Sitzung präsidierte der König noch persönlich.
1498 HStAM Akten zum Staatsrat 4828: Sitzung 3. 2. 1847.
1499 GHA NL XXII Memorandum Abels, Seinsheims, Gumppenbergs und Schrencks an den König 11. 2. 1847: Abel hat in diesem Schriftstück Maurers Äußerung, die von ihrem Urheber nie bestritten wurde, festgehalten.
1500 HStAM Staatsrat 887 (Sitzung 9. 2. 1847): Votum Hörmanns von diesem Tage.
1501 Wie Anm. 1499.
1502 GHA NL 47/1/14 Abel-L. 28. 2. 1847.
1503 A. Fournier, Historisch-politische Studien und Skizzen, 320 ff.; ÖG III, 421 f.: Sennft-Metternich 25. 2. 1847; PG IV, 259: Bernstorff-Canitz 23. 2. 1847; L. v. Kobell, Unter den vier ersten Königen, 181. GHA NL 85/3/7 Tann-L. 20. 2. 1847.
1504 GHA NL XXI Abel-L. 4. 12. 1846.
1505 GHA NL XXI: erschlossen aus Abel-L. 19. 12. 1846.
1506 BStBM L.-A. T. 3,150 19. 12. 1846.
1507 BStBM L.-A. T. 3,150 7. 12. 1846.
1508 BStBM L.-A. T. 3,151 13. 2. 1847.
1509 GHA NL XXI Welden-Hermann 21. 2. 1847. Hermann selbst erklärte sich außer Stande, zu Lola zu gehen oder einen Auftrag bei ihr zu übernehmen: BStBM L.-A. 39 Hermann-L. 18. 12. 1846.
1510 GHA NL XXI ZuRhein-L. 1. 3. 1847.

[1511] GHA NL XXI Polizeidirektor Mark-L. 2. 3. 1847.
[1512] GHA NL XXI Döllinger-L. 4. 3. 1847.
[1513] GHA NL XXI ZuRhein-L. undatiert; wohl 5. oder 6. 3. 1847.
[1514] GHA NL 88/4/2: Der unermüdliche Rechner Ludwig verbuchte von Oktober 1846 bis September 1848 auf den Kreuzer genau sämtliche Ausgaben für Lola. Ohne die Summe für den Hauskauf und die 33 000 fl., die der Architekt Metzger für Ausbau und Umbau des kleinen Palais quittierte, beliefen sie sich von Oktober 1846 bis September 1848 auf 165 222 fl. 55¼ Kreuzer. Es folgten noch beträchtliche weitere Zahlungen.
[1515] BStBM L.-A. T. 3,153 7. 7. 1847 und N Maurer (P), Blatt 108.
[1516] BStBM L.-A. 38 Korresp. L.'s mit Maltzahn und ebda. T. 3,151 1. 1. 1847.
[1517] Kristl, Lola, 106 ff.
[1518] BStBM L.-A. T. 3,152 17. 6. 1847.
[1519] BStBM L.-A. T. 3,153 13. 7. 1847 und folgende Eintragungen. Ausführliche Darstellung bei Corti, Ludwig I. – Zum Konflikt L.'s mit Tanns Sohn Rudolf, Adjutant des Königs: BStBM L.-A. 38: L.-Tann 21. 1. 48.
[1520] BStBM L.-A. T. 3,150 17. 12. 1846: »Entschieden erklärte sie sich gegen Erhebung zur Freifrau; Gräfin oder sie bliebe Lola Montez. Gräfin hätte sie durch Heirat werden können, aber sie liebe mich, bliebe mir verbunden durchs Leben.«
[1521] GHA NL XXII Maurer-L. 6. und 11. 8. 1847.
[1522] Signat Ludwigs auf Maurers Schreiben v. 6. 8. 1847.
[1523] Ludwig ging nur auf die Ernennung Konrad Maurers zum a.o. Professor ein. Daß es sich bei Konrad Maurer um einen vorzüglich qualifizierten Gelehrten handelte, steht auf einem anderen Blatt.
[1524] Maurer hat schließlich das Ernennungsdiplom der Gräfin Landsfeld gegengezeichnet. Andererseits hat er später in Anwesenheit des Königs angeblich geäußert, er werde die Frau Gräfin, wenn sie ihr Treiben nicht aufgebe, in die Fronfeste abführen lassen. Ludwig habe sich auf die Erwiderung beschränkt: »Ja, wozu wäre denn ich da?«: Heigel, Denkwürdigkeiten Maurers, 478.
[1525] GHA NL XXII Maurer-L. 13. 9. 1847.
[1526] Kristl, Lola, 127.
[1527] J. Dürck-Kaulbach, Erinnerungen an Wilhelm von Kaulbach und sein Haus, München 1917, 47.
[1528] BStBM L.-A. T. 3,154 15. und 16. 10. 1847.
[1529] Doppelzüngig wie meist, erklärte er jedoch am 16. 10., offenbar, um sich den König geneigt zu machen, Ludwigs Ehre erheische es, an Lola festzuhalten. Ludwigs Kommentar: »Das sprach ich bereits in Versen und in Prosa aus.« Seit Mitte Dezember 1847 machte Wallerstein den König jedoch in zwei Memoires auf die Unhaltbarkeit der Zustände aufmerksam und sagte eine Katastrophe voraus, wenn der König nicht Abhilfe schaffe.
[1530] GHA NL XVI Wallerstein-L. 8. 7. 1834.
[1531] Zunächst hatte Ludwigs Schwester Karoline Auguste, die Kaiserinwitwe von Österreich, versucht, ihrem Bruder ins Gewissen zu reden. Ludwig war darüber erbost, und daß er den österreichischen Gesandten am Münchner Hof, Graf Senfft-Pilsach in Verdacht hatte, die schwesterliche Intervention ausgelöst zu haben, mag einer der Gründe gewesen sein, daß er den Diplomaten bald nach Abels Rücktritt zur persona ingrata erklärte (vgl. Fournier, Historisch-politische Studien etc., 308 f.). Noch beharrlicher als Karoline Auguste bemühte sich Ludwigs älteste Schwester Auguste, ihren

Bruder von seiner Leidenschaft abzubringen (GHA NL $\frac{87}{6}$ 626 L.-Auguste 10. 6. 1847). Als Notruf ließ sich auffassen, daß die Königin zu ihrem Geburtstag 1847 den Wunsch aussprach, es sollten alle Festlichkeiten unterbleiben: GHA NL 47/5/$\frac{20}{5}$ L.-Zenetti 20. 8. 1847 (Conc.).

[1532] April 1847 durfte sich Lola aus den Sammlungen eine etruskische Vase, allerdings ohne »archäologische Bedeutsamkeit« heraussuchen: SS 217 (29. 4. 1847).

[1533] BStBM L.-A. T. 3,155 6., 13. und 14. 2. 1848.

[1534] Die studentischen Unruhen: GHA NL XXII Schriftverkehr zwischen Ludwig und Berks Dezember 1847 – Februar 1848 u. GHA ARO 35 Schriftwechsel des Königs mit Wallerstein und Berks Januar und Februar 1848.

[1535] GHA NL 49/3/40/10: Entwurf Berks für einen Erlaß gegen die Studenten, vom König am 8. 2. 1848 unterschrieben. GHA NL ARO 35 Wallerstein-L. 14. 2. 1848.

[1536] Soweit nicht anders zitiert, wird im folgenden die StAM 1422 verwahrte Denkschrift Steinsdorfs zitiert. – Ferner: GHA NL ARO 35.

[1537] Ebda.: Am Vormittag des 11. 2. hatte ihm Lola, unterstützt von Oberst Spraul und seinem Schwager, dem königlichen Flügeladjutanten Frhr. von Seefried, brieflich geraten, Augsburger Chevauxlegers mit der Bahn nach München zu beordern. Ludwig hat auch einen entsprechenden Befehl erteilt, der jedoch offensichtlich nicht mehr zur Ausführung gelangte. Vier Tage später machte Ludwig einen Nachtrag zu den Notizen vom 11. 2.: »Ich schämte mich, als ich bayerische Uniform zur Tafel anzog. Im berüchtigten Memorandum vor einem Jahr, da des bayerischen Heeres Treue Zweifel erhoben wurde, war's empörende Verleumdung – jetzo, was die Münchener Besatzung betrifft, Wahrheit, daß nicht auf sie zu bauen«: BStBM L.-A. T. 3,156 15. 2. 1848. – Zur Rolle des Militärs vgl. Calließ, Heer 86–93.

[1538] Vgl. Valentin, Fürst Karl Leiningen, 59f.

[1539] Wie Anm. 1535.

[1540] BStBM L.-A. T. 3,155 13. und 14. 2. 1848.

[1541] BStBM L.-A. T. 3,160 17. 6. 1849 und ebda. T. 3,126 12. 12. 1849. Zu ZuRheins Mitteilung vermerkte der König: »Was ich bereits um jene Zeit gehört.« Der ehemalige Ministerverweser glaubte zu wissen, daß Wallerstein schon im Herbst 1847 Freunden gegenüber davon gesprochen habe, er nehme die Stelle nur an, um Lola wegzubringen. Wenig wahrscheinlich ist die Version Günthers, man habe im Februar 1848 unter Umgehung des Kronprinzen dessen ältesten Sohn Ludwig zum König ausrufen und eine Regentschaft einsetzen wollen. Wallerstein, von dem Günther behauptete, er sei die Seele der damaligen Unruhen gewesen, habe man als Regenten vorgesehen.

[1542] M. Doeberl, Entwicklungsgeschichte Bayerns III, München 1931, 146.

[1543] BStBM L.-A. T. 3,156 11. 4. 1848. Damals wollte der König die Reise nur verschieben.

[1544] Ludwigs Briefe an den Erpresser Papon: BStBM L.-A. 38. Vgl. Auguste Papon, Lola Montèz. Mémoires, Nyon 1849. Es handelte sich bei dieser »Schrift« um einen erpresserischen Vorläufer dessen, was noch folgen könnte; sie enthielt als einzigen Abdruck eines Originalschreibens Ludwigs Brief an Papon v. 18. 11. 1848, der allerdings infolge der Höhe der darin vom König angekündigten Rente für Lola kompromittierend genug war.

[1545] Briefe Ludwigs an Berks und Peißner: BStBM L.-A. 38.

[1546] N. Maurer (P). Soweit für Zitate in diesem Abschnitt nicht andere Belege

aufgeführt werden, entstammen sie ausnahmslos diesem Bestand.
1547 GHA NL XII ZuRhein-L. 27. 9. 1847 (mit charakteristischem Signat des Königs). – Ohne Zweifel repräsentativ für die Stimmung der altbayerischen Geistlichkeit sind die Briefe, die Dechant Märkl aus Stamsried an den Lehensherrn von Abel richtete: HStAM Abtlg. V Restnachlaß Abel. Freilich gab es auch eine Minderheit im bayerischen niederen Klerus, die den Systemwechsel als eine gewisse Erleichterung ihrer Stellung empfand. Maurer berichtet in seinen Erinnerungen von den Besuchen von Landgeistlichen im Ministerium, die sich in diesem Sinne aussprachen.
1548 Vgl. H. Hurter, Friedrich Hurter II, 1877, 201 f., und H. Holland, Lebenserinnerungen eines 90jährigen Müncheners, München 1921, passim.
1549 N. Maurer (P): Maurer hat in seinen ungedruckten Memoiren den Ministerwechsel vom Februar 1847 und die Vorgänge während seiner Amtszeit auf das genaueste festgehalten und dokumentiert.
Vgl. K. Dickopf, Georg Ludwig von Maurer 1790–1872. Eine Biographie, Kallmünz 1960, und ders., König Ludwig I. und Staatsrat Georg Ludwig von Maurer. Ein Beitrag zur Geschichte des Vormärz in Bayern, in: ZBLG 29 (1966), 157–198.
1550 Ausdrücke wie »*die* Partei«, »die ultra-kirchliche Partei«, »die gewisse Partei«, »die bewußte Partei« tauchen zwar nach Abels Entlassung nicht erstmalig auf, setzten sich aber erst seither beim König, in der Bürokratie und unter den Antiklerikalen voll und ganz durch.
1551 BStBM L.-A. T. 3,151 16. 2. 1847.
1552 Bray hatte sein Gesuch mit einer von der Meinung des Königs abweichenden Rechtsauffassung in der Indigenatsangelegenheit motiviert. Das Memorandum hat Bray nicht unterzeichnet.
1553 Abels Wunsch, als Regierungspräsident von Niederbayern höhere Bezüge zu erhalten, lehnte der König mit den Worten ab: »Das, was ich als Gnade für den einen getan, dieses ein anderer nicht anzusprechen hat. Von Schenk sagte seinem König nicht auf, sondern wich nur vor der störrischen Opposition« (GHA NL 46/6/12/11 Abel-L. 20. 2. 1847 mit Signat des Königs).
1554 GHA NL 46/6/12/11.
1555 GHA NL XII Zenetti-L. 11. 9. 1847: »Als ich am 18. Februar d. J. vor Ew. Kgl. Mt. gestanden, um durch Übernahme des Ministeriums des Inneren jenes Komplott zu vernichten, welches die Bildung eines neuen Ministeriums unmöglich zu machen suchte...«
1556 BStBM L.-A. T. 3,151 9., 10., 11. und 13., 14., 15. 2. 1847.
1557 GHA NL XXII L.-Voltz 20. und 21. 2. 1847. – Bereits am 12. 2. hatte Abel Mühe, den König von dem Verdacht abzubringen, das Memorandum sei in der Münchner Gesellschaft schon bekannt gewesen, bevor es ihn erreicht habe: GHA NL XXII Abel-L. 12. 2. 1847.
1558 GHA NL XXI Maurer-L. 18. 5. 1847: Die ergebnislose Untersuchung wird den König überzeugen, »daß das gegenwärtige Untersuchungssystem nicht mehr haltbar ist«. Maurer plante eine große Justizreform und suchte dieser den Mißerfolg der Spezialkommission nutzbar zu machen.
1559 Der König sprach von »Frechheit«: SS 63 (22. 2. 1847). Vgl. A. Wernitz, Lasaulx und die vorrevolutionäre Münchener Szene im Februar 1847, in: Obb. A. 93 (1971), 185–189.
1560 GHA NL XXI Maurer-L. 27. 2. 1847.
1561 PG IV, 250: Canitz-Arnim 24. 3. 1847.
1562 Abel nahm im Mai 1847 die Route von Stamsried über Rosenheim und

vermied es, München noch zu berühren. Der König bewilligte ihm für den Turiner Posten 15000 fl. Eine bald nach Abels Ernennung beim König anberaumte Audienz schildert Maurer: »Ich fand ihn in sehr großer Aufregung. Er habe dem Herrn von Abel, sagte er mir, viel zu viel Geld bewilligt. Marogna [der Vorgänger Abels, d. Vf.] habe nur 9000 fl. bezogen. Abel verdiene ebenfalls keinen höheren Gehalt. Ich solle daher Abels Ernennungsdekret wieder zurückfordern. Dabei umkreiste mich der König wie ein wütender Tiger und schimpfte fortwährend gegen Abel, gegen dessen Verräterei und Undankbarkeit und dgl. mehr.« Maurer wußte den König von seinem Vorhaben abzubringen.

1563 Ein bedenkliches Zeichen war es, daß Hormayr, der sich durch das Arrangement von publizistischen Gegenaktionen gegen die weitverbreiteten Angriffe auf Bayern allerdings Verdienste um den neuen Kurs erworben hatte, sich 1847 nach München zurückbegeben konnte.
Zu den Profiteuren des neuen Kurses zählte auch der Ministerresident v. Gasser, der Athen verlassen und die Nachfolge Oberkamps in Frankfurt/Main antreten durfte.

1564 PG IV, 245: Canitz-Bernstorff 9. 3. 1847 9. 3. 1847.
1565 HStAM MA 449 Conc. Maurers v. 1. 3. 1847 mit Signat des Königs.
1566 GHA NO $\frac{43}{1}$ 29d L.-Otto 24. 2. 1847: Er hat von Abel ein »Aufsagschreiben« erhalten, das sich gegen eine von ihm beabsichtigte Indigenatsverleihung gerichtet hat: »Sie glaubten, ich würde zu Kreuze kriechen und – irrten sich – und ich nahm gedachte Entlassungen an.« In späteren Schreiben an Otto (ebda.) beschuldigte der König ein Münchner Gremium superfrommer Damen der politischen Hetze gegen sich. Abels (nicht zustande gekommene) Versetzung nach Brüssel begründete Ludwig mit der Zweckmäßigkeit seiner Entfernung aus Bayern. Gleichzeitig erhoffte er jedoch von ihm nützliche Dienste bei König Leopold zugunsten Griechenlands, der in Paris und London vermitteln könne. Schließlich bemühte er sich, seinen Sohn zu überzeugen, daß der Ministerwechsel im In- und Ausland eine vorzügliche Wirkung hervorgebracht habe.
1567 Wie Anm. 1564.
1568 GHA NL $\frac{85}{3}$ Friedrich Wilhelm IV.-L. 21. 3. 1847.
1569 Von den publizistischen Stimmen hervorzuheben: P. Erdmann, Lola Montez und die Jesuiten, Hamburg 1847 (der gleiche Text erschien später unter dem Verfassernamen Ignaz Dobmayer mit dem Titel »Zustände und Ereignisse in München im Jahre 1847«, Berlin 1847) sowie J. Steinbühl (= J. A. v. Seuffert), Patriotische Betrachtungen im Gefolge der Münchener Fastnacht, München 1847.
1570 Maurer behauptete zutreffend, der König sei anfänglich der Justizreform durchaus nicht geneigt gewesen: »Er wollte keine Trennung der Justiz von der Verwaltung. Denn man hatte ihm den Glauben beigebracht, daß dadurch die Kraft der Regierung geschwächt werde. Er wollte überhaupt keine neue Gerichtsorganisation, die alte Gerichtsverfassung vielmehr möglichst erhalten. Sogar die Öffentlichkeit der Gerichte wollte er nur in sehr beschränkter Weise. Es mußten daher vor allem dem König andere Ideen beigebracht und derselbe überzeugt werden, daß es mit den alten Einrichtungen nicht mehr gehe. Die damaligen Unruhen in München und die dadurch sowie durch die Publikation und Verbreitung des Memorandums v. 11. Februar notwendig gewordenen Untersuchungen hatten wenigstens das Gute, daß sie mir tagtäglich bei dem König zum Exempel dienen konnten,

daß mit den bestehenden Einrichtungen keine Regierung mehr gehen könne.«

1571 Die dem König mißfällig gewordenen HPBll. hat man auf Wunsch des Herrschers der Zensur unterstellt, dagegen hat Maurer sich geweigert, ihnen, wie Ludwig es wünschte, den Postdebit zu entziehen. Obwohl der König dieses von Abel sehr strapazierte Mittel gerne weiter in Anwendung gebracht hätte, lehnte es Maurer ab.

1572 BStBM L.-A. T. 3,154 8. 10. 1847: Reisach hatte seinem ehemaligen Mitstudenten, Fürst Karl Wrede, anvertraut, daß er »darauf beharre, das placetum regium wegzuschaffen«. Wrede gab die Nachricht an Maurer weiter.

1573 GHA NL XXII Reindl-L. 18. 8. 1847.

1574 Vgl. Staudinger, Die katholische Bewegung, 65 f.

1575 GHA NL XII enthält zahlreiche Signate des Königs und Schreiben Maurers in dieser Sache. – Maurer bemerkt in seinen Erinnerungen: »Der Erzbischof ging indessen nach wie vor seinen unabhängigen Gang fort, lobte die Jesuiten, tadelte das Verhältnis des Königs zu der spanischen Tänzerin, tadelte vielleicht nur zu laut, und drohte am 12. Februar dem König sogar mit der Hölle. Schon vorher hatte die Jesuitenfeindin Signora Lola sich gegen den Erzbischof erklärt, ihm vielleicht auch mehr noch nachgeredet als ihm nachgewiesen werden konnte, mehr sogar, als sie selbst glaubte und wußte. Kurz, der frühere Liebling des Königs ward nun sein größter Feind.«

1576 SS 269 (30. 5. 1847). – Maurer-Memoiren: »Und bei der Eigentümlichkeit des Königs, der nur zu gern alles persönlich zu nehmen und deshalb entstandene Schwierigkeiten immer nur gewissen Personen zuzuschieben pflegte, mit deren Entfernung er daher auch alles wieder in Ordnung gebracht zu haben glaubte, bei dieser bekannten Eigentümlichkeit des Königs muß der Erzbischof nur umso mehr als Mittelpunkt aller dieser Differenzen betrachtet werden.«

1577 GHA N Abel Rinecker-Abel 24. 2. 1848 (verbrannt). Vgl. Staudinger, Die katholische Bewegung, 80.

1578 BStBM L.-A. T. 3,153 Nachtrag und 3,154 10. und 18. 10. 1847. PG VI, 230 ff.: Bernstorff-Friedr. Wilh. IV. 28. 2. 1847. N Maurer (P), Blatt 107. – Vgl. Hurter, Hurter II, 202; Corti, Ludwig I., 484 f. und 519; Zinkl, Jocham, 165.

1579 GHA NL XXII Maurer-L. 25. 8. 1847 und ZuRhein-L. 9. 9. 1847.

1580 HStAM MA 447 Mussinan-L. 26. 7. 1847.

1581 GHA NL XII Maurer-L. 6. und 18. 9. 1847 sowie ZuRhein-L. 27. 9. 1847; ebda. XXII Maurer-L. 27. 9. 1847.

1582 Nach einem Bericht Graf Bernstorffs hat selbst der österreichische Geschäftsträger Zwierzina, der nach Senffts Abberufung die Geschäfte führte, das Benehmen des Gesandten entschieden getadelt: GP IV, 255: Bernstorff-Friedrich Wilhelm IV. 23. 3. 1847.

1583 GHA NL XXII Maurer-L. 20. 8. 1847.

1584 Schiller, Briefe an Cotta III, 304.

1585 Uhde, Rotenhan, 120: Rotenhan, der als Präsident der Zweiten Kammer bei Hofe verkehrte und sehr gut informiert war, hat in Briefen aus München die Illoyalität des Königs festgehalten. Die Tagebücher Ludwigs bestätigen Rotenhans Angaben.

1586 GHA NL XXII Maurer-L. 20. 9. 1847. Maurer hatte die Absicht, Reisach wegen Formfehlern in seinen amtlichen Papieren vom Eintritt in die Kammer der Reichsräte abzuhalten (GHA NL XII Maurer-L. 23. 9. 1847), doch

besann er sich eines Besseren. Fürst Karl Wrede legte 1847, wie Maurer sich ausdrückte, neue Proben seiner »parlamentarischen Kampfeslust« ab und fragte Reisach, ob er Jesuit sei. Reisach, in ziemlicher Verlegenheit, beteuerte mehrmals, daß dem nicht so sei (GHA NL XXII Maurer-L. 30. 9. 1847). Wrede fuhr aber auch später fort, Reisach zu »drangsalieren«, offenbar, um sich dadurch beim König in gutes Licht zu setzen.
Zum Landtag 1847 und zur Gesamtgeschichte des letzten Regierungsjahres Ludwig I. vgl. Spindler, Die politische Wendung von 1847/48 in Bayern, in: ders., Erbe, 301–321.

[1587] GHA NL XXII L.-Zenetti 6. 9. 1847.
[1588] HStAM Staatsrat 2855 und GHA NL XXII Maurer-L. 18. 11. 1847.
[1589] GHA NL XXII Neumayr-ZuRhein 25. 11. 1847 und ebda. Wallerstein-L. 26. 11. 1847.
[1590] GHA NL XXII Wallerstein-L. 4. 11. 1847.
[1591] GHA NL XXII Wallerstein-L. 15. 8. 1847.
[1592] GHA NL XXII Zenetti-L. 9. 9. 1847.
[1593] GHA NL XXII Maurer-L. 20. 8. 1847.
[1594] GHA NL XXII ZuRhein-L. 14. 9. 1847. – In der Presse tauchten Nachrichten über ein neues Ministeramt für Wallerstein schon Anfang September auf.
[1595] GHA NL XXII Maurer-L. 31. 10. 1847 und ebda. Wallerstein-L. 2., 6., 14., 16. und 28. 11. 1847.
[1596] GHA NL XII Zenetti-L. 12. 9. 1847: Zenetti bat damals um Enthebung von seinem Posten.
[1597] GHA NL XXII Wallerstein-L. 20. 11. 1847.
[1598] GHA NL XXII Wallerstein-L. 29. 11. 1847.
[1599] GHA NL XXII Wendland-L. 21. 10. 1847. Wendlands Bericht war ausschließlich für den König bestimmt, fiel aber Maurer in die Hände. Maurer hat in seinen Memoiren bei Darstellung von Wallersteins Pariser Tätigkeit ausschließlich aus Wendlands Schreiben geschöpft und dessen Ausführungen z. T. wörtlich übernommen.
[1600] ZuRhein lehnte es ab, mit Berks im gleichen Ministerium zu sitzen: GHA NL 47/1/14/16 ZuRhein-Maximilian II. 28. 4. 1848.
[1601] BStBM L.-A. T. 3,151 19. 2. 1847.
[1602] GHA NL XXII Berks-L. 25. 1. 1848 und in zahlreichen anderen Schreiben.
[1603] GHA NL XXII Wallerstein-L. 8. 12. 1847.
[1604] J. C. Bluntschli, Denkwürdiges aus meinem Leben II, Nördlingen 1884, 14 f.
[1605] SS 558 (17. 12. 1847).
[1606] GHA NL XII Wallerstein-L. 28. 11. 1847. Offenbar war der Fürst den Benediktinern von Metten und Scheyern nach wie vor ungünstig gesonnen, während er seinen benediktinischen Freunden von St. Stephan in Augsburg weiterhin zugetan blieb.
[1607] GHA NL XII Wallerstein-L. 19. 2. 1848. Vgl. Weiß, Redemptoristen, 250 f.
[1608] GHA NL XXII Maurer-L. 1. 10. 1847. – N Maurer (P), Blatt 51.
[1609] Lola kritisierte die Maßnahme. Sie meinte, Ludwig hätte die Angelegenheit vorher mit ihr erörtern sollen. Er habe im Augenblick zuviel Freiheit gewährt und die Ultramontanen würden diese Großzügigkeit ausnützen: BStBM L.-A. T. 3,154 17. 12. 1847.
[1610] Bluntschli, Denkwürdiges, 14.
[1611] Der bekannteste Fall: Die Empörung der Kasseler Bürger gegen die Gräfin Reichenbach. Vgl. H. v. Treitschke, Deutsche Geschichte im 19. Jahrhun-

dert IV, Leipzig 1889, 128 f. u. 136 ff., sowie K. W. H. Frhr. du Bos du Thil, Denkwürdigkeiten etc. (Hg. Ulmann), Stuttgart 1921, 270.
[1612] Über die preis- und versorgungspolitischen Absichten und Maßnahmen des Königs unterrichten u. a. SS 424 (20. 10. 1844); GHA NL 47/5/20/4 L.-Seinsheim 3. 11. 1846; HStAM Staatsrat 885 (Sitzung 11. 1. 1847). Die Bemühungen, die Brauer zu preispolitischem Einlenken zu veranlassen, rissen seit 1844 nicht mehr ab und bildeten einen der wichtigsten Gegenstände der inneren Politik.
[1613] HStAM Staatsrat 878 (6. 4. 1846): Kontroverse zwischen Abel und Gumppenberg, ob Militärbehörden bei Aufständen und Unruhen auch ohne Aufforderung der Zivilbehörden eingreifen müßten. – Maßnahmen zur Aufrechterhaltung der öffentlichen Sicherheit wurden das ganze Jahr 1847 erwogen und auch getroffen.
[1614] Bezzel, Geschichte, 149.
[1615] GHA NL XXII Wallerstein-L. 1. 3. 1848; ebda. zahlreiche frühere Berichte zu der infolge der französischen Revolution entstandenen Situation.
[1616] GHA NL XXII Berks-L. 1. 3. 1848: Berks warnt den König, daß die von Wallerstein geplanten Maßnahmen betr. Landwehr in der Pfalz und Kader der Reservebataillone »in diesem Augenblick von Revolutionären in Paris als eine hostile Demonstration unfehlbar würden ausgebeutet werden«.
[1617] GHA NL ARO 21/IV Alwens-L. 28. 2. 1847 und Lufft-L. 2. 3. 1848. Aufschlußreich, aber sehr einseitig: A. Lufft, Offene aktenmäßige Verwahrung und Abwehr des quieszierten Regierungsdirektors A. Lufft bezgl. der gegen ihn erhobenen politischen Beschuldigungen, Kaiserslautern 1848, und ders., Streiflichter auf bayerische Zustände, Mannheim 1873.
[1618] GHA NL ARO 30 Wallerstein-Gasser 29. 2. 1848.
[1619] Zur Frage der Hilfeleistung des Bundes für Österreich in Italien präzisierte Wallerstein am gleichen Tag die Einstellung des Königs. Dieser halte sich strikt an die Art. 46 und 47 der Bundesverfassung, die zum Grundgesetz des Bundes erhoben worden seien. Er trenne die italienischen von den deutschen Angelegenheiten und lege »den entschiedensten Wert darauf, daß Deutschland nicht als Wetter-Ableiter des über der italienischen Halbinsel schwebenden Gewitters benützt werde«: GHA NL ARO 30 Wallerstein-Gasser 29. 2. 1848.
[1620] Zuverlässig unterrichtet über die Münchner Revolutionswirren M. Seitz, Die Februar- und Märzunruhen in München 1848, in: Obb. A. 78 (1953), 1–104. Angekündigt als Münchner Diss.: K.-J. Hummel, Freiheit und Gesetzmäßigkeit in München 1848/49.
[1621] GHA NL XXII Leiningen-L. 29. 2. 1848. Leiningens Brief geriet irrtümlich in Berks Hände. Dieser erwog zwar seinen Rücktritt, setzte sich jedoch gegen die Vorwürfe zur Wehr. Er bezeichnete den Reichsratspräsidenten als das »gemißbrauchte Werkzeug eines anderen bösen Genius«, nämlich Wallersteins. Er fügte hinzu: »Die Reichsräte und der Adel bieten alles auf, um den Haß der unteren Volksklassen gegen den treugehorsamst Unterzeichneten als Ministerverweser des Innern zu erregen, ja selbst zu diesem Zweck neue Unruhen herbeizuführen, wozu die Pariser Ereignisse ausgebeutet werden«: GHA NL XXII Berks-L. 1. 3. 1848.
[1622] Vgl. Ringseis, Erinnerungen III, 284 f.
[1623] Die Entlassung Berks erfolgte am 5. 3. 1848.
[1624] GHA NL ARO 21/IV Wallerstein-L. 5. 3. 1848.
[1625] BStBM L.-A. T. 3,155 6. und 7. 3. 1848. – Thon-Dittmer trat sein Amt am 9.

3. 1848 an. – Aufschlußreich: D. Albrecht, König Ludwig I. und Gottlieb Frhr. von Thon-Dittmer. Eine neue Quelle zum Verhalten des Königs in der Revolution 1848, in: Land und Reich etc. Festgabe für Max Spindler zum 90. Geburtstag III, München 1984, 59–73.

[1626] GHA NL 85/2/2 Kronprinz Maximilian-L. 4. 3. 1848.

[1627] GHA NL XXII Hormayr-L. 25. 2. 1848.

[1628] GHA NL XXII Wallerstein-L. 1. 3. 1848: »Der bekannte Rohmer« wolle dem »König etwas sagen, was er sonst niemandem sagen wolle«. Wallerstein charakterisierte ihn folgendermaßen: »Er passierte einst für einen geheimen Agenten Österreichs, schrieb aber gegen die Jesuiten und gehört zur liberalkonservativen Partei in der Schweiz«. – Vgl. Bluntschli, Denkwürdiges, 33–63; auch für das Folgende.

[1629] GHA NL XXII Maurer-L. 5. 11. 1847. Dort auch Hinweise auf die »Drangsalierung« Reisachs durch Wrede. – Maurer zufolge beabsichtigte Graf Arco-Valley die Angelegenheit Gräfin Landsfeld auf indirekte Weise im Reichsrat zur Sprache zu bringen. Es galt in beiden Kammern als ungeschriebenes Gesetz, dieses Thema während der Ständeversammlung von 1847 zu tabuisieren. Wrede konnte sich also seiner Meinung nach auch in dieser Hinsicht Lorbeeren als Royalist holen, wenn er Arco drohte, er werde ihn, falls er derartiges vorzubringen wage, unmittelbar nachher insultieren und zum Zweikampf nötigen.

[1630] GHA NL XXII Wrede-L. 3., 4., 5., 6. 3. 1848; auch für das Folgende.

[1631] Bluntschli, Denkwürdiges, 38f. schildert die Szene als Augenzeuge.

[1632] GHA NL XXII Voltz-L. 7. 3. 1848: »Fürst Wrede hat sich durch sein Auftreten am vorgestrigen Nachmittag auf dem Residenzplatz und durch seine Berührung mit dem Publikum die ihn betreffenden Nachreden selbst zugezogen.« Voltz sei Augenzeuge gewesen, wie die bloße Aufstellung der Truppen und der Landwehr den Lärm augenblicklich verstummen ließ.

[1633] Uhde, Rothenhan, 129.

[1634] GHA NL XXII Leiningen-L. 3. 3. 1848. Angesichts der Verfassung Ludwigs konnte es nicht ausbleiben, daß eine Verstimmung zwischen Leiningen und dem König entstand. Leiningen suchte später eine Versöhnung mit dem König herbeizuführen: GHA NL $\frac{86}{6}$ I Leiningen-L. 15. 1. 1852.

[1635] GHA NL XXII Wrede-L. 3. 3. 1848.

[1636] Vgl. Rgbl. für das Königreich Bayern Nr. 8 v. 6. 3. 1848, Dok. III, 2.

[1637] GHA ARO 21/IV Voltz-L. 7. 3. 1848.

[1638] GHA NL XXII Wallerstein-L. 7. 3. 1848.

[1639] GHA NL XXII Marie-Leopoldine-L. undatiert; der Hinweis auf »gestern gemachte Versprechungen« ergibt das Datum 7. 3. 1848.

[1640] GHA NL XXII Wallerstein-L. 10. 3. 1848. – Senfft hatte in einem Bericht v. 19. 4. 1846 von der angesichts der galizischen Aufstände entstandenen Angst der Mediatisierten und anderer adeliger Grundbesitzer Bayerns gesprochen. Sie bangten um ihre gutsherrlichen Rechte, »in deren Ausübung ihnen im allgemeinen eine übermäßige Strenge mit Unterdrückung der Untertanen wohl nicht ohne Grund vorgeworfen wird«: ÖG III, 360.

[1641] GHA NL XII Senfft-L. 6. 3. 1848.

[1642] Lufft, Streiflichter, passim, und Seitz, Die Februar- und Märzunruhen, 79.

[1643] Uhde, Rotenhan, 141.

[1644] GHA NL ARO 21/IV Studierende von Erlangen-L. 9. 3. 1848: bitten um Genehmigung zur Errichtung eines Freikorps. L. Gehring, Würzburger Chronik etc. IV, Würzburg 1927, 11.

1645 GHA NL XXII Oberstkämmerer J. N. Frhr. v. Poißl-L. 4. 3. 1848.
1646 GHA NL ARO 30 Wallerstein-Gasser 29. 2. 1848.
1647 GHA NL XXII Wallerstein-L. 1. 3. 1848.
1648 GHA NL ARO 30 Wallerstein-L. 10. 3. 1848.
1649 GHA NL ARO 21/IV Gasser-Wallerstein 13. 3. 1848. Gasser wußte zu diesem Zeitpunkt noch nicht, daß Wallerstein seit dem 11. 3. amtsenthoben war.
1650 Beachtlich: GHA NL ARO 30 Oberkamp-L. 13. 3. 1848.
1651 GHA NL ARO 30 undatierter Entwurf einer Instruktion für Gasser (10. 3. 1848), der in einer nicht stattgehabten Ministerratssitzung am 11. 3. hätte erörtert werden sollen.
1652 Vgl. L. v. Pastor, Leben des Freiherrn Max v. Bayern, Kempten und München 1912, 212–217 u. 460–472.
1653 Bluntschli, Denkwürdiges, 51 f.
1654 GHA NL XXII Thon-Dittmer-L. 11. 3. 1848.
1655 GHA NL 46/6/12/11 Entlassungsschreiben v. 11. 3. 1848 (Conc.) und ebda. Wallerstein-L. 11. 3. 1848.
1656 HStAM MA 454 Waldkirch-Max II. 22. 3. 1848.
1657 Uhde, Rotenhan, 131–143.
1658 BStBM L.-A. T. 3,156 18. 3. 1848. Der König nahm v. d. Tann immer noch übel, daß er sich gegen Lola gestellt hatte.
1659 BStBM L.-A. T. 3,156 17. 3. 1848.
1660 Auch von Abdankung des Königs war bereits die Rede. Am 18. 3. berichtete Max von Gagern an Herzog Adolf von Nassau:»Man beriet schon gestern in offiziellen Kreisen, wie man vom König entweder ein gleichartiges, verantwortliches Ministerium oder die Abdikation erzwingen könne. Über diese Alternative sind selbst die ruhigsten Leute, Staatsmänner und Reichsräte, einig« (Pastor, Leben, 216). Am Nachmittag des 4. 3. sagte dem König Prinz Karl, man wolle ihn nicht mehr als Herrscher: BStBM L.-A. T. 3,155 5. 3. 1848 und ebda. T. 3,156, 11. 5. 1848.
1661 BStBM L.-A. T. 3,156 11. 5. 1848.
1662 Uhde, Rotenhan, 136.
1663 BStBM L.-A. T. 3,156 19. 3. 1848.
1664 GHA NL XXII undatierter eigenhändiger Entwurf der Bedingungen, unter denen er bereit sei, die Krone niederzulegen. Reinschrift vom 20. 3. 48: ebda. 46-3-6⁵; HU 5568 und 5570–5573.
1665 GHA HU 5569 (20. 3. 1848): Urkunde Thronverzicht; ferner 46/3/6.
1666 Original: HStAM Staatsrat 1719. Gedruckte Proklamation: GHA NL 46/3/6. Einige Sätze der Proklamation hatte der König bereits am 5. 3. fast wörtlich Bluntschli gegenüber geäußert: Bluntschli, Denkwürdiges, 41 f. und 63.
1667 GHA NL.$^{43}_{1}$ 29d L.-Otto 28. 3. 1848.
1668 GHA NL XXII Seinsheim-L. 6. 3. 1848. Aufschlußreich, nicht zuletzt über den Verfasser selbst, ein Brief Seinsheims an Abel über die Abdankung Ludwigs vom 20. und 23. 3. 1848: Veröffentlicht bei A. Doeberl, Zur Abdankung König Ludwig I., in: HPBll. 157 (1916), 351–354.
1669 BStBM L.-A. T. 3,156 4. 3. 1848.
1670 BStBM L.-A. T. 20. und 21. 3. 1848. – Manche, nicht nur Familienangehörige, die es aufrichtig mit ihm meinten, bemitleideten ihn. Diepenbrock sah ihn im Geiste »wie eine ägyptische Mumie unter seinen Pyramiden umhergehend« (Reinkens, Diepenbrock, 362).
1671a Seinsheim (Sünching) Nr. 852: Abel-Seinsheim 10. 6. 1848.

ANMERKUNGEN ZU BUCH III

1 GHA NO $\frac{43}{1}$ 29e L.-Otto 7. 1. 1853.
2 GHA NL 89/6/4 Zwehl-L. 16. 3. 1859.
3 GHA NL 87/1/2 und $\frac{87}{6}$ 621. – Ausweislich des Hof- und Staatshandbuches umfaßte die Hofhaltung Ludwigs, abgesehen von Hofmarschall, Flügeladjutanten und Vorstand des Hofsekretariats, über 50 Personen. Die an der Hofhaltung des abgedankten Königs beschäftigten Subalternen unterstanden teils dem Hofmarschallsamt, teils dem Marstall.
4 GHA NL 46-3-6² Übereinkunft zwischen L. und Luitpold v. 10. 12. 1867.
5 GHA NL $\frac{88}{5}$ III L.-Aufseß 5. 10. 1857 (Conc.).
6 GHA NL 88/IV/III Aufzeichnung 11. 11. 1861.
7 Unterlagen u. a. GHA NL 50/4/6; ebda. 50/5/18 1/2; ebda. $\frac{88}{5}$ III; ebda. 88/4/3; ebda. $\frac{86}{6}$ VI. – Vgl. die Arbeiten von Mathäser u. W. Winkler, König Ludwig I. von Bayern und die deutschen Katholiken in Nordamerika, in: HPBll. 169 (1922), 705–720.
8 GHA NL 88/4/3 L.-Ludwig II. 8. 8. 1865 (Conc.).
9 Adalbert, Prinz von Bayern, Die Herzen, 319.
10 So der Vers von 1848, den er 1866 in einem Brief an Otto wiederholte: »Was ist das ist / Ein Tor Du bist, / Willst Du darum Dich grämen / Wirst nur Dein Leben lähmen.«
11 BStBM L.-A. T. 3,156 5. und 26. 4. 1848.
12 Vgl. Ringseis, Erinnerungen III, 288 u. IV, 209.
13 Einer dieser Kreise nannte sich scherzhaft »Die Coterie«. Damen aus dem gräflichen Hause Lodron und ihre Verwandtschaft dominierten im geselligen Alltag des Königs, längere Zeit auch die ehemalige Oberhofmeisterin Gräfin Deroy.
14 Vgl. Buch I, Kapitel XI, Anm. 654.
15 GHA NO $\frac{43}{1}$ 29e L.-Otto 3. 3. und 30. 3. 1855.
16 GHA NO $\frac{43}{1}$ 29e L.-Otto 8. 7. 1856.
17 Vgl. K. Baumann, König Ludwig I. von Bayern, in: Deutscher Westen und deutsches Reich. Saar-pfälzische Lebensbilder I, Kaiserslautern 1838, 148.
18 GHA NL $\frac{86}{6}$ 5 E. Forster-L. 3. 11. 1859: Bittet ihn, sich unter die Wohltäter der »deutschen Schillerstiftung« einzureihen, der es darum ging, deutschen Schriftstellern und ihren Angehörigen über die ärgste Not und schwere Lebenssorgen hinwegzuhelfen.
19 BStBM L.-A. T. 3,158 1. und 4. 11. 1848.
GHA NL $\frac{86}{5}$ V Radetzki-L. 30. 7. 1849: Dank für ein Glückwunschschreiben des Königs.
20 BStBM L.-A. T. 3,158 12. 12. 1848, und GHA NL 86/6/2 Abel-L. 6. 3. 1854.
21 GHA NL 85/1/1 Karoline Auguste-L. 8. 5. 1849.
22 GHA N Max II. 82/1/360 L.-Maximilian II. 29. 7. 1863, und ebda. N Ludwig II. Kabinettsakten Nr. 17 L.-Ludwig II. 8. 5. 1865.
23 GHA N Ludwig II. Kabinettsakten Nr. 17 L.-Ludwig II. 22. 12. 1867.
24 Ringseis, Erinnerungen IV, 76 f.
Vgl. F. Babinger, Der Akademiezwist um Jakob Philip Fallmerayer (1851), in: BAW Phil.-hist. Klasse SB Jg. 1959, H. 5, München 1959, 39.
25 BStBM L.-A. T. 3,159 14. 2. 1849.
26 BStBM L.-A. T. 3,162 5. 10. 1849.
27 HStAM Abt. V N v. d. Pfordten L.-v. d. Pfordten 15. 11. 1853. – Zwei Jahre später heißt es in einem Schreiben Ludwigs an v. d. Pfordten betr. Heiratser-

laubnis für Prinz Adalbert: Wenn Max II. Ludwigs Bitte abschlage, werde er »den Vater recht schmerzlich, recht tief fühlen machen, in welche Lage derselbe sich gesetzt hat, indem er ihm die Regierung übergeben, und dieses wird zum guten Einverständnis nicht beitragen«. Ebda. L.-v. d. Pfordten 8. 9. 1855.

28 BStBM L.-A. T. 3,159 13. 3. 1849: »Vor einigen Tagen sagte mir mein Bruder, es würde geäußert, daß Max unfähig zu regieren wäre. Sicher ist's, daß seine lange Unentschlossenheit, sein Viele um Meinung Fragen ihm gewaltig in Ansehen schadet.«

29 GHA NL 88/4/3 L.-Ludwig II. 8. 8. 1865 (Conc.).

30 Vgl. E. Franz, Persönlichkeiten um Ludwig Freiherr von der Pfordten, in: ZBLG 12 (1939/40) 159.

31 Vgl. E. Franz, Ludwig Freiherr von der Pfordten, München 1938.

32 HStAM Abtlg. V N v. d. Pfordten: 75 Briefe des Prinzen Karl an v. d. Pfordten 1849–1875; der Prinz schätzte Pfordten ganz ungemein.

33 GHA NO $\frac{43}{1}$ 29g L.-Otto 20. 1. 1862. Ebda. NL $\frac{86}{5}$ III. – Vgl. Franz, Persönlichkeiten, passim.

34 GHA N Ludwig II. Kabinettsakten Nr. 17 L.-Ludwig II. 4. 1., 9. 11. und 21. 12. 1866.

35 Ebda. L.-Ludwig II. 25. 2. 1867.

36 Zu den von ihm favorisierten Ministern zählten Ringelmann, Zwehl, Bomhard und Koch.

37 HStAM Abtlg. V N v. d. Pfordten Nr. 140 2. 6. 1849 und 13. 7. 1866.

38 G. F. Kolb, Die Steuerüberbürdung der Pfalz gegenüber der Besteuerung der übrigen baierischen Kreise, Mannheim 1846.

39 Vgl. ders., Das griechische Anlehen. Ein Beitrag zur Geschichte des Konstitutionalismus in Bayern, München 1849.

40 BStBM L.-A. T. 3, 159 13. 2. 1849.

41 GHA NL 91/1/2 Seinsheim-L. 10. 4. 1849.

42 Vgl. Kolb, Das griechische Anlehen, 18–22.

43 GHA NL 91/1/2: Antworten Abels v. 5. 4., Gises v. 7. 4. und Seinsheims v. 10. 4. 1848.

44 Ebda. undat. Stellungnahme Kleinschrods (April 1849).

45 Ebda., Gesamtministerium-L. 24. 4. 1849.

46 GHA NL 46/3/7 L.-Aschenbrenner 25. 4. 1849 (Cop.).

47 GHA NL 46/3/7 L.-Staatsministerium der Finanzen 10. 5. 1849.

48 GHA NL 91/1/2 undat. U. a: »Hilfe, die Frankreich und die anderen Schutzmächte Griechenland angedeihen ließ, wird nirgends als Privatsache behandelt. Auch das Darlehen Bayerns geschah an und für Griechenland, nicht zur persönlichen Verwendung seines Königs.«

49 GHA NO $\frac{43}{1}$ 29e L.-Otto 27. 6. 1849.

50 Unterlagen insbesondere GHA NL 89/6/4.

51 GHA NL 88/4/3 L.-Außenministerium 5. 8. 1862. Sicherer, a.a.O., 262 berechnete die Summe auf 1 825 333 fl.

52 GHA NO $\frac{43}{1}$ 29e L.-Otto 8. 8. 1857: »Den Vater freut es, seines geliebten Otto Vertrauen, was er nicht gewohnt ist, bei allen seinen Söhnen zu finden, wenigstens nicht dessen Äußerung.« Aus diesem Schreiben wird auch im folgenden zitiert.

53 GHA NL $\frac{86}{6}$ I Reindl-L. 23. 8. 1851.

54 GHA NL 89/6/4 Reindl-L. 16. 4. 1853.

55 HStAM Abtlg. V N v. d. Pfordten 140 L.-v. d. Pfordten 8. 9. 1855.

56 GHA NO $\frac{43}{1}$ 29e L.-Otto 16. 8. 1854. – Schon mitten im Revolutionsjahr 1848 hatte eine Kölner Abordnung den König eingeladen, sich zur 600-Jahrfeier der Grundsteinlegung des Doms in Köln einzufinden. Er wußte, warum er zu diesem Zeitpunkt dem vorgetragenen Wunsch nicht entsprach (BStBM L.-A. T. 3,157 3. 8. 1848 und GHA NO $\frac{43}{1}$ 29d L.-Otto 6. 8. 1848).
57 GHA NO $\frac{43}{1}$ 29f L.-Otto 8. 11. 1859.
58 GHA NL 86/6/VII C. Gomperz für den Zentralausschuß für die Körner-Feier – L. 1863.
59 GHA NO $\frac{43}{1}$ 29f L.-Otto 18. 3. 1859.
60 HStAM Abtlg. V N v. d. Pfordten 66 L.-Karoline Auguste 18. 5. 1866 (Cop.): »Obgleich im Jahre 1859 Kaiser Franz Joseph noch sehr jung war, so ist dennoch im hohen Grade meine Verehrung ihm geworden. Wie teutsch, wie edel benahm er sich in Villa Franca.«
61 Ebda., Nr. 140 L.-v. d. Pfordten 3. und 15. 4. 1866; auch für das Folgende.
62 Ebda., Nr. 126 Telegramm v. d. Pfordtens an den Flügeladjutanten v. Jeetze 30. 4. 1866 und Nr. 66 L.-Wilhelm I. 30. 4. 1866 (Cop.).
63 Ebda., Nr. 66 L.-Karoline Auguste 18. 5. 1866 (Cop.).
64 Ebda., Nr. 66 Wilhelm I.-L. 21. 5. 1866 (Cop.).
65 Ebda., Nr. 66 L.-Wilhelm I. 25. 5. 1866 (Cop.). Druck: Busley, Katalog, 84.
66 GHA NL 46/4/8/5 v. d. Pfordten-L. 22. 5. 1866.
67 GHA NO $\frac{43}{1}$ 29g L.-Otto 2. 6. 1866.
68 Ebda., L.-Otto 15. 6. 1866.
69 GHA NL 88/4/3 L.-v. d. Pfordten 5. 7. 1866 (Conc.)
70 Ebda., L.-v. d. Pfordten 13. 7. 1866 (Conc.). Ludwig hatte diesen Entwurf noch in Aschaffenburg aufgesetzt. Etwas verändert, aber in der Substanz gleichbleibend lautete die Reinschrift v. 16. 7., die der König aus Ludwigshöhe an v. d. Pfordten gelangen ließ. – Vgl. Franz, Pfordten, 389 f.
71 HStAM Abtlg. V N v. d. Pfordten 94 L.-v. d. Pfordten 4. und 6. 8. 1866. Ludwig betonte, wie schmerzlich es ihm wäre, wenn für den Fall pfälzischer Abtretungen ehemals kurpfälzisches Gebiet betroffen würde.
72 GHA NL 89/6/4 Daxenberger-L. 13. 8. 1866; auch für das Folgende.
73 HStAM Abtlg. V N v. d. Pfordten 94 L.-v. d. Pfordten 15. 8. 1866.
74 GHA NL 89/6/4 Daxenberger-L. 22. 8. 1866.
75 HStAM Abtlg. V N v. d. Pfordten 94 L.-v. d. Pfordten 28. 8. 1866.
76 HStAM Abtlg. V N v. d. Pfordten 94 L.-v. d. Pfordten 16. 12. 1866.
77 GHA NL 88/4/3 L.-Ludwig II. 1. 11. 1866: Bayerns Außenpolitik sollte diesem Ziel dienen.
78 Busley, Bayern und die deutsche Einigung, 113: L.-Hohenlohe 30. 5. 1867.
79 GHA NL 88/4/3 L.-Franz I. Joseph 2. 6. 1867 (Conc.).
80 R. v. Delbrück, Lebenserinnerungen II, Leipzig 1905, 232.
81 Kraft Prinz zu Hohenlohe-Ingelfingen, Aus meinem Leben II, Berlin 1906, 342.
82 Ebda., III, 365 f.
83 Hefner-Alteneck, Erinnerungen, 163 f.
84 GHA NO $\frac{43}{1}$ 29g L.-Otto 31. 7. 1862.
85 StAM N Hüther Tutschek-Hüther 14. 1. 1863; auch für das Folgende.
86 Ebda., Tutschek-Hüther 29. 3. 1964.
87 Ebda., Tutschek-Hüther 18. 2. 1868.
88 StAM N Hüther Telegramm Jeetzes: »29. 2. 1868 König Ludwig I. von Bayern hat heute morgen 7¼ Uhr in Gegenwart seiner beiden Söhne mit eigener Zustimmung und vollem Bewußtsein die letzte Ölung empfangen

und ist hierauf ohne zu schweren Todeskampf unter den Gebeten seines Beichtvaters um 8 Uhr 35 Minuten ruhig entschlafen.«

[89] Vgl. zu den Trauerfeiern P. Herde, Der Heilige Stuhl und Bayern zwischen Zollparlament und Reichsgründung (1867/68–1871), in: ZBLG 45 (1982), 613–616.

[90] Friedrich, Ignaz von Döllinger III, 466.

[91] Restaurierung der Grablege ihrer Ahnen haben sich im 19. Jahrhundert nicht wenige Dynastien angelegen sein lassen: die Hohenzollern in Heilsbronn, die Welfen im Kloster Weingarten, die Württemberger in Bebenhausen.

[92] DVS XI (1838), 466: Verordnung v. 31. 10. 1829 betr. Wirkungskreis des Baukunstausschusses.

[93] Rgbl. 1830, 177: Verordnung über die Staatsbauverwaltung 14. 2. 1830. – Vorher ging die Errichtung einer Sektion für Bauwesen im Innenministerium am 26. 12. 1825. Vgl. Dok. III, 4, 22. Die behördengeschichtliche Parallele zum Obersten Kirchen- und Schulrat v. 1825 ist nicht zu übersehen.

[94] Vgl. Spindler, Briefwechsel, 413.

[95] Dok. III, 4, 141.

[96] Vgl. P. Dirr, Stadtfinanzen und Stadtbau im Zeitalter Ludwig I. in: Münchener Wirtschafts- und Verwaltungsblatt I (1925) Nr. 2, S. 19 f. und Nr. 3, S. 31–33, sowie W. Frhr. v. Poelnitz, Kampf um die Münchener Ludwigskirche, in: Die Heimat (Beilage zu den Münchener Neuesten Nachrichten) 21. 8. 1929, 117 f.

[97] Vgl. H.-P. Rasp, Eine Stadt für tausend Jahre etc., München 1981, 11: Ludwig I. hatte »in München Maßstäbe gesetzt, wie sie erst kurz nach 1850 in Wien durch die Anlage der Ringstraße oder in Paris durch die Straßendurchbrüche Haußmanns übertroffen wurden«.

[98] GHA NL XIII Wallerstein-L. 18. 5. 1835: Ringseis hatte dem König vorgehalten, daß der Bau des Universitätsgebäudes ¾ des Priesterhausfonds und fast die Hälfte des Universitätsfonds verschlungen, der Universität ein jährliches Defizit von 28 000 fl. zuziehen und zum Schaden der Münchner und der Erlanger Universität ausschlagen werde. Wallerstein suchte diese Vorwürfe zu widerlegen. Es sei möglich, den Bau durchzuführen, ohne den Vermögensstock der Universität und des Georgianums anzugreifen. Er verband seine Ausführungen mit Angriffen auf den »religiösen Ultraism« von Ringseis und seiner Richtung. – Vgl. Spindler, Erbe., 330.

[99] Boisserée, Tagebücher III, 556 f. – A. Verbeek, Zur spätnazarenischen Ausmalung des Speyerer Doms 1846–1854, in: L. Stamer (Hg.), 900 Jahre Speyerer Dom, Speyer 1961, 138–164; M. Brix u. M. Steinhauser, Geschichte im Dienst der Baukunst. Zur historischen Architekturdiskussion in Deutschland, in: dieselb., (Hg.), »Geschichte allein ist zeitgemäß«. Historismus in Deutschland, Lahn-Gießen 1978, 245; V. Loers, Die Barockausstattung des Regensburger Doms und seine Restauration unter König Ludwig I. von Bayern (1827–1839), in: G. Schwaiger (Hg.), Der Regensburger Dom, Regensburg 1976, 229–266.

[100] M. Meurer, Die gemalte Wittelsbacher Genealogie in der Fürstenkapelle zu Scheyern, München 1975: 1838 Restauration der genealogischen Holztafelbilder in der Kirche von Scheyern; SS 278 (22. 6. 1831): Erhaltung altertümlicher Kunstwerke in Rabenden, St. Nikola und Großgemain; SS 152 (8. 4. 1839): Restauration des Hochaltars in St. Kajetan. Initiativen zur Erhaltung und Restaurierung der Kunstschätze in bayeri-

schen Landkirchen gingen auch von der Gesellschaft zu den drei Schilden aus.
[101] SS 176 (18. 3. 1840). Da ihm die »welschen Hauben« der Münchner Frauenkirche als historisch und stadttypisch erschienen, lehnte er ihre »korrekte« Ersetzung durch gotische Spitzen ab (Vgl. F. Lorinser, Aus meinem Leben I, Regensburg 1891, 356 f.).
[102] Adalbert, Prinz von Bayern, Als die Residenz, 245.
[103] SS 181 (8. 6. 1839).
[104] GHA N Max II. 82/1/360 L.-Maximilian II. 24. 11. 1863, und GHA N Ludwig II. Kabinettsakten Nr. 17 L.-Ludwig II. 1. 1. 1866.
[105] DVS IX, 44–53.
[106] SS 411 (13. 9. 1831) – HStAM M Inn 44 267 L.-Wallerstein 22. 10. 1832.
[107] SS 410 (13. 9. 1831).
[108] GHA NL $\frac{88}{5}$ III L.-Aufseß 5. 10. 1857.
[109] HStAM M Inn 24 267 L.-Wallerstein 21. 12. 1832. Fragen des Anstrichs bzw. der Vermeidung von Verunstaltung durch Anstrich bildeten sehr häufig den Gegenstand von Anordnungen des Königs.
[110] SS 552 (23. 8. 1840). – SS 603 (11. 10. 1841).
[111] SS 521 (21. 9. 1843).
[112] SS 97 (23. 2. 1834): Der König widersetzte sich der Absicht, zwei auf dem Zweibrücker Rathaus vorgefundene Lehnstühle aus der Zeit König Karl XII. in der Nürnberger Burg aufzustellen. Bei seinen Bemühungen 1814/15, die entführten italienischen Kunstschätze aus Paris nach Rom zurückzuschaffen, spielten freilich noch ganz andere Gesichtspunkte als eine Priorität des Lokalfaktors eine Rolle. Vor dem Trend zur musealen Zusammenfassung (und auch Rettung) von geschichtlichen Überresten verschwand jedoch mehr und mehr der romantische Gedanke einer Konservierung an Ort und Stelle. Denkmalschutz erstreckte sich für Ludwig schließlich hauptsächlich auf das, was ortsfest war. Alle anderen Gegenstände fielen unter die Kategorie der Museumspolitik, über deren Erfordernisse nachzudenken der König nicht müde wurde.
[113] SS 522 (14. 9. 1835): Die Genehmigung für die Beseitigung einer alten Pappel vor einem Neubau in der Münchner Dachauer Straße behielt sich der König vor und machte sie von einer persönlichen Besichtigung im folgenden Monat abhängig. Diese erfolgte wie angekündigt, und es kam zu dem Bescheid: »Die Beseitigung dieses Baumes nicht bewilligt«: SS 620 (3. 11. 1835). SS 78 (13. 2. 1841): Ein Denkmal für Kreittmayr sollte auf dem Münchner Promenadeplatz errichtet werden, »ohne daß jedoch ein Baum beseitigt werden darf«.
[114] E. Bierhaus-Rödiger, Rottmann, 135.
[115] Goethe-Jahrbuch (Hg. L. Geiger), 23 (1902), 51: L.-Goethe 26. 3. 1829.
[116] GHA NO $\frac{43}{1}$ 29e L.-Otto 22. 6. 1854.
[117] Charakteristisch seine Freude über das Tafeln im Freien vor einem Alpenpanorama.
[118] Vgl. J. Traeger (Hg.), Die Walhalla. Idee, Architektur, Landschaft, Regensburg 1979, Vorwort, und U. Zahn, Die Landschaft der Walhalla im Wandel, in: ebda., 91–130.
[119] GHA NL 48/5/31: Rede des Königs bei der Grundsteinlegung der Neuen Pinakothek 12. 10. 1846.

¹²⁰ Fl. v. Biedermann (Hg.), Goethes Gespräche II, Leipzig 1909, 214: »Eine Vergleichung des deutschen Volkes mit anderen Völkern erregt uns peinliche Gefühle, über welche ich auf jegliche Weise hinwegzukommen suche; und in der Wissenschaft und in der Kunst habe ich die Schwingen gefunden, durch welche man sich darüber hinwegzuheben vermag: denn Wissenschaft und Kunst gehören der Welt an und vor ihnen verschwinden die Schranken der Nationalität...« Goethe fuhr allerdings fort: »Aber der Trost, den sie gewähren, ist doch nur ein leidiger Trost und ersetzt das stolze Bewußtsein nicht, einem großen, starken, geachteten und gefürchteten Volke anzugehören.«
¹²¹ Spindler, Erbe, 325.
¹²² Gedichte des Königs Ludwig von Bayern, 1. Teil. München 1829, 248. Bunsen berichtete am 24. 4. 1818 aus Rom seinem Freunde Brandis: »Der Kronprinz hatte nämlich ein Gedicht auf die Künstler gemacht, worin er sagt, wie des Königs schönster Beruf sei, die Künstler zu beschützen, deren Werke doch alle Staaten und Völker überlebten« (Nippold, (Hg.) Bunsen, 1, 143).
¹²³ GHA NL ARO 25 Hormayr-L. 21. 2. 1828.
¹²⁴ GHA NL 48/5/31.
¹²⁵ GHA NL I A 24 Ringseis-L. 5. 7. 1822. Ringseis fuhr freilich fort: »Aber für mehr als drei Vierteile derjenigen, welche einst Lehrer, Gerechtigkeits- und Sicherheitspfleger des Volkes sein werden, sind die reichen Schätze der Kunst, welche München in sich schließt, gar nicht vorhanden, indem sie dieselben gar nie oder nur selten in ihrem Leben sehen und gar nie angewiesen werden, sie auf die rechte Weise zu sehen.«
¹²⁶ Walhallas Genossen, geschildert durch König Ludwig I. von Bayern, den Gründer Walhallas, München 1842, VII.
¹²⁷ GHA NL 48/5/31 L.-Freyberg 14. 10. 1843.
¹²⁸ R. Wünsche, Zur Geschichte der Glyptothek zwischen 1830 und 1848, in: Vierneisel u. Leinz (Hg.), Glyptothek München 1830—1980, München 1980, 84.
¹²⁹ Stuckmedaillons: P. Böttger, Die alte Pinakothek etc., München 1972, 200ff. Vgl. H. Bauer, Geschichtstaler. Münzen und Geschichtsbewußtsein unter König Ludwig I. von Bayern. Festvortrag zur Eröffnung der Ausstellung: Vom königlichen Cabinet zur Staatssammlung 1807—1982, in: Sonderkatalog Münzen Revue 1983 (unpaginiert).
1833 hat ein Sekretär der Hof- und Staatsbibliothek, Georg Krämer, es am Leitfaden der Geschichtstaler unternommen, in »Bayerns Ehrenbuch« bayerische Geschichte zu schreiben.
¹³⁰ SS 99 (23. 2. 1835) und SS 152 (14. 3. 1835).
¹³¹ Die das Jahrhundert beschäftigende Frage nach dem wahrhaft nationalen Baustil für Deutschland gewann durch das Projekt des Nationaldenkmals Walhalla äußerste Aktualität und ließ den Initiator nicht unberührt. Zahlreiche Stimmen, darunter Cornelius und selbst der Klassizist J. M. Wagner, forderten für das deutsche Nationaldenkmal »deutschen« Stil. Klenze nahm in diesem Ringen eine überlegene Position ein und bewog den König, an der »griechischen« Konzeption festzuhalten.
¹³² FG II, 368—373 und PG II, 200.
¹³³ W. Winkler, König Ludwig I. von Bayern als Mäzen, in: J. Weiß, Geleitbuch zu Ludwig I. König von Bayern. Ein deutsches Filmwerk, München 1926, 39.
¹³⁴ Rede am 18. 10. 1831 (Spindler, Briefwechsel, 432).

Während des Landtags 1831 betonte der König, daß zusätzlich zu der sachlichen Notwendigkeit des Neubaus von Archiv und Bibliothek dieser sehr wünschenswert sei, »um Beschäftigung zu erteilen«: SS 411 (13. 9. 1831).
[135] Poelnitz, Wagner, 199: L.-Wagner 8. 6. 1848.
[136] BStBM L.-A. T. 3,158 11. 11. 1848.
[137] Boisserée, Tagebücher II, 148 6. 3. 1827.
[138] Gedichte etc. Erster Teil 1829, 124.
[139] Messerer, Dillis, 94: L.-Dillis 26. 7. 1809.
[140] GHA NL XXII Wallerstein-L. 4. 2. 1848.
[141] Poelnitz, Wagner, 141: »Weder im Staatsgeschäfte noch in der Kunst habe ich einen Günstling«.
[142] GHA NL 48/5/31: Rede anl. der Grundsteinlegung für die Neue Pinakothek 12. 10. 1846.
[143] Poelnitz, Wagner, 142: L.-Wagner 26. 5. 1826.
[144] Als es um den Bau der Ruhmeshalle ging, schrieb Gärtner am 12. bzw. 16. 4. 1833 an Wagner: »Nach der Eigenheit des Königs weiß eigentlich keiner der Mitarbeiter von dem anderen etwas...« (K. Eggert, Friedrich von Gärtner, München 1962, 165).
[145] Spindler, Briefwechsel, 113 f.
[146] Hederer, Klenze, 59 ff.
[147] GHA NL $\frac{88}{5}$ III L.-Klenze 19. 1. 1849 (Conc.) und BStBM L.-A. T. 3,159 14. 2. 1849.
[148] W. Frhr. v. Poelnitz, Kunstkämpfe, 94.
[149] 1859 sah er sich in der Lage, die Dresdner Sammlungen hinsichtlich Echtheit und Wert ihrer Bestände einer zutreffenden kritischen Beurteilung zu unterziehen (GHA NO $\frac{43}{1}$ 29f L.-Otto 10. 9. 1859). Seine Studien im Münchner Münzkabinett dürften ihm zu beträchtlicher Kennerschaft verholfen haben.
[150] Hederer, Klenze, 17.
[151] Träger, Walhalla, 20.
[152] Spindler, Briefwechsel, 253. Diese auf die Restaurierung des Regensburger Doms bezügliche Weisung kehrt, leicht variiert, in ungezählten Signaten wieder.
[153] J. E. v. Bandel, Erinnerungen aus meinem Leben (Hg. A. Gregorius), Detmold 1937, 214f. und 232. Dem zur Monomanie neigenden und zu abgeklärtem Urteil wenig befähigten Künstler diktierte nur allzu deutlich Verärgerung die Feder. Wenn der König seine Vorhaben unterstützte, fand Bandel zu moderateren Tönen zurück.
[154] Ebda., 234 f.
[155] Hederer, Klenze, 17. – Vgl. Spindler, Erbe, 337, und Stolz, Walhalla, 331 f.
[156] Hederer, Klenze, 27.
[157] Hervorhebung verdient Ludwigs Förderung des Unternehmens »Monumenta Boica« der Bayerischen Akademie der Wissenschaften sowie von Schmellers »Bayerischem Wörterbuch«. Sparsamkeit allein dürfte den König abgehalten haben, die Monumenta Germaniae Historica zu unterstützen, obschon ihn Freiherr vom Stein und Hans Freiherr von Gagern sehr dringlich darum baten (Stein, Schriften, VII, 693 f., und Rössler, Zwischen Revolution und Reaktion, 276 f.). Der von L. hochverehrte Stein war wegen des Königs Unzugänglichkeit verstimmt.
[158] BStBM L.-A. T. 3,73 28. und 29. 8. 1827. – Briefe Ludwigs an Goethe

1826–1830 in: Goethe-Jahrbuch (Hg. L. Geiger) 23, 1902, 49–53.
[159] H. G. Göpfert, Schiller-Privilegien, in: Buchhandelsgeschichte 1984/3 (Hg. Historische Kommission des Börsenvereins des Deutschen Buchhandels e. V.), B 90–B 104.
[160] Bunsen, Aus seinen Briefen (Hg. Nippold) I, 143.
[161] B. G. Niebuhr, Briefe aus Rom (1816–1823) I. Halbband (Hg. E. Vischer), Bern und München 1981, 330: Niebuhr-Jacobi 26. 6. 1818: »Ihr Kronprinz kann mehr tun, aber sein Aufenthalt hier hat weit mehr geschadet als genutzt. Er hat die Jünglinge hochmütig gemacht und ihnen die Köpfe verrückt... Vgl. ebda., 474 ff.
[162] Wie Anm. 158.
[163] Standeskritisch hat Ludwig in Erinnerung an seinen Weimarer Besuch von 1827 bemerkt, daß die »Erinnerung an eine Art von Gleichstellung eines Privat-Mannes durch den Ruhm... doch allen Fürsten unangenehm« sei (Boisserée, Tagebücher II, 148 f.). Er legte offensichtlich Wert auf den Ausnahmecharakter seiner Unvoreingenommenheit.
[164] GHA NL 88/4/2 L.-Generalkreiskommissär des Rezatkreises 24. 3. 1827; Spindler, Briefwechsel, 416 f.
[165] GHA HU 5833.
[166] Spindler, Briefwechsel, 59 f.
[167] Spindler, Erbe, 332–338.
[168] Bierhaus-Rödiger, Rottmann, 11.
[169] Vgl. Ringseis, Erinnerungen I, 522–529. Zuerst erschien ein Auszug aus einem Brief Schnorrs an Quandt v. 20. 6. 1818 im »Leipziger Kunstblatt« 126 v. 16. 7. 1818, 513 f. (Der Brief Schnorrs in: ders., Briefe Schnorrs an Künstler und Kunstfreunde II, 342–346). Spätere Beschreibungen bei Bunsen, Aus den Briefen, I (Hg. Nippold), 143–145 und Aufzeichnungen des schwedischen Dichters Atterboom (übersetzt v. K. Maurer) 1867, 180. Das von Cornelius ersonnene und alle Teilnehmer hinreißende Fest, Improvisation eines Gesamtkunstwerks aus Dekoration, Dichtung und Musik, erfüllt von Tanz, Gesang und Schmausen, verlief in einer offenbar kaum wiederzugebenden Stimmung von heiterem Enthusiasmus. In der malerischen Gestaltung wechselten Historie und Allegorie mit Anspielungen auf die bevorstehenden politischen Aufgaben des Verfassungsfreundes Ludwig, polemische Darstellungen gegen den Künstlern mißliebige Personen (Kotzebue) und Zeiterscheinungen, Verherrlichung der gesamten musischen Welt und Lobpreis der großen Mäzene der europäischen Geschichte. Ludwig, durch »die am Tiber-Ufer blühende deutsche Künstlerrepublik« als »Bayerns kronenwürdiger Prinz« und Stellvertreter der deutschen Fürsten apostrophiert, war gerührt, ja überwältigt.
[170] Friedrich Rückerts poetische Werke V, Frankfurt a. M. 1868, 3–14: Deutsches Künstlerfest in Rom (Frühjahr 1818); zuerst gedruckt in: Frauentaschenbuch 9 (1823), 11–24.
[171] Schnorr, Briefe II, 344. Ebda., 343: »Besonders seit der letzten Zeit, wo der Kronprinz da war, fühlten wir uns recht; wäre es auf uns angekommen, wir hätten den Prinzen zum König von Rom gemacht und die Italiener zum Tempel hinausgejagt« (Schnorr-Quandt 20. 6. 1818).
[172] E. Foerster, Peter Cornelius II, Berlin 1874, 363.
[173] Vgl. H. Bauer, Kunstanschauungen und Kunstpflege in Bayern etc., in: H. Glaser (Hg.), Krone und Verfassung, 345–355; J. Traeger, Die Walhalla. Ein architektonischer Widerspruch und seine landschaftliche Aufhebung,

in: ders. (Hg.), Die Walhalla. Idee, Architektur, Landschaft, Regensburg 1979; G. Leinz, Ludwig I. von Bayern und die Gotik, in: Zschr. f. Kunstgeschichte 44 (1981), 399-444.

[174] Begründet 1982 aus Anlaß des 200. Geburtstages des Architekten in München. Sie macht sich zur Aufgabe, die – übrigens schon von O. Hederer erkannte – architekturgeschichtliche Bedeutung Fischers wieder ins Licht zu rücken und dem »gedemütigten Baumeister« (W. Nerdinger) zu seinem Recht zu verhelfen, aber sich auch von seinem Vorbild, soweit seine Baugesinnung über das historisch Bedingte hinausreicht, im Hinblick auf aktuelles Bauen inspirieren zu lassen: Vgl. W. Nerdinger, Der gedemütigte Baumeister, in: Süddeutsche Zeitung Nr. 279 v. 4./5. 12. 1982, und A. v. Buttlar, Münchens vergessener Reformklassizismus, in: Münchner Stadtanzeiger (Beil. zur Südd. Ztg.) Nr. 101 v. 30. 12. 1982. Buttlar spricht von einer Gruppe Münchner Architekten und Kunsthistoriker, die in Fischers Werk »nicht nur eine historische Leistung, sondern – mit Blick auf die gegenwärtige Architekturentwicklung Münchens – das überzeitliche Exemplum einer normativen Architekturästhetik sieht...«.

[175] Die Angriffe, die aus diesem Kreis (einschl. der Kritik Ch. Hackelsbergers) gegen Klenze gerichtet werden, wirken akademisch, vergleicht man sie mit den Schmähungen des vielgehaßten Erfolgreichen durch die von Konkurrenzneid erfüllten Zeit- und Berufsgenossen. Vgl. W. Frhr. v. Poelnitz, Wagner, passim, und ders., Kunstkämpfe, passim, sowie Boisserée, Tagebücher II, 140 und 246.

[176] Poelnitz, Wagner, 120: Im Briefwechsel zwischen Dillis und Wagner werden die Nazarener als »langhaarige Ultrakatholiken« bezeichnet.

[177] Klenze verschwieg, daß er selbst nichts unterlassen hatte, um den Rivalen zu verdrängen und zu Fall zu bringen. Schriftliche Äußerungen, die seitens des Thronfolgers zu seiner Distanzierung von Fischer vorliegen, beinhalten, daß ihm darum zu tun war, Fischer nicht zu verletzen: GHA NL $\frac{88}{4}$ VI undat. Schreiben L.-Asbeck (vermutlich 1815).

[178] Besonders verdienstlich das Forschungsunternehmen der Thyssen-Stiftung »19. Jahrhundert«.

[179] GHA NO $\frac{43}{1}$ 29e L.-Otto 30. 9. 1857, sowie Poelnitz, Wagner, 206.

[180] Noch vor Ludwig hat man unter Karl X. im Louvre Gedanken über nationale Größe, Königtum und Renaissance der Künste in Frankreich malerisch zur Darstellung gebracht. Vgl. Böttger, Alte Pinakothek, 201 f.

[181] H. Bauer, Kunstanschauungen und Kunstpflege in Bayern von Karl Theodor bis Ludwig I., in: Krone und Verfassung (Hg. Glaser), 348, nennt L. einen Mann, der aus dem Verhältnis Herrschaft – Land – Kunst Konsequenzen zog, »die ihn zur vielleicht bedeutendsten Figur in der Kunstpolitik, wenn nicht überhaupt auf der Kunstbühne des deutschen 19. Jahrhunderts werden ließen«.

[182] H. v. Treitschke, Deutsche Geschichte im 19. Jahrhundert III, Leipzig⁶ 1908, 348. Verfehlt war, wenn Treitschkes adverbiale Bestimmung „nach Karl August" als Rangfolge gemeint gewesen sein sollte.

[183] Hervorzuheben u. a. H. Nicolson, King George the Fifth. His Life and Reign, London 1952; R. Wittram, Peter I. Czar und Kaiser, 2 Bde., Göttingen 1964; A. Wandruszka, Leopold II. etc., 2. Bde., Wien/München 1963/65; M. Balfour, The Kaiser and his Times, Boston 1964; N. Balfour, Paul of Yugoslavia, London 1980; P. Mansels, Louis XVIII., London 1980. Keinen Herrscher, aber einen aus regierender Familie stammenden Feldherrn und

Staatsmann behandelt M. Braubach, Prinz Eugen von Savoyen, 5 Bde., München 1963/65.
184 O. Brunner, Vom Gottesgnadentum zum monarchischen Prinzip. Der Weg europäischer Monarchie seit dem hohen Mittelalter, in: Neue Wege der Verfassungs- und Sozialgeschichte, Göttingen 1980, 160–186.
185 N. Elias, Die höfische Gesellschaft, Neuwied und Berlin 1969, und ders., Über den Prozeß der Zivilisation, 2 Bde., Frankfurt a. M.² 1982.
186 Vgl. u. a. H. Weber, Die Bedeutung der Dynastie für die europäische Geschichte in der frühen Neuzeit; E. Weis, Das Haus Wittelsbach in der europäischen Politik der Neuzeit; A. Kraus, Das Haus Wittelsbach und Europa: Ergebnisse und Ausblick: sämtlich in: ZBLG 44 (1981), 5–32, 211–232; 425–452.
187 H. Kretzschmar, Das sächsische Königtum im 19. Jahrhundert. Ein Beitrag zur Typologie der Monarchie in Deutschland, in: HZ 170 (1950), 457–493.
188 H. van Wijnen, Van de macht des Konings Mythe en werkelijheid van de constitutionele monarchie, Amsterdam 1975, u. A. P. J. van Osta, De Europese monarchie in de negentiende eeuw, Utrecht 1982.
189 Die Veröffentlichung in einem Sonderheft der »Francia« steht bevor.
190 Eine Verfassung bestand in Coburg zwar schon seit 1821, aber erst der 1844 auf den Thron gelangte Ernst II. war überzeugter Verfassungsanhänger.
191 E. W. Böckenförde (Hg.), Moderne deutsche Verfassungsgeschichte 1815–1918, Köln 1972, und ders. (Hg.), Probleme des Konstitutionalismus im 19. Jahrhundert, Berlin 1975.
192 Vgl. Kretzschmar, Sächsisches Königtum, 471.
193 Vgl. A. O. Stolze, Der vierte Stand und die Monarchie. Die Politik des Rohmer-Bluntschli-Kreises während der Frühjahrsrevolution in Bayern 1848, in: ZBLG 8 (1935), 27–83, und G. Müller, König Max II. und die soziale Frage, München 1964.
194 Erst nach 1848 wurde es an den Höfen und bei der Aristokratie üblich, das (stilisierte) Lodengewand der bäuerlichen Bevölkerung (und der Jäger zumal) als Alltagsbekleidung zu bevorzugen.
195 SS 7 (3. 1. 1840).
196 Spindler, Briefwechsel, 204. Das Innenministerium hatte den Antrag gestellt, das Kloster St. Walburg in Eichstätt eingehen zu lassen. L. sah die Schwierigkeiten ein: »…allein bei dem hohen Alter desselben wünsche ich gleichwohl dieselbe möglich zu machen« (L.-Schenk 24. 8. 1831).
197 Aufgezeichnet bei J. H. v. Hefner-Alteneck, Lebens-Erinnerungen, 324 ff.
198 Wegen des Todes Ludwig II. war die Zentenarfeier 1886 ausgefallen. – Vgl. Die Centenarfeier der Geburt des Königs Ludwig I. von Bayern. Programm der Festlichkeiten, München 1888, Reprint München 1986, und die übrigen im Katalog der Bayer. Staatsbibliothek München unter dem Stichwort »Centenar-Feier« verwahrten Schriften und Materialien. Herrn Dr. U. Puschner danke ich für den freundlichen Hinweis.
199 H. Reidelbach, König Ludwig I. von Bayern und seine Kunstschöpfungen, München 1888.
200 Vgl. Buch III, Kap. I.
201 Das Bild befindet sich in der Pfarrkirche zu Hindelang (Allgäu). Vgl. Chr. Arnold, Konrad Eberhard 1768–1859 Bildhauer und Maler. Leben und Wirken eines Allgäuer Künstlergeschlechts, Augsburg 1964, 146 ff. und 184.
202 FG. V, 360: Bourgoing-Lamartine 20. 3. 1848.

ABKÜRZUNGEN

Abh.	Abhandlung
Abtlg.	Abteilung
ADB	Allgemeine Deutsche Biographie
Anm.	Anmerkung
A.	Archiv
BAW	Bayerische Akademie der Wissenschaften
BStBM	Bayerische Staatsbibliothek München
Cop.	Kopie
Conc.	Konzept
DVS	Doellinger Georg, Sammlung der ...... Verordnungen, 1835 ff.
Dok.	Dokumente zur Geschichte von Staat und Gesellschaft in Bayern, hg. Kommission für bayerische Landesgeschichte bei der Bayer. Akademie der Wissenschaften, München 1974 ff.
fl.	Gulden
FG	A. Chroust (Hg.), Die Berichte der französischen Gesandten aus München, 1814–1848, München
GHA	Geheimes Hausarchiv München
GA Thurnau	Gräfl. Giechsches Familienarchiv Thurnau
HHSta Wien	Haus-Hof- und Staatsarchiv Wien
HJb.	Historisches Jahrbuch der Goerresgesellschaft
HPBll.	Historisch-Politische Blätter
HZ	Histor. Zeitschrift
HStAM	Hauptstaatsarchiv München
HU	Hausurkunden
Hg.	Herausgeber
hg.	herausgegeben
Jb.	Jahrbuch
Jg.	Jahrgang
JFL.	Jahrbuch für Fränkische Landesforschung
KA	Kriegsarchiv
L.	Ludwig I. König von Bayern (Abkürzung nur im Anm.Teil verwendet)
MA	Ministerium des Äußeren
MJ.	Max I. Joseph König von Bayern
MGM	Militärgeschichtl. Mitteilungen
MBM	Miscellanea Bavarica Monacensia
MInn	Ministerium des Inneren
MIÖG	Mitteilungen des Instituts für Geschichtsforschung
MVGStN	Mitteilungen des Vereins für die Geschichte der Stadt Nürnberg
N	Nachlaß
NA	Neues Archiv der Gesellschaft für ältere Geschichtskunde
NL	Nachlaß König Ludwigs I. im Geheimen Hausarchiv München
N MJ.	Nachlaß König Max I. Josephs im Geheimen Hausarchiv München
N O	Nachlaß König Ottos von Griechenland im Geheimen Hausarchiv München
O A	Ordinariatsarchiv
Obb. A.	Oberbayerisches Archiv (für vaterländische Geschichte)

ÖG	A. Chroust (Hg.), Berichte der österreichischen Gesandten aus München 1814–1848, München
P	Privatbesitz
PG	A. Chroust (Hg.), Berichte der preußischen Gesandten aus München 1814–1848, München
Rgbl.	Regierungsblatt
RQu.Schr.	Römische Quartalsschrift
SB	Sitzungsbericht
SA	Gräfl. Seinsheimsches Familienarchiv Sünching
Schärl	W. Schärl, Die Zusammensetzung der bayerischen Beamtenschaft von 1806–1918, Kallmünz 1955
Spindler HB	M. Spindler (Hg.), Handbuch der bayerischen Geschichte IV, München 1974
Spindler, Briefwechsel	M. Spindler (Hg.), Briefwechsel zwischen Ludwig I. von Bayern und Eduard von Schenk 1823–1841, München 1930
StAM	Stadtarchiv München
Staka	Staatskanzlei
SS	Sammlung der Signate Ludwigs I. (Kommission für Bayerische Landesgeschichte bei der Bayerischen Akademie der Wissenschaften)
StMGBO	Studien und Mitteilungen zur Geschichte des Benediktinerordens
T.	Tagebuch
Th.Qu.Schr.	Theologische Quartalsschrift
VKA	Verhandlungen der Kammer der Abgeordneten
VKR	Verhandlungen der Kammer der Reichsräte
VSWG	Vierteljahreshefte für Sozial- und Wirtschaftsgeschichte
WGVS	K. Weber, Neue Gesetz- und Verordnungen-Sammlung für des Königreich Bayern, 42 Bde., 1880ff.
ZBKG	Zeitschrift für bayerische Kirchengeschichte
ZBLG	Zeitschrift für Bayerische Landesgeschichte
ZWLG	Zeitschrift für Württembergische Landesgeschichte

VERZEICHNIS DER BENÜTZTEN ARCHIVE UND SAMMLUNGEN

(Aufgenommen sind auch Bestände, die nur partiell eingesehen wurden)

1. Bayerisches Hauptstaatsarchiv München
   Abteilung II (19. und 20. Jahrhundert)
      Staatsrat
      MA
      M Inn
   Abteilung III (Geheimes Hausarchiv)
      Hausurkunden
      Autographen
      Nachlaß König Maximilian I. Joseph
      Nachlaß König Ludwig I.
      Nachlaß König Maximilian II.
      Nachlaß König Ludwig II.
      Nachlaß Prinz Karl von Bayern
      Nachlaß Gumppenberg
      Nachlaß Gravenreuth
      Nachlaß König Otto von Griechenland
      Nachlaß Abel (vom Vf. noch vor dem Verlust während des II. Weltkriegs eingesehen)
   Abteilung IV (Kriegsarchiv)
      B 726
      D I 4
      O P 80015
   Abteilung V (Nachlässe)
      Nachlaß Montgelas
      Nachlaß v. d. Pfordten
      Nachlaß Abel
      Nachlaß Armansperg-Cantacuzene

2. Bayerische Staatsbibliothek München – Handschriftenabteilung
   Ludwig I.-Archiv
   Nachlaß Abel

3. Haus-Hof- und Staatsarchiv Wien
   Staatskanzlei Bayern – Hofkorrespondenz 2
   Familienarchiv Sammelband 47
   Vorträge 1809

4. Sammlung der Signate Ludwigs I.
   (Kommission für Bayerische Landesgeschichte bei der Bayerischen Akademie der Wissenschaften)

5. Stadtarchiv München
   Akte 1422 (Denkschrift Steinsdorfs)
   Nachlaß Hüther

6. Ordinariatsarchiv Passau
   07811 und 07813

7. Fürstl. Löwenstein-Wertheim-Rosenbergsches Archiv Wertheim
   Lit D nr. 424 und 992
8. Gräfl. Giechsches Familienarchiv Thurnau
9. Gräfl. Seinsheimsches Familienarchiv Sünching
10. Nachlaß Maurer (Privatbesitz)

QUELLEN- UND LITERATURVERZEICHNIS

AKTENEDITIONEN, VERORDNUNGENSAMMLUNGEN, BRIEFWECHSEL, AUTOBIOGRAPHIEN, ERINNERUNGEN, ZEITGENÖSSISCHE PUBLIZISTIK IN AUSWAHL.

An. (Jakob Ehrenbaum) Abel und Wallerstein. Beiträge zur neuesten Geschichte bayerischer Zustände, Stuttgart 1840.
Arndt, Ernst Moritz, Wanderungen und Wandelungen mit dem Reichs-Freiherrn H. K. F. vom Stein (= Sämtliche Werke, Hg. Heinrich Meisner II), Leipzig o. J.
Arnim, Bettina von, Goethes Briefwechsel mit einem Kinde (Hg. Jonas Fraenkel) Bd. II, Jena 1906.
Baader, Franz von, Lettres inédites (Hg. Eugène Susini), 3 Bde., Paris 1942/51.
Bandel, Ernst, Erinnerungen aus meinem Leben (Hg. A. Gregorius), Detmold 1937.
Beust, Friedrich Ferdinand Gf. v., Aus drei Viertel-Jahrhunderten. Erinnerungen und Aufzeichnungen, Bd. I: 1809−1866, Stuttgart 1887.
Bluntschli, Johann Caspar, Denkwürdiges aus meinem Leben II, München 1848−1861, Nördlingen 1884.
Boisserée, Sulpiz, Tagebücher (Hg. Hans-J. Weitz), 3 Bde., Darmstadt 1978/83.
Bosl, Karl (Hg.), Dokumente zur Geschichte von Staat und Gesellschaft in Bayern. Abtlg. III Bayern im 19. u. 20. Jahrhundert, München 1976 ff.
Bray, Francois Gabriel Gf. v., Aus dem Leben eines Diplomaten alter Schule, Leipzig 1901.
Bray-Steinburg, Otto Gf. v., Denkwürdigkeiten aus seinem Leben, Leipzig 1901.
Brentano, Klemens, Briefe an Emilie Linder (Hg. Wolfgang Frühwald), Bad Homburg v. d. H. 1969.
Chroust, Anton (Hg.), Gesandtschaftsberichte aus München 1814−1848.
Abtlg. I: Die Berichte der französischen Gesandten, 4 Bde., München 1935−1937;
Abtlg. II: Die Berichte der österreichischen Gesandten, 4 Bde., München 1939−1942;
Abtlg. III: Die Berichte der preußischen Gesandten, 4 Bde., München 1949−1951.
Ders., Aktenstücke zur Jugendgeschichte des späteren Königs Ludwig I. von Bayern, in: ZBLG 5 (1932), 446−455.
Briefe an Cotta (Hg. Herbert Schiller), Bd., II, Das Zeitalter der Restauration 1815−1832, Stuttgart/Berlin 1927, und Bd. III, Vom Vormärz bis Bismarck 1833−1863, Stuttgart 1934.
Dickerhof, Harald, Dokumente zur Studiengesetzgebung in Bayern in der ersten Hälfte des 19. Jahrhunderts, Berlin 1975.
Döllinger, Georg, Sammlung der im Gebiete der inneren Staats-Verwaltung des Königreichs Bayern bestehenden Verordnungen etc., 20 Bde., München 1835−1839.
Dumont, Karl Theodor, Diplomatische Korrespondenz über die Berufung des Bischofs Johann v. Geissel von Speyer zum Coadjutor des Erzbischofs Clemens August v. Droste zu Vischering v. Köln, Freiburg im Breisgau 1880.
Eisenhart-Rothe, Wilhelm v., und Ritthaler, Anton (Hg.), Vorgeschichte und

Begründung des Deutschen Zollvereins 1815–1834, Berlin 1934.

Gagern, Hans Frhr v., Mein Anteil an der Politik, 4 Bde., Stuttgart und Leipzig 1822–1845.

Gentz, Friedrich v., Tagebücher, 4 Bde., Leipzig 1873/74.

– Briefe von und an Friedrich v. Gentz (Hg. Friedrich K. Wittichen u. Ernst Salzer), 3 Bde., München 1913.

– Briefwechsel Gentz-Pilat (Hg. K. Mendelssohn-Bartholdy), Leipzig 1868.

Görres, Joseph, Geistesgeschichtliche und politische Schriften der Münchener Zeit 1828–1838 (= J. Görres, Gesammelte Schriften Bd. XV, Köln 1958, Hg. Ernst Deuerlein).

Hefner-Alteneck, Jakob Heinrich v., Lebens-Erinnerungen, München 1899.

Höfler, Konstantin, Konkordat und Konstitutionseid der Katholiken in Bayern, Augsburg 1847.

Ders., Erläuterungen und Zusätze zu der Rede des Reichsrats-Referenten Fürsten v. Öttingen-Wallerstein über Klöster und Quarten, München 1846.

Jocham, Magnus, Memoiren eines Obskuranten, Kempten 1896.

Jungmann-Stadler, Franziska, Die Anfänge der Bayerischen Hypotheken- und Wechselbank aus den Protokollen der Administration 1835–1850, München 1985.

Kolb, Georg Friedrich, Über eine nähere politische Verbindung Bayerns mit Griechenland, Speyer 1832.

Ders., Die Steuerüberbürdung der Pfalz gegenüber der Besteuerung der übrigen baierischen Kreise, Mannheim 1846.

Ders., Das griechische Anlehen. Ein Beitrag zur Geschichte des Konstitutionalismus in Bayern, München 1849.

Ders., Lebenserinnerungen eines liberalen Demokraten 1808/84 (Hg. L. Merck und E. Krautkrämer), Freiburg 1976.

Lang, Karl Heinrich Ritter v., Memoiren 1764–1835 (Hg. Hans Haußherr), Stuttgart 1957.

List, Friedrich, Schriften, Reden, Briefe, 10 Bde. (Hg. Erwin v. Beckerath u. Karl Goeser), Berlin 1927–1935.

Lerchenfeld, Maximilian Frhr. v., Zur Geschichte des bayerischen Konkordats (Hg. Maximilian Frhr. v. Lerchenfeld), Nördlingen 1882.

Ders., Aus den Papieren des kgl. bayerischen Staatsministers Maximilian Frhr. v. Lerchenfeld (Hg. Maximilian Frhr. v. Lerchenfeld), Nördlingen 1887.

Ders., Die bairische Verfassung und die Karlsruher Beschlüsse (Hg. Maximilian Frhr. v. Lerchenfeld), Nördlingen 1883.

Ludwig I. König von Bayern in seinen Briefen an Philipp v. Lichtenthaler (Hg. Johann Ludwig Gerstenecker), München 1886 (= Blätter für das bayerische Gymnasialschulwesen XXII).

König Ludwig I. von Bayern in seinen Briefen an seinen Sohn, den König Otto von Griechenland (Hg. Ludwig Trost), Bamberg 1891.

Ludwig I. von Bayern u. Johann Martin v. Wagner (Hg. Winfried Frhr. v. Poelnitz), München 1929 (Biographie und Briefwechsel)

Kronprinz Ludwig von Bayern und Gf. Montgelas (nach ihrem Briefwechsel v. 1810–1816) (Hg. Götz Frhr. v. Poelnitz), in: ZBLG 7 (1934), 35–85.

Briefwechsel zwischen Ludwig I. von Bayern u. Georg v. Dillis 1807–1841 (Hg. Richard Messerer), München 1966.

König Ludwig I. von Bayern u. Caroline v. Heygendorf in ihren Briefen 1830 bis 1848 (Hg. Hans Tümmler), Köln/Wien 1981.

Lufft, August, Offene aktenmäßige Verwahrung und Abwehr des quieszirten

Regierungsdirektors A. Lufft bezüglich der gegen ihn erhobenen politischen Beschuldigungen, Kaiserslautern 1848.
Ders., Streiflichter auf bayerische Zustände, Mannheim 1873.
Rokoko und Revolution. Johann Christian v. Mannlichs Lebenserinnerungen (Hg. Eugen Stollreither), Berlin 1923.
Maurer, Georg Ludwig v., Denkwürdigkeiten (Hg. Karl Theodor Heigel), München 1903.
Mercy d' Argentau, Comte de, La Bavière en 1812 et 1813, in: Revue Contemporaine, Bd. 69 (104), Paris 1869, 5–26, und 385–411.
Aus Metternichs nachgelassenen Papieren (Hg. Richard Fürst Metternich und Alfons Gf. Klinkowström), Wien 1880/84.
Miller, J. N. (= Georg Friedrich Kolb), Geschichte der neuesten Ereignisse in Rheinbaiern, Weißenburg i. E. 1833.
Briefe des Staatsministers Gf. Maximilian Joseph v. Montgelas (Hg. Julie v. Zerzog), Regensburg 1853.
Denkwürdigkeiten des bayerischen Staatsministers Max Gf. v. Montgelas (1799–1817) (Hg. Max Freiherr v. Freyberg-Eisenberg u. Ludwig Gf. Montgelas), Stuttgart 1887.
Denkwürdigkeiten des Grafen Maximilian Joseph v. Montgelas über die innere Staatsverwaltung Bayerns (1799–1817) (Hg. G. Laubmann u. Michael Doeberl), München 1908.
Müller, Johannes v., Sämtliche Werke, Bd. XVIII, Stuttgart und Tübingen 1833.
Briefe an Johann v. Müller Bd. V (Hg. J. K. Maurer-Constant), Schaffhausen 1840, III–XIV.
Johannes v. Müller, Briefe in Auswahl (Hg. Edgar Bonjour), Basel 1954.
Niebuhr, Barthold Georg, Briefe NF 1816–1830 (Hg. Eduard Vischer) Bd. I, 1, Berlin und München 1981.
Pechmann, Heinrich Frhr. v., Der Ludwigskanal, Nürnberg 1854.
Die Tagebücher des Grafen August v. Platen (Hg. Georg Laubmann u. Leopold v. Scheffler), 2 Bde., Stuttgart 1896/1900.
Ringseis, Johann Nepomuk, Erinnerungen (Hg. Emilie Ringseis), 4 Bde., Regensburg/Amberg 1886/91.
Schiel, Hubert, Bischof Sailer und König Ludwig I. von Bayern. Mit ihrem Briefwechsel, Regensburg 1932.
Ders., Johann Michael Sailer. Leben und Briefe, 2 Bde., Regensburg 1948/51.
Schmeller, Johann Andreas, Tagebücher 1801–1859 (Hg. Paul Ruf), 2 Bde., München 1954–56.
Schmidt, Ludwig Friedrich, Lebenserinnerungen, in: Blätter für bayerische Kirchengeschichte 1 (1887/88), 55 ff., 81 ff., 104 ff. u. 119 ff.
Schubert, Gotthilf Heinrich v., Der Erwerb aus einem vergangenen und die Erwartungen von einem zukünftigen Leben, 3 Bde., Erlangen 1854/56.
Soeltl, Johann Michael v., Ludwig I., König von Bayern, und Graf von Armansperg, Nördlingen 1886.
Berichte des Grafen Friedrich Stadion über die Beziehungen zwischen Österreich und Bayern 1807–1809 (Hg. Eduard Wertheimer), in: Archiv für Österreichische Geschichte, 63. Bd., Wien 1882.
Stein, Karl Friedrich Heinrich Frhr. vom, Briefe und amtliche Schriften V (Hg. Walter Hubatsch. Neubearb. Manfred Botzenhart), Stuttgart 1964.
Ders., Briefe und amtliche Schriften VI (Hg. Walter Hubatsch. Neubearb. Alfred Hartlieb v. Wallthor), Stuttgart 1965.
Steinbühl, Justus (= Johann Adam v. Seuffert), Patriotische Betrachtungen im

Gefolge der Münchener Fastnacht, München 1847.

Strodl, Michael A., Kirche und Staat in Bayern unter dem Minister Abel und seinen Nachfolgern, Schaffhausen 1849.

Ders., Das Recht der Kirche und der Staatsgewalt in Bayern seit dem Abschluß des Konkordats, Schaffhausen 1852.

Denkwürdigkeiten aus dem Dienstleben des Hessen-Darmstädtischen Staatsministers Frhr. du Thil 1803–1848 (Hg. Heinrich Ulmann), Stuttgart/Berlin 1921 (Neudruck Osnabrück 1967).

Die Thronreden und Adressen im bayerischen Landtag während der Zeit von 1819–1892, München 1893.

Verhandlungen der Zweiten Kammer der Ständeversammlung des Königreichs Bayern, München 1819–1848/49.

Verhandlungen der Kammer der Reichsräte des Königreichs Bayern, München 1819–1848/49.

Weber, Karl, Neue Gesetz- und Verordnungen-Sammlung für das Königreich Bayern, 42 Bde., Nördlingen, 1880 ff.

Wirth, Johann Georg August, Das Nationalfest der Deutschen zu Hambach, Neustadt a./H. 1832 (Neudruck Vaduz 1977).

Zwehl, Hans Karl v., u. Ritthaler, Anton, Die bayerische Politik im Jahre 1805, München 1964.

AUSWAHLBIBLIOGRAPHIE
(Aufgenommen sind nur selbständige Schriften)

Adalbert Prinz von Bayern, Eugen Beauharnais, Berlin 1940.
Ders., Max I. Joseph von Bayern, München 1957.
Ders., Die Herzen der Leuchtenberg, München 1963.
Ders., Als die Residenz noch Residenz war, München 1967.
Ammerich, Hans, Landesherr und Landesverwaltung, Beiträge zur Regierung von Pfalz-Zweibrücken am Ende des alten Reiches, Saarbrücken 1981.
Aretin, Karl Otmar Frhr. v., Heiliges Römisches Reich 1776—1806. Reichsverfassung und Staatssouveränität, 2 Bde., Wiesbaden 1967.
Ders., Bayerns Weg zum souveränen Staat. Landstände und konstitutionelle Monarchie 1714—1818, München 1976.
Armansperg, Roswitha Gräfin, Joseph Ludwig Graf Armansperg, ein Beitrag zur Regierungsgeschichte Ludwig I. von Bayern, München 1976.
Arneth, Alfred v., Johann Frhr. v. Wessenberg, ein österreichischer Staatsmann des 19. Jahrhunderts, 2 Bde., Wien u. Leipzig 1898.
Arnold, Christian, Konrad Eberhard 1768—1859. Bildhauer und Maler. Leben und Wirken eines Allgäuer Künstlergeschlechts, Augsburg 1964.
Bachmann, Wolf, Die Attribute der Bayerischen Akademie der Wissenschaften 1807—1827, Kallmünz 1966.
Bapst, Edmond, A la Conquête du Thrôn de Bade, Paris 1930.
Bastgen, Hubert, Forschungen und Quellen zur Kirchenpolitik Gregor XVI, Paderborn 1929.
Ders. (mit Ordensvornamen Beda), Bayern und der Heilige Stuhl in der ersten Hälfte des 19. Jahrhunderts, 2 Bde., München 1940.
Baudri, J. A. F., Die kirchlichen Zustände in Preußen und die Berufung und Tätigkeit des Herrn v. Geißel als Kölner Oberhirte, Köln 1880.
Ders., Der Erzbischof von Köln Johannes Kardinal v. Geißel und seine Zeit, Köln 1881.
Bauer, Clemens, Politischer Katholizismus in Württemberg bis zum Jahre 1848, München 1924.
Bauer, Hermann, Geschichtstaler. Münzen und Geschichtsbewußtsein unter König Ludwig I. von Bayern (Sonderkatalog Münzen-Revue), 1983.
Baumann, Kurt (Hg.), Das Hambacher Fest. 27. Mai 1832. Männer und Ideen, Speyer 1957.
Baumgart, Peter, (Hg.), 400 Jahre Universität Würzburg. Eine Festschrift, Neustadt/Aisch 1982.
Becker, Albert, Die Wiedererstehung der Pfalz, Zweibrücken 1916.
Bertier de Sauvigny, Guilleaume de, La Sainte-Alliance, Paris 1972.
Beyerle, Konrad, Das Haus Wittelsbach und der Freistaat Bayern I, München 1921.
Ders., Die Rechtsansprüche des Hauses Wittelsbach, München 1922.
Bezzel, Oskar, Geschichte des kgl. bayerischen Heeres von 1825 bis 1866, München 1931.
Ders., Geschichte des kgl. bayerischen Heeres unter König Max I. Joseph von 1806 (1804) bis 1825, München 1933.
Bibl, Viktor, Metternich in neuer Beleuchtung und sein geheimer Briefwechsel mit dem bayerischen Staatsminister v. Wrede, Wien 1928.
Bierhaus-Rödiger, Erika, Carl Rottmann, München 1978.

Billinger, Robert Dominic, Metternich's Policy toward the South-German States 1830–1834, Ph. D., Chapel Hill 1973.
Bitterauf, Theodor, Geschichte des Rheinbundes I, München 1905.
Blessing, Werner Karl, Staat und Kirche in der Gesellschaft, Göttingen 1982.
Bluntschli, Johann Caspar und Seyerlen, Rudolf, Friedrich Rohmers Leben und wissenschaftlicher Entwicklungsgang, 2 Bde., München 1892.
Böck, Hanns Helmut, Karl Philipp Fürst von Wrede als politischer Berater König Ludwig I. von Bayern, München 1968.
Boeckenfoerde, Ernst-Wolfgang (Hg.), Moderne deutsche Verfassungsgeschichte 1815–1918, Köln 1972.
Ders. (Hg.), Probleme des Konstitutionalismus im 19. Jahrhundert, Berlin 1975.
Böhm Gottfried v., Ludwig II., König von Bayern. Sein Leben und seine Zeit, Berlin² 1924.
Böttger, Peter, Die Alte Pinakothek in München. Architektur, Ausstattung und museales Programm, München 1972.
Boisserée, Mathilde, Sulpiz Boisserée, 2 Bde., Stuttgart 1862.
Bolitho, Hektor, Otho I. King of Greece etc, London 1939.
Borngässer, Heinrich, Gottfried Eisenmann. Ein Kämpfer für die deutsche Einheit und Vertreter des bayerischen Machtgedankens, Neu-Isenburg 1931.
Borodajkewycz, Taras v., Deutscher Geist und Katholizismus im 19. Jahrhundert, Salzburg und Leipzig 1935.
Bosl, Karl, Die Wiedererrichtung der Benediktinerabtei Metten 1830 durch die Initiative König Ludwig I. von Bayern und Bischof Johann Michael Sailers im Geiste der romantisch-christlichen und humanistischen Erneuerung im bayerischen Vormärz, München o. J.
Ders., Geschichte der Repräsentation in Bayern, München 1974.
Ders., Das Wittelsbachische Problem in der bayerischen und deutschen Geschichte, München 1980.
Ders., Bayerische Geschichte, München 1980.
Ders., Die Wittelsbacher und Europa, München 1980.
Ders., Bayern. Modell und Strukturen seiner Geschichte (Hg. Joachim Jahn), München 1981.
Brandt, Hartwig, Landständische Repräsentation im deutschen Vormärz. Politisches Denken im Einflußbereich des monarchischen Prinzips, Neuwied und Berlin 1968.
Braun, Hans, Philipp Jakob Siebenpfeiffer, ein liberaler Publizist des Vormärz, Diss., München 1956.
Broeker, Elisabeth, Bocholter Gedenkschrift: Melchior Kardinal v. Diepenbrock Fürstbischof von Breslau, Bocholt 1953.
Bühler, Anna Lore, Karoline, Königin von Bayern. Beiträge zu ihrem Leben und zu ihrer Zeit, München 1941.
Büssen, Eberhard, Die Karlsbader Beschlüsse von 1819. Die endgültige Stabilisierung der restaurativen Politik im Deuschen Bund nach dem Wiener Kongreß v. 1814/15, Hildesheim 1974.
Bunsen, Christian Josias v., Aus seinen Briefen und nach eigenen Erinnerungen geschildert von seiner Witwe (deutsche Übersetzung und hg. Friedrich Nippold), Leipzig 1868–71.
Burg, Peter, Die deutsche Trias von der Auflösung des Rheinbunds bis zur Gründung des deutschen Zollvereins (1813–1843), ungedr. Münstersche Habil.Schrift, 1982.

Ders., Der Wiener Kongreß. Der Deutsche Bund im europäischen Staatensystem, München 1984.
Busley, Hermann-Joseph, Bayern und die deutsche Einigung 1870/71 (= Ausstellungskatalog der Staatlichen Archive Bayerns Nr.6), München 1971.
Callies, Jörg, Militär in der Krise. Die bayerische Armee in der Revolution 1848/49, Boppard 1976.
Corti, Egon Caesar Conte, Leopold I. von Belgien, Wien 1922.
Ders., Ludwig I. von Bayern, München[7] 1959.
Dauberschmidt, Otto Ritter v., Kirchenpolitische Kämpfe in Bayern in den Jahren 1845 und 1846 mit besonderer Berücksichtigung der Publizistik, masch.schriftl. Diss., München 1923.
Dcsacsovszky, Valeria D., Das Ministerium des Fürsten Ludwig v. Öttingen-Wallerstein 1832–1837, Diss., München 1932.
Demel, Walter, Der bayerische Staatsabsolutismus 1806/08–1817. Staats- und gesellschaftspolitische Motivationen und Hintergründe der Reformära in der ersten Phase des Königreichs Bayern, München 1983.
Dickerhof, Hedwig, Vom Studium der allgemeinen Wissenschaften zum Berufsstudium. Die Lehrverfassung der philosophischen Fakultät der Ludwig-Maximilians-Universität München im 19. Jahrhundert unter besonderer Berücksichtigung des Faches Geschichte, Diss., München 1971.
Dickopf, Karl, Georg Ludwig v. Maurer 1790–1872. Eine Biographie, Kallmünz 1960.
Dirrigl, Michael, Ludwig I. König von Bayern 1825–1848, München 1980.
Ders., München Residenz der Musen, München 1968.
Dobmann, Franz, Georg Friedrich Frhr. v. Zentner als bayerischer Staatsmann in den Jahren 1799–1821, Kallmünz 1962.
Dobmayer, Ignaz, Zustände und Ereignisse in München im Jahre 1847, Berlin 1847 (gleicher Text erschien vorher unter dem Verfassernamen Paul Erdmann und dem Titel »Lola Montez und die Jesuiten«, Hamburg 1847).
Doeberl, Michael, König Ludwig I., der zweite Gründer der Ludwig-Maximilians-Universität, München 1926.
Ders., Entwicklungsgeschichte Bayerns II, München[3] 1928 und III München 1931.
Ders., Bayern und die deutsche Erhebung wider Napoleon I. (Abhandlungen der Bayerischen Akademie der Wissenschaften Hist.Kl. 24, München 1907, 347–432.
Ders., Bayern und die wirtschaftliche Einigung Deutschlands (= Abhandlungen der kgl. Bayerischen Akademie der Wissenschaften. Philosophisch-philologische u. hist. Kl. 29, München 1915.
Ders., Bayern und Deutschland im 19. Jahrhundert, München 1917.
Döllinger, Ignaz v., Zum Gedächtnis Seiner Majestät des Königs Ludwig I. und seiner Regierung, München 1868.
Domarus, Max, Bürgermeister Behr. Ein Kämpfer für den Rechtsstaat, Würzburg 1971.
Droysen, Johann Gustav, Abhandlungen zur neueren Geschichte, Leipzig 1876.
Dunan, Marcel, Napoléon et L'Allemagne. Le Système Continental et Les Débuts Du Royaume de Bavière 1806–1810, Paris 1942.
Dunk, Hermann von der, Der deutsche Vormärz und Belgien 1830/48, Wiesbaden 1966.
Eberl, P. Angelikus, Geschichte der bayerischen Kapuzinerordensprovinz (1593–1902), Freiburg i. Br. 1902.

Eckert, Christian, Peter Cornelius, Bielefeld und Leipzig 1906.
Eckstein, Adolf, Der Kampf der Juden um ihre Emanzipation in Bayern, Fürth 1905.
Eggert, Klaus, Friedrich v. Gärtner, Baumeister König Ludwig I., München 1963.
Faber, Karl Georg, Die Rheinlande zwischen Restauration und Revolution. Probleme rheinischer Geschichte von 1814–1848 im Spiegel der zeitgenössischen Publizistik, Wiesbaden 1966.
Ders., Andreas van Recum 1765–1828. Ein rheinischer Kosmopolit, Bonn 1969.
Ders., Deutsche Geschichte im 19. Jahrhundert. Restauration und Revolution. Von 1815–1851, Wiesbaden 1979.
Fehrenbach, Elisabeth, Der Kampf um die Einführung des Code Napoléon in den Rheinbundstaaten, Wiesbaden 1973.
Feierstunde anläßlich des 100jährigen Todestages König Ludwig I. von Bayern in der Alten Pinakothek München, München 1968.
Fendler, Rudolf, Johann Casimir Häffelin 1737–1827. Historiker, Kirchenpolitiker, Diplomat und Kardinal, Mainz 1980.
Feuerbach, Ludwig (Hg.), Anselm Ritter v. Feuerbach. Leben und Wirken I, Leipzig 1852.
Fietz, Walter, Verkehrs- und handelspolitische Probleme am Bundestag in Frankfurt 1816–1847, Frankfurt a. M. 1954.
Foerster, Cornelia, Der Preß- und Vaterlandsverein von 1832/33. Soziale Struktur und Organisationsform der bürgerlichen Bewegung in der Zeit des Hambacher Festes, Trier 1982.
Foerster, Ernst, Peter von Cornelius. Ein Gedenkbuch aus seinem Leben und Wirken, 2 Bde., Berlin 1847.
Fournier, Alfred, Historische Studien und Skizzen, Wien und Leipzig 1912.
Ders., Die Geheimpolizei auf dem Wiener Kongreß, Wien und Leipzig 1913.
Frässle, Klaus, Karl Haller v. Hallerstein (1774–1817), Diss., Freiburg 1971.
Franz, Eugen, Bayerische Verfassungskämpfe. Von der Ständekammer zum Landtag, München 1926.
Ders., Ludwig Frhr. v. d. Pfordten, München 1938.
Franz, Marie Anne v., Die diplomatische Tätigkeit Österreichs in Südwestdeutschland von 1828–1848. Nach den Tagebüchern des kaiserlichen Gesandten Gf. Karl Ferdinand v. Buol-Schauenstein, Zürich 1943.
Franz-Willing, Georg, Die bayerische Vatikangesandtschaft 1803–1934, München 1965.
Freyberg, Karl Frhr. v., Hundert Jahre Edelmannsleben I, München und Regensburg 1928.
Friedrich, Johannes, Ignaz v. Döllinger, 3 Bde., München 1899/1901.
Frieß, Franz, Leben der ehrwürdigen Mutter Maria Theresia von Jesu Gerhardinger, München 1907.
Fugger, Eberhard Gf. v., Die Seinsheim und ihre Zeit. Familien- und Kulturgeschichte von 1155–1890, München 1893.
Funk, Philipp, Von der Aufklärung zur Romantik. Studien zur Vorgeschichte der Münchener Romantik, München 1925.
Gehring, Ludwig, Würzburger Chronik. Personen und Ereignisse v. 1848 bis zur Gegenwart IV, Würzburg 1927.
Geist und Gestalt. Biographische Beiträge zur Geschichte der Bayerischen Akademie der Wissenschaften, vornehmlich im zweiten Jahrhundert ihres Bestehens. 1. Bd. Geisteswissenschaften, München 1959.
Gölz, Wilhelmine, Der bayerische Landtag 1831. Ein Wendepunkt in der Regierung Ludwig I., Diss., München 1926.

Grasser, Walter, Die bayerischen Geschichtstaler Ludwig I. und Max II., Rosenheim 1982.
Grauer, Karl-Johannes, Wilhelm I. König von Württemberg: Ein Bild seines Lebens und seiner Zeit, Stuttgart 1960.
Griewank, Karl, Der Wiener Kongreß und die europäische Restauration 1814/15, Leipzig³ 1963.
Grisar, Joseph, Bayern und Preußen zur Zeit der Kölner Wirren, Diss., München 1923.
Grösser, Ludwig, Der gemäßigte Liberalismus im bayerischen Landtag v. 1819–1848, Münchener Diss., Augsburg 1929.
Grosjean, George, La Politique extérieure de la Restauration et l'Allemagne, Paris 1930.
Gruner, Wolf D., Das Bayerische Heer 1825–1864. Eine kritische Analyse der bewaffneten Macht Bayerns vom Regierungsantritt Ludwig I. bis zum Vorabend des deutschen Kriegs, Boppard 1972.
Günther, Leo, Würzburger Chronik. Personen und Ereignisse v. 1802–1845 III, Würzburg 1925.
Haan, Heiner, Hauptstaat und Nebenstaat, München 1977.
Habel, Heinrich, Das Odeon in München, Berlin 1967.
Hacker, Rupert, Die Beziehungen zwischen Bayern und dem Heiligen Stuhl in der Regierungszeit Ludwig I., Tübingen 1967.
Hahn, Hans Werner, Geschichte des deutschen Zollvereins, Göttingen 1984.
Hahn, Winfried M. P., Romantik und katholische Restauration, München 1970.
Halser, Alois, Bischof K. J. v. Riccabona und seine Zeit, Passau 1928.
Hambacher Fest 1832–1957. Eine Schrift zur 125jährigen Wiederkehr, Mainz 1957.
Hammer, Karl, Die französische Diplomatie der Restauration und Deutschland 1814–1830, Stuttgart 1962.
Hardt, Ignaz, Wilhelm, Herzog in Bayern. Biographische Darstellung aus der Zeit seines öffentlichen Lebens und Wirkens, Bamberg 1838.
Hase, Ulrich v., Joseph Stieler 1781–1858. Sein Leben und sein Werk, München 1971.
Hassel, Paul, Joseph Maria v. Radowitz I, Berlin 1905.
Hausberger, Karl, Staat und Kirche nach der Säkularisation. Zur bayerischen Konkordatspolitik im frühen 19. Jahrhundert, St. Ottilien 1983.
Heckel, Theodor, Adolf v. Harleß, München 1933.
Hederer, Oswald, Die Ludwigsstraße in München, München 1942.
Ders., Leo v. Klenze. Persönlichkeit und Werk, München 1964.
Ders., Karl v. Fischer. Leben und Werk, München 1966.
Heigel, Carl Theodor, Ludwig I. König von Bayern, Leipzig 1872.
Ders., Aus drei Jahrhunderten. Vorträge aus der neueren deutschen Geschichte, Wien 1881.
Ders., Quellen und Abhandlungen zur neueren Geschichte Bayerns, München 1884.
Ders., Historische Vorträge und Studien, München 1887.
Ders., Neue Historische Vorträge und Aufsätze, München 1888.
Ders., Quellen und Abhandlungen NF, München 1890.
Ders., Essays aus neuerer Geschichte, München 1892.
Ders., Geschichtliche Bilder und Skizzen, München 1897.
Heilmann, Joseph, Feldmarschall Fürst Wrede, Leipzig 1881.
Heinloth, Wilhelm, Die Münchener Dezemberunruhen 1830, Diss., München 1930.

Herzberg, Wilhelm, Das Hambacher Fest. Geschichte der revolutionären Bestrebungen in Rheinbayern um das Jahr 1832, Ludwigshafen 1908 (Neudruck Vaduz 1982).

Hierl-Deronco, Norbert, Mit ganz sonderbarem Ruhm und Eyfer, Krailling 1984.

Hirschmann, Gerhard, Das Haus Wittelsbach und Franken im 19. Jahrhundert (Neujahrsblätter der Gesellschaft für Fränkische Geschichte XXXVIII), Neustadt/Aisch 1984.

Höfer, Frank Thomas, Pressepolitik und Polizeistaat Metternichs. Die Überwachung von Presse und politischer Öffentlichkeit in Deutschland und den Nachbarstaaten durch das Mainzer Informationsbüro (1833–1848). München etc. 1983.

Hörmann, Lieselotte v., Der bayerisch-badische Gebietsstreit 1825–1832, Berlin 1938.

Hofmann, Hans Hubert, Adelige Herrschaft und souveräner Staat. Studien über Staat und Gesellschaft in Franken und Bayern im 18. und 19. Jahrhundert, München 1962.

Holland, Hyazinth, Lebenserinnerungen eines 90jährigen Müncheners, München 1921.

Huber, Ernst Rudolf, Deutsche Verfassungsgeschichte seit 1789 Bd. I u. II, Stuttgart² 1968/75.

Ders., Dokumente zur deutschen Verfassungsgeschichte I, Stuttgart 1975.

Huber, Gustav, Kriegsgefahr über Europa (1830–1832): Im Urteil der Zeit und 100 Jahre später, Berlin 1936.

Huber, Max, Ludwig I. von Bayern und die Ludwig-Maximilians-Universität in München (1826–1832), Münchener Diss., Würzburg-Aumühle 1939.

Hurter, Heinrich v., Friedrich v. Hurter und seine Zeit, 2 Bde., Graz 1866/77.

Kapfinger, Hans, Der Eoskreis 1828–1832, München 1928.

Keul, Wolfgang, Die Bundesmilitärkommission (1819–1866) als politisches Gremium. Ein Beitrag zur Geschichte des Deutschen Bundes, Frankfurt a. M. 1977.

Kircheisen, Friedrich, Fürstenbriefe an Napoleon I., Bd. II, Stuttgart 1929.

Kircher, Walter-Siegfried, Adel, Kirche und Politik in Württemberg 1830–1851. Kirchliche Bewegung, katholische Standesherren und Demokratie, Tübinger Diss., Göppingen 1973.

Kirchner, Hans-Martin, Friedrich Thiersch. Seine geistige Welt und seine kulturpolitischen Bestrebungen, masch.-schriftl. Münchener Diss., 1955.

Kleinstück, Erwin, Johann Friedrich Böhmer, Frankfurt a. M. 1959.

Klemmer, Lieselotte, Aloys v. Rechberg als bayerischer Politiker 1766–1849, München 1975.

Knemayer, Franz-Ludwig, Regierungs- und Verwaltungsreformen in Deutschland zu Beginn des 19. Jahrhunderts, Köln und Berlin 1970.

Kobell, Luise v., Unter den vier ersten Königen Bayerns, 2 Bde., München 1894.

Koeppel, Ferdinand, Ignaz v. Rudhardt. Ein Staatsmann des Liberalismus, München/Berlin 1933.

Kolde, Theodor, Die Universität Erlangen unter dem Hause Wittelsbach 1810–1910, Erlangen 1910.

Kraehe, Enno E., Metternich's German Policy I. The Contest with Napoleon, Princeton 1963.

Kraus, Andreas, Bayerische Geschichte, München 1983.

Ders. (Hg.), Land und Reich, Stamm und Nation. Probleme und Perspektiven bayerischer Geschichte. Festgabe für Max Spindler zum 90. Geburtstag, 3 Bde., München 1984.

Krauß, Sylvia, Die diplomatischen Beziehungen zwischen Bayern und Frankreich 1814/15—1840, Münchener Diss. 1985.

Krautkrämer, Elmar, Georg Friedrich Kolb (1808—1884). Würdigung seines journalistischen und parlamentarischen Wirkens im Vormärz und in der deutschen Revolution. Ein Beitrag zur pfälzischen Geschichte des 19. Jahrhunderts und zur Geschichte des deutschen Frühliberalismus. Meisenheim/Glan 1959.

Kristl, Wilhelm Lukas, Lola, Ludwig und der General, Pfaffenhofen/Ilm, 1979.

Kuhn, Alfred, Peter Cornelius und die geistigen Strömungen seiner Zeit, Berlin 1921.

Lempfrid, Wilhelm, Die Anfänge des parteipolitischen Lebens und der politischen Presse in Bayern unter Ludwig I. 1825—1831, Straßburg 1912.

Lenz, Friedrich, Friedrich List. Der Mann und das Werk, München 1936 (Neudruck Aalen 1970).

Lessing, Waldemar, Johann Georg v. Dillis als Künstler und Museumsmann, München 1951.

Ders., Wilhelm v. Kobell, München 1966.

Leyh, Maximilian, Die Feldzüge des kgl. bayerischen Heeres unter Max I. Joseph v. 1805—1815, München 1935.

Lieb, Norbert, München. Die Geschichte seiner Kunst, München 1971.

Lill, Rudolf, Die Beilegung der Kölner Wirren 1840—1842, Düsseldorf 1962.

Lösch, Stefan, Döllinger und Frankreich. Eine geistige Allianz 1823—1871, München 1955.

Loewe, Hans, Die Entwicklung des Schulkampfes in Bayern bis zum vollständigen Sieg des Neuhumanismus, Berlin 1917.

Ders., Friedrich Thiersch. Ein Humanistenleben, München 1925.

Ludwig, August Friedrich, Weihbischof Zirkel von Würzburg in seiner Stellung zur theologischen Aufklärung und zur kirchlichen Restauration, 2 Bde., Paderborn 1904/06.

Maenner, Ludwig, Bayern vor und in der Französischen Revolution, Stuttgart 1927.

Marquant, Robert, Thiers et le Baron Cotta. Etude sur la Collaboration de Thiers à la Gazette d' Augsbourg, Paris 1959.

Mathäser, P. W., König Ludwig I. von Bayern und die Gründung der ersten bayerischen Benediktinerabtei in Nordamerika, München 1926.

Ders., Bonifaz Wimmer OSB und König Ludwig I. von Bayern, München 1938.

Ders., Der Ludwig-Missionsverein in der Zeit König Ludwig I. von Bayern, München 1939.

Maurer, Georg Ludwig v., Das griechische Volk in öffentlicher, kirchlicher und privatrechtlicher Beziehung vor und nach dem griechischen Freiheitskampf bis zum 31. 7. 1834, 3 Bde., Heidelberg 1835.

Mendelssohn-Bartholdy, Karl, Geschichte Griechenlands von der Eroberung Konstantinopels durch die Türken im Jahre 1453 bis auf unsere Tage, 2 Bde., Leipzig 1870/74.

Messerer, Richard, Georg v. Dillis. Leben und Werk (= Obb. A. LXXXIV), 1961.

Mittelberger, Herta, Johann Christian Frhr. v. Hofenfels 1744—1787, München 1934.

Möckl, Karl, Der moderne bayerische Staat. Eine Verfassungsgeschichte vom aufgeklärten Absolutismus bis zum Ende der Reformepoche, München 1979.

Moegle-Hofacker, Franz, Zur Entwicklung des Parlamentarismus in Württemberg. Der »Parlamentarismus der Krone« unter König Wilhelm I., Stuttgart 1981.

Molitor, Ludwig, König Ludwig des I. von Bayern erste Königsreise in die Rheinpfalz in Gemeinschaft mit seiner Gemahlin Königin Therese, Zweibrücken 1888.

Morg, Konrad, Das Echo des Hannöverschen Verfassungsstreites 1837–1840 in Bayern, Hildesheim 1930.

Müller, Karl Alexander v., Görres in Straßburg 1819–20, München 1926.

Ders., Das bayerische Problem der deutschen Geschichte, München und Berlin 1931.

Ders., Am Rande der Geschichte, München 1957.

Müller, Otto Heinrich, J. G. A. Wirth, Frankfurt a. M. 1925.

Neuerer, Karl, Das höhere Lehramt in Bayern im 19. Jh. etc., München 1978.

Nipperdey, Thomas, Deutsche Geschichte 1800–1866, München 1983.

Oer, Rudolfine Freiin v., Der Friede von Preßburg. Ein Beitrag zur diplomatischen Geschichte des napoleonischen Zeitalters, Münster 1965.

Oertzen, Augusta v., Die Schönheitengalerie Ludwig I. in der Münchener Residenz, München 1927.

Ostadal, Hubert, Die Kammer der Reichsräte in Bayern von 1819–1848: Ein Beitrag zur Geschichte des Frühparlamentarismus, München 1968.

Pastor, Ludwig v., Leben des Freiherrn Max. v. Gagern, Kempten und München 1912.

Petersen, Konrad, Zur Geschichte der Generalsynoden in Bayern rechts des Rheins, masch. schriftl. Erlanger Diss., 1952.

Pfeifer, Eva, Wilhelm Josef Behr. Studie zum bayerischen Liberalismus der Metternich-Zeit, München 1936.

Pfisterer, Herbert, Der Polytechnische Verein und sein Wirken im vorindustriellen Bayern, München 1973.

Phayer, Fintan Michael, Religion und das gewöhnliche Volk in Bayern in der Zeit von 1750–1850, München 1970.

Poelnitz, Götz Frhr. v., Die deutsche Einheits- und Freiheitsbewegung in der Münchener Studentenschaft 1826–1850, München 1930.

Probst, Maria, Die Familienpolitik des bayerischen Herrscherhauses zu Beginn des 19. Jahrhunderts, München 1933.

Quack-Eustathiades, Regine, Der deutsche Philhellenismus während des griechischen Freiheitskampfes, München 1984.

Raumer, Adalbert v., Der Ritter v. Lang und seine Memoiren, München und Berlin 1923.

Rauscher, Anton, Der soziale und politische Katholizismus. Entwicklungslinien in Deutschland 1803–1963, 2 Bde., München/Wien 1981/82.

Real, Willy, Die deutsche Verfassungsfrage am Ausgang der napoleonischen Herrschaft bis zum Beginn des Wiener Kongresses, Münstersche Diss., Borna/Leipzig 1935.

Reden-Dohna, Armgard v. (Hg.), Deutschland und Italien im Zeitalter Napoleons, Wiesbaden 1979.

Reidelbach, Hans, König Ludwig I. von Bayern und seine Kunstschöpfungen, München 1888.

Reinkens, Josef Hubert, Melchior v. Diepenbrock. Ein Zeit- und Lebensbild, Leipzig 1881.

Renz, Franz, Der bayerische Landtag v. 1827/28, Münchner Diss., Dingolfing 1928.

Richter, Franz Werner, Das europäische Problem der preußischen Staatspolitik und die revolutionäre Krise v. 1830–34, Leipzig 1933.

Rieg, Gisbert, Die württembergische Außenpolitik und Diplomatie in der vormärzlichen Zeit, masch. schriftl. Münchner Diss., 1954.

Ritter, Franz Frhr. v., Beiträge zur Regierungsgeschichte König Ludwig I. von Bayern, 2 Bde., München 1853/55.

Roeder, Elmar, Der konservative Journalist Ernst Zander und die politischen Kämpfe seines Volksboten, München 1972.

Roepke, Klaus-Jürgen, Die Protestanten in Bayern, München 1972.

Rössler, Helmut, Österreichs Kampf um Deutschlands Befreiung. Die deutsche Politik der nationalen Führer Österreichs 1805–1814, 2 Bde., Hamburg 1940.

Ders., Zwischen Revolution und Reaktion. Das Leben des Reichsfreiherrn Hans Christoph v. Gagern 1766–1852, München 1958.

Ders., Gf. Johann Philip Stadion, Napoleons deutscher Gegenspieler, 2 Bde., Wien/München 1966.

Ross, Ishbel, The uncrowned Queen. Life of Lola Montez, New York 1972.

Sachs, Lothar, Die Entwicklungsgeschichte des bayerischen Landtags in den ersten drei Jahrzehnten nach der Verfassungsgebung 1818–1848, o.O. 1914.

Sahrmann, Adam, Pfalz oder Salzburg? Geschichte des territorialen Ausgleichs zwischen Bayern und Österreich von 1813–1819, München und Berlin 1921.

Ders., Beiträge zur Geschichte des Hambacher Fests 1832, Landau 1930 (Neudruck Vaduz 1978).

Sattler, P., Placidus, Die Wiederherstellung des Benediktinerordens durch König Ludwig I. von Bayern, I, München 1931.

Sauer, Paul, Das württembergische Heer in der Zeit des Deutschen und des Norddeutschen Bundes, Stuttgart 1958.

Ders., Der schwäbische Zar: Friedrich, Württembergs erster König, Stuttgart 1984.

Sauter, Johannes, Franz v. Baaders Schriften zur Gesellschaftsphilosophie (mit Briefen Baaders an Ludwig I.), Jena 1925.

Schäffle, Albert, Johann Friedrich Cotta, Stuttgart 1895.

Schärl, Walter, Die Zusammensetzung der bayerischen Beamtenschaft v. 1806–1918, Kallmünz 1955.

Schanz, Georg, Der Donau-Main-Kanal und seine Schicksale, Bamberg 1894.

Schib, Karl, Johannes v. Müller, Schaffhausen 1965.

Schmidt, Friedrich, Geschichte der Erziehung der pfälzischen Wittelsbacher, Berlin 1899.

Schmidt, Peter, Das Collegium Germanicum in Rom und die Germaniker, Tübingen 1984.

Schnabel, Franz, Deutsche Geschichte im 19. Jh., 4 Bde., Freiburg i. Br. 1949/59.

Schreibmüller, Hermann, Bayern und Pfalz 1816–1916, Kaiserslautern 1916.

Schröder, Paul W., Metternich's Diplomacy at its Zenith 1820–23, Austin 1962.

Schroers, Heinrich, Die Kölner Wirren (1837). Studien zu ihrer Geschichte, Berlin und Bonn 1927.

Schulze, Hermann, Die Hausgesetze der regierenden deutschen Fürstenhäuser, Jena 1862.

Schwabe, Klaus (Hg.), Die Regierungen der deutschen Mittel- und Kleinstaaten 1815–1933, Boppard 1983.

Schwahn, Britta, Die Glyptothek in München, München 1983.
Schwaiger, Georg, Johann Michael Sailer, der bayerische Kirchenvater, München und Zürich 1982.
Ders., und Paul Mai (Hg.), Johann Michael Sailer und seine Zeit, Regensburg 1982.
Schwarz, Hans-Wolf, Die Vorgeschichte des Vertrages von Ried, München 1933.
Sebastian, Ludwig, Fürst Alexander v. Hohenlohe-Schillingsfürst 1794–1849, Kempten und München 1918.
Seewald, Berthold, General Karl Wilhelm v. Heideck, gen. Heidegger, und der Aufbau der griechischen Armee (1826–1935), Freiburger Magisterarbeit 1982/83.
Seidl, Wolfgang, Bayern in Griechenland. Die Geschichte eines Abenteuers, München 1965.
Seidler, Herbert, Jakob Philipp Fallmerayers geistige Entwicklung. Ein Beitrag zur deutschen Geistesgeschichte des 19. Jahrhunderts, München 1947.
Sengle, Friedrich, Biedermeierzeit. Deutsche Literatur im Spannungsfeld zwischen Restauration und Revolution 1815–1848, 3 Bde., Stuttgart 1971–1980.
Sepp, Bernhard, Doktor Johann Nepomuk Sepp 1816–1909. Ein Bild seines Lebens nach seinen eigenen Aufzeichnungen, Regensburg 1916.
Sepp, Johann Nepomuk, Ludwig Augustus, König von Bayern und das Zeitalter der Wiedergeburt der Künste, Regensburg ²1903.
Seydel, Max v., Bayerisches Staatsrecht, Freiburg und Leipzig 1896.
Sicherer, Hermann v., Staat und Kirche in Bayern vom Regierungsantritt des Kurfürsten Max Joseph IV. bis zur Erklärung von Tegernsee 1799–1821, München 1873.
Ders., Das Bayerisch-griechische Anlehen aus den Jahren 1835, 1836, 1837. Ein Rechtsgutachten, München 1880.
Sieweck, Paul, Lothar Anselm Frhr. v. Gebsattel. Erster Erzbischof von München und Freising, München 1955.
Silbernagel, Herbert, Die Pfalz unter dem Regierungspräsidenten Frhr. v. Stengel, 1832–1837, Münchner Diss., Würzburg 1936.
Silbernagl, Isidor, Die kirchenpolitischen und religiösen Zustände im 19. Jahrhundert, Landshut 1901.
Simon, Matthias, Evangelische Kirchengeschichte Bayerns, Nürnberg ²1952.
Ders., Die evangelisch-lutherische Kirche in Bayern im 19. u. 20. Jahrhundert, München 1961.
Singer, Hans Wolfgang, Julius Schnorr v. Carolsfeld, Bielefeld und Leipzig 1912.
Spindler, Max, Joseph Anton Sambuga und die Jugendentwicklung Ludwig I., Aichach 1927.
Ders., Dreimal München – König Ludwig als Bauherr, München 1958.
Ders., Erbe und Verpflichtung. Aufsätze und Vorträge zur bayerischen Geschichte (Hg. Andreas Kraus), München 1966.
Srbik, Heinrich Ritter v., Metternich der Staatsmann und der Mensch, 3 Bde., München 1925/1954.
Staatsministerium der Justiz (Hg.), Die kgl. bayerischen Staatsminister der Justiz in der Zeit von 1818–1918, 2 Bde., München 1931.
Staudinger, Melchiora, Die katholische Bewegung in Bayern in der Zeit des Frankfurter Parlaments, Münchener Diss., Regensburg 1925.
Steinsdorf, Caspar v., Biographische Notizen über Caspar v. Steinsdorf weiland rechtskundigem ersten Bürgermeister der königlichen Haupt- und Residenzstadt München, München 1884.

Stetter, Gertrud, Die Entwicklung der historischen Vereine in Bayern bis zur Mitte des 19. Jahrhunderts, Diss., München 1963.
Steuer, Otto, Cotta in München 1827–1831, München 1931.
Stölzle, Remigius, Ernst v. Lasaulx, München 1904.
Stolz, Ruprecht, Die Walhalla. Ein Beitrag zum Denkmalsgedanken im 19. Jahrhundert, München 1977.
Thiersch, Heinrich W. J., Friedrich Thiersch's Leben, 2 Bde., Leipzig und Heidelberg 1866.
Thiersch, Hermann, Ludwig I. von Bayern und die Georgia Augusta, Berlin 1927.
Traeger, Jörg (Hg.), Die Walhalla. Idee, Architektur, Landschaft, Regensburg 1979.
Treitschke, Heinrich v., Deutsche Geschichte im 19. Jahrhundert, Leipzig [6]1908.
Treml, Manfred, Bayerns Pressepolitik zwischen Verfassungstreue und Bundespflicht (1815–1837), Berlin/München 1877.
Uhde, Werner, Hermann Frhr. v. Rotenhan. Eine politische Biographie, München 1933.
Unterfranken im 19. Jahrhundert (= Mainfränkische Heimatkunde Bd. XIII), Würzburg 1965.
Ursel, Ernst, Die bayerischen Herrscher von Ludwig I. bis Ludwig III. im Urteil der Presse nach ihrem Tode, Berlin 1974.
Valentin, Veit, Fürst Karl Leiningen und das deutsche Einheitsproblem, Stuttgart und Berlin 1910.
Ders., Geschichte der deutschen Revolution von 1848–9, 2 Bde., Berlin 1930.
Ders., Das Hambacher Nationalfest, Berlin 1932.
Vierneisel, Klaus u. Leinz, Gottlieb (Hg.), Glyptothek München 1830–1980, München 1980.
Voltelini, Hans v., Forschungen und Beiträge zur Geschichte des Tiroler Aufstands 1809, Innsbruck 1909.
Wagner, Ulrich (Hg.), Wilhelm Joseph Behr etc., Würzburg 1985.
Weil, M. H., Les dessous du Congrès de Vienne II, Paris 1917.
Weis, Eberhard, Montgelas 1759–1799. Zwischen Revolution und Reform, München 1971.
Ders. (Hg.), Reformen im rheinbündischen Deutschland, München 1984.
Weiß, Joseph, Geleitbuch zu Ludwig I. König von Bayern. Ein deutsches Filmwerk, München 1926.
Weiß, Otto, Die Redemptoristen in Bayern (1790–1909). Ein Beitrag zur Geschichte des Ultramontanismus, St. Ottilien 1983.
Werner, George F., Bavaria in the German Confederation 1820–1848, Rutherford (NJ) 1977.
Wescher, Paul, Kunstraub unter Napoleon, Berlin 1976.
Wichmann, Siegfried, Wilhelm v. Kobell. Monographie und kritisches Verzeichnis der Werke, München 1970.
Wienhöfer, Elmar, Das Militärwesen des Deutschen Bundes und das Ringen zwischen Österreich und Preußen um die Vorherrschaft in Deutschland 1815–1866, Osnabrück 1973.
Wilharm, Irmgard, Die Anfänge des griechischen Nationalstaates 1833–1843, München/Wien 1873.
Winter, Alexander, Karl Philipp Fürst v. Wrede als politischer Berater König Max I. Joseph und des Kronprinzen Ludwig von Bayern (1813–1825), München 1968.

Witetschek, Helmut, Studien zur kirchlichen Erneuerung im Bistum Augsburg in der ersten Hälfte des 19. Jahrhunderts, Augsburg 1965.
Wolfsgruber, Cölestin, Karolina Auguste, die »Kaiserinmutter«, Wien 1893.
Wunder, Bernd, Privilegierung und Disziplinierung. Die Entstehung des Berufsbeamtentums in Bayern und Württemberg, München 1978.
Zimmermann, Fritz, Bayerische Verfassungsgeschichte vom Ausgang der Landschaft bis zur Verfassungsurkunde v. 1818 etc., München 1940.
Zimmermann, Ludwig, Die Einheits- und Freiheitsbewegung und die Revolution v. 1848 in Franken, Würzburg 1951.
Zorn, Wolfgang, Handels- und Industriegeschichte Bayerisch-Schwabens 1648—1870, Augsburg 1961.
Ders., Kleine Wirtschafts- und Sozialgeschichte Bayerns 1806—1933, München 1962.
Zuber, Karl Heinz, Der »Fürst-Proletarier« Ludwig v. Öttingen-Wallerstein (1791—1870), München 1978.
Zucconi, Angela, Lodovico innamorato. Viaggi in Italia di Lodovico I° di Baviera, Mailand, Rom 1944.
Zwehl, Hans Karl v., Der Kampf um Bayern 1805. Der Abschluß der bayerisch-französischen Allianz, München 1937.

REGISTER

Nur außerbayerische Tätigkeiten der Personen sind eigens vermerkt.
Vom Anmerkungsteil wurden nur die Seiten angegeben, die weitergehende Informationen enthalten.

Abel, Karl von, Innenminister 251, 269, 271, 273, 282f., 319–322, 325, 327, 336, 343f., 355ff., 361, 367, 380, 401f., 413–416, 428, 438, 478–488, 492f., 502, 509f., 518ff., 522f., 526f., 529–535, 538, 541, 544ff., 549, 553, 556–560, 564ff., 569f., 572–576, 578ff., 583f., 586, 589, 591–594, 596–603, 605–634, 639, 644ff., 660ff., 664f., 667–679, 681, 690–698, 703f., 709, 720, 728, 732, 753, 755, Anm. 855f., 858f., 879f., 895
Abel, Magdalena von, geb. Freiin von Pfetten, verw. Gräfin Fugger von Göttersdorf, 1. Gemahlin d. o. 607
Adalbert, Prinz von Bayern (geb. 1828) 323, 327f., 476, 487, 736, 743
Adalbert, Prinz von Bayern (geb. 1886) 67, 120, Anm. 796
Adelgunde, Herzogin von Modena, Gemahlin Herzog Franz V., geb. Prinzessin von Bayern 324
Adelung, Johann Christoph, Lexikograph, Sprachforscher 647
Adolf IV., Herzog von Hessen-Nassau 302, 715
Albert, Prinzgemahl der Königin Victoria von England 767
Albrecht, Erzherzog 324, 727
Alembert, Jean le Rond d', französischer Mathematiker und Philosoph 91
Alexander III., Papst 516
Alexander I., Kaiser von Rußland 23, 63, 95, 132, 135, 187, Anm. 786
Alexander II., Kaiser von Rußland 24, Anm. 786
Alexandra, Prinzessin von Bayern 324, Anm. 884
Alquier, Charles Jean Marie Baron d', französischer Gesandter in München 61
Altenstein, Karl Freiherr von Stein zum, preußischer Staatsmann 585
Alwens, Franz, Regierungspräsident 707
Amalie, Königin von Griechenland, Gemahlin Ottos I., geb. Prinzessin von Oldenburg 487 f., 491, 736, Anm. 857
Amalie, Markgräfin von Baden, Gemahlin Markgraf Karl Friedrichs, geb. Landgräfin von Hessen-Darmstadt 59, 128
Amalie, Gemahlin des Prinzen Adalbert d. Ä. von Bayern, geb. Infantin von Spanien 736
Andlaw, Heinrich Freiherr von, badischer Politiker 579
Antonelli, Giacomo, Kardinal-Staatssekretär 744
Arco-Köllenbach, Karl Graf, Oberappellationsgerichtspräsident 224
Arco-Valley, Karl Graf von, Reichsrat 361, 565, 629, 690, 700
Aretin, Johann Adam Freiherr von, Bundestagsgesandter 189, 191–193, 204, 208, 230
Aretin, Johann Christoph, Freiherr von, Appellationsgerichtspräsident und Publizist 157, 192f., 213f., 353, 591
Aretin, Karl Maria Freiherr von, Geh. Legationsrat, Vorstand des Geh. Staatsarchivs, Historiker 566
Armansperg, Joseph Ludwig Graf von, bayerischer und griechischer Staatsmann 201, 233, 266ff., 272f., 278ff., 282f., 285, 287, 289, 293ff., 295, 300f., 311f., 344, 346, 353f., 357, 359, 362, 366f., 370–374, 377ff., 381–389, 401f., 407f., 410, 415, 423, 444–447, 450, 452, 454–457, 477–488, 496, 502, 517, 523f, 588, 605f., 655, 753, 755, Anm. 854ff.
Armansperg, Therese Gräfin von,

Gemahlin d. o., geb. Freiin von Weichs 485, 488
Arndt, Ernst Moritz, Publizist 104, 177f., 190, 197, 647
Arnim, Bettina von, vgl. Brentano
Artaria, Domenico, Mannheimer Verleger 290
Asbeck, Franz Wilhelm Freiherr von, Generalkommissär 200, 205, 231, Anm. 789
Aschenbrenner, Joseph von, Staatsminister der Finanzen 733
Auerweck, Jakob, Geh. Registrator, Ministerialrat, Landtagsarchivar 506
August der Starke, Kurfürst von Sachsen, König von Polen Anm. 787
Auguste, Herzogin von Leuchtenberg, geb. Prinzessin von Bayern 85, 91 f., 105, 125 ff., 132, 137, 154, 187, 243–247, 317, 323, 533, 725, Anm. 791
Auguste, Gemahlin des Prinzen Luitpold von Bayern, geb. Erzherzogin 490, 686, 741
Auguste Wilhelmine, Herzogin von Pfalz-Zweibrücken, Gemahlin Herzog Max Josephs, geb. Prinzessin von Hessen-Darmstadt 56, 84f., 89f., 122, 250, 252, Anm. 808f.

Baader, Franz von, Philosoph 104, 235, 241f., 260, 396, 514, 530f., 550, 552, 563f., 584, 609, 614, 618, 657
Baader, Joseph von, Oberstbergrat 657ff., 662
Bach, Alexander Freiherr von, österreichischer Staatsmann 768
Bandel, Ernst von, Bildhauer 757
Bangold, Joseph Konrad von, württembergischer Generalleutnant 666
Bassenheim, vgl. Waldbott
Bauer, Johann Friedrich, evangelischer Dekan in Bamberg, Landtagsabgeordneter 602, 628
Baur, Karl von, Generalmajor, Chef des Generalquartiermeisterstabes 425f., 666

Beauharnais, Eugène, Vizekönig von Italien, Herzog von Leuchtenberg 23, 91, 126–129, 137, 152ff., 178, 191, 196, 202, 224, 242–247, 317
Becker, Nikolaus, Dichter des Rheinliedes 637
Becker, Peter von, Generalmajor 425, 433
Beckmann, Johann, Technologe, Universitätslehrer in Göttingen 98
Beer, Michael, Dichter 108
Behr, Wilhelm Joseph, Staatsrechtslehrer, Bürgermeister von Würzburg 224, 226, 231f., 356, 463–466, 468ff., 500, 529, 696
Beisler, Hermann von, Minister des Inneren 703, 709, 711, 718
Benkert, Franz Georg, Domdekan in Würzburg, Publizist 368
Benzel-Sternau, Christian Ernst Graf, großherzogl. frankfurtischer Minister, Landtagsabgeordneter 386
Berks, Franz von, Verweser des Ministeriums des Inneren 401, 463, 465, 470, 616, 682f. , 685ff., 700, 702–705, 707ff., 753, Anm. 897
Bernstorff, Albrecht Graf von, preußischer Gesandter in München, Außenminister 271, 646, 699
Berthier, Ludwig Alexander, Fürst von Wagram und Herzog von Neuchâtel, franz. Marschall 126, 133
Berthier, Marie Elisabeth, Fürstin von Wagram, geb. Herzogin in Bayern 126
Beseler, Wilhelm Hartwig, Jurist, Präsident der Schleswigschen Ständeversammlung, dann Mitglied der provisorischen schleswig-holsteinischen Regierung, Statthalter der Herzogtümer 638
Bestelmeyer, Johann Georg, Nürnberger Bürgermeister, Landtagsabgeordneter 656
Beust, Friedrich Ferdinand Graf von, sächsischer Geschäftsträger in München, österreichischer Reichskanzler 271
Bever, Karl von, Ministerialdirektor 644f.
Beyschlag, Christian Friedrich, Kreis-

baurat 625, 661
Bismarck, Otto Fürst von, deutscher Reichskanzler 188, 637, 640, 649, 727, 734, 737, 739 ff.
Blumenbach, Johann Friedrich, Naturforscher, Anthropologe, Universitätslehrer in Göttingen 98
Bluntschli, Johann Kaspar, Staatsrechtslehrer und Politiker 580, 705, 710, 716
Boileau-Despréaux, Nicolas, französischer Dichter 108
Boisserée, Melchior, Kunstgelehrter 651
Boisserée, Sulpiz, Kunstgelehrter 104, 109, 254, 257, 369, 393, 651, 752
Bomhard, Eduard von, Staatsminister der Justiz Anm. 901
Bonald, Louis Gabriel Ambroise Vicomte de, französischer Staatsphilosoph 38
Bonifatius (Winfried), »Apostel der Deutschen« 584
Bourgoing, Paul de, französischer Gesandter in München 271, 781
Branca, Max Edler von, Geheimer Referendär 71
Bray-Steinburg, Franz Gabriel Graf von, Diplomat 270, 295, 300
Bray-Steinburg, Otto Graf von, Diplomat, mehrmals Außenminister 269 f., 638, 675 f., 691, 731, Anm. 890, 893
Bredow, Gottfried Gabriel, Schulmann, Historiker 547
Brentano, Bettina, Schriftstellerin 108, 140, 144, 251
Brentano, Klemens, Dichter 108, 382
Bruck, Karl Ludwig Freiherr von, österreichischer Staatsmann 768
Brunner, Otto, Historiker 766
Bunsen, Karl Christian Josias Freiherr von, preußischer Diplomat, Gelehrter 104, 759
Buol-Schauenstein, Johann Graf, österreichischer Gesandter in München 125
Burke, Edmund, britischer Politiker und Publizist 41
Buttler auf Haimhausen, Theobald Graf von, Abgeordneter 430
Byron, George Noël Gordon Lord, englischer Dichter 108

Campe, Joachim Heinrich, Lexikograph 647
Canitz und Dallwitz, Karl Ernst Wilhelm Freiherr von, preußischer Außenminister 694, 699
Canova, Antonio, italienischer Bildhauer 100, 113 f., 752
Carlos, Don, spanischer Thronprätendent 577
Castell-Castell, Friedrich Ludwig Graf von, Reichsrat 340
Castlereagh, Henry Robert Stewart Viscount, Marquis von Londonderry, englischer Staatsmann 177
Caulaincourt, Armand Augustin Louis de, Herzog von Vicenza, französischer General und Staatsmann 106
Cavour, Camillo Benso Graf, italienischer Staatsmann 727
Cervantes Saavedra, Miguel de, spanischer Dichter 108
Cetto, Anton Freiherr von, Diplomat 58, 86, 131, 191, 270
Cetto, August Freiherr von, Diplomat 270
Charlotte, Herzogin von Sachsen-Hildburghausen, Gemahlin Herzog Friedrichs, geb. Prinzessin von Mecklenburg-Strelitz 147
Charlotte, vgl. Karoline Auguste
Chaveau, Louise 317
Christian VIII., König von Dänemark 637 f.
Christian III., Herzog von Pfalz-Zweibrücken 47
Christian IV., Herzog von Pfalz-Zweibrücken 47 ff., 56, 86, 90, 317
Christian August, Herzog von Pfalz-Sulzbach Anm. 787
Christoph, König von Dänemark, Schweden und Norwegen 44
Chroust, Anton, Historiker, Universitätsprofessor 283
Clausewitz, Karl von, Militärtheoretiker 443
Closen, Karl Ferdinand Freiherr von, Ministerialrat, Abgeordneter, Bun-

destagsgesandter 386, 449, 453, 709
Contzen, Martin Heinrich Theodor, Historiker, Universitätsprofessor 555
Cornelius, Franziskanerpater, Beichtvater Ludwigs I. 531
Cornelius, Peter von, Maler, Akademiedirektor 114f., 117, 753, 755f., 758f., 761f., Anm. 905, 907
Cortés, Donoso Juan Maria, Marqué de Valdegamas, spanischer Staatsmann, politischer Denker 38
Corti, Egon Caesar Conte, Historiker, Schriftsteller 253
Cotta von Cottendorf, Johann Friedrich Freiherr, Verleger, Unternehmer 108, 274, 278, 285, 312, 366f., 457, 642f.
Cotta von Cottendorf, Johann Georg Freiherr, Verleger, Unternehmer 108
Culman, Christian, Advokat, Abgeordneter 452, Anm. 874

Dahn, Konstanze, Schauspielerin 402
Dalberg, Emmerich Joseph Herzog von, französischer Diplomat und Minister 278f., 473, 475, 750
Dalberg, Karl Theodor Freiherr von, Kurfürst-Erzbischof von Mainz, Großherzog von Frankfurt, Fürst-Primas des Rheinbunds, Bischof von Regensburg 162f.
Dalberg, Wolfgang Heribert Freiherr von, Intendant, badischer Minister 89, 648
Dall'Armi, Andreas Michael, Münchner Kaufmann und Bankier 232
Dawkins, englischer Diplomat 493
Daxenberger, Sebastian Franz von, Staatsrat, Schriftsteller 739f.
Delbrück, Rudolf von, deutscher Staatsmann 741
Deroy, Marie Therese Gräfin, geb. Freiin von Scherer, Oberhofmeisterin Anm. 900
Destouches, Philippe Néricault, französischer Schriftsteller 88
Diderot, Denis, französischer Schriftsteller 47, 91

Diepenbrock, Melchior Freiherr von, Fürstbischof von Breslau, Kardinal 517, 528, 530, 575f., 615, 673ff., Anm. 865
Dietrichstein, Moritz Graf von, österreichischer Oberstkämmerer 313
Dillis, Johann Georg von, Maler, Galeriedirektor 101, 114, 116, 136, 753
Doeberl, Michael, Historiker, Universitätsprofessor 12, 120, 236, 776
Döllinger, Johann Joseph Ignaz von, Theologe, Stiftspropst, Universitätsprofessor 155, 548, 555ff., 565, 629f., 681, 743f.
Dönhoff, August Heinrich Graf von, preußischer Gesandter in München, später Außenminister 271, 438f., 511, 533, 587, 646, 699
Dönniges, Wilhelm von, Historiker, Professor der Staatswissenschaften, Diplomat 321, 731
Dollmann, Karl Friedrich, Jurist, Universitätsprofessor Anm. 873
Drechsel, Karl Joseph Graf von, Generalkommissär 548
Dresch, Leonhard von, Ministerialrat, Universitätsprofessor, Landtagsabgeordneter 555
Droste zu Vischering, Klemens August Freiherr von, Erzbischof von Köln 571f., 575
Drouet d'Erlon, Jean Baptiste Graf, französischer General 146
Dürer, Albrecht, Maler 648, 760, Anm. 844

Eberhard, Anton, katholischer Geistlicher 531f.
Eberhard, Konrad, Maler und Bildhauer 778
Eberz, Heinrich Freiherr von, Gutsbesitzer, Landtagsabgeordneter 453
Eduard, Prinz von Sachsen-Altenburg, Generalleutnant 317
Effner, Johann Nepomuk von, Generaldirektor im Justizministerium, Staatsrat 216
Ehrenbaum, Jakob, Literat Anm. 879
Eichendorff, Joseph Freiherr von, Dichter 108

Eichthal, Simon Freiherr von, Hofbankier 278, 329, 369, 485f., 655, 662
Einsiedel, Karl Graf von, sächsischer Gesandter in München 406
Eisenmann, Gottfried Wilhelm, Arzt und Publizist 356, 366, 466, 468ff., 500, 696
Elias, Nobert, Soziologe 399f., 766
Elisabeth, Kaiserin von Rußland, Gemahlin Alexanders I., geb. Markgräfin von Baden 63
Elisabeth Ludovika, Königin von Preußen, Gemahlin Friedrich Wilhelms IV., geb. Prinzessin von Bayern 147, 247, 324, 578, 583, 642
Emil, Prinz von Hessen-Darmstadt, österreichischer General 142
Enghien, Ludwig Anton Heinrich von Bourbon, Herzog von 126
Epplen, Karl, Ministerialrat Anm. 890
Erhard, Andreas, Universitätsprofessor 524
Ernst II., Herzog von Sachsen-Coburg Anm. 909
Ernst August, König von Hannover 28, 634, 768
Erskine, David Montagu Lord, britischer Gesandter in München 485
Esterházy, Paul Fürst, österreichischer Diplomat 140
Eulenburg-Hertefeld, Philipp Fürst zu, deutscher Diplomat 625
Eynard, Jean Gabriel, Bankier, Philhellene 473, 475f.

Fallmerayer, Jakob Philipp, Orientalist, Universitätsprofessor 321, 557
Felder, Franz Karl, kath. Theologe, Publizist 562
Ferdinand I., Kaiser von Österreich 324, 566, 719
Ferdinand III., Großherzog von Toskana, Kurfürst von Salzburg, Großherzog von Würzburg 123, 246
Feuerbach, Anselm von, Rechtsgelehrter, Appellationsgerichtspräsident 71, 122, 192, 216, 225
Filmer, Robert, englischer Staatstheoretiker 39, Anm. 786
Fink, Joseph von, Ministerialrat und Staatsarchivar 308
Fischer, Anton von, Regierungspräsident, Ministerverweser 691
Fischer, Karl von, Architekt 115, 753, 762ff.
Flad, Philipp von, Ministerialrat 565, 691
Florenzi, Marianna Marchesa 104, 254
Foerster, Ernst, Kunstgelehrter 762
Forbach, Marie Anne Gräfin von, geb. Cammasse, Gemahlin Christians IV. von Pfalz-Zweibrücken 48, 317
Franz I., Kaiser von Österreich 23, 53, 124, 128, 143, 167–170, 177, 179, 185, 196, 205f., 246, 346, 566, 778
Franz I., König von Neapel 228
Franz V., Herzog von Modena 324
Franz, Eugen, Historiker, Universitätsprofessor 221
Franz Joseph, Kaiser von Österreich 24, 738, 741f., 768
Franz Karl, Erzherzog 324
Fraunberg, Joseph Maria Freiherr von, Erzbischof von Bamberg 241, 530, 534
Freyberg-Eisenberg, Maximilian Prokop Freiherr von, Ministerialrat, Reichsarchivar, Präsident der Bayerischen Akademie der Wissenschaften 560, 565, 601, 691, 743
Friedrich II. der Große, König von Preußen 19, 33, 52f., 82, 109, 133, 136, 163, 292, 358, 422, 642, 649, 767
Friedrich VI., König von Dänemark Anm. 786
Friedrich I., König von Württemberg 127, 197, 767
Friedrich der Siegreiche, Kurfürst der Pfalz 317
Friedrich V., Kurfürst von der Pfalz, König von Böhmen 44
Friedrich Michael, Pfalzgraf bei Rhein 46, 48, 317, Anm. 787
Friedrich, Herzog von Sachsen-Hildburghausen 146f.
Friedrich Wilhelm II., König von Preußen 37, 53
Friedrich Wilhelm III., König von Preußen 23, 437, 585, 778

Friedrich Wilhelm IV., König von Preußen 38, 147, 247, 271, 357, 437, 491, 532f., 577, 583, 587, 642, 645, 651f., 695, 720, 725–765, 769f.
Friedrich, Leonhard, Dompropst in Bamberg 623
Frohberg-Montoie, Ernst, Graf, Generalmajor 152
Fuchs, Johann Nepomuk von, Chemiker, Oberbergrat 560

Gärtner, Friedrich von, Baumeister, Akademiedirektor 115, 117, 754, 756
Gagern, Hans Christoph Freiherr von, niederländischer Bundestagsgesandter, Publizist 152, 177, 473, 514
Gagern, Max Freiherr von, hessennassauischer Diplomat, später in österreichischem Dienst 715
Gasser, Karl von, Diplomat, Bundestagsgesandter 271, 389, 412, 479, 485, 497, 641, 708, 714f., Anm. 856, 894
Gatterer, Johann Christoph, Historiker, Universitätsprofessor in Göttingen 109
Gebsattel, Lothar Anselm Freiherr von, Erzbischof von München 110, 241, 256, 529
Geib, Ferdinand, Advokat, Publizist, Politiker 467
Geißel, Johannes von, Bischof von Speyer, Erzbischof von Köln, Kardinal 522, 528, 530, 575f., 650f., 727
Gellert, Christian Fürchtegott, Dichter 88
Gemainer, Franz von, Oberstleutnant, Adjutant 724
Gentz, Friedrich von, Publizist 188, 222, 228, 249, 294, 473
Georg V., König von Hannover 769
Georg, Großherzog von Mecklenburg-Strelitz 126, 177, 382
Georg, Herzog von Oldenburg 139
Georg Wilhelm d. Ä., Prinz und Landgraf von Hessen-Darmstadt 56
Georg Wilhelm d. J., Prinz und Landgraf von Hessen-Darmstadt 324
Gibbon, Edward, englischer Historiker 110
Giech, Karl Graf von, Regierungspräsident, Politiker, Reichsrat 357f., 416–420, 431, 544, 591f., 596, 613, 626, 628, 645
Gise, August Freiherr von (vor seiner Adoption: von Koch), Diplomat, Minister des Auswärtigen 174, 268f., 272, 283, 292, 296f., 302, 305, 307–309, 312, 323, 330, 305, 307–309, 312, 323, 330, 363, 396, 411, 438f., 455, 476, 478f., 481, 490, 532, 573, 611, 619, 626, 630, 665f., 698, 701, 732, Anm. 854
Gleim, Johann Wilhelm Ludwig, Dichter 88
Göckingk, Leopold Friedrich Günther von, Dichter 88
Gönner, Nikolaus Thaddäus von, Rechtsgelehrter, Universitätsprofessor, Staatsrat 97, 377, 555
Görres, Guido, Schriftsteller 563, 571
Görres, Joseph von, Publizist, Universitätsprofessor 108, 111, 354, 380, 382, 498, 529, 552f., 557, 559f., 563ff., 572, 574, 579f., 645, 650, 692f., 704
Goertz, Johann Eustach Graf von Schlitz, gen. von, preußischer Diplomat 60, 62
Goethe, Johann Wolfgang von 36, 88, 104, 107, 109, 115, 144, 251, 261, 648, 749, 758ff.
Goez, Christian Gottlieb, Dichter 88
Grabbe, Christian Dietrich, Dichter 773
Grandaur, Bernhard von, Kabinettssekretär, Staatsrat 231, 333, 372, 380, 385, 388, 390, 395f., 400f., 412, 446, 455, 458, 504, 507, 509f., 530, 544, 546f., 558, 565, 588, 611, 644, 658, Anm. 840, 871
Gravenreuth, Karl Ernst Graf von, Diplomat, Generalkommissär 58, 66f., 86, 126f., 129, 131f., 200, 204–208, Anm. 789, 796
Gregor XVI., Papst 516f., 534
Grolman, Karl von, preußischer General 432

Groschlag, Karl Friedrich Freiherr von, mainzischer Minister, französischer Diplomat 56, Anm. 792
Grün, Anastasius (Graf Anton Auersperg), Dichter 667
Gryphius, Andreas, Dichter 88
Günderode, Maximilian Freiherr von, Diplomat 412
Günther, Karl von, Geheimer Rat 687
Gumppenberg, Anton Freiherr von, Hofmarschall, General d. I., Kriegsminister 166, 178f., 199, 243, 353, 360, 369, 405, 424, 438, 534, 597f., 618, 676ff., 691f., Anm. 880
Gumppenberg, Franziska Freifrau von, geb. Freiin von Perfall, Gemahlin des Kriegsministers Frhr. v. G. 405, 534
Gumppemberg, Karl Freiherr von, Oberappellationsgerichtspräsident, Staatsrat 343
Gundling, Nikolaus Hieronymus, Universitätsprofessor 33
Gustav II. Adolf, König von Schweden 594f., 603
Gyulai d. Ä., Graf, österreichischer General 128

Haeffelin, Kasimir Freiherr von, Prälat, Diplomat, Kardinal 236−239
Hagen, August, kath. Theologe 562
Haid, Irenäus Dr., kath. Geistlicher 690
Hallberg, Karl Theodor Freiherr von, Generalleutnant 429
Haller von Hallerstein, Karl Freiherr, Architekt und Archäologe 114f., 757
Haller, Karl Ludwig von, Staatswissenschaftler, Publizist 37, 580f.
Haneberg, Daniel Bonifatius von, Abt des Benediktinerstifts St. Bonifaz in München, Bischof von Speyer 531
Hardenberg, Karl August Fürst von, preußischer Staatsmann 177
Harleß, Adolf von, evang. Theologe, Universitätsprofessor, Oberkonsistorialpräsident 357, 556, 588, 590f., 597
Hartmann, Ferdinand Freiherr von, Generaldirektor im Außenministerium und Staatsrat 207
Hauser, Kaspar 292, Anm. 822
Haxthausen, Werner Freiherr von, preußischer Regierungsrat 574
Hegel, Georg Wilhelm Friedrich, Philosoph 20, 592
Heideck, gen. Heidegger, Karl Wilhelm Freiherr von, Generalleutnant, Mitglied der griechischen Regentschaft 425f., 432, 474, 476−488, 673, 682
Heigel, Karl Theodor von, Historiker, Universitätsprofessor 120
Heine, Heinrich, Dichter 108
Heinrich VII., Kaiser 91
Heinrich, Prinz von Preußen 325
Heinrichen, Arnold Joseph von, Appellationsgerichtsdirektor 306
Heintz, Karl Friedrich von, Justizminister, Reichsrat, Landtagsabgeordneter 709
Helfferich, Joseph, Domherr 239
Herder, Johann Gottfried 158
Heres, Privatbeamter des Fürsten Karl Leiningen 623
Heres, Karl Friedrich von, Verweser des Ministeriums der Finanzen 703, 711
Hermann, Friedrich Wilhelm von, Universitätsprofessor, Ministerialrat 643, 680
Herodot, griechischer Geschichtsschreiber 106
Hertling, Franz Xaver Freiherr von, Generalleutnant, Kriegsminister 424
Heß, Heinrich von, Maler, Akademieprofessor 757
Heß, Heinrich Freiherr von, österreichischer Generalfeldzeugmeister 252
Heygendorf, Karoline von, geb. Jagemann, Sängerin und Schauspielerin 89
Heymann, Jean Frédéric Augustin Thomas de, preußischer General und Diplomat 62
Hildegard, Erzherzogin, Gemahlin Erzherzog Albrechts, geb. Prinzessin von Bayern 324, 741

Himbsel, Ulrich, Baurat, Architekt, Unternehmer Anm. 889
Hirsch, Joel Jakob Freiherr von, Hofbankier 329
Hocheder, Franz von Paula, Schulmann, Philologe 524
Hoefler, Konstantin von, Historiker, Universitätsprofessor 555, 558 ff., 572, 700
Hörmann von Hörbach, Joseph, Appellationsgerichtspräsident, Regierungspräsident, Staatsrat 307, 466–471, 565, 616, 673, 676, 680, 693
Hofbauer, Klemens Maria, Redemptorist, Heiliger 176, 241, 529, 563
Hofenfels, Johann Christian Freiherr von, pfalz-zweibrückenscher Geheimer Rat 49, 51 ff.
Hofer, Andreas, Tiroler Freiheitskämpfer 141, 146
Hoffmann von Fallersleben (Hoffmann), August Heinrich, Dichter, Germanist 112
Hofmann, Johann Christian Konrad von, evang. Theologe, Universitätsprofessor, Landtagsabgeordneter 357, 588
Hofstätter, Heinrich von, Bischof von Passau 344, 528, 530, 533 f.
Hohenhausen, Johann Nepomuk Leonhard Freiherr von, General, Verweser des Kriegsministeriums 690, 703
Hohenlohe-Ingelfingen, Kraft Prinz zu, preußischer General 742
Hohenlohe-Schillingsfürst, Alexander Prinz, Domherr, später Titularbischof 197, 242, 250 f., 372, 584
Hohenlohe-Schillingsfürst, Chlodwig Fürst zu, Reichsrat, Ministerpräsident, deutscher Reichskanzler 731
Holstein, Friedrich von, deutscher Diplomat 625
Hompesch, Franz Karl Freiherr von, jülich-bergischer Kanzler, kurpfalz-bayrischer dirigierender Minister 372
Hompesch, Johann Wilhelm Freiherr von, Finanzminister 72, 134 f., 142, 144, 149, 151, 200, 204, 233

Hoppé, österreichischer Hofrat 142
Hormayr von Hortenburg, Joseph Freiherr, Historiker, Ministerialrat, Diplomat, Vorstand des Reichsarchivs 111 f., 118, 141, 253, 266, 283, 318, 366, 369 f., 385, 387, 389 f., 397, 400, 451, 517, 551 f., 555, 563, 588, 641, 647, 710, 750, 753, Anm. 859, 894
Hornthal, Franz Ludwig von, Bürgermeister von Bamberg, Abgeordneter 356
Hornthal, Johann Peter, Advokat, Verleger, Publizist, Landtagsabgeordneter 603
Hortense, Königin der Niederlande, Gemahlin König Ludwig Bonapartes, geb. Beauharnais 244
Hruby-Gélénie, Karl Eduard Freiherr von, österreichischer Geschäftsträger in München 243, 290
Huether, Joseph von, Hofrat 724, 742
Hurter, Friedrich von, evang. Geistlicher, Historiker, Publizist, österreichischer Hofrat 580 f.

Iffland, August Wilhelm, Schauspieler, Dramaturg, Schriftsteller 89, 648

Jacobi, Friedrich Heinrich, Philosoph, Präsident der Bayr. Akademie der Wissenschaften 71
Jacobs, Christian Friedrich Wilhelm, Philologe 107, 473
Jagemann, vgl. Heygendorf
Jahn, Friedrich Ludwig, »Turnvater«, 104, 190, 197, 647
Jakob I., König von England Anm. 786
Jarcke, Karl Ernst, österreichischer Hofrat, Publizist 563, 609, 632
Jeetze, Theodor Freiherr von, Generalleutnant, Generaladjutant Ludwigs I. 724, 743
Jenison-Walworth, Franz Olivier Graf von, Diplomat 270, 486, 641
Jérôme Bonaparte, König von Westphalen 127, 164, Anm. 796
Job, Franz Sebastian, kath. Geistlicher, Hofkaplan in Wien, religiöser Schriftsteller 562

Johann, König von Sachsen Anm. 793
Johann, Erzherzog 141
Johann, Pfalzgraf von Birkenfeld-Gelnhausen 47
Jomini, Henri Baron, französischer General und Militärtheoretiker 421
Joseph II., Kaiser 37, 49, 51 ff., 91, 767
Joseph Bonaparte, König von Neapel, später von Spanien 162
Joseph Klemens, Erbprinz von Kurbayern 44
Josephine, Kaiserin der Franzosen, Gemahlin Napoleons I., verw. Beauharnais, geb. Tascher de la Pagerie 128
Josephine Maximilienne Eugénie Napoléone, Königin von Schweden, Gemahlin König Oskars I., geb. Prinzessin von Leuchtenberg 246

Kägi, Werner, Schweizer Historiker, Universitätsprofessor 275
Käser, Johann Nepomuk von, Diplomat 59, 132, Anm. 797
Kalergis, Demetrius, griechischer Oberst und Politiker 491
Kapodistrias, Johannes, russischer Minister und griechischer Staatsmann 474
Karl, Großherzog von Baden 126, 186 f., 197
Karl, Erzherzog 136, 437, 641
Karl, Erbprinz von Pfalz-Zweibrücken 54, 56
Karl, Pfalzgraf von Birkenfeld-Gelnhausen 47
Karl VII. Albrecht, Kaiser, Kurfürst von Bayern 44
Karl der Große, Kaiser 124, 658
Karl II., König von Spanien 44
Karl XII., König von Schweden 133, 765
Karl X., König von Frankreich 443, 499, Anm. 853
Karl II. August, Herzog von Pfalz-Zweibrücken 48 f., 51–55, 57 ff., 65, 87, 90 f., 260, 404
Karl August, Großherzog von Sachsen-Weimar 89, 759, 765, 768
Karl Theodor, Kurfürst von Pfalz und Bayern 44, 49–53, 57, 59 ff., 62, 72, 76, 157, 213, 331, 352 f., 404, 561, Anm. 787, 797
Karl Theodor, Prinz von Bayern 59, 86, 134, 146, 230, 243, 245, 249, 300, 317, 320, 324 ff., 406, 410, 424, 437, 442, 475, 511, 611, 710, 717, 731, 739, Anm. 791
Karl Wilhelm Ferdinand, Herzog von Braunschweig, preußischer Feldherr 37
Karoline, Landgräfin von Hessen-Darmstadt, Gemahlin Landgraf Ludwigs IX., geb. Prinzessin von Pfalz-Zweibrücken 56
Karoline Auguste, Kaiserin von Österreich, geb. Prinzessin Charlotte von Bayern 85 f., 95, 133, 187, 197, 201, 206, 209, 246 f., 293, 323 f., 562, 583, 642, 727 f., 738, 742, Anm. 791, 891
Karoline Friederike Wilhelmine, Königin von Bayern, Gemahlin Maximilian I. Josephs, geb. Markgräfin von Baden 59, 63, 85, 89, 94, 121 f., 126, 165 f., 176, 186 f., 202, 250, 316–318, 324, 406, 518, 532 f., 549, 613, 656
Kast, Theodor von, österreichischer Geschäftsträger in München 533, 636
Katharina, Königin von Württemberg, verw. Herzogin von Oldenburg, geb. Großfürstin von Rußland 63, 100, 121, 131 f., 135, 139, 142
Katharina, Königin von Westphalen, geb. Prinzessin von Württemberg 127
Kauffmann, Angelika, Malerin 100, 114
Kaulbach, Wilhelm von, Maler 249, 684, 761 f., 776
Kaunitz-Rietberg, Wenzel Anton Fürst, österreichischer Staatsmann 51
Keller, Gottfried, Dichter 760
Keller, Johann Baptist, Bischof von Rottenburg 579
Kempis, Thomas a, Mystiker 103, 513
Keralio, Agathon, französischer Offi-

zier und Prinzenerzieher 87
Kerner, Justinus, Dichter 108
Kerstorf, (Pappenheimer) Bankier, 278, 369
Keßling, Karl Ludwig Freiherr von, Oberststallmeister 191
Kirschbaum, Joseph Franz Anton von, Jurist, Erzieher Ludwigs I., Staatsrat im a. o. Dienst 87f., 90, 92–95, 97–103, 106f., 132, 257, Anm. 791, 793
Klee, Heinrich, kath. Theologe 574
Klein, Joseph, Generalvikar in München 94
Kleinschrod, Karl Joseph, Freiherr von, Staatsminister der Justiz 733
Kleinschrod, Karl Theodor von, Ministerialrat 659
Klemens Wenzeslaus, Prinz von Sachsen, Kurfürst von Trier, Bischof von Augsburg, Freising und Regensburg 76, 241
Klementine, Prinzessin von Frankreich 323
Klenze, Leo von, Architekt, Hofbauintendant, Direktor der Obersten Baubehörde 115 ff., 180, 222, 259, 369, 434, 453, 473, 658 f., 753–757, 760, 762 f., Anm. 905
Klotilde, Prinzessin Bonaparte, Gemahlin des Prinzen Napoleon Joseph B., geb. Prinzessin von Sardinien Anm. 796
Knorr, Thomas, General-Zolladministrator 353
Kobell, Egid von, Generalsekretär des Staatsrats, Mitglied der griechischen Regentschaft 207, 223, 225, 242, 278, 388, 486
Kobell, Luise von, Gemahlin des Kabinettssekretärs v. Eisenhart, Schriftstellerin 249
Kobell, Wilhelm von, Maler 440
Koch, August von, vgl. Gise
Koch, Ludwig Christian, Appellationsgerichtspräsident, Reichsrat 385
Koch, Nikolaus von, Staatsminister des Innern Anm. 901
Koerner, Theodor, Dichter 108, 712
Krämer, Georg, Bibliothekssekretär,
Schriftsteller Anm. 905
Kolb, Georg Friedrich, Publizist und Politiker 360, 732
Kraußold, Lorenz, evang. Dekan, Historiker, Landtagsabgeordneter 358
Krenner, Franz von, Generaldirektor im Finanzministerium, Staatsrat 207, 216
Kretzschmar, H., Historiker, Archivdirektor 766
Küster, Friedrich Gottfried von (Küster d. J.), preußischer Gesandter in München 644, 646
Küster, Johann Emanuel von (Küster d. Ä.), preußischer Gesandter in München 495

La Fontaine, Jean, französischer Fabeldichter 88
La Garde-Pasquier, August Graf, französischer Gesandter in München 253
Landsfeld, Gräfin, vgl. Montez, Lola
Lang, Karl Heinrich Ritter von, Direktor des Reichsarchivs, Kanzleidirektor, Schriftsteller und Historiker 216
Langguth, Johann Georg Wilhelm, Kaufmann, Landtagsabgeordneter 602, 628
Laroche, Friedrich du Jarrys Freiherr von, Generalleutnant, Hofmarschall 723 f., 743
Lasaulx, Ernst von, Altertumsforscher, Universitätsprofessor 557, 560, 680, 692
La Salle, Johannes de, Begründer der Genossenschaft der Schulbrüder, Heiliger, Patron des Lehrerstandes 544
Lassalle, Ferdinand, Politiker 773
Lefèbvre, François Joseph, Herzog von Danzig, französischer Marschall 140, 145 f.
Lehmair, Joseph, Hauptmann, Adjutant König Ottos von Griechenland 486
Lehrbach, Konrad Ludwig Graf von, österreichischer Diplomat 57, Anm. 788

Lehrbach, Graf, hessen-darmstädtischer Generalmajor und Oberhofmarschall 715
Leiningen, Karl Fürst, I. Präsident der Kammer der Reichsräte, Reichsministerpräsident 493, 623, 628, 685 ff., 700, 703, 708, 711, Anm. 897
Leonrod, Ludwig Karl Freiherr von, Appellationsgerichtspräsident 385
Leopold II., Kaiser 37
Leopold I., König der Belgier 151, 177, 475, 493, 767
Leopold, Großherzog von Baden 296
Lerchenfeld, Gustav Freiherr von, Landtagsabgeordneter, Staatsminister 731
Lerchenfeld, Maximilian Emanuel Graf von, Diplomat 270
Lerchenfeld, Maximilian Emanuel Freiherr von, Staatsminister, Bundestagsgesandter 149, 200, 203, 211, 216, 219 f., 223–227, 236 f., 239 f., 270, 272, 305, 353, 371, 405, 407, 446 f., 488, 496
Le Suire, Wilhelm von, Generalleutnant, Kriegsminister 425
Leuchtenberg, August Herzog von, portugiesischer Prinzgemahl 301
Leuchtenberg, Maximilian, Herzog von 583
Leyden, Klemens Graf von, Generaldirektor im Justizministerium, Staatsrat 224
Lichtenthaler, Philipp von, Direktor der Hof- und Staatsbibliothek 106, 229
Lichthammer, Georg, Hofprediger in Darmstadt 84
Lindenschmit (d. Ä.), Wilhelm, Maler 774
Linder, Emilie, Malerin 615
List, Friedrich, Nationalökonom 310, 396, 491, 644, 657 ff.
Lodron zu Haag, Maximilian Graf von, Generalkommissär 142 f.
Loehe, Wilhelm, evangelischer Pfarrer, Gründer der Neuendettelsauer Anstalten 358, 588
Löwenstein-Wertheim, Karl Fürst von 511

Löwenstein-Wertheim, Karl Friedrich Fürst 289
Löwenstein-Wertheim, Konstantin Erbprinz von 317, 563, 565
Löwenstein-Wertheim, Konstantin Prinz von, Generaladjutant 333, 425, 511, 565, 580, 606, 633, 648
Löwenstein-Wertheim, Leopoldine Prinzessin von, geb. Prinzessin von L.-W., Gemahlin des Prinzen Konstantin von L.-W. 606, Anm. 879
Logau, Friedrich Freiherr von, Dichter 88
Louis Philippe, König der Franzosen 277, 323, 499, 636, 767
Luden, Heinrich, Historiker, Universitätsprofessor 110, 112, 647, 749
Ludovika Wilhelmine, Herzogin in Bayern, Gemahlin Herzog Maximilians in Bayern, geb. Prinzessin von Bayern 323
Ludwig der Deutsche, König der Deutschen 168
Ludwig IV., der Bayer, Kaiser 44, 524, 566, Anm. 816
Ludwig IX., der Heilige, König von Frankreich 499, 568
Ludwig XIV., König von Frankreich 168, 278, 280, 767
Ludwig XVI., König von Frankreich 30, 35, 37, 56, 316
Ludwig XVIII., König von Frankreich 180
Ludwig II., König von Bayern 582, 728–731, 739, 744
Ludwig, Großherzog von Baden 294
Ludwig III., Großherzog von Hessen-Darmstadt 323, 583
Ludwig Bonaparte, König von Holland 22
Lüder, Ludwig von, Feldzeugmeister, Kriegsminister 425
Lufft, August, Regierungsdirektor 707 f.
Luise, Königin von Preußen, Gemahlin Friedrich Wilhelms III., geb. Prinzessin von Meckenlenburg-Strelitz 147, 738
Luise, Landgräfin von Hessen-Darmstadt, Gemahlin Landgraf Georg Wilhelms d. Ä., geb. Gräfin von Lei-

ningen-Dagsburg 56, 84
Luise, Großherzogin von Hessen-Darmstadt, Gemahlin Großherzog Ludwigs II., geb. Landgräfin von Hessen-Darmstadt 252
Luitpold, Prinz von Bayern, Prinzregent 320, 322f., 327, 486f., 490, 582, 601, 612, 724, 741, 743, 775
Luther, Martin 649
Luxburg, Friedrich Graf von, Diplomat 270, 291, 312, 641, 644
Lyons, Sir Edmund, britischer Gesandter in Athen 493

Mack von Leiberich, Karl Freiherr, österreichischer Feldmarschalleutnant 67
Maerkl, Nikolaus, kath. Dekan 379
Maffei, Joseph Anton von, Großhändler, Landwehrkommandant 687
Maillot de la Treille, Nikolaus Freiherr von, Generalleutnant, Kriegsminister 427
Maistre, Joseph Graf de, sardinischer Staatsmann, Publizist 38
Maltzahn, Heinrich Freiherr von, Rittmeister, Kammerherr 668ff., 682
Manl, Johann Martin von, Bischof von Speyer, dann von Eichstätt 530
Mannert, Konrad, Historiker, Universitätsprofessor 555
Manzoni, Alessandro, italienischer Dichter 108
Marck, Polizeidirektor in München 681
Maria Anna, Herzogin von Bayern, Gemahlin Herzog Klemens' von Bayern, geb. Prinzessin von Pfalz-Sulzbach 51
Maria Franziska Dorothea, Pfalzgräfin bei Rhein, Gemahlin des Pfalzgrafen Friedrich Michael, geb. Prinzessin von Pfalz-Sulzbach 47
Maria Theresia, Kaiserin, Gemahlin Kaiser Franz I., 136
Marie, Königin von Bayern, Gemahlin Maximilians II., geb. Prinzessin von Preußen 318, 322, 406, 533, 583

Marie Antoinette, Königin von Frankreich, geb. Erzherzogin 36, 40
Marie Amalie, Herzogin von Pfalz-Zweibrücken, Gemahlin Herzog Karls II. August, geb. Prinzessin von Sachsen 317, 327, 406
Marie Elisabeth, Kurfürstin von der Pfalz und Bayerns, Gemahlin Kurfürst Karl Theodors, geb. Pfalzgräfin von Pfalz-Sulzbach 57
Marie Leopoldine, Kurfürstin von Pfalz-Bayern, Gemahlin Kurfürst Karl Theodors, später des Grafen Ludwig Arco, geb. Erzherzogin 57, 60, 278, 317, 326f., 648, 651, 712, Anm. 879
Marie Luise, Kaiserin der Franzosen, Gemahlin Napoleons I., geb. Erzherzogin 125, 142f., 147f.
Mark, Heinrich von der, Generalleutnant, Kriegsminister 703
Marschall von Bieberstein, Ernst Freiherr von, nassauischer Minister 304
Marschall, Würzburger Bürger 470
Martin, Joseph von, Kabinettssekretär 333, 394, 396
Martius, Karl Friedrich Philipp von, Naturforscher, Reisender, Universitätsprofessor 405, 560, Anm. 841
Maßmann, Hans Ferdinand, Germanist, Universitätsprofessor, Mitbegründer des Turnwesens 445, 556, 652
Mathilde, Großherzogin von Hessen-Darmstadt, Gemahlin Großherzog Ludwigs III., geb. Prinzessin von Bayern 323, 583, 741
Matthisson, Friedrich von, Dichter 108
Maurer, Georg Ludwig von, Rechtsgelehrter, Universitätsprofessor, Mitglied der griechischen Regentschaft, Ministerverweser des Äußeren 269, 273f., 344, 360f., 401f., 419f., 477–488, 490ff., 496, 551, 556, 597, 601, 639, 676, 678, 683f., 689–702, 705, 707, 753, 755, 757, Anm. 856, 873, 895f.
Maurer, Konrad von,. Nordist, Universitätsprofessor 683, Anm. 873, 891

Maximilian I., Kaiser 760
Maximilian I., Kurfürst von Bayern, 238, 401f., 565f., 574
Max III. Joseph, Kurfürst von Bayern 49f., 213
Max I. Joseph, König von Bayern, zuvor Herzog von Pfalz-Zweibrükken 54–91, 93–96, 100, 102, 116, 120–143, 145–155, 157, 159f., 162–194, 196ff., 200–210, 214–247, 250, 252, 265f., 270, 274, 287, 316, 318, 333, 338, 350, 352ff., 371f., 373, 382, 404f., 421, 432, 484, 510, 520, 554, 566, 582ff., 587, 603, 626, 655, 657, 669, 726, Anm. 789, 797, 806
Maximilian II., König von Bayern 118, 150f., 231, 269, 278, 297, 318–323, 373, 401, 406, 425, 513, 523, 527, 529, 533, 535, 537, 544, 549, 566, 581ff., 592, 601, 603, 612, 617, 631, 645, 648, 672, 679, 687, 688, 709, 716ff., 723ff., 728–731, 733, 735f., 741–758, 764–773, Anm. 846
Maximilian, Herzog in Bayern 320, 323, 326
Meglia, Francesco, Nuntius in München 744
Mercy-d'Argenteau, Franz Joseph Graf, französischer Gesandter in München 153
Mercy-d'Argenteau, Karl Graf, Nuntius in München 517
Metternich, Klemens Wenzel Lothar Fürst von, österreichischer Staatskanzler 142f., 168, 170, 177, 181f., 185, 187ff., 193f., 205ff., 219f., 222–227, 243, 254, 259, 270, 276f., 281ff., 285, 287–291, 293f., 298ff., 303–309, 312f., 320, 342, 382, 437, 445f., 456, 460, 462, 466, 472f., 476, 484, 489, 493, 500, 552, 563, 566, 580, 639f., 642f., 645, 727, 777, Anm. 856
Metzger, Eduard, Architekt Anm. 891
Michl, Johann Balthasar, Weinwirt, 353
Mieg, Arnold von, Ministerverweser, Bundestagsgesandter 127, 231, 242, 272, 302, 304, 307ff., 312, 407, 411, 451, 484, 486, 488, 496, 523, 660
Miguel, Dom, portugiesischer Thronprätendent 577
Möser, Justus, Historiker, Publizist, Geheimreferendar 110, 158
Montesquieu, Charles de Secondat, Baron de la Brède et de, französischer Schriftsteller und Staatsphilosoph 38, Anm. 801
Montez, Lola (Eliza James, geb. Gilbert, später Gräfin Landsfeld) 235, 253, 257, 259, 269, 340, 397f., 402, 442, 492, 535, 554, 605, 612, 631f., 668–688, 693ff., 697, 699ff., 703–706, 715ff., 719, 726, 730
Montgelas, Maximilian Joseph de Garnerin Graf, Staatsmann 55, 58f., 61, 65ff., 69–78, 81ff., 94, 96f., 100, 112, 120f., 129–129, 132f., 136, 139f., 143ff., 150, 153–155, 157, 159f., 162–194, 198, 200–212, 214f., 217f., 229f., 236, 241, 246, 265f., 275, 278, 298, 314, 319, 340, 344, 347, 351, 353, 361f., 370, 373, 379, 415, 421, 495, 510, 520f., 525, 530, 540, 552, 559, 562, 607, 609, 649, 762, 778, Anm. 781, 791, 796, 808f.
Montgelas, Ernestine Gräfin, geb. Gräfin Arco, 202f., 210, 326f., 669
Moreau, Jean Victor, französischer General 63
Morichini, Carlo Lodovico, Nuntius in München 570
Moy, Ernst Graf von, Jurist, Universitätsprofessor, Landtagsabgeordneter 557, 576
Müller, Adam Heinrich, Staatswissenschaftler, Publizist 37, 107, 422, 562, 609
Müller, Hermann, Jurist, Universitätsprofessor, Publizist 574, 649
Müller, Johannes von, Historiker 104, 106, 109ff., 136, 138, 249, 648, 758
Münch-Bellinghausen, Eduard Joachim Graf von, österreichischer Bundestagsgesandter 652
Münster von Derneburg, Ernst Fried-

rich Herbert Graf, hannöverscher Minister 177
Murat, Joachim, König von Neapel 137, 265, Anm. 795 f.
Musset, Alfred de, französischer Dichter 441
Mussinan, Johann Baptist von, Oberkriegskommissar 681 f., 687, 697 f.

Napoleon I., Kaiser der Franzosen 22 f., 31 f., 35 ff., 39, 60 f., 63–66, 68, 70, 87, 105, 115, 120–155, 157, 159, 162–171, 173 f., 177, 179 f., 189, 202–205, 213 f., 243, 246, 265, 276, 299, 338, 359, 427 f., 637, 649, 727, 737, 743, 766, 775, Anm. 790, 796, 800
Napoleon III., Kaiser der Franzosen 23, 28, 244, 491, 727, 737, 742, 744, 767, 781
Napoleon Joseph Bonaparte Prinz (»Plon-Plon«) Anm. 796
Neumayr, Clement von, Staatsrat 397
Neureuther, Eugen Napoleon, Zeichner und Maler 760
Ney, Michel, Herzog von Elchingen, französischer Marschall 421
Niebuhr, Barthold Georg, Geschichtsforscher, Diplomat 115, 235, 759
Niethammer, Friedrich Philipp Immanuel, Kirchen- und Oberschulrat, Oberkonsistorialrat 242, 540, 586, 588
Nikolaus I., Kaiser von Rußland 38, 322 f., 422, 431, 439, 476, 484, 704

Oberkamp, Karl August Freiherr von, Diplomat 388, 396, 414, 565, Anm. 894
Österreicher, Johann Friedrich von, Bischof von Eichstätt 433
Öttingen-Wallerstein, Karl Prinz von, Landtagsabgeordneter 509
Öttingen-Wallerstein, Ludwig Fürst, Kronobersthofmeister, Reichsrat, Minister des Innern, später des Äußeren 109, 167, 198, 269, 272 f., 274, 278, 283, 292, 304, 306–309, 313, 319 f., 322, 325, 336, 342–347, 351, 354, 361, 363 f., 369, 373, 385 f., 399, 401 f., 412, 423, 447, 451, 456 f., 462 ff., 467, 471, 476, 490 ff., 494–512, 518, 522, 525 f., 529, 535, 540 f., 547 f., 553, 558, 560, 589, 606 ff., 609, 612–623, 625–631, 639, 655, 659 f., 663, 666, 684–689, 691, 693, 699–716, 718, 746, 748, 753 ff., 773, Anm. 849, 854, 859, 880, 891, 896
Öttl, Georg von, Bischof von Eichstätt 390, 528, 530 f., 580
Oeynhausen, Ferdinandine Gräfin, später Gräfin Frohberg-Montjoie, Hofdame 84
Oken, Lorenz, Naturforscher und -philosoph, Universitätsprofessor 551, 556
Oskar I., König von Schweden 38
Otting, Karl Friedrich Graf (vorher Freiherr von Schönfeld), Generaladjutant 317
Otto, König von Griechenland, Prinz von Bayern 179, 257, 278 f., 323, 327, 333, 342, 373, 410, 425, 431, 456, 460, 475–493, 506, 578, 583, 630, 636 ff., 645, 719, 723, 726, 733–737, 741, 775
Otto, Louis Guillaume (Comte de Moslay), französischer Gesandter in München 65, 148
Overbeck, Christian Adolf, Dichter 88
Overbeck, Friedrich, Maler 113, 117, 758

Palm, Johann Philipp, Buchhändler 137, 163
Palmerston, Henry John Temple Viscount, britischer Staatsmann 475, 479, 485, 488, 493, 578, 703
Papon, Auguste, Erpresser 688, 733
Pappenheim, Albert Graf zu, Generalmajor, Reichsrat 141, 154, 187, 198, 205, 230, 369
Pappenheim, Karl Theodor Graf, Generalleutnant, Generaladjutant 198, 247, 385, 424
Paul, russischer Kaiser 62 f., Anm. 788
Paul, Prinz von Württemberg 325
Paul, Jean (Johann Paul Friedrich Richter), Dichter 108

Pechmann, Friedrich Heinrich Freiherr von, Oberbaurat 625, 659 ff.
Pechmann, Johann Nepomuk Freiherr von, Polizeidirektor, später Staatsminister des Innern 672, 674, Anm. 890
Pecht, Friedrich, Kunstgelehrter 763
Peel, Sir Robert, britischer Staatsmann 491
Peißner, Elias, Senior des Korps Allemannia 685, 688
Pelkoven, Max Freiherr von, Staatsrat 702
Peter I. der Große, Zar 767
Peter, Großherzog von Oldenburg Anm. 786
Peter Friedrich Ludwig, Großherzog von Oldenburg Anm. 786
Pfeffel, Gottlieb Konrad, Dichter 88
Pfeffel, Hubert Freiherr von, Diplomat 58, 188, 230, 270
Pfeilschifter, Johann Baptist von, Publizist 396, 562, 645
Pfistermeister, Franz Seraph von, Hofrat, Sekretär der Könige Maximilian II. und Ludwig II., Staatsrat 724
Pfordten, Ludwig Freiherr von der, Jurist, Universitätsprofessor, sächsischer Staatsminister, bayerischer Ministerpräsident 188, 297, 321, 500, 556, 592 f., 626, 729, 731, 738 ff.
Philipps, George, Jurist, Universitätsprofessor 560, 563, 571, 580, 633
Pius VII., Papst 123, 247
Pius, Herzog in Bayern 324
Platen-Hallermund, August Graf von, Dichter 108, 116, 230, 233, 463, 776, Anm. 812
Plinganser, Georg Sebastian, Führer der niederbayrischen Aufständischen 1705 641
Plutarch, Historiker 106
Poelnitz, Götz Freiherr von, Historiker, Universitätsprofessor 120, 204
Polignac, Jules Fürst, französischer Ministerpräsident 277, 279, 446, 475
Pompadour, Jeanne Antoinette Poisson, Marquise de, Mätresse Ludwigs XV. 47

Posch, Franz Karl Freiherr von, Diplomat 132, Anm. 797
Potter, Louis de, belgischer Politiker 27
Preysing, Karl Graf, Generalkommissär, Staatsrat 205
Puchta, Georg Friedrich, Jurist, Universitätsprofessor 555

Rader, Matthäus P., Jesuit 354
Radetzky, Joseph Wenzel Graf, österreichischer Feldmarschall 648, 728
Radowitz, Joseph Maria von, preußischer General und Staatsmann 437 f., 575, 636, 652
Räß, Andreas, Bischof von Straßburg 368
Raglovich zum Rosenhof, Klemens von, General d. I., Reichsrat 141, 166, 422 ff., 431 f., 666
Ranke, Leopold von, Historiker 41, 110, 112, 256, 551
Rasumowskij, Andrej Fürst, russischer Diplomat 177
Rauch, Christian, Bildhauer 758
Raumer, Friedrich von, Historiker 112, 551 f.
Rechberg, Aloys Graf, Diplomat, Minister des Auswärtigen 152, 174, 176, 179, 185 f., 188 ff., 205, 208, 211, 223, 224 ff., 236–240, 245, 266, 270, 311, 350, 467, 473, Anm. 852
Rechberg, Anton Graf, Generaladjutant 224
Rechberg, August Graf, Generalkommissär, Oberappellationsgerichtspräsident 344, 356, 418, 420, 469 f., 513, 526, 544, 565, 576, 592, 618, Anm. 870, 880
Rechberg, Karl Graf, Oberstkämmerer, 198, 224, 533, 673
Rechberg, Willibald Graf von, Diplomat 270
Rechberg, Xavier Graf von, Domherr, Legationsrat 237 f.
Redenbacher, Wilhelm, evang. Pfarrer, Volksschriftsteller 597
Reichenbach, Charlotte Henriette Wilhelmine Emilie Gräfin, Gemahlin Kurfürst Wilhelms II. von Hes-

sen-Kassel, geb. Ortlöpp 311
Reichenbach, Georg von, Mechaniker, Direktor des Wasser- und Straßenbauwesens 657
Reidelbach, Hans, Schriftsteller 567, 776
Reiffenberg, Frederic A. F., Baron de, belgischer Historiker und Schriftsteller 640 f.
Reigersberg, Heinrich Aloys Graf, Reichskammerrichter, Justizminister 98, 211, 217, 223, 226, 230, Anm. 808
Reindl, Karl, Domdekan und Stiftspropst 401, 531, 533 f., 544, 581, 696, 727, 735 f.
Reisach, Karl August Graf von, Generalkommissär, Publizist 552, Anm. 803
Reisach, Karl August Graf von, Bischof von Eichstätt, Erzbischof von München, Kardinal 256, 271, 380, 401, 517 f., 528–531, 535, 546, 563 f., 572, 575, 633, 645, 675, 690, 696 f., 705, 728
Rese, Friedrich, nordamerikanischer Bischof 568
Reuß, Heinrich II. Graf, General d. I., Generaladjutant, Gouverneur des Kurprinzen Ludwig 102
R(h)einwald, Johann Ludwig Christian, Geheimsekretär 88 ff., 92, 405
Riccabona von Reichenfels, Karl Joseph, Bischof von Passau 517, 528
Richarz, Peter von, Bischof von Speyer, dann von Augsburg, Reichsrat 529
Richelieu, Armand du Plessis Herzog von, französischer Staatsmann Anm. 788
Richter, Ludwig, Maler 543
Riedel, Valentin von, Bischof von Regensburg 401, 530, 534
Riedl, Joseph, Hofsekretär 724
Riegg, Ignaz Albert von, Bischof von Augsburg 522, 529
Riezler, Franz Xaver, Kaufmann 656
Rinecker, Karl, Stadtpfarrer zu Reichenhall 697
Ringel, Karl August von, Generaldirektor im Außenministerium, Staatsrat 207 ff., 225, 405
Ringelmann, Friedrich von, Jurist, Universitätsprofessor, Staatsminister, Reichsrat Anm. 901
Ringseis, Johann Nepomuk von, Mediziner, Universitätsprofessor, Medizinalreferent im Innenministerium 106, 116–118, 123, 201, 227, 229, 234 f., 241, 250, 254, 380, 390, 501, 519, 549, 552, 562, 580, 693, 708, 729, 750
Ritter, Heinrich Joseph Freiherr von, kurpfälzischer Diplomat 50
Röschlaub, Andreas, Mediziner, Universitätsprofessor 234
Rohmer, Friedrich, Publizist 705, 710
Rotenhan, Hermann Freiherr von, Gutsbesitzer, Präsident der Kammer der Abgeordneten 337, 357 f., 420, 432, 592, 613, 615, 713, 716 f.
Rotenhan, Marline Freifrau von, geb. Freiin von Riedesel 615, 716
Roth, Karl Johann Friedrich von, Oberkonsistorialpräsident 358, 385, 586, 588 ff., 597, 600, Anm. 873
Roth, Karl Ludwig, Gymnasialdirektor 549
Rottek, Karl von, Staatsrechtslehrer, Publizist, Politiker 547
Rottmann, Karl, Hofmaler 748 f., 760
Rousseau, Jean Jacques, Philosoph und Schriftsteller 91
Rudhart, Ignaz von, Regierungspräsident, Landtagsabgeordneter, griechischer Ministerpräsident 227, 359, 379, 386, 452, 481, 486, 488, 505, 529, 607, 611
Rudolf I., Kaiser 136
Rückert, Friedrich, Dichter, Orientalist 108, 117, 231, 759, 761, 776
Rühle von Lilienstern, Johann Jakob Otto August, preußischer General und Militärschriftsteller 300 f., 436, 636
Ruland, Anton, kath. Geistlicher, Landtagsabgeordneter 700
Rumigny, Marie-Hippolythe-Gueilly Graf, franz. Gesandter in München 109, 271, 278 f., 295, 300, 303

Ruprecht von der Pfalz, deutscher König 44

Sailer, Johann Michael von, Bischof von Regensburg 96 ff., 104, 154, 176, 201, 205, 227, 241 f., 368, 372, 380, 382, 389, 496, 513, 522, 524, 528 ff., 534, 538, 541 f., 546, 552, 562, 572, 575 f., 584, 606, 674, Anm. 801
Saint-Martin, Louis Claude, Theosoph Anm. 786
Salabert, Peter de, Abbé, pfalz-zweibrückenscher Minister 58, 90
Sambuga, Joseph Anton, geistlicher Rat, Religionslehrer Ludwigs I. 84, 90–94, 97, 102 ff., 107, 122 f., 130, 235, 404, 538, 565, 584
Saporta, Friedrich Graf von, Hofmarschall 486
Savigny, Friedrich Karl von, Rechtsgelehrter, preußischer Minister 372, 551
Savoye, Joseph, Advokat, Publizist, Politiker 467
Schadow, Johann Gottfried, Bildhauer 136
Schadow, Wilhelm von, Maler, Kunstschriftsteller 762
Schäzler, Ferdinand Freiherr von, Bankier, Landtagsabgeordneter 655
Schelling, Friedrich Wilhelm Joseph von, Philosoph 104, 321, 380, 546, 551 ff., 556, 756, Anm. 812
Schenk, Eduard von, Staatsminister des Innern, Reichsrat, Dichter 108, 257, 267, 321, 336, 369–373, 380–390, 401 f., 434, 445 ff., 449–451, 455, 457, 496 f., 507, 514, 522, 524, 529, 538, 543, 546, 551 ff., 555, 562, 565, 588, 752
Schenk, Johann Heinrich, Geheimer Referendär 71, 151, 233, 336, 371 f.
Schenkl, Anton, General-Prokurator 467
Schieder, Theodor, Historiker, Universitätsprofessor 275
Schilcher, Franz Sales von, Staatsrat 405
Schilcher, Max August von, Kabinettssekretär, Staatsrat 333, 691
Schiller, Friedrich von, 88, 104, 107, 109, 111, 138, 648, 737, 758, 760
Schlegel, Friedrich von, Dichter, Literaturwissenschaftler, Publizist 107, 176, 592
Schleiermacher, Friedrich Daniel Ernst, evang. Theologe, Philosoph 234
Schlözer, August Ludwig von, Historiker, Universitätslehrer, Publizist 98
Schlotthauer, Joseph, Maler 757
Schmeller, Johann Andreas, Philologe, Universitätsprofessor 123
Schmidt, Ludwig Friedrich von, Kabinettsprediger, Ministerialrat 318
Schmidt, Michael Ignaz, Historiker 109
Schmitz-Grollenburg, Philipp Moritz Freiherr von, württembergischer Gesandter in München 267, 278
Schnorr von Carolsfeld, Julius, Maler 115, 516, 751, 753, 758, 761, 776
Schönborn-Wiesentheid, Erwein Graf von, Reichsrat, Mäzen 198, 228, 356, 384, 386, 760
Schönburg-Hartenstein, Alfred Friedrich Fürst von, österreichischer Diplomat 304
Schoenfeld Freiherr von, vgl. Otting Graf von
Schorn, Ludwig von, Kunstgelehrter, Publizist 402, 413
Schrenck, Karl Freiherr von, Minister 353, 630 f., 676 ff., 691, Anm. 890
Schrenck, Sebastian Freiherr von, Justizminister 353, 397, 465 ff., 630
Schubert, Gotthilf Heinrich von, Naturforscher und -philosoph 551 f.
Schüler, Friedrich, Advokat, Landtagsabgeordneter 467
Schultz, Georg Friedrich Wilhelm, Konsistorialrat, Landtagsabgeordneter 449
Schwäbl, Franz Xaver von, Bischof von Regensburg 241, 382, 496 f., 522, 524, 528 f., 532, 547, 572, 606
Schwanthaler, Ludwig von, Bildhauer 757
Schwarzenberg, Felix Fürst von,

österreichischer Feldmarschalleutnant, Staatsmann 297, 640, 768
Schwarzenberg, Friedrich Fürst von, Erzbischof von Salzburg, später Fürst-Erzbischof von Prag, Kardinal 575
Seckendorf, Karl August Freiherr von, Oberkonsistorialpräsident 586
Seilern, Joseph Anton August Graf, österreichischer Diplomat 53, 60, 86
Seinsheim, Karl Graf von, Finanzminister 99, 102, 116, 199, 230, 240, 353, 369, 376, 380, 389, 402, 413, 420, 424, 459, 470, 543f., 562, 565, 607, 673f., 676ff., 691, 719, 732f., Anm. 798, 879
Sendtner, Johann Jakob, Publizist, Universitätsprofessor 354
Senfft-Pilsach, Friedrich Christian Ludwig Graf von, österreichischer Gesandter in München 271, 639, 645f., 674, 698, Anm. 891
Sepp, Johann Nepomuk, Historiker 567
Serra-Cassano, Franz Herzog von, Nuntius in München 242, 378
Seuffert, Johann Adam, Jurist, Universitätsprofessor, Landtagsabgeordneter 452
Shakespeare, William 89, 107
Siebenpfeiffer, Philipp Jakob, Landkommissar, Politiker, Publizist 304, 467
Sieveking, Karl, Syndikus der Freien Stadt Hamburg 643
Sieyès, Emmanuel Joseph Graf, französischer Geistlicher, Politiker, Staatsmann, politischer Theoretiker 33
Smidt, Johannes, Bürgermeister von Bremen 190
Söltl, Johann Michael von, Historiker, Archivdirektor 321
Sophie, Erzherzogin, Gemahlin Erzherzog Franz Karls, geb. Prinzessin von Bayern 324
Spaur und Flavon, Karl Graf zu, Diplomat 271, 411, 535, 565
Spengel, Leonhard, Philologe, Universitätsprofessor 549

Spiegel zum Desenberg, Kaspar Philipp Graf von, österreichischer Gesandter in München 254, 305
Spindler, Max, Historiker, Universitätsprofessor 12, 120, 471, 776
Spix, Johann Baptist von, Naturforscher 405, Anm. 841
Spraul, Oberst 682
Stadion, Lothar Friedrich Graf, Domherr, österreichischer Gesandter in München 95, 136, 140, 152
Stahl, Friedrich Julius, Staatsrechtslehrer und Philosoph, Politiker und Publizist 38, 555f.
Stahl, Georg Anton von, Bischof von Würzburg 401, 517, 530
Stainlein, Eduard Graf von, Diplomat 270
Stauffenberg, Philipp Freiherr Schenk von, Politiker, Reichsrat 628
Stein, Heinrich Friedrich Karl Freiherr vom, preußischer Staatsmann 155, 159, 169, 171, 174f., 177f., 197, 205, 333, 365, 394, 404, Anm. 803
Steinsdorf, Kaspar von, Münchner Bürgermeister 686, 713
Stengel, Karl Freiherr von, Generalkommissär, Regierungspräsident, Appellationsgerichtspräsident 344
Stephanie, Großherzogin von Baden, Gemahlin Großherzog Karls, geb. Beauharnais 126
Stichaner, Joseph von, Generalkommissär, Staatsrat 71, 224, 560, Anm. 849f.
Stieler, Joseph, Hofmaler 670
Stiglmaier, Johann Baptist, Erzgießer, Bildhauer 757
Streber, Franz Ignaz von, Dompropst und Weihbischof in München 239, 242, 381, 524
Streiter, Michael von, Generalmajor 425, 432ff., 658, 666, Anm. 844
Strodl, Michael Anton, kath. Geistlicher, Publizist 518f., 523
Stürmer, Johann Baptist von, Staatsrat, Verweser des Ministeriums des Innern 344, 446, 451f., 455, 496, 512, 523, 607, 692

Süßkind, Johann Gottlieb Freiherr von, Bankier 655
Sutner, Georg von, Staatsrat, Reichsrat 353, 385
Széchényi, Franz Graf, ungarischer Patriot und Mäzen 176, 563

Talleyrand, Charles Maurice Herzog von, französischer Staatsmann 130, 134, 177
Tann, Heinrich Freiherr von der, Kammerherr, Landtagsabgeordneter 99, 110, 199f., 252, 274, 311, 338, 347, 369, 384f., 390, 402, 423, 454, 468f., 506, 547, 552, 578, 585, 602, 607, 612, 618, 621, 623, 625, 629f., 660, 682, 716, 731, Anm. 808, 880, 887
Tann, Ludwig Freiherr von der, Chef des Generalstabs 358, 731, 739
Tascher de la Pagerie, Karl Herzog 369
Tauffkirchen-Kleeberg, Leopold Graf von, Generalmajor, Landtagsabgeordneter 354, 386, 431
Tausch, Georg von, Generalmajor 474
Theodolinde, Prinzessin von Bayern 775
Therese, Königin von Bayern, Gemahlin Ludwigs I., geb. Prinzessin von Sachsen-Hildburghausen 146–149, 179, 197, 231, 253, 292, 316ff., 584, 603, 688, 716, 718, 741, 744, 775
Thiers, Adolphe, französischer Staatsmann 278, 636
Thiersch, Friedrich, Philologe und Pädagoge, Universitätsprofessor 321, 380, 457, 473ff., 475, 479, 489, 500, 524, 538, 542, 546f., 549, 551, 553f., 556, 558, 560, 591, 704
Thon von Dittmer, Gottlieb Karl Freiherr, Bürgermeister von Regensburg, Minister des Innern 706, 709, 716f., 731, Anm. 897f.
Thorwaldsen, Bertel, dänischer Bildhauer 100, 113f., 565, 758, 760
Thürheim, Friedrich Graf von, Minister des Innern, später des Äußeren 211, 219, 224, 236, 266, 285, 289f., Anm. 884
Thurn und Taxis, Mathilde Therese Fürstin von, Gemahlin des Fürsten Karl Anselm von T., geb. Prinzessin von Mecklenburg-Strelitz 326f.
Thurn und Taxis, Maximilian Karl Fürst von, Reichsrat 336
Tieck, Ludwig, Dichter 551
Tilly, Johann Tserclaes Graf von, Heerführer im Dreißigjährigen Krieg 433, 440, 565, 595
Trauttmansdorff-Weinsberg, Joseph Graf von, österreichischer Gesandter in München 231f., 242
Treitschke, Heinrich von, Historiker 160, 193, 765
Trikupis, Spiridon, griechischer Außenminister 479
Triva, Johann Nepomuk Graf von, Kriegsminister 223
Tutschek, Lorenz, Leibarzt 742f.

Urban, Bonifaz Kaspar von, Erzschof von Bamberg 534
Utzschneider, Joseph von, Geheimer Referendär, Bürgermeister Münchens, Unternehmer, Politiker 151, 232, 315, 654

Veit, Philipp, Maler 117
Verger, Ferdinand Johann Baptist Freiherr von, Diplomat 580
Vetterlein, Johann Karl Martin, Staatsrat 602, 692
Viale-Prelà, Michael, Nuntius in München 271f., 339, 516, 518, 570, 575, 580
Victoria, Königin von England 493, 703
Vincke, Friedrich Ludwig Freiherr von, preußischer Oberpräsident 659
Völderndorff und Waradein, Eduard Freiherr von, General, Militär-Bevollmächtigter am Bundestag, Militärschriftsteller 425, 435
Volkert, Leonhard, evang. Geistlicher 597
Voltaire (Arouet), François Marie, französicher Schriftsteller, Histo-

riker und Philosoph 88, 91, 636
Voltz (Volz), Bernhard Ludwig Friedrich von, Regierungspräsident, Staatsrat, Ministerverweser 361, 600, 709, 712, 716

Wacquant-Geozelles, Johann Peter Freiherr von, österreichischer Feldmarschall-Leutnant 183
Wagner, Johann Martin von, Bildhauer, Kunstagent 114, 116, 584, 753, 779, Anm. 905
Wagner, Richard, Komponist 730
Waldbott von Bassenheim, Friedrich Karl Graf, Reichsrat 227, 383 f.
Waldbott von Bassenheim, Hugo Philipp Graf, Reichsrat 369
Waldburg-Zeil, Konstantin Fürst 578 f.
Waldkirch, Klemens Graf von, Diplomat, Verweser des Außenministeriums 269 f., 715, 718
Wallenstein, Albrecht Wenzel Eusebius von, Herzog von Friedland und Mecklenburg, Feldherr 565
Wallerstein, vgl. Öttingen-Wallerstein
Walter, Ferdinand, Staats- und Kirchenrechtler, Universitätsprofessor in Bonn 575
Wangenheim, Karl August Freiherr von, württembergischer Diplomat und Minister 284 f.
Washington, Freiherr von, Major, Adjutant des Kronprinzen Ludwig Anm. 798
Weber, Max, Soziologe 766
Weinrich, Georg von, Generalleutnant, Kriegsminister 431
Weis, Eberhard, Historiker, Universitätsprofessor 214
Weis, Nikolaus, Bischof von Speyer 519 f., 530, 697
Weishaupt, Karl, Generalleutnant, Kriegsminister 425, 731
Weiß, Otto, Historiker 527
Welden, Franz Ludwig Freiherr von, österreichischer General 438
Welden, Karl, Freiherr von, Regierungspräsident 680
Welden, Konstantin Ludwig Freiherr von, Oberappellationsgerichtspräsident 468

Wellington, Arthur Wellesley Herzog von, englischer Feldherr und Staatsmann 177
Wendland, August Freiherr von, Diplomat 273, 319, 321, 702 f., Anm. 896
Werner, Zacharias, Dichter 176, 565
Wessenberg, Ignaz Karl Heinrich Freiherr von, Generalvikar des Bistums Konstanz 562
Wessenberg, Johann Philipp Freiherr von, österreichischer Gesandter in München 152, 177, 205, 207, 211, 237, 421
Weyland, Luise, geb. Aulber, Kinderfrau Ludwigs I. 84, 86, 252, Anm. 791
Widder, Gabriel von, Generalkommissär 407, 444
Widmann, Gottfried, Rechtspraktikant, Publizist 469
Widmer, Leibarzt König Ottos von Griechenland 486
Wieland, Christoph Martin, Dichter 648
Wiesend, Anton, Stadtkommissär 465
Wilhelm I., König von Preußen, Deutscher Kaiser 24, 26, 325, 649, 738, 769
Wilhelm II., Deutscher Kaiser 625
Wilhelm I., König von Württemberg 24, 176, 193, 197, 246, 284 f., 298 ff., 311 ff., 400, 437, 767, 769, Anm. 880
Wilhelm I., König der Niederlande 302
Wilhelm II., Kurfürst von Hessen-Kassel 311
Wilhelm, Herzog in Bayern, Pfalzgraf bei Rhein 47, 60, 121 f., 126, Anm. 795 f.
Willich, Friedrich Justus, Advokat, Landtagsabgeordneter 709
Wimmer, Bonifaz, Benediktiner-Abt in Nordamerika 570
Winckelmann, Johann Joachim, Archäologe und Kunsthistoriker 648
Windischmann Friedrich, Generalvikar der Diözese München-Freising 528 f., 532, 534 f., 579, 671
Wirschinger, Ludwig von, Minister

der Finanzen 313, 353, 481, 506, 509f., 626
Wirth, Johann Georg August, Publizist, Politiker 304, 450, 467
Wittmann, Georg Michael, Bischof von Regensburg 528
Wolf, Adolf, Zeichner 249
Wolfgang Wilhelm, Herzog von Pfalz-Neuburg Anm. 787
Woronzoff, Semen Romanowitsch Graf, russischer Diplomat 52
Wrede, Karl Philipp Fürst von, Feldmarschall 55, 134, 142, 145, 147, 151, 154f., 166, 170f., 173–181, 184, 187, 189. 193, 201f., 205–209, 216f., 223ff., 227, 230, 234, 243, 246, 274, 280, 282, 290f., 294, 300, 304f., 308f., 325, 339, 341f., 350, 360f., 370, 384ff., 388, 401, 405, 410f., 421, 423–429, 431, 433f., 440, 443f., 452, 456f., 462, 466, 476f., 479, 482, 494, 496, 500, 507, 509f., 607, 666, Anm. 806, 832, 880
Wrede, Karl Theodor Fürst von, Regierungspräsident, Reichsrat 361, 627f., 710f.
Würtzburg, Joseph Freiherr von, Reichsrat 574

Xylander, Joseph von, Generalmajor, Bevollmächtigter bei der Bundesmilitärkommission, Bundestagsgesandter 425

Yorck von Wartenburg, Hans David Ludwig Graf, preußischer Feldmarschall 140
Yrsch, Eduard Graf von, Hoftheater-Intendant, dann Ober-Zeremonienmeister, Hofmarschall 702

Zander, Ernst, Publizist 572 ff., 578f., 645, 732
Zedler, Johann Heinrich, Buchhändler 19
Zedlitz, Joseph Christian Freiherr von, Dichter 108
Zenetti, Johann Baptist von, Regierungspräsident, Ministerverweser des Innern 569, 690, 696f., 700, 702
Zentner, Georg Friedrich Freiherr von, Universitätsprofessor, Staatsmann 71f., 75, 189, 191, 207f., 210f., 216, 219, 223, 226, 230, 267, 278f., 282f., 285, 289, 293, 295, 300, 310, 312, 339, 341, 344, 364, 377f., 444ff., 450, 454ff., 462, 502, 540, Anm. 789
Zimmermann, Fritz, Staatsarchivdirektor, Historiker 213, 215
Zirkel, Gregor, Weihbischof von Würzburg 242, 562
Zoepfl, Heinrich, Rechtslehrer, Universitätsprofessor in Heidelberg 321
Zoller, Karl Freiherr von, Generalleutnant 425, 428
Zschokke, Heinrich, Schriftsteller und Historiker 110
Zu Rhein, Friedrich Freiherr von, Regierungspräsident, Ministerverweser 336, 344, 518, 520, 570, 629, 678, 680f., 684, 686, 688ff., 696f., 699f., 702, 705
Zu Rhein, Maximilian Joseph Freiherr von, Generalkommissär, Justizminister 465, Anm. 850, 852
Zwackh zu Holzhausen, Franz Xaver von, Generalkommissär 184, 230, 359, 371
Zwehl, Hans Karl von, Historiker Anm. 796
Zwehl, Theodor von, Staatsminister des Innern für Kirchen- und Schulangelegenheiten 729, Anm. 890, 901
Zweybrücken, Christian Freiherr von, Generaladjutant, Kapitän der Garden 152, 191, 317, 389, 425, 682, 719